LECONTE DE LISLE

OU LA PASSION DU BEAU

Christophe Carrère

LECONTE DE LISLE

OU LA PASSION DU BEAU

Ouvrage publié avec le concours
du Centre National du Livre

Fayard

ISBN : 978-2-213-63451-7

À mon fils et à ma femme, Martin et Claire-Lise.

« Dans le monde de l'art, les diverses manifestations de la beauté sont unies par des liens éternels. Le beau absolu irradie en formes diverses, mais le beau n'en est pas moins identique à lui-même. Heureux ceux qui le savent, car pour eux le son devient visible et la beauté s'entend. Le sentiment de l'harmonie universelle chante dans leur cœur et dans leur tête ; l'adoration de la beauté infinie les emporte au-delà des ombres du doute, et Dieu se révèle incessamment à eux. »

Leconte de Lisle, *La Mélodie incarnée.*

« Grâce à une jeune fille, bien des hommes sont devenus des génies, beaucoup des héros, beaucoup des poètes, beaucoup des saints – mais pas un ne fut un génie par la jeune fille qu'il épousa, car par elle il ne devint que conseiller d'État ; pas un ne fut un héros par la jeune fille qu'il épousa, car par elle il ne devint que général ; pas un ne fut un poète par la jeune fille qu'il épousa, car par elle il ne devint que père ; et pas un ne fut un saint par la jeune fille qu'il épousa, car il n'en épousa aucune, et n'en voulut épouser qu'une, qu'il n'obtint pas, de même que tous les autres devinrent des génies, des héros, des poètes grâce à la jeune fille qu'ils n'épousèrent pas. »

Søren Kierkegaard, *Étapes sur le chemin de la vie.*

« Les écrivains peuvent se partager en trois classes : les soleils, les planètes et les étoiles filantes. Les premiers créent la lumière ; ce sont les originaux. Les seconds reflètent la lumière en l'affaiblissant ; ce sont les imitateurs. Les troisièmes brillent et disparaissent ; ce sont les écrivains à la mode. »

Arthur Schopenhauer, *Aphorismes sur la sagesse dans la vie.*

Préface

Ce ne fut certes pas à l'école, au collège, au lycée, ni même à la Faculté des Lettres de Nantes que, après de brèves tentatives en médecine et en biologie cellulaire, moléculaire, animale et végétale, nous apprîmes jamais à mieux connaître l'œuvre et la figure ô combien charismatique – quoiqu'à beaucoup antipathique – de Leconte de Lisle. Bien au contraire. La première rencontre eut lieu en 1994, cent ans après sa mort, alors que nous rendions visite à une amie, devenue comédienne depuis, qui officiait comme guide dans la maison natale du maréchal de Lattre de Tassigny, à Mouilleron-en-Pareds, dans notre Vendée natale. – A-t-on remarqué comme les poètes sont souvent fils de militaires ? – La curiosité nous poussa à inspecter les lieux jusque dans la bibliothèque du chef du débarquement de Provence, et ce fut là que nous découvrîmes ce recueil au titre énigmatique et magnifique, dans le format elzévirien : *Poèmes barbares*. La lecture de ce livre fut le plus grand choc esthétique de notre vie. Nous en fûmes comme ébaubi. Quel était ce prodige ? D'où venait ce miracle ?

La poésie de Leconte de Lisle « se réfère sans cesse à Dieu, explicitement ou non et sous des formes diverses : Dieu personnel ou Grand Tout, comme si l'absolu, affirmé ou nié, était le seul véritable objet de la pensée, et comme si la pensée du contingent et de l'éphémère était en définitive impossible et absurde[1] ». Elle fut d'abord panthéiste, puis déiste, voire « anti-théiste », mais jamais athée, et certainement l'une des plus passionnées et des plus sensuelles de toute la littérature française. On y trouve le désir, la chair, la folie, le génie, l'homme, l'animal, l'amour, la vie, la mort, la haine, le dégoût, la gloire et le néant. L'érotisme y prend une place éminente : il se révèle plus obsédant et plus oppressant que nulle part ailleurs, parce qu'il y est très ardemment inavouable et très intensément étouffé. En outre, le personnage Leconte de Lisle, car on n'écrit jamais que des biographies de personnages et non de véritables personnes, impossibles à connaître dans leur vérité, est aussi tout particulièrement intéressant pour ses origines créoles, multiculturelles, dans un Bourbon où régnait encore l'esclavage dont il bénéficia en tant que fils de propriétaire et contre lequel il s'érigea en tant que républicain.

À cet égard, son anticléricalisme semble être en relation avec cette volonté si chère à l'homme moderne d'accéder à l'universalité par ses propres moyens, car de cette façon il s'oppose à toutes les Églises qui proposent un universel « prêt à l'emploi », par exemple à partir de la figure éminemment singulière du Christ, humaine et divine, une et double. S'installe ainsi une rivalité entre l'entreprise poétique et les solutions d'avance bouclées, en compétition avec elle pour la quête du Graal sur le « marché » de l'universel : universalité du temps (l'Éternité), de là la vocation pour l'Histoire ; universalité de l'espace, fragmenté à l'infini (l'Infinité), de là la prédilection pour le Nomadisme ; universalité du désir (la Vitalité), de là l'engouement pour les sciences, morales, physiques ou naturelles ; universalité de l'art (le Beau, et tout particulièrement celui de l'Épopée), de là la vénération pour l'Humanité.

L'Art, par sa vocation esthétique, est officiellement le meilleur serviteur de la religion et potentiellement son pire adversaire. En effet, il arrive souvent qu'il entre en révolte contre elle ou qu'il veuille prendre sa place, soit comme un ange, et c'est le satanisme (Baudelaire), soit comme un homme, et c'est le caïnisme (Leconte de Lisle), toujours comme un génie (δαίμων). De fait, tout artiste qui ne devient pas, tel Fra Angelico, un religieux est nécessairement appelé à entretenir avec elle des relations ambiguës, de fascination ou de répulsion.

Tout cela est manifeste chez Leconte de Lisle.

> Leconte de Lisle est un croyant et un aristocrate, écrit Pierre Flottes. Mais il ne prend place dans aucune des hiérarchies de son temps : ni dans la hiérarchie catholique, ni dans la hiérarchie bourgeoise et mercantile, pas même dans la hiérarchie élective des révolutionnaires, puisqu'il n'a pas foi dans la multitude. Et on l'a appelé impassible, pour se dispenser d'analyser ses passions.
>
> Nous avons tous pu voir, à l'écart d'une forêt, ou sur un rivage, un chêne frappé de la foudre. L'arbre n'a pas fléchi et, de loin, semble intact ; si une branche a été abattue, il lui reste assez de feuillage pour prodiguer son ombre, murmurer quand le vent passe, et abriter des chants d'oiseaux. Il faut s'approcher de cette ombre pour distinguer, au flanc de l'arbre, l'étroite blessure, ouverte encore, par laquelle est passée la mort. Il en est ainsi de certains hommes. Ils dressent au-dessus des autres une figure orgueilleuse ; ils expriment avec sérénité les aspects majestueux ou caressants des choses ; et, parce qu'ils ont voulu vivre, obsédés peut-être par trop de tendresses qui passent, dans la recherche de l'impérissable, on les croit en dehors des émotions changeantes, un peu au-delà, un peu au-dessous de l'humanité. Il faut s'approcher d'eux, il faut marcher patiemment sur leurs traces, pour discerner, sous ce calme étudié, le frisson de tous les désirs, les blessures d'ambition et de l'amour, toutes les marques sanglantes laissées sur eux par tous les orages de la vie. Ils n'en donnent pas moins de l'ombre aux autres hommes. S'ils furent de grands poètes, leurs leçons n'ont pas moins de clairvoyance et de beauté, leurs vers ne chantent pas avec une moindre harmonie, mais sous cette harmonie on distingue un sanglot, comme, à travers les branches de l'arbre, on distingue les traces de la foudre.
>
> Il y a quelque chose du chêne foudroyé dans l'âme et le destin de Leconte de Lisle[2].

L'objectivité forcenée dont il voulut faire preuve dans ses traductions littérales comme dans sa poésie relève de sa volonté de rendre compte d'une pensée radicalement étrangère, allogène et inassimilable, et non d'une forme d'égotisme exacerbé, d'hyper-subjectivité entièrement tendue vers l'œuvre, dans laquelle la vie eût été comme engagée sans jamais se dévoiler de façon ordinaire. Pourtant, sans avoir besoin de l'y chercher, on la rencontre partout, par transparence comme par transpiration. « L'Antiquité, la Barbarie, la Tragédie apparaissent ainsi comme des notions à la fois historiques, éthiques, esthétiques et même biographiques[3]. »

La biographie, ce « sous-genre de l'Histoire », relève toujours selon nous, quand il ne s'agit pas d'une œuvre strictement de commande ou quand elle ne relève pas d'une stratégie purement commerciale, d'une tentative de réhabilitation. Elle nécessite de ce fait un puissant investissement affectif et cherche à instaurer ou à restaurer une image précise, juste et fidèle, sinon pieuse (εἰκών) – c'est là le rôle de l'hagiographe –, du sujet auquel elle s'intéresse. Peut-être était-ce parce que nous éprouvions à l'égard de l'œuvre, et non encore de l'homme-personnage, une véritable « empathie objective[4] » que nous avons décidé de nous lancer dans l'aventure. En outre, la chose n'avait pas été faite depuis Pierre Flottes (*Leconte de Lisle, l'homme et l'œuvre*, Hatier-Boivin, 1954) et nécessitait donc, puisqu'entre-temps de nombreux travaux ont été effectués, des correspondances éditées et des colloques publiés, une importante mise à jour.

Il nous fallait faire, en engageant notre expertise et notre appréciation, la jonction entre les générations qui avaient rencontré le poète (Catulle Mendès, José-Maria de Heredia, Pierre Louÿs, Romain Rolland, Maurice Souriau, Jules Lemaitre, Paul Bourget, Anatole France, Henri de Régnier, Jean Dornis, etc.) mais qui, tout en nous faisant profiter d'anecdotes savoureuses et de détails nécessaires, sombraient un peu trop aisément dans le cliché ou la caricature, et celles qui, plus éloignées dans l'espace temporel de notre biographié (Jean-Paul Sartre, Luc Badesco, Raphaël Barquissau, Henri Batet, Alexandre Embiricos, Irving Putter, Gladys Falshaw, Alison Fairlie, Fernand Desonay, Joseph Vianey, etc.), nous offraient des analyses plus modernes de l'œuvre, audacieuses et documentées, mais restaient comme emprisonnées dans une forteresse d'inaccessible érudition, historique et bibliographique, la désincarnant à force de réflexion, et contribuant ainsi à alimenter la légende, pourtant combattue depuis les origines par les amis du poète et par le poète lui-même, de l'impassibilité élitiste, de la condescendance olympienne et de la froideur marmoréenne.

Leconte de Lisle est un être métissé, morcelé, fragmenté, brisé, un poète immigré, moderne parce que bigarré, pluraliste et nomade, à dimension universelle, qui chercha toute sa vie à « reconstituer le véritable puzzle que forment les multiples images qu'il a, et donne, de lui-même[5] ». Cette mosaïque humaine, ce bohémien de Paris ne trouve pas seulement son origine dans la perte de son île natale, mi-infernale mi-paradisiaque, dans l'abandon de ses idéaux communautaires de jeunesse, ou dans la mort d'Élixenne de Lanux, son premier amour ; elle jaillit à chaque instant de l'esprit d'un artiste accompli rongé de paradoxes, écartelé entre les songes de ses songes et la triste réalité qu'il devait affronter à coups de travaux harassants, de leçons particulières, de traductions et de dettes difficiles à régler ; entre la vie telle qu'il l'avait rêvée et la morne réalité industrielle d'un XIXe siècle entièrement inféodé au règne de l'argent, labouré par des guerres intestines, déchiré par des révolutions souvent ratées, dévasté aussi par des épidémies de choléra, de phtisie, de dysenterie, de typhus, de coqueluche, de fièvre jaune, de rougeole, de variole, de malaria et d'influenza. Et comme tout immigré, comme tout Juif errant, pour son caractère volontairement froid et distant, pour son œuvre résolument élitiste et complexe, Leconte de Lisle n'a jamais été accepté, ni par les Créoles de la Réunion – sauf cas épisodiques –, ni par les Français de métropole : « L'homme que j'étais n'aura jamais été connu », reconnaissait-il lui-même, le 6 septembre 1887, dans une lettre à Émilie Leforestier.

C'est cette double nature que nous nous sommes attaché à mettre en évidence : de paria, de proscrit des lettres françaises et de personnage créole tourmenté entre deux natures, la blanche et la noire, la libre et l'asservie, la républicaine et l'aristocratique, la parisienne et la saint-pauloise, la très secrète et la plus célèbre, le Leconte de Lisle officiel tel que les chroniques nous le décrivent à longueur de colonnes, avec « sa tête bien caractéristique », ses « grands cheveux blancs arrondis à la vénitienne retombant tout autour de sa figure », son « second menton énorme se détachant sur son col ouvert » et son « monocle de buffle noir sur son œil droit[6] », et le « Charles » méconnu tel que sa correspondance nous le fait découvrir, plus intime et plus attachant.

Aujourd'hui, ses œuvres poétiques complètes ne sont toujours pas entièrement disponibles dans un format de poche, accessible au grand public, et il rôde encore autour de ce génie des lettres françaises, et fort contradictoirement, comme une odeur de conformisme dont on ne peut clairement distinguer l'origine. Comment expliquer ce fossé qui sépare le culte légitime à Baudelaire, à Verlaine, à Rimbaud, à Mallarmé, de la quasi ignorance où pendant plus d'un demi-siècle a sombré l'œuvre de Leconte de Lisle – c'est-à-dire la connaissance du séisme littéraire qu'a été le Second Empire, réduit à Flaubert et à Baudelaire, quand Banville et Leconte de Lisle ont posé les jalons parmi les plus forts de tout le mouvement moderne ?

Il est vrai que la librairie Lemerre du passage Choiseul, « qui avait conservé le monopole de l'édition des Parnassiens et qui assurait la diffusion et la promotion de leurs œuvres, ferma ses portes en février 1965[7] », que ses stocks furent mis au pilon, qu'un grand nombre de ces poètes évoluèrent vers le nationalisme à la fin du XIXe siècle, que François Coppée, poète officiel de la Troisième République, avec Sully Prudhomme et Théodore de Banville, présida la Ligue de la Patrie française, à laquelle adhérèrent José-Maria de Heredia et Armand Silvestre, qu'il fut antidreyfusard, tout comme Louis Ménard et Léon Dierx, et que Leconte de Lisle lui-même passait – à juste titre – pour un anti-communard acharné, et cela bien qu'il fût un fidèle abonné de journaux anarchistes surveillés par la police. Mais on oublie trop facilement l'empreinte indélébile de la génération dite parnassienne, tout particulièrement de Banville et de Leconte de Lisle, sur tout ce qui va compter : sur Verlaine et Mallarmé (dont l'immense vénération pour son « maître » Banville n'a pas cessé un seul jour), sur Rimbaud, dont *Le Bateau ivre* doit sans aucun doute, avec ses innombrables réminiscences de Leconte de Lisle, être considéré comme l'un des plus authentiques chefs-d'œuvre du Parnasse, sur le trio Valéry, Louÿs, Gide (aux yeux desquels Leconte de Lisle est un maître indépassable), sur Péguy même qui a emprunté à Leconte de Lisle l'une de ses figures les plus importantes, celle d'Hypatie[8].

Comment expliquer aussi que Leconte de Lisle soit mystique et antithéiste, spiritualiste et proudhonien, qu'il aspire à la beauté la plus rare et prône une esthétique de la violence ? Pourquoi la cruauté, pourquoi les sacrifices, ces chairs qui saignent, ces corps qui souffrent, et toutes ces bêtes sauvages qui contribuent à l'enfermer dans la sous-catégorie, très limitative, des poètes animaliers ? Sans doute parce qu'il est à la recherche de l'esprit des origines de l'humanité, comme de ses propres racines, culturelles (Bourbon ou Bretagne), biologiques (homme ou animal) et affectives (*vestale* ou *virago*). Il veut trouver les repères que la mort des dieux et les excès des romantiques n'ont pas su lui donner. Il examine l'esprit primitif non seulement pour mieux comprendre le monde moderne qui l'entoure, quoique le rejetant et l'exécrant à bien des égards, et qui s'écroule, mais encore pour apprendre à mieux se connaître, trouver une forme de paix que seuls l'étude et le culte immodéré du Beau lui procurent de façon temporaire. De là le drame inévitable, la tragédie sans cesse répétée. Comme Œdipe, Leconte de Lisle est en quête de son propre mystère, et, en ceci, son œuvre et sa vie touchent aux fondements mêmes de la métaphysique ; comme Œdipe, il demeure en proie à une colère furieuse, incontrôlable et viscérale, une sorte de démesure (ὕβρις) qui lui donne les apparences d'un sauvage ou d'un barbare et pas seulement d'un prince, c'est-à-dire précisément le contraire de cet aristocrate policé, émotif et mondain qu'était l'Académicien des dernières années.

Et pourquoi donc Leconte de Lisle possédait-il encore, trônant sur sa cheminée, une reproduction du *Moïse* de Michel-Ange, symbole pour lui de la poésie sacrée, si ce n'est parce que, au-delà de l'admiration qu'il vouait au sculpteur prodigieux, lui-même se reconnaissait dans le destin de l'inventeur du monothéisme, mi-égyptien et mi-hébreu ? Lui aussi, qui fut un moine à sa manière, un ascète[9], un Père de l'Église poétique, a surgi des eaux et reçu sa révélation du buisson ardent ; lui aussi connut les récriminations, lutta pour l'abolition de l'esclavage, quitta la contrée de ses ancêtres et rechercha pendant de nombreuses années la Terre promise ; lui aussi se sentit seul, dut affronter les masses, les modes, les courants, connaître la honte, l'opprobre, la pauvreté, la faim, le désespoir, les ténèbres...

Puis il sortit du désert, alla boire au puits de Mâdian, fut reconnu, choyé, mangea la manne, refusa le culte du Veau d'or, gravit la montagne, entra en colère contre son peuple, inscrivit les Lois immuables de l'Art dans le granit et dans le marbre, sacrifia tous ses plaisirs et tout son temps à l'Alliance exclusive, et puis mourut, non sans avoir préalablement enfermé ses Œuvres dans l'Arche divine qui devait arriver jusqu'à nous :

> Il dressa le parvis autour de la Demeure et de l'autel, et il mit le voile à la porte du parvis[10].

Ce même voile, précisément, qu'aujourd'hui nous avons voulu soulever.

27 janvier 2008.

Notes

1. Edgard Pich, *Leconte de Lisle et sa création poétique*, Imprimerie Chirat, 1975, pp. 414-415.

2. Pierre Flottes, *Le poète Leconte de Lisle*, Perrin, 1929, pp. 257-258.

3. Edgard Pich, Introduction des *Poèmes tragiques*, Belles Lettres, 1977, p. VIII.

4. Voir Thibaut d'Anthonay, *Jean Lorrain*, Fayard, Paris, 2005, pp. 11-13.

5. Edgard Pich, *Écrire la Commune, Témoignages, récits et romans (1871-1931)*, Du Lérot éditeur, 1994, p. 133.

6. Pierre Louÿs, *Journal intime*, 11 mars 1888, in Jules-Marie Priou, *Leconte de Lisle*, Seghers, Paris, 1966, p. 31.

7. Yann Mortelette, *José-Maria de Heredia, poète du Parnasse*, Presses de l'Université Paris-Sorbonne, 2006, p. 9.

8. Voir l'article d'Edgard Pich sur « Péguy et le Parnasse ».

9. Voir « Les Ascètes », publié le 10 octobre 1846 dans la *Revue indépendante*. La première version figure dans les *Œuvres diverses*, Belles Lettres, 1978, pp. 163-170, et la seconde, dans les *Poèmes barbares*, Belles Lettres, 1976, pp. 259-262 : « Ô rêveurs, ô martyrs, vaillantes créatures, / Qui, dans l'effort sacré de vos nobles natures, / Poussiez vers l'idéal un sanglot éternel, / Je vous salue, amants désespérés du ciel ! »

10. *L'Exode, 40, 33, La Bible de Jérusalem*, Desclée de Brouwer, 1975, p. 151.

PREMIÈRE PARTIE

LES ESSAIS

(1818-1845)

« La lumière s'éveille à l'orient du monde. »

« Le Piton des Neiges », *Derniers poèmes*.

Chapitre premier

Une jeunesse romantique

(1818-1837)

Dès son plus jeune âge, Leconte de Lisle vécut dans une double nostalgie. Adolescent, il ne cessa de magnifier la France où il avait passé dix années de son enfance, d'abord à Dinan, de 1822 à 1829, puis à Nantes[1], au moment de la Révolution de Juillet, entre les bordures des quais et les couloirs d'un pensionnat d'enseignement privé, l'Institution Brieugne[2], 2, place Brancas[3], actuelle place Édouard-Normand, à deux pas de la place Viarme, où il obtint son certificat d'études et où il fit la connaissance d'Auguste Lacaussade et peut-être celle d'autres futurs poètes comme William Falconer[4] et Eugène Balleyguier-Loudun[5]. La métropole incarnait pour lui non seulement les douceurs d'une enfance insouciante, heureuse, paisible et suave, mais surtout la gloire et le génie auxquels il rêvait de s'associer. Adulte et une fois à Paris, le souvenir de son adolescence à la Réunion ne le quitta plus. C'est dans cette île qu'il reçut la vie, à Saint-Paul, à l'emplacement de l'actuel square à la jonction des rues Leconte-de-Lisle et Saint-Louis, le 22 octobre 1818[6], et qu'il fut, peu de temps après, initié à la beauté ; c'est là qu'il aima pour la première fois des livres, ceux de Rousseau, de Chateaubriand, d'Évariste Parny, de Walter Scott et de Bernardin de Saint-Pierre, deux camarades, Ernest Lebrun et Charles Adamolle, et une jeune cousine, la fameuse vierge au *Manchy*, Marie-Élixenne de Lanux, morte dans sa dix-neuvième année, le 28 avril 1840[7], huit mois après son mariage avec Pierre Baillif :

Sous un nuage frais de claire mousseline,
Tous les dimanches au matin,
Tu venais à la ville en manchy de rotin,
Par les rampes des collines. [...]

Maintenant, dans le sable aride des grèves,
Sous les chiendents, au bruit des mers,
Tu reposes parmi les morts qui me sont chers,
Ô charme de mes premiers rêves[8] !

Si son enfance fut radieuse, son adolescence fut ténébreuse. Charles y vécut dans la religion du souvenir et les affres de la séparation. Quand il était à Bourbon, le désir de la France l'obsédait, mais dès qu'il prenait le bateau pour rejoindre le continent, « une tristesse amoureuse » le submergeait. C'est, à n'en pas douter, à l'intérieur de ce double déchirement qu'il faut chercher l'origine de l'évocation et de la vocation poétiques de Leconte de Lisle. C'est dans ce souci permanent d'associer à la grandeur paternelle de la nation la splendeur d'une nature maternelle que s'est bâtie l'identité du poète.

La nature

Charles-Marie Le Conte[9], né le 14 octobre 1793, à Dinan, Côtes-du-Nord[10], mesurant « un mètre soixante-cinq, poil roux, yeux gris, front haut, nez moyen, bouche moyenne, menton rond, visage ovale[11] », fut très tôt destiné à exercer la médecine. En 1813, il fut nommé chirurgien sous-aide au corps de Bavière, servit à bord du *Courrier de Bourbon*, et, en 1814, fut maintenu à ce titre dans la Grande Armée. Demi-solde, il décida de quitter la France et chercha fortune à l'île Bourbon, où il s'installa en 1816. Une année plus tard, le 26 novembre, à Saint-Paul, il épousa une jeune aristocrate créole, Anne-Suzanne-Marguerite-Élysée de Lanux, dont la famille s'était installée dans l'île vers 1720 en la personne du Marquis François de Lanux, Languedocien, exilé par le Régent. La dot était importante : terres et esclaves. Le père de Charles-Marie-René se fit planteur sans complètement abandonner la médecine – il renonça officiellement à sa profession de chirurgien de bord le 7 avril 1827[12] – et ne fut jamais très bien intégré. Tant que l'esclavage dura, il semble que les affaires de la plantation furent florissantes. En 1837, par exemple, il expédia à une maison du Havre près de cent mille kilos de sucre de canne. En 1840, il vendit sa propriété située entre Saint-Paul et Saint-Gilles et s'installa à Saint-Denis. Mais il ne put atteindre cette aisance économique qui permet la stabilité[13]. C'était un homme instruit, doux, cousin de Parny par sa femme, voltairien, lecteur de Rousseau. Cet athée amoureux des déistes permit à sa femme d'être catholique, mais il ne s'abstint jamais de critiquer et de juger l'Église. Charles-Marie fut donc ici encore partagé entre deux univers : celui de la religion un peu conventionnelle d'une mère et celui de l'intolérance un peu superficielle d'un père. Très occupé et en bon héritier de l'*Émile*, le docteur Leconte laissa son fils aîné très libre : il put lire ce qui lui chantait, fréquenter les lieux qu'il souhaitait : le collège royal, la bibliothèque, les plages... La discipline scolaire de la pension de Saint-Denis ne fut pas très rude, nonobstant les vieilles méthodes. Le littoral était proche, l'enfant oubliait parfois d'aller à l'école. Un jour que son père était en voyage, Mme Leconte de Lisle fut même « fort étonnée de recevoir la visite du chef d'institution qui demanda pourquoi son élève avait disparu depuis une semaine. Stupéfaite, la mère questionna son fils qui arrivait tranquillement à l'heure de la rentrée, sans se douter de l'inquisition qui l'attendait. L'enfant se troubla, rougit, et finit par avouer qu'au lieu de se rendre en classe, il allait passer toute sa journée à la bibliothèque, où un vénérable conservateur avait consenti à lui prêter sur place

Walter Scott. Leconte de Lisle en était à *la Prison d'Édimbourg*, quand cet innocent manège fut découvert; mais le titre du roman n'eut rien de fatidique pour lui, car, au lieu de le gronder, sa mère enchantée lui acheta tous les romans de l'illustre auteur écossais, en le priant seulement de les lire désormais à la maison[14]. »

Son éducation ne fut ni aussi complète ni aussi parfaite qu'elle aurait pu l'être à cette époque, le docteur n'ayant de surcroît pas été la référence absolue. Sans avoir ni initié ni encouragé sa vocation littéraire, du moins ne l'a-t-il pas étouffée. Mais « l'immensité et la plainte solitaire de la mer, le calme splendide des nuits », seuls, semble-t-il, firent lever le grain.

En effet, l'habitation familiale reposait sur la cime aplatie d'un grand piton qui domine les caps La Houssaye et Champagne. La vue s'étendait jusqu'à la pointe des Galets, toute lumineuse et frangée d'écume. M. de la Nux, le grand-père maternel, avait dans ces parages une maison chère à son petit-fils, et, non loin, la Ravine Saint-Gilles creusait sa « gorge pleine d'ombre », semée de bassins mystérieux. Le promeneur y distinguait « le bassin bleu de teinte claire, le bassin Malheur, le bassin des Trois Roches avec le jaillissement des cascades en éventail, celui des Aigrettes et celui du Cormoran[15] ». Quotidiennement, le jeune poète faisait provisions d'images et d'impressions. Son enfance fut un mélange d'élégies et de romances, d'errances et d'alanguissements, de lyrisme et de pudeur.

Charles n'eut pas le temps de s'ennuyer ni de se dessécher au contact de la plantation. Sa sensibilité savait où se nourrir et croître. Il fuyait l'univers cynique des commerçants et des cultivateurs pour se fondre dans les rêveries que ne manquait pas de lui inspirer la splendeur du vieux Saint-Paul.

De nombreux émigrants, à l'origine des proscrits de Madagascar, s'y étaient installés. Des ouvriers indiens avaient aidé à y élever de somptueuses bâtisses dans le style du XVIIIe siècle, ombragées de vergers. La ville resplendissait de son passé de colonie bourbonnaise. Elle avait connu son apogée sous le gouverneur Regnault qui en avait fait le centre de la culture florissante du café. Dans le port, les voiles multicolores mêlaient leurs formes à leurs arômes : les bricks portugais croisaient les aiguilles noires des Hollandais, les voiliers de prétentieux courriers, et les histoires allaient bon train, comme dans les foires du Moyen-Âge. C'étaient des songes de métropole contre des rêves de colonie, des promesses de voyage contre des menaces d'exil, des souvenirs de tropiques contre des regrets de Provence. On débattait gravement du devenir des îles. L'Asie côtoyait l'Afrique qui jouxtait l'Europe. On y sentait les épices, le camphre et le benjoin bibliques; on y échangeait des livres contre des esclaves; on s'y convertissait; on y perdait son âme.

Puis, sans crier gare, les rues se firent désertes. La cité s'assoupit et la magie de l'Orient fit place aux langueurs tropicales, à la fournaise humide des côtes dépeuplées. On se réfugia derrière les grilles de sa propriété, les rues ne se remplirent que de fantômes ambrés, et les vaisseaux n'accostèrent plus qu'à Saint-Denis, désormais la capitale. La rade morte de Saint-Paul n'exhala plus qu'une âcre nostalgie. Les fêtes et les bals ne s'y donnèrent plus avec la même frénésie, et, si quelquefois un bobre madécasse ou un tam-tam africain venait à y briser le silence, ce n'était que pour le déhanchement des Cafres et des Cafrines enturbannés. Les maisons demeurèrent silencieuses. Les chansons se firent plus intérieures et douloureuses, la nostalgie plus lourde et plus sourde. Saint-Paul ne se contentait plus d'avoir vu naître Parny et Bertin, elle poétisait toute sa population, la rendait plus sensible aux élégies de la tristesse et aux murmures des vers. Cette ville sentimentale marquait toute âme de son empreinte mélancolique et livrait à tous les cœurs une silencieuse et mystérieuse symphonie.

Sur les pentes volcaniques, dans la forêt du Bernica, sommeillait *La Fontaine aux lianes* : « Gonflée de chants d'oiseaux et des mélodies de la brise, dorée par-ci par-là des rayons multipliés qui filtraient au travers des feuilles enlacées de lianes brillantes aux mille fleurs incessamment variées de forme et de couleur, et qui se berçaient capricieusement des cimes hardies des nates et des bois-roses aux tubes arrondis des papayers-lustres, on eût dit le Jardin d'Arménie aux premiers jours du monde, la retraite embaumée d'Ève et des Anges amis qui venaient l'y visiter. Mille bruits divers, mille soupirs, mille rires se croisaient à l'infini sous les vastes ombres des arbres, et toutes ces harmonies s'unissaient et se confondaient parfois, de telle sorte que la forêt semblait s'en former une voix magnifique et puissante[16]. »

« Rien n'est beau comme le lever du jour du haut des mornes du Bernica. On y découvre la plus riche moitié de la partie sous le vent, et la mer à trente lieues au large. Sur la droite, aux pieds de la montagne à Marquet, la savane des Galets s'étend sur une superficie de trois ou quatre lieues, hérissée de grandes herbes jaunes que sillonne d'une longue raie noire le torrent qui lui donne son nom. Quand les clartés avant-courrières du soleil luisent derrière la montagne de Saint-Denis, un liséré d'or en fusion couronne les dentelures des pics et se détache vivement sur le feu sombre de leurs masses lointaines. Puis il se forme tout à coup, à l'extrémité de la savane, un imperceptible point lumineux qui va s'agrandissant peu à peu, se développe plus rapidement, envahit la savane tout entière et, semblable à une marée flamboyante, franchit d'un bond la rivière de Saint-Paul, resplendit sur les toits peints de la ville et ruisselle bientôt sur l'île, au moment où le soleil s'élance glorieusement au delà des cimes les plus élevées dans l'azur foncé du ciel[17]. »

C'est devant ce spectacle que Leconte de Lisle et ses amis rêvèrent de voyages et conçurent leurs premières ivresses :

> Nature ! Immensité si tranquille et si belle,
> Majestueux abîme où dort l'oubli sacré,
> Que ne me plongeais-tu dans ta paix immortelle,
> Quand je n'avais encor ni souffert ni pleuré[18] ?

Ils s'enthousiasmaient pour des idéaux libertaires, s'exaltaient pour une justice sociale plus fraternelle – Bourbon était l'île aux esclaves[19] –, s'enflammaient pour savoir qui d'Achille ou d'Hector était le plus glorieux, divaguaient sur « l'iniquité romaine » et dissertaient sur la République platonicienne. Leurs promenades étaient entrecoupées de longues causeries, de méditations et de contemplations où la fumée des cigares montait aux cieux plus voluptueusement que des bouffées d'encens. L'océan Indien était pour eux l'allégorie de la pensée humaine, tantôt charmant, tantôt furieux, jamais obscur. Saint-Paul était leur *Lac* :

> Tout s'enfuit, tout s'éteint !... Songes menteurs, mais doux,
> De grâce, dites-le, faut-il vous perdre tous ?...
> Faut-il vous perdre, ô soirs écoulés sur la grève
> Au bruit pensif du flot que la vague soulève,
> Vous, épais tourbillons des cigares brûlans,
> Vapeur exaltatrice en nos cerveaux ardens,
> Et qui sortiez, en feu, de nos lèvres émues,
> Quand des lueurs sans nombre étincelaient aux nues[20] ?

Les amis se donnaient parfois rendez-vous aux abords de l'*Olivier*[21], modeste maison « de changement d'air »,

> Avec ses bardeaux[22] roux jaspés de mousse d'or
> Et sa varangue[23] basse aux stores de Manille,
> À l'ombre des manguiers où grimpe la vanille[24].

Et c'est devant la luxuriance et l'exubérance de cette nature, de l'aveu du poète lui-même, que naquit la vocation :

> Ceci pourrait s'intituler : Comment la poésie s'éveilla dans le cœur d'un enfant de quinze ans. C'est tout d'abord grâce au hasard heureux d'être né dans un pays merveilleusement beau et à moitié sauvage, riche de végétations étranges, sous un ciel éblouissant. C'est surtout grâce à cet éternel « premier amour » fait de désirs vagues et de timidités délicieuses : cette sensibilité, d'un cœur et d'une âme vierges, attendrie par le sentiment inné de la nature, a suffi pour créer le poète que je suis devenu[25].

L'amour

Leconte de Lisle aimait ses amis. Charles Adamolle eut cependant dans son cœur une place de prédilection. Il possédait toutes les ressemblances et toutes les dissemblances dont avait besoin Charles-Marie pour l'épanouissement d'une relation solide, sincère et mutuelle. Adamolle était lui aussi le fils d'un planteur, habitait dans la même région des hauteurs de Saint-Paul, était capable de s'intéresser aux sujets les plus élevés et de s'entretenir des sentiments les plus profonds. Il était intelligent, sensible, curieux, cultivé et spontanément porté à la tendresse comme aux joutes intellectuelles. Tout comme Leconte de Lisle, il se méfiait des jeunes femmes, si dangereuses, et préférait souvent les discussions viriles aux fracassantes déclarations : la possession de soi, déjà, primait sur l'obsession.

C'est avec Adamolle que le poète connut ses premiers instants d'éternité.

Presque un frère jumeau, sûrement une âme sœur, c'est en ces termes, contenant son émotion, que son ami prit congé de lui – il avait dix-neuf ans – alors qu'il quittait, peut-être définitivement, l'île Bourbon pour la France :

Mon cher Adamolle,

C'est une chose cruelle qu'un départ, lorsque, pour un temps illimité, l'on quitte tout ce qu'on aime. C'est une chose pleine d'amertume qu'il faut avoir éprouvée pour en exprimer avec vérité les diverses sensations. Je puis te dire en conscience tout le malaise et l'isolement où l'on se trouve plongé, car je suis du nombre de ceux qui la connaissent à fond.

Tu dois pardonner mon brusque départ cher Charles, je devais en agir ainsi pour nous épargner de trop pénibles moments, et ce seul moyen de les abréger nous était accordé. T'exprimer, mon ami, combien j'ai été sensible à tes regrets serait au-dessus de mon pouvoir, je ne puis que t'en remercier du fond de mon cœur.

Nous nous sommes promis de nous écrire souvent; tenons notre promesse, et ce sera une bien grande consolation. Je voudrais que l'immensité qui nous désunit rendît en quelque sorte notre intimité plus intime, et que nous puissions nous appliquer cette pensée de Baour-Lormian :

« En vain l'absence a séparé leurs jours,
Leurs cœurs parlent encore et s'entendent toujours. »

Je ne sais mon ami, si tu éprouves à mon égard les mêmes sentiments, mais je suis lié à toi par une bien forte sympathie. C'est surtout maintenant que je me trouve jeté au milieu d'hommes indifférents sur toutes les choses dont nous aimons à causer, que je sens tout le prix d'une âme qui comprenne la mienne et soit comprise d'elle. Écris-moi souvent, mon ami, je t'en supplie, ce serait bien mal de ta part si tu ne le faisais, mais je compte trop sur ton amitié pour en douter.

Nous sommes en vue du Cap, que je vais explorer le plus possible. Serre cordialement de ma part les mains de Charles, d'Ernest, assure-les des vifs sentiments d'amitié que je ressens à leur égard ; si je ne leur écris pas particulièrement, c'est que je ne le puis, mais aussitôt à Sainte-Hélène, je m'empresserai de le faire, avec une description détaillée de notre pèlerinage à la tombe du grand tyran[26].

Dans cette autre lettre, au contraire, il montre combien il est bouleversé :

Oh ! jamais, non, jamais, aucun autre ami ne te remplacera dans mon cœur, jamais rien n'altérera notre chère amitié ! Nous sommes séparés l'un de l'autre, peut-être pour toujours… Ah ! que, du moins, le souvenir, seul bien qui nous reste, emplisse en quelque sorte l'énorme espace qui nous désunit, adoucisse un peu l'amertume des regrets et des larmes de l'absence ! Mais cet espace lui-même, qu'est-il ? rien, non, rien ! Je te vois, je te parle, je te serre d'ici dans mes bras ! ô mon si cher ami, s'il ne faut pour nous rejoindre un jour que surmonter des obstacles proportionnés aux forces humaines, ah ! sois-en sûr, tu me reverras, je te reverrai aussi et nous oublierons alors dans notre joie et nos maux et nos regrets passés !

Il aima aussi une jeune femme, Marie-Élixenne de Lanux – elle signait Élixène –, la fille de son oncle maternel Frédérik :

Mon premier amour m'avait assailli comme un coup de vent. Car j'étais amoureux, et amoureux de la plus délicieuse peau orangée qui fut sans doute sous la zone torride. Amoureux de cheveux noirs et plus brillants que l'aile du matin de la montagne ! Amoureux de grands yeux plus étincelants que l'étoile de mer qui jette un triple éclair sur la houle du récif, et tellement amoureux, tellement ravi, le cœur tellement gonflé de bonheur... que je tombai malade dès le soir même, attendu que je ne voulais plus ni boire ni manger, ni parler ni dormir, et que j'étais devenu pâle comme un de ces hommes de mauvaise mine qu'on appelle des poètes[27].

Elle avait l'élégance inouïe des femmes créoles, sa peau très blanche quoique légèrement ambrée exhalait des fragrances de miel, ses lèvres étaient deux longs rubis, ses yeux deux sombres améthystes et, chose rare, la belle était visible[28]. M. le marquis Anne-Henri Naciède de Lanux avait en effet épousé la « mère de tous les Réunionnais », Marie-Geneviève de Ringwald, une Créole d'origine européenne qui, parce qu'à l'époque il fallait peupler l'île, eut près d'une vingtaine d'enfants. Les de Lisle résidant à Saint-Paul et les de Lanux sur les hauteurs parfumées de Belmène – ou Bellemène –, six kilomètres plus loin, à une heure de cheval, ils se voyaient pour la grand'messe, le dimanche.

Leconte de Lisle narra avec beaucoup d'humour et de détachement cette étrange et splendide rencontre, son transport juvénile, sa brutale déclaration, la naïveté de ses espérances et l'issue misérable de toute son entreprise. Melle de Lanux était de faible constitution, d'une humeur maladive, et c'est à travers la batiste des rideaux d'une litière (le manchy), portée par huit esclaves noirs, qu'on pouvait deviner toute l'immensité de son étrange beauté. Comme l'ultime soupir de la flamme est toujours dans l'âtre plus intense, Élixenne embellissait à mesure qu'elle expirait :

J'aperçus venir à moi un beau manchy. [...] Il faisait une légère brise [...] aussi me fut-il permis de jeter en passant un regard distrait sur la personne qu'il renfermait. J'allais le dépasser, lorsque tout à coup je poussai un cri d'étonnement que les nègres porteurs prirent probablement pour un hurlement de colère car ils s'arrêtèrent devant moi immobiles et stupéfaits. Par les mille rayons du soleil ! j'avais reconnu mon chapeau de paille de roses blanches et à rubans cerise !

Oh ! Cervantès[29], que n'avais-je ta lance de chevalier errant pour disperser ces huit gardiens de ma peau orangée ! pour l'enlever sur mon destrier rapide, pour l'emporter mourante au fin fond des forêts de la montagne, afin d'y vivre d'amour... et d'eau fraîche !... Mais non, hélas ! je restai là, sans parler, sans bouger, et si longtemps que les noirs prirent le parti de déposer le manchy à terre, et d'avertir leur maîtresse qu'un jeune blanc les empêchait d'avancer. [...] Hélas ! je me souviendrai bien longtemps des paroles qui sortirent alors du manchy !

– Louis ! cria une voix aigre, fausse, perçante, saccadée, méchante et inintelligente : Louis, si le manchy n'est pas au quartier dans dix minutes, tu recevras vingt-cinq coups de chabouc ce soir !

Le pauvre diable de commandeur noir fit soulever sa maîtresse à la hâte, et allait se remettre en route ; mais je descendis de cheval, je l'arrêtai, puis je m'approchai du manchy et je demandai à la plus ravissante tête de femme que j'aie vue et que je verrai jamais :

– Mme ou mademoiselle, veuillez avoir la bonté de me dire si la voix que je viens d'entendre est bien la vôtre ?

– Que vous importe ! répondit l'horrible accent en déchirant des lèvres de corail. Laissez-moi passer, monsieur. Quant à Louis, il aura ce soir ses vingt-cinq coups de chabouc !

Je pris une pose grave et triste, j'étendis la main vers cette perle de la nature matérielle qui ne renfermait pas d'âme ; et je dis :

– Mme, je ne vous aime plus !

Elle me répondit par un éclat de rire strident, et s'éloigna, portée par ses noirs[30].

Y eut-il une issue plus heureuse en vérité ? Un certain *Souvenir* pourrait nous le faire croire :

Jamais des yeux plus beaux n'embrasèrent mon âme ;
Jamais bouche d'amour ne me dit le bonheur
En aussi longs baisers de flamme !
Jamais d'un front plus blanc, plus doux et blonds cheveux
En contours gracieux, en soyeuse auréole,
Ne tombèrent ainsi sur un cou plus neigeux,
Et sur plus rose épaule.

Jamais bras plus charmant appuyé sur le mien,
Jamais plus tendre main, jamais main plus aimée,
Ne se plaça, folâtre, à ma lèvre, à mon sein !
À ma tête enivrée[31] !...

Mais rien n'est moins sûr. Ce fut en apparence la plus rapide et la plus navrante de toutes les éducations sentimentales. La mort prématurée de la pauvre enfant sanctifia le souvenir du républicain ; le poète la déifia. Il en fit une vierge éthérée, l'incarnation de tout amour et de toute beauté terrestres, le symbole brûlant de la nature, « légère comme les bengalis qui s'aimaient auprès d'elle, mystérieuse comme une vasque d'eau glacée[32] » :

Ô chère Vision, toi qui répands encore,
De la plage lointaine où tu dors à jamais,
Comme un mélancolique et doux reflet d'aurore
Au fond d'un cœur obscur et glacé désormais !

Les ans n'ont pas pesé sur ta grâce immortelle,
La tombe bienheureuse a sauvé ta beauté :
Il te revoit, avec tes yeux divins, et telle
Que tu lui souriais en un monde enchanté[33] !

Quatre poèmes au moins lui seront consacrés : *Le frais matin* et *l'Illusion Suprême* dans les *Poèmes tragiques*, la *Villanelle* dans les *Derniers poèmes*, et bien sûr *le Manchy*, dans les *Poèmes barbares*.

Élixenne s'était métamorphosée ; Leconte de Lisle ne l'oublia jamais[34].

La poésie

C'est donc bien de l'association de l'amour et de la nature que naquit la poésie, comme le confirme ce passage :

> Si le soleil du paradis s'est joué doucement sur tes lèvres roses, ô mon âme ! je sais un soleil plus doux encore : le connais-tu ?
>
> Si quelque ange a mis dans ton sourire un souffle limpide et plus parfumé que la senteur de la myrrhe, je sais un souffle qui donne des ailes pour le ciel : le connais-tu ?
>
> Si la nuit éblouissante a couvert tes cheveux noirs de son ombre divine, je sais un voile plus discret et plus beau : le connais-tu ?
>
> Ce doux soleil, ce voile discret et beau, ce souffle céleste, ô mon âme, c'est l'amour[35] !

Quelle dérision dans cette déclaration ! Il n'empêche que sous le masque crispé de la caricature s'affirme une évidence : les sentiments amoureux, qu'ils soient douloureux ou charmants, religieux ou profanes, sont à l'origine du génie poétique. Ne restait qu'à arroser la graine de sénevé capable d'abriter tous les arbres de la création. Mais à quelle source puiser ? Il fallait un maître à cet apôtre, et Leconte de Lisle l'alla quérir non seulement sur les hauteurs de son île natale, mais aussi dans les volcans d'un romantisme où bouillonnait encore tout l'exotisme du XVIIIe siècle.

D'abord chez ceux qui, tout près de lui, avaient déjà chanté les tropiques et la nature bourbonnaise.

Le chevalier puis le vicomte Évariste Désiré de Forges de Parny vit le jour à l'île Bourbon en 1753. Mort quatre années avant la naissance du poète, il était apparenté à la famille de Lanux. De plus, sa renommée littéraire étant grande[36] et ses textes très enclins à l'érotisme, il est fort improbable que notre jeune adolescent ne l'ait pas lu. À cet âge, les curiosités de la chair ne prévalent-elles pas sur celles de l'esprit ? Nous en avons la preuve dans son cahier de vers, fortement inspiré des *Élégies* et des *Poésies érotiques*, publiées en 1778. La charmante Élixenne y ressemble à la jeune Créole Éléonore dont Parny loua la beauté et fustigea la légèreté. En revanche, si Parny s'attacha surtout aux aspects tragiques et désolés de l'île : la brûlure des champs, les montagnes déchirées, les hurlements du vent, Leconte de Lisle, quant à lui, préféra en montrer les mystères et les enchantements :

> Perdu sur la montagne, entre deux parois hautes,
> Il est un lieu sauvage, au rêve hospitalier,
> Qui, dès le premier jour, n'a connu que peu d'hôtes ;
> Le bruit n'y monte pas de la mer sur les côtes,
> Ni la rumeur de l'homme : on y peut oublier.
>
> La liane y suspend dans l'air ses belles choses
> Où les frelons, gorgés de miel, dorment blottis ;
> Un rideau d'aloès en défend les approches ;

Et l'eau vive qui germe aux fissures des roches
Y fait tinter l'écho de son clair cliquetis[37].

Faut-il encore expliquer par l'auteur de la *Christianide* et de la *Guerre des Dieux*, sortes d'*Évangiles travestis*, son futur anti-Christianisme ? Certainement pas[38]. L'influence de son père fut plus déterminante que celle de ce lointain parent, quelque révéré qu'il fût. Les médecins au XIXe siècle étaient aisément mécréants[39], et c'est dans la bibliothèque familiale que l'enfant a dû trouver le livre de l'abbé Raynal dont il recopia ce passage dans l'un de ses carnets : « La loi suprême n'est que l'accord de la nature et de la raison ; toute religion qui contredit ces deux guides de la vie humaine est une religion infâme. » Et il avait ajouté plus bas : « Telle est la religion dégénérée du Christ. » Louis-Philippe était pour lui le plus despotique et le plus sanguinaire des tyrans ; les Espagnols qui « s'entre-mangent pour deux rois », les plus insensés. Il pensait qu'un pays qui se révolte contre sa reine est un pays qui « commence à bien penser ». Sans verser dans les paysages de l'abbé Delille[40], on peut néanmoins affirmer plus sûrement, avec Pierre Jobit[41], que le XVIIIe siècle a donc eu une influence décisive tant sur sa philosophie révolutionnaire que sur l'exotisme de sa poésie. Il ne pouvait d'ailleurs pas ignorer tous les récits de voyages scientifiques, toutes les études philosophiques, toutes les dissertations politiques ou satiriques qui pullulèrent sur les décombres du « bon sauvage » et de sa « bonne nature ». Il ne pouvait non plus méconnaître la sensualité du *Voyage à l'isle de France et à l'isle Bourbon* (1773), des *Études sur la nature* (1784) et des *Harmonies de la nature* (1814), de *La Chaumière indienne* (1791), des *Vœux d'un solitaire* (1789) et de *Paul et Virginie* (1788).

Jacques-Henri Bernardin de Saint-Pierre avait ceci de différent que dans son œuvre la beauté de la nature, nature qui n'était ni celle de Théocrite ni celle de Virgile, devait être non pas mêlée d'érotisme, mais rehaussée de pudeur et de moralité. Le but n'était pas de flatter le regard mais d'embrumer les yeux. Il fallait qu'on pleurât : « Lorsque j'eus formé, il y a quelques années, une esquisse fort imparfaite de cette espèce de pastorale, je priai une belle dame qui fréquentoit le grand monde, et des hommes graves qui en vivoient loin, d'en entendre la lecture, afin de pressentir l'effet qu'elle produiroit sur des lecteurs de caractères si différents : j'eus la satisfaction de leur voir verser des larmes[42]. »

Le succès de ce « délassement » fut considérable au XVIIIe siècle. « On en faisait des romans, des idylles, des pièces de théâtre, on imprimait les divers sujets sur des ceintures, des bracelets, et d'autres ajustements de femme. Un grand nombre de pères et de mères firent porter à leurs enfants les surnoms de Paul et Virginie[43]. » Le succès s'étendit à toute l'Europe ; la pastorale fut traduite dans de nombreuses langues. L'histoire devint un véritable mythe, et l'île Maurice, le berceau de cette mythologie. Bernardin de Saint-Pierre lui-même commença à perdre pied : « En vérité, il m'est permis de le dire, je crois que mon humble pastorale pourroit fort bien m'acquérir un jour autant de célébrité que les poèmes sublimes de l'*Iliade* et de l'*Odyssée* en ont valu à Homère. »

Même si l'optimisme était un peu forcé, la célébrité fut assez grande pour arriver sans peine jusqu'à notre poète. On imagine avec quel délice le jeune homme a dû lire ces pages intenses d'un amour réciproque entre un frère et une sœur de lait... Le Leconte de Lisle de *Sacatove* trouvait d'ailleurs l'auteur trop modeste : « Il n'appartient qu'aux œuvres vraiment belles de donner lieu aux imitations heureuses ou maladroites. Ce sont autant d'hommages indirects rendus au génie, et qui n'ont pas fait défaut au plus gracieux comme au plus émouvant des poèmes, *Paul et Virginie*, que Bernardin de Saint-Pierre appelait modestement une pastorale. Pastorale immortelle à coup sûr, où l'exactitude du paysage et des coutumes créoles ne le cède qu'au charme indicible qui s'en exhale[44]. »

Cette lecture prolongea et en quelque sorte matérialisa les espérances que le jeune homme avait romantiquement nourries en montant le chemin bordé de tamarins qui menait à l'église de Saint-Paul. Il lut là ce qu'il eût aimé vivre. La frontière entre la vie et la littérature s'effaça davantage. Certes les origines étaient changées (Virginie était la fille d'une jeune veuve de bonne famille, Mme de la Tour, et Paul, le fils de Marguerite, une paysanne) et les terres inversées (« La partie supérieure échut à Mme de la Tour, et l'inférieure à Marguerite. [...] La case de Marguerite se trouvait au milieu du bassin précisément sur les limites de son terrain. Je bâtis tout auprès, sur celui de Mme de la Tour, une autre case, en sorte que ces deux amies étoient à la fois dans le voisinage l'une de l'autre et sur la propriété de leurs familles[45]. »), mais fors cela, tout y était. Une nuance agréable cependant : point de père ni de docteur dans cet univers. Seuls quelques esclaves iolofs parcouraient de leur inoffensive masculinité les paysages familiers. Point de Père Aubry, comme entre Chactas et Atala ; point de M. de Wolmar, comme entre Héloïse et Saint-Preux, ce qui faisait de *Paul et Virginie* un texte de prédilection.

Dans ces trois récits, toutes les héroïnes finissent tragiquement : Virginie (la vierge) meurt dans le naufrage du *Saint-Géran* qui la ramène à son île natale, sous les yeux mêmes de Paul ; Atala (une autre vierge), incapable de choisir entre son amour terrestre et la promesse de chasteté faite à sa mère, se suicide dans les bras de Chactas ; Julie (mais après tout, Élixenne était-elle dame ou demoiselle ?) tombe dans le lac Léman et meurt de n'avoir pas su résoudre le dilemme entre sa fidélité matrimoniale et son amour pour Saint-Preux. Tous ces romans sont de petites tragédies nées d'un impossible choix ; aussi résonnèrent-elles tout particulièrement chez un être tiraillé entre la France et l'île Bourbon, entre l'amour du sacré et le culte du profane, entre l'amour d'une femme et la mort de cette même femme. Hommage ou ironie du sort, ce fut à bord de l'*Héloïse* que Leconte de Lisle quitta Bourbon, le 11 mars 1837.

Charles lisait ce que tout le monde avait lu dans son île : les vers de Baour-Lormian et ceux d'Eugène Dayot, Bourbonnais et rimailleur à la manière de Charles Millevoye. En témoigne une lettre adressée à Adamolle. Il répondait à une précédente dispute au sujet d' « une petite élégie » :

> J'ai lu, mon ami, avec la plus grande attention, la petite élégie de Dayot. C'est bien faible, ou plutôt ce n'est rien. Plusieurs personnes ont été de mon avis. Ce genre – l'élégie – est pourtant l'un des plus propres au sentiment qui, seul, constitue la poésie élégiaque ; mais, je te le dis, jamais tu ne trouveras,

dans la froide manière de la vieille école, la touchante et pittoresque expression de la moderne. Prends vingt sujets semblables traités par des classiques, et compare-les aux fraîches et naïves compositions de la littérature moderne : c'est la nuit, c'est le jour. Lis la simple et ingénieuse élégie de Rességuier, où tant de grâce respire ; lis l'orientale élégie de Victor Hugo, brillante de souplesse et de pensée ; lis Delorme, Mme Tastu, Émile Deschamps et de Vigny, J. Lefèvre, etc., etc.. Lis-les, ô mon ami, et puis compare et juge.

Enfin, évidemment, Leconte de Lisle ne pouvait ignorer les travaux littéraires de Victor Hugo, celui qui avait su comprendre qu'au XIXe siècle « l'Orient, soit comme image, soit comme pensée, [était] devenu, pour les intelligences comme pour les imaginations, une sorte de préoccupation générale » et que, dans un avenir proche, il serait appelé à « jouer un rôle en Occident[46] ».

Avec les *Orientales*, le monde littéraire allait redécouvrir la Grèce. On se souvenait bien sûr de Xénophon, de Thucydide, de Démosthène, des héros d'Homère d'après les traductions de Dacier et de Bitaubé ; les mondains lisaient encore le *Voyage du jeune Anacharsis* de l'abbé Barthélemy, mais les esprits en seraient peut-être restés là si Victor Hugo, consacrant treize de ses quarante et un poèmes à l'insurrection grecque contre l'envahisseur turc, n'avait rappelé au monde qu'il existait une autre Grèce. Aussi réactiva-t-il le philhellénisme littéraire que Chateaubriand n'avait fait qu'amorcer, en 1806, avec ses *Itinéraires*, et qui s'inscrivait dans la démarche d'un *Pèlerinage de Childe-Harold*, resté peu connu à l'époque en Hellade : « Esclaves héréditaires, ne savez-vous donc pas que ceux qui veulent être libres, doivent s'affranchir de leurs propres mains[47] ? »

L'œuvre de Lord Byron sut pourtant trouver en France le retentissement qu'elle méritait ; *Childe-Harold*, le *Giaour*, le *Corsaire*, la *Fiancée d'Abydos* et le *Lara* préparèrent la naissance et le progrès du philhellénisme français. « Il y eut ensuite la propagande des salons. Ce fut une des plus efficaces. Même au faubourg Saint-Germain, où l'on se piquait de loyalisme envers la cour, il n'était pas rare d'entendre de nobles personnages s'aborder en disant : "Êtes-vous Turc ? N'êtes-vous pas plutôt Grec ? Soyons Grecs !" Lamartine déclamait le *Dernier chant du pèlerinage d'Harold.* Drapée dans un peplum blanc, ses longs cheveux dénoués sur de pures épaules, Delphine Gay, la future Mme de Girardin, produisait un poème de sa façon : la *Quête pour les Grecs*. Mme Récamier tendait effectivement ses belles mains à leur intention. La duchesse de Duras, enfin, ne craignait pas de rapporter un mot qu'elle avait eu avec Louis XVIII : "Après tout, Sire, la Grèce, c'est la Vendée du Christianisme !" Chez le banquier Laffitte, à la Chaussée-d'Antin, Béranger chantait le *Voyage imaginaire*, et le *Pigeon messager* ; au Palais-Royal, Casimir Delavigne lisait, devant les d'Orléans et leurs invités, le *Jeune Diacre* ou la *Grèce chrétienne*.

« Quand Victor Hugo, vers 1826, commença de réciter des *Orientales* à tendance philhellène, dans le salon de l'Arsenal, dans celui de la rue de Notre-Dame-des-Champs, ou encore, chez les Bertin, il ne fit donc que se mettre au ton du jour[48] », mais l'événement fut extraordinaire ! En effet, les *Orientales* avaient su associer à un génie littéraire inégalable, le plus noble engouement. Tout le monde s'en mêlait : « Dès 1821, Guiraud publia [...]

Aux Grecs, et Gaspard de Pons, *l'Insurrection des Grecs*, qu'il dédia à Victor Hugo. En 1822, Vigny donna *Helena*, Alexandre Viennet, *Parga*, et Delavigne les trois nouvelles messéniennes. En 1824, Guiraud vendit ses chants hellènes au profit des grecs. En 1825, Lamartine fit imprimer le *Dernier Chant du Pèlerinage de Childe-Harold*, Delphine Gay, la *Quête pour les Grecs*, Jules Barbey d'Aurevilly, *Aux héros des Thermopyles*, Mme Tastu, l'*Enfant de Canaris*, et Pichald un *Léonidas*, précédemment représenté sur le Théâtre-Français avec Talma dans Léonidas. En 1826, Alexandre Dumas offrit un *Canaris en alexandrins*. En 1827, l'Académie couronna un *Affranchissement des Grecs*, par Lemaire[49]. » En 1822, Eugène Delacroix exposa ses *Massacres de Scio* ; Gros, Raffet, Géricault, Dusi, E. Montfort, Leblanc et Horace Vernet suivirent l'exemple. Victor Hugo n'eut donc pas seulement l'idée des *Orientales*, comme il dit dans sa préface, « en allant voir se coucher le soleil », mais en suivant une mode déjà bien amorcée. Son génie seul fit la différence.

Il lui fallut néanmoins se démarquer. Il décida donc d'ajouter au philhellénisme la couleur, le pittoresque, le drame et le mouvement de cet orientalisme né de l'expédition de Bonaparte en Égypte. Ce fut d'ailleurs « l'honneur de Victor Hugo d'avoir, à vingt-cinq ans, compris et admirablement exprimé l'objet de l'orientalisme, d'en avoir pressenti l'avenir grandiose et annoncé les découvertes. Par là encore, les *Orientales* débordent le cadre d'un cénacle, elles s'accordent au moment dans lequel elles vont paraître et se mêlent à l'un des grands courants qui emportent la pensée et la sensibilité humaines[50] ».

Leconte de Lisle s'en souviendrait en ces termes dans son *Discours de réception à l'Académie* : « Sans doute, c'était là l'Orient tel qu'il pouvait être conçu à cette époque, et moins l'Orient lui-même que l'Espagne ou la Grèce luttant héroïquement pour son indépendance ; mais ces beaux vers, si nouveaux et si éclatants, furent pour toute une génération prochaine une révélation de la vraie Poésie. Je ne puis me rappeler, pour ma part, sans un profond sentiment de reconnaissance, l'impression soudaine que je ressentis, tout jeune encore, quand ce livre me fut donné autrefois sur les montagnes de mon île natale, quand j'eus cette vision d'un monde plein de lumière, quand j'admirai cette richesse d'images si neuves et si hardies, ce mouvement lyrique irrésistible, cette langue précise et sonore. Ce fut comme une immense et brusque clarté illuminant la mer, les montagnes, les bois, la nature de mon pays, dont jusqu'alors je n'avais entrevu la beauté et le charme étrange que dans les sensations confuses et inconscientes de l'enfance[51]. »

À ce sujet, les deux hommes s'entretiendront plus tard...

Le jeune Leconte de Lisle recopia les poèmes qu'il admirait dans un livret : « un poème de Parny ; un poème composé par un membre du Caveau à l'occasion de la mort de Parny ; *Grenade*, *Fantômes* et *L'Enfant grec*, tirés des *Orientales* ; *À une femme*, *Dédain*, *Ave Maria* et *Amis un dernier mot*, extraits des *Feuilles d'Automne* ; *Le Désespoir* et *Au peuple de 1830* de Lamartine ; ainsi que *Les deux muses* de Charles Dovalle[52] ». Il comprenait également ses premiers *Essais poétiques* : « *L'Invocation*, *Sa Voix*, *La Désillusion*, *Le Souvenir*, *L'Aveu*, *La Soirée*, *Le Palmier*, suivis d'un *Envoi*, publiés par Marius-Ary Leblond dans leur étude sur *L'Adoles-*

cence de Leconte de Lisle; trois romances, publiées dans *L'Hermitage* par les mêmes Leblond[53] ; *Le Départ*, écrit au moment de quitter l'île Bourbon et publié avec les sept premières pièces; *L'Orient* et *La Promenade*, publiés dans la *Revue des revues*[54] ». Mais aucun de ces textes ne figurera dans l'œuvre définitif :

Sais-tu que ton œil pur est mon ciel azuré?
Sais-tu que ton regard est ma divinité?
    Ta bouche, mon aurore?
Sais-tu que le baiser sur tes lèvres cueilli
Est un feu délirant, le seul rayon ami
    Dont mon âme se dore?

Sais-tu bien que je tremble en écoutant ta voix?
Que la fièvre me prend lorsque je t'aperçois
    Et gracieuse et belle?
Sais-tu qu'en te touchant je ne sens plus ma main
Que mon cœur palpitant s'échappe de mon sein,
    Semblant dire : « C'est elle »?

Le sais-tu?... Non, sans doute. Oh! tu n'y penses pas...
Et moi je suis contraint, au seul bruit de tes pas,
    De m'appuyer bien vite,
Car ma tête est en feu, mon front est enivré,
Mes pieds semblent fléchir, et mon regard troublé
    Et te cherche et t'évite[55].

En 1837, avec les *Orientales*, Leconte de Lisle avait déjà trouvé la perfection. Ses opinions politiques et philosophiques ne connaîtront également que très peu d'évolution. N'étaient-ce pas « les plus vraies et les plus nobles des opinions humaines[56] »? Intransigeant, absolu, excessif, dominateur et sentimental, il n'avait pourtant pas encore tout à fait assimilé les leçons de la poésie romantique, ni pleinement pris conscience des degrés d'abnégation et d'austérité qu'il lui faudrait atteindre pour accéder, selon l'expression d'Euripide, au « sommet délirant du Parnasse ».

Chapitre deuxième

Entre deux îles

(1837-1843)

Pourquoi partir? D'abord parce que l'héritage de la plantation ne saurait satisfaire aux besoins de ses cinq frères et sœurs, ensuite parce qu'il n'y avait pas à Bourbon d'Université où faire honorablement son Droit, enfin parce que les lauriers de la gloire n'étaient pas des letchis : ils ne pouvaient pousser qu'en France métropolitaine.

Alors que ma jeunesse et ses jours indolents
S'écoulait sur nos bords parfumés et brûlants,
Alors que je rêvais de gloire et de génie,
Parfois ce long repos assombrissait ma vie.
Fuir mon doux ciel natal me semblait le bonheur[57].

Pas question pour ce jeune homme ambitieux et doué, descendant des Lanux, de devenir comme ses aïeux de Pontorson, d'Avranches et de Dinan, médecin ou apothicaire. Il serait magistrat, avocat, avoué, juge, notaire ou tout simplement propriétaire. Le docteur avait un cousin à Dinan, Louis Leconte, adjoint au maire de la ville, avoué de profession et candidat à une sous-préfecture. Cet homme posé avait ses entrées dans la bonne société : il constituerait le Mentor idéal pour y introduire Charles et lancer sa carrière.

Le voyage

6h. soir. Le ciel s'empourpre des derniers regards du soleil qui jette encore aux grandes hachures de la côte de longues gerbes lumineuses dont l'éclat se fond mollement aux légères brumes amoncelées par le soir sur le front des montagnes nues ; une large baie se creuse peu à peu, ceinte de rochers tailladés à grands traits ; le bleu de la mer y contraste avec singularité, s'opposant aux feux qui se brisent sur leurs flancs gigantesques. Jamais tableau plus grandiose et plus féerique ne s'offrira à mes yeux. C'est False-baie.

À cinq heures du matin, nous doublons la Pointe-Est de Bonne Espérance. Une immense échappée de vue se déroule à nos yeux. La Croupe du lion, énorme sentinelle accroupie au-dessus de la ville, dessine ses larges contours, et, plus loin, la Table épand sa blanche nappe de brume, comme un voile, sur les blanches maisons du Cap que l'on distingue au fond de la baie. Là sont ancrés 28 navires de toutes nations, parmi lesquels sont le Gol et la Lydie, partis de Bourbon huit jours avant nous, et arrivés de la veille.

Au premier abord, le Cap est aride, car l'on n'aperçoit ni arbres ni aucune autre verdure, mais l'aspect change bientôt dès que l'on a pénétré dans l'intérieur de la ville. Des rues larges et bordées de fort belles maisons anglaises, de magasins très brillants à l'extérieur. Une immense place d'armes, une vaste bourse, un palais de justice, en font une ville tout à fait européenne.

Le Cap possède un fort beau cabinet d'histoire naturelle dirigé par MM. Verreaux frères, un jardin de botanique appartenant à M. Villet, autre Français, encore, une messagerie assez belle, des salles de bain fort bien entretenues, d'immenses casernes, et quelques hôpitaux du reste très malpropres.

Au Cap il n'y a point d'hôtels, ce sont les particuliers qui reçoivent les étrangers. Nous logeons chez Mlle Bestaudy, grosse Hollandaise très gaie. L'intérieur des appartements n'est point tapissé, mais peint en diverses couleurs, il n'y a presque pas de meubles, et tout est d'une propreté hollandaise.

Nous louons le lendemain une voiture à six places pour nous rendre à Constance, éloignée de 4 lieues du Cap. La route est généralement sablonneuse, mais plane et droite ; des deux côtés de charmantes maisons de campagne, de vrais petits édens, peintes en vert, en gris, ombragées de chênes, d'arbres d'argent, de pins artistement taillés, ornées de terrasses, de sculptures, de colonnes, etc., semblent des illusions magiques ; et puis, sur le seuil des portes, de blanches Hollandaises qui nous saluent sans nous connaître et nous reçoivent avec la plus grande amabilité. En arrivant vers Constance, on rencontre de vastes campagnes, parsemées des masses vertes et blanches, des arbres d'argent dont la couleur mate contraste avec le vert foncé des vignes.

Constance est divisée en deux grandes propriétés, dont la plus importante appartient à M. Cloots, Hollandais chez qui nous descendons.

Comme il n'y était pas, nous entrâmes au salon pour nous reposer ; M. Lenoy marchait devant nous, il s'arrête tout d'un coup et recule tout interdit ; nous avançons... une panthère énorme, accroupie au fond de l'appartement, fixait sur nous des yeux brillants et féroces, sa queue se redressait à l'entour de ses flancs tachetés et sa mâchoire entr'ouverte laissait voir de blanches et longues dents qui ne nous rassuraient pas. Cet animal était empaillé avec tant d'art qu'il était impossible de ne pas le croire vivant.

[...] De retour au Cap, nous allons entendre la musique militaire au jardin de la Compagnie, et visiter les cinq églises des cinq communions différentes que l'on professe au Cap : la romaine, la luthérienne, la calviniste, l'écossaise et l'anglicane, qui est la plus en vogue.

Les plus beaux animaux que nous ayons vus au Cap sont deux lions qui appartiennent à M. Villet, un mâle et une femelle. Ils sont enfermés dans un carré long de 30 pieds sur 8 pieds. Le mâle n'a que deux ans, il est déjà magnifique, ses bonds sont effrayants et sublimes ; quand il rugit, les murs de sa prison en tremblent. La femelle est plus petite et fauve que lui.

M. Villet possède aussi deux autruches noires et blanches, leur marche est un balancement élastique et continuel, leurs jambes sont entièrement nues, elles balancent aussi leurs ailes entr'ouvertes et leur plus grande hauteur est de 8 pieds du sommet de la tête à la terre. Nous y voyons aussi quelques babouins très communs sur la Table[58].

Le fond de la population du Cap est hollandaise. L'Angleterre ne le possède que depuis 1803, par le traité d'Amiens ratifié par le Premier Consul Bonaparte… Il y a un grand nombre de Hottentots au Cap. Ce sont des charretiers, des cochers, etc. Ils portent des chapeaux chinois faits avec des plantes de l'intérieur, telle est aussi la coiffure des esclaves qui seront libres dans deux ans, d'après les lois anglaises[59].

Ces dames africaines (c'est le nom que l'on donne aux créoles du Cap) sont assez jolies, mais très mal faites ; les hommes tiennent des Hollandais pour la corpulence du corps. Très peu de personnes savent parler français, ce qui est fort désagréable, et me démontre invinciblement l'utilité des langues vivantes…

Ce carnet de voyage nous en apprend beaucoup sur les influences, les relations et l'état d'esprit de Leconte de Lisle pendant son périple. Loin de sombrer dans la mélancolie, comme ses lettres à Charles Adamolle pouvaient légitimement nous y préparer, c'est un jeune homme curieux de la terre qu'il aborde, attentif aux moindres détails des ciels, charmé du moindre souffle. Il entre au Cap en naturaliste et en explorateur, note la variété des cultes, la bigarrure des populations, la mosaïque des coutumes, relève avec minutie le pittoresque de telle situation, l'excentricité ou l'impromptu de telle autre. Son chagrin n'altère pas son intérêt. En connaisseur de *l'Histoire des deux Indes* de l'abbé Raynal, du *Voyage autour du Monde* de Bougainville et du fameux *Supplément* de Diderot, le jeune Créole sait que tout voyage est un trésor philosophique et que celui-ci, plus qu'un autre, peut lui permettre de perfectionner ses idéaux primitiviste et harmoniciste.

Il fut d'abord frappé par la beauté de plusieurs bêtes fauves, auxquelles il trouve des épithètes signalétiques. (Le futur poète animalier se profile ici, l'auteur de la *Panthère noire*, du *Sommeil du Condor*, des *Larmes de l'Ours*, du *Jaguar*, des *Taureaux*, de la *Vipère*, du *Corbeau*, des *Éléphants*, du *Colibri* et des *Hurleurs* :

L'écume de la mer collait sur leurs échines
De longs poils qui laissaient les vertèbres saillir ;
Et, quand les flots par bonds les venaient assaillir,
Leurs dents blanches claquaient sous leurs rouges babines[60].)

Il fut aussi marqué par Mlle Anna Bestaudy, le 1er avril 1837, « jeune Africaine aux deux lèvres de rose », parente de « sa grosse Hollandaise très gaie ». L'oaristys dura deux ou trois jours.

La journée ils visitaient les villes et les campagnes voisines ; le soir, ils entendaient de la musique :

Anna, quand ta main blanche au piano sonore
Harmonise en jouant tes purs et frais accents,
Nos cœurs muets d'ivresse et forcés par tes chants
Écoutent… Tu te tais, ils écoutent encore !

Charles écoutait le piano – dont il savait jouer puisque son père lui avait fait donner des leçons de clavecin – moins que la voix. Celle d'Anna était si particulière qu'il en fut inspiré :

Sa voix parle à mon cœur, elle est suave et pure,
Comme une aile du vent qui joue à la ramure,
Quand s'éveille le jour, sa voix a des accens
Qui viennent tous à moi, qui coulent sur ma vie
Ruisselans de parfum, de charme et d'harmonie,
Tant ils sont délirants[61].

La poésie parnassienne ne serait donc pas seulement animalière, elle serait aussi et peut-être surtout l'occasion de joindre à la peinture immémoriale une musique suggestive. Louis Ménard, dans son article de la *Critique philosophique* du 30 avril 1887, l'avait bien compris : « Il y a chez Leconte de Lisle, avait-il écrit, des créations rythmiques merveilleuses, avec des refrains diversifiés à la fin de chaque strophe. [...] C'est à la fois une valse de Beethoven et un paysage de Van der Neer[62]. »

Les plus grands compositeurs des XIXe et XXe siècles tombèrent d'accord là-dessus. Pierre de Bréville mit en musique *La tête de Kenwarch* et Émile Paladilhe, reprises par P. Destribaud, J. Cressonnois, Mélanie Dentu, Claude Debussy, Brion Dorgeval, Alphonse Duvernois, Édouard Garnier, Chausson, Ravel et Fauré, *Six Chansons écossaises*; ce dernier choisit aussi *Le Parfum impérissable*, *Les Roses d'Ispahan*, *La Rose* et *Lydia*; P. Destribaud et César Franck[63], *Les Éolides*; Henri Fouques-Duparc opta pour *Phydilé*, Louis Benedictus pour *Épiphanie*, Charles Kœchlin pour *Les Clairs de lune*, *La Véranda*, *Dans le ciel clair*, *Les Rêves morts*, *L'Astre rouge*, *Juin*, *Midi*, *Nox*, *Le Colibri*, *Épiphanie*, *Dans l'air léger* et *Le Temps*, Ernest Chausson leur préféra le *Chant nuptial* – extrait d'*Hélène* –, *Hylas*, *La Cigale*, *Le Colibri* et l'*Hymne Védique* – extrait de la *Prière védique pour les morts* –; Franz Servais se limita à *L'Apollonide*; Jules Massenet prêta son talent aux terribles *Érinnyes*[64], etc.

Mais le voyage dut reprendre et l'*Héloïse* fit escale à Sainte-Hélène, le 22 avril. Entre le Cap et Sainte-Hélène, « ni bruits d'aile, ni sons d'eau vive, ni murmures ». Tout se tait. La mer est d'huile. Le ciel est d'ambre. Leconte de Lisle s'ennuie :

Enfin, nous sommes à Sainte-Hélène, et ce n'est pas sans peine, assaillis que nous avons été non par le mauvais temps, mais des calmes interminables; je ne connais rien de plus insipide à la mer que cette uniformité de ciel et d'eau sans qu'une fraîcheur aucune ne ride la face huileuse des vagues, sur lesquelles le navire se balance légèrement sans bouger de place; les jours se succèdent et se ressemblent, nous ne savons que faire, tout nous endort et

La voile tendue
Ne demande qu'un souffle à la brise attendue.

Sans doute influencé par le souvenir du locataire de la ferme de Longwood, dès son arrivée, les High Hills lui firent « l'effet d'un grand cercueil ». Napoléon y avait séjourné et y était mort à peine seize ans plus tôt, en 1821. Un gouverneur anglais, Sir Hudson Lowe, qui y avait fait libérer les esclaves, devenus les Hélanais, y avait tenu captif un Empereur...

Quoiqu'invinciblement républicain, le voyageur oscilla entre estime et compassion :

> J'ai vu Sainte-Hélène et le tombeau de l'Empereur. Nous y montâmes le soir, il pleuvait, et tu dois concevoir combien était gai l'inculte rocher où dort le grand capitaine. Vouloir retracer ici ce que j'éprouvai alors ne te rendrait pas ma pensée à fond. Ce furent d'abord la pitié, l'admiration, le respect, car il était affreux de comparer ce qu'il fut à ce qu'il est aujourd'hui, de penser à l'*empereur*[65] et au pauvre captif des Anglais, et cela sur sa tombe ; mais bientôt je me rappelai le jeune et invincible soldat de notre grande *République*[66] ; je me représentai le consul demi-despote ; puis enfin l'empereur absolu de ce noble pays qui servit de base à sa gloire ; *et alors le respect et la pitié firent place au mépris et à la haine*[67] ; c'est le partage des tyrans et Napoléon ne fut aussi qu'un tyran, tyran plus grand que les autres et pour cela même *encore plus coupable*[68].

Il s'écartait ainsi des grandes odes idolâtres de Victor Hugo :

> Ces Iles où le flot se broie
> Entre des écueils décharnés,
> Sont comme deux vaisseaux de proie,
> D'une ancre éternelle enchaînés.
> La main qui de ces noirs rivages
> Disposa les sites sauvages,
> Et d'effroi les voulut couvrir,
> Les fit si terribles peut-être,
> Pour que Buonaparte y pût naître,
> Et Napoléon y mourir[69] !

L'oncle de Dinan

Le 30 juin, après trois mois d'une traversée éreintante, Charles débarqua dans la ville de Nantes. De là, avant de rejoindre Rennes, il dut se rendre immédiatement à Dinan où l'attendaient pour quelques mois son oncle Louis et sa tante Lucie, les plus proches parents de son père, qui avaient reçu des directives et des recommandations précises : « Que nous serions heureux, s'exclama M. Leconte de Lisle, si vous alliez l'aimer ! si je pouvais deviner ce qu'il faudrait faire pour cela[70] ! » Il fallait que leur enfant ne manquât de rien, du nécessaire comme de « l'honnête superflu ». Ces lettres, récoltées et étudiées par Louis Tiercelin, nous renseignent sur le tempérament du jeune homme, sur l'affection du docteur pour son fils ainsi que sur la douleur qu'il eut à surmonter après son départ.

> J'ai beau chercher à me faire une raison de son absence, écrit-il, quand son souvenir me revient, et il me revient souvent, mes yeux se mouillent. Je me laisse volontiers pleurer. Puisses-tu, mon ami, n'être jamais obligé de te séparer de tes enfants à d'aussi immenses distances ; cela nuit au bonheur de la vie.
>
> Mon premier désir est qu'il habite le quartier le plus aéré et le plus sain. Je suis loin de vouloir et de pouvoir lui fournir un logement autre que modeste

et propre, mais encore que je ne veuille pas faire une dépense folle, suis-je désireux que sa chambre soit bien propre, bien garnie de tous les meubles nécessaires et commodes – on se plaît mieux chez soi, quand on est bien logé – et bien située pour l'air et la vue – c'est l'expérience qui me l'a appris... Il est peu difficile pour la nourriture : quant à la pension, qu'elle soit saine, c'est tout ce qu'il lui faut. Sous ce rapport, il n'est pas sensuel. S'il était possible qu'une personne fût chargée de son linge (celle chez qui il logerait, par exemple), cela serait fort utile pour lui, car nul, que je sache, ne porte plus loin l'insouciance en pareille matière... Qu'il soigne son costume. Je n'ai pas le désir qu'il soit un fashionable, mais cependant je serais désolé que sa mise ne fût pas soignée. [« Redingote-pardessus en drap peloté, pantalons droits et non à plis, chapeau au fond ballonné avec rebords plus larges devant et derrière que sur les côtés[71]. »] Veuille, mon ami, y donner la main, sans permettre l'excès contraire, qui jusqu'ici n'a jamais été dans ses goûts, mais que je désapprouve autant que la négligence. Qu'il soit donc toujours mis avec goût et propreté. L'homme bien mis se respecte toujours plus que celui qui, en raison de son mauvais maintien, ne craint pas de se mélanger. Nous désirons vivement, Élysée et moi, qu'il puisse tenir son rang, qui le force à sortir des habitudes de trop de laisser-aller qui lui sont naturelles. Si je me sers du mot *rang*, je veux dire tout simplement une bonne société. Peu soucieux qu'il était ici de voir le monde, nous craignons qu'il vive trop retiré, ce qui est toujours peu avantageux pour un jeune homme, lorsqu'il est destiné, si rien ne s'y oppose, à entrer dans la magistrature[72].

Leconte de Lisle devait en effet se présenter chez M. Armand Robinot, à Rennes, pour son entrée dans le monde de la magistrature, car la société des hommes de robe « ne pouvait que lui être utile et avantageuse ». Mais, soit par négligence de l'oncle, soit par mauvaise volonté du neveu, les présentations ne furent jamais faites. Cela contraria beaucoup ses parents qui désiraient aussi qu'il eût des maîtres de dessin, d'escrime, de danse et que, bien sûr, il continuât de perfectionner son clavecin. On prévit dix francs par mois pour ses sorties, en précisant bien qu'il fallait veiller au grain : « Cela lui apprendra à avoir de l'ordre. Il n'est point habitué à garder de l'argent. Dans le principe, ne lui confie que l'argent de ses plaisirs et de ses leçons particulières, non qu'il soit aucunement capable d'en mésuser, mais il est si étourdi qu'il laisserait son secrétaire ouvert, et il pourrait être dupe. Lorsqu'il sera habitué à soigner lui-même ses affaires, il est digne de toute confiance : lui aussi sera un honnête homme. » Il semble que sur ce point, l'oncle ne dérogea pas. Le chauffage (« on travaille mieux, quand on n'a pas froid; et on ne désire pas se chauffer ailleurs. ») et la maladie (« j'aime encore mieux sa santé que sa science. ») furent également envisagés. Bref, il aurait fallu que l'oncle eût la chaleur d'un père (« Remplace-moi, mon ami; supplée dans ses intérêts à ce que j'ai omis; fais pour le mieux, comme ton père fit pour moi dans ma jeunesse. ») et la froideur d'un surveillant général : « Je veux savoir la vérité, toute la vérité sur mon fils; si elle est pénible, je tâcherai d'y remédier. Qui n'a pas commis des fautes dans sa vie? Encore vaut-il mieux connaître les erreurs de son fils que de le croire dans la bonne voie, quand il est égaré[73]. »

Nonobstant toutes ces précautions, l'oncle de Dinan, nommé maire de la ville le 7 juillet de cette même année 1837, respectueux du pouvoir établi, officier ministériel, grincheux, laborieux, très honnête, patriote, froid, sec, sévère, habile homme d'affaire, d'une « correction bourgeoise un peu étroite », sans aucune sensibilité artistique ni fibre paternelle, ne trouva pas le poète à son goût. À vrai dire, même si les premiers contacts furent chaleureux, le jeune homme gâté le dérangeait et il se méfiait du portrait idyllique qu'en avait brossé ce cousin qui, absent depuis vingt ans, s'était soudainement rappelé à son bon souvenir. Le docteur Leconte avait pourtant essayé de combler ses lacunes, dans l'enthousiasme de ces retrouvailles intéressées : « Fais-moi connaître, je te prie, l'intérieur de ton ménage. Combien as-tu d'enfants ? Leur âge, leur nom ? Que nous nous connaissions avant de nous voir ! » Il avait placé dans sa maison, « de manière à l'avoir toujours sous les yeux », une vue de Dinan que lui avait envoyée son cousin. « Je suis fort aise de la revoir tous les jours, encore qu'elle soit bien gravée dans mon souvenir. » Plus tard, il le prierait de lui « envoyer toutes les vues de Dinan du même auteur ». Son projet bien arrêté était de rentrer au pays ; il avait déjà fait le choix du capitaine et du vaisseau qui devaient le ramener, « les 4 000 lieues qui les séparaient ne lui enlevant rien de son affection pour sa terre natale[74] ».

L'oncle et le neveu sentirent dès le premier jour qu'ils ne s'accorderaient pas. Louis Leconte écrivit à Bourbon le 23 octobre 1837 (la lettre arriva le 29 mars 1838) en déclarant que Charles avait une fâcheuse tendance à la vanité, à l'amour-propre et à la coquetterie, qu'il affectait un « mépris sauvage pour tout ce que l'on était convenu de respecter dans la société », qu'il était inégal et froid d'humeur, manquait de politesse, affichait trop ouvertement ses opinions politiques qui affectaient une « exagération blâmable, il était *républicain* ! », dépensait « trop en achat de livres et pour sa toilette » et allait jusqu'à feindre une myopie pour se faire remarquer... De la vanité ? De l'amour-propre ? « Soit faiblesse de père, soit changement [...], je ne m'en suis pas aperçu, répondit le docteur. Il aime la toilette, me dis-tu ! J'avais craint le contraire, tant ce triste pays où je suis exilé avait jeté d'abandon dans son âme et dans sa tenue. [...] Je n'en reviens pas. Je m'y perds. [...] Tu as trouvé ses idées en politique exagérées au-delà de toute expression et tu es assez bon enfant pour me demander comment j'ai pu lui en inculquer de pareilles. Eh morbleu ! je ne les lui ai pas plus données de cette espèce que les professeurs de l'École Polytechnique et de tous les Collèges Royaux de France n'en avaient inculqué de semblables à tous les jeunes gens de son âge, à sa jeune organisation ; ses idées religieuses prennent chez lui une teinte plus forte parce qu'il sait mieux soutenir son paradoxe[75]. »

Leconte de Lisle écrivait peu à ses parents. Hormis quelques lignes au Cap de Bonne Espérance, une lettre au débarquement de Nantes et une autre de Dinan, il n'avait rien envoyé. Louis Leconte, après les premiers reproches, sans doute absorbé par ses nouvelles fonctions et peut-être parce qu'il n'avait plus rien à lui reprocher, ne prit pas non plus le temps de renseigner régulièrement son parent. Le docteur patienta jusqu'au mois de février 1838. Le 10, n'y tenant plus, il prit la plume. Que se passait-il ? Charles avait-il commis une faute grave ? Il l'en croyait capable ! On lui aurait écrit tout de même ! Il remerciait son parent « bien sincèrement » car cette surveillance devait lui peser, mais puisque son fils n'écrivait pas, qui leur donnerait des nouvelles ? Ah ! Ce silence de Charles ! Avait-il oublié leur amour pour lui ? Il fallait que leur enfant fît faire sa miniature par le meilleur artiste de Rennes. On paierait la somme nécessaire. Ce serait un moyen pour eux de mieux le revoir… Le 25 février, de plus en plus inquiet, le docteur envoya par *Le Gol* « un petit ballotin de café » qui n'était pas gros, mais qui était « de la crème[76] ». Qui donc aurait pu résister à semblable douceur ?

Monsieur le maire s'était entre-temps débarrassé de son neveu, qui n'était pas du tout la « demoiselle » annoncée, en l'envoyant à Rennes. Le jeune homme risquait d'ailleurs de le compromettre dans la bonne société dinannaise et de le brouiller avec la préfecture. Ce n'était pas le quartier « sain et aéré » qu'aurait souhaité son père, mais on gardait l'œil sur lui : un parent habitait à deux pas. Élysée et le docteur, qui avaient toujours connu leur enfant « si poli avec tout le monde » et « d'humeur si égale », en « étaient littéralement tombés des nues ». Les compagnons de voyage de Charles et le capitaine de l'*Héloïse*, qui leur avait écrit, n'avaient pourtant pas tari d'éloges quant à l'affabilité de ses bonnes manières. Il était peu communicatif, peu causeur, la nature l'avait fait ainsi, mais le temps, les femmes, la société le changeraient.

Leconte de Lisle était donc arrivé à Rennes et allait s'inscrire à la Faculté de Droit quand on lui fit savoir que, pour une première inscription à l'Université, il fallait avoir passé et réussi un mystérieux diplôme : le baccalauréat. En bon fils de militaire, le jeune homme rendit compte à sa hiérarchie. Le docteur s'offusqua. Cette exigence d'examen était ridicule, absurde, car enfin, s'il ne savait rien, à quoi bon ? Et s'il savait, qu'importait un certificat ? « Je ne sais, en vérité, pesta-t-il, quand le gouvernement cessera de faire des sottises. » C'était le gouvernement le fautif, cela allait sans dire, mais le candidat dut tout de même produire les documents nécessaires à la présentation du diplôme : acte de naissance, pièces d'identité, diplôme de fin de cycle primaire, attestation certifiant que ses études secondaires s'étaient bien achevées dans sa famille, etc. Il fallait naturellement tout acheminer depuis l'île Bourbon. Six mois d'attente, au bas mot. Après avoir passé quelques mois à Rennes, Leconte de Lisle décida de rentrer à Dinan.

Le baccalauréat

Il occupa cette fois-ci une petite chambre dans une pension où il eut l'occasion de rencontrer quelques beaux spécimens de fonctionnaires, de ces trop niaises « notabilités de la ville, hommes excellents, sans doute, mais entièrement dépourvus de toute idée avancée ». Il s'en ouvrit à l'un de ses amis rencontré à Rennes, Julien Rouffet, jeune homme pieux, ancien séminariste, bien élevé, délicat, probablement royaliste, comme toute la bonne société rennaise de cette époque, et qui ne tarda pas à regagner Lorient pour exercer la profession de clerc de notaire. C'est à cette époque qu'il fit également la connaissance de Robiou de la Tréhonnais, un farfelu qui écrivait des vers « sans rime ni raison », et dont il se moqua souvent :

> Je sais que dans mon orgueil – et je ne saurais me le dissimuler – une envie de dominer, plus forte que ma volonté même, est en moi. Je sais encore

qu'il ne m'appartient pas, enfant que je suis, de contrecarrer à tout moment les paroles d'hommes à cheveux gris ou blancs, qui devraient avoir l'expérience des choses, quoiqu'ils ne l'aient pas. Aussi vous ne sauriez croire quelle est la contrainte de toutes les minutes que j'éprouve, parmi des êtres non intelligents, qu'il m'importerait fort peu, au bout du compte, de froisser dans leurs niaises idées, si je n'avais des motifs plus puissants d'en agir autrement. [...]

L'ami Robiou [...] continue de m'assommer de ses terribles vers. Imaginez-vous qu'il composa, l'autre jour, un poème dramatique intitulé : *le Banquet de Noël*. C'est un amas de grincements de dents, de hurlements, de contorsions oratoires, de pleurs et d'allocutions passionnés à *la fange du siècle*. On n'y comprend rien[77].

Leconte de Lisle lisait beaucoup et était censé se préparer à l'examen. Rien ne semble prouver qu'il le fit avec sérieux. Ses ambitions littéraires le tenaillaient davantage. Il entretenait à ce propos une correspondance abondante et régulière avec Julien Rouffet, et les deux amis aspiraient à se faire publier. Un recueil commun se profilait où ils uniraient leurs sensibilités contraires... L'oncle Louis proposa ses services au jeune homme, puisqu'il était aussi le rédacteur du *Dinannais* et l'éditeur du nouvel *Annuaire*. Plusieurs poèmes auraient pu paraître, à côté de ceux des illustres Du Breil de Pontbriand, vicomte de Lorgeril, Hippolyte de la Morvonnais et Édouard Turquety, ce qui aurait éveillé l'intérêt de quelques journalistes et hommes de lettres de province. Mais le neveu refusa. Pour preuve, cette lettre à Julien Rouffet :

Félicitez-moi, mon ami. On me propose bien de faire paraître dans l'*Annuaire* de cette année plusieurs pièces de vers, avec l'assurance d'y écrire, si je voulais, plus tard. Félicitez-moi, dis-je, car, soit par orgueil, soit par modestie, comme vous voudrez, j'ai refusé net[78].

L'oncle Louis insista. Finalement une pièce, *Indécision*, parut de façon anonyme :

Espérance voilée, aveux redits tout bas,
Quel charme !... et ce soir-là je ne l'espérais pas !
Ce soir-là, sans la voir, dans la salle remplie
J'avais porté mon trouble et ma mélancolie.
Ému par la douceur des instruments, j'allais
Rêvant, au bruit du bal, de magiques palais,
Fantastique royaume, éblouissant de flammes,
Qu'embaumaient tour à tour les parfums et les femmes. [...]
J'admirais donc le ciel limpide et découvert,
Et ses reflets tombants sur le gazon moins vert
Quand, près de la croisée où restait une place,
Emma, la blonde Emma, vint s'asseoir demi-lasse.

En effet, à l'époque, le jeune Charles aimait beaucoup valser. Il allait souvent au bal, chez M. Robinson, un Anglais qui partageait son goût pour les livres de Walter Scott, et c'est ainsi qu'il rencontra, un soir,

Miss Carolina Beamish, puis sa sœur, Miss Maria Beamish, qui lui fit une impression encore plus profonde :

> Le bal que je devais honorer de ma présence n'a pas eu l'avantage de me posséder, et cela par suite d'une circonstance aussi malheureuse qu'inattendue.
>
> Je me rendais donc à la soirée de M. Aubry, dimanche soir, par une rue très sombre et très peu propre. Je touchais à la porte, ma course était finie, lorsque mon manteau, soulevé par le vent s'embarrasse dans mes jambes ; une de mes socques dont les cordons s'étaient détachés sort de mon pied et reste dans la fange ; je me baisse pour l'y reprendre et je ne fais que l'y rejoindre. Dès lors, plus de bal.
>
> Mais, hier, je fus invité chez M. Robinson, un Anglais, à un bal auquel je ne manquai pas ; et là, mon ami, je vis là la femme la plus gracieuse, la plus noble que mon œil ait jamais contemplée… La physionomie était empreinte d'une si inexprimable beauté, de tant de charme et de candeur qu'il était impossible, à moins d'être de fer, de ne pas lui dire, en ployant les genoux[79]… :
>
> Tu brilles aux feux des bougies
> Pierre précieuse du bal ;
> Tes roses guirlandes fleuries
> Embrassent comme des amies
> Ton front riant et original.
>
> Tu parais et fuis dans la danse,
> Comme un jeune sylphe inconstant
> Dans les airs glisse et se balance,
> Plonge à l'onde, revient, s'élance ;
> S'envole et monte au firmament.
>
> La flamme de tes yeux embrase,
> Car tes regards brûlans sont noirs ;
> Et ta robe faite de gaze
> Couleur de rubis et topaze
> Légère s'ondule aux miroirs.
>
> Puis vient la séduisante valse
> Délirante d'émotion ;
> Ton image contourne et passe,
> Et luit, et s'incline et s'efface,
> Comme une pure fiction.
>
> Tu tournes, belle et vaporeuse ;
> Un bras soutient ton corps charmant,
> Presse ta taille gracieuse,
> Tandis qu'une bouche amoureuse
> Respire ton souffle enivrant.
>
> Jeune beauté, de ton empire
> Jouis aux heures du printemps,

Car si règne si doux expire
Et tous ces charmes qu'on admire
Cèdent aux insultes du temps,

Ils passent, jamais ne reviennent,
Le char s'enfuit et pour toujours;
Et larmes amères adviennent,
Et les moments coulent et mènent
Et les danses et les amours[80].

Elle avait vingt ans et elle était créole : beaucoup d'autres poèmes, sonnets et romances furent inspirés par cette muse tournoyante. Pourtant, Leconte de Lisle ne pensa pas une minute à régulariser sa situation. Sa pensée était « celle des premiers patriarches, des hommes primitifs », et la vérité ne pouvant être « plus pure qu'à sa source », tout sacrement était inutile. Il se moquait d'un Félicité de Lamennais qui rêvait d'une société idéale où les amants dussent être mariés ! L'amour sur lui, c'était de l'eau sur une pierre.

La relation dura tout de même dix-huit mois.

Puis ce furent les vacances d'août et de septembre. Il décida de partir en Bretagne, par les landes et les grèves de Brizeux, pour une « tournée artistique » avec quelques amis de son ami Cliquot, « peintres paysagistes de Paris ». N'avait-il pas reçu des leçons de dessin ?

On pêcha dans l'Isole et l'Ellé, dormit dans les granges des paysans, courut sur les reliefs inondés de bruyères à la recherche de la lumière parfaite et des scènes les mieux champêtres; on visita Lorient, Quimperlé, Scaër, Le Faouët et Guéméné[81], un sac au dos, de mauvaises chaussures aux pieds, la pipe au bec, sans aucun argent en poche... Un véritable scandale pour l'oncle Louis et la tante Lucie, qui l'alla retrouver !

> J'ai vu avec bien de la peine, écrit le père du poète à M. Louis Leconte le 30 octobre 1838, que Charles t'avait donné quelques sujets de mécontentement. Je ne saurais m'expliquer les motifs qui ont pu le porter à oublier son devoir pendant tant de jours. Lucie est allée le chercher. Ma chère Lucie, permets-moi de t'en remercier de tout mon cœur. Si mon enfant commet quelques fautes, ramène-le; il t'écoutera, puisqu'il est mon fils. Il n'est pas infaillible; puis, il n'est pas bien vieux ! On pèche si facilement à son âge[82].

Tous ces jeunes oisifs, ivres de contemplation et d'insouciance, à la recherche de la beauté éternelle au milieu des embruns et du varech séché ! C'était plus que les Dinannais n'en pouvaient supporter. Au mois d'octobre 1838, ils le ramenèrent à Rennes, puisque tous les documents administratifs étaient arrivés, et le laissèrent seul, face à ses responsabilités. Au reste, Julien Rouffet, lui aussi, fut peiné de cette escapade puisqu'il n'y avait pas été convié; et le poète s'en excusa, avec toute l'effusion de son tempérament :

> Je croyais être mieux connu de vous; ce n'était pas sur de vaines et toujours fausses apparences que vous deviez me condamner aussi promptement.

Si j'ai cessé de vous écrire pendant un court intervalle, votre souvenir, mon cher et bon Ami, n'en est pas moins resté dans mon cœur; il y était trop bien gravé pour s'effacer ainsi. Vous ne sauriez croire quelle émotion bien vraie j'éprouvai avant-hier, en revenant à Rennes. Je comptais vous y retrouver; ma joie n'était-elle pas bien naturelle?

Pourquoi donc ce départ précipité, et surtout au moment de ne plus me revoir, pourquoi ne pas laisser ici un seul mot qui m'eût au moins consolé? Oh! vous avez merveilleusement agi! C'est beau! Que de fermeté! Mais, dites-le-moi donc, qu'était devenue alors l'amitié dont vous m'honoriez? Était-ce bien là susceptibilité, ou simple lassitude d'un sentiment que vous jugiez trop mal partagé? Ne sentiez-vous donc pas que nos âmes se comprenaient trop bien pour mettre une rupture entre elles? Oh! vous le sentiez bien!... Et pourtant, pour une cause aussi mince, pour un retard de quelques jours, vous êtes sérieusement fâché!

Rouffet, mon Ami, oh! qu'il n'existe donc plus de ces choses entre nous! Si j'ai tous les torts que tu me rejettes, eh! bien, je les accepte. Écris-moi : que ce soit des reproches ou des paroles d'amitié; tout ce qui me viendra de toi ne peut manquer de m'être cher et doux. Crois-le bien : j'ai su apprécier ta belle et pauvre âme, j'ai su lire dans ton cœur, et je n'y ai vu que noblesse et bonté!... Pardonne-moi donc, Ami, pardonne l'égarement de quelques mois!... Quels que soient, vois-tu, les fautes et l'abandon momentané dont je me suis rendu coupable, et dont je pourrai me rendre encore coupable dans l'avenir, tu seras toujours l'homme de mon choix, le cœur que je mets en dehors de bien des autres, l'âme noble, pure, vierge, dont la mienne est bien indigne de comprendre toute la beauté; mais dont elle admirera toujours la touchante délicatesse[83].

Leconte de Lisle habitait désormais dans la grande ville d'ardoises, au bord de la rivière, dans cette pension de famille tenue par les Liger, brasseurs, une chambre tranquille du numéro 4 de la rue des Carmes. Il révisa peut-être plusieurs mois au collège de Dinan[84], puis se présenta aux épreuves du baccalauréat. Comme les examinateurs lui demandaient par qui il avait été formé dans les Colonies, il leur répondit, imperturbable : « Par mon père, vous pouvez m'interroger ». En fait, il s'attendait à un échec, ce qui, au vu de ses résultats, faillit bien arriver. En grec (Homère) : MÉDIOCRE; en latin (Cicéron) : ASSEZ BIEN; en rhétorique : ASSEZ BIEN; en histoire et géographie : ASSEZ BIEN; en philosophie : PASSABLE; en mathématiques : FAIBLE; en physique : TRÈS FAIBLE; en français : SUFFISANT. « Fort peu préparé à mon examen, je n'étais pas sans crainte, déclara-t-il. Heureusement que les demandes qu'on m'a faites étaient faciles, puisque j'y ai répondu passablement et que le résultat a été plus favorable que je ne le méritais. MM. les examinateurs se sont montrés extrêmement bienveillants à mon égard, ce dont je les remercie fort. »

Il pouvait en effet les remercier puisque, le 14 novembre 1838, date de l'attribution de son diplôme de bachelier ès lettres et de sa première inscription à la Faculté de Droit, sans présentation de son acte de naissance parce qu'« il s'obligeait à le déposer avant la fin du mois[85] », il échappait à la tutelle de ses parents de Dinan et allait enfin pouvoir s'abandonner à son inclination pour l'indolence et pour la flânerie :

> La ville de Rennes me plaît beaucoup, écrit-il ; rien ne me manque : la bibliothèque, le théâtre, une chambre tranquille, et point d'amis ! Que demanderais-je de plus ?

La ville de Rennes

Pourtant, Rennes n'était pas Paris. Il n'y régnait pas la même effervescence intellectuelle, le même bouillonnement spirituel, et la ville de granit était connue pour être malfamée : *Urbs Redonis, Spoliata bonis, Viduata colonis*[86]... Bon nombre d'hommes de Lettres et d'Église en médisaient. Baldric, évêque de Dol, l'appelait « un nid de scorpions et de bêtes doublement féroces » ; Charles Alexandre, un Breton qui fut secrétaire de Lamartine, une « terre d'ennui » et « un morne pays ». Mme de Sévigné disait que « sans Parlement, Rennes ne valait pas Vitré ». Mérimée, Taine, Benech de Cantenac ne furent pas séduits par la ville et la jugèrent « repoussante de saleté ». Mais si Arthur Young y trouvait « la table d'hôte de *La Grande Maison* fort bonne », si Auguste Brizeux en parlait comme d'une « ville douce », si Émile Souvestre l'appelait « la ville de l'élégie par excellence » et si elle parut « une Babylone » à Chateaubriand, la palme du reproche acerbe et de la satire véhémente revient sans conteste à saint Louis-Marie Grignion de Montfort, auteur du *Traité de la Vraie Dévotion* et docteur de l'Église qui résida dans la cité de 1684 à 1692 :

> Tout est en réjouissance :
> Monsieur est au cabaret,
> Mlle, à la danse,
> Et Mme au lansquenet ;
> Un chacun fait sa bombance,
> Et sans croire avoir mal fait.
> Adieu, Rennes, Rennes, Rennes. [...]
>
> Voyez combien d'amazones,
> Sous leurs habits d'arlequins,
> Tout découpés, verts et jaunes,
> Marchant sur leurs brodequins,
> Y font jour et nuit leurs prônes
> Pour séduire des mondains !
> Adieu, Rennes, Rennes, Rennes. [...]
>
> Les torrents de tous les crimes,
> Qui s'inondent de tous temps,
> Entraînent dans les abîmes
> Presque tous les habitants,
> Pour les rendre des victimes
> De tous les débordements.
> Adieu, Rennes, Rennes, Rennes[87].

On comprend mieux l'engouement du jeune Leconte de Lisle pour la vieille ville bretonne.

Le théâtre

En plus d'un petit journal paraissant tous les dimanches, pendant la saison théâtrale, sur papier de couleur : *Le Foyer, journal de littérature, musique, beaux-arts et programme*, auquel il participa peu de temps[88], ainsi que Kerambrun, Émile Langlois, Ernest Turin, Paul Rabuan, H. Lucas, C. Bethuys, A. Desbarres, E. Udelez, Louis de Léon, Aristide Letourneux, Eugénie Vaillant et A. Marteville, le théâtre fut une de ses premières joies. Il se rendait régulièrement au spectacle, le soir, dans une redingote fermée, descendant jusqu'aux genoux, qui commençait à s'user mais qui faisait toujours bonne impression[89] :

> Je n'ai pas besoin de vous dire, confia-t-il à Julien Rouffet, que je suis un habitué du théâtre. [...] Notre troupe dramatique a débuté hier. Je ne crois pas que vous la connaissiez. C'est un coup du sort que nous possédions une semblable merveille en province ; nos acteurs ne seraient nullement déplacés à Paris...

L'époque était au drame romantique, véritable révolution par rapport aux idées et aux principes artistiques qui l'avaient précédé. On aimait se montrer dans les arènes des théâtres, manifester son enthousiasme, croiser le regard d'une brûlante silhouette, se tenir au diapason d'une création littéraire plus florissante que jamais. En 1827, Victor Hugo publiait déjà les sept mille vers de son *Cromwell*, drame du pouvoir et de sa légitimité ; en 1829, Alexandre Dumas triomphait au Théâtre-Français avec son *Henri III et sa cour* ; la même année, Alfred de Vigny donnait à la Comédie-Française son adaptation de l'*Othello* de Shakespeare, devenue le *More de Venise*, et Victor Hugo renchérissait avec *Marion Delorme* ; en 1830, ce furent la bataille d'*Hernani* et *La Nuit vénitienne* ; en 1831, *Antony*, *La Maréchale d'Ancre*, *Richard Darlington* ; en 1832, *La Tour de Nesle* ; en 1833, *Lucrèce Borgia* ; en 1834, *Angèle*, *Lorenzaccio* et *On ne badine pas avec l'amour* ; en 1835, *Marie Tudor* ; en 1836, *Kean* ; en 1837, *Angelo* et en 1838, *Ruy Blas*. L'année suivante, la ville de Rennes reçut Marie Dorval, la Kitty Bell de Vigny, Frédérick Lemaître, M. et Mme Vlonys, du Gymnase, et Léontine Fay. Mme Dorval interpréta *Angelo, Trente ans ou la Vie d'un joueur* et les *Suites d'une faute* ; M. Lemaître s'illustra dans *Ruy Blas*, *Trente ans* et *Kean*. Les œuvres de Benjamin Antier, l'*Auberge des Adrets* (1823), et sa suite, *Robert Macaire* (1834), furent malheureusement interdites par la Préfecture en raison du caractère subversif de la figure de Macaire, mais le succès de toutes les autres pièces fut retentissant.

Il est certain que ces événements marquèrent les esprits de tous les jeunes poètes présents, tout comme les prestations de Léontine Fay impressionnèrent celui de Leconte de Lisle :

> N'est-il pas étonnant, mon ami, que la beauté agisse parfois aussi violemment sur notre âme ? Car enfin, lorsqu'on dit souvent que la grâce extérieure n'est que le reflet d'une grâce mystérieuse, il n'en est pas moins vrai que la vue d'une forme pleine d'harmonie fait naître dans l'âme de subtiles ivresses qui, cependant, ne sont pas l'effet de la pensée exaltée ou des sens émus. Vous

devez avoir éprouvé cela ? Pour moi, voilà ce que je ressens toutes les fois que je revois et que j'entends Léontine Fay. Mon Dieu, que je suis enfant encore ! Pendant quinze jours, je serai inquiet, tourmenté, incapable d'aucun travail ; c'est à peine si je puis vous écrire tant mes idées sont confuses. Des inquiétudes nerveuses me courent de la tête aux pieds... j'ai mal à la tête... il fait si chaud !... J'ai beau dire que c'est une folie et me le prouver par cent mille raisons toutes plus raisonnables les unes que les autres, rien n'y fait. Tenez, en vous écrivant ceci, mon cœur bat à me rompre la poitrine et, pour comble de détresse, quoique je vienne de déjeuner, j'éprouve une faim atroce ! C'est vraiment extraordinaire. Dites-moi donc, mon bon ami, ce que vous pensez. Entre nous, je crois que je suis amoureux[90].

Il se familiarisa de même avec l'Opéra, mais la grande médiocrité des chanteurs qui se produisaient l'écœura. Il est probable qu'il entendit *la Muette*, *la Juive*, *Robert*, *la Dame Blanche*, *le Postillon*, *le Serment*, *le Domino Noir* et *l'Ambassadrice*. Il put néanmoins goûter les prestations d'excellents musiciens qui donnaient jusqu'à quatre séances par soir : Stamaty, Delioux, Prudent, les sœurs Milanollo, Latour et Loïsa Puget, M. et Mme Yweins d'Hennin...

En février 1839, après que Marie Dorval eut honoré sa dernière représentation, il exprima ainsi son émotion :

Imaginez-vous un front large et passionné, des yeux noirs qui expriment ce qu'ils veulent, une taille gracieusement brisée en avant, une voix cadencée, grave et austère, harmonieuse et douce, un geste ardent, majestueux et sévère, un jeu plein d'expansion, de force, de naturel, de charme et d'intimité,... ou plutôt ne vous imaginez rien ; quels mots rendraient l'émotion irrésistible qui fait battre le cœur en face de Mme Dorval ? Il faut la voir et l'entendre[91].

Les représentations étaient généralement suivies de gigantesques beuveries au vieux cabaret du *Fort de Plaisance* et au *Café du Cirque*, de tapages et de charivaris à la Préfecture, de transferts d'enseignes tracassés par la chicane, de duels sanglants dans les petits chemins creux de la promenade du Thabor bénédictin et de mille autres joyeusetés de cet acabit. Il semble que Leconte de Lisle ne se soit arrêté qu'aux charmes esthétiques de ces nuits agitées. Il adorait les décors historiques recomposés, les jardins suspendus des balcons d'orchestre, les mâchicoulis des tourelles de carton-pâte. Il n'y avait rien de tel à Bourbon. Après souper, on trouvait refuge dans l'intérieur cossu du salon d'Édouard Alix, écrivain-horloger, ami du poète catholique Édouard Turquety, et d'Alexandre Nicolas, professeur de rhétorique au Collège royal. On fumait, on buvait, on se lamentait devant de mauvaises rimes ou s'égayait d'une controverse inattendue. C'était un peu du bonheur de Saint-Paul retrouvé au travers des mêmes griseries de tabac brun.

La Faculté

Face à ce flot d'émotions, devant ce miracle de la poésie qui ressuscite à chaque représentation, Leconte de Lisle comprit très vite qu'il ne serait pas magistrat. Il haïssait le Droit en général et la Faculté en particulier. Mais comment annoncer à ses parents son aversion ? Arriverait-il à la surmonter ? Il s'en ouvrit à Rouffet :

> Je n'ai pu vous écrire plus tôt, mon Ami, tracassé que j'étais par le droit, ignoble fatras qui me fait monter le dégoût à la gorge – et par les réprimandes absurdes de mon très honoré *tonton*. Enfin remords, craintes fondées pour l'avenir, abattement, ennui profond des hommes et des choses, désolation, isolement, etc., etc., m'ont jeté dans de telles perplexités qu'il m'a été moralement impossible de vous écrire... Pardonnez-moi, je m'en vais lentement vers l'abrutissement. J'avais peut-être une intelligence ardente, de bons et généreux instincts, le désir du bien et du beau. Eh bien ! tout cela disparaît tour à tour. Et pourquoi ? Le sais-je, moi ? Ah ! il me prend parfois une envie de pleurer comme un enfant qui sent trop son impuissance[92] !...

L'étudiant désertait les cours. Il ne pouvait pas supporter le jargon du Droit. Comme il n'avait pu valider sa première inscription de décembre 1838 par manque d'assiduité, il en prit une deuxième, deux mois plus tard, puis une troisième, en avril 1839. Mais ses absences avaient été remarquées et il ne put tout simplement pas se présenter à l'examen de fin de première année. Tout le monde fut mis au courant : M. le recteur d'Académie, le maire de Dinan, les planteurs de Saint-Paul, jusqu'à M. Paul Liger, et, tout comme ses camarades Dubois, Chrétien, Chevalier, Dupont, Delécluze, Delaroche, Lelièvre, Leduc, Meneust, Ollivier, Ravazé et Villeneuve, il était devenu coutumier de ce genre de rappel à l'ordre, reçu le 16 février 1839 :

> Monsieur,
>
> La Faculté, dans sa séance d'hier, a décidé que vous seriez mandé devant elle pour justifier de vive voix ou par écrit des absences que vous avez faites aux cours que vous deviez suivre. Vous aurez, en conséquence, à comparaître devant elle, le 28 février courant, à midi et demi, salle des examens, ou à envoyer avant cette époque vos motifs par écrit à M. le Doyen.
>
> J'ai l'honneur, Monsieur, de vous saluer.
>
> Le secrétaire de la Faculté de Droit,
> Th. Pontallié[93].

Son père, qui le voyait déjà en habit, lui avait pourtant bien demandé de « travailler, une heure le matin et autant le soir, dans l'étude d'un avoué », et lui avait conseillé de prendre des cours d'anatomie et de physiologie. En tant que chirurgien, il avait eu l'occasion de constater que ces connaissances étaient de la première nécessité en médecine légale et il avait rencontré en Cour d'assises trop de magistrats ignorants de ces matières, incapables de concevoir leurs explications, et conséquemment de fixer leur jugement. Il fallait aussi que Charles étudiât la botanique au printemps et la chimie dans les cours d'hiver. Quant aux leçons d'histoire, une Faculté des Lettres étant nouvellement établie à Rennes, il ne doutait pas qu'il ne se rendît à ses conférences avec plaisir.

Quand le docteur eut vent des écarts de son fils, il comprit mieux les silences qui les avaient accompagnés. C'était la deuxième année gaspillée et il fallait réagir. Il adressa donc à son rejeton une lettre de réprimandes, qui fut d'abord envoyée à l'oncle Louis, avant de lui être transmise. Ce dernier y ajouta sa mercuriale, et c'est par son entremise que le jeune homme plaida sa cause auprès de son père :

Mon cher oncle,

Je viens de recevoir une lettre qui m'a fait bien du mal, un mal d'autant plus profond que je sais, – que je savais, – le mériter. C'est sans doute avec une résolution sincère, inébranlable que je viens vous prier en toute humilité, – si l'on peut être humilié d'avouer franchement ses torts, et de revenir au sentier de son devoir, – de vouloir bien faire part à mon père de mes regrets, de mes remords même, et de ma décision arrêtée d'employer toute ma volonté à réparer par un travail continu le temps perdu dans de vaines espérances. Veuillez me pardonner aussi, mon cher oncle; j'en ai besoin. J'ai bien mal reconnu votre affection et celle de ma tante. Mon indifférence a été un fait pour vous quoiqu'elle n'existât pas dans le fond de mon cœur. Pardonnez-moi donc; dites-le moi et vous me rendrez heureux de penser que toute amitié pour moi n'est pas éteinte en vous. Croyez-en ma sincérité, car ce ne sera pas la première fois que je vous aurai fait des promesses oubliées dans le tourbillon d'idées incessantes. Croyez-moi, je me réveille maintenant et la réalité m'apparaît, trop étrangère à mes yeux pour que je ne la reconnaisse pas. Les menaces de mon père ne peuvent exister pour moi; je ne vois pas leur effet, mais leur cause. Je ne veux être à charge à personne, je ne fais que cela. Eh bien! si mes efforts sont vains, si je ne puis me réhabiliter dans le cœur de ceux qui m'aimaient, Dieu n'a pas fait en vain l'homme tout-puissant! Mais voilà un sot orgueil, pardonnez-le-moi.

Ma résolution est irrévocablement prise. Que je ne sois qu'un vil lâche, si j'agis autrement que mon *devoir* ne me le commande.

Adieu, mon cher oncle, priez ma tante d'écrire quelques mots dans la réponse que vous aurez la bonté de m'envoyer.

Votre neveu bien amèrement repentant,
C. Leconte de L'Isle[94]

On voit toute l'influence du mélodrame dans le style de cette lettre qui bat une probable coulpe. Mais le poète avait au moins obéi à son père sur un point : il fréquentait assidûment la Faculté des Lettres qui venait d'entamer sa première année d'existence, le 1er décembre 1838. La jeune institution n'avait pas encore de locaux à elle, et l'on dut se contenter de la salle des séances du Conseil municipal. C'est là que MM. Lepoitvin, Gougeon et Morel, ses professeurs de Droit, auraient pu le trouver. Ils y auraient entendu ensemble leurs éminents collègues : Henri Martin, helléniste, traitant de l'histoire de la Tragédie chez les Grecs et chez les Romains; Émile Delaunay, relatant les origines de la littérature française et donnant quelques leçons sur la poésie du XVIe siècle; Charles Labitte, se limitant à *La Divine Comédie* et au *Canzoniere*; et Varin, exposant l'histoire des temps mérovingiens. Un cours libre de langue hébraïque s'ouvrit même le 2 février 1839. Peut-être y fut-il question de Qaïn et d'Akkab.

L'année suivante, s'ajoutèrent la philosophie, l'histoire et les littératures étrangères. Varin y fit, en « deux immenses tableaux aux proportions gigantesques », d'abord la peinture de « l'ancien monde romain, de l'esclavage et de la corruption », puis, avec des « couleurs plus vives et plus étranges », celle de la « barbarie ».

Tous ces enseignements passionnèrent Leconte de Lisle et marquèrent son esprit.

En juillet 1840, date coïncidant peut-être avec celle de l'annonce de la mort d'Élixenne[95], il abandonna définitivement le Droit. « Le 11 mars 1841, l'étudiant inassidu fut mandé de nouveau devant la Faculté [...]. Le 22 juillet, il fut encore mandé, et ne comparut pas ; la perte par défaut fut prononcée et devint définitive, le délinquant ayant négligé de se pourvoir ; le 23 juillet 1842, il est invité encore à comparaître, frappé de perte conditionnelle et inscrit sur la liste de sévérité. Dans l'intervalle, il avait pris quatre inscriptions, les 15 avril, 15 juillet et 15 novembre 1841, et le 13 avril 1842. Ce fut sa dernière inscription, et la Faculté comprit qu'elle n'avait plus à mander devant elle celui qui n'y voulait plus revenir. On se borna à prévenir sa famille qu'il n'avait pas pris l'inscription de juillet, comme on l'avait avertie qu'il avait omis de prendre celle de janvier[96]. »

En décembre, M. Leconte de Lisle, non sans avoir auparavant averti son fils de nombreuses fois, commença par lui rogner les vivres puis finit par les lui couper tout à fait. « S'il ne passait pas "son premier examen en juillet 1840, son second en juillet 1841, et sa thèse en juillet 1842", il deviendrait "ce qu'il voudrait". À lui "d'orienter son budget" comme il le pourrait ; la somme de 1 200 francs ne serait pas dépassée : "500 ou 600 francs pour [le] logement et [la] nourriture, 200 pour [les] vêtements, le reste pour les cours et les livres, etc." Et il compléta ses ordonnances dans une lettre à son cousin. "Donc, 100 francs par mois, préconisait-il, s'il se conduit bien ; sinon, qu'on le réduise de suite à 40 francs par mois, pendant trois mois, au bout desquels il aura trouvé un moyen de se suffire à lui-même"[97]. »

> Je vais donc goûter d'une nouvelle existence, conclut flegmatiquement le mauvais étudiant ; je vais donc vivre de mon propre travail, ce qui me paraît peu probable cependant, car je ne suis bon à rien, si ce n'est à réunir des rimes simples ou croisées, lequel travail n'a pas cours, comme dit Chatterton[98].

Le syndrome de Chatterton

Victor Lemonnier, Mille, de Villeblanche, Émile Langlois, E. du Pontavice, Drouin, Robiou, qui imprimait « comme un tigre royal dans le vénérable Dinannais, journal agricole », Paul Birgkmann, « un bon vivant, gros au moral comme au physique et parlant sa langue comme les épouses des taureaux d'Espagne », étaient bien entendu tous étudiants à la nouvelle Faculté des Lettres. Ils suivaient les cours avec plus ou moins de sérieux et se retrouvaient dans l'arrière-boutique de l'horloger Édouard Alix, qui était leur hôte. Là, ils rassemblaient leurs premiers essais dans un album que Louis Tiercelin eut le privilège de consulter. On pouvait y effeuiller *La Fleur* ou *Laissez chanter l'oiseau* ou bien encore *Mes Vœux*. Plus tard,

Leconte de Lisle fit tout pour que sa participation à ce recueil ne fût jamais ébruitée[99] :

> L'heure est venue où la brune vallée
> N'a plus d'échos pour les adieux du jour,
> Où la candeur aux cieux s'est envolée,
> Où tout s'enfuit de l'âme désolée,
> Même l'amour !
>
> Ô revenez, mes joyeuses chimères !
> Oiseaux dorés, célestes passagers,
> Tendez vers moi vos ailes éphémères ;
> Venez bercer mes tristesses amères
> De chants légers[100] !

Le jeune homme fabriquait de vieilles armes avec Birgkmann, discutait de théologie avec Houein, faisait de la musique avec Lemarchand, mais peu à peu perdait ses illusions. La gloire et le génie n'étaient pas au rendez-vous. Ses amis de Bourbon et ses « bons parents », qu'il avait stupidement déçus, lui manquaient. Il n'avait connu de l'amour que des orages trop brefs, plus rêvés que vécus, doutait de ses aptitudes et voyait l'avenir avec toute l'incertitude que lui inspirait sa jeunesse. Que deviendrait-il ? Fallait-il écouter son cœur ou son devoir ? S'adonner à la poésie ou bien reprendre le Droit ? Ses lectures du moment : Lord Byron, Alfred de Vigny, Auguste Barbier, l'assombrirent un peu plus. Sa terre natale lui apparut plus loin, plus vieille, plus sombre, le monde plus infâme. Il comprit que le poète, s'il est célébré par la société, commence par en être rejeté, détesté, méprisé, et il vécut son bannissement, en digne héritier de Schopenhauer, comme une affirmation de sa vocation :

> Vous aurez beau dire, l'homme d'une nature exceptionnelle aime à être malheureux, et c'est bien facile à concevoir : des causes opposées ne peuvent nécessairement produire des effets identiques, l'âme du poète est faite d'un sentiment de douleur et d'espérance, celle de l'homme positif d'un instinct de joie et de présent : comment pourraient-elles se rencontrer ?

Il pleura sur le mercantilisme du monde qui l'entourait et s'indigna du manque de solidarité humaine. Ses amis poètes, à moins d'être de « terrifiants génies », étaient jetés plus bas que terre, foulés aux pieds par une société déjà soumise aux lois de l'économie de marché. Il fallait brader son idéal, prostituer son âme, pour que la panse fût remplie. Il fallait être un « capable » ou bien mourir.

À l'hospice de la Charité, le 20 décembre 1838, Hégésippe Moreau, qui avait cultivé la fraternité plus qu'aucun autre, en mourut effectivement, alors même qu'il venait de trouver un éditeur pour son *Myosotis*. De 1834 à 1838, la vie de ce jeune poète n'avait été, nous dit Sainte-Beuve, « qu'une lutte pénible et haletante, où son talent, de plus en plus réel, et qui achevait de se dégager chaque jour, ne put triompher de la dureté des circonstances[101] ».

Leconte de Lisle se reconnut dans cet Hégésippe-Ixus[102] au sujet de la mort tragique duquel venait d'écrire Félix Pyat : il en fit le martyre de la beauté, la victime innocente d'un nouvel holocauste.

> C'est un bien triste exemple de l'égoïsme de notre siècle où tout ce qui est beau, tout ce qui est noble et grand ne trouve que mépris et dégoûts ; de ce siècle où le parjure politique s'unit impunément à la dépravation morale grossièrement dissimulée sous son voile de pruderie misérable et d'affectation religieuse ; de ce siècle enfin qui ne reconnaît que l'or pour dieu et qui foule aux pieds tout adorateur du vrai et du beau, ne pliant pas le genou devant l'infâme idole et ne sacrifiant pas à la vénalité la pureté intérieure de l'âme[103].

C'est de cette époque que date, semble-t-il, son premier refuge dans le culte d'un passé idéalisé, sorte d'intemporalité sublime où la beauté avait droit de cité :

> Oh ! s'il existait encore ce temps où le poète, homme privilégié, ne vivait que dans l'art et pour l'art, ce temps où les chants de l'enthousiasme immatériel ne se salissaient, comme aujourd'hui, au contact des ignobles bavardages de nos chambres, au désir sans frein d'ambitions infâmes parce qu'elles n'ont pour base qu'un égoïsme incarné et non le bonheur de tous ; si, dis-je, ce temps existait encore, oh ! je concevrais que la voix du poète fût écoutée ! Mais, à présent, que voulez-vous qu'entende une société abrutie et sourde, qui se gorge ignoblement et laisse mourir de faim le peu d'êtres sincères et purs qui espéraient appuyer sur elle leur existence, peu désireux de bien-être physique pourtant, afin de se livrer entièrement à la belle et sainte poésie[104] ?

Les devoirs humains

En janvier 1838, une certaine Eugénie se joignit au cénacle d'étudiants. Sa culture, sa beauté et son humour séduisirent les jeunes poètes qui en firent immédiatement leur conseillère. Elle aimait leurs vers, les écoutait parler, critiquait toujours leurs points de vues, s'en moquait parfois, et constituait un album, comme c'était alors la mode, des meilleures élégies du cercle. Elle en était devenue l'égérie et la muse. Elle buvait *Les Paroles d'un croyant*, jalousait *Lélia* et défendait la thèse selon laquelle le mariage chrétien ressemblait davantage à une débâcle qu'à un miracle. Leconte de Lisle en rendit compte à Rouffet :

> Nos soirées sont toujours les mêmes. L'esprit de Mlle Eugénie semble prendre un penchant prononcé vers l'ironie, mais vers l'ironie fine, spirituelle, et qui ne blesse jamais ceux qu'elle choisit pour but, parce que Mlle Eugénie a toujours soin de s'attaquer à des gens d'une écorce extraordinairement épaisse[105].

Les deux amis semblèrent pourtant en avoir été blessés, puisqu'ils en tombèrent tous les deux plus ou moins amoureux, chacun de leur côté. Dès que Charles se rendit compte des sentiments de Julien, il s'évinça :

Aimez-vous d'amour Mlle Eugénie ? Elle fait en quelque sorte un recueil de vos poésies…

Je n'ai pas besoin de vous rassurer à propos des vers que je vous ai envoyés. Ils voulaient peindre Mlle Eugénie, sans doute, mais nul sentiment réel ne les a dictés.

La jeune femme n'aima pourtant ni l'un ni l'autre, et le jeune clerc, qui n'avait pas toute l'expérience sentimentale de Charles, en fut très affecté. Il eut de surcroît à souffrir de la bêtise et de la méchanceté des hommes. Un notaire, méprisant les faibles, indifférent à toute beauté non monnayable, parfait petit bourgeois du temps de Louis-Philippe, un certain Prigent, s'était joué de lui. Il incarna pour Leconte de Lisle la civilisation finissante, sa société du capital, immédiatement et uniquement intéressée par l'utile, le fonctionnel et le rentable.

Ces hommes nous ont dit : « Vous êtes inutiles,
Au travail de l'argent vos mains sont inhabiles ! »
Le mépris de chacun poursuit notre existence,
Car nous ne savons pas voiler la conscience,
Car vers un but sacré notre esprit emporté
Aime à se dérober l'humaine vanité.
Ah ! pourtant si, moins durs à nos rêves de flamme,
Ils ménageaient enfin les désirs de notre âme,
S'ils étaient indulgents, si d'intimes secours
Nous soulageaient parfois du fardeau de nos jours,
Abandonnant alors nos sentiers solitaires,
Entre nos mains pressant leurs deux mains tutélaires,
Oh ! nous irions, sans doute ensemble et bien heureux,
Vers un large avenir à nous ouvert par eux !…

Face à toutes ces occasions d'indignation, de colère et d'affliction, Leconte de Lisle eut une attitude étonnante : Julien Rouffet désespérait et pensait au suicide, il l'exhorta au courage et le rappela à ses « devoirs humains ». Lui, le républicain, fils de planteurs esclavagistes, enfant de la Révolution, il allait donner à un ancien séminariste une leçon de catéchisme :

Que je voudrais avoir, mon pauvre Ami, votre douce poésie et votre intimité, pour verser sur votre âme malade leur harmonieuse consolation ! Que je voudrais être *vous*, afin de calmer plus expansivement les tortures morales qui vous font tant de mal !

Mais pourquoi vous décourager ainsi ? Aviez-vous donc espéré conserver toujours les illusions dont la chute vous attriste ? Non, sans doute ; et pourtant vous avez eu foi en elles, puisque leur anéantissement vous cause une telle douleur. Oh ! je vous plains beaucoup, parce que vous êtes plus aimant ; je vous plains beaucoup, parce que vous êtes plus digne d'être heureux que tout ce qui vous environne, vous froisse ou ne vous comprend pas ! […]

Le râle est aussi vrai dans votre œuvre qu'il l'est en réalité. Poète, c'est bien ; homme, c'est vrai ; mais, disciple du Christ, avez-vous raison ?… Je sais ce que vous pensez sur ce point, mon ami ; mais le désir de la mort, l'oubli de ses devoirs humains, le découragement de la vie, n'est-ce pas un suicide moral ? [...] Faut-il donc aimer, dites-vous, lorsque nul espoir ne nous est donné ? Oui, mon Ami, il faut aimer, parce que l'amour c'est la poésie, et que, sans elle, la vie n'est plus la vie[106].

La douleur ne seyait à l'homme que si elle le grandissait. Cette tristesse geignarde et lâche qui au contraire l'avilissait et le poussait à commettre l'insensé ne suscitait aucune admiration chez un Leconte de Lisle résolument tourné du côté du courage. Et peut-être s'agissait-il ici d'une réaction propre aux romantiques français : en effet, là où Goethe avait incité à la destruction de soi, Hugo invitait au sursaut. De ces deux mélancolies naquirent deux fruits contraires. Werther avait fécondé le sol; Quasimodo, le ciel. Charles s'était-il par ailleurs souvenu de ce passage des *Chants du Crépuscule*, écrit en avril 1831, où le poète condamne violemment le suicide d'un Chatterton qui « n'avait pas vingt ans » ?

Pas question donc de vivre lâchement ! Leconte de Lisle conseilla d'abord à son ami l'oubli puis la re-création du monde par le travail et par la volonté. Il fallait se détacher de la terre, de l'univers et de soi-même afin d'accéder à une poésie salvatrice, ne pas se laisser amoindrir par les événements, mais au contraire, s'en nourrir afin de mieux les surmonter, non se laisser aller à la molle passivité, mais réagir, avec toute la vigueur de son vertigineux dégoût.

Ô rayon de la poésie, vous brûlez parfois; mais la souffrance que vous causez n'a rien de commun avec la douleur terrestre. Vous blessez et guérissez tout ensemble... – Nous suivons une vie de pleurs et d'angoisses amères; le sol est couvert de ronces et de pierres, et nos pieds sont nus; mais, que vous veniez à vous reposer dans notre cœur, pleurs, angoisses, blessures disparaissent; car vous êtes aux lèvres de l'âme un avant-goût des félicités du ciel.

De plus, le poète était investi d'une mission sacrée : il *devait* aimer.

Frère ! s'il faut une urne où ton âme oppressée
Épanche largement le flot de ta pensée;
S'il faut un sanctuaire où l'élan de ton cœur
S'enferme loin du siècle, ignorant et moqueur;
Il est un but sacré qu'un poète devine
Dans l'œuvre des humains et dans l'œuvre divine !
Ce but immense et pur, tendre et mystérieux,
Chaste et brûlant reflet des temps religieux !...
Ce saint oubli du mal, ô frère, c'est l'amour.

Aimer qui ? Aimer quoi ? Dieu ? Il était loin. Le Siècle ? Il était infâme. La Poésie ? Elle était le moyen, non la fin. L'Humanité ? Ce blé plein d'ivraie ! La Beauté ? Très certainement; mais à travers elle, la femme : déesse éternelle et séculière, humanité féconde et pervertie. La beauté de la femme était l'idole capable de consoler les hommes des femmes. Il fallait l'adorer :

Oui, la femme, semblable au doux Emmanuel,
Vers nous, des mains de Dieu, s'épancha blanche et pure ;
Mais l'homme, être tombé, posa sa lèvre impure
Sur ce front embaumé d'un parfum immortel.

L'aimer comment ? Comme un amant ou comme un frère ? Comme Rodrigue ou Dom Juan ? Fallait-il l'éros ou bien l'agapè ? Pour Leconte de Lisle, il devait s'agir d'un amour platonique, bien entendu, sans chair quoiqu'inspiré par elle, et sans drame, bien qu'investi par lui.

> Il est deux amours : l'un positif, ayant pour objet une réalité ; l'autre plus vaste, plus sublime, chantant ses créations plus belles aussi parce qu'il les a rêvées. L'un arrive à ce moment de la vie où, pressé de placer sur la première tête qu'il rencontre l'auréole de ses premières sensations, ardentes et dévouées peut-être, l'homme se passionne et se trompe toujours ; car, ainsi que toutes les passions cet amour-là ayant son terme, il laisse affreusement vide le cœur qu'il remplissait naguère. L'autre plus doux, plus frais, infini comme l'idéalité qu'il crée, est l'amour mystique, l'amour de l'âme, celui dont parle Platon[107].

On pourrait bien sourire devant la naïveté de cet amour éthéré, conférant une joie sans aucun revers d'ombre, prospérant à l'écart de toute humanité. Un amour de fantôme, un fantôme d'amour.

> Vous ne concevez pas, dites-vous, les joies et les douleurs de mon amour idéal ?... Elles sont pourtant faciles à comprendre malgré la mysticité dont elles ne peuvent se séparer. Cet amour infini, si puissant de grâce et de poésie qu'il a le merveilleux pouvoir de créer des êtres parfaits, touche pourtant à l'humanité par quelques points, puisqu'il est en nous. Aussi le reflet du monde visible agit-il parfois sur les rêves dont il s'enivre ; alors la pensée humaine entache la pensée immatérielle, et le morne positif, revenant se poser à côté de l'idéalité, heurte l'élan de l'âme et la fait retomber dans les liens terrestres dont elle se débarrassait. – De là, douleur ou joie.

La correspondance et l'affection plus que les théories du poète surent consoler Rouffet. Il ne se suicida pas. Bien au contraire, il eut le courage que n'eut pas Leconte de Lisle à cette époque : il mit la théorie en pratique et décida de se marier.

> Vous êtes plus heureux que moi ; vous persévérez ; votre bonheur à venir sera l'œuvre de votre volonté, tandis que je n'ai pas de but, pas de persévérance, pas de volonté, pas de pensées fortes, et que mon exaltation passagère s'épanche seulement en quelques mauvais vers. [...]
>
> À vous l'amour, mon ami, c'est-à-dire toutes les illusions que la femme laisse flotter autour d'elle comme un voile pudique ; à vous le don d'admirer, sans y toucher, la grâce externe et interne de cet être privilégié. Pour moi j'ai levé le voile, j'ai sèchement analysé l'âme que vous respectez ; il ne me reste rien.

Finalement, le plus malheureux des deux n'était pas Julien. Leconte de Lisle portait en lui une douleur plus sourde, plus profonde et plus diffuse, qu'il cherchait vainement à calmer. Souffrant d'un manque d'amour, il s'en était fait le spécialiste qui sait que du poison peut naître l'antidote. Mais l'origine de sa mélancolie était peut-être ailleurs. La vie mondaine, les paresses d'étudiant, l'inertie. Charles était un nomade condamné au cloître. La vie sédentaire ne semblait pas pour lui. Comment fixer ses pensées dans un tel univers ?

> J'ai toujours été un être nomade, écrit-il à Rouffet le 26 mars 1839, et vous devez bien comprendre que cette vie incertaine, quelque jeune que je fusse alors, n'a jamais été propre à fixer mes idées et mes sensations. Aussi je m'effraie parfois de la confusion qui bouleverse ma tête : pensées sans résultat, désirs ardents sans but réel, abattements mondains, élans inutiles, se heurtent dans mon âme et dans mon cœur, pour s'évanouir bientôt en indolence soucieuse. Rien de fixe et d'arrêté pour l'avenir; mon passé même semble évoquer mes souvenirs, preuves de mon incapacité future. – J'ai rêvé comme un autre d'amour et de jours heureux, écoulés entre une femme aimée et un ami bien cher; mais ce n'était là qu'un songe. Je le sens bien, il y a en moi trop de mobilité pour espérer une telle vie, si toutefois il m'était donné de jamais la réaliser. La monotonie m'abrutit, et je me reconnais un tel besoin de métamorphoses que je me sentirais capable d'éprouver en un mois tout l'amour, toute la haine et toutes les espérances d'un homme qui y aurait consacré sa vie entière[108].

Le Cœur et l'Âme

Dans leurs échanges épistoliers des dix-huit derniers mois, les amis fraternels ambitionnaient de concrétiser un vieux projet : publier un recueil commun où ils pourraient mettre en avant leurs personnalités propres et, les conjuguant, donner une synthèse complète de l'esprit humain, régi d'un côté par l'amour (le Cœur) et de l'autre par la contemplation (l'Âme). En novembre 1838, Charles répartit les tâches :

> L'histoire du cœur est la partie plus intime et la plus nuancée; elle vous reviendrait de droit. Celle de l'âme, comme je la conçois, reposant entièrement sur la contemplation divine et humaine, possède autant de magnificence et de sublimité que le cœur renferme d'harmonie et de grâce; je m'en chargerais[109].

À partir de janvier 1839, toute leur correspondance est consacrée à ce projet. Charles voyait déjà le papier « sinon très beau, du moins propre et blanc » d'un in-octavo « dans le genre de ceux de Turquety ». Cela le motiva considérablement et l'obligea à sortir de sa torpeur. Il envoya ses poèmes à la prestigieuse *Revue des Deux Mondes*, à laquelle collaborait George Sand, et contacta l'éditeur d'Alphonse de Lamartine pour la fabrication de l'ouvrage qui, « bien imprimé, deviendrait l'ensemble raisonné et vraiment grand, utile [*sic*] et beau, de toutes les niaises et insignifiantes publications du jour. Un tel ouvrage, consciencieusement travaillé, serait une œuvre immortelle dans son genre. [...] Chaque morceau serait signé de son auteur et la différence, si grande, de l'âme et du cœur sortirait, belle et brillante, de la comparaison des deux poésies. »

Le 19 octobre 1839, la table des matières en était dressée. Charles proposa les productions suivantes : *Les Rossignols et le Bengali*, qui devraient figurer en tête ; la *Beauté cachée*, où il faisait allusion à l'amour secret de Julien pour Eugénie ; *Mes Montagnes Natales*, ébauche du *Rhedi et Stéphany* publiée par l'*Impartial* le 12 mars 1840 ; *Mens Blanda*, qui apparaîtrait plus tard dans les *Poèmes barbares* ; *L'Espoir*, sonnet où il invitait son meilleur ami à reprendre courage ; *Une Fleur du Gange*, bluette dédiée à Mlle Amélie Delpit, sa cousine ; *Saint Jean*, première ébauche du *Sommeil du Condor* dédiée à Marie Beamish ; *Romance*, autre poème dédié à Marie ; *Lélia dans la solitude*, poème inspiré de George Sand et qui comportait quatre versions manuscrites ; *le sonnet réponse*, « Oui, la femme, semblable au doux Emmanuel » ; *À George Sand*, poème envoyé à Rouffet le 27 septembre 1839 ; « Cher Ange, *Il est un nom* qui fait battre mon cœur » ; *Au soleil couchant*, envoyé le 10 juin 1839 ; le *Dernier nid de l'Aigle* ; *La Rosée* ; *À ma mère* ; *Souvenirs et Regrets* et *Qu'un seul de tes regards*. Julien soumit de son côté : *un Amour caché* ; *Bretagne* ; *Seize ans* ; *Le râle* ; *Réalité* ; *Bluette* ; *L'Espérance* ; *Chant du matin* ; *Sonnet sur la femme* ; *Ma pauvre mère* ; *Dernier Asyle* ; *Sicut flos* ; *Souffrance et poésie* ; *Désir du cœur* ; *le Cœur et la Nature* ; *une Dédicace* et *Ce qui est intime*. Un ensemble de 1 545 vers, répartis en 43 pièces, dont le titre faisait débat. Leconte de Lisle suggéra *Les Rossignols et le Bengali*, parce que c'étaient « deux mots qui frappaient brillamment l'oreille et l'œil et qui promettaient de la poésie ».

Le Bengali, bien sûr, c'était lui.

De l'enceinte des cieux je n'ai nulle mémoire ;
Mais, guidé vers ces bords par des chants merveilleux,
Mon cœur vous devinait : n'êtes-vous pas la gloire ?
Ô rossignols divins, j'ai fui mon ciel natal
Pour ouïr vos accents que j'aime et que j'admire.

Puis ils pensèrent aux *Effusions poétiques*, à *Deux voix du cœur*, à *Sourire et Tristesse*, pour s'arrêter finalement à l'idée fondatrice : *Le Cœur et l'Âme*.

Charles Gosselin, l'éditeur de Lamartine, fit connaître sa réponse, négative.

> Monsieur Gosselin m'a répondu très poliment qu'étant dans ce moment très occupé d'importantes publications, et malgré tout son désir d'être agréable à de jeunes littérateurs, il me remerciait de la bienveillante proposition que je lui faisais, etc., etc., ce qui veut dire : « Monsieur, faites-moi le plaisir de me laisser tranquille ; si j'écoutais tous ceux qui m'assomment de leurs livres inédits et de leurs noms inconnus, je me mettrais dans de beaux draps[110] ! »

Mais les poètes ne se découragèrent pas pour autant. Après tout, il existait d'autres éditeurs à Rennes, à Dinan et à Lorient. Ils enverraient aussi une circulaire à quatre ou cinq libraires de Paris et ce serait bien le diable si tous leur refusaient leurs textes ! Ce fut donc le diable… Que faire alors ? Recourir à des souscripteurs ? Imprimer à ses frais ? Mille deux cents francs, c'était impossible... À demi-résigné, Leconte de Lisle écrivit :

> Que voulez-vous ? Si nous ne pouvons pas vendre nos poésies, nous resterons ignorés : ce serait la dernière et la plus cruelle de nos déceptions. [Mais...], malgré ma résignation toute philosophique, je n'aimerais guère à rester entièrement ignoré ; quand ne serait-ce que pour prouver à ma famille que je n'ai pas totalement perdu mon temps en France ; et puis, cela ayant été mon rêve continuel, je vous avoue que je ne sais pas trop si je prendrais ma déception en patience[111].

En décembre 1839, les réserves financières se tarirent. La *Revue des Deux Mondes* n'avait rien publié de ses envois, et l'oncle Louis l'avait bien averti qu'il ne lui restait plus que cinq cents francs[112]. Charles, qui ne s'abaisserait jamais à revenir à Bourbon pour quémander de l'argent ni ne se soumettrait au point de devenir, comme Julien, clerc de notaire, émit donc l'hypothèse intéressante, à l'instar de Pierre François Brieugne, d'ouvrir un pensionnat dans les Côtes-du-Nord, avec M. Houein, ami du cercle sur le point d'être reçu à la Licence de Lettres. Ensemble, ils pourraient commencer à préparer de jeunes étudiants à ce baccalauréat auquel Leconte de Lisle venait tout juste de réussir. Houein enseignerait le grec et la philosophie, Charles dispenserait des cours de rhétorique, d'histoire et de géographie. Avec cinquante élèves, deux maîtres d'études, cinq autres professeurs de latin et littérature française, de mathématiques, de physique, de musique et de dessin, ils feraient « promesse d'un diplôme baccalauréatique au bout de trois ans, et cela dans un prospectus au papier rose, doré sur tranches[113] » ! Mais il fallait débourser neuf mille francs et Leconte de Lisle eut beau vendre ses livres et ses effets, les choses en restèrent là.

Du coup, peu à peu, Mlle Eugénie lui parut « plus visiblement laide », lui causant « plus que jamais une invincible répulsion », Robiou de la Tréhonnais, « l'ancien seigneur – par ses ancêtres – de manoirs crénelés et [...] aujourd'hui prolétaire, prosateur en herbe et poète en perspective », lui sembla « un imbécile » continuant de l'« assommer avec ses terribles vers », et son ami Jules Gérard évolua en « pauvre d'esprit, resté onze ans dans l'étable universitaire ».

L'échec fit place à l'aigreur et le dépit, au marasme.

Pourtant, en 1840, il y eut une embellie. Quelques jeunes gens, Alexis Nicolas, Alix, Paul Loysel, Charles Bénézit, Émile Langlois, Masson, Burol, Charles Vergos, Édouard Turquety, Nicolas Mille, P. de Labastang, Julien Rouffet, Camille Maugé, Charles de l'Hormay, Pitre Werbel, J.-M. Tiengou[114], A. Lefas, Germont et P.-E. Duval fondèrent à Rennes « une revue purement littéraire » : *La Variété*. Lui, le poète en marge du monde moderne, dédaigneux de « la politique et des affaires », demanda à y collaborer et, au mois de mars, il faisait déjà partie du comité de rédaction. Cette opportunité allait donc non seulement renflouer un peu ses caisses, mais encore lui permettre d'affiner son art poétique, de s'éloigner des romances qui « ne signifiaient pas grand-chose », et, dans un climat plus serein, de renoncer progressivement à cette « poésie du cœur » qui ne lui avait pas réussi. Pourtant le plus sage n'était-il pas de reprendre le Droit ?

En janvier 1840, il en fit la promesse solennelle à son oncle :

> C'est sans doute avec une résolution sincère, inébranlable que je viens vous prier en toute humilité – si l'on peut être humilié d'avouer franchement ses torts et de revenir au sentier de son devoir – de vouloir bien faire part à mon père de mes regrets, de mes remords même ! et de ma décision arrêtée d'employer toute ma volonté à réparer par un travail continu le temps perdu dans de vaines espérances... Je ne veux être à charge de personne et je m'aperçois, pour la première fois, que depuis ma naissance je ne fais que cela... Ma résolution est irrésistiblement prise. Que je ne sois qu'un lâche si j'agis autrement que mon devoir me le commande.

Julien Rouffet, marié, possédait une situation, Théodore Drouin était parti pour Dieppe où il avait été nommé surnuméraire de l'Enregistrement, Houein avait trouvé une place de Maître d'études au collège de Lorient et Mlle Eugénie était devenue si insupportablement vilaine qu'elle ne l'intéressait plus. À vingt et un ans, que lui restait-il donc ? Quelques poèmes parus dans l'*Annuaire* et l'*Impartial* de Dinan, un *Cœur* et une *Âme* dans la corbeille de l'éditeur de Lamartine, des dettes, un baccalauréat médiocre et quelques vœux pieux.

Le sacré et la profane

Avec *La Variété*, revue ouverte « à tous ceux qui se sentent tourmentés par ces voix intérieures qui révèlent à l'âme les mystères de la poésie, entraînés par l'espoir de faire quelque chose de bien », revue destinée à tous, aux « riches et aux pauvres, aux poètes et aux indigents », Leconte de Lisle reprit courage.

> Combien il serait doux et reposant d'entendre parfois, à la place de ces mille voix aigres et fausses de la politique et des affaires, les voix si pures et si harmonieuses de ces jeunes cygnes, que tant de vacarme effraie et qui effarouchés, pour ainsi dire, par nos cris de hideux égoïsme et de passions triviales, s'envolent et vont, oiseaux charmants mais timides, chanter dans l'isolement, chanter loin de l'éclat mais aussi loin du trouble, et ainsi nous privent, nous qui aimons tant à les entendre, de leurs mélodies, parfois si délicieuses et si touchantes d'attendrissement profond et de ravissantes rêveries !
>
> Aussi n'est-ce pas sans quelque espoir d'être agréable à ceux qui partagent avec nous un tel désir, un tel besoin d'échapper de temps en temps à la parole aride et sèche, à la prose lourde et somnifère de l'utilitaire inflexible, que nous annonçons ici que M. Leconte de Lisle, un de ces jeunes poètes de la nature et du cœur à qui il ne manque que d'être connus pour être admirés, est sur le point de publier un poème intitulé *Redhi*[115].

Il se jeta dans le travail. Cette revue allait pouvoir lui permettre de réaliser la plupart de ses rêves artistiques. En juin 1840, il en devint le Président du comité de rédaction et en octobre, le Directeur. Un « premier échelon ».

On voulut faire illusion, donner à lire des articles qui ne paraîtraient pas avoir été écrits par de jeunes esprits et pour cela, on chercha le patronage de quelque sommité. Leconte de Lisle écrivit à Chateaubriand, au nom de la Revue. La réponse y fut imprimée plusieurs fois. L'auteur du *Génie du Christianisme* encourageait et félicitait les jeunes poètes bretons, ses compatriotes, dans un élan paternel et chaleureux, se souvenait avoir rencontré le jeune Leconte de Lisle à Paris, et les invitait à persévérer dans leurs efforts artistiques très prometteurs.

> Si je n'avais pas entièrement renoncé aux lettres et à la politique, je vous demanderais, tout vieux que je suis, à combattre dans vos rangs. Grâce aux armes modernes, l'âge n'est plus une excuse pour refuser de descendre en champ clos ; mais, pour écrire avec succès, il faut avoir de la foi, et je n'en ai plus aucune dans la société. Tous mes vœux seront pour votre Revue littéraire. Il y a aujourd'hui trois ou quatre talents dont les preuves sont faites et qui seront sans doute très disposés à vous prêter secours dans vos belles études[116].

On alla aussi trouver un professeur de la Faculté des Lettres de Rennes, Alexandre Nicolas, pour qu'il y fît un « fort beau morceau de style » et attirât le plus grand nombre de lecteurs : la Revue était « purement littéraire », sans fondement politique précis, mais avec une forte idéologie spiritualiste.

> Serait-ce donc, écrit Nicolas, une tentative déplacée que de former un recueil où toutes les inspirations littéraires fournies par la pensée chrétienne aux jeunes poètes, où toutes les nobles émotions que les arts sortis du Christianisme peuvent communiquer aux historiens, aux moralistes naissants, trouveraient un lieu qui les réunît, un foyer domestique. [...] Le paganisme vit encore au milieu de nous ; ses adversaires se doivent réunir, se renommer et combattre. Ah ! que cette flamme divine qui a brillé un instant aux mains de Platon, pour se rallumer avec tant de force dans celles des Apôtres, ne soit pas abandonnée par la jeunesse, dans cette terre chrétienne et catholique, où s'est levé l'astre de Chateaubriand[117].

Il était question de promouvoir une sorte de « croisade intellectuelle », mais la seule exigence fondamentale était que tous les textes fussent d'une haute tenue littéraire, avec le souci d'atteindre à la perfection. Et le Président ne s'en cachait pas :

> Malgré le vif désir que nous avons de nous rendre les interprètes de la jeunesse laborieuse et amie des arts, nous prévenons nos lecteurs que le Comité de Rédaction n'admettra les articles qu'après un *examen scrupuleux*[118].

Ce fut donc dans cette Revue exigeante, et parce que ses collaborateurs étaient en somme de fieffés « ostrogoths », que Leconte de Lisle publia quelques-uns de ses premiers écrits. Des poèmes : *Issa ben Mariam*, *Lélia dans la solitude*, *la Gloire et le Siècle*, *Rehdi et Stéphany*, les *Strophes à Lamennais* ; une « trilogie raisonnée » d'esquisses littéraires – inspirée par les cours de Charles Labitte – : *Hoffman et la satire fantastique*, *Shéridan et l'art comique en Angleterre*, *André Chénier et la poésie lyrique à la fin du XVIIIe siècle*, où il voulait montrer les rapports secrets entre ces trois écrivains qui avaient chacun à leur manière réagi contre les excès des Lumières et régénéré l'art ; des nouvelles exotiques : *Une peau de tigre*, souvenir de son passage au Cap, et *Mon premier amour en prose* ; ainsi que des chroniques mensuelles relatant les différentes actualités intellectuelles de Paris. Charles Bénézit écrivit un *Essai sur la Romance* et *l'Orphelin*, Julien Rouffet, des vers pleins d'ingénuité, Nicolas Mille, les *Mémoires d'une puce de qualité* qui passait des coulisses de la Cour de Versailles à celles des palais viennois, pour atterrir aux Tuileries, du temps de Napoléon Ier... On voit tout ce que ces écrits pouvaient avoir d' « ostrogothique ». Ils égratignaient Alexandre Dumas, trop présomptueux, jugeaient *Les Rayons et les Ombres* « au-delà de tout éloge » et ne comprenaient pas que des « lions littéraires » pussent s'adonner à « l'art pour l'art[119] ».

Leconte de Lisle y eut plusieurs fois recours à des pseudonymes – Léonce (quasi-anagramme de Leconte), Marie, Tchin-fô – et dut approfondir les préceptes de son art poétique déjà amorcés avec Julien Rouffet. L'opposition entre le cœur et l'âme fut notamment transposée dans les domaines du sacré et du profane. Ainsi, en introduction à son poème religieux *Issa ben Mariam*, il exposa sa nouvelle conception de l'Art :

> Il y a deux sortes de poésies, la poésie profane et la poésie sacrée.
>
> La première, toute à l'homme et à la nature, ne franchit point, dans son vol le plus hardi, la sphère du monde visible : ce monde, qui passe, est exclusivement son domaine, c'est là que commence et que finit son domaine, c'est là que commence et finit sa colère ou son enthousiasme. C'est à cela que se bornent ses inspirations et ses harmonies. C'est la poésie de Byron.
>
> La seconde, s'élevant plus haut, s'élevant au-dessus de l'homme et de la nature, tâche, dans son élan au-delà de ce monde, de s'approcher du ciel et de nous dire un peu de Dieu. C'est Moïse, Moïse ou David que rien n'égale, et pour cause, dans ce genre, véritablement divin.
>
> Cette dernière poésie, qui, comme on le voit, est la plus haute, est sans contredit la plus difficile des deux. Elle compte presque autant de chutes que d'essais : mille poètes depuis Moïse ont tenté de l'atteindre et presque tous ont complètement succombé à la tâche.
>
> La harpe du prophète entre les mains de J. B. Rousseau lui-même n'a produit que des sons faibles, mourants, que des sons qui, quand ils n'ont pas été médiocres, ont toujours été nuls. Voilà du moins notre opinion personnelle ; la rejettera qui voudra, car à chacun son jugement sur ce point.
>
> Cependant quelle que soit la sévérité de la nôtre à cet égard, quelque fortement convaincu que nous soyons que la parole simplement humaine est trop petite pour contenir dignement la poésie sacrée, cette grande et sainte poésie que l'âme sent si bien et que la voix rend ordinairement si mal, nous sommes loin de dire ici que parmi les Artistes qui l'ont cherchée il ne s'en trouve pas quelques-uns qui aient mieux réussi que d'autres.
>
> Il en est, nous ne l'ignorons pas, qui ont produit dans ce genre de grandes beautés qui, pleines de majesté et quelquefois même de grâces, qualité à laquelle se prête difficilement la poésie sacrée dont le caractère tend plutôt au sublime qu'au gracieux, ont légitimement excité l'admiration de tous et réellement mérité la palme du génie. Néanmoins il existe et, loin de le contester,

> nous venons en apporter une nouvelle preuve, puisque c'est dans cette flatteuse exception que nous rangeons bien volontiers l'Auteur des strophes suivantes, que nous avons extraites de la *Revue Littéraire* dont nous avons parlé dans notre dernier numéro.
>
> C'est une fleur fraîche et doucement parfumée dont le jeune poète qui a composé ces strophes pare avec une admiration mêlée d'amour et de respect la tête blonde et rose de l'enfant de Marie. Rien n'est plus doux, selon nous, et en même temps plus noble que la manière dont il parle de cet enfant divin. C'est avoir choisi avec bonheur le seul moment peut-être où la poésie gracieuse puisse s'approcher du Christ, car partout ailleurs le Sauveur du monde appartient à la poésie sublime[120].

Non sans trop encore marquer de différence avec la poésie dominante de l'époque, il s'agit ici d'une première étape dans l'évolution créatrice de Leconte de Lisle. Byron, jadis tant admiré, se trouvait relégué au rang de poète profane, et le Christ, jadis objet d'une « religion dégénérée », devint soudainement le sujet incontournable de la poésie sacrée. Mais son anticléricalisme avait-il diminué pour autant ? *La Variété* s'affichant dans la société rennaise comme une Revue spiritualiste, son Christianisme était pour le moins équivoque. Il penchait en tout cas davantage du côté d'un dissident comme Lamennais, qui venait d'être jugé et condamné, que de celui d'un dominicain estimé comme Lacordaire ou d'un bénédictin admiré comme dom Guéranger. Mais n'était-ce pas le cas de tous les jeunes gens de son époque ? Son enfant divin de l'*Issa ben Mariam* fut pourtant conçu sur le modèle de l'enfant turc des *Orientales*, et, si l'admiration de Leconte de Lisle pour le Maître du Romantisme français y est indiscutable, le rapprochement entre les deux progénitures n'est pas sans poser problème. Leconte de Lisle devenait-il un romantique spiritualiste, affirmant la supériorité de l'esprit sur la matière, l'existence d'un esprit surpassant les contingences, glorifiant les idées en général et l'idéal d'un catholicisme libéral en particulier, tout comme son ami Alexandre Nicolas ?

C'est très possible. Après tout, les dérisoires bénéfices de la Revue devaient être reversés à des œuvres de bienfaisance. Mais il semble que chez Leconte de Lisle l'idéal ne put jamais accéder à une dimension éthique. Il resta un concept esthétique ou politique. Dans *Trois Harmonies en une*[121], ouvrage qui voulait rendre hommage à la fois à la musique, à la peinture et à la poésie, il tenta de transposer le dogme chrétien de la Trinité dans le domaine de l'Art. Le plan de ce « sujet immense et magnifique », première marche vers le fouriérisme et le panthéisme, était déjà construit : « Invocation à l'harmonie générale ou l'art : cinquante vers ; – Chœur des esprits mélodieux, chants d'Israfil : cent vers ; – Chœur des esprits de la couleur, Raphaël et Rossini : cent vers ; – Michel-Ange et Meyerbeer : cinquante vers ; chœur des anges de poésie : cinquante vers ; – Lamartine et Hugo, Dante et Byron : cinquante vers ; – chœur des trois harmonies : trois sonnets donnant quarante-deux vers. Le poème aurait quatre cent quarante-deux vers. »

Finalement, le 13 avril 1840, Leconte de Lisle en possédait le double.

L'Harmonie universelle

Bien avant la formulation baudelairienne des correspondances, et sous la quadruple influence des théories de Charles Fourier – fondées sur la croyance en un principe d'harmonie universelle entre le monde matériel, la sphère organique, la vie animale et la société humaine[122] –, celles de Bernardin de Saint-Pierre, – qui définit l'« expression harmonique » dans ses *Études sur la nature*[123], celles d'Alfred de Vigny – qui parla dès 1825 d' « interpénétration des arts » dans son fragment dédié aux *Mânes de Girodet* – et celles, unitaires, de George Sand – qui les exposa dans ses *sept cordes de la lyre*[124] –, Leconte de Lisle postula une analogie entre tous les arts et décréta une sympathie inhérente à tous les artistes. Ils étaient devenus les fils de l' « Universel esprit » :

> Ah ! quel que soit ton nom, rayon, cantique ou rêve !
> Palpitants à la fois sous ton triple pouvoir,
> Nous t'aimons sans retour, intarissable sève,
> D'où jaillit notre aurore, où s'envole le soir !...
> Car, tu fis de tendresse et de mélancolie
> L'être mélodieux, l'oiseau de l'Italie,
> Qui prit nom Rossini pour charmer son bleu ciel ;
> Ton parfum fut Pétrarque et Tasso de Sorrente ;
> Et ravissant là-haut sa flamme plus ardente,
> Ta lumière fit Raphaël[125] !

Notre nomade, épris de fraternité artistique, se mit à effacer toute frontière spatiale ou temporelle et à rapprocher des sensibilités et des personnalités aussi diverses que celles de Pétrarque, Rossini et Raphaël, Meyerbeer et Michel-Ange, Byron et Dante, Masaccio et Carl Weber, le Corrège et Lamartine. Tout art était une harmonie ; toute harmonie voulait s'unir à une autre ; et l'union de toutes ces harmonies formait une unité supérieure, universelle : l'Art.

> Car votre esprit est frère ! et l'élan de la gloire
> En une même fois, rayons du grand soleil !
> Emporte au même Éden votre char de victoire,
> Quand vous vous réveillez du terrestre sommeil.
> – Sur d'autres univers vous planerez encore,
> Car de votre génie immortelle est l'aurore,
> Car votre sève à vous est dans l'éternité !
> Car les anges du ciel, ces phalanges divines,
> Donnent incessamment aux terrestres collines,
> Parfum, mélodie et clarté !

Leconte de Lisle s'enivrait de l'intensité et de la variété des génies artistiques, sans s'arrêter vraiment à un type de plume particulier. Néanmoins, il détestait le sentimentalisme allemand hérité de Schiller, de Goethe et du mysticisme de Jean-Paul Richter qui, « froissé du contact social, conduisait par la déception au désespoir et à la mort ». Il voulait que l'art tentât toujours de rester dans les hauteurs d'une féconde et pure idéalité, sans jamais se commettre dans le « fanatisme sentimental ». L'auteur du *Titan*, qui condamnait un individualisme déjà exacerbé, serait ridiculisé.

> En ces temps-là florissait Jean-Paul Richter d'extatique mémoire... Titan, monté sur ses échasses, s'avançait sur les pas de l'enthousiaste amant de Lolotte. Les esprits étaient à la lune. – Aux farfadets amoureux. – Et aux jeunes filles phtisiques. – Chacun jouait de la flûte et mangeait le moins possible; la pipe et la bière avaient déserté les casernes; les aubergistes maigrissaient. L'illuminisme faisait rage. C'était une chose merveilleuse que de s'asseoir au coin des hautes cheminées, durant les soirs d'hiver. Les chats noirs prophétisaient, les pattes dans la cendre, et les grillons, blottis dans la soie, racontaient des chroniques d'amour aux vieilles marmites chevrotantes[126].

Il leur préférait le « bizarre et enthousiaste » Amadeus Hoffmann, « éminemment et incontestablement moral » et le « nerveux et brillant » Heinrich Heine. Le premier avait su faire œuvre saine, utile et forte, transcender la mélancolie des œuvres de son époque, mener « une vie errante et sauvage », occuper « une position élevée et honorée », être accueilli « dans la haute société et y exercer une influence proportionnée à la profondeur de son talent ».

> Qui mieux que lui a jamais présenté la physiologie universitaire sous son véritable jour ? Le portrait extérieur des étudiants de la ville de Kerepes est un modèle d'ironie étincelante d'esprit et d'imagination. Qui mieux que lui a jamais peint d'un seul coup de pinceau, si profond d'intention, le pédantisme allemand personnifié dans le professeur d'histoire naturelle Mesch Terpin ?

Le second devrait savoir prendre la direction du mouvement littéraire allemand, « pour ramener l'esprit enthousiaste de mélancolie outrée aux beautés plus réelles d'une pensée sévère[127] ».

En littérature italienne, il plaçait le « sombre Alighieri » dans la « même auréole » que celle du « grave et majestueux » Michel-Ange, quoique plus haut. L'ancien Virgile valait moins que les modernes : Le Tasse et Pétrarque. En Angleterre, rien ne valait Shakespeare et Lord Byron, « fils de l'onde marine ».

> Où nous faut-il chercher tes sources ignorées,
> Grande voix qui descends sur les mondes, des cieux,
> Qui des mondes te perds aux enceintes sacrées ?
> Quel doigt te fait jaillir du clavier spacieux,
> Ô douce enchanteresse, océan d'harmonie,
> Soleil dont les reflets ont créé le génie !
> Voile flottant au seuil de l'immortalité !
> Universel esprit, qui, de tes triples ailes,
> Laisses tomber sur nous trois flammes immortelles :
> Parfum, mélodie et clarté ?

Sheridan était à ses yeux « un être indolent qui prodiguait avec trop de facilité les éclairs de son esprit pour qu'il se souvînt de son génie. Les bizarreries de sa vie privée rejaillissaient sur ses œuvres ; il composait par saccades ». L'esprit de ce grand auteur satirique était devenu l'obstacle qu'il n'avait su franchir pour donner le meilleur de lui-même.

> Si Sheridan, cet orateur étincelant et sarcastique, politique profond, émule de Fox, rival heureux de Pitt, avait porté sur le théâtre le prestige de ses œuvres parlementaires ; s'il avait dramatisé les idées réformatrices qu'il exaltait de sa nerveuse éloquence, l'Angleterre eût compté une seconde toute-puissance intellectuelle dans les pages de son histoire théâtrale.

Il aurait pu être un grand réformateur, mais il ne l'avait pas voulu.

Le Panthéon littéraire

La littérature anglaise semblait endormie et la littérature française se fût assoupie de même si André Chénier, véritable « Messie littéraire », « roi de la forme lyrique », ne lui avait conféré la prodigieuse énergie de sa « sève primitive ». La poésie telle que la concevait alors Leconte de Lisle, telle qu'il l'avait apprise de « voix géantes et harmonieuses », « inspiration créatrice et spontanée, sentiment inné du grand et du vrai », était morte « dans les dernières années du XVIIe siècle ». « À l'énergie avait succédé l'inerte timidité académique, à la spontanéité du génie la lente réflexion, à Corneille Racine. » La poésie lyrique, « délicate, naïve, mélodieuse, brillante, créatrice et spontanée » de Ronsard, « seul poète du XVIe siècle que le Tasse proclamait son maître » et qui avait conquis « la gloire de ne pas avoir été compris par Boileau », cette poésie n'avait pas trouvé d'héritier au siècle suivant, exception faite pour Corneille. Mais « l'intelligence primitive qui enfanta le *Cid* et *Polyeucte* n'eut pas de successeur. Lui était-il possible d'en avoir ? – Connaît-on un autre Shakespeare ? – *Phèdre* et *Athalie* elles-mêmes, ces deux magnifiques expressions antiques, ne révélèrent qu'une prodigieuse puissance de forme, rien de plus ». La machine semblait épuisée, inerte au bord du chemin ; André Chénier, par le charme de sa volupté et par la spontanéité de ses sentiments, la remit en marche. Il sut faire revivre « la forme éteinte et l'expression oubliée ». La facture de son vers, la coupe de sa phrase pittoresque et énergique que tout un siècle avait bannie faisaient de ses poèmes et de ses élégies « une œuvre nouvelle et savante, d'une mélodie entièrement ignorée, d'un éclat d'autant plus saillant qu'il était plus inattendu et plus hardi ».

> Pindare et Anacréon étaient demeurés ses dieux et son propre foyer de lyrisme intérieur. Les rêves sublimes du spiritualisme chrétien, cette seconde et suprême aurore de l'intelligence humaine, ne lui avaient jamais été révélés. Nous ne pensons même pas qu'il les eût compris. André Chénier était païen de souvenirs, de pensées et d'inspirations ; il a été le régénérateur et le roi de la forme lyrique…
>
> Comment avait-il donc deviné, ce moderne enfant de la vieille Grèce, que la poésie lyrique attendait un rayon de soleil, plongée qu'elle était depuis deux

siècles dans l'ombre de l'oubli ?... Comment avait-il deviné que la France intelligente demandait un libérateur ?... Nul ne le sait sans doute ; mais sait-on bien ce que Chénier a fait de ces morceaux de fadeur, froids et vides, que le XVIIIe siècle appelait des élégies ? Il veut bien nous le faire connaître dans un seul vers, harmonie et délicatesse vivantes !

Le baiser dans mes vers étincelle et respire.

Mais sait-on ce qu'il a fait de l'amour, de l'enthousiasme et de l'énergie, ces trois rayons de la poésie spontanée ignorés avant lui ?... Il en a fait Lamartine, Hugo, Barbier : le sentiment de la méditation et de l'harmonie, l'ode, l'iambe ! Il a bien mérité de notre littérature actuelle, si étincelante, si mobile, si profonde aussi, quoi qu'on en dise ; car elle n'a d'autre passé, d'autre sève primitive que lui.

Mais si Hugo était un homme d'avenir, Lamartine restait un « femmelin[128] » du passé, « étranglé par la vieille forme[129] ». Gustave Flaubert disait que les phrases de *Jocelyn* n'avaient « ni muscles ni sang » ; Gustave Planche y découvrit « des buissons de solécismes » ; Alexandre Vinet, un « nonchaloir un peu superbe ». Voici ce qu'en pensait notre jeune critique, plus nuancé :

Je me suis enfin décidé à lire *Jocelyn*, mon cher ami ; je vous avoue que ce n'a pas été sans peine. Je savais M. de Lamartine très capable, sans nul doute, de rendre avec vérité une existence aussi remplie de poésie par elle-même ; mais je me doutais aussi qu'il sacrifierait souvent la douce et gracieuse peinture que comportait un tel sujet au vague prétentieux qui abonde dans ses plus beaux ouvrages. Il y a des morceaux charmants dans *Jocelyn*, des pages magnifiques de haute poésie. La peinture de la nuit, à la grotte des aigles, est vraiment sublime ; et l'on rencontre à chaque instant des pièces exquises de sentiment et d'intimes douleurs. Mais aussi, vous avouerez, mon ami, qu'il y a bien des longueurs qui affadissent de beaucoup le charmant et incorrect ouvrage[130].

Auguste Barbier, quant à lui, était devenu le porte-parole de toute une jeunesse républicaine et, comme Chénier auquel il avait emprunté le titre de son ouvrage des *Iambes*, il voulait remettre en cause l'ordre établi. Dans *Le lion*, il dénonça la facilité avec laquelle le peuple s'était laissé enchaîner ; dans *La curée*, il mit en scène la prise du pouvoir par ceux-là mêmes qui n'avaient pas combattu ; dans *Quatre-vingt-treize*, il exhiba la déchéance des fils incapables de faire une révolution à la hauteur des idéaux de leurs pères.

Sombre quatre-vingt-treize, épouvantable année,
De lauriers et de sang grande ombre couronnée,
Du fond des temps passés ne te relève pas !
Ne te relève pas pour contempler nos guerres,
Car nous sommes des nains à côté de nos pères,
Et tu rirais vraiment de nos maigres combats.

Oh ! nous n'avons plus rien de ton antique flamme,
Plus de force au poignet, plus de vigueur dans l'âme,
Plus d'ardente amitié pour les peuples vaincus ;
Et quand parfois au cœur il nous vient une haine,
Nous devenons poussifs, et nous n'avons d'haleine
Que trois jours au plus[131].

Enfin, dans l'*Idole*, il osa s'en prendre à la figure même de l'Empereur, qu'il rendit responsable de la dégénérescence de l'esprit français.

J'ai vu l'invasion à l'ombre de nos marbres
Entasser ses lourds chariots ;
Je l'ai vue arracher l'écorce de nos arbres,
Pour la jeter à ses chevaux ;
J'ai vu l'homme du Nord, à la lèvre farouche,
Jusqu'au sang nous meurtrir la chair,
Nous manger notre pain, et jusque dans la bouche
S'en venir respirer notre air ;
J'ai vu, jeune Français, ignobles libertines,
Nos femmes, belles d'impudeur,
Aux regards d'un Cosaque étaler leurs poitrines,
Et s'enivrer de son odeur :
Eh bien ! dans tous ces jours d'abaissement, de peine,
Pour tous ces outrages sans nom,
Je n'ai jamais chargé qu'un être de ma haine…
Sois maudit, ô Napoléon[132] !

On comprend l'engouement du jeune Leconte de Lisle pour cet auteur vigoureux[133] !

Victor Hugo lui-même était, selon notre critique[134], un descendant de l'enthousiasme de Chénier. Toute une génération d'écrivains, suivant l'exemple du maître, s'était confiée, grâce à lui, « avec plus de foi à ses tendances particulières » et avait fait « tous ses efforts pour se laisser guider par le cachet qui lui était propre ». En effet, Victor Hugo n'imitait personne, ni les anciens ni les modernes, et ne s'en remettait qu'au souffle des tempêtes sous son crâne.

La langue de Montaigne n'est plus celle de Rabelais, la langue de Pascal n'est plus celle de Montaigne, la langue de Montesquieu n'est plus celle de Pascal. Chacune de ces quatre langues, prise en soi, est admirable, parce qu'elle est originale. Toute époque a ses idées propres, il faut qu'elle ait aussi les mots propres à ses idées[135].

L'esthétique romantique fit donc prendre conscience de certaines évidences : il fallait impérativement donner une dimension plus moderne et plus originale à son œuvre. Leconte de Lisle eut alors l'idée de mêler la science – notamment la géologie et la botanique, dont la place dans le monde moderne était grandissante – à sa poésie, et acquit « un idéal plus contemporain que celui des plus indéterminés partisans de la modernité dans l'art[136] ». Mais ne nous y trompons pas, il ne fut pas toujours un hugolâtre fervent. Pour lui, Hugo ne serait jamais aussi grand que dans les *Orientales*, et le reste de son œuvre poétique, estimé excessif ou de facture trop inégale. *Ruy Blas*, déjà, malgré « de magnifiques morceaux poétiques », était jugé d'« un style grossier peu digne de l'auteur des *Feuilles d'Automne* ». Certes, le génie abondait, mais l'on n'y trouvait « point de règles ». Plus tard, les reproches s'attachèrent à l'expression et à la forme poétique elles-mêmes.

> Toute pensée est nécessairement une parole intérieure rendue sensible. La forme est la combinaison ordonnée des divers états de l'expression. Il ne faut donc pas confondre les deux termes. – Ainsi l'abondance verbale de Victor Hugo est prodigieuse, mais la forme proprement dite lui fait souvent défaut. Ses images sont incohérentes ; il les accumule sans mesure dans une éclatante confusion, de sorte que ses poèmes, dont certaines parties sont admirables, n'offrent presque jamais une composition parfaite.
>
> Il en est de même de la prosodie et du rythme : on les confond souvent. La prosodie est l'art de construire le vers ; le rythme résulte de l'entrelacement harmonique de plusieurs vers constituant une strophe. Ici encore, par suite de la confusion des termes, Victor Hugo passe pour un grand inventeur de rythmes, bien qu'il n'en ait jamais inventé un seul. Tous les rythmes dont il s'est servi appartiennent aux poètes du XVIe siècle[137].

Nonobstant l'absence de filiation déclarée avec André Chénier, George Sand occupait une place de choix parmi les auteurs de prédilection du jeune homme. Elle aussi contribua à développer sa conscience littéraire, son impérieux besoin de perfection et sa nécessité de croire en une société plus fraternelle. Il chérissait notamment dans les *sept cordes de la lyre* – drame philosophique en cinq actes, emprunté au *Faust* de Goethe pour le sujet et à Pierre Leroux pour les idées –, en plus d'un vertigineux lyrisme, toutes les subtilités d'une invention allégorique. Hélène symbolisait le sentiment ; Albertus, la raison ; les sept cordes, les sept aspirations de l'âme humaine. L'association des deux personnages devait faire vibrer la lyre d'une façon si harmonieusement parfaite, dans un si subtil embrouillamini, que l'humanité s'en devait envoler jusqu'à Dieu… Métaphysique et poésie, sociologie et philosophie, digressions et dissertations sur l'Art et la Beauté, tout était savoureusement mêlé dans cet ouvrage, et, de ce syncrétisme littéraire, Leconte de Lisle fit son miel.

C'est là qu'il trouva toute forgée l'opinion selon laquelle les artistes en général et les poètes en particulier sont non des exclus mais des élus, sommets de l'humanité, chargés d'une fonction sacrée, présents dans le monde non pour « vulgariser les austères vérités de la science, de la morale, de la foi et de la philosophie », mais, « accessoires frivoles d'une civilisation raffinée », « martyrs du présent pour la postérité », faire « sentir que la vie est autre chose qu'une équation d'algèbre ». Ils révélaient au jour ce que la métaphysique peinait à démontrer dans l'obscurité ; semblaient le lien, indispensable et prédestiné, entre Dieu et les hommes : des échelles de Jacob et des corbeaux d'Élie.

> L'une de ces familles s'appelle les savants, une autre les guerriers, une autre les mystiques, une autre les philosophes, une autre les industriels, une autre les administrateurs, etc. Toutes sont nécessaires et doivent concourir également au progrès de l'homme en bien-être, en sagesse, en vertu, en harmonie. Mais il en est encore une qui résume la grandeur et le mérite de toutes les autres ; car elle s'en inspire, elle s'en nourrit, elle se les assimile ; elle les transforme pour les agrandir, les embellir, les diviniser en quelque sorte ; en un mot, elle les propage et les répand sur le monde entier, parce qu'elle parle la langue universelle... Cette famille est celle des artistes et des poètes.

C'est avec ce texte qu'il fit aussi « la douloureuse expérience » qui le confirma dans « la conviction pénible, mais irrévocable, que l'inspiration n'existait plus, et que nos pères avaient emporté dans la tombe tous les secrets du génie ». Puisqu'il ne restait que « l'étude laborieuse et l'examen austère[138] », Leconte de Lisle se convertit au culte de la beauté primitive, originelle, indépassable et pure...

> Tous les hommes ont soif du beau ; il faut que leur âme boive à cette source de vie ou qu'elle périsse. Les organisations humaines diffèrent : les unes aspirent à l'idéal par l'esprit, d'autres par le cœur, d'autres par les sens. Si vous voulez que les organisations humaines se perfectionnent, et qu'arrivant à un équilibre magnifique, elles conçoivent également l'idéal par l'esprit, par le cœur et par les sens, n'éteignez aucune de ces facultés ; car n'espérez pas amener d'abord tous les hommes à la vérité par les mêmes moyens. À ceux chez qui la beauté ne peut se manifester que par les sens, donnez, pour préservatif contre la débauche, la nudité de la Vénus de Milo. Voyez votre erreur à vous autres moralistes, qui vous détournez avec crainte de cette beauté matérielle comme d'un objet impudique et propre à troubler les sens. Si vous compreniez l'art, vous sauriez que le beau est chaste, car il est divin. L'imagination s'éloigne de la terre et remonte aux cieux en contemplant le produit d'une inspiration céleste ; car ce produit, c'est l'idéal.

Enfin, grâce à ce texte, il acquit pour la première fois l'horreur de la civilisation industrielle, ennemie de la poésie et de la beauté, « masse de fange labourée par des fleuves de sang », Pandémonium de la vapeur et de la télégraphie.

> Et maintenant, écoute ! Ces myriades d'harmonies terribles ou sublimes qui se confondent en un seul rugissement plus puissant mille fois que celui de la tempête, c'est la voix de l'industrie, le bruit des machines, le sifflement de la vapeur, le choc des marteaux, le roulement des tambours, les fanfares des phalanges guerrières, la déclamation des orateurs, les mélodies des mille instruments divers, les cris de la joie, de la guerre et du travail, l'hymne du triomphe et de la force. Écoute...

Aussi, pour rendre hommage à ces *sept cordes* qui lui avaient tant appris, il écrivit *Hélène*[139].

Non, non ! – sur la limite où notre âge chancelle,
Oh ! cherchons en avant l'Hélène universelle !
Non le marbre vivant, mais l'astre au feu si beau
Qui reluit dans nos cœurs comme un sacré flambeau !
La multiple beauté dont l'attraction lie
D'un lien d'amour, le ciel à la terre embellie,
Et qui fera tout homme, au moment de l'adieu,
Plus digne de ce monde et plus digne de Dieu !
Et disons : – forme, idée ! ô beauté, sois bénie !
Sublime identité d'où jaillit l'harmonie,
Sois bénie à jamais, sainte langue des dieux,
Toujours inépuisable en flots mélodieux[140] !

Mais avant cela, il avait encore composé une « hymne solennelle » dédiée à la mère de Lélia, d'Indiana et de Geneviève, ces autres héroïnes qu'il chérissait.

C'est ainsi que mon cœur, avec effusion,
T'offre tout bas l'encens de l'admiration.
Ô poète éclatant ! âme que le génie
Fit d'un rayon d'amour, d'orgueil et d'harmonie !
Lyre où tombe un reflet de l'immortalité,
Qui chantes dans l'extase et dans la majesté !...

Ah ! prêtresse de l'art, ta parole flamboie !
Ta parole est un ciel où mon âme se noie !
Un temple dont la base est faite de granit,
Où l'arabesque d'or à l'acanthe s'unit ;
Et dont le large dôme, inondé par la flamme,
Dans son ardent milieu voit rayonner ton âme[141]...

Leconte de Lisle se reconnut dans le destin de Lélia. Elle incarnait en effet l'héroïne de l'amour impossible. Le poète Sténio l'aimait, mais elle ne pouvait se donner à lui, ayant auparavant souffert d'un amour malheureux, et se réfugiait dans les joies ténébreuses de la méditation solitaire. « Le sujet de Lélia n'était autre que la passion éteinte en lutte avec la passion naissante, le duel du scepticisme avec la crédulité, de l'âme vieillie avec l'âme jeune. Lélia signifiait la déception, la souffrance, le cœur défiant et desséché, le désespoir. Sténio signifiait l'espérance, la confiance dans l'avenir, l'amour[142]. »

Tous les hommes étaient tombés amoureux de Lélia : Sténio bien sûr, mais aussi Trenmor, « c'est-à-dire le vice réhabilité par le châtiment et la résignation, le stoïcisme né de la souffrance », et Magnus, le religieux qui avait cessé de croire en perdant l'amour qu'il avait espéré, Magnus, le moine de « l'athéisme né du mépris que Lélia lui avait témoigné »[143]. Toutes ces amours eurent des fins tragiques. Dans une première version (1833), Sténio se suicidait et Lélia mourait des mains mêmes de Magnus ; dans une seconde (1839), le moine conspirait pour qu'elle achève sa vie dans le cloître d'une Chartreuse.

Leconte de Lisle écrivit aussi plusieurs versions de son poème *Lélia dans la solitude*. Il l'imagina dans son Monteverdor, ce « désert glacé » où il venait, tel Sténio, lui rendre visite.

> Ô Lélia ! tandis qu'aux bras d'un lourd sommeil
> Les hommes sont muets, ton âme prend l'éveil !
> Le regard sombre et fier, du pied foulant l'abyme
> Qui flamboie en la nuit, par le calme sublime
> Tu marches forte et belle, et ta pensée en feu
> Comme un astre exilé remonte au sein de Dieu !

Et quelle était-elle cette « pensée en feu » sinon celle du poète ?

> – Eh bien, voilà ce qui nous dévore, Sténio ! reprit-elle ; c'est cette impuissance que tout un univers asservi et mutilé peut à peine dissimuler sous l'éclat de ses vains trophées. Les arts, l'industrie, et les sciences, tout l'échafaudage de la civilisation, qu'est-ce, sinon le continuel effort de la faiblesse humaine pour cacher ses maux et couvrir sa misère ? Voyez si, en dépit de ses profusions et de ses voluptés, le luxe peut créer en nous de nouveaux sens ou perfectionner le système organique du corps humain ; voyez si le développement exagéré de la raison humaine a porté l'application de la théorie dans la pratique, si l'étude a poussé la science au-delà de certaines limites infranchissables, si l'excitation monstrueuse du sentiment a réussi à produire des jouissances complètes. Il est douteux que le progrès opéré par soixante siècles de recherches ait amené l'existence de l'homme au point d'être supportable et de détruire la nécessité du suicide pour un grand nombre[144].

On voit ici la similitude des propos de George Sand avec ceux d'un Félicité de Lamennais, autre grand modèle du jeune Leconte de Lisle, autre Magnus qui venait pourtant de publier les *Paroles d'un croyant* (1834), les *Affaires de Rome* (1836) et *le Livre du peuple* (1837), excommunié par le pape et dont les disciples (Lacordaire, Rohrbacher, Gerbet, Montalembert, dom Guéranger…) se séparèrent peu à peu.

> Vieillard ! es-tu l'enfant de ces hommes sublimes
> Qui du Carmel pour tombe avaient choisi les cimes,
> Et de là, dans l'éclair, remontaient vers leur Dieu ?
> Vieillard ! Viens-tu comme eux, dans ta large agonie,
> Jeter aux nations le cri de ton génie,
> Ainsi qu'un immortel adieu[145] ?…

Entre l'imitation des autres et l'affirmation de soi, Leconte de Lisle continuait de chercher sa voie… De plus, *La Variété* dépérissait. Il lui fallait davantage d'abonnés. Chaque impression d'un fascicule coûtait cinquante francs, et ils n'étaient que quarante à payer leurs six francs de cotisation. Le jeune homme alla voir le créancier libraire. On discuta. Les choses s'arrangèrent quelque temps. L'oncle Louis, ayant lu de bonnes critiques, invita son neveu à parader dans le beau monde. Mais, à la suite du mariage de Charles Bénézit, l'administrateur de la Revue, tout périclita.

Les années 1840 commencèrent donc mal. Un an plus tard, en mars 1841, la Revue, qui s'intéressait de trop près aux idées fouriéristes mais qui lui servait d'exutoire, dut mettre définitivement un terme à ses activités littéraires.

Les cendres de Napoléon[146]

Le 15 décembre 1840 fut le jour du retour des cendres de Napoléon, mort en exil à Sainte-Hélène, terre anglaise, le 5 mai 1821. La mère de l'Empereur avait de nombreuses fois tenté de rapporter en France les restes funèbres, mais seul le roi Louis-Philippe y parvint, aidé de son subtil président du Conseil, Adolphe Thiers, qui négocia directement avec la capitale anglaise. On cherchait à redorer le blason de la monarchie et l'on pensa que les reliques d'un Empereur pouvaient y aider.

La nouvelle fut annoncée au peuple français le 12 mai 1840, à la tribune de l'Assemblée Nationale, par la bouche de Charles de Rémusat, alors ministre de l'Intérieur.

En 1840, Napoléon était un authentique héros populaire. Il faisait même l'objet d'un véritable culte, d'une dévotion mystique. Ce fut son apothéose. Les politiques le louaient, les artistes le magnifiaient, les romantiques le glorifiaient. On alla même jusqu'à inventer de toutes pièces un saint Napoléon, officier romain, qui avait vécu sous Dioclétien et était mort martyr. Des catéchismes impériaux instituèrent le 15 août, date de l'Assomption et anniversaire de la naissance de l'Empereur, comme le jour de sa fête. Huit ans plus tard, cette renaissance du courant bonapartiste amènerait au pouvoir son neveu, Louis-Napoléon.

L'expédition à Sainte-Hélène, sous l'autorité du quatrième fils de Louis-Philippe, le prince François de Joinville, fut conduite par un commissaire du Gouvernement, le comte Philippe de Rohan-Chabot, accompagné d'un prêtre, l'abbé Coquereau, d'un médecin, le docteur Guillard, du grand-maréchal Bertrand, du baron d'Empire et général de division Gourgaud, du commandant d'artillerie de la place de Paris, Emmanuel de Las Cases, le fils de l'auteur vieillissant du *Mémorial*, et de quelques très fidèles serviteurs de l'Empereur : Marchand, Saint-Denis, Pierron, Noverraz et Archambault. Il en coûta un million de francs-or.

On quitta le port de Toulon le 7 juillet, fit escale à Cadix le 17, à Madère le 24, aux Canaries le 30, à Bahia le 28 août et accosta le 8 octobre à Sainte-Hélène. On se rendit sur le plateau de Longwood, là où précisément Leconte de Lisle s'était rendu treize années auparavant. La masure s'était lézardée, le jardin qu'avait dessiné l'Empereur de ses propres mains – sur les conseils du docteur O'Meara, qui voulait que le reclus prît un peu d'exercice – s'était effacé, l'intérieur était rongé par la vermine, la chambre servait d'écurie, les portes avaient disparu, le plafond s'était écroulé et le petit salon où Buonaparte avait rendu son dernier soupir avait été changé en moulin à blé…

Le 15 octobre, commença l'exhumation en présence des troupes anglaise et française. Il fallut près de dix heures pour extraire le tombeau de sa gangue de pierre : précaution prise contre les pilleurs de catafalques de proscrits. Tout le monde priait. On ouvrit le cercueil d'acajou qui en contenait un autre, de plomb, que l'on plaça dans une bière d'ébène. On le força à son tour et l'on en découvrit encore un autre, de bois, que l'on posa par terre. On le rompit de nouveau et l'on en dégagea un quatrième, de chair, que l'on ne toucha point : c'était Napoléon. Son visage n'avait miraculeusement pas changé. Il portait l'uniforme des Chasseurs de la Garde et le Grand Cordon de la Légion d'honneur; entre ses jambes avaient été placés son légendaire couvre-chef, ainsi que deux vases dans lesquels le docteur Antommarchi avait enclos le cœur et l'estomac, comme s'il s'était agi d'un pharaon d'Égypte.

Le 18 octobre, on leva l'ancre dans la poudre des canons et on atteignit Cherbourg le 30 novembre, aux salves des mêmes canons. Cent mille personnes vinrent se recueillir sur le cercueil pendant une semaine. On transborda l'Empereur du voilier la *Belle-Poule*[147] au paquebot le *Normandie* afin de pouvoir remonter la Seine. Le pont de Neuilly fut atteint le 14 décembre. Il faisait huit degrés au-dessous de zéro. On débarqua le sarcophage et on le hissa à bord d'un char monumental de dix mètres de haut, orné de quatorze statues figurant les plus grandes victoires de l'Empire : Ulm, Austerlitz, Iéna, Wagram… Quatre cents marins précédaient le cortège que seize chevaux, caparaçonnés de velours violet frappé aux armes d'or et piqué d'abeilles, tiraient lentement. Quatre-vingt-six sous-officiers tenaient à bout de bras les quatre-vingt-six drapeaux des quatre-vingt-six départements français. Les maréchaux Oudinot et Molitor, l'amiral Roussin et le général Bertrand tenaient les cordons du poêle, et, au-dessus, trônait un simulacre de cercueil sur lequel reposaient la couronne, l'épée, le sceptre et le manteau impériaux. On eut du mal à contenir la foule. « Paris s'était versé d'un seul côté de la ville, comme un liquide dans un vase qui penche[148]. »

Le cortège passa sous l'Arc de Triomphe et descendit les Champs-Élysées. Chacun voulait baiser le crêpe funèbre; on faisait des signes de croix, on sanglotait, on criait, on chantait : « Vive l'Empereur ! », « Vive Napoléon ! », et les plus hautes autorités civiles, militaires et religieuses étaient massées autour du cercueil, porté par trente-six des cinq cents marins de la *Belle-Poule*, quand il franchit le seuil de l'église Saint-Louis des Invalides, aux premières mesures du *Lacrimosa* du Requiem de Mozart. Le roi Louis-Philippe reçut l'épée de l'Empereur des mains du chef du gouvernement, le maréchal Soult – qui avait succédé au démissionnaire Adolphe Thiers, le 20 octobre 1840 –, et la remit au général Bertrand, qui l'alla déposer sur la bière. Le cercueil fut ensuite exposé dans l'église, sous l'égide du prince de Joinville. Jusqu'au 24 décembre, deux cent mille personnes vinrent chaque jour faire leurs adieux à la glorieuse dépouille.

Tout ce spectacle, qui eut un « effet prodigieux » sur près d'un million de Français, laissa Leconte de Lisle sceptique. Il saisit par ailleurs cette occasion, quoiqu'il n'assistât pas à la cérémonie, puisqu'il était à Rennes, pour réitérer son attachement à la République dans cette lettre à Charles Adamolle, datée du 18 mai 1840.

> Le gouvernement vient d'obtenir de l'Angleterre la permission de transporter en France les cendres de l'empereur. On l'ensevelira dans l'intérieur des Invalides et Victor Hugo s'est chargé de l'hymne d'apothéose. Tout cela

est magnifique ; mais comme je ne suis pas républicain pour des prunes, j'ai fabriqué ceci :

La Cendre de Napoléon

Ils vont donc te ravir de ton roc escarpé,
Poussière de celui que la foudre a frappé !
Ô peu qui dors encor de l'immortel esclave,
Tu vas abandonner, pour un étroit cercueil,
L'Hymne des flots profonds, chant de gloire et de deuil,
Le ciel étincelant sur ton urne de lave !
Tu vas abandonner le sublime horizon,
La tempête des nuits qui prend ton large nom
Pour l'emporter au loin sur l'éclair de ton aile…
Tu vas abandonner dans son immensité
Ce phare qui disait : Ici l'Aigle a quitté
L'ombre des bords humains pour la voûte éternelle !
Ô cendre ! ne viens pas : demeure au noir granit
Que les Rois t'ont creusé comme un suprême nid
Entre les cieux brûlans et l'écume de l'onde !
Cendre de l'Aigle ! arrête : il n'est pas encore temps :
Ne viens pas rappeler qu'il étouffa vingt ans
La Vierge-Liberté qui naissait dans le monde !
Ne viens pas rappeler qu'en un jour triomphal,
Il plongea dans son sein le glaive impérial,
Dont jadis pour la France elle arma sa main libre,
Lorsque du ciel romain fendant l'azur doré,
Sous les triples couleurs de l'Étendard sacré,
Il rappelait la gloire aux rives du vieux Tibre[149] !

Si ses appréciations littéraires étaient en perpétuel examen, toujours en quête d'un nouvel absolu ou d'un nouveau maître, sans cesse enclines à s'ébahir ou à s'indigner, et demeuraient finalement très en conformité avec les goûts de son époque, en revanche ses opinions politiques n'évoluaient guère. Elles s'ébattaient voluptueusement en marge de la masse idolâtre, trop sensible aux ronds de jambes et aux effets de cape de la monarchie déclinante.

La piqûre du Scorpion

N'ayant plus l'opportunité d'échapper à la pesanteur du quotidien par la rédaction de sa Revue, voyant la France aduler la tyrannie et s'éloigner des idéaux de Liberté, d'Égalité et de Fraternité qui seraient encore ceux de la Révolution de 1848, Leconte de Lisle se remit timidement à ses chères études. Il reprit épisodiquement le chemin de la Faculté de Droit tant exécrée, et, à force de travail et de réclusion, finit par décrocher son baccalauréat de Droit en 1841, après avoir subi les épreuves du 29 janvier. « Le résultat du scrutin avait été pour l'admission, mais avec deux boules rouges et une noire[150] », ce qui n'était pas brillant.

Les six mois qui séparèrent la fin de *La Variété* des résultats de l'examen furent six longs mois de misère morale et de disette. Il ne voyait ses amis que furtivement, le soir, et devait sans cesse mendier auprès du maire de Dinan le pécule auquel il avait droit désormais, puisque son père, ayant pris bonne note de ses nouvelles résolutions estudiantines, se remit à envoyer un peu d'argent. Mais l'oncle, qui avait été échaudé, n'avait plus confiance en son neveu. Dépensait-il encore des sommes folles pour des lunettes (quatre francs) et une pipe en écume garnie d'argent (dix-huit francs) ? Vendait-il toujours ses hardes ? Avait-il seulement pris davantage conscience de la valeur des choses ? Le neveu répondait que oui, que tout cela était rentré dans l'ordre, mais qu'il lui fallait cinq francs, cinq francs au moins, car il manquait de tout, absolument, n'avait même plus de quoi se faire tailler la barbe, et dépendait désormais des bonnes grâces de ses amis pour soigner ses mauvaises fièvres... La soif le dévorait et il mourait littéralement de faim. Il était donc loin de tenir le rang que lui avait prescrit son père, et en était réduit à des « demandes un peu honteuses ». Le 7 février 1841, il déclara :

> Votre lettre, mon cher oncle, m'a fait beaucoup de peine. La promesse que j'avais faite à ma tante de ne plus me défaire de mes vêtements n'a pas été oubliée. Si vous avez été informé que je persistais à vendre mes habits, on vous a fait un infâme mensonge. Quant à mes mauvaises connaissances, mon cher oncle, l'influence qu'elles exercent sur ma conduite se réduit à me faire rester dans ma chambre toute la journée, si ce n'est pour aller aux cours. Nous nous rassemblons le soir pour causer, et à cela se réduit mon crime. Depuis quelque temps, je suis on ne peut plus assidu à la Faculté. Si je suis appelé devant elle pour quelques absences, je viens d'écrire au doyen pour lui expliquer mes motifs, et j'espère qu'il y aura égard. J'ai maintenant la ferme volonté de terminer le plus tôt possible mes études de droit ; mais si je recevais d'aussi affreuses lettres que par le passé, je ne sais trop ce que je ferais. Je suis bien avec papa maintenant, et j'ai une grâce à vous demander, c'est de ne point lui écrire contre moi. Fiez-vous encore à ma promesse de travail, je la tiendrai. J'aurai une éternelle reconnaissance, mon cher oncle, des peines que je vous cause.
>
> Votre dévoué neveu,
> C. Leconte de Lisle[151].

Puisqu'il n'avait pas suivi assidûment les cours de la Faculté, qu'il avait été inscrit sur « la liste des étudiants qui seraient plus sévèrement interrogés à leur examen[152] », son oncle voulut lui donner la leçon qui l'aurait humilié, plié, maté. La grâce ne fut donc pas accordée. Mais loin de ployer, Leconte de Lisle se raidit davantage dans son orgueil et dans sa dignité. Il se rattacha à ses idéaux de fraternité socialiste, se jeta dans la méditation et la contemplation de ses souvenirs de la nature exubérante de Saint-Paul, se recentra sur « les essences éternelles ». Il comprit que la grandeur d'esprit et la noblesse d'âme étaient les seules richesses qui appartinssent à tous et qu'on ne pouvait corrompre. Les privations l'affermissaient, stimulaient sa rage et exaltaient sa pugnacité. C'est dans cette énergie de colère et de révolte, confronté à ses deux pères, qu'il put avancer et surmonter l'épreuve. Ses amis le trouvaient d'ailleurs plus posé, plus ferme, plus sûr dans ses propos. La vigueur de son caractère ciselait la fermeté de son âme. Il prenait goût à la lutte et au combat.

Sitôt que ses parents apprirent qu'il avait enfin été reçu au baccalauréat, ils s'affairèrent pour lui trouver de quoi exercer ses nouveaux talents, comme substitut, procureur du roi ou juge auditeur au tribunal de Saint-Denis, car « malgré ses forfaits, sa pauvre mère n'avait pas d'autre pensée – ainsi est fait le cœur des parents – » que de le voir rentrer à la maison. Mais il fallait attendre qu'il obtînt sa Licence, car le baccalauréat était honorable, certes, mais encore insuffisant pour prétendre à de telles fonctions. Charles, lui, ne pensait ni à revenir ni à persévérer dans le Droit. La médecine, qui voit les hommes sur un pied d'égalité en ceci qu'ils sont tous mortels, fragiles et vulnérables, le tenta un moment. Mais c'était la littérature, cette littérature de crève-la-faim, anti-bourgeoise, propriété de tous et de personne, céleste plus que terrienne, sujet de gloire et de mépris, qui l'attirait et qui le stimulait. Elle était la manne sans saveur dont il se régalait.

C'est ainsi qu'en juin 1842, plein d'amertume et d'humiliations, Leconte de Lisle tenta de faire paraître, avec l'aide d'un ami de la Faculté, Paul Duclos, fils d'un riche notaire, un journal satirique : *Le Scorpion*. Duclos était un capitaliste, ce serait l'occasion de gagner quelque argent. Pourtant, l'esprit en parut si mordant, les attaques contre la société bien pensante si vives, les cibles si flagrantes – des magistrats, des professeurs… –, qu'Ambroise Jausions, l'imprimeur, prit peur et refusa de le diffuser. Le 28 décembre 1842, les deux co-auteurs citèrent donc le pleutre à comparaître devant le tribunal civil de Rennes, avec l'aide de Maître Provins et en vertu de l'article 7 de la Charte de 1830, qui accordait à tout Français le droit de publier ses opinions. L'imprimeur risquait d'avoir à payer 1 500 francs de dommages-intérêts, plus 20 francs par jour de retard.

Évidemment, le 9 janvier 1843, sur avis conforme du procureur du Roi, M. Malherbe, les pamphlétaires furent déboutés de leurs prétentions. Certes, selon Maître Caron, il y avait eu atteinte à la liberté de la presse, mais on ne pouvait forcer un homme à publier un article qui allait assurément causer sa perte :

> L'esprit du journal mérite la réprobation des gens de bien ; c'est ce qui explique et justifie le refus de tous les imprimeurs de fournir leur concours au journal projeté. Le prospectus déjà imprimé, et les articles proposés à l'impression, ne laissent aucun doute sur le caractère du *Scorpion*, où les personnages les plus recommandables par leur position et les plus honorables par leur caractère sont l'objet des attaques les plus vives. En imprimant de pareilles œuvres, les imprimeurs seraient complices et bientôt le ministère public serait obligé de les poursuivre… Le Tribunal ne peut les contraindre à accepter une telle responsabilité[153].

En 1843, Leconte de Lisle n'obtint pas sa Licence de Droit. Avec la rage des désespérés, comprenant qu'il se perdait s'il restait à Rennes, abandonnant ses rêves de gloire, usé de privations, blessé, désabusé, il s'embarqua pour l'île Bourbon, le 12 juin, à bord de la *Thélaïre*[154]. L'attendaient ses chers souvenirs, une nature grandiose, l'océan Indien, quelques rares amis créoles disséminés par les cyclones, et cette famille aimante, quoiqu'étouffante, doublement agrandie d'un frère adultérin – Paul[155] – et de quelques « bois d'ébène ».

Chapitre troisième

Le mal du pays

(1843-1845)

Le 3 octobre 1843, après une traversée mouvementée qui conduisit le bateau jusqu'à l'île Maurice, Leconte de Lisle fit une entrée assez triomphale. Il avait su se faire précéder d'une réputation d'homme du monde et de juriste : son frère Alfred répétait à qui voulait l'entendre que ses pièces de vers fourmillaient « d'idées de haute philosophie et de principes irréprochables ». Sa famille trouva qu'il avait grandi, mûri, que sa formation, quoiqu'incomplète, avait bien avancé et qu'enfin il avait appris quelque chose en métropole.

> Après bien du temps écoulé, nous venons de recevoir des nouvelles de cet indigne et bien-aimé Charles, aussi je m'empresse de te dire qu'il nous annonce des lettres pour toi, qu'il dit avoir négligé, mais jamais oublié. Charles, mon bon ami, est à présent si hautement placé, quant à la littérature, que nous n'avons plus rien à désirer. Cependant, il revient dans six mois, avocat, enfin ; il s'est décidé à regarder ce titre comme une des nécessités de l'instruction, nous pensons, je crois, comme lui[156].

Sa mère avait confiance en son avenir même si elle nourrissait en secret une inquiétude légitime concernant son caractère jugé trop hostile à la bonne société ; son père le raillait sur ses ambitions exclusivement littéraires. Préférer la rime au Droit ! Jouir de son temps plutôt qu'en jouer ! Voilà qui était bien ridicule ! S'était-il amusé, lui, ici, dans sa plantation coloniale ? Avait-il chômé alors que Bourbon endurait une grave crise économique face aux problèmes de renouvellement de la main-d'œuvre servile ? Non, il avait lutté parbleu, contre vents et marées, contre la Monarchie de Juillet qui faisait sans cesse monter le « cours du noir » en multipliant les réglementations sur la traite, contre son cousin qui lui avait envoyé pendant cinq ans des lettres plus inquiétantes les unes que les autres, contre son ingrat de fils qui ne lui en envoyait plus depuis longtemps, contre les lois d'un marché qui, préférant la betterave, l'obligeait à produire toujours plus de cannes, pour maintenir un train de vie décent…

Leconte de Lisle reçut surtout l'hommage des esclaves : des Cafres, des Malais, des Asiatiques et des Malgaches. Ils l'invitèrent dans leurs cases à boire le rhum, à partager le riz parfumé, les patates douces, les embrevattes, les racines de manioc, les brèdemorelles, les pois du Cap, à savourer la morue ou la tortue, cuite dans sa rude carapace. En mangeant les mêmes plats, en écoutant le rire des mêmes enfants noirs jouant près des zébus, le poète renaquit aux joies simples d'une authentique fraternité : celle des parias, des proscrits, des derniers des hommes.

Marcie et Sacatove[157]

Néanmoins, la vie de la plupart des esclaves de Bourbon était loin d'être idyllique.

La traite sur la côte sud-orientale de l'Afrique avait commencé au XVIIIe siècle. On achetait les Noirs enchaînés, kidnappés, razziés de leurs villages de brousse par des roitelets du Continent ou par des traitants arabes de Mascate. On les échangeait contre des pièces de monnaie, des armes blanches ou à feu, et ils devenaient aussitôt la propriété du négrier chargé de les transporter à bon port. Ces navires, aux entre-ponts aménagés, pouvaient recevoir entre 300 et 800 esclaves, attachés aux chevilles par deux, puis reliés à une grosse chaîne commune. Sous-alimentés, infectés par la dysenterie, contaminés par le scorbut ou le béri-béri, trois esclaves sur dix mouraient pendant la traversée. Les traitants musulmans faisaient en effet souvent escale à Antongil, Foulpointe et Fort-Dauphin, où ils échangeaient des Betsimisarakas, des Merinas et même des Cafres (Comoriens), vendus plus tard aux dirigeants malgaches.

L'activité sucrière étant grande dévoreuse d'hommes et la valeur des esclaves ayant considérablement augmenté depuis l'interdiction de la traite, par la Grande-Bretagne d'abord, en 1807, et par le congrès de Vienne ensuite, en 1815, il fallut faire appel au commerce clandestin. Près de 45 000 esclaves furent ainsi débarqués à Bourbon entre 1817 et 1830, avec la complicité de l'administration locale, si bien qu'en 1843, sur les 105 000 habitants que comptait l'île, 65 000 étaient des esclaves.

Cette population était essentiellement composée d'hommes (une femme pour trois hommes), tous âgés de 14 à 60 ans, pour affronter les corvées très physiques des plantations. Les enfants et les vieillards étaient donc naturellement exclus et les répercussions d'un tel déséquilibre sur le comportement psychologique des esclaves étaient importantes. Ceux des grandes plantations sucrières vivaient le plus souvent repliés sur eux-mêmes, portant les stigmates d'une dépression qui pouvait les conduire du marronnage[158] (désertion) au suicide (le plus souvent par pendaison), en passant par les incendies de cultures.

Ce sentiment d'isolement était encore accentué par la bigarrure du paysage ethnique. Les colons, en effet, veillèrent pour leur tranquillité à ce que cette population ne constituât jamais de corps racial cohérent, les Indiens et les Malais ne s'entendant ni avec les Cafres ni avec les Malgaches, considérés comme des « races inférieures », et les esclaves créoles, nés à Bourbon, souffrant très mal l'arrivée de la nouvelle main-d'œuvre. Chacun vivait dans son coin, ne comprenant ni la langue ni la culture de l'autre, ces antagonismes continuels neutralisant toute ébauche de révolte organisée. Il y eut bien quelques tentatives de soulèvement à Saint-Leu, en 1811, et à Saint-André, en 1836, mais elles furent très rapidement réprimées.

En 1826, L. Maillard[159] rapporte que sur les 62 600 esclaves que contenait l'île Bourbon, 27 000 étaient créoles, 14 000 malgaches, 18 000 cafres et noirs d'Afrique, 1 800 indiens et 1 800 arabes et malais. Les esclaves malgaches étaient pour la plupart des « Noirs de pioches », affectés aux travaux des champs ; les Cafres de l'usine restaient affectés aux tâches les plus grossières de la sucrerie ; les Créoles, ayant pu acquérir une formation dans la Colonie, pouvaient prétendre aux travaux d'ouvrier, de charpentier ou de manœuvre ; les Créoles des sucreries ambitionnaient les postes à responsabilités ou largement plus techniques, comme ceux de chef de pompe, Noir de batterie, chef sucrier, chef charpentier, jardinier ou domestique ; les Africains transportaient les cannes du lieu de déchargement jusqu'à l'usine, rangeaient les sacs dans les entrepôts, procédaient au nettoyage des locaux, sous la conduite d'un « commandeur » plus « éduqué », en général créole.

Toute l'économie de l'île résultait donc du travail des esclaves, et leur faible prolifération, causée par le déséquilibre des sexes d'une part et les facilités d'affranchissement accordées par le gouvernement de Louis-Philippe d'autre part, allait obliger les planteurs à « louer » des esclaves à des prix très élevés au lieu de les acheter. Nombre de colons furent ainsi obligés de laisser leurs terres en friche, car seules les grandes exploitations sucrières pouvaient parvenir à tirer leur épingle du jeu. Les « Noirs de pioche » surtout étaient hors de prix ! Les bailleurs d'esclaves proposèrent parfois jusqu'à 20 individus aux propriétaires sucriers. L'un d'eux voulait en louer 40 ! En 1841, près de 280 colons demandèrent davantage d'esclaves à louer[160], et, le 18 octobre 1848, alors que Sarda-Garriga avait publié six mois plus tôt, le 27 avril 1848, les décrets abolissant définitivement l'esclavage à Bourbon, un bailleur proposait encore 15 « Noirs de pioche » au plus offrant.

Les travaux dans les champs étaient extrêmement pénibles et les accidents en usine, de plus en plus fréquents. Le 8 juillet 1829, selon le journal de De Lescoubles, un Noir perdit l'équilibre et se broya la cuisse dans les engrenages d'un moulin à vapeur. Neuf jours plus tard, un chef sucrier tombait dans un autre moulin et était atrocement mutilé. Il arrivait parfois qu'un esclave perdît l'équilibre et chutât dans une chaudière portée à ébullition par le feu nourri de bagasse. L'esclave mourait alors lentement de ses brûlures. Les journaux ne relataient pas tous les accidents qui avaient lieu. Aucune loi ne les y obligeait.

En théorie, les esclaves ne devaient travailler qu'entre 6 et 18 heures, avec deux heures et demie de repos en milieu de journée ; en pratique, les exploitants exigeaient de leurs hommes une durée de douze heures de travail par jour. Réveillés à quatre heures du matin, les esclaves se rendaient aux champs sous les coups de chabouc du commandeur. Les jours fériés n'étaient pas respectés et le dimanche les heures de corvées, symboles du principe même de l'esclavage et prétextes à une foule de vexations, se prolongeaient jusqu'à la mi-journée. Il fallait nettoyer les chaudières, entretenir les canalisations, réviser le moulin à sucre, battre le maïs, ramasser le fourrage, ranger le matériel, entretenir les écuries…

Il va de soi que les tentatives de rébellion faisaient l'objet de châtiments exemplaires. Sans aller jusqu'à la torture proprement dite, abandonnée depuis le XVIIIe siècle, les punitions demeuraient très sévères. On envoyait des détachements armés pour capturer les Noirs marrons. Certains habitants de la Colonie étaient même spécialisés dans ces chasses à l'homme très bien rémunérées. On distinguait le grand-marronnage (esclave qui s'était absenté pendant plusieurs mois) du petit-marronnage (marron de quelques jours). Si les peines de mort n'étaient plus si fréquentes, en revanche la flagellation restait très prisée. Il faut dire que tout avait été fait depuis le XVIIe siècle pour que l'esclave se sentît au plus près des préceptes évangéliques[161], comme en témoignent les premiers articles du fameux *Code noir* (1685).

Sans encore ouvertement prendre position, comme Victor Schœlcher, pour les abolitionnistes, ce qui aurait été une véritable déclaration de guerre à l'égard de toute la Colonie, le jeune Leconte de Lisle commençait cependant à se forger une nouvelle opinion sur les esclaves. Il les observait, les étudiait, apprenait à les connaître, à les comprendre et à les aimer. « À cette vue jaillirent, comme par explosion des plus intimes profondeurs de son être, toutes ses vertus naturelles, la haine de l'injustice, la passion pour la liberté, la sympathie pour tout ce qui souffre. L'âme de Wilberforce[162] s'éveilla en lui, et quand il reviendrait en France, il rapporterait un trésor d'indignation, qui serait un trésor de charité. Sa vie aurait un but, son âme un principe[163]. » Le commerce ne l'intéresserait décidément jamais. Quelque chose se construisait en lui.

C'est dans ce climat qu'il conçut le projet de ses nouvelles mettant en scène Job et Sacatove, deux esclaves bourbonnais passionnément amoureux de deux Créoles de haut rang, Marcie et Maria. Le poète voulait absolument montrer que sous les poitrines noires et zébrées des esclaves, battaient des cœurs capables de sentiments que la médiocrité des franc-créoles leur interdisait à jamais d'éprouver; que les esclaves noirs pouvaient, par la violence de leur amour, dominer leurs maîtres blancs[164]. « Était-il, en effet, une immoralité plus flagrante que l'indifférence et le mépris de la beauté? Était-il quelque chose de plus odieux que la sécheresse du cœur et l'impuissance de l'esprit en face de la nature éternelle? Il avait toujours pensé, pour son propre compte, que l'homme ainsi fait n'était qu'une monstrueuse et haïssable créature[165]. »

« Sacatove était d'un naturel si doux et d'un caractère si gai, il s'habitua à parler créole avec tant de facilité, que son maître le prit en amitié. Durant quatre années entières il ne commit aucune faute qui pût lui mériter un châtiment quelconque. Son dévouement et sa conduite exemplaire devinrent proverbiaux à dix lieues à la ronde. Son maître le fit commandeur malgré son âge, et les noirs s'accoutumèrent à le considérer comme un supérieur naturel. Tout allait pour le mieux dans l'habitation, quand, un beau jour, Sacatove disparut et ne revint plus. » Il avait enlevé sa jeune maîtresse de seize ans, Maria, et l'avait cachée dans « une grande caverne ». Là, il « la contemplait avec sa physionomie insouciante et douce, en cambrant son beau torse nu », et commit l'irréparable.

– Pardon ! je vous aimais tant ! Je ne pouvais plus vivre dans les bois. [...]

– Il fallait revenir [...], répondit la jeune fille. N'étais-tu pas le mieux traité de tous nos noirs ? Pourquoi es-tu parti marron ?

– Ah ! dit Sacatove en riant naïvement, c'est que je voulais être un peu libre aussi ! [...] Je vous aime, maîtresse ; ne m'aimerez-vous jamais ?

– Va ! laisse-moi ; tu es fou, misérable esclave !

Conscient qu'il n'en serait jamais aimé, il décida de « se dessaisir d'une femme que nul au monde ne pouvait lui ravir » et se rendit à son ancien maître. Celui-ci, pour le remercier de ce brusque retour à la raison, l'envoya « là où les blancs et les noirs sont frères », à bout portant. « Ainsi mourut Sacatove, le célèbre marron. Sa jeune maîtresse se maria peu de temps après à Saint-Paul, et l'on ne dit pas que son premier-né ait eu la peau moins blanche qu'elle. »

Job, quant à lui, « n'avait rien des signes de dégradation dont sa race était frappée. Le front était haut, les traits énergiques, mais proportionnés, l'œil noir et hardi. On devinait, sous le léger vêtement de soie bleue qui les couvrait, la vigueur et la souplesse des bras et de la poitrine. La couleur de sa peau disait qu'il était né dans la colonie. » Sa maîtresse de dix-huit ans, Marcie de Villefranche, « bonne et accessible à tous », « douée de la grande beauté de sa mère » qui lui donnait un « charme d'attraction irrésistible », « veillait comme une vestale dans l'ombre de son cœur le feu sacré des nobles pensées et de l'amour des belles actions ». « Pleine de confiance et de droiture », elle devait épouser son cousin, le chevalier de Gaucourt, qui, « sans trop comprendre la nature élevée de Marcie », couvert de dettes et « incapable de songer à autre chose qu'aux amours d'un jour ou d'une nuit », « était du reste un beau jeune homme fort élégant, dont raffolaient les petites blanches du quartier et qu'enviaient les jeunes créoles ». Marcie, « comme toutes les âmes vierges et passionnées, vit en lui l'idéal qu'elle s'était créé, et qu'il était si loin de réaliser ».

Au cours d'une partie de chasse dans « l'abondante et vigoureuse végétation de la forêt », alors que le chevalier de Gaucourt et le marquis de Villefranche venaient de s'éclipser, Marcie se fit attaquer par « un petit blanc » violemment épris d'elle, Georges Fleurimont du Piton-Rouge.

Job, le « brave noir », s'interposa et la délivra du fâcheux qui fut aussitôt libéré, par la grâce de la jeune vierge, et les choses en restèrent là.

Deux mois plus tard, alors qu'il voulait « se rendre au quartier pour hâter d'un jour les préparatifs de son mariage », le chevalier de Gaucourt emprunta, sur les conseils de Job, le chemin de traverse qui passait justement sur la propriété de Fleurimont... Job raconta à M. de Villefranche qu'il n'avait entendu qu'un cri : le blanc du Piton-Rouge avait poignardé le chevalier, puis s'était coupé la gorge, par « désir d'échapper à une mort infamante ». Job n'avait rien pu faire. Tout était allé si vite.

Trente-sept ans plus tard, le bon Job, foudroyé par une attaque de tétanos, avoua à sa maîtresse que c'était lui qui avait tué le chevalier et le blanc du Piton-Rouge, parce qu' « ils l'aimaient trop tous les deux ». Puis il mourut, conclut Leconte de Lisle, « avec un sourire de triomphe ».

Le Paradis perdu

Mme Jean Dornis rapporta précisément dans son article de la *Revue des Deux Mondes* les réactions du poète au spectacle de l'esclavage :

> Tout le long du jour, il était poursuivi par les cris des noirs qu'on frappait. Devant les cases mal closes, il entendait les hurlements plaintifs, les supplications désespérées : « Grâce, maître, grâce ! » et ce cri lamentable, dont il s'était déshabitué, le déchirait à présent, l'affolait[166]. Mais s'il était blessé des souffrances de toute cette chair noire, l'indifférence de ceux qui la torturaient lui semblait plus avilissante encore. Il regardait les jeunes créoles passer, blanches et délicates, drapées de claires mousselines, telles que des anges de lumière devant les cases entr'ouvertes. Elles entendaient les gémissements, avec un sourire de leurs lèvres rouges. Cela faisait partie pour elles des fruits de la nature. Lui fuyait pour ne pas entendre ; son cœur révolté se fermait à l'amour de ces belles insensibles, en même temps qu'il s'ouvrait à l'angoisse des souffrances humaines, à l'horreur de l'universelle injustice, à la pitié infinie ; et il songeait qu'un abîme était creusé pour toujours entre lui et ces jeunes femmes si désirables qui n'avaient pas pitié de la douleur[167]. Alors il courait se réfugier dans la solitude, se calmer dans l'engourdissement du soleil ; pendant des heures il restait sur le sable, étendu, immobile, les yeux clos, écoutant les bruits de la nature, s'incorporant si bien avec elle qu'il avait la sensation de mêler son âme à l'âme universelle. Il lui semblait que son corps s'évaporait, que son esprit se fondait dans ce tout pour chanter avec la mer, bruire avec le vent, fleurir avec les fleurs...

Il s'installa à Saint-Denis, rue Sainte-Anne, dans une jolie maison entourée d'arbres à pain, de manguiers, de bois-roses, de jacquiers, de papayers-lustres, et donnant aussi bien sur l'océan Indien que sur la montagne de la Vigie, « figée dans l'azur ». Il réussit à trouver un emploi au tribunal de la ville, soit comme avocat, quoique non licencié, soit comme homme d'affaire, mais la fréquentation quotidienne des Créoles arrivistes, mercantiles, pragmatiques, l'irritait profondément. Son intransigeance ne pouvait se plier aux sournois compromis juridiques ; sa fierté s'empêtrait dans les méandres fatalement mesquins des jeux de pouvoirs ; son idéal s'accommodait mal de cette réalité : « Les plus froids et les plus apathiques des hommes ont été placés sous le plus splendide et le plus vaste ciel du monde, au sein de l'océan infini, afin qu'il fût bien constaté que l'homme de ce temps-ci est l'être immoral par excellence[168]. » Il déserta donc le palais et continua d'écrire des vers, des nouvelles et des articles dont il confia la charge d'en négocier la publication auprès du *Courrier de Saint-Paul* à Charles Adamolle. Il fallait simplement que ne fût « pas retiré un mot, une virgule, un alinéa », et qu'on ne fît « la moindre concession », sous peine d'en être « cruellement désobligé ». Évidemment, le directeur du journal se raidit un peu, et comme « le bon plaisir d'un journaliste était moins que fumée » et que Leconte de Lisle « était habitué à imposer ses façons d'être et de voir, non à supporter leurs éloges ou leurs critiques, dont il se souciait excessivement peu, et pour cause », la publication ne se fit pas.

Hélas ! nous le savons, notre route est austère !
Parfois reflet d'en haut, souvent rayon moqueur,
Nous avons pour soleil le rêve dans le cœur ;
Mais est-il des clartés que nulle ombre n'altère ?
Le rêve et le destin ne chantent point en chœur[169].

Les hauts de Saint-Denis remplaçaient mal ceux de Saint-Paul. Leconte de Lisle s'ennuyait à mourir : « Voici quatorze mois que je suis à Bourbon : 420 jours de supplice continu ; – 10 080 heures de misère morale ; – 60 480 minutes d'enfer[170] ! » Tous ses amis qui jadis se pressaient autour de lui pour l'entendre disserter sur le monde et la Rome antique, entre deux ronds de fumée de cigare, n'étaient plus là. Heureusement, il pouvait encore correspondre avec Adamolle. C'était pour lui une consolation, le moyen de renouer non seulement avec le passé, mais avec l'humanité tout entière ; l'occasion aussi d'exercer son intelligence, restée trop longtemps inactive, et de montrer à son ancien ami toute l'étendue des progrès de son érudite philosophie.

C'est à travers les quelques lettres de cette époque qu'on connaît cette période tourmentée et fondamentale de sa vie.

Il souffrait surtout d'isolement et d'incompréhension. Le vulgaire ne le comprenant pas, exagérant ses réactions agressives et son attitude désinvolte, lui reprochait de manquer de cœur, alors que par ailleurs, chacun reconnaissait sa profonde intelligence. Aussi se lança-t-il dans une exposition péremptoire où il s'efforça de démontrer l'inextricable sympathie du cœur et de l'intelligence, tout comme l'eût fait un théologien. Sa réflexion devenait son moyen le plus sûr de lutter contre le désespoir.

Il y a en nous, ce me semble, deux sortes de cœur – au figuré s'entend. – Il y a, en première ligne, ce sentiment banal et peu définissable, qui résulte du contact fortuit et continu de deux hommes ; ce besoin de la vue et de la parole accoutumée, – cette routine d'une vie extérieure et commune, qu'on appelle fort généralement amitié ; et au soutien de laquelle on a imaginé la distinction vide de sens du moral à l'intellectuel.

Puis, il y a, en seconde ligne, cette concordance complète d'idées qui unit deux esprits et les confond en un seul. D'où il suit, à mon avis, que ce qu'on nomme un cœur dévoué, sympathique, expansif, etc., etc., non seulement, n'est pas hors l'intelligence, mais, au contraire, est une variété, un phénomène, un mode de cette même intelligence ; – d'où il suit enfin que l'amitié réelle n'est rien d'autre qu'un amour intellectuel dont le résultat est l'identité.

Charles Adamolle lui adressa une réponse incrédule et dubitative. Pour lui, l'intelligence palpitait indépendamment des pulsations du cœur. Le 18 janvier 1845, le philosophe crut donc nécessaire de surenchérir.

Mon vieil ami,

J'ai rêvé cette nuit que nous partions ensemble pour la France, avec une énorme provision de tabac et de papier immaculé. C'était charmant. Je me suis réveillé tout plein de foi, j'allume ma pipe et je t'écris. Il me semble que tu professes une grande hérésie à l'endroit de la logique. Je te ferai observer que si tu admets, d'une part, que l'intelligence, dont le cœur n'est qu'une manifestation, peut quelquefois n'en point mésuser, il est rigoureux que tu ne puisses nier que cette manifestation entraîne la preuve du principe sans lequel elle n'existerait point. Tu dis savoir de bonne part qu'il y a des êtres dont l'intelligence est presque nulle et dont le cœur est pourtant noble et grand ; mais tu ruines toi-même cette assertion, en admettant une première proposition contradictoire. Pour moi, je n'ai jamais rencontré de nobles cœurs que par suite de nobles intelligences dont, il est vrai, ces cœurs *ne se rendaient souvent pas compte*[171].

Puis, comme Adamolle campait toujours sur ses positions, le ton se fit plus grave, le registre plus solennel. Les deux hommes ne se comprenaient plus. Cette dissertation sur le cœur humain fut alors l'occasion d'avouer ou de constater la distance, peut-être infranchissable, qui s'était installée entre eux. L'important n'était plus d'aimer mais d'avoir aimé, car la solitude de celui qui avait aimé une fois le sanctifiait à jamais.

Je m'aperçois avec une sorte de terreur que je vais me détachant, en fait, des individus, pour agir et pour vivre, par la pensée, avec la masse seulement. Je m'efface, je me synthétise ! C'est le tort, – si c'en est un – de la poésie que j'affectionne entre toutes. J'ai donc dû te paraître un égoïste, mon ami, alors même que tout au rebours, c'était l'oubli de ma propre individualité qui donnait cette apparence mauvaise et misérable à mes actions, ou plutôt à mon manque d'action. Hélas ! mon vieux camarade, il ne faut pas s'accoutumer à vivre seul[172], car le contraire se réapprend facilement. Ne crois pas cependant que cela tue le cœur, parce que cela l'élargit. L'individu en souffre, l'homme s'en irrite, mais, qui sait si Dieu n'y gagne pas ? Quant à nous, mon cher Adamolle, vois un peu ! Nous nous sommes séparés durant de longues années – nous avons aimé d'autres hommes, et ils nous ont aimés ; notre cœur a ressenti d'autres besoins que ceux auxquels satisfait notre première affection. Nous avons été heureux, nous avons souffert et nous nous sommes à demi retrouvés. D'où vient-il donc que nous devions nier l'amitié qu'il ne nous a pas été donné de poursuivre aussi naïve qu'autrefois ? La faute n'en est ni à moi, ni à toi. Tu t'es marié, tu as vécu d'une vie inflexible dans ses limites. Je me suis aventuré aussi dans une route divergente et j'ai cherché ma plus grande somme de bonheur dans la contemplation interne et externe du beau infini, de l'âme universelle du monde, de Dieu dont nous sommes une des manifestations éternelles. Il ne faut pas douter, mon ami. Il faut laisser aux niais et aux lâches leurs stupides négations du cœur immortel et de l'intelligence divine de l'homme ; car c'est là de la misère morale, mille fois plus affreuse que la misère matérielle, puisque c'est une dégradation de Dieu en nous. Tu as souffert mon vieil ami, mais l'épuration est dans la douleur. Tu as aimé saintement, mais l'amour illumine à jamais notre cœur. Et tu te dis glacé, désespéré, sans désirs et sans passions ! tu te mens à toi-même. L'homme qui a souffert et qui a aimé, quelle que soit sa grandeur, quelle que soit son humilité, s'il a souffert, s'il a aimé saintement, cet homme ne s'éteindra jamais, pas même sous l'haleine de ce qu'on nomme la mort et qui n'est que le réveil[173].

Leconte de Lisle conçut alors, mais sans amertume, que le Bourbon de sa jeunesse avait définitivement disparu.

> Tu n'as pas oublié les premiers bégaiements que m'arrachait un instinct de justice sociale et religieuse, – mais non *anti-religieuse*[174], car il y avait au fond de nos divagations d'enfant sur l'iniquité romaine un sentiment réel de sa mission déviée et comme un acte de foi implicite en la sublimité de l'âme et de Dieu, profanés et blasphémés par elle. Oui, tu te souviens de tout cela et tu regrettes ces années si lointaines déjà, comme si l'avenir ne te réservait rien qui pût leur être comparé. Il existe en ceci une différence de sentiment entre nous. Le souvenir n'amène jamais de tristesse en moi : c'est plutôt une sorte de joie multiple qui ne me fait point défaut quand j'y ai recours, et les mille et une peines qui me sont encore destinées seront impuissantes à ternir, fût-ce même durant une seconde, ce bonheur ignorant de soi-même de la première jeunesse ; – des joies plus mûres et plus profondes que j'ai goûtées depuis, cette vie intérieure que je garde embaumée dans ma mémoire ! Il se pourrait bien que cette habitude de concentration dans le passé ou dans l'avenir et presque jamais dans le présent, nuisît à l'expansion de mes sentiments, même avec un ami tel que toi. Et puis, que d'obstacles encore !

La vie était ailleurs ; tout était consommé pour lui dans cette île ; il lui fallut chercher plus loin la sérénité propice aux grandes émotions créatrices.

> Ce que je chercherais à Paris ne serait pas une vie plus émotionnée. Nul bien de la terre ne me donnera ni ne me retirera ce que j'ai reçu. Ce que je désirerais là-bas c'est au contraire une vie plus calme que celle-ci, plus propice à l'étude et non plus bruyante. J'ai toujours détesté le bruit que les hommes font, et eux aussi ! Au temps de ma jeune jeunesse, il me semblait que je les aimais : je me suis aperçu depuis que c'est vraiment une race maudite. Aussi la tâche sainte est-elle de les ramener dans Éden, si faire se peut[175].

La recherche de Dieu

Pendant ces deux années à Bourbon, Leconte de Lisle ne s'enrichit pas. Son goût prononcé pour l'exploration des mondes intérieurs, son refus de se soumettre aux abrutissements de la vie du palais, le contraignirent tout d'abord à accepter un peu d'argent de sa famille et l'incitèrent ensuite à tenter d'assurer quelques leçons particulières capables d'éprouver ses théories pédagogiques. Il fallait avant tout que ses élèves se soucient de l'harmonie du style, qu'ils en développent l'originalité à la lumière des chefs-d'œuvre des Maîtres, et enfin qu'ils abordent l'histoire de la littérature.

C'est en ces termes que parut l'annonce, le 28 août 1844, dans la *Feuille hebdomadaire de l'île Bourbon* :

> M. C. Leconte de Lisle se propose de donner des leçons de littérature aux jeunes gens et aux jeunes personnes qui achèvent leurs études élémentaires. – Afin de préciser sa méthode et d'échapper à l'insignifiance des résultats accoutumés, tel serait le dessein du professeur : – D'une part, les règles organiques du style se fondent sur deux analogies premières dont l'harmonie constitue la langue littéraire, – et, d'autre part, l'examen critique des maîtres,

et non leur lecture inintelligente, implique la connaissance de ces règles. – Il faut donc insister sur l'étude de la langue intellectuelle, exiger le travail original de l'élève avec l'examen parallèle des maîtres, et compléter par l'historique des époques littéraires. – M. C. Leconte de Lisle joindrait à ce cours des leçons de langue italienne[176].

Son activité essentielle demeurait contemplative et introspective. Beaucoup de certitudes furent remises en cause : l'hégémonie du blanc sur le noir, la suprématie de la religion du colon sur celle du colonisé, l'idée de droit, l'idée d'ordre social, l'idée même de beauté.

> Je sais trop ce que c'est que cette science du droit. Les lois et les droits se succèdent comme une éternelle maladie ; ils traînent de génération en génération et s'avancent lourdement d'un lieu dans un autre. Raison devient folie, bienfait devient tourment. Malheur à toi, fils de tes pères, malheur à toi ! Car du droit né avec nous, hélas ! il n'en est jamais question[177].

Une figure idéale de la fin du IVe siècle néanmoins, incarnation de toutes les aberrations humaines, de toutes les injustices et de tous les outrages, émergea de ses lectures : celle de la belle Hypatie, fille du célèbre Théon, mathématicien d'Alexandrie et prêtre des dieux païens, dont elle fut l'élève et qu'elle surpassa en érudition comme en notoriété.

Hypatie consacrait ses journées et une partie de ses nuits à étudier les *Éléments* d'Euclide et l'*Almageste* de Ptolémée. Elle affectionnait particulièrement la pensée grecque, préférant les sentiments de Platon à la raison d'Aristote, et, à l'exemple des philosophes, voulut achever sa formation par des voyages. Elle partit pour la ville d'Athènes où elle suivit les leçons des meilleurs professeurs. À son retour, on lui confia l'enseignement de la philosophie, ce qui constituait une véritable révolution dans une école d'Alexandrie essentiellement dirigée par des hommes depuis près de deux siècles. Une bonne raison de remplir dignement ses fonctions ! L'historien Socrate[178] nous a rapporté les détails de sa méthode pédagogique : « Elle commençait par l'enseignement des mathématiques, elle en faisait ensuite des applications aux différentes sciences connues sous le nom de philosophie ; elle s'attaquait toujours à un principe évident, et en déduisait les conséquences par une marche progressive. » Son éloquence était douce et persuasive ; et elle ne parlait jamais en public sans s'y être préparée. Elle était simplement vêtue, enveloppée dans un manteau à la façon des philosophes. Chaste, elle savait tenir à distance les jeunes prétendants que sa grande beauté inspirait. Elle eut pour disciple le Libyen Synésios de Cyrène, futur évêque de Ptolémaïs, qui l'appelait sa « sœur », sa « mère », sa « bienfaitrice », sa « maîtresse en philosophie », et pour admirateur Oreste, gouverneur d'Alexandrie et préfet d'Égypte, qui lui demandait souvent conseil.

Malheureusement, la jeune Hypatie, n'ayant jamais voulu embrasser la foi des chrétiens, fut accusée d'être l'instigatrice de la brouille entre le dit Oreste et saint Cyrille. L'évêque de la ville, qui avait par ailleurs fermé les synagogues, chassé les Juifs, livré leurs biens au pillage, fait raser leurs maisons, et qui présida en 431 le concile œcuménique d'Éphèse instituant le dogme de la Maternité Divine de Marie[179], l'aurait fait chercher[180] puis arrêter par des moines furieux, lors même qu'elle se rendait à son école.

> Je ne puis oublier, en un silence lâche,
> Le soin de mon honneur et ma suprême tâche,
> Celle de confesser librement sous les cieux
> Le beau, le vrai, le bien, qu'ont révélés les Dieux.
> Depuis deux jours déjà, comme une écume vile,
> Les Moines du désert abondent dans la ville,
> Pieds nus, la barbe inculte et les cheveux souillés,
> Tout maigris par le jeûne, et du soleil brûlés.
> On prétend qu'un projet sinistre et fanatique
> Amène parmi nous cette horde extatique ?
> C'est bien. Je sais mourir, et suis fière du choix
> Dont m'honorent les Dieux une dernière fois[181].

Sous la conduite d'un prêcheur nommé Pierre, ils l'arrachèrent à son char et la conduisirent dans le temple impérial *Cesareon* où elle fut dévêtue puis lapidée à coups de poteries et de débris de tuiles[182]. C'est ainsi qu'elle mourut, martyre de l'intelligence, au mois de mars de l'an 415, sous le dixième consulat d'Honorius et le sixième de Théodose le Jeune, pendant le Carême. Son corps fut ensuite découpé en morceaux dont on fit procession dans les rues d'Alexandrie avant de les brûler en un lieu appelé *Cinaron*[183].

Pour comble, les ouvrages de cette vierge sublime périrent dans l'incendie de la bibliothèque d'Alexandrie en 640[184]. C'est tout juste si quelques titres échappèrent aux flammes : un *Commentaire sur les coniques* du géomètre Apollonius de Perge, un autre sur Diophante, qui vivait sous le règne d'Antonin, et un *Canon astronomique*. « Hypatie contre Jésus. La Grèce toujours contre sa mère l'Asie, la beauté contre la bonté, fût-il jamais plus passionnante tragédie[185] ? »

Hypatie devint pour Leconte de Lisle le symbole du martyre inévitable du génie contemplatif, la figure de beauté innocente que rien ne peut corrompre, l'Iphigénie du calme et de la douleur, l'*Étoile du soir*, la véritable Immaculée[186], une nouvelle Élixenne…

> Ô sage enfant, si pure entre tes sœurs mortelles !
> Ô noble front, sans tache entre les fronts sacrés !
> Quelle âme avait chanté sur des lèvres plus belles,
> Et brûlé plus limpide en des yeux inspirés ?
>
> Sans effleurer jamais ta robe immaculée,
> Les souillures du siècle ont respecté tes mains :
> Tu marchais, l'œil tourné vers la Vie étoilée,
> Ignorante des maux et des crimes humains.
>
> Le vil Galiléen t'a frappée et maudite,
> Mais tu tombas plus grande ! Et maintenant, hélas !

Le souffle de Platon et le corps d'Aphrodite
Sont partis à jamais pour les beaux cieux d'Hellas !

Dors, ô blanche victime, en notre âme profonde,
Dans ton linceul de vierge et ceinte de lotos ;
Dors ! l'impure laideur est la reine du monde,
Et nous avons perdu le chemin de Paros.

Les Dieux sont en poussière et la terre est muette :
Rien ne parlera plus dans ton ciel déserté.
Dors ! mais, vivante en lui, chante au cœur du poète
L'hymne mélodieux de la sainte Beauté !

Elle seule survit, immuable, éternelle.
La mort peut disperser les univers tremblants,
Mais la Beauté flamboie, et tout renaît en elle,
Et les mondes encor roulent sous ses pieds blancs[187] !

Serait-ce à cette époque que Leconte de Lisle aurait renoncé au catholicisme colonial pour se réfugier dans le culte d'une beauté idéale, source de toutes les satisfactions, dispensatrice de tous les baumes ? Si tel fut le cas, ce culte étancha mal sa soif d'absolu car il continua de chercher Dieu dans son prochain ; non pas dans un autre individuel, égoïste, isolé, mais dans un semblable social, participant et représentant de la communauté des hommes. « Un homme, quel qu'il soit, peut-il s'abstraire incessamment de l'humanité ? »

Il fallait donc, pour lui, chercher Dieu avant tout dans la société. Dieu était en tous, pour tous, par tous, mais il était surtout l'Absolu. S'abstraire, c'était s'extraire de soi-même pour tendre à l'unité et à l'harmonie universelle. Le « Dieu vrai » ne pouvait pas être autre chose que l'union « du juste, du bien et du vrai absolus », d'où il résultait nécessairement que la proximité de Dieu ne pouvait engendrer qu'un sentiment profond de paix, de sérénité et de joie indicibles[188].

Tu me parles des joies factices de l'homme en opposition à ses joies réelles, écrit-il à Adamolle. S'il existe des joies factices, ce sont évidemment celles qui nous font défaut le plus souvent ; celles qui s'évanouissent sans que nous sachions comment, et disparaissent de même, car nous ne saurons ni d'où elles viennent ni pourquoi elles nous délaissent ; – celles enfin qui d'un temps immémorial, grossissent de plaintes banales le bagage philosophique des rabâcheurs de tous les siècles ; et que ces joies vraiment factices ne sont autres que les amours, les amitiés et les ambitions vulgaires de l'homme. Nous avons dit mille fois tous deux, et des millions de pauvres créatures ont répété et répéteront encore : – « Quoi de plus vain que l'ambition, de plus fugitif que l'amour, de plus incertain que l'amitié » – Et cela est vrai, car ni l'amour, ni l'ambition, ni l'amitié vulgaires n'ont de bases certaines et tous retombent dans leur néant aussi promptement qu'ils en sont sortis !

Les joies réelles sont sûrement celles qui, une fois déduites, en nous, de principes lucides et inamovibles, ne nous abandonnent jamais entièrement, car notre vie y est attachée : celles que les mille considérations sociales, les diverses positions du monde, la richesse ou la misère, la jeunesse ou l'âge mûr, seront toujours impuissants à détruire, car elles ne sont pas de la nature des choses périssables, et leur raison d'être est en elles-mêmes. Les joies réelles ne sont donc ni l'*amour*, ni l'amitié, ni l'*ambition* comme on les conçoit sur terre, car tout cela passe et cela s'oublie ; mais elles sont dans l'amour de la beauté impérissable, dans l'ambition des richesses inamovibles de l'intelligence, et dans l'étude sans terme du juste, du bien et du vrai *absolus*, abstraction faite des morales factices d'ici-bas. Les joies fausses sont dans la vie vulgaire, les joies réelles sont en Dieu. Les unes ne nous rendent heureux qu'une seconde durant, pour nous torturer pendant des années ; mais les autres, toujours calmes et inaltérables, se révèlent à nous quand nous nous sommes purifiés de celles-là, et nous mènent au vrai bonheur, qui est l'oubli des choses périssables et le désir de l'infini.

Aussi tenta-t-il de tracer « le dogme de la foi nouvelle » dans un long poème, *La Recherche de Dieu*, où l'on reconnaît à chaque vers les accents primitifs et les longs gémissements des *Psaumes*.

J'ai remué, Seigneur, les poussières du monde ;
J'ai reverdi pour vous ce que le temps émonde,
Les rameaux desséchés du tronc religieux ;
Des cultes abolis j'ai repeuplé les cieux !
Rien ne m'a répondu, ni l'esprit ni la terre,
Et je vous ai cherché, vous qui dispersez l'être[189] !

Influencée par les Lumières d'une part et par la métaphysique allemande d'autre part, la foi de Leconte de Lisle devenait panthéisme[190], fausse religion et vraie philosophie de la totalité.

Dieu jaillira de tout, et Dieu t'aura parlé[191].

La beauté du monde sensible était une manifestation de l'Être même, de l'Infini, de l'Un, et Dieu, immanent à tout être, rien moins que le monde sensible. Il se trouvait matérialisé et la matière divinisée ; la Substance devenait l'Être et ces deux univers, d'ordinaire distincts, devenaient identiques. L'infini se trouvait absorbé par le fini, l'homme peuplait de ses actions et de ses rêves une terre inconnue. Être, Dieu et Nature se confondaient et se répondaient.

Dans sa tentative de définition de la foi nouvelle, Leconte de Lisle, en pastichant l'*Ancien Testament*, ne découvrit pas autre chose qu'une philosophie vieille de seize siècles : celle de Cléanthe et de Zénon, celle des hypostases de Plotin, celle d'Ibn Gabirol, David de Dinant et Giordano Bruno, celle de Schelling et celle de Hegel : le monisme ontologique, ce qui le mènerait plus tard, fort naturellement, du côté des doctrines indiennes des advaitavadin, évoquées dans les *Upanishads*, où il y a « non-dualité » entre la réalité de Dieu et celle du monde.

Dans cette immanence divinisée, Dieu était Substance, Dieu était Unité-Totalité, comme dans l'*Éthique* de Spinoza[192], mais finalement Dieu n'était plus vraiment Dieu. Leconte de Lisle prenait un chemin qui ressemblait à celui de l'athéisme[193]. Les idées de création, de chute, de péché, de transcendance, de finitude et de salut, avaient disparu. Les cardinaux devenaient « mondains », les moines « moroses », Rome « la sœur de Gomorrhe », et la prophétie se commuait en poésie :

Ô Saint-Pierre ! poème où le monde a chanté !
Ô rêve de granit, dans les cieux emporté ! [...]

Ô cité deux fois reine et deux fois moribonde,
De l'univers captif absorbante prison !
L'orage balaîra ta cendre vagabonde
Du quadruple côté de l'immense horizon !

Et, s'il reste un débris de ta gloire éclipsée,
Comme un mort colossal sur le sol étendu,
Il ne dira jamais si ta lèvre glacée
Cria jadis vers Dieu, si Dieu t'a répondu !

Rien ! Il ne dira rien, si ce n'est la folie,
La douleur et la mort et le bruit d'un vain nom,
Si ce n'est que Dieu tue et que la terre oublie,
Et que l'écho du ciel incessamment dit : Non !

Pourtant, Leconte de Lisle n'était pas encore tout à fait pessimiste. Il croyait toujours en « l'intelligence divine de l'homme » et en la gaîté. « Heureux ceux qui rient ! Ce sont les sages ! », dit Siegel dans *Le Songe d'Hermann*. Et plus loin, Hermann lui répond sur un autre registre : « Les aspirations qui m'entraînent à elle [la beauté] ; ce désir de justice et d'harmonie qui brûle mon cœur, cet amour de l'humanité qui souffre et se lamente, cette admiration filiale du globe où je suis né, Siegel ! tout cela n'est-il donc pas ? Dieu nous a-t-il créés pour l'enfer éternel, avec la vision splendide du bonheur et de la beauté, comme une raillerie infernale de notre faiblesse et de notre bonheur ? non, non ! »

Si l'amertume et l'ennui s'étaient accumulés face à son double échec de *La Variété* et du *Scorpion*, devant le spectacle affligeant de l'esclavage entretenu par une colonie cruelle et mercantile, sous la pression psychologique de la population et de sa famille, ses méditations métaphysiques tâtonnantes et vertigineuses l'incitèrent à concevoir une profusion de mythes chimériques et régénérateurs : celui de la révolte libératrice, celui de l'âme nomade qui ne saurait rien trouver ici-bas de satisfaisant pour elle, celui de la nouvelle aurore comme promesse d'un avenir meilleur, celui de la raison qui guiderait le peuple vers la lumière, celui d'une éthique de la froideur et de la distance calculées nées du ressentiment social, celui enfin de l'unité entre tous les hommes dans une société égalitaire à la façon de Thomas More, idéaliste à la manière de Tommaso Campanella. Il fallait offrir aux individualités les moyens matériels et techniques de vivre harmonieusement entre elles, dans un nouveau paradis[194] où les injustices fussent atténuées et les beautés multipliées[195]. C'est donc en apparence fort naturellement et sans cataclysme, quoique moyennant certains malentendus d'un côté comme de l'autre, qu'il adhéra aux idées de Charles Fourier et à celles de son école sociétaire.

De la Colonie au Phalanstère

Leconte de Lisle retrouvait dans les théories de Fourier quelques-uns de ses chevaux de bataille : la haine du monde industriel, le combat contre la civilisation urbaine, couvrant les beaux principes « de fourberie, d'oppression, de carnage », et la méfiance à l'égard d'un libéralisme qui « tendait à la réduction des salaires et conduisait le peuple à l'indigence » ; mais il en trouvait les prémisses excessives et arbitraires. S'il convenait que l'harmonie pût être un idéal suffisant au bonheur du plus grand nombre, il n'était pas certain qu'il fallût en passer par l'exacerbation de la « cabaliste » (passion de l'intrigue), du « familisme » (sentiment paternel), de la « papillonne » (passion du changement) ou de la « composite[196] » (sentiment grégaire), l'harmonie parfaite (« garantisme ») ne résultant pas nécessairement de l' « attraction passionnée[197] ». L'association volontaire, censée supprimer la concurrence et abolir le salariat sans porter atteinte aux libertés, si elle le séduisait en théorie, ne lui semblait pas humainement réaliste, et c'est pourquoi il refusa tout d'abord de répondre favorablement aux propositions participatives des deux Revues phalanstériennes parisiennes, *La Phalange*, un mensuel, et *La Démocratie pacifique*, un quotidien, toutes deux dirigées par Victor Considérant, nouveau chef de la doctrine fouriériste depuis la disparition du Maître, le 10 octobre 1837.

> Je ne suis pas homme à écrire contre ma conscience en quoi que ce soit, fait-il savoir en janvier 1845. Je sais que ces scrupules n'ont pas cours de notre temps, que cela prête à rire aux Macaire et au vulgaire ; mais le rire et le thème de la foule m'inquiètent peu. Tu comprendras, mon cher Adamolle, qu'un esprit droit et convaincu recule devant l'apostasie cachée comme devant l'apostasie publique et qu'on s'y prenne à deux fois avant d'être forcé de se mépriser soi-même. [...] J'ai été forcé de refuser provisoirement, attendu que mes convictions ne sont pas parfaitement identiques aux leurs, et maintenant il me faut attendre une réponse définitive à leurs objections. [...] Je partage entièrement certains principes de l'école sociétaire, précise-t-il néanmoins, et je ne suis en dissidence avec elle qu'à l'endroit de conséquences arbitraires qu'elle déduit faussement, à mon avis, de ces mêmes principes.

Victor Considérant croyait en la nouvelle organisation sociale de Charles Fourier, supérieure à toutes les précédentes, applicable à « tous les peuples du globe », fruit de la science, capable d'harmoniser les éléments du parti *novateur*, celui qui « se donne comme le défenseur des intérêts des classes inférieures, auxquelles il prétend procurer la jouissance des droits et du bien-être dont elles sont privées », avec ceux du parti *conservateur*, celui qui « protège les intérêts des classes plus élevées, les défend contre les attaques dont elles sont l'objet et s'occupe du maintien de l'ordre[198] ». Il s'agissait pour eux « d'opérer la fusion des partis par l'accord des intérêts de toutes les classes ».

Dans ce but, ils pensèrent un système universel, autonome et doté de distinctions précises entre ses éléments : la planète serait divisée en continents, les continents le seraient en empires, les empires en royaumes, les royaumes en provinces, les provinces en départements et les départements en communes. « Toutes ces divisions successives auraient leurs gouvernements respectifs et formeraient des centres subordonnés les uns aux autres qui rattacheraient ainsi, par la chaîne hiérarchique, l'ensemble des communes du globe au gouvernement suprême. » Après tout, comme la France, la Terre entière était-elle autre chose qu'un assemblage d' « éléments alvéolaires » ? Il suffisait de créer parfaitement au moins une de ces « alvéoles » pour que la face du monde en fût changée. Si le système était bon, il s'étendrait progressivement partout.

Nonobstant son génie, il n'était pas question pourtant de l'imposer par la force mais de le faire adopter librement pour « les avantages réels » qu'il procurerait à tous. On lança donc le projet de communes expérimentales, sur « une lieue carrée de terrain au plus, sans aucun danger pour l'ordre établi » puisque « si dans la pratique on le trouvait bon, la société en profiterait à sa guise ; dans le cas contraire, le communisme tomberait de lui-même ».

Le but de l'école sociétaire n'était pas de toucher aux cultes religieux, aux éléments politiques, moraux, civils ou administratifs. L'essentiel de ses efforts organisationnels portait sur le travail social. L'Industrie, c'est-à-dire toute activité productive, qu'elle soit agricole, domestique, manufacturière ou commerciale, combattant avec fureur dans le seul but d'un profit issu d'une « concurrence anarchique », était trop souvent livrée, selon elle, à « l'arbitraire et aux caprices des individus ». En conséquence, on réorganiserait tous les travaux de la commune qui devait non seulement compter « 1 800 à 2 000 personnes[199] » mais encore « pouvoir être maniée comme le domaine d'un seul homme ».

Le travail agricole, par exemple, concernerait « une vaste propriété de 15 à 16 cents hectares » dans laquelle on substituerait la culture de l' « Association », grande et riche, à celle du « Morcellement », petite et pauvre. Mais, pour ne pas porter atteinte au droit de propriété individuelle, on ne retirerait pas aux hommes leurs parcelles de terre ; elles leur appartiendraient, mais sous forme d'actions dont la valeur serait indexée sur les bénéfices, ce qui serait bien sûr, compte tenu de l'accroissement considérable et inévitable de production qu'engendrerait ce nouveau type d'agriculture, tout au profit de chacun. Les droits et avantages de la propriété conservés, seul en changerait le « mode de jouissance ».

À cette nouvelle organisation sociale, il fallait une architecture nouvelle[200]. N'était-ce pas le reflet du visage d'une civilisation ? Les sauvages vivaient sous des huttes, les peuples nomades sous des tentes, la Bretagne et beaucoup de provinces françaises avaient encore des villages d'un aspect barbare, mais les théâtres, les églises, les rues larges et alignées, n'étaient-ils pas la preuve indiscutable d'un progrès social ?

> Lorsque l'architecture, alphabet des vieux âges,
> Que chante le poète et commentent les sages,
> Ne sera plus livrée en proie aux illettrés,

Nous relirons alors dans ses feuillets sacrés ;
Et les enfants de Dieu, par une étude austère,
Rétabliront le sens de son vrai caractère.
Sur la haute montagne, assis dans sa beauté,
Blanche image du calme et de l'illimité,
Le temple harmonieux en qui le monde espère
Se dresse lentement à l'horizon prospère.
Dans son multiple essor à la synthèse uni,
Il règnera du sein de l'azur infini ;
Et, résumant pour tous une trinité sainte,
L'homme, le monde et Dieu, dans sa mythique enceinte,
Chantera, divin texte et sublime missel,
Dans le concert de Pan le Verbe universel[201] !

La commune sociétaire ne pouvait donc pas se contenter de 400 maisons isolées, mal bâties, sales et incommodes. Il lui fallait « un seul édifice bien exposé, assez vaste dans ses contours et ses développements, assez varié dans ses dispositions intérieures pour loger 4 à 500 familles diverses de goûts, de caractères, de rang et de fortune, et pour satisfaire, en même temps, à tous les besoins des grands services ». Dans son ouvrage, la *Destinée sociale*, Victor Considérant décrivit cet étrange urbanisme sans ville qu'on appela un Phalanstère[202].

De face, le Phalanstère aurait ressemblé au Palais des États de Dijon vu du milieu de la place royale. Il y aurait eu une grande cour ouverte avec deux ailes, comme la cour du Logis du Roi, au milieu se serait élevée la Tour d'Ordre où auraient été le télégraphe, l'observatoire et l'horloge, à l'intérieur les salles destinées aux relations publiques. Sur les ailes auraient été disposés les appartements, différents de grandeur et d'élégance, mais tous propres, commodes et confortables, si bien que riches et pauvres auraient pu y loger. Les grands appartements, les moyens et les petits auraient été répartis d'après certaines règles, de manière qu'il n'y eût pas eu de séparation tranchée entre les différentes classes, évitant ainsi les contrastes choquants.

La disposition la plus remarquable du Phalanstère aurait assurément été la rue-galerie couverte qui aurait régné au premier étage dans tout le pourtour de l'édifice, et qui aurait pu être chauffée en hiver et ventilée en été : par elle, on aurait communiqué avec toutes les parties de l'habitation sans être exposé aux intempéries de l'air. Au reste, le « palais sociétaire », plein d'ordre et sans heurts, aurait distribué dans tous les appartements, dans toutes les salles et dans tous les ateliers, la chaleur, l'eau et la lumière indispensables au bien-être de tous. Seules les activités bruyantes ou insalubres en auraient été impitoyablement exclues.

Bien sûr, le Phalanstère, tout en favorisant les relations avec l'extérieur, se serait suffi à lui-même. Les individus y auraient vécu en paix, soumis à la grande loi d'attraction universelle, souhaitant la prospérité de leurs voisins, profitant de leur succès et ne pouvant porter atteinte aux autres. Les trois univers d'ordinaire distincts du travail, du talent et du capital, n'étant plus en conflit, auraient contribué à l'intérêt du groupe et seraient devenus un facteur puissant de cohésion sociale. L'égoïsme, ce poison de l'âme, aurait peu à peu disparu, « chacun faisant son propre bien en concourant au bien public ».

Si l'esclavage n'avait été que le résultat de la nécessité et de la répugnance du travail, la grande question devenait de le rendre attrayant. La liberté véritable, objet des révolutions successives, était à ce prix. Un travailleur par force et non par goût, qu'était-ce sinon un esclave de la nécessité ? « L'insuffisance du salaire, l'insalubrité des ateliers, l'isolement, la trop longue durée des séances et le défaut d'émulation » étant les causes principales de la répugnance dans le travail, il fallait lutter contre elles. Les richesses créées par l'organisation phalanstérienne auraient alors été largement réparties entre les sociétaires, selon les besoins publics ; on aurait construit des ateliers élégants, propres et sains, où l'air et la lumière auraient circulé librement ; on aurait formé des groupes joyeux de travail afin de répandre le charme là où la mollesse de l'isolement se fût insidieusement installée ; on aurait varié les travaux et l'on aurait échafaudé une saine et productive émulation, une « rivalité joyeuse » entre les travailleurs qui aurait permis d'augmenter la production de l'Industrie et aurait tissé un lien affectueux entre les membres d'un même groupe, eux-mêmes animés d'un sentiment profond de respect amical envers les autres.

Chaque groupe aurait été divisé en espèces, chaque espèce en genres. Un même individu aurait pu appartenir à plusieurs groupes et à plusieurs séries en fonction de ses goûts, aptitudes et talents propres. Cette latitude eût ainsi assuré l' « essor des vocations » qui auraient prolongé du même coup la durée des séances de travail car, lorsque l'on a plaisir à s'occuper et que l'on est complètement libre de le faire, ne peut-on pas travailler sans fatigue quatre, cinq ou six heures de suite ?

Les rivalités entre les groupes n'auraient jamais risqué de semer la discorde dans la commune mais auraient été une source d'émulation. De même que dans une bataille, « si les compagnies rivalisent entre elles, un sentiment de confraternité les rallient au drapeau du régiment, celles des régiments à la gloire du corps d'armée [...], celles des différents corps d'armée à la gloire de l'armée prise dans son ensemble », etc., de même ce sentiment de confraternité aurait dépassé les rivalités de toutes sortes dans l'organisation sociale de Fourier, à cette différence prêt qu'il se serait étendu non à la patrie, mais à l'humanité tout entière. Sans compter que « le sentiment de bonheur commun, l'éducation, le ton, auraient disposé tous les cœurs dès l'enfance, à une bienveillance générale et à la tolérance réciproque des caractères répulsifs ».

L'ambition aurait été encouragée et récompensée proportionnellement au mérite et aux aptitudes de chacun. Tout candidat aurait été jugé par ses pairs comme à l'École polytechnique[203], c'est-à-dire que les chefs de groupe ou de séries auraient été élus par les personnes les mieux à même de les connaître et de les juger : les membres du groupe ou de la série eux-mêmes. Chaque nomination aurait donc été une authentique promotion car aucune autre personne mieux digne que la personne élue n'aurait pu l'obtenir. Et si telle injustice venait à être commise, une phalange voisine s'empresserait de faire venir à elle le talent méconnu. Ainsi, chaque homme aurait-il occupé la place exacte qu'il eût méritée au sein du globe, sans aucunes autres limites que les siennes propres.

Leconte de Lisle savait bien qu'il méritait davantage que cette vie bourbonnaise et il savait aussi qu'une opportunité comme celle de *La Démocratie pacifique* ne se présenterait plus. Il se fit donc un peu violence et se persuada qu'il était, finalement, peut-être plus fouriériste qu'il ne le pensait. Son ami Villeneuve, un étudiant rennais, ne lui avait-il pas fait savoir que la revue lui promettait, en attendant mieux, 1 800 francs par an d'appointements fixes, et l'impression, aux frais de l'école sociétaire, d'un volume de poésies prêt à être publié ?

Phalanstérien ? Sociétaire ? Fouriériste ?

> Je l'étais, tu l'es, écrit-il à Bénézit en 1845, nous le sommes tous, nous qui croyons aux destinées meilleures de l'homme et qui confessons la bonté de Dieu ; artistes et hommes de science, nous tous qui savons que l'art et la science sont en Dieu, et que le beau et le bien sont aussi le vrai[204].

« Au fond de son cœur, Leconte de Lisle était alors plus que républicain ; il était partageur égalitaire et non pas pour lui-même, mais pour le peuple qui souffrait, pour la masse que l'injuste répartition écrasait. » Mais avait-il seulement lu Fourier dans le détail ? C'est peu probable. *La Variété* avait bien, quelques années plus tôt, sous la plume d'A. Lefas fils, vanté les mérites de l'« ouvrage sérieux » de Mme Gatti de Gamond, *Essai de réalisation d'une commune sociétaire, d'après le système de Charles Fourier*, mais c'était à peu près tout. Il était donc loin de pouvoir se faire l'apôtre d'un Évangile qu'il connaissait fort imparfaitement[205], prêché par des dirigeants paradoxalement engoncés dans une bourgeoisie frileuse, tatillonne et dont il refusait catégoriquement le dogme despotique.

Ce qu'il voyait surtout dans cette opportunité, c'était l'occasion, unique, de pouvoir entamer une carrière à Paris. L'indépendance[206], l'étude, la gloire peut-être…

Mais Fourier et Leconte de Lisle s'accordaient au moins sur un point : Dieu existait, et le bonheur, qu'il passât par l'utopie phalanstérienne ou non, semblait à portée de mains.

Odes à la France

Le jeune poète embarqua le 23 mars 1845, à la rade de Saint-Denis, sur le trois-mâts l'*Anna*, non sans avoir pris conscience de ce que sa souffrance et son ennui lui avaient apporté.

> Ces deux années ont été favorables au développement de ma poésie ; ma forme est plus nette, plus sévère et plus riche.

Sa formation était donc achevée. Il avait cerné les contours de son art, définitivement orienté vers un absolu de la beauté, une intransigeance de la forme, inséparables d'une certaine idée de Dieu. Aussi, pendant les longues semaines que dura la traversée, lorsqu'il relut une à une les pièces qui composaient son recueil « prêt à être publié », probablement intitulé *Odes à la France*, un frisson le parcourut, une insatisfaction le happa. « Il y eut ici comme une rupture avec tout un passé spirituel et littéraire », et il dédaigna soudain « la source d'inspiration que sa jeunesse, ses tendresses, son romantisme ému lui avaient révélée[207] ».

Renonçant à l'égoïsme des chansons passées, il jeta par-dessus bord, d'un recueil qui devait, selon Thalès Bernard[208], se diviser en deux – d'une part la poésie sociale (combative, prométhéenne), de l'autre la mystique (contemplative, épiméthéenne) – et comprendre, selon Edgard Pich, *La Recherche de Dieu*, *Le voile d'Isis*, *Hypatie* (qui ouvrirait la première mouture des *Poèmes antiques*), la première *Hélène*, *La Fontaine aux lianes*, *Les Épis*, *La Robe du Centaure*, *Tantale*, *Les Sandales d'Empédocle* et peut-être *Les Ascètes*, aux dires de Jean Dornis, près de mille vers ; environ quatre mille selon Jules Huret[209] ; plus de six mille pour le *Paris-Journal* du 10 janvier 1873 :

L'âpre rugissement de la mer pleine d'ombres,
Cette nuit-là, grondait au fond des gorges noires,
Et tout échevelés, comme des spectres sombres,
De grands brouillards couraient le long des promontoires.

Le vent hurleur rompait en convulsives masses
Et sur les pics aigus éventrait les ténèbres,
Ivre, emportant par bonds dans les lames voraces
Les bandes de taureaux aux beuglements funèbres.

Semblable à quelque monstre énorme, épileptique,
Dont le poil se hérisse et dont la bave fume,
La montagne, debout dans le ciel frénétique,
Geignait affreusement, le ventre blanc d'écume.

Et j'écoutais, ravi, ces voix désespérées.
Vos divines chansons vibraient dans l'air sonore,
Ô jeunesse, ô désirs, ô visions sacrées,
Comme un chœur de clairons éclatant à l'aurore[210] !

Leconte de Lisle ne reviendrait jamais.

Notes

1. La famille résida 8, rue Gresset, puis 38, rue Contrescarpe, si l'on en croit le *Guide Littéraire de la France*, Bibliothèque des Guides Bleus, Hachette, 1964, p. 580. Vilaine ville qui ne lui laissa pourtant que de médiocres souvenirs. Voir sa lettre du 6 septembre 1866 à Heredia, *Lettres à José-Maria de Heredia*, Honoré Champion, 2004, p. 35.

2. Il s'agit de la fameuse pension Brieugne – et non Brieugue ou Brieugues, comme certains ouvrages le rapportent à tort –, qui jouissait d'un grand renom à cette époque-là. Pierre François Brieugne, thérapeute négrier né le 17 décembre 1771, fut régent des écoles à Lourmarin puis maître de pension à Nantes. Il « mena une vie romanesque, pleine d'imprévus et de contrastes. En 1793, au retour d'un voyage de traite, où il naviguait comme chirurgien, il s'engagea avec enthousiasme parmi les volontaires nantais pour la défense de la patrie. [...] Il nous a laissé une description pleine d'esprit de la route semée de fleurs, de festins et de bals, qu'ils parcoururent à pied vers Carcassonne, où ils devaient se mesurer aux Espagnols. Fait prisonnier, il resta 25 mois en captivité en Espagne. Ce ne fut pas suffisant pour calmer ses ardeurs guerrières, et, à peine rentré à Nantes, il repartait sur un corsaire, faire la chasse à l'Anglais. De nouveau prisonnier, il passa un an sur un ponton. De retour en France, il abandonna définitivement les armes et la médecine pour se consacrer à l'enseignement. » Mme Chiche-Auvigne, *Cahiers de Salorges*, numéro 11, Imprimerie Marthe Chantreau et Compagnie, Nantes, s.d., pp. 22-23. Il fut aussi l'un des fondateurs de l'école populaire, dite École Industrielle, qui dispensait gratuitement un enseignement théorique et professionnel à des enfants d'ouvriers.

3. On trouve aussi place aux cochons chez Raphaël Barquissau, *Le poète Lacaussade et l'exotisme tropical*, Publication du comité Leconte de Lisle et Lacaussade, 1952, p. 24, et avant lui chez Louis Tiercelin, « La jeunesse de Leconte de Lisle », *Revue des Deux Mondes* du 1er décembre 1898, p. 637, note 1. M. Prosper Ève a l'air de s'en offusquer et rétablit solennellement cette erreur, qui n'en est pas une, *Auguste Lacaussade (1815-1897)*, Océan éditions, Hors collection, février 2006, vol. 1, p. 113. En effet, la place Brancas, rebaptisée place Édouard-Normand depuis 1897, était aussi communément appelée place aux cochons ou motte aux cochons en raison de son proche voisinage avec le grand champ de foire à la brocante et aux bestiaux qu'on nomme aujourd'hui la place Viarme. Voir Louis Tiercelin, *Bretons de Lettres*, Paris, Champion, 1905, p. 31, note 1.

4. Poète écossais exaltant l'amour de la liberté, William Falconer collabora à la revue américaine le *New-Yorker*. Il mourut à l'île Bourbon.

5. Né à Vienne, le 8 juillet 1818, Eugène Balleyguier-Loudun, professeur d'histoire, littérateur, publiciste, philosophe et poète, a publié en 1849, chez Périsse, un ouvrage exclusivement consacré aux guerres de Vendée et à leur cadre social : *La Vendée, le pays, les mœurs, la guerre*. Ce catholique, légitimiste en 1848, a également publié *Le Mal et le Bien*, *Nord et Midi*, *Les découvertes de la science sans Dieu*, *Les victoires de l'Empire*, *Les précurseurs de la Révolution*, etc. Tout comme celui de Pierre François Brieugne, son nom figure dans l'annuaire des titulaires de la Légion d'honneur. Il l'obtint le 12 août 1860, en même temps qu'Auguste Lacaussade.

6. C'est la date que donnent son acte de naissance (cote ADR : 2 MIEC 4 J 19) ainsi qu'un article documentaire de la *Revue bleue*, signé J. P., du 10 juillet 1897. Le registre du baccalauréat ès lettres porte : « Né le 29 novembre 1818 ». Il s'agit d'une erreur.

7. Henri Cornu, *Charles-Marie Leconte de Lisle, Bourbon et Marie-Élixène*, Azalées éditions et Musée de Villèle, Hors collection, 1995, p. 54. Certains ouvrages

avancent aussi les dates du 3 ou du 20 janvier 1840. Voir Frédéric Mocadel, *Dames créoles, anthologie des femmes illustres de la Réunion de 1663 à nos jours*, tome I, Azalées éditions, 2005, pp. 229-235.

8. « Le Manchy », *Poèmes barbares*, Belles Lettres, 1976, pp. 164-165.

9. Leconte de Lisle n'a pas forgé lui-même son nom, comme le personnage de Molière. La famille Le Conte est originaire du lieu-dit de l'Isle de Saint-Samson, en lisière du marais du Mesnil, en Basse Normandie, quelque part entre Pleine-Fougères et Pontorson, à quelques encablures du Mont-Saint-Michel. L'évêque y aurait fondé un monastère depuis longtemps disparu et qui aurait servi à l'édification de l'une des plus anciennes églises paroissiales de Bretagne. La famille Le Conte se serait ensuite scindée en deux branches : les « de Lisle » et les « de Préval ». Le grand-père de Leconte de Lisle, Charles Le Conte, né le 16 août 1759, était pharmacien et fit de bonnes études au collège d'Avranches où il reçut le prix d'« amplification française ». Officier municipal en 1790, il fut élu maire de Dinan le 20 juillet 1792. Cinq mois plus tard, en butte à des rivalités politiques, il démissionna avant d'être emprisonné en février 1794. Libéré le neuf thermidor, cette expérience lui inspira des vers : « Souviens-toi que le Dieu qui punit les parjures / Lit au fond de ton âme, y voit tes sentiments ; / Si, par hypocrisie ou par crainte, tu jures, / Va loin de ces autels porter de faux serments. » (D'après Ch. Bellier-Dumaine, *L'Hermine*, mai 1899, t. XVII, p. 179 et t. XX, p. 64.) Ce patronyme faussement nobiliaire fut encore interprété comme une usurpation de l'un des titres de Charles X, le Comte de Lille, et faillit provoquer, sous la Restauration, l'emprisonnement du père de Leconte de Lisle. (D'après Jean-François Reverzy, *Revue grand océan*, « Leconte de Lisle, l'esprit nomade », numéro 6, 1995, p. 162.) Voir aussi Hippolyte Foucque, *Pages réunionnaises*, Imprimerie Cazal, Saint-Denis de la Réunion, 1962, pp. 93 *et sq*, Henri Cornu, *Charles-Marie Leconte de Lisle, Bourbon et Marie-Élixène*, Azalées éditions et Musée de Villèle, Hors collection, 1995, p. 72, et surtout Louis Tiercelin, *Bretons de Lettres*, Paris, Champion, 1905, pp. 6-10. Le nom « de l'Isle » a passé à la famille Leconte seulement à la mort de François Étienne, sieur de l'Isle, de qui la fille Françoise avait épousé Michel Leconte, sieur de Préval, le 8 février 1712. Hippolyte Foucque n'a pas la date de la mort de François Étienne et il semble que ce soit Charles-Marie Leconte, grand-père du poète, qui ait été le premier à être appelé « de l'Isle », comme le confirment les actes des Archives de Dinan.

10. La liste des passagers de *la Victorine*, embarqués à Bourbon le 20 mars et débarqués à Nantes le 19 juin 1822, indique : « M. Comte Delile [*sic*] Charles Marie âgé de 30 ans, natif de St-Servent [*sic*] département d'Isle-et-Vilaine [*sic*]. » C. D. Hérisson, *R.H.L.F.*, n° 4, octobre-décembre 1961, p. 556. Mais ces informations sont presque toutes erronées.

11. Inscription Maritime, Nantes, registre n° 2, conservée aux A. D. L. A. Voir C. D. Hérisson, *Ibid.*, p. 560. L'homme était de caractère vif et violent. Dans la famille, on l'appelait « l'âne rouge », car il était roux.

12. Sur sa demande, il fut radié de l'Ordre des médecins en 1835, comme le prouve le procès-verbal de la séance du Conseil Municipal de Saint-Paul du 5 juillet de cette année-là : « Monsieur le Maire donne lecture d'une lettre de Monsieur Leconte Delille [*sic*] réclamant sa radiation du rôle des patentes comme médecin, attendu qu'il n'a pas provoqué son inscription, qu'il n'exerce pas, sauf les soins qu'il vient de donner à une négresse de l'atelier colonial prise subitement du mal d'enfant. Il observe qu'il ne lui a donné d'autres soins que ceux que toute personne mue par des sentiments d'humanité lui eût accordés. Le Conseil appréciant la demande de Monsieur Leconte Delille et prenant en considération qu'il n'a donné que des soins généreux et gratuits à la négresse de l'atelier colonial, est d'avis unanime qu'il soit radié du rôle des patentables à partir du 1er janvier 1835. »

Archives Départementales de la Réunion, série 2O212, Administration centrale de Saint-Paul.

13. Edgard Pich, *Revue grand océan*, « Leconte de Lisle, l'esprit nomade », numéro 6, 1995, p. 50.

14. Lieutenant-Colonel Staaff, *Littérature française*, Librairie Académique Didier et Cie, 1868-1871, tome IV, p. 815.

15. Pierre Flottes, *Le poète Leconte de Lisle*, Perrin, 1929, p. 6.

16. Leconte de Lisle, « Sacatove », troisième des trois nouvelles en prose publiées dans la fouriériste *Démocratie pacifique* entre 1845 et 1846.

17. Leconte de Lisle, « Marcie », deuxième nouvelle parue dans la revue. (La première fut « Mon premier amour en prose ».)

18. « Ultra coelos », *Poèmes barbares*, Belles Lettres, 1976, p. 187.

19. « On recensait à Bourbon 60 000 noirs pour 5 000 habitants. Le nombre des esclaves croît sans cesse en même temps que s'exacerbe la cruauté des traitements. Plus les blancs s'enrichissent, plus leurs mœurs deviennent "délicates", se civilisent, plus s'affine, se raffine leur inhumanité. Dans le *Voyage à l'Isle de France*, livre figurant alors dans toutes les bibliothèques coloniales, Bernardin de Saint-Pierre détaille l'horrible sort qu'on infligeait aux esclaves. » Marius-Ary Leblond, *Leconte de Lisle*, Mercure de France, 1933, p. 16.

20. Extrait du poème « Le Départ », adressé à ses amis.

21. Cette case créole fut acquise par les Leconte de Lisle vers 1834 et se trouvait non loin de l'actuelle route nationale, à gauche du chemin départemental numéro 6 qui reliait Saint-Paul à Saint-Leu et qui va de Fleurimont à Saint-Gilles-les-Hauts. Elle fut rasée en 2001 et remplacée par un centre médical de traitement des alcooliques.

22. Les bardeaux, planchettes de bois posées comme des ardoises, étaient généralement en tamarin que le temps recouvrait d'une rouille de moisissures rousses et de lichens dorés.

23. Une varangue est une véranda couverte, très fréquente dans les cases créoles. Lieu d'accueil et de discussion, elle conserve la fraîcheur.

24. « Si l'Aurore », *Poèmes tragiques et Derniers poèmes*, Belles Lettres, 1977, p. 73.

25. Aveu recueilli par Jean Dornis (pseudonyme de Mme Guillaume Beer), « Leconte de Lisle intime », *Revue des Deux Mondes*, 1895.

26. On voit que Leconte de Lisle ne partageait pas la même admiration pour Napoléon que Victor Hugo au même âge.

27. « Mon premier amour en prose », *Œuvres diverses*, Belles Lettres, 1978, p. 234. Leconte de Lisle emprunte ici son titre, auquel il a ajouté « en prose », à Lord Byron.

28. Edmond Estève dans son *Leconte de Lisle, l'homme et l'œuvre*, publié aux éditions Boivin, soutient qu'elle avait « les yeux bleus, des cheveux blonds et le teint rose », p. 12, ce que confirme Fernand Calmettes dans son *Leconte de Lisle et ses amis* : « L'enfant était née blanche avec des chairs de rose ; elle avait grandi svelte et blonde. », p. 9. Ils ont probablement raison.

29. On notera que Leconte de Lisle confond ici le créateur (Cervantès) avec la créature (Don Quichotte).

30. « Mon premier amour en prose », *Œuvres diverses*, Belles Lettres, 1978, pp. 235-236.

31. « Le Souvenir », *Œuvres diverses*, Belles Lettres, 1978, p. 9.

32. Pierre Flottes, *Le poète Leconte de Lisle*, Perrin, p. 9.

33. « L'Illusion Suprême », *Poèmes tragiques et Derniers poèmes*, Belles Lettres, 1977, p. 35.

34. « Un des grands malheurs de ma vie, écrit-il à Émilie Leforestier le 23 juin 1886, ou, plutôt, un de mes nombreux défauts, est de n'avoir jamais pu rien oublier. » *La dernière illusion de Leconte de Lisle*, Droz, Genève, 1968, p. 108. Cette mort subite de Marie-Élixenne, alors que Leconte de Lisle se trouvait en métropole, fut peut-être le drame fondateur de sa vocation.

35. « Mon premier amour en prose », *Œuvres diverses*, Belles Lettres, 1978, pp. 234-235.

36. Surtout à l'île Bourbon car, en métropole, vers 1835, Parny était déjà bien oublié.

37. « Le Bernica », *Poèmes barbares*, Belles Lettres, 1976, p. 177.

38. L'admiration de Leconte de Lisle pour Parny ne fut d'ailleurs que passagère, car « l'oncle et le neveu ne se ressemblaient guère ».

39. Il y eut néanmoins polémique à ce sujet entre M. Léon Barracand qui affirma en 1894, dans la *Revue bleue*, que le docteur Leconte était responsable de l'aversion de son fils pour le catholicisme, et M. Tiercelin qui prétendit quatre ans plus tard, dans la *Revue des Deux Mondes*, que le chirurgien « n'avait pas élevé son fils dans la haine du catholicisme ou dans son ignorance ».

40. Auteur cher à Napoléon puisque l'Empereur emportait toujours une édition des *Jardins* dans ses bagages.

41. Pierre Jobit, *Leconte de Lisle et le mirage de l'île natale*, De Boccard, 1951.

42. Bernardin de Saint-Pierre, *Paul et Virginie*, *Œuvres complètes*, Belles Lettres, 1930, p. 2.

43. *Ibid.*, p. 4.

44. *Œuvres diverses*, Belles Lettres, 1978, p. 285.

45. *Ibid.*, p. 93.

46. Victor Hugo, préface des *Orientales*, Lemerre, 1875, pp. 92-93.

47. Lord Byron, *Le Pèlerinage de Childe-Harold*, chant II.

48. Louis Guimbaud, *Les Orientales de Victor Hugo*, Edgar Malfère, p. 53.

49. *Ibid.*, p. 56.

50. *Ibid.*, p. 65.

51. Edgard Pich, *Articles, Préfaces, Discours*, Belles Lettres, 1971, pp. 204-205.

52. Edgard Pich, *Leconte de Lisle et sa création poétique*, Imprimerie Chirat, 1975, p. 11.

53. Leblond Marius et Ary, pseudonymes de Georges Athénas (1877-1954) et Aimé Merlo (1880-1956). « Journalistes, essayistes, romanciers, M.-A. Leblond représentent assez bien un groupe d'intellectuels, à la fois anticléricaux, socialisants, voire un peu anarchistes et en même temps colonialistes, hommes de parole ou de plume qui, entre la guerre de 1870 et celle de 1914, ont fait la Troisième République, façonné l'opinion, éduqué la société ; ils ont sombré (plus ou moins) en 1914 dans un lyrisme patriotique mal contrôlé – comme un Barrès et malgré des origines idéologiques différentes. » Edgard Pich, préface de *Leconte de Lisle ou le génie créole*, éditions du Grand Océan.

54. Edgard Pich, *Leconte de Lisle et sa création poétique*, Imprimerie Chirat, 1975, p. 8.

55. Cité par Edmond Estève, in *Leconte de Lisle, l'homme et l'œuvre*, Boivin, pp. 17-18.

56. Il s'agit de la fin d'une lettre de Leconte de Lisle à Charles Adamolle, envoyée de Dinan vers 1838.

57. Vers composés à Rennes en janvier 1839, extraits des poèmes publiés par Bernard Guinaudeau.

58. La montagne de la Table.

59. Dans les colonies britanniques, l'esclavage fut aboli en 1833. Le traité d'Ashburton de 1842, passé entre la Grande-Bretagne et les États-Unis, prévoyait le

déploiement d'escadrilles sur la côte africaine pour faire respecter l'interdiction de la traite.

60. « Les Hurleurs », *Poèmes barbares*, Belles Lettres, 1976, p. 151.

61. « Sa Voix », *Essais Poétiques de Ch. Leconte de Lisle, Œuvres diverses*, Belles Lettres, 1978, p. 7.

62. Cité par Henri Peyre, in *Louis Ménard*, New Haven, Yale University Press, volume v of Yale romanic studies, 1932, pp. 453-454.

63. Voir Joël-Marie Fauquet, *César Franck*, Fayard, 1999, pp. 506-513.

64. Edgard Pich a effectué un relevé très précis des différents poèmes concernés dans une conférence donnée à Cambridge voici quelques années. Ce colloque, intitulé « Leconte de Lisle et la musique », bien que publié par un animateur de la revue *Parnasse*, un certain Lawrence Watson, d'Oxford, demeure introuvable. Une trentaine de compositeurs y figurent dont les plus significatifs ont été rappelés par Malou Haine, *L'Apollonide de Leconte de Lisle et Franz Servais*, Mardaga, 2004, pp. 9-10. Nous remercions M. Edgard Pich de nous en avoir spontanément adressé une copie. Voir aussi : Frits Noske, *French Song from Berlioz to Duparc : The Origin and Development of the Melodie*, New York, Dover, 1970, pp. 326-407 ; Rolland Boris, « Leconte de Lisle et les musiciens », *R.H.L.F.*, avril-juin 1958, pp. 215-220, et Yann Mortelette, *Histoire du Parnasse*, Fayard, 2005, pp. 428-438.

65. Souligné par Leconte de Lisle.

66. *Id.*

67. *Id.*

68. *Id.*

69. « Les Deux Iles », *Odes et Ballades*, juillet 1825, Robert Laffont, pp.182-183.

70. Louis Tiercelin, *Bretons de Lettres*, Champion, Paris, 1905, p. 10.

71. Article de mode de l'*Auxiliaire breton* du 12 février 1838, cité par Louis Tiercelin, *Ibid.*, p. 13.

72. Louis Tiercelin, « La jeunesse de Leconte de Lisle », *Revue des Deux Mondes* du 1er décembre 1898, pp. 631-632.

73. *Ibid.*, p. 633.

74. *Ibid.*, p. 630, note 2.

75. Louis Tiercelin, *Bretons de Lettres*, Paris, Champion, 1905, pp. 25-26.

76. Louis Tiercelin, « La jeunesse de Leconte de Lisle », *Revue des Deux Mondes* du 1er décembre 1898, p. 635.

77. Bernard Guinaudeau, *Leconte de Lisle, Premières poésies et Lettres intimes*, Fasquelle, Paris, 1902, pp. 6-10 et pp. 104-110.

78. *Ibid.*, p. 10.

79. *Ibid.*, pp. 15-19.

80. « La soirée », *Œuvres diverses*, Belles Lettres, 1978, pp. 10-11.

81. Voir Bernard Guinaudeau, *Leconte de Lisle, Premières poésies et Lettres intimes*, Fasquelle, Paris, 1902, p. 48.

82. Cité par Louis Tiercelin, in *Bretons de Lettres*, Champion, Paris, 1905, p. 35.

83. Bernard Guinaudeau, *Leconte de Lisle, Premières poésies et Lettres intimes*, Fasquelle, Paris, 1902, pp. 29-34.

84. Leconte de Lisle n'en fut jamais officiellement élève : « Je n'ai jamais été élève du Collège communal de Dinan, écrit-il à Émilie Leforestier le 1er mars 1886, pas plus que tout autre collège. » *La dernière illusion de Leconte de Lisle*, Droz, Genève, 1968, p. 92. Voir aussi Louis Tiercelin, *Bretons de Lettres*, Champion, Paris, 1905, pp. 138-139, note 1. On trouve encore, à l'Arsenal, cette lettre sans ambiguïté à un destinataire inconnu : « Paris, 9 février 1894. Cher Monsieur, Je m'empresse de répondre à la lettre obligeante que vous avez voulu m'adresser. Je n'ai jamais passé

par aucun lycée, collège ou établissement libre ; je n'ai jamais appartenu à aucune école de l'État. J'ai fait toutes mes études dans ma famille. Veuillez agréer, je vous prie, cher Monsieur, l'assurance de mes meilleurs sentiments. Leconte de Lisle. » Ms 150096/137.

85. Louis Tiercelin, *Bretons de Lettres*, Champion, Paris, 1905, p. 38. L'extrait de naissance de Leconte de Lisle n'arriva jamais.

86. Ces mots sont de Marbode, évêque de Rennes à partir de 1096 et auteur du fameux *De Ornamentis Verborum*. « La ville des Redons / Que désertent les bons / Est pleine de fripons. » Traduction de Sigismond Ropartz, cité par Louis Tiercelin, in « La jeunesse de Leconte de Lisle », *Revue des Deux Mondes* du 1er décembre 1898, p. 643. Voir aussi Louis Tiercelin, *Bretons de Lettres*, Champion, Paris, 1905, pp. 42-44.

87. Saint Louis-Marie Grignion de Montfort, « Cantique sur les dérèglements de Rennes », *Les Œuvres du Bienheureux de Montfort, poète mystique et populaire*, édition « Type », Librairie Mariale, 1932, pp. 306-307. Une lettre de Leconte de Lisle à Rouffet, datée de décembre 1839, fait un sinistre écho à ce pieux cantique : « Il y a huit jours environ, une jeune fille de treize à quatorze ans est arrêtée, près de l'*hôtel de la Corne-de-Cerf*, par deux jeunes gens couverts de manteaux. Ils la conduisent sur le bord de la rivière, et, après l'avoir violée d'une infâme manière, ils lui ouvrent le bas-ventre pour constater, à ce qu'il paraît, un fait d'anatomie. Le peuple s'est effrayé de ce crime, car ce n'est pas la première tentative de ce genre ; et, maintenant, il insulte et maltraite tous ceux qui sortent avec leurs manteaux. Moi-même j'ai été hué, ce qui ne m'amusait pas extraordinairement, par toute la sainte populace du quartier, hier matin. Voilà. » Bernard Guinaudeau, *Leconte de Lisle, Premières poésies et Lettres intimes*, Fasquelle, Paris, 1902, pp. 198-199.

88. Voir Louis Tiercelin, *Bretons de Lettres*, Champion, Paris, 1905, pp. 101-104. Leconte de Lisle y participa au moins jusqu'en novembre 1839, puisque c'est à cette époque qu'il écrivit à Julien Rouffet : « Le *Foyer* continue à être aussi stupide qu'autrefois. Je viens de lui envoyer une bluette que vous connaissez : *À une galère*. Il ne manquait plus que cela, n'est-ce pas, pour compléter sa nullité ? », *Leconte de Lisle, Premières poésies et Lettres intimes*, Fasquelle, Paris, 1902, pp. 188-189.

89. Mme Louis Leconte avait écrit à sa cousine de Bourbon : « Charles désire une redingote ; il l'a même commandée. Peut-on le laisser faire ? Il en a grand besoin et il serait à craindre que, si on lui refuse tout, il pourrait se dégoûter de son droit, qu'il suit dans le moment très exactement. » Cité par Louis Tiercelin, in « La jeunesse de Leconte de Lisle », *Revue des Deux Mondes* du 1er décembre1898, p. 641.

90. Bernard Guinaudeau, *Leconte de Lisle, Premières poésies et Lettres intimes*, Fasquelle, Paris, 1902, pp. 111-114.

91. *Ibid.*, p. 80. Marie Dorval donna quatre représentations à Rennes les 5, 7, 10 et 14 février 1839. Voir Louis Tiercelin, *Bretons de Lettres*, Champion, Paris, 1905, p. 151.

92. *Ibid.*, pp. 90-91.

93. Cité par Louis Tiercelin, in *Bretons de Lettres*, Champion, Paris, 1905, p. 105.

94. Louis Tiercelin, « La jeunesse de Leconte de Lisle », *Revue des Deux Mondes* du 1er décembre1898, p. 640.

95. Les navires à voiles mettaient à peu près trois mois à regagner la métropole.

96. *Ibid.*, p. 653.

97. *Ibid.*, p. 641.

98. Bernard Guinaudeau, *Leconte de Lisle, Premières poésies et Lettres intimes*, Fasquelle, Paris, 1902, pp. 197-198.

99. À la fin de sa vie, Leconte de Lisle avait néanmoins changé d'avis sur ce point : « Plus j'y pense, mon ami, plus je crois qu'*il faut avoir fait de mauvais vers.* »

Voir Louis Tiercelin, *Bretons de Lettres*, Champion, Paris, 1905, pp. 112-113. L'autographe de la seconde strophe de ce poème, intitulé « Romance », fut reproduit par Louis Tiercelin en tête de son étude.

100. Cité par Louis Tiercelin, in « La jeunesse de Leconte de Lisle », *Revue des Deux Mondes* du 1er décembre 1898, p. 644.

101. Hégésippe Moreau, *Le Myosotis et Œuvres diverses*, Garnier frères, 1864, p. 15.

102. Voir Hégésippe Moreau, « Chanson d'Ixus », *Ibid.*, pp. 262-265.

103. Bernard Guinaudeau, *Leconte de Lisle, Premières poésies et Lettres intimes*, Fasquelle, Paris, 1902, pp. 64-65.

104. *Ibid.*, pp. 65-66.

105. *Ibid.*, p. 68.

106. *Ibid.*, pp. 43-47.

107. *Ibid.*

108. *Ibid.*, pp. 83-87.

109. *Ibid.*, p. 50.

110. *Ibid.*, pp. 156-159.

111. *Ibid.*, pp. 131-143.

112. *Ibid.*, p. 197.

113. *Ibid.*, pp. 171-173.

114. Avocat, il fut le témoin de Leconte de Lisle à son mariage et un défenseur des opposants au Second Empire en 1852. Voir Edgard Pich, *Articles, Préfaces, Discours*, Belles Lettres, 1971, p. 2.

115. L'*Impartial* du 12 mars 1840, cité par Edgard Pich, in *Leconte de Lisle et sa création poétique*, Imprimerie Chirat, 1975, p.18.

116. Réponse de Chateaubriand, citée par Louis Tiercelin, in « La jeunesse de Leconte de Lisle », *Revue des Deux Mondes* du 1er décembre 1898, pp. 647-648.

117. Cité par Louis Tiercelin, *Ibid.*, p. 647.

118. Bernard Guinaudeau, *Leconte de Lisle, Premières poésies et Lettres intimes*, Fasquelle, Paris, 1902, p. 209.

119. La formule n'est ni de Leconte de Lisle, ni de Victor Hugo, ni même de Théophile Gautier, mais de Victor Cousin, dans sa vingt-deuxième leçon de philosophie *Sur les fondements des idées absolues du vrai, du beau et du bien* qu'il professa à la Sorbonne en 1818 et qui réfutait une théorie tendant à confondre le beau avec la religion et la morale : « La religion et la morale sont ce qu'il y a de plus élevé ; il ne faut donc les mettre au service d'aucune autre chose que d'elles-mêmes, ni surtout au service de l'intérêt. Il faut de la religion pour la religion, de la morale pour la morale, de l'art pour l'art. Le bien et le saint ne peuvent être la route de l'utile, ni même du beau. » *Cours de l'histoire de la philosophie moderne*, Ladrange éditeur, Librairie de Didier, 1846.

120. Texte publié dans *La Variété* en mai 1840 et dans l'*Impartial*, le 19 juin 1840. Cité par Edgard Pich, in *Leconte de Lisle et sa création poétique*, Imprimerie Chirat, 1975, pp.19-20, et in *Œuvres diverses*, Belles Lettres, 1978, pp. 75-76.

121. Deux titres furent envisagés : 1. « Les trois Harmonies en une, ou musique, peinture et poésie. » 2. « Trois harmonies en une, ou musique, peinture et poésie, Poème Spiritualiste et Artistique. » Voir Bernard Guinaudeau, *Leconte de Lisle, Premières poésies et Lettres intimes*, Fasquelle, Paris, 1902, pp. 124-126.

122. « Dans le système fouriériste, "harmonie" désigne une nouvelle organisation du monde, celle précisément où Fourier veut faire entrer l'humanité. Il explique bon nombre de fois que celle-ci, après être passée à l'Édénat, la Sauvagerie, le Patriarcat, la Barbarie et la Civilisation, doit maintenant entrer en Harmonie et ce sont justement

les lois de l'Harmonie et les moyens d'entrer dans cette nouvelle ère qui font l'objet de ses ouvrages. » Edgard Pich, *Leconte de Lisle et sa création poétique*, Imprimerie Chirat, 1975, p. 135.

123. « La nature oppose les êtres les uns aux autres, afin de produire entre eux des convenances. [...] De l'opposition des contraires naît la discorde, et de leur réunion l'harmonie. [...] Mais lorsque deux contraires viennent à se confondre, en quelque genre que ce soit, on en voit naître le plaisir, la beauté et l'harmonie. J'appelle l'instant et le point de leur réunion expression harmonique. » Bernardin de Saint-Pierre, *Études de la nature*, *Œuvres complètes*, P. Dupont, t. IV, pp. 334-338.

124. « L'humanité est un vaste instrument dont toutes les cordes vibrent sous un souffle providentiel, et, malgré la différence des tons, elles produisent la sublime harmonie. Beaucoup de cordes sont brisées, beaucoup sont faussées ; mais la loi de l'harmonie est telle que l'hymne éternel de la civilisation s'élève incessamment en toutes parts, et que tout tend à rétablir l'accord souvent détruit par l'orage qui passe... » George Sand, *Les sept cordes de la lyre*, Bonnaire, 1840.

125. « Trois Harmonies en une », *Œuvres diverses*, Belles Lettres, 1978, p. 56.

126. Leconte de Lisle, article paru dans la *Démocratie Pacifique*, avant 1847.

127. « Hoffmann, de la satire fantastique », *Articles, Préfaces, Discours*, Belles Lettres, 1971, p. 36. Voir aussi Louis Tiercelin, *Bretons de Lettres*, Champion, Paris, 1905, p. 125.

128. Le néologisme est de Proudhon.

129. La formule est de Rimbaud.

130. Lettre à Julien Rouffet du 23 novembre 1838 (B. N. ms. n.a.f. 25.067 f. 47-50), citée par Edgard Pich, in *Articles, Préfaces, Discours*, Belles Lettres, 1971, p. 40, note 13, et reproduite, avec quelques erreurs, par Bernard Guinaudeau, in *Leconte de Lisle, Premières poésies et Lettres intimes*, Fasquelle, Paris, 1902, pp. 51-52.

131. Auguste Barbier, « Quatre-vingt-treize », *Iambes et Poèmes*, Dentu, 1883, pp. 20-21.

132. Auguste Barbier, « L'Idole », *Ibid.*, p. 36.

133. Il serait plus tard sans pitié. « Auguste Barbier : Un mouton affublé d'une peau de lion assez bien ajustée dans les *Iambes*, mais tombée en de telles loques dans ses dernières poésies, qu'il était désormais impossible de se méprendre sur la nature de l'animal. Cependant, a écrit de fort beaux vers dans *Il Pianto*, très supérieur aux *Iambes*, et, par cela même, infiniment moins connu. » Cité par Jean Dornis, in « Leconte de Lisle intime », *Revue des Deux Mondes*, 1895, p. 332.

134. Cette thèse fut jugée pour le moins « aventureuse » par Edmond Estève (*Leconte de Lisle*, pp. 167-168).

135. Victor Hugo, préface de *Cromwell*, Robert Laffont, 1985, p. 30.

136. Ferdinand Brunetière, *Les Nouveaux Essais*.

137. Jean Dornis, « Leconte de Lisle intime », *Revue des Deux Mondes*, 1895, p. 335.

138. George Sand, *Les sept cordes de la lyre*, Bonnaire, 1840, p. 119.

139. Poème publié en juillet 1845, dans *la Phalange*, trimestriel phalanstérien.

140. *Œuvres diverses*, Belles Lettres, 1978, pp. 127-128.

141. « À George Sand », *Ibid.*, pp. 64-65.

142. George Sand, « Genèse » de *Lélia*, Garnier, Paris, 1960, p. XXXI.

143. *Ibid.*, p. XXX.

144. George Sand, *Lélia*, Garnier, Paris, 1960, pp. 113-114.

145. « À M. F. Lamennais », *Œuvres Diverses*, Belles Lettres, 1978, p. 91.

146. Nous utilisons ici le *Napoléon Bonaparte* publié aux éditions Larousse, sous la direction de Dimitri Casali.

147. « Ce nom étrange avait un long passé dans la Marine française et provenait, selon la tradition, d'un navire corsaire bordelais dont la marraine, Toulousaine, aurait été qualifiée par François Ier de "belle Paule" *Paoule* en occitan. Ce nom avait été ensuite donné en 1745 à une frégate qui avait soutenu contre l'Aréthuse le mémorable combat naval de 1778 annonçant la guerre franco-britannique. Une deuxième *Belle Poule* avait été coulée en 1806 par les Anglais. Pour la troisième, dont il était maintenant question, on avait voulu, par une démarche caractéristique de Louis-Philippe, relever ce nom célèbre sous l'ancien régime et sous l'Empire. » Georges Poisson, *L'Aventure du Retour des Cendres*, Tallandier, Bibliothèque napoléonienne, 2004, p. 67.

148. Victor Hugo.

149. *Œuvres Diverses*, Belles Lettres, 1978, pp. 74-75.

150. Louis Tiercelin, « La jeunesse de Leconte de Lisle », *Revue des Deux Mondes* du 1er décembre1898, p. 642.

151. *Ibid.*, pp. 653-654.

152. *Ibid.*, p. 653.

153. Louis Tiercelin, *Bretons de Lettres*, Champion, Paris, 1905, pp. 136-137.

154. Henri Cornu affirme qu'il s'agit de la *Thébaïde, Charles-Marie Leconte de Lisle, Bourbon et Marie-Élixène*, Azalées éditions et Musée de Villèle, Hors collection, 1995, p. 52. Il s'agit d'une erreur. Voir *La Feuille Hebdomadaire de l'Île Bourbon* du 11 octobre 1843.

155. Une pièce qui est aux Archives de la Réunion établit que, né le 10 mars 1839 à Saint-Paul, il partit de la Réunion le 19 janvier 1856, embarqué, avec autorisation de son père, comme pilotin à 20 francs par mois sur le *Camille*, trois-mâts de Nantes. Il fut de nouveau à la Réunion en 1863 et fit un voyage à Maurice. Installé à Boulogne-sur-mer, 49, avenue de la Grande armée, il fit « une heureuse carrière dans la marine marchande ».

156. Lettre d'Alfred Leconte de Lisle à Charles Adamolle, datée du 19 novembre 1842. Leconte de Lisle était donc l'aîné de deux frères : Alfred (1823-1888) et Paul (1839-1886), et de trois sœurs : Élysée, née le 23 octobre 1821, Anaïs, née le 31 juillet 1825, et Emma, née en 1836.

157. Sur la nouvelle « Sacatove », voir Jean-Claude Carpanin Marimoutou, « Sacatove ou l'inhabitable », *Revue grand océan*, « Leconte de Lisle, l'esprit nomade », numéro 6, 1995, pp. 93-107. La plupart des informations utilisées ici sont extraites du livre de Sudel Fuma, *L'esclavagisme à la Réunion*, L'Harmattan, 1992.

158. « Le mot *marron*, de l'espagnol *cimarron*, désignait dans les colonies un animal domestique échappé d'une habitation et redevenu sauvage ; par extension, les Blancs ont appelé *marron* tout homme ou toute femme qui s'enfuyaient dans les bois pour y vivre en liberté. » Fabienne Federini, *L'abolition de l'esclavage*, L'Harmattan, 1998, p. 21.

159. L. Maillard, *Notes sur l'île de la Réunion*, Dentu, Paris, 1862, p. 183.

160. *La Feuille Hebdomadaire de l'Île Bourbon*, le 12 octobre 1842 : « à louer 35 Noirs », le 19 octobre : « demande de location : 30 Noirs », le 7 décembre : « à louer : 30 Noirs », le 25 janvier 1843 : « à louer : 30 Noirs », etc.

161. « À l'époque, on considère que les esclaves viennent d'un continent, l'Afrique, dépourvu de toute civilisation. L'asservissement de l'homme noir par l'homme blanc est alors pensé comme une véritable entreprise de civilisation chrétienne et de perfectionnement social. Cette évangélisation participe d'une volonté profonde et sincère d'assurer le bonheur de ceux à qui elle s'adresse. » Fabienne Federini, *L'abolition de l'esclavage*, L'Harmattan, 1998, p. 23.

162. William Wilberforce (1759-1833) : homme politique et philanthrope anglais, converti au christianisme évangélique, il fondera en 1787, avec Isaac Milner, la

Société pour la réforme des mœurs ainsi que celle pour l'abolition du commerce des esclaves. Il est un des principaux artisans de l'interdiction de la traite, en 1807, dans les colonies anglaises.

163. Ernest Legouvé, *Victor Schœlcher*, Hetzel et Cie, Paris, 1887, p. 98.

164. « Quant à ces pauvres noirs que ton frère n'aime pas, écrit-il à Émilie Leforestier le 9 juin 1886, je suis loin de les mépriser autant. Il faut songer à la destinée qui leur a été faite. Je les ai toujours trouvés très bons et très affectueux à Bourbon. Il est clair qu'on a tout fait pour les abrutir, et cela pendant des siècles. Je ne doute nullement que l'instruction et la civilisation ne les rendent nos égaux un jour, surtout en Haïti. Il faut se rappeler que, depuis la Guerre de la Sécession, nombre de noirs sont avocats, médecins, journalistes, membres du Congrès aux États-Unis. Le Dr Janvier est une exception parmi les blancs eux-mêmes. Il deviendra très probablement Président de Haïti et ce sera fort heureux pour sa race et son pays. » *La dernière illusion de Leconte de Lisle*, Droz, Genève, 1968, p. 107.

165. « Sacatove », *Œuvres diverses*, Belles Lettres, 1978, p. 290.

166. « Leconte de Lisle avait vu des battues conduites contre ces déserteurs ; il avait vu le pauvre marron ramené tel qu'une bête au gîte et, pour la première fugue, puni de la perte d'une oreille. Il avait vu des jarrets coupés, des jambes cassées afin de prévenir toute tentative nouvelle ; il avait vu des primes gagnées par un chasseur de fauves qui rapportait la main droite de quelque fugitif abattu. » Fernand Calmettes, *Leconte de Lisle et ses amis*, Librairies-imprimeries réunies, Paris, 1902, p. 11.

167. « À ces spectacles assistaient sans un signe de pitié les jolies créoles qui se seraient évanouies si l'on eût seulement marché sur la patte de leur chat. Presque souriantes elles pouvaient contempler l'esclave tordu sous le fouet, tant il leur semblait naturel que cette peau noire ne recouvrît que de la chair à bastonnade. Cruelle inconscience qui les rendait indignes d'être aimées. Et Leconte de Lisle était pris d'une sorte de fureur contre ce pays où la fréquence des châtiments habituait même les femmes à se montrer insensibles au point de décourager les plus délicats de leurs adorateurs. » *Ibid.*, pp. 11-12.

168. « Sacatove », *Œuvres diverses*, Belles Lettres, 1978, p. 290.

169. Leconte de Lisle, « La vie et le rêve », janvier 1841, cité par Edgard Pich, in *Leconte de Lisle et sa création poétique*, Imprimerie Chirat, 1975, p. 24.

170. Lettre de Leconte de Lisle à Charles Adamolle, datée de janvier 1845.

171. Souligné par Leconte de Lisle.

172. *Genèse 2,18* : « Yahvé Dieu dit : "Il n'est pas bon que l'homme soit seul. Il faut que je lui fasse une aide qui lui soit assortie". » Il s'agit donc ici d'une réflexion sur l'alliance. Adamolle a choisi celle de l'action (le mariage), Leconte de Lisle celle de la contemplation (le célibat) ; l'un est entré dans le monde, l'autre est resté au-dehors. Ce couple faussement antithétique rappelle celui de Prométhée et d'Épiméthée, ou encore celui de Marthe et de Marie, qui avait pris « la meilleure part » (*Luc, 10, 38-42*).

173. Marius-Ary Leblond, « L'adolescence de Leconte de Lisle », *Revue des revues*, tome XXX, 3e trimestre 1899, pp. 491-493. « La vie de tous les hommes, ma propre vie, sont seulement les rêves, bons ou mauvais, d'un esprit éternel, dont chaque mort est un réveil. » Arthur Schopenhauer, *Pensées et Fragments*, Alcan, 1908.

174. Souligné par Leconte de Lisle.

175. Marius-Ary Leblond, « L'adolescence de Leconte de Lisle », *Revue des revues*, tome XXX, 3e trimestre 1899, pp. 487-489.

176. *Œuvres diverses*, Belles Lettres, 1978, p. 387.

177. Une pensée de Goethe, Méphistophélès, scène de l'Écolier (traduction du *Faust* par Gérard de Nerval).

178. Socrate dit le Scolastique (379-440), *Histoire de l'Église*, continuation de l'*Histoire ecclésiastique* d'Eusèbe de Césarée, livre VII, chapitre XV.

179. Ce docteur de l'Église lutta contre la doctrine de Nestorius (nestorianisme), archevêque de Constantinople, qui ne reconnaissait pas la maternité divine de Marie tout simplement parce qu'il n'admettait pas la double nature, humaine et divine, de Jésus-Christ. Il fut déclaré hérétique lors du même concile.

180. Il y a controverse sur ce point.

181. « Hypatie et Cyrille », *Poèmes antiques*, Belles Lettres, 1977, p. 286.

182. Pierre Chuvin, *Chronique des derniers païens*, Belles Lettres-Fayard, 1990. Leconte de Lisle prétend quant à lui qu'« on l'attacha nue à une colonne et [qu']on la déchira avec des écailles d'huître ». *Histoire populaire du Christianisme*, Lemerre, 1871, p. 44.

183. Hypatie est la figure historique inversée d'Orphée dont le corps fut mis en pièces par les femmes furieuses de Thrace, jalouses de sa fidélité envers la défunte Eurydice, et dont les funèbres morceaux furent jetés dans le fleuve Hébros.

184. La bibliothèque d'Alexandrie aurait brûlé à plusieurs reprises : en 272 av. J.-C. par l'Empereur Aurélien, en 47 av. J.-C. lors de la guerre civile entre Pompée et Jules César, en 391 par l'Empereur Théodose Ier et en 640 par le Calife Omar Ier.

185. Georges Clemenceau cité par Gabriel Trarieux, « Hypatie », *Cahiers de la quinzaine*, Paris, avril 1904.

186. Les dogmes de l'Immaculée Conception et de l'Infaillibilité papale furent institués respectivement en 1854 et 1870 par le pape Pie IX dont le pontificat dura trente-deux ans. Leconte de Lisle connut cinq papes dans sa vie : Pie VII (1800-1823), Pie VIII (1823-1830), Grégoire XVI (1831-1846), Pie IX (1846-1878) et Léon XIII (1878-1903).

187. « Hypatie », *Poèmes antiques*, Belles Lettres, 1977, pp. 65-66. Le poème fut publié pour la première fois en juillet 1847 dans *La Phalange*, mais c'est à cette époque qu'il fut composé. « Hypatie est la muse de Leconte de Lisle, écrit Théophile Gautier dans *Le Progrès de la Poésie*. Elle représente admirablement le sens de son inspiration. Il a, comme elle, le regret des Dieux superbes, les plus parfaits symboles de la Beauté, les plus magnifiques personnifications des forces naturelles, qui, n'ayant plus de temples ni d'admirateurs règnent encore sur le monde par la pureté de la forme. » Cité par Jean Dornis, in *Essai sur Leconte de Lisle*, Librairie Ollendorff, 1909, p. 87.

188. On note la proximité de ces remarques avec le spiritualisme d'un Victor Cousin dont les théories constituaient la doctrine officielle de l'Université et que pourtant, dès cette époque, Leconte de Lisle exécrait.

189. « La Recherche de Dieu », *Œuvres Diverses*, Belles Lettres, 1978, pp. 141-142. Voir la grande proximité avec le *Psaume 77 (76)*.

190. Voir Henri Elsenberg, *Le Sentiment religieux chez Leconte de Lisle*, Jouve, 1909, pp. 49-69.

191. Dernier vers de « La Recherche de Dieu ».

192. L'œuvre de Spinoza avait été remise au goût du jour par les travaux d'Émile Saisset.

193. « Qu'il s'agisse du panthéisme naturaliste des jeunes progressistes ou du panthéisme plus ou moins mystique, ou plutôt érotique, des fantaisistes, où l'infini, sans être nié, change de contenu et se trouve à notre portée – il s'agit d'un théisme d'un ordre spécial, puisque le mot divin appartient désormais à l'homme en tant que créateur de la beauté éternelle – le point de départ est plus ou moins le même. La nature désacralisée, vidée de la présence de Dieu, sera peuplée, humanisée par la présence vivante de l'homme : action et rêve. Il est question, si l'on peut dire, de transcendance de l'immanence. [...] C'est ainsi que pour les libéraux-progressistes,

panthéiste et athée sont deux mots différents qui recouvrent exactement la même notion. » Luc Badesco, *La génération poétique de 1860*, Nizet, 1971, p. 56.

194. « L'idée fondamentale semble être la suivante : l'homme s'approprie la transcendance divine et devient lui-même sa propre transcendance. Nous nous trouvons donc devant une mystique de l'homme. L'homme n'est pas seulement objet d'étude mais il est le centre du monde. Tout part de lui et c'est vers lui que tout converge. Prenant la place de Dieu, et usurpant le langage théologique, il va instaurer sur la terre le paradis dont Dieu l'avait privé. Le progrès industriel qui l'a conduit à prendre conscience de ses forces, et à les surestimer, provoque et soutient cette infatuation. L'idée de progrès, héritée du XVIIIe siècle, va retrouver une vigueur nouvelle. C'est pourquoi ce qu'il est convenu d'appeler les systèmes socialistes jouissent d'une telle faveur. La fatalité [...] a changé de sens avant même d'avoir eu le temps de tenir ses promesses. [...] D'adversité redoutable qu'elle était pour les anciens, elle s'est changée en instrument ou complice de la libération des hommes. De ténébreuse et sinistre elle est devenue optimiste et lumineuse. L'humanité marche vers la félicité terrestre, vers le paradis, bref, le bonheur. » *Ibid.*, pp. 30-31.

195. Dans cette optique, deux saint-simoniens, Pierre Leroux et Jean Reynaud, auront deux idées intéressantes, quoique contraires. Le premier proposera de « ramener le ciel sur la terre » et le second « d'élever la terre vers le ciel ». Voir Félix Ravaisson, *La Philosophie en France au XIXe siècle*, 1867, p. 49.

196. « Charles Fourier distingue douze passions (5 sensitives, 4 affectives et 3 distributives), dont les plus importantes sont le familisme, la cabaliste, la papillonne et la composite. Il estime que, loin de refréner les passions, il faut les développer au plus haut point et les composer pour parvenir à l'état de garantisme, qui est celui de l'harmonie parfaite. » Michel Mourre, *Dictionnaire Encyclopédique d'Histoire*, éditions Larousse-Bordas, 1996, tome 2, p. 2185. Finalement, Charles Fourier prétendait atteindre un autre Nirvana en suivant un chemin exactement inverse à celui de Bouddha.

197. « Les passions qu'on a crues ennemies de la concorde, [...] ne tendent qu'à la concorde, qu'à l'unité sociale dont nous les avons crues si éloignées ; mais elles ne peuvent s'harmoniser qu'autant qu'elles “se développent” régulièrement dans les *Séries progressives* ou *Séries de groupes*. Hors de ce mécanisme, les passions ne sont que des tigres déchaînés, des énigmes incompréhensibles ; c'est ce qui fait dire aux philosophes qu'il faudrait les réprimer : opinion doublement absurde en ce qu'on ne peut pas réprimer les passions, et en ce que si chacun les réprimait, l'état civilisé déclinerait rapidement et retomberait à l'état nomade, dans lequel les passions seraient encore aussi malfaisantes qu'on les voit parmi nous ; car je ne crois pas plus aux vertus des bergers qu'à celles de leurs apologistes. L'Ordre Sociétaire qui va succéder à l'incohérence civilisée n'admet ni modération, ni égalité, ni aucune des vues philosophiques ; il veut des passions ardentes et raffinées ; dès que l'Association est formée, les passions s'accordent d'autant plus facilement qu'elles sont plus vives et plus nombreuses. » Charles Fourier, *Théorie des quatre mouvements*, *Œuvres complètes*, La Librairie Sociétaire, Paris, T. I, pp. 8-9.

198. Les informations utilisées ici sont extraites de l'*Exposition abrégée du système phalanstérien de Charles Fourier, suivie d'études sur quelques problèmes fondamentaux de la destinée sociale*, par Victor Considérant, Librairie phalanstérienne, 1848.

199. En fait, elle réunit idéalement 1 620 sociétaires (810 caractères différents des deux sexes), nombre correspondant exactement à la combinatoire des passions. Chaque individu portant la 810e partie des douze passions primitives, la combinaison et l'association de ces différences devait constituer une « âme » entière.

200. « Laverdant, celui-là même qui avait amené Leconte de Lisle à quitter l'île Bourbon et à s'enrôler sous le drapeau de l'École sociétaire, venait de publier dans

La Phalange de janvier-juin 1845 un article important sur “l’architecture dans l’ordre harmonien”. » Edgard Pich, *Leconte de Lisle et sa création poétique*, p. 34.

201. « Architecture », *Œuvres Diverses*, Belles Lettres, 1978, p. 133. Poème paru dans *La Phalange* en novembre ou décembre 1845.

202. « Fourier donne à toute la population le nom de *Phalange industrielle*, comme pour en comparer l’activité pacifique à l’action guerrière de cette célèbre Phalange macédonienne avec laquelle Alexandre conquit une partie du monde. Le mot Phalan*stère* signifie manoir de la Phalange, de même que le mot mona*stère* signifie manoir des moines. » Victor Considérant, *Exposition abrégée du système phalanstérien de Charles Fourier, suivie d’études sur quelques problèmes fondamentaux de la destinée sociale*, Librairie phalanstérienne, 1848.

203. Considérant était polytechnicien mais Fourier ne l’était pas.

204. *Le Journal* du 27 juillet 1894.

205. « Tous les quotidiens de l’époque parlent çà et là du fouriérisme, même l’*Impartial* que dirige Louis Leconte, le “tonton maire”, au fond de la Bretagne, et qui publie le 23 juillet et le 6 août 1841 deux articles sur le sujet par H. de la Morvonnais. Il est donc invraisemblable qu’en 1840 ou 1843 un homme de moyenne culture ait tout ignoré de la doctrine de l’école de Fourier. » Edgard Pich, *Leconte de Lisle et sa création poétique*, p. 35.

206. Leconte de Lisle obtint tout de même le rétablissement de la pension de ses parents. Elle lui permit de conserver une certaine liberté à l’égard de ses futures activités journalistiques.

207. Cette phrase est de Jean Dornis.

208. Lieutenant-Colonel Staaff, *Littérature française*, Librairie Académique Didier et Cie, 1868-1871, tome IV, p. 815.

209. Jules Huret, *Enquête sur l’évolution littéraire*, Thot, Paris, 1982, p. 240.

210. « Mille ans après », *Poèmes barbares*, Belles Lettres, 1976, p. 194.

DEUXIÈME PARTIE

L'ANTIQUITÉ

(1845-1852)

« Elle vient, elle accourt, ceinte de lotus blancs,
L'Aurore aux belles mains, aux pieds étincelants. »

« Sûryâ », *Poèmes antiques*.

Chapitre quatrième

L'idéal socialiste

(1845-1847)

L'univers intérieur de Leconte de Lisle était de nouveau partagé, non plus seulement entre l'île Bourbon et la métropole, mais entre son amour de Dieu et celui des hommes, entre son mysticisme naturel et son idéal de fraternité. Bien sûr ces deux passions ne s'opposaient pas ; elles se complétaient plutôt et se confondaient en un même idéal.

Voici ce qu'il avait écrit en 1842, dans le recueil partiellement envolé qui devait s'intituler *Odes à la France* :

Le monde où j'ai vécu n'a point quelques coudées ;
On ne le trouve en aucun lieu.
C'est l'empire infini des sereines idées,
Et, calme, on y rencontre Dieu !

Eh bien ! je veux descendre et choisir, pour une heure
Une autre route à l'idéal ;
Je veux, lyre fragile, où la tempête pleure,
Faire aussi mon cri social !

Puisqu'il n'avait pu intimement choisir entre son île et sa patrie, Leconte de Lisle avait choisi le baume de l'utopie, et puisque le calme de ses idées égalitaires n'avait pu suffire à changer le monde cruel de l'esclavage, il avait opté, avec toute une génération d'exaltés, pour la fureur des tempêtes sociales. Son hostilité à l'égard d'un régime de Juillet qui avait accru le domaine colonial, fondé les comptoirs du golfe de Guinée, annexé Mayotte et Nossi-Bé, étendu son protectorat en Océanie aux Marquises et à Tahiti, échoué dans sa tentative de suppression de l'esclavage et encouragé l'aristocratie fortunée au détriment des petites gens, grandissait, et ce fut sans aucun doute la raison principale de son ralliement à la cause phalanstérienne, qui lui offrait bien plus qu'une occasion de publication : la possibilité de manifester sa colère pour la première fois à la face du monde[1].

La Justice et le Droit

Leconte de Lisle débarqua à Saint-Nazaire le 21 juin 1845 et regagna immédiatement la ville de Brest où il rencontra Paul de Flotte[2], un phalanstérien convaincu, qui acheva de gommer ses dernières réticences à l'égard des idées de Fourier. La vision qu'il en avait, comme celle de bon nombre de rédacteurs de *La Phalange* et de *La Démocratie pacifique*, Gérard de Nerval, Eugène Maron, Alexandre Dumas, Louis Ménard, Théodore de Banville, Auguste Lacaussade, Émile Souvestre, etc., manquait beaucoup de précision et de clarté. En effet, les concepts du maître, passés par les filtres successifs des héritiers et des vulgarisateurs – Karl Marx les appellerait les « bourgeois doctrinaires » – tels que Just Muiron[3], Jules Lechevalier, Abel Transon, Nicolas Le Moyne, Victor Considérant, Désiré Laverdant[4], Édouard Pompery, Zoé-Charlotte Gatti de Gamond, Alphonse Gilliot, Hennequin, Cantagrel, Jean Journet et Alphonse Toussenel, avaient été sérieusement édulcorés et tous les systèmes socialistes de Saint-Simon, de Cabet, de Pecqueur, de Lassalle, de Comte, d'Enfantin, de Bazard, de Proudhon, de Louis Blanc et de Robert Owen avaient tendance à se mélanger[5]. Les passions devaient-elles être encouragées, assouvies, ou était-ce une source inépuisable de souffrance inutile ? La religion était-elle nécessaire ou était-ce un poison ? Devait-il y avoir lutte ou harmonie entre les classes ? Fallait-il s'unir ou se combattre ? Solliciter l'État ou créer des « associations de travailleurs » ? La liberté ou l'autorité ? L'égalité ou la hiérarchie ? Ce socialisme devenait une sorte de syncrétisme révolutionnaire où les sentiments les plus nobles côtoyaient les propositions les plus excentriques. Mais l'important, au-delà des couacs et des dissonances idéologiques, résidait dans le concert de l'harmonieuse fraternité. Sur ce point, tout le monde s'accordait.

Il n'était donc ni compliqué ni risqué d'adhérer à ce fouriérisme-fourre-tout et les convictions de Leconte de Lisle en la matière, d'hésitantes qu'elles furent, n'allaient pas tarder à s'affermir considérablement. Peut-être était-ce aussi sa manière de camoufler l'imprécision du contour de ses idées.

> Les infâmes théories des économistes français et anglais prévalent dans le monde. Ceux-là disent : l'homme qui ne possède pas n'a pas le droit de vivre ; la société ne lui doit rien. Ceux-là veulent empêcher les pauvres de se marier sous prétexte qu'ils commettent un crime social en faisant des enfants. Voilà les dieux de l'époque ! L'École sociétaire, dont je fais partie, a pour mission de combattre les calomnies divines et humaines. Elle est venue fonder le droit du pauvre au travail, à la vie, au bonheur ! Elle a donné et donne chaque jour les moyens scientifiques d'organiser sur la terre la charité universelle annoncée par le Christ et depuis 20 ans sa devise est celle-ci : Vous êtes tous frères ! – Nous croyons qu'un nouveau monde est proche où l'on ne fera plus un crime à l'homme d'aspirer au bonheur selon ses facultés et ses désirs, où la misère et la vie disparaîtront de la face du globe ; où le sol qui vient de Dieu appartiendra à l'humanité collective. La vérité sociale a été démontrée mathématiquement aux riches et aux puissants ; on leur a prouvé que le malheur du pauvre et du faible est loin d'être nécessaire à leur plus grand bien-être. Ils

ferment l'oreille aux avertissements, ils rient et chantent... et la guerre sociale est là qui frappe au seuil de leur palais, les bras nus, l'œil sanglant, l'écume de la faim aux lèvres. La guerre sociale, affreuse, inévitable, plus effrayante mille fois que 93 ! la guerre implacable de celui qui n'a rien contre celui qui a ! la plus atroce et la plus injuste des guerres. La voilà qui vient et qui monte comme la mer. Qui l'arrêtera ? Est-ce la baïonnette du soldat ? Est-ce l'anathème ridicule du moralisme ? Pauvres fous ! Ce qui brisera ce torrent, c'est la bonne volonté du riche, c'est le sentiment de charité éternelle. Que le maître s'associe à l'ouvrier, que la terre nourrisse tous ses enfants et la joie couvrira le monde de ses ailes ! – Sinon... nos yeux verront d'autres combats que ceux de Spartacus. L'horrible et aveugle anarchie bouleversera la terre, et retardera de plusieurs siècles peut-être l'avènement de la race humaine aux glorieuses destinées qui lui sont dues. Voici que les Dieux antiques sont réduits en poussière. Voici que le christianisme est mort... et que le catholicisme est en horreur aux nations. Que faire ? Que devenir ? Où est la nuée lumineuse ? Il faut marcher au bonheur... par le libre essor des passions virtuelles. Il faut oublier les cultes menteurs et l'aveuglement fanatique et tout le fatras mystique des soi-disant révélations particulières ! que les démons catholiques aillent grincer des dents où bon leur semblera, tandis que les génies heureux de l'Éden berceront entre leurs bras l'humanité outragée depuis longtemps, mais qui renaîtra jeune et belle au soleil de l'amour et de la liberté[6] !

De Brest, Leconte de Lisle se rendit à Paris en compagnie de Paul de Flotte. Il s'installa dans le sixième arrondissement, 4, passage des Beaux-Arts[7], à deux pas de l'Institut et des locaux de *La Démocratie pacifique*, 10, rue de Seine.

De 1845 à 1847, ce fut d'abord à *La Phalange* qu'il collabora. Il y publia nombre de ses poèmes, rescapés du naufrage ou nouvellement écrits, dont *Hélène*, *Architecture*, *La Robe du Centaure*, *Les Épis*, *La Recherche de Dieu*, *Vénus de Milo*, *Les Sandales d'Empédocle*, *Tantale*, *Idylle antique*, *Églogue harmonienne*[8], *Hylas*, *le voile d'Isis*, *Les Femmes de Byron*, *Don Gusman*, *Thyoné*, *Niobé*, *Orphée et Chiron*, *Hypatie*, *Glaucé*, et deux articles critiques, sans pouvoir imprimer le recueil entier dont il avait été question avant son départ. On repoussa plusieurs fois l'échéance pour finalement ne pas tenir les engagements pris. En effet, dans le *Bulletin phalanstérien* de cette période, réservé aux actionnaires de l'école sociétaire, furent révélées les difficultés financières rencontrées par les rédacteurs, et il ne faut sans doute pas chercher plus loin l'origine de cette reculade. De plus, Leconte de Lisle venait de rencontrer Thalès Bernard et Louis Ménard, qui l'avaient incité à concevoir une autre poésie, sur des sujets antiques, qui compromit l'unité du recueil originel. Retouchant sans cesse sa table des matières, il comprit que cette publication ne se ferait jamais. Cette déception cuisante l'incita à écrire davantage, pour mieux se faire connaître, mais sous d'autres auspices.

Mes collègues sont les hommes les plus probes et les plus bienveillants de la presse parisienne, mais ce sont aussi les hommes les plus ignorants de l'art que je connaisse. Je suis, à vrai dire, le seul rédacteur littéraire de l'école, et je ne puis que fort peu, vu l'ignorance et l'incompétence complète de mes collaborateurs touchant les choses auxquelles nous nous sommes voués tous deux, toi et moi. *La Phalange* est fort peu lue; j'y ai enfoui mille de mes meilleurs vers, sans profit pour l'école comme pour ma réputation. Mes convictions me retiennent dans la rédaction, mais mon intérêt le plus imminent me prouve chaque jour que je dois m'en détacher et propager mes idées dans les autres revues plus littéraires et plus lues que la nôtre[9].

Parurent ainsi, dans cette *Démocratie pacifique* qui portait en frontispice la balance de la Justice et la devise « Progrès social sans révolution », d'autres nouvelles et d'autres poèmes importants, jamais réimprimés[10]. On put y lire, entre février 1846 et novembre 1847, *Le Songe d'Hermann*, *La Mélodie incarnée*, *Ode à Fourier*, *Le Prince Ménalcas*, *Revue dramatique*, *Sacatove*, *Dianora*, *Marcie*, *La Rivière des Songes*, *La Princesse Yaso'da*, et trois articles politiques forgés comme de longues diatribes oratoires. Plus tard, Leconte de Lisle ne leur accordera aucune attention, mais elles nous paraissent très représentatives du haut degré d'exigence que sa pensée avait atteint. Elles annoncent la préface des *Poëmes antiques* et confirment l'influence grandissante des idées de Fourier dont il avait sans doute approfondi la doctrine. L'enthousiasme exalté du « partageur égalitaire » y est palpable, pesant sous les crispations de la plume.

En outre, le poète traversait une grave crise existentielle[11] qui le rendait mieux attentif et plus sensible aux diverses formes que peuvent revêtir « L'Oppression et l'Indigence[12] » :

L'oppression ! c'est vraiment le fléau par excellence, père de l'abrutissement et de la misère. Que de nations fières, à juste titre, d'un passé héroïque et d'immenses services rendus à l'humanité, sont là plongées sous le joug, pieds et poings liés. Que d'illustres victimes sont tombées sous cette force inintelligente ! Et chez les peuples mêmes qui marchent en tête de la civilisation, les plus éclairés et les plus raffinés, que de crimes multipliés par elle, que d'attentats incessants, de tout ordre, de tout degré, sortis de cette source impure !

L'oppression ! C'est le Briarée[13] moderne, aux cent têtes, aux cent bras, aux cent pieds ; sa pensée embrasse tout, sa force lui soumet tout, elle est présente partout. Un dernier moyen de domination lui avait manqué jusqu'ici ; ce moyen elle l'a conquis, et plus rien ne lui peut résister.

Elle a bâti des grands temples pour le dieu nouveau dont elle promulgue les oracles, et les cultes passés ont vu leur gloire pâlir devant cette gloire d'hier. L'argent a détrôné les dieux anciens. [...]

Oppression ! indigence ! fléaux inexorables, tristes fruits des temps mauvais ! vous avez une ennemie plus forte que vous ; elle vient, et le bruit de ses pas frappe déjà vos oreilles. Le sol tremble sous sa marche ; l'air est plein de son souffle ; beaucoup l'ont vue des yeux de l'esprit ; beaucoup l'annoncent du cœur et des lèvres.

Le jour où vous vous trouverez face à face ; vous, la ruse, elle, la franchise ; vous, le mensonge, elle, la vérité ; vous, la force brutale, elle, le droit ; ce jour-là vous aurez vécu, oppression et indigence, vices et plaies d'une société corrompue ; car cette ennemie qui vient, c'est la justice !

Le libéralisme économique ou « culte du dieu-argent » était donc pour Leconte de Lisle la forme ultime, voilée, toute puissante de l'oppression de l'homme par l'homme. Il avait accéléré la chute de la civilisation moderne et l'avait plongée dans une barbarie telle que seule la Justice pouvait en guérir les plaies. Il était à l'origine de l'indigence, pauvreté non seulement matérielle mais encore spirituelle de l'homme, contre laquelle nulle charité ne pouvait rien et, bien que les problèmes de la société moderne fussent d'ordre religieux, l'argent ayant « détrôné les dieux anciens », le remède ne pouvait être que politique. Il fallait autoritairement chasser les marchands du Temple pour les amener progressivement vers la « concurrence sociétaire » de Charles Fourier, seul antidote crédible aux fléaux de l'engeance actuelle : le commerce[14].

> La philosophie avait besoin d'accréditer quelque chimère pour remplacer les discussions théologiques qu'elle a dissipées ; et c'est sur le veau d'or, sur le commerce qu'elle a jeté les yeux pour en faire l'objet du culte social et des débats scolastiques. Ce n'est plus aux muses ni à leurs nourrissons, c'est au commerce et à ses héros que la renommée consacre ses cent voix. Il n'est plus question de sagesse, de vertu, de morale, tout cela est tombé en désuétude, et l'encens ne brûle que pour le commerce. La vraie grandeur pour une nation, la vraie gloire selon les économistes, c'est de vendre aux empires voisins plus de culottes qu'on n'en achète d'eux[15].

L'enjeu dépassait de beaucoup le bien-être de la classe prolétarienne. Il s'agissait aussi de libérer la philosophie et les Beaux-Arts d'une menace réelle de corruption. Il était à plus d'un titre urgent de trouver une solution efficace à cette gangrène du commerce, à cette lèpre du libéralisme, une contre-offensive capable non seulement d'éradiquer l'oppression et l'indigence, mais encore d'apporter un nouvel élan spirituel à une France frappée de plein fouet par le matérialisme. Ce second souffle, Leconte de Lisle crut le trouver dans « La Justice et le Droit[16] » :

> La liberté et la vie, voilà le droit, voilà la justice. La liberté religieuse a été conquise, on sait à quel prix ; la vie ne l'est pas. Qu'est-ce que la richesse universelle aux mains du plus petit nombre ? La négation du droit de vivre pour tous. Qu'est-ce que le salariat ? La négation de la liberté. Que ressort-il de cet état de choses ? La négation de la justice. Ce sont autant de crimes de lèse-humanité, que tous y songent, qu'ils y songent encore et toujours !
>
> Les révélations religieuses qui se succèdent parmi les hommes sont tour à tour l'idéal de l'état supérieur qu'ils doivent acquérir[17]. C'est au pressentiment obscur de cette vérité que les dogmes ont dû d'exister dans le cœur de l'homme les ardeurs dévorantes de l'ascétisme, les enthousiasmes aveugles du martyre et les féroces monomanies du prosélytisme. Quel est l'idéal social apporté par le christianisme ? « Faites aux hommes ce que vous voudriez que les hommes vous fissent, disait le Christ, car ceci est la loi et les prophètes. » Certes, ces paroles annonçaient la solidarité humaine, mais la solidarité fondée sur la charité. Qu'est-ce donc que la charité ? – C'est la commisération du puissant pour le faible, c'est l'aumône du riche au pauvre, résultant sans doute d'une loi d'amour, mais d'un amour imparfait et insuffisant qui proclame le devoir du riche et non le droit du pauvre. Il y a donc un abîme entre la charité et le droit[18]. C'est à la glorification de ce dernier, de ce seul principe que nous devrons l'association des intérêts, des travaux et des intelligences. Le christianisme primitif a fait son œuvre, œuvre immense et admirable, recueillie et

développée de siècle en siècle par les grands hérésiarques[19], et qu'il nous est enfin donné de continuer avec de nouvelles forces, avec une foi nouvelle, avec une science qu'ils ignoraient. Le principe évangélique contenait un sublime pressentiment de la fraternité ; nous le sanctionnerons par le droit, nous le réaliserons par la justice. Et le jour où la charité disparaîtra de la terre, c'est qu'elle aura fait place au droit ; le jour où le riche charitable et le pauvre reconnaissant ne seront plus, c'est qu'ils auront proclamé le règne de la justice, ce qui vaut bien la pitié d'une part, et la misère de l'autre. [...]

Beaucoup de nobles cœurs, dans les rangs privilégiés, battent à l'unisson du cœur populaire, nous sommes heureux de le croire ; de belles et hardies intelligences aident puissamment au mouvement social. Il est donc possible qu'une rénovation pacifique et progressive mette bientôt fin aux douloureuses inquiétudes des masses. Mais, si les souffrances du plus grand nombre devaient toujours frapper à des cœurs inexpugnables, nous tous qui confessons une même foi sociale, nous tous qui marchons en avant, les yeux fixés sur un avenir glorieux, nous tous qui vivons de la vie des faibles et des déshérités, et que la lèpre du siècle n'a pas rongés, – souvenons-nous que nos pères ont combattu et sont morts pour le triomphe de la justice et du droit, et que nous sommes leurs héritiers !

Leconte de Lisle était de toute évidence animé d'un optimisme exalté, d'une irréfragable confiance en l'avenir de l'homme. Son enthousiasme se dressait de plus en plus contre toutes les formes de catholicismes : celui, libéral et social, de Lacordaire, du Père Ravignan, du comte de Montalembert et de Frédéric Ozanam ; celui, plus radical, des ultramontains comme Louis Veuillot, le cardinal Pie ou dom Guéranger ; tous ces hommes d'Église exceptionnels dont le fondateur de l'*Avenir* se démarquerait et qui ne surent ni ne voulurent, malgré leur vitalité, se réconcilier avec l'esprit des révolutions. Leconte de Lisle avait cru trouver dans le socialisme le moyen de lutter contre les paradoxes de cette orthodoxie qu'il avait vu s'épanouir dans la vie cultuelle des Créoles de Bourbon, et notamment chez sa mère, catholique fervente, qui ne s'était jamais attendrie du sort des esclaves aux oreilles coupées, aux mains tranchées, aux jarrets sectionnés, et dont la charité n'avait jamais outrepassé les limites de sa propre chapelle[20]. Toute la haine amoureuse du fouriériste pour le message catholique est, nous semble-t-il, contenue dans ce drame de bigoterie familiale[21]. Les socialistes républicains au moins, tout fous qu'ils passaient pour être, ne regardaient pas à la couleur de la peau et ne jugeaient pas leurs frères à l'aune de leurs bénéfices. Pourquoi la religion des Indiens, des Noirs, des Chinois, des Malgaches, des Cafres et des Métis n'aurait-elle pas valu autant que celle des Blancs, égoïstes, mesquins, suffisants et cruels ? Jésus était un saint homme, un prophète libérateur, une « voix puissante », un « cœur inspiré », mais la virilité de sa Bonne Nouvelle ne leur était pas parvenue dans sa pureté originelle. L'Église leur en avait biaisé le sens, toute préoccupée qu'elle fut de protéger les intérêts des puissants et des maîtres ; seuls les grands hérésiarques et les grands révoltés avaient su, un instant, montrer le chemin d'un monde plus authentiquement fraternel, et c'était sur leurs traces qu'il fallait marcher.

Les destins de Leconte de Lisle et des révolutionnaires convergeaient. Ils voulaient résolument joindre leur cri à ceux des ouvriers, ces esclaves modernes auxquels avait jusqu'ici manqué, selon le mot de Louis Blanc, un « Spartacus », et, sous la Croix-Rousse des canuts lyonnais de 1831, avec pour étendard leur inflexible « Vivre en travaillant ou mourir en combattant », une bonne fois pour toutes, changer le cours du siècle.

Paroles d'un hérésiarque

Leconte de Lisle avait un avantage sur Félicité de Lamennais, le sens de la poésie. Il le mit donc au service de la propagande de *La Phalange* et de *La Démocratie pacifique*. En effet, en 1846, un journal appartenait corps et âme au parti qu'il servait. Tous les collaborateurs devaient parler d'une même voix pour en faire triompher l'idéologie. On y entrait comme en religion ; le sectarisme allait de soi. Un rapport de police datant de 1849 nous en dit un peu plus long sur cette intolérance :

> Il y a la propagande phalanstérienne, rue de Beaune, 2, dont la direction se confond avec celle de la Démocratie pacifique, fait des envois de livres théoriques, de manuels, d'almanachs, de catéchismes et de brochures de circonstance, à ses correspondants, par toute la France. Elle expédie contre remboursement ou en compte courant, ou fournit sa traite à vue. Ses publications sont exclusivement phalanstériennes, et elle ne tient d'autres brochures socialistes que par assortiment, encore en très petit nombre. Cependant elle a un dépôt considérable chez Ballard, au grand bazar des publications, rue Neuve des Bons Enfants n° 1. Quant à l'importance de la propagande phalanstérienne, et même de l'école en général, elle est beaucoup moindre qu'on se l'imagine. Le socialisme a monté ; le phalanstérianisme est resté stationnaire. C'est que celui-ci n'est qu'une petite Église, intolérante, exclusive, se recrutant difficilement, et qui est destinée à vivre et à mourir de consomption, sans augmenter ni diminuer.

Les individualités et les particularismes devaient être effacés, les jugements téméraires estompés, les divagations excentriques éradiquées. La plupart des articles n'étaient d'ailleurs pas signés et celui qui avait décidé de collaborer à une revue avait aussi choisi d'en cautionner les travers. Il fallut donc que Leconte de Lisle souscrivît, au moins tacitement, à celui-ci : « Le mal vient de Dieu, de cette fausse Providence dont les plans, soi-disant immuables et tels que la vie nous les révèle, se sont traduits par de si cruels effets qu'ils semblent le caprice d'une force infiniment ingénieuse à torturer les êtres qu'elle a créés », ou encore à celui-là : « La nation juive n'est pas civilisée, elle est patriarcale, n'ayant point de souverain et croyant toute fourberie louable, quand il s'agit de tromper ceux qui ne pratiquent pas sa religion[22] », puisque le « Newton des sciences sociales » l'avait écrit. Aussi le poème *Hélène*, publié en 1845 dans *La Phalange*, faisait-il moins l'apologie de la beauté antique que celui de la cité phalanstérienne où l'art, la joie et la paix eussent tout empli de leurs communs murmures :

> Oh ! cherchons en avant l'Hélène universelle !
> Non le marbre vivant, mais l'astre au feu si beau
> Qui reluit dans nos cœurs comme un sacré flambeau !

La multiple beauté dont l'attraction lie
D'un lien d'amour, le ciel à la terre embellie,
Et qui fera tout homme, au moment de l'adieu,
Plus digne de ce monde et plus digne de Dieu !
Et disons : – forme, idée ! ô beauté, sois bénie !
Sublime identité d'où jaillit l'harmonie,
Sois bénie à jamais, sainte langue des dieux,
Toujours inépuisable en flots mélodieux !

Toute la beauté de la Grèce antique était pénétrée, influencée, revue et corrigée par l'idéal socialiste. Il ne s'agissait point de la véritable Grèce classique d'Empédocle, celle d'un lointain passé sublime et ténébreux, mais d'une vision prophétique et radieuse de ce que serait la société parfaite, nouvelle Terre promise.

Ô mère du poète, idéale patrie,
D'un chaud soleil dorée, – abondante et fleurie !
Île au splendide abord, aux vallons merveilleux,
Que l'océan du ciel baigne de ses flots bleus !
Oh ! que ton air est pur ! oh ! que ta plaine est belle !
Jamais au soc divin elle ne fut rebelle :
La lyre y fait germer aux sillons radieux
L'Élysée et l'Éden, les anges et les dieux,
Et féconde, aux chaleurs d'un éternel solstice,
L'harmonie et l'amour, la gloire et la justice[23] !

Le poète était une figure utile, charismatique, comme l'avait bien spécifié Victor Considérant[24], puisqu'il devait chanter les beautés du progrès social, les splendeurs de la vie future, la force des convictions communautaires, prêcher l' « Évangile inouï ».

Ne désespérez point de la lutte sublime !
Épis sacrés ! un jour, de vos sillons bénis,
Vous vous multiplîrez dans les champs rajeunis,
Et dépassant du front l'ivraie originelle,
Vous deviendrez le pain de la vie éternelle[25] !

L'amour était exalté non sous l'égide de la charité mais sous l'habit de la passion, à la fois source de mort et de résurrection, confluence des idées de Fourier et de la vie de Jésus-Christ. Il ne s'agissait plus de revêtir la tunique du Berger, fécondée de son sang, mais d'endosser la robe du Centaure, endeuillée de son sperme. Le Christ s'était fait homme pour vivre sa Passion ; en mourant pour les leurs, les hommes deviendraient des dieux…

Revêts-la, don jaloux, d'un large embrassement,
Allume dans son cœur un courroux consumant ;
Et, comme une autre chair qui s'unit à la sienne,
Qu'il baigne de son sang ta pourpre phénicienne !

Passions faites chair, de vos replis brûlants
Vous étreignez ainsi les forts lutteurs aux flancs,
Et vous aiguillonnez de vos flammes cuisantes
L'universel concert de leurs douleurs puissantes !
Ô saintes passions, inextinguible ardeur,
Ô source de sanglots, ô foyer de splendeur,
Ô robe de Nessus, prison inextricable !
Votre feu les poursuit, votre poids les accable,
Et leur main convulsive, à chaque effort vainqueur,
Unit à vos lambeaux des lambeaux de leur cœur !
Passions, passions ! enivrantes tortures,
Gloire à vous, qui, toujours, sous notre ciel terni,
Chauffez l'autel glacé de l'amour infini !
Insondable creuset d'alchimie éternelle,
L'esprit qui défaillait retrempe en vous son aile,
Et sur la hauteur sainte où brûle votre feu
Vous consumez un homme et vous faites un Dieu[26] !

On voit quels degrés de spéculation démesurée et d'hérésie illuminée avaient atteints les propos de Leconte de Lisle. À cet égard, ils ne faisaient que suivre la théosophie ambiante du journal, tout inspirée des écrits de Hugh Dogherty (« L'homme est Dieu et Dieu est homme[27]. ») et de ceux, encore plus inquiétants, d'Emanuel Swedenborg (« Il y a correspondance de toutes les choses du ciel avec toutes celles de l'homme[28]. »).

Certains lecteurs s'indignèrent de la multiplication de ces propos blasphématoires, mais la direction n'en changea pas une syllabe[29].

Le fond de la polémique spirituelle reposait sur la crédibilité théologique du péché originel et sur ses conséquences sur l'humanité. Le fait que l'homme eût pu connaître la Chute était contraire à l'idée de l'Éden que la communauté harmonienne s'était fixé pour but de restaurer. Si l'homme était intrinsèquement mauvais, vouloir le recouvrer dans sa fraîcheur primitive n'avait plus aucun sens. Il était donc évident que les chrétiens (l'erreur leur était largement antérieure mais elle s'était insinuée dans leur doctrine) avaient ici voulu rabaisser l'homme, le mortifier dans le seul but de l'asservir. Le péché originel, « invention si révoltante pour la raison qu'il fallait bien abîmer la raison devant elle », avait été instillé afin d'instituer « le dogme de la douleur[30] ». À l'instar de Rousseau ou de Sade, qui n'avaient jamais voulu voir en Adam ce criminel que la *Genèse* avait chassé, les fouriéristes voulurent le réhabiliter. Pour eux, il y avait eu erreur. La souffrance ne pouvait être le lot de l'humanité et encore moins la rapprocher de Dieu. Ce n'était pas là sa vocation : « Je crois, écrit Victor Considérant, que tout Être qui remplit sa Destinée, *jouit*, et que tout Être qui est hors de sa Destinée, *souffre*. Je crois que les forces du plaisir, de la jouissance, du bonheur, sont les forces employées par Dieu pour gouverner les mondes, pour *révéler* et *dicter* ses lois à tous les Êtres. La souffrance, c'est le signe de la déviation de Destinée. L'homme qui souffre n'accomplit pas sa Destinée d'homme ; l'humanité qui souffre n'est pas dans sa Destinée d'humanité. L'Être qui souffre est hors de sa Destinée, hors de l'harmonie universelle ; il est hors de communion avec Dieu[31]. »

L'harmonie ne pouvant s'épanouir que dans un contexte de surabondance absolue, si l'homme avait chuté, ce ne pouvait donc être par *sa* faute mais du seul fait de son *indigence*. La pauvreté était cause de tout. L'homme subissait en grande partie sa Destinée, et, la malédiction étant effacée, toute Rédemption céleste devenait inutile. Tout était « miroir de Dieu[32] » dans la Création, un vaste « système des choses invisibles, manifestées d'une façon visible[33] », l'analogie entre le Beau et le Vrai se substituant à celle entre l'Éden et la Nature. « La poésie en effet, selon Alphonse Toussenel[34], c'était le sens de l'analogie et de l'unité[35]. Les poètes étaient des amis de Dieu qui établissaient ordinairement leur domicile au sommet des montagnes, pour être mieux à portée de causer avec lui, ce qui faisait que les premiers rayons du soleil de la vérité avaient déjà lui à leurs yeux que le reste de l'humanité dormait encore dans les ténèbres. [...] Armés du télescope merveilleux de l'analogie, ils pénétraient les mystères du cœur et ceux de la nature, et prophétisaient l'avenir[36]. » Car « autre était la poésie du présent et du passé, autre était la poésie de l'avenir. [...] L'une obscure, l'autre éclatante et radieuse; l'une trempant ses pinceaux dans les larmes et du sang noir; l'autre harmoniant sur les grandes toiles encadrées d'or et de diamant les sept couleurs vives de l'arc-en-ciel, les sept joies de l'âme glorifiée; l'une enfin s'agitant dans le chaos, l'autre planant sur la création[37]. »

Le poète harmonien portait donc la voix de son maître : « Voici qu'elle t'appelle et te demande des chants de vérité, des chants de joie, des chants d'amour. Brise ta vieille lyre, ta lyre au son lugubre; le génie qui lui apporta le bonheur t'apporta aussi une lyre nouvelle. – Écoute : Voici que l'âme humaine est un riche clavier à douze touches sonores; voici que l'harmonie t'en est révélée; voici que pour jeter l'émotion à ton gré Dieu t'a donné ses sons, des formes, des couleurs, et Fourier t'apporte la langue harmonienne; voici dans ta main la baguette magique d'Attraction. – Te voici de nouveau revêtu de sacerdoce, de nouveau préposé à la garde de l'humanité[38]. » Il avait conservé en lui un peu de cet instinct originel des destinées humaines qui en faisait un médiateur de prédilection entre l'humanité d'une part et la doctrine d'autre part. Il était le « voyant », le « sublime devin[39] » capable d'apporter, par sa lyre, le salut éternel à la multitude.

Pas de distinction précise entre l'art et la doctrine sociale. L'art était le principal artisan de la Destinée et l'on ne pouvait être pleinement sacré poète sans posséder la « science sociale ». « L'art, privé de science, était boiteux; et la science, sans l'art, ressemblait à un soleil d'hiver dépourvu de lumière et de chaleur[40]. » De même, tous ceux qui possédaient un tant soit peu la science sociale ou qui avaient été les éducateurs de l'humanité, tels les grands découvreurs (Galilée, Kepler, Newton...), étaient immédiatement couronnés de lauriers.

La Beauté, matériau nécessaire au progrès social, était en théorie à l'opposé des principes de la poétique parnassienne, même si le postulat de l'étroite sympathie entre les sciences[41] et l'art, exposé dans la préface des *Poëmes antiques*, découlerait évidemment de ces principes communautaires. À cette époque, « de ces deux choses, l'Utile et le Beau, chacune était, de création divine, la condition vivifiante de l'autre, condition inéluctable et *sine qua non*; car entre elles il y avait une corrélation aussi intime qu'entre les notes élémentaires d'un accord musical dont l'existence dépend de la fonction simultanée et proportionnelle de chacune[42] ».

> Vulgaire ! un jour viendra, que tout grand cœur devine,
> Où puisant au cristal de la source divine,
> Et décernant au Maître un immortel honneur,
> Tu renaîtras au monde, ivre de ton bonheur !
> Cette aube à l'horizon montera plus dorée
> Que l'aurore polaire aux palais de Borée,
> Et ta lèvre, rougie aux morsures du feu,
> Plongera, frémissante, en la fraîcheur de Dieu[43] !

Empoignant le bâton prophétique, Leconte de Lisle adressa des oracles infaillibles à Louis-Philippe qui, en digne souverain d'Égypte, ne les entendit pas[44].

> Pharaon ! Pharaon ! crains les dieux immortels !
> Les implacables dieux, gardiens de leurs autels,
> Dévouant au malheur ta tête criminelle,
> Vont déchaîner sur toi leur colère éternelle !
> Ô roi des chars guerriers, homme au cœur inhumain,
> Tes palais vacillants vont s'écrouler demain !
> Ouvre les yeux ! la nuit, la nuit lugubre et lourde
> Étreint l'Empire entier plein d'une rumeur sourde...
> Écoute, ô Pharaon, la tempête a rugi
> Et fauche la moisson dans le sillon rougi.
> Le Nil gonfle son sein. La peste délirante
> Abat sur tes cités une aile dévorante...
> Ô roi, brise ton sceptre et ton glaive sanglant,
> Et sur le sol natal presse ton front tremblant.
> Déjà la mère expire et l'enfant agonise...
> Les grands sphinx du désert qu'un peuple divinise,
> Tordus, et s'écroulant au fleuve rugissant,
> Creusent dans ses limons un tourbillon puissant.
> Tes aïeux effrayés, palpitantes momies,
> Troublent de leurs clameurs tes salles endormies ;
> Ton héritier chancelle, et tes hauts monuments
> Poussent jusques au ciel d'horribles craquements[45] !

Plus que jamais engagé dans la cause phalanstérienne, sans le sou, peu lu, quoique largement admiré des esprits progressistes voyant en ses jeunes vers la forme presque achevée d'une nouvelle poésie sociale, la carrière du poète semblait dans une impasse. Heureusement, à la fin de l'année 1846, il allait faire une rencontre décisive.

La Vénus de Milo[46]

Le 22 septembre 1846, Leconte de Lisle écrivit à Bénézit pour lui dire qu'il « n'avait pas à sa disposition les numéros de *La Phalange* où se trouvaient ses vers » et qu'il lui réservait « une grande surprise », car il « ne se ressemblait plus ». De quels changements pouvait-il bien parler? S'agissait-il d'un soudain retrait du fouriérisme militant ou d'un basculement d'ordre esthétique? Il n'y avait, pour le savoir, qu'à attendre la lecture de ses futures productions : *Églogue harmonienne*, dont l'épithète rappelait encore l'école sociétaire mais qui traitait de la complémentarité entre le Paganisme (Pulchra) et le Christianisme (Casta), toutes deux « lumière et empreinte de Dieu », *Hylas*, *L'Idylle antique* et la *Vénus de Milo*.

Si Leconte de Lisle n'avait pas renoncé aux préceptes du Maître, il avait décidé de se tourner résolument du côté de l'antiquité grecque[47]. Certes, des poèmes précédents étaient déjà pétris de cette matière, mais, comme l'a montré Edmond Estève, elle « servait encore d'expression et de symbole à une pensée toute moderne », soit qu'elle dût révérer la cause phalanstérienne, soit qu'elle nageât encore dans les méandres de l'approximation syncrétiste d'un Frédéric Creuzer[48]. Dans ces nouvelles productions, « l'élément pittoresque et plastique, la couleur locale, l'exactitude archéologique prenaient une place de plus en plus grande et tendaient à devenir prépondérante[49] ». Thalès Bernard venait de traduire le *Dictionnaire mythologique* de Jacobi, « livre précis qui ruinait toutes les hypothèses nuageuses de Creuzer, et présentait les dieux grecs sous leur forme véritable : Zeus, Héra, Héphaistos, Koré[50] », et Leconte de Lisle s'en inspira, changeant non pas « seulement le vocable grec, mais l'orthographe même[51] ».

Creuzer avait soutenu l'idée selon laquelle les divinités et les dogmes restaient les mêmes sous des apparences et des dénominations différentes. Il y avait une secrète filiation entre les divinations. Les mythes latins revisitaient les mythes grecs, les mythes grecs réinvestissaient les égyptiens et les égyptiens, les asiatiques. Ainsi l'indienne Mâya devenait, comme sous la plume d'Émile Burnouf[52], la prémonition de la Vierge Marie, et Horus, celle d'Iacchus-Iésus[53]. Ces théories s'étaient largement répandues en France, notamment par les travaux de l'helléniste Joseph Guigniaut, et avaient investi les esprits les mieux éminents, comme celui du Gérard de Nerval du *Temple d'Isis, souvenirs de Pompéi*, publié pour la première fois dans *La Phalange* en 1845[54].

Dans ce nouveau dictionnaire, « les conceptions avaient été ramenées à leur simplicité primitive, et dégagées des altérations de tout âge qui formaient une sorte d'échelle chronologique exprimant les variations de chaque symbole, depuis l'origine du polythéisme jusqu'à ses derniers temps[55] ». On avait tenté de se dégager de l'école éclectique de Victor Cousin, des interprétations naturalistes ou alexandrines des mythes, très fréquentes chez les romantiques et très souvent fondées sur de simples rapprochements étymologiques. Pour Thalès Bernard et Leconte de Lisle, Iacchus n'était pas plus devenu Jésus qu'Athéna Minerve, Héraklès Hercule, Héra Junon, Artémis Diane, Aphrodite Vénus, Kronos Saturne, Hermès Mercure, Déméter Cérès, Zeus Jupiter (*Dies Pater*) et « Athana la dorienne n'avait rien à voir avec Athènè l'ionienne[56] ». Ces divinités avaient été enfantées par des sociétés différentes, de lieux, d'époques et de cultures distincts. On ne pouvait les transposer d'un univers à l'autre, comme s'il s'était agi d'un héritage naturel ou d'un continuum de l'esprit humain. Les dogmes naissaient, croissaient, se combattaient, vieillissaient et mouraient sans résurrection ni réincarnation possibles[57]. Les religions étaient les reflets des nations et les nations des civilisations ; elles ne leur survivaient pas. Inversement, la glorification de la femme n'était pas « due à la plupart des traditions théogoniques de la vieille Asie », et les évangélistes n'en avaient pas « incarné le type en Marie, mère de Jésus ». « L'idéal féminin – parce que l'idéal ne pouvait avoir de sexe dans le sein de Dieu – ne devait être considéré que comme une forme particulière et admirable de l'aspiration humaine, et non comme le dogme d'un mysticisme transcendantal révélé au XIVe, d'après certaines idées de Platon, et renouvelé au XIXe[58]. » En ceci les deux amis, qui s'étaient rencontrés en décembre 1845 ou janvier 1846, ne faisaient qu'adhérer aux théories nouvelles de Théodore Jouffroy, Pierre Leroux[59], Benjamin Constant[60], Edgar Quinet[61] et Alfred Maury[62], rejetant celles « au moins frivoles » d'Henri Blaze[63] et de Louis Ménard[64]. Mais si Leconte de Lisle avait décidé de se vouer au culte et à l'étude de la Grèce antique, en grande partie grâce à ce même Louis Ménard, rencontré lui aussi fin 1845, pourquoi allait-il publier la *Vénus* et non l'*Aphrodite de Milo* ?

C'était que la plus grande confusion régnait dans son esprit[65], que ses progrès dans la maîtrise de la science mythologique et de l'art poétique n'allaient pas de pair, et qu'il lui faudrait plusieurs années, comme l'a dit Edgard Pich[66], pour corriger « certaines dissonances » historiques.

Marbre sacré, vêtu de force et de génie,
Déesse irrésistible au port victorieux,
Pure comme un éclair et comme une harmonie,
Ô Vénus, ô beauté, blanche mère des Dieux !

Tu n'es pas Aphrodite, au bercement de l'onde,
Sur ta conque d'azur posant un pied neigeux,
Tandis qu'autour de toi, vision rose et blonde,
Volent les Rires d'or avec l'essaim des jeux.

Tu n'es pas Kythérée, en ta pose assouplie,
Parfumant de baisers l'Adônis bienheureux,
Et n'ayant pour témoins sur le rameau qui plie
Que colombes d'albâtre et ramiers amoureux.

Et tu n'es pas la Muse aux lèvres éloquentes,
La pudique Vénus, ni la molle Astarté
Qui, le front couronné de roses et d'acanthes,
Sur un lit de lotos se meurt de volupté.

L'urgence était surtout politique, philosophique, idéologique, et il convenait que toute recherche érudite sur l'antiquité ne s'en désolidarisât pas. Ne pas être pour la cause socialiste, c'était être contre elle. On eut donc recours à deux arguments. D'abord, « la recherche sur la société primitive » n'avait-elle pas conduit, pour Fourier, à retrouver « la boussole du bonheur social », ainsi que « la vraie loi de justice, vérité, charité, liberté et unité d'action[67] » ? De même, Théodore de Banville, fouriériste à la même époque, n'avait-il pas écrit dans sa préface aux *Stalactites* :

> Un immense appétit de bonheur et d'espérance est au fond des âmes. Reconquérir la joie perdue, remonter d'un pas intrépide l'escalier d'azur qui mène aux cieux, telle est l'aspiration incessante de l'homme moderne, qui ne se sent plus ni condamné, ni esclave, et qui de jour en jour comprend davantage la nécessité de croire à sa propre vertu et à l'incommensurable amour de Dieu pour les créatures.
>
> Si donc l'auteur de ce livre a chanté encore une fois, sous les noms divins que la Grèce leur a trouvés, la Beauté, la Force et l'Amour, c'est qu'il appartient éternellement à la poésie lyrique de devancer comme une aurore la philosophie humaine[68].

La découverte de la Grèce antique ne fut ni la cause ni la conséquence d'une quelconque mise à distance du fouriérisme, et, après que la *Vénus de Milo* eut été « accueillie avec enthousiasme », Leconte de Lisle n'en répudia pas les doctrines, pas plus qu'il ne « jeta au feu ses poésies sociales dont la dernière avait été l'*Hymne à Fourier* », comme le prétendit Thalès Bernard. Les fouriéristes la considérant comme une vaste allégorie de leurs propres idéaux, les idéalistes et les propagandistes se comprenant tous parfaitement, l'antiquité l'avait plus rapproché qu'éloigné de l'école sociétaire[69].

La rupture viendrait donc d'une prise de conscience radicalement différente.

L'Art et le Dogme

Les idées de Fourier en matière d'art ne convenaient pas à Leconte de Lisle, non moins que sa moralité douteuse dont témoignaient ses œuvres posthumes, publiées à partir de 1845, dans le journal phalangien. Elles achevèrent de l'éloigner de la plupart de ses amis, sinon de la revue, source d'un maigre mais très précieux revenu.

Il faut dire que le Maître n'y était pas allé de main morte. Dans la société harmonienne, les passions devaient être débridées, c'était entendu, mais il fallait aussi que la famille fût disloquée, au nom de la liberté, puisque considérée comme un « groupe forcé » ; de même, la perte de la virginité des « Vestales » devait être programmée[70] ; la pédérastie, « sentier de la vertu », banalisée[71], et l' « amour matériel », au nom de cette étroite sympathie qu'il entretient avec le « spirituel », encouragé :

> Le pur sentiment ou pur amour exige que le soupirant ou la soupirante prouvent leur dégagement de toute vue sensuelle par adhésion à ce que l'objet aimé soit possédé matériellement par autrui. C'est une licence que donnent en harmonie les couples angéliques et, de même, les Vestales et Vestals qui souscrivent tous à ce que leurs poursuivants, d'un et d'autre sexe, forment de saintes unions matérielles avec les membres du sacerdoce. Un tel contrat deviendrait, en mariage, adultère consenti d'où il suit que ni la loi ni la religion ne peuvent l'admettre. Quant à l'opinion, elle n'est pas moins intolérante sur ce point et l'homme qui épouserait ou courtiserait une femme pour se prêter

à la livrer complaisamment aux autres hommes, faire son bonheur d'un pareil train de vie, aimer la dame pour elle seule et non pour lui, serait de toutes les voix accusé de suprême niaiserie. [...]

Si l'on méconnaît les droits de l'amour matériel, c'est compromettre le spirituel. C'est l'exposer au mépris secret des femmes et, par suite, des hommes ; tout système qui attaque l'un attaque l'autre ; l'harmonie veut les tenir en balance et non pas écraser l'un sous prétexte de servir l'autre[72].

De telles billevesées étaient intolérables à Leconte de Lisle, et il s'en ouvrit à Bénézit en juin 1847 :

Mon cher Charles,

On t'a dit une part de vérité en t'annonçant que mes relations avec l'École sociétaire n'étaient plus les mêmes que par le passé. Nous n'avons pas encore rompu entièrement, mais, de l'un et l'autre côté, il y a aujourd'hui une grande réserve, en ce qui concerne certaines idées de Fourier à l'endroit de la morale et de l'art surtout. La publication de ses manuscrits posthumes m'a dévoilé chez lui une si complète ignorance de ce qui fait la vie morale de l'humanité, et une telle ineptie touchant les principes fondamentaux de l'art, que j'ai dû exprimer sur ces deux points ma scission définitive, lors d'une réunion solennelle de l'École. Je ne sais vraiment comment j'ai pu fermer aussi bénévolement les yeux sur de semblables monstruosités. Enfin, mieux vaut tard que jamais. J'ai donc déposé pour toujours les armes que j'avais vouées au service d'idées dont les tendances mauvaises me sont aujourd'hui démontrées, et je suis rentré, la conscience en repos, dans le monde de l'art et de la philosophie que je n'aurais jamais dû quitter. Je ne fais plus que donner de temps à autre quelques articles au journal et quelques vers à la Revue, mais en qualité de simple rédacteur rétribué à la colonne, et non plus comme membre de l'École. Cependant, malgré cette rupture de principes, je n'ai pas cessé de voir les chefs phalanstériens, et j'ai conservé dans le cercle spécial de mes aptitudes littéraires l'influence facile que deux années de coopération active m'ont acquise[73].

Au début, le poète avait peut-être eu besoin du carcan de l'école sociétaire pour donner forme à son art, mais à présent qu'il l'avait développé, et qu'il avait trouvé sa voie, il lui fallait s'en affranchir. Deux années plus tôt il avait voulu forger le « dogme de la religion nouvelle » ; désormais il pensait que toute révélation nuisait à la création. L'art était essentiellement hérésiarque ; il était une recherche dynamique, non une adoration statique ; il avait besoin de l'imperfection comme d'un repoussoir, pour mieux la comprendre et pour mieux la combattre, de l'idéal comme d'un phare, pour mieux s'en approcher et pour mieux s'y briser. Finalement, l'art était incapable de religion parce qu'il était en lui-même une sorte de religion. Miroir du monde, il ne pouvait connaître son propre reflet.

Le Dogme religieux, quelque large qu'il soit, coupe les ailes à l'âme, car il est facile de franchir les limites d'un dogme à qui ne connaît d'autres bornes à la puissance de son vol que les espaces infinis[74]. L'Art et le Dogme sont deux mondes bien distincts. La révélation religieuse apportant à l'humanité le mot suprême de sa destinée tend à immobiliser l'intelligence. Qu'a-t-elle à rechercher, en effet, si Dieu lui donne la vérité absolue ?

L'Art, au contraire, est essentiellement hérésiarque des doctrines dogmatiques. L'imagination est altérée de l'idéal, et l'idéal n'étant jamais complètement réalisé, n'est jamais complètement atteint, d'où il suit que l'imagination sait bien qu'un Dogme, quel qu'il soit, ne peut jamais contenir qu'une part de vérité éternelle, mais non cette vérité tout entière, et c'est pour cela que, d'une part, l'Art ayant sa raison d'être dans la liberté de pensée, et, d'autre part, le dogme tendant à immobiliser cette même pensée, l'un ne triomphe qu'aux dépens de l'autre, et que l'Art ne brise ses fers que sur les cendres des dieux déchus. C'est pour cela encore que le Dogme social de l'École sociétaire ne veut pas du sourire de l'enfant, parce que la susdite école ne veut pas que tu penses autrement qu'elle, et que tu prédises dans ton mystère un tout autre avenir que celui que Fourier a préconisé[75].

On peut s'étonner de ce rejet de tout dogmatisme de la part de celui qui, quelques années plus tard, instituera un art poétique d'une rare intransigeance. C'est que Leconte de Lisle n'avait jamais été et ne serait jamais un libéral. La forme de république qu'il prônait était impérieuse et son goût s'était naturellement tourné vers celle qui serait gouvernée par un poète. Mais l'école sociétaire était allée trop loin et il fallut justifier la rupture en la théorisant, l'analyse répondant aux deux aspects jupitériens de son caractère : l'orgueil et la pudeur.

Cependant, l'explication était peut-être encore plus simple. Le poète avait été « chargé par le directeur de *La Démocratie pacifique* de lire les manuscrits adressés au journal », avait pris sa mission à cœur et, alors qu'il venait de refuser de tout son poids (qui commençait à être conséquent) un article sur *Les Femmes de la Révolution*, au style jugé médiocre, un matin, il le vit imprimé dans le journal. « Sa plainte fut vive ; il se croyait juge suprême. On lui fit cette objection qu'à vrai dire il représentait à lui tout seul le comité de lecture, mais qu'il était simplement consultatif, comme tous les comités[76]. » Leconte de Lisle abandonna donc la poésie hellénico-philosophico-fouriériste pour s'orienter vers « la route claire de la pure et simple beauté[77] ». À qui la faute, vraiment ? À l'air du temps ? Sans aucun doute. L'hellénisme avait le vent en poupe. À Louis Ménard, ce combattant acharné des théories de Max Müller ? Il en serait l'incontestable Mentor. Mais l'étincelle, d'où venait-elle ? Jean Dornis avance la lecture du second *Faust*. Certainement[78]. Mais pourquoi n'y avait-il rien de tel au monde que d'être « couronné d'hyacinthes et sacrifiant à Iacchos, le dieu vermeil de l'idéal[79] » ?

D'abord la Grèce était une source inépuisable et jaillissante pour qui était assoiffé de beauté, la révérait, la déifiait ; ensuite, « suprême aurore de l'intelligence humaine[80] », elle encourageait l'étude, l'érudition, stimulait les jeunes esprits en quête de savoir et permettait de retourner aux « intuitions pré-chrétiennes[81] » de la culture occidentale ; enfin elle était polythéiste, c'est-à-dire que non seulement elle ignorait les dogmes des trois monothéismes, dissolvait le sacré et le profane en un seul univers mythologique, mais encore procédait d'un génie spécifiquement païen, c'est-à-dire primitiviste et idolâtre. Dans la Grèce antique, l'idéal n'était pas distinct de la réalité[82] ; il était dans chaque pierre, dans chaque stèle, dans chaque statue. « J'ai étudié toutes les conceptions religieuses qui ont tour à tour agi sur l'âme humaine, écrira-t-il à Émilie Leforestier le 1er juillet 1886, et j'ai vu qu'elles ont toutes, sauf l'hellénisme, plutôt aggravé nos fureurs et nos misères qu'elles n'ont réalisé nos espérances de bonheur. Sauf l'hellénisme, ai-je dit, car l'hellénisme a été la religion de la beauté et de l'amour ; les plus beaux génies qui aient illustré l'humanité ont fleuri en lui et par lui ; et quand le dogme de la malédiction, de l'anathème, de la négation de toutes les nobles passions qui enchantaient et glorifiaient la vie, est venu jeter le trouble et la haine dans le monde avec les ineptes terreurs d'un enfer éternel, la nuit s'est faite dans l'âme humaine, et nous avons vu, pendant quinze à seize siècles, l'ignorance, la sottise et la férocité déborder sur tout l'occident, dix millions d'hommes égorgés et massacrés, mangés par les limiers espagnols en Amérique, les autodafés flamber en Espagne, au Portugal, en France, en Angleterre, à Goa ; et nous verrions encore ces horreurs, si les mêmes fous féroces redevenaient les maîtres[83]. »

Pour toucher à la « vivante harmonie » du bonheur uni à la beauté, la cité de Fourier n'avait donc plus besoin d'être bâtie ; il suffisait de restaurer celle de Paros.

Ô vous qui saisissez la vivante harmonie
De la forme parfaite alliée au génie,
Apôtre épris d'amour pour l'antique beauté,
Venez ! – Allons revoir l'archipel enchanté,
Le paradis païen, la contrée immortelle
Où rayonne Aphrodite au cœur de Praxitèle ;
Où les dieux helléniens, Paros immaculé
De qui le ciel attique a seul été foulé,
Jaillissent, lumineux, sous la main qui les crée,
Dans leur nudité chaste et leur pose sacrée[84].

Le Christianisme avait fait descendre Dieu sur terre ; l'hellénisme ferait monter les hommes aux cieux, ainsi que l'exprima le Maître de Weimar dans l'une de ses *réflexions sur l'art* : « Les églises du Moyen-Âge tendent vers le Dieu des cieux ; les temples de l'Antiquité en revanche font converger la divinité dans l'homme[85]. » Avec le Nazaréen, les hommes devaient s'identifier à Dieu ; avec Zeus olympien, les dieux ressembleraient aux hommes[86] !

« Ce fut donc au milieu de cette époque entachée, de cette conflagration générale des médiocrités et des nullités, de ce pêle-mêle littéraire où rien ne surnageait de beau, que parut soudainement un jeune poète aux vierges aspirations, toutes païennes qu'elles fussent, au cœur ardent et sincère, à la parole hardie, neuve et harmonieuse ; – ce fut au milieu de ce chaos sans principe et sans forme que s'éleva[87] » Leconte de Lisle.

Mais à tout Faust il faut son Méphistophélès ; il le trouverait bientôt.

Le Club théagogique

Selon Fernand Calmettes[88], ce fut Émile Fage, « un jeune poète qui fréquentait chez Béranger » et devait « finir prosaïquement avoué à Tulle[89] », qui réussit à mettre en contact pour la première fois Leconte de Lisle et deux de ses très sincères admirateurs, de quatre ans ses cadets, Thalès Bernard et Louis Ménard. Toutefois, selon ce dernier, dans un entretien qu'il accorda à Bernard Guinaudeau, il se peut que le véritable instigateur de cette rencontre fût l'érudit Thalès Bernard :

> Thalès Bernard, Émile Fage et moi, nous avions lu des vers de Leconte de Lisle, que nous trouvions superbes et savions par cœur. Mais l'auteur nous était encore absolument étranger. Un beau jour, Thalès nous arrive en criant dès la porte :
>
> – Eh bien ! je l'ai trouvé !
>
> – Qui donc ?
>
> – Lui, Leconte de Lisle. Je sais où il demeure ; venez, je vous y mène.
>
> Et nous nous en allâmes, 4, passage des Beaux-Arts – c'est aujourd'hui la rue du même nom – où notre poète était le voisin de Paul de Flotte.

L'amitié entre Louis Ménard, Thalès Bernard et Leconte de Lisle fut immédiate. Les cœurs étaient fraternels et donnaient l'impression de se connaître déjà. Ils partageaient le même culte de la poésie, le même idéal républicain, le même penchant pour les élucubrations mystiques[90], le même amour de l'antiquité grecque, la même fascination pour la science et la Révolution française. Chacun brûlait aussi de se faire un grand nom dans le petit cercle parisien de la littérature. Thalès Bernard, petit-fils du prêtre défroqué Jacques Bernard, qui fut « l'un des deux commissaires de la Commune chargés de conduire Louis XVI à l'échafaud[91] », était en train de finir sa laborieuse traduction du *Dictionnaire mythologique universel* de Jacobi et pouvait d'autant mieux se piquer d'hellénisme qu'il était devenu le secrétaire particulier de l'auteur des six volumes du *Voyage en Grèce et en Asie Mineure* publiés entre 1847 et 1863, Philippe Le Bas[92]. Il joua donc sa partition dans les conversations mythologiques et théosophiques qu'entretinrent ses deux illustres acolytes. L'herméneutique ne lui faisait pas peur et il était aussi capable de toute discussion gratuite qu'incapable de tout travail rémunérateur[93], ce qui n'était pas le cas de Louis Ménard qui, grâce à ses talents de chimiste, réussit dès 1846 à trouver un emploi dans le laboratoire de l'éminent Pelouze, professeur au Collège de France et génial découvreur de « talents d'avenir[94] ». Des trois philhellénistes, Louis Ménard fut incontestablement celui qui souffrit le moins de l'indigence et de la disette. « Titulaire d'un petit patrimoine, il jouissait du rare privilège de pouvoir dépenser vingt-deux sous à son dîner, sans être réduit à les gagner[95] », commençait à rédiger un *Euphorion*, avait publié[96] deux ans plus tôt un *Prométhée Délivré* dans l'esprit supposé de celui, perdu, d'Eschyle, et était l'auteur depuis 1844 d'une *Introduction à l'étude de la Chimie* figurant dans le *Dictionnaire abrégé d'Histoire Naturelle*, publié par l'Imprimerie de Bourgogne et Martinet. En outre, le 7 décembre 1846, en collaboration avec son ami Florès Domonte chargé d'un travail sur la xyloïdine, découvrant que la pyroxiline pouvait se dissoudre dans un mélange éthéro-alcoolique, il devint aussi l'inventeur du collodion[97]. Chacun de ces amis brillait donc par ses talents propres et n'avait aucune raison de jalouser l'autre. Ils s'admiraient plutôt et s'estimaient mutuellement. Peut-être Leconte de Lisle les impressionnait-il un peu, auréolé de la modeste célébrité que lui conféraient deux années de collaboration assidue aux journaux phalanstériens dont, pourtant, ni Thalès ni Louis ne partageaient les abracadabrantes idées[98].

Tout comme jadis sur les monts de Saint-Paul, ou naguère sous les cieux de Brizeux, les trois amis aimaient à se promener longuement dans la forêt de Meudon, pour donner de l'exercice à leurs esprits « théagogiques[99] ». Un soir qu'ils décidèrent d'y attendre l'aurore, ils s'installèrent dans un feuillu, anticipant d'instinct les découvertes de Darwin. Ils dissertaient sur la « transmigration d'astre en astre des âmes errantes », après ce qu'on appelait la mort, vers « une existence moins grossière et moins imparfaite[100] ». Ils titillaient l'univers, chatouillaient l'infini, agaçaient l'éternité. Puis, ivres des saintes vérités, ils replongeaient silencieusement dans les méditations glacées des destinées sempiternelles jusqu'à ce que Louis Ménard, *alias* « Seigneur Crépuscule[101] », d'un ton fort grave et solennel, lançât au frêle azur : « Ô panthéisme, tu m'inondes ! » Mais l'ondée à Meudon comme ailleurs gelant au-dessous de zéro, le *triumvirat* savait alors renoncer aux lactescences de la nuit et rentrait douillettement se coucher...

Habituellement c'était chez Thalès Bernard que le groupe partageait la chaleur de son enthousiasme et la fièvre de ses convictions. Le brillant propagandiste de la *Démocratie pacifique*, Paul de Flotte, qui à vingt-trois ans avait déjà fait deux fois le tour du monde et accompli de telles études sur les lois de l'hélice qu'elles lui vaudraient d'être nommé lieutenant de vaisseau, y encensait la figure de Robespierre, auquel les journaux « le comparaient dans l'intention de l'outrager[102] » ; Louis Ménard, et il était le seul, révérait celle, plus tempérée, de Danton ; Eugène Maron, auteur d'une *Histoire littéraire de la Révolution française*, s'amusait à ne pas prendre parti entre ces deux Montagnards, à la grande frustration de tous les autres. Le professeur de musique Bénézit honorait bien sûr le cénacle de son humble présence, ainsi qu'Auguste Lacaussade, le plus doux et le plus mesuré de tous ces ultras. On y pouvait rencontrer Alfred Jacquemart, qui fut d'abord l'élève du célèbre peintre Paul Delaroche et qui débuta au salon de 1847 avant de devenir le sculpteur animalier officiel de l'Empire grâce à son rhinocéros du musée d'Orsay, à ses aigles de l'Opéra, à ses griffons de la fontaine Saint-Michel[103], à ses quatre sphinx de la colonne du Châtelet et à ses huit lions de la place Félix-Éboué. Le peintre Jobbé-Duval[104], son beau-frère, venait aussi de temps en temps, de même qu'Émile Fage, évidemment, Rabuan, Dubois, Cressaut[105] et Salvator Bermudez de Castro.

> Nous voyions assemblé le club théagogique
> Dubois, Marron, Thalès et de Lisle et Cressaut
> On y pleure Léon, qui pend en Amérique,
> On y regrette aussi Bermudès de Castro. [...]

Ô la chambre à Thalès, le tabac et la pipe
Les grandes visions de ces êtres pensifs
Ruminant des bons mots du temps de Louis-Philippe
Et suant à chercher des dieux définitifs[106].

Rabuan était un médecin violent qui ne supportait pas qu'on pût avoir une opinion différente de la sienne, nourrissait une rancune féroce à l'adresse de la garde mobile et en serait rapidement venu aux mains avec quiconque eût profané la mémoire de l' « Incorruptible ». Dubois, en revanche, était simple ouvrier. Son athéisme était d'une telle intransigeance qu'il ne souffrit jamais que devant lui l'on susurrât le petit nom de Dieu. Leconte de Lisle s'en amusait beaucoup qui, par des jeux savamment ourdis de gradation langagière, essayait peu à peu de le lui faire lâcher. Mais Dubois ne croyait qu'en Blanqui, ce qui ne l'empêchait pas d'avoir bon fond et d'agir malgré lui en homme providentiel. Quand il apprit que sa femme portait l'enfant d'un autre, il ne la battit pas ni ne la répudia comme un Rougon l'eût fait, son sens de l'honneur et sa probité l'en empêchant. Il garda l'enfant et l'éleva comme le sien. Cressaut de son côté passait le plus clair de son temps à rimer des pièces de théâtre qui ne furent jamais montées. La nécessité le rattrapa bientôt et il dut quitter son modeste logement du sixième étage. Il s'en aigrit, lui qui roulait « dans ce bas-fond où grouillent les génies, tandis que Ponsard, proclamé "le Messie du bon sens", montait à la gloire par l'échelle des sages[107] ». Il jouit un temps d'un crédit à la pension du père Laveur, cet autre Ragueneau des peintres, des poètes, des musiciens et des politiques. Mais Cressaut ne se soumit pas. Il préféra toujours les pauvres aux riches, Garibaldi à l'Empereur, la Révolution au coup d'État, épuisant jusqu'aux libéralités du « comte de Quitus[108] » et mourant dans la misère. Auguste Lacaussade, quant à lui, fils d'un avocat bordelais et d'une mulâtresse de Bourbon, Fanny Déjardins, peut-être la petite-fille de Parny, faisait figure d'autorité dans le clan des factieux. Il connaissait Leconte de Lisle depuis toujours, puisqu'ils avaient ensemble fréquenté la pension Brieugne de Nantes, au début des années 1830. De trois ans son aîné, il avait aussi été plus précoce. À vingt-quatre ans, il s'était fait connaître par la publication d'un in-octavo, *Les Salaziennes*[109], dédié à Victor Hugo, à vingt-cinq s'était marié suite à l'emploi de secrétaire que lui avait offert Sainte-Beuve, et à vingt-sept avait encore traduit l'intégralité de l'obscure épopée d'Ossian[110]. Son destin semblait poursuivre celui de Leconte de Lisle, trop peut-être, puisque les deux poètes, futurs collègues de la Bibliothèque du Sénat, finirent par se brouiller. Quoi qu'il en fût, Lacaussade était trop modéré ou trop conservateur pour séduire ces jeunes et fougueux artistes. Il n'en resta pas moins, à l'instar de Robinet de la Serve, de Sully Brunet, de l'abbé Monnet et du Père Le Vavasseur, viscéralement attaché à la cause abolitionniste ainsi qu'à sa terre natale :

Je ne veux point dormir sur la terre étrangère
Sur la terre du nord je ne veux point mourir !
J'aurais froid sous un sol sans flammes et sans lumière,
Mes yeux veulent se clore où Dieu les fit ouvrir[111].

C'était un personnage bien plus haut en couleurs que le poète Salvator Bermudez de Castro. Corpulent, gouailleur, tantôt jovial tantôt mélancolique, frère de ministre, cousin de marquis, évoluant au milieu de la plèbe comme au sein des Bourbons, il n'y avait nulle place au monde où il ne se sentît chez lui. Sa famille le voyait inévitablement du mauvais œil que l'aristocratie réserve à toutes les brebis galeuses qu'elle a pu enfanter, et, en retour, Salvator la payait de mépris et de condescendance. Mondain, désintéressé, bohême, fort instruit, il semblait avoir réponse à tout et, s'il lui arrivait de faillir ou d'ignorer tel propos, invoquant alors son origine ibérique, l'aisance naturelle avec laquelle, d'une pirouette grandiloquente, il se sortait de l'inconfortable situation effarait les uns et stupéfiait les autres. C'était une figure charismatique. Jamais il ne manquait d'à-propos ni n'ennuyait, partageait de bon cœur tout ce qu'il possédait, écrasait le mensonge chafouin, cultivait l'amitié vigoureuse, libérait les esprits chétifs et jouissait pour cela du titre de « Jacobin le plus attachant du club ». Malheureusement, sacrifiant quelques années plus tard à l'engouement des tables tournantes, il connut les affres de la dépression mentale et sombra dans la folie. « Bermudez est fâché contre moi, écrit Leconte de Lisle à Louis Ménard le 18 avril 1851, il est complètement timbré. »

Pendant ce temps, Félix Jobbé-Duval, qu'on appelait « Jobbêt » en raison de la manière qu'il avait de prononcer son nom, entretenait des rapports privilégiés avec Paul de Flotte et Alfred Jacquemart. De Flotte aimait à fréquenter sa maison dont il se faisait un foyer, leurs origines finistériennes les ayant rapprochés, et le petit peintre Jobbêt, parce qu'ayant triomphé de la « blonde sensation d'art[112] » Marie Jacquemart, connut assez vite le confort abominé d'une vie bien bourgeoise. Les Jacquemart étaient en effet issus d'une lignée d'industriels où les jeunes gens pouvaient s'aimer quelle que fût leur condition d'origine, et ce fut sans trop regimber que la famille s'accommoda de ce gendre dont un *Jeune malade* fut le premier franc succès. Suivirent trente années d'une carrière sans surprise qui permit au jeune couple de déserter la rue du Cherche-Midi pour un petit trois pièces de la rue de Vaugirard que jouxtait l'atelier de l'artiste. Le beau-frère de Jobbêt, le sculpteur Alfred Jacquemart, qui ne voulut pas devenir lui aussi un industriel, ne sut pas néanmoins renoncer aux vanités de l'argent. N'estimant les hommes qu'à l'aune des biens qu'ils possédaient, il ne l'avait d'ailleurs jamais tenté. Conformiste jusqu'au bout des ongles, on lui prêtait d'autant mieux « une âme de marchand de peaux de lapin » qu'il fut un adversaire acharné du socialisme. Entre l'ultra-libéralisme de Paul de Flotte, pensionnaire habituel du nouveau logement, et l'archi-matérialisme d'Alfred Jacquemart, fréquentation inévitable, Marie Jobbé-Duval n'avait de cesse de calmer les esprits, usant comme elle pouvait du sortilège de ses beautés.

Il serait faux de croire que tout ce microcosme ne jurait que par la plume de Leconte de Lisle. S'il écrivait moins et moins joliment que son aîné, Louis Ménard rayonnait d'intelligence et frappait tous les esprits, à commencer par celui du poète qui le prit pour référence et sollicita son enseignement.

Louis Ménard vivait dans le culte et l'étude de l'hellénisme. Sa Grèce n'était pas celle de la baie d'Éleusis, mais celle de Phidias et du Parthénon, celle de l'Athènes de Périclès, historique et théologique. Il n'y mit d'ailleurs jamais les pieds autrement qu'en songes. Cet ancien élève du sceptique Jules Simon, au lycée Louis-le-Grand, ami de Charles Baudelaire[113] et d'Édouard Champion, s'était si tôt et si violemment épris de mythologie qu'on l'appelait déjà « Zeus[114] » dans la cour de récréation. Son tempérament se démarquait nettement de celui de ses autres camarades puisqu'il affirmait haut et fort ses convictions et ne pliait sous le joug d'aucune autorité. Très vite il devint un marginal, un exalté, un extravagant qui promouvrait un système de simplification de l'orthographe et fut admis en 1843 à l'École Normale Supérieure de la rue d'Ulm. Mais, incapable qu'il était de se plier à l'académisme rigoureux de l'Institution, l'Institution n'en voulut pas. Il démissionna au bout de deux mois, suivit les cours de la Licence de Lettres de l'Université de la Sorbonne, qu'il obtint aisément, puis se lança dans ses effervescents travaux de chimie, grâce auxquels il découvrit encore le plus puissant explosif jamais connu, la nitro-mannite, grand-aïeule de la nitro-glycérine[115]. Deux sujets essentiels le rapprochaient de Leconte de Lisle : son amour de l'art (poésie *et* peinture[116]) et son aversion pour la modernité. Mais c'était surtout cette étroite concordance des esprits, cette sympathie des aspirations, cette identité des cœurs, cette conjonction des idéaux qui en faisaient de véritables esprits jumeaux.

Louis Ménard fit ses thèses sur le *Polythéisme hellénique*, écrivit une imposante *Histoire des Grecs* et fut reçu Docteur ès-Lettres avec « grand éloge », mais l'Université ne daigna jamais l'intégrer dans ses rangs. En effet, ses opinions avaient de quoi heurter la « bien-pensance » de certains universitaires. Ménard partait d'un constat, l'Europe se mourait, et d'une certitude, d'un manque de spiritualité religieuse[117]. Jusque-là rien que d'assez banal, mais ses remèdes offusquaient. Plutôt que de prêcher un retour aux valeurs du Christianisme, religion fondatrice de la civilisation occidentale qu'on eût pu raviver d'un souffle, Ménard se fit l'apôtre zélé du polythéisme hellénique. Selon lui, il eût mêlé le sang du sacré à la sève du profane, qu'elle fût sociale, politique ou économique, et, « le sacerdoce n'ayant jamais été une caste séparée du reste de la nation ; le culte étant mêlé à la vie des peuples dans des fêtes à la fois nationales et religieuses[118] », régénéré les tissus malades de la multitude. La religion grecque unissait éthique et esthétique en ceci qu'elle permettait à l'idéal de fusionner avec le réel et, fusionnant avec lui, le sanctifiait et le guérissait[119]. Point de dogme dans cette religion-là, point d'Église, point de Dieu céleste, vainqueur et vengeur, hautain et lointain, absent mais partout, présent mais caché, point de révélation, une grande souplesse dans les adhésions de toutes natures, une immanence perpétuelle plutôt qu'une transcendance occasionnelle, une entente suave entre la boue et les étoiles. Hésiode n'avait-il pas dit que « les dieux et les hommes étaient de la même famille[120] » ? « Jamais la terre ne sembla si près du ciel ; les dieux vivaient au milieu des hommes[121]. » Ainsi, telle le Phénix, comment l'humanité pouvait-elle ne pas renaître de ses cendres ?

Le panthéisme, indien par excellence, n'était pas la religion de Louis Ménard[122]. Pour lui, c'était encore un monothéisme. Il engloutissait les différences, abîmait les individualités en une seule et unique entité dont chaque être vivant devenait le signe épisodique, l'éphémère accident. Dès que le panthéisme reconnaissait la multiplicité des êtres, il s'empressait de la soumettre au principe des Destinées originelles, annihilant *de facto* tout libre arbitre et toute liberté morale. Le monothéisme, pourtant, respectait cette liberté individuelle et laissait à l'homme, si l'on peut dire, « le choix du mal ». Mais à quel prix? Tôt ou tard l'homme subissait le dur Jugement de la Loi et les tourments de la géhenne. De plus, et ce n'était pas le moindre des arguments, les religions d'Abraham dissociaient la nature de l'homme, la rendaient extérieure à son mystère; l'homme, étranger au cosmos, se sentait inexorablement voué à l'errance universelle : tragique naufrage des civilisations modernes! Et à qui était-on redevable de ces faiblesses théologiques? Selon Ménard, les philosophes incriminés ne s'appelaient ni saint Augustin, ni Thomas d'Aquin, ni Moïse Ben Maimon, ni Muhammad Ibn Rushd, mais Socrate, Xénophane, Pythagore, Plotin et Antisthène. Comment donc! Les grands philosophes grecs n'étaient-ils pas des polythéistes, d'authentiques et vigoureux païens? Certes, mais ils étaient apparus au déclin de la Cité antique, refusant les croyances mythologiques du peuple paysan et s'écartant ainsi de l'essence même de l'hellénisme, dévoyant la parole prophétique des poètes et, par leur goût immodéré de l'étude, sacrifiant à l'unité de l'Esprit saint. Lacordaire ne considérait-il pas les dialogues de Platon comme une introduction aux *Évangiles*? Ce qui paraissait plaisant et fascinant pour eux devenait irritant et inconvenant pour lui. « Socrate se croyait bien sage de rejeter les traditions antiques et de dénoncer des fables grossières; il pensait épurer l'intelligence athénienne et dissiper les ténèbres de l'obscurantisme, mais un scepticisme général sortit de son enseignement[123]. » C'est pourquoi il fallait retourner aux sources de l'hellénisme, se rapprocher de la vérité polythéiste originelle, revenir aux Présocratiques, à Hésiode, à Homère, à Théocrite, à Sophocle, à Eschyle, peut-être même à Euripide, tous les grands philosophes grecs étant déjà des enfants d'Israël.

Le polythéisme hellénique était avant tout un « sentiment profond de la diversité[124] » et un pluralisme ontologique harmonieux. Chaque être, chaque objet vivait pleinement et librement sa propre destinée, ses caractères distinctifs le singularisant sans le stigmatiser. Les contraires ne s'affrontaient que dans leur union contre-balancée par une autre union. Aucun principe ne pouvait en absorber un second, imitant ainsi les mouvements perpétuels des lois cosmiques, et, de ce mécanisme, naissait un sentiment d'équilibre propice aux mystères de l'art. Le polythéisme engendrait l'harmonie. L'art découlait de la pluralité des types divins. Prêcher le polythéisme, c'était indubitablement régénérer les principes fédérateurs de la création artistique[125]. Si la religion des Grecs avait intuitivement compris l'unité du monde grâce à son sentiment aigu de la pluralité, elle s'était ainsi mieux rendue capable d'en témoigner par son art. La nature tout entière était le triple vecteur de la réalité, de l'art et de la religion. Il n'y avait nul espace, nulle séparation entre la nature et l'esprit qui la pense, entre la nature et l'esprit qui la peint. L'esprit n'était-il pas lui aussi un élément de cette nature, soumis aux mêmes lois quoique différent d'elle? Il fallait donc de toute urgence recouvrer le chemin de la maison des dieux, c'est-à-dire celui « des dieux vivants, des dieux visibles, qui se révélaient dans la beauté du monde, qui se manifestaient à l'esprit par les sens, qui pénétraient l'homme par tous les pores[126] ». Le monisme ontologique avait séparé les dieux des hommes, les hommes du monde, et rempli ce monde d'une foule d'objets inutiles, creux, désacralisés, d'un amas de matière inerte et informe. L'esprit s'était séparé du corps, le corps de la chair et la chair de l'esprit. « Maintenant elle était maudite, la mère féconde, la grande nature[127] ! »

Mais comment un républicain convaincu pouvait-il, sans blasphème, rejeter l'auteur de *La République* ? C'est qu'il y avait une relation de cause à effet immédiate entre la religion et la forme de gouvernement politique. « Le panthéisme correspondait au système des castes, le monothéisme à la monarchie et le polythéisme à la république[128]. » Platon n'étant pas à proprement parler polythéiste, refusant les mythologies et recherchant un principe originel unitaire, il cessait d'être un modèle républicain. Or, pour Ménard, seul le polythéisme pouvait coïncider parfaitement avec la démocratie. Le monothéisme et le panthéisme incitaient aux despotismes autoritaires, dédaignaient les libertés individuelles des citoyens, s'opposaient à toutes les formes de contre-pouvoirs. « Quand on établit la monarchie sur la terre, on ne peut laisser la république dans le ciel[129]. » La future république ne pouvait donc être durablement créée qu'à la condition que la population se convertisse au polythéisme grec.

Chapitre cinquième

L'idéal républicain

(1848-1849)

Leconte de Lisle allait suivre les théories de Louis Ménard mais en les dissociant. Le polythéisme hellénique, et bientôt hindouiste, serait appliqué à ses travaux littéraires, et la volonté démocratique, à l'unique renouveau de la vie sociale. Il se lança immédiatement dans l'étude du grec ancien – on se souvient des notes médiocres obtenues au baccalauréat dix ans auparavant –, et ce, à la meilleure école qui fût jamais, celle de la traduction[130]. Il est évident que ce travail ne fut pas celui d'un médiateur qui s'improvisa l'interprète indépassable d'une parole immémoriale. Leconte de Lisle souhaitait se rapprocher des textes d'Homère afin de mieux pouvoir s'en servir dans son œuvre propre ; découvrir l'alchimie du verbe antique pour en forger le sien. En ces temps de lutte et de combat, son choix s'orienta tout naturellement du côté de l'*Iliade*, puis de l'*Odyssée*.

Pendant ces années, ses conditions de vie furent des plus difficiles. Son confort matériel ne l'inquiétait pas et il avait appris à se contenter du strict nécessaire. Il le fallait bien : sa rente bourbonnaise et les misérables subsides que ses travaux journalistiques lui procuraient ne lui permettaient ni de payer un loyer entier ni a fortiori de devenir propriétaire. Non content de continuer à produire de nouveaux vers pour ses futurs *Poëmes antiques*, de participer au *Peuple Constituant* et à *La Réforme*[131] de Félicité de Lamennais, il commença, en collaboration avec Eugène Maron, un énorme travail de compilation sur l'*Histoire des guerres sociales depuis les Ilôtes jusqu'aux Anabaptistes inclusivement*[132], qui lui prit beaucoup de temps et dont il ne subsiste rien. Son père, qui lui rendit visite quelques semaines pendant l'été 1847, pour liquider une cargaison de cannes, avant de repartir début 48 ouvrir une quincaillerie-épicerie[133] à Saint-Denis, s'inquiétait fort de cette extrême précarité et lui conseilla d'user de ses talents dans des emplois mieux rétribués. Au reste, cette année-là, les mauvaises récoltes ayant entraîné une hausse du prix de tous les produits agricoles, la famine sévissait partout. À travers l'Europe, plus d'un demi-million de personnes moururent. En Angleterre, l'industrie du coton et les compagnies ferroviaires étaient en crise. Des troubles à caractère social éclatèrent partout sur le continent : en France, en Wurtemberg...

> Je ne reçois qu'à l'instant, cinq heures du soir, ta lettre du 14 [juillet], mon pauvre Charles, lui écrit le docteur. Quels que soient tes torts envers nous, je n'ai pu m'empêcher de pleurer en la lisant, car tu es toujours mon enfant, quelque oublieux que tu sois. Quelle misère ! Comment as-tu pu rester dans une pareille situation sans nous prévenir ? Tout est dit à l'endroit de ce genre de travail. Tu ne peux continuer à vivre ainsi dans le dénuement. Il faut prendre un parti, autrement tu mourras à la peine... Récris-moi tout de suite si tu veux revenir à Bourbon, ou si, avec un peu d'aide, tu crois pouvoir te faire un sort à Paris. Aurais-tu le courage de finir ton droit ? Te faudrait-il beaucoup de temps et d'argent ? Je suis bien peu aisé, mais enfin, je ferai tout ce que je pourrai pour t'enlever à la misère. Je t'envoie un mandat de 100 francs sur la poste. Ménage, car je ne réussis pas. Je crains même de perdre dans mon voyage. Sitôt que mes affaires me le permettront, je me rendrai à Paris. [...]
>
> Je ne vois, comme je te le disais, aucun avenir pour toi dans l'inaction que tu suis. Quand on n'a aucune fortune et que l'on veut vivre de sa plume, il faut nécessairement que vos écrits soient périodiques ; car un ouvrage de longue haleine demande des fonds que tu n'as malheureusement pas. En parcourant les revues, j'y vois, en prose, de fort beaux et bons articles, comme études ou critiques de tout genre, qui, il me semble, te feraient mieux connaître et te seraient plus profitables. Pourquoi donc, poussé par la nécessité, n'essaierais-tu pas quelques études en prose ? [...]
>
> Je ne sais si ces réflexions te sembleront justes, mais je les crois telles, mon fils, à l'endroit du bénéfice, puisque c'est ton seul pain... Les conseils de ton père sont ceux d'un ami ; ils ne te blesseront pas, mon enfant, je l'espère. [...] Ton avenir : je le crois manqué. L'âge t'arrive, tu n'as aucune situation, c'est dangereux, c'est maladroit. Il faut se retourner d'un autre côté. [...]
>
> J'ai cherché et j'ai trouvé ici, enfin, cette *Phalange* dans laquelle tu écris : c'est un cabinet spécial aux Phalanstériens, car ailleurs vos ouvrages ne sont pas connus. [...] J'ai lu une partie des pièces que tu as livrées à cette revue... ; elles sont vraiment belles, mais je ne saurais admettre que tu revêtisses toujours ta pensée d'un voile mythologique ; cela me peine d'autant plus que la forme est belle et pleine d'harmonie. Tu n'es compréhensible que pour peu d'intelligences. [...] Tu as vraiment le jugement sain et sûr, tu parles avec charme des ouvrages dont tu rends compte, je t'ai souvent écouté avec bonheur. Adonne-toi à ce genre. Outre qu'il est charmant et fort prisé, il te sera utile ; il sert aussi souvent, sans flatterie, à faire des amis et de bonnes connaissances... [...] Tu as raison d'être délicat, mais l'excès en tout détruit l'équilibre. [...] Qui sait ce qui peut advenir ? [...] Persistes-tu dans ta résolution de quitter, tôt ou tard, la *Démocratie* ? Mais, quelque mécontent que tu puisses être, pas avant d'être bien établi ailleurs. Tu as, en vérité... trop abusé contre toi d'une loyauté exagérée. [...]
>
> Il est temps que je parte, je ne suis plus d'âge à supporter pareilles fatigues... Écris-moi, mon enfant ; dis-moi si tu as quelque espoir d'améliorer ta position, si tu penses toujours à la *Revue Indépendante* et à des travaux en prose. Ton existence m'inquiète... N'oublie pas, dans un cas gêné, que je suis en relations avec M. Auguste Couat, négociant à Nantes. Il te fera toucher,

comme je te l'ai déjà dit, 300 francs le 1er janvier et 300 francs le 1er mars. [...] Tu vas, mon fils, un beau jour te trouver face à face avec la misère *absolue*. Je te l'ai déjà dit jusqu'à te fatiguer... [...]

Je ne suis pas rassuré sur les résultats de mon voyage. Je vais arriver à Bourbon sur la fin de janvier; c'est le temps des ouragans les plus violents, ... le navire peut, comme beaucoup d'autres, se perdre corps et biens. Pour ce qui regarde ma pauvre personne, aux trois quarts usée, tu penses bien que je m'en inquiète peu; mais ma perte, dans cette circonstance, est la misère pour notre triste famille. Tu en es l'aîné : tu te dois donc *tout entier* à ta pauvre mère et à tes petits frères et sœurs. Dans ce cas, mon enfant, oublie tes goûts et, dusses-tu devenir épicier, n'abandonne pas ta mère, ou Dieu te maudirait; tu manquerais aux plus saints devoirs.

Adieu, mon fils, si c'est la dernière fois, conserve le souvenir de ton père qui t'aime bien tendrement[134].

Dans son extrême précarité, Leconte de Lisle bénéficiait de l'hospitalité des uns et des autres, ce qui n'était pas rare dans le milieu artistique de l'époque. Tout comme de Flotte, son « frère en religion ultra-jacobine », il fut notamment l'hôte régulier du couple Jobbé-Duval. Il tenta bien, avec son ami Thalès Bernard, après les soulèvements de 48, de décrocher un emploi de professeur au lycée de Bourbon mais, bien qu'appuyé dans sa démarche par les représentants du peuple Béranger, Didier, Sarrut, Lefranc, Considérant, Lamé, de l'Académie des Sciences, Philippe Le Bas, de l'Académie des Inscriptions, Auguste Comte, professeur à Polytechnique, et Léon Lalanne, ingénieur des Ponts et chaussées : sans le moindre succès[135]. De fait, du 7 novembre 1847, date à laquelle il publia *La Princesse Yaso'da* dans *La Démocratie pacifique*, au 9 février 1852, date où fut imprimé son *Midi* dans l'article de Sainte-Beuve du *Constitutionnel* intitulé *De la poésie et des poètes en 1852*, Leconte de Lisle ne fit parler ni de lui ni de ses vers.

Cinq années d'un silence peut-être calculé...

L'heure était au travail et à l'action bouillonnants. Puisque toute réunion des républicains avait été formellement interdite par Guizot depuis le 14 janvier 1848, ils allaient de banquet en banquet, de café en café et de Club en Club. Ils répandaient véhémentement leurs opinions à l'Institut, à la salle Molière, au Conservatoire de musique, siège du Club de la *Société des Droits de l'homme et du citoyen*[136], ou au Palais-National, siège du Club central républicain Barbès. Organisé par le radical Ledru-Rollin (bientôt ministre de l'Intérieur du Gouvernement provisoire), en réaction contre l'épouvantable Blanqui[137-138], le futur Club des Clubs[139] pouvait s'enorgueillir de compter dans ses rangs le citoyen Leconte de Lisle[140]. « Les Clubs étaient les églises de la religion nouvelle, de la religion du droit. C'était un magnifique spectacle que de voir ces hommes qui, la veille, demandaient au vin ou à la littérature pourrie des théâtres un délassement de leurs travaux, s'assembler chaque soir pour entendre la bonne nouvelle, l'évangile de la justice, et boire la parole de vie qui tombait des lèvres des initiateurs[141]. » La franc-maçonnerie offrait des abris. On chantait *la Marseillaise* et *la Marche des Girondins*, buvait à la République et à la Terreur, « décrétait aussi bien la mort des rois que l'on dénonçait la fraude des épiciers[142] ». On prenait librement la parole, prêchant pour une société plus fraternelle, plus libre, mieux réconciliée, et au grand dam de laquelle on n'hésiterait pas à « manger de l'homme tout cru[143] » : nouvelle Eucharistie pour un apostolat d'un genre non moins nouveau.

Les Missionnaires de la République

Au lendemain de l'abdication de Louis-Philippe[144], l'antiquité et l'idéal révolutionnaire n'avaient rien d'incompatible. Les activités littéraires et politiques s'interpénétraient et Leconte de Lisle pouvait croire fermement à une conciliation possible entre l'art et la société. Plus de distinction nette entre la poésie sacrée et la poésie profane, plus de séparation franche entre l'ouvrier et l'artiste, plus de scission distincte entre la contemplation dans un passé lointain et l'action dans un futur proche.

> Avec quelle joie je descendrai de la calme contemplation des choses pour prendre ma part du combat et voir de quelle couleur est le sang des lâches et des brutes. Les temps approchent à grands pas et plus ils approchent, plus je sens que je suis l'enfant de la Convention et que l'œuvre de mort n'a pas été finie[145].

L'idéal républicain était d'une grande cohérence. Mais la seule ville de Paris ne pouvait lui suffire. Il fallait étendre son action à la nation tout entière. Le comité du Club des Clubs, qui dirigeait *La Commune de Paris*, décida d'envoyer en mission jacobine près de cinq cents de ses membres les plus actifs, des républicains « de la veille », pour dynamiser les milieux encore hésitants de province, influer durablement sur l'immense population rurale, le plus souvent inculte, surveiller dans chaque département les commissaires de la République qui remplaçaient les préfets de la monarchie, et préparer au mieux les élections du 23 avril. L'Assemblée Constituante de la Seconde République ne pouvait être proclamée que par une majorité de Français. Le 2 mars, le suffrage universel direct fut instauré, ce qui laissait la porte dangereusement ouverte à la bourgeoisie, aux banquiers, aux avocats du *National*, à la droite en général et à tous ses « bonnets à poil ». Toutes les classes de la société se virent contraintes de pénétrer dans l'arène gouvernementale, au nom de la fraternité. « La majorité des grands propriétaires français, les légitimistes, étaient délivrés de l'impuissance politique à laquelle les condamnait la monarchie de Juillet. Ce n'était pas en vain que *La Gazette de France* avait participé à la campagne d'agitation menée par les feuilles d'opposition, que La Rochejaquelein avait embrassé le parti de la révolution à la séance de la Chambre des députés du 24 février. Grâce au suffrage universel, les propriétaires nominaux qui forment la majorité des Français, les paysans, devinrent les arbitres du sort de la France[146]. »

Leconte de Lisle, qui connaissait bien la Bretagne, fut donc envoyé par le Comité central dans plusieurs villes bretonnes, dont celle de Dinan, pour les « remuer profondément ». Il fallait obéir, agir et rendre compte. Delisle, homme de Lettres, fut envoyé à Saint-Brieuc ; Jobbé-Duval, à Sauvenoy ; Jacquemart, à Ploërmel. Les consignes étaient très strictes. Elles émanaient de Laugier, un neveu de François Arago. « Tout délégué devait bien se pénétrer de cette idée que son caractère officieux du républicanisme ne devait pas être connu, qu'il était censé voyager pour ses propres affaires, ou pour visiter ses amis, ses parents, ou même pour son plaisir et non dans un but politique avoué, ostensible. Toutefois, il se mettrait en relation avec les autorités locales, s'il y avait lieu de leur offrir son concours. Après avoir provoqué les renseignements les plus précis et de toute nature sur l'esprit des populations, sur leurs tendances, il stimulerait les faibles, il soutiendrait et seconderait les ardents, il surveillerait les réactionnaires patients occultes. Il se garderait, dans une propension trop commune, de céder à un semblant d'autorité qu'il aurait à exercer en quelque occasion que ce soit, car il n'aurait que la puissance de la conviction ; ce serait la seule qu'il laisserait pressentir, car l'assentiment donné par le Gouvernement à la mission qui lui était confiée ne lui déférait aucune fonction ; il était plus, il ne relevait que du républicanisme ; l'apôtre ne commandait pas, il prêchait, il persuadait. Il n'était ni agent avoué, ni secret du Gouvernement, il était revêtu d'un caractère d'envoyé des ateliers et des corporations, caractère officieux ; il n'était pas salarié et conservait, bien entendu, son caractère de spontanéité patriotique. Il s'aboucherait avec des personnes influentes républicaines ; si, au contraire, ces influences étaient hostiles, il les minerait par une tactique habile, en exploitant leurs actes, en commentant leur biographie politique, en dévoilant leurs tendances rétrogrades. Il ne perdrait pas une minute, créerait des Clubs, associerait les électeurs, unirait les républicains, ferait pénétrer le républicanisme par tous les pores, ménagerait son pécule pour ne pas manquer de moyens de transport, adresserait chaque jour à la Commission du Comité Révolutionnaire un rapport détaillé sur l'état de l'opinion de la localité qu'il aurait visitée, signalerait les démarches faites, les obstacles rencontrés, les résultats obtenus ainsi que ceux qu'il attendait de sa mission. Il devait être précis, pas de phrases, beaucoup de faits[147] »...

Quand Leconte de Lisle arriva à Dinan, son oncle n'était plus maire depuis un an. Louis Leconte avait démissionné de ses fonctions non sans avoir été élevé au rang de chevalier de la Légion d'honneur. Cet « homme d'initiative, qui apporta à la Mairie les ressources d'intelligence distinguée et la sagacité que réclame l'administration d'une importante cité[148] », avait laissé sa marque. On lui devait notamment la rénovation de l'Hôtel de Ville, la fondation du Musée public, de la salle d'asile de l'Enfance, du collège Emmanuel Logé, et l'aménagement de nombreuses rues et places. Ce fut donc avec l'avantage d'un nom célèbre et estimé que Leconte de Lisle franchit les murs de la cité. Pourtant, le spectacle que lui offrit la masse mal dégrossie des habitants n'allait pas tarder à l'affliger et à le décourager. Alors qu'il ne rêvait que d'une démocratie nouvelle dans une République affranchie de tout dogmatisme religieux et de toute mainmise bourgeoise, il dut assister le 14 avril, impuissant, à la plantation du Chêne de la Liberté place Du Guesclin par une foule de « brutes » réunissant à peu près tout ce qu'il exécrait : le nouveau maire, M. Joseph Lesage, des membres du Clergé, des pompiers, la Garde nationale, M. Rocher, commissaire général des cinq départements de Bretagne ainsi que des Côtes-du-Nord. Cette mascarade autour de « l'excellent discours sur la vraie liberté, l'égalité et la fraternité », l'affecta profondément. La tâche n'était pas simple. L'inertie ambiante et la pesanteur des traditions la rendaient quasiment irréalisable.

Leconte de Lisle devait affronter non seulement les superstitions, les a-priori, les simplifications pratiques, les caricatures grotesques, les refus obtus, les mesquineries avaricieuses, mais encore l'entêtement, l'obstination, l'enracinement sur des convictions ataviques, féodales et ultra-conservatrices. Comment donc prêcher efficacement ? Les règles consistaient à se mêler à la population, à l'analyser et à faire preuve de patience et d'humilité dans ses interventions. Or, du temps, de la modestie, Leconte de Lisle n'en disposait pas, et la force de ses principes suffit d'autant moins à ébranler les esprits qu'il manqua bientôt d'argent. Le Gouvernement provisoire n'ayant accordé que cinq cent mille francs sur les fonds secrets pour cette campagne électorale d'urgence, les délégués ne devaient compter que sur leurs seules ressources, ce qui, pour Leconte de Lisle, signifiait un retour immédiat à Paris…

L'échec fut total. Un soir qu'il alla prêcher sans la moindre diplomatie contre les religions, on faillit lui faire subir le même sort qu'à la belle Hypatie. Le blasphémateur ne dut son salut qu'à l'aristocrate Janvier de la Motte, sous-préfet, qui lui permit de s'enfuir par la fenêtre. Presque tout ce que la ville comptait de notables, de propriétaires et de bourgeois fut donc aisément élu, mais aucun républicain, nul socialiste, pas un extrême-gauchiste. Le 30 avril, de Dinan, le poète se plaignit à Louis Ménard :

> Mon cher ami,
>
> Le citoyen Maron a dû recevoir une de mes lettres il y a 10 jours au moins ; ne vous l'a-t-il pas montrée, comme je lui recommandais ? Je me suis éreinté ici sans autre résultat que la fondation d'un *Club républicain démocratique* à Dinan ; et peut-être suis-je un des plus heureux parmi tous les délégués du Club révolutionnaire. Jacquemart est à Ploërmel dans la même situation.
>
> Que le grand diable d'enfer emporte les sales populations de la province ! Vous vous figurez à grand'peine l'état d'abrutissement, d'ignorance et de stupidité naturelle de cette malheureuse Bretagne[149]…
>
> J'ai écrit à de Flotte. Voyez-le donc et priez-le d'aiguillonner ce sacré club de tonnerre de Dieu[150] !
>
> Vous rejoignez, dites-vous, votre régiment. Qu'avez-vous et quelle mouche vous pique ? Payez-donc, si possible, un remplaçant et restez à Paris. Tout est peut-être à recommencer. Il est clair comme le jour qu'on veut nous escamoter la Révolution. L'Assemblée sera composée de bourgeois et de royalistes. Elle votera de belles et bonnes lois réactionnaires, laissera l'ordre social et politique existant sous Louis-Philippe subsister indéfiniment et, qui sait ? nous imposera bientôt une autre royauté. Eh bien ! on en verra de rudes. Je ne désespère pas pour mon compte d'aller crever au Mont-Saint-Michel[151].
>
> Que l'humanité est une sale et dégoûtante engeance ! Que le peuple est stupide ! C'est une éternelle race d'esclaves qui ne peut vivre sans bât et sans joug. Aussi ne sera-ce pas pour lui que nous combattrons encore, mais pour notre idéal sacré. Qu'il crève donc de faim et de froid, ce peuple facile à tromper, qui va bientôt se mettre à massacrer ses vrais amis !
>
> Voici que la réaction m'a rendu communiste enragé.
>
> Tout cela n'empêche pas, mon ami, que je ne vive toujours sur les hauteurs intellectuelles dans le calme, dans la contemplation sereine des formes divines. Il se fait un grand tumulte dans les bas-fonds de mon cerveau mais la partie supérieure ne sait rien des choses contingentes.

> Le peuple français a grand besoin d'un petit comité de salut public qui le force, comme disait cet autre au club Blanqui, d'après Mme de Staël, à faire un mariage d'inclination avec la République[152].

Un nouveau ministère finit par être constitué. Au premier plan Lamartine, Ledru-Rollin, Arago, Marie, Garnier-Pagès. Les Clubs d'extrême-gauche qui se mirent à défiler en faveur de la Pologne, le 15 mai, irritaient le tout jeune pouvoir en place. On envoya les forces de l'ordre. Admonestations, arrestations (Blanqui, Barbès[153], Raspail, Huber[154]...), expulsions. Lors des élections complémentaires de juin, d'anciennes figures réapparurent : Thiers, Changarnier, Proudhon, Hugo; et une nouvelle : Louis-Napoléon Bonaparte. Au début de ce même mois, la Commission exécutive, sous la pression de l'Assemblée, dissolvait les Ateliers nationaux – créés peu de temps auparavant pour tenter d'enrayer la montée du chômage – et ce malgré la courageuse tentative de sauvetage de Lamartine. La délégation ouvrière grogna, Marie voulut les faire taire; entre les 23 et 24 juin, à Paris, Lyon, Marseille, des centaines de barricades s'érigèrent. L'état de siège fut rapidement voté et le Gouvernement démissionna. Le général Cavaignac, ministre de la Guerre, dirigea la répression. « Le 25, quarante mille insurgés étaient cernés dans le clos de Saint-Lazare, la barrière Rochechouart, les faubourgs Poissonnière, du Temple et Saint-Jacques. La résistance fut désespérée. Vainement, Mgr Affre, archevêque de Paris, un crucifix à la main, voulut les contraindre à mettre bas les armes. Il mourut, frappé d'une balle perdue, et le combat ne cessa que faute de combattants[155]. »

Le 26, on put dresser un premier bilan : cinq mille morts dont mille cinq cents fusillés; quinze mille arrestations dont quatre mille déportés. Parmi eux, de Flotte. Quelle fut la participation exacte de Leconte de Lisle et de Louis Ménard à ces événements? Ne furent-ils vraiment que des « révolutionnaires en chambre »? On dit qu'on aperçut les deux comparses le 23 juin, tout près des barricades, distribuant aux émeutiers la nouvelle formule du fulmicoton ou coton-poudre, cet explosif que Louis Ménard venait tout juste de découvrir : cela semble possible. Mais prirent-ils réellement part aux conflits? Se jetèrent-ils frénétiquement dans la bataille comme le jeune Baudelaire, surpris lors des émeutes de février, « noir de poudre », se battant « comme un démon », par « goût de la vengeance, plaisir de la démolition, ivresse littéraire, souvenirs de lecture [et] amour naturel du crime[156] »? Calmettes affirme qu'« après avoir erré de barricade en barricade, Leconte de Lisle et Ménard rentrèrent chacun chez soi, puis, le lendemain matin, se retrouvèrent à l'atelier de leur ami, le peintre Jobbé-Duval. Très exalté comme eux, mais se dépensant surtout en paroles », Jobbé les aurait décidés « sans la moindre peine à rester séparés du mouvement[157] ». José-Maria de Heredia assure, quant à lui, que Leconte de Lisle faillit être tué en compagnie de Poulet-Malassis. Jean Dornis prétend que ce fut en compagnie de Paul de Flotte que Leconte de Lisle distribua la poudre aux séditieux : « Même ses allées et venues semblaient suspectes. On finit par l'arrêter en plein faubourg Saint-Germain, dans une ruelle. On trouva de la poudre dans ses poches, on le mit en prison. Il y passa quarante-huit heures : "les plus longues de ma vie", aurait-il reconnu plus tard. Mais son supplice ne dura pas. Ce n'était point un fusil qu'il avait sur l'épaule au moment des arrestations, c'était l'*Iliade* qu'il portait sous le bras. On ne lui enleva point son livre. Il continua de traduire Homère sous les verrous[158]. »

Pour Edmond Estève, il est indiscutable qu'il effectua ces quarante-huit heures de garde-à-vue, puisque lui-même l'affirme et qu'il sortit de ces événements profondément marqué[159]. Mais cette version d'un Leconte de Lisle absorbé par sa traduction au milieu de ces événements tragiques laisse Fernand Calmettes quelque peu sceptique : « Je conçois mal, au cours d'une rigoureuse répression, alors que douze mille prisonniers furent poussés pêle-mêle dans tous les trous vides, caves, souterrains ou casernes, je conçois mal cette exception relativement douce en faveur de Leconte de Lisle, qu'on nous représente lisant placidement Homère, tandis que des milliers d'autres étaient encavés comme du bétail enragé. Je préfère m'en tenir aux détails qui me sont venus directement de lui, tels qu'il les a racontés à ses propres amis. Je le vois alors, effrayé par les conséquences de l'insurrection et demeurant coi dans sa chambre, en homme qui ne se soucie pas de s'exposer par une apparition inopportune aux mesures des proscriptions esquivées miraculeusement. Et dans cette retraite volontaire, au milieu de ses papiers et de ses livres, je le vois travaillant plus aisément qu'en prison à son *Iliade*[160]. »

C'est aussi la version que nous retenons. D'abord parce que Leconte de Lisle était trop délicat pour être physiquement violent[161] (Ne s'était-il pas détaché des individus « pour agir et vivre, *par la pensée*, avec les masses seulement » ?), ensuite parce que son expérience à Dinan l'avait suffisamment échaudé pour tempérer ses ardeurs révolutionnaires et l'inciter à se concentrer sur ses travaux littéraires, enfin parce que la jeune femme a certainement voulu peindre son vieil ami poète dans le feu d'une action plus propice aux tourments d'une imagination exaltée. Leconte de Lisle fut-il enfermé ? Probablement pas. Eut-il à souffrir physiquement des barricades ? Incontestablement ; mais pour des raisons et dans des circonstances largement moins romanesques que celles auxquelles Mme Jean Dornis voulut bien nous habituer.

Ce fut effectivement une de ces journées de la fin du mois de juin, dans une petite rue du faubourg Saint-Germain, nous dit Fernand Calmettes, que Leconte de Lisle fut interpellé par une patrouille de gardes nationaux qui ne le prirent pas exactement pour un insurgé en raison de la correction et de la propreté de ses vêtements. Pourtant, les défenseurs de l'ordre public prirent le parti de rosser le jeune imprudent qui rentrait chez lui. Ils lui assénèrent quelques violents coups de crosse dans le dos et le laissèrent gisant sur le trottoir. Il se releva tant bien que mal – peut-être fut-il aidé – et mit trois jours à se remettre de cette altercation. Trois jours, c'était exactement le temps qu'avaient duré les massacres : « La bravoure avec laquelle les ouvriers se sont battus est vraiment admirable, écrit Engels. Trente à quarante mille ouvriers qui tiennent trois jours entiers contre plus de quatre-vingt mille hommes de troupe et cent mille hommes de garde nationale, contre la mitraille, les obus et les fusées incendiaires, contre la noble expérience guerrière de généraux qui n'ont pas honte d'employer les moyens algériens ! Ils ont été écrasés et, en grande partie, massacrés. On ne rendra pas à leurs morts les honneurs comme aux morts de Juillet et de

Février ; mais l'histoire assignera une tout autre place aux victimes de la première bataille rangée décisive du prolétariat[162]. »

Louis Ménard, qui fut aussi profondément marqué par ces barricades de Juin[163], composa pour raconter les faits non seulement son *Prologue d'une Révolution*[164] d'un point de vue prétendument historique, mais encore des vers politiques fortement engagés qui lui valurent l'admiration de Karl Marx. Voici quelques-unes de ces strophes que Marx dépêcha à Ferdinand Freiligrath, poète allemand qui les fit immédiatement paraître, en français, dans la célèbre *Neue Rheinische Zeitung*[165] (*Nouvelle Gazette rhénane*) :

Pensons aux jours de sang, de pillage et de ruines,
Où dans nos faubourgs bombardés
Le canon répondait aux cris de la famine,
À nos murs de sang inondés.

Le viol impur souillait les vierges sur les places,
Les morts s'entassaient par milliers,
Et quand les massacreurs, dont les mains étaient lasses,
Eurent tué trois jours entiers,

Vous couronniez leurs fronts et vos femmes si fières
Battaient des mains, et croyant voir
Ces cosaques maudits, chers jadis à leurs mères,
Agitaient vers eux le mouchoir.

Et puis le lendemain de la victoire impie
L'insulte et la délation ;
Après l'assassinat, la lâche calomnie,
L'implacable proscription.

Comme ils ont bien d'avance absous nos représailles !
Quand nos bras seront déchaînés,
Pensons aux morts : il faut de grandes funérailles
À nos frères assassinés[166].

Toutes les illusions de la révolution étaient parties aussi vite qu'elles étaient venues. Le Printemps des peuples eut beau enflammer l'Europe entière, l'Italie, l'Autriche, la Bavière, la Prusse, les « immortels principes de l'idéal républicain » avaient disparu ou, comme dit Marx, « le suffrage universel n'était apparu que pour se supprimer ». On bâillonna de nouveau la presse, la journée de travail passa de dix à douze heures. Dans les Ateliers nationaux le chômage doubla, tripla puis décupla. Le gouvernement dut payer quatorze mille sans-emplois, puis cent mille. En deux séances, la rente 3 % perdit quarante et un points. De nombreux commerçant firent faillite. On bloqua en partie les caisses d'épargne, créa de nouveaux impôts, décréta une taxe sur les chiens et les « domestiques mâles », augmenta les contributions directes de 45 %, lança un emprunt national qui ne parvint même pas à acquitter les frais des échauffourées. En trois journées, on avait enlevé des chaussées parisiennes quinze milliards de pavés et déraciné plus de quatre mille arbres. Remettre de l'ordre, inhumer les victimes, distribuer des secours, coûta près de dix millions de francs[167].

Le Rouge et le Noir

Nonobstant les tentatives de l'abbé Grégoire, du marquis de Condorcet et de Denis Diderot, la Révolution française de 1789 ne suffit pas à établir une Liberté, une Égalité et une Fraternité réelles entre tous les hommes. Les Lumières étaient bien convaincues qu'il fallait abolir l'esclavage des Noirs[168], mais, pour des raisons qui tiennent plus à la médiocrité des contingences politiques qu'à la noblesse des intentions, elles n'y parvinrent pas ailleurs qu'à l'île de Saint-Domingue, où, sous la pression de Toussaint Louverture, le commissaire civil Sonthonax, envoyé par la Convention, fut contraint d'accorder l'abolition dès le 29 août 1793[169]. Pour le reste des territoires, il fallut attendre la Révolution de février 1848, Victor Schœlcher – que Louis Ménard voulut rejoindre aux Colonies mais ne « parvint pas à convaincre de sa vocation[170] » – et les interventions des esclaves eux-mêmes. Schœlcher connaissait parfaitement les Colonies et notamment celles des Antilles. Il avait, tout comme Leconte de Lisle, la « haine de l'injustice » et « la passion de la liberté » ; tout comme lui, c'était devant le spectacle accablant de l'esclavage qu'il avait forgé le gros de ses convictions humanistes et politiques :

> Il n'est pas d'Européen qui n'ait frissonné d'horreur et de honte en voyant les esclaves traînés sur les marchés ou dans les ventes comme nous y conduisons les bœufs. Pour moi, c'est un tableau douloureux qui ne sortira jamais de ma mémoire et qui m'attriste encore que celui de cette infortunée que je vis au milieu d'une place publique, salement vêtue, froide et indifférente à son sort, entourée de passants et d'acheteurs, avec un crieur à ses côtés qui disait en grimaçant : « Allons, Messieurs, à 200 piastres la jolie négresse, bonne blanchisseuse ! 200 piastres, Messieurs ! Voyez, elle est jeune encore, bien saine, 250 piastres, elle est très douce, 260 piastres ma petite négresse. C'est pour rien. Remarquez, Messieurs, comme elle est forte et bien portante. Allons, 261 piastres ! » Et l'on venait lui tâter les chairs, et un autre la tournait et la retournait, et un troisième la regardait aux dents, hélas ! il n'est que trop vrai, tout comme nous faisons, au marché, aux chevaux, pour examiner leur âge et leur allure[171].

Si les Noirs étaient bien des hommes, il fallait alors les considérer sans condition comme les égaux absolus des Blancs, mais si, comme osaient le prétendre les esclavagistes, ils n'appartenaient pas à la même espèce, pourquoi donc ne pas aller jusqu'à s'en nourrir comme de vulgaires moutons ?

L'argumentation de Schœlcher secouait le joug des bienséances et voulait choquer pour mieux préparer les consciences aux inéluctables changements dont il serait le fer de lance. Le 8 février 1815, une déclaration contre la traite des Noirs fut signée par la Grande-Bretagne, la France, l'Autriche, la Prusse, la Suède, la Russie, l'Espagne et le Portugal. Le 1er mars 1831, les taxes sur les concessions de liberté accordées par les maîtres furent supprimées. Le 4 mars, des sanctions plus fermes à l'égard des trafiquants furent obtenues. Au lieu du bannissement et de l'emprisonnement, ce furent les travaux forcés. Le 12 juillet 1832, on décida de légaliser et de régulariser la situation de tous les affranchis. Pourtant, la traite continuait « avec une scandaleuse impunité, parce que les peines portées contre cet odieux trafic n'étaient pas assez sévères pour compenser le lucre qu'on en retirait, parce que l'administration même dans sa mauvaise foi habituelle y prêtait partout les mains[172] ». Il fallut donc donner une autre visée à son argumentation. Les esclaves étaient bornés, stupides, avilis, vindicatifs, vicieux, méchants, preuves incontestables de leur infériorité ? Mais depuis quand la stupidité, le vice et la méchanceté étaient-elles les tares les moins bien partagées ? Cela suffisait-il à faire des hommes des bêtes ? C'était la servitude qui les avait avilis, comme l'avait déjà montré Diderot, non leur nature prétendument infra-humaine[173].

Surtout, Schœlcher eut une idée de génie. Il fit savoir que l'esclavage coûterait plus cher à maintenir qu'à abolir[174], et comprendre aux esclavagistes que tout le monde trouverait son intérêt dans cette course à la libération des Noirs, que « la liberté d'un homme était une parcelle de la liberté universelle » et qu'on ne pouvait « toucher à l'une sans compromettre l'autre tout à la fois[175] » :

> C'est donc autant pour eux que pour leurs ilotes qu'il importe de leur arracher ce funeste titre de maître. Il faudrait les haïr si l'on ne savait qu'ils sont ainsi les premières victimes de leur monstrueuse puissance. Nous disons les premières victimes, car lorsqu'on s'élève, par l'abstraction de la pensée, au dessus des faits matériels pour entrer dans le domaine pur de la morale, on n'a pas moins de désolation de voir un homme martyriser son semblable qu'à voir celui qu'il martyrise [...]. Abolissons, abolissons l'esclavage, à tout prix, aujourd'hui plutôt que demain, pour sauver ensemble le bourreau et le supplicié, le maître et l'esclave[176].

Ainsi, le 4 mars 1848, deux jours après l'instauration du suffrage universel direct, fut publié le décret qui installait une Commission chargée de « préparer, sous le plus bref délai, l'acte d'émancipation immédiate dans toutes les Colonies de la République », considérant que « nulle terre française ne pouvait plus porter d'esclaves[177] ». Elle serait constituée de Mestro, directeur des Colonies, François-Auguste Perrinon, chef de bataillon d'artillerie de marine, Gatine, avocat aux conseils, Gaumont, ouvrier horloger, et présidée par le sous-secrétaire d'État à la Marine et aux Colonies, Victor Schœlcher. L'abolition, l'émancipation générale et immédiate n'étaient-elles pas intimement liées au principe même de la République, à son origine et à ses dogmes les plus sacrés ? Aucune compromission n'était plus possible avec ce crime de lèse-humanité. Celle-ci mentirait à sa devise si elle souffrait que l'esclavage souillât plus longtemps un seul point du territoire où flottait son drapeau. L'abolition devait être immédiate[178]. De fait, le 27 avril 1848, suite au rapport de la Commission, elle fut décrétée.

Pour tordre le cou à cette infâme rumeur parisienne selon laquelle les Colonies françaises étaient unanimement peuplées d'esclavagistes sanguinaires, étriqués, sordides, fesse-mathieux, ennemis de la Révolution, de la République et des idées nouvelles, Leconte de Lisle décida de convoquer, rue de Grenelle, sous la présidence d'Henri de Guigné, futur maire de Saigon, quelques-uns des plus purs esprits démocratiques, créoles et abolitionnistes de sa connaissance : au premier chef desquels, bien sûr, le mulâtre Auguste Lacaussade, mais aussi Lépervanche, Vinson fils, Dubourg, Gaillande, Martin, Boursault, Barbaroux, Simon, Toulorge, Bédier, Reilhac, Sully Brunet, Houarau, Lecoutour, Deheaulme, Laprade, Deville, Lejeune, Loupy, Amelin, Potier et Royer. Ils décidèrent de rédiger et de signer une lettre de soutien et d'approbation inconditionnels au Gouvernement provisoire, qu'ils allèrent tous ensemble présenter à l'Hôtel de Ville. Sous l'habit simple et solennel des circonstances, on reconnaîtra sinon la plume du moins le style très oratoire de Leconte de Lisle[179] :

> Citoyens,
>
> Les soussignés, jeunes créoles de l'île de la Réunion présents à Paris, viennent porter leur adhésion complète, sans arrière-pensée, au Gouvernement de la République.
>
> Nous acceptons la République dans toutes ses conséquences.
>
> L'abolition de l'esclavage est décrétée, et nul Français n'applaudit plus énergiquement que nous, jeunes créoles de l'île de la Réunion, à ce grand acte de justice et de fraternité que nous avons toujours devancé de nos vœux.
>
> Nous tenons pour insensés et ennemis de leur pays ceux qui oseraient opposer une résistance coupable au décret libérateur du Gouvernement provisoire.
>
> Que nos frères de France ne suspectent pas notre bonne foi ! Qu'ils songent combien il serait injuste de faire peser sur nous la responsabilité d'une iniquité séculaire dont nous n'avons point accepté l'héritage.
>
> Nous sommes les enfants du présent ; nous nous constituons ici les représentants de l'idée nouvelle dans les colonies, et, à ce titre, nous nous présentons devant vous dans l'espoir que vous nous permettrez de nous associer au grand mouvement que la France vient d'imprimer au monde entier.

Il va de soi que l'émancipation des Noirs fut accueillie avec colère et terreur par les colons de la Réunion. Selon eux, la fin de l'esclavage provoquerait le départ endémique des travailleurs serviles de toutes les plantations de cannes. L'équilibre, toute l'économie de l'île et la paix de la Colonie seraient fortement compromis. Il fallait à tout prix pallier ce déficit à venir par la programmation d'un arrivage massif d'autres travailleurs étrangers. La suprématie des Blancs risquait elle aussi de s'effondrer. Les notables constituèrent une Assemblée de délégués des Communes, présidée par Vinson père et par Charles Desbassayns, deux des plus grands propriétaires terriens, pour « éclairer le futur Commissaire de la République – Sarda-Garriga – dans la tâche qui lui serait confiée – instaurer et expliquer dans les règles la mise en œuvre de l'émancipation des nouveaux citoyens noirs. – »

Dans les rangs de cette Assemblée figuraient Martin-Flacourt, Dureau, Testard, Brunet, Bellier, Laserve et Imhaus[180]. Ils demandèrent la création d'ateliers de travail pour protéger l'industrie sucrière, de salles d'asile, d'hospices, et proposèrent d'attendre la fin des récoltes de 1848-1849 pour décréter effectivement l'abolition ; car enfin l'ennemi qui les guettait, ce n'était pas la liberté des Noirs, mais la cessation de l'ouvrage dans leurs établissements sucriers ; le danger de la situation n'était pas dans l'émancipation, il était dans la perturbation du travail sur leurs grandes exploitations[181]. Sarda-Garriga œuvra donc pour le maintien de l'activité économique auprès de la collectivité noire, n'hésitant pas à recourir aux ressorts de la psychologie paternaliste et moralisatrice auxquels était accoutumée cette population fraîchement christianisée[182] : « La liberté, disait-il, c'est le premier des besoins de l'humanité, oui, mais ce suprême bienfait impose d'autres obligations. La liberté élève le travail à la hauteur du devoir. Être libre, ce n'est pas avoir la faculté de ne rien faire, de déserter les champs, les industries. [...] Mes enfants, croyez-moi, le travail, c'est bien l'ordre. [...] C'est une mission imposée à l'homme par Dieu[183]. »

Ainsi, les nouveaux citoyens ne mirent pas immédiatement en danger la stabilité de la Colonie sucrière. Les services de police ne signalèrent aucune violence, aucun débordement d'enthousiasme. On proclama solennellement devant l'autel la liberté de tous les Noirs. Dans chaque commune, une messe fut célébrée. Les prêtres exhortèrent les populations au calme et au respect des lois. Pourtant, ce cadeau de la liberté était empoisonné. Les propriétaires ne voulurent pas que les affranchis continuassent à occuper pour rien leurs anciennes cases ; les vieillards et les infirmes se retrouvèrent sans aucune ressource et sollicitèrent en masse l'aide des pouvoirs publics ; la plupart des hommes et des femmes en âge de travailler voulurent rompre leur engagement auprès de leurs anciens maîtres, contestant les clauses de leur contrat, réclamant la présence de leurs enfants, n'hésitant pas à recourir à l'autorité des magistrats et commissaires de police de la République. Une forme de nomadisme s'instaura rapidement. Les vagabonds se réfugièrent sur les hauteurs de l'île et dans les agglomérations urbaines. Très vite, on ne put plus « contrôler cette population flottante, n'ayant de racine nulle part[184] ». D'importants trafics de bois et de charbon s'organisèrent à travers toute l'île. On vivait sur de petites parcelles de terre, dans des ravines ou chez des amis, de racines nourricières, de quelques volailles, de rapines et d'expédients divers. Ces trop jeunes citoyens semblaient avoir troqué leur liberté contre une misère extrême. La famine menaça. Des mesures de rationnement furent prises par le Commissaire de la République auprès des propriétaires, sans grand succès. De 1848 à 1852 enfin, vingt-quatre mille Indiens furent introduits dans la Colonie et ce malgré la promulgation d'un arrêté instituant dès 1848 le travail obligatoire pour les nouveaux affranchis[185]. De l'esclavage des Noirs au travail obligatoire, la nuance était subtile... Et beaucoup « traînaient, avec une sorte de dégoût apathique, le poids de leur engagement[186] ».

Le décret de l'émancipation de l'esclavage fut donc appliqué, sur fond de conflit générationnel évident entre les anciens propriétaires conservateurs de Bourbon et leurs jeunes enfants progressistes vivant en Métropole[187]. Le cas des Vinson père et fils est à ce titre symptomatique, et l'occasion de pouvoir enfin régler d'antiques démêlés entre Leconte de Lisle et son père se présenta[188].

Quand l'ancien chirurgien apprit que son rejeton avait embrassé aussi ouvertement la cause abolitionniste, il rompit tout commerce avec lui, à commencer par les termes de la petite pension qu'il lui avait accordée de fraîche date. L'affirmation publique de ses opinions résolument républicaines sonna le glas du moindre de ses conforts. Leconte de Lisle connaîtrait cette « misère *absolue* » qu'on lui avait prophétisée et devrait, dans l'urgence de la nécessité, s'improviser répétiteur de grec et de latin, notamment chez la comtesse Marie d'Agoult. Ce serait avec « un repas par jour, quelques livres et dix sous de tabac[189] » qu'il lui faudrait œuvrer pour la postérité, épousant donc ainsi davantage la condition des affranchis qu'il ne l'eût pu à coup sûr jamais imaginer.

Pourtant, à cet accablement, allaient encore s'en ajouter d'autres.

Prescriptions et proscriptions

La publication de *Gloria Victis* et surtout du *Prologue d'une Révolution* de Louis Ménard dans *le Représentant du Peuple*, le journal de Fauvety et de Proudhon, en feuilleton d'abord puis en livre, mirent le feu aux poudres. Ce « pamphlet échevelé » fut très vite incriminé par les pouvoirs publics qui lui intentèrent un procès. L'auteur tenta bien de se dérober, mais rien n'y fit : « Le citoyen Duchêne [le gérant du journal] s'est présenté ce matin [le 15 mars 1849] devant la Cour d'Assises, assisté de notre ami Madier de Montjau aîné [l'avocat du journal], pour demander une remise fondée sur l'indisposition de notre collaborateur Louis Ménard. La Cour, ne trouvant pas le certificat de maladie présenté par Ménard suffisamment régulier, a ordonné qu'il serait passé outre, et nos amis s'étant bientôt retirés, elle a rendu un arrêt qui condamne Ménard et Duchêne à quatre ans d'emprisonnement et à 5 000 francs d'amende. »

Ce fut un coup de tonnerre pour tout le monde : les amis comme la famille. M. Eustache Ménard, libraire-éditeur, avait bien essayé d'épargner à son fils l'opprobre de cette condamnation en se renseignant auprès de l'un de ses amis avocat, mais l'homme de loi n'avait accordé aucun crédit aux propos du quarante-huitard, et, pire, blâmait son insolence, ce qui irrita au plus haut point M. Ménard père, très admiratif de sa progéniture d'à peine vingt-six ans : « Mon fils est historien ou libelliste ; je vois que vous penchez pour le second, parce que vous ne pouvez croire aux horreurs rapportées dans son livre. Mais moi, Monsieur, j'ai vu les preuves et j'ai la certitude. Cette certitude, vous l'aurez un jour, car la vérité finit toujours par arriver, et alors vous reconnaîtrez que mon fils n'avait rempli qu'un acte de courage, un devoir de citoyen. »

Le 22 mars, les autorités firent confisquer tous les invendus du *Prologue* restés aux bureaux du *Peuple*, 3, rue du Coq-Héron, ainsi que tous les articles ou documents s'y rapportant. À 10 heures du matin, le 7 avril, puisqu'on avait fait appel du premier jugement, l'affaire reprit. Madier de Montjau fit une belle plaidoirie. L'homme, désintéressé, courageux, était bien décidé à se battre jusqu'au bout pour cette cause qu'il savait juste, mais il ne connaissait malheureusement pas suffisamment l'ouvrage incriminé, ce qui permit au ministère public de fort courtoisement lui en rappeler certains passages :

> Quelque temps après la reddition du faubourg, un coup de fusil parti des rangs de la troupe alla tuer un insurgé ; comme à l'ordinaire, on l'attribua à

un malentendu, et, quand les ouvriers ripostèrent, ce fut eux qu'on accusa de trahison. Cependant, religieux observateurs de leur parole, ils se retirèrent en se laissant désarmer. Ils ignoraient le sort qu'on faisait partout subir aux prisonniers; dès la veille, on en avait fusillé un grand nombre dans un chantier de la place de la Bastille; il y avait parmi eux un enfant de treize à quatorze ans qui se mettait à genoux et demandait grâce; un garde mobile voulait le sauver, mais les autres le tuèrent à coups de baïonnette en lui disant : « Tiens, voilà ta grâce[190] ! »

M. Ménard père monta au créneau : « Mon fils n'est pas homme politique, il n'est pas journaliste, il est historien; sous le titre de *Prologue d'une Révolution*, il a écrit l'histoire de février à juin, et s'il est coupable pour ce fait *je suis son complice* car comme vous, sans doute, [...] je me suis longtemps refusé à croire aux crimes commis à la suite de l'insurrection de Juin; mais lorsque j'ai appris, de la bouche même d'un soldat avec lequel je me trouvais en relations d'affaires, qu'il avait fusillé des prisonniers par ordre de son officier, lorsqu'il me l'a affirmé malgré toute l'horreur que je ne pouvais cacher, lorsque des amis, des hommes honorables m'ont assuré *avoir vu* des exécutions de prisonniers, oh! alors je n'ai plus douté et j'ai dit à mon fils que s'il écrivait, il fallait dire la vérité quoi qu'il arrivât. J'ai vu les documents qui ont servi à son histoire et je puis affirmer qu'il n'a pas assombri le tableau, au contraire. Dans la position d'accusé que l'on fait à mon fils, il s'agit donc de savoir si l'on doit flétrir l'homme courageux qui dénonce à ses concitoyens des crimes inconnus jusqu'ici, ou si l'on doit sévir contre les auteurs de ces crimes. »

Enfin, Louis Ménard lui-même voulut se faire entendre et s'inscrire en faux contre ceux qui taxaient de pamphlet ce qui n'était qu'un vigoureux ouvrage historique : « M. le Procureur général vous a dit que je n'avais pas fait de l'histoire, mais un pamphlet. Je prétends avoir fait de l'histoire, attendu que j'ai toujours puisé aux sources officielles, et plus particulièrement au *Moniteur*. Pour ce qui est du pamphlet, il peut se faire que je me sois servi d'expressions énergiques, répondant à mon indignation. Je suis bien convaincu que si l'avocat-général [M. Meynard de Franc] avait été témoin comme moi des douleurs de ces femmes malheureuses qui venaient au *Représentant du Peuple* nous demander quelques sous pour acheter du pain; de ces femmes qui ont perdu leurs maris, sans peut-être qu'ils soient morts, mais elles n'ont point de nouvelles et n'en auront jamais!... Il y en a plus de douze cents encore à cette heure dans le douzième arrondissement qui ne savent pas si elles sont veuves. Eh bien! si le concitoyen avocat-général eût assisté aux scènes de désolation de ces femmes et de ces enfants, il se serait servi d'expressions encore plus vigoureuses que les miennes! Qu'on ne m'accuse pas d'avoir excité à la haine des citoyens les uns contre les autres. Chaque jour le citoyen avocat-général excite à la haine contre la classe des parricides et des voleurs; moi, j'ai excité à la haine contre la classe des assassins, et plus encore surtout à la haine contre ceux qui, dans une position élevée, ne savent donner que des ordres impitoyables! »

Leconte de Lisle et Eugène Maron, qui travaillaient alors à leur *Histoire des guerres sociales depuis les Ilôtes jusqu'aux Anabaptistes inclusi-*

vement, veillaient à modérer la violence de ses coups de rehaut, par ailleurs fort habiles, et, à chaque nouvelle invective belliqueuse de l'accusation, croyant encore à l'acquittement, Leconte de Lisle tirait Ménard par la manche et lui glissait à l'oreille un goguenard : « Attrape ! Voilà ce qu'on gagne à faire de la politique, poète ! »

Les choses prirent une mauvaise tournure. Louis Ménard comprit qu'il n'échapperait pas à la condamnation et tenta d'éviter le pire à son ami Duchêne en se proclamant seul responsable ; en vain. À 21 heures, à une écrasante majorité, des deux chefs d'accusation : « excitation à la haine et au mépris du gouvernement de la République », et « excitation à la haine et au mépris des citoyens les uns contre les autres », les deux prévenus furent reconnus coupables. On réclama quinze mois de prison pour Ménard, trois ans pour Duchêne, et 10 000 francs d'amende pour chacun d'eux…

Le soir même, Ménard partit pour la Belgique et, dix jours après, le 17 avril, alors qu'allait éclater à Paris une épidémie de choléra, Leconte de Lisle répondit à sa première lettre. « L'air était oppressant. Une chaleur sans soleil accablait les hommes[191] » :

> Cher proscrit,
>
> Nous savions déjà par ton frère le succès de ta fuite illégitime vers les rives fleuries de l'Escaut. Ta lettre confirme cette heureuse nouvelle, et nous t'offrons en chœur le tribut de nos félicitations. Te voilà donc réduit à manger, pour ton argent, le pain de l'étranger, et à monter l'escalier d'autrui. Cette destinée dantesque t'était réservée. Hélas ! Jeune insensé, qu'as-tu fait ?
>
> Louis Ménard, pourquoi fuir ta patrie,
> Fuir notre encens, notre amour et nos soins ?
>
> Hélas, nous ne te verrons plus, apparition légère, passer drapé dans ta cape, le chef couvert du drapeau révolutionnaire et lançant au nez des bourgeois épouvantés la fumée provocatrice de ton coroso écourté. Ô malheureux, tu ne jouiras plus de l'aspect auguste de Proudhon !

Puis ce fut l'Angleterre, Londres, où Ménard rencontra Louis Blanc, Karl Marx, et où l'attendaient nombre de blanquistes, eux aussi proscrits[192].

Londres était à la confluence des esprits révolutionnaires qui avaient soufflé sur toute l'Europe. De nombreuses sociétés plus ou moins secrètes s'y étaient créées. Blanqui se tenait au courant depuis sa cellule de Doullens[193] des activités de ses ouailles et leur prodiguait conseils ou admonestations par le truchement de *L'Avis du Peuple*. Ménard et de Flotte, qui l'avait rejoint, vivaient dans une exaltation extrême. Ni l'un ni l'autre n'avaient baissé les armes. Pourtant, dans une lettre de février 1850 qui se voulait optimiste, de Flotte fit part à Blanqui de ses difficultés à fédérer tous les esprits authentiquement démocrates-socialistes. Une tentative de révolution – fomentée par les Montagnards et ayant abouti à la suspension du droit d'association – avait déjà lamentablement avorté le 13 juin 1849, et il s'agissait de ne pas recommencer.

Mais de Flotte échoua, une fois encore. Cazavant et Dupont « formèrent, après avoir consulté Louis Blanc et Caussidière, le dessein de fonder une société dont le but était de protéger les réfugiés. [...] Tant qu'il ne s'était agi que de questions de secours, tout le monde avait été d'accord. Mais les discussions s'étaient étendues jusqu'aux principes, une scission se fit, et [ils furent] aussitôt partagés en deux camps : celui des riches fondateurs et celui des pauvres affiliés[194]. » Ménard, évidemment, faisait partie des affiliés.

> Je vais essayer de vous distraire, écrit Vidil à Blanqui le 19 juillet 1850, dans votre tombeau vivant, en complétant, autant que je pourrai, les renseignements de B. sur les situations de l'émigration à Londres. G. vous est très dévoué, j'en suis convaincu, mais il est très paresseux ; aussi m'a-t-il chargé de compléter sa lettre par la plus longue épître sur ce qui se passe ici.
>
> Vous demandez si nous sommes nombreux dans notre nuance et vous supposez que la presque totalité des réfugiés suit la bannière de l'ancien gouvernement provisoire. Il n'en est heureusement rien. Ce qui est la *Société des Proscrits Démocrates-socialistes* est essentiellement communiste. La fraction la plus énergique, sans contredit, se dit et est de fait Blanquiste. Deux membres en font partie : Watripon et Ménard[195].

À partir de cet instant, les deux amis allaient suivre des chemins différents. Leconte de Lisle avait compris que la République échouerait et qu'il faudrait remettre la Révolution à plus tard. Il n'aurait de cesse de raisonner son ami proscrit et de lui prodiguer les conseils les plus bienveillants. Il connaissait – lui, l'ancien fouriériste ! – son caractère profondément engagé et dangereusement éclectique, et ne voulait pas qu'il se perdît dans la multiplication de projets aussi fantasques que chimériques. Il fallait renoncer à la politique qui, décidément, n'était pas faite pour les poètes. Les politiciens n'étaient d'ailleurs que des imbéciles ; ils avaient trahi l'esprit de la Convention et induit les masses, elles-mêmes stupides, en erreur. Il en voulait bien sûr à la terre entière, et, comme toujours dans ces moments-là, rêvait de retourner dans son île pour épouser la première venue, faire épouser à son ami sa jeune sœur Emma, et recouvrer enfin un peu de cette douceur que l'ultime rébellion du 13 juin lui avait à jamais gâtée.

> La Montagne et le Peuple ont indignement trahi la République, écrit-il le 15 juin[196], et Proudhon avait préparé la chose de longue main, dans une série d'articles abrutissants où 89 était conspué et les Pères de la Révolution journellement insultés. Notre pauvre République n'a-t-elle pas été depuis 18 mois la proie constante des crétins et des traîtres, et n'était-ce pas à désespérer de l'intelligence humaine que de voir les destinées de la démocratie commises à la foi d'un misérable économiste ? Aussi qu'est-il arrivé ? Cet homme a tellement énervé et perturbé l'esprit du peuple, il l'a tellement mis en défiance à l'égard des journalistes qui persévéraient dans la trois fois sainte tradition *conventionnelle* que ce peuple stupide s'est croisé les bras en face du hideux royalisme qui conspire en plein jour pour la ruine de la République et qui la déshonore à l'étranger par une guerre lâche et infâme [la campagne de Rome[197]], violatrice de la liberté et de tout sens moral.
>
> Je ne saurais t'exprimer, mon ami, toute la rage qui me brûle le cœur en assistant, dans mon impuissance, à cet égorgement de la République qui a été *le rêve sacré de notre vie.* Nous étions tous résolus, le 13, avant cette inepte

manifestation pacifique, qui a tout perdu, à racheter notre déplorable abstention[198] de l'année dernière par une lutte suprême.

Mais que veux-tu ? Le peuple a été balayé sur les boulevards par quatre hommes et un caporal, et le peuple est rentré chez lui, froid, indifférent et inerte.

Je te dis que les masses sont stupides. Je ne sais plus ce que nous avons à faire. La contre-révolution est installée au pouvoir, la France est déshonorée en Europe et nous n'avons plus de sang dans les veines. Si j'avais de l'argent, j'irais au diable, je ne sais où... (je serais, je crois, capable, dans mon désespoir, d'épouser Inez de Castro...)

Je serais toujours charmé que tu devinsses mon beau-frère[199] ; il ne te reste plus qu'à partir pour Bourbon, si tu es riche comme moi. Nous nous bâtirons une case dans les bois, et nous fumerons le calumet de la paix à l'ombre des nattes et des tamariniers. Nous serons heureux et nous aurons beaucoup d'enfants ; notre vie sera douce et tranquille, notre vieillesse sera honorée ; et quand l'heure viendra, nous nous en irons ensemble dans Jupiter – hélas !

Adieu, mon bonhomme, ne t'ennuie pas trop et fais des vers, c'est le seul moyen de vivre un peu.

Leconte de Lisle avait renoncé aux lendemains qui chantent d'une *Société Universelle des Communistes Révolutionnaires* telle que la prônèrent Marx, Engels et Harney, pour la Ligue des Communistes, Barthélémy, Adam et Vidil, pour l'organisation londonienne des émigrés blanquistes[200], dans leurs « façons de petits manuels » qu'ils voulaient « répandre gratis dans tous les ateliers de Paris[201] ». Le Communisme comme « dernière forme de la famille humaine », « la déchéance de toutes les classes privilégiées soumises à la dictature des prolétaires en maintenant la révolution en permanence », l'effacement des « divisions de nationalité[202] » conformément au principe de la fraternité, ce but auquel les membres de l'organisation internationale de combat juraient de se consacrer, Leconte de Lisle n'en voulait plus. La révolution effective était devenue secondaire par rapport aux aspirations, aux idéaux et aux idées de la révolution. Le politique appartenait au monde terrestre de l'action alors que l'artiste était résolument d'autre nature ; quoi qu'il fît, sa mission sacrée était de témoigner de la vie contemplative de l'esprit, de composer avec la lune-intelligence, de taquiner les génies solaires.

En couchant dans cette lettre du 7 septembre 1849 ses convictions profondes, le poète s'affirmait définitivement comme un artiste absolu. L'art, selon lui, était une contribution à l'idéal socialiste bien supérieure à tout le fatras charrié par le reflux des théories blanquistes. En faisant de lui une éthique et un modèle de vie sociale, il devenait un fanatique, c'est-à-dire, selon le mot de Flaubert[203], un religieux. Il renonçait proprement à l' « esprit du monde » pour embrasser sa vocation réelle, imposée par le dieu de l'unique Beauté, et demeurait pour cela résolu à « mourir à lui-même »...

Je comprends qu'on ait foi en quelques principes supérieurs, généraux, abstraits, à l'aide desquels on édifie spéculativement un système d'idées politiques et sociales. [L'artiste] peut même descendre, en un moment donné, dans le tumulte des choses passagères, afin de témoigner en passant et de sa sincérité et de sa foi et de son aptitude à vivre, s'il voulait, de la vie vulgaire. Ce que je comprends moins, ce que je ne puis m'empêcher de considérer *comme étant un acte coupable*, un oubli *irréligieux* du devoir élevé qu'il est spécialement donné à l'artiste de remplir, par le fait même de l'organisation particulière dont il est doué, c'est qu'il délaisse, par caprice ou par lassitude, la sphère de son développement intellectuel, et qu'il s'absorbe volontairement en des préoccupations d'un ordre secondaire, préoccupations *sujettes à varier* tant de fois au gré des sympathies *individuelles*, et sous l'empire desquelles on vient à subordonner *les principes aux hommes et les idées aux faits*.

Comment l'artiste ne voit-il pas que tous ces hommes voués aux brutalités de l'action, aux divagations *banales*, aux rabâchages éternels des mesquines et pitoyables théories *contemporaines*, ne sont pas pétris du même limon que le sien ? Comment ne s'aperçoit-il pas que ces hommes paraissent s'inquiéter de la réalisation d'un idéal quelconque, parce qu'ils ont beaucoup plus de sang dans les veines que de matière cérébrale dans le crâne ? La grossièreté de leurs sentiments, la platitude et la vulgarité de leurs idées ne le blessent-elles point ! La langue qu'ils parlent est-elle semblable à la sienne ? Comment peut-il vivre, lui qui était l'homme des émotions délicates, des sentiments raffinés et des conceptions lyriques, au milieu de ces natures abruptes, de ces esprits ébauchés à coups de hache, toujours fermés à toute clarté d'un monde supérieur? Une loi de nécessité harmonique n'enveloppe-t-elle pas et ne dirige-t-elle pas ce qui est? Les hommes ont été confinés par elle aux infimes échelons de la grande hiérarchie humaine.

Ne me dis pas que la lutte est ouverte entre les principes moraux que nous confessions tous deux et les iniquités sociales de ce temps. Il y a bien des siècles que cette lutte est commencée et elle se perpétuera jusqu'au jour où le globe s'en ira en poussière dans l'espace, mais il n'est qu'une seule façon d'y prendre part. Les efforts et les modes d'efforts varient en raison de la diversité, et la hiérarchie des esprits et les grandes œuvres d'art pèsent dans la balance d'un autre poids que cinq cents millions d'almanachs démocratiques et sociaux. J'aime à croire – et puisse le rapprochement monstrueux m'être pardonné – que l'œuvre d'Homère comptera un peu plus dans la somme des efforts moraux de l'humanité que celle de Blanqui.

En vérité, n'es-tu pas souvent pris comme moi d'une immense pitié, en songeant à ce misérable fracas de pygmées, à ces ambitions malsaines d'êtres inférieurs ? Ne t'enfonce pas dans cette atmosphère où tu ne saurais respirer. Je te le dis sincèrement, la plus grande peine que je pourrais éprouver serait de te voir, toi que j'aime et que j'estime entre tous, comme homme et comme poète, descendre pour toujours dans ces bas-fonds de notre malheureuse époque de décadence, pour y consumer en efforts stériles, en déviations déplorables, ta jeunesse et ton intelligence. La promptitude avec laquelle tu t'enthousiasmes pour ces hommes d'action m'inquiète. Vas-tu passer ta vie à rendre un culte à Blanqui, qui n'est ni plus ni moins qu'une sorte de hache révolutionnaire, *hache utile en son lieu*, je le veux, mais hache enfin ! Va ! le jour où tu auras fait une belle œuvre d'art, tu auras plus prouvé ton amour de la justice et du droit, qu'en écrivant vingt volumes d'économie.

Donnons notre vie pour nos idées politiques et sociales, soit ; mais ne leur sacrifions pas notre intelligence, qui est d'un prix bien autre que la vie et la mort, car c'est grâce à elle que nous secouerons sur cette sale terre passionnée la poussière de nos pieds pour monter à jamais dans les magnificences de la vie stellaire. Ainsi soit-il[204].

Leconte de Lisle instaurait un nouveau manichéisme : d'un côté il n'y avait plus les bourgeois mais tout ce qu'ils incarnaient, la bassesse, la petitesse, la bêtise, l'ignorance, la mesquinerie, le profit, l'esclavage, la pesanteur, le vice, bref la laideur sous toutes ses formes; de l'autre il n'y avait pas seulement les artistes mais tout ce qu'ils figuraient, la noblesse, la générosité, l'intelligence, le savoir, l'abnégation, le déisme, la liberté, la vertu, la grâce, en un mot la beauté sous toutes ses acceptions. Il souhaitait qu'il y eût une révolution – qui lui paraissait d'ailleurs inéluctable – mais d'une autre nature, et qui fût capable de mettre le poète, ce prêtre d'Aphrodite, au sommet de la société. Sa nouvelle république se faisait peu à peu « transfiguration », « théocratie », et, par voie de conséquence, absolutisme. Il en fit doctoralement l'exposition dans une lettre à Louis Ménard du 8 novembre 1849, où il prit aussi la liberté de le chapitrer pour son papillonnage intellectuel, tout en réglant un petit différend concernant une certaine place qu'on lui aurait promise et qu'il eût mieux fait, selon son ami, de ne pas « implorer »...

En vérité, je te le dis, tu te perds à plaisir, et tu finiras par prendre en haine et en mépris tes beaux vers parce qu'ils ne parlent pas de Barbès ni de Blanqui. Tu appelles Barbès, Blanqui et le reste, *tes maîtres*, *tes guides*, les Confesseurs de la foi, des *christs transfigurés* ! Comment feras-tu pour te pardonner cela un jour ! [...] En deuxième lieu, *tu passes tes journées* à discuter avec Cazavant et autres *ejusdem farinae*. Quand je songe à cela j'entre contre toi en d'épouvantables colères. Enfin, tu vas écrire, dis-tu, une histoire de la Révolution. Rien de mieux pourvu que, dans ton adoration actuelle de Louis Blanc, tu ne fasses pas un résumé de son livre, surtout de ses prolégomènes qui, entre nous, sont purement et simplement emphatiques et d'une vérité historique fort contestable. [...]

La grande facilité que tu possèdes de t'assimiler les idées les plus hétérogènes et de te livrer aux études les plus opposées avec le même goût et la même passion ont développé en toi une excessive mobilité à laquelle tu ne prends pas assez garde, car c'est d'elle que proviennent et ton engouement subit pour tel homme et telle doctrine et ton détachement tout aussi prompt de ce même homme et de cette même doctrine. Tu portes dans la science et l'art, comme dans la politique, cette fatigue de tout effort suivi, ce désir invincible auquel tu obéis toujours, de changer de culte au gré de ton caprice. *Agir ainsi*, mon cher ami, c'est disperser tes forces, c'est répandre ton esprit en libations stériles, c'est appeler en toi, avant l'âge, *la lassitude de l'intelligence et le dégoût de la vie*. Or, tu es jeune, tu es instruit, tu as une haute moralité esthétique, tu as un talent plein de distinction et d'éclat; donc tu n'es pas fait pour mourir de la vie que tu mènes. [...]

La Révolution s'accomplira parce que l'humanité contient actuellement un dogme nouveau qui ne se manifestera qu'après une période normale de gestation. L'ordre social sera anéanti par tous les moyens, parce qu'il est irréligieux c'est-à-dire stupide et mauvais; mais *pas un seul des démocrates actuels n'a le sens de cette transfiguration magnifique*. Ils sont trop bêtes et ignorants. Il m'est *impossible* de vivre avec eux. Ce qui n'empêche pas, au contraire, que je sois *très révolutionnaire et irrévocablement dévoué* à la réorganisation future et supérieure de la société européenne, c'est-à-dire à la théocratie nouvelle. [...]

Je donnerais beaucoup pour être certain du travail qu'on me promet. J'irais passer un ou deux mois à Genève où tu viendras me rejoindre. Nous nous retremperions tous deux. Tu me dis à ce propos que j'eusse mieux fait de rester à *la Réforme* que d'*implorer* la protection d'un réactionnaire qui me donne de l'eau bénite de cour. Je réponds victorieusement, d'une part, que le vieux Lamennais m'ayant très catégoriquement prié de partir, il m'était assez difficile de me cramponner à son journal quand même ; et, d'autre part, que, loin d'*implorer* la protection de n'*importe qui*, ce que *je n'ai jamais fait*, c'est le réactionnaire en question qui m'a *imploré* afin que je me laissasse protéger par lui. – Je suis de ce côté en paix avec ma conscience[205]. Voilà ce que j'avais à te dire. Tu ne m'en voudras pas de ma franchise et tu reconnaîtras, au contraire, en lisant mes récriminations, que je suis à toi de cœur[206].

De fait, par mesure de précaution, le premier président de la République française, élu le 10 décembre 1848 face au général Cavaignac, Louis-Napoléon Bonaparte, ce « crétin que l'on mènerait », jura de « rester fidèle à la République démocratique, une et indivisible, et de remplir tous les devoirs que [lui] imposait la Constitution ». Il fit supprimer la liberté de la presse sur tout le territoire national dès le 19 juin 1849, et tous les journaux qui s'étaient peu ou prou montrés favorables à la révolution durent, à compter de ce jour, purement et simplement cesser leurs activités[207].

L'esthétique de l'échec

1848 ouvrit chez Leconte de Lisle une fêlure intérieure qui se creusa davantage avec le temps et les épreuves[208]. Alors que Louis Ménard ne s'était pas découragé et avait décidé de poursuivre coûte que coûte la lutte, malgré l'exil, Leconte de Lisle l'avait abandonnée au premier revers de fortune, s'empressant de rejeter la responsabilité de l'échec non sur les méthodes employées par les siens, mais sur les masses elles-mêmes, ainsi que sur leurs chefs pour lesquels il n'avait pas de parole assez dure. La politique était décidément trop inconstante et friable en comparaison des marbres antiques et, en vérité, entre la beauté idéale et la révolution, sa réalisation concrète dans la vie sociale, Leconte de Lisle avait probablement déjà fait son choix bien avant 48. Il ne fit que saisir l'occasion de la défaite pour se dédire de ses rêves, pour se défaire de tous ses engagements envers l'humanité[209]. La démocratie telle qu'il la concevait était d'ailleurs d'un genre tout totalitaire et despotique, comme il le déclara plus tard à Ricard, « avec une torsion significative de sa bouche redoutable » : « Je ne suis pas démocrate, mais démagogue », voulant dire par là, explique Ricard, qu'« il faut se servir du peuple et non le servir, et faire tout *par* lui, mais rien *pour* lui ». « Leconte de Lisle, dit-il encore, était aussi peu libéral qu'on peut l'être, [...] partisan d'un gouvernement fort exercé despotiquement [...] par une oligarchie. [...] Les moyens les plus expéditifs [...] ne lui répugnaient pas trop, ni même un peu du mystère terroriste dans le gouvernement », comme celui de la République de Venise[210].

Si ses convictions démocratiques s'étaient bien émoussées, – cela tint-il à la rigidité paradoxale de son éducation bourbonnaise qui lui apprit à se scandaliser des coups de chabouc mais aussi, bon an mal an, à en profiter ? – son échec politique allait être pour lui l'occasion de se recentrer sur l'essentiel :

> Non, écrira Jean-Paul Sartre, ce nouveau Marat, cet « Ami du peuple » se moque bien des masses, aussi « sales et dégoûtantes » que leurs maîtres puisqu'elles appartiennent comme eux à cette « engeance », l'humanité. Celle-ci, comme on voit, a perdu en route son Idée : l'avenir, quelques mois plus tôt, devait libérer l'homme de ses chaînes et lui permettre de s'accomplir grâce à l'enseignement de quelques jeunes dieux, fils de Niobé. Cet avenir s'effondre à tout jamais : les chaînes seront éternelles. Et les enfants de Niobé, abandonnant leur rôle pacifique d'éducateurs, révèlent tout à coup leur dessein : imposer la République *par la Terreur* ; on coupera des têtes : quelques-unes seront bourgeoises et la plupart populaires. La haine éclate : ce républicain déteste la populace, il l'a toujours détestée. Il se battra pour l'*Idéal*. [...] Cet artiste, égaré dans l'action, n'a pas reconnu, d'abord, l'idéal pour ce qu'il est, c'est-à-dire, par principe, un *irréalisable*[211], et s'est épuisé en efforts stériles. Première justification : son échec était inévitable puisque l'action est un faux-semblant qui, dès qu'on veut s'y jeter, révèle son inconsistance. Au reste – deuxième justification – il s'est montré le plus digne ; il n'a point agi, certes, mais il s'est sacrifié, par générosité, à une cause perdue, ce qui définit, à l'époque, la Noblesse. Par là il montrait sans le savoir la hauteur de ses vues et sa fidélité à l'idéal, mal compris encore, qui le dévorait déjà : il va de soi qu'il devait être trahi par tout le monde, par les politiciens grossiers qui se disaient démocrates et par la plèbe qui refusait le salut. Ce Christ a, plus heureux que son prédécesseur, bénéficié d'innombrables Judas. Mais, par toutes ces raisons, l'échec est devenu bénéfique : le prophète trahi découvre l'homme et le monde sous ce jour impitoyable. Il *devait* commencer par l'action : c'est l'ordre ; on va de l'illusion à la vérité. Loin de le blâmer d'être entré – si peu – dans l'arène politique, il convient donc de le féliciter d'en être si vite ressorti. De fait, sa supériorité sur Ménard vient de la rapidité avec laquelle il a choisi l'échec. [...] Leconte de Lisle ne subit pas l'échec à la manière de Flaubert : il le prend pour thème poétique et comme *conversion* à l'Idéal[212].

Nous sommes donc à présent légitimement en droit de nous interroger sur l'authenticité des convictions républicaines, socialistes et démocratiques de Leconte de Lisle. Un homme qui méprisait aussi violemment et aussi ouvertement le peuple – et la chose ne se démentirait jamais par la suite – pouvait-il encore sérieusement se proclamer républicain ? Comment concevoir, sans implosion de l'âme, l'association du socialisme et de la misanthropie ? Leconte de Lisle a-t-il d'ailleurs jamais été démocrate autrement que par méprise ? « A-t-il jamais rêvé d'autre chose que d'instaurer le règne de la beauté, dont l'harmonie et la splendeur devaient assurer le bonheur de ce monde ? La défaite, répétons-le, le libère de cette erreur et le ramène à ses options profondes : dédain du présent, adhésion sans réserves à l'art grec[213]. »

Chapitre sixième

L'idéal poétique

(1850-1852)

Il se replongea de plus belle dans ses traductions de l'*Iliade*, de l'*Odyssée*, dans sa compilation de l'*Histoire des guerres sociales* et dans l'achèvement de son recueil des *Poëmes antiques*, auquel il avait décidé d'ajouter des pièces d'inspiration hindoue – il s'était récemment familiarisé avec le Bouddhisme, l'Hindouisme et le Brahmanisme grâce aux travaux de Burnouf, de Langlois, et par le biais de traductions des *Védas* – telles que *Sûryâ* et *Bhagavat*. La rupture avec le fouriérisme, celle d'avec sa famille, le refus du ministère de lui attribuer un poste d'enseignant à Bourbon, l'impossibilité de pouvoir participer davantage à la *Réforme* auprès d'un Lamennais que somme toute il admirait[214], le départ de Ménard, les conditions matérielles extrêmement pénibles, l'obligation qui en découlait de recourir aux expédients du préceptorat, l'échec de la révolution enfin, et bientôt celui de la république tout entière, donnèrent à ses travaux toute l'énergie, toute la violence que confèrent même aux esprits les moins médiocres les situations les plus désespérées. Si l'on ajoute à cela une ou deux idylles malheureuses, on comprendra mieux que Leconte de Lisle se soit raccroché au seul domaine où il semblait ne pas pouvoir échouer.

Il fallait avant tout rompre. Rompre avec les fumées socialistes de la révolution, rompre avec les vapeurs suffisantes des sentiments égotistes, qu'ils fussent lyriques (Lamartine, Musset, Lacaussade, Louise Colet...) ou romantiques (Hugo), rompre avec les nuées ténébreuses de l'esprit du monde en général, et ne s'attacher qu'à la seule beauté qui fût à la fois moralement unique et esthétiquement multiple, celle de la forme.

Sa crise existentielle était alors à son paroxysme :

> Les contrariétés et les angoisses de toute sorte pleuvent sur moi, écrit-il à Bénézit le 1er septembre 1850. Je te raconterai de vive voix ce qui m'arrive ; tu verras, mon cher Charles, qu'il y a de pauvres diables vraiment destinés à subir tous les maux et toutes les traverses. Je ne sais, sous le rapport matériel, comment je ferai pour vivre cet hiver, et j'ai parfois le pressentiment que le froid et le besoin feront que j'en finirai avec la vie[215].

Et le remède, sans appel :

> Ce livre est un recueil d'études, un retour réfléchi à des formes[216] négligées ou peu connues. Les émotions personnelles n'y ont laissé que peu de traces; les passions et les faits contemporains n'y apparaissent point. Bien que l'art puisse donner, dans une certaine mesure, un caractère de généralité à tout ce qu'il touche, il y a dans l'aveu public des angoisses de cœur et de ses voluptés non moins amères, une vanité et une profanation gratuites. D'autre part, quelque vivantes que soient les passions politiques de ce temps, elles appartiennent au monde de l'action; le travail spéculatif leur est étranger. Ceci explique l'impersonnalité et la neutralité de ces études. Il est du reste un fonds commun à l'homme et au poëte, une somme de vérités morales et d'idées dont nul ne peut s'abstraire; l'expression seule en est multiple et diverse. Il s'agit de l'apprécier en elle-même[217].

Leconte de Lisle s'accordait avec Louis Ménard[218] qui prônait, comme on l'a vu, au-delà du polythéisme hellénique, un retour aux valeurs du passé, mais aussi avec Thalès Bernard, qui affirmait haut et fort l'importance du religieux dans la compréhension des diverses cultures de l'humanité. L'individualisme moderne, l'intrusion de l'*ego* dans toutes les activités de l'esprit humain étaient responsables de la perte de la foi et du sens de la morale civique[219]. « La Poésie, réalisée dans l'art, n'enfanterait plus d'actions héroïques; elle n'inspirerait plus de vertus sociales; parce que la langue sacrée, [...] réduite [...] à ne plus exprimer que de mesquines impressions personnelles, [...] n'était plus apte à enseigner l'homme. [...] Des commentaires de l'*Évangile* pouvaient bien se transformer en pamphlets politiques; c'était une marque du trouble des esprits et de la ruine théologique[220]. »

Pour que les poètes fussent entendus de nouveau, il fallait qu'ils renoncent à leurs « plaintes stériles », à leur « propre inanité », et qu'ils s'engagent, « sous peine d'effacement définitif », sur le chemin « des traditions idéales », s'isolent « du monde de l'action » et se réfugient « dans la vie contemplative et savante, comme en un sanctuaire de repos et de purification ». C'était pour eux la seule façon d'entrer, « par le fait même de leur isolement apparent, dans la voie intelligente de l'époque », c'est-à-dire, de recouvrer les sources prodigieuses de la poésie épique. Pour Leconte de Lisle comme pour Thalès Bernard, « la grande poésie épique était [bien] morte par la disparition des dieux[221] ». Leurs opinions ne divergeaient que sur la méthode à employer. L'un prônait l'exploitation des ressources de la poésie populaire, « méconnue pendant des siècles[222] », là où l'autre tentait de se transporter « dans toutes les cosmogonies, [...] pour peindre les époques sacerdotales[223] ». Le premier voulait faire revivre les peuples du nord grâce aux paysages du midi[224]; le second ressusciter les paysages de *Midi* par l'étude des peuples antiques. Thalès inclinait au populisme[225]; Charles, à l'élitisme.

L'*Iliade* et l'*Odyssée*

Ce ne fut pas Louis Ménard qui transmit le virus de l'antiquité à Leconte de Lisle. Il lui avait été inoculé bien avant leur rencontre, d'abord superficiellement, par la lecture du second *Faust*, puis plus profondément, dans les catacombes du « monument littéraire » d'André Chénier. Son admiration pour les chefs-d'œuvre des autres époques s'en trouva amoindrie parce qu'ils « ne présentaient pas ce caractère un et général que renfermait dans une individualité vivante l'expression complète d'une vertu ou d'une passion idéalisée ». Les Latins ne lui paraissaient plus que de pâles imitateurs, les Classiques français, des poètes sans inspiration profonde, manquant de vitalité comme de souffle. C'était à peine si Corneille, le Molière du *Misanthrope* et le Racine de *Phèdre* trouvaient grâce à ses yeux. L'*Éternel féminin* ne s'appelait plus Marie[226], ni Virginie, ni Angélique, ni Didon, ni Clarisse, ni Iseut, ni Héloïse, ni Guenièvre, ni Lucrèce, ni Esther, ni Marguerite, ni Laure, ni Béatrice[227], ni même Ophélia, Miranda ou Lady Macbeth, mais Aphrodite, Artémis, Galatée, Pénélope, Clytemnestre, Andromaque, Hécube, Iphigénie, Cassandre, Thétis, Niobé, Ariane, Jocaste, Antigone, Médée, Électre et bien sûr, *Hélène*...

L'harmonieuse Hellas, vierge aux tresses dorées[228].

On peut affirmer avec Louis Tiercelin que dès 1847 « Leconte de Lisle vivait dans une sorte de rêve antique, en communion avec quelques esprits hantés, comme lui, par le fervent désir de renouveler les études helléniques[229] ». Louis Ménard et Thalès Bernard ne furent pour rien dans la naissance de cette vocation. Ils se rapprochèrent parce qu'ils se ressemblaient, même s'ils devaient évoluer différemment. Thalès inclina vers l'occultisme, Louis vers l'éclectisme mais Charles ressentait le besoin tout particulier de retourner à la source. Cela tenait, selon lui, à sa nature même, « trois fois générée : par l'intelligence, par la passion, par la rêverie », réunissant « trois qualités incomparables », au même degré : « l'ordre, la clarté et l'harmonie ». L'intelligence et la passion avaient créé « les types qui exprimaient des idées complètes » ; la rêverie, répondu au « désir légitime de mystère et d'inconnu ». Aussi, l'antiquité, « libre de penser et de se passionner », ayant « réalisé et possédé l'idéal », contenait-elle « ce qui serait éternellement donné à l'esprit humain de sentir et de rendre[230] ». Il y avait là un absolu, un éblouissement, une alliance indépassable entre la nature de la vie et celle de l'idéal. Tout le reste avait sombré, moins dans les « conceptions » que dans les « compositions », quoiqu'à des degrés divers, dans la décadence. « Depuis Homère, Eschyle et Sophocle, qui représentaient la Poésie dans sa vitalité, dans sa plénitude et dans son unité harmonique, la décadence et la barbarie avaient envahi l'esprit humain. [...] Le cycle chrétien tout entier était barbare. Dante, Shakespeare et Milton n'avaient prouvé que la force et la hauteur de leur génie individuel. » La *Divine Comédie*, *Hamlet*, le *Paradis Perdu* étaient les produits de prodigieux artistes, non les produits prodigieux d'artistes. « La sculpture s'était arrêtée à Phidias et à Lysippe ; Michel-Ange n'avait rien fécondé ; son œuvre, admirable en elle-même, avait ouvert une voie désastreuse. Que restait-il donc des siècles écoulés depuis la Grèce ? quelques individualités puissantes, quelques grandes œuvres sans lien et sans unité[231]. » Les lumières du génie de la poésie s'étaient – de façon non irrémédiable – « affaiblies graduellement » jusqu'aux ténèbres. L'épopée n'était plus possible. Leconte de Lisle ne pouvait donc pas vouloir la ressusciter, comme on a pu l'affirmer, mais s'en pénétrer, persuadé qu'il était « qu'à génie égal, les œuvres qui retracent les origines historiques, qui s'inspirent des traditions anciennes, qui [se] reportent au temps où l'homme et la terre étaient jeunes et dans l'éclosion de leur force et de leur beauté, exciteraient toujours un intérêt plus profond et plus durable que le tableau daguerréotypé des mœurs et des faits contemporains ». Toute son œuvre et toute sa vie se tournèrent donc vers le passé antique comme vers les rivages de Saint-Paul. L'enfance de l'humanité devint *son* enfance et, en traduisant Homère, – car, au fond, lui aussi désirait passionnément Ithaque – peut-être ne fit-il jamais qu'essayer de la recouvrer.

Leconte de Lisle ne voulait faire aucune concession avec son siècle. Il était hors de question pour lui d'accommoder ses traductions aux mœurs de son époque, d'être « sympathique au goût français », de prostituer son style aux modes et aux conventions passagères. La traduction d'un poème éternel devait revêtir elle-même une forme éternelle. Traduire Homère pour les siècles nouveaux ? Pour les bourgeois ? Pour les industriels ? Jamais de la vie ! Il fallait rendre beauté pour beauté et serment pour serment. Foin du Dictionnaire de l'Académie ! Des La Harpe[232], des Dacier[233], des Bitaubé et de leurs écoles… Les « esprits cultivés », jeunes et nouveaux Narcisse, ne finissaient par rechercher dans les traductions des poètes éternels (Dante, Homère, Virgile, Le Tasse, Milton…) que le reflet de leur propre caractère. « Les hommes de goût pouvaient lire ces ouvrages sans crainte : […] les noms aux désinences ridicules avaient disparu. Les termes barbares avaient fait place à des locutions permises. […] Toutes les mœurs avaient été transformées, et – dans l'antiquité païenne – leurs vertus modernes avaient brillé du plus vif éclat[234] !… » Ce n'était pas cela que voulait le poète. Il fallait être capable de rompre avec la « délicatesse extrême de notre langue », tordre le cou à « la rigidité grammaticale » pour « se ployer aux tournures au moins singulières des idiomes étrangers », ne plus négliger « la lettre » enfin au profit de « l'esprit », puisque « l'esprit » était et avait toujours été de glorifier « la lettre ». Cela voulait dire qu'il fallait être capable de déplaire à ses contemporains, de tourner le dos au succès, de supporter l'infamante épithète de « mauvais » traducteur… Ce que voulait Leconte de Lisle, c'était une traduction qui fût proprement littérale, qui « prît l'empreinte exacte de l'expression » antique. Mais « de telles traductions, sortes de réincarnations qui ressuscitaient tout un monde enseveli dans l'oubli des âges, étaient-elles possibles ? […] En l'absence de telles œuvres qui peut-être ne sortiraient jamais du domaine du rêve, ne saurait-on reconnaître, avec les lettrés du dix-septième siècle et du dix-huitième, l'inutilité de l'effort pour restituer au poème antique la patrie qu'il avait perdue ; ne pouvait-on se contenter de créer à ce poème une autre existence en un milieu d'adoption et, puisque le génie des langues modernes s'était éloigné du génie des anciens idiomes, puisque la vie des mots n'était plus la même, puisque la variabilité dans l'ordonnance des phrases et dans la valeur relative des inflexions avait modifié le moule de la pensée, puisqu'à trois mille ans de distance des formules similaires, répondant à des états d'esprit distincts, évoquaient des visions ou des sentiments souvent disparates, puisque l'expression de la beauté résultait d'harmonies différentes, n'appartenait-il pas aux intelligences les plus hautes de renoncer à des essais de décalque stériles, pour s'efforcer de rendre au moins, à défaut de l'intime pensée qui nous échappait, un reflet de l'inspiration sublime, une lueur de la grandeur imposante de l'ensemble ? Et, puisque les traductions littérales de l'Antique risquaient trop souvent d'aboutir à la cacophonie des mots, au désaccord des idées, n'était-ce pas plus compréhensif et plus sage de se résigner, comme l'avaient fait nos pères, à des traductions littéraires[235] ? »

Les universitaires et les traducteurs professionnels s'offusquaient de cette prétention d'un simple artiste d'aborder aux rives de l'érudition habituellement réservées aux purs exégètes de l'esprit antique. L'auteur du célèbre *État des langues et des Littératures grecques en France*, Émile Egger, inspecteur général et directeur de l'enseignement du grec à la Sorbonne, allait ouvrir le feu – « les traductions d'Homère par M. Giguet et M. Pessonneaux [...] témoignant d'un effort honorable pour reproduire, en français, la couleur du style particulier de la vieille époque grecque sans tomber dans l'abus d'exactitude presque matérielle dont ne se défendait pas M. Leconte de Lisle[236] » – et Maxime Gaucher, « universitaire hermétiquement bouché[237] », bien des années plus tard, mènerait l'assaut final : « Quand bien même M. Leconte de Lisle aurait coulé son plâtre sur la figure même d'Euripide [...], reproduisant chaque saillie, chaque creux, chaque protubérance et chaque dépression, [...] c'était un masque sans mouvement, sans vie, sans douleur, sans regard, sans expression ; ce n'était pas Euripide. Ce traducteur était le plus cruel trahisseur [*sic*] qu'on eût jamais vu. Chaque langue n'avait-elle pas ses locutions particulières, ses idiotismes, ses images consacrées, ses métaphores, tirées d'usages locaux, qui semblaient naturels à ceux qui la parlaient ? Transportés tout vifs et tout crus dans une autre langue, l'effet était étrange... Mais à quoi bon réclamer ? » finirait-il pas reconnaître. « M. Leconte de Lisle ne changerait pas sa méthode. Il se persuadait qu'il faisait œuvre d'artiste et se montrait pieux adorateur de l'antiquité en se cramponnant au “mot à mot”[238]. »

Dans cette bataille d'esthètes, Leconte de Lisle eut néanmoins quelques alliés...

Louis Ménard, bien sûr, pensait que « les Grecs eux-mêmes, écrivant en français, n'auraient exprimé leurs idées ni avec plus de précision ni avec plus d'élégance » que ne l'avait fait son ami. Pour lui, « Leconte de Lisle était un traducteur impeccable, un parfait artiste. Il ne sacrifiait jamais le fond à la forme, l'essentiel au décor, l'authentique à l'à peu près, la pensée à la convention ; il était préoccupé du mot propre et des nuances d'expressions ; il soignait l'épithète et il se souciait de la science vétilleuse des particules. Il s'attachait au mot à mot, – et c'était tant mieux ! – respectait l'orthographe des noms propres... [Bref], tout ce qui était la marque de l'esprit grec, charme de naturel, fraîcheur de jeunesse, grâce sans apprêt, tout cela brillait dans ces traductions à côté de la beauté de la pensée profonde[239]. [...] Il n'était [en effet] plus permis aujourd'hui de confondre la religion grecque et la religion romaine ni de remplacer, dans des traductions ou des œuvres originales, les noms grecs avec les noms latins. La distinction se faisait depuis longtemps en Angleterre et en Allemagne quand la France s'était décidée à s'y mettre. Nous avions eu beaucoup de peine à triompher ici de la routine, mais maintenant c'était fait ; il n'y avait plus à y revenir et on ne trouvait personne – si ce n'était peut-être à l'Université

– pour affubler Zeus du nom latin de Jupiter[240]... » Théophile Gautier pensait pour sa part que « Leconte de Lisle était parfois plus grec que la Grèce [elle-même]. Son orthodoxie païenne pouvait faire croire qu'il avait été, ainsi qu'Eschyle, initié aux Mystères d'Éleusis... Sa poésie austère, noble et pure, produisait l'effet d'ordre dorique, découpant sa blancheur sur un fond de montagne violette. [Son] hellénisme était plus franc, plus archaïque que celui d'André Chénier. Il jaillissait directement des sources. Certains de ses poèmes originaux faisaient l'effet d'être traduits de textes grecs ignorés ou perdus. » Quant à Victor Hugo, qui, s'il faut en croire Alexandre Dumas fils, « lisait dans leur langue maternelle ses poètes favoris – ce qui mettait tout le monde d'accord –, depuis Homère jusqu'à Dante, depuis Juvénal jusqu'à Shakespeare, il ne reconnaissait qu'à Leconte de Lisle le droit de les faire parler dans la langue française. »

Pour preuve, cette lettre de soutien et de réconfort qu'il lui adressa depuis Guernesey, le 20 avril 1867[241] :

> Mon cher confrère,
>
> J'ai lu votre traduction d'Homère et je la relirai. C'est plus qu'une traduction, c'est souvent une révélation... J'avais mal appris le grec et je ne le savais plus. Vieux, je me suis mis en tête de le réapprendre. Vous m'aidez dans cette étude et je suis heureux de sentir votre main dans ma main, en marchant dans les grands Poèmes homériques... Votre traduction est un monument. Un traducteur, oui, certes vous l'êtes ; mais dans le savant qui traduit on sent le penseur qui crée. Vous êtes un miroir qui a sa lumière propre. Vous êtes l'homme docte et inspiré. Homère est à la fois, éclairci de votre érudition et éclairé de votre esprit. Vous avez le don des intelligences complètes qui sont sagaces, en même temps que visionnaires. C'est de ce double rayon qu'étaient faits les Prophètes. Vous êtes digne de traduire le prophète Homère. Le puissant poète qui est en vous fraternise avec la vieille âme de ce poète antique. Vous êtes là chez vous, on le sent. Familiarité glorieuse.

Egger, Giguet, Pessonneaux et Gaucher, qu'est-ce que tous ces noms comparés à ceux[242] de Louis Ménard, de Théophile Gautier, de Victor Hugo, auxquels il fallut bien ajouter ceux de Jules Lemaitre, d'Anatole France[243], de Maurice Barrès, d'Élie Faure et de George Sand[244] ? Mais Leconte de Lisle, pour qui la musique des vers était irremplaçable, vivait un autre douloureux dilemme : celui de devoir traduire la Grèce en prose. Comment en restituer la musique ? Comment trouver le mouvement et les justes impulsions des âpretés et des naïvetés attiques ? Comment conférer à la copie la grâce et l'archaïsme du modèle ? Le poète ne voyait pas. Il avait beau tourner et retourner cent fois la forme de ses phrases dans le creuset de la grammaire, la chose était impossible. Une immense frustration en résultait. Il lui fallait trouver comment rendre cette perfection, donner une idée de la splendeur de ce génie perdu aux néophytes. Une idée mûrit : additionner ses traductions à ses propres travaux poétiques, ajouter à leurs murmures en prose ses propres symphonies en vers. Ainsi, quelque part, dans le cortex de ses lecteurs, s'édifierait, s'ils en prenaient la peine et s'ils le désiraient vraiment, le mausolée de la vérité hellénique. Son amour de l'excellence, sa soif absolue et tyrannique de perfection ne tarirait plus. Il écrirait *Thyoné*, *Glaucé*, *Kybèle*, *Pan*, *Klytie*, *Le Réveil d'Hèlios*, *Hylas*, les *Odes anacréontiques*, *Le vase*, *Les Plaintes du Cyclope*, *L'Enfance d'Héraklès*, *Thestylis*, *Péristéris*, *Phidylé*, *Les Bucoliastes*, *Kléarista*, *Fultus Hyacintho*, etc. Il s'exercerait comme un athlète à l'impitoyable métier d'être écrivain mais, alors qu'Alexandre Dumas fils venait deux ans plus tôt, à l'âge de vingt-quatre ans, de publier son chef-d'œuvre absolu (*La Dame aux Camélias*), que Chateaubriand venait tout juste de mourir, laissant au pied de son lit un autre manuscrit sublime qui devait bouleverser Victor Hugo (*Les Mémoires d'Outre-Tombe*), que George Sand livrait au peuple français sa *Petite Fadette*, que Barbey d'Aurevilly travaillait à sa *Vieille Maîtresse*, Sainte-Beuve à sa *Causerie du lundi*, Murger à ses *Scènes de la vie de Bohème*, Théophile Gautier à ses *Émaux et Camées*, Leconte de Lisle, lui, en 1850, n'avait toujours rien publié.

Quelle fut donc l'influence de Louis Ménard sur le traducteur ? Il n'est pas certain qu'elle fut aussi grande qu'on voulut bien le dire[245] puisque ni Ménard ni Leconte de Lisle, par orgueil ou par modestie, n'évoquèrent jamais une quelconque collaboration. Mais le contraire n'est pas certain non plus... Il est aussi possible que les deux amis aient envisagé de travailler ensemble à ces traductions – en quatrième de couverture des *Poèmes* de Louis Ménard, parus le 21 juillet 1855, des « traductions littérales par Leconte de Lisle et Louis Ménard » de « *la Poésie grecque* » furent effectivement annoncées – sans que leurs projets ne se concrétisent. Le fait est que l'on essaya de mille façons de minimiser la qualité des travaux de Leconte de Lisle, soit en en faisant le vile disciple de Louis Ménard – ce qu'il fut à juste titre à ses débuts –, soit en l'accusant d'avoir frauduleusement utilisé des traductions antérieures – notamment des éditions juxtalinéaires à l'usage des écoliers[246] –, ou bien des traductions latines de l'éditeur Didot, pourtant très fidèles, plutôt que le texte grec original[247]...

Regarder les travaux de ses devanciers, mais qui ne l'eût pas fait ? Il aurait fallu être prodigieusement présomptueux, et même Leconte de Lisle ne l'était pas assez, pour balayer d'un revers de main les efforts méritoires de générations d'exégètes, tous plus éminents les uns que les autres. Henri Peyre s'est pourtant livré au fastidieux exercice. Il a comparé les traductions de Leconte de Lisle avec celles de ses contemporains, « celles de Bitaubé [qui fut le plus souvent rééditée entre 1800 et 1860, et qui l'a été encore six fois depuis 1880], de Dugas-Montbel [de 1828-33, nouvelle édition refondue], de Bignan [1830], de Giguet [1843 et 1844], de Pessonneaux [1861 et 1862] », et nulle part il n'a pu affirmer que Leconte de Lisle ait jamais copié ou seulement « imité de près aucun de ces traducteurs[248] ». Plus délicat encore, plus ennuyeux aussi, il a mis en regard les traductions des hellénistes Leconte de Lisle et Ménard. Il en conclut que celle de Leconte de Lisle « n'est pas toujours la plus littérale des deux, [...] qu'elle est marquée par un grand effort vers la couleur locale, [...] [et] qu'elle garde quelque chose de tendu, d'un peu dur, que n'a pas la traduction de Ménard, plus souple, plus familière, mais plus vivante, et quelquefois plus claire. [...] Leconte de Lisle [serait], par endroits, plus proche de la noblesse de Mme Dacier ; Louis Ménard comprendrait mieux et s'efforcerait de rendre la souplesse, [...] s'engageant sur la voie de M. Victor Bérard. [...] Si les deux amis avaient autrefois déchiffré Homère et Hésiode de concert, on voyait qu'il ne restait guère de trace de leur collaboration. Leconte de Lisle aurait évité pas mal d'erreurs en consultant plus souvent Ménard, [mais] ses traductions restaient son œuvre à lui, et portaient clairement la marque de son tempérament[249]. »

Homère et Valmiki[250]

L'inspiration poétique, le souffle religieux, la sainte création ne pouvaient donc se trouver que dans les épopées homériques ou indiennes, là où précisément la religion n'était pas séparée de la poésie puisqu'elles proposaient, l'une comme l'autre, la concrétisation de l'idéal, la possession de l'absolu[251]. C'était dans ces âges primitifs qu'avait vécu la pure poésie et, la seule politique ayant été incapable de transformer efficacement et durablement le monde, écrire soi-même des *Poëmes antiques* semblait la meilleure manière de contribuer à l'établissement de l'ordre nouveau. Leconte de Lisle pensait comme le Proudhon du *Système des contradictions économiques*, comme Saint-Simon et comme Auguste Comte, que « l'ancien système politique ne devait être aucunement imité dans la conception du régime approprié à une civilisation aussi profondément différente, mais que l'assidue contemplation de l'ordre ancien n'en était pas moins strictement indispensable, comme pouvant seule indiquer les attributs essentiels de toute véritable organisation sociale, en obligeant l'avenir à régler presque tout ce qu'avait réglé le passé, quoique dans un autre esprit, et d'une manière plus parfaite[252] ». La poésie ne s'opposait donc pas tout à fait à l'action politique, elle était l'outil, l'instrument de prédilection de l'artiste pour agir, à sa manière, dans les limites de son génie et dans le champ de ses convictions, sur les intrigues du monde. Il était dangereux pour le poète, épiméthéen par nature, de se jeter dans l'action sociale, prométhéenne par excellence, mais à aucun moment il ne s'en devait extraire. Tel le moine qui, se coupant du monde, prie sans cesse pour lui, et, paradoxalement, demeure et croît en son centre, le poète ne s'isolait des mouvements de l'histoire que pour mieux leur imprimer sa marque[253]. Sa tour d'ivoire était un phare duquel devaient s'échapper les faisceaux capables d'illuminer et de guider les mouvements de l'humanité. Ni les réformateurs utopiques, ni les disciples du spiritisme d'Allan Kardec[254] ne pouvaient prétendre à une telle fonction. De même, cela excluait toute exaltation de la rêverie décadente, toute forme de vagabondage spirituel. Pour exaucer le désir religieux des hommes, pour les guérir de leur travail intérieur, il fallait les guider « dans la recherche de leurs traditions idéales ». Certes, cela signifiait, « sous peine d'effacement définitif, s'isoler d'heure en heure du monde de l'action, pour se réfugier dans la vie contemplative et savante, comme en un sanctuaire de repos et de purification », mais « on rentrerait ainsi, loin de s'en écarter, par le fait même de son isolement apparent, dans la voie intelligente de l'époque[255] ». Le poète n'était séparé des autres hommes que par la qualité de son tempérament, non la nature de son action. Ayant charge d'âme, social et sacerdotal, il était « un privilégié [de ce] destin qui lui avait révélé ce que la multitude humaine n'avait pas encore appris mais qu'elle devait apprendre un jour », un de ceux qui « avaient reçu la mission d'initier leurs frères à la volonté du Mieux » ; car « ils y accéderaient par la connaissance du Beau, qu'on ne leur avait pas assez montré, [et] que parfois [même] on leur [avait] caché. [...] En ce temps de malaise et de recherches inquiètes, les esprits les plus avertis et les plus fermes s'arrêtaient et se consultaient ; le reste ne savait ni d'où il venait, ni où il allait ; il cédait aux agitations fébriles qui l'entraînaient, peu soucieux d'attendre et de délibérer. Seuls, les premiers se rendaient compte de la conjoncture historique et des exigences fatales qui les contraignaient. Ils étaient une génération savante ; la vie instinctive, spontanée, aveuglément féconde de la jeunesse, s'était retirée d'eux ; tel était le fait irréparable. La Poésie, réalisée dans l'art, n'enfanterait plus d'actions héroïques ; elle n'inspirerait plus de vertus sociales ; parce que la langue sacrée, même dans la prévision d'un germe latent d'héroïsme ou de vertu, réduite, comme à toutes les époques de décadence littéraire, à ne plus exprimer que de mesquines impressions personnelles, envahie par les néologismes arbitraires, morcelée et profanée, esclave des caprices et des goûts individuels, n'était plus apte à enseigner l'homme[256]. » Leconte de Lisle, comme Renan, rêvait de ce mandarinat poétique capable de donner aux masses, par une science directement instruite des méditations des grandes civilisations, de nouveaux dogmes.

L'avenir de l'humanité dépendait du retour aux origines par l'ascèse des élites. « C'était dans cette retraite des véritables représentants de l'humanité [car le reste n'en avait que la forme] que se retrouvaient les grandes vérités morales, politiques, religieuses, destinées à gouverner le monde sous une face ou sous une autre[257]. » La traduction, soumise aux exigences d'un texte, et la perfection, subordonnée aux tyrannies d'un idéal, étaient deux façons conjointes de briser tout ce que Charles pouvait avoir de contemporain, de personnel et donc de passager dans sa façon d'écrire. Comme tout bon scientifique, enthousiaste et entreprenant, il voulut s'infliger en premier l'expérience initiatrice du sacrifice propitiatoire. Il devait briser en lui tout ce qu'il y avait de byzantine modernité pour retrouver la spontanéité endormie du primitif. Cela passait par la lecture et la méditation des textes fondateurs, les recréations d'idiomes perdus, les adaptations de styles, les adoptions de formes curieuses, les acclimatations de pensées et les accréditations d'âmes. Cela avait pour effet non seulement, comme on le devine, d'inspirer fantastiquement le poète, mais encore d'élever considérablement l'homme. Ses travaux d'érudition, quoiqu'encore bien superficiels, prenaient la forme de longues prières expiatoires, de pieux exercices spirituels. Le poète se trouvait en se perdant lui-même, en se vidant de sa moelle substantifique pour lui substituer celle des Anciens car, comme l'a dit Schopenhauer – qu'il n'avait pas encore lu[258] –, « la condition nécessaire pour que les idées deviennent objets de connaissance est la suppression de l'individualité dans le sujet connaissant ». Jamais, en effet, les Anciens n'avaient chéri les complexions de leurs personnalités ; jamais ils n'avaient cherché à se singulariser. Ils étaient demeurés dans l'harmonie parfaite, dans l'unité complète de leur identité civilisatrice, et c'est pourquoi Leconte de Lisle allait tant prôner l'impersonnalité qui lui serait si reprochée. Il voulait que la poésie fût impersonnelle pour qu'elle pût être éternelle[259]. Il s'agissait moins de ressusciter la poésie sacrée que de se réincarner en ces premiers poètes des âges primitifs, en contact et en correspondance directs avec la source jaillissante de la pure inspiration. Il fallait, comme il l'avait écrit cinq années auparavant à son ami Rouffet, qu'il « se synthétisât », qu'il « s'effaçât », qu'il se « détachât des individus pour agir et vivre par la pensée ». Son esthétique était éthique et philosophique. Elle donnait accès à une sagesse supérieure en se détachant des œuvres créées et en entrant en concurrence avec elles. Leconte de Lisle, sans perdre ni sa conscience ni son libre arbitre, s'identifiait aux génies qu'il admirait et ne vivait plus que par eux. « Dans le monde de l'art, [...] la recherche latente ou consciente de cet accord définitif constituait le travail interne, nécessaire, de tout esprit bien doué[260]. » Aussi l'activité poétique ne pouvait-elle se résumer à la seule activité d'écriture. Elle était une vocation, une démarche apostolique qui engageait l'individu devant les hommes pour l'éternité. Il s'agissait de la synthèse de l'esprit collectif, du porte-flambeau du souffle créateur, du maître et du serviteur de toute humanité. Comment livrer l'inspiration au hasard, aux caprices des modes, aux sirènes du succès ? « Si le poète était avant tout une nature riche de dons extraordinaires, il était aussi une volonté intelligente qui devait exercer une domination absolue et constante sur l'expression des idées et des sentiments, ne rien laisser au hasard et se posséder dans la mesure de ses forces[261]. » Si sa philosophie était en totale opposition avec l'esprit de la modernité, son esthétique, résolument tendue vers une humanité universelle et fraternelle, contiendrait son époque et saurait l'émouvoir.

De même, s'il fuyait l'esprit du monde et son avatar peut-être le plus laid, celui de la mode, son engouement pour la littérature indienne à cette époque prouve bien qu'il n'était pas sans en subir les influences[262]. Il n'avait pas encore acquis les premiers rudiments du sanskrit, mais il avait été dès 1847 un des premiers lecteurs de *L'Introduction à l'histoire du bouddhisme indien* et de la *Bhâgavata-Purâna ou l'histoire poétique de Krishna* d'Eugène Burnouf[263], et, en 1851, il s'absorbait complètement dans l'étude de l'Inde religieuse : le *Manava-Dharma-Sastra* ou les *Lois de Manou*, traduites par Auguste-Louis Loiseleur-Deslongchamps ; les *Œuvres de Wali*, publiées en hindoustani par Joseph Garcin de Tassy, puis, grâce au même érudit, les *Rudiments de la langue hindoue*, la *Chrestomathie hindoue et hindouie* et l'*Histoire de la littérature hindoui et hindoustani* ; puis les *Études sur les hymnes du Rig-Véda* et le *Harivansa ou Histoire de la famille Hari*, d'Alexandre Langlois ; les *Fragments du Mahâbhârata*, traduits par Théodore Pavie ; le *Sâvitri*, par Guillaume Pauthier ; *De l'origine de la tradution indienne du Déluge*, par Félix Nève ; *Du Nirvana Indien*, par Jean-Baptiste-François Obry ; et bien sûr *Le Râmâyana de Valmiki*, par Hippolyte Fauche[264]. Leconte de Lisle en tirerait ses premiers poèmes indiens : *Sourya* (plus tard *Sûryâ*), *Bhagavat*, et cette *Mort de Valmiki* qui, selon Jean Dornis, devait figurer en tête du recueil des *Poëmes antiques*[265].

À l'époque de la composition de ce poème doublement inspiré par le *Moïse*[266] d'Alfred de Vigny et le Tchyavana[267] du *Mahâbhârata*, on pensait encore que la rédaction du *Râmâyana* datait du quinzième siècle avant Jésus-Christ[268]. Valmiki se présentait, ainsi que le rapportent les premiers chapitres du *Râmâyana*, comme un anachorète ayant vécu aux temps de Rama lui-même, duquel il aurait tiré la substance de son épopée[269]. L'idée des stances lui serait encore venue du thrène d'une femelle héron...

Le poète imagina Valmiki dans la « lumière sacrée » de ses derniers instants. Envahissant

Du zénith au brin d'herbe et du gouffre à la nue,
Elle vole, palpite, et nage et s'insinue,
Dorant d'un seul baiser clair, subtil, frais et doux,
Les oiseaux dans la mousse, et, sous les noirs bambous,
Les éléphants pensifs qui font frémir leurs rides
Au vol strident et vif des vertes cantharides,
Les Radjahs et les chiens, Richis et Parias,
Et l'insecte invisible et les Himalayas.
Un rire éblouissant illumine le monde.
L'arôme de la Vie inépuisable inonde
L'immensité du rêve énergique où Brahma
Se vit, se reconnut, resplendit et s'aima.

« L'âme de Valmiki plongeait dans cette gloire, et voilà que renaissait en lui la vision des jours anciens. Le poète revoyait ses héros, [...] les sages, les guerriers, les vierges et les dieux ; il se redisait en lui-même ce “large chant d'amour, de bonté, de vertu” qu'était son *Ramayana.* » Et ce fut « pendant qu'il s'anéantissait ainsi dans ce qu'il avait conçu que les fourmis l'envahirent[270] ».

Et les longues fourmis, traînant leur ventre blême,
Ondulent vers leur proie inerte, s'amassant,
Circulant, s'affaissant, s'enflant et bruissant
Comme l'ascension d'une écume marine.
Elles couvrent ses pieds, ses cuisses, sa poitrine,
Mordent, rongent la chair, pénètrent par les yeux
Dans la concavité du crâne spacieux,
S'engouffrent dans la bouche ouverte et violette,
Et de ce corps vivant font un roide squelette
Planté sur l'Himavat comme un Dieu sur l'autel,
Et qui fut Valmiki, le poète immortel,
Dont l'âme harmonieuse emplit l'ombre où nous sommes
Et ne se taira plus sur les lèvres des hommes[271].

Leconte de Lisle voulut commencer son œuvre de poète inconnu et misérable par le récit de la mort d'un poète éternel dont « la vie [fut] pleine » et dont « l'œuvre [était] faite » : auto-dérision parfaite, effarante mise en abyme, chant grinçant d'espérance et de mélancolie ? Sans doute tout cela à la fois. Jean Lahor, bien plus tard, préviendra : « Les rayons du soleil indien tombant droit sur de pareils cerveaux les chaufferont, les enflammeront souvent jusqu'à l'hallucination et au délire, ou d'autres fois, la lourde chaleur tropicale accablera ces âmes jusqu'à l'anéantissement, et plus d'une volontiers goûtera la mort, le doux *nirvana* dans un abîme de lumière. De là par moments cette exaltation, cette passion, ces extases, quand éperdues, elles nagent dans la clarté divine, et par d'autres ces dépressions, ces fatigues, ces satiétés, cette soif de mort, cet évanouissement de la conscience perçu comme une sensation délicieuse[272]. »

Leconte de Lisle avait l'âme double.

L'anéantissement de l'être dans le jaillissement du beau, l'oubli de la volupté, cime offerte attisant la foudre, le renoncement aux désirs, « Océan difficile à remplir[273] », dans la contemplation paisible et infinie de l'univers créé, tel était le nouvel idéal. En s'identifiant à Valmiki, il abjurait ses espoirs perdus, répudiait ses amours comme ses idées de jeunesse pour se tourner vers une forme de sagesse capable d'enseigner la paix intérieure, non la passion mais l'abnégation, non les spasmes de la chair mais les extases de l'esprit. L'Inde, c'était la perfection de l'hellénisme dans les splendeurs de l'île Bourbon ; Valmiki, l'exemple philosophique de l'abandon ; Homère, le modèle esthétique du sacrifice. Le premier incarnait le miracle de « toutes les fécondités », le second le prodige de « toutes les harmonies[274] » : « L'Inde n'avait pas la ligne, elle avait la couleur : Leconte de Lisle la lui emprunta avec passion[275]. Lui qui moulerait la plastique grecque dans des mots aussi rigides, aussi purs, aussi éclatants que le marbre, il prit ici une joie d'enfant à peindre des fonds et des images bariolés, comme ces toiles de couleurs vives sur lesquelles l'art hindou jette tous les objets pêle-mêle, sans souci de leurs proportions vraies, en parfait dédain de la perspective – pour le pur divertissement. [...] Il sembla vouloir dérouter le lecteur vulgaire, celui qui ne faisait pas l'effort qu'il fallait pour pénétrer le sens des mythes. Il n'avait donc pas voulu écarter de ses poèmes hindous toutes les difficultés extérieures : il y avait laissé subsister la demi-obscurité dans le plein jour[276]. »

Bhagavat le Bienheureux

Bien sûr, Leconte de Lisle correspondait toujours, vaille que vaille, avec Louis Ménard, proscrit depuis deux ans. Ils échangeaient leurs œuvres et confrontaient leurs opinions. Louis venait de terminer *Empédocle*, *Prométhée* et *Endymion* ; Charles, un mystérieux poème vichnouiste[277]...

Paris, le 18 avril 1851.

Mon cher ami,

Si je n'ai pas répondu à ta lettre et à tes vers, la faute en est tout entière à ton gredin de frère qui ne vient jamais aux rendez-vous qu'il donne. Il ne manquera pas sans doute de m'accuser auprès de toi ; mais, fort de ma conscience satisfaite, sachant que rien ne peut troubler la paix d'une âme vertueuse, ni ternir la blancheur immaculée de ma vie ; ne voulant pas me livrer aux transports d'une juste indignation, de peur d'outrepasser les bornes permises par la plus stricte décence, je m'empresse de prévenir les calomnies indubitables du traître, en l'accablant des injures les plus atroces, comme il arrive ordinairement entre chrétiens, et plus particulièrement entre démocrates. Après ce léger préambule, je continue sur un mode plus calme.

J'ai lu avec attention ton *Prométhée* revu et corrigé. Tous les changements sont excellents ; les grands vers remplaçant les petits sont bien supérieurs de toute façon. Les noms grecs restitués, la multitude désordonnée des rythmes devenue plus régulière, tout cela fait on ne peut mieux. Voici qui est très beau, d'un style large et pur. [...]

Au reste, tu sais que j'ai toujours admiré tout le discours d'Homère. Ce que tu as ajouté à ces beaux vers me les rend encore plus sympathiques. Tu devrais publier le poème tel qu'il est aujourd'hui, avec tes poésies inédites, sans oublier tes fantaisies allemandes et scandinaves, qui sont pleines de qualités très rares, très distinguées et très précieuses. Tu as mille fois tort de les dédaigner : les petits morceaux de diamant n'en sont pas moins du diamant. [...]

Voilà, mon cher ami, l'impression sincère que j'ai éprouvée à la lecture de tes vers. Je ne t'envoie pas les miens, parce que ce serait trop long. Je te ferai lentement un exemplaire de mon poème Vichnuïte. [...]

Voilà. Écris-moi. Quand allons-nous en Grèce ?

Je te serre cordialement les deux pattes de devant[278].

Ce poème, il l'évoqua dans sa préface aux *Poëmes antiques* : il avait « tenté d'y reproduire, au sein de la nature excessive et mystérieuse de l'Inde, le caractère métaphysique et mystique des Ascètes viçnuïtes, en insistant sur le lien étroit qui les rattache aux dogmes buddhistes[279] ». Il s'agissait a priori d'opérer la synthèse de l'esprit indien, de retrouver l'essence de la pensée hindoue en insufflant aux figures ascétiques de trois brahmanes[280] les préoccupations et les aspirations du seul Bouddha, c'est-à-dire, a posteriori, de faire renaître le point de vue syncrétiste de la secte samanéenne[281]. Pour cela, deux textes fondamentaux lui servirent de support : le *Bhâgavata-Purâna*, dans la traduction d'Eugène Burnouf[282], et le *Mahâbhârata*, dans celle, peut-être, de Guillaume Pauthier[283].

Maitreya, Narada et Angira souffraient au bord du Gange, chacun pour une raison différente…

Maitreya[284] se plaignait du désir qui le rongeait depuis qu'il avait eu l'illusion de « la vierge aux doux yeux », foulant les verts gazons. Son « corps apparut sous la forme d'une femme, dont les pieds, semblables au lotus, portaient les anneaux retentissants, dont les regards erraient troublés par la passion, dont les reins étaient couverts d'un vêtement de soie sur lequel se jouaient les clochettes de sa ceinture, dont les seins élevés et rapprochés l'un de l'autre n'étaient séparés par aucun intervalle, qui avait un beau nez, de belles dents, un doux sourire et un regard gracieux, qui se cachait par pudeur [dans son vêtement], et dont le visage était protégé par des boucles de cheveux[285] ». Il crut entendre le « souffle frais des bois » soulever « le tissu léger » des « deux seins de neige ». « Purifiée par le bain, la tête parfumée, ornée de toutes espèces de parures, ayant au cou le Nichka, aux bras des bracelets, aux pieds des anneaux d'or retentissants, elle portait autour des reins une ceinture couverte de pierreries, et au cou [...] une amulette[286] ». « Toute sa beauté rayonnait » dans le cœur de Maitreya dont le repos était troublé de « ces lèvres de roses », de « ces tresses de flamme », de « ces yeux doux et noirs ». N'y tenant plus, il invoqua Vichnou[287] :

Bienheureux Bhagavat, si jamais tu m'accueilles,
Puissé-je, libre enfin de ce désir amer,
M'ensevelir en toi comme on plonge à la mer !

Quant à Narada[288], il « se lamentait » à cause du souvenir de sa mère morte. « Une nuit qu'[elle] était sortie de la maison pour traire la vache, son pied toucha, dans le chemin, un serpent envoyé par Kâla[289]. [...] Regardant ce malheur comme un bienfait de l'Être Suprême qui désire le salut de ceux qui lui sont dévoués, il partit pour la région du Nord. Après avoir traversé seul de fertiles contrées, des villes, des villages, des enclos pour le bétail, des mines, des bois, des hameaux de laboureurs, des bourgs, des vergers, des montagnes riches en métaux variés, couvertes d'arbres dont les branches étaient brisées par les éléphants, des lacs dont l'eau donne le salut, des forêts redoutables, effrayantes, habitées par des serpents, des chacals, des grenouilles et des chouettes, des étangs fertiles en lotus, fréquentés par les Suras[290] et embellis par les chants variés et les bourdonnements des abeilles, après avoir traversé tous ces lieux, le corps épuisé de lassitude, dévoré par la faim et par la soif[291] », dans sa « douleur suprême », il erra « sous le soleil qui brûle », « poussant des cris d'angoisse emportés par le vent ». Puis, « dans ce lieu solitaire », « assis au pied d'un pippala[292], il dirigea son esprit sur cette âme résidant dans sa propre âme, ainsi qu'il l'avait entendu, [et], à mesure qu'il méditait sur le lotus des pieds de Hari[293], l'esprit vaincu par la dévotion, les yeux baignés des larmes du désir, il sentit [l']Être divin descendre peu à peu dans son cœur[294] ».

> Bienheureux Bhagavat, si jamais tu m'accueilles,
> Puissé-je, délivré du souvenir amer,
> M'ensevelir en toi comme on plonge à la mer !

Angira[295] gémissait pour sa part dans les affres du doute. « L'âme qui animait son corps et qui résidait dans son cœur ne se trouvait pas contente d'elle-même. Il avait désiré et obtenu de désirer la science, avait accompli de grandes merveilles, [...] lu le Véda éternel et pourtant il se désolait comme s'il n'avait pas atteint son but[296]. » Rongé par ce mal inconnu, la vanité, il était, de loin, le plus malheureux des trois anachorètes.

> Le vain bonheur des sens s'écoule comme l'onde,
> Les voluptés d'hier reposent dans l'oubli ;
> Rien qui dans le néant ne roule enseveli ;
> Rien qui puisse apaiser ta soif inexorable,
> Ô passion avide, ô doute insatiable,
> Si ce n'est le plus doux et le plus beau des Dieux.
> Sans lui tout me consume et tout m'est odieux.
> Sous les figuiers divins, le Lotus à cent feuilles,
> Bienheureux Bhagavat, si jamais tu m'accueilles,
> Puissé-je, ô Bhagavat, chassant le doute amer,
> M'ensevelir en toi comme on plonge à la mer !

Au bruit de ces « voix triste[s] et profonde[s] », la fille d'Himavat[297] et de Ménà, l'habitante du ciel descendue sur la terre en réponse à la prière de Bhagiratha, « roi du sacrifice », la blanche déesse présidant aux eaux du Gange, Ganga[298], « frémit d'amour et de pitié » :

– Pourquoi gémissez-vous, fit-elle aux Brahmanes chéris, ne possédez-vous pas la science suprême ? N'avez-vous point prié dans le rite prescrit ?

– Je me suis enivré d'une ardente liqueur et l'amour, me versant son ivresse funeste, dirige mon esprit hors du chemin céleste, se lamenta Maitreya. Ô Vierge, brise en moi les liens de la chair !
– Le dernier baiser que me donna ma mère emplit toujours mes yeux de larmes de tendresse, renchérit Narada. Ô Vierge, efface en moi ce souvenir cruel !
– Quant à mon malheur, il est plus fort que ta pitié charmante, gémit Angira, le doute infini me tourmente. Mon cœur erre, désespéré, dans la nuit sombre, pareil au voyageur égaré dans les bois… Ô Vierge, qui dira ce que je veux connaître ?

La déesse se troubla. Le temps pressait : la route était immense. Alors elle leur indiqua le chemin merveilleux qui mène à Bhagavat…

Par-delà les lacs bleus de lotus embellis
Que le Souffle vital berce dans leurs grands lits,
Le Kaîlaça céleste, entre les monts sublimes,
Élève le plus haut ses merveilleuses cimes.
Là, sous le dôme épais des feuillages pourprés,
Parmi les kokilas et les paons diaprés,
Réside Bhagavat dont la face illumine.
Son sourire est Mâyâ, l'Illusion divine ;
Sur son ventre d'azur roulent les grandes Eaux ;
La charpente des monts est faite de ses os.
Les fleuves ont germé dans ses veines, sa tête
Enferme les Védas, son souffle est la tempête ;
Sa marche est à la fois le temps et l'action ;
Son coup d'œil éternel est la création,
Et le vaste Univers forme son corps solide.
Allez ! La route est longue, et la vie est rapide.

Une fois arrivés « dans le sein azuré » du « Mont intelligent », au pied du « trône de l'Incréé », sur la « Route du ciel », après s'être purifiés « dans les eaux diaphanes », les trois Brahmanes parvinrent enfin à « l'inénarrable Lieu » où « les doux Kinnaras[299], musiciens des Dieux, chantaient de Bhagavat l'inépuisable histoire » : « Traversant le ciel, la queue dressée, ferme de corps, secouant sa crinière, tout hérissé de poils aigus, foulant les nuages sous ses pieds, montrant ses blanches défenses, le regard enflammé : tel parut Bhagavat pour soulever la terre. Cet être, qui est lui-même le corps du sacrifice, déguisé sous l'apparence d'un sanglier, armé de défenses terribles, suivant avec l'odorat la trace de la terre, et reportant ses yeux amis sur les Brahmanes qui chantaient, plongea au fond des eaux. Les flancs déchirés par l'impétuosité de la chute de ce corps semblable à une montagne de diamant, l'Océan, étendant les longs bras de ses vagues, gémit, semblable à un malade et s'écria : "Ô Seigneur du sacrifice, aie pitié de moi !" Celui dont la forme est le sacrifice qui se célèbre aux trois moments consacrés, séparant les ondes avec ses sabots, semblables à des flèches au large fer, pour atteindre les limites de l'Océan sans rivages, vit au fond de l'Abîme la terre, que jadis, au moment où il allait s'endormir sur les eaux, il avait lui-même renfermée dans son sein avec les vies qu'elle contenait : ayant relevé la terre en la fixant [sur une de ses défenses], il remonta tout brillant de l'Abîme[300]. »

> C'était le Dieu. Sa noire et lisse chevelure,
> Ceinte de fleurs des bois et vierge de souillure,
> Tombait divinement sur son dos radieux ;
> Le sourire animait le lotus de ses yeux ;
> Et dans ses vêtements, jaunes comme la flamme,
> Avec son large sein où s'anéantit l'âme,
> Et ses bracelets d'or de joyaux enrichis,
> Et ses ongles pourprés qu'adorent les Richis,
> Son nombril merveilleux, centre unique des choses,
> Ses lèvres de corail où fleurissent les roses,
> Ses éventails de cygne et son parasol blanc,
> Il siégeait, plus sublime et plus étincelant
> Qu'un nuage, unissant, dans leur splendeur commune,
> L'éclair et l'arc-en-ciel, le soleil et la lune. [...]
> Bhagavat ! Bhagavat ! Essence des Essences,
> Source de la Beauté, fleuve de Renaissances,
> Lumière qui fais vivre et mourir à la fois !
> Ils te virent, Seigneur, et restèrent sans voix. [...]
> Ainsi que le soleil, ami des hautes cimes,
> Tu souris, Bhagavat, à ces âmes sublimes.
> Toi-même, ô Dieu puissant, dispensateur des biens,
> Dénouas de l'Esprit les suprêmes liens ;
> Et dans ton sein sans borne, océan de lumière,
> Ils s'unirent tous trois à l'Essence première, [...]
> Espoir et souvenir, le rêve et la raison,
> L'unique, l'éternelle et sainte Illusion[301].

Comment Leconte de Lisle avait-il concilié dans ce long poème la mystique vichnouiste et le dogme bouddhiste ? Certes, il avait associé le nom du bodhisattva[302] Maitreya, la cinquième réincarnation du Bienheureux Bouddha, à ceux de Narada et d'Angira, deux des fils de Brahmâ, mais c'était surtout la fusion des principes métaphysiques qui l'avait intéressé : l'appel de la souffrance bouddhiste, issue des âmes individuelles, auquel répondait l'anéantissement, l'absorption dans le Grand Tout vichnouiste[303].

Pour les Bouddhistes, en effet, toute existence est confrontée à la douleur. « L'âme sombre dans le flux universel comme une barque envahie par l'eau ; son destin est d'être charriée dans le courant non seulement sans s'arrêter, mais sans s'appartenir. Elle n'est point, elle devient et parce qu'elle devient, qu'elle croit être, elle souffre[304]. » La souffrance avilissante est donc le plus petit dénominateur commun que toute âme doit affronter sans jamais se résigner, au rebours des héros romantiques, par l'entraînement ascétique du corps et la pratique des extrêmes de vertus (pâramitâ) tels que l'enseigne le Yoga[305], par ce véritable succédané du culte qu'est la méditation, par les exercices d'évocation mentale, par l'entraînement au vide de la conscience, par l'exclusion des désirs (premier stade), par l'apaisement des activités intellectuelles (deuxième stade), par l'uniformisation de l'esprit et l'acquisition de la félicité pleinement consciente (troisième stade), par la disparition de la bonne comme de la mauvaise humeur jusqu'à la destruction de la félicité elle-même (quatrième stade), pour trouver, enfin, loin du monde trompeur, par-delà le bien et le mal qui tous deux asservissent, la « Voie de la Délivrance » menant au royaume de l'« Éveil ».

Nul dieu unique, créateur du ciel et de la terre, dans la puissante absorption duquel on puisse trouver le parinirvana ou « nirvana total » : voilà ce que Leconte de Lisle voulut compenser par le concept de conscience universelle vichnouiste. Pour lui, le bouddhisme seul n'était pas acceptable. Il devait y avoir un Bhagavat, une âme souveraine et maîtresse des autres, une entité supérieure, resplendissante, existant et n'existant pas[306], unique, intangible, immanente et transcendante, fleur et insecte, arbre et oiseau, tout et personne, un Être-océan dans lequel, comme il l'avait probablement lu aussi chez J.-J. Bochinger, l'Humanité-fleuve aspirât à se jeter[307]. Car « c'était [précisément] sur ce besoin que reposait le sentiment religieux. [...] Lorsqu'il s'alliait à des croyances superstitieuses, [il] pouvait conduire aux plus déplorables extravagances, tandis que s'il était guidé par des idées justes sur l'Être suprême et sur les moyens de lui plaire, il produisait la véritable et sublime piété ; ce même sentiment, élevé à un haut degré d'intensité, devenait la source de mysticisme qui conduisait à la vie ascétique, contemplative et monastique. Il était des esprits ardents qui, dominés par la vivacité de leur imagination, froissés douloureusement par le monde extérieur, irrités par les obstacles qu'il ne cesse de leur opposer, sentaient plus profondément leur propre fragilité et la vanité de toutes les choses d'ici-bas. Peu contents de se reposer sur l'Être [...] infini, ils voulaient le comprendre ; ils voulaient par les efforts de leur intelligence en sonder les profondeurs mystérieuses ; leur cœur, avide d'amour et d'éternité, voulait se plonger dans l'abîme de l'Être des êtres, et s'absorber entièrement dans son essence au point de faire évanouir sa propre individualité. L'homme, engagé dans cette direction, ne voyait plus alors dans ce monde matériel qu'une prison qui le séparait de l'Être véritable, une déplorable illusion qui le trompait sur le vrai bonheur. Son corps lui semblait un obstacle qui empêchait l'union de l'âme avec le but suprême de ses pensées et de ses affections, et la vie terrestre était pour lui un fardeau dont il attendait avec impatience d'être délivré. De cette triste réalité il se retirait alors dans la contemplation ; du tumulte de l'activité mondaine il se réfugiait dans les rêveries mystiques, qui le faisaient jouir des délices de l'extase, où il se sentait uni à l'Être infini, où il se croyait participer à une science intuitive immédiate, bien au-dessus de celle qui est le fruit du raisonnement, de l'observation, et de l'expérience[308]. » Le Bouddhisme avait donc besoin du Viçhnouisme pour qu'il pût être non seulement une philosophie divine mais encore, pleinement, une religion humaine.

Mais, si le Bouddhisme apparut dans *Bhagavat* comme un point de départ (la douleur) et comme un aboutissement (le nirvana), l'essentiel demeurait le thème d'inspiration vichnouiste de l'absorption en Dieu, la marque des théories philosophique et théosophique de la Mâya, toute pénétrée de cet esprit du *Bhâgavata-Purâna* où règne le triple et commode syncrétisme entre Brahmâ, Vichnou et Bhagavat, Être suprême, Esprit universel. À travers Bhagavat, c'était essentiellement le sentiment de la Mâya brahmanique que Leconte de Lisle voulait saisir, l'Avidya, le happement du gouffre, la matrice du néant, la « sainte Illusion ».

Maya ! Maya ! torrent des mobiles chimères,
Tu fais jaillir du cœur de l'homme universel
Les brèves voluptés et les haines amères,
Le monde obscur des sens et la splendeur du ciel ;
Mais qu'est-ce que le cœur des hommes éphémères,
Ô Maya ! sinon toi, le mirage immortel !
Les siècles écoulés, les minutes prochaines,
S'abîment dans ton ombre, en un même moment,
Avec nos cris, nos pleurs et le sang de nos veines :
Éclair, rêve sinistre, éternité qui ment,
La Vie antique est faite inépuisablement
Du tourbillon sans fin des apparences vaines[309].

Pour le jeune poète, ainsi que pour le très catholique Calderón, et plus tard, l'athée féroce que fut Schopenhauer, le monde était une immense et venimeuse chimère. L'unique réalité n'était pas l'Essence première, inintelligible, mais la « morne éternité » qui n'était même pas substance[310]. Dieu était l'unique Néant, rien ne le limitait ni ne le contenait, manière à peine déguisée d'avouer que Dieu n'existait pas... ailleurs que nulle part... et que, si la béatitude dût s'incarner, elle était évanouissement, anéantissement, épuisement, extinction, terme et fin[311]. « L'appétit [alors] de ne plus être, d'aboutir à ce qui n'est pas, à ce qui n'a jamais été », la tentation « d'aimer la mort pour elle-même, c'est-à-dire pour ce qu'elle offre de non-sensation, de non-pensée[312] », devenaient grands. Dieu, par un jeu à peine voilé de sinistres métamorphoses, se faisait mort elle-même et la vie une absurdité dont le seul avantage était qu'elle pût, par le truchement d'une conscience émue ou l'exercice d'une âme bien douée, quoique souvent cruelle et toujours fugitive, être belle. À l'angoisse métaphysique du Néant répondait la consolation immatérielle du Beau ; à la hantise de la mort et de la destruction définitives faisait écho la puissance cosmique de la Maya-Avidya, la mère du désir, c'est-à-dire non l'espérance d'une résurrection céleste mais l'expectative d'une renaissance terrestre, et « rien n'est plus lugubre, on le sait, dans la prédication bouddhique, que la hantise de l'éternité de la vie au sein de la chaîne innombrable des êtres[313] ».

Et quand l'Illusion qui conçoit et qui crée,
Stérile, aura tari sa matrice sacrée
D'où sont nés l'homme antique et l'univers vivant ;
Quand la terre et la flamme, et la mer et le vent,
Et la haine et l'amour, et le désir sans trêve,
Les larmes et le sang, le mensonge et le rêve,
Et l'éblouissement des soleils radieux,
Dans la nuit immobile auront suivi les Dieux ;
Se faisant un collier de béantes mâchoires
Qui s'entrechoqueront sur ses épaules noires,

Siva, dansant de joie, ivre de volupté,
Ô Mort, te chantera dans ton Éternité[314] !

Dès lors on peut s'interroger sur le crédit que Leconte de Lisle accordait à ce jeu palingénésique des métempsycoses : « Jusqu'à quel point était-il sincère? [...] Cette hymne à Maya était-elle philosophique ou simplement lyrique? Était-elle un résumé des théories qui paraissaient vraies au poète, ou simplement une sorte d'appel à la seule idée consolante qu'il eût trouvée? Croyait-il en l'Illusion suprême comme un Hindou ou se chantait-il simplement à lui-même une berceuse pour endormir sa souffrance? Jusqu'à quel point cette doctrine avait-elle convaincu sa raison[315] ? » Le fait est qu'un autre pendant de la doctrine vichnouiste pouvait heureusement venir tempérer cet aspect apparemment mortifère et faussement masochiste de l'anéantissement total par l'illumination auquel les contemporains de Leconte de Lisle réduisaient souvent le brahmanisme : la nécessité de l'action. Car celle-ci était nécessaire à la contemplation. Le sage devait participer vigoureusement au mouvement de la vie sans se laisser troubler par elle et accomplir avec simplicité, amour, patience et désintéressement, le triomphe simple et tranquille de son œuvre divine. Malgré cela, l'engouement du poète pour l'hindouisme en général et pour le panthéisme nihiliste en particulier ne manqua pas de soulever le scepticisme de son premier public. Pour preuve le célèbre récit d'une soirée – chez George Sand ou Jobbé-Duval – où, sur l'invitation appuyée de de Flotte, « vibrant, militant et très admiratif de la poésie supérieure[316] », relayé par les dames puis par l'assistance tout entière, Leconte de Lisle se risqua à faire entendre, d'une voix mal assurée, souvent forcée, parfois grasseyante, les premiers accents puis toute la mélopée de son *Bhagavat.* Pour restituer l'humeur de chacun de ses hexamètres, il avait cru bon d'adopter le débit monocorde et solennel des liseurs abbatiaux, debout, au centre du salon, ponctuant d'effets de cape et de gestes histrioniques les rythmes cadencés de ses stances pleines d'apparat, de pompe et de bruyante grandiloquence.

L'assemblée n'étant pas plus rompue au symbolisme bouddhique nouvellement découvert par Burnouf qu'au polythéisme çakiamounique fraîchement vulgarisé, manquant de préparation pour aborder un tel poème, contrairement à de Flotte, crut benoîtement pouvoir assister au récital comme à une opérette d'Offenbach. À mesure que les trois anachorètes gravissaient les monts brûlants du Kaîlaça, l'atmosphère devenait plus glacée ; et plus coulaient les eaux sacrées du Gange aux sons des suaves vinâs, près des doux Kinnaras, plus les visages se décomposaient... Leconte de Lisle lui-même se médusait. Il sentait la sueur lui perler sur la nuque et au front, ses mains moites mouiller le papier qu'il tenait machinalement serré entre des doigts soudain devenus gourds, ne voyait plus si nets les vers qu'il avait pourtant consciencieusement recopiés de cette petite écriture fine, serrée, régulière et harmonieuse qui reflétait si bien son âme et son tempérament, récitant maintenant plus que lisant la lente litanie, n'entendant plus même les sons, les idées qui déconcertaient si fort son auditoire majoritairement vénusien, sentant chacun de ses silences se planter dans sa chair comme autant d'aiguillons acérés : « Bienheureux Bhagavat, si jamais tu m'accueilles... »

À la fin de la lecture, personne n'applaudit. Jobbêt n'osa pas se démarquer de la stupeur générale ; Jacquemart non plus. Leconte de Lisle s'était mué en Valmiki ; l'Himavat, en un long et douloureux Calvaire. De Flotte, navré d'en avoir fomenté l'ascension, eut ces mots pleins de réconfort : « Mon pauvre ami ! Ce n'est pas une tuile, c'est toute une cheminée que je vous ai fait tomber sur la tête… »

C'était l'été 1851.

Le roi Soleil

Il lui fallut donc un certain courage pour persévérer dans une voie qui ne lui offrait que deux options : le martyre ou l'isolement. Leconte de Lisle se vit contraint de remettre ses choix en question. Était-il vraiment fait pour cette vocation de poète ?

> Ô Poëtes, éducateurs des âmes, étrangers aux premiers rudiments de la vie réelle non moins que de la vie idéale ; en proie aux dédains instinctifs de la foule comme à l'indifférence des plus intelligents ; moralistes sans principes communs, philosophes sans doctrine, rêveurs d'imitation et de parti pris, écrivains de hasard qui vous complaisez dans une radicale ignorance de l'homme et du monde, et dans un mépris naturel de tout travail sérieux ; race inconsistante et fanfaronne, épris de vous-même, dont la susceptibilité toujours éveillée ne s'irrite qu'au sujet d'une étroite personnalité et jamais au profit de principes éternels ; ô Poëtes, que diriez-vous, qu'enseigneriez-vous ? Qui a conféré le caractère et le langage de l'autorité ? Quel dogme sanctionne votre apostolat ? Allez ! vous vous épuisez dans le vide et votre heure est venue. Vous n'êtes plus écoutés, parce que vous ne reproduisez qu'une somme d'idées désormais insuffisantes ; l'époque ne vous entend plus, parce que vous l'avez importunée de vos plaintes stériles, impuissants que vous étiez à exprimer autre chose que votre inanité. Instituteurs du genre humain, voici que votre disciple en sait instinctivement plus que vous. Il souffre d'un travail intérieur dont vous ne le guérirez pas, d'un désir religieux que vous n'exaucerez pas, si vous ne le guidez dans la recherche de ses traditions idéales[317].

Ici, sous couvert de s'adresser aux autres, c'était à lui-même qu'il s'adressait. Il prenait publiquement et solennellement plusieurs engagements légitimes : celui de renoncer à la fatuité de ses émotions personnelles[318] ; celui de se retirer du monde et de son esprit pour mieux le pénétrer, l'envahir, l'influencer, en acceptant les lois historiques selon lesquelles « l'action est la sœur du rêve aux époques primitives seulement, et non dans les époques de décadence[319] » ; celui de s'inscrire définitivement dans une caste apostolique et intellectuelle, celle des nouveaux poètes, distincts des romantiques, capable de comprendre, de préserver et d'enseigner un nouveau dogme, notamment de fusion entre la science et la poésie.

De même que « la science et la théologie s'étaient unies pour reconnaître qu'il fallait une caste spéciale pour enseigner le dogme, des églises pour contenir la foule, des sacrements pour l'envelopper tout entière de l'idée divine, et l'espérance de vivre au-delà du tombeau pour donner à l'âme toute sa force et sa dignité[320] », de même science et poésie devaient ensemble « se retourner vers des croyances presque oubliées, pour lire en elles ce que la philosophie n'avait pu [leur] apprendre[321] ». L'art et la science, entendons aussi les sciences physique, botanique et biologique[322], que Leconte de Lisle avait déjà commencé à étudier en dilettante précautionneux, « longtemps séparés par suite des efforts divergents de l'intelligence, devaient tendre à s'unir étroitement, si ce n'était à se confondre ». Saraswati, l'épouse de Brahmâ, n'était-elle pas la déesse de l'éloquence, des arts et des sciences ? « L'un avait été la révélation primitive de l'idéal contenu dans la nature extérieure ; l'autre en avait été l'étude raisonnée et l'exposition lumineuse. Mais l'art avait perdu cette spontanéité intuitive, ou plutôt il l'avait épuisée ; c'était à la science de lui rappeler le sens de ses traditions oubliées, qu'il ferait revivre dans les formes qui lui étaient propres[323]. »

Le statut et l'identité du poète en général étaient en crise, une crise qui pouvait bien l'occire, et, pour en sortir, Leconte de Lisle proposait deux alternatives : d'abord se retirer de l'action politique et de toutes les activités mercantile, marchande ou commerciale qui lui sont nécessairement inféodées, c'est-à-dire épouser une démarche radicalement désintéressée, toute d'ordre et de régularité, d'examen et d'étude du passé, fuyant le vénal brouhaha d'un monde inconséquent ; ensuite renoncer au romantisme en tant qu'outil de combat social.

Entre le martyre de Chatterton et l'isolement de saint Siméon, le poète choisit donc l'isolement, « convaincu d'ailleurs que la société ne manquerait pas de lui faire "expier sa grandeur", lui permettant ainsi, par le martyre, d'atteindre à la suprême beauté[324] ». Pour lui, la poésie étant par nature « une expiation » et le supplice « toujours sacré », retourner à un état de sanctification quasi érémitique semblait une garantie supplémentaire d'accéder, comme elles apparaissaient déjà dans *Hypatie*, *Niobé*, *Héraklès solaire* ou *La Robe du Centaure*, aux sphères régénératrices du surnaturel. « L'absolu, c'est-à-dire la Beauté, était atteint dans une perte de possession de soi qu'on pouvait appeler extase et dont on n'avait une image que dans la mort[325]. » Évoluer en marge des masses n'était plus vécu comme une punition scandaleuse mais devenait la condition nécessaire et suffisante à une création qui certes, serait « peu goûtée » et « peu appréciée », mais aurait l'heur d'être authentiquement sincère, en conformité avec ses aspirations secrètes – la spontanéité par l'ascèse – et faisant écho aux superbes esprits, intègres et vigoureux, des âges primitifs. « La destinée de l'intelligence devait l'emporter » avant toute chose et, si « les sympathies désirables » lui faisaient défaut, du moins aurait-elle celles « des âmes impressionnables qui ne demandent à l'Art que le souvenir ou le pressentiment des émotions regrettées ou rêvées[326] ».

Le 23 août 1851, Leconte de Lisle fut présenté par Victor de Laprade, en présence d'Auguste Lacaussade et d'Octave Lacroix, à l'éminent cénacle littéraire de Sainte-Beuve. Le soir de son intronisation, il rencontra Émile Deschamps, qui n'avait jamais entendu parler de lui, pour l'excellente raison que le Créole était parfaitement inconnu, n'ayant jamais publié de recueil. Or, quand il entra, Deschamps se précipita vers lui et lui dit : « Permettez-moi de serrer cette main qui a écrit de si belles choses ! » Il en disait autant à tout le monde, c'était un homme très sociable[327], mais cette intervention eut l'avantage de mettre le novice en confiance.

Chacun récitait ses vers et, de poète en poète, le tour de Charles finit par arriver. Échaudé par l'expérience de *Bhagavat*, il opta pour une composition plus courte et plus immédiatement accessible, quoique toujours très nettement inspirée des doctrines indiennes, qu'il lut cette fois-ci sans empressement et dans un grand dépouillement de jeux oratoires :

Homme, si, le cœur plein de joie ou d'amertume,
Tu passais vers midi dans les champs radieux,
Fuis ! la Nature est vide et le Soleil consume :
Rien n'est vivant ici, rien n'est triste ou joyeux.

Mais si, désabusé des larmes et du rire,
Altéré de l'oubli de ce monde agité,
Tu veux, ne sachant plus pardonner ou maudire,
Goûter une suprême et morne volupté,

Viens ! Le soleil te parle en paroles sublimes ;
Dans sa flamme implacable absorbe-toi sans fin ;
Et retourne à pas lents vers les cités infimes,
Le cœur trempé sept fois dans le Néant divin[328].

Sainte-Beuve fut impressionné : « Mais ceci est un chef-d'œuvre et cet enfant est un grand poète ! »

Six mois plus tard, le 9 février, dans le *Constitutionnel*, le critique publiait *De la poésie et des poètes en 1852* où figurait en entier ce poème de *Midi* dont on ne pouvait tout à fait « rendre l'ampleur si on ne l'avait pas entendu dans son récitatif lent et majestueux ». Ce fut la première gloire de Leconte de Lisle. Une gloire telle qu'« à compter de ce jour, il serait toujours, pour la critique et pour le public, le poète de *Midi*[329] ».

Dies Irae

Louis-Philippe était mort le 22 août 1850 ; Louis-Napoléon, prince-président de la République depuis le 10 décembre 1848 ; et l'élection de 1852, à laquelle il ne pouvait constitutionnellement pas se représenter, approchait. Bourgeois et paysans craignaient une nouvelle révolution sociale ; on prévoyait des troubles. Eugène Sue venait de se faire élire à Paris et l'influence des « démoc-soc » grandissait.

Dans le but de réduire le pouvoir de la Montagne au profit du parti de l'Ordre, le 31 mai 1850, fut votée la loi de restriction du suffrage universel limitant le scrutin aux seules personnes domiciliées depuis au moins trois ans, au lieu de six mois, dans le même canton. L'électorat nomade d'origine modeste se trouva donc évincé[330] (une « vile multitude » de trois millions d'électeurs, soit 30 % du corps électoral), et, en juin 1850, Louis-Napoléon décida malgré tout d'entrer en campagne. Il commença par proroger d'une année la suspension de la liberté des Clubs, l'étendit même aux réunions électorales[331], puis parcourut la France en tous sens, de Chartres à Amiens, d'Angers à Tours, de Nantes à Rennes, de Saumur à Blois, de Rouen au Havre et du Havre à Elbeuf, pour haranguer les foules de sa faconde populiste. Ses amis les plus sincères, les plus dévoués, disait-il, n'étaient pas dans les palais, ils étaient sous le chaume ; ils n'étaient pas sous les lambris dorés, mais dans les ateliers, dans les campagnes. Il sentait que sa fibre répondait à celle du peuple, qu'ils avaient les mêmes intérêts, les mêmes instincts[332]. Des religieuses s'agenouillaient devant son cortège ; le malaise politique et social s'amplifia. L'Assemblée de droite rêvait de restaurer la Monarchie ; Bonaparte, de devenir Empereur...

Détruire la République, rude besogne ! Quand un ouvrier avait travaillé dix-huit heures, quand un peuple avait travaillé dix-huit siècles, prévenait Victor Hugo, et qu'ils avaient enfin l'un et l'autre reçu leur paiement, comment donc arracher à cet ouvrier son salaire et à ce peuple sa République[333] ? Pour se maintenir au pouvoir et flatter la grande majorité des électeurs, Louis-Napoléon hasarda d'abord de réviser la Constitution puis se déclara favorable à l'abrogation de cette loi sur le domicile. Crise ministérielle, vague de remplacements : il fallut bien avoir recours à des méthodes certes moins légales mais plus radicales.

Il commença par s'entourer d'une équipe de conjurés tout acquis à sa cause – les très fidèles Persigny et Mocquard, le nouveau préfet de police Émile de Maupas, le ministre de l'Intérieur « Morny, dandy sans scrupule mais supérieurement intelligent, le général d'Afrique Saint-Arnaud, ministre de la Guerre qui allait s'appuyer sur une armée décidée à se venger des affronts subis en février et en juin 1848 de la part du peuple de Paris, le général Magnan, commandant des troupes[334] »... – et, prétextant un ordre écrit, fit occuper le Palais-Bourbon et disperser les députés qui venaient de voter sa « déchéance ». Le 2 décembre 1851, jour anniversaire du sacre de Napoléon Ier et de la bataille d'Austerlitz, après l'occupation pendant deux jours des locaux de l'Imprimerie Nationale, on afficha des proclamations, traitant l'Assemblée législative de « foyer de complot » rempli d' « hommes ayant perdu deux monarchies », destinées au peuple et à l'armée ; annonça le rétablissement du suffrage universel ; promit une amnistie ; proposa une Constitution renouvelée, avec ratification par plébiscite ; déploya trente mille hommes de l'ouest vers l'est de la capitale pour enrayer les premières tentatives de soulèvement populaire, et ordonna d'arrêter les « chefs de barricades » montagnards les plus dangereux, ainsi que certains représentants éminents de l'opposition : Changarnier, Thiers, Baze, Lamoricière, Duverguier de Hauranne, Bedeau, Rémusat et Cavaignac... Faubourg Saint-Antoine, en criant : « Vous allez voir comment on meurt pour 25 francs ! », montant d'une indemnité journalière de parlementaire[335], le député représentant de l'Ain, Alphonse Baudin, fut vainement abattu ; Bonaparte, inculpé de crime de « haute-trahison » par la Haute-Cour, fit immédiatement dissoudre l'Assemblée ainsi qu'arrêter deux cents de ses représentants, dont Falloux, Tocqueville et Odilon Barrot. Michel de Bourges, Hippolyte Carnot et les deux Victor, Hugo et Schœlcher, au nom du comité de résistance républicain, appelèrent au soulèvement. Entre le boulevard des Italiens et le boulevard Bonne-Nouvelle, une fusillade éclata. « Pendant un quart d'heure, ce fut un véritable ouragan de feu et de plomb[336] » : plusieurs centaines de personnes moururent. « L'impression produite dans Paris par ce fatal événement fut immense. La nouvelle s'en répandit rapidement, grossie par la rumeur publique. L'indicible épouvante de ceux qui avaient échappé se transmit aux masses et les glaça. Ce furent, dès le soir, une stupeur, une prostration universelles[337]. »

Partout dans le pays où la propagande républicaine avait pénétré entre 1849 et 1851, la résistance au coup d'État produisit de réelles émeutes et des groupes de paysans en colère, que le parti de l'Ordre nomma abusivement « jacqueries », marchèrent sur les chefs-lieux de la Nièvre, de l'Hérault, de la Drôme, du Var et des Basses-Alpes. Mais c'était sans compter sur la terrible répression issue du mémorable 4 décembre 1851 : vingt-sept mille personnes furent arrêtées dont douze mille en province, dix mille envoyées en Algérie, cinq mille transportées dans les forts de Bicêtre et d'Ivry, d'où partirent des convois pour Lambèse et Cayenne, dix autres milliers, dont Hugo, Schœlcher, Raspail, Pierre Leroux, Edgar Quinet, Madier de Montjau, Perdiguier et Nadaud, frappées de bannissement.

Paraissant avoir, malgré tout, davantage combattu les « rouges », ces « êtres déchus et dégénérés[338] », que l'Assemblée monarchiste, Bonaparte fut promu au rang de héros ayant épargné une guerre civile à la nation, et, en tant que tel, plébiscité lors du scrutin du 22 décembre. Le socialisme, écrivit le comte Horace de Viel-Castel, n'était-ce pas un crime qui devait être poursuivi tel un parricide ? En huit jours, il avait étalé au soleil, dans trois ou quatre départements où il avait pu se croire triomphant, les forfaits les plus monstrueux. Des femmes et des jeunes filles avaient été violées publiquement, avec tous les raffinements de la plus sale luxure ; quelques-unes avaient été égorgées après avoir servi à la débauche des insurgés. À Clamecy, une femme avait été violée devant son mari ; puis ses deux filles avaient subi le même sort, et tous avaient fini par être égorgés : père, mère et enfants. À Poligny, mêmes scènes, à Digne et autres localités !...

Des commissaires, envoyés par la propagande de Londres, avaient été à Paris dès les premiers jours des barricades. Louis Blanc lui-même, habillé en femme, s'était hasardé au milieu de l'émeute. Les maisons des *aristos* avaient dû être pillées, les musées, les bibliothèques, livrés aux flammes, car suivant la doctrine des Barbares du XIXe siècle, les arts corrompaient le peuple. Le socialisme, n'était-ce pas une plaie qu'il fallait cautériser à tout prix ? En France, la liberté n'était que le droit acquis aux pervers de détruire l'ordre social. Ils avaient besoin de désapprendre la fausse liberté. Louis-Napoléon, lui, avait accompli courageusement et habilement le plus grand acte politique des temps modernes, il était important qu'il conservât le calme et la fermeté nécessaires au rôle de sauveur de l'Europe que l'histoire lui décernerait[339]. Voter contre Louis-Napoléon, comme disait le comte Charles Forbes de Montalembert, n'était-ce pas encore donner raison à la révolution sociale ? Et surtout, vouloir la ruine totale de la France[340] ?

Plus de sept millions de Français votèrent donc pour l'évadé du fort de Ham, à qui, élu pour dix années, il était désormais possible de sonner, depuis les jardins du palais des Tuileries et plus seulement de l'Élysée, le glas de la Seconde République.

Ce fut une épreuve terrible pour tous les exilés d'Angleterre. Louis Ménard écrivit immédiatement un court poème de protestation sans violence, sans désir de vengeance, intitulé *Cremutius Cordus*. L'ami de Jules Dupré, de Constant Troyon et de Théodore Rousseau, se consolait en pensant que le peuple français, vieilli, avait eu besoin d'un maître, et, se résignant, n'exprimerait plus son amour de la démocratie que par le regain d'affection et d'attention qu'il accorda à l'étude de la Grèce républicaine.

Les peuples vieillis ont besoin d'un maître ;
Ce n'est plus en eux qu'ils cherchent la loi.
Dans un autre siècle il m'eût fallu naître :
Il n'est point ici de place pour moi.

L'idéal qu'avait rêvé ma jeunesse,
L'étoile où montaient mes espoirs perdus,
Ce n'était pas l'art, l'amour, la richesse,
C'était la justice ; et je n'y crois plus.

Mais je suis bien las de ces tyrannies
Qu'adore en tremblant le monde à genoux :
Peuples énervés, races accroupies,
Nous léchons les pieds qui marchent sur nous.

Le présent est plein d'odieuses choses,
L'avenir est morne et désespéré :
Si l'on peut choisir ses métempsycoses,
Ce n'est pas ici que je renaîtrai.

Quand la mort, brisant la dernière fibre,
Au limon natal viendra m'arracher,
S'il est quelque part un astre encor libre,
Là-haut, dans l'éther, je l'irai chercher[341].

Leconte de Lisle, et depuis plus longtemps, avait abouti aux mêmes conclusions. Mais ce fut à l'« Oubli », à la « Nature », à l'« Aube », à la « Montagne », au « Soleil », aux « Soupirs », puis à la « divine Mort » elle-même qu'il mendia son réconfort.

Oui ! le Mal éternel est dans sa plénitude !
L'air du siècle est mauvais aux esprits ulcérés.
Salut, Oubli du monde et de la multitude !
Reprends-nous, ô Nature, entre tes bras sacrés !

Dans ta khlamyde d'or, Aube mystérieuse,
Éveille un chant d'amour au fond des bois épais !
Déroule encor, Soleil, ta robe glorieuse !
Montagne, ouvre ton sein plein d'arôme et de paix ! [...]

Consolez-nous enfin des espérances vaines :
La route infructueuse a blessé nos pieds nus.
Du sommet des grands caps, loin des rumeurs humaines,
Ô vents ! emportez-nous vers les Dieux inconnus !

Mais si rien ne répond dans l'immense étendue,
Que le stérile écho de l'éternel Désir,
Adieu, déserts, où l'âme ouvre une aile éperdue !
Adieu, songe sublime, impossible à saisir !

Et toi, divine Mort, où tout entre et s'efface,
Accueille tes enfants dans ton sein étoilé ;
Affranchis-nous du temps, du nombre et de l'espace,
Et rends-nous le repos que la vie a troublé[342] !

Cette pièce, écrite dans « son ancienne manière, inférieure à ses poèmes grecs sous le rapport de la pureté et de l'éclat, mais plus énergique et plus vivante[343] », se trouvait en total décalage avec les autres poèmes du recueil qu'il projetait de publier, et surtout, en contradiction complète avec sa préface, puisque non seulement *Dies Irae* n'évoquait ni l'antiquité indienne ni l'antiquité hellénique, mais encore laissait libre cours à ses « émotions personnelles », à ses « passions politiques » concernant des faits éminemment « contemporains ». Sous le « nous » du poème, il était aisé d'y trouver le « je » de Charles ; derrière les « Muses traditionnelles » en « proie au rire amer », tous les poètes en attente du succès. Néanmoins, une morale se dégageait : « l'homme ne serait sauvé que le jour où il mettrait fin à son individualisme, lorsqu'il se perdrait soit dans la nature, soit dans la mort ; lorsqu'il aurait extirpé cette conscience de lui-même et du monde qui était à l'origine de toute science, empêchait toute création spontanée et faussait le dialogue ingénu de l'homme et du monde, source de tout art[344] ».

Le remède au mal du siècle devait donc nécessairement passer soit par une fusion entre l'homme et la beauté de la nature dans l'acte unificateur de la contemplation, soit par une communion entre l'homme et la mort divine, qui affranchit du « temps, du nombre et de l'espace », par l'action totalisante de la méditation. Le poète devait s'absorber intégralement dans son œuvre de beauté, et, digéré par elle, il n'aurait fatalement plus besoin d'y babiller sur son être propre : elle serait tout entière « lui-même ». Ainsi « le fonds pensant de l'art aurait[-il] recouvré la sève et la vigueur, l'harmonie et l'unité perdues. Et plus tard, quand les intelligences profondément agitées se seraient apaisées, quand la méditation des principes négligés et la régénération des formes aurait purifié l'esprit et la lettre, dans un siècle ou deux, si toutefois l'élaboration des temps nouveaux n'impliquait pas une gestation plus lente, peut-être la poésie redeviendrait-elle le verbe inspiré et immédiat de l'âme humaine[345]. »

L'œuvre de Leconte de Lisle, contrairement à celle de Louis Ménard, était foncièrement optimiste et tournée vers l'avenir[346]. Elle croyait en l'émergence d'un nouvel âge d'or qu'elle appelait secrètement de ses vœux, ne se recueillait et ne s'étudiait « dans son passé glorieux » qu'« en attendant l'heure de la renaissance ». Pour lui, comme pour certains poètes anciens, l'excès de malheur révélait la fin d'un monde et en annonçait un autre, plus jeune, plus beau, plus vigoureux ; son refus de participer à la vie politique n'était donc que provisoire, et le seul moyen véritablement efficace de préparer la nouvelle révolution théocratique se résumait à l'étude d'Homère. Car enfin, cette idée selon laquelle « l'activité industrielle, l'art et la pensée savante, concertant ensemble sous l'inspiration d'une même religion et d'une même sociabilité, reproduisant encore la merveille d'une société et d'une civilisation complète, une et harmonieuse[347] », relevait de l'école théocratique. Pour eux, le gouvernement religieux ne devait faire qu'un avec le gouvernement civil, sous l'égide duquel le pluralisme des sciences et des activités était un état « anormal et maladif ». Partisans et artisans de la révolution, ils n'en demeuraient pas moins radicalement hostiles à toutes les idées que nous considérons aujourd'hui comme révolutionnaires : « gouvernement par le peuple, égalité non seulement politique mais sociale [...] de tous les hommes, primauté de l'économique et du social sur le politique[348] ».

Tout créole qu'il était, par la force et la couleur tant de son imagination que de son caractère, par ses idéaux, Leconte de Lisle n'en portait pas moins l'empreinte de la Bretagne paternelle de 1840, et la nostalgie inconsciente des « pratiques politiques et religieuses bien connues sous la Restauration et la Monarchie de Juillet[349] ». La profonde mélancolie qui transparaissait dans ses poèmes religieux était liée à l'indicible espoir d'un retour à un régime politique rigoureux, sachant dépasser les querelles personnelles, ayant à cœur de promouvoir l'intelligence sous toutes ses formes, consacrant les intellectuels aux plus hautes fonctions du gouvernement, et n'empêchant pas les classes les plus pauvres d'accéder à ce puissant moteur d'ascension sociale et de libération personnelle qu'a toujours incarné la connaissance.

Finalement, « il n'y avait pas d'esprit plus religieux que Leconte de Lisle, plus rebelle à toute forme de rationalisme : il faisait partie de ceux contre lesquels Proudhon n'avait cessé de lutter sa vie durant, les Pierre Leroux, les George Sand, les Montagnards de 48, [ceux] qui, sous couleur de révolution, avaient pour objet souvent inconscient la restauration de l'ordre ancien des choses, de la supériorité du sacerdotal sur le profane, de la théocratie et du pouvoir tyrannique des absolus (Iavèh, Jupiter, la Liberté ou le Droit) sur les hommes[350] ».

Le 14 janvier 1852, la nouvelle Constitution « reconnaissant, confirmant et garantissant les grands principes proclamés en 1789, base du droit public français », était promulguée. En fait, elle contenait en substance toute la dictature. Mais Louis-Napoléon s'inquiétait de l'opinion des pays d'Europe qui, favorables pour la plupart au coup d'État, avaient encore en mémoire la politique offensive et belliqueuse de Napoléon Ier. Ce qui ne l'empêcha pas de commémorer, le 5 mai, à Notre-Dame, le trente et unième anniversaire de la mort de l'exilé de Sainte-Hélène, de rétablir l'aigle impérial sur le drapeau français, de rebaptiser le Code civil « Code Napoléon », et d'effacer des devantures administratives la devise : « Liberté, Égalité, Fraternité ». Il fit en outre frapper monnaie sonnante à son effigie, comme l'avait fait son oncle, imprimer les œuvres complètes du grand général, et, le 15 août, jour de l'Assomption de la Vierge Marie, instituer une fête nouvelle : la Saint Napoléon.

Dans un éclair de génie, en octobre, le 9, à Bordeaux, dix-mois avant le déclenchement de la guerre de Crimée, il osa encore déclarer : « l'Empire, c'est la paix ! », et, le 2 décembre, fort du dernier plébiscite du 22 novembre, le Second Empire, nouvelle « monarchie à genoux devant la démocratie », fut tout naturellement proclamé. Les rois de Prusse et d'Autriche, Pie IX, ne furent pas fâchés qu'on rétablît enfin l'ordre là où précisément avait débuté l'épidémie de révolutions qui avait parcouru tout le continent en 1848. L' « Entente cordiale » régna derechef entre la France et l'Angleterre. Napoléon III se fiança avec la gracieuse Eugenia Maria de Montijo de Guzman, comtesse espagnole de dix-huit ans sa cadette, choisie pour sa grande beauté, et qui lui donnerait des enfants dignes de lui. On présenta cette union comme « le triomphe de l'amour sur les préjugés, de la beauté sur la tradition, du sentiment sur la politique », mais aussi comme « l'avènement de la liberté, de la fantaisie même, dans les dogmes rigides et sacrés de la monarchie[351] ».

La Bourse reprit peu à peu confiance et le calme revint partout.

Deux jours plus tard, après que l'éditeur Marc Ducloux, déniché par Auguste Lacaussade, eut perdu le manuscrit de la traduction des douze premiers chants de l'*Iliade* que Leconte de Lisle lui avait confié, et pour dédommager le poète, alors extrêmement pauvre, de cette incroyable bévue, pendant que Louis Ménard, fraîchement amnistié, comme tous les journalistes de l'époque, quittait le quartier bouillonnant des aigris de Soho pour rejoindre Paris, la ville dont il était incorrigiblement amoureux, paraissait, dans le *Journal de la librairie*, le premier recueil de vers d'un mystérieux inconnu : les *Poëmes antiques*.

Notes

1. « On remarquera que Saint-Simon, Fourier ou même Proudhon auront une audience bien plus vaste à cause de leur impétuosité optimiste, qu'Auguste Comte, le seul esprit puissant qui appartienne plus ou moins à la même tendance. La raison est simple. Comte ne flatte pas les illusions de son époque. Il conteste l'utilité de la révolution. Il n'offre pas à l'homme avide de pouvoir la fascination de la violence et de la terreur. » Luc Badesco, *La génération poétique de 1860*, Nizet, 1971, p. 32.

2. « Paul de Flotte, officier de marine, de convictions profondément républicaines, fit partie du club de Blanqui. Après le 15 mai 1848 il fut transporté sans jugement à Belle-île, d'où il chercha à s'évader, ce qui, grâce à un mois de prison que lui valut sa tentative d'évasion, lui permit de retrouver la liberté ! Il fut élu par Paris à l'Assemblée législative. Banni après le coup d'État, revenu clandestinement en France, il s'engagea dans les troupes de Garibaldi et tomba lors de leur débarquement en Calabre. » Claude Pichois et Jean Ziegler, *Charles Baudelaire*, Julliard, 1987, pp. 260-261. Il existe sur Paul de Flotte une monographie très complète d'Adriano Colocci, Bocca, Turin, 1912.

3. « Muiron s'applique donc à résumer, à émonder, à rendre respectable une utopie qui ne l'est pas, à ne s'intéresser qu'à un seul des deux problèmes à résoudre, celui du travail, en oubliant volontairement celui des passions. Ce sera la destinée de Fourier d'être trahi, censuré ou tronqué par ses amis mêmes, ses bienfaiteurs, ses admirateurs, tant l'imaginaire du maître brave les tabous les mieux établis. » Michel Winock, *Les voix de la liberté*, Seuil, 2001, pp. 215-216.

4. Entre 1843 et 1845, Leconte de Lisle correspondit avec Désiré Laverdant. C'est lui qui le persuada d'accepter une place de collaborateur à la *Démocratie pacifique*.

5. Voir P.-J. de Béranger, « Les Fous », *Œuvres complètes*, Quedlinbourg, 1851, pp. 453-454.

6. Lettre de Leconte de Lisle à Charles Bénézit du 31 juillet 1846, « Lettres inédites de Leconte de Lisle », *Le Journal* du 27 juillet 1894.

7. On trouve aussi 5, rue des Beaux-Arts, notamment chez Jacques Hillairet, *Dictionnaire historique des rues de Paris*, éditions de Minuit, 1985, vol. 1, p. 169.

8. Néologisme fouriériste.

9. Lettre du 6 mars 1846 à l'un de ses amis de *La Démocratie pacifique*, citée par *Le Journal* du 27 juillet 1894.

10. Ces textes figurent tous aujourd'hui dans les *Œuvres diverses*, Belles Lettres, 1978.

11. « Le trouble et la nuit s'étaient faits dans ma conscience, mais je me suis aperçu à temps que je courais à ma perte morale. La lutte a été rude, de grandes incertitudes m'ont assailli et m'ont déchiré en quatre sens contraires ; mais au moment où cet orage intellectuel et moral prenait fin, voici que les exigences innombrables de la matière ont commencé leur œuvre. » *Articles, Préfaces, Discours*, Belles Lettres, 1971, p. 89.

12. Article paru le 29 novembre 1846, en première page.

13. Gaïa et Ouranos enfantèrent en effet des Titans : Océan, Coéos, Crios, Hypérion, Japet et Cronos ; des Titanides : Théia, Rhéa, Thémis, Mnémosyne, Phoebé et Thétis ; des Cyclopes : Argès, Stéropès et Brontès ; mais aussi des géants aux cent bras, les Hécatonchires : Cottos, Gigès et Briarée, encore appelé Égéon.

14. « Mes parents, voyant que j'avais du goût pour la vérité, s'écrièrent d'un ton de réprobation : "Cet enfant ne vaudra jamais rien pour le commerce." En effet, je conçus pour lui une aversion secrète, et je fis à sept ans le serment que fit Annibal à neuf ans contre Rome : je jurai une haine éternelle au commerce. » Charles Fourier,

La Phalange, janvier 1848, cité par Émile Lehouck, in *Vie de Charles Fourier*, Denoël/Gonthier, « Médiations », 1978, p. 23.

15. Charles Fourier, *Théorie des quatre mouvements*, Les Presses du réel, Dijon, 1998, p. 376.

16. Article paru le 25 octobre 1846.

17. « Toute l'œuvre postérieure de Leconte de Lisle est contenue dans ces lignes. [...] Cette façon de concevoir l'histoire et la succession des religions n'est pas due à Fourier mais plutôt à E. Quinet, P. Leroux, etc. » Note d'Edgard Pich.

18. Ces propos coïncident parfaitement avec ceux de Charles Fourier, dans « Insuffisance de l'aumône », *La Phalange* du 1er semestre 1847, p. 482 : « La charité ! elle est impossible par l'immensité des misères que nulle aumône ne peut faire disparaître ; elle est de plus dangereuse, en causant la répugnance du travail dont le peuple est détourné quand il trouve des aumônes abondantes. Il y a de plus impossibilité de discerner les vrais pauvres d'avec les intrigants. Aussi est-on obligé de proscrire la charité, et de réduire le pauvre en servitude dans des ateliers industriels. » Propos repris par Victor Considérant, *Destinée sociale*, t. II, pp. XXIII-XXIV : « Si la charité, qui est une expansion du cœur et que prescrivait la loi du Christ, s'est développée malgré le dogme, qui était une erreur de l'esprit, ce dogme n'en a pas moins eu puissance de renfermer la charité dans le cercle le plus étroit, de la limiter à une action misérable, essentiellement individuelle et fragmentaire. En effet, il a réduit la charité à avoir pour expression l'aumône qui caractérise la barbarie d'une société dans laquelle les malheureux et les faibles sont abandonnés aux hasards et aux humiliations de cette charité individuelle, avilissante et corruptrice. Cette charité-là, toute excellente qu'elle soit comme sentiment et dans son principe, a bien plus nui à la société qu'elle ne lui a été utile ; car en rejetant des gouttes d'eau sur l'incendie, elle n'a finalement servi qu'à l'accroître. »

19. Cette affirmation est non seulement une provocation anticléricale mais encore un projet idéologique : marcher sur les traces des grands hérésiarques qui furent les véritables instigateurs de la fraternité humaine. Le droit, se substituant à la charité, en deviendrait le moyen, et la justice, synonyme d'égalité, la fin.

20. « Nous leur disons qu'ils sont hommes comme nous, qu'ils sont rachetés du sang d'un Dieu mort pour eux et ensuite on les fait travailler comme des bêtes de somme : on les nourrit plus mal ; s'ils veulent s'enfuir, on leur coupe les jambes, et on leur fait tourner à bras l'arbre des moulins à sucre, lorsqu'on leur a donné une jambe en bois. Après cela nous osons parler du droit des gens ! » Voltaire, *Essai sur les mœurs*, Classiques Garnier, Paris, 1990, tome II, pp. 379-380.

21. Voir Irving Putter, *The Pessimism of Leconte de Lisle, The Work and the Time*, Berkeley and Los Angeles, University of California Press, 1961, pp. 208-216. À moins que cette haine ne soit issue du sentiment d'injustice résultant de la mort prématurée d'Élixenne.

22. Charles Fourier, *Le Nouveau Monde industriel et sociétaire*, *Œuvres complètes*, Librairie sociétaire, 1845, t. VI, p. 421.

23. Leconte de Lisle, « Les Sandales d'Empédocle », publié dans *La Phalange* en mars 1846. En 1852, Victor Considérant s'exprimait en termes similaires, deux années avant de fonder sa société de colonisation du Texas, le 26 septembre 1854, qui fut, bien entendu, un désastre complet : « Amis, je vous le dis, la terre promise est une réalité... L'idée rédemptrice sommeille dans la captivité d'Égypte. Qu'elle se réveille ! Croyez, et la terre des réalisations, la terre sacrée est à vous. Une résolution forte, un acte de foi collectif : cette terre est conquise. Je vous le dis d'une voix simple, qui ne diminue pas la solennité de la parole : je vous apporte la vie et le salut... Unissons-nous seulement de volonté résolue et l'ère nouvelle du monde est fondée. L'école phalanstérienne contient plus de forces que l'initiative de l'œuvre

n'en exige. Qu'elles s'ébranlent, s'unissent et convergent; virtuellement et, d'ores et déjà, la fondation est opérée. »

24. « Artistes, artistes, à vous ! à vous, peuple léger et brillant, à vous, hommes d'imagination, de cœur et de poésie ! Que faites-vous dans ce monde bourgeois d'aujourd'hui ? est-ce que vous vous sentez à l'aise dans cette vaste boutique ? Qu'avez-vous à emprisonner votre élan dans les magasins d'épiceries, les cuisines du ménage morcelé, la maison du bourgeois et de sa famille ? » Victor Considérant, *La Destinée sociale*, t. I, p. 499.

25. Leconte de Lisle, « Les Épis », publié dans *La Phalange* en novembre-décembre 1845.

26. Leconte de Lisle, « La Robe du Centaure », publié dans *La Phalange* en novembre-décembre 1845. Voir à ce sujet l'excellente analyse philosophique d'Edgard Pich dans *Leconte de Lisle et sa création poétique*, Imprimerie Chirat, 1975, pp. 124-125 : « Comme Hypatie et Niobé, Héraklès trouve l'immortalité dans la mort, la survie dans la destruction de soi. La présentation même du poète suggère ici une sorte de trilogie hégélienne. La première partie, véritable thèse, est une description d'Héraklès au repos. [...] Le "glorieux lutteur" offre l'image de la force provisoirement inactive, non de la faiblesse. Il est "paisible", moins par lassitude que parce qu'il a dompté tous ses ennemis : c'est un véritable triomphateur à qui nulle démesure ne peut être reprochée au sein de son triomphe. [...] L'antithèse survient brutalement : "Il te faut expier ta grandeur et mourir". L'être massif et solide de la thèse est réduit à néant par la flamme qui "l'exhale dans les cieux". [...] Dans la troisième partie, Leconte de Lisle montre que la thèse et l'antithèse sont liées par une loi supérieure : le désir de permanence, de solidité, d'éternité, d'être Dieu en somme (thèse) est satisfait précisément par la destruction de ce qui paraissait le gage même de l'immortalité, l'essence de l'être : le corps (antithèse). Les passions, au lieu de détruire l'homme, l'immortalisent et font de lui "un Dieu". »

27. Paru dans *La Phalange* en janvier-juin 1845.

28. Emanuel Swedenborg, *De coelo et de inferno ex auditis et visis*, Londres, 1758.

29. On retrouve cette pensée chez le Kirillov des *Possédés* de Dostoïevski, comme le signale Henri de Lubac dans *Le Drame de l'humanisme athée*, 10/18, 1963, p. 262 : « "La vie se présente à l'homme, aujourd'hui, comme une souffrance et une terreur, et voilà ce qui le trompe. Aujourd'hui l'homme n'est pas encore ce qu'il deviendra. Il y aura un nouvel homme, heureux et fier. Celui auquel il sera indifférent de vivre ou de ne pas vivre, celui-là sera le nouvel homme ! Celui qui vaincra la souffrance et la terreur sera lui-même un dieu. Et le Dieu de là-haut ne sera plus." Car ce Dieu n'a jamais existé, en fait, que dans la conscience de l'homme. Il y est précisément cette peur de la mort qui le tient en servitude et dont il doit s'affranchir. Alors s'ouvrira la seconde phase de l'histoire humaine, sa phase divine. La première a commencé à partir du gorille, la seconde débutera par l'anéantissement de Dieu. »

30. Victor Considérant, *Trois discours prononcés à l'Hôtel de Ville de MM. Dain, Considérant et d'Izalguier*, Paris, 1836, pp. 83-84.

31. *Ibid.*, p. 34. Considérant ne faisait ici que reprendre la *Théorie des Quatre Mouvements* de 1808 : « Dieu veut nous guider par le plaisir et non par les privations. C'est toujours dans les voies du luxe et des voluptés que nous devons nous attendre à découvrir les plus profondes spéculations de Dieu sur l'harmonie sociale. »

32. Édouard de Pompéry, *Théorie de l'association et de l'unité universelle de C. Fourier, Introduction religieuse et philosophique*, Paris, 1841, p. 232.

33. Just Muiron, *Les Nouvelles Transactions sociales, religieuses et scientifiques de Virtomnius*, t. I, Paris, 1832, p. 17.

34. Alphonse Toussenel fut le principal artisan de l'antisémitisme de l'École sociétaire. Il publia en 1845 un ouvrage intitulé *Les Juifs Rois de l'Époque, Histoire*

de la féodalité financière. « Les juifs dénoncés par Toussenel ne sont pas seulement des enfants d'Israël, ce sont, d'une manière générale, "tout trafiquant d'espèces", les juifs, mais aussi les protestants, anglais, genevois, tous ceux qui, à ses yeux, composent la nouvelle féodalité financière. » Michel Winock, *Les voix de la liberté*, Seuil, 2001, p. 222.

35. Fourier lui-même avait soutenu cette thèse : « La fable, c'est-à-dire l'analogie, c'est-à-dire les tropes, la métaphore, l'allégorie, sont installés éternellement et partout dans la nature pour qui sait la déchiffrer. [...] La langue analogique est la véritable langue de l'art. » « De l'analogie dans l'art », article signé T. T., la *Revue française et étrangère*, mai-juin 1838, t. VI, p. 227.

36. Alphonse Toussenel, *La Démocratie pacifique*, le 31 janvier 1844.

37. Victor Considérant, *Destinée sociale*, t. I, pp. 508-509.

38. Eugène d'Izalguier, *Trois discours prononcés à l'Hôtel de Ville de MM. Dain, Considérant et d'Izalguier*, Paris, 1836, pp. 136-137.

39. Jean Journet, *Jérémie en 1845*, Paris, Charpentier, 1845, p. 106.

40. Édouard de Pompéry, « Étude sur George Sand », *La Phalange* du 29 avril 1842.

41. L'archéologie, la zoologie, la paléontologie, l'ethnographie, la philologie, la théologie, l'évolutionnisme, le transformisme, etc.

42. Eugène d'Izalguier, *Trois discours prononcés à l'Hôtel de Ville de MM. Dain, Considérant et d'Izalguier*, Paris, 1836, p. 113.

43. Leconte de Lisle, « Tantale », paru dans *La Phalange* en mars 1846.

44. On ne peut s'empêcher de penser ici aux futurs *Châtiments*.

45. Leconte de Lisle, « Le Voile d'Isis », paru dans *La Phalange* en août 1846.

46. Cette célèbre statue fut découverte en 1820 près d'un théâtre antique sur l'île de Mélos, dans l'archipel des Cyclades. Jules Dumont d'Urville l'acheta au nom du gouvernement français et la ramena au musée du Louvre. Il reçut pour cela la croix de Saint-Louis des mains de Charles X, et fut promu lieutenant de vaisseau. Le 4 février 1864, Sully Prudhomme note dans son *Journal* : « La tête est fine, un peu petite. Le cou... les épaules ?... Est-ce l'idéal ? On ne peut penser sans un frisson que peut-être c'est là la perfection de la forme féminine et qu'on a devant les yeux le modèle tel qu'il est dans la conscience de la Nature. » *Journal intime*, Rombaldi, s.d., p. 105.

47. « C'est dans [les] œuvres [de Victor Cousin, Jules Simon et Vacherot] que Leconte de Lisle a trouvé l'essentiel de son inspiration antique, et non dans la statuaire, même si l'une de ses pièces les plus célèbres est consacrée à la Vénus de Milo. » Edgard Pich, *Leconte de Lisle et sa création poétique*, Imprimerie Chirat, 1975, p. 139.

48. Frédéric Creuzer, *Religions de l'Antiquité considérées principalement dans leurs Formes symboliques et mythologiques*, traduction de Guigniaut, Treuttel et Würz, Paris, 1829. Voir aussi Alison Fairlie, « Leconte de Lisle's poems on the Barbarian Races », Cambridge, At the University Press, 1947.

49. Edmond Estève, *Revue des Cours et des Conférences*, 1922, p. 571.

50. Lettre de Thalès Bernard.

51. Fernand Desonay, *Le rêve Hellénique chez les poètes Parnassiens*, Louvain, Librairie Universitaire, 1928, p. 35. « Le désir de donner aux noms grecs leur orthographe grecque est probablement né simultanément chez Louis Ménard, Leconte de Lisle et Thalès Bernard. Thalès revendiquait même la priorité dans ce domaine, et il la mérite sans doute. Mais l'innovation n'est qu'un titre de gloire assez mince ; depuis longtemps, les Français avaient remarqué que les savants allemands et anglais (notamment Grote, dont l'œuvre fut largement commentée dans les revues entre 1847 et 1860), distinguaient soigneusement les divinités grecques des dieux latins. L'impul-

sion première ne vint pas de Leconte de Lisle ; mais c'est à lui que revient l'honneur d'avoir gagné la cause par l'exagération de sa méthode et par le plus grand retentissement de ses œuvres. » Henri Peyre, *Louis Ménard*, New Haven, Yale University Press, volume v of Yale romanic studies, 1932, pp. 489-490.

52. « *Les religions ont procédé les unes des autres* ». Émile Burnouf, *La science des Religions*, Maisonneuve, Paris, 1872, p. 183.

53. Leconte de Lisle, *Poèmes antiques*, édition de Claudine Gothot-Mersch, Gallimard, 1994, p. 19.

54. Ce texte fut republié sous le titre *L'Iseum* dans *L'Artiste* des 27 juin et 4 juillet 1847. « La source littéraire de Nerval est un article de l'archéologue allemand Carl-Auguste Böttiger (1760-1835), *Die Isis-Vesper*, qui commente avec force détails historiques la fresque d'Herculanum conservée au Musée de Naples, et qu'il appelle "la Cérémonie du soir". » Note de Monique Cornand, *Les Filles du Feu*, Imprimerie Nationale, Paris, 1958, p. 249.

55. D^r^. E. Jacobi, préface du *Dictionnaire mythologique universel, ou biographie mythique*, Librairie Firmin Didot frères, fils et Cie, Paris, traduction de Thalès Bernard, 1846.

56. Edgard Pich, *Leconte de Lisle et sa création poétique*, Imprimerie Chirat, 1975, p. 45.

57. « Syncrétiste impénitent, Louis Ménard exclut implicitement la possibilité d'un changement véritable : toutes les religions indo-européennes disent avec des termes à peine différents la même chose : la réconciliation de la terre et du ciel (Mais ont-ils jamais été vraiment séparés ?). Leconte de Lisle au contraire croit à la révélation (la révolution) d'un dogme inspiré sans doute des croyances helléniques, indiennes et même pélasgiques, mais doué de caractères réellement inédits. » *Ibid.*, p. 74.

58. Leconte de Lisle, « Les femmes de Byron », article paru dans *La Phalange* en septembre 1846. Voir *Articles, Préfaces, Discours*, Belles Lettres, 1971, p. 75.

59. Pierre Leroux, *Réfutation de l'éclectisme où se trouve exposée la vraie définition de la philosophie, et où l'on explique le sens, la suite et l'enchaînement des diverses philosophies depuis Descartes*, Charles Gosselin, Paris, 1839.

60. Benjamin Constant, *De la Religion considérée dans sa source, ses formes et son développement*, Actes Sud, Paris, 1999. « Constant invitait à distinguer non seulement entre les diverses religions, mais entre les diverses époques de ses religions, à ne pas confondre notamment sous le nom de mythologie la religion des Grecs et celle des Romains, alors que les dieux de la Grèce n'ont en commun avec ceux d'Ovide et de Virgile que le nom et quelques fables dont la signification avait changé. » Edmond Estève, *Leconte de Lisle, l'homme et l'œuvre*, Boivin, 1930, p. 78.

61. « Un dieu national a enfanté la nation ; l'unité religieuse a fondé l'unité politique et de l'idée de Dieu est sortie la société toute vivante. » Edgar Quinet, *Le Génie des religions*, Pagnerre libraire-éditeur, Paris, 1857, p. 29.

62. Louis-Ferdinand Alfred Maury, *Histoire des religions de la Grèce antique depuis leur origine jusqu'à leur complète constitution*, Librairie Philosophique de Ladrange, Paris, 1857.

63. Henri Blaze, traducteur de *Faust*, Charpentier, 1840, p. 507 : « C'est dans cette grâce divine, dans cette inépuisable clémence, partage de l'*Idéal féminin* de temps nouveau, que repose le secret du culte de Marie. »

64. « Persuadé que "les dieux passent comme les hommes, et qu'il ne serait pas bon qu'ils fussent éternels", Ménard reste, en même temps, attaché à la méthode de Creuzer ; toutes les religions, tous les mythes et tous les dieux sont vrais, symboliquement, et s'accordent dans leur succession. » Pierre Albouy, *Mythes et mythologies dans la littérature française*, Armand Colin, collection U, Paris, 1968, p. 95.

65. « Il y a d'abord une résurrection, – par la critique et l'érudition, – de cette Grèce que l'on croyait connaître et que l'on ne connaissait pas. On croyait la connaître, mais on la confondait avec Rome. » René Canat, *La Renaissance de la Grèce antique (1820-1850)*, Hachette, 1911, p. VI.

66. « Il est clair que l'hellénisme de Leconte de Lisle est encore pendant ces années et même plus tard, du point de vue du lecteur actuel, passablement superficiel. C'est au prix d'un effort appliqué et souvent maladroit qu'il parvient tant bien que mal à réduire les incohérences et les anachronismes de sa vision antique. » Edgard Pich, *Leconte de Lisle et sa création poétique*, Imprimerie Chirat, 1975, p. 45. « Cette divinité qui engendre tous les dieux, c'est Cybèle, la mère des dieux, la nature. Leconte de Lisle veut dire que la diversité des passions, désignées par les différents noms donnés à Vénus (Aphrodite, Muse, Astarté…), a pour source unique l'impassible nature : leur communauté d'origine les rend toutes légitimes et bonnes : on reconnaît la leçon de Fourier. » *Ibid*, p 129.

67. *Œuvres complètes*, t. VIII, p. 155. (*La Fausse industrie*)

68. *Poésies complètes*, Charpentier, 1888, p. 213.

69. Quand « Niobé » parut dans *La Phalange* en janvier 1847, elle représentait le mythe fouriériste de la « mère-humanité » appelée à être vengée. Fourier n'appelait-il pas l'antiquité son « Édénat » ? Le poème fut par la suite largement modifié.

70. « En Harmonie, une virginité qui ne dure guère que quatre ans et jamais plus de cinq est assurée d'une ample récompense et d'un brillant dénouement. Une vestale, au bout de ce terme et souvent dès la troisième année, peut choisir à l'armée, soit parmi les poursuivants, soit parmi les monarques prétendants, un favori qui ne sera point un maître perpétuel, mais seulement un préféré amovible (coutumes herchéliennes). Cette alliance la fera débuter avec éclat dans le monde, et pourra lui valoir d'énormes avantages. » Charles Fourier, *Théorie de l'unité universelle II*, Les Presses du réel, Dijon, 2001, p. 607.

71. « Le code de Lycurgue excitait les jeunes gens à l'amour sodomite, qu'on appelait, à Sparte, *le sentier de la vertu*. On provoquait également ce genre d'amour dans les républiques moins austères ; les Thébains avaient formé un bataillon de jeunes pédérastes, et ces mœurs obtenaient le suffrage unanime des philosophes, qui depuis le vertueux Socrate jusqu'au délicat Anacréon, n'affichaient que l'amour sodomite et le mépris des femmes qu'on reléguait au deuxième étage. » *Ibid.*, p. 256.

72. *Ibid.*, p. 442.

73. Bibliothèque de l'Arsenal, ms. 15.060/3-5.

74. « C'est le métier qui enseigne à mépriser le métier disait Banville dans sa préface aux *Stalactites* ; ce sont les règles de l'art qui apprennent à sortir des règles. »

75. Lettre à Charles Bénézit de juin 1847, *Le Journal* du 1er août 1894.

76. Fernand Calmettes, *Leconte de Lisle et ses amis*, Librairies-imprimeries réunies, 1902, p. 19, note. Victor Considérant se justifiera dans sa *Destinée sociale*, t. II, p. 23 : « Quant aux critiques relatives à la correction du style, je ne saurais en décliner la justesse, et les accepte volontiers à condition qu'on ne leur donnera pas trop d'importance. Sans doute le *fond* ne perdrait rien à être enveloppé des formes les plus pures et les plus attrayantes. Mais si le style est tout dans les œuvres purement littéraires, si l'incorrection et la précipitation ne sont justifiables ni tolérables dans les objets d'art pur et simple il n'en est point de même pour les objets de la science, surtout de la science sociale. »

77. Fernand Desonay, *Le rêve Hellénique chez les poètes Parnassiens*, Louvain, Librairie Universitaire, 1928, p. 176.

78. Le nom de Faust figure d'ailleurs dans le poème *Hélène* : « Où Faust en vieillissant, par l'amour altéré… »

79. « La Rivière des Songes », *La Démocratie pacifique* du 13 juin 1847. (feuilleton)

80. *Articles, Préfaces, Discours*, Belles Lettres, 1971, p. 54.

81. Voir Simone Weil, *Intuitions pré-chrétiennes*, Fayard, 1985.

82. « Le beau est un témoignage que l'idéal peut passer dans la réalité. » Simone Weil, *Leçons de philosophie*, Plon, 1959, p. 243.

83. *La dernière illusion de Leconte de Lisle*, Droz, Genève, 1968, p. 112.

84. Leconte de Lisle, « Hélène », paru dans *La Phalange* en juillet-décembre 1845.

85. Goethe, *Écrits sur l'art*, Garnier-Flammarion, 1996, p. 326.

86. On voit le chemin parcouru depuis les années rennaises...

87. *Articles, Préfaces, Discours*, Belles Lettres, 1971, p. 55.

88. Fernand Calmettes, *Leconte de Lisle et ses amis*, Librairies-imprimeries réunies, Paris, 1902, p. 80.

89. Henri Peyre, *Louis Ménard*, New Haven, Yale University Press, volume v of Yale romanic studies, 1932, p. 50.

90. Néanmoins, comme on l'a vu, leurs opinions différaient sur ce point.

91. Fernand Calmettes, *Leconte de Lisle et ses amis*, Librairies-imprimeries réunies, Paris, 1902, p. 30.

92. « Philippe Le Bas, dont le père, conventionnel, vivant dans l'intimité de Robespierre, avait épousé l'une des plus jeunes filles du menuisier Duplay. Membre du comité de Sûreté générale, noble caractère, le vieux Le Bas avait demandé, lors du 9 thermidor, à partager le sort du "grand Tribun" et s'était tué d'un coup de pistolet dans la nuit du 9 au 10. Le fils qu'il laissait, âgé seulement d'un an, servit dans la Garde sous le premier Empire et dans l'Université sous la Restauration; mais sa veuve resta fille de Duplay, bonne sans-culotte. Elle appelait Guizot un Feuillant, les réactionnaires du règne de Louis-Philippe des Thermidoriens. Antidéiste, elle répétait à sa cuisinière : "Prends garde, si tu me voles, tu sais que Dieu te voit; il saura te punir." Mais elle disait d'autre part à Thalès : "Dieu n'est bon qu'à faire peur aux domestiques." » *Ibid.*, pp. 29-30.

93. « Thalès Bernard manquait de force pour s'astreindre aux sujétions lucratives. Un stage de quelques années dans les bureaux du ministère de la Guerre mit à bout sa résignation. Il démissionna pour vivre de menus travaux et de pauvres revenus appartenant à sa mère. » *Ibid.*, p. 20.

94. Henri Peyre, *Louis Ménard*, New Haven, Yale University Press, volume v of Yale romanic studies, 1932, p. 60.

95. Fernand Calmettes, *Leconte de Lisle et ses amis*, Librairies-imprimeries réunies, Paris, 1902, p. 20.

96. À ses frais et sous le pseudonyme de Louis de Senneville.

97. « Les vastes applications du collodion, d'abord dans la fabrication du celluloïd, puis dans la photographie, ne sont venues que plus tard. Et Ménard racontait à la fin de sa vie à ses intimes que, victime de sa malchance obstinée, il avait vu la paternité de sa découverte contestée; un étudiant américain, du nom, bien fait pour les confusions, de Maynard, quelque temps après lui, découvrit à son tour le collodion à Boston; et son nom fut donné dans les dictionnaires et manuels scientifiques, jusqu'à ce que M. Berthelot père eût fait faire une rectification en faveur du chimiste français. » Henri Peyre, *Louis Ménard*, New Haven, Yale University Press, volume v of Yale romanic studies, 1932, p. 61.

98. « Il ne semble pas que Louis Ménard, même à ces heures où toutes les fois réformatrices, où toutes les sectes socialistes voisinaient dans Paris, et où les mêmes esprits allaient souvent de l'une à l'autre à la recherche du système idéal, ait jamais été fouriériste. Nous ne trouvons point sa signature dans la *Démocratie Pacifique*, et le périodique littéraire, qui publia entre 1845 et 1847 dix-huit poèmes de Leconte de Lisle, n'en imprima aucun de son ami. Nulle expression, dans l'œuvre de Ménard,

ne rappelle, même de loin, la phraséologie phalanstérienne, et ses idées religieuses et politiques n'ont avec les théories de l'école que de très vagues rapports. » *Ibid.*, p. 53.

99. « Le petit cénacle réuni chez Thalès (sa sœur était religieuse et missionnaire en Chine) avait fondé une religion et pris le nom de Club théagogique (théagogue formait une rime admirable à mystagogue et à démagogue) : ses membres reprenaient l'idée de la métempsycose en l'adaptant aux connaissances astronomiques du temps ; la vie future aurait été une transmigration d'étoile en étoile. Leconte de Lisle acceptait absolument cette conception. » Philippe Berthelot, *Louis Ménard et son œuvre*, Juven, 1902, p. 20.

100. *Ibid.*, p. 12. Voir aussi Caroline De Mulder, « Les paradis stellaires », *Leconte de Lisle, entre utopie et république*, Faux titre 267, Amsterdam/New York, NY, 2005, pp. 251-255.

101. « Leconte de Lisle appelait ironiquement son ami Ménard "Seigneur Crépuscule", par allusion à son interprétation d'Hermès. » Henri Peyre, *Louis Ménard*, New Haven, Yale University Press, volume v of Yale romanic studies, 1932, p. 52.

102. Fernand Calmettes, *Leconte de Lisle et ses amis*, Librairies-imprimeries réunies, Paris, 1902, p. 23.

103. « Ces griffons sont des morceaux de pratique conventionnelle, sur la valeur desquels leur auteur ne se faisait pas illusion. Il disait en parlant d'eux : "Encore un endroit devant lequel je ne peux plus passer. Mes griffons ont les pattes de tout cela trop courtes", et, du coupant de sa main droite, il indiquait une belle longueur sur son bras gauche. » *Ibid.*, p. 41, note.

104. « Ses compositions ornent l'Hôtel de ville de Lyon et le Tribunal de Commerce de la Seine. » Henri Peyre, *Louis Ménard*, New Haven, Yale University Press, volume v of Yale romanic studies, 1932, p. 53.

105. On trouve aussi l'orthographe Cressot.

106. Extrait de « Dies Pluviae », parodie du « Dies Irae » envoyée par Louis Ménard (vers 1850 ?) depuis Toucques, un jour de pluie où son frère et lui s'ennuyaient avec nostalgie. Voir Philippe Berthelot, *Louis Ménard et son œuvre*, Juven, 1902, p. 21.

107. Fernand Calmettes, *Leconte de Lisle et ses amis*, Librairies-imprimeries réunies, Paris, 1902, p. 25.

108. C'était ainsi qu'on surnommait Laveur. Voir M.-A. Callet, *La Revue hebdomadaire* du 26 février 1898.

109. Dans ce recueil, pour expliquer pourquoi il se disait « légitime bâtard », le poète rédigea cette note : « Il n'était pas permis à un blanc d'épouser une mulâtresse, à un mulâtre d'épouser une blanche. L'Église elle-même refusait sa bénédiction nuptiale à des mariages que prohibait le Code colonial. L'immortalité de ces lois contraires aux vœux de la nature, a engendré le concubinage et l'a maintenu dans nos pays jusqu'en 1831 ou 1832. Les enfants issus de ces unions que sanctifiait seul la constante fidélité des contractants, bâtards par-devant les lois, portaient pourtant le nom de leur père, mais ils n'avaient d'autre titre pour légitimer cette illégalité que l'amour et l'autorisation des auteurs de leurs jours. » Cité par Raphaël Barquissau, in *Le poète Lacaussade et l'exotisme tropical*, Publication du comité Leconte de Lisle et Lacaussade, 1952, p. 17.

110. Cette épopée antique et primitive, pleine de torrents brumeux et de rocs invincibles, que l'on crut d'abord être l'œuvre du barde écossais Ossian, guerrier légendaire du IIIe siècle qui combattit l'Empereur romain Caracalla, fils du roi Fingal de Morven, s'avéra une traduction en gaélique de poèmes de James Macpherson (1736-1796), fortement inspirés de fragments irlandais. Le premier traducteur en vers français de cet immense succès de librairie fut, en 1801, Baour-Lormian dont, on le sait, le jeune Leconte de Lisle fut un fervent admirateur. Par leurs tourments de la sen-

sibilité, l'influence des *Poèmes d'Ossian* sur la poésie romantique, notamment chez Goethe et Lamartine, fut considérable. Le mythe inspira également les peintres Jean-Auguste Franquelin (*Ossian unit Oïna-Morul et Thormod*), Dominique Ingres (*Le songe d'Ossian*), François Gérard (*Ossian évoque les fantômes au son de la harpe*) et Anne-Louis Girodet (*L'apothéose des héros français morts pour la patrie pendant la guerre de la Liberté*). « Ceux qui ne veulent pas le nommer Ossian, remarque Césarotti, qui en fut le traducteur en italien très estimé, peuvent le nommer Orphée. On pourra douter qu'il ait eu Fingal pour père; mais personne ne doutera jamais qu'il n'ait été fils d'Apollon. »

111. Auguste Lacaussade, « La mer », *Poèmes et Paysages*, Ducloux et Garnier frères, 1852, p. 296.

112. Fernand Calmettes, *Leconte de Lisle et ses amis*, Librairies-imprimeries réunies, Paris, 1902, p. 39.

113. « Ménard était intarissable sur le compte de Baudelaire. Celui-ci vint un jour le chercher et l'emmena à Châtillon dans une guinguette : "Les journaux à grand format me rendent la vie insupportable", dit-il (c'était une de ses plaintes favorites), "j'ai décidé de me tuer; peux-tu me préparer de l'acide prussique ? je m'embarquerai et je boirai la fiole en mer". Ils discutèrent gaiement du meilleur mode de suicide et s'arrêtèrent au poignard; puis ils se grisèrent de vers jusqu'au soir. Voyant l'ombre descendre sur la tonnelle, Ménard émit la prétention de rentrer dîner, car ses parents l'attendaient. Mais Baudelaire s'indigna : "C'est la dernière journée que nous passons ensemble et tu ne penses qu'à la régularité de ton repas ! Dis-moi encore des vers". » Philippe Berthelot, *Louis Ménard et son œuvre*, Juven, 1902, p. 10.

114. Édouard Champion, *Le Tombeau de Louis Ménard*, Champion, Paris, 1902, p. 15.

115. « Ménard a gardé toute sa vie sur sa cheminée un petit flacon. On voit combien il était près des grandes découvertes modernes, avec le collodion et la nitromannite. Mais il ne prévoyait pas les conséquences de ses travaux. Ce premier essai l'encouragea cependant et il s'associa aux recherches de Paul de Flotte et de Tessier du Motet qui croyaient avoir découvert la transmutation des métaux. [...] Il s'occupait en 1847 de faire de l'or. Ménard tenta à ses côtés la fabrication du diamant : il cherchait la cristallisation du carbone, par la voie humide et la décomposition lente des matières organiques; il avait disposé ses expériences dans une série de petits tubes et attendait patiemment. » Philippe Berthelot, *Louis Ménard et son œuvre*, Juven, 1902, pp. 14-15.

116. Louis Ménard versifiait et peignait, tout comme son frère René. Deux de ses œuvres sont reproduites, malheureusement en noir et blanc, dans l'ouvrage de Philippe Berthelot : l'*Étang*, p. 73, et l'*Automne*, p. 192.

117. « Le grand deuil des temps modernes, c'est que "le monde n'est plus le siège d'une vie divine"; c'est là une question religieuse avant d'être un problème philosophique, ou scientifique, ou même, de nos jours, écologique. Ménard avait vu juste : la destruction de la nature, pour l'éviter, il aurait fallu que quelque religion s'y opposât. » Gilbert Romeyer Dherbey, préface des *Rêveries d'un Païen Mystique*, Guy Trédaniel éditeur, 1990, p. XXIII.

118. Louis Ménard, *De la morale avant les philosophes*, Firmin Didot, Paris, 1860, p. 8.

119. « Le polythéisme comble la distance qui sépare le ciel de la terre en ouvrant aux héros le chemin de l'apothéose. [...] : "Entre le calme Olympe, séjour des lois éternelles, et le monde agité de l'histoire, planait cette glorieuse religion des demi-dieux qui reliait le ciel à la terre par l'échelle des vertus héroïques et des degrés lumineux de l'apothéose". » Philippe Berthelot, *Louis Ménard et son œuvre*, Juven, 1902, pp. 37-38.

120. Louis Ménard, *Du polythéisme hellénique*, Charpentier, Paris, 1863, p. 12.

121. *Ibid.*, p. 84.

122. Louis Ménard était polythéiste par conviction et chrétien par tradition. Appartenant au XIXe siècle français, il ne pouvait sans forfanterie se taxer d'être un authentique polythéiste ; attiré par le polythéisme, il ne pouvait non plus se prétendre pleinement chrétien. Il ajouta donc le Christ au Panthéon des Anciens, « allant jusqu'à chanter des hymnes en l'honneur de la Vierge, jusqu'à célébrer les vertus miraculées de l'eau de Lourdes », nous dit Fernand Calmettes, et le problème fut réglé. On lit aussi chez Barrès une interprétation plus précise du christianisme ménardien, *Le voyage de Sparte*, Plon, s.d., pp. 16-17 : « Ménard ne jette point les dieux au Scheol ; il les recueille et les honore comme sur un Olympe, dans sa conscience d'historien et d'artiste. Chez ce grand Aryen vivent côte à côte toutes les formes de l'idéal. [...] Ménard n'admet point qu'aucune splendeur se soit éteinte, ni qu'aucune lyre se soit tue. Il prophétise la communion universelle des vivants et des morts, la grande paix des dieux. Et, spécialement, il honore dans le christianisme l'héritier de la morale grecque. Entre tous les grands systèmes encore vivants de philosophie sociale, seule la doctrine du Christ fait place pour l'énergie virile de la lutte contre soi-même, pour l'héroïque effort de la volonté ; elle établit la suprématie de l'âme sur les attractions du dehors. »

123. *Ibid.*, pp. 11-12.

124. Louis Ménard, *Histoire des Grecs*, Delagrave, Paris, 1893, II, p. 894.

125. « La plastique, qui est la langue des formes, suppose la pluralité des types divins. » *Ibid.*, p. 1031. « La base de la religion juive est l'unité divine qui convient à une monarchie. Son caractère fondamental est la proscription de l'art : la défense de sculpter des images est le précepte qui revient le plus souvent dans la Bible. Le Dieu unique proscrivit les formes multiples de l'idéal et anéantit toutes les œuvres du passé ; mais la philosophie est complice de cette destruction : elle aussi avait dit qu'il est insensé d'enfermer le divin dans la pierre et le bronze. La domination intellectuelle de la race sémitique entraînait la destruction des œuvres de la pensée hellénique et une suite de persécutions et de querelles religieuses. Le dernier poète païen, Rutilius Numatianus, s'écriait au milieu des ruines de la civilisation et de l'Empire : "Plût aux Dieux que la Judée n'eût jamais été conquise !" Les chrétiens condamnaient la matière, considérant la beauté du corps comme un piège du Diable. Saint Augustin ne pouvait se résigner à croire le Christ moins beau que les anciens Dieux ; mais saint Just et saint Cyrille proclamaient qu'il était laid, par humilité. » Philippe Berthelot, *Louis Ménard et son œuvre*, Juven, 1902, pp. 48-49.

126. Louis Ménard, *Du polythéisme hellénique*, Charpentier, Paris, 1863, p. 350.

127. Louis Ménard, *Histoire des Grecs*, Delagrave, Paris, 1893, II, p. 1028.

128. Louis Ménard, *De la morale avant les philosophes*, Firmin Didot, Paris, 1860, p. 147.

129. Louis Ménard, *Histoire des Grecs*, Delagrave, Paris, 1893, II, p. 973.

130. Nous savons qu'il ne devint pas un helléniste distingué du jour au lendemain et que, pendant ses débuts, il eut souvent recours à deux éditions, l'une en grec et l'autre en latin, contrairement à Ménard qui était déjà un virtuose : « L'influence de l'auteur du *Polythéisme hellénique* sur celui des *Poëmes antiques* fut, je puis le dire, prépondérante... Si Leconte de Lisle traduisit et interpréta des textes grecs, c'est qu'il en avait reçu l'amour de la bouche même de Ménard... Celui-ci prenait un livre, vieil in-folio à la reliure fatiguée, Homère, Anacréon, Théocrite ou Porphyre, et traduisait. Non seulement aucune difficulté dans le texte ne pouvait l'arrêter, mais il mettait alors dans sa voix l'expression d'une passion telle que je n'en ai connue chez aucun autre homme de notre génération. La vue seule des caractères grecs le transportait de joie ; à la lecture, il était visible qu'il s'animait intérieurement ; au commentaire

c'était un enthousiasme. Sa face noble s'illuminait. Dans sa joie de causer des Grecs il s'animait à tel point qu'il en oubliait alors les soins matériels de l'existence et du bien-être. Et il m'arriva, un soir d'hiver que nous expliquions l'Antre de Porphyre, de lui faire tout à coup remarquer qu'il faisait plus froid dans sa chambre sans feu qu'en l'antre des Nymphes. » Entretien d'Édouard Champion avec J.-M. de Heredia, *Le Tombeau de Louis Ménard*, Champion, 1902.

131. Il en serait vite remercié à cause de son anticléricalisme prononcé. « Lamennais, écrit-il à Louis Ménard en 1849, ne veut pas que je blesse les défenseurs de ces idées qui ont été les siennes ; [...] quand on a été apostat deux fois, je ne vois pas pourquoi on ne le serait pas une troisième. Si ce vieillard atrabilaire a peur de l'enfer, ce n'est pas une raison pour que je partage son épouvante. »

132. « Le sujet même de cette compilation semble suggéré par les ouvrages d'un autre fouriériste, Alexandre Weill, qui en 1874 devait publier chez Dentu une *Histoire de la guerre des Anabaptistes* et qui en 1845 et 1846 avait publié dans *La Phalange* une *Histoire de la grande guerre des paysans* (d'Allemagne), reprise en volume chez Poulet-Malassis en 1862. » Edgard Pich, *Leconte de Lisle et sa création poétique*, Imprimerie Chirat, 1975, pp. 52-53.

133. Il écrirait pourtant : « Que ces faces ignobles d'épiciers qui m'environnent me soulèvent le cœur et me répugnent ! Ah, je n'étais pas fait pour vivre au milieu d'une pareille atmosphère ! » Pierre Flottes, *Le poète Leconte de Lisle*, Perrin, 1929, p. 73.

134. Marius-Ary Leblond, « Lettres inédites des parents de Leconte de Lisle », *L'Esprit français* du 10 mai 1932. Cette fin de lettre(s) fait écho à celle envoyée le 22 janvier 1846 par la propre mère du poète : « Mon cher enfant, *ne nous oublie pas trop*. Tu m'as assurée bien des fois que tu m'aimais, je me suis habituée à cette pensée, et il serait en vérité trop cruel de me l'arracher. [...] Adieu, mon enfant, ta mère t'embrasse de toute son âme. Élysée. »

135. « Au citoyen ministre de l'Instruction publique. Juillet 1848. Les signés Ch. Gabriel Thalès, rédacteur du *Dictionnaire encyclopédique de France* et de la *Biographie mythique*, et L. de Lisle (Charles), bachelier ès lettres, ancien rédacteur de la *Revue indépendante* et de plusieurs autres recueils périodiques, créole de l'île de la Réunion, ont l'honneur de vous soumettre la demande suivante à laquelle ils espèrent, citoyen ministre, que vous voudrez bien faire un favorable accueil ! Deux chaires sont en ce moment vacantes au collège national de l'île de la Réunion, l'une de philosophie, l'autre d'histoire, chaires que les signés, par suite de leurs études spéciales, se croient aptes à remplir. Si votre bienveillance, citoyen ministre, croit devoir nous confier les fonctions honorables que nous sollicitons, nous ferons tous nos efforts pour nous en rendre dignes. » Marius-Ary Leblond, *Leconte de Lisle*, Mercure de France, 1933, p. 249.

136. « Le Comité révolutionnaire avait adopté comme exposé de ses principes la Déclaration des Droits de l'Homme présentée par la Convention par Maximilien Robespierre. » A. Lucas, *Clubs et Clubistes*, Dentu, 1851, p. 54.

137. « Sa parole calme et froide faisait pénétrer dans les masses de vagues soupçons sur les tendances du pouvoir. Instruit depuis longtemps à la défiance, il dénonçait avec une sagacité prophétique la marche rétrograde de la révolution. Il poursuivait avec une ombrageuse obstination ces deux agents de toutes les tyrannies, la magistrature et l'armée. » Louis Ménard, *La Seconde République*, p. 8. Cité par Henri Peyre, in *Louis Ménard*, New Haven, Yale University Press, volume v of Yale romanic studies, 1932, p. 66.

138. Louis Ménard, *Prologue d'une Révolution*, aux bureaux du peuple, 1849, p. 74.

139. Le Club des Clubs concentrait deux cents des innombrables Clubs parisiens.

140. Paul de Flotte, qui était par ailleurs un fidèle partisan de Blanqui, avait fondé son propre Club, le Club du Peuple, et son propre Journal, *L'Accusateur Public*. Voir Henri Peyre, *Louis Ménard*, New Haven, Yale University Press, volume v of Yale romanic studies, 1932, p 65. C'est lui qui fit adhérer Leconte de Lisle au futur Club des Clubs.

141. Louis Ménard, *Prologue d'une Révolution*, aux bureaux du peuple, 1849, p. 74.

142. André Castelot, *48 ou l'inutile révolution*, Presses Pocket, 1968, p. 136.

143. Fernand Calmettes, *Leconte de Lisle et ses amis*, Librairies-imprimeries réunies, Paris, 1902, p. 31.

144. « Louis-Philippe, vieux cynique qui avait déjà assisté à maintes révolutions, rassurait ses ministres : "En hiver, les Parisiens ne font pas de révolution !" On monte à l'assaut quand il fait chaud : en juillet, la Bastille, en juin, le trône des Bourbons. Mais pas en janvier, ni en février. Le gros flegmatique oubliait seulement que des salves tirées sur le peuple, même en février, pouvaient faire monter la température à une chaleur de juillet. Le 23 février, les soldats tirèrent sur de paisibles manifestants. Le lendemain matin, Paris était hérissé de barricades. Le mot d'ordre n'était pas seulement la réforme électorale, mais bien la République. Le 24 au soir, le Palais-Royal était aux mains des révolutionnaires. Le roi prit la fuite. Le trône fut jeté au bûcher. » Boris Nicolaïevski et Otto Maenchen-Helfen, *Karl Marx, L'homme et le lutteur*, Gallimard, 1970, pp. 166-167.

145. Lettre à Charles Bénézit du 24 novembre 1846, citée par Edgard Pich, in *Articles, Préfaces, Discours*, Belles Lettres, 1971, p. 106, note 7.

146. Karl Marx, *Les luttes de classes en France*, La Table Ronde, Paris, 2001, p. 33.

147. Marius-Ary Leblond, *Leconte de Lisle*, Mercure de France, 1933, pp. 224-225.

148. Joseph Lesage, *Coup d'œil rétrospectif sur la ville de Dinan*, cité par M.-A. Leblond, p. 227.

149. Un autre Breton des Côtes-du-Nord, Ernest Renan, ferait le même constat en 1849 : « Vous n'imagineriez jamais l'état de ce pays, et je ne saurais vous le peindre, car les catégories y sont radicalement différentes de celles que nous avons habituellement sous les yeux. Est-on légitimiste ? Non. La portion de la population qui est rattachée à la branche aînée ne forme pas un quart, un cinquième. Est-on orléaniste ? Pas davantage. On regrette Louis-Philippe, voilà tout. Est-on bonapartiste ? On n'y pense pas. Et avec tout cela les candidats légitimistes ont passé avec 50.000 voix de majorité. L'évêque fait la liste avec ses curés de canton, on la pêche au prône, les bourgeois l'acceptent, et elle passe sans opposition. Hélas ! cela ne s'explique que trop bien, et je n'ai jamais mieux compris que la nullité intellectuelle et administrative des provinces est le plus grand obstacle des idées modernes… Quant au socialisme, le croiriez-vous ? Il n'existe ni amour ni haine, car il est absolument inconnu : le nom même ne révèle aucune idée, et quant au peuple, je ne sais même si on trouve chez lui l'aspiration vague à un état meilleur. Il est vrai que ce pays est peut-être celui de la France où il y a le moins de misère : mais la position du peuple serait cent fois pire qu'il l'accepterait comme la fatalité ; sans s'en prendre à personne, ni sans songer qu'il y a un remède possible… Ce qui manque radicalement à ce pays (et j'ai pu m'assurer que ce mouvement s'applique à tout l'Ouest), c'est l'initiative, l'éveil. La vie s'y passe dans la somnolence et on ne s'indigne que contre ceux qui viennent troubler ce nonchalant repos. », cité par M.-A. Leblond, pp. 231-232.

150. Au sujet de la pénurie d'argent.

151. Allusion à Auguste Blanqui, condamné à mort en janvier 1840 pour avoir préparé l'insurrection du 12 mai 1839. Sa peine avait été commuée en réclusion à

vie dans la prison du Mont-Saint-Michel. Amnistié au début de l'année 1848, il était littéralement vénéré par le Club théagogique.

152. Marius-Ary Leblond, « Leconte de Lisle sous la Seconde République et sous l'Empire », *Mercure de France*, octobre 1901, pp. 239-240.

153. Blanqui et Barbès seront envoyés au donjon de Vincennes.

154. Huber fut le président du Club des Clubs et celui qui organisa le cortège en faveur de la Pologne.

155. André Castelot, *48 ou l'inutile révolution*, Presses Pocket, 1968, pp. 145-146.

156. M.-A. Leblond, *Leconte de Lisle*, Mercure de France, 1933, p. 234.

157. Fernand Calmettes, *Leconte de Lisle et ses amis*, Librairies-imprimeries réunies, Paris, 1902, p. 33.

158. Jean Dornis, *Essai sur Leconte de Lisle*, Librairie Ollendorff, 1909, p. 117.

159. Edmond Estève, *Leconte de Lisle, l'homme et l'œuvre*, Boivin, 1930, p. 69.

160. Fernand Calmettes, *Leconte de Lisle et ses amis*, Librairies-imprimeries réunies, Paris, 1902, pp. 34-35.

161. C'est aussi le point de vue de Jean-Paul Sartre : « Jamais, en lui, ne s'est dressé un vrai désir homicide, comme Baudelaire, abruti douloureusement et enragé par "la tyrannie de la face humaine"; jamais, comme Flaubert, il n'a ressenti l'envie désespérée de la violence pour la violence, de battre n'importe qui, le premier qui passera à sa portée, quitte à se faire casser la figure en retour. Un peu d'excitation en 48 – qui n'en aurait eu ? – mais que sa prudence dément, à peine exprimée. » *L'Idiot de la famille*, Gallimard, 1972, tome III, pp. 393-394.

162. Friedrich Engels, *Les Journées de juin 1848*, éditions sociales, 1974, et *Die Neue Rheinische Zeitung*, 28 juin-2 juillet 1848.

163. « Tout – ou presque tout – se passait chez lui en paroles. Son rôle, pendant toute cette année 1848, paraît bien effacé, quand on songe à l'activité de Paul de Flotte, son compagnon de chaque jour, ou même aux efforts de Leconte de Lisle en Bretagne, à la tentative de Thalès pour se faire élire dans le Vaucluse. Mais l'inaptitude à l'action pratique n'était pas chez lui lâcheté, et nous tenons de son neveu le danger qu'il courut. Son père et son frère, qui se trouvaient comme lui pendant ces journées de troubles dans le quartier du Panthéon, l'un des centres les plus actifs de l'insurrection, l'aperçurent à une fenêtre, au moment où une balle des gardes mobiles passa au-dessus de sa tête. Ils se précipitèrent tous les deux et ne réussirent qu'avec peine à l'arracher à son poste d'observation, tant les horreurs des massacres exaspéraient sa colère. » Henri Peyre, *Louis Ménard*, New Haven, Yale University Press, volume v of Yale romanic studies, 1932, p. 71.

164. « "Un pamphlet échevelé", a-t-on dit récemment, que le lecteur regrette d'avoir ouvert. (Desonay, *Le Rêve hellénique*, p. 86.) Œuvre partiale, c'est vrai, mais essentielle à la connaissance de son auteur, dont les idées politiques et l'idéal révolutionnaire ont déterminé en partie la carrière et même le "rêve hellénique"; œuvre d'historien tout de même, d'historien trop proche des événements pour être impartial, mais appliqué à servir sa cause avec les meilleurs instruments, c'est-à-dire en apportant des faits précis et de l'intelligence. » *Ibid.*, p. 72.

165. Philippe Berthelot, *Louis Ménard et son œuvre*, Juven, 1902, p. 17. « La Nouvelle Gazette rhénane comptait six mille abonnés, ce qui, même au point de vue du tirage, la mettait au rang des plus grands journaux allemands. [...] Elle consacrait à l'étranger une place plus importante que tout autre journal allemand. Ce qui se passait aujourd'hui en France et en Angleterre, se passerait demain en Allemagne. » Boris Nicolaïevski et Otto Maenchen-Helfen, *Karl Marx, L'homme et le lutteur*, Gallimard, 1970, pp. 196-205.

166. Louis Ménard, « Adrastée » (cette déesse désignait chez les Grecs la déesse de la vengeance qui châtiait les superbes), *Louis Ménard et son œuvre*, Juven, 1902,

pp. 88-89. « Les vers ont jailli sous le coup de la colère et du dépit ; le tableau des crimes de Cavaignac et de ses troupes est tracé avec une forte concision, l'invective trouvc même des images et des épithètes plus heureuses que ne le fera souvent chez Ménard l'inspiration plus douce et plus résignée. Les treize strophes tout entières ne respirent que vengeance. Elles se terminent sur la solennelle promesse que le peuple, au jour de sa victoire future, égalera dans ses représailles la cruauté des répressions de juin. » Henri Peyre, *Louis Ménard*, New Haven, Yale University Press, volume v of Yale romanic studies, 1932, p. 82.

167. André Castelot, *48 ou l'inutile révolution*, Presses Pocket, 1968, pp. 147-148.

168. « Hâtons-nous donc de substituer à l'aveugle férocité de nos pères les lumières de la raison et les sentiments de la nature. Brisons les chaînes de tant de victimes de notre cupidité, dussions-nous renoncer à un commerce qui n'a que l'injustice pour base et que le luxe pour objet. » Denis Diderot, *Œuvres*, Robert Laffont, Paris, 1995, tome III, p. 743.

169. Fabienne Federini, *L'abolition de l'esclavage*, L'Harmattan, 1998, p. 46.

170. Philippe Berthelot, *Louis Ménard et son œuvre*, Juven, 1902, p. 15.

171. Voir Denis Diderot, *Œuvres*, Robert Laffont, Paris, 1995, tome III, p. 743.

172. Victor Schœlcher, *Esclavage et colonisation*, PUF, Paris, 1948, p. 38.

173. Denis Diderot, *Œuvres*, Robert Laffont, Paris, 1995, tome III, p. 740.

174. « Les troupes seules que nous entretenons dans nos colonies pour y garder la sombre paix de la servitude prennent annuellement au trésor 6 500 000 francs, et cela sans parler des nombreux croiseurs chargés de prévenir les évasions ! [...] Voilà pour la paix. Comptez maintenant les éventualités de la guerre ou de la révolte ouverte. » Victor Schœlcher, *Esclavage et colonisation*, PUF, Paris, 1948, pp. 131-133. Du coup Arago, ministre de la Marine et des Colonies, qui voulait attendre qu'une nouvelle constitution fût votée, s'engagea dans une voie plus rapide et nomma Schœlcher sous-secrétaire d'État à la Marine et aux Colonies : « Dans un entretien que nous eûmes ensemble ce même jour [le 3 mars], M. Schœlcher me prouva qu'il fallait absolument revenir à l'idée de l'émancipation immédiate... Les arguments de M. Schœlcher portèrent une entière conviction dans mon esprit, et je résolus de présenter à mes collègues un décret d'émancipation immédiate. »

175. Victor Schœlcher, *Esclavage et colonisation*, PUF, Paris, 1948, p. 102.

176. *Ibid.*, p. 130.

177. Fabienne Federini, *L'abolition de l'esclavage*, L'Harmattan, 1998, p. 64.

178. Victor Schœlcher, « Rapport fait au ministre de la Marine et des Colonies par la Commission instituée pour préparer l'acte d'abolition immédiate de l'esclavage », *Esclavage et colonisation*, PUF, Paris, 1948, pp. 141-153.

179. Edmond Haraucourt confirme l'hypothèse de Marius-Ary Leblond selon laquelle Leconte de Lisle aurait rédigé ce texte (*Leconte de Lisle*, Mercure de France, 1933, p. 180) dans son discours prononcé lors de la cérémonie du 3 juin 1934 : « C'est lui, déclare-t-il, qui rédige la lettre par laquelle les jeunes créoles réclament l'abolition de l'esclavage. » *Les Admirateurs de Leconte de Lisle*, Lemerre, 1936, p. 16. Voir aussi Jean Dornis dans sa préface aux *Contes en prose*, Société normande du livre illustré, 1910, p. XVIII. Néanmoins, il se peut qu'il ait été rédigé par Auguste Lacaussade, comme l'avance Raphaël Barquissau, *Le poète Lacaussade et l'exotisme tropical*, Publication du comité Leconte de Lisle et Lacaussade, 1952, p. 63, puisque « Lacaussade en est le premier signataire et que deux phrases reproduisent presque textuellement les termes d'une strophe de son ode à la mémoire de Robinet de la Serve » qui se trouve dans ses *Poèmes et Paysages* : « Nous sommes les enfants, l'attente d'un autre âge, / De l'opprimé sur nous que les pleurs soient puissants ! / Vengeons un séculaire outrage ! / Du crime des aïeux nous sommes innocents ! » En

outre, Prosper Ève, professeur d'Histoire à l'Université de la Réunion, abonde en ce sens, *Auguste Lacaussade (1815-1897)*, Océan éditions, Hors collection, février 2006, vol. 1, pp. 195-196.

180. *La Feuille Hebdomadaire de L'Île Bourbon*, le 11 octobre 1848.

181. Roussin, *Album de la Réunion*, Imprimerie G. Lahuppe, 1879, tome 2, p. 21.

182. « Aux affranchis qui acceptent de travailler pour leurs anciens maîtres, la récompense divine est promise. Le Commissaire de la République espérait convaincre par ce langage les affranchis qui avaient reçu une éducation religieuse dans les dernières années précédant l'émancipation. Le nouveau chef de la Colonie avait déjà pris connaissance des rapports sur l'instruction religieuse, envoyés au Ministre de la Marine et des Colonies par l'administration coloniale. Ainsi, une lettre du Directeur de l'Intérieur, adressée au Ministre des Colonies en juin 1848, met l'accent sur l'ampleur prise par l'instruction religieuse pendant le quatrième trimestre de 1847. Divers objets de piété, envoyés par le ministère de la Marine des Colonies en 1847 pour récompenser les Noirs des habitations qui suivaient régulièrement l'instruction religieuse, avaient ravi la population affranchie. Conscient de la réceptivité des anciens esclaves pendant longtemps privés de la religion officielle, Sarda Garriga cherche donc à atteindre leur sensibilité par l'évocation de la justice céleste pour pouvoir les retenir sur les domaines sucriers. » Sudel Fuma, *L'Esclavagisme à la Réunion*, L'Harmattan, 1992, p. 156.

183. *B.O. de l'Île de La Réunion*, proclamation du citoyen Commissaire de la République, Saint-Denis, le 17 octobre 1848, p. 464.

184. *La Feuille Hebdomadaire de L'Île Bourbon*, le 14 février 1852.

185. *B.O. de l'Île de la Réunion*, année 1848, arrêté du 24 octobre 1848, p. 515.

186. Yves Perotin, *Chroniques de Bourbon*, Couderc-Nerac, 1959, p. 195.

187. En fait, beaucoup des jeunes Créoles qui avaient signé la lettre de soutien au Gouvernement provisoire, sous les diverses pressions venues de l'île Bourbon, désavouèrent plus tard leur adhésion.

188. « Nous ne connaissons guère les circonstances de son "Œdipe", écrit Jean-Paul Sartre, mais il est clair qu'il a passé sa vie à fuir son père et les souvenirs de sa protohistoire. Horrifié de bonne heure pour avoir découvert que son père était un bourreau d'esclaves, inversement, c'était le père qu'il détestait dans tous les esclavagistes. Nous touchons ici, je crois, à la contradiction fondamentale, à *celle qui l'a fait* : orgueil de privilégié, horreur des privilèges quand ils sont fondés sur l'oppression. [...] L'essentiel, en tout cas, c'est qu'il renia par son option politique sa demi-noblesse, la fausse aristocratie des planteurs, les privilèges de la société coloniale. » *L'Idiot de la famille*, Gallimard, 1972, tome III, pp. 344-345.

189. Marius-Ary Leblond, *Leconte de Lisle*, Mercure de France, 1933, p. 223.

190. Louis Ménard, *Prologue d'une Révolution*, Le Crapouillot, s.d., p. 52.

191. Boris Nicolaïevski et Otto Maenchen-Helfen, *Karl Marx, L'homme et le lutteur*, Gallimard, 1970.

192. « Ménard était allé de Belgique en Angleterre, où il avait retrouvé Louis Blanc, Karl Marx et leurs amis, puis avait quitté Londres pour retourner en Belgique. Ses papiers inédits renferment deux lettres de Louis Blanc du 25 février et du 30 avril 1850, où le chef socialiste s'adresse très cordialement à son jeune ami, s'enquiert de ses travaux de peintre et de poète, et témoigne envers lui une estime affectueuse. » Henri Peyre, *Louis Ménard*, New Haven, Yale University Press, volume v of Yale romanic studies, 1932, p. 77.

193. Voir Gustave Geffroy, *Blanqui l'enfermé*, éditions Rencontres, 1886.

194. *Ibid.*

195. *Ibid.*

196. *Le Figaro* du 4 juillet 1894.

197. « Fin mai, le corps expéditionnaire de l'armée française, officiellement envoyé en Italie pour défendre l'indépendance et la liberté italiennes, avait pris Rome, dernière citadelle de la liberté italienne, et livré ses défenseurs républicains à l'inquisition papale. La Constitution française contenait toujours cette belle phrase : *La République française n'emploie jamais ses forces contre la liberté d'aucun peuple.* Le 11 juin, Ledru-Rollin, [...] chef de la Montagne, demanda à la Chambre la mise en accusation du président Louis Bonaparte et du ministère, pour violation de la Constitution. » Boris Nicolaïevski et Otto Maenchen-Helfen, *Karl Marx, L'homme et le lutteur*, Gallimard, 1970, pp. 230-231.

198. Voici l'aveu de son inactivité pendant les barricades de Juin 48.

199. « En tous ces arrangements de mariage, ce qui manquait le plus, c'était le moyen matériel de les réaliser. Louis Ménard ne gagnait rien avec sa peinture ; ses poésies lui coûtaient le prix de leur impression et, lorsqu'il avait parlé du projet à sa mère, elle s'en était inquiétée. Le père était mort quelque temps auparavant. Douée d'une grande énergie pratique, la mère avait pris au sérieux son rôle de chef de maison ; elle se tourmentait à la pensée que l'arrivée d'Emma de Lisle pourrait consacrer un rêve d'union envisagé par elle comme un simple caprice d'imagination ; elle vit avec plaisir que le choc se produisait en sens inverse ; – de même qu'il reprochait au frère de terminer les poèmes par une strophe de trop, une strophe de conclusion précise qui ne laissait pas à la pensée le loisir de prolonger suffisamment la sensation poétique, de même il crut pouvoir reprocher à la sœur des méplats trop nets et l'arrêt trop ferme dans l'achèvement du nez... – et cependant Louis Ménard a peut-être manqué là l'occasion de connaître les joies sereines du lien conjugal. Il en devait être à jamais privé, car l'essai qu'il en fit trop tard ne fut pas heureux. » Fernand Calmettes, *Leconte de Lisle et ses amis*, Librairies-imprimeries réunies, Paris, 1902, p. 89.

200. L'entente ne fut d'ailleurs que peu de temps cordiale entre les blanquistes, qui pensaient que la révolution devait éclater au plus tôt, et les membres de la Ligue communiste, qui pensaient que les prolétaires devaient « traverser quinze, vingt, cinquante ans de guerres civiles et de guerres internationales [...] pour se transformer eux-mêmes et pour se rendre aptes au pouvoir politique ». Boris Nicolaïevski et Otto Maenchen-Helfen, *Karl Marx, L'homme et le lutteur*, Gallimard, 1970, pp. 250-251.

201. Lettre de Vidil à Blanqui du 19 juillet 1850.

202. Boris Nicolaïevski et Otto Maenchen-Helfen, *Karl Marx, L'homme et le lutteur*, Gallimard, 1970, p. 241.

203. « J'ai de la sympathie pour ce garçon, il y a donc encore des honnêtes gens ! des cœurs convaincus ! et tout part de là, la *conviction*. Si la littérature moderne était seulement *morale*, elle deviendrait forte ; avec de la moralité disparaîtrait le plagiat, le pastiche, l'ignorance, les prétentions exorbitantes, la critique serait utile et l'art naïf, puisque ce serait alors un besoin et non une spéculation. [...] Le sieur de Lisle me plaît. [...] J'aime les gens tranchants et énergumènes ; on ne fait rien de grand sans le fanatisme. *Le fanatisme est la religion.* » Flaubert, *Correspondance*, 1853.

204. *Le Figaro* du 4 juillet 1894.

205. « Curieux raisonnement : le sollicité, du seul fait d'être sollicité, n'a plus aucune responsabilité morale quelle que soit la personne qui le sollicite ou la nature des actes proposés. On aimerait bien connaître le nom de ce "réactionnaire" qui veut le "protéger" et dont la protection rend sa conscience si souple. » Luc Badesco, *La génération poétique de 1860*, Nizet, 1971, tome 2, p. 1229, note 145.

206. Marius-Ary Leblond, « Leconte de Lisle sous la Seconde République et sous l'Empire », *Mercure de France*, octobre 1901.

207. Jacques Attali, *Karl Marx ou l'esprit du monde*, Fayard, 2005, pp. 157-158.

208. « Il ne pourra plus jamais subir une contrariété sans lui donner les proportions d'un malheur irréparable. Toute déception tournera désormais à la catastrophe. Étant bien entendu que ce premier choc ne pouvait être que le prétexte bien venu d'une explosion et que la raison d'une telle attitude a des racines profondes dans sa nature, dont il n'est pas responsable et dont il sera de moins en moins le maître. Si une période de sa vie finit et une autre commence, celle-ci sera soumise à des déceptions et à des réactions qui ne trouveront jamais une ligne médiane qui puisse les réconcilier. Le despotisme de son caractère se fera de plus en plus tyrannique et aveugle, et la fêlure s'élargira dans la même proportion, comme si ces deux traits s'engendraient réciproquement. » Luc Badesco, *La génération poétique de 1860*, Nizet, 1971, tome 2, p. 1215.

209. « Quand il se mêle à leur lutte, en Juin, il les hait déjà – comme il hait les propriétaires fonciers, position typique de la petite-bourgeoisie, telle que Marx l'a décrite en cette conjoncture. Pourquoi se met-il donc du côté des massacrés plutôt que de se retirer, en vrai fils de Niobé, et de reprendre le fil de ses méditations sacrées ? Eh bien, il le dit dans sa lettre du 31 avril : pour l'idéal. » Jean-Paul Sartre, *L'Idiot de la famille*, Gallimard, 1972, tome III, pp. 353-354.

210. « Regards dans le passé. – Les haines de Leconte de Lisle », *Les Droits de l'homme* du 13 août 1898, cité par Luc Badesco, in *La génération poétique de 1860*, Nizet, 1971, tome 2, p. 1218, et par Edgard Pich, in *Articles, Préfaces, Discours*, Belles Lettres, 1971, p. 186, note 13.

211. Nous ne croyons pas Leconte de Lisle incapable d'une pensée aussi élémentaire. Il savait que l'idéal était un « irréalisable » et c'est justement pour cela qu'il n'aima que lui… Le 19 février 1839, dans une lettre à Julien Rouffet, il le dit très clairement : « Jamais je n'aimerai que mes idéalités, ou plutôt mes *impossibilités.* »

212. Jean-Paul Sartre, *L'Idiot de la famille*, Gallimard, 1972, tome III, pp. 352-369.

213. Luc Badesco, *La génération poétique de 1860*, Nizet, 1971, tome 2, p. 1218. « La vraie beauté, pour lui comme pour Baudelaire, sera triste. La transformation d'un être vivant en une statue inanimée n'est plus seulement un châtiment : c'est une récompense. Elle lui confère à la fois la beauté et l'immortalité. C'est donc l'élan vers un idéal inaccessible qui assure à l'homme l'immortalité, et non plus sa venue en un monde primitif et bon. La protestation contre les dieux injustes suffit à assurer la beauté ; si donc les activités révolutionnaires restent possibles et souhaitables, il ne faut se faire aucune illusion sur leur aboutissement. Il est même souhaitable que la révolte soit vouée à l'échec, car l'homme ne réalise la beauté qu'en s'opposant au monde réel, dont l'existence lui est ainsi nécessaire : c'est la voie que doit suivre le poète à défaut du peuple. » Edgard Pich, *Leconte de Lisle et sa création poétique*, Imprimerie Chirat, 1975, p. 77.

214. « Leconte de Lisle admirait Lamennais : il lui a consacré un poème dans *La Variété*, 10e livraison, pp. 257-259, et il fait l'éloge de sa traduction de Dante dans sa préface des *Idylles de Théocrite*. Il l'a connu probablement chez Béranger. (voir Thalès Bernard, *La Lisette de Béranger*, p. 60) », Edgard Pich, *Articles, Préfaces, Discours*, Belles Lettres, 1971, p. 111, note 12.

215. Bibliothèque de l'Arsenal, ms. 15.060/3-5.

216. Au sens d'idées, de pensées.

217. Préface aux *Poëmes antiques*, *Articles*, *Préfaces*, *Discours*, Belles Lettres, 1971, pp. 108-110. Le terme de « préface » ne figura jamais en tête du recueil. Leconte de Lisle en avait proscrit l'usage, sans doute en réaction contre la préface de *Cromwell* qui avait fini par prendre plus d'importance que la pièce elle-même. Voir la lettre à Rouffet du 24 juillet 1839 : « Faites quelques lignes de prose en matière de préface, mais, toutefois, sans mettre ce titre au-dessus, car il est maintenant pros-

crit. » Bernard Guinaudeau, *Leconte de Lisle, Premières poésies et Lettres intimes*, Fasquelle, Paris, 1902, p. 127.

218. « L'influence de l'auteur du *Polythéisme Hellénique* sur le poète des *Poèmes antiques* fut, je puis le dire, prépondérante. » Lettre de J.-M. de Heredia, *Le Tombeau de Louis Ménard*, Champion, 1902, p. 28. Néanmoins, « ce n'est pas dans telle expression ou tel vers, ou même dans telle interprétation d'une légende antique, tel couplet sur la Grèce, que l'on peut saisir l'influence de Ménard sur Leconte de Lisle ; la plupart des poèmes grecs de Leconte de Lisle ne doivent strictement rien au polythéisme ménardien. » Henri Peyre, *Louis Ménard*, New Haven, Yale University Press, volume v of Yale romanic studies, 1932, p. 483.

219. En ceci, ils rejoignaient Proudhon : « Les Dieux sont partis : l'homme n'a plus qu'à s'ennuyer et mourir dans son égoïsme. » *Système des contradictions économiques*, Garnier frères, Paris, 1850, t. I, pp. 40-41.

220. *Articles, Préfaces, Discours*, Belles Lettres, 1971, pp. 110-111.

221. Thalès Bernard, *Histoire de la Poésie*, Dentu, 1864, p. 824.

222. *Ibid.*, p. 832.

223. Lieutenant-Colonel Staaff, *La littérature française depuis la formation de la langue jusqu'à la révolution*, Didier, 1868-1871, tome IV p. 818. « Pour Leconte de Lisle, l'histoire de la Grèce et celle de l'Occident se décomposent en deux parties : l'ère sacerdotale (pélasgique en Grèce, primitive en Occident) et l'ère héroïque (hellénique en Grèce, celtique en Occident). Mais sa prédilection va à la première période, l'ère sacerdotale, tant et si bien que si l'on définit la poésie homérique comme Falconnet par "le triomphe de l'élément hellénique sur le principe pélasgique", l'auteur des *Poëmes antiques* peut être considéré comme un anti-Homère. » Edgard Pich, *Leconte de Lisle et sa création poétique*, Imprimerie Chirat, 1975, p. 86.

224. « Nulle terre n'est plus féconde en inspirations. Le touriste qui s'achemine, pour la première fois, des provinces septentrionales vers le sud par les vallées de la Saône et du Rhône, a bientôt hâte de laisser derrière lui les verdures monotones de la Bourgogne et de se détourner du vieux *Lugdunum*, toujours enfoui sous une coupole de brume. » Thalès Bernard, préface des *Poésies nouvelles*, Vanier, 1857, p. IX.

225. « La poésie populaire, étouffée jusqu'ici par la lourde science des érudits, va descendre bientôt dans le domaine public pour raviver l'imagination de la foule et lui fournir de tendres rêveries : que les jeunes poëtes suivent donc cette direction, en se rappelant bien toutefois que, sous peine de produire un maladroit pastiche, on doit joindre la plus solide instruction à la plus exquise sensibilité. » *Ibid.*, pp. XI-XII.

226. « Le monde moderne, il est vrai, a créé la Vierge, symbole de pureté, de grâce et surtout de bonté, qui est la plus excellente des vertus ; mais cette protestation du sentiment humain ne tient plus à la terre, et fait maintenant partie du dogme. » Préface des *Poèmes et Poésies*, *Articles*, *Préfaces*, *Discours*, Belles Lettres, 1971, p. 131. Leconte de Lisle fait ici allusion au dogme de l'Immaculée Conception proclamé par Pie IX, le 8 décembre 1854. Pour lui, la femme idéale ne peut évidemment pas l'être de façon dogmatique.

227. « Béatrice n'est qu'une idée très-vague, revêtue de formes insaisissables. Qu'elle soit une personnification de la théologie ou l'ombre de celle qu'a aimée Dante, nous ne l'avons jamais vue, et c'est à peine si nous l'entendons. Elle n'est le symbole spécial d'aucune des forces féminines ; et, certes, il n'en est pas ainsi de l'Hélène d'Homère. » *Ibid.*, p. 132. Pourtant, selon Fernand Calmettes, Leconte de Lisle admirait Dante « sans réserve ».

228. « Il a certes manqué à ce natif des Tropiques la naïveté primitive, la souplesse aisée des Grecs, leur robuste sensualité et leur animisme instinctif. Mais on pourrait également le présenter comme un précurseur de Nietzsche qui, dans *Hélène*, *Niobé*, *Khiron* a senti et a rendu la succession de générations de dieux et de héros des temps

primitifs, et a deviné que la Grèce fut violente, passionnée et à demi-monstrueuse avant de devenir *L'harmonieuse Hellas, vierge aux tresses dorées.* » Henri Peyre, *L'Influence des littératures antiques sur la littérature française moderne*, New Haven, Yale University Press, volume xix of Yale romanic studies, 1941, p. 67.

229. Louis Tiercelin, *Bretons de Lettres*, Champion, Paris, 1905.

230. Préface des *Poèmes et Poésies*, *Articles*, *Préfaces*, *Discours*, Belles Lettres, 1971, pp. 129-131.

231. *Ibid.*, pp. 113-114.

232. « La Harpe est partisan des traductions qui sont infidèles à la lettre, mais fidèle à l'esprit du texte original : “Je ne connais que deux règles indispensables dans toute traduction : de bien rendre le sens de l'auteur et de lui conserver son caractère [...]. Il doit être permis de supprimer une figure qui s'éloigne trop du génie de notre langue, et de la remplacer par une autre qui s'en approche”. » Edgard Pich, *Articles, Préfaces, Discours*, Belles Lettres, 1971, p. 138, note 2.

233. « Mme Dacier les a traduites [les *Odes anacréontiques*], dit-elle, “pour faire connaître aux belles dames de son temps le plus galant des poètes grecs”. La savante femme, qui possédait, d'ailleurs, le sens exact du texte, a cru devoir l'accommoder au goût du grand siècle, d'où il suit que sa traduction (de 1681) est illisible. » *Articles, Préfaces, Discours*, Belles Lettres, 1971, p. 141.

234. Leconte de Lisle, préface des *Idylles de Théocrite et Odes Anacréontiques*, Poulet-Malassis, 1861.

235. Fernand Calmettes, *Leconte de Lisle et ses amis*, Librairies-imprimeries réunies, Paris, 1902, p. 329. Voir aussi Antoine Albalat, *Comment on devient écrivain*, Plon, 1925, pp. 236-244.

236. Émile Egger, *L'état des Langues et des Littératures grecques en France*, 1886, cité par Jean Dornis, in *Essai sur Leconte de Lisle*, Librairie Ollendorff, 1909, p. 91. « Émile Egger, esprit aimable, plus ouvert à toutes choses qu'à la critique originale, et par cela même accusé de rester indifférent aux découvertes savantes faites à l'étranger. Ses jaloux le disaient “suffisant par excès d'insuffisance” et s'amusaient à lui voir faire en France les honneurs de l'hellénisme comme un souverain de son royaume. » Fernand Calmettes, *Leconte de Lisle et ses amis*, Librairies-imprimeries réunies, Paris, 1902, p. 323.

237. Irving Putter, *La dernière illusion de Leconte de Lisle*, Droz, Genève, 1968, p. 119.

238. Jean Dornis, *Essai sur Leconte de Lisle*, Librairie Ollendorff, 1909, pp. 92-93.

239. Louis Ménard, *Correspondance inédite*, cité par Jean Dornis, *Ibid.*, p. 93.

240. Louis Ménard, *Critique Philosophique*, 30 avril 1886, cité par Jean Dornis, *Ibid.*, p. 94.

241. La traduction de l'*Iliade* ne parut qu'en 1866, et celle de l'*Odyssée*, en 1867.

242. À l'assemblée des personnalités hostiles au Leconte de Lisle traducteur, il faut encore ajouter Sainte-Beuve (*Nouvelle Correspondance*, Calmann Lévy, 1880, p. 234) et Remy de Gourmont (*Le problème du style*, Mercure de France, 1902, p. 83 *et sq.*).

243. « À M. Leconte de Lisle était réservée la gloire de donner la première traduction d'Homère. Leconte de Lisle est un de ces hommes très forts qu'un siècle n'entraîne pas... Il a vu Homère, et nous le fait voir. Il nous le révèle ; il nous fait goûter le miel homérique dans toute sa saveur sauvage. » Anatole France, *Chasseur bibliographe*, janvier 1867, pp. 17-19.

244. Voir George Sand, *Le Temps* du 31 juillet 1872.

245. « Il est certain que Louis Ménard fut un grand savant. Il connaissait à fond la littérature grecque, et l'on sait qu'il a très étroitement collaboré aux traductions

de Leconte de Lisle. José-Maria de Heredia nous l'affirme de la manière la plus formelle. "Leconte de Lisle a commencé la traduction des premiers chants de l'*Iliade* et de l'*Odyssée* en collaboration avec Louis Ménard. Il les acheva seul officiellement, il est vrai, Louis Ménard s'étant retiré. Mais il continua son œuvre dans la tradition de Ménard et s'aidant de ses conseils, car c'était à ses yeux et ce fut aux nôtres l'homme de France qui savait le mieux la langue des Hellènes." » Fernand Desonay, *Le rêve Hellénique chez les poètes Parnassiens*, Louvain, Librairie Universitaire, 1928, p. 81.

246. « Il n'avait guère fait qu'un apprentissage de bon élève et, pour suppléer à la faiblesse de ses études antérieures, il était obligé de s'aider des traductions interlinéaires grecques-latines. Comment, astreint à suivre presque servilement ces modèles de juxtaposition, aurait-il pu s'élever au rôle d'illuminateur, de révélateur extra-lucide, capable de sonder l'obscurité des textes et d'en dévoiler les mystérieuses beautés ? La nécessité de s'en tenir au pas-à-pas du terre à terre, au guide-âne classique, le confinait dans le système de traduction littérale, dont Chateaubriand et Lamennais avaient déjà tenté des essais, l'un pour le *Paradis perdu* de Milton, l'autre pour la *Divine comédie* de Dante. » Fernand Calmettes, *Leconte de Lisle et ses amis*, Librairies-imprimeries réunies, Paris, 1902, pp. 323-324.

247. Henri Peyre, *Louis Ménard*, New Haven, Yale University Press, volume v of Yale romanic studies, 1932, p. 485.

248. *Ibid.*, pp. 485-486.

249. *Ibid.*, pp. 487-489.

250. « On attribue le *Ramayana* à Valmiki. [...] Sa biographie se perd dans une vapeur de légende. On le fait fils d'un sage, Pratchétas, qui serait lui-même un avatar ou un petit-fils de Varouna – Génie de l'Ouest et des Eaux. – On lui attribue une jeunesse tumultueuse. Il aurait vécu dans les bois l'existence des voleurs. Converti par des Richis qu'il se proposait de dévaliser, il serait devenu un anachorète, un des grands solitaires de l'Inde, et, réfugié sur le Mont Tchitrakouta, il aurait formé de nombreux disciples. » J.-H. Rosny, préface de *L'exil de Rama*, Dentu, 1893, pp. 15-16. « Leconte de Lisle semble croire jusqu'en 1864 à l'existence d'Homère et de Valmiki. Dans son *Discours de réception à l'Académie*, il ne les considère plus que comme "des hommes symboliques, créés par l'imagination de tout un peuple". Il est clair qu'il s'inspire des théories de Wolf et de ses continuateurs tant Français qu'Allemands. Mais cette histoire est trop vague pour qu'on puisse y reconnaître l'influence précise de tel ou tel érudit. Au demeurant, de telles idées étaient largement vulgarisées à l'époque. » Edgard Pich, *Articles, Préfaces, Discours*, Belles Lettres, 1971, p. 8, note 30.

251. « Ce que la cruelle postérité pardonne de moins en moins à cette génération parnassienne, c'est en vérité d'avoir été assoiffée d'épopée, d'avoir souhaité rendre la majesté, la grandeur, la beauté idéale. Le même écueil, à tous les âges, a brisé bien des ambitions analogues : l'ennui. Et si rien n'égale en beauté la poésie qui est belle, rien n'égale la puissance d'ennui de la poésie épique manquée, si ce n'est peut-être la prose poétique. » Henri Peyre, *L'Influence des littératures antiques sur la littérature française moderne*, New Haven, Yale University Press, volume xix of Yale romanic studies, 1941, p. 67.

252. T. IV, p. 73, cité par Edgard Pich, in *Leconte de Lisle et sa création poétique*, Imprimerie Chirat, 1975, p. 57.

253. « Celui qui se proclamait "l'homme du calme et des visions chastes" ne pouvait pas ne pas éprouver un intérêt particulier pour les moines, ces hommes calmes et chastes. L'œuvre publiée et la correspondance de Leconte de Lisle révèlent des attitudes qui sont proches de celles qu'on leur prête : la volonté nettement affirmée dans la préface des *Poëmes antiques* de s'interdire toute intervention dans les événements

politiques du jour et de taire les joies et les peines de cœur, relève d'une pratique ascétique et cette pratique, au XIXe siècle, en France, était surtout le fait des moines catholiques. La constance de cette attitude chez Leconte de Lisle, la fréquence des allusions à la vie ascétique, indienne, antique, médiévale, moderne, amènent à se demander s'il n'a pas envisagé, pour lui-même, à certains moments de sa vie, une telle issue à ses problèmes. » *Ibid.*, p. 240.

254. « Leconte de Lisle et Thalès Bernard s'intéressaient aux évocations, débarquées tout récemment d'Amérique et qui jouirent aussitôt en France d'une singulière faveur, grâce à leur infatigable vulgarisateur Allan Kardec. Certain soir, un jeune médium, étendu sur un divan et simulant le sommeil extra-naturel, s'était mis en rapport spirite avec une ancienne maîtresse de Thalès, partie depuis deux ou trois ans pour la Russie : "Je la vois... Elle est pâle... les joues creusées... les cheveux blanchis... – C'est par le chagrin de la séparation", reprit aussitôt Thalès. [...] Leconte de Lisle ne voulut pas sortir sans l'avoir détrompé. Malheureusement, dès les premiers mots, l'autre riposta par des acerbités de fatuité froissée, telles que Leconte de Lisle dut définitivement se retirer. Thalès se brouilla de même avec Louis Ménard pour un motif qui n'était pas moins frivole. » Fernand Calmettes, *Leconte de Lisle et ses amis*, Librairies-imprimeries réunies, Paris, 1902, pp. 68-69.

255. Préface des *Poëmes antiques*, *Articles*, *Préfaces*, *Discours*, Belles Lettres, 1971, pp. 110-112.

256. E. Haraucourt, « L'homme impassible », *La Dépêche de Toulouse* du 3 juin 1934.

257. Jouffroy, « Comment les dogmes finissent », *Le Globe*, 1825.

258. *Le Monde comme volonté et comme représentation* parut à Leipzig en 1819 mais ne fut traduit en français, par Cantacuzène, qu'en 1886.

259. « La prétention de M. Leconte de Lisle est d'écrire des vers sans date qui soient de tous les temps : c'est, je crois, une chimère ; il n'est pas plus possible à l'écrivain d'échapper entièrement aux influences du milieu où il vit, qu'il n'est possible à un homme qui marche de sauter hors de son ombre, et ce sera l'amusement des critiques futurs de montrer dans cette docte et froide poésie, qui ne croit refléter que les glaces de Norvège et les déserts d'Afrique, la fidèle image du goût d'un jour et d'une mode passagère. » Paul Stapfer, *Le Parnasse*, Presses de l'Université Paris-Sorbonne, 2006, p. 131.

260. *Articles, Préfaces, Discours*, Belles Lettres, 1971, p. 174.

261. *Ibid.*, p. 187.

262. « Dès le commencement du XIXe siècle on avait commencé à s'intéresser à la religion hindoue. En 1802 fut publiée : *La Religion des Indous selon les Védah*, par Anquetil Duperron. En 1817 parut : *Recherches sur Burdou ou Bouddou, instituteur religieux de l'Asie Orientale*, par Michel-Jean-François Ozeray. En 1830, Chez Delaunay, *Prière au Soleil*. En 1831, *La vie contemplative, ascétique et monastique chez les Indous et chez les peuples Bouddhistes*, par J.-J. Bochinger, Strasbourg – œuvre très importante et très érudite. En 1822, Silvestre de Sacy et Abel de Rémusat ont créé *la Société et le journal Asiatiques*. *Le Journal Asiatique* était un "Recueil de mémoires, d'extraits et de notices relatifs à l'histoire, à la philosophie, aux langues et à la littérature des peuples orientaux". En 1825 est publié à Paris : *Le Magasin asiatique ou Revue géographique et historique de l'Asie centrale et septentrionale*, par T. Klaproth. En Angleterre à ce moment paraissaient *The Asiatic journal and monthly register for British India and its dependencies. – The Journal of the Royal Asiatic Society of Great Britain and Ireland. – The Journal of the Bombay Branch Royal Asiatic Society.* À Paris, en 1825, on imprime un recueil très important de M. Abel Rémusat : *Mélanges asiatiques ou Choix de morceaux de critiques et de mémoires relatifs aux religions, aux sciences, aux coutumes, à l'histoire et à la géographie des*

nations orientales. Vers 1828 un certain nombre de livres sont traduits de l'original sanskrit en anglais et ensuite en français, par A. Langlois, Paris, 1828. – *Monuments littéraires de l'Inde ou Mélanges de littérature sanskrite par Langlois*, 1827. Pour montrer combien on appréciait la littérature sanskrite en ce moment, on peut citer ce passage de l'introduction de ce livre : "L'étude d'un idiome riche, harmonieux, savant, offrant des analogies frappantes avec nos langues européennes et modernes, promet des plaisirs réels à ceux qui aiment à étudier les peuples dans leur langage même, qui estiment une expression juste, une image naïve, une pensée gracieuse ; à ceux qui cherchent de douces émotions dans les peintures vraies des mœurs et des passions ; à ceux qui ne dédaignent pas de s'égarer dans les rêves obscurs d'une philosophie sublime..." » Gladys Falshaw, *Leconte de Lisle et l'Inde*, Arthez, 1923, pp. 33-35.

263. « Nous trouvons dans le *Journal des Savants*, cahiers d'août et septembre 1852, une notice sur ses travaux : "C'est en 1826 que la vocation de M. Eugène Burnouf fut irrévocablement fixée. Dans cette année il publia de concert avec M. Chr. Lassen son Essai sur la pâli ou langue sacrée de la presqu'île au-delà du Gange. Patronné par Abel Rémusat, imprimé par la Société Asiatique de Paris, dont M. Eugène Burnouf était secrétaire adjoint, cet ouvrage fut le précurseur de ces nombreux travaux qui devaient faire sa gloire et contribuer à celle de notre pays. C'était beaucoup d'avoir révélé les origines d'une langue aussi répandue que la pâli, et consacrée aux monuments religieux de tant de peuples, c'était beaucoup d'en avoir rendu l'intelligence possible et aisée. M. Eugène Burnouf, lui-même, était fort loin, en 1826, de se douter de l'étendue du domaine qu'il venait d'ouvrir. Il ne le sut bien que des années plus tard, quand les annales du bouddhisme attirèrent son attention, et qu'il put confronter la rédaction des Soûtras bouddhiques au Népâl, au nord de l'Inde, avec la rédaction pâlie qui en avait été faite au sud, à 400 lieues de là, dans l'île de Ceylan." » *Ibid.*, pp. 35-36. Voir aussi l'article d'Ernest Renan sur Eugène Burnouf, « Questions contemporaines ».

264. « Comme l'a écrit M. Louis Renou, "aucune œuvre indienne n'a connu pareille diffusion. Le nombre des traductions, adaptations, commentaires, est considérable ; la littérature d'inspiration ramaïte est à perte de vue – épopées, lyrisme, surtout drame – tant dans l'Inde même que dans les pays d'influence indienne". Il existe deux traductions françaises complètes, celle d'Hippolyte Fauche et celle de l'abbé Roussel et plusieurs traductions fragmentaires ou abrégées. » Jean Herbert, *Spiritualité hindoue*, Albin Michel, 1972, p. 372.

265. En tout cas le poème ne figure pas dans la liste des poèmes parus en 1852. Il ne sera publié que le 29 janvier 1879, dans *Le Temps*...

266. « Le poème de Leconte de Lisle, dans sa première partie, en est une manifeste imitation. Moïse est au terme de sa carrière. Las de son œuvre, plus las de sa gloire, il gravit la stérile montagne de Nébo, promène un long coup d'œil sur la terre de Chanaan qui se déroule tout entière à ses pieds, étend sa grande main sur la foule des Israélites agenouillée dans la poussière, puis, reprenant son chemin vers le haut du mont, va faire à Dieu sa longue et triste plainte. Valmiki a cent ans. L'ennui de vivre l'enveloppe. Songeant au long repos où s'anéantit l'âme, il gravit le sombre Himavat jusqu'au faîte et, immobile, contemple une dernière fois les fleuves, les cités, les lacs, les bois, "les monts, piliers du ciel, et l'Océan sonore". » Joseph Vianey, *Les sources de Leconte de Lisle*, Coulet, 1907, p. 4.

267. « Bhrigou, le grand saint, avait un fils, appelé Tchyavana. Rempli de splendeur, il cultivait la pénitence sur la rive du lac. – Cet ascète éclatant se tint longtemps dans un même lieu, immobile comme un pieu, avec une constance héroïque. – Le rishi devint une fourmilière, dérobée comme par des lianes, et, après beaucoup de temps écoulé, il était rempli de fourmis. – Le sage ainsi caché était de tous côtés

semblable à une boule de terre, et, enterré dans cette fourmilière, il souffrait une épouvantable pénitence. [...] Près de l'ascète un roi vient à passer avec son escorte. La fille du roi, la belle Sukanya, aperçoit deux lueurs au travers d'une fourmilière. – Qu'est-ce que c'est que cela ? dit-elle, – et d'une épine elle perce les deux yeux de l'anachorète. Tchyavana profère contre l'armée du roi une malédiction qu'il ne consent à retirer que sur le don de la main de Sukanya. Elle vit avec lui dans la solitude, épouse fidèle. Un jour les Açvins (les Castor et Pollux de la mythologie indienne) la rencontrent, la plaignent d'avoir épousé un vieillard, lui offrent leur amour, mais en vain. Alors ils lui disent : – Nous sommes les médecins des dieux ; nous allons donner à ton époux la jeunesse et la beauté, puis tu choisiras de nous trois celui que tu voudras. – Tchyavana accepte. Sur l'ordre des dieux, il entre avec eux dans le lac. Tous trois en sortent bientôt, divinement beaux et jeunes. Et tous trois disent à la jeune femme : – Choisis l'un de nous. – Mais elle, les voyant tous trois pareils, demeure muette et pensive. Enfin, guidée par son cœur, c'est son mari qu'elle choisit. » *Ibid.*, pp. 1-2.

268. On sait aujourd'hui que cette rédaction est beaucoup plus récente. Elle daterait seulement du deuxième siècle avant J.-C.

269. « La geste de Râma a donné naissance à de nombreux grands poèmes dont nous ne citerons que les principaux : le *Râmâyana* sanskrit de Vâlmîki, qui comprend 24 000 strophes, sans compter son immense appendice, le *Yoga-vâshishtha-mahârâmâyana*, ou *Jnâna-râmâyana*, qui en contient 32 000 ; l'*Adhyâtma-râmâyana*, en sanskrit également, de 4 200 strophes ; le *Râmâyana* (*Râma-charita-manasa*) de Tulsidâs, en hindi ; le *Râmâyana* tamoul de Kamban. Le thème commun en est la jeunesse de Râmachandra, fils du roi d'Ayodhyâ, Dasharatha, et de la reine Kaushalyâ, son mariage avec Sîtâ, fille de Janaka et de la Terre (Bala-kânda ou Adi-kânda), son exil pour faire place à son demi-frère Bharata, fils de la reine Kaikeyî (Ayodhyâ-kânda), sa vie dans la forêt de Dankata, où il combat les démons (*râkshasas*) et l'enlèvement de Sîtâ et son alliance avec le peuple des singes et le peuple des ours (Kishkindhâ-hânda), sa marche jusqu'à la mer et l'ambassade de Hanumân auprès de Sîtâ (Saundara-kânda), sa lutte contre Râvana, sa répudiation de Sîtâ, son pardon et son couronnement (Yuddha-kânda), sa seconde répudiation de Sîtâ, la naissance de ses deux fils Lava et Kusha, et leur réunion avec Râma (Uttara-kânda). » Jean Herbert, *Spiritualité hindoue*, Albin Michel, 1972, pp. 372-373.

270. Joseph Vianey, *Les sources de Leconte de Lisle*, Coulet, 1907, pp. 4-5.

271. « La Mort de Valmiki », *Poèmes antiques*, Belles Lettres, 1977, p. 29.

272. Jean Lahor, *La Gloire du Néant*, Lemerre, 1893, p. 110.

273. *L'histoire du Bouddha Cakya-Mouni (Lalitavistâra)*, traduction de Ph.-Ed. Foucaux, texte tibétain, 1847-1848. Ce texte, tout comme le *Bhâgavata-Purâna*, a également pu inspirer « La Mort de Valmiki ». Voir Gladys Falshaw, *Leconte de Lisle et l'Inde*, Arthez, 1923, p. 49.

274. Jean Dornis, *Essai sur Leconte de Lisle*, Librairie Ollendorff, 1909, p. 65.

275. Leconte de Lisle est-il vraiment allé aux Indes et sur les îles de la Sonde pendant sa jeunesse, pour affaires, comme l'affirment Fernand Calmettes (p. 4), Georges Bastard (p. 763) et Maurice Souriau (p. 195) ? C'est en tout cas ce que semblerait confirmer la lettre du 22 août 1863 à Georges Lafenestre, publiée par Charles Widor dans sa *Notice sur la vie et les travaux de M. Georges Lafenestre (1837-1919), Institut de France. Académie des Beaux-Arts. Séance publique annuelle du samedi 27 décembre 1919*, Firmin-Didot, 1919, pp. 95-98. Pourtant, comme Francis Vincent, *Les Parnassiens*, Beauchesne, 1933, p. 200, et comme à peu près tout le monde, dont Edgard Pich, nous pensons qu'il s'agit là d'un mythe. Le grand-père du poète, en revanche, apprenti chez un apothicaire de sa ville natale, Avranches, embarqua bien vers 1783 sur *Le Puissant*, en destination des Indes, avant, deux ans plus tard, de

s'installer à Brest et d'épouser, le 14 novembre 1786, Guillemette Louise Bertin. Ce fut d'ailleurs à cette occasion qu'il adopta le nom de « de Lisle ».

276. Jean Dornis, *Essai sur Leconte de Lisle*, Librairie Ollendorff, 1909, p. 66.

277. « Ménard avait découvert l'Inde avant Leconte de Lisle. Le *Prométhée délivré* date de 1843. Ménard y développe, en quelque trente vers, de façon précise, la doctrine brahmanique étudiée sans doute dans la traduction des *Lois de Manou* de Loiseleur-Deslongchamp. » René Petitbon, *L'influence de la pensée religieuse indienne dans le romantisme et le parnasse. Jean Lahor*, A. G. Nizet, 1962, p. 108.

278. Cité par Henri Peyre, in *Louis Ménard*, New Haven, Yale University Press, volume v of Yale romanic studies, 1932, pp. 132-133, note 62.

279. *Articles, Préfaces, Discours*, Belles Lettres, 1971, p. 121.

280. « La vie d'un Brâhmane est divisée en quatre périodes ; il entre successivement dans les quatre ordres religieux, qui sont : celui de Brahmatchâri ou novice, celui de Grihastha ou maître de maison, celui de Vânaprastha ou anachorète, celui de Sannyâsi ou dévot ascétique. » A.-L. Loiseleur-Deslongchamp, *Manava-Dharma-Sastra*, ou les *Lois de Manou*, note 147.

281. Les Samanéens, littéralement « ceux qui ont vaincu leurs passions », constituaient un ordre nouveau de prophètes appartenant à toutes les classes de la société indienne et se proposant de faire tomber les antiques barrières qui subsistaient entre les vichnouistes et les bouddhistes.

282. Leconte de Lisle aurait lu Eugène Burnouf par l'entremise d'un de ses disciples, de Lanoye, neveu du savant. Voir René Petitbon, *L'influence de la pensée religieuse indienne dans le romantisme et le parnasse. Jean Lahor*, A. G. Nizet, 1962, p. 87.

283. La traduction du *Mahabharata* par Hippolyte Fauche ne paraîtra chez Duprat en dix volumes qu'à compter de 1863.

284. « "Celui qui est amour", nom du bodhisattva destiné à devenir le prochain bouddha une fois le Dharma du bouddha Sakyamuni parvenu à son extinction complète. La tradition précise que le bodhisattva Maitreya demeure actuellement en Tusita, l'un des royaumes divins du monde du désir, en attendant d'atteindre le suprême Éveil et de se manifester sur terre. Dans le bouddhisme ancien et dans le Theravada, il est question de sa future manifestation sur terre et de son parfait Éveil quand le nom même du Dharma aura été oublié. » Philippe Cornu, *Dictionnaire encyclopédique du Bouddhisme*, Seuil, 2001, p. 346.

285. Le *Bhâgavata-Purâna*, traduction d'E. Burnouf, t. II, p. 327.

286. *Ibid.*, p. 497.

287. « Vichnou est le deuxième dieu de la trinité hindoue et le conservateur de la création – le premier est Brahmâ, dieu de la conservation, et le troisième Shiva, dieu de la destruction –. Dans quelques cosmogonies, il apparaît avant Brahmâ lui-même, sous la figure d'un jeune enfant porté sur les eaux. Une tige de lotus sortit tout à coup de son nombril, et Brahmâ naquit dans le calice de cette fleur. Les représentations figurées nous montrent alors Vichnou reposant sur une feuille de figuier ou sur le grand serpent Adicéchen, dont les nombreuses têtes se recourbent sur le dieu, en forme de dais. » E. Jacobi, *Dictionnaire mythologique universel, ou biographie mythique*, Librairie Firmin Didot frères, fils et Cie, Paris, traduction de Thalès Bernard, 1846, p. 503.

288. « Fils de Brahmâ, et un des dix premiers Richis [sortes de patriarches divins] ; il passe pour l'inventeur du luth indien. Narada présente de grandes analogies avec le Mercure des Grecs. » *Ibid.*, p. 331.

289. Le Temps ou encore la Mort, autre figure de l'effrayante Kali.

290. Les dieux, par opposition aux Asuras, les démons.

291. Le *Bhâgavata-Purâna*, traduction d'E. Burnouf, t. I, p. 49.

292. Sorte de figuier.

293. Autre nom de Krishna.

294. Le *Bhâgavata-Purâna*, traduction d'E. Burnouf, t. I, p. 49.

295. « Nom de l'un des sept Richis. Anggiras est fils de Brahmâ et père de Vrihaspati qui, prêtre des dieux, sera le précepteur de Bouddha. » E. Jacobi, *Dictionnaire mythologique universel, ou biographie mythique*, Librairie Firmin Didot frères, fils et Cie, Paris, traduction de Thalès Bernard, 1846, p. 36.

296. Le *Bhâgavata-Purâna*, traduction d'E. Burnouf. La figure d'Angira a probablement été inspirée par celle de Vyâsa, l'auteur présumé du *Mahabharata*. Voir Joseph Vianey, *Les sources de Leconte de Lisle*, Coulet, 1907, p. 66.

297. L'Himavat, littéralement « séjour des frimas », est la chaîne de montagnes plus connue sous le nom d'Himâlaya qui borne l'Inde vers le Nord et la sépare de la Tartarie. Il est l'Imaüs des anciens. Le Gange, l'Indus, le Brahmapoutra et d'autres rivières considérables y prennent leur source. Dans la mythologie indienne, l'Himavat est personnifié comme l'époux de la nymphe Ménà et le père de Gangâ, déesse du Gange, et de Dourgâ (appelée aussi Oumâ et Pârvati), épouse de Siva. Voir *Râmâyana*, Liv. 1, chap. XXXVI.

298. Pour une description originelle de Gangâ, voir le *Mahabharata* traduit par Hippolyte Fauche, t. I, p. 416.

299. « Musiciens des dieux, à corps d'homme et tête de cheval. » N. Stchoupak, L. Nitti et L. Renou, *Dictionnaire Sanskrit-Français*, Maisonneuve, Paris, 1932.

300. Le *Bhâgavata-Purâna*, traduction d'E. Burnouf, t. I, p. 397.

301. « Bhagavat », *Poèmes antiques*, Belles Lettres, 1977, pp. 8-25.

302. « Les plus importants des Bodhisattva sont : Maitreya, prochain Buddha de ce monde actuel, il réside dans le ciel des Tusita; Avalokitesvara, lié à Amitabha, appelé aussi Lokanatha, "Seigneur du monde", Padmapani, "qui a un lotus à la main", car il est représenté comme un jeune homme ayant le lotus pour attribut, ainsi qu'un chapelet, un livre et un flacon d'ambroisie, portant une représentation d'Amitabha dans sa tiare; Mañjusri, lié au Buddha Aksobhya, aussi appelé Mañjughosa, "à la voix suave", Kumarabhuta, "jeune homme", Vagisvara, "Seigneur de la parole", représenté avec pour attributs le *pañcacira*, c'est-à-dire cinq mèches de cheveux ou une tiare à cinq pointes, un livre, un lotus ou une épée, plus une représentation du Buddha Aksobhya qui orne la tiare. » Jean et Pierre-Sylvain Filliozat, « Bouddhisme indien ».

303. « Au commencement les ténèbres étaient enveloppées de ténèbres; l'eau se trouvait dans l'impulsion. Tout était confondu. L'Être reposait au sein de ce chaos, et ce grand Tout naquit par la force de sa piété. Au commencement l'Amour fut en lui, et de son esprit jaillit la première semence. » *Le Rig-Véda ou Livre des Hymnes*, 1849-1851, traduction d'A. Langlois, tome IV, p. 421.

304. P. Masson-Oursel, H. de Willmann-Grabowska et Philippe Stern, *L'Inde antique et la civilisation indienne*, La Renaissance du Livre, Paris, 1933, p. 162.

305. « Le Bodhisattva doit pratiquer dix extrêmes de vertus (pâramitâ), qui dans le Mahayana sont le don, la pratique morale, la patience, l'énergie, la méditation, l'intelligence, la virtuosité dans les moyens, le vœu, la force et la connaissance. » Jean et Pierre-Sylvain Filliozat, « Bouddhisme indien ».

306. « Or l'énergie de cet être doué de vue, énergie qui est à la fois ce qui existe et ce qui n'existe pas (pour nos organes), c'est là ce qui se nomme Mâyâ, et c'est par elle, illustre guerrier, que l'Être qui pénètre toutes choses créa cet Univers. » Le *Bhâgavata-Purâna*, traduction d'E. Burnouf, t. I, p. 327.

307. « C'est là, on le voit, une profession de foi panthéiste : Bhagavat est tout; tout est Bhagavat. » Edgard Pich, *Leconte de Lisle et sa création poétique*, Imprimerie Chirat, 1975, p. 91.

308. J.-J. Bochinger, *La vie contemplative, ascétique et monastique chez les Indous et chez les peuples Bouddhistes*, Strasbourg, 1831, pp. 2-3.
309. « La Maya », *Poèmes tragiques et Derniers poèmes*, Belles Lettres, 1977, p. 147.
310. René Petitbon, *L'influence de la pensée religieuse indienne dans le romantisme et le parnasse. Jean Lahor*, A. G. Nizet, 1962, p. 98.
311. « Ne pas confondre cette illumination, qui aboutit à la disparition de l'individualité, avec la mort, même si les termes de L. de L. sont un peu équivoques. Le mot de suicide, qu'emploie P. de Flottes (II, P. 192) est déplacé. » Edgard Pich, *Leconte de Lisle et sa création poétique*, Imprimerie Chirat, 1975, p. 92, note 108.
312. Catulle Mendès, *Rapport sur le mouvement poétique français de 1867 à 1900*, Imprimerie nationale, Paris, 1902.
313. René Petitbon, *L'influence de la pensée religieuse indienne dans le romantisme et le parnasse. Jean Lahor*, A. G. Nizet, 1962, p. 110.
314. « La Joie de Siva », *Derniers poèmes*, Belles Lettres, 1977, p. 230.
315. Gladys Falshaw, *Leconte de Lisle et l'Inde*, Librairie universitaire Arthez, 1923, pp. 194-195.
316. Fernand Calmettes, *Leconte de Lisle et ses amis*, Librairies-imprimeries réunies, Paris, 1902, p. 43.
317. Préface des *Poëmes antiques*, *Articles, Préfaces, Discours*, Belles Lettres, 1971, pp. 111-112.
318. Leconte de Lisle s'opposait à la théorie d'Armand de Pontmartin selon laquelle « la poésie n'avait que deux moyens de pénétrer dans les âmes, de se mêler par d'intimes affinités à l'esprit même d'une génération ou d'un siècle, d'un peuple ou d'un monde [...] : traduire le sentiment public [...], ou bien, aux époques inférieures, lorsque l'esprit poétique se retire des masses [...], devenir à son tour collective. » *Causeries littéraires*, Michel Lévy, 1865, pp. 88-89. On retrouve cette idée dans la préface aux *Idylles antiques* de Paul Deltuf, publiées chez Didot en 1851.
319. *Articles, Préfaces, Discours*, Belles Lettres, 1971, p. 112, note 15.
320. Thalès Bernard, *Études sur les variations du polythéisme grec*, Librairie Allemande, 1853, p. XXIV.
321. *Ibid.*, pp. I-III.
322. « Il s'agit de mettre en œuvre les méthodes et les procédés des sciences naturelles et des sciences humaines : induction, déduction, retrait de l'observateur par rapport au phénomène observé, attention à laisser parler les faits sans parler à leur place (sans "conclure"), style objectif (ni shifters – au sens d'Émile Benvéniste –, ni exclamations, ni comparaisons, ni prise à témoin du lecteur, etc.). » Claudine Gothot-Mersch, *Poèmes antiques*, Gallimard, 1994, pp. 31-32.
323. *Articles, Préfaces, Discours*, Belles Lettres, 1971, pp. 118-119. C'était la nécessité du travail sérieux pour retrouver la spontanéité primitive et perdue de l'inspiration que prônait ici Leconte de Lisle, en réaction complète contre les romantiques en général et contre le Lamartine des *Méditations*, qui affirmait que la poésie « est un accident, une aventure heureuse, une bonne fortune », en particulier. Voir *Méditations*, Garnier, Paris, 1968, p. 310.
324. « Mais Leconte de Lisle, contrairement à Musset, considère que les cris de désespoir ne sont pas ce qu'il y a de plus beau : le silence choisi par la victime ou imposé par un monde qui tue l'homme est encore plus beau, manifeste mieux sa grandeur et assure pleinement sa divinisation. » *Ibid.*, pp. 77-78.
325. *Ibid.*, p. 125.
326. *Articles, Préfaces, Discours*, Belles Lettres, 1971, p. 121. « On peut parler d'une certaine forme de pessimisme, qui n'en affirme pas moins que l'absolu est accessible par le martyre ; mais peut-être avons-nous affaire à une mystique doloriste,

qui se réclame à la fois de l'hellénisme par l'idée de beauté et du christianisme par celle de souffrance, mais qui surtout trouve son origine dans une doctrine du salut individuel – en somme une forme d'égotisme. » Edgard Pich, *Leconte de Lisle et sa création poétique*, Imprimerie Chirat, 1975, p. 79.

327. Jean Dornis, « Leconte de Lisle intime », *Revue des Deux Mondes*, 1895, p. 327.

328. « Midi », *Poèmes antiques*, Belles Lettres, 1977, p. 291.

329. Jean Dornis, « Leconte de Lisle intime », *Revue des Deux Mondes*, 1895, p. 328.

330. « Y a-t-il dans le domicile une valeur morale ? Nous répondons "oui"... À quel signe nous sommes-nous adressés, à quelle preuve ? À la plus simple de toutes... à l'accomplissement des devoirs de citoyen de manière répétée et permanente... Quel est ce devoir ? C'est le paiement d'un certain impôt... Ces hommes que nous avons exclus, sont-ce les pauvres ? Non. Ce n'est pas le pauvre, c'est le vagabond... Ce sont ces hommes qui forment non pas le fond, mais la partie dangereuse des grandes populations agglomérées ; ce sont ces hommes qui méritent ce titre, l'un des plus flétris de l'histoire... le titre de multitude... » Adolphe Thiers, *Discours* prononcé à l'Assemblée législative en mai 1850.

331. Pierre Milza, *Napoléon III*, Perrin, 2004, p. 188.

332. *Discours* prononcé par Louis-Napoléon à Saint-Quentin le 9 juin 1850.

333. Discours prononcé par Victor Hugo à l'Assemblée nationale le 17 juillet 1851.

334. Georges Pradalié, *Le Second Empire*, PUF, 1992, p. 6.

335. Jacques Attali, *Karl Marx ou l'esprit du monde*, Fayard, 2005, p. 192.

336. Eugène Ténot, *Paris en décembre 1851, étude historique sur le coup d'État*, A. Chevalier, Paris, 1868.

337. *Ibid.*

338. « Un rouge n'est pas un homme, c'est un rouge... Ce n'est pas un être moral intelligent comme vous et moi... C'est un être déchu et dégénéré. Il porte bien du reste sur sa figure le signe de cette déchéance. Une physionomie abattue, abrutie, sans expression, des yeux ternes, mobiles, n'osant jamais regarder en face et fuyants comme ceux d'un cochon ; les traits grossiers, sans harmonie, le front bas [...], la bouche muette et insignifiante comme celle de l'âne, les lèvres fortes, proéminentes, indice de passions basses. [...] Ils portent gravés sur leurs figures la stupidité des doctrines et des idées avec lesquelles ils vivent. » Henri Wallon, *Brochure de la campagne électorale de mai 1849.*

339. Horace de Viel-Castel, *Les coulisses du Second Empire, 1851-1864*, Le livre club du libraire, Paris, 1964, p. 52.

340. Georges Pradalié, *Le Second Empire*, PUF, 1992, p. 8.

341. « Cremutius Cordus », *Louis Ménard et son œuvre*, Juven, 1902, p. 91.

342. « Dies Irae », *Poèmes antiques*, Belles Lettres, 1977, p. 309.

343. Lettre de 1846 écrite à Charles Bénézit à propos des « Ascètes », *Le Journal* du 30 juillet 1894.

344. Edgard Pich, *Leconte de Lisle et sa création poétique*, Imprimerie Chirat, 1975, p. 145.

345. *Articles, Préfaces, Discours*, Belles Lettres, 1971, p. 118.

346. « L'épithète de divine appliquée à la Mort dans *Dies Irae* n'est pas un cliché : la mort est divine parce qu'elle divinise l'homme. Le poète trouve en elle l'absolue liberté ("Affranchissons-nous"). Ces expressions ne sont pas isolées dans l'œuvre du poète : on a déjà vu que dans *La Robe du Centaure* les désirs brûlaient le héros grec : "Vous consumez un homme et vous faites un Dieu !" De même, le néant de *Midi* est appelé divin. La conclusion de *Dies Irae* n'est donc pas absolument pessi-

miste : Leconte de Lisle ne cesse d'affirmer que l'absolu (le repos éternel) est accessible et que les hommes sont doués du pouvoir de devenir des dieux ; les pessimistes véritables, au contraire, comme Leopardi, soutiennent qu'ils ne voient aucun moyen, même la mort, d'assouvir le désir. » Edgard Pich, *Leconte de Lisle et sa création poétique*, Imprimerie Chirat, 1975, pp. 161-162.

347. Pierre Leroux, *Réfutation de l'éclectisme où se trouve exposée la vraie définition de la philosophie, et où l'on explique le sens, la suite et l'enchaînement des diverses philosophies depuis Descartes*, Charles Gosselin, Paris, 1839, article « Théocratie ».

348. Edgard Pich, *Leconte de Lisle et sa création poétique*, Imprimerie Chirat, 1975, p. 158.

349. *Ibid.*, p. 159.

350. *Ibid.*, p. 166.

351. Pierre Milza, *Napoléon III*, Perrin, 2004, p. 278.

TROISIÈME PARTIE

LA BARBARIE

(1852-1870)

« Le soleil grandit, monte, éclate, et brûle en paix. »

« La Mort de Valmiki » ou « Le Poète Sacré », *Poèmes antiques*.

Chapitre septième

Le nouveau monde

(1852-1857)

Ce ne fut pas un grand succès commercial mais son retentissement fut considérable. Le recueil que Leconte de Lisle avait vainement tenté de publier pendant près de sept années[1], et dont il n'avait cessé d'améliorer les passages, de peaufiner la structure et de renforcer la cohérence, sollicita l'admiration des esthètes mais une bienveillance toute contrastée de la part de la critique. Cuvillier-Fleury pour le *Journal des Débats*, Émile Chasles pour l'*Athénaeum français*, Jean Verdun pour la *Revue de Paris* et Gustave Planche pour celle *des Deux Mondes* en furent les porte-flambeaux[2]. Il s'était imposé comme le théoricien d'une poétique nouvelle, inaugurant « une ère de recherches passionnées et de polémiques dont on trouverait les échos dans la préface des *Chants modernes* de Maxime Du Camp[3] », ainsi que dans les articles de Lacaussade, de Baudelaire, de Ménard, de Lacroix, d'Asselineau, de Boyer, de Cormenin, de Castille, de Kaufmann, d'Ulbach et de bien d'autres. « En se rapprochant de l'école de Théophile Gautier, [il] avait ébauché une école mixte, celle des impassibles, qui soutenaient la théorie de l'art pour l'art et prétendaient modeler l'âme sur le mysticisme indien[4]. » Il avait exclu « presque tout ce qui pouvait donner de la condition humaine une idée trop sombre [...] afin de conserver à son œuvre une allure sereine, apaisée, conforme en un mot à l'idée qu'il se faisait de l'antiquité classique », faisant croire *in fine* que son livre était le fruit d'un esprit ascétique abîmé de contemplations. Associant aux grands poèmes grecs et indiens des morceaux plus légers, tournés vers le flirt et le madrigal, des études latines et des *Fille aux cheveux de lin*, le recueil comportait un aspect ludique, décousu et fortement anti-tragique, où dominaient un certain appétit de vivre et une confiance non feinte en la destinée bienveillante des choses. Il existait une loi supérieure à laquelle le poète se soumettait, indolemment, « comme s'il n'avait pas encore été lui-même atteint assez profondément par cette cruauté des êtres les uns avec les autres[5] ».

En vérité, s'il s'agissait d'un ouvrage d'une diversité considérable, d'une synthèse des contradictions du passé de l'auteur comme d'une annonce engageante des développements de l'œuvre future, à trente-quatre ans, Leconte de Lisle n'avait pas encore trouvé sa voie, et le rigorisme de sa préface ne dissimulait que par trop médiocrement l'incertitude de ses orientations. D'un côté il semblait se rattacher, par ses petits poèmes strophiques à la manière de Gautier ou de Banville, parfois rassemblés en polyptyques (*Thyoné* et *Glaucé*; *Juin*, *Midi* et *Nox*; *Vénus de Milo*, *Cybèle* et *Pan*), par le titre de son recueil même, à l'école païenne et matérialiste de la revue *L'Artiste*, à laquelle collaborèrent Arsène Houssaye, Henri Murger et Ferdinand de Gramont; de l'autre, par ses longs poèmes narratifs et lyriques à la façon de Victor de Laprade, qui alternaient harmonieusement avec les premiers (*Hélène*, *Khirôn*, *Niobé*, *Bhagavat*), tenant moins compte de la chronologie que de la dynamique, de la symétrie et de l'architecture générale, il se rangeait plutôt sous la bannière historique, spiritualiste et philosophique. Se considérant moins comme un gouvernant que comme un artisan dont la mission essentielle était, comme l'avait récemment dit Paul Deltuf dans sa préface aux *Idylles antiques*, de « faire des vers[6] », ce n'était pourtant pas *La Légende des siècles* qu'il avait désiré d'écrire, mais bien plutôt *Les siècles de Légende*, et, à tous ceux qui lui objectèrent qu'« en haine de son temps il se plaisait à repeupler de fantômes les nécropoles du passé, et que dans son amour exclusif de la poésie grecque, il en était arrivé à nier tout l'art postérieur[7] », il se permit de répondre avec toute cette force, toute cette ironie et ce presque rien de provocante condescendance qui caractérisent la plupart de ses meilleurs écrits sur l'art :

> Les hymnes et les odes inspirées par la vapeur et la télégraphie électrique m'émeuvent médiocrement, et toutes ces périphrases didactiques n'ayant rien de commun avec l'art, me démontreraient plutôt que les poètes deviennent d'heure en heure plus inutiles aux sociétés modernes. De tout temps, ils ont beaucoup souffert sans doute; mais, dans leurs plus mauvais jours, au milieu des angoisses de l'exil, de la folie et de la faim, la légitime influence de leur génie était du moins incontestée et incontestable. Voici que le moment est proche où ils devront cesser de produire, sous peine de mort intellectuelle. Et c'est parce que je suis invinciblement convaincu que telle sera bientôt, sans exception possible, la destinée inévitable de tous ceux qui refuseront d'annihiler leur nature au profit de je ne sais quelle alliance monstrueuse de la poésie et de l'industrie, c'est par la suite de la répulsion naturelle que nous éprouvons pour ce qui nous tue, que je hais mon temps. Haine inoffensive, malheureusement, et qui n'attriste que moi. S'il arrive donc que nous ne devions plus rien produire qui soit dû à nos propres efforts, sachons garder le souvenir des œuvres vénérables qui nous ont initiés à la poésie, et puisons dans la certitude même de leur inaccessible beauté la consolation de les comprendre et de les admirer[8].

Deux conceptions étaient ouvertement en guerre[9], deux idéologies, deux sensibilités, deux mondes : l'individuel contre le collectif, le sacré contre le profane, le primitif contre le décadent. « La vie était un combat! Cela était vrai surtout de la vie littéraire; l'écrivain qui ne se sentait pas à la fois apôtre et soldat aurait [mieux] fait de se taire, il était inutile. Quelques-uns croyaient-ils avoir accompli toute leur mission lorsqu'ils avaient savamment agencé des mots, assemblé de rayonnantes images et coloré leur style de toutes les nuances de l'arc-en-ciel? Ils se trompaient; ils étaient à un véritable littérateur ce qu'un maître d'escrime est à un vaillant capitaine. [...] On demandait à un artiste maintenant autre chose que des phrases harmonieuses et convenablement découpées[10]. » On lui demandait de se battre et de défendre courageusement ses positions. Il y avait ceux qui pensaient que l'âge d'or reposait à jamais derrière eux, et ceux qui l'espéraient rejaillir devant, ceux qui désiraient éclairer leur âme de l'inquiétante fée Électricité, et ceux qui ne juraient que par la bienveillance du feu de Prométhée, ceux qui voyaient en l'émergence des créations de la science l'annonce de lendemains qui chantent, et ceux qui lisaient dans les cendres de l'industrie montante l'inexorable déclin de la littérature occidentale. L'ancien monde contre le nouveau, l'antique contre le moderne, le civilisé contre le barbare, et les deux ne pouvaient avoir également raison.

L'île au trésor

Napoléon III avait vécu ses six années d'exil au fort de Ham, dans cette Angleterre à l'évolution rapide, « pays puissant, mais sordidement géré », et, au début de l'Empire, le philanthrope saint-simonien de *L'Extinction du paupérisme* – qui avait lu David Ricardo, Jeremy Bentham et « se perdait parfois dans un brouillard de théories et un lacis de formules[11] » – désirait d'un cœur généreux que Paris fût, comme Londres, une capitale moderne, où les travailleurs et les marchandises pussent circuler librement, et où les richesses architecturales fussent également mieux mises en valeur. La nouvelle Constitution lui conférait à cet égard le pouvoir de légiférer autocratiquement. Cependant, il en était d'accord avec l'utopiste Prosper Enfantin, nonobstant les réticences de ses financiers, Henri Passy et Achille Fould, restaient avant toute chose « bien des conquêtes à faire : d'immenses territoires incultes à défricher, des routes à ouvrir, des ports à creuser, des rivières à rendre navigables, des canaux à terminer, [et surtout] un réseau de chemins de fer à compléter », les impulsions données par la Seconde République et la Monarchie de Juillet n'ayant pas été suffisantes.

En 1852, le territoire français, essentiellement rural, était constitué de régions vivant en autarcie, recroquevillées autour de chefs-lieux engourdis, toutes de « rouliers et de mariniers, d'artisans, de compagnons du Tour de France et de paysans à demi engagés dans des manipulations industrielles rudimentaires; avant tout, [c'était] une nation de francs ruraux vivant leur vie resserrée et étroite, propre et particulière, sous la surveillance de leurs notables et la houlette de leurs prêtres[12] ». La politique générale sacrifiait au protectionnisme. L'équipement bancaire demeurait médiocre, les épargnants se contentant de placements immobiliers, et l'État n'intervenait que fort peu dans la vie économique du pays. Tout comme son oncle, Napoléon III se voulait favorable aux « progrès de la civilisation », et, l'Angleterre, la Belgique, l'Allemagne rhénane, la Saxe et la Silésie ayant déjà entamé leur révolution économique, le temps était venu aux Français d'essayer de réaliser la leur. Mais qui eût cru que le salut émanerait de la Californie et de l'Australie ? On venait en effet récemment d'y découvrir de l'or en quantités considérables, immédiatement mises en circulation, transitant par les places financières de Londres, et parvenant en France, pour quarante pour cent d'entre elles. L'or se substitua à la monnaie en argent. La Banque de

France s'enrichit considérablement, passant d'une encaisse de cent vingt-deux millions en 1847 à un milliard en 1869, et stimulant abondamment le monde des affaires. L'essor du capitalisme, encouragé par les récentes découvertes techniques et scientifiques, fut alors prodigieux. Mais, pour qu'il pût être suivi d'effets durables, il fallait développer le trafic ferroviaire.

Huit jours après le coup d'État, on prescrivit par décret la construction d'un rail à l'intérieur des fortifications de Paris. Le 5 janvier 1852, commença l'édification de la ligne Paris-Lyon. Puis ce furent Paris-Belgique, Paris-Strasbourg, Paris-Marseille, Paris-Tours-Bordeaux-Bayonne, Paris-Caen, Bordeaux-Toulouse et Bordeaux-Sète. Magne, le ministre des Travaux publics de l'époque, s'en félicita dans un rapport à Louis-Napoléon. Cette immense amélioration, accomplie en un an après la proclamation de l'Empire, était le témoignage le plus éclatant de la confiance inspirée au pays et de l'incroyable développement du crédit public qui en avait été l'heureuse conséquence.

En février 1852, on autorisa la création de sociétés de crédit foncier qui prêtaient des sommes remboursables à long terme, par annuités. Trois grandes sociétés étaient alors autorisées : la Banque foncière de Paris, avec monopole dans le ressort de la Cour de Paris, la Société foncière de Marseille, qui avait le monopole dans le ressort de la Cour d'Aix, et la Société foncière de Nevers, dont le monopole devait s'étendre sur trois départements. Mais bientôt la Banque foncière de Paris annexa celles de Marseille et de Nevers, donnant naissance au Crédit foncier de France[13]. En outre, en novembre, les frères Émile et Isaac Pereire, saint-simoniens issus d'une famille juive d'origine portugaise, anciens rédacteurs du *Globe*, fondèrent le Crédit mobilier qui, aidé par d'autres éminents banquiers juifs de réputations internationales, Oppenheim de Cologne, Salomon Haine de Hambourg et Cahen d'Anvers, orienta toute l'économie du pays et stimula considérablement les grandes entreprises. Ce Crédit mobilier intervint notamment dans la formation des grands réseaux français, à l'Est, à l'Ouest, dans le Midi, le Grand Central, les Ardennes et les Pyrénées, si bien que les frères Pereire furent aussi les investigateurs de la première Compagnie maritime transatlantique, les fondateurs des grandes Compagnies d'assurance, les organisateurs des grandes houillères du Pas-de-Calais, ainsi que les commanditaires des grandes sociétés immobilières de Paris. Les deux banquiers de génie s'attirèrent à cet égard les foudres de la banque de France, gardienne de l'émission de la monnaie fiduciaire, et les jalousies de la haute banque de James de Rothschild, qui craignait l'inflation, l'endettement et les cours boursiers artificiellement entretenus. Mais la différence essentielle, qui allait décider de l'avenir des formes bancaires pour un siècle, était que le Crédit mobilier ne travaillait pas, comme la haute banque, avec ses propres fonds ; il collectait l'épargne du public, en partie au moyen de ses propres actions, en partie au moyen de dépôts, mais surtout sous forme d'obligations d'un montant relativement modeste (300 F au lieu de 1 000 F auparavant), émises en permanence, à robinet ouvert, non pas au nom des sociétés industrielles, comme faisait la haute banque, mais au nom du Crédit mobilier lui-même[14]. Et c'est ainsi que « M. Tout-le-monde devint plus riche que M. de Rothschild… »

Suite à l'avènement du chemin de fer – on passa de 3 000 kilomètres de voie en 1852 à 18 000 en 1870 –, toute la structure de la société française s'en trouva modifiée. Les usines de houille augmentèrent leur cadence ; on installa des lignes de télégraphie électrique le long des rails et raccorda le réseau à celui des Espagnols, des Italiens et des Suisses. On relia l'Angleterre par voie sous-marine. Les régions agricoles troquèrent leur économie locale contre une économie de spéculation et les villes de l'intérieur se développèrent en fonction de ces grands nœuds ferroviaires qui, transitant obligatoirement par Paris, contribuèrent à la centralisation définitive de la capitale.

Paris, limité par les boulevards extérieurs, ne comptait alors qu'un seul million d'habitants. Montmartre, Belleville, Vaugirard étaient des villages où l'on cultivait la vigne et où l'on pouvait voir tourner sans discontinuer les ailes des moulins à vent. À l'intérieur de ces limites se déployait le Paris de Balzac : un entassement de palais, d'églises, d'hôtels, de couvents, de logis bourgeois ou de maisons modestes, avec son labyrinthe de rues étroites et insalubres, ses allées tortueuses, sombres, cabossées, bigarrées, sales, pittoresques et transformables à l'infini en d'improbables coupe-gorges. Les ruelles étaient éclairées par des lampes à huile, à l'exception des beaux quartiers où le gaz avait fait son apparition. L'électricité restait une bizarrerie. La plupart des maisons n'avaient pas l'eau courante et c'étaient les Auvergnats qui se chargeaient de les approvisionner.

Napoléon III, qui gardait toujours en mémoire le modèle de Londres, traça donc lui-même les voies nouvelles de la cité dont il rêvait et qu'il allait demander à l'ingénieur Alphand, à l'hydrologue Belgrand, au conservateur du Plan de Paris Eugène Deschamps, au prix de Rome Van Cleemputte et au baron alsacien Haussmann[15], récent préfet de la Seine, cerveau précis, homme fier, cœur vaillant, volonté forte et moralité douteuse, de réaliser. Il fallait que la France fût dotée d'une capitale de rang international, capable d'être le cœur et le cerveau du nouveau monde industriel, une métropole qui fût à la fois la vitrine et le joyau du nouveau régime impérial. Il fallait de larges artères passantes pour permettre aux marchandises de circuler en toute quiétude, redessiner un visage plus esthétique et plus fonctionnel à cette ville des barricades de 1830, 1848 et 1851... où l'armée et la police pussent aussi mieux contrôler les humeurs querelleuses de ses habitants.

Pendant plusieurs années, la ville des mauvais garçons de François Villon ne fut que gravas, amas de pierres et de débris, terrassements, écroulements, éboulements, affaissements, effondrements, anéantissements. Deux cent mille ouvriers vivaient en permanence aux abords des chantiers dans d'immenses baraquements et se nourrissaient dans des cantines collectives. Les taudis, les faubourgs ouvriers, les vieux centres révolutionnaires, le quartier sordide de la Petite Pologne, au nord de la place des Augustins, le vieux quartier négligé du Louvre, près du Palais, dans le prolongement du pont du Carrousel, ceux de Saint-Antoine, de Saint-Martin, de Saint-Merri et de Saint-Denis, guère plus avenants, disparurent peu à peu sous les coups de pioches de ces démolisseurs et de leurs entrepreneurs. On mit à bas des milliers de maisons colorées, horribles ou magnifiques, pour leur substituer des centaines d'immeubles bourgeois, plus lisses, plus pâles, plus uniformes et plus froids. Des fractions émergèrent de nulle part :

autour de la place de l'Étoile, sur la colline de Chaillot et dans la plaine Monceau. Les rues de Rivoli, du Quatre-Septembre, Auber, La Fayette et de Turbigo[16]; les places de l'Étoile, Saint-Augustin, de la République et de la Nation; les avenues Daumesnil, de l'Opéra, de la République, du Trocadéro, du Président-Wilson et des Champs-Élysées; les boulevards Magenta, Diderot, Voltaire; ceux du Palais, de Strasbourg, de Sébastopol; ceux de Philippe-Auguste, de Richard-Lenoir, de Saint-Michel, de Saint-Germain; le boulevard Malesherbes, et bien sûr le boulevard Haussmann, allaient tous laisser leurs profondes ornières. L'Opéra, le Châtelet, les Halles centrales, le Vaudeville, les Hôpitaux, la gare du Nord, les églises Saint-Augustin et de la Trinité, surgirent bientôt de terre; on acheta les parcs Monceau, Montsouris et des Buttes-Chaumont, aménagea les bois de Boulogne et de Vincennes, dégagea la cathédrale Notre-Dame et le palais de l'Hôtel de Ville, rendus au soleil, constella la ville de squares, de fontaines, de jardins et d'espaces verts, capta les sources de la Dhuys et de la Vanne pour alimenter en eau courante les populations, évacua les eaux pluviales et ménagères non plus dans la Seine mais en aval de la capitale, en dehors des limites de l'agglomération, grâce à un nouveau système de galeries souterraines formant un gigantesque réseau de nauséeux égouts, garantissant l'hygiène et préservant la population d'éventuelles propagations d'épidémies, construisit des quais, des ponts, des casernes, multiplia enfin le nombre des arrondissements qui de douze, en annexant les cités environnantes de Montmartre, Grenelle, Passy, Vaugirard et Belleville, passèrent à vingt.

Ces colossales métamorphoses ne furent évidemment pas du goût de tout le monde, et surtout pas de celui des artistes. On leur reprocha la rectitude de leurs tracés, la confluence de leurs orientations qui embarrassaient de carrefours des lieux jadis riants et aérés, la destruction de joyaux architecturaux du vieux Paris, la proximité trop incommodante des gares ainsi que celle des Halles, qui obstruaient et polluaient les beaux quartiers de leurs incessantes activités. On avait la soudaine impression d'être « étrangers à ce qui venait, à ce qui était, comme à ces boulevards nouveaux sans tournants, sans aventures de perspective, implacables de ligne droite, qui ne sentaient plus le monde de Balzac [et] faisaient penser à quelque Babylone américaine de l'avenir[17] »; on trouvait mille disgrâces à ces nouveaux paysages urbains sans style bien défini, mélangeant le roman à l'antique, l'antique au Renaissance, le Renaissance au gothique, et les critiques n'étaient jamais assez dures. C'était Philadelphie, c'était Saint-Pétersbourg, s'indignait Théophile Gautier, ce n'était plus Paris.

Pourtant, le but était atteint. Si la transformation avait fait refluer la population ouvrière vers les extrémités et coupé la capitale en deux : une riche, une pauvre, celle-ci entourant l'autre[18], Paris était en passe de devenir le parangon des capitales européennes, perle de l'art et de l'industrie, et l'argent coula de nouveau à flot. Jamais, d'ailleurs, « il n'avait couru si vite, en tels torrents, du Trésor aux poches des particuliers, et de celles-ci aux emprunts. Chassé-croisé constant qui gonflait les banques et réjouissait les intermédiaires[19]. »

Cette richesse, au reste bien volatile, amoncelée par ces nouveaux boutiquiers des temps modernes, soulevait le cœur supplicié de Leconte de Lisle, qui ne pouvait ni affranchir son courrier ni se loger dignement, contraint de mendier l'hospitalité des uns et des autres, notamment celle de la famille Ménard, du docteur Faivre, du peintre Auguste Glaize, du sculpteur Jacquemart ou encore du couple Jobbé-Duval, rue de Vaugirard. Un moment, il occupa un petit appartement, rue Cassette, au fond de la cour, au quatrième étage[20].

« Une tristesse désabusée planait sur ces groupes de littérateurs républicains auxquels se mêlait notre poète. La jeunesse ne semblait plus être avec eux ; elle se jetait dans les affaires, et avait abandonné pour des ambitions plus matérialistes les grands rêves de fraternité universelle et de bonheur du genre humain qu'avaient chéris ses aînés[21]. » L'attraction de l'expatriation, la tentation du désert, se faisait naturellement de plus en plus forte. La société tout entière écœurait[22]. Rien n'était plus à tenter. Bon nombre des anciens amis de Leconte de Lisle, dont Émile Fage, en province, Paul de Flotte, à Langres, et Louis Ménard, en forêt de Fontainebleau, songèrent à se retirer. Mais comment les suivre quand on est un poète subordonné à sa ville, inféodé à son œuvre et qu'on n'a pas le moindre sou en poche[23] ? Peut-être en se démarquant originalement, par l'esprit.

Les bruits du siècle ont-ils étouffé votre voix,
Seigneur ? Jusques à quand resterez-vous en croix ?
En vain vous avez bu l'amertume et la lie :
Le monde se complaît dans sa vieille folie
Et s'attarde en chantant aux pieds de ses Dieux morts.
Au désert, au désert, les sages et les forts !
Au désert, au désert, ceux que l'Esprit convie,
Ceux qu'a longtemps battus l'orage de la vie,
Ceux que l'impie enivre à ses coupes de feu,
Ceux qui dormaient hier dans le sein de leur Dieu !
Au désert, au désert, les hommes et les femmes !
Étouffons dans nos cœurs les voluptés infâmes ;
Vers la gloire des cieux éternels déployons
L'extase aux ailes d'or sous la dent des lions[24].

Par chance, vers la fin de l'année 1852 ou au début de l'année 1853, sur l'initiative du gouverneur créole Henri Hubert Delisle[25], le Conseil Général de l'île de la Réunion, qui vit dans la publication des *Poëmes antiques* une occasion de promotion, décida d'attribuer à Leconte de Lisle, ainsi qu'à Auguste Lacaussade, une pension annuelle de mille huit cents francs. Elle lui permit de maintenir la tête hors de l'eau, et, entraîné par le courant des affinités électives, de répondre à la sympathie du nouvel univers auquel, malgré son indigence, il allait pouvoir se rallier.

La Vipère

Ce fut dans le microcosme de l'ancien salon littéraire cossu de Mme Récamier, rue de Sèvres, en face de l'Abbaye-aux-Bois[26], désormais propriété de la Muse « Louise Polymnie », au « beau front droit », au « petit nez retroussé », à « la jolie bouche », au « menton rose », aux

« grands yeux [bleus] plus éveillés que les cloches de matines », prêts à sourire, aux « énormes boucles de cheveux clairs, lumineux, couleur d'or, tombant à profusion sur un buste dont les plus blanches, éclatantes et superbes richesses, chantaient glorieusement à tue-tête la gloire de Rubens, ivre de rose[27] ! », que par quinzaine, en soirée, Leconte de Lisle trouva refuge. Les dédicaces de ses poèmes de l'époque permettent aisément de reconstituer la société qu'il y côtoya : la poétesse Anaïs, épouse distinguée de l'avocat à la Cour Royale de Paris Victor Segalas; Ferdinand Tugnot de Lanoye, neveu et disciple enthousiaste d'Eugène Burnouf[28] ; Nicolas Mille, l'ancien ami de la *Variété* et l'auteur des *Mémoires d'une puce de qualité*; le mystérieux Prosper Huet[29], « un aimable garçon que guettait malheureusement une lésion de la moelle épinière[30] »; Bermudez de Castro; Henriette Colet, fille de Louise Colet et de Victor Cousin; Pierre Dubois, le blanquiste forcené; Eugène Maron; Alfred de Vigny; l'ancien ministre de l'Instruction publique Abel Villemain; le bientôt célèbre Louis Bouilhet du conte romain *Melaenis*; et un romancier encore inconnu, l'auteur de la *Tentation de Saint-Antoine*, qui partageait entièrement un principe essentiel de l'esthétique de Leconte de Lisle : « Fuir la facilité et la banalité, et travailler son œuvre jusqu'à ce qu'on ne puisse plus l'améliorer[31]. »

Une réconciliation avec la société hostile aux poètes ne semblait donc pas impossible, à condition qu'elle fût, comme celle-ci, presque exclusivement constituée de poètes…

« À quarante ans passés, Louise Colet n'avait pas cessé d'être désirable. Le cou, d'une belle ligne sculpturale, s'attachait sans défaillance à la poitrine dont les carnations claires laissaient deviner, [dans] l'échancrure du corsage, leurs grâces encore fermes. Les mains avaient des galbes patriciens, le bras, aimable, en ses contours, empruntait aux larges volants de dentelle les plus caressants reflets[32]. » Consciente de sa beauté comme de son intelligence, Polymnie jouissait d'évidentes dispositions littéraires, que vint, par quatre fois, confirmer l'attribution des mille francs du prix de l'Académie française : en 1839, pour *Le Musée de Versailles*, grâce à l'estime de l'excentrique Népomucène Lemercier; en 1843, pour *Le Monument de Molière*, grâce à celle du chansonnier Pierre-Jean de Béranger, qui s'en fit le louangeur auprès du bonapartiste Pierre-Antoine Lebrun; en 1851, pour *La Colonie de Mettray*, grâce à l'enthousiasme non feint de l'un « de ces grands cœurs où bat le cœur de tous[33] », le républicain Victor Hugo; et, en 1853, grâce au triple transport de de Musset, de Vigny et de Lamartine. Thalès Bernard et Louis Ménard y participèrent tous deux, ils échouèrent; Leconte de Lisle, pour ne pas entrer en concurrence avec ses deux amis, ne s'était pas présenté. Mais ces succès à répétition de la Muse ne furent pas sans aiguillonner la critique et attisèrent les jalousies. Comment avait-elle pu avoir l'indélicatesse de leur voler, une fois encore, cet immortel argent?

Elle devait avoir abusé de ses charmes.

Pour composer sur le thème de l'*Acropole d'Athènes*, imposé cette année-là, elle relut les dix livres de la *Périégèse de la Grèce*, du géographe Pausanias, et alla chercher l'inspiration là où elle se trouvait, devant les marbres de Phidias et les sculptures du Parthénon, rapportées peu de temps auparavant par lord Elgin, derrière les colonnades au pur style victorien *greek revival* du British Museum de Londres. Les années précédentes, le pionnier de la littérature comparée, Abel Villemain, lui avait reproché son amateurisme, ses improvisations, et, blessée, elle avait décidé de s'en venger, non sans prendre préalablement conseil auprès d'un critique féroce, – car elle « réclamait de tous ses fidèles une part de collaboration[34] » – un maître ès représailles, son amant Gustave Flaubert :

> [Croisset] Mercredi, minuit [1er juin 1853].
> J'ai relu, et attentivement, tout l'*Acropole* trois fois. À part beaucoup *de lumières*, de lumineux, de rayons, d'auréoles qu'il y a dans le commencement, et le morceau des Barbares que je persiste à trouver mauvais et même inutile, *c'est une forte chose*, dont il n'y a pas six vers faibles. Les Panathénées m'ont *ébloui ;* c'est abondant et précis tout ensemble. Sois sûre que c'est bon, très bon, et qu'avec encore une semaine de travail tu fais de cela une chose *achevée.* Le vers est parfois superbe et il y a là un talent merveilleux à exprimer nettement, et en vers essentiellement poétiques, des idées historico-philosophiques. Écoute bien ce qui suit.
> Il faut prendre *de suite*, à ce propos, un parti et n'y plus revenir.
> Veux-tu, oui ou non, reconcourir l'année prochaine ? Ta réponse : « Je verrai au mois de janvier » m'exaspère ; je t'en préviens. C'est maintenant qu'il faut se décider et prendre ses mesures d'avance, lentement et bien. Ainsi, première décision. Seconde : est-ce ce poème-là que tu veux redonner ? [...] Si tu veux exécuter ta vengeance [...], il sera facile de faire l'*Acropole* irréprochable, je t'en réponds. Mais alors, dès que ton plan de drame sera fait, au mois de septembre je suppose, nous reverrons donc à bâtir un plan de 2e *Acropole.* Bouilhet, qui sera alors à Paris, t'aiderait à la confection. Réfléchis à tout cela et tâche de comprendre, chère Muse, qu'il faut toujours avoir du temps devant soi et *faire de suite* afin de pouvoir *faire à l'aise.* Ne m'objecte pas l'inspiration. Les gens comme nous, Dieu merci, doivent savoir s'en passer.

Non sans l'aide de Leconte de Lisle, de Flaubert et surtout de Bouilhet, ce 24 août 1854, après la séance de (mauvaise) lecture publique sous la coupole de l'Académie française et un premier échec en 1853, le drame réussit. Et comme un succès n'arrive jamais seul, Louise publia aussi son recueil de *Ce qu'on rêve en aimant*, qu'elle s'empressa d'envoyer à Charles[35], et bien sûr, à Villemain[36]. La vengeance fut grande. Mais si Polymnie avait humilié le critique, il lui fallait encore humilier l'homme.

Un jour qu'elle avait décidé de broder à l'écart, dans son salon, un de ces jolis ouvrages de laine que personne ne remarque, Villemain le sexagénaire, qui n'avait jamais bien su comment se faire pardonner l'implacabilité de ses âpres commentaires[37], le remarqua. Il invoqua ce brutal intérêt pour s'approcher des longs bras vaporeux et marmoréens au bout de l'un desquels s'activait l'industrieuse main. Le ministre la désarma et, genou à terre, câlinement, s'étonna de sa très forte ressemblance avec l'une de celles de Mona Lisa. Elle en avait la rondeur, la blancheur, la courbure, la grâce, le fuselage. Comment pouvait-on condamner au labeur un outil qui n'en était plus un ? C'était un vrai chef-d'œuvre ! Il fallait l'accrocher, l'encadrer, le figer sur un piédestal pour l'offrir en sacrifice à l'adoration du monde entier ! Polymnie laissa mignoter le barbon qui, encouragé de ses silences, crut pouvoir aller plus loin et se risquer à profaner le joli corps.

Il s'attarda sur le moelleux de la chair nue, sur le derme opalin de nacre bleuissant où dansaient des veinules puis, comme une pieuvre enamourée des profondeurs, fit courir ses longs doigts sinueux jusqu'à l'arche du cou engourdi de la biche faussement pâmée. Alors, quand la situation fut bien compromettante et que Louise se fut assurée qu'elle serait entendue de Gustave et de Charles, ses deux acolytes embusqués derrière le vitrage, la gazelle aux mains de fée fit mine de s'en offusquer : « Mon bon ami, non ! Que faites-vous ? Lâchez mes mains ! Laissez mon cou ! Souffrez qu'on ait besoin de ces “chefs-d'œuvre” pour terminer sa guipure ! » Le vieillard comprit qu'il s'agissait d'un guet-apens. Il se crispa, voulut se relever mais se piqua contre l'affreuse aiguille qu'il avait laissé choir. Un cri s'échappa d'entre ses lèvres soudain blêmes. Deux gloussements jubilatoires lui répondirent. Dans un sursaut, avec tout le génie du ridicule, le dindon entreprit de sauver les apparences en feignant d'explorer le sol à la recherche de l'ergot, – « Tenez, Mme, le voici ! », mais il était trop tard. La tentative de rapprochement avait échoué et les rires se répandirent comme une traînée de poudre.

Sans être un foudroyant bellâtre, fort heureusement, Leconte de Lisle n'eut jamais à essuyer pareille déconvenue. Les femmes le trouvaient séduisant, attirant, et l'excellence de son esprit ajoutait encore à la superfluité de son charme naturel. Certaines se le disputaient ouvertement, et, comme il ne répondait jamais avantageusement à aucune d'elles, fuyant avec dégoût les « voluptés [faciles] d'une matérialité trop basse[38] », Flaubert en conclut un peu vite que l'impassible refusait d'aimer. C'était méconnaître cette sensualité créole à laquelle la sœur de Thalès Bernard avait succombé, avant de s'en aller mourir dans une Mission de Chine. Si le poète n'avait pas partagé la candeur des sentiments juvéniles de la religieuse, il ne lui en avait, bien au contraire, jamais tenu rigueur. En retour, elle l'avait toujours défendu contre les inévitables critiques, suscitées par son indifférence, et venues s'échouer quelque part, impasse Sainte-Marguerite, face à la rue du Bac. Pour Melle Bernard, Leconte de Lisle était le poète indépassable, l'unique amant, l'inaccessible compagnon ; et ce fut semblablement l'avis de quelques autres visions dont l'histoire a oublié les noms.

> Si les chastes amours avec respect louées
> Éblouissent encor ta pensée et tes yeux,
> N'effleure point les plis de leurs robes nouées,
> Garde la pureté de ton rêve pieux.
> Ces blanches visions, ces vierges que tu crées
> Sont ta jeunesse en fleur épanouie au ciel !
> Verse à leurs pieds le flot de tes larmes sacrées,
> Brûle tous tes parfums sur leur mystique autel.

Tel sera le conseil prodigué aux victimes du philtre de Tristan,

> [Car] si l'amer venin est rentré dans tes veines,
> Pâle de volupté pleurée et de langueur,
> Tu chercheras en vain un remède à tes peines :
> L'angoisse du néant te remplira le cœur.

Ployé sous ton fardeau de honte et de misère,
D'un exécrable mal ne vis pas consumé :
Arrache de ton sein la mortelle vipère,
Ou tais-toi, lâche, et meurs, meurs d'avoir trop aimé[39] !

N'en déplaise à Flaubert, Leconte de Lisle connaissait bien cet amour passionné qu'aux autres il refusait. Depuis l'année 1852, à force d'être courtoisement reçu chez les Jobbé-Duval, il s'était commis avec l'épouse de son hôte bien dévoué. L'amour ne primait-il pas sur l'ordre social? Le poète s'ennuyait et, sombrer dans l'adultère, c'était partir à l'aventure, enrichir sa vie d'imprévu, la pimenter de risques exaltants. L'homme de la passion ne cherche-t-il pas à être possédé, dépossédé, puis jeté hors de soi, dans l'extase? Il voulut embrasser l'archétype de la femme idéale et ne posséder qu'elle, image inaccessible et magnifiée d'Élysée, sans aucun doute[40]. Mais qui disait passion disait aussi souffrance, soumission, prépondérance du destin sur la personne libre et responsable. Pourquoi donc subir ce que tout condamnait?

C'était qu'il s'éprouvait sous le coup de la menace vitale, dans les tourments qu'apporte le possible franchissement du seuil inextinguible de la mort. Leconte de Lisle aimait sa brûlure et la conscience masochiste de ce qui le brûlait, la liaison profonde du supplice et du savoir, la complicité de la conscience et de la déraison. Mieux, l'exaltation de sa passion devenait son outil privilégié de connaissance et de création. Inconsciemment, il ne pouvait s'empêcher de chérir son mal, de le révérer, de le respecter, et son bonheur ne l'émouvait qu'à l'aune du malheur qui le guettait. Ce malheur, cette « délicieuse tristesse », cette souffrance transfiguratrice défiant le monde par son esprit retors, cherchant à accéder à la vraie vie, à la vie impossible, sous le ciel exalté des nuées, empourpré d'héroïsme, enflammé de contraintes[41], Bermudez de Castro ne le comprenait pas : « Pour une vieille cocotte, il se ferait mourir, mon pauvre de Lisle; pour une gueuse... une guenippe... une rousse-cagne... Je la connais... Je l'ai vue, monsieur... Elle n'a jamais valu l'eau bénite répandue pour son baptême! » Louise Colet, qui s'en ouvrit à Louis Bouilhet, ne le conçut pas davantage, comme en témoigne la suite de cette lettre du 1er juin 1853, où Flaubert s'offusque de l'écœurante idylle.

Bouilhet m'a lu tout ce que tu lui dis de Leconte! Eh bien, cela m'a attristé. À part cette séparation au chemin de fer, que je sens et comprends, je n'admets pas le reste de l'histoire ni du bonhomme[42]. Ces deux ans passés dans l'absorption complète d'un amour *heureux* me paraissent une chose médiocre. Les estomacs qui trouvent en la ratatouille humaine leur assouvissance ne sont pas larges. Si c'était le chagrin encore, bien! Mais la joie? Non! non! C'est long, deux ans passés sans le besoin de sortir d'ici, sans faire une phrase, sans se tourner vers la Muse. À quoi donc employer ses heures, quand les lèvres sont oisives? à aimer? à aimer? Ces ivresses me surpassent et il y a là une capacité de bonheur et de paresse, quelque chose de *satisfait* qui me dégoûte. Ah! poète, vous vous consolez dans la littérature. Les chastes sœurs viennent après Mme et votre lyrisme n'est qu'un échauffement d'amour détourné. Mais il en est puni, ce brave garçon. [...]

Et puis se plaindre, crier à la trahison, ne pas comprendre (et quand on est poète) cette suprême poésie du *néant-vivant*, de l'habit qui s'use, ou du sentiment qui fuit ! Tout cela est bien simple, pourtant. [...] Toi, tu es bien la meilleure femme du monde, et la plus candide créature. Ta proposition d'aller faire visite à cette dame n'avait pas le sens commun ; tu me permettras de te le dire. N'allais-tu pas plaider pour lui ? Et qu'aurais-tu répondu au premier mot, quand elle t'aurait répliqué : « De quoi vous mêlez-vous ? » [...] Est-ce qu'il ne croyait pas qu'il pataugeait en plein dans la prostitution quand il allait essuyer de son corps les restes du mari ? La petite dame, sans doute, en avait un troisième et, dans les bras des trois, pensait à un quatrième. Ô ironie des étreintes !

Pour en finir avec cette « ordinaire » oaristys qui dura jusqu'en 1855 et qui lui inspira chronologiquement les poèmes de *Christine*, *Les Elfes*, *Le Colibri*, *Les Bois, lavés par les rosées*, *Tre Fila d'Oro*, *Le Sacrifice* et *Les Damnés*, Leconte de Lisle ne trouva rien de mieux que de proposer à Mme Jobbé-Duval de mourir avec lui. Ses chaînes lui étaient devenues insupportables, comme il le fit savoir à Polymnie, le 27 août 1854 :

Il y a un temps infini que je ne vous ai vue, chère Mme. La faute en est moins à ma bonne volonté qu'aux exigences de mon *esclavage*. Ainsi, soyez indulgente ; vous savez qu'on ne brise pas facilement certaines *chaînes*, et les plus lourdes sont toujours les plus fortes.

N'ayant pas l'étoffe d'une Indiana[43], Mme Jobbé-Duval refusa l'invitation. Mais loin de repousser son amant, elle s'y agrippa. Le Sigisbée s'était pourtant lassé depuis plusieurs mois de cette relation sans avenir, et désirait ardemment la rupture. Malheureusement, « en présence de la femme, [il] n'était pas [assez] fort. On l'avait bien défini comme appartenant au type si commun des hommes aptes à devenir, selon les circonstances, “la loque conjugale”, c'est-à-dire le maladroit craintif, le naïf embarrassé se hâtant d'échapper par la retraite aux petites discussions[44]. » Dans ces conditions, toute séparation s'annonçait compromise, et ce n'était pas pour rien que Louise Colet lui avait proposé de l' « aider à sortir de l'abîme[45] »...

Je prends mon parti, croyez-le bien, chère Mme, et il ne tiendra pas à moi que tout se termine au mieux et le plus promptement possible. Soyez prudente pour moi, je vous prie, et qu'elle ne puisse pas soupçonner que j'aie rien dit qui la concerne.

Il fallut attendre que la situation se débrouillât d'elle-même, soit que le mari eût vent de la trahison, soit que Mme Jobbé-Duval commît une erreur telle qu'il ne pouvait plus en être autrement. Cela prit plus de temps que pour Élixenne, mais Leconte de Lisle voyait clair à présent dans cette âme de femme, et le dégoût castrateur tarit ses velléités les plus répréhensibles. Eut-elle une aventure avec un tiers, le vice appelant le vice, comme le suggéra sarcastiquement Flaubert ? Ne sut-elle pas choisir entre l'époux fidèle et l'amant transi, mettant le poète au supplice ? Nul ne le sait, mais le fait est que la liaison cessa.

La Belle et la Bête

Pourtant, Leconte de Lisle, « haletant de désir », n'en avait pas fini avec « les voluptés amères[46] ». Mais il préféra laisser dans son œuvre l'image d'une maîtresse courageuse qui choisit de s'abîmer dans le néant plutôt que de consumer ses jours sans dessein. C'est avec joie que Christine se sacrifie dans l'espoir du « vrai bonheur ». Elle ne regimbe pas à l'idée de retrouver son « jeune ami », de l'autre côté du Styx, bien au contraire, elle y consent avec chaleur, et même, l'y précède.

> – Tire le verrou, Christine, ouvre vite :
> C'est ton jeune ami, c'est ton fiancé.
> Un suaire étroit à peine m'abrite ;
> J'ai quitté pour toi, ma chère petite,
>   Mon tombeau glacé. – [...]
>
> – Ne pleure jamais ! Ici-bas tout cesse,
> Mais le vrai bonheur nous attend au ciel.
> Si tu m'as aimé, garde ma promesse :
> Dieu nous rendra tout, amour et jeunesse,
>   Au jour éternel. [...]
>
> Voici les pins noirs du vieux cimetière.
> – Adieu, quitte-moi, reprends ton chemin ;
> Mon unique amour, entends ma prière ! –
> Mais elle au tombeau descend la première,
>   Et lui tend la main[47].

Comme tous les artistes, Leconte de Lisle recomposait sa vie selon ses désirs et non selon la réalité, bien trop ordinaire et décevante, ce qui correspondait aussi à l'expression de son refus de sa vie d'adulte, à sa volonté de rester l'enfant qu'il avait été, bercé de rêves et d'illusions, près d'une mère trop protectrice.

> Comme un morne exilé, loin de ceux que j'aimais,
> Je m'éloigne à pas lents des beaux jours de ma vie,
> Du pays enchanté qu'on ne revoit jamais.
> Sur la haute colline où la route dévie
> Je m'arrête, et vois fuir à l'horizon dormant
> Ma première espérance et pleure amèrement[48].

Du coup, l'origine de l'expression de sa neurasthénie, que les religions affublent du joli nom d'*acedia*, devenait de moins en moins précise et ne pouvait se réduire à un événement déterminé de son existence. Elle se noyait dans un mal-être beaucoup plus viscéral, complexe et primitif. Leconte de Lisle était prédisposé à la dépression et aux accès de bile noire depuis toujours, congénitalement, et ses tentatives artistiques de recréer artificiellement l'Éden perdu, le havre de paix politique (*Niobé*) ou philosophique (*Bhagavat*) qu'il avait connu, coïncidaient avec son besoin frénétique d'optimisme et d'assurance, fût-ce au prix de son propre écartèlement. Car enfin le désir de la mort et le désir de la mort de tout désir, tel qu'il est prôné par la mystique indienne du parinirvana, et dont rêvait la philosophie occidentale, n'étaient pas sans relations, directes ou indirectes. Le gouffre du néant rendait un écho sinistre mais crédible à celui du désir, et le tonneau des Danaïdes, reflété par le miroir de Narcisse, offrait un autre abîme, plus monstrueux encore.

En ceci, Leconte de Lisle se faisait l'écho de la civilisation de son temps qui, « à côté de ses incontestables bienfaits, avait trop souvent pour conséquence d'augmenter le nombre et l'intensité [des] maladies de l'âme, [...] et il était bien possible [...] que la ruine des Ordres religieux n'eût pas été sans quelque influence sur cet effrayant accroissement du nombre des suicides que constatait chaque année la statistique. [...] Ce nombre était de 1 739 en 1826, de 3 102 en 1846, de 3 674 en 1852. Il s'était élevé jusqu'à 4 189 en 1856 et à 4 936 en 1865[49]. »

Ce qui se profilait, c'était l'humeur mélancolique proprement « poétique » des modernes : « sentiment à deux faces, qui de soi-même se nourrit perpétuellement, dans lequel l'âme jouit de sa propre solitude, mais à travers cette jouissance même éprouve plus intensément le sentiment de [son isolement], une sorte de "joie de la peine", de "joie morose", le "triste luxe de la peine", pour reprendre les expressions chères aux successeurs de Milton. Cette humeur mélancolique moderne correspondant essentiellement à une exacerbation de la conscience de soi, puisque le moi est l'axe autour duquel pivote la sphère de la joie et de la peine[50] », le poète, comme un vampire, s'en nourrissait pour mieux se reconstruire :

Nous n'avons plus de dieux, plus d'expiations ;
Mais dans nos cœurs en proie aux sombres passions
L'amère volupté de souffrir reste encore ;

Et je voudrais, victime et sacrificateur,
Répandant à tes pieds amour, haine et douleur,
Baigner de tout mon sang l'autel où je t'adore[51] !

Néanmoins, Leconte de Lisle tenta de « tourner les yeux vers l'angoisse nouvelle[52] », de renoncer au désir coupable de la femme interdite, aliénante et mortifère, pour lui substituer celui de la fille pure, vierge, éthérée et censément libératrice. L'enfant plutôt que l'adulte ; la sœur plutôt que la mère ; l'inceste plutôt que l'adultère. En effet, plus il s'épanchait et confiait ses déboires à la Muse Louise Colet, et plus, insidieusement, il se rapprochait d'elle. Cet esprit fraternel, consolateur et protecteur se faisait enjôleur, séducteur, ensorceleur. Aussi devenait-il bien doux à l'amant malheureux de rencontrer dans une intelligence et un cœur tels que les siens des sympathies qui lui étaient doublement précieuses. Mais pourquoi avait-elle souligné, dans l'une de ses lettres, en parlant de lui, *un ami* ? Quelque réserve qu'il dût garder devant un intérêt dont il ne pouvait ambitionner que la plus petite et la dernière part, Flaubert étant l'amant officiel, combien il eût été heureux qu'elle devînt *une amie* pour lui. Une sœur n'était-elle pas une femme, et n'était-ce pas pour cela qu'on l'aimait mieux et plus qu'un frère[53] ?

Mais, quoique leurs disputes fussent de plus en plus fréquentes au sujet de diverses coucheries (avec le grand poète Alfred de Musset pour elle, avec la petite actrice Béatrix Person pour lui), Polymnie était attachée à Gustave, et la cour assidue de Charles ne parvint pas à séparer les vieux amants de Mantes. Une amitié forte était possible ; l'amour demeurait incertain, et ce fut très probablement la raison pour laquelle, si l'on en croit les quelques poèmes composés à cette époque : *Phidylé*, *Souvenir*, *Fultus Hyacintho*, *Le Désert* et *Requies*, Leconte de Lisle reporta son affection ainsi que la plupart de ses fantasmes sur la personne d'Henriette Colet – elle était née en 1840, l'année de la mort d'Élixenne –, à laquelle il dédia une courte pièce de circonstance, impeccablement reproduite par la dédicataire, comme on l'imagine, dans son album personnel : *À Melle H. C... qui pleurait durant une lecture de vers* ; pièce publiée en juin 1854, dans les *Modes parisiennes illustrées*, mais qui ne figure pas dans le recueil ultime.

Tout étincelants sur sa joue en fleur,
Lorsque vous tombiez de ses cils humides,
Pleurs sans amertume, ô larmes limpides !
Je vous accueillais au fond de mon cœur.

Une âme sans tâche en vous se devine ;
Et moi, vous voyant lire en ses beaux yeux,
Je vous bénissais, pleurs mystérieux,
Parfumés déjà de pitié divine !

Votre charme était si frais et si pur,
Que j'ai cru sentir, sous votre rosée,
Vivre et refleurir mon âme épuisée,
Comme au soleil d'or par un ciel d'azur !

Ne tarissez pas, oh ! coulez encore,
Belles larmes d'ange où germe l'amour !
Montez de son cœur, et faites qu'un jour
Elle sache aimer, afin qu'on l'adore !

Bien que cette nouvelle source de joie dût elle aussi refouler son lot de fange et d'amertume, on voit tout ce que ce « transfert érotique » recelait de lénifiant et de réconfortant. Pourtant, afin de mieux comprendre l'ambiguïté des sentiments du poète à l'égard de la précoce Henriette Colet, qui « lisait, jouait du piano et allait au bal avec sa mère[54] », il convient de décoder et de lire en parallèle les deux poèmes hermétiques de *Phidylé* et *Fultus Hyacintho*, respectivement dédiés à Nicolas Mille et Prosper Huet.

Ces deux morceaux antiques, toujours publiés ensemble, faussement mièvres et banals, se déroulent au printemps, saison de l'amour. On peut y sentir le parfum de l' « herbe molle », des « prés en fleur », du « thym », de la « violette », de l' « églantier », de l' « yeuse », de l' « hyacinthe », des « roses » et des « myrtes ». Dans *Phidylé*, personnage éponyme emprunté à une *Ode* d'Horace[55], trois protagonistes occupent la scène : le narrateur, certainement le poète ; le Soleil, figure ambivalente par excellence puisqu'elle symbolise non seulement la morsure du désir mais aussi l'interdit paternel, tout ce qui, comme la flamme et comme le temps, dans un même mouvement, nous tue et nous fait vivre, nous sauve et nous damne, nous brûle et nous illumine ; et bien sûr, une belle enfant pareille « aux Nymphes agrestes ». Il est « Midi ». « Seules, en plein soleil, chantent les abeilles volages. » « Assise au fond des bois », Diane, figure transposée de l'Éros enfantin, « polit ses flèches meurtrières ». La jeune fille est étonnamment assoupie et n'a donc conscience ni du danger de la piqûre, ni du discours que le poète lui adresse, ni des nombreuses attentions qu'il lui prodigue : il « écarte l'abeille », « garantit les pieds nus », laisse voltiger les « tresses fines » qu'il couronne de fleurs, joue de la flûte, « charme les bois » et espère sa récompense. Car, une fois que l'Astre aura vu « ses ardeurs s'apaiser », c'est-à-dire une fois que la nuit sera tombée et, avec elle, les paupières du poète éreinté, Leconte de Lisle nous laisse entendre, du moins l'espère-t-il, que la belle Phidylé s'éveillera et prendra à son tour soin de son bienfaiteur, comme si l'un et l'autre ne pouvaient ensemble, au même âge, participer à la joie des caresses réciproques.

Tels Œdipe et Jocaste dans leur palais thébain, un mystère les sépare qui les empêche violemment de s'appartenir. Elle, semblable à la lune Séléné, évolue la nuit ; lui, identique au parfait Soleil, s'épanouit le jour. Aussi ne peuvent-ils pas réellement se montrer l'un à l'autre, dans la crudité de leur nudité : il faut que le Titan revête une apparence moins superbe pour s'unir à la jeune fille car, comme « dans les fables poétiques sur l'origine des Héros, [...] jamais les femmes mortelles n'acceptent de bonne grâce l'amour d'un Dieu[56] ».

C'est alors qu'intervient le second morceau de *Fultus Hyacintho*, dont le titre est emprunté cette fois-ci aux *Bucoliques* de Virgile[57]. On peut l'entendre en effet comme une réponse au précédent, où la double métamorphose du poète en taureau divin – tel « Zeus, sur les mers portant la vierge Europe » – et de la jeune innocente en fleuve verdoyant permettra peut-être une rencontre, et, avec elle, la satisfaction du désir. « Midi plane », le « Zénith [est] brûlant » qui « chauffe le flanc » de la bête. Elle est couchée sur « un large lit d'hyacinthe et de mousse », « comme un Dieu près du fleuve endormi ». « Sa corne est fine, aux bouts recourbés et polis », « ses fanons florissant abondent à grands plis », et « une écume d'argent tombe à flots de sa bouche ». Elle « paît », et, s'enivrant « à loisir de la verdeur des prés », l'assouvissement de ses instincts lui apporte la *paix* : elle « rumine ». Les appétits sexuels, transposés dans l'univers des « gras pâturages » horatiens, se trouvent ainsi plus décemment présentés, quoiqu'on puisse voir dans cette peinture agreste d'un animal solitaire non seulement l'expression camouflée de la satisfaction d'un désir inavouable, mais aussi, tout au contraire, la description d'une forme d'acte sacrificiel, d'abjuration, de désertion devant l'acte sexuel.

Et ce fut peut-être pour échapper à cette souillure, pour l'exorciser, que Leconte de Lisle peignit son paisible Bœuf, « plein d'une force lente », car « le plus sûr moyen d'endurcir la vigueur des chevaux et des taureaux, n'est-ce pas d'en détourner Vénus et les aiguillons de l'aveugle amour[58] » ? Conscient de la monstrueuse progéniture qu'eût engendrée l'insupportable union de la Bête, surgie des mers, avec la belle Pasiphaé[59], fille d'Hélios, le poète voulut peut-être louanger, une fois de plus, à travers les tranquilles mérycismes d'un gigantesque bovidé, les sereines orientations des grands chastes indiens.

Pourtant, il pourrait tout aussi bien s'agir d'un simple jeu syncrétique sur le thème du Soleil. Ulysse et ses compagnons ne sacrifièrent-ils pas une partie du troupeau d'Hélios sur l'île de Thrinacie, l'actuelle Sicile? Ces bœufs, d'une blancheur immaculée, avec des cornes dorées, n'étaient-ils pas gardés par les Héliades, filles du Soleil, transformées en peupliers au bord du fleuve Éridan[60]? De même, dans l'Égypte ancienne, n'adorait-on pas le taureau Apis, symbole vivant d'Osiris, hypostase du dieu Ptah, figure oraculaire de Memphis, emblème intermédiaire entre les hommes et le dieu créateur? Et avant lui, ne révérait-on pas Mnévis, le taureau d'Héliopolis, « Seigneur du ciel » au pelage hirsute, aux testicules imposants, et portant le disque solaire entre ses cornes?

> J'aime la majesté de votre doux sommeil,
> Quand la splendeur du soir, dorant votre poil sombre,
> Sur les prés rougissants où s'allonge votre ombre,
> Semble aux cornes d'ébène attacher un soleil.
>
> Vers l'astre qui descend, tournant un front superbe,
> Couchés en demi-cercle et fermant vos grands yeux,
> Tandis que l'enfant joue entre vos pieds dans l'herbe,
> Vous ruminez en paix, semblables à des dieux[61] !

Voilà pourquoi, dans *Fultus Hyacintho*, le Bœuf est le Soleil lui-même, l'ambiguïté faite chair, le poète et son désir confondus en un même animal sacré. L'œil de la Bête[62], lointaine résurgence du dieu Rê, devient ainsi le regard du monde, la frontière entre l'idéal et la réalité, la fenêtre entre la chair et l'esprit, le seuil au-delà duquel, selon qu'il est « farouche » ou bien « clos à demi », licite ou illicite, voluptueux ou licencieux, toute vie reste possible ou passe à tout jamais. « Si l'homme veut remonter vers le Bien, il lui faut se détourner de la vision du corps, fermer les yeux, et réveiller cet œil qui se trouve "à l'intérieur" (*endon*). L'impératif de la beauté de l'âme est simple : "Reviens en toi-même (*épi sauton*) et regarde"[63] ! »

Soleils noirs

L'Espérance, tout comme la jeune Henriette, ne répondirent pas à ses prières; elles voulurent rester seules. Du coup, Leconte de Lisle sombra dans une profonde mélancolie et fut tenté de nouveau par le suicide. Avait-on songé quelquefois à ce grand calme de la tombe? Comme on devait bien dormir, dans ce lit glacé[64] ! Ce double échec sentimental, avec les deux types archétypaux de la femme idéale, la vierge que l'on désire et la mère que l'on aime[65], le renvoya à ses propres démons, comme en témoigne *Le Dernier Souvenir*, publié dans *L'Artiste* du 1er janvier 1868, pendant parfait aux *Damnés* [*de l'Amour*] du mois de février 1855 :

J'ai vécu, je suis mort. – Les yeux ouverts, je coule
Dans l'incommensurable abîme, sans rien voir,
Lent comme une agonie et lourd comme une foule.

Inerte, blême, au fond d'un lugubre entonnoir
Je descends d'heure en heure et d'année en année,
À travers le Muet, l'Immobile, le Noir.

Je songe, et ne sens plus. L'épreuve est terminée.
Qu'est-ce donc que la vie? Étais-je jeune ou vieux?
Soleil! Amour! – Rien, rien. Va, chair abandonnée!

Tournoie, enfonce, va! Le vide est dans tes yeux,
Et l'oubli s'épaissit et t'absorbe à mesure.
Si je rêvais! Non, non, je suis bien mort. Tant mieux.

Mais ce spectre, ce cri, cette horrible blessure?
Cela dut m'arriver en des temps très anciens.
Ô nuit! Nuit du néant, prends-moi! – La chose est sûre :

Quelqu'un m'a dévoré le cœur. Je me souviens[66].

Dans son œuvre, à partir de cette époque, la violence devint inhérente à la sensualité et à l'amour : les larmes, le sang, les plaies, les déchirures, les hurlements, ne furent plus que les oripeaux du délicat désir. Car le désir, soleil inextinguible, n'était pas le fait de l'homme, mais de l'animal; il ne donnait pas la vie, mais la mort; et « c'était sous ce masque grossier de prédation, fait de violence, de cruauté et de férocité, que les historiens ou les philosophes avaient généralement envisagé la figure de la barbarie[67] ». Du coup, toute la poésie de Leconte de Lisle, qui est une poésie du désir et de la passion combattus, dissimulés, éclipsés, devint elle aussi animale et barbare, attendu que « ce qui distingue le Barbare du Grec, c'est la dépendance de l'homme envers ses désirs ou son chaos intérieur[68] », impitoyable et vulnérable, impersonnel et universel. Elle avait pour vocation d'en montrer toute l'ambiguïté et toute la noirceur, d'en contenir toute la lie et l'amertume, au travers de décors primitifs et sauvages, si bien que le poète eût pu écrire à Louise Colet, ce 12 février 1853 : « Gustave a été plus heureux que moi; il a trouvé tout cela (la muse, la poësie, l'art) dans la femme aimée – moi, je vais reprendre mes bonnes allures d'autrefois. Si je ne chante plus la femme, je chanterai les mastodontes – j'aurai des vers moins tendres – mais ils seront durs et sonores comme l'airain. Vous verrez, vous qui ne doutez pas de moi – je veux devenir féroce – la route que je prends est longue et rude – on doit marcher plus vite, en se débarrassant du poids de son cœur[69]. »

Car pour Leconte de Lisle, comme pour Pascal, le cœur de l'homme, cette hydre sanguinaire, était « creux et plein d'ordure[70] », son corps une chimère, et les mythologies indienne, égyptienne et européenne avaient toutes raison : l'homme n'était pas un homme (un Grec) tant qu'il demeurait l'esclave (le Barbare[71]) de son désir. Il ne pouvait ni ne devait l'être. Par essence, le désir était une eau-de-mort, un poison, un venin, une semence qui ne fécondait rien et ne renvoyait à l'homme que son propre néant. « Il y a pourrir dans jouir », a dit Victor Hugo. Leconte de Lisle en faisait la douloureuse expérience. Pourtant, n'y a-t-il pas plusieurs manières de mourir au désir : le tombeau, certes, mort de la chair, mais aussi le désert, vie de l'esprit ? Le sang qui coule et tombe au sol, se mêlant à la boue, ou bien la sève qui monte et fleurit le feuillage, dans le ciel ?

Tout prête à penser que Leconte de Lisle était attiré par cette seconde perspective, invitant du même coup toutes les vierges à l'abstinence et à la pureté claustrales.

> Nul œil étincelant d'un amoureux désir
> N'a vu sous ces voiles limpides
> La Nymphe au corps de neige, aux longs cheveux fluides,
> Sur le sable argenté dormir.
>
> Et nul n'a contemplé la joue adolescente,
> L'ivoire du col, ou l'éclat
> Du jeune sein, l'épaule au contour délicat,
> Les bras blancs, la lèvre innocente.
>
> Mais l'Aigipan lascif, sur le prochain rameau,
> Entr'ouvre la feuillée épaisse
> Et voit, tout enlacé d'une humide caresse,
> Ce corps souple briller sous l'eau.
>
> Aussitôt il rit d'aise en sa *joie inhumaine*[72] ;
> Son rire émeut le frais réduit ;
> Et la Vierge s'éveille, et, pâlissant au bruit,
> Disparaît comme une ombre vaine.
>
> Telle que la Naïade, en ce bois écarté,
> Dormant sous l'onde diaphane,
> Fuis toujours l'œil impur et la main du profane,
> Lumière de l'âme, ô Beauté[73] !

Parallèlement à cette invitation au désert, au mépris des vanités de la chair préconisé par Turquety, allait se développer une dépression plus insidieuse ; d'abord parce que le poète ne savait pas où puiser l'énergie et le courage nécessaires au sacrifice libérateur, ensuite parce que ses démarches s'inscrivaient en réaction contre le courant esthétique qui l'avait construit, depuis les origines jusqu'à l'âge de la maturité : le romantisme. Il eût donc été plus aisé pour lui de céder et d'embrasser l'eudémonisme de ses contemporains, pour s'écrier avec le chœur hédoniste de la *Cité des hommes* de Victor de Laprade :

> Jouissons ! le bonheur est un droit de nature ;
> La vie est un festin[74] !

Mais Leconte de Lisle n'y condescendit pas.

Les siècles de Légende

Dès la première moitié de l'année 1853, dans la double perspective d'exorciser ses peurs en se réfugiant dans un rêve parfait (maternel) et de clamer son dégoût du monde moderne à la face des hommes du XIXe siècle (paternel), Leconte de Lisle « avait entrepris avec acharnement de mettre toutes les cosmogonies en vers », d'écrire ses *siècles de Légende.* Il « avait commencé par la Laponie, devait finir par les îles Sandwich[75] », et, en juillet 1853, après avoir lu le *Glaive runique* de Nicander[76] et l'épopée théogonique finnoise du *Kalewala*[77], rapportant les luttes de Wäinämöinen, Lemmikäinen et Ilmarinen pour posséder la belle vierge du Pohjola (le Grand Nord[78]), fille de la magicienne Louhi, avait « enfin terminé, corrigé, ou peu s'en fallait, et recopié[79] » son *Runoïa.*

Dans ce poème polyphonique, on pouvait nettement distinguer quatre voix : celle du chœur des poètes finnois (les Runoïas, païens nordiques, « prêtres désespérés », images des « races antiques » et fils du dieu du même nom), celle du chœur des hommes du monde (les Chasseurs, « Chiens aboyeurs repus d'hydromel et de chair », images barbares des puissances décadentes et lascives, pactisant avec le « siècle impur »), celle du « vieillard de Karjala, roi des hautes forêts », Wäinämöinen, dieu suprême à l'origine de la sagesse et de la magie chamanistes, triple figure de l'Asclépios guérisseur, de l'Orphée charmeur et de l'Épiméthée contemplatif, jumeau malheureux en amour du géant ithyphallique scandinave Odinn, inspirateur direct d'une partie des runes du *Kalewala*, de là son nom simplifié de Runoïa, littéralement le « Roi des Runes » (image antique et idéalisée du Père, en fait le Charles rêveur, idéaliste, sybaritique et mondain, tourné vers l'angoisse stérile du désir et appartenant à un monde voué à disparaître), et celle enfin d'un Enfant, le « Roi des derniers temps, faible et rose, couvert de langes éclatants », mais capable de rompre « les liens des cœurs », le futur Jésus-Christ (image antique et idéalisée du Fils, en fait le Charles ascétique, mystique et pénitent, appelé à renaître et orienté vers « l'angoisse féconde » de la renonciation) :

> – Je suis le dernier-né des familles divines,
> Le fruit de leur sillon, la fleur de leurs ruines[80],
> L'Enfant tardif, promis au monde déjà vieux,
> Qui dormis deux mille ans dans le berceau des Dieux,
> Et, m'éveillant hier sur le fumier rustique,
> Fus adoré des rois de l'Ariane antique.
> Ô Runoïa ! courbé du poids de cent hivers,
> Qui rêves dans ta tour aux murmures des mers,
> Je suis le sacrifice et l'angoisse féconde ;
> Je suis l'Agneau chargé des souillures du monde ;
> Et je viens apporter à l'*homme épouvanté*[81]
> Le mépris de la vie et de la volupté ! [...]
> Je romprai les liens des cœurs, et sans mesure
> J'élargirai dans l'âme une ardente blessure.
> La vierge maudira sa grâce et sa beauté ;
> L'homme se renîra dans sa virilité ;

Et les sages, rongés par des doutes suprêmes,
Honteux d'avoir vécu, honteux d'avoir pensé,
Purifîront au feu leur labeur insensé[82].

S'agissait-il, dans ce duo-duel avec lui-même, d'une tentative cathartique de résolution, par l'exposition, de ses conflits intérieurs ? Tenta-t-il en écrivant ce poème runique d'extraire « le glaive du désir enfoncé » dans son cœur ? Malgré la chute pessimiste annonçant la mort du Christ lui-même, vingt siècles après sa naissance – « Tu mourras comme moi, Dieu des âmes nouvelles » –, c'est-à-dire la fin du dogme des Chrétiens contenant la rémission des péchés, la résurrection des corps et la vie éternelle dans la Jérusalem céleste du royaume à venir, nous le croyons. En tout cas, le 31 juillet 1853, dans le salon de Louise Colet, en présence d'un Gustave Flaubert enchanté, la lecture publique de son poème lui fit déjà beaucoup de bien, comme s'il s'était ouvertement entretenu de ses angoisses les plus intimes avec ses nouveaux amis.

La journée de hier, écrit le 1er août 1853 une Louise Colet euphorique à un Louis Bouilhet accablé de travail, a dû être triste pour vous cher frère et ami, et je ne veux pas manquer de vous écrire combien nous vous avons regretté dans la soirée ; De Lisle nous a lu son poème (le Dieu du Nord) dont Gustave a été enchanté ; si vous aviez été là et que nous eussions entendu les *Fossiles* la fête eût été complète. Je suis sûre que vous aimerez De Lisle. Gustave l'aime beaucoup c'est un fier et noble garçon. Vous devez penser que je suis un peu heureuse de posséder un peu longtemps ce bien-aimé ! Mais je vous assure que vous nous manquez bien. Quelle joie si vous pouviez nous donner seulement vingt-quatre heures, si vous arriviez jeudi par exemple à midi chez moi quelle bonne surprise nous donnerions à Gustave ! C'est le jour de sortie de ma fille j'aurai du monde à dîner pour elle et vous, les fidèles seulement ! De Lisle ! Babinet[83] ! Preault[84] ! Allons venez ! écrivez-moi et ne disons rien à Gustave ! apportez vos fossiles apportez beaucoup de vers ! Hier j'avais tous les fidèles je les avais déjà eus Jeudi et nous avions bu à votre santé[85] !

Le lendemain matin, Leconte de Lisle écrivit à la mère d'Henriette pour la remercier de son enthousiasme :

Je suis très heureux et très touché, croyez-le, que mes *Runes* vous aient plu, bien que l'amitié vous rende peut-être un peu plus indulgente que je ne le mérite. Mais pourquoi gâterais-je à plaisir l'impression qui m'est restée de la soirée de dimanche ? J'accepte donc les bonnes paroles que vous me dites et je vous en remercie avec effusion. La sympathie que m'a témoignée M. Flaubert m'a été aussi d'autant plus précieuse que je me suis senti attiré vers lui dès que je l'ai vu[86].

Mais Flaubert était loin de se poser en Lislâtre convaincu, et il lui arriva souvent d'émettre de cinglantes critiques à l'encontre du poète, tant sur la forme que sur le fond.

La pièce de Leconte à Mme C***[87] est la redite, et moins bonne, de *Dies irae*. Ce que j'en aime, c'est le commencement et la fin. Le milieu est noyé. Ses plans généralement sont trop *ensellés*, comme on dirait en termes de maquignons ; l'échine de l'idée fléchit au milieu, ce qui fait que la tête porte au vent. Il donne aussi, je trouve, un peu trop dans l'*idée forte*, dans la grande pensée. Pour un homme qui aime les Grecs, je le trouve peu humain, au sens psychologique. Voilà pour le moral. Quant au plastique, pas assez de relief[88]. [...]

Quel artiste donc on serait si l'on n'avait jamais lu que du beau, vu que du beau, aimé que le beau ; si quelque ange gardien de la pureté de notre plume avait écarté de nous, dès l'abord, toutes les mauvaises connaissances, qu'on n'eût jamais fréquenté d'imbéciles ni lu de journaux ! Les Grecs avaient tout cela. Ils étaient, comme *plastique*, dans des conditions que rien ne redonnera. Mais vouloir se chausser de leurs bottes est démence. Ce ne sont pas des chlamydes qu'il faut au Nord, mais des pelisses de fourrures. La forme antique est insuffisante à nos besoins et notre voix n'est pas faite pour chanter ces airs simples. Soyons aussi artistes qu'eux, si nous le pouvons, mais autrement qu'eux. La conscience du genre humain s'est élargie depuis Homère. Le ventre de Sancho Pança fait craquer la ceinture de Vénus. Au lieu de nous acharner à reproduire de vieux chics, il faut s'évertuer à en inventer de nouveaux. Je crois que Delisle est peu dans ces idées. Il n'a pas l'instinct de la vie moderne, le *cœur* lui manque ; je ne veux pas dire par là la sensibilité individuelle ou même humanitaire, non, mais le cœur, au sens presque médical du mot. Son encre est pâle. C'est une muse qui n'a pas assez pris l'air[89].

Un an plus tard, Flaubert lui reprocherait encore de ne pas savoir « refuser d'annihiler sa nature au profit d'on ne sait quelle alliance » avec la gent féminine, preuve indéniable que Leconte de Lisle pouvait aimer composer, quand il le fallait, avec les goûts de son époque, et s'accorder avec les mœurs déliquescentes à l'égard desquelles, en homme « trop vieux de trois mille ans », il eût dû éprouver une « répulsion naturelle » :

Non, je n'ai pas été trop loin à l'encontre de Delisle, car après tout je n'ai pas dit de *mal* de lui ; mais j'ai dit et je maintiens que son *action* au piano m'a indigné. J'ai reconnu là un *poseur taciturne*. Ce garçon ne fait point de l'art exclusivement pour lui, sois-en sûre. Il voudrait que toutes ses pièces de vers pussent être mises en musique et chantées, et gueulées, et roucoulées *dans les salons* (puis il se donnera pour excuse à lui-même que les poésies d'Homère étaient chantées, etc.). Cela m'exaspère[90].

Leconte de Lisle voulait absolument séduire son auditoire, et tout particulièrement Henriette, jeune fille symbolisant la pureté et la candeur de son enfance bourbonienne au milieu de la boue du Second Empire. Il voulait la charmer de ses runes, l'attendrir, l'émouvoir jusqu'aux larmes, tel le scalde Wäinämöinen s'asseyant au bord de la mer et faisant se pâmer, au bruit de son kantélé[91], les loups, les ours, les aigles et les pinsons légers.

Officiellement, *Le Runoïa* symbolisait « l'introduction violente du Christianisme en Finlande » ; officieusement, il témoignait de la grave crise de conscience que traversait le poète à cette époque charnière de son existence, tiraillé entre la tentation facile de succomber à un désir sans lendemain, figurée par le destin du Runoïa, et la volonté difficile d'y renoncer pour s'ouvrir à une forme d'avenir et de spiritualité féconde, dictée par les préceptes de l'Enfant ; d'un côté les Runoïas, les Chasseurs et Wäinämöinen, de l'autre Jésus-Christ ; le « Siècle des épées » contre « vingt siècles de douleurs » faisant « saigner la chair et ruisseler les pleurs ». Demeurer païen ou devenir chrétien ? Quelle solution, quelle conversion seraient les siennes ? Leconte de Lisle n'était pas Huysmans ; certes il refusa le suicide – « Car l'homme survivra ! » –, mais il n'embrassa pas la Croix de saint Benoît. Il choisit d'emprunter un troisième chemin sur lequel rouleraient, d'abord obscurément, les cris du *Runoïa*, puis, plus clairement, *Les Larmes de l'Ours*, écrit douze ans plus tard. Si le Christ était un dieu comme les autres, voué à disparaître, pourquoi eût-il dû croire en Lui plutôt qu'en Runoïa ? Les peuples antiques eux aussi avaient cru en un dieu suprême, et leur religion ne s'était-elle pas éteinte avec leurs « chants inspirés » ?

En conséquence, « le salut n'était pas dans l'histoire, mais hors de l'histoire, non dans l'existence, mais dans le néant, non pas dans la victoire, mais dans la défaite, le martyre, l'expiation[92] ». Nul progrès dans la chronique des hommes, qui touchait à son terme, ne venait offrir, en ces temps de ténèbres modernes, une once d'espérance ; et puisque tout était égal, que tous les dieux se valaient, que tous s'abîmaient tôt ou tard dans l'oubli de la mort, il ne restait plus aucune alternative : l'athéisme le plus noir, le plus barbare, le plus abrutissant, attendu qu'il n'invitait même pas à la délectation des sens, se profilait à l'horizon.

Pourtant, dans *Les Larmes de l'Ours*, en dehors de toute réminiscence socialisante et de tout primitivisme philosophique ou panthéistique, une brèche apparut. Dans ce poème, l'animal de la mythologie finnoise représente le poète « rongé par la faim » du désir, le « sinistre chasseur » aux cheveux flamboyant dans « le brouillard amer ». Tout comme les deux éléments personnifiés de la nature orphique, la houleuse Mer (renvoyant au chaos de la barbarie) et l'Arbre immobile (renvoyant au logos de la civilisation), il est assailli par la fureur, « pensif », « sombre », « blême ». Il souffle et gémit parce qu'il n'a « jamais chanté » et surtout parce qu'il n'a jamais vu « rayonner la vierge au col charmant ». Que n'était-il « l'agneau des tièdes solitudes qui paît l'herbe embaumée et vit plein de douceur » ! Le « roi des Runes », Wäinämöinen, « Skalde immortel », prend alors sa « harpe sonore », ersatz du kantélé, et chante pour consoler l'animal…

Comment ne pas voir ici ce troisième chemin que Leconte de Lisle ne fit que suggérer dans *Le Runoïa*, ce rayon d'espoir qui allait lui permettre d'affronter son angoisse et sa mélancolie ? La Poésie était une source d'amour qui ni ne se tarissait ni ne décevait : elle consolait, lui apportait la joie qu'il n'avait pas connue, et était la fleur de ses désirs inassouvis ; car, plutôt que d'en pleurer stérilement, il convint qu'il valait mieux en chanter avec fruit. Si l'amour du Christ, comme la volupté, étaient inaccessibles, il fallait écrire exceptionnellement, pour rendre la vie supportable[93].

À partir de ces années, la création artistique devint l'unique activité, l'absolue préoccupation, l'irremplaçable amie, le centre et le sommet de sa destinée d'homme sur « le fumier des âges[94] ».

Ô mortelles langueurs, ô jeunesse en ruine,
Vous ne contenez plus que cendre et vanité !
L'amour, l'amour est mort avec la volupté ;
Nous avons renié la passion divine !

Pour quel dieu désormais brûler l'orge et le sel ?
Sur quel autel détruit verser les vins mystiques ?
Pour qui faire chanter les lyres prophétiques
Et battre un même cœur dans l'homme universel ?

Quel fleuve lavera nos *souillures stériles*[95] ?
Quel soleil, échauffant le monde déjà vieux,
Fera mûrir encor les labeurs glorieux
Qui rayonnaient aux mains des nations viriles ?

Ô liberté, justice, ô passion du beau,
Dites-nous que votre heure est au bout de l'épreuve,
Et que l'Amant divin promis à l'âme veuve
Après trois jours aussi sortira du tombeau !

Éveillez, secouez vos forces enchaînées,
Faites courir la sève en nos sillons taris ;
Faites étinceler, sous les myrtes fleuris,
Un glaive inattendu, comme aux Panathénées !

Sinon, terre épuisée, où ne germe plus rien
Qui puisse alimenter l'espérance infinie,
Meurs ! Ne prolonge pas ta muette agonie,
Rentre pour y dormir au flot diluvien.

Et toi, qui gis encor sur le fumier des âges,
Homme, héritier de l'homme et de ses maux accrus,
Avec ton globe mort et tes Dieux disparus,
Vole, poussière vile, au gré des vents sauvages[96] !

« L'art seul ! » : tel était l'adage. L'esthétisme, c'est-à-dire « la croyance que la création et la contemplation du beau sont la solution de tous les problèmes que pose l'existence[97] », était devenu sa philosophie. Pour lui, la création artistique en général et la musique en particulier avaient cessé d'être des outils de propagande politique, intellectuelle ou sociale, s'étaient détachées du sens de l'histoire et de toute idée de progrès pour conférer, comme une entêtante formule incantatoire, un bonheur extatique mais bien réel aux âmes tourmentées.

Le Nazaréen et le Cyrénéen

Leconte de Lisle se trouva de nouveau partagé, crucifié entre deux positions antinomiques : d'un côté, son conservatisme, idéalement forgé à l'image paternelle de Bhagavat mais en réalité indissociable de sa représentation de la mère catholique, qui façonnera sa vision de l'Art, et de l'autre, son réformisme, idéalement forgé à l'image maternelle de la Mâya mais en réalité inhérent à sa représentation du père révolutionnaire, qui modèlera sa conception de la Science. Entre le culte, l'amour et l'étude des traditions passées, sa résistance efficace à toute forme de changement intellectuel et esthétique, d'une part, et son reniement apparent de la figure unique[98] du Christ Jésus en tant qu'Homme nouveau, d'autre part, sa structure mentale était verrouillée. Elle l'empêchait d'aller de l'avant et sa poésie, qui en était le sublime reflet, étincelant et fantastique, jaillissait de ce paradoxe ; elle se nourrissait de cette insondable détresse. Du coup, la souffrance résultant pour partie du rejet du sacrement de son baptême le rapprochait malgré lui du principe éternel de cette religion du sacrifice et de la douleur. La douleur et la conscience de la douleur n'étaient-elles pas le but recherché par le martyr chrétien, et n'espérait-il pas pouvoir l'atteindre d'autant plus sûrement que ses souffrances seraient davantage liées à la valeur des choses qu'il rejetait, et de son amour pour ces choses, ainsi qu'à la conscience des efforts qu'il faisait pour prolonger son renoncement[99] ?

En choisissant sciemment de s'éloigner de cet « homme extraordinaire » que son siècle martyrisait et que le Calvaire avait jadis élevé au rang du Dieu unique, Leconte de Lisle sentait bien, mutilation absurde, suicide insupportable, qu'il était en train de tenter de s'extraire lui-même de la civilisation à laquelle il appartenait, qui l'avait nourri, dans laquelle il s'inscrivait, et donc, de devenir non seulement un apostat et un apatride, mais encore un authentique barbare.

> Multipliez en nous vos douleurs adorables,
> Seigneur ! Que nous soyons errants et misérables,
> Qu'un soleil dévorant consume notre chair !
> Le mépris nous est doux, l'outrage nous est cher,
> Pourvu que, gravissant la cime du supplice,
> Nous puissions jusqu'au bout tarir votre calice,
> Et, tout chargés d'opprobre et couronnés d'affronts,
> D'une épine sanglante auréoler nos fronts[100] !

Plutôt que de répondre à l'appel divin avec la modestie et la confiance qu'il eût nécessitées, Leconte de Lisle eût souhaité que ce fût le « Seigneur » qui lui répondît, comme s'Il eût dû prouver la véracité de sa Parole par une action concrète, comme à Sodome et Gomorrhe ou comme en Samarie. Et la réponse tardant évidemment à se faire entendre, ce fut par la provocation du blasphème et le chantage de l'anathème qu'il tenta, un peu ridiculement, de recevoir un signe du dernier Dieu.

> Le temps, Nazaréen, a tenu ton défi ;
> Et pour user un Dieu deux mille ans ont suffi,
> Et rien n'a palpité dans sa cendre inféconde[101].

Leconte de Lisle en vint donc tout naturellement à critiquer les anachorètes du nouveau monde, ces « amants désespérés du ciel », en ceci qu'ils se contentaient selon lui de vénérer une divinité extérieure aux événements du siècle et d'ériger en vérité absolue une parole qui, inscrite dans l'histoire, ne pouvait avoir qu'une valeur éphémère et transitoire. Il leur reprocha de se tourner vers une tentative de salut individuel et égoïste ; car le renoncement ascétique était compris par lui moins comme une démarche spirituelle finie ayant son but en elle-même que comme une manière virile de dénoncer les abus de la modernité ; moins comme une façon d'adhésion à la figure sublime du Christ par le renoncement aux biens terrestres que comme une attitude de dénonciation politique et de rejet face à une époque assoiffée d'or et affamée de plaisirs. Leconte de Lisle adhérait esthétiquement à une vision spiritualiste toute romantique d'un Christianisme à égalité avec les autres religions antiques[102] et, finalement, comme elles mais non plus qu'elles, appelé à l'éternité puisque indexé sur la réalité de la souffrance humaine.

Cadavre suspendu vingt siècles sur nos têtes,
Dans ton sépulcre vide il faut enfin rentrer.
Ta tristesse et ton sang assombrissent nos fêtes ;
L'humanité virile est lasse de pleurer. –

Voilà ce que disait, à ton heure suprême,
L'écho des temps futurs, de l'abîme sorti ;
Mais tu sais aujourd'hui ce que vaut ce blasphème ;
Ô fils du charpentier, tu n'avais pas menti !

Tu n'avais pas menti ! Ton Église et ta gloire
Peuvent, ô Rédempteur, sombrer aux flots mouvants ;
L'homme peut sans frémir rejeter ta mémoire,
Comme on livre une cendre inerte aux quatre vents ;

Tu peux, sur les débris des saintes cathédrales,
Entendre et voir, livide et le front ceint de fleurs,
Se ruer le troupeau des folles saturnales,
Et son rire insulter tes divines douleurs !

Car tu sièges auprès de tes Égaux antiques,
Sous tes longs cheveux roux, dans ton ciel chaste et bleu ;
Les âmes, en essaims de colombes mystiques,
Vont boire la rosée à tes lèvres de Dieu !

Et comme aux jours altiers de la force romaine,
Comme au déclin d'un siècle aveugle et révolté,
Tu n'auras pas menti, tant que la race humaine,
Pleurera dans le temps et dans l'éternité[103].

Dans le *Kalewala*, l'« enfant de deux semaines », le « gamin d'une demi-lune », celui de la vierge fécondée par « le fruit de pourpre ardent et parfumé », Marjatta, n'est pas combattu par le Dieu du Nord, bien au contraire : Wäinämöinen ne fait pas le poids. Il est très vite contraint de lui céder la place et s'exile pour toujours « dans la barque à la proue de bronze, l'escafe rutilée de cuivre, haut vers le cœur des terres hautes, droit vers le ciel au pied du ciel[104] ». Pourquoi le poète en fit-il donc un prétendant sérieux, hostile et dérangeant, un Kronos castrateur, en transposant l'événement, comme lui en donna l'idée la préface de Léouzon Le Duc, au milieu du XIIe siècle, à l'âge de la cruelle introduction du Christianisme en Finlande ? Parce qu'il y vit une façon commode et solennelle de réitérer théâtralement, en l'intensifiant, son rejet du Christianisme lié au souvenir d'une mère catholique et esclavagiste, certes, mais aussi, et peut-être surtout, parce que cet enfant incarnait l'accomplissement d'un désir illicite, celui de la « jolie puînée, vivant ainsi sa vie de vierge, toute chaste, fille craintive, nuque nattée, l'humble fillette » qui avait fini « vachère de l'aumaille[105] » dans la légende d'Élias Lönnrot, et celui de « la baie », l'abba, le père. L'Enfant représentait inconsciemment l'interdit transgressé, la passion consommée entre Zeus et Europe, entre le taureau et Pasiphaé, entre le bœuf de *Fultus Hyacintho* et la jeune vierge de *Phidylé*, cette figure de l'idéale Élixenne réincarnée en Henriette-Marjatta. La colère du Runoïa envers lui semble donc tout à fait comparable à celle de Dieu le Père chassant le premier homme du Paradis terrestre après la « souillure originelle et indélébile, conduisant à reconnaître qu'à travers l'histoire la terreur et la civilisation étaient inséparables[106] ».

> Ils sont venus ! Mes fils ont outragé mon nom !
> Quand sur l'enclume d'or, l'éternel Forgeron,
> Ilmarinenn, eut fait le couvercle du monde,
> La tente d'acier pur étincelante et ronde,
> Et du marteau divin fixé dans l'air vermeil
> Les étoiles d'argent, la lune et le soleil ;
> Voyant le feu jaillir de la forge splendide,
> J'ai dit que le travail était bon et solide.
> J'ai menti. L'ouvrier fit mal. Il valait mieux
> Dans le brouillard glacé laisser dormir les cieux. [...]
> J'en jure les Runas, ma couronne et mon glaive,
> J'ai mal songé le monde et l'homme dans mon rêve !
> Chasseurs d'ours et de loups, debout, ô mes guerriers !
> Écrasez cet Enfant sous les pieux meurtriers ;
> Jetez dans les marais, sous l'onde envenimée,
> Ses membres encor chauds, sa tête inanimée[107]...

De cette union contre-nature ne pouvait échoir qu'une progéniture fantastique, mi-bête mi-homme, mi-homme mi-dieu, et la seule passion que Leconte de Lisle s'autoriserait conséquemment à chanter serait celle non de la naissance, qui supposait une issue terrestre à la convoitise, mais de la mort, qui incitait au dépassement surnaturel.

Les quatorze stations de *La Passion*, publiées en même temps que *Le Runoïa* et *Le Nazaréen*, révélèrent les troublantes dispositions d'un poète plus que jamais tenté par le message évangélique et les préceptes du dogme catholique, notamment ceux ayant trait au Mystère de la Rédemption qu'il citerait dans la plus pure tradition de l'Église apostolique et romaine. Au fond de sa petite retraite de la rue Cassette, sans argent, sans épouse, mélangeant les trois figures idéales d'Élixenne, d'Élysée et de Marie, se croyant en sursis et ne distinguant plus expressément les frontières séparant l'ici-bas de l'au-delà, il ne fut peut-être pas loin de basculer complètement :

– Terre ! oublie en un jour ton antique détresse !
Ô cieux ! comme les mers palpitez d'allégresse !
La Vierge bienheureuse est née du sein de Dieu !
Elle vole, aux clartés de l'arc-en-ciel en feu,
La Colombe qui porte à l'arche du refuge
Le rameau d'olivier qui survit au déluge !
Le mystique Rosier va parfumer les airs !
L'Étoile matinale illumine les mers !
Saluez, bénissez, créatures sans nombre,
Celle que le Très-Haut doit couvrir de son ombre,
Et qui devra porter, vierge, en ses flancs bénis,
Le Dieu qui précéda les siècles infinis[108] !

Nul doute que Leconte de Lisle eut le sentiment de porter, lui aussi, la Croix de Jésus-Christ. Aussi quand son ami le peintre Alain Michel-Villeblanche reçut commande des quatorze tableaux qui devaient illustrer le sinistre périple séparant le Jardin de Gethsémani du Tertre du Golgotha, sachant qu'il lui aurait été aimable qu'on pût les enluminer de leurs modèles évangéliques, refondus sous les pilastres de la pompe versificatrice, le poète, qui en d'autres temps eût maugréé sous le faix, se serait prêté de bonne grâce à l'exercice et, s'étant peint lui-même sous les traits de Simon de Cyrène – « c'était autrefois l'usage que, dans les tableaux de sainteté, le peintre plaçât, parmi la foule, sa propre image ou celle du donateur[109] » –, aurait dédié le Supplice de la « Grande Victime » à la mère franc-créole avec laquelle il aurait cherché à se réconcilier. Il avait eu conscience de la médiocrité de sa ferveur, de la ténuité de sa piété, et c'était la raison pour laquelle il n'avait pas choisi un personnage trop engagé ni trop parfait pour se représenter, mais cet inculte et fruste laboureur secourant malgré lui le Christ aux outrages, contraint par une force quasi animale d'entrer dans la béatitude de sa propre Rédemption.

À cette heure, Simon revenait de son champ,
Et du mont escarpé descendait le penchant.
Du côté de Damas, secouant sa poussière,
Il a franchi la porte aux deux piliers de pierre,
Il entre ; et les clameurs et les hennissements
L'environnent. Il voit, accablé de tourments,
Frappé, poussé, raillé, tout assiégé de haine,
Jésus qui, sous le faix mortel, ploie et se traîne,
Et sent naître en son cœur, tout surpris d'être ému,
Une vague pitié pour cet homme inconnu ;
Mais tandis qu'il hésite, au milieu du tumulte,
Un cavalier l'appelle avec des cris d'insulte :
On le contraint d'aider le divin condamné ;
Et le Cyrénéen obéit, étonné,

Et saisissant la Croix de sa main rude et forte,
Il en prend une part, la soulève et l'emporte[110].

Au rebours du *Christ aux Oliviers* de Gérard de Nerval, il n'avait pas été question ici, pour quelque raison que ce fût, désespoir, conviction, confession, provocation, arrogance ou masochisme, d'entrer en conflit avec la doctrine de l'Église catholique, mais bel et bien de la servir et de lui faire pour ainsi dire allégeance. Le poème n'était pas polémique, il se voulait fidèle aux Écritures et se présentait comme un acte de dévotion, et même, de pénitence.

Cette initiative serait unique dans l'œuvre d'un Leconte de Lisle qui ne manqua pas, plus tard, dans *La Bête écarlate* ou dans *L'Agonie d'un Saint*, de distinguer nettement la Parole du Christ, pour laquelle il eut toujours le plus profond respect, des Actes de ses divers Apôtres. Conformément à sa volonté, *La Passion* ne figura jamais dans les éditions définitives d'après 1870 et, en 1857, dans une lettre du 8 février à son ami Alfred Lavidière, il cherchait déjà de mesquines et sardoniques échappatoires à la gestation d'une œuvre aussi ouvertement acquise à la cause de l'intransigeant, puisque infaillible, Pie IX :

> Je ne sais trop ce que vaut [ce poème] et ne m'en occupe guère. Tout ce que je puis affirmer, c'est qu'il m'a horriblement assommé à faire. Vous me demanderez pourquoi je l'ai écrit, et moi, pour vous répondre quelque chose, je vous dirai que j'ai eu à cela deux motifs. Le premier est que ce Dieu moral manquait à ma collection, et, en second lieu, le secrétaire perpétuel de l'Académie française, Villemain, me l'avait en quelque sorte commandé pour concourir au prix de 3 000 f. au plus et 1 500 f. au moins qui se décernera au mois d'août prochain. À défaut de meilleures intentions, contentez-vous de ces explications. Après tout, le sujet importe peu pourvu que les vers soient bons. Ceci est très vrai en général ; mais, pour mon cas particulier, comme tel ou tel sujet me plaît ou me déplaît, mes vers s'en ressentent inévitablement. Or, ici, ils en ont pâti, attendu qu'ils me sont odieux[111].

Pourtant, selon Edgard Pich, la collaboration entre Leconte de Lisle et Alain Michel-Villeblanche, secondé du dessinateur J. Fouché, serait postérieure à la période évoquée par Jean Dornis, puisqu'elle daterait de l'année 1857, époque à laquelle le poète, qui pensait sérieusement à se mettre en ménage avec une prénommée Anna, voulait tenter de se « concilier les académiciens du parti clérical[112] », pour s'attirer les faveurs de leurs « 1 500 francs au moins », ce à quoi il parvint. *La Passion* ayant été publiée par la *Revue française* dès 1856, avec les *Plaintes du Cyclope* et *L'Enfance d'Héraklès*, il n'y avait pas lieu de discuter les propos tenus par le premier intéressé à son ami Lavidière, propos dont Jean Dornis ne pouvait d'ailleurs pas avoir eu vent. Tout prêtait à penser que cet élan de ferveur instillé dans *La Passion* n'avait pas eu pour cause l'agrément des frises chrétiennes de Villeblanche, mais bien pour conséquence le désagrément des caisses païennes de Villemain. Fallait-il pour autant remettre en question la sincérité de l'affection soudaine que l'on crut lire chez le poète à l'égard de l'Église ? C'est un sujet sur lequel il est bien difficile de trancher.

D'abord, il est assez peu probable que Leconte de Lisle eût réellement voulu s'identifier à un pauvre laboureur inculte, lui dont on sait l'orgueil, plutôt qu'au Christ lui-même, image autrement plus glorieuse et en adéquation non seulement avec les épreuves qu'il traversait mais encore avec sa vision hégélienne de l'histoire humaine. « Au centre du monde ne trouvait-on pas le juste martyrisé, supplicié, expiant sa grandeur et sa justice, et trouvant dans son martyre le moyen de devenir Dieu lui-même[113] ? » La métamorphose de Niobé, sous les flèches acérées d'Apollon et d'Artémis, ou celle d'Hèraklès, sous la tunique empoisonnée de Nessus, qu'il avait déjà célébrées, n'en étaient-elles pas les antiques et sublimes illustrations ? Ensuite, si le poète cultivait une certaine sympathie à l'endroit du roi des Juifs, il n'en allait pas exactement de même avec ses sujets, les enfants d'Israël, toujours présentés, comme dans l'*Essai sur l'indifférence* de l'ancien rédacteur en chef de *La Réforme*, comme le peuple maudit, la « race de Jacob au cœur avare et dur[114] », dont le Très-Haut, depuis les origines et « dans son équité », avait « prévu le sort[115] ».

Sans être ni explicitement ni ouvertement antisémite, Leconte de Lisle évoluait dans un milieu qui, des *Juifs, rois de l'époque* du fouriériste Alphonse Toussenel, des années 1840, au Louis Ménard farouchement anti-dreyfusard des années 1890, de *Qaïn* et *La Fin de l'Homme* à *La Vigne de Naboth*, baignait dans une doctrine chrétienne pour le moins « vieille France », espérons-le, où le Juif était, depuis le Gibet au Crâne, le symbole du bourreau absolu et, depuis l'hégémonie du Crédit mobilier des frères Pereire, le symptôme du capitalisme débridé du nouveau monde. Sur ce point, toute prête à penser que Leconte de Lisle était enclin à entretenir des divergences avec les enseignements de l'Église de saint Pierre. En outre, la façon qu'il avait d'une part de montrer un Christ certes souffrant, mais toujours désespéré, éternisant le fugitif instant d'angoisse précédant l'arrestation du Jardin des Oliviers – « Abba ! tout t'est possible : éloigne de moi cette coupe[116] ! » –, et d'insister d'autre part sur l'incapacité de son Sacrifice à convertir le « peuple déicide » à la seule foi désormais orthodoxe pouvait donner l'impression qu'il se plaisait à véhiculer l'image d'un Christ humain, limité, fragile, terrestre, à la manière de celui de Renan, bien plus qu'universel, puissant, divin, céleste, à la manière de celui de Rancé, un Christ incapable d'influer efficacement sur la destinée des hommes dont il fut appelé à supporter la charge pour l'éternité : « D'ailleurs je vous le déclare : dorénavant, vous verrez *le Fils de l'homme siégeant à droite de la Puissance et venant sur les nuées du ciel*[117]. » Plus grave encore, Leconte de Lisle « considérait manifestement la résurrection comme un fait symbolique. [...] Pour lui, le Christ était mort définitivement. [...] Il n'était pas tellement celui des vivants à qui il "légua" des idées (l'amour, la justice) et des symboles (le pain et l'eau vive) que celui des morts qu'il libéra et des anges qui célèbrent sa gloire. [...] Il n'avait pas retrouvé la vie; il avait acquis l'immortalité. » En un mot, Leconte de Lisle adhérait à l'image d'un « Christ-antichrétien[118] », un Christ de l'idée vraie bien plus qu'une vraie idée du Christ, où la *Passion* du Golgotha, cessant d'être le Sacrifice inouï d'un Dieu unique offert pour le rachat des péchés de tous les hommes, se commuait en un suicide singulier, comparable à celui de l'Héraclès d'Apollodore au sommet de l'Œta...

Le 27 février 1854, 70, rue des Archives, Leconte de Lisle apprit la disparition de Félicité de Lamennais. Celui-ci avait refusé qu'un prêtre lui administrât les derniers sacrements et « voulut être enterré au milieu des pauvres et comme l'étaient les pauvres. On ne mit rien sur sa fosse, pas même une simple pierre. Son corps fut porté directement au cimetière sans être présenté à aucune église ».

Rue de Fleurus

Le 15 janvier 1854, un autre ami de Lamennais, le pharmacien de marine Charles Gaudichaud-Beaupré, inconnu du grand public, mais qui compta beaucoup pour Leconte de Lisle, venait lui aussi de disparaître. Professeur au Muséum d'Histoire Naturelle de Paris, il avait effectué le tour du monde à trois reprises, en 1817, sur la corvette l'*Uranie*, en 1831, sur la frégate l'*Herminie*, et en 1835, sur l'escorteur la *Bonite*, traversé Parramatta, franchi les Montagnes Bleues, contourné les pôles, séjourné au Brésil, fait naufrage aux Malouines, tutoyé le Cap, salué les îles de France, et connaissait très bien l'île de la Réunion en laquelle il avait cru découvrir « le plus agréable pays du monde, la Salazie, véritable paradis terrestre alors tout couvert d'arbres et de fleurs[119] ». Il avait rompu le pain avec les amiraux Roussin et Duperré, le commandant de Freycinet, le docteur Quoy, médecin en chef de la Marine de Brest, le docteur Gaimard, ancien chirurgien en second de l'*Uranie*, les Arago, Brongniard, de Humboldt, Desprez, Pellion, Bérard, Odilon Barrot, de Las Cases, le comte Jaubert et Dumont d'Urville, mort avant lui dans une catastrophe ferroviaire et, redoutable fleurettiste au sens de l'honneur particulièrement aigu, d'humeur bougonne et tatillonne, ne comptait pas moins de dix-sept duels à son actif. Apôtre du Progrès, il allait donner son nom à plusieurs travaux d'organographie et de phytologie[120], obtenir un prix de physiologie, et serait élu Membre de l'Académie des Sciences au fauteuil d'Antoine Laurent de Jussieu. Ennemi de toute fatuité, l'Angoumoisin n'en avait pas formulé la demande, ni même émis le souhait, et il devait peu goûter le beau panégyrique qu'avait fait de lui le notaire Léon Duval.

8, rue de Fleurus, à deux pas de la rue Cassette, Gaudichaud réunissait ses amis zoologistes, biologistes, marins, grands voyageurs et poètes. Une harmonie parfaite régnait entre disciples de l'Art et partisans de la Science. On venait en soirée pour jouer aux dames et jouir de l'art profane de la conversation tout en sirotant un grand verre d'eau sucrée au coin d'un bon feu. Dans les escaliers de l'immeuble, il arriva peut-être à Auguste Lacaussade, Octave Lacroix, Auguste Brizeux ou même à Leconte de Lisle, de croiser cet autre fin connaisseur de Dante, Frédéric Ozanam, et son épouse Amélie, qui habitaient juste au-dessus et se dirigeaient vers le grand amphithéâtre de la Sorbonne.

S'il avait abandonné les pratiques chrétiennes, Gaudichaud n'avait jamais délaissé les médiations spiritualistes. « Un déisme, longtemps imprécis, avait remplacé ses jeunes croyances. Mais ce déisme n'avait jamais cessé d'être teinté de Christianisme, empreint de bonté œcuménique et de générosité sincère ; ses duels mêmes n'avaient souvent été que l'expression de son rigide esprit de justice. L'âge et la réflexion l'amenaient à se reposer les problèmes de l'origine et de la destinée de l'âme ; ses amis Ozanam l'y aidèrent et c'est dans cet état d'esprit d'un chrétien qui se retrouvait, que le rencontrèrent les jeunes poètes qui venaient le visiter[121]. » Il avait grandi dans le respect des sacrements et la certitude de l'amour du Dieu unique grâce à un chanoine-archidiacre d'Angoulême, l'abbé Sibillote-Latour, sur la saleté légendaire duquel ses ouailles faisaient des chansons.

Leconte de Lisle écumait les revues pour publier *Le Runoïa*, *Les Éléphants*, *Le Massacre de Mona*, *Les chiens au clair de lune* et *Les Hurleurs*, notamment la très romantique *Revue de Paris* et celle, autrement plus fameuse, *des Deux Mondes*, écrivait à leurs mandataires respectifs L. Ulbach[122] et G. Planche[123]. Il tentait de profiter du succès relatif de ses *Poëmes antiques* et comptait publier un second volume de poésie épique au printemps. Pauvre, courant les prix littéraires, fatigué de passions, de rêves et de misères, dangereux à force d'excès, il fallait qu'un vent chaud dissipât les brumes de son cœur. On lui souhaitait une maîtresse simple et bornée, très bonne fille, très lascive, très belle, qui l'aimât peu et qu'il aimât peu. Il avait besoin de prendre la vie par les moyens termes, afin que son idéal restât haut[124].

Arrivé aux origines des siècles modernes, celtiques, finnois et scandinaves, il posa sa candidature à un poste de professeur à l'école polytechnique de Zurich et rechercha, en attendant, des protecteurs pour l'aider à survivre. Parmi ceux-ci, – Louise Colet, quoique pensionnée par Victor Cousin, rencontrait à la même époque de sérieuses difficultés financières et ne pouvait malheureusement pas le secourir – figuraient Béranger, qui le recommanda au poète, sénateur et académicien Lebrun, Scribe et de Vigny, qui intercédèrent en sa faveur auprès d'Hippolyte Fortoul, ministre de l'Instruction publique, en décembre 1854, afin qu'il obtînt la gratification de 500 francs qu'il avait lui-même sollicitée[125] :

> Pressé de tous côtés, et ne trouvant plus d'issues, momentanément du moins, pour échapper à des embarras cruels et multipliés, je me vois contraint, Monsieur, d'avoir recours à votre appui doublement puissant. Si je souffrais seul, je subirais avec résignation, comme je l'ai déjà fait longtemps, la fortune contraire ; mais je suis sans forces désormais. Oserais-je donc vous prier de m'aider à obtenir du ministère de l'Instruction publique une somme de 500 francs sur les fonds destinés aux lettres ? Cette allocation me permettrait d'attendre, et je vous serais vivement reconnaissant d'avoir contribué puissamment à soulever un peu mon fardeau[126].

Villemain avait aussi fait appel, le 1er septembre 1856, à la puissante influence d'un sénateur impérial :

> Je viens de voir M. Leconte de Lisle… Il est fort malheureux, et il en porte la trace visible : il est fort maigre et pâle, comme un homme qui n'a pas souffert seulement de chagrin. Je sais que le prix Lambert (mille francs) n'éteindra pas tout à fait sa dette principale, qui est une dette pour premiers besoins de logement et de nourriture. Un acompte sera accepté sur cette dette, et lui laissera pour usage immédiat le reste du prix. Mais ce sera bien peu, et bientôt absorbé, quoiqu'il n'y ait, j'en suis assuré, nul désordre, nulle dépense

de fantaisie. Mais le nécessaire, le plus indispensable nécessaire n'est pas assuré. [...] Il n'y a nul travail utile en perspective. Et le découragement est grand, comme la souffrance, et m'a été exprimé simplement et noblement[127].

Mais, dans cette courte liste de bienfaiteurs, on oublia Gaudichaud.

Gaudichaud était pourtant le Ragueneau de la rue de Fleurus. Sans être riche, un petit patrimoine familial, sa solde de militaire et quelques gains d'auteur, il donnait sans compter et prêtait à fonds perdus. Sa prodigalité profita aussi à Lacaussade qui l'en remercia dans une de ses préfaces. Son active bienveillance ne lui avait jamais manqué et son inquiète sollicitude les avait bien souvent relevés dans leurs défaillances. Pour preuves, plusieurs lettres de Leconte de Lisle à M. Fougeret, avocat et père de la jeune Louise, seule héritière de Gaudichaud, et qui fut aussi le dernier amour de Brizeux. En effet, le mécène brusquement disparu, Leconte de Lisle se trouva dans l'obligation de rendre à la famille les sommes – qu'on ne lui eût jamais réclamées autrement – prêtées peu de temps avant sa mort.

Maître Fougeret était lui-même dans une situation très inconfortable, « avait essayé d'adapter des procédés nouveaux de fabrication du papier à l'usine de Rochandry, et s'y était ruiné en frais excessifs et en largesses. Patron "social" et "poète citoyen" de petite ville à ses heures, il n'avait guère été compris autour de lui et devrait finir ses jours dans la magistrature qui lui serait un refuge[128]. »

Le 27 mai 1854, Leconte de Lisle lui envoya sa première missive, accompagnée d'un billet qui devait, tout en gagnant du temps, sauver les apparences :

> Monsieur,
>
> Voici le billet à ordre que vous m'avez demandé. J'aurais voulu en fixer le paiement à une date plus rapprochée, mais je ne suis certain d'être en mesure d'acquitter cette dette qu'à l'époque que j'ai indiquée.
>
> Veuillez croire, Monsieur, aux regrets que j'éprouve de ne pouvoir satisfaire plus tôt à votre réclamation et recevoir l'assurance de ma considération.

Certes, le 12 août, il n'avait pas oublié la date à laquelle il devait payer le billet qu'on lui avait transmis, mais la séance publique n'ayant lieu que le 24, et la somme accordée se payant deux ou trois jours après, les fonds du prix obtenu à l'Académie, qui devaient lui être remis le 1er août, ne lui seraient finalement livrés que le 1er septembre. Le 22, il lui était on ne peut plus pénible de faire encore attendre M. Fougeret qui, si cela avait été en son pouvoir, eût déjà eu reçu la somme, d'ailleurs minime. Mais dans quelques jours, du moins l'espérait-il, il satisferait à sa demande...

Finit-il vraiment par acquitter sa dette ? Nul ne le sait.

Ce qui semble en revanche certain, c'est que cette indigence fut paradoxalement pour Leconte de Lisle l'occasion de s'enrichir d'au moins deux façons différentes. D'abord, par la fréquentation étincelante de tous ces éminents voyageurs, scientifiques distingués en pleine révolution intellectuelle, la lecture édifiante de plusieurs de leurs ouvrages, au premier chef desquels ceux de Gaudichaud, *Flore des Îles Malouines*, le *Voyage de l'Uranie* et le *Voyage de la Bonite*, il apprit à manier le raisonnement, la logique, l'hypothèse, l'induction, le syllogisme, la confrontation et la classification. Il s'aguerrit à la méthode cartésienne et développa ses connaissances en botanique exotique. Ne fallait-il pas une flore pour ses bêtes féroces ? Des visites au Jardin des Plantes ou de simples souvenirs d'enfance n'y auraient pas suffi. Ensuite, sur un mode d'apparence courtois, il eut encore l'occasion d'échanger de nombreux vers avec son compatriote Lacaussade, qui avait publié *Les Salaziennes* dès 1839, et les *Poèmes et Paysages* juste avant les *Poëmes antiques*, et jouissait pour cela, on s'en souvient, de la même petite pension bourbonienne. Lacaussade, qui avait perdu une sœur en bas âge et dont la maladie avait emporté le frère naturel, aspirant idéalement à fonder une amitié de remplacement, fusionnelle et identitaire, empreinte d'une vigoureuse et stimulante émulation, crut un instant trouver en Leconte de Lisle cet *alter ego*-là.

Malheureusement pour Lacaussade, il n'en allait pas de même pour Leconte de Lisle qui, avec Adamolle, Bénézit, Rouffet, Thalès Bernard, Louis Ménard et les autres, avait déjà connu bien des amitiés fortes, et qui, à cet égard, quoique son cadet de trois années, se trouvait en position de force. Il avait toujours su tirer profit de ses lectures, lui dont le génie consistait essentiellement dans la redistribution des formes, l'orchestration musicale et le choix des couleurs ; il s'imprégnait des bonnes trouvailles d'Auguste, les assimilait, les régurgitait, les transformait puis les dépassait, en se gardant bien de lui communiquer en retour ses textes les plus importants... Tantôt il instillait le travail de son compagnon dans plusieurs de ses différentes pièces, tantôt il le réduisait à quelques vers seulement. Parfois même, il en reprenait la quasi totalité, comme dans le célèbre *Midi*, où il est aisé de reconnaître *L'Heure de Midi*.

Alceste avait pastiché Oronte : faut-il y voir une des raisons de l'agacement de l'artiste devant la notoriété soudaine que ce poème lui conféra ?

Midi ! l'heure de feu ! l'heure à la rouge haleine !
Sur les champs embrasés pèse un air étouffant :
Le soleil darde à pic ses flammes sur la plaine ;
Le ciel brûle, implacable et la terre se fend.

La nature n'a plus ni brise, ni murmures ;
Le flot tarit ; dans l'herbe on n'entend rien frémir ;
Les pics ardents, les bois aux muettes ramures,
D'un morne et lourd sommeil, tout semble au loin dormir.

L'immobile palmier des savanes brûlantes,
Abritant les troupeaux sous ses rameaux penchés,
Courbe languissamment ses palmes indolentes
Sur les bœufs ruminants dans son ombre couchés[129].

Une sorte de rivalité s'installa peu à peu entre les deux insulaires, jusqu'au combat singulier. La fraternité n'est-elle pas un but de la civilisation et non un état de nature qui lui, depuis Abel et Caïn, Jacob et Ésaü, Isaac et Ismaël, verse du côté de la barbarie ? À *La Dumas* (rivière de l'île) d'Auguste, Charles répondit par *Le Bernica* ; au *Champborne* (vallée bourbonienne), il riposta par *La Ravine St-Gilles* et *La Fontaine aux lianes* ; à *L'Aube*, il opposa l'*Aurore* ; au *Lever de Lune*, il objecta *Les éclairs de lune* ; et contre les *Souvenirs d'enfance*, il érigea *Le Manchy*. Auguste inclinait au Christianisme, de là sa plus grande proximité avec le nomade Gaudichaud, Charles au syncrétisme ; Auguste tâchait de ressortir grandi des épreuves qu'il traversait, Charles n'en retirait que pessimisme et amertume ; l'un tentait d'embrasser une philosophie de l'espérance, l'autre une théosophie du néant ; le premier voyait sa théorie esthétique s'essouffler au service d'un improbable monde intérieur, le second l'instituait en modèle extatique et métaphysique pour tenter d'apaiser sa détresse. Auguste admirait la nature en lui résistant ; Charles la contemplait en s'y absorbant. Auguste avait une vocation d'expansion solaire, d'explosion céleste ; Charles avait celle des trous noirs intemporels qui absorbent la matière de l'univers et, dans leur propre mouvement, en s'absorbant eux-mêmes, permettent la naissance des étoiles futures.

Du jour au lendemain, Leconte de Lisle tourna en ridicule les théories idéalistes et enthousiastes d'un Lacaussade qui ressemblait trop à ce qu'il avait été jadis. Il lui emprunta son vocabulaire, ses images, son dictionnaire exotique qu'il avait mis tant d'années à construire, s'installa sur son territoire, puis l'en bannit avec mépris. De celui qui le connaissait depuis la pension Brieugne de Nantes, aux côtés duquel il s'était battu pour l'abolition de l'esclavage, qui l'avait présenté à Ducloux, introduit chez Sainte-Beuve et Gaudichaud, dont il était l'ami et duquel il avait dû recevoir conseils, protections et faveurs, de celui qui lui avait enseigné la couleur lors même que Flaubert le trouvait trop « grisaille », qui l'estimait et le considérait comme son disciple, son complice, Leconte de Lisle ne voulait plus. Il savait le brillant traducteur d'Ossian, de Sigismond Krasinsky, d'Anacréon, d'Horace et de Giacomo Leopardi, fini.

Le 19 mai 1855, Louise Colet apprit que le nouveau recueil de l'ingrat – intitulé non pas *Poèmes et Paysages*, mais fort originalement *Poëmes et Poésies*[130] – était sous presse, et qu'il serait prêt à paraître le mois suivant, chez l'éditeur Dentu, presque en même temps que les premiers et derniers *Poëmes* de Louis Ménard[131]. Ni elle, ni sa fille, on s'en doute, n'y furent oubliées[132], et cet événement littéraire scella la rupture définitive avec Lacaussade.

Ce dernier, pensant qu'il ne reverrait plus jamais son compatriote, ne crut pas nécessaire de répondre. Il se contenta de substituer, en 1861, à la dédicace de son poème *Le cap Bernard*, destinée à Leconte de Lisle en 1852, un mystérieux « A*** », agrémenté du funèbre mais résigné : « Jetons des fleurs sur nos amitiés mortes. »

L'Exposition universelle

Le 16 mars 1855, près d'un an avant la capitulation de la Russie au congrès de Paris, l'Impératrice Eugénie mit au monde son premier enfant. Ce fut un débordement de liesse populaire. Les théâtres de la capitale firent salle comble aux frais de Sa Majesté pendant des mois. Près d'un Parisien sur deux voulut exprimer par souscriptions ses félicitations à l' « Espagnole » ainsi qu'à son époux.

Les festivités durèrent jusqu'au baptême du prince héritier, le 14 juin 1856.

Du 15 mai au 31 octobre 1855, en réponse à *The Great Exhibition of the Works of Industry of All Nations* organisée le 1er mai 1851 par la reine Victoria dans l'immense Palais de Cristal de Londres, Napoléon III voulut donner au monde civilisé, et ce malgré l'enlisement de la guerre à Tchernaïa et à Sébastopol, une nouvelle *Exposition universelle des Produits de l'Agriculture, de l'Industrie et des Beaux-Arts*.

Une commission dont la présidence avait été confiée au prince Napoléon-Jérôme avait été spécialement créée, en préparation de l'événement, dès le 24 septembre 1853. En son sein, on avait encore formé une sous-commission qui était chargée de déterminer, de délimiter et surtout de résoudre les différents défauts techniques que présentait le bâtiment, de rattraper le retard accumulé pendant les deux années que dura ce chantier pharaonique, d'accueillir les cinq millions de visiteurs venus du monde entier, et de renseigner les innombrables exposants sur les modalités de leur séjour à Paris. La Russie en fut évidemment exclue et la plupart des grands pays non européens à vocation internationale n'y furent que modérément représentés, l'entreprise visant implicitement à promouvoir l'indiscutable suprématie artistique et scientifique de la France.

« Le 14 février 1854, la commission chargea deux de ses membres, M. le général Morin et M. Vaudoyer, d'examiner les projets d'annexes présentés par la Compagnie du Palais de l'Industrie, et au besoin d'en préparer d'autres. Le 17 février, un rapport fut lu qui portait la surface à 90 000 mètres carrés. L'emplacement du Jeu de Paume était élargi ainsi que l'avenue qui conduisait à l'allée d'Antin, par la suppression d'une rangée d'arbres de chaque côté ; deux vastes galeries de 25 mètres y étaient élevées et formaient le prolongement du bâtiment principal auquel elles auraient servi d'entrée[133]. »

L'Exposition universelle de 1855 se déroula donc entre le Palais principal de l'Industrie, son Palais annexe et son Jardin panoramique d'une part, et le Palais des Beaux-Arts d'autre part. Y figuraient les œuvres d'artistes aussi prestigieux qu'Horace Vernet, Gustave Doré, Jobbé-Duval, Ingres, Delacroix, Corot, Roqueplan, Millet, Barye, Jacquemard, Jouffroy, Pierre de Cornélius, Chenavard, Knaus, Van Muyden, Weissembruck, Zimmermann, Chassériau, etc. Plus de quatre millions de personnes pénétrèrent dans le palais de l'Industrie, moins d'un million franchirent le seuil de celui des Beaux-Arts. La foule, constituée non seulement d'ouvriers mais encore de personnes appartenant aux classes les plus privilégiées de la société, s'était passionnée pour les dernières découvertes de la modernité, pour le pendule électromagnétique de Foucault, pour le bateau en ciment armé de Louis Lambot, pour la bobine à induction de Ruhmkorff, pour le gaz, la vapeur et l'électricité, mais « il était un fait acquis [...] et sur lequel, malheureusement, une expérience journalière de cinq mois ne pouvait pas laisser de doute, l'Exposition universelle des Beaux-Arts n'avait obtenu qu'un succès secondaire ; elle n'avait su exciter aucun enthousiasme dans le public[134] ».

Cet état de fait suscita de vives réactions dans l'univers des artistes et nombre d'articles de Cormenin, de Castille, de Kaufmann, parus dans la *Revue de Paris* des années 1852-1853, s'interrogeaient déjà sur les relations que devait entretenir la poésie avec le monde moderne. Le Palais de l'Industrie, c'était l'empire de la pesanteur et de la matière ; le Palais des Beaux-Arts, c'était le royaume de la grâce et de l'esprit. Tout le monde s'accordait à penser qu'on était entré dans une ère nouvelle, d'acier, de plomb, mais personne ne savait pour quoi ce monde étrange était né, ni vers quoi il se dirigeait. « Aux jeux antiques, aux pèlerinages, aux tournois, aux jubilés avaient succédé des comices industriels. Deux fois l'Europe s'était dérangée pour voir des marchandises étalées et comparer des produits matériels, et, au retour de ces pèlerinages d'un genre nouveau, personne ne s'était plaint que quelque chose lui manquât. Était-il un plus grand signe de la révolution qui s'était accomplie dans les opinions humaines et du déplacement qui s'était fait dans la valeur relative des choses ? N'était-il pas évident que le monde avait perdu en noblesse, et qu'à ses hautes ambitions d'autrefois, qu'on appellerait, si l'on voulait, chimériques et barbares, avait succédé des soins plus humbles et plus positifs[135] ? » Et puisque ce nouveau monde était arrivé, la question se posait : était-ce aux artistes de changer pour lui plaire, pour s'y adapter, ou devaient-ils l'ignorer, le mépriser, en se recentrant sur les valeurs auxquelles ils croyaient, sur lesquelles ils avaient vécu pendant des siècles, de Giotto à Raphaël, de Pausanias à Michel-Ange, et d'Horace à Ronsard ? La littérature devait-elle être, sous peine d'une mort prochaine et annoncée, résolument mondaine, ou bien, dans l'espoir d'une improbable rémission, fondamentalement religieuse ? Devait-elle se soumettre à son époque, sous la pression des modes et des courants d'idées, ou bien résister de toutes ses forces, rivée sur ses dogmes, accrochée à son éternité ?

Pour Maxime Du Camp, cela ne faisait aucun doute, il fallait qu'elle se pliât aux mœurs de son temps. Le public s'était lassé qu'on lui présentât toujours le même spectacle et il demandait qu'on l'intéressât, c'était son *droit*, et qu'on lui laissât voir des œuvres nouvelles. Car enfin le public, lui, savait mieux que les artistes ce que devait être l'art ; il en avait l'expérience et non la théorie ; certes il ne le produisait pas mais il le *consommait* et la consommation n'était-elle pas devenue le nouvel instrument de culture, le nouvel outil de connaissance ? Le public « savait par expérience qu'on ne lui offrirait que des variations sur un thème connu ; il savait que, depuis vingt-cinq ans, les artistes frappés de stérilité répétaient sans cesse la même manière ; il savait que pas un des tableaux qu'on exposait ne pouvait soutenir la comparaison avec ceux qui étaient au Louvre ; il savait que, pleins d'une vanité folle, les artistes s'imaginaient facilement avoir créé des chefs-d'œuvre ; il savait tout cela, et il ne prenait aucun intérêt à l'Exposition universelle. Il y était allé une fois, pour l'acquit de sa conscience, il l'avait parcourue, il s'était vite aperçu qu'elle était le bilan de la peinture française de son époque, et que ce bilan constituait une banqueroute ; alors il s'était éloigné et était allé dans l'*Annexe* regarder avec joie fonctionner les *tondeuses* et les *machines à coudre*. En agissant ainsi, il était conséquent : il avait quitté une nécropole peuplée de fantômes et était allé se mêler à la vie décadente qui bruissait au palais de l'Industrie. [...]

« Ce qui ressortait clairement de l'étude consciencieuse de cette exposition, c'était l'ignorance absolue de presque tous les peintres ; à voir les tableaux qu'ils faisaient, on ne se serait guère douté que la France avait une histoire et une philosophie. Leurs toiles historiques ressemblaient à un *fait-divers* des journaux, fait brutal qui pouvait offrir un intérêt momentané, mais qui était isolé et sans corrélation avec ce qui l'avoisinait. On aurait dit que les artistes, satisfaits de savoir placer une touche, brosser un fond, dessiner une anatomie et grouper des personnages, s'imaginaient que leur adresse pouvait tenir lieu de toute science, et les dispenser d'étudier les grandes choses qui emportaient la société française vers une rénovation imminente; c'était là une erreur, une erreur capitale et dont le résultat trop visible donnait à toutes leurs œuvres une apparence uniformément inutile et vieillie. En dehors de son *métier* l'artiste devait savoir, devait se *tenir au courant*, et pour cela il fallait qu'il apprît sans cesse et qu'il travaillât sans relâche. S'il ne se mêlait pas au mouvement de son siècle, s'il ne mettait pas un doigt curieux sur les artères du corps social, s'il n'écoutait pas les échos qui répondaient à toutes les voix, comment saurait-il les besoins de son époque, comment pourrait-il comprendre les hommes de ses jours, comment correspondrait-il aux tendances de ses contemporains? Il resterait seul, perdu loin de tout contact, et alors, au lieu de créer spontanément, il serait fatalement en butte à des réminiscences, et il imiterait ce qu'on avait déjà fait avant lui[136]. »

Ces artistes qui refusaient de se plier aux nouvelles mœurs du monde moderne, niaient absolument le progrès et se complaisaient dans la représentation de faits déshonorants pour l'humanité, semblaient, dans leurs œuvres et non dans leurs opinions, toujours d'apparence fort libérales, en parfaite harmonie avec la politique réactionnaire de leur époque. « Ils aimaient les batailles et dédaignaient puérilement ce double mouvement industriel et scientifique qui poussait les peuples vers une régénérescence magnifique. [...] S'ils avaient à peindre une allégorie de la guerre, par exemple, ils faisaient une femme jeune et belle. [...] Mais elle n'était point ainsi; c'était une vieille barbare à la voix éraillée, aux yeux louches, aux lèvres blêmes pleines de sanie, aux gencives édentées, aux seins stériles, qui allait follement, hérissée, bavante, se mordant les bras et frappant de ses moignons hideux les peuples abattus; elle brisait les charrues, coupait les récoltes vertes, effondrait les navires, épuisait les trésors, allumait les villes et marchait escortée de ses trois sinistres enfants, la banqueroute, la famine et la peste[137]. »

Ce qu'il fallait à présent, c'était célébrer la paix, représenter ses grandeurs qui valaient mieux que celles de la guerre, montrer les libres éclosions de la pensée humaine pacifiquement formulée par les *masses intelligentes* : « un atelier d'ouvriers au travail était plus beau à voir qu'un régiment rangé en bataille; l'histoire de Jacquart était plus importante à lire que celle de Masséna, n'en déplaisait à ceux qui aimaient les pompons, le bruit et le clinquant[138] ».

Pour sortir de cette crise majeure que traversaient toute la littérature et tout l'art occidentaux, Maxime Du Camp avait des idées novatrices qu'il alla puiser, pour une moitié, dans le nouveau système économique des frères Pereire, et pour une autre, dans la nouvelle religion productiviste, technocratique et socialisante de Saint-Simon. Les industriels devaient « se mettre à la tête des travaux nécessaires pour établir l'organisation sociale que réclamait l'état présent des lumières ». Ils devaient être « les instigateurs et les directeurs de cette grande révolution philosophique[139] ». Après le nouvel *Homo sapiens*, puis le nouvel *Homo faber*, venait donc un nouvel *Homo ludens*. Après le savoir positif, puis le pouvoir industriel, qui successivement s'étaient vu conférer le premier rôle, ce premier rôle avait finalement échu aux artistes qui devaient incessamment « travailler à transformer l'art catholico-aristocratique dans lequel ils se complaisaient par paresse et peut-être aussi par impuissance ; ils devaient maintenant, sous peine d'être absolument dépassés et écrasés par les mouvements de la société actuelle, faire de l'art national, c'est-à-dire populaire[140] ». Les artistes mouraient-ils de faim ? Avaient-ils des difficultés pour trouver de l'argent ? « Pourquoi, au *Crédit mobilier*, n'ouvrirait-on pas un crédit spécial [où ils] trouveraient à escompter à un taux très faible ce qui leur coûtait si cher ? [...] Pourquoi ne pas organiser une exposition permanente où les artistes déposeraient leurs œuvres et supprimeraient, par ce seul fait, l'intermédiaire toujours onéreux du marchand de tableaux ? et pourquoi, sur les œuvres exposées, ne leur ferait-on pas des avances proportionnelles dont on se rembourserait avec un intérêt fixé sur le cours du jour, au moment de la vente. Il n'y aurait encore là rien que de très digne et de très facile à faire ; et on viendrait au secours d'hommes dont les talents se voyaient souvent paralysés par le besoin[141]. »

Mieux encore, Maxime Du Camp, prophétisant le futur Musée d'Orsay, se proposait de « marier l'art à l'industrie dans les gares de chemin de fer », l'artiste marchant main dans la main avec l'industriel et déambulant dans les allées ferraillées d'une modernité à vapeur. « Où trouverait-on de plus beaux emplacements, où pourrait-on peindre des histoires plus touchantes, plus grandes, et même plus *pittoresques* ? L'art plastique et matériel, tel qu'il était encore conçu en France, n'avait plus de raison d'être. Il n'avait que faire parmi eux, il ne savait rien de leurs besoins, il ignorait leurs tendances et ne participait plus à leurs progrès. Il fallait qu'il fût ranimé par l'élément philosophique qui lui donnerait évidemment une force et une vie nouvelles. Si les artistes aimaient les contrastes et recherchaient les oppositions, ils ne manqueraient pas d'en trouver dans leurs inégalités sociales. Il y avait là une inépuisable source de sujets et une moralité féconde à mettre en lumière. Pourquoi dédaigner ces éléments, qui avaient leur grandeur, et pourquoi ne pas quitter les champs épuisés de l'antiquité, du moyen âge et de la renaissance ? [...]

« Cette Exposition universelle, par l'impitoyable leçon qu'elle donnait aux artistes, devait leur prouver que la religion de leur culte était désormais morte. Il fallait réunir tous leurs efforts, concentrer toutes leurs vigueurs, appeler toute leur énergie, tout leur amour du beau, du vrai et du bien, pour créer l'art moderne, l'art vivant, l'art significatif. Les éléments étaient autour d'eux, il ne s'agissait que de les voir, de les comprendre, de les rassembler, et alors leur génération aurait la gloire de promulguer la nouvelle Genèse artistique[142]. »

Pour Auguste Lacaussade, l'allié déclaré de Du Camp dans cette « armée frémissante qui n'avait pas encore tiré l'épée mais qui demandait à grands cris le combat[143] », « il y avait deux causes principales à la décadence dont se plaignait l'auteur des *Chants modernes* : le culte de la forme dégénérant chez les uns en puérilités niaises; le respect de la tradition poussé chez les autres jusqu'à l'idolâtrie du vieux ». Car « l'admiration de l'antique ne devait pas être le culte du *vieux* mais du *naturel*; et pourtant ils voyaient le contraire pratiqué et encouragé sous leurs yeux par des hommes qui auraient dû avoir de l'art un sentiment plus haut et plus large. [...] Ce mal de l'imitation était invétéré en France, il datait de loin; il avait diminué, grâce aux efforts de quelques poètes de la Restauration, mais il avait repris, et il grandissait chaque jour. Il était bon de le signaler et de le combattre; il était bien surtout de l'attaquer, et dans ceux qui le cultivaient avec un soin jaloux, et dans ceux qui usaient d'une position officielle comme d'un droit pour l'encouragement[144]. »

On devine tout ce que ces propos démagogiques, pressés de jouir d'une célébrité facilement arrachée à une « plèbe carnassière[145] », déjà soumise aux lois hédonistes de l'Industrie, pouvaient avoir de monstrueux et d'insupportable aux oreilles de Leconte de Lisle, de Louis Ménard, de Théophile Gautier, de Louis Bouilhet, de Charles Baudelaire, d'Ernest Renan ou bien encore de Gustave Flaubert.

Dès 1852, ce dernier écrivit à Du Camp :

> Ce renouvellement littéraire que tu annonces, je le nie, ne voyant jusqu'à présent ni homme nouveau, ni livre original, ni une idée qui ne soit usée. On se traîne au cul des maîtres comme par le passé. – On rabâche des vieilleries humanitaires ou esthétiques. – Je ne nie pas, dans la jeunesse actuelle, la bonne volonté de créer une école. Mais je l'en défie. – Heureux si je me trompe, je profiterai de la découverte. [...]
>
> Nous ne suivons plus la même route, nous ne naviguons plus sur la même nacelle. Que Dieu nous conduise donc où chacun demande ! Moi, je ne cherche pas le port, mais la haute mer[146].

Pour Baudelaire, « l'idée du progrès se dressait avec une absurdité gigantesque, une grotesquerie qui montait jusqu'à l'épouvantable. Les faits étaient trop palpables, trop connus. Ils se raillaient du sophisme et l'affrontaient avec imperturbabilité. Dans l'ordre poétique et artistique, tout révélateur avait rarement un précurseur. Toute floraison était spontanée, individuelle. Signorelli était-il vraiment le générateur de Michel-Ange? Est-ce que Pérugin contenait Raphaël? L'artiste ne relevait que de lui-même. Il ne promettait aux siècles à venir que ses propres œuvres. [...] Les nations, vastes êtres collectifs, étaient soumises aux mêmes lois que les individus. Comme l'enfance, elles vagissaient, balbutiaient, grossissaient, grandissaient. Comme la jeunesse et la maturité, elles produisaient des œuvres sages et hardies. Comme la vieillesse, elles s'endormaient sur une richesse acquise[147]. »

À ces propos offrant une résonance certaine à ceux d'Oswald Spengler[148], Leconte de Lisle adhérait sûrement. Pour lui, la civilisation occidentale était arrivée au bout de sa course, et c'était la raison pour laquelle les éléments de sa composition épique n'existaient plus. La poésie étant le reflet de la société, une société dont la révolution principale avait consisté non pas à ériger des barricades mais à placer la médiocrité du *senorito satisfecho*, « ce personnage qui surgit maintenant de tous côtés et impose en tous lieux sa foncière barbarie[149] », au centre de la vie publique ne pouvait plus produire ni comprendre les éléments de composition de l'épopée. « Ces nobles récits qui se déroulaient à travers la vie d'un peuple, qui exprimaient son génie, sa destinée humaine et son idéal religieux, n'avaient plus eu de raison d'être du jour où les races avaient perdu toute existence propre, tout caractère spécial. Que serait-ce donc si elles en arrivaient à ne plus former qu'une même famille, [...] qu'une seule agglomération parlant une langue identique, ayant des intérêts sociaux et politiques secondaires, et ne se préoccupant que de les sauvegarder[150] ? »

Il fallait donc se rendre à l'évidence, « l'utile n'ennoblissait pas : cela seul ennoblissait qui supposait dans l'homme une valeur intellectuelle ou morale. La vertu, le génie, la science, quand elle était désintéressée et n'avait pour objet que de satisfaire le désir qui portait l'homme à pénétrer l'énigme de l'univers – et c'était cette science-là que Leconte de Lisle se proposait d'unir à la poésie dans sa préface aux *Poëmes antiques* –, la valeur militaire, la sainteté, voilà des choses qui ne correspondaient qu'aux besoins moraux, intellectuels ou esthétiques de l'homme : tout cela pouvait ennoblir. [...] L'industrie, elle, rendait à la société d'immenses services, mais des services qui, après tout, se payaient par de l'argent. [...]

« Ce siècle n'allait ni bien ni mal, il allait vers la médiocrité. En toute chose, ce qui réussissait au XIXe siècle, c'était le médiocre. On ne saurait nier que l'application générale des esprits à des poursuites mesquines, mais assez inoffensives, n'eût effacé du monde beaucoup de mal. Mais les grands côtés du développement humain en avaient-ils profité ? La foule qui se pressait sous ces voûtes de cristal était-elle plus éclairée, plus morale, plus religieuse qu'on ne l'avait été deux siècles auparavant[151] ? »

Comme en témoigne ce violent sonnet qui parut dans *Le Nain Jaune*, le 30 novembre 1864, Leconte de Lisle en doutait fort :

Vous vivez lâchement, sans rêve, sans dessein,
Plus vieux, plus décrépits que la terre inféconde,
Châtrés dès le berceau par le siècle assassin
De toute passion vigoureuse et profonde.

Votre cervelle est vide autant que votre sein,
Et vous avez souillé ce misérable monde
D'un sang si corrompu, d'un souffle si malsain,
Que la mort germe seule en cette boue immonde.

Hommes, tueurs de Dieux, les temps ne sont pas loin
Où, sur un grand tas d'or vautrés dans quelque coin,
Ayant rongé le sol nourricier jusqu'aux roches,

Ne sachant faire rien ni des jours ni des nuits,
Noyés dans le néant des suprêmes ennuis,
Vous mourrez bêtement en emplissant vos poches[152].

Le 28 juillet 1856, l'ancien médecin militaire Charles-Marie Le Conte de Lisle mourut à Saint-Denis, d'une longue maladie, à l'âge de soixante-deux ans, laissant dans la gêne tout le reste de sa famille. À cette même époque, Leconte de Lisle décida de se mettre en ménage, rue Cassette, avec une douce et intelligente lingère, Anna Adélaïde Perray, une orpheline de vingt-quatre ans. Les ombres de la dépression et de la mélancolie se dissipèrent peu à peu, et, bien qu'il ne disposât ni d'une source de revenus régulière ni d'une activité permanente, une *Vita Nuova* sembla pouvoir s'amorcer.

Chapitre huitième

La nouvelle vie

(1857-1862)

En étudiant les œuvres des anciens, en retournant à l'épopée, en inventant une nouvelle forme d'appropriation des textes mythiques et mythologiques, en transposant ses *Poëmes antiques* dans la vie nouvelle, Leconte de Lisle préparait la grande renaissance de la pure poésie qui finirait bien par arriver. L'art devait s'associer, communier avec la science mais non composer avec l'industrie, s'orienter vers le passé mais non s'accommoder de la médiocrité d'un temps présent qui ne savait plus rien de ce qu'était la vraie beauté, en sorte que les poètes d'alors ressemblaient davantage à des archéologues qu'à des écrivains, mieux à des critiques qu'à des mages, des scaldes ou des aèdes, plus à des historiens qu'à des guerriers rêveurs divinement inspirés. Il fallait savoir naître en temps opportun.

Au milieu du XIXe siècle, « le paladin Roland serait passé en cour d'assises [et] les hommes des âges héroïques n'étaient bons qu'à lutter dans les foires ». Sur l'océan de la modernité, « les poètes ressemblaient à des matelots qui, au lieu de s'occuper de la manœuvre, chantaient des sonnets aux étoiles[153] », et c'était précisément ce pourquoi la société les haïssait. Ils n'étaient plus ces phares inaccessibles et protecteurs, immobiles et audacieux, ces fiers éclaireurs guidant l'inquiète humanité vers des lendemains qui chantent, à travers les ténèbres de la matérialité ; ils en étaient devenus les trouble-fêtes, les rabat-joie, risquant à tout moment de faire chavirer sur elle-même la barque aventureuse du progrès social.

Une nuit « blanche et noire », celle du 25 au 26 janvier 1855, Gérard de Nerval, ivre de folie, se pendit à la grille d'un escalier, rue Basse-de-la-Vieille-Lanterne, près du Châtelet, « dans le coin le plus sordide qu'il avait pu trouver ». Six mois plus tard, le 1er juin, Charles Baudelaire soumettait à *La Revue des Deux Mondes* les dix-huit premiers poèmes de ses *Fleurs du Mal* – « ce qui leur parut mériter leur intérêt, c'était l'expression vive et curieuse de quelques défaillances, de quelques douleurs morales que, sans les partager ni les discuter, on devait tenir à connaître comme l'un des signes des temps[154] » –; et, le 26 juillet de cette même année, dans la préface de ses *Poëmes* intitulée *Vox in Deserto*, Louis Ménard écrivit :

> Je publie ce volume de vers qui ne sera suivi d'aucun autre, comme on élèverait un cénotaphe à sa jeunesse. Qu'il éveille l'attention ou qu'il passe inaperçu, je ne le saurai pas. Engagé dans les voies de la science, j'ai quitté la poésie pour n'y jamais revenir. Et si, contre mon attente, la critique jette les yeux sur ce livre, elle peut le considérer comme une œuvre posthume.

Leconte de Lisle, qui depuis son premier vers s'était conçu poète, avait pris conscience de la responsabilité de sa vocation, de sa nécessité, de ses exigences et de ses devoirs. Il en avait sondé toute la gravité et se savait investi d'une mission sacrée qui pouvait le conduire, il en prenait le risque, jusqu'au martyre. Mais, d'une certaine façon, ne l'avait-il pas déjà souffert? N'avait-il pas, lui aussi, flirté avec la folie? En effet, entre 1855 et 1857, époque aux alentours de laquelle le poète cessa de fréquenter le salon de Louise Colet, rompit avec Mme Jobbé-Duval et fut peut-être contraint, pour cela, de s'installer de l'autre côté de la Seine, 118, rue du Faubourg Poissonnière, la Muse confia à Victor Cousin :

> Je vais écrire quelques mots à M^r^ de L[isle]. Mais je crains pour lui plus qu'une maladie. Je crains que sa tête ne se soit égarée car, avec sa bonté naturelle et ses sentiments chevaleresques, il m'aurait sans doute adressé des paroles de consolation pour la mort de mon pauvre enfant s'il avait sa tête à lui[155].

Et si la poésie était assassinée, noyée dans le sentimentalisme facile d'un romantisme à bout de souffle, si l'époque se dressait contre elle, si le monde entier n'en voulait plus, ne s'y reconnaissait plus, ne la comprenait plus, rejetant les meilleurs des hommes, les plus doux, les plus fins, les plus talentueux, il allait quand même se battre, lui, de tout son cœur, pour tenter de la ressusciter, en sauver et en préserver ce qui pouvait encore l'être.

Le dernier des poètes

Baudelaire et Leconte de Lisle eurent ceci de commun que, à un an d'intervalle, leurs nouvelles vies coïncidèrent avec la disparition de leurs père et beau-père respectifs[156] : Poulet-Malassis mit en vente pour la première fois, à Alençon, *Les Fleurs du Mal*, le 28 juin 1857, alors que le général Aupick était décédé deux mois plus tôt à son domicile parisien, 91, rue du Cherche-Midi. Le 22 octobre 1856, trois mois seulement après la disparition du planteur breton, Leconte de Lisle écrivait à Alfred Lavidière que sa deuxième édition des *Poëmes et Poésies* était sous presse, chez Taride, depuis la veille, et que, le 8 février 1857, elle serait à sa disposition. Cette nouvelle édition, augmentée de *La Passion* et expurgée de sa préface, trop polémique, avait pour but de se concilier les faveurs des divers académiciens du parti clérical, ce à quoi il parvint puisque l'Académie lui décerna les 1 500 francs du prix littéraire. « Il s'était vu si près du naufrage qu'il avait dû chercher un abri dans la maison appartenant à la famille Ménard et c'était là qu'était venu le trouver un de ses amis, dessinateur, peut-être J. Fouché, qui lui avait demandé des vers pour accompagner quinze compositions sur *La Passion*[157]. »

Leconte de Lisle, « chaviré de misère », tenta donc par le compromis et « l'humiliation des charités académiques » une entrée discrète là où, précisément, Baudelaire opta pour le bruit et la fureur. L'un en avait fini avec les démarches suicidaires, l'autre commençait ; la deuxième édition des *Poëmes et Poésies*, composant avec l'esprit des temps, n'eut pas même le succès modeste des *Poëmes antiques* ; la première impression des *Fleurs du Mal*, s'y opposant ouvertement, jouit de la meilleure publicité qui fût, celle du scandale.

En effet, le 7 juillet 1857, un rapport émanant du ministère de l'Intérieur fit savoir que « *Les Fleurs du Mal* constituaient un défi jeté aux lois qui protégeaient la religion et la morale. [...] À côté du *Reniement de saint Pierre*, d'*Abel et Caïn*, des *Litanies de Satan* et du *Vin de l'assassin*, où l'immoralité de l'âme et les plus chères croyances du christianisme étaient mises à néant, il en était d'autres qui étaient l'expression de la lubricité la plus révoltante : *Les Femmes damnées* étaient un chant en l'honneur de l'amour honteux des femmes pour les femmes ; *Les Métamorphoses du Vampire*, *Les Bijoux* présentaient à chaque instant les images les plus licencieuses avec toute la brutalité de l'expression et plusieurs pièces du recueil paraissaient renfermer le délit d'outrage à la morale publique[158]. »

Aussitôt la machine judiciaire se mit en branle. On proposa de déférer le poète au Parquet. Désemparé, Baudelaire demanda conseil à Théophile Gautier le 11 juillet ; le 12, il sollicita Édouard Thierry, le critique attitré du *Moniteur*, pour qu'il écrivît un article en faveur de ses *Fleurs*, ce qu'il fit dès le 14 : « le poète ne se réjouissait pas devant le spectacle du mal mais regardait la vie en face, comme un ennemi qu'il connaissait bien et qu'il affrontait. » Le 15, le catholique *Journal de Bruxelles* riposta : « Le hideux roman de *Mme Bovary* était une lecture de piété en comparaison des *Fleurs du Mal*. Les amis de l'auteur en étaient épouvantés et se hâtaient de proclamer une chute, de peur que la police n'intervînt. Les citations même n'étaient pas possibles à une plume honnête. » Le 17, jour des obsèques nationales de Béranger, ce « sale bourgeois, selon Flaubert, qui avait chanté les amours faciles et les habits râpés », le procureur général demanda à la Direction de la Sûreté publique de saisir tous les exemplaires des *Fleurs*, ce qui fut fait à Alençon, mais partiellement à Paris. Dans ce « livre *atroce* », où le poète avouait avoir mis « tout son *cœur*, toute sa *tendresse*, toute sa *religion* (travestie), toute sa *haine* », Thierry regrettait néanmoins qu'il n'y eût pas « une sorte de fable pour en déterminer le sens », et, le 27, Baudelaire collectait déjà des notes avec l'intention d'en étoffer le dossier de la défense et de publier quelques articles justificatifs destinés au Parquet et aux juges du Tribunal correctionnel. Il fallait considérer le livre « dans son ensemble » et non « comme une réunion de pièces isolées », alors « une terrible moralité en ressortait ».

En effet, pour le prévenu, il fallait distinguer plusieurs types de morales. Il y avait celle, positive et pratique, à laquelle tout le monde devait obéir, et il y avait celle des Beaux-Arts, qui, depuis le commencement du monde, était tout autre... De même, il y avait une liberté pour les polissons, et il y en avait une autre pour le Génie... Si bien que, concernant la poésie, tous les univers possibles ayant déjà été explorés par ses aînés, – « Lamartine avait pris les *cieux*, Victor Hugo la *terre* et plus que la *terre*, Laprade les *forêts*, Musset la *passion* et *l'orgie éblouissante*, Théophile Gautier l'Espagne et ses hautes couleurs, d'autres *le foyer, la vie rurale*[159] »... – Baudelaire avait été comme forcé de posséder l'ultime espace de liberté qui lui restât, le Mal. L'Enfer, il ne l'avait pas choisi par goût, c'était l'Enfer qui l'avait choisi : ô fatale destinée du dernier des génies !

En attendant, l'ami de Sainte-Beuve, de Barbey d'Aurevilly et de Louis Veuillot, le poète qui selon Charles Asselineau « répondait à l'attente de son époque et renouvelait la poésie grâce à cette forme serrée où parfois l'image faisait explosion avec l'éclat soudain de la fleur d'aloès[160] », avait trouvé un avocat, Maître Gustave Chaix d'Est-Ange, et, avec lui, le 20 août 1857, il dut se présenter devant les juges de la sixième Chambre correctionnelle : Jules-Charles-Emmanuel Dupaty, de Ponton d'Amécourt, Delesvaux et Raymond Nacquart. Le procureur impérial était le même que celui qui avait requis contre Flaubert, le redoutable futur ministre de l'Intérieur Ernest Pinard, qui prononça un réquisitoire assez mesuré du fait de la bienveillante audience qu'il avait accordée au prévenu, peu de temps auparavant, dans son cabinet.

En conséquence, le poète, qui s'attendait naïvement à ce qu'on lui fît « réparation d'honneur », fut invité à verser une amende de 300 francs – vite ramenée à 50, « le condamné témoignant du repentir » –, et à supprimer de son recueil les passages les plus « obscènes ». Quant à Poulet-Malassis et De Broise, ils en furent quittes pour 100 francs chacun, somme qui serait également versée sous forme d'indemnité, le 18 janvier 1858, par le ministère de l'Instruction publique au traducteur d'Edgar Allan Poe et à l'auteur de si brillants articles de critique artistique.

Entre-temps, le livre se vendait toujours, au marché noir, et bien sûr deux fois plus cher qu'à l'origine. Baudelaire, du rang de traducteur reconnu, se vit en passe d'accéder au statut de poète populaire par le simple fait de cette condamnation pour « réalisme », mot, selon le discours du 17 août 1857 de Montalembert en séance publique à l'Institut de France, « moins barbare encore que la chose », qui enseignait « à abdiquer le goût et la morale, la raison et l'honneur, la conscience et la foi, [...] par la grossière mollesse d'un empirisme envahisseur ».

Louis Ménard, qui était mortellement fâché avec le traducteur des *Aventures d'Arthur Gordon Pym* depuis que ce dernier avait publié un article fort sévère au sujet de son *Prométhée Délivré*, ne manqua pas une si belle occasion de lui rendre la pareille. En septembre 1857, il donna à la *Revue philosophique et Religieuse* son fameux compte rendu qui, selon Jacques Crépet, était « le plus malicieux qui eût jamais visé les *Fleurs du Mal* et leur auteur ». Dans cet article, il s'attachait non pas, comme Chaix d'Est-Ange, au fond de l'œuvre, mais à « la partie la plus intéressante », puisque le public s'en était effarouché avec pudibonderie, sa forme.

Pour le païen mystique, Baudelaire avait voulu peindre les mœurs d'une époque et les vices d'une société qu'il ne connaissait pas, pour la bonne raison qu'il ne s'intéressait pas à ses contemporains. Toutes ses pièces étaient de curieuses études de versification imprégnées de Villon, de

Régnier, de Ronsard, mais étrangères à toute réalité moderne. Pour s'en inspirer, il fallait « sortir des bibliothèques, aller au grand air, étudier l'homme d'après nature [et] si M. Baudelaire n'avait pas eu le temps d'entreprendre cette étude, ou si elle répugnait trop à ses goûts d'érudition laborieuse, [il n'avait qu'à lire] Balzac… Il apprendrait [ainsi] que les vices de leurs temps étaient tout autres qu'il se l'imaginait. Il n'était [en effet] plus de “péchés têtus”, ni de “repentirs lâches”; les [nouveaux] vicieux n'allaient [plus] guère à confesse; ils allaient à la Bourse. »

Finalement, Baudelaire inclinait aux mêmes pentes que Leconte de Lisle : sensualité, érudition, mépris pour son époque, mais son choix esthétique était radicalement différent. Alors que Leconte de Lisle résistait de toutes ses forces à ses bas instincts dans une sorte de pudeur aristocratique suppléant à la béance des cieux, Baudelaire avait choisi d'y céder, de s'y dissoudre, quémandant par la dégradation et l'avilissement de son for intérieur une aide tutélaire. Ces deux poètes semblaient également appeler de leurs vœux la sollicitude du Tout-Puissant, l'un par la retenue, puisqu'il ne croyait plus, l'autre par la débauche, puisqu'il croyait encore[161] : preuve indiscutable du terrible attachement de chacun de ces deux mystiques à la figure d'un père idéalisé depuis trop longtemps, qu'ils venaient tout juste de perdre ou de reperdre, et avec lequel toute communication avait été rompue ou difficile; conséquence probable de l'extrême dilection de ces deux impénitents pour le sein d'une mère qu'ils allaient bientôt devoir retrouver, l'un, en fils unique impécunieux, pour s'y réfugier, l'autre, en fils aîné impétueux, pour s'y accomplir.

D'après les divers témoignages qui sont parvenus jusqu'à nous, les deux personnages ne semblaient évidemment guère s'apprécier, mais les deux poètes se respectaient, s'admiraient peut-être, même s'ils n'en firent jamais état en des termes qui fussent trop élogieux ni trop encourageants pour l'adversaire. Leconte de Lisle, qui préférait de beaucoup à l'exubérance et à la véhémence d'un dérèglement de façade l'intimité franche d'une virile discussion, goûtait peu les frasques du mirliflore égocentrique et mondain. Si ce dernier n'hésitait pas dans son œuvre à mettre son « cœur à nu », il en allait autrement à la ville. Ce qu'il recherchait avant tout, c'était à produire de l'effet sur un auditoire savamment choisi, pour faire éclater, malgré sa haine de la bourgeoisie, toute l'excellence aristocratique de son esprit, et, derrière ce clinquant d'apparat, mieux pouvoir se cacher. À cela tout était bon, même le plus facile : choquer, provoquer, mettre les évidences cul par-dessus tête, pour en faire du génie. Voilà qui ne devait pas impressionner Leconte de Lisle pour lequel, s'il ne s'arrêtait aux apparences, toute excentricité tenait lieu de médiocrité.

Certains esprits étaient chauves-souris; ils avaient bien des ailes, mais ne volaient que dans les ténèbres[162]…

Baudelaire, l'autre « impassible ajusteur de mots », nous dit Antoine Albalat, était en même temps un rêveur effrayant, un homme de douleur et de mort, dont la double physionomie inspirait toujours les jugements les plus contradictoires. Beaucoup l'avaient accusé de n'être qu'un poseur à froid, courant après le paradoxe. C'était l'avis de Feydeau, de Nicolardot et de Blaze de Bury. Charles Yriarte, racontant ses extravagances, le traitait sans façon de « fumiste ». Les mots de Baudelaire étaient légendaires: « À l'époque où j'avais la gale... Laquelle destinez-vous à la prostitution... Le goût de la cervelle d'enfant, etc. » Un jour, il dit même à Leconte de Lisle : « Si j'avais un fils, je lui apprendrais à ne tenir aucun compte des préjugés de la morale et je lui conseillerais d'abord la sodomie. – Cela va de soi, répondit froidement le poète créole, la sodomie est universellement admise[163]. »

Baudelaire éreintait Shakespeare, mettait Veuillot au-dessus de Byron, disait qu'Homère avait autant de talent que Barbey d'Aurevilly, et sortait avec du linge impeccable. Au café Robespierre, les cheveux teints, il arrivait la figure rasée, « ressemblant moins à un poète des voluptés amères qu'à un prêtre de Saint-Sulpice. Il bourrait sa pipe et fumait sans prononcer un mot de toute la soirée. » Les Goncourt nous le peignaient d'un trait : « Cravate, col nu, tête de maniaque... » Le poète était ravi de la légende qu'il se créait et dont on suit la trace à travers les articles et les caricatures de l'époque[164]...

Par un coup du hasard, c'est Leconte de Lisle qui fut chargé de prévenir le dandy de la saisie imminente de ses *Fleurs* maladives. Malheureusement, comme en témoigne la correspondance de Baudelaire du 11 juillet 1857, pour une raison que nous ignorons, il laissa s'écouler cinq jours avant de transmettre l'information à son confrère. Cinq longues journées pendant lesquelles Baudelaire aurait pu prendre le temps de réfléchir à la riposte adéquate. Étrange. De même, alors que Leconte de Lisle devait faire paraître dans l'*Artiste* un article sur le méphistophélique poète – c'est cette fois-ci une lettre à De Broise du 13 juin 1857 qui en fait foi –, la dite chronique ne parut jamais. Ses divers travaux sur *La Passion* l'en avaient-ils empêché ? L'article avait-il été jugé trop élogieux à l'endroit d'un gandin si controversé ? Le fait est qu'il fallut attendre la Saint Napoléon 1861 pour que l'un des deux rhapsodes se mît publiquement à composer sur l'autre ; et ce fut le Baudelaire très en vue de la jeune génération poétique qui, dans la *Revue fantaisiste* de Catulle Mendès, entonna le premier son bien fébrile éloge, au milieu de ses autres *Réflexions sur quelques-uns de mes contemporains*.

Le 1er décembre suivant, après quelques retards engendrés par les frilosités d'un Auguste Lacaussade alors directeur de la très conformiste *Revue Européenne*, où parut l'article[165], Leconte de Lisle donna en retour la version officielle de son opinion sur les *Fleurs du Mal* :

> Les *Fleurs du Mal* ne sont [...] point une œuvre d'art où l'on puisse pénétrer sans initiation. Nous ne sommes plus ici dans le monde de la banalité universelle. L'œil du poëte plonge en des cercles infernaux encore inexplorés, et ce qu'il y voit et ce qu'il y entend ne rappelle en aucune façon les romances à la mode. Il en sort des malédictions et des plaintes, des chants extatiques, des blasphèmes, des cris d'angoisse et de douleur. Les tortures de la passion, les férocités et les lâchetés sociales, les âpres sanglots du désespoir, l'ironie et le dédain, tout se mêle avec force et harmonie dans ce cauchemar dantesque troué çà et là de lumineuses issues par où l'esprit s'envole vers la paix et la joie idéales. Les choix et l'agencement des mots, le mouvement général et le style, tout concorde à l'effet produit, laissant à la fois dans l'esprit la vision de choses effrayantes et mystérieuses, dans l'oreille exercée comme une vibra-

tion multiple et savamment combinée de métaux sonores et précieux, et dans les yeux de splendides couleurs. L'œuvre entière offre un aspect étrange et puissant, conception neuve, une dans sa riche et sombre diversité, marquée du sceau énergique d'une longue méditation[166].

Comme il dut lui en coûter pour ne pas être blessant ! Comme il dut se faire violence ! En fait, il trouvait que les défauts de l'œuvre étaient nombreux, variés, impardonnables. La facture était maladroite, excessive, l'ensemble mal ficelé, et si quelques traits d'intelligence et d'art purs jaillissaient de temps en temps dans ce décor original, l'imagination n'en demeurait pas moins restreinte et le souffle manquait[167]. Néanmoins, une étude, même sommaire, des *Fleurs* permettait de rappeler deux principes fondamentaux de l'art que l'esprit des temps avait tendance à oublier, par « ineptie naturelle ».

D'abord que « l'art est l'unique révélateur du beau, et qu'il le révèle uniquement. Par suite, le royaume du beau n'ayant d'autres limites que celles qui lui sont assignées par l'étendue même de la vision poétique, que celle-ci pénètre dans les sereines régions du bien ou descende dans les abîmes du mal, [qu'] elle est toujours vraie et légitime, exprimant pour tous ce que chacun n'est apte à connaître que par elle, et ne montrant rien à qui ne sait point voir. Aussi était-ce une démence inexprimable que de vouloir transformer les libres créations du génie individuel en une plate série de lieux communs, de maximes, de sentences, de préceptes, ou pis encore, de descriptions enthousiastes de mécaniques. Cette ardeur indécente et ridicule de prosélytisme moral, [...] non moins que cette étrange manie d'affubler de mauvaises rimes les découvertes industrielles modernes, étaient des signes flagrants que le sens du beau, si profondément altéré déjà, tendait à disparaître absolument[168]. »

Baudelaire et Leconte de Lisle étaient donc deux artistes qui avaient la même conscience aiguë de la profonde décrépitude dont souffraient l'art et le beau. Ils étaient arrivés à la croisée de deux mondes. L'un peignit cette transition à travers le soupirail de l'Enfer, l'autre par le judas de la Barbarie. Pourtant la civilisation n'est-elle pas la fille du Barbare et la petite-fille du Sauvage ? Du mal découle-t-il forcément le mauvais ? « Bien sûr il serait déplorable qu'un homme cultivé abandonnât sa culture et retournât à l'état barbare. Mais peut-être [...] que l'attitude la plus parfaite consiste en ce que l'homme cultivé conserve un certain fonds de barbarie, comme le mieux est, à n'en pas douter, que l'homme mûr conserve dans sa personne une source vive de jeunesse et même d'enfance. » Les deux poètes sentant que « le progrès ne consiste pas à anéantir le passé dans le présent, sinon, tout au contraire, à conserver cette essence du passé qui eut le pouvoir de créer un présent meilleur », comprenant que « la culture ne naît pas de la culture, sinon de puissances et de forces antérieures à toute culture[169] », érigèrent deux esthétiques de la barbarie[170].

Car la barbarie est bien double : il y a « celle de la *feritas*, la plénitude de la destruction, et celle de la *vanitas*, la stérilité du vide » ; la première, lislienne, de la prédation, de la violence, de la cruauté et de la férocité sauvage, et la seconde, baudelairienne, « plus douce, ou plus sournoise, dont les tourments sont moins de brutalité que de langueur, de violence que d'abandon. [...] À la *barbarie de prédation* succède ainsi la *barbarie de soumission* ou de démission : elle tend à ruiner de l'intérieur la civilisation, privée du supplément d'âme qu'elle attendait en vain, parce que l'homme qu'elle produit n'est en vérité qu'une soustraction d'âme. [...] La barbarie de prédation est expéditive [...] et ne diffère jamais longtemps son désir de détruire. La barbarie de soumission, plus lente et plus opiniâtre, est en définitive plus efficace ; elle n'arrête pas la spirale intérieure, creusant toujours plus profondément l'âme de l'homme jusqu'à ce qu'elle parvienne à ses fins, ou à ses confins, là où l'âme s'absente à elle-même. Telle serait à peu près l'âme du "dernier homme" de Nietzsche qui a abdiqué toute espérance et renoncé à l'ordre de la hauteur, de l'édification et du sens[171]. »

L'œuvre de Baudelaire serait donc plus sombre et plus barbare encore que celle de Leconte de Lisle qui, au fond, malgré toute sa *belli furor*, aspirait encore à la lumière et à la renaissance. La sauvagerie de ses poèmes libérait la violence anarchique de ses sentiments là où la barbarie des *Fleurs du Mal* affaissait toutes les énergies en se repliant, de manière perverse, sur le Moi du poète[172].

Hilpérik et Frédégonde

En septembre 1857, à bientôt trente-neuf ans, alors qu'un peu d'argent avait été engrangé grâce à plusieurs prix littéraires et que paraissaient dans *Le Présent* deux fragments d'*Hypatie et Cyrille* qu'il avait écrits sur les conseils de Gustave Planche, Leconte de Lisle se maria avec celle qu'il avait rencontrée chez Jobbé-Duval, Anna Adélaïde Perray[173], après plus d'une année de vie commune. Peut-être ne lui déplaisait-il pas que ce prénom sonore rappelât celui d'Anna Bestaudy, la « jeune Africaine aux deux lèvres de rose » qu'il avait fugitivement aimée, vingt ans plus tôt, au Cap de Bonne-Espérance. La cérémonie civile eut lieu le 10, à la mairie du XIe Arrondissement, et, le 12, comme c'était l'usage, ce fut la religieuse, à l'église de Saint-Sulpice. Le poète eut d'ailleurs bien du mal à présenter au prêtre le certificat de premier communiant qu'il n'avait jamais été. Le document avait dû s'égarer à Bourbon : on le crut sur parole.

Entre-temps, non sans avoir oublié d'annoncer son mariage à son rival créole Lacaussade[174], il abandonna ses autres fréquentations amoureuses, rompit définitivement avec le souvenir douloureux de Mme Jobbé-Duval et, dans les *Modes parisiennes illustrées*, se sépara de son Henriette en composant avec elle un ultime poème, intitulé *Les Fées*. On y entendait une mère et son enfant converser, puis se quitter. La bluette était signée « Henriette d'Isle ». Enlacement des noms ; ultime étreinte des pensées. Plus tard, la jeune femme fut confiée par sa tante, Mme Sidonie Colet, au couvent bénédictin de Verneuil, où elle avait une parente religieuse, et, vers 1864 ou 1865, échappant à la tutelle maternelle, fit à son tour, paraît-il, un assez beau mariage[175].

Parallèlement, Leconte de Lisle continuait ses traductions des *Idylles* et des *Odes anacréontiques* de Théocrite, commencées en 1854 ou 1855, ainsi que celle de l'*Iliade*, amorcée en 1848... Son hellénisme s'épurait, se précisait, se raffermissait[176]. La fréquentation de la poésie pastorale fut pour lui l'occasion d'une nouvelle série de poèmes antiques, plus recherchés, plus pittoresques et plus savants. Ainsi, le 20 novembre 1856, parurent, dans la *Revue française*, *L'Enfance d'Héraklès* et *Les Plaintes du Cyclope*, puis, le 1er novembre 1857, l'*Héraklès au taureau* et *La Mort de Penthée*, adaptations des Idylles xi, xxiv, xxv et xxvi. En outre, ce fut à cette époque qu'il commença à écrire, pour le théâtre, une tragédie dont les trois premiers actes, si l'on en croit une lettre du 8 février 1857 à Lavidière, et une autre du 5 mai à Émile Fage, étaient déjà « faits et imparfaits ». C'était encore Gustave Planche qui l'y avait incité, dans son article élogieux sur le *Théâtre en 1853* :

> M. Leconte de Lisle, qui comprend si bien l'antiquité, pourrait, je crois, s'essayer dans la tragédie. S'il consentait à ne pas mêler ses sentiments individuels aux sentiments qui doivent animer les personnages, il obtiendrait l'attention et la sympathie de toutes les âmes délicates, et la foule n'assisterait pas sans émotion au développement d'une action, tout à la fois simple et pathétique, dont la Grèce aurait fourni tous les éléments.

Il ne pouvait s'agir des *Érinnyes*, articulées en parties et non en actes. Leconte de Lisle pouvait en revanche vouloir traiter un thème plus à la mode, celui de la reine sanguinaire Frédégonde, inspiré par les *Récits des Temps mérovingiens* écrits en 1840 par l'historien aveugle Augustin Thierry, et dont les principes esthétiques (souci de la couleur et du pittoresque) et théoriques (alliance de l'art et de l'érudition, complémentarité de la science et de l'imagination) coïncidaient avec les siens.

Alfred de Musset, un habitué du salon de Louise Colet, en avait déjà commencé une version destinée à la comédienne Melle Rachel. L'académicien Népomucène Lemercier[177], grand ennemi du romantisme et surtout de Victor Hugo, avait fait jouer la sienne pour la première fois à Paris, par les comédiens du roi, sur le théâtre royal de l'Odéon, le 27 mars 1821. Ponsard envisageait lui aussi de chanter cette épopée des Franks. Jacques Boucher de Perthes fit encore paraître les cinq actes de sa *Frédégonde* (la barbarie germanique) en 1851, et Besse de Larzes publia la sienne en 1860, à Lyon, accompagnée de son inévitable *Brunehaut* (la civilisation romaine).

En effet, rien ne manquait dans ce long drame qui s'ouvrait sur un meurtre et qui se dénouait par un meurtre : « ni les passions, ni les caractères, ni cette sombre fatalité qui était l'âme de la tragédie antique, et qui donne aux accidents de la vie réelle tout le grandiose de la poésie. Le sceau d'une destinée irrésistible n'était, dans aucune histoire, plus fortement empreint que dans celle des rois de la dynastie mérovingienne. Ces fils de conquérants à demi sauvages, nés avec les idées de leurs pères au milieu des jouissances du luxe et des tentations du pouvoir, n'avaient dans leurs passions et leurs désirs ni règle ni mesure. Vainement des hommes plus éclairés qu'eux sur les affaires de ce monde et sur la conduite de la vie élevaient la voix pour leur conseiller la modération et la prudence, ils n'écoutaient rien; ils se perdaient faute de comprendre; et l'on disait : "Le doigt de Dieu est là". C'était la formule chrétienne; mais, à les voir suivre en aveugles, et comme des barques emmenées à la dérive, le courant de leurs instincts brutaux et de leurs passions désordonnées, on pouvait, sans être un prophète, deviner et prédire la fin qui les attendait presque tous[178]. »

À côté des diverses notes de lectures relevées par Leconte de Lisle, dans le *Cahier Pozzi*[179], sur les *Études historiques* de Chateaubriand ou *Les Germains avant le Christianisme* de Frédéric Ozanam, on trouve la page de présentation des personnages de cette tragédie qui ne vit jamais le jour, et dont il ne subsiste qu'un fragment de dix vers :

> *Hilpérik.* Avare et cruel. Goûts de civilisation romaine. Prétentions de grammairien, de théologien et de poëte[180]. Bassesse des nobles gallo-romains.
>
> *Frédégonde.* Rusée, perfide, cupide, impitoyable dans ses haines et ses rancunes. Passion effrénée du pouvoir. Amour maternel. Passion pour le duc Karl. Mépris pour Hilpérik.
>
> *Galswinthe.* Faible, douce, mystique, désintéressée, aimant le duc Karl.
>
> *Fortunatus*[181]. Intelligent, souple, fin, flatteur et ironique. Méprisant les Barbares et les craignant davantage.
>
> *Leudaste.* Serf affranchi, devenu comte, ambitieux, vil, grossier, cupide, audacieux ou flatteur à contre-temps.
>
> *Le Duc Berthram,* de Neustrie[182], familier d'Hilpérik, imitant les manières du Maître, bête, brutal, superstitieux.
>
> *Le Duc Karl,* d'Austrasie[183], brave, fier, irritable, dévoué à Sighebert, aimant Galswinthe qu'il a amenée d'Espagne.
>
> *Salvius,* Évêque d'Alby, foi sincère, mœurs irréprochables, mais sacrifiant toujours ses vertus propres aux intérêts de l'Église.
>
> *Merowig,* fils d'Hilpérik et d'Audovère, léger, capricieux, imprudent de paroles et d'actes, haï de Frédégonde.
>
> *Priscus,* Juif de Paris, rusé, menteur, tenace, avare, mais très attaché à sa foi.
>
> *Hlodomir,* Neustrien.
>
> *Hlother,* Austrasien.
>
> *Herta,* Franke.
>
> *Ermenberge,* Visigothe[184].

Frédégonde naquit en 543 à Montidier, en Picardie, de parents modestes. Bien que dotée d'une beauté exceptionnelle et d'un génie hors du commun, une ambition sauvage, qu'aucune morale ne venait tempérer, lui tenaillait le cœur depuis le plus jeune âge. Elle entra d'abord au service d'Audovère (Audowere), première femme de Hilpérik – Chilpéric Ier, le plus jeune fils de Clotaire (Chlother) Ier et d'Aregonde –, dont elle eut cinq enfants : Théodebert, Basina, Childesinde (Childeswindis), Clovis et Mérovée (Merowing). Hilpérik, roi de Soissons et de Neustrie, aussi appelé le *Néron* ou le *Hérode* français, se laissa séduire par cette jeune Salomé qui devint rapidement la rivale de l'inoffensive Audovère et qui, pour parvenir à ses fins, eut recours à un ingénieux quoiqu'odieux stratagème.

Pendant que Hilpérik guerroyait avec son frère Sighebert contre les peuples de la confédération saxonne et que son épouse mettait au monde leur première fille Hildeswinde, Frédégonde s'arrangea pour qu'on ne différât pas le baptême de l'enfant jusqu'au retour du roi, et qu'à l'instant même où commençait la cérémonie, on ne pût retrouver la marraine, noble dame franke. Alors, puisque la reine était impatiente, ne sachant pas comment se tirer d'embarras, la perfide invoqua le bon sens et lui conseilla de devenir elle-même la marraine de sa jeune enfant, ce que la souveraine, ignorante des subtilités du droit canon, trouva fort judicieux. L'évêque, de connivence, laissa faire. Pourtant, quand un lien spirituel était établi entre deux personnes, ici la marraine et le père du nouveau-né, quelque proches qu'elles fussent, en vertu du canon 53 du concile *in Trullo*[185], les lois de l'Église de l'époque proscrivaient formellement toute relation charnelle. Ainsi, Audovère fut-elle contrainte de renoncer à son mariage et d'entrer dans un couvent du Mans pour le reste de ses jours, ce qui ravit le régent, son mari.

– Dieu soit loué de ce que le roi notre seigneur a remporté la victoire sur ses ennemis, et de ce qu'une fille lui est née ! Mais avec qui mon seigneur couchera-t-il cette nuit, fit la servante Frédégonde ; car la reine, ma maîtresse, est aujourd'hui ta commère, et marraine de ta fille Hidelswinthe ?

– Eh bien ! répondit le roi d'un ton jovial, si je ne puis coucher avec elle, je coucherai avec toi. *Si cum illa dormire nequeo, dormire tecum*[186].

Tout s'annonçait donc bien pour les deux Barbares[187] Hilpérik et Frédégonde, qui se fiancèrent aussitôt, en 565. Pourtant, Hilpérik, qui brûlait de jalousie parce que son frère Sighebert (Sigebert), roi d'Austrasie, s'était marié avec Brunehaut (Brunehilde), la fille du roi des Wisigoths d'Espagne Athanaghild – les Goths étaient plus civilisés que les Franks –, désira lui aussi se mêler à ce noble lignage et, en 566, oubliant la promesse faite un an plus tôt à la courtisane Frédégonde, épousa Galswinthe (Galsuinde), la sœur aînée de Brunehaut, qui ne ressentait pour lui que mépris et dégoût.

À Rouen, Galswinthe reçut les serments de ses sujets, dont ceux de Frédégonde, la répudiée, qui bouillait. Quand elle eut compris que cette dernière la haïssait, elle fit savoir à Hilpérik qu'elle désirait s'éloigner de la cour et retourner à Tolède[188]. Peu après, en 568, on retrouva la « faible, douce, mystique et désintéressée » Galswinthe, dans son lit, morte. Frédégonde l'avait fait assassiner par un gentilhomme flamand nommé Bolaërt, avec bien sûr l'approbation de Hilpérik, qui avait, à juste titre, décelé dans les changements brutaux d'humeur de son épouse une menace pour l'équilibre du royaume.

Brunehaut comprit aussitôt l'origine du régicide et, furieuse, demanda à son époux Sighebert de convoquer Hilpérik afin qu'on lui retirât les trésors, domaines et bonnes villes de Bordeaux, Cahors, Limoges, Béarn et Bigorre que contenait le douaire de Galswinthe. Le *Mâl* (l'Assemblée de justice) eut bien lieu entre les *arimans* (les hommes d'honneur) que régissait la loi salique. Hilpérik reconnut son méfait, mais les richesses ne furent malgré tout jamais entièrement restituées. Dès lors, les guerres privées se succédèrent entre les deux fils de Clotaire Ier : saccages, dévastations, pillages et profanations en tous genres.

Entre-temps, Frédégonde était devenue reine.

En 575, Hilpérik perdit le combat contre Sighebert et la ville de Tournay fut assiégée. Tout semblait achevé. Mais c'était mal connaître la rage et la détermination de Frédégonde qui, accouchant pendant le siège, désira d'abord tuer l'enfant de ses mains pour le soustraire à son destin, puis, se ressaisissant, le baptisa, le prénomma Samson, et se proposa de le déguiser, ainsi que ses deux frères, Clodebert et Dagobert[189], pour que leur oncle ne les reconnût pas. Les combinaisons les plus macabres, les plans les plus ignominieux roulèrent sous le joli crâne. On l'entendait hurler dans le palais. Soudain, une idée lui vint. Elle convoqua une paire de scélérats frénétiques de Thérouane, les enivra de liqueurs amères, leur remit à chacun des *skramasax*[190] empoisonnés et poussa de tout son cœur, avec adresse, les deux sicaires au meurtre : « Allez, Sighebert veut notre ruine et la mort de son frère ; prévenez-le, assassinez-le dans sa tente. Si vous revenez vivants, je vous comblerai de tant d'honneurs que personne avant vous n'en aura eu de semblables ; si vous périssez, je ferai dire tant de messes et de prières, je ferai distribuer tant d'aumônes, que saint Pierre sera forcé de vous ouvrir les portes du Paradis[191] ! »

Trois jours plus tard, lors même qu'on allait le sacrer premier roi des Franks de Neustrie et d'Austrasie réunies, en pleine apothéose, Sighebert gisait dans la grand-salle d'audience de Vitry sur la Scarpe[192]. Son frère tint à ce qu'il reçut tous les honneurs dus à son rang, et il fut inhumé, selon la coutume germanique, en habits et en armes de grand prix.

La reine Frédégonde profita du très grand trouble que sema cet assassinat pour encercler la ville. Elle s'empara des filles de Brunehaut, Ingund (Ingundis) et Clodesinde (Chlodesindis), les enferma dans un couvent, puis conduisit son ennemie jurée à Rouen où elle n'osa pas la mettre à mort, craignant de provoquer une nouvelle sédition au sein de sa propre armée, déjà scandalisée par l'exécution de Sighebert. Plus tard, elle autorisa Brunehaut à repartir en Austrasie où régnait son fils Childebert II, encore mineur, frustré de son pouvoir par les grands. Brunehaut ne put y faire venir Mérovée, son neveu, qu'elle avait imprudemment épousé, grâce aux bons offices du parrain de Mérovée, Praetextatus, l'évêque de Rouen, et cette humiliation la blessa encore plus profondément.

Bientôt, deux armées se formèrent en Austrasie : l'une en sa faveur, l'autre en sa défaveur. Alors que les clans commençaient à s'affronter, Brunehaut s'élança au grand galop entre les deux partis, sauva d'une mort certaine le Romain Lupus, duc de Champagne, et parvint à arrêter le massacre. Elle fit ensuite restaurer l'administration impériale, construire des hôpitaux, élever des monastères – les monastères étaient alors des écoles –, réparer des voies romaines, et attira à l'Église catholique les païens anglo-saxons de la Grande-Bretagne, accomplissant ainsi les volontés du pape Grégoire le Grand. Dans sa vieillesse, les historiens Mariana, du Tillet, Papire Masson, Paul-Émile, Boccace, Pasquier, Cordemoi et Velly la peignirent comme une femme dissolue, incestueuse et assassine. Pourtant, l'évêque de Poitiers Fortunat, qui mourut vers 609, loua ses grâces et ses beautés : « Parmi les Néréides qui nageaient dans les mers d'Hibérie aux sources de l'Océan, aucune ne pouvait se dire son égale ; aucune Napée n'était plus belle, et les Nymphes des fleuves s'inclinaient devant elle ! La blancheur du lait et le rouge le plus vif étaient les couleurs de son teint ; les lis mêlés aux roses, la pourpre tissue avec l'or, n'offraient rien qui lui fût comparable, et se retiraient du combat. Le saphir, le diamant, le cristal, l'émeraude et le jaspe étaient vaincus ; l'Espagne avait mis au monde une perle nouvelle[193]. » Le pape Grégoire, mort en 604, la présenta également comme une reine pieuse, une régente vertueuse, une mère chrétienne sage et douce.

Ce fut le dernier fils de Frédégonde et Hilpérik, Clotaire II, le futur roi de tous les Franks, qui arrêta cette fille, cette sœur et cette nièce de roi. À Renève, près de Dijon, en 613, âgée de plus de soixante-dix ans, elle fut livrée pendant trois jours entiers aux insultes des soldats. On la ficela, nue, sur le dos d'un chameau pour l'exposer plus ignominieusement à leurs outrages, puis on l'attacha par les cheveux – les rois franks étaient appelés les rois chevelus –, par un pied et par un bras, à la queue d'un cheval sauvage, qui la broya. Ses lambeaux furent ensuite calcinés et dispersés aux quatre vents. Son tombeau, élevé l'an 614 dans l'abbaye de Saint-Martin d'Autun, fut ouvert en 1623. On y trouva malgré tout des cendres, des ossements, quelques morceaux de charbon, et une mollette d'éperon. « Le peuple fit honneur à la fameuse reine d'Ostrasie d'une foule de monuments romains. Des fragments de voies romaines qui paraissent encore en Belgique et dans le nord de la France sont appelés chaussées de Brunehaut. On montrait près de Bourges un château de Brunehaut, une tour de Brunehaut à Étampes, la pierre de Brunehaut près de Tournay, le fort de Brunehaut près de Cahors[194]. »

Ensuite, la postérité se chargea de confondre son souvenir avec celui de Frédégonde.

En 584, à Chelles, deux ans avant le meurtre de l'évêque Praetextatus, qui avait uni Brunehaut à Mérovée, quatre ans après celui d'Audovère et de son fils Clovis, « de l'autre côté de la rivière de Marne, dans une maison appelée Nogent[195] », sept ans après celui de Mérovée par un émissaire de Frédégonde nommé Gaïlen, qui lui coupa les mains, les pieds, les oreilles et les narines, trente-huit ans après la mort de Théodobert, le fils de Hilpérik et d'Audovère, Hilpérik fut lui aussi assassiné alors qu'il se préparait pour une partie de chasse. Brunehaut, pour se venger du meurtre de Sighebert Ier, en fut-elle cette fois-ci la commanditaire? Gontran (Gonthramn), roi d'Orléans et de Bourgogne, frère de Hilpérik, Sighebert et Haribert, amant de Frédégonde, pour protéger ses neveux, en fut-il l'instigateur? Ou bien était-ce encore l'ignoble Frédégonde, pour assurer tout simplement le trône à son fils Clotaire II ? Grégoire de Tours n'en dit rien. Frédégaire[196] et l'auteur de l'*Historia Francorum*, quant à eux, semblent le croire : « Chilpéric, prêt à partir pour la chasse, monta dans la chambre de sa femme par un escalier dérobé. Celle-ci crut que c'était Landri, avec lequel elle vivait dans une trop grande familiarité. Un mot, qui lui échappa, découvrit toute l'intrigue à l'homme du monde à qui il était le plus important de la tenir cachée. Le roi sortit brusquement et d'un air rêveur. Frédégonde instruisit son amant de cette fatale aventure; et le scélérat, pour éviter sa perte, osa faire assassiner son maître. »

Hilpérik, nous dit Jean Cassou, était un homme d'une nature complexe, et qui, tout le long de sa vie, manifesta de hautes préoccupations intellectuelles. Il ajouta trois ou quatre lettres à l'alphabet et envoya des ordres dans toutes les cités du royaume pour qu'on enseignât les enfants de cette manière, et pour que les livres anciennement écrits fussent effacés à la pierre ponce et récrits de nouveau. Il eût voulu aussi réformer le catéchisme, mais Grégoire de Tours l'en empêcha.

Les idées théologiques de Hilpérik, pourtant, ne manquaient pas d'intérêt : selon lui, on n'aurait pas dû désigner la Sainte Trinité par la distinction des personnes ; il pouvait paraître plus raisonnable de ne lui donner d'autre nom que celui de Dieu. Ce dernier, d'ailleurs, ne recevait la qualification de « personne » que par un singulier abus de langage : c'était là ce qu'on pouvait appeler de l'anthropomorphisme. Le Père était le même que le Fils et que le Saint-Esprit, et le Saint-Esprit était le même que le Père et le Fils.

– Mais, s'écria Grégoire de Tours lorsque Hilpérik lui eut exposé ces principes, mais c'est du sabellianisme ! Ni Eusèbe, ni Hilaire n'ont jamais enseigné chose pareille !

– Ah ! bien, sais-tu, répondit Hilpérik avec son accent belge, cet accent que les Franks n'avaient pas encore perdu et qui décelait leurs origines, il est manifeste qu'Hilaire et Eusèbe ont été sur ce point fortement opposés l'un à l'autre[197].

La régence fut assurée par Gontran, qui protégea sa maîtresse des attaques de Childebert II, le roi d'Austrasie et le neveu de Hilpérik. Elle prit sous sa tutelle le seul enfant encore vivant qui lui restât de ce dernier, le futur Clotaire II, alors âgé de quatre mois, et coula des jours paisibles avant de mourir dans son lit, en 597, à l'âge de cinquante-cinq ans, non sans avoir battu une dernière fois les Austrasiens à Latofao (Laffaux). *Eo enim tempore*, dit l'*Historia francorum, mortua est Fredegundis regina senex et plena dierum.*

Peu avant sa mort, elle parvint encore à faire poignarder Childebert II par des clercs, auxquels elle promit les premières dignités de l'Église et qu'elle fit découper en morceaux après leur méfait. Elle tenta bien de faire assassiner Gontran, mais sans succès. Ce fut son unique échec au milieu du champ de ruines. Sous les gravats, on reconnut les visages d'un mari, de deux reines vertueuses, de généraux, de prélats, de trois fils de rois et d'une infinité d'autres personnalités moins illustres…

> Ah ! Misérable ! Mords ta langue. Hors d'ici !
> Tais-toi. Tant que je vis, telle que me voici,
> Et si bas que je tombe encore, vil serf, sache
> Qu'il me suffit d'un geste et d'un mot, pour qu'on hache
> En dix morceaux ta chair et tes os. Ne dis rien,
> Et va-t'en ! Le conseil est bon. Au chenil, chien !
> Au chenil ! Rampe, flatte et lèche, bête immonde !
> C'est ta part. Mais crois-moi, prends garde à Frédégonde ;
> Ne te retrouve plus jamais sur son chemin,
> Et tremble qu'elle songe encore à toi demain[198].

Les restes de ce monstre, « moitié panthère et moitié vache[199] », reposent aujourd'hui à Saint-Germain-des-Prés, dans la plus ancienne église de Paris, la basilique Saint-Vincent, à proximité des rois mérovingiens qu'elle fit assassiner : Hilpérik, Clovis et Mérovée. Sa dalle tumulaire serait au musée de Cluny. Elle s'y trouvait, en tout cas, du temps de Leconte de Lisle, puisqu'à son contact, en 1843, un certain Duchat, archiviste-paléographe, frappé depuis son enfance de paralysie partielle, aurait retrouvé l'usage de ses membres. Suite à ce miracle, un procès en canonisation fut ouvert à Rome en 1852, et l'on se prépara à ce que la menteuse, la meurtrière, l'adultérine, la courtisane ignominieuse, Frédégonde, s'enrichît encore du plus inattendu des qualificatifs, celui de… « sainte ».

La ligue anticléricale

On comprend mieux l'engouement de Leconte de Lisle pour cette lointaine reine franke, fausse jumelle d'Hypatie. D'un côté, au IVe siècle, l'innocence et la pureté violées à Alexandrie ; de l'autre, au VIe, le meurtre et le péché consacrés à Rome. En ligne de mire, toujours, l'Église catholique. Chez Hypatie, pourtant, l'injustice était théâtralement plus intéressante puisqu'il n'y avait pas besoin de recourir à l'Histoire contemporaine pour la révéler. Les petits faits vrais, quoique moins nombreux, se suffisaient à eux-mêmes, là où la Geste de Frédégonde risquait d'étouffer dans l'œuf le travail de l'imagination. Est-ce la raison pour laquelle le poète préféra abandonner son projet de tragédie au profit de la fille de Théon ? Ce qui est certain, c'est qu'à cette époque son anticléricalisme devint largement plus militant et plus violent. Rien de très étonnant quand on sait qu'il s'agissait, selon le mot de Renan, d'organiser non plus religieusement mais « scientifiquement l'humanité » et que, selon celui de Taine, les mots « de vice et de vertu » n'étaient plus désormais que des « produits », au même titre que « le sucre et le vitriol ». Le positivisme et le matérialisme scientifique gagnaient chaque jour un peu plus de terrain, semant le trouble dans les esprits de cette bourgeoisie nouvelle qui, bien qu'alliée du clergé, n'avait eu le temps d'acquérir ni le culte de l'esprit ni la sûreté du goût : « Puisque la chair est maudite, s'interroge Pécuchet, comment se fait-il que l'on doive remercier Dieu pour le bienfait de l'existence ? Quelle mesure garder entre la crainte indispensable au salut, et l'espérance qui ne l'est pas moins ? Où est le signe de la grâce ? etc.[200] »

Fort de récents phénomènes inexpliqués qui devinrent rapidement des instruments de prosélytisme, l'épiscopat eut rarement valeur supérieure. « À côté d'orateurs et d'écrivains comme Dupanloup, Pie ou Saluces, vinrent se ranger des théologiens comme Genouilhac, Gerbet, Hugonin ; des humanistes comme Plantier du Cousseau ; les grands administrateurs hérités de Louis-Philippe, Mathieu, Donnet ou Régnier, Merlot et Darbois, ou Bonnechose et Lavigerie[201] »… À cette époque, les vocations religieuses étaient également très nombreuses : plus de 1 700 ordinations par an. Jamais l'institution monastique n'avait été « plus spontanément et plus utilement fleurie. Nulle part en Europe il ne se formait plus de missionnaires [sur dix, neuf étaient français contre un seul italien], tant de frères pour les petites écoles, tant de servantes et serviteurs volontaires des pauvres, des malades, des infirmes et des enfants, tant de vastes communautés de femmes librement vouées pour toute leur vie à l'enseignement et à la charité : […] confession et communion, retraites, exercices spirituels, abstinences et pratiques de toute espèce, culte des saints et de la Vierge, des reliques et des images, oraisons du cœur et des lèvres, assiduité aux offices, observation exacte d'une règle quotidienne[202]. »

En 1853, on comptait, tous Ordres confondus, 3 149 religieux et 34 208 religieuses ; en 1876, ils étaient respectivement 30 203 et 157 956. Près d'un étudiant sur deux, grâce à la loi Falloux[203], se trouvait soit dans un collège religieux soit dans un petit séminaire. Pourtant le clivage entre l'épiscopat français et les grands courants de pensées matérialistes, incarnés notamment par Renan et Auguste Comte, se creusait dangereusement. L'Église ne prenait pas assez le temps d'écouter ni de comprendre l'argumentaire de ses adversaires afin de mieux pouvoir les combattre. Elle se refermait sur elle-même, certaine de ses valeurs, confiante en son avenir. Elle ne voyait pas encore tout ce que ces idées pouvaient avoir de néfaste ou de comminatoire pour elle. « La connaissance mystique portant ses fruits là où la science demeure presque toujours impuissante, [...] après avoir beaucoup lu et beaucoup appris, il leur faudrait bien [tôt ou tard] revenir à l'unique principe de toutes choses[204]. » Alors, « elle rajeunirait comme l'aigle » et « reverdirait comme le palmier[205] ».

Vue des communs, l'Église se confondait avec l'Inquisition, se résumait aux guerres de religions, s'incarnait dans la papesse Jeanne et conduisait inexorablement à la famille Borgia, au massacre des Albigeois, à la Saint-Barthélemy et à la révocation de l'édit de Nantes. La mort des martyrs semblait à tous les Pécuchet « une amplification de rhétorique ». Sainte Blandine avait-elle été livrée nue dans un filet à une vache furieuse, sainte Julie avait-elle péri assommée de coups, avait-on brisé les dents avec un marteau, déchiré les côtes avec des peignes en fer, traversé les mains avec des clous rougis, enlevé la peau du crâne à saint Taraque, saint Probus et saint Andronic[206], tous les Jeufroy paraissaient encore plus gênants et indiscrets que le gendarme ou le précepteur puisqu'ils intervenaient jusque dans leurs âmes assoiffées de liberté, affamées d'individualisme, jusque dans leurs pensées les plus secrètes et jusque dans leur lit qui devait soit rester chaste soit obéir aux critères d'une sexualité qui ne fût pas dévoyée. L'ecclésiastique les admonestait à confesse et les invectivait en chaire. Il demandait toujours plus, exigeait le repentir, l'assistance à la messe dominicale et aux vêpres, la participation obligatoire à la célébration sacramentelle du mystère pascal, la confession et le jeûne avant la communion, le recueillement et la componction après, la récitation du rosaire et la méditation de ses quinze mystères joyeux, douloureux et glorieux, les actes de contrition, les marques de pénitence, les génuflexions, les oraisons, les adorations, les silences, le respect des trois vœux, des sept sacrements, des dix commandements et des millions de prochains forgés, comme Adam, à l'image de Dieu. Il fallait naître et devenir chrétien chaque jour, doutant de l'avoir bien été la veille, incertain de pouvoir l'être convenablement le lendemain, lutter sans cesse, tomber souvent, se relever toujours, prendre les saints en exemple, examiner sa conscience et ne jamais désespérer. Il y avait une purgation active et une purgation passive, une vision interne et une vision externe, quatre espèces d'oraisons, neuf excellences dans l'amour et six degrés dans l'humilité[207]...

Comment s'étonner que devant tant de difficultés et d'austérités, beaucoup préférassent rester sur le parvis, à causer du temps qu'il faisait ou des récoltes qui n'avaient pas été bien fameuses cette année-là ?

La ligue anticléricale fit d'abord souche à Paris. Les partis politiques s'affirmèrent peu à peu par leurs positions hostiles à la religion catholique, possédant leur propre esprit doctrinal, radical ou socialiste le plus souvent, instituant leur propre hiérarchie, gouvernant eux-mêmes les âmes et les intelligences, substituant leur propre point de vue, de dénégation ou de réaction, à celui de l'Église des apôtres du Christ, affirmant et offrant une nouvelle voie à l'épanouissement de l'esprit humain, contestant à l'ancienne son efficacité, sa sincérité, sa pureté, et refusant son exclusivité quant aux vertus de la morale, de l'éducation, de la charité et de l'amour en général. De nouvelles écoles de pensée, de nouveaux systèmes philosophiques s'armèrent qui devinrent irréligion convaincue, incroyance systématique, athéisme réfléchi[208]. Puis la ligue anticléricale s'étendit aux campagnes, où, si l'on eût préféré garder le frère instituteur ou médecin, la sœur infirmière ou enseignante, parce qu'ils étaient moins chers, plus dévoués et plus compétents, le gouvernement des curés était devenu suspect, puisque l'allié des nobles et des bourgeois. « Le paysan passa du paganisme au christianisme à grands renforts de miracles ; il retournait à moins de frais du christianisme au paganisme. Ce monstre existait depuis naguère, le paysan impie qui, en dépit des instituteurs, en dépit même des curés, croyait encore aux sorciers et aux sorcières, comme les Romains et comme les Gaulois[209]. »

En réponse à ce refroidissement général de la ferveur catholique dans le monde et le siècle français, se réchauffa encore celle d'une poignée d'irréductibles qui, sous l'impulsion de l'auteur de *L'année liturgique*, dom Guéranger, restaurèrent en Sarthe, à Solesmes, l'Ordre des moines noirs du Mont Cassin :

La salle est large et basse ; un jour terne l'éclaire.
Au dehors neige et vent heurtent les durs vitraux.
Le silence au dedans où, sur onze escabeaux,
Des prélats sont assis en rang mi-circulaire.

Ceux-ci, sous un étroit capuchon rouge et noir,
Et leurs robes couvrant leurs souliers jusqu'aux pointes,
Immobiles, les yeux fixes et les mains jointes,
Semblent ne rien entendre et semblent ne rien voir.

Avec ses longs cheveux où l'épine est mêlée,
De l'arbre de la Croix, la plaie ouverte au flanc,
Fantôme douloureux, tout roide et tout sanglant,
Jésus étend les bras sur la morne assemblée[210].

Ce fut par ce courant de la ligue anticléricale que Leconte de Lisle fut entraîné, ce qui l'amènerait à écrire, quelques années plus tard, avec peut-être la contribution de Jean Marras[211], d'Ernest Courbet et de Louis-Xavier de Ricard, pour que « les mères les fassent apprendre aux citoyens de l'avenir », les « nobles paroles » de son *Catéchisme populaire républicain*, bien sûr toujours publié anonymement. « Sa violence d'indignation contre ceux qui voulaient mettre obstacle à sa liberté de penser était telle qu'elle arrivait à lui rendre sympathiques ces princes du Moyen-Âge qui, à la vérité, vécurent à cheval, la lance au poing, mais qui, eux du moins, ne s'attaquaient qu'à la vie des hommes et à leurs biens. Leur brutalité, leur force matérielle lui apparaissait comme un fait hideux, mais tangible, inhérent à la nature humaine et devant lequel, il fallait bien que la chair ployât tandis que son hostilité agressive, définitive, s'élevait contre la force invisible qui prétendait mater les puissances de l'esprit, et dont l'autorité, pensait-il, ne s'appuyait que sur la lâcheté de l'homme[212]. »

Leconte de Lisle, comme Fourier, niait la Providence divine parce qu'elle lui apparaissait comme une tyrannie s'ingéniant à « torturer les êtres », et comme une injustice qui « avait coûté la vie à des millions d'hommes, massacrés et brûlés vifs pour la plus grande gloire de cette puissance incompréhensible[213] ». Elle était une pure invention de la caste féodale du clergé pour dominer, écraser, gouverner les hommes, leur imposer des vues hiératiques qui fussent conformes à ses intérêts particuliers. Pour lui, « l'examen des faits historiques et des institutions, l'analyse sérieuse des mœurs, suffisaient à la démonstration d'une vérité admise par tout esprit libre d'idées reçues, sans contrôle de préventions aveugles[214] » : il n'y avait d'autre Dieu auquel confier son âme que la nature humaine, guidée par le bon sens. Quand il s'agissait de distinguer ce qui était juste de ce qui ne l'était pas, rien n'était plus avéré que ce Dieu-là, le seul qui finalement n'était pas voué à disparaître. Terrible dénégation des trois religions révélées ! Dieu ne se communiquait plus graduellement à l'homme. Son Verbe, comme dit saint Irénée de Lyon, n'avait plus « habité dans l'homme » et ne s'était plus fait « Fils de l'homme pour accoutumer l'homme à saisir Dieu et accoutumer Dieu à habiter dans l'homme, selon le bon plaisir du Père[215] ». La loi morale était inhérente à la nature de l'homme, ce bon sauvage ressuscité, puisqu'elle était assimilée à sa conscience. « L'homme trouvait donc en lui-même l'idée d'une loi vivante, comme il y trouvait l'idée d'une force libre, et c'était d'après ce type de modèle qu'il concevait les forces et les lois de l'univers[216]. » La raison humaine n'était plus un moyen parmi d'autres d'accéder à la connaissance de l'univers, mais une loi unique en soi. Elle se substituait au Christ, qui, selon le dogme catholique, était la seule vraie fin et la seule vraie loi. Elle n'était plus « ce qui rendait l'homme capable de comprendre et de discerner, en réglant sa conduite selon sa liberté, dans la soumission à Celui qui lui avait tout remis[217] », elle était la compréhension et le discernement mêmes permettant d'accéder à la vérité dont, seule juge, elle était la garante et la source. La loi n'était plus une ordination de la raison, mais la raison une ordination de la loi. En outre, cette loi naturelle qui permettait à l'homme de se gouverner en vue de la justice et du bien, immuable à travers l'Histoire, ne devenait plus seulement une participation à la sagesse et à la bonté de Dieu par l'homme, formé à l'image du Père, mais se substituait à la Loi ancienne de Moïse, révélée sur le mont Sinaï, ainsi qu'à la Loi nouvelle, d'amour, de grâce et de liberté, exprimée par le Christ dans le Sermon sur la Montagne. Nier que l'homme eût besoin de la religion pour accéder à la loi morale, c'était nier que l'homme eût besoin de Dieu, de sa loi et de sa grâce, pour accéder à la Béatitude et au Salut; c'était encore et surtout, en un mot, et c'était bien plus grave, nier l'existence de la blessure du péché originel. Pourtant, comme dit saint Augustin, « ce que

Dieu avait écrit sur les tables de la Loi, les hommes seuls ne pouvaient le lire dans leurs cœurs[218] » :

Et l'Homme cria : – Dieux déchus de vos empires,
Ô Spectres, ô Splendeurs éteintes, ô Bourreaux
Et Rédempteurs, vous tous, les meilleurs et les pires,
Ne revivrez-vous plus pour des siècles nouveaux ?

Vers qui s'exhaleront les vœux et les cantiques
Dans les temples déserts ou sur l'aile des vents ?
À qui demander compte, ô Rois des jours antiques,
De l'angoisse infligée aux morts comme aux vivants ?

Vous en qui j'avais mis l'espérance féconde,
Contre qui je luttais, fier de ma liberté,
Si vous êtes tous morts, qu'ai-je à faire en ce monde,
Moi, le premier croyant et le vieux révolté[219] ?

Comme cette dédicace en 1862 de *La Vigne de Naboth* à Ernest Renan, lors même que sa nomination au Collège de France avait scandalisé la majorité du parti clérical, toutes ces critiques lancées aux visages des religions ressemblaient plus à de puériles provocations qu'à des règles de vie bien aguerries. La loi morale et le bien inhérents à la nature de l'homme, rivés à sa conscience ? Quelle nouveauté ! Et quand bien même cette loi morale lui serait consubstantielle, en dehors de toute loi céleste et de toute révélation, cela rendait-il l'homme mieux apte à s'y conformer ? La loi morale, comme un pédagogue, montrait peut-être ce qu'il fallait faire à l'homme, mais elle ne lui donnait pas pour autant la force, la grâce ou le pouvoir de l'accomplir *en actes*. Sur quel pivot l'homme pouvait-il s'appuyer pour s'élever jusqu'à elle ? Leconte de Lisle n'en disait rien… Le fanatisme de la Chrétienté butait contre le sien. L'Église catholique n'avait fait que « pressentir vaguement l'idéal » et avait rendu « la passion divine » impossible puisque, « rongée de désir et consumée d'envie », elle avait horreur de la beauté. L'éthique s'aheurtait à l'esthétique, la charité au droit, la douleur à la joie, l'ascèse à la volupté, le dogme à la conscience, la royauté à la république, le Christianisme à l'Hellénisme, le Moyen-Âge à l'Antiquité, la nuit à la lumière[220]. « Le Christianisme condamnait la pensée, anéantissait la raison. Il niait, combattait toutes les vérités successivement acquises par la science. Il était inintelligible dans ses dogmes, arbitraire, variable, indifférent en morale. L'humanité avait perdu la foi qu'elle avait en lui, et il ne pouvait plus inspirer que cette sorte de respect qu'on porte aux vieilles choses dont on s'est longtemps servi. C'était un objet d'art, puissamment conçu, vénérable par son antiquité, et dont la place était marquée dans le musée religieux de l'histoire[221]. » Rien de plus.

Le chemin de la perfection

Poulet-Malassis venait de publier *Les Fleurs du Mal* de Charles Baudelaire et les *Poésies complètes* de Théodore de Banville mais, en cette fin du mois de mars 1858, il tardait encore à faire parvenir à Leconte de Lisle les épreuves des siennes, publiées sans préface[222] et annoncées dans le *Journal de la Librairie* pour le 28 août :

> Monsieur,
>
> Permettez-moi de me rappeler à votre souvenir. Le mois de janvier est déjà loin, et les épreuves que j'attends avec impatience tardent bien. J'aurais le plus vif désir que mon livre parût au moins cet été, ainsi que vous me l'avez promis.
>
> Veuillez me rassurer à cet égard, je vous prie, et recevoir l'assurance de mes sentiments distingués.
>
> Leconte de Lisle. 23, rue Cassette[223].

Le recueil devait comporter trois parties : *Les Poëmes antiques*, identiques ou presque à ceux de 1852; *Poëmes et Poésies*, reprenant l'édition de 1857, amputée des *Bois, lavés par les rosées* et du *Sacrifice*, jugés peut-être trop idylliques pour évoquer le souvenir de Mme Jobbé-Duval – *Tre Fila d'Oro*, *Les Damnés* et *Le Colibri*, plus sombres, furent conservés –; et les *Poésies nouvelles*, contenant un mélange de onze pièces réunionnaises, indiennes, animalières ou exotiques, ainsi que d'inévitables poèmes grecs. Quatre de ces nouvelles poésies furent soudainement dédiées aux membres du clan de Lisle. *La Ravine Saint-Gilles*, « À Mlle Élysée L. de L. » et *Les Elfes*, « À Mlle Emma L. de L. », ses deux sœurs; *La Passion*, comme on sait, fut accompagnée d'un « À ma mère » dès sa conception, en 1857, et *La Fontaine aux lianes*, destinée à son frère, Alfred. Le décès du père les avait-il rapprochés ou bien s'agissait-il d'une tentative de réconciliation volontaire, d'un authentique travail sur soi? Les larmes qui assaillirent le poète lors des retrouvailles avec sa mère, en avril 1861, à Bordeaux, – elle avait décidé de quitter Bourbon pour s'installer temporairement chez sa fille Anaïs, mariée à un armateur d'origine espagnole, M. de Saint-Martin – n'étaient-elles pas celles d'un fils aimant et repentant[224]?

Ce qui paraît certain, c'est que Leconte de Lisle amorçait un tournant esthétique et idéologique, et cela se ressentait dans ses relations avec autrui. Il voulait « donner à sa poésie un caractère plus objectif » et « les véritables exégèses qui accompagnaient les premières versions de *Niobé* et des *Ascètes* étant une intervention manifeste de sa subjectivité d'auteur[225] », il avait jugé plus approprié de les supprimer. Ainsi commençait-il, si l'on peut dire, à se dédoubler, une partie de lui-même, plus personnelle, se distanciant de l'autre, plus universelle, dont les *Poésies nouvelles* annonçaient la venue. Un nouveau Leconte de Lisle, renonçant à la subjectivité esthétique, tentait, en s'investissant dans l'étude de toutes les civilisations de l'humanité, présentes ou passées, mais aussi en se rapprochant de ces autres Barbares, au sens d'étrangers, qu'étaient devenus les membres de sa famille, de recouvrer ou de développer une forme de subjectivité éthique. Il avait conscience d'appartenir à une époque de décadence et il savait qu'il ne pourrait se détacher de lui-même, ni s'accomplir en tant que poète, sans se rapprocher, par le cœur et par l'esprit, de tous les autres hommes, sans effacer complètement l'image fugitive de son individualité narcissique. De fait, Leconte de Lisle ne signa jamais « Charles », même aux plus intimes, mais toujours « Leconte de Lisle », par souci, sinon de faire disparaître, du moins de maîtriser, voire de dompter, sous ce patronyme élégant, l'inanité de son redoutable *ego*. « Toute l'œuvre de Leconte de Lisle peut ainsi être lue comme un dialogue entre deux personnages, Leconte de Lisle et Charles ; le premier n'étant que la négation du second, son effacement, sa volonté de se détruire, le second étant la source sans cesse censurée de l'œuvre du premier[226]. »

Leconte de Lisle tendait à considérer toutes les religions et toutes les philosophies dans ce qu'elles pouvaient avoir de solide et de vrai, selon la raison universelle, pour en constituer un corps de doctrines censé représenter la vérité intégrale et la croyance générale de l'humanité tout entière. La perfection d'un homme ne pouvait être que la somme de toutes les perfections particulières. Ainsi le grand peintre grec Zeuxis, au ve siècle avant J.-C., avait-il eu recours aux traits de cinq jeunes filles de Crotone pour évoquer l'incomparable beauté d'Hélène. Ainsi Justin, Clément, Origène et Lactance crurent-ils que des vérités partielles se trouvaient disséminées chez les philosophes païens, annonçant la vérité totale et parfaite du Christianisme. Ainsi Victor Cousin voulut-il créer une philosophie qui fût audelà de tous les systèmes, dégageant ce qu'il y avait de vrai dans chacun d'eux, dans le matérialisme, dans l'idéalisme, dans le scepticisme et dans le mysticisme pour, grâce à l'irremplaçable exercice de la raison, permettre l'institution de l'existence de cette autre Trinité : Dieu, le Monde et Moi. L'éclectisme, « en continuant de développer les imperfections, les erreurs que renfermaient les systèmes où l'on expliquait tout par les sens, et les conséquences morales, sociales, esthétiques qui s'en déduisaient, et en exaltant au contraire la beauté des idées et des choses de l'ordre rationnel[227] », représentait d'abord, pour Leconte de Lisle, un moyen d'évasion, une manière d'affranchissement personnel du temps et de l'espace. C'était une façon de tourner le dos à son époque, à l'optimisme de l'industrie, à la banalité du quotidien et à la pugnacité de la vie pratique. Leconte de Lisle recréait son monde intérieur en rassemblant les beautés lointaines et passées alors même que son mal-être résultait de cette incapacité à se libérer de tout passé personnel.

En réaction contre l'industrie, le Second Empire fut aussi l'époque où l'on redécouvrit l'artisanat. En Angleterre, en 1862, refusant à la suite de Ruskin « les effets déshumanisants de la mécanisation », William Morris prit la tête du mouvement *Arts and Crafts*. En France, le potier Avisseau retrouva les recettes de Bernard Palissy ; Claudius Popelin, Alfred Meyer et Charles Lepec firent revivre « l'émail des peintres » ; les frères Fannière perpétuèrent l'art consommé des maîtres-orfèvres ; l'ébéniste Sauvrezy dessina et bâtit ses meubles dont il modela et sculpta le décor. Tous curent en commun un même amour du beau métier, qui leur fit refuser la division du travail au profit d'une unicité de conception et de réalisation. Bien connu comme restaurateur des édifices gothiques, Viollet-le-Duc, à la fois archéologue, architecte des monuments historiques, constructeur moderne, décorateur, peintre, dessinateur, théoricien et écrivain, fit figure de pionnier du fonctionnalisme en dégageant, par une analyse moderniste des méthodes de construction de l'art gothique, l'idée qu'il existait « une beauté directement liée au maniement des techniques[228] »... Louis Ménard, Victor de Laprade et Leconte de Lisle cherchèrent, quant à eux, à « introduire dans la poésie française les mystiques inspirations des magiciens de l'école platonicienne[229] ». Ils désiraient emprunter autant à la philosophie grecque qu'à la spiritualité orientale, et se réclamaient moins de la symbolique de Creuzer-Guigniaut ou de l'éclectisme moderne de Victor Cousin, que de celui de l'école d'Alexandrie du Ier siècle avant J.-C., « première école éclectique, première école mystique et première école panthéiste[230] ». Antiochus d'Ascalon, qui avait concilié platonisme (vrai au niveau du bien transcendant), aristotélisme (vrai au niveau de l'intellect divin) et stoïcisme (vrai au niveau du monde sensible) ; Chaerémon, qui fut le chef de l'école des grammairiens et le directeur du Musée d'Alexandrie ; Ammonios Saccas, qui fut le mystérieux maître de Plotin ; Origène, avec ses étranges théories sur la chute et la purification des âmes ; Clément, pour qui les voyages n'étaient qu'une façon d'acquérir la sagesse et qui mit au point une méthode d'accès à la perfection individuelle passant par une synthèse entre l'hellénisme, le Judaïsme et le Christianisme ; Pantène, qui « butinait les fleurs comme une véritable abeille dans la prairie des prophètes et des apôtres, pour déposer dans les âmes une gnose toute pure » ; Porphyre, qui opposa au Christianisme une recherche ardente et pure du salut de l'âme humaine ; Jamblique, qui écrivit un ouvrage subtil sur les Mystères et fut l'élève du précédent ; Longin, qui fut l'hôte et le conseiller d'une certaine Zénobie de Palmyre, désireuse d'émanciper l'Asie de la tutelle romaine ; Proclus, qui pour se consoler de la médiocrité de la vie terrestre rêva un monde idéal dont il s'auto-proclama « prêtre de tous les dieux » ; Philon, qui fut le brillant commentateur de la *Torah* selon les catégories hellénistiques et l'inventeur de la méthode dite allégorique ; Plotin enfin, pour qui « la fin et le but étaient de s'unir au Dieu qui est supérieur à tout et de s'approcher de Lui[231] » ; toutes les théories de ces penseurs d'une époque tardive, décadente et dédaignée au profit des poètes païens traditionnels, toutes les élucubrations de ces philosophes alexandrins, hérétiques, syncrétistes ou gnostiques, rejetant partiellement ou totalement les interprétations de l'Église, ne pouvaient qu'éveiller l'intérêt de Leconte de Lisle. Il se reconnaissait en chacun d'eux qui devinrent, en quelque sorte, ses directeurs spirituels.

Ainsi un jeu de miroir entre le présent et le passé, entre le Moi de l'artiste et celui des autres hommes, entre le proche et le lointain, l'actualité et l'Histoire était-il omniprésent dans les *Poésies nouvelles*. « L'Inde était l'Italie de l'Orient ; mais une Italie où tout était gigantesque, dont Ceylan était la Sicile, l'Himalaya les Alpes, et les monts Vindhyas les Apennins. Comme dans l'autre Italie, vingt siècles de conquête avaient déposé les alluvions de vingt peuples sur le fond commun de la grande famille des hindous[232]. » De même, « l'oppression que l'Angleterre faisait peser sur elle était semblable à celle que l'Autriche faisait peser sur l'Italie et à celle que les Turcs faisaient peser sur une partie du territoire grec. Les mouvements d'anticipation nationale étaient les mêmes des deux côtés et Leconte de Lisle prenait simultanément parti pour l'indépendance de l'Italie dans *À l'Italie* et pour celle de l'Inde dans son article sur *L'Inde française*[233] », paru dans *Le Présent* en 1858. Le remplacement de l'hellénisme par le Christianisme au Ve siècle, à Alexandrie, dans *Hypatie et Cyrille*, faisait tacitement écho au remplacement attendu du Christianisme par une nouvelle organisation spirituelle et sociale, une nouvelle République dont le polythéisme eût été, selon Louis Ménard[234], la condition nécessaire.

Victorieux, vaincus, fantassins, cavaliers,
Les voici maintenant, blêmes, muets, farouches,
Les poings fermés, serrant les dents, et les yeux louches,
Dans la mort furieuse étendus par milliers.

La pluie, avec lenteur lavant leurs pâles faces,
Aux pentes du terrain fait murmurer les eaux ;
Et par la morne plaine où tourne un vol d'oiseaux
Le ciel d'un soir sinistre estompe au loin leurs masses[235].

Le Soir d'une bataille renvoyait explicitement à la bataille de Solferino des Italiens contre les Autrichiens. Le conflit entre « le Vicaire infaillible de Dieu » et « le Chœur des Césars », dans les *Deux Glaives*, répondait au *Grégoire VII* de Désiré Laverdant, à qui Leconte de Lisle dédia le poème[236], et aux événements de septembre 1860, où les armées de Pie IX, mollement soutenues par Napoléon III, avaient été écrasées à Castelfidardo par le roi de Sardaigne, Victor-Emmanuel II, qui allait annexer les anciennes provinces pontificales de l'Ombrie et des Marches. En retour, le nouveau roi d'Italie et son gouvernement furent excommuniés.

Paradoxalement, Leconte de Lisle, plus que jamais, mêlait sa poésie à la vie de la société et aux combats de son époque, surtout pendant la guerre d'Italie et l'expédition des Deux-Siciles – où mourut son vieil ami Paul de Flotte, le 22 août 1860, en criant : « Sainte Liberté ! » –, conscient non pas d'avoir à les guider mais d'avoir à être guidé par eux ; non pas de pouvoir les transformer, mais de devoir être transformé par eux. Par eux, il aliénait sa poésie, et, par sa poésie, Leconte de Lisle se libérait de son aliénation, atteignant même cette absolue liberté que seule la beauté peut procurer, cette beauté que ni la caste des bourgeois, ni celle des politiques, ni celle des ouvriers, ni celle des scientifiques ne pouvaient concevoir. « La poésie était toujours chez lui un Janus bifrons ; d'un côté tous ses thèmes, toutes ses images étaient absolument déterminés par ce qui l'entourait ; de l'autre l'écriture était l'exercice d'une pleine et entière liberté. [...] Devant le fait brut et inéluctable qui l'accablait et sur lequel il n'avait aucune prise, le poète écrivait, exprimait sa propre émotion, ce qui était une façon de dominer et par conséquent d'affirmer son autonomie[237]. » Du coup, ce fanatique du vrai, du beau et du bien tels que les avait définis Victor Cousin[238], cet idolâtre de la poésie immortelle dont les procédés de fabrication, étant donné qu'il n'en pouvait exister de meilleurs que ceux hérités de la tradition, étaient ceux qu'il reproduisait, cet amoureux de la perfection formelle existant de toute éternité, ce conservateur acharné de la vérité antique, aliéné aux événements politiques de l'histoire contemporaine, se trouvait embarrassé pour continuer à être crédible lorsqu'il s'agissait de défendre l'avènement de la République ou l'imminence d'une révolution. Au rebours de Rimbaud et de Lautréamont, Leconte de Lisle en venait à penser qu'il n'y avait rien de plus révolutionnaire que la tradition, qu'il n'y avait pas besoin de lutter contre elle pour bâtir une société meilleure, et que, puisqu'elle faisait partie du sang et de la moelle communs, l'on devait nécessairement passer par elle pour atteindre au génie du renouveau.

La beauté était un mystère dont il fallait percer les secrets, découvrir l'alchimie, et de cette équation naîtrait la pierre philosophale : « N'est neuf que l'Éternel. » Telle était la formule. Peu à peu l'artisan désireux de s'insérer dans la société et de produire une œuvre susceptible d'acquérir une valeur marchande gagnait en apparence sur le révolutionnaire et sur le révolté, fasciné par la marginalité. Son amour pour l'ordre ancien des choses l'invitait au conformisme et au conservatisme de façade, à l'horreur de la mort – indissociablement liée chez lui à la soif de justice – et à l'extase de la vie. Cela tenait aussi à la très haute idée qu'il se faisait du poète, et donc de lui-même, qui devait être non seulement ce magicien capable de créer sur commande l'éblouissante beauté, mais encore cet homme irréprochable, droit, pur, ce modèle d'existence et cet exemple de vie qui confinait à l'héroïsme de la chevalerie. En réalité, si la bourgeoisie du Second Empire ne dégoûtait pas viscéralement l'homme, l'homme sentait qu'il était de son devoir d'artiste qu'il en fût ainsi.

Leconte de Lisle privilégiait l'émotion sur l'intellectualisme de systèmes philosophiques entre lesquels – Monisme ou dualisme ? Panthéisme ou nihilisme ? – il ne parvint jamais à choisir. Chaque univers lui paraissait contenir sa parcelle de vérité, son étincelle de génie, et c'est pourquoi il tendit les bras à cet éclectisme de la capitale des Ptolémée, concurrente directe de la Rome antique, véritable comptoir du monde, carrefour et creuset des civilisations les plus hétéroclites, qui priaient aussi bien Sérapis dans le temple de Kôm el-Chougafa qu'Hermès, Héphaïstos, Mithra, Némésis, Poséidon ou Pan, foyer de séditions et de répressions, confluence de l'art égyptien, de la beauté grecque et de la culture juive. Sa poésie puisait à la fois dans l'infini de l'antiquité et dans le fini de l'actualité ; elle avait un œil sur Homère et l'autre sur Napoléon III. Malgré son désir prononcé de philosopher, sa volonté pendant ces années 1850-1860 d'embrasser une pensée qui fût à la fois cohérente et universelle, il ne put jamais vraiment se satisfaire d'aucune de celles proposées par Kant, Hegel, qu'il n'avait peut-être pas lus dans le détail, Fourier, Comte, Proudhon ou Renouvier. Son monde se résumait à un gigantesque *patchwork* regroupant les vérités de Callimaque, de Théocrite, d'Euclide, de Ptolémée, d'Aristote et de Platon, certes, mais encore celles de tous les autres penseurs de tous les autres peuples. Du coup, l'originalité du poète philosophe, « merveilleusement doué du pouvoir de faire revivre les mentalités collectives[239] », était qu'il n'avait précisément pas connu de philosophie déterminante mais appris des philosophies déterminées, pas possédé d'univers qui lui fût propre mais emprunté des ambiances qui lui furent proches. Protée se posait en émule de Janus : si Charles revêtait un masque, Leconte de Lisle, lui, en affichait bien mille.

Nous ignorons si le dessinateur et le poète travaillèrent de concert, mais, à cet égard, le frontispice du Malouin Louis Noël Duveau[240] aux *Poésies complètes* – 1 200 exemplaires –, tout empreint de ce double esprit, à la fois grec et oriental, si caractéristique de l'École d'Alexandrie[241], rendait parfaitement compte de cette bipolarité.

Au centre et au sommet figure, dans le cercle parfait du bronze d'un bouclier d'Achille, clouté sur le bord droit, ciselé sur le gauche, en lettres manuscrites et sur trois niveaux, le titre sobre : « POËSIES / DE / Leconte de Lisle », ainsi que la date : « 1858 ». Ce médaillon, ceint de lauriers odorants, est encadré en arrière plan par deux larges colonnes de pierre, aux chapiteaux de styles distincts, et très aisément reconnaissables, mais qui ne sont structurellement qu'un. Celui de droite, d'influence dorique, porte triglyphes et métopes rappelant ceux des Panathénées ; celui de gauche, d'un chantournement tout oriental, n'est pas figuratif. Au pied de la puissante colonne, aux cannelures cloisonnées d'arêtes vives, les noms des éditeurs, dans la même typographie : « Poulet Malassis et Debroise ». Juste au-dessus, six petits personnages debout sont graves et austères. À gauche, Vishnou, Brahmâ et Çiva ; à droite, Chronos, Ouranos et Rhéa. Au centre de la gravure, les deux allégories principales, des jumelles boudeuses : l'Inde, poitrine dénudée, pressant de sa main droite, telle Gabrielle d'Estrées, le tendre pédoncule d'une fleur de lotus, et, de sa gauche, la dorure inclinée d'un grand in-folio des métaphysiques *Védas* ou de la *Bhagavat-Gita* (Elle porte une coiffe étonnante, pointue, peut-être plus birmane qu'hindoue) ; et la Grèce, pudiquement drapée dans son *himation* et son *chiton*, tenant d'une main la belliqueuse épée, inclinée vers l'arrière, et de l'autre, versant une libation d'une coupelle qui rappelle, par sa forme, le bouclier d'Achille, placé juste au-dessus, et, par sa générosité, la cataracte d'une source bourbonienne. Sous cette source, la flamme des sacrifices. Sous cette flamme, le « mur des siècles écroulés », « vision chaotique », « débris informes », « chaos grandiose », « puzzle géant[242] », impression baroque de joyeux fouillis puisque les *Poésies complètes* étaient loin de se limiter à la seule Grèce et à la seule Inde. Elles évoquaient aussi le monde barbare (*Le Runoïa*), celui de la Polynésie (*Genèse polynésienne*), celui des tropiques (*La Ravine Saint-Gilles*) et celui de l'amour déçu (*Le Sacrifice*) : le bilan de quarante années de vie ; dont vingt, de survie.

Chapitre neuvième

La nouvelle école

(1862-1870)

« Tous ces débris de nations aspiraient à l'unité[243]. » Leconte de Lisle, comme l'Inde et comme la Grèce, voulait lui aussi donner une cohérence à la forme de son œuvre et au fond de son histoire. Mais il n'en trouva pas ailleurs que dans ce mélange hétérogène et foisonnant des courants et des inspirations : « tout un bric-à-brac de pièces antiques, indiennes, scandinaves, égyptiennes, sans compter les vers purement lyriques ou d'actualité[244] ». On passait de la France à la Judée, de la Judée aux Indes, des Indes à la Scandinavie, du XIIe au XVIe siècle, du XVIe au IVe et du IVe au XVe. Le recueil des *Poésies barbares*, paru le 22 mars 1862, chez le même Poulet-Malassis, et dont le titre trottait dans sa tête depuis au moins le 31 octobre 1858, date à laquelle il publia dans la *Revue Contemporaine*, sous cette même étiquette, *La Vision de Sigurd* et *La Vision de Snorr*, était encore plus éclaté et plus hétéroclite que le précédent. Et le titre, « uniquement destiné à contrarier les amateurs du Moyen-Âge[245] », ne suffit malheureusement pas à assurer le succès de l'ouvrage.

Un solide fil conducteur reliait néanmoins des pièces aussi diverses que *La Fin de l'Homme, Solvet Seclum*[246], *Les Clairs de lune*, *La Mort du Soleil* et *Le Vœu suprême* : toutes évoquaient la mort des individus et « la vie sans cesse renaissante des générations[247] » :

> Et sur le désert sombre, et dans le noir espace,
> Un sanglot effroyable et multiple courut,
> Chœur immense et sans fin, disant : – Père, salut !
> Nous sommes ton péché, ton supplice et ta race…
> Meurs, nous vivrons ! – Et l'Homme épouvanté mourut[248].

La référence à la perte du père était on ne peut plus explicite, tout comme sa conséquence inéluctable : la renaissance du fils. Fallait-il s'en réjouir ou s'en plaindre, c'était là tout le drame, toute l'ambivalence de la flamme, destructrice et purificatrice, qui brûlait sur l'autel de ses douleurs secrètes. Le soleil était mort, ne restaient que des cendres et des morceaux de cœur brisé pour les y recueillir.

> Tombe, Astre glorieux, source et flambeau du jour !
> Ta gloire en nappes d'or coule de ta blessure,
> Comme d'un sein puissant tombe un suprême amour.
>
> Meurs donc, tu renaîtras ! L'espérance en est sûre.
> Mais qui rendra la vie et la flamme et la voix
> Au cœur qui s'est brisé pour la dernière fois[249] ?

On peut se demander si la prédilection du poète pour l'histoire des origines de l'Occident, dont la ville éclectique des Ptolémée devint l'une des sources majeures, n'était pas chez lui une façon de se retremper dans une civilisation qui fut incontestablement neuve, sublime, vivante, pure, douce, tolérante, en correspondance avec son désir de recouvrer ou de redéfinir son enfance de créole républicain et abolitionniste ; s'il ne s'agissait pas surtout d'une tentative de reconstruction personnelle autant qu'une invitation au voyage utopique, ou un appel à l'évasion céleste. Comme lui, Alexandrie était une immense mosaïque ; comme elle, Leconte de Lisle fourmillait de cultures bigarrées[250]. Tous deux attendaient le Messie de la religion à venir dont les poètes, libres encore de tout sacerdoce, de toute inquisition, de tout despotisme, libérés de toute hiérarchie, pussent non seulement être les premiers adorateurs mais encore les interprètes originaux, les véhicules précieux et les divins pères fondateurs. Alexandrie était la nouvelle Terre promise ; Leconte de Lisle en serait le nouvel Alexandre. « Après un premier débordement d'admiration, qui retentit comme un chant de victoire, s'épanchèrent les intarissables remerciements du peuple nouveau-né à la terre fleurie qui était son berceau, au ciel bleu qui le couvrait, à l'air vivifiant qui le nourrissait, aux fraîches eaux qui le désaltéraient, à la tiède lumière qui l'inondait ; et comme il n'avait rien à donner que ce qu'il avait reçu, il voulut, du moins, rendre à ses bienfaiteurs une part de leurs bienfaits[251]. »

De même, on peut s'interroger sur l'abondante présence des animaux dans son univers : le jaguar, le lion, la panthère, etc. Que venaient-ils y faire ? Étaient-ce leurs impressionnantes et sculpturales musculatures qui intéressaient le poète, leur puissant désir de vivre, leur absence totale de toute moralité dogmatique ? Ou bien recherchait-il en chacun de ces symboles solaires et paternels la même chose que chez les peuplades barbares du monde entier, une « conscience cellulaire », un embryon d'humanité, la matrice de toute vie civilisée ? La bête n'était-elle pas la source où il fallait puiser pour recouvrer les origines des hommes ; l'homme n'était-il pas l'océan où il fallait plonger pour retrouver les souvenirs des bêtes ? Ces deux êtres n'étaient-ils pas devenus, depuis Darwin, d'authentiques parents et donc, des héritiers ? Si tel était le cas, tout autant que l'inverse, l'animal avait une mémoire, un message à transmettre au nouveau monde. Il pouvait lui réapprendre le courage, la fierté, la grandeur, la noblesse, la beauté, toutes ces valeurs innées, rivées à la conscience humaine, et que la modernité, abêtie de confort, aveuglée de progrès, amollie de découvertes, de sciences et de techniques, semblait avoir oubliées. À moins que l'animal ne fût lui-même dégénéré, souillé dans son essence primitive, châtré dans sa passion civilisatrice, investi d' « une *violence platonique* plus curieuse encore que l'amour platonique[252] », auquel cas il ne serait de ces vertus que la pitoyable incarnation, la sublime caricature. Quoi qu'il en soit, grossissant ou déformant, l'animal était un miroir. Il ramenait l'homme moderne à la terre de ses ancêtres, le guérissait de ses angoisses, de ses penchants néfastes et de ses plaies secrètes, lui rappelait qu'avant de régenter un esprit, un ventre le gouvernait, une bouche, une chair, et, l'aidant à prendre pleinement conscience de ces réalités amères et carnassières, l'invitait à s'appuyer sur elles pour mieux s'en libérer et s'élever ; il le renvoyait à la profondeur de ses entrailles, à la cruauté de sa matérialité, à la tyrannie de ses instincts qu'il croyait souvent plus estimable ou plus louable de fuir, de transcender par le rêve, par la lutte ou par l'amour, alors qu'il suffisait peut-être, pour leur échapper, d'en soupeser la forme, d'en éprouver la résistance ou d'en survoler l'abîme. Au reste, l'animal, comme l'homme, était polymorphique, janusien, bicéphale, mais, mieux que l'homme, il n'en avait pas conscience. Sa fraîcheur était celle de l'enfance ; sa beauté, celle de l'innocence. Certes, il vivait dans le temps, mais le temps ne vivait pas en lui. Certes, il s'altérait, se transformait, mais il ne souffrait pas de nostalgie[253].

« Dans les années où furent composés les *Poèmes barbares*, le transformisme bouillonnait et grondait comme un torrent souterrain, avant d'être capté, éclairci et rétréci par Darwin. Rien qu'en France, les élèves de Geoffroy Saint-Hilaire, Savigny, Audouin, Laurencet, Serres, développaient cette idée que les êtres vivants étaient formés sur un plan unique, essentiellement le même dans son principe, mais soumis, dans ses parties accessoires à des influences multiples et capables de varier de mille manières. Le Traité de l'*Origine des Espèces* parut en 1859 ; les *Poèmes barbares*[254] furent réunis et publiés en 1862. Ces deux œuvres étaient la manifestation des mêmes forces, dans les domaines différents de l'histoire naturelle et de la poésie... Au fond des *Poèmes barbares* résidait l'idée de l'unité des espèces de la Nature : il n'était qu'une seule sorte d'âme, plus ou moins obscure ou consciente, infuse dans tous les êtres animés... L'effort de Leconte de Lisle pour saisir les frissons intimes, la vie nerveuse et cérébrale des animaux, pour s'insinuer dans leur sourde conscience, était d'origine nettement transformiste[255]. »

L'unité des espèces

Certes il y avait une puissance dans *La Panthère noire* et *Le Jaguar* des *Poésies barbares* qu'il n'y avait pas dans le bœuf de *Fultus Hyacintho*. Les prédateurs ne frappent-ils pas les esprits d'une fascination plus grande ? Ne sont-ils pas moins nombreux, plus mystérieux, plus fragiles et plus beaux que les individus des autres espèces ? Leur nourriture ne dépend-elle pas des largesses d'Artémis et non de la prodigalité de Déméter ? C'est dans le feu du combat, après leurs interminables siestes passées à l'ombre des grands arbres, qu'ils doivent la conquérir. Ils ne sont pas sédentaires, mais nomades. Ils ne travaillent pas, mais chassent, tuent, ravissent. Même le ventre vide, ils continuent leur route. L'instinct est le maître, le ciel est le toit. Tout les domine, tout les contrôle ; de là leur liberté. Le bœuf, quant à lui, a la terre pour chaîne. Il est né esclave. Il avance la tête baissée et, le ventre distendu, rumine encore. Néanmoins, chez Leconte de Lisle, le ruminant et le fauve incarnaient allégoriquement deux aspects complémentaires d'une même réalité humaine. Le bœuf (le peuple) était le dominé, le pacifique, le domestique, de même que l'éléphant ou tout autre herbivore ; le lion (l'aristocrate) était le dominant, le belliqueux, le sauvage, de même que la panthère, le jaguar, le tigre ou tout autre prédateur[256]. Les phytophages subissaient le désir, en étaient les objets lunaires ; les carnivores le symbolisaient et campaient les sujets solaires. Les premiers avaient contribué à l'établissement de la civilisation moderne et décadente qu'il fallait remplacer ; les seconds participaient de la barbarie des origines qui ressusciterait l'art, la science et la religion. Les sabots étaient la cendre ; les griffes le limon.

Leconte de Lisle, cet ennemi du Moyen-Âge, reprenait donc à son compte, en le transposant dans le règne animal, le vieux thème de la *fin 'amor* où chasse et convoitise revendiquent et subissent le même sort : l'éternelle renaissance des appétits. « Dans la lutte périlleuse contre le fauve, le citadin s'essayait à retrouver en lui la *duritia* du barbare, la fougueuse violence des *duri venatores* du clan primitif, l'élan d'impétuosité violente de l'origine, la menace immédiate de la mort qui fait le héros[257]. » Le sommeil, support de l'érotisme, devenait soit berceau soit cercueil, la mort soit grande soit petite, selon que les instincts primitifs étaient inassouvis ou pas. Tout s'endormait, tout s'éveillait dans la jungle de ces poèmes animaliers d'une sensualité toujours extraordinaire, où le sang se fait sève et la branche liane, où tout plie, tout ploie, se noue ou se dénoue sous le faix du désir :

La reine de Java, la noire chasseresse,
Avec l'aube, revient au gîte où ses petits
Parmi les os luisants miaulent de détresse,
Les uns sous les autres blottis.

Inquiète, les yeux aigus comme des flèches,
Elle ondule, épiant l'ombre des rameaux lourds.
Quelques taches de sang, éparses, toutes fraîches,
Mouillent sa robe de velours.

Elle traîne après elle un reste de sa chasse,
Un quartier du beau cerf qu'elle a mangé la nuit ;
Et sur la mousse en fleur une effroyable trace
Rouge, et chaude encore, la suit[258].

Leconte de Lisle était « enraciné dans son désir comme le nourrisson dans sa mère, comme le fascinus[259] dans la *vagina*, comme l'homme mûr est enraciné dans son enfance historique, comme son ontogénèse est enracinée dans la phylogénèse, comme la vie est enracinée dans son appartenance à l'univers, aux saisons, aux rythmes cardiaques, aux rythmes nycthéméraux, aux marées, aux astres qui éclairent[260] ». D'ailleurs, le désir, n'est-il pas un fauve ? Quoi de plus carnassier que la chair ? Les amants ne se mangent-ils pas ? Ne se consomment-ils pas ? Ne se dévorent-ils pas ? D'abord les yeux, puis la bouche, puis le sexe, puis le corps tout entier ? Et lorsqu'ils ont fini, ne recommencent-ils pas ? Les amants ne sont-ils pas des Tantales cannibales, sans cesse condamnés à s'entre-dévorer, sans jamais être rassasiés ? Aimer, n'est-ce pas ce supplice anthropophage que rappelle l'archaïque férocité des bêtes sauvages ? Kronos dévorant ses enfants ? Médée les sacrifiant ? Car Médée, comme Phèdre, Frédégonde ou les Érinnyes, « ne pardonnait rien, puisqu'elle ne comprenait rien. Elle se vengeait, mais elle était femme jusqu'au bout et c'était l'amour encore, l'amour de ses enfants, de ses petits, qui lui inspirait une ruse instinctive et sauvage. Pour leur garder un nom irréprochable, pour leur ménager la bonne place au foyer, elle souillait et détruisait l'homme qu'elle aimait. L'amour était cruel. L'amour et la faim faisaient vite reparaître en nous la brute primitive. Et comme la faim et l'amour étaient les seuls mobiles de toutes les actions humaines, ces actions étaient rarement innocentes. La vie n'était point d'elle-même inoffensive. Elle se nourrissait de meurtre. Vivre, c'était détruire. Le monde était aux grands carnassiers ; et la femme la plus douce avait naturellement quatre dents de loup dans la bouche[261]. » C'était une panthère fascinante, « rouge et chaude encore » des ébats de la nuit, apportant à ses petits leur « effroyable » propre chair à dévorer, celle du mâle, ce « beau cerf » aux abois que la brutalité des instincts primitifs avait brusquement condamné au rituel de la dévoration. Le baiser n'est-il pas une morsure plus douce ? La morsure, un baiser plus brutal ?

Habituellement, c'était l'homme qui campait le chasseur et la femme la proie, mais ici le poète avait inversé les rôles. Si le prototype de la femme phallique, guerrière, carnassière, passionnée, la *virago*, ne fut jamais du goût de Charles qui épousa une lingère très douce et très soumise, en revanche elle fascinait Leconte de Lisle qui, parce qu'elle était aussi une occasion politique de « dénoncer la conduite lâche et apeurée des Français du Second Empire[262] », représenta souvent la femme de cette manière (*Nurmahal*, *Le conseil du Fakir*, *Le Jugement de Komor*, etc.). Si tel n'était pas le cas, il s'agissait alors d'une jeune femme pure, vierge, innocente : la *vestale*.

Chez l'artiste en effet, la perte de la virginité semblait correspondre à un rite initiatique et barbare d'intronisation dans le nouveau monde des adultes ; le père n'était jamais séparé de l'amant qui lui-même était toujours une victime, et l'acte sexuel balançait apparemment entre deux extrêmes : soit il n'était pas le premier et, ne permettant plus d'échapper au monde clos de la barbarie, n'avait artistiquement qu'une valeur de circonstance ; soit il l'était effectivement et devenait la liaison même, le cordon, l'alliance fragile entre deux mondes contraires et, possédant intrinsèquement toute la magie vespérale de la tragédie, tout le mystère crépusculaire du drame, prenait *de facto* une dimension universelle (*Djihan-Arâ*, *Néférou-Ra*, *Le Manchy*, *La Fille de l'Émyr*, etc.).

La femme oscillait donc entre deux archétypes : le souvenir passionné de Mme Jobbé-Duval (la *virago*) et celui d'Élixenne de Lanux (la *vestale*), entre la Musette de la rue de Sèvre et la Mante-religieuse de la rue de Vaugirard, entre Marie et Marie Madeleine, la sainte ou la prostituée. En ceci, Leconte de Lisle appartenait entièrement au monde moderne tel qu'il l'avait défini dans la préface des *Poëmes et Poésies* et tel qu'il l'abhorrait. Il « ne réussissait à concevoir des types féminins qu'à la condition d'altérer leur essence même, soit en leur attribuant un caractère viril, comme à Lady Macbeth et à Julie, soit en les reléguant dans une sphère nébuleuse et fantastique, comme pour Béatrice[263] ». L'acte sexuel était donc toujours un événement éminemment tragique puisque toujours affronté à la transgression d'un interdit civilisateur : celui de l'inceste, comme pour les filles de Loth dans le livre de la *Genèse*[264], ou celui de l'adultère, comme pour Suzanne dans le livre de *Daniel* : « Me voici traquée de toutes parts : si je cède, c'est pour moi la mort, si je résiste, je ne vous échapperai pas[265]. »

Or, si Charles avait jadis choisi entre ces deux maux le moindre, Leconte de Lisle privilégiait le pire. Du coup, la première relation sexuelle devenait la dernière, et, loin de donner la vie, semait le plus souvent la tristesse et la mort.

> Hier, Néférou-Ra courait parmi les roses,
> La joue et le front purs polis comme un bel or,
> Et souriait, son cœur étant paisible encor,
> De voir dans le ciel bleu voler les ibis roses.
>
> Et voici qu'elle pleure en un rêve enflammé,
> Amer, mystérieux, qui consume sa vie !
> Quel démon l'a touchée, ou quel Dieu la convie ?
> Ô lumineuse fleur, meurs-tu d'avoir aimé ?
>
> Puisque Néférou-Ra, sur sa couche d'ivoire,
> Palmier frêle, a ployé sous un souffle ennemi,
> La tristesse envahit la terre de Khêmi,
> Et l'âme de Rhamsès est comme la nuit noire[266].

« Le père, nous dit Edgard Pich, jouait à cet égard presque toujours un rôle essentiel dans le drame de sa fille : dans *Néférou-Ra*, il tentait inutilement de guérir sa maladie ; dans *Djihan-Arâ*, il était au contraire l'objet de ses soins ; l'Iphigénie des *Érinnyes* avait été victime de l'ambition du Roi des rois. La vierge Hypatie s'était donné pour tâche de conserver les vertus "paternelles" ; Aysha, autre vierge promise à la mort, était appelée *La Fille de l'Émyr*[267] »... Parallèlement à cela, planait sur lui la crainte psychanalytique de la castration par la femme virilisée, changée en « panthère noire », métamorphosée en Kronos. Les relations sexuelles se soldaient donc soit par la mort de la *vestale* violentée par le père soit par la féminisation du père, émasculé par la *virago*. Le mâle vivait ainsi dans une double angoisse : celle de dévorer sa propre descendance, ou celle de se voir lui-même dévoré, privé de sa virilité par sa maîtresse, désireuse de prendre sa place, de s'approprier le pouvoir par l'exercice de sa tyrannie.

Dans l'univers poétique de Leconte de Lisle, « l'épouse, la mère, la jeune fille avaient disparu ; à leur place régnait la courtisane, [...] union hétéroclite et monstrueuse des attributs masculins et féminins[268] ». Elle représentait la confusion des genres, l'unité des espèces, l'union de la femme phallique et de l'eunuque. Elle incarnait la pornocratie nouvelle, moderne, inhumaine, dont le pendant était la dénaturation des êtres. Ainsi, tout ce que l'homme et la femme avaient perdu de spontané et de naturel dans l'étreinte, les bêtes devaient le retrouver ; tout ce que la femme et l'homme avaient ajouté de barbare et de cruel dans l'amour, les bêtes pouvaient le suggérer.

Stupide, vacillant sur ses jambes inertes,
Il pousse contre terre un mugissement fou ;
Et le jaguar, du creux des branches entr'ouvertes,
Se détend comme un arc et le saisit au cou.

Le bœuf cède, en trouant la terre de ses cornes,
Sous le choc imprévu qui le force à plier ;
Mais bientôt, furieux, par les plaines sans bornes
Il emporte au hasard son fauve cavalier.

Sur le sable mouvant qui s'amoncelle en dune,
De marais, de rochers, de buissons entravé,
Ils passent, aux lueurs blafardes de la lune,
L'un ivre, aveugle, en sang, l'autre à sa chair rivé.

Ils plongent au plus noir de l'immobile espace,
Et l'horizon recule et s'élargit toujours ;
Et, d'instants en instants, leur rumeur qui s'efface
Dans la nuit et la mort enfonce ses bruits sourds[269].

La nuit noire était en effet l'espace le mieux propice à l'expression du pur désir qui était à l'assouvissement ce que la brûlure est à la lumière. « La succession du jour et de la nuit n'était pas seulement un phénomène physique ; c'était une lutte entre deux principes d'où un monde nouveau naissait chaque soir et chaque matin[270]. » L'aurore, mélange hétérogène, symbolisait l'étreinte sidérale où les forces de la chair se mêlaient à celles de l'esprit, l'esprit à la boue et la boue aux étoiles. Elle était la rencontre de ces deux principes antithétiques, le bien et le mal, le commencement et la fin, la guerre et la paix, l'ombre et la lumière, l'homme et la femme, l'humain et l'animal :

La mer est grise, calme, immense,
L'œil vainement en fait le tour.
Rien ne finit, rien ne commence :
Ce n'est ni la nuit, ni le jour.

Point de lame à frange d'écume,
Point d'étoiles au fond de l'air.
Rien ne s'éteint, rien ne s'allume :
L'espace n'est ni noir ni clair[271].

Sublime et douloureux dilemme dont on croyait pouvoir s'extraire en allant plus avant dans la noirceur de la nuit ! Tentative nulle, bien sûr, car ce qu'il fallait, c'était outrepasser les limites des métempsychoses cosmiques, sortir du cycle des réincarnations spatiales, franchir les frontières du Nirvana céleste, la véritable ascèse consistant non pas à faire céder la chair hantée par le désir, mais le désir habité par la chair, non pas à se laisser envahir par la nuit, mais à devenir la nuit, non pas à vouloir l'assimiler en soi, mais à pouvoir s'assimiler en elle. Bien entendu, rien de terrestre n'y parviendrait : aucune panthère, aucun lion, nul jaguar… Pour atteindre cet idéal, il fallait être capable d'élévation spirituelle, d'abnégation surnaturelle, de méditation, de réflexion, de componction intérieures, et « seul le condor donnait quelques idées de ces larges allures, partait, arrivait, repartait, montait, descendait, planait, s'enfonçait, plongeait, se précipitait, s'engloutissait en bas, s'engloutissait en haut. Il était de ces génies mal bridés exprès par Dieu pour qu'ils aillent farouches et à plein vol dans l'infini[272]. »

Lui, comme un spectre, seul, au front du pic altier,
Baigné d'une lueur qui saigne sur la neige,
Il attend cette mer sinistre qui l'assiège :
Elle arrive, déferle, et le couvre en entier.
Dans l'abîme sans fond la Croix australe allume
Sur les côtes du ciel son phare constellé.
Il râle de plaisir, il agite sa plume,
Il érige son cou musculeux et pelé,
Il s'enlève en fouettant l'âpre neige des Andes,
Dans un cri rauque il monte où n'atteint pas le vent,
Et, loin du globe noir, loin de l'astre vivant,
Il dort dans l'air glacé, les ailes toutes grandes[273].

On le voit bien, « cette première méditation de l'âme, cette impression généralement éprouvée en face du spectacle imposant qu'offrent le silence et les beautés de la nuit, impression décrite tant de fois et sous tant de formes, n'avait jamais été renfermée, comme pensée, dans les quatorze vers d'un sonnet. Les idées avaient été et étaient unes, il ne restait à changer que l'expression, et c'était là que devait tendre l'effort du poète, en tout et pour tout[274]. » Le désir le plus bestial, s'il était non plus subi mais réfléchi, confinait à l'élan mystique : ne manquaient que les mots pour le dire, que la prière pour le chanter. Les anciens comme les modernes avaient souvent dépeint le spectacle de ces grands oiseaux : Lamartine dans les *Méditations*, Victor de Laprade dans les *Symphonies*, Alfred de Vigny dans *L'Aigle des Asturies*, Baudelaire dans *L'Albatros*, mais jamais l'animal n'avait été représenté comme l'objet de sa propre quête, cherchant à s'absorber dans la nuit pacificatrice d'un désir apprivoisé que figurait le sommeil. L'aurore n'était plus dans l'espace unitaire mais à l'intérieur même de l'animal, partagé entre le songe et la conscience, entre le rêve et la réalité[275]. Finalement, le condor n'était pas un aigle, il échappait à sa nature de carnassier, parvenait à maîtriser ses appétits vulgaires pour devenir un ermite, un ascète, un exilé, celui « qui fixait les astres sans baisser les yeux, et qui dans la nuée en feu déchirée par l'ouragan, suivait d'une aile jamais lassée le vol vertigineux de la foudre[276] ».

La poésie, cette « chose qui surpasse toute science[277] », était devenue la religion de Leconte de Lisle, le beau son Dieu, l'écriture son instrument de connaissance ontologique et mystique consistant à s'oublier pour s'abîmer exclusivement dans la lumière de la vérité esthétique. Avec *Le Sommeil du Condor*, une étape décisive de sa formation artistique avait été franchie. Là, comme l'écrivit Charles Baudelaire dans la quatrième période des *Poëtes français* publiée par Eugène Crépet en 1862, « Leconte de Lisle s'élevait bien au-dessus de ces mélancoliques de salon, de ces fabricants d'albums et de keepsakes où tout, philosophie et poésie, était ajusté au sentiment des demoiselles. [...] Peindre en beaux vers, d'une nature lumineuse et tranquille, les manières diverses suivant lesquelles l'homme avait, jusqu'à présent, adoré Dieu et cherché le beau, tel avait été, autant qu'on en pouvait juger par son recueil le plus complet [les *Poésies complètes*], le but que Leconte de Lisle avait assigné à sa poésie. Son premier pèlerinage avait été pour la Grèce. [...] Peu à peu, son humeur l'avait entraîné vers des mondes de beauté plus mystérieux. La part qu'il avait faite aux religions asiatiques était énorme, et c'était là qu'il avait versé à flots majestueux son dégoût naturel pour les choses transitoires, pour le badinage de la vie, et son amour infini pour l'immuable, pour l'éternel, pour le *divin Néant*. D'autres fois, avec une soudaineté de caprice apparent, il avait émigré vers les neiges de la Scandinavie et nous avait raconté les divinités boréales, culbutées et dissipées comme des brumes par le rayonnant enfant de la Judée. Mais quelles que fussent la majesté d'allures et la solidité de raison que Leconte de Lisle avait développées dans ces sujets si divers, ce que l'on préférait parmi ses œuvres, c'était un certain filon tout nouveau qui était bien à lui et qui n'était qu'à lui. Les pièces de cette classe étaient rares, et c'était peut-être parce que ce genre était son genre le plus naturel, qu'il l'avait le plus négligé. On voulait parler des poëmes, où, sans préoccupation [apparente] de la religion et des formes successives de la pensée humaine, le poëte avait décrit la beauté, telle qu'elle posait pour son œil original et individuel ; les forces imposantes, écrasantes de la nature ; la majesté de l'animal dans sa course ou dans son repos ; la grâce de la femme dans les climats favorisés par le soleil, enfin la divine sérénité du désert ou la redoutable magnificence de l'Océan. Là Leconte de Lisle était [devenu] un maître et un grand maître[278]. »

Leconte de Lisle avait donc atteint « l'Art-Absolu ». Il exprimait un point de vue idéal sur le monde, se plaçait d'emblée au-dessus de la temporalité pratique et produisait la sienne propre, intérieure, imposée par les pulsations de l'œuvre elle-même qui n'existait qu'à la condition d'être éternelle. « Celles qui ne l'étaient pas *à leur naissance* – même si quelque qualité purement esthétique les distinguait – ne pouvaient *d'aucune manière* être dites des œuvres d'art[279]. » La poésie appartenait à une caste intellectuelle, élitiste et sectaire, une aristocratie répugnant à la vulgarité des temps modernes, assoiffée d'une beauté aux antipodes de la médiocrité du réel, hostile au mercantilisme de la bourgeoisie du Second Empire, et impatiente de couler, dans le granit et dans le marbre, les fondations de sa nouvelle école. On y entrerait comme en religion. Ne restait qu'à la baptiser et à lui trouver des disciples.

Boulevard des Invalides

En 1861, paraissaient pour la première fois, chez Poulet-Malassis et De Broise, les traductions nouvelles, en prose, entreprises depuis 1846-1847, des *Idylles de Théocrite* et des *Odes anacréontiques* : un tirage de 1 000 exemplaires, dont quelques-uns sur papier de Chine. Dans la préface, Leconte de Lisle s'en prenait ouvertement à l'ancienne méthode des « belles infidèles » de l'académicien Nicolas Perrot d'Ablancourt, traducteur officiel du grand siècle qui avait trop sacrifié à « la délicatesse extrême de notre langue qui ne souffrait que les termes nobles », et dont la rigidité grammaticale, « qui ne saurait se ployer aux tournures singulières des idiomes étrangers, trouvait une entière satisfaction dans les travaux curieux[280] ». Il avait pris, quant à lui, et « autant qu'il était en lui, l'empreinte exacte de l'expression[281] », quitte, on le comprend bien, à blesser la syntaxe et les habitudes de la langue française. Il s'irritait contre les traducteurs qui, pour plaire aux usages de leur temps, n'avaient pas hésité à réformer les mœurs païennes, à les dévoyer jusqu'à l'aberration.

Deux traductions contemporaines de deux catholiques déchus demeuraient indépassables : celle de la *Divine Comédie* de Lamennais, et celle du *Paradis Perdu* de Chateaubriand. Qu'on pût s'en prendre au génie de l'auteur des *Martyrs* ou aux dispositions de celui des *Paroles d'un croyant* était pour lui une chose si insupportable que seule l'ironie pouvait rendre décemment la violence du mépris que les auteurs de ces attaques lui inspiraient. Pourtant, si mesquines qu'elles fussent et d'aussi bas qu'elles vinssent, les critiques contenaient une vérité : « les traductions littérales étaient condamnées en théorie et en fait. C'étaient désormais les versions spirituelles qui l'emportaient[282]. »

Ainsi, « cet essai ne faciliterait en aucune façon, il l'avouait, le percement des montagnes, le défrichement des landes ou la pose définitive d'un câble électrique entre l'ancien et le nouveau monde ; il était donc indigne de l'attention des esprits sérieux qui régissaient la littérature ; mais peut-être serait-il de quelque utilité aux poètes et aux artistes qui, ne lisant point Théocrite dans sa langue, ne le connaissaient qu'à travers le *bon français* officiel ou par les imitations qu'en avait faites Virgile. » Car Virgile était « un grand paysagiste, large et sobre à la fois, plein de lumière et de vigueur, autant qu'un poète énergique et passionné », mais ses « molles tendresses » avaient absolument affadi, décoloré, énervé Théocrite.

Ce que Leconte de Lisle avait voulu faire, c'était retrouver le « charme naturel et profond des *Idylles* », tout en s'attirant la sympathie des « amis de l'art et de la poésie ». Les opinions de Léo Joubert, qui fustigea sa préface (où il nota un contresens), le 1er mai 1861, dans la *Revue Européenne* d'Auguste Lacaussade, les avis d'Arthur Arnould, qui fut franchement hostile, dans la *Revue Nationale* du 10 avril de la même année, tant à la préface qu'à la traduction, les réserves de Victor Chauvin, exprimées dans la *Revue de l'Instruction publique* du 30 octobre 1862, à l'encontre d'une éloquence qui « s'adressait à des convertis », les lourds non-dits de Charles Baudelaire, dans *La Revue fantaisiste* de Catulle Mendès, et les pesants silences de Sainte-Beuve, dans les *Nouveaux lundis*, l'atteignirent néanmoins. Quinze années d'un labeur acharné, d'une lutte approfondie à vouloir retrouver l'esprit perdu des Lettres anciennes, les Mânes du langage antique : pour quoi ? pour qui ? Jamais plus il n'éditerait cette railleuse préface qui s'était retournée contre lui. La traduction, besogne désintéressée et gratuite de pure érudition d'abord, plongée dans la mémoire universelle imposée par les circonstances matérielles et les commandes de librairie ensuite, à partir de 1867, lui coûterait toujours plus en énergie, en souffrance et en argent, qu'elle ne lui rapporterait. S'il s'était inspiré du travail de ses devanciers, de Bitaubé, de Dugas-Montbel, de Bignan, de Giguet, de Pessonneaux, nul doute que la difficulté eût été plus petite et le succès plus grand.

Heureusement qu'Eugène Maron, son grand ami, lui rendit malgré tout un vibrant hommage dans la *Revue Germanique*, ainsi que Louis Ménard.

Quatre années après leur mariage, vers le mois de février 1861, pour faire face à la venue en France de la mère et des deux sœurs célibataires du poète, Anna et Charles s'étaient installés 8, boulevard des Invalides, au modeste cinquième étage mansardé d'un immeuble récent. Comparé à l'ancien logis de la rue Cassette, l'appartement, dont la vue s'étendait jusqu'aux jardins de l'hôtel Biron, était un vrai palais. On y accédait par un étroit escalier et, chaque samedi soir, le couple accueillait la nouvelle génération poétique.

« C'était le maître lui-même, généralement, qui ouvrait, emplissant la porte de sa massive carrure, le monocle à l'œil et tempérant d'un sourire de bienvenue la menace d'ironie, toujours vibrante à ses lèvres tendues en arc sur leurs deux commissures. [...] Deux pièces, petites et d'un modeste ameublement, étaient livrées aux poètes. Dans la première se tenait d'ordinaire Mme Leconte de Lisle, aimable d'accueil, et qui, gracieuse, un peu frêle, blottie en une attitude presque nostalgique, avait l'air distrait d'un oiseau des îles qui voudrait qu'on le laissât rêver aux fleurs et aux fruits de là-bas[283]. »

« L'ordre français » d'Anna, qui reposait sur un ménage soigné et régulier, ayant fini – non sans lutte – par vaincre celui, « créole », de Charles, qui consistait à ne jamais s'interposer entre les objets du quotidien, quels qu'ils fussent, et leur impure destinée, l'appartement était toujours impeccablement rangé, ce qui compensait largement l'absence complète de luxe.

Parmi les invités, dans cet intérieur élégant « comme une strophe bien composée » : Auguste Villiers de l'Isle-Adam, un familier depuis 1857, qui passait aux yeux de ses acolytes pour « un dément réel[284] », Emmanuel Langlois, dit des Essarts, Paul-Adolphe Lefort, Hippolyte Moulin, Léon Dierx, ami depuis 1863 et créole de Bourbon – il a vingt ans de moins que Leconte de Lisle et sera « son Vacquerie[285] » –, l'exquis Stéphane Mallarmé, les dioscures Léon Valade et Albert Mérat, qu'on appelait Malade et Vérat, José-Maria de Heredia, très jeune créole de la Havane – il a vingt-quatre ans de moins que le locataire – qui se rapprocha du Maître en 1863 et s'imposa d'abord comme le brillant successeur du grand d'Espagne Bermudez de Castro, puis comme le meilleur ciseleur de sonnets du cénacle, et Louis-Xavier de Ricard[286], fervent adversaire des idées de Mgr Dupanloup, fils de général d'Empire, inventeur du sonnet *estrambote*[287] et fondateur de la *Revue du Progrès moral, littéraire, scientifique et artistique* : « Il fut comme un soleil littéraire, [...] mais un soleil levant, qui s'embruma et disparut, avec quelques apparitions, derrière d'épais nuages[288]. » On y croisait aussi Adolphe Racot, poète diurne et journaliste nocturne qui devint schizophrène à force de veiller, Émile Goudeau, le fondateur du *Chat Noir*, Armand Renaud, Francis Magnard, Armand Silvestre, Henri Cazalis *alias* Jean Lahor, Eugène Manuel, Jules Andrieu, André Lemoyne, Léon Cladel, Jules Claretie, Francisque Sarcey, André Theuriet, Henri d'Alméras, Ernest d'Hervilly, Gabriel Marc, élève et cousin de Théodore de Banville, Jean Marras, Jean Aicard, provençal âgé d'à peine vingt ans, Albert Glatigny, Georges Lafenestre, Sully Prudhomme[289], François Coppée, Paul Verlaine et son biographe Edmond Lepelletier, Catulle Mendès et sa future épouse, Melle Judith Gautier, etc. À l'occasion, pour sauvegarder les apparences, une domestique venait aider Anna qui, modestement, « telle qu'une libellule épouvantée », demeurait en retrait.

D'après Adolphe Racot, qui la connut dans sa jeunesse, elle était une « femme spirituelle et gracieuse[290] » ; selon Léon Daudet, qui la rencontra plus tard, « jamais on ne lui avait entendu dire un seul mot[291] ».

S'ils allaient à contre-courant de cette époque qui osait siffler *Tannhäuser* pour s'extasier devant *La Vie parisienne*, s'ils étaient unanimes à vouloir couper les têtes de « ce roi, le Sentimentalisme élégiaque, et cette reine, la Faute-de-français[292] », chacun apportait au cénacle son originalité particulière et sa fraîcheur propre. Ensemble, ils régénéreraient la poésie française ! Mais quel extravagant accepterait de publier leurs vers ? Tous ces amis, en plus d'une modeste tasse de thé, partageaient le même absolu. Ce qui leur manquait, « c'était une ferme discipline, une ligne de conduite précise et résolue. Certes le sentiment de la beauté, l'horreur des niaises sensibleries qui déshonoraient alors la poésie française, ils les avaient ! Mais quoi ! Si jeunes, c'était en désordre, et un peu au hasard, qu'ils se jetaient dans la mêlée et qu'ils marchaient à la conquête de leur idéal. Il était temps que les enfants de naguère prissent des attitudes d'hommes, que leur corps de tirailleurs devînt une armée régulière. Il leur fallait la règle, une règle imposée de haut et qui, tout en leur laissant leur indépendance intellectuelle, fît concourir gravement, dignement leurs forces éparses, à la victoire entrevue. [Et] cette règle, ce fut de Leconte de Lisle qu'ils la reçurent[293]. »

Du coup, ils allaient à lui « comme les Musulmans vont à la Mecque[294] ». C'était pour eux une maladie, une idée fixe, un métier impossible à oublier. « En cela du moins, ils n'avaient rien de commun avec la misérable race à laquelle ils appartenaient pour le plus rude châtiment de leurs péchés. Cuisiniers, généraux, danseuses, gandins, banquiers, acrobates, princes, avocats, assassins remarquables, huissiers, pianistes, notaires, gendarmes, chambellans, piqueurs, Legouvé père et fils, Scribe, Béranger, Ponsard et l'auteur du *Pied qui remue*[295] trouvaient grâce devant elle, mais non pas la poésie... Mais que leur importait. Ils aimaient la poésie pour elle-même, pour les joies profondes qu'elle leur donnait, et non pour complaire au sentiment public. C'était aussi pour cela que leur strict devoir était de prendre très au sérieux leur tâche d'artiste et d'y consacrer le meilleur de leur temps. Le succès et l'insuccès étaient d'un intérêt absolument inférieur[296]. »

Comment se passaient ces soirées de « débauche intellectuelle », la seule à laquelle Leconte de Lisle se fût d'ailleurs jamais livré ? On y bavardait sur l'art, la métaphysique, la rhétorique, la politique, la grammaire et la théologie, ce qui n'amusait pas toujours Mme de Lisle d'une façon « délirante[297] » ; naturellement, « on y récitait et on y disait beaucoup de vers. Chaque poète avait hâte – bien qu'il ne le fît souvent qu'en tremblant un peu – de soumettre son dernier poème au maître, et aussi aux camarades, et ce n'était pas sans angoisse que, tout en récitant ou lisant, il observait de temps en temps, à la dérobée, le terrible monocle et les lèvres, plus terribles encore, du grand juge[298]. »

Mais quand Leconte de Lisle était entouré de ses amis, de ses disciples, de ses fidèles les plus sympathiques, il savait être charmant, car, pour l'aider à supporter ses angoisses spirituelles et « les chagrins cachés de sa vie[299] », il avait besoin de leur tendresse et de leur affection. « S'il se montrait, devant les étrangers ou les importuns, taciturne, acerbe ou froidement correct, il paraissait charmant, gai et spirituel pour ses intimes ; et plusieurs écrivains parmi les jeunes de l'époque – Mendès, Heredia, Barracand, Breton, Calmettes, Régnier, H. Houssaye, etc. – ont souligné la cordialité de ses réceptions et sa sollicitude sincère pour leurs efforts littéraires[300]. » C'était lors de ces réunions qu'il apparaissait sous son meilleur jour : tendre, sensible, émotif, drôle[301], et ce début de lettre, où il félicite Heredia pour son sonnet épigraphique intitulé *Le Vœu*, en témoigne assez bien :

> Mon cher ami,
>
> Votre sonnet est des plus congrûment troussés[302]. Le Garumne[303] peint d'ocre me fait l'effet d'un gentilhomme archaïque fort distingué ; la calvitie du Vénasque[304] me touche, et les Dieux Iscitt[305], Ilixon[306] et Hunu fils d'Ulohxis[307], sont d'un goût barbare on ne peut plus délicat. Cependant, je leur préfère encore, s'il est possible, Exprcenn, Aherbelst et Baicorrix qui me semblent notablement hirsutes, hispides, hypersulfureux, tatoués et idiosyncrasiques au suprême degré. Je vois d'ici la mine de verrat effarouché d'un Sarcey quelconque lisant ce sonnet miraculeux, et devenant enragé du coup. On le mettrait en cabanon, sans papier, encre ni plume, et vous auriez ainsi accompli simultanément une œuvre d'art originale et une action digne de louange. Dédiez ces bonnes rimes au dit Francuistre[308] et perturbez l'épaisse cervelle de ce vieux pion libéré. En somme, mon cher ami, que l'épigraphie vous tienne en joie et vous inspire de nouveaux vers fermes et lumineux, solides et sonores[309].

Ces messieurs n'avaient pas suffisamment le sens du côté comique des idées ; ils oubliaient trop que la gravité perpétuelle est l'apanage exclusif des animaux. Que diable ! Il fallait savoir rire et pleurer[310]. « La solitude d'une jeunesse privée de sympathies intellectuelles, l'immensité et la plainte incessante de la mer, le calme splendide de ses nuits, les rêves d'un cœur gonflé de tendresse, forcément silencieux, avaient fait croire longtemps qu'il était indifférent, et même étranger aux émotions que tous avaient plus ou moins ressenties, quand, au contraire, il étouffait du besoin de se répandre en larmes passionnées[311]. » Certes « une froideur, si on peut dire "physique", une hauteur d'apparence, propre à inspirer de l'inquiétude, frappait au premier abord. Lui-même il n'ignorait point cet aspect extérieur de sa personne, ni l'effet que produisaient, autour de lui, les accès de colère où, dès son adolescence, il se laissait entraîner. [...] [Mais] il avait longuement lutté pour se débarrasser de la "versatilité" qu'il avait distinguée dans les penchants de son esprit[312]. » Ardent, violent, excessif, il apparaissait aux jeunes recrues qui l'approchaient tel que Catulle Mendès le dépeignit : semblable à « un volcan couvert de glace[313] ». Car c'était un post-romantique sous un néo-classique ; un révolutionnaire sous un aristocrate.

La nouvelle génération en avait assez des sensibleries faciles des lamartiniens et des mussetistes, des outrances et des extravagances grotesques des hugolâtres. – « Ils avaient souillé la nature en la rendant complice de leurs sanglots, ils invoquaient la lune, les astres étaient de moitié dans leurs pleurnicheries, ils déshonoraient les petits oiseaux[314]. » – Elle voulait leur dérober la flamme, la raviver, la bouleverser, l'accroître par le biais d'une « intransigeance première[315] », plus coupante et plus dure que l'acier : l'objectivité, qui mettrait un terme aux larmoiements, et la densité, qui serait un frein aux atermoiements.

L'art était une religion, et la correction de la forme, une vertu. On aimait avant tout l'ordre, la précision, la justesse, la mesure, la bonne cadence et, par-dessus tout le reste, la très juste et très classique coïncidence entre l'idée conçue et la forme énoncée. Point d'ampoule, foin des circonlocutions. Il fallait qu'au boulevard des Invalides, comme jadis au Club théagogique, les invités fussent sensibles aux charmes d'un certain « apophtegme à la laconienne[316] ».

Lorsqu'un nouveau venu franchissait le seuil, il était immédiatement mis à l'épreuve. On lui récitait le passage du quatrième acte de *Britannicus* où le jeune Néron, trop soucieux de l'opinion du plus grand nombre des Romains – comme de celui de la vertueuse Octavie, son épouse, de la phallique Agrippine, sa mère, de l'honnête Burrhus, du philosophe Sénèque, de ses gouverneurs, et s'entretenant à ce propos avec Narcisse, son mauvais conseiller – balançait encore à faire ce premier pas qui, au mépris de son éducation, allait le faire basculer du côté de sa vraie nature, toute de meurtre et de crime barbares. On voit l'ironie grinçante de la situation, la sarcastique mise en abyme ourdie par le malicieux cerveau du maître de céans. Si le postulant ne percevait pas la puissance évocatrice du dernier vers de l'extrait, particulièrement ramassé – car en six mots, reposant sur le fort oxymore : prompt/fatigué, on pensait que Racine avait su ressusciter tout l'esprit d'un siècle de prosternés et de prostitués –, l'avenir du candidat dans le cénacle se voyait indubitablement compromis[317]. En revanche, si le novice y était sensible, il entrait immédiatement en grâce. On pouvait même aller jusqu'à lui reconnaître la possibilité de pouvoir éventuellement « faire des vers », et « c'était lui décerner un brevet de mentalité très haute ; car, par ces trois mots magiques, faire des vers, on entendait : concevoir la pensée la plus digne d'être réduite au monde supérieur, la dégager de toutes superfluités, lui communiquer l'harmonie par le choix épuré des mots, la majesté par l'allure sereine du rythme, l'étendue par la puissance expansive de la rime, la force par l'enchaînement rigoureux des idées accessoires avec cette pensée principale. Oui, pour Leconte de

Lisle, faire des vers équivalait à graver dans le marbre, à couler en bronze, à sertir du cristal dans de l'or ; c'était s'attacher à tout ce qui condense, précise, affermit, grandit, éternise, et rien en art ne lui semblait comparable à ces vers définitifs, formules d'airain ou de granit, qui défient les siècles en s'imposant à la mémoire des hommes, comme les sublimes schémas de la Beauté concise. [Et] il se plaisait à les citer au cours de la conversation, au hasard de ses réminiscences[318] », depuis Homère, qu'il traduisait encore, jusqu'à Vigny, qu'il admirait toujours.

La visite du samedi était le couronnement de toute une semaine : elle se méritait ! Les mercredis, les jeunes poètes se retrouvaient plutôt chez Catulle Mendès, dans le petit rez-de-chaussée de la rue de Douai. Les vendredis, ils allaient chez de Ricard, 10, boulevard des Batignolles : il jouissait du prestige d'avoir été imprimé (*Les Chants de l'Aube*, en 1862 ; *La Résurrection de la Pologne*, en 1863), et ses parents, de bonne composition, supportaient le brouhaha. – En vérité, la marquise l'adorait mais le vieux général, ancien gouverneur de la Martinique et ex-aide de camp du prince Jérôme, le détestait[319]... – Les autres jours, ils se donnaient rendez-vous avenue Frochot, chez Paul Meurice, l'auteur de *Fanfan-la-Tulipe*. Parfois même, quelques privilégiés se retrouvaient rue de Condé, chez Banville. « En été, c'était des parties de campagne et des promenades au Luxembourg, où l'on restait le plus tard possible à contempler les astres et à réciter des sonnets ; chassés par les gardiens à l'heure de la fermeture, les rimeurs sortaient par la porte de la rue de Fleurus pour se réfugier au café Bobino. Les poètes fréquentaient volontiers quelques cafés littéraires de la Butte et du Quartier, surtout la célèbre Brasserie des Martyrs – où Leconte de Lisle ne se rendait jamais[320] –. [...] En hiver, on se retrouvait au théâtre. À la sortie, Coquelin cadet disait aux poètes des monologues qu'ils composaient pour lui, et dont quelques-uns sont devenus célèbres. La première d'*Henriette Maréchal* à la Comédie française contribua à grossir les rangs du cénacle. Jouée le 5 décembre 1865, la pièce des Goncourt déchaîna l'enthousiasme des jeunes, qui se rendaient là, comme autrefois à *Hernani*, par bandes, pour applaudir surtout quelques scènes comme l'apostrophe du *Monsieur en habit noir* : "Athéniens de Chaillot ! Tas de Pilichinelles"[321] !... »

Pendant qu'on s'amusait aux mêmes jeux que jadis les siens, quand il était étudiant à Rennes ou qu'il traînait, fort tard, avec Thalès et Louis dans le bois de Meudon, Leconte de Lisle s'amourachait[322] peut-être encore d'une femme mariée, l'épouse d'Hippolyte Foucque[323], son cousin breton auquel il dédia *Le Massacre de Mona* en 1862, à cette différence près que, cette fois-ci, lui aussi était marié, et depuis seulement cinq ans...

Émilie Foucque, née Sers, avait vu le jour à Bourbon, dans la ville de Saint-Benoît, le 26 février 1831. Elle incarnait donc, dans l'imaginaire du poète, la réunion idéale du fantasme et de l'interdit, la rencontre improbable de la *vestale* et de la *virago*, de la panthère et du taureau : une sorte d'Élixenne Jobbé-Duval. « Elle était restée fraîche après avoir eu deux ou trois enfants[324] », son mari avait fait fortune dans l'île natale, et ils jouissaient non seulement d'une demeure d'un assez haut standing à Boulogne-sur-Seine, 36, avenue des Princes, mais encore d'une résidence secondaire nantie d'un coquet jardin, à Saint-Ideuc, en Bretagne.

Tout cela ne pesait rien pour Leconte de Lisle, mais tourmentait fort Hippolyte – il possédait cinquante à soixante mille livres, sans compter ses rentes – qui voyait son cousin, cent fois plus intelligent et mille fois plus talentueux que lui, sans cesse dans la gêne, empêtré dans les ennuis d'argent. Le poète percevait bien, comme son compatriote Lacaussade, les deux mille francs que lui allouait le Conseil Général de la Réunion depuis 1853, pension supprimée en 1861 puis rétablie l'année suivante[325], publiait bien, et en accélérant la cadence, ses poèmes dans la *Revue contemporaine* puis *européenne*, ainsi que des articles dans un hebdomadaire de Saint-Denis, mais ce n'était pas cela, et encore moins ses traductions de Théocrite, qui allaient permettre à son couple de connaître l'aisance. Hippolyte Foucque le savait. Aussi proposa-t-il à son cousin de mettre son talent au service d'une certaine Thérésa, chanteuse, qui rencontrait un franc succès populaire au café-concert de l'Alcazar, rue Poissonnière, avec sa *Femme à barbe* et ses *Canards tyroliens*. Il y avait beaucoup d'argent à gagner pour un mortel « qui avait des facilités à tourner les vers », et Charles aurait trouvé son intérêt à tenter l'expérience. Ne fallait-il pas que les littérateurs fussent rétribués proportionnellement à leur talent ? Ce dernier rétorqua, un tremblement dans la voix, qu'il n'en avait de toute évidence pas assez pour acquérir cette richesse-là : écrire des chansons à dégoiser, vendre « son ivresse et son mal » ? Faire danser sur les planches des estaminets ? « Sur leur tréteau banal, avec leurs histrions et leurs prostituées » ? Lui, livrer « sa vie à leurs huées » ?

> Tel qu'un morne animal, meurtri, plein de poussière,
> La chaîne au cou, hurlant au chaud soleil d'été,
> Promène qui voudra son cœur ensanglanté
> Sur ton pavé cynique, ô plèbe carnassière !
>
> Pour mettre un feu stérile en ton œil hébété,
> Pour mendier ton rire ou ta pitié grossière,
> Déchire qui voudra la robe de lumière
> De la pudeur divine et de la volupté[326].

Mais lui, jamais il ne s'y abaisserait !

La Tour d'ivoire

« Cette passion, que les langueurs, le charme félin de la belle créole avait éveillée dans l'âme, trop ardente, de Leconte de Lisle devait le torturer. » Malheureusement, Mme Émilie Foucque ne paya pas le Maître de retour et « le poète s'avisa de cette souffrance le jour où un caprice de jeune femme donna congé à sa tendresse, comme d'un mouvement d'éventail[327] ». Le poème *Mens Blanda*, publié le 15 septembre 1861 et dédié à sa fille, une autre Émilie[328], née le 6 mai 1859, à Cesson, Ille-et-Vilaine, n'y changea évidemment rien. Il reprenait le titre d'une ancienne bluette de 1839 dédiée à Marie Beamish – *Mens Blanda in corpore blando* – et, sous couvert de souhaiter la bienvenue au nouveau petit être, déclarait à demi-mots sa flamme adultérine.

Ô cher ange innocent et doux,
Vivante étoile de la nue,
Toi que pleurent les cieux jaloux,
Resplendis ! sois la bienvenue !
En souriant, répands sur nous,
Avec le souffle de tes ailes,
L'odeur des sphères immortelles ;
Et, fleur d'un pays enchanté,
Parfume ce monde éphémère
De ta grâce et de ta beauté,
S'il se peut, autant que ta mère[329] !

Cet échec l'assombrit davantage et amorça un tournant dans sa vie sentimentale. L'amour cessa d'être pour lui un simple aspect, même essentiel, de son existence. Il devint la pierre de touche de sa condition et de sa nature, le centre et le sommet de tout son engagement poétique. Mais pourquoi diable avait-il toujours été jusque-là dans l'impossibilité d'aimer ou plutôt de concevoir en dehors de l'univers bourbonien ? Pourquoi cette fascination, cette obsession, ce ravissement pour le même type de femme ? S'agissait-il seulement d'un attachement de nature névrotique à la figure de la mère, de la sœur ou de la cousine, ou bien subissait-il encore les influences moins personnelles d'une sorte d'héritage ?

Ô volupté de vivre et d'aimer, ô jeunesse,
Ô printemps, se peut-il que tout ainsi renaisse,
Tout, excepté le cœur qu'un vain songe a blessé[330] !

Leconte de Lisle était peut-être encore plus grec qu'il ne le soupçonnait. Son univers amoureux, thanatique et fantasmatique, était tout entier guidé par Hypnos[331]. Chaque fois que le désir s'éveillait chez lui, il prenait la forme d'une bête féroce endormie (*Le Rêve du Jaguar*, *Le Sommeil du Condor*), bête féroce qui se métamorphosait en sublime *vestale* (*Le Sommeil de Leïlah*, qui fut d'abord *La Sieste*, sonnet paru dans *Le Boulevard*[332] d'Étienne Carjat le 25 mai 1862), *vestale* qui elle-même descendait joyeusement au tombeau pour s'unir à son amant (*Christine*, *La Fille de l'Émyr*). Partout, le sommeil dominait. La vision, l'illusion et le rêve revenaient et se mêlaient sous sa plume ; la vie revêtait des allures de mirage. « Le désir de l'absent, dans le sommeil ou dans la veille, ne discernait pas l'endeuillé de l'amoureux. [...] Le cœur était la "*domus* infernale" du fantasme de celles qu'il aimait, comme la tombe était le "cœur vivant" où habitaient les "ombres" de ceux qui avaient quitté la "lumière" de ce monde dans le feu[333]. » Aussi, ayant épuisé dans son œuvre déjà tout ce qui touchait à la Finlande, à la Scandinavie, aux pays celtes, à l'Inde et même au Moyen-Âge, il décida de se consacrer à des pièces plus ouvertement autobiographiques et plus explicitement érotiques :

Jusqu'aux lèvres que l'ambre arrondi baise encor,
Du cristal d'où s'échappe une vapeur subtile
Qui monte en tourbillons légers et prend l'essor,

Sur les coussins de soie écarlate, aux fleurs d'or,
La branche du hûka rôde comme un reptile
Du cristal d'où s'échappe une vapeur subtile
Jusqu'aux lèvres que l'ambre arrondi baise encor.

Deux rayons noirs, chargés d'une muette ivresse,
Sortent de ses longs yeux entr'ouverts à demi ;
Un songe l'enveloppe, un souffle la caresse ;
Et parce que l'effluve invincible l'oppresse,
Parce que son beau sein qui se gonfle a frémi,
Sortent de ses longs yeux entr'ouverts à demi
Deux rayons noirs, chargés d'une muette ivresse[334].

Son mariage avec Anna lui avait apporté une certaine stabilité sentimentale et lui permettait de vivre de façon confortable, mais il l'avait vécu comme une mise à mort de l'érotisme, c'est-à-dire, pour un gnostique, de la finalité de la vie. « Si le regard sur le sexe était à l'origine du ravissement dans la nuit du désir, du rêve ou de la mort, il fallait confier son regard à un détour qui arrachait au face à face médusé et mortel avec ce qui n'avait pas de nom[335]. » Et seule la poésie empruntait ce détour ; seul le désir permettait cette réflexion. Voilà pourquoi, avec Émilie Foucque, avait ressurgi la soif hypnotique assujettie par le mariage, et, avec l'impossibilité de l'étancher, toute l'ambiguité, sanctifiante et ravageuse, de la passion amoureuse. La femme mariée, reine du désir inaccessible, redevenait inexorablement « la fille de Khrysaor », cette illustre « Ékhidna, moitié nymphe aux yeux illuminés, moitié reptile », qui promettait « les voluptés sans nombre » aux hommes qui l'aimaient.

Ils lui criaient : Je t'aime, et je veux être un Dieu !
Et tous l'enveloppaient de leurs chaudes haleines.

Mais ceux qu'elle enchaînait de ses bras amoureux,
Nul n'en dira jamais la foule disparue.
Le Monstre aux yeux charmants dévorait leur chair crue,
Et le temps polissait leurs os dans l'antre creux[336].

Leconte de Lisle pâtissait d'une triple absence de désir, de gloire et d'argent. La poésie, plus que jamais, devenait son unique source de satisfaction, et, avec elle, grandissait son mépris envers la vulgarité de tous ceux qui, chose inouïe, parvenaient à vivre sans beauté. Chaque jour qui s'offrait, il le passait claquemuré dans cette tour d'ivoire que décrivit Sainte-Beuve, ce château intérieur, cette clôture spirituelle de l'artiste. L'Éden perdu, le monde lui paraissait de plus en plus absurde. Partout où vivait l'homme prospérait la barbarie, ramassis d'injustices et de déceptions, monceau de crimes et de cadavres, accumulation de remords et de sanglots désespérés ; partout où prospéraient les masses agonisait la poésie. « L'artiste ne devait pas mêler son chant aux clameurs de la foule, qu'il qualifiait, sans respect pour le suffrage universel, d'obscène et de violente. L'œil du poète ne devait pas s'abaisser vers les choses vulgaires. Le prêtre du beau[337] avait pour autel l'azur et pour temple l'infini. Il ne devait participer en rien aux passions terre à terre, ni se mêler aux actes vulgaires des autres hommes. Il n'avait pas à partager leurs deuils, comme il devait s'abstenir de leurs joies. Leurs querelles, leurs guerres, l'orgueil des républiques, l'arrogance des monarchies, la gloire militaire, la puissance industrielle, l'extension prodigieuse de la science, l'expansion commerciale, le bien-être général, l'enseignement à la portée de toutes les soifs de savoir, le travail amélioré, les misères sociales et les souffrances individuelles atténuées, tout cela [...] devait le laisser impassible[338]. » Puisque même le dernier Dieu, Jésus-Christ, était mort et n'était pas ressuscité[339], il n'y avait pas plus de salut à espérer pour l'homme qu'il n'y en avait à attendre de la civilisation moderne. La seule issue à cet éternel naufrage, à ce déluge qu'on appelait la vie, résidait dans la grande fin de toutes choses, des hommes et des femmes, des jours et des nuits, du ciel et de la terre, du temps et de l'espace, qui roulaient tout ensemble en s'entre-fécondant vers le chaos inexorable de leur stérile destinée.

– Maître, les jours passaient ; et j'avançais en âge,
Ivre du sang versé sur les champs de carnage,
Toujours robuste et fort comme un siècle lointain
Où sur les sombres eaux resplendit le matin.
Et les hommes croissaient, vivaient, mouraient, semblables
À des rêves, amas de choses périssables
Que le vent éternel des impassibles cieux
Balayait dans l'oubli morne et silencieux ;
Et les forêts germaient, et rentraient dans la boue
Leurs troncs écartelés où la foudre se joue,
Ne laissant que le sable aride et le rocher
Où je vis la rosée et l'ombre s'épancher[340].

C'était à peine si l'on pouvait, grâce aux travaux conjugués de la mémoire, de l'érudition et de l'imagination, qui aspiraient à reconstituer les âges lointains, berceaux de la félicité et de la vraie poésie, s'accorder un répit. Leconte de Lisle « voyageait à travers le monde de l'histoire et de diverses contrées, il revêtait indifféremment et presque également bien des formes [...] ; il exprimait avec vigueur et relief les manifestations les plus variées de l'histoire, de la nature et de la vie. Mais quoiqu'il sentît celle-ci sous tous ses aspects, et assez pour la stimuler et la calquer en perfection, quoiqu'il la recherchât le plus souvent sous ses faces les plus étranges et les plus singulières, on sentait au fond qu'il n'était jamais épris. [...] C'était un contemplatif armé de couleurs et de sons, mais las et ennuyé du spectacle même, comme si regarder était déjà trop accorder à l'action. [...] Il aimait la mort, le repos éternel, l'extinction et le néant du sage de l'Inde. [...] Il était le contraire de ces natures affamées de vivre et de renaître sans cesse, altérées d'immortalités. [...] Lui, au contraire, il en avait assez : il prenait en pitié ce désir acharné de la lumière[341] »... Que de fois, « en voyant des bandes de Télingas couchés au bord de la mer, nus comme des lézards, sous un soleil qui aurait au besoin durci des œufs d'oiseau Rok en dix minutes, n'avait-il pas envié ces honorables personnages pour la qualité particulière de leur peau et pour la parfaite quiétude de leur âme; car ces Hindous avaient l'esprit vif et compréhensif à l'occasion, et c'était vraiment un don merveilleux de pouvoir s'abstraire comme ils le faisaient du tumulte des apparences. Par malheur, il craignait les coups de soleil et il savait lire[342]. » Dès lors, le monde se résumait à ce qu'il avait écrit le 23 janvier 1857 à Alfred Lavidière : « Savoir, comprendre et faire de beaux vers. Le reste = 0[343]. »

Le temps n'a pas tenu ses promesses divines.
Tes yeux ne verront point reverdir tes ruines;
Livre leur cendre morte au souffle de l'oubli.
Endors-toi sans tarder en ton repos suprême,
Et souviens-toi, vivant dans l'ombre enseveli,
Qu'il n'est plus dans ce monde un seul être qui t'aime.

La vie est ainsi faite, il nous la faut subir.
Le faible souffre et pleure, et l'insensé s'irrite;
Mais le plus sage en rit, sachant qu'il doit mourir.
Rentre au tombeau muet où l'homme enfin s'abrite,
Et là, sans nul souci de la terre et du ciel,
Repose, ô malheureux, pour le temps éternel[344] !

Ce fut la nouvelle génération des années 1860 qui opéra un changement radical dans l'esprit des observateurs contemporains et qui obligea la critique, par son enthousiasme et ses nombreux articles dans les diverses revues avant-gardistes du moment, à s'intéresser à Leconte de Lisle. Elle l'imposa comme une figure incontournable du paysage poétique français et fut le premier acteur inconditionnel de sa célébrité naissante : le 14 septembre 1862, Ernest d'Herville lui dédia *Amour Boréal*; le 14 mars 1863, Albert Glatigny lui offrit *La Naissance de la Rose*, et, le 1er mai, dans *la Revue française*, José-Maria de Heredia publia *Le triomphe d'Iaccos*, que le Maître remarqua.

À la même époque, une correspondance, encouragée par des origines créoles communes, commença à être entretenue par les deux poètes. Elle posa les fondations d'une amitié sincère, fidèle et peu à peu filiale.

Paris, le 21 septembre 1863

Cher Monsieur,

Ce n'est ni par négligence ni par oubli que j'ai tant tardé à vous répondre. Je viens de subir mille soucis de toute sorte qui m'ont ôté la libre disposition de mon esprit. Je devrais cependant y être accoutumé; mais pas le moins de monde. Pour être rares et de peu de durée, mes défaillances n'en sont pas moins complètes.

J'espère, d'ailleurs, que vos excursions[345] ne vous auront pas laissé le loisir de remarquer mon silence, et que vous me pardonnerez ainsi plus aisément de ne vous avoir pas exprimé plus tôt tout le plaisir que j'ai ressenti en recevant votre lettre affectueuse et spirituelle. La vive sympathie que vous m'avez inspirée, et dont je tiens à vous renouveler l'assurance, vous est un sûr garant de la sincérité de mes paroles. Voici le moment de regagner Paris, à votre grand regret sans doute, mais à ma grande joie, car j'espère bien que vous n'oublierez pas le chemin de mon réduit où vous serez toujours le très bien venu. Ne sommes-nous pas amis-confrères et quasi-compatriotes ? De Cuba à Bourbon il n'y a que la main. Le tout est de se la tendre cordialement[346].

Le 7 janvier 1864, Jules Claretie demanda à ce que fût reproduit, dans *Le Figaro*, *Le Cœur de Hialmar* qui venait de paraître, à peine six jours plus tôt, dans *La Revue nouvelle*. « "C'était la célébrité qui s'établissait. L'aube de la gloire perçait les ténèbres de l'indifférence[347]." Le 12 [...], Francis Magnard évoqua dans *La Gazette des Courses* la pauvreté du poète dans la société actuelle, et c'était Leconte de Lisle, un penseur qui ciselait le vers comme pas un, un idéaliste qui n'avait jamais sacrifié au goût de la foule. Il vivait retiré à l'autre bout de Paris et se consolait de l'oubli par l'étude, la sympathie des lettrés et l'amour de sa jeune femme. Leur seule distraction était, le dimanche, d'aller boire une bouteille de bière sur les Champs-Élysées, et de regarder passer le monde. Ici, la réalité confirmait et renforçait la légende. Le 15 mai, Maurice Pujot le rangea dans "la nouvelle école", même s'il "n'était pas tout à fait contemporain". Il le mentionnait cependant parce qu'il était si peu connu, bien qu'un des meilleurs représentants de la poésie en France. [...] Il citait à son propos cette phrase de Chateaubriand : "La beauté des sentiments fait la beauté du style ; quand l'âme est élevée, les paroles tombent d'en haut". Vers la fin de ce même mois, parurent *Les Flèches d'or* que Glatigny lui dédia dans une longue préface humble et enthousiaste. [...] Le 12 décembre, Francis Magnard encore, et dans *Le Figaro* cette fois, s'en prenait aux "Médiocres" qui empêchaient une évaluation juste des mérites pour les vivants : "Le secret de la médiocrité" c'était de "tirer la puissance de la faiblesse". Ainsi, en était-on amené à préférer Feuillet à Barbey d'Aurevilly, Saint-Marc Girardin à Philarète Chasles, et Méry à Leconte de Lisle[348]. »

Puisqu'il était dans son intérêt de laisser faire, Leconte de Lisle renchérit vigoureusement par des articles provocants dans *Le Nain Jaune* qui contribuèrent à achever le mythe qu'on voulait faire de lui. Ce périodique léger et satirique, sous la direction d'Aurélien Scholl, était soudainement devenu plus grave et politique sous celle de Théophile Silvestre, chef de bureau au ministère de l'Intérieur, mais surtout, première trahison, entièrement dévoué à l'Empire[349]. Outre le célèbre sonnet *Aux Modernes*[350], y parut une série d'articles intitulée les *Poëtes contemporains* où l'on trouvait non seulement des critiques d'auteurs modernes, morts ou vivants (Béranger le 13 août, Lamartine le 20, Hugo le 31, Vigny le 10 septembre et Barbier le 1er octobre[351]), mais encore toute une théorie de la poésie et de la littérature, en réaction, notamment, contre « Le Beau serviteur du Vrai » du *William Shakespeare* de Victor Hugo, dont un extrait était déjà disponible dans *La Revue nouvelle* du 15 avril :

Quelques purs amants de l'art, émus d'une préoccupation qui du reste a sa dignité et sa noblesse, écartent cette formule, *l'art pour le progrès*, le Beau Utile, craignant que l'utile ne déforme le beau. Ils tremblent de voir les bras de la muse se terminer en mains de servante. Selon eux, l'idéal peut gauchir dans trop de contact avec la réalité. Ils sont inquiets pour le sublime s'il descend jusqu'à l'humanité. Ah ! ils se trompent[352].

Pour Leconte de Lisle, « le jour était venu de relever sa manche et de dégainer ». Cela l'amusait beaucoup ! Quoiqu'exilé, Hugo prenait toute la place. « Toute poésie venait de lui, se muait en lui, retournait à lui. Il tenait le siècle ainsi que les empereurs des peintures portent le globe universel[353]. » Il était donc urgent d'écorner ce modèle trop encombrant. Tuer le père, pour ne pas mourir, et devenir père à son tour.

Pourtant, dans son *Avant-propos* du 3 août, il avait d'abord commencé par régler ses comptes avec un certain « esprit français », puis avait mis « le pied sur la vermine critique qui infestait et infectait les journaux et les revues[354] », dans ce style percutant et pontifiant que revêtait naturellement sa prose militante :

> L'Art, dont la Poésie est l'expression éclatante, intense et complète, est un luxe intellectuel accessible à de très rares esprits.
>
> Toute multitude, inculte ou lettrée, professe, on le sait, une passion sans frein pour la chimère inepte et envieuse de l'égalité absolue[355]. Elle nie volontiers ou elle insulte ce qu'elle ne saurait posséder. De ce vice naturel de compréhensivité découle l'horreur instinctive qu'elle éprouve pour l'Art.
>
> Le peuple français, particulièrement, est doué en ceci d'une façon incurable. Ni ses yeux, ni ses oreilles, ni son intelligence, ne percevront jamais le monde divin du Beau[356].
>
> Race d'orateurs éloquents, d'héroïques soldats, de pamphlétaires incisifs, soit ; mais rien de plus.
>
> La réputation de curiosité et de mobilité intellectuelles qu'on lui a faite est assurément une étrange plaisanterie. Aucun peuple n'est plus esclave des idées reçues, plus amoureux de la routine, plus scandalisé par tout ce qui frappe pour la première fois son entendement.
>
> Les grands poëtes, les vrais artistes qui se sont manifestés dans son sein n'ont point vécu de sa vie, n'ont point parlé la langue qu'il comprend. Ils appartiennent à une famille spirituelle qu'il n'a jamais reconnue et qu'il a sans cesse maudite et persécutée.
>
> Ceux, au contraire, qui, par infirmité naturelle ou par dépravation d'esprit, se sont faits les flatteurs, les échos serviles de son goût atrophié, les vulgarisateurs de ce qui ne doit jamais être vulgarisé, sous peine de décadence irrémédiable, ceux-là, il les a aimés et glorifiés. L'entente a été et sera toujours cordiale et parfaite entre eux et lui, grâce à l'intermédiaire continu de la critique.
>
> Celle-ci, à peu d'exceptions près, se recrute communément parmi les intelligences desséchées, tombées avant l'heure de toutes les branches de l'art et de la littérature. Pleine de regrets stériles, de désirs impuissants et de rancunes inexorables, elle traduit au public indifférent et paresseux ce qu'elle ne comprend pas, elle explique gravement ce qu'elle ignore et n'ouvre le sanctuaire de sa bienveillance qu'à la cohue banale des pseudo-poëtes.
>
> Cette absence de principes esthétiques, ce dénuement déplorable de toute perception d'art, l'ont contrainte de choisir pour critérium d'examen la somme plus ou moins compacte d'enseignement moral contenu dans ses œuvres qu'elle condamne ou qu'elle absout, et dont elle vit, si c'est là vivre. Or, cet enseignement consiste à répandre dans le vulgaire, à l'aide du rhythme et de la rime, un certain nombre de platitudes qu'elle affuble du nom d'idées. J'ose

donc affirmer, pour ma part, que ses reproches et ses éloges n'ont aucun sens appréciable et qu'elle ne sait absolument ce qu'elle dit.

Enfin, il avait réaffirmé sa dogmatique élististe, idéaliste et absolutiste d'un Art qui, s'il dépassait les « apparences vaines » en s'élévant jusqu'à la Beauté divine, ce qui bien sûr n'était jamais totalement réalisable, pouvait s'avérer porteur de joie, de bonheur, d'espérance et, plus encore, d'une morale virile et civilisatrice. Ici, l'attaque se faisait plus explicite contre celui qui, à lui seul, avait découvert un « nouveau monde poétique » :

> Les théories de la critique moderne ne sont pas les miennes. J'étudierai ce qu'elle dédaigne, j'applaudirai ce qu'elle blâme. Voici pourquoi.
>
> Le monde du Beau, l'unique domaine de l'Art, est, en soi, un infini sans contact possible avec toute autre conception inférieure que ce soit.
>
> Le Beau n'est pas le serviteur du Vrai, car il contient la vérité divine et humaine. Il est le sommet commun où aboutissent les voies de l'esprit. Le reste se meut dans le tourbillon illusoire des apparences.
>
> Le poëte, le créateur d'idées, c'est-à-dire de formes visibles ou invisibles, d'images vivantes ou conçues, doit réaliser le Beau, dans la mesure de ses forces et de sa vision interne, par la combinaison complexe, savante, harmonique des lignes, des couleurs et des sons, de la science et de la fantaisie; car toute œuvre de l'esprit, dénuée de ces conditions nécessaires de beauté sensible, ne peut être une œuvre d'art. Il y a plus : c'est une mauvaise action, une lâcheté, un crime, quelque chose de honteusement et d'irrévocablement immoral.
>
> La poésie a ses bas-fonds, ses bagnes particuliers, où beaucoup d'intelligences mal venues ou perverties riment perpétuellement, sous prétexte de cœur humain et de sincérité, toutes les inepties qui traînent dans les ruisseaux impurs de la banalité, tous les détritus depuis longtemps balayés dans les gémonies de l'Art. Par un renversement prodigieux du sens commun, c'est là que nos risibles éducateurs vont chercher les spécimens d'originalité et de vertu qu'ils nous offrent pour modèles.
>
> De telles excitations au mal, une persévérance si caractérisée à vouloir séquestrer la poésie dans l'ergastule critique, afin de la ployer à la servitude et de l'abêtir sans retour, mériteraient un avertissement senti, si la sérénité des bons esprits pouvait être troublée par cela. N'en parlons plus.
>
> La vertu d'un grand artiste, c'est son génie. La pensée surabonde nécessairement dans l'œuvre d'un vrai poëte, maître de sa langue et de son instrument. Il voit du premier coup d'œil plus loin, plus haut, plus profondément que tous, parce qu'il contemple l'idéal à travers la beauté visible, et qu'il le concentre et l'enchâsse dans l'expression propre, précise, unique.
>
> Il porte à la majesté de l'art un respect trop pur pour s'inquiéter du silence ou des clameurs du vulgaire et pour mettre la langue sacrée au service des conceptions viles. Le clairon de l'archange ne se laisse pas emboucher comme une trompette de carrefour[357].

Chaque nouveau numéro du *Nain Jaune* offrait une tribune à ses idées et contenait une ligne de propagande en faveur de la diffusion de ses œuvres poétiques, ce qui était inespéré pour un homme qui voulait s'imposer comme un maître à penser et comme une figure incontournable de la nouvelle école[358]. Mais l'aubaine fut de courte durée. « Brusquement, une brouille de famille, à laquelle il était étranger, avait fait tomber à sa charge sa mère et ses deux sœurs. Elles quittèrent Bordeaux et vinrent à Paris lui demander asile[359]. » Sa détresse matérielle en fut si considérablement accrue que son orgueil dut faire de terribles concessions. Il redonna des leçons particulières de grec et de latin « à des enfants d'un cerveau ingrat[360] », et, en même temps qu'il collabora à cette « forteresse littéraire » dévouée à Napoléon III, refusa que sa « sempiternelle traduction d'Homère, qu'il lui fallait bien achever cependant, mais qui l'abêtissait d'une façon inimaginable[361] », fût imprimée en caractères royaux, illustrée par Gustave Doré et dédiée au prince impérial – qui était alors un enfant de deux ans et ne savait donc pas encore le grec... –, répugna à être attaché à une bibliothèque, déclina les 20 000 francs offerts par l'Empereur pour son *Iliade* – une œuvre de commande qui devait, semble-t-il, représenter l'art français à la deuxième Exposition universelle de 1867 –, repoussa même la Légion d'honneur... mais accepta, à contrecœur, pour survivre, une pension mensuelle de 300 francs, qui serait perçue sur les fonds secrets de la cassette impériale ; deuxième trahison :

> Voici le fait en deux mots. – Vers 1864, au moment où j'entreprenais ma traduction d'Homère, j'étais excessivement gêné, accablé même de nouvelles charges terribles par l'arrivée à Paris de ma mère et de mes sœurs. Le peintre Gleyre et Jobbé-Duval[362] me demandèrent alors si j'accepterais de l'Empereur une pension temporaire qui m'aiderait à achever mon travail. Je répondis à ces MM. que je ne demanderais rien, que j'entendais sauvegarder entièrement ma liberté de penser et que je n'accepterais que si la chose m'était offerte dans ce sens. Je ne tardai pas à recevoir de Mocquard[363] une lettre très polie et même très révérencieuse qui me marquait que l'Empereur me priait d'accepter cette pension comme une aide temporaire pour un travail spécial, c'est-à-dire ma traduction d'Homère. J'acceptai, accablé que j'étais de nécessités inexorables, et tout fut dit[364].

Et si la contribution de Leconte de Lisle au *Nain Jaune* n'avait été qu'une façon comme une autre de remercier l'Empereur de la pension qui venait de lui être octroyée? Les revues d'avant-garde ne manquaient pas à l'époque. Il aurait donc très facilement pu proposer ses articles élogieux pour le poète Victor Hugo – mais non pour le critique – à un autre bureau que celui du 9, boulevard des Italiens. Fort heureusement, le 3 décembre 1864, la direction du *Nain Jaune* fut accusée d'abus de confiance. Il manquait près de 54 000 francs dans les caisses... Théophile Silvestre fut immédiatement remplacé par Ulysse Pic, et Leconte de Lisle aurait sauté sur l'occasion pour quitter le journal avec celui-là même qui l'y avait introduit, le seul qui au reste l'estimait vraiment et l'avait soutenu nonobstant les quolibets, les injures et « les insultes imbéciles qui s'étaient soulevées autour de lui comme une infecte poussière », ne faisant, à l'égard de ces « Philistins modernes », qu'un peu plus « saturer de dégoût la profondeur tranquille de son mépris[365] ».

Écrire était devenu un acte non seulement de subsistance mais aussi de résistance autoritaire, d'endurance despotique et de combat dictatorial « contre la langue, conçue comme un système de lois rigoureuses que l'imitation des anciens pouvait arriver à briser, contre la société qui n'accordait pas à l'activité créatrice la place qui lui revenait, contre la femme qui faisait oublier au poète sa vocation propre[366] », contre toute matière, contre toute inertie, contre toute atonie qui ploie, pèse ou existe. « Cet homme qui avait le mépris des foules, ne pardonnait pas au grand public d'ignorer ses œuvres. Les succès bruyants et productifs des romanciers ou des dramaturges qui ne le valaient pas l'irritaient sourdement ; les plaisanteries des petits journaux l'exaspéraient[367]. » Au fond, Leconte de Lisle n'était plus ni tout à fait républicain ni tout à fait bonapartiste[368]. Il avait construit et choisi sa propre patrie, le Beau, terre de grâce et d'harmonie fanatiques, lieu de conflits individuels ou de rivalités grégaires, rivage d'abandons voluptueux ou de rancunes intestines, « tantôt triomphante et ironique, tantôt amère et désabusée[369] », et, pour elle, pour ne pas avoir à la quitter comme il avait jadis dû quitter Bourbon, il était prêt désormais à tout sacrifier, c'est-à-dire à ne rien tolérer, à ne rien concéder, c'est-à-dire à tout perdre, y compris la face. Des fleurs vénéneuses naissaient de son mal-être, de son ressentiment, qui cherchaient une issue favorable à la colère imméritée des cieux. Le manque de recul, de distance intérieure, telle était sa faiblesse, sa fêlure.

Mais, ô Nature, hélas ! ce n'est point toi qu'on aime :
Tu ne fais point couler nos pleurs et notre sang,
Tu n'entends point nos cris d'amour ou d'anathème,
Tu ne recules point en nous éblouissant !

Ta coupe toujours pleine est trop près de nos lèvres ;
C'est le calice amer du désir qu'il nous faut !
C'est le clairon fatal qui sonne dans nos fièvres :
Debout ! Marchez, courez, volez, plus loin, plus haut[370] !

L'entresol du Parnasse

Pendant les quelques mois où Leconte de Lisle participa au *Nain Jaune*, il donna des conférences au profit des blessés polonais. Il fut également l'un des secrétaires du « comité shakespearien français » chargé d'organiser les fêtes du 300e anniversaire de la naissance de Shakespeare, présidées par Victor Hugo. L'année suivante, il eut encore l'idée, avec Mendès, Soulary, Banville, Philoxène Boyer, Dierx et Villiers, d'organiser, au Cercle Malaquais, des lectures publiques de poèmes. « Il s'agissait de lire des vers inédits et des traductions de poésie, antique et étrangère, quatre fois par semaine, de 9 à 10 heures ½. Les premières dépenses, en location de salle, lumière, affiches, billets d'entrée et programmes, reviendraient à 200 f environ, c'est-à-dire à presque rien entre sept fondateurs. Le surcroît de la recette, une fois [leurs] frais couverts, eût été consacré à publier, par livraisons, les poésies lues ; d'où un fort beau volume de 768 pages par an[371]. »

Le 22 août 1865, pour tenter de l'associer au projet, Catulle Mendès écrivit à son « cher ami » Baudelaire – les deux hommes se connaissaient depuis la *Revue fantaisiste* – qui, souffrant atrocement de névralgies et de rhumatismes, avait pourtant émis le souhait de rompre « toute espèce de relation » et préférait « une solitude absolue[372] » :

Mon cher ami,

Nous fondons des *Lectures poétiques*, c'est-à-dire que tous les huit jours, tous les mardis sans doute, cinq ou six poètes liront, dans une salle assez vaste, quelquefois des études d'esthétique, souvent des traductions de poésies anciennes ou étrangères, presque toujours des vers d'eux-mêmes. Nous avons absolument compté sur vous. Sans doute vous êtes à Bruxelles, mais vous en reviendrez. D'ailleurs, avant que vous ne puissiez prêter à notre entreprise un concours effectif, nos affiches et nos programmes ont hâte de s'enorgueillir de votre nom. Ai-je besoin de vous dire que vous serez en bonne compagnie, et en compagnie d'amis ? Leconte de Lisle, Soulary, Ménard, Philoxène Boyer, etc., etc., Gautier, que Leconte de Lisle visite aujourd'hui, etc., etc., puis deux ou trois jeunes gens comme moi. Le chef même de l'entreprise est M. de Lisle. – Voilà qui est entendu, n'est-ce pas, mon cher Baudelaire ? et vous pouvez même ne pas répondre. Qui ne dit mot consent. Mais il serait plus aimable d'écrire un mot à M. de Lisle, 8, Bd des Invalides, ou à moi-même, 16, rue de Douai, et de nous envoyer, si vous en avez, quelques vers inédits, que l'un de nous pourrait réciter[373].

Dix jours plus tard, le 1er septembre[374], Villiers sollicitait également les bons offices de Joséphin Soulary dont l'agrément avait été, à juste titre, anticipé :

Je me suis chargé, au nom de la Société de Lectures, au Cercle des Sociétés savantes, de vous demander votre nom et votre concours, pour que vous soyez joint, dans nos programmes, à MM. Th. Gautier, Leconte de Lisle, J. de Heredia, Ch. Baudelaire, C. Mendès et moi. La société consiste à faire un cours d'Esthétique moderne, roulant principalement et même uniquement sur la Poésie. C'est rude et audacieux et on ne nous prendra pas pour des acteurs : soyez tranquille. Quand vous viendrez à Paris, la chaire vous sera livrée ; les cours se font à plusieurs dans la même soirée : nous lisons simplement, – soit nos vers, soit ceux de poètes de grande valeur. Si vous ne pouvez pas venir encore, envoyez vos vers, ils seront lus devant trois cents personnes et lus passablement ; – cela commencera vers la fin du mois. Tout est convenu. Nous ne gagnerons pas grand'chose, l'entrée sera d'un franc, et nous sommes bien décidés à ne pas *donner* de billets, même à nos maîtresses ! L'argent du gain (!!!) sert à fonder une magnifique revue où paraîtra, le lendemain de nos cours, ce que nous y aurons dit. [...] Nous dirons des choses énormes. L'autorisation en est accordée par décret ministériel[375].

Mais à cause de « la déplorable faiblesse de Banville – ils avaient eu besoin de lui pour obtenir une prompte autorisation du ministre de l'Instruction publique – et du *veto* de la très singulière maîtresse qui le menait[376] », Mme Marie Daubrun, « actrice ravissante qui avait été son désespoir[377] » et à laquelle Baudelaire avait jadis été lié, le projet fut d'abord suspendu, puis finit par être abandonné, au bout de quelques semaines. Ce n'est que l'année suivante, en 1866, que naquit l'idée de « fédérer les éveils[378] » des uns et des autres en une revue nouvelle, le *Parnasse*

Contemporain, qui ne devait pas davantage connaître de succès, mais ferait beaucoup de bruit. La *Revue fantaisiste* de Mendès, située passage Mirès, à laquelle avaient participé Villiers, Cladel et Glatigny, avait périclité suite à la publication malheureuse d'un conte jugé trop libertin, le *Roman d'une nuit*, qui valut à son auteur, Mendès lui-même, un mois de prison à Sainte-Pélagie, assorti d'une amende de 500 francs[379] – un franc par vers –, et, de son côté, rue des Bons-Enfants, l'*Art* devenait si onéreux qu'il n'était plus raisonnable d'en continuer la publication[380]. Mendès récrivit donc à son aîné, Baudelaire, plus que jamais tourmenté par les premiers symptômes de l'aphasie, pour de nouveau mettre sa plume à contribution :

> Mon cher ami,
>
> L'*Art*... [n'est plus]. Il y a cependant paru de magnifiques vers[381] de Leconte de Lisle, une jolie pièce de *François Coppée*, un poète que vous aimerez quand vous le connaîtrez, et un assez beau poème de moi intitulé *Le Mystère du Lotus*.
>
> L'*Art* a publié en outre trois longs articles sur vous. J'avais indiqué les opinions à émettre, mais je n'ai pu m'opposer aux fautes de langue qui constituent l'originalité de l'auteur. L'*Art*, d'ailleurs, payait peu ; il a cessé de paraître, par mes conseils. Le directeur, L. X. de Ricard, est cet homme absurde et divin qui fonda avec moi le PARNASSE CONTEMPORAIN, *recueil de vers nouveaux*[382]. J'ai fait mettre dehors tous les gens inutiles, et... j'espère conduire le *Parnasse* dans une voie sérieuse. Vous recevrez bientôt des prospectus.
>
> Nous ne vous interdisons pas de reproduire vos vers dans la prochaine édition des *Fleurs*. Je vous prierai cependant de ne point les reproduire tout de suite.
>
> Envoyez-moi le plus tôt possible vos poèmes. J'attends avec impatience le petit volume que vous m'annoncez[383]. Vous marquerez au crayon rouge les pièces que vous désirez voir reproduites dans le *Parnasse*.
>
> *Cependant*, ne pouvez-vous pas me donner quelques poèmes absolument inédits ? Quelques-uns, deux ou trois seulement. Cela serait très important pour notre publication[384].

Le premier numéro du *Parnasse Contemporain*, – lu non par le public mais par les poètes eux-mêmes – parut le 3 mars 1866, au 47 du passage Choiseul, à deux pas de la place Ventadour et du Théâtre Italien, en face de l'écrasante maison Hachette, chez Alphonse Lemerre, un petit éditeur anticlérical de paroissiens[385] qui avait accepté de publier en 1865, à compte d'auteur – ce qui était son habitude et ferait sa fortune[386] –, *Ciel, Rue et Foyer* de Xavier de Ricard, et qui publierait désormais la plupart des « Parnassiens », nom burlesque dont on affubla ces jeunes poètes qui n'eussent jamais pensé à s'en affubler eux-mêmes[387].

On avait d'abord songé à les taxer de *fantaisistes*, du nom de leur première revue ; puis à les qualifier d'*impassibles* et de *stylistes*, d'après une pièce de Glatigny, *l'Impassible*[388], dédiée à Charles Baudelaire – ce sobriquet eut tout de même de beaux jours – ; à les traiter ensuite de *formistes*, du titre d'un ancien article de Lepelletier dans l'*Art*, intitulé *l'Idée et la Forme*, « où il soutenait, en commentant Destutt de Tracy et Maine de Biran, que, de même qu'il n'y avait pas de pensée sans signes, sans mot, il ne pouvait y avoir d'idée artistique sans forme[389] ». En définitive, on s'arrêta sur l'épithète, ô combien propice à provoquer les quolibets et à nourrir les invectives, de *parnassiens*. « Songez donc ! À vingt ans, eux, pauvres diables de rimeurs, qu'aucun éditeur alors n'eût accueillis, eux qui n'osaient pas passer devant la boutique de Michel Lévy de peur qu'à la seule vue de leurs chevelures extravagantes – on ne sait pas assez quelle influence désastreuse sur la destinée d'un homme de lettres et sur l'opinion de ses contemporains peut avoir sa chevelure ! –, les commis de la librairie ne surgissent du seuil de la porte en brandissant des balais plus formidables que le glaive de l'archange, eux à qui la maison Hachette apparaissait dans un rêve comme un paradis chimérique où n'étaient admis que les dieux, eux, Parnassiens, ils avaient un libraire à eux, tout à fait à eux ! » C'était largement assez pour attiser la haine de ceux qui, comme Amédée Pommier[390], s'étaient sentis exclus du cénacle, ou bien encore raviver la frustration de ceux qui, comme Alphonse Daudet, n'avaient peut-être pas franchi le cap du dernier vers de la tirade du Narcisse de *Britannicus*...

La maison était « une toute petite boutique, presque une échoppe, avec un entresol très bas où l'on entrait par un escalier qui tourne. Juste assez de livres pour être une librairie, et juste assez de place pour la visite quotidienne des poètes[391] ». Afin que ni leurs éclats de rire ni leurs discussions aussi passionnées qu'incompréhensibles aux profanes n'intimidassent la clientèle bourgeoise et bien pensante, l'entresol servait de nid à ces jeunes « aiglons tapageurs ». Quand il n'y avait plus de place, on s'asseyait sur les marches ; quand il n'y avait plus de marche, on demeurait debout, à déclamer des oraisons ou à fustiger la foule des Infidèles. On pestait contre l'école du Bon Sens[392], dissertait sur la mobilité de la césure ou les vertus cachées de la consonne d'appui, affirmait sa personnalité de toutes les manières possibles, entre les relents diffus d'absinthe et les nuages bruns de tabac turc. Qu'ils ne se plaignaient pas, morbleu ! Leur vie était noble et belle ! Ils souriaient de joie en songeant qu'ils avaient de bons amis ; leurs cœurs battaient à gros flocons à la seule pensée d'une femme ; ils pleuraient d'ivresse en lisant de beaux vers ; le spectacle de la vie leur apparaissait transfiguré par l'idéal et par l'espoir[393]. « De loin en loin, les aînés apparaissaient, "entourés d'un respect que ne connaissent plus guère les jeunes écrivains d'aujourd'hui". Théophile Gautier, "le bon Théo, déjà un peu alourdi, [...] les traitait d'une bienveillance endormie". Banville se montrait, au contraire, plein de verve, avec "sa face glabre de mime". Et Leconte de Lisle, avec son air de prêtre en habits laïques et ses façons de pontife, parlait peu, mais chacune de ses paroles trahissait sa passion contenue. Le très bienveillant Antoni Deschamps, "un peu éteint", prodiguait encore ses anecdotes[394]. »

Mais comment présenter le célèbre réduit autrement qu'en vers légers comme un soupir de jeune fille ?

Dans ce poétique entresol,
Hugo règne à côté d'Homère.
Les beaux vers émaillent le sol,
Dans ce poétique entresol.
Sévère ou chantant : mi, fa, sol,

On y voit l'éditeur Lemerre.
Dans ce poétique entresol,
Hugo règne à côté d'Homère.

Là, sans ordre, sont réunis
Tous les jeunes porteurs de lyre.
Chercheurs d'astres et d'infinis
Là, sans ordre, sont réunis ;
Enfants que la muse a bénis,
Aimant avant de savoir lire,
Là, sans ordre, sont réunis
Tous les jeunes porteurs de lyre. [...]

À ces innocents jeux d'esprit
Pardonnez, Leconte de Lisle.
Je vois Banville qui sourit
À ces innocents jeux d'esprit.
Gardons le triolet proscrit
Par La Harpe et l'abbé Delille !
À ces innocents jeux d'esprit
Pardonnez, Leconte de Lisle[395].

Ce ne fut qu'à la fin de l'année qu'on rassembla en un in-octavo luxueusement imprimé de 284 pages, tiré à cinq cents exemplaires, les dix-huit livraisons à couvertures bleues du *Parnasse* sous le titre de *Parnasse Contemporain, recueil de vers nouveaux*, contenant trente-sept signatures de trois générations différentes[396]. « Les jeunes poètes d'alors avaient cherché un titre général qui n'impliquât aucun parti pris, ne pût être revendiqué par aucune école, ne gênât en rien l'originalité des inspirations diverses. Ils voulaient que leur livre commun fût à la poésie ce que le Salon annuel était à la peinture. Ils songèrent naturellement aux publications analogues des poètes leurs ancêtres, et ils publièrent le *Parnasse Contemporain*, comme Théophile de Viau avait publié le *Parnasse satyrique*, comme d'autres lyriques avaient publié d'autres *Parnasses*[397]. » Leconte de Lisle offrit la *Prière Védique pour les morts*, inspirée des *Origines Indo-Européennes ou les Aryas primitifs* d'Adolphe Pictet[398], *L'Ecclésiaste*, *Les larmes de l'Ours*, *La Tristesse du Diable*, *La Vérandah*, *Ékhidna*, *Le Rêve du Jaguar*, *Les Spectres*, *La Dernière Vision* et fut le seul, avec Baudelaire, à être rétribué pour sa participation[399]. Poulet-Malassis, ayant fait faillite le 2 septembre 1862, avait été emprisonné pour dettes. Il choisit finalement de s'exiler en Belgique, où il retrouva son ami Baudelaire. Leconte de Lisle proposa donc fort logiquement la traduction de l'*Iliade* au jeune Alphonse Lemerre – il avait alors vingt-huit ans –, qui accepta de l'imprimer, quatre ans plus tard, le 10 décembre 1866.

Le 1er septembre 1862, le poète écrivit à sa sœur Élysée :

> Maître Poulet-Malassis, mon éditeur ordinaire, a disparu de la rue Richelieu avec tous nos livres.

C'était à la faveur des ombres de la nuit[400].

Impossible de mettre la main sur ce noctambule. Il a fait, dit-on, une vente fictive aux éditeurs Lécrivain et Toubon qui sont inconnus aux neuf cent quatre-vingt-dix-neuf millièmes des hommes mortels habitant la terre féconde, comme dit Homère. Passif : 50 000 fr. dont 15 000 sont dus à l'imprimeur Poupart. Ledit Poupart, ayant eu l'indélicatesse de réclamer ses 15 000 fr., a immédiatement reçu une paire de soufflets en à-compte. C'est Toubon égal aux Dieux qui les lui a remis. Le farouche Imprimeur, mécontent quoique battu, et doué d'ailleurs d'un très mauvais caractère, désire rendre un nombre identique de soufflets à Poulet-Malassis qui se dérobe généreusement à toutes les recherches. Voilà l'histoire. Ce qu'elle offre de plus net et de plus précis c'est que nos livres se sont absolument éclipsés. Je perds à ceci le prix des *Poésies Barbares* et mon traité pour la traduction d'Homère. Tu vois que le bonheur ne me poursuit pas avec l'acharnement d'une bête féroce[401].

Pour promouvoir ce livre, des lectures de poèmes furent organisées dans la salle Gerson, sous l'égide de Mlle Agar, « interprète dévouée de la Pléiade nouvelle » et grande tragédienne, et, pour dédommager l'exégète de ses dix-huit années de labeur – surtout les deux dernières ! –, dix-huit années d'acharnement pugnace et d'éreintements solitaires, 1 000 francs lui furent versés, somme qui lui serait invariablement allouée à chaque nouvelle parution d'un volume de traduction.

L'opération publicitaire, entièrement orchestrée par Lemerre, fut une réussite absolue. La presse accueillit l'ouvrage avec enthousiasme. Elle en salua l'exactitude, la précision, l'application, loua la transcription des noms propres, applaudit la littéralité, dans *Le Figaro* (F. Magnard), *Le Chasseur bibliographe* (Anatole France), les *Lettres d'un passant* (Arthur de Boissieu), *Le Moniteur universel* (Théophile Gautier), la *Revue du XIXe siècle* (H. Houssaye), la *Revue contemporaine* (Léo Joubert), la *Revue de Bretagne et de Vendée* (Lucien Dubois), la *Revue nationale* (Émile Delerot), etc. Selon Gaston Paris, Leconte de Lisle « avait eu raison de comprendre Homère à sa façon, puisque sa pensée était puissante et sa poésie profondément épique[402] ».

Désormais, tout lui était permis. Il serait publié, lu, connu et reconnu peut-être. Voilà pourquoi, le 6 septembre, oscillant entre indifférence magnanime et sage humilité, il prit malgré tout la défense de son éditeur, au détriment de son émule :

Mon ami, ne vous indignez pas contre Lemerre. Les conditions qu'il m'a faites, si rigoureuses qu'elles soient en elles-mêmes, ne m'eussent été proposées par aucun autre éditeur. J'ai traité avec lui dans un mauvais moment. Il vient d'acheter quatre mille vers à Banville ; il fait imprimer, de compte à demi, je crois, les volumes de Coppée, de Verlaine et de Prudhomme[403] ; et les 2 500 f du Parnasse ne lui ont point encore été rendus. Mon volume lui coûtera cher. 500 pages in-8°. Caractère acheté exprès et beau papier. Bref, l'affaire peut fort bien laisser à désirer ; et puis, ce n'est qu'une traduction, moins que rien en somme. Je vais achever, cet hiver, mon volume de poèmes[404], et je vous avoue que ceci me préoccupe infiniment plus que le sort réservé à mes laborieuses versions de l'Ionien. Elles ne m'attireront guère que des critiques grossières, si, toutefois, elles me valent quelque chose. Ce n'est pas que j'espère mieux de mes poèmes; mais qu'ils plaisent au très petit nombre de ceux que j'aime et dont l'approbation m'est précieuse, mon ambition sera amplement satisfaite. Ne croyez donc pas, mon ami, que je dédaigne la gloire à la façon du renard devant les raisins. En vérité, je n'ai ni dédain ni désir, malheureusement. Mon temps viendra peut-être, mais je ne serai plus là[405].

Aussi modeste que fût le volume du *Parnasse Contemporain*, pour lequel Lemerre paya seul ce qui était dû aux imprimeurs Claye et Unsinger, il ne manqua pas d'éveiller les railleries et d'exciter les jalousies de ceux qui, de toute évidence, n'y avaient pas participé. Le 27 octobre et le 14 novembre, Barbey d'Aurevilly fit imprimer dans le *Nain Jaune* deux articles de critique venimeuse[406] – les Parnassiens n'étaient en somme que des « imitateurs d'imitateurs » – et, en décembre, Alfred Delvau, un certain Renard, bibliothécaire de la marine, Paul Arène, Jean du Boys, le peintre Delor, élève de Gérôme, et Alphonse Daudet collectèrent sous le titre de *Parnassiculet contemporain* tout un recueil de pastiches grimaçants et de parodies grinçantes qui voulait en finir avec ce qu'ils convinrent d'appeler le « Carnaval romantique[407] ».

Trente-sept « Médaillonnets » incendiaires : un pour chaque Parnassien. On jugeait toute cette poésie, « qui se croyait une Renaissance et qui n'était qu'une Descente de la Courtille littéraire », abracadabrante, et l'on clamait haut et fort qu'« il valait mieux être original en français que ridicule en sanscrit[408] ». Au premier chef visé, Hanouman, « le dieu singe de la mythologie indienne, fils de Pâvana, [...] qu'on représente avec une longue queue, suivi d'une troupe de singes, et tenant une lyre ou un éventail[409] », autrement dit, bien sûr, l'imitateur suprême[410], Leconte de Lisle :

Le Midi sur les bois étend sa langueur lourde;
Et l'on n'entend plus rien, – rien que la rumeur sourde
Des baisers du Soleil à l'humus Gabonnais.

Rien! – Au loin seulement, reproche horrible et triste,
Le cri d'un Nhsïégo qui se tord et résiste
Dans le piège de fer d'un chasseur Kroumanais.

Tout dort. Le roi M'Pongo Bétani, dans sa case,
Sur le tissu très frais d'un tapis du Caucase
Couché, songe, en mâchant un morceau de Kola[411].

Le poète ne releva pas, mais les crocs entaillèrent néanmoins les mollets les plus jeunes. On manqua s'étriper – Mendès contre Jean Du Boys, Verlaine contre Daudet –, exigea des « satisfactions verbales », puis riposta vainement en février 1867, avec *La Gazette rimée*, qui réunit les pattes du belliqueux Verlaine, d'Anatole France, d'Antoni Deschamps, d'Emmanuel des Essarts, d'Henry Winter, de Léon Valade et de Robert Luzarche[412] – le fondateur – et ne connut que cinq numéros, ainsi qu'en 1869, avec *La Parodie*, qui retrouva l'auteur des *Fêtes galantes*, accompagné de d'Hervilly, d'André Gill, le rédacteur en chef et principal dessinateur, de Charles Cros, l'auteur du *Coffret de Santal* et l'inventeur du phonographe, et de Nina de Villard[413].

Cela ressemblait « à la fois à un mardi gras et à une croisade[414] », au hallali et au djihad ! Jamais il n'y eut contre un groupe de nouveaux venus « pareil emportement de gausseries et d'injures. Raillés, bafoués, vilipendés, tournés en ridicule dans les nouvelles à la main, mis en scène dans les revues [...], tout ce que les encriers pouvaient contenir de bouffonneries insultantes, on leur avait jeté ; toutes les opinions stupides, tous les mots bêtes, on les leur avait prêtés. Ils furent, pendant un temps les Jocrisses, les Calinos et les Guibollards de la poésie française. [...] Ces poètes gênaient la prose. C'étaient des impertinents, ces nouveaux venus, absolument ignorés hier, qui prétendaient conquérir le public au respect de l'idéal et du travail persévérant, à l'amour des belles formes, des beaux vers et des belles rimes, à l'enthousiasme pour l'art sacré. En ce temps d'opérettes et de romans bâclés à la diable, on se souciait peu de la beauté des perfections rêvées. Mlle Schneider[415] s'accommodait mal du voisinage de la Muse Érato et de la Muse Uranie. Il était injurieux pour les improvisateurs du théâtre et du feuilleton, que des gamins à peine évadés du collège eussent l'air de leur faire la leçon en mettant parfois une année à achever un poème bon ou mauvais. Écrire un sonnet, c'était se faire des ennemis de tous les rimailleurs de couplets de facture, et la chanson de café-concert avait ses raisons pour ne pas faire bon ménage avec la noble élégie. Rien de plus naturel que la haine des gens de métier contre les hommes d'art. Quant au public, il se laissait aller à croire ce qu'on lui disait[416]. »

Comment d'ailleurs eût-il pu en être autrement ? Il fallait bien qu'on se fiât à la critique. « Est-ce qu'on pouvait acheter tous les livres à peine parus, lire tous les vers à peine écrits, en un mot faire son choix soi-même entre les vingt publications de chaque jour[417] ? » C'est aussi pour cela que Leconte de Lisle haïssait tant le pouvoir de la critique. Il frustrait les Parnassiens de la reconnaissance et de la gloire que les meilleurs d'entre eux, non tous, méritaient. « Attirés les uns vers les autres par leur commun amour de l'art, unis dans le respect des maîtres et dans une égale foi en l'avenir, ils ne prétendaient en aucune façon s'engager à suivre une voie unique. Divers les uns des autres, ils étaient bien décidés à développer leur originalité native d'une façon absolument libre. Les uns curieux des choses modernes, les autres épris des antiquités religieuses ou légendaires ; Hindous ou Parisiens ; ceux-ci familiers, ceux-là épiques ou lyriques, quelques-uns rimeurs d'odelettes galantes, tous n'avaient à rendre compte à aucun du choix de leurs sujets et n'avaient à soumettre leur inspiration à aucune loi acceptée. Fais ce que tu pourras, pourvu que tu le fasses avec un religieux respect de la langue et du rythme : telle aurait dû être et telle fut, en effet, leur devise. En outre, jamais ils ne furent, jamais ils ne tentèrent d'être des novateurs. Ils ne croyaient pas que le moment fût venu, au point de vue de la poésie, d'une révolution dans les esprits. Que serait la poésie française dans un avenir lointain qu'ils ne verraient pas ? C'était ce que nul n'aurait su dire, n'aurait su prévoir même ; c'était le secret des génies futurs[418]. »

La mort de Baudelaire

Le 17 avril 1866, Leconte de Lisle et Villiers se présentèrent à la mairie de Neuilly pour être les témoins du mariage de Catulle Mendès et de Judith Gautier, qui n'avait pas reçu l'approbation de son illustre père. Faute d'argent, les jeunes mariés ne partirent en voyage de noces qu'à Barbizon, où ils restèrent tout l'été, et où Judith ne manqua pas de tomber malade.

Baudelaire, de son côté, l'était si violemment que, l'avant-veille, Henry de La Madelène avait annoncé dans *Le Temps* « un deuil pour les lettres françaises », qui fut aussitôt démenti par Théodore de Banville, le jour même du mariage, dans *L'Événement* :

> Ch. Baudelaire est vivant, Dieu merci ! ainsi que me confirme une lettre que je reçois à l'instant même. Il subit les plus cruelles souffrances, mais non, comme on l'a dit à tort, dans un hôpital. Baudelaire, qui possède encore plus de quarante mille francs, a d'ailleurs près de lui sa mère, Mme Aupick, et des amis dévoués qui l'entourent des plus tendres soins : MM. Arthur Stevens, Malassis, Marcq, Félicien Rops, Neyt, etc.
>
> Les adoucissements que peuvent procurer l'affection et l'argent ne manquent en aucune façon à la maladie du poète éminent, dont il serait par trop absurde de vouloir faire un Gilbert ou un Malifâtre[419].

En réalité, pour se rendre compte de la gravité de la situation, il suffit de parcourir cette lettre de Poulet-Malassis à Charles Asselineau, datée du 14 avril :

> Présentement l'état de Baudelaire est celui-ci : Il a eu depuis huit jours deux fois le ramollissement du cerveau à l'état aigu. Je ne sais si je m'explique bien, mais comme vous avez fait des études de médecine, vous comprendrez. Il paraît qu'il peut être enlevé d'aujourd'hui à demain, par un cas du même genre, mais que son état peut se prolonger durant des mois, des années. Ce que je ne souhaite pas.
>
> Depuis trois jours Baudelaire ne dit plus un mot, ne peut exprimer une idée, si simple qu'elle soit. À quel degré comprend-il ce qu'on lui dit ? Mystère. Je passe auprès de lui deux heures par jour à le regarder, à tâcher de me démêler dans son état mental et vraiment je n'oserais me prononcer sur la question de savoir s'il pense encore à *quelque degré que ce soit*. Les médecins, à cet égard, n'y voient pas plus clair que moi. J'ai dû conclure de leurs conversations que rien n'est plus douteux que les manifestations morales dans le cerveau d'un ramolli.
>
> La figure est encore intelligente, et il me semble que des idées la traversent à *l'état d'éclair*. Je crois qu'il n'entend pas prononcer le nom d'un ami *sans plaisir*[420].

Baudelaire fut rapatrié le 29 juin et, le 4 juillet, on le confia aux bons soins de l'« auteur de plusieurs mémoires sur l'action de l'eau froide dans les maladies », le docteur Émile Duval, qui dirigeait une maison de santé prestigieuse 1, rue du Dôme, près du Rond-Point de l'Étoile. Le poète occupait, « au rez-de-chaussée du pavillon situé au fond du jardin, une chambre convenablement meublée, haute de plafond, parfaitement aérée. Elle était éclairée par une fenêtre qui donnait sur le jardin. Pour principal ornement, deux toiles de Manet, dont l'une était une copie de ce portrait de la duchesse d'Albe par Goya qu'il aimait tant[421]. »

Depuis son entrée dans cet établissement, son visage s'était notablement éclairci et rasséréné. Leconte de Lisle en profita pour lui rendre une amicale visite, tout comme le firent Maxime Du Camp, Banville, Henry de la Madelène, Hetzel, Cladel, Nadar, Jules Troubat, Mme Paul Meurice, qui lui apporta, pour la lui jouer, la partition pour piano du *Tannhaüser*, Édouard Manet et sa femme, Sainte-Beuve et Champfleury. La chose fut aisée : Baudelaire recevait ses hôtes « avec gaieté et se plaisait à les faire parler. Il y avait progrès du côté de l'hémiplégie, – progrès favorable, entendons-nous. Quant à la langue, elle était restée dans le même état. Néanmoins le directeur de la maison et le docteur Vragny, le médecin ordinaire des écrivains et des artistes, qui visitait souvent le malade, avaient bon espoir[422]. » Il est donc vraisemblable que Leconte de Lisle ne fut pas trop frappé par l'état de délabrement physique et intellectuel de son ancien ami. « On acquit [même] la conviction que Baudelaire n'avait jamais été, triste avantage pour lui sans doute, ni plus lucide, ni plus subtil. En le voyant prêter l'oreille, tout en faisant sa toilette, aux conversations qui se tenaient à voix basse à deux pas de lui et n'en pas perdre un mot, ce qu'on put comprendre aux signes d'improbation ou d'impatience qu'il manifestait, échanger des sourires avec eux, lever les épaules, hocher de la tête, donner, en un mot, des marques de l'attention la plus soutenue et de l'intelligence la plus nette, on ne doutait pas que la partie que le mal avait respectée ne fût parfaitement saine et active[423]. »

Cependant il fallait intercéder au plus vite auprès des autorités pour que le poète pût bénéficier jusqu'au bout des soins de l'établissement du docteur Duval. Mourir à l'hôpital, au XIXe siècle, c'était mourir à l'asile ! Fin août, Champfleury prit donc l'initiative de calligraphier une pétition destinée au ministre de l'Instruction publique de l'époque, Victor Duruy, dans laquelle il s'évertua à valoriser le traducteur de Poe au détriment de l'auteur des *Fleurs du Mal*. Elle fut immédiatement apostillée par trois académiciens, Sainte-Beuve, Jules Sandeau et surtout Mérimée, dont l'appui surprit et toucha Baudelaire. Le premier, pragmatique, voulut insister sur la modeste pension versée à Mme Aupick depuis qu'elle était la veuve d'un ancien ambassadeur – 6 000 francs – ; le deuxième, dramatique, crut utile de mettre en avant la dimension pathétique de la situation ; le troisième, romantique, de rappeler « la bonté et la candeur » du caractère du poète, qu'il avait, comme chacun sait, fort mauvais. La lettre fut ensuite co-signée par Champfleury lui-même, Banville, Asselineau et Leconte de Lisle. Ayant quitté Paris le 27 juillet pour se rendre à Genève, chez Carlotta Grisi, le grand Théo n'avait pu s'y associer autrement que par la pensée :

> Monsieur le Ministre,
>
> Un malheur affreux, et qui laisse peu d'espoir, vient d'atteindre un des écrivains les plus distingués de ce temps-ci, M. Charles Baudelaire, poëte et traducteur des œuvres d'Edgar Poe.

Un épanchement au cerveau a causé une paralysie du côté droit, aggravée par une aphasie, qui a déterminé le transfèrement du malade dans une maison de santé, dirigée par le Docteur Émile Duval, rue du Dôme.

Dans ces tristes circonstances les amis de M. Charles Baudelaire, spontanément, s'adressent à Votre Excellence et vous supplient de lui accorder une pension en rapport avec le prix des soins que son état réclame. Cette faveur serait d'ailleurs bien justifiée par les travaux d'un écrivain qui a révélé à la France le plus beau génie littéraire du Nouveau Monde et qui depuis vingt ans concourt à la rédaction des Revues et des Journaux les plus importants, le *Moniteur*, le *Pays*, la *Revue Contemporaine*, la *Revue des deux Mondes*, etc.

Nous espérons, Monsieur le Ministre, que cette requête motivée sur des besoins si graves et appuyée de sympathies illustres sera favorablement accueillie de Votre Excellence qui n'aura jamais, nous le croyons, d'occasion plus signalée de témoigner de sa haute sollicitude pour les lettres et pour ceux qui les cultivent.

Recevez l'expression du profond respect avec lequel nous avons l'honneur d'être

Monsieur le Ministre,
De Votre Excellence
Les très humbles et très obéissants serviteurs[424].

Les soins coûtèrent 5 200 francs ; Duruy en accorda 500.

Baudelaire voulut un temps partir en voyage à Nice puis s'installer à Honfleur, mais il n'en put rien faire. « Dans les premiers mois, il prenait plaisir à se promener en voiture, à faire des visites par la ville, et à dîner au dehors. Nadar, qui le chérissait comme un ancien et excellent ami, et qui mêlait à son affection une admiration sincère, avait imaginé, pour le distraire et le décarêmer du régime de la maison de santé, de l'aller prendre un jour de chaque semaine et de l'amener dîner chez lui avec un petit nombre de convives, tous vieux camarades habitués à sa mimique, et qui lui faisaient fête. Baudelaire parut d'abord enchanté de ces petites réunions, et son hôte, en l'allant chercher, le trouvait prêt et paré, et impatient de monter en voiture. Bientôt, pourtant, à [leur] grand étonnement, il refusa de venir. Il exprima que ces séances le fatiguaient et qu'il payait le plaisir d'une soirée par des insomnies et des excitations suivies d'accablements qui contrariaient le traitement. Il n'avait, comme on le voit, perdu ni la conscience de son état, ni l'espoir de la guérison[425]. »

Pourtant, il n'y en avait guère. S'il parvenait encore à faire illusion, il avait perdu la mémoire, ne pouvait plus ni lire ni écrire, et son intelligence elle-même semblait paralysée. On lui entendit ânonner un glacial « passez-moi la moutarde ! » suivi d'un vigoureux « la lune est belle ! », puis, très vite, il n'articula plus un seul mot. « Il prit alors une attitude résignée et sombre. Plus de chants, plus d'éclats, plus de pantomime, plus de ces sollicitations subites, vives et pressantes qui forçaient à l'attention et faisaient travailler l'imagination des assistants. Il était évident que Baudelaire s'était démis de tout espoir et de toute illusion. Il cédait à l'ennemi qu'il avait si longtemps et si vaillamment combattu. Bientôt il ne voulut plus quitter son lit. Il y passait ses journées, gardé par sa mère. La volonté était brisée ; mais l'esprit veillait toujours. Jamais il ne cessa de faire bon accueil à ses amis et de tendre à l'arrivant sa main libre. Il continua jusqu'aux derniers jours de s'intéresser aux entretiens qui se tenaient au pied de son lit, sans y plus prendre part que par de légers signes de la tête ou des paupières. À quelque moment qu'on tournât le regard vers lui, on retrouvait son œil intelligent et attentif, bien qu'assombri par une expression de tristesse infinie, que ceux qui l'ont saisie n'oublieront jamais. Les derniers mois furent sans doute pour lui les plus douloureux. Il se survivait à lui-même et ne vivait plus que pour sentir tout ce qu'il avait perdu[426]. »

Après la cérémonie religieuse, le 2 septembre 1867, en l'église Saint-Honoré, ce fut le vibrant Théodore de Banville qui prononça l'éloge funèbre devant un parterre fort réduit de personnalités : une soixantaine, pas plus. Il faisait une chaleur étouffante et le tonnerre grondait. On reconnut les visages graves et les mines tirées de Houssaye, Nadar, Champfleury, d'Hervilly, Armand Gouzien, Eugène Vermersch, Monselet, Wallon, Vitu, Manet, Alfred Stevens, Bracquemond, Fantin, Ponthey, Verlaine, Calmann Lévy, Armand Silvestre, Louis Veuillot et Alphonse Lemerre.

Leconte de Lisle n'assista pas aux obsèques qui se déroulèrent au cimetière du Montparnasse, et nombreux furent ceux qui, comme lui, ne purent s'y rendre, soit qu'ils reçussent les faire-part trop tard – on les avait envoyés un dimanche –, soit qu'ils fussent en vacances loin de Paris ou dans les profondes campagnes des environs.

Il se trouvait alors en compagnie de l'écrivain d'art Paul-Adolphe Lefort, à Saint-Énogat, près de Saint-Malo. L'été suivant, il lézardait avec Heredia, son disciple favori, probablement chez Augusta Penquer, dans son manoir de Parc-An-Coat[427], près de Guipavas, dans le Finistère, comme en témoigne la correspondance du 12 août 1868 que le jeune Cubain adressa à sa mère. Ils passaient leurs journées à lire, à écrire ou à regarder la mer, et, le soir, se promenaient ensemble, parfois jusqu'à minuit, sous la voûte étoilée. Leconte de Lisle expliquait alors à son Télémaque « l'admirable système de la mécanique céleste et sa croyance si belle en l'immortalité de l'âme s'épurant à travers le monde des soleils[428] ».

La Tristesse du Diable

Certes il y avait au Parnasse, à commencer par Théodore de Banville et Catulle Mendès, que son beau-père, qui ne l'aimait guère, appelait « Crapule Membête », d'authentiques hugolâtres. Pourtant Gautier, Baudelaire et Leconte de Lisle ayant tous trois plus ou moins renié le grand exilé, la plupart des Parnassiens leur emboîtèrent le pas et se déclarèrent fermement à l'opposé des conceptions du romantisme, comme le rappela, s'il en était besoin, Louis-Xavier de Ricard. « L'idéal des poètes du Parnasse, c'était au fond, la sobre, rigoureuse et indestructible ordonnance des constructions d'un Leconte de Lisle, opposée à l'œuvre ondoyante, tumultueuse, forêt ou océan, d'un Victor Hugo[429]. » Toutefois, en pleine apothéose de l'éclairage électrique, au milieu des boulevards immenses et rayonnants en tous sens, entre les arbres emmaillotés à faux cols de zinc, les innombrables établissements de photographie[430], les multiples casernes, restaurants et buvettes qui ne désemplissaient jamais, dans cette gigantesque auberge des peuples, des empereurs, des sultans, des tsars, des rois et reines d'Autriche, d'Italie, de Belgique, de Bavière et de Prusse que fut la nouvelle Exposition universelle[431], la reprise d'*Hernani* au Théâtre français fit l'effet d'une bombe. Quand la France montrait au monde tout le génie industriel dont elle était capable, pouvait-elle vraiment laisser en exil son génie théâtral ? Camille Doucet, directeur des théâtres au ministère de la Maison de l'Empereur, et Édouard Thierry, de la Comédie-Française, pensèrent que non. Ils furent entendus et, grâce à Auguste Vacquerie, Paul Meurice et à « quelques bassesses », tout le petit cénacle des habitués du passage Choiseul, Gautier et Dumas compris, parvint à trouver une place acceptable dans l'amphithéâtre, ce grand jour de la première que fut le 20 juin 1867. Les vétérans étaient aux premières loges, les novices plus loin. Sur la scène, les acteurs Bressant, qui jouait Hernani, Maubant, Delaunay et Mlle Favart, furent ovationnés, couverts de fleurs, et déclenchèrent plusieurs salves d'applaudissements frénétiques. Les potaches Mérat, Valade, Verlaine, Coppée, Mendès et Cazalis étaient en liesse. « La houle d'enthousiasme montait jusqu'aux frises, pour retomber en coups de tonnerre des galeries supérieures[432]. » Dès qu'un vers, un hémistiche ou une rime pouvaient être interprétés de façon allusive contre l'Empereur, qui assistait à la représentation, – « J'écraserai dans l'œuf ton aigle impérial ! » – on applaudissait à tout rompre, l'œil humide et malicieux, en affichant de larges sourires ironiques et benoîts[433]. « Glorieuse soirée, dont on serait fier plus tard de dire "J'en étais !" puisqu'elle avait consacré à jamais parmi eux le théâtre d'Hugo et réparé les injustices de la cabale classique de 1830[434]. »

Mme Adèle Hugo, présente, exultait ; l'Empereur laissa faire.

Un petit groupe se retrouva au café Bobino pour y rédiger une lettre collective de félicitations et de célébration en l'honneur de l'auteur d'*Hernani* que ni Leconte de Lisle ni Heredia ne signèrent. Anatole France, qui commençait à fréquenter le cinquième étage du boulevard des Invalides, déclarait à qui voulait l'entendre que le romantisme était « la liquéfaction de l'esprit français », pas davantage[435]. Les autres regrettaient que le dramaturge de Guernesey ne fût pas là et ne tarissaient pas d'éloges. La missive parut dans *La Liberté* puis dans le *Journal de Bruxelles* du 1er août, et les échotiers, après avoir cité la liste complète des quatorze signataires, rivalisèrent de sarcasmes. De quel bord étaient-ils ? N'y avait-il pas deux camps dans le Parnasse ? « Sachez, écrivit Verlaine à Valade, que les journaux belges nous blaguent (à propos de l'adresse à Hugo – ça bas-de-soie –), tout comme s'ils étaient *Le Masque* ou *La lune*, les présomptueux. Oui, mon cher ami, nous voilà célèbres, ce qui est bien, et ridicules, ce qui est mieux, à Bruxelles, en Brabant, savez-vous ? Et nous y passons tous les quatorze, en toutes lettres, et sans coquille encore ! est-ce assez glorieux[436] ! »

Hugo renvoya aux duveteux aiglons deux pages sublimes de ses *Châtiments*, plus quatre autres, atterrantes, de ses « Je suis le passé : vous êtes l'avenir », – ce qui était à peu de choses près ce que Chateaubriand lui avait écrit à ses débuts – « je ne suis qu'une feuille : vous êtes la forêt. Je ne suis qu'une chandelle : vous êtes les rayons du soleil, la couronne d'étoiles de mon ciel poétique... » Si bien que l'on conclut à une « mystification odieuse » et qu'il fallut attendre le démenti de Juliette Drouet, puis peut-être la confirmation du Maître lui-même, pour qu'on pût enfin se résigner à y croire : « Mes chers enfants, la missive que vous m'avez envoyée n'est pas de la police, ni d'un faussaire : elle est de moi, hélas[437] ! » Et comme il n'y a pas loin de l'admiration à l'imitation, on s'amusa très vite à parodier le patriarche dans ses plus bienveillantes formules adressées à tous ceux qui lui transmettaient des vers à peu près supportables : « Confrère, car vous êtes mon confrère, dans confrère il y a frère. Mon couchant salue votre aurore. Vous commencez à gravir le Golgotha de l'Idée, moi je descends. Je suis votre ascension. Mon déclin sourit à votre montée. Continuez. L'Art est infini. Vous êtes un rayon de ce grand tout obscur. Je serre vos deux mains de poète. *Ex imo*[438]. V.H.[439] »

Leconte de Lisle lui-même avait reçu de ces élogieux autographes le 25 octobre 1864, après qu'il eut publié dans *Le Nain Jaune* son article critique sur la préface de *William Shakespeare* qui avait déjà marqué une distance certaine, comme on a vu, avec celui qui voulait associer le Beau au Vrai et la morale à la poésie :

Castel-Carry, 25 octobre.

Cher poëte, cher confrère, j'ai passé presque tout l'été hors de Guernesey, je reçois aujourd'hui seulement, en Angleterre, où je suis encore, la page magnifique écrite il y a deux mois par vous sur moi. Je m'incline devant votre appréciation, j'en discuterais quelques points, mais vous êtes un maître. Qui est maître est juge. L'épidémie « régnante » aujourd'hui est une maladie dite l'*Autorité* ; je n'aime, moi, que la Liberté ; de là ma solitude. Dans cette solitude, quand l'âme d'un poëte vient à moi, je suis heureux, et quand le poëte c'est vous, je suis fier. Vos poëmes sont au nombre des plus beaux de notre temps ; vous sentez et vous pensez ; vous avez l'instinct qui vient du cœur, et le souffle qui vient de Dieu. Votre critique est aussi haute que votre poésie, l'une traduit l'autre. Quelle admirable peinture du débordement des Antilles [*sic*], à la fois cataracte, avalanche et ouragan ! Et comme cette peinture est une pensée ! Toute votre prose est ainsi ; image et idée ; vous êtes profond parce que vous êtes lumineux. Je voudrais bien causer avec vous. Je ne vous remercie pas, je vous aime[440].

Hugo, bien qu'il n'eût pas encore lu le portrait assez flatteur qu'on avait fait de lui le 31 août 1864, comme en témoigne la lettre de Paul Verlaine d'août 1867, ne voulut pas recommencer le duel de Roland et d'Olivier. Il avait décidé de calmer les esprits en flattant le génie de Leconte de Lisle, en même temps que ses origines créoles. Nul doute alors que « la page magnifique écrite il y a deux mois » désignait l'*Avant-propos* des *Poëtes contemporains* et non l'article qui lui était consacré. Hugo avait écrit « sur moi » pour dire « sur mon travail », ce qui bien sûr, dans son esprit, signifiait la même chose[441].

Cher Maître et Ami... Victor Hugo, que j'ai eu le bonheur de voir à Bruxelles, après m'avoir longuement parlé de vous avec la plus grande admiration et la plus vive sympathie, m'a chargé de vous prier de lui envoyer votre article sur lui qui a paru, il y a quelques années, dans le *Nain Jaune*... Je lui promis d'agir sans retard, c'est pourquoi je viens aujourd'hui vous demander l'époque approximative de la « parution » (style Lemerre) dudit article... J'entrerai dans la Caverne Castagnary[442] Barbey-Genesco[443], j'achèterai le numéro en question et, si vous m'y autorisez, je l'enverrai de votre part, à l'homme de lettres dont il a été parlé ci-contre. L'éditeur blond du passage Choiseul m'apprend que vous avez le bonheur d'être le voisin de la mer, et son hôte. Hélas ! Où est le temps où, moi aussi, je me pouvais tremper dans l'onde amère[444] et gagner, à ces ablutions, des forces nouvelles et de terribles appétits ! J'ai reçu des nouvelles de Catulle, qui est à Arcachon, où le scélérat fait force vers, paraît-il. Valade a depuis deux jours cinglé vers ces bords qu'arrose la Gironde. Coppée, rendu fou par mes récits de Bruxelles, se propose d'aller, à la fin du mois, avec Silvestre, faire visite, lui aussi, à « l'autre maître » – comme dit Essarts. Du reste, pas le moindre vers à l'horizon. Dierx, entr'autres, se distingue par sa non-fécondité depuis les *Lèvres Closes*. France s'occupe d'un volume, *Statues et bas-reliefs*[445]. Voilà, cher Maître et ami, toutes les nouvelles. Il fait une insupportable chaleur : la fête du 15 août[446] a été d'un hideux rare. Tout le monde souhaite votre prompt retour[447]...

Avec ses petits yeux noirs, pétillants et profonds, sa barbe grise et ses longs cheveux blancs hérissés sur son grand front sibyllin, Hugo était un *pèrissime*, et, depuis le 31 mars 1867, avec la venue du petit Georges[448], place des Barricades, à Bruxelles, un *grand-pèrissime* achevé à qui tout souriait. Leconte de Lisle, dont la couche ne fut jamais féconde, n'aimait donc pas follement cet Hugo qui, sous des dehors courtois et des apparences débonnaires, au fond, à cette époque-là, le lui rendait bien. Il ne voyait en lui que son *ego* démesuré, et sa destinée glorieuse lui semblait moquer celle qu'il ne parvenait pas à embrasser, ce qui faussait ses critiques et altérait son jugement. Lui, tout ce qu'il avait écrit, c'était au prix d'un travail acharné, à force de privations, de sacrifices, de lectures savantes et de recherches érudites qu'il l'avait arraché au silence, et « ce sens de la perfection qui lui donnait le droit d'être sévère pour les incorrections des autres, le privait en même temps du moyen de rester réellement insensible à leurs mérites. [...] Des *Orientales*, il affirmait n'aimer que l'allure générale, la cadence du dernier vers, tout en ajoutant qu'Hugo n'avait jamais inventé de rythmes. Dans l'œuvre entière, il incriminait l'inintelligence des époques de l'histoire, l'abus des oppositions, l'artifice des décors et la répétition des mêmes effets, les descriptions prolixes, les négligences, les lacunes [et] la philosophie simpliste. [...] La littérature contemporaine comptait ainsi pas mal de gens ayant droit à ce titre "d'homme le plus méprisable" : Armand Carrel, Prosper Mérimée, et cent autres. Quant aux imbéciles, à leur tête et sans doute parmi les représentants de la sottise honoraire puisqu'il ne l'avait pas rencontré comme antagoniste direct sur son chemin, il plaçait Bossuet, puis de Maistre, et, si l'on eût pu descendre au fond de sa conscience intime, on eût découvert qu'il y plaçait tout le monde excepté lui[449]. »

Hugo et Leconte de Lisle étaient donc deux Titans à l'*ego* démesuré qui s'affrontaient, deux univers outrageusement outrecuidants du Moi[450], deux versions profondément antithétiques d'un identique Grand Tout. « L'une voulait que le poète n'empruntât à l'histoire ou la légende que des cadres plus intéressants en eux-mêmes, où il développerait les passions et les espérances de son temps. [...] L'autre, au contraire, exigeait que le créateur se transportât tout entier à l'époque choisie et y revécût exclusivement[451]. » La première, statique et optimiste, s'assumait ; la seconde, pessimiste et dynamique, se reniait[452]. L'une, frénétique, aimait à s'étaler, jetant « aussi bien sa cendre que sa flamme[453] » ; l'autre, fanatique, voulait se maîtriser, ne laissant deviner que les cimes noircies, voilées de brume, de ses passions défuntes ; Hugo, l'extraverti, était un Atlas qui, pour témoigner de son amour des hommes, voulut soulever le monde, – « Et s'il n'en reste qu'un je serai celui-là ! » – Leconte de Lisle, l'introverti, un Caïn qui, n'y parvenant pas, chercha à les ensevelir. – « Tu te tairas, ô voix sinistre des vivants[454] ! » – De là cette démarche spontanément archéologique qu'on lui a tant reprochée. En effet, « on le traita de résurrectionniste, [de] gratteur de nécropoles, qui, pour "puer au nez des vivants", réveillait les vieux morts[455] ». Mais pour qu'il pût les aimer, il fallait bien pourtant qu'il les ressuscitât, puisque pour exister, il avait dû les tuer. Les larmes de Caïn se nourrissaient du sang d'Abel ; elles l'invitaient à revenir pour mieux pouvoir l'assassiner. Telle était l'effrayante aporie…

Je ressusciterai les cités submergées,
Et celles dont le sable a couvert les monceaux ;
Dans leur lit écumeux j'enfermerai les eaux ;
Et les petits enfants des nations vengées,
Ne sachant plus ton nom, riront dans leurs berceaux !

J'effondrerai des cieux la voûte dérisoire.
Par-delà l'épaisseur de ce sépulcre bas
Sur qui gronde le bruit sinistre de ton pas,
Je ferai bouillonner les mondes dans leur gloire ;
Et qui t'y cherchera ne t'y trouvera pas.

Et ce sera mon jour ! Et, d'étoile en étoile,
Le bienheureux Éden longuement regretté
Verra renaître Abel sur mon cœur abrité ;
Et toi, mort et cousu sous la funèbre toile,
Tu t'anéantiras dans ta stérilité[456].

Contre toute attente, l'amertume de Leconte de Lisle grandit encore un peu plus le 14 janvier 1869, quand un de ses disciples se mit à rencontrer plus de succès que lui. François Coppée, grâce à la représentation d'une de ses plus modestes pièces en un acte, fit en effet ce jour-là un vrai triomphe à l'Odéon[457]. « À neuf heures du soir, écrit-il, j'étais un petit employé des bureaux de la guerre, et il me manquait toujours quarante sous pour équilibrer mon budget. À neuf heures et demie, on avait joué *Le Passant*, et j'étais une sorte de personnage[458]. » Sarah Bernhardt, dont c'était là un des tout premiers rôles, incarnait le page Zanetto et Mlle Agar, actrice beaucoup plus connue, campait le personnage de Silvia : « Un paysage lunaire. À droite, une maison de plaisance avec une rampe en pente douce qui descend sur le devant du théâtre. Un vieux banc. Au fond, Florence vaguement aperçue[459] »… avaient suffi à transporter les foules. Vingt mille exemplaires furent vendus en un an. C'était simple. C'était beau. C'était triste.

Dix-huit mois plus tôt, Leconte de Lisle souffrait encore de mélancolie. Dans une lettre du 7 juin 1867 à son confident créole, il prit prétexte du capharnaüm de l'Exposition universelle des « petits crevés[460] » – dont il était chargé de juger, avec Banville, les rhapsodies en l'honneur de la paix et de l'industrie –, pour épancher son pessimisme et se prêter à un examen de conscience des plus subjectifs : il se croyait un poète fini et il expliquait pourquoi.

> Je ne partage pas, mon cher ami, cet enchantement universel. Cela tient sans doute à ce que ma destinée particulière manque de joie. L'avenir m'apparaît sous un aspect quelque peu sombre, et je n'ai plus la quiétude imperturbable de ma jeunesse. Vous avez raison : je ne ferai pas ce que j'aurais voulu faire, et, par surcroît de tristesse, remarquez que je ne m'illusionne pas le moins du monde sur les raisons de ma fin intellectuelle. Je sais que, pour être assurément fort commode, la théorie de l'influence despotique des circonstances extérieures sur l'intelligence n'est qu'un leurre. En réalité, les poèmes qu'on n'écrit jamais, sous le singulier prétexte qu'on n'est pas millionnaire, n'ont jamais existé, même à l'état latent. Pauvre ou riche, heureux ou malheureux, quand on prétend avoir du génie, on le prouve par des œuvres et non par des lamentations. Voilà la vraie vérité. Dans ma sphère relativement intérieure, et pour mon propre compte, je ne m'en prendrai, certes, qu'à moi-même si j'en suis réduit à l'impuissance ; et j'affirme, dès aujourd'hui, que les misères de ma vie ne seront jamais pour rien dans mon anéantissement intellectuel. Si ma lampe s'éteint, c'est que la quantité d'huile qu'elle pouvait contenir est brûlée, et à cela point de remède. Mais je nourris l'espoir, peut-être fallacieux, qu'il n'en est rien. En attendant, j'en finis au plus tôt avec Homère. Encore quelques jours et je m'empresserai de loger texte, dictionnaire et grammaire dans les bas-fonds de ma bibliothèque ; je ferai table nette, j'achèterai un grand cahier blanc, et j'attendrai que les Hélikoniades[461] me dictent autre chose que des versions[462].

Le 27 octobre, parut dans la *Revue des Lettres et des arts* le *Combat des Kronides et des Titans* et, dans la foulée, Lemerre publia la *Batrakhomyomakhie*, les *Hymnes*, les *Épigrammes* et l'*Odyssée* que Leconte de Lisle avait achevée en seulement une année. Aussitôt, comme il l'avait annoncé, il mit de côté dictionnaires et grammaires. Certes le répit fut court, mais il put enfin se reposer.

> Les monotones jours, comme une horrible pluie,
> S'amassent, sans l'emplir, dans mon éternité ;
> Force, orgueil, désespoir, tout n'est que vanité ;
> Et la fureur me pèse, et le combat m'ennuie.
>
> Presque autant que l'amour la haine m'a menti :
> J'ai bu toute la mer des larmes infécondes.
> Tombez, écrasez-moi, foudres, monceaux des mondes !
> Dans le sommeil sacré que je sois englouti !
>
> Et les lâches heureux, et les races damnées,
> Par l'espace éclatant qui n'a ni fond ni bord,
> Entendront une Voix disant : Satan est mort !
> Et ce sera ta fin, Œuvre des six Journées[463] !

Les Vilains Bonshommes

Au retour de ses vacances d'été 1868, passées en Bretagne, chez Heredia, Leconte de Lisle, qui commençait à peine à goûter aux joies d'une vie matériellement moins difficile, apprit que le Conseil Général de la Réunion lui avait supprimé sa pension versée depuis trois lustres – si l'on ne tient pas compte de l'interruption entre 1861 et 1862 – et qui, de 1 800 francs annuels, était passée à 2 400. La raison de cette suppression était essentiellement d'ordre économique – méventes des produits tropicaux et cyclones –, et il ne s'agissait pas, comme on l'a beaucoup dit, d'une décision de l'archevêque de Bourbon, Mgr Maupoint, qui n'eût pas jugé décent ni supportable d'entretenir un poète qui malmenait aussi ouvertement les Commandements divins et les préceptes de l'Église. Le pauvre homme, qui vivait à l'heure des émeutes et recevait chaque jour « des lettres anonymes qui le menaçaient de lui faire sauter la tête », avait d'autres chats à fouetter[464]. Au reste, Auguste Lacaussade, qui n'était pas impie, vit également sa pension retirée.

Comme il n'envoyait plus d'articles au journal de l'île[465], le manque à gagner atteignait facilement 4 000 francs, et, pour comble de misère, deux mois auparavant, le poète avait commencé à se plaindre du trouble de sa tête qui ne se calmait pas et l'inquiétait beaucoup, ce qui n'était pas bon signe. Il lui était impossible de travailler; l'expression de sa pensée lui échappait, et cette pensée elle-même n'était ni nette, ni claire, tant s'en fallait. De surcroît, il commençait à se persuader qu'il parlait avec peine et qu'il ne savait plus le sens exact des mots[466].

L'événement allait donc l'obliger à ne plus s'apitoyer sur lui-même, et, dans un sursaut salutaire, à puiser à la source bienveillante du Léthé.

> Mon cher ami,
>
> Je vous ai quitté avec de tristes pressentiments qui ne me trompaient pas. La première lettre que j'ai ouverte, parmi celles qui m'avaient été adressées pendant mon absence, était signée par le Directeur des Colonies et m'annonçait la suppression immédiate de ma pension. Notre Conseil Général a pensé qu'aucune dépense n'était plus inutile, et il n'a pas hésité à me retirer brusquement, sans avis préalable, la petite somme annuelle qui garantissait à peu près mon repos. Si j'étais seul au monde, ceci me serait presque indifférent, mais j'ai tant de raisons inexorables de redouter les difficultés de la vie, que ce coup inattendu m'a troublé, je l'avoue. Il faut cependant réagir, et le plus tôt possible. Je vais tâcher de me fouetter la cervelle pour en extraire de la prose improvisée, trop heureux si je puis réussir dans cet odieux métier que j'ai méprisé si longtemps et qui est aujourd'hui mon unique ressource.
>
> La destinée, vous le voyez, est une rude créancière; elle me fait payer sans retard les quelques jours tranquilles et heureux que nous avons passés, Anna et moi, auprès de Mme Heredia et de vous. Il nous reste du moins le souvenir de l'amicale hospitalité que vous nous avez donnée et dont nous vous remercions bien cordialement[467].

L'essentiel de ses revenus de l'époque provenant de la pension impériale et de ses travaux de traduction chez Lemerre, c'est tout naturellement que le poète barbare s'ouvrit à celui-ci de ses nouvelles difficultés financières.

L'éditeur s'était mis immédiatement en course pour lui, sans qu'il le lui ait demandé et sans n'en rien dire. C'était un excellent homme qui lui témoignait une vraie affection. Sainte-Beuve, qu'il était allé voir, s'était exprimé sur son compte en termes chaleureux, à la grande stupéfaction de Leconte de Lisle. Selon ce dernier, outre le prix Bordin à peu près assuré à *Homère* pour l'année suivante, il paraissait qu'une bibliothèque ne serait pas impossible à obtenir. Soit. Leconte de Lisle avait dit adieu à la vie depuis longtemps, il ne vivait plus qu'avec les morts ; il pouvait donc bien devenir une sorte d'employé officiel. Ce serait comme une pierre tombale scellée sur l'homme libre qu'il avait été[468]. Pourtant, le zèle du bon libraire devint vite embarrassant et finit par déranger le poète qui n'appréciait guère que tout le monde fût au courant de ses avanies. Le 25 septembre, il remercia Heredia pour l'argent qu'il se proposait de lui offrir, bougonna contre Lemerre qui remuait ciel et terre pour que le ciel et la terre lui en offrissent, et succomba une fois encore à la puissante tentation non de trouver une activité rémunératrice – quelle horreur ! – mais de se réfugier dans le ventre protecteur de la sainte Poésie.

Mon cher ami,

L'offre que vous me faites ne me surprend pas, venant d'un brave cœur tel que le vôtre, mais, si j'étais capable de l'accepter, vous auriez à juste titre une bien piètre opinion de moi. Je n'oublierai jamais, croyez-le, la preuve d'affection que vous venez de me donner et soyez certain que je vous rends tout entier le solide attachement que je suis fier de vous avoir inspiré.

Ce brusque arrêt de la pension que m'avait votée la Colonie me gêne sans doute, mais je sortirai sûrement d'embarras, sans trop sacrifier de ma liberté morale, ayant renoncé depuis 48 à toute polémique, et n'ayant, dans aucun cas et aucune façon, l'intention de rentrer dans la vie active. Je me suis réfugié dans la Poésie pour n'en plus ressortir, dussé-je me réveiller demain dix fois millionnaire. Si, quelque jour, prochain ou éloigné, je devais avoir recours à un ami, ce serait à vous seul que j'irais.

Lemerre, dont vous me parlez, est un excellent homme assurément, il m'adore, c'est entendu ; mais c'est à la façon des ours. Dans son désir enthousiaste de m'être utile, il me jette à la tête tous les pavés qu'il cherche et qu'il ne manque pas de rencontrer. J'ai maintenant, grâce à lui, autant de confidents qu'il possède de clients. La portion de Paris qui traverse du matin au soir ce malheureux passage Choiseul sait surabondamment, à l'heure qu'il est, que le Conseil Général de Bourbon m'a retiré ma pension et que Lemerre s'occupe activement de m'en faire rendre l'équivalent par n'importe qui. Je n'ose plus aller le voir ; il me semble que les marchands d'oranges et de parapluies me jettent des regards de commisération et vont m'offrir cinq francs. Que sais-je ? Je m'attends à trouver un de ces soirs dans *Le Figaro* un projet de souscription suggéré par Lemerre qui finira par me rendre la fable de Paris. Avant-hier je me suis fâché très sérieusement avec ce pauvre garçon qui en était tout pâle et n'y comprenait rien, je dois lui rendre justice. Ne lui parlez pas de tout ceci, car je ne veux pas le désespérer, bien qu'il me fasse mourir à petit feu. Jusqu'à Vitu, de *L'Étendard*, que je n'avais jamais vu de ma vie et qui a écrit à Duruy pour lui rappeler que je n'étais pas décoré ! Concevez-vous une absurdité pareille ? Et cela, sans me demander au moins si j'y consentais ! La Fontaine a raison : mieux vaudrait un sage ennemi[469].

Malheureusement, comme à Taine pour l'*Histoire de la Littérature anglaise*, le prix Bordin lui échappa[470] ; mais les démarches d'Auguste Vitu, le journaliste influent du *Constitutionnel*, de *L'Étendard* et du *Pays*, ne furent pas vaines pour autant, puisque Leconte de Lisle reçut une gratification compensatoire de 1 200 francs émanant du ministère de l'Instruction publique, autrement dit de Duruy. Le 1er janvier 1868, dans *L'Artiste*, il publia *Mille ans après*, *Le Dernier souvenir* et, le 20 décembre, était achevé d'imprimer pour Lemerre *Le Combat homérique*, *Sonnets et Eaux fortes*, dans une édition collective joliment illustrée. Les contingences matérielles l'obligèrent également à se remettre à honorer les commandes de traduction qui affluaient, et qui, non moins intéressantes ni moins bonnes que les précédentes, continuèrent à alimenter sa propre création. Il redonna *Hésiode*, les *Hymnes orphiques*, *Théocrite*, *Bion*, *Moskhos*, *Tyrtée* et les *Odes anacréontiques*, déjà parues en 1861 chez De Broise, en leur apportant de nombreuses modifications orthographiques, rythmiques et typographiques. En chantier, une nouvelle traduction des tragédies d'Eschyle, « l'édition définitive, revue et augmentée des *Poëmes barbares* », un long travail, jamais achevé, sur *Les États du Diable*[471], ainsi qu'une pièce de théâtre hellénique délicieusement cruelle, intitulée *Les Érinnyes*. À cet égard, le 13 septembre 1868, il écrivit à l'illustre George Sand pour lui demander d'intervenir auprès de Raphaël Félix, le directeur du théâtre de la Porte de Saint-Martin, afin qu'il acceptât de monter sa pièce, bien sûr inachevée, puisque parfaitement embryonnaire[472].

Cette manie constante d'avoir recours à une autorité supérieure pour faire valoir ses droits ou bien inciter au bon déroulement de ses initiatives personnelles irrita fort l'auteur de *Lélia*, qui lui fit savoir qu'elle ne connaissait pas suffisamment ce personnage pour lui recommander qui que ce fût, et qu'à sa place, elle tâcherait de solliciter et de convaincre les directeurs de théâtre elle-même, en se présentant courageusement à eux et en tentant de les persuader de l'excellence de ses travaux, sans se prévaloir de la recommandation de quiconque. Il fallait faire de même : présenter sa pièce à M. Raphaël Félix. Si elle lui assurait des recettes, il la jouerait[473].

Mais c'était là bien mal connaître Leconte de Lisle pour qui prospection rimait avec prostitution, et sollicitation, avec humiliation. S'adresser à ses pairs lui donnait l'occasion à la fois d'éviter l'une tout en ménageant l'autre. De plus, cela lui permettait de s'extirper de cette pesanteur du monde, que, par-dessus tout, il abhorrait. Il savait, « par une longue expérience, combien il en coûtait de s'arracher à l'inertie de la contemplation exclusive, et combien les agitations intellectuelles et les intérêts contingents semblaient vains quand on communiait plus intimement avec la vie universelle » ; combien étaient « heureux ceux qui, dans l'efflorescence de leur jeunesse, dans la première éclosion des idées, des sentiments et des sensations, ne se laissaient pas tenter par cette rêverie terrible qui donne à jamais l'ennui et la haine de la vie » ; et combien « malheureux ceux qui avaient eu l'avant-goût de cette immense volupté d'oublier le monde des sensations, distinctes et successives, pour n'en plus éprouver qu'une seule, sans commencement ni fin, où l'imagination se contemple elle-même et se nourrit de sa propre substance[474] » ! Gagner de l'argent, soit, mais « sans sacrifier au goût du jour, sans s'abaisser à écrire un vaudeville ou un roman feuilleton[475] ». Il fallait qu'on le crût sur parole, lui qui conspuait ouvertement l'Empire tout en bénéficiant de ses libéralités secrètes, qu'on le jouât sans garantie, à rebours de l'esprit du monde, lors même que l'esprit du monde repose sur un jeu de garanties, qu'on le servît en un mot sans ruade ni rebuffade, lui qui regimbait avec force devant tout ce qui n'adhérait pas, peu ou prou, à l'univers du Beau.

C'était là bien mal connaître aussi George Sand...

Parallèlement, la nouvelle génération commençait à l'abandonner : des jeunes poètes, il n'en voyait plus guère, le samedi soir, boulevard des Invalides. « Ils avaient disparu de chez lui tous à la fois, Coppée, Lafenestre, Mérat, Prudhomme, Verlaine, etc.[476] » Leur opinion, « après une première découverte enthousiaste, avait suivi une courbe descendante, un peu comme [celle] de Flaubert[477] ». Leconte de Lisle, ce féroce ennemi jadis de tout dogme religieux dans l'art, ayant dogmatisé son propre pessimisme, qui n'était pas seulement poétique mais viscéral et métaphysique, avait fini par rendre trop « étroite la voie unique qu'il préconisait », si bien que les plus doués de ses disciples, désireux non seulement de compter parmi les rimeurs influents du moment mais aussi de prodiguer à leur jeunesse tout le divertissement qu'elle attendait d'eux, « s'exaspérèrent, s'éloignèrent et n'écoutèrent plus qu'eux-mêmes ou se fièrent comme Coppée à leur popularité[478] » naissante.

Ce petit monde préférait désormais se retrouver pour dîner une fois par mois et s'encanailler entre « Vilains Bonshommes », sobriquet dont les avait affublés Victor Cochinat, courriériste théâtral au *Nain Jaune*, à la suite de cette première représentation du *Passant* où les Parnassiens avaient encore bruyamment manifesté leur enthousiasme par moult acclamations tonitruantes[479]. L'épithète avait plu et avait été reprise pour désigner, non sans hésitation, ce joyeux repas bien arrosé qui prit « naissance, comme le raconte Félix Régamey, au café-théâtre de Bobino. En ces temps lointains, Bobino, modeste boui-boui, qu'une maison de six étages remplace aujourd'hui, au coin de la rue Mme et de la rue de Fleurus, avait pour fournisseur attitré Saint-Aignan Choler, auteur infatigable de revues – telles que *Gare l'eau* – qui faisaient la joie du quartier. Les premières réunions eurent lieu à l'hôtel Camoëns, rue Cassette, et en ce passage Saint-Benoît, proche de Saint-Germain-des-Prés, encore imprégné de souvenirs des romantiques de 1830. Le dîner émigra ensuite de l'autre côté de l'eau, au restaurant des mille colonnes, rue Montpensier, puis revint à son point de départ, changeant souvent de gîte, aux confins du quartier Latin et du faubourg Saint-Germain. Il n'avait pas de dénomination au début ; il faillit s'appeler le "dîner des Cygnes", grâce à l'inspiration d'une de leurs amies, la belle Léda, que, plus que toute autre, ils aimaient à retrouver parmi eux[480]. » À la fin, quand ils le pouvaient encore, ils se levaient, leur verre de cognac ou de vin blanc à la main, pour lire quelques vers puissamment obscènes griffonnés sur un coin de table, prodiguer quelques mauvais conseils à suivre absolument, ou bien ajouter leur pierre à l'*Album des Vilains Bonshommes*, précurseur de l'*Album Zutique*, mais déjà monument d'anthologie « gougnotto-merdo-pédérasto-lyrique[481] ».

Par dessus tout, les poètes aimaient à se retrouver au deuxième étage du 17 de la rue Chaptal, dans le très décadent salon d'Anne-Marie-Claudine

Gaillard de Villard, *alias* Nina, comtesse de Callias, une jeune femme de vingt-cinq ans, « petite, douce, vive, spirituelle, névrosée, quelque peu hystérique, fort avenante, et qui a laissé une réputation d'excentricité, d'outrance et de franche hospitalité[482] ». L'extravagance, si insupportable pour Leconte de Lisle, était là-bas élevée au rang de vertu, qui pouvait aller jusqu'à la folie, en passant par le savoureux dévoiement, le vil détraquage ou la simple originalité. Son père, Maître Gaillard, un ancien avocat lyonnais, lui avait laissé une bonne vingtaine de milliers de livres de rente – sa fortune s'élevait exactement, selon le bureau de l'enregistrement, à 470 879 francs –, qu'elle dépensait jusqu'au dernier sou puisque, jadis, « ses moindres désirs avaient été exaucés. On ne lui avait rien refusé. Nina avait monté à cheval, dès sa douzième année, et était allée, le matin, en amazone, faire sa promenade au bois. Elle avait eu deux caméristes, une maîtresse d'italien, une maîtresse d'allemand, les professeurs de piano les plus réputés : Hertz, Seligmann, Marmontel[483]. » À présent, elle ne composait plus de vers elle-même[484], mais chérissait ceux des autres, qu'elle accompagnait de son Érard, en virtuose, gazouillant parfois de jolis airs mutins de son émoustillante voix flûtée. Elle se passionnait pour le fleuret – à l'époque, les duels n'étaient pas rares –, la politique, la littérature, la philosophie, les mathématiques, le spiritisme d'Allan Kardec, la magie kabbalistique et les vieux barbons. Avant de s'enticher de Charles Cros et du peintre impressionniste Franc-Lamy, « elle se toqua successivement de Jules Lefort, chanteur à succès, d'Alphonse Daudet – à la suite d'une lecture d'une de ses poésies –, s'emballa pour Alexandre Dumas fils, pour le ténor Montaubry, pour le critique musical Fiorentino, et enfin à seize ans tomba amoureuse du vieil écrivain Méry[485] qui en avait soixante[486] ».

Plus tard elle avait bien essayé de se ranger et s'était mariée à l'ami d'Aurélien Scholl et d'Arsène Houssaye, un échotier fantasque du *Musée des familles*, du *Nain Jaune*, de *L'Artiste*, du *Papillon* et du *Figaro* – où il signait « Le Masque de velours » –, d'abord simple soiffard puis « absinthier de premier rang[487] », l'élégant Hector-Bénigne-Richard de Callias. « Figurez-vous les cheveux châtain clair, les moustaches blondes, les yeux d'un bleu foncé, une voix douce, un petit parler gentil. Au moral, très immoral, roué et perverti, disait-on, autant qu'on pouvait l'être ; avec cela gamin, très gai, très jeune, très fou. Quand ils sortaient ensemble, il se précipitait sur tous les petits chats, les petits chiens, les petits enfants qu'il rencontrait. S'il était dans un salon, il fouillait partout, touchait à tous les bibelots et ne cassait rien. Sa conversation était un mélange d'anecdotes à la Scholl et de blagues à la Villemessant[488] ; mais il faisait aussi de jolis mots très lestes et très impertinents[489]. » Il hanta les bars du *Rat-Mort* et de la *Nouvelle-Athènes*, moins encore qu'après leur divorce, et, ce « Troyen de la décadence », ce lamentable époux aux dix maîtresses, qui avait horreur de la musique et buvait deux bouteilles de Johannisberg pour son déjeuner, finit noyé dans l'ananas au kirsch et l'alcool frelaté. Nina, quant à elle, se grisant de fables, s'étourdissant de chimères et s'abrutissant de fumisteries, mourut seule, oubliée de tous, à l'asile de Vanves, à l'âge de quarante et un ans. « On lui demandait comment elle allait, une, deux, trois fois. Elle ne répondait pas ; mais enfin, à la troisième, se mettant à fondre en larmes, elle vous soupirait dans un rire de folle : "Mais je ne vais pas, puisque je suis morte !" Alors, il était convenu qu'on lui disait : "Oui, oui, vous êtes bien morte... Mais les morts ressuscitent n'est-ce pas ?" Elle faisait un signe de la tête affirmatif : "... et peuvent jouer du piano ?" Alors, prenant le bras que vous lui tendiez, elle allait s'asseoir au piano, où elle jouait d'une manière tout à fait extraordinaire[490]. »

Jamais cette élégante *Dame aux éventails* ne ratait un spectacle. « Elle assista au convoi de Scribe, à une séance de l'Académie, aux premières, applaudit les acteurs à la mode, alla au cirque, ne rata aucun concert wagnérien. On la voyait à la fête des Fleurs à Nice, on la retrouvait à Vichy, à Biarritz, à Ems[491]. Ce n'était plus une femme, c'était une encyclopédie de la mondanité[492]. » Circé moderne, elle exerçait une véritable fascination sur tous les jeunes Parnassiens. Chez elle, « on voyait François Coppée, Villiers de l'Isle-Adam, Catulle Mendès, amoureux et jaloux qui guettait les défaillances et notait tout sur ses calepins en vue d'écrire le roman de cette existence[493]. Dierx y côtoyait le jeune libraire Thibault qui deviendrait Anatole France. Richepin rêvait à des contes espagnols, à une vaste épopée populaire : Émile Goudeau y venait dire ses Grecs et ses Romains sans songer encore à fonder les Hydropathes ; Verlaine discutait ferme avec Lepelletier. On y côtoyait, sombre, Maurice Rollinat, autre poète maudit, l'étrange musicien Cabaner, des Essarts, Coquelin cadet, Charles Cros, qui lui faisait la cour, les deux frères du poète, et Mallarmé, et Germain Nouveau, autres pinceurs de luth. Bazire soupirait, lui aussi auprès de la brune Nina et se vantait de la consoler. La peinture était représentée par Manet, Degas, Desboutin, pas encore célèbres. Le salon de Nina était républicain[494], très avancé puisqu'on y rencontrait Rochefort, Rigault, Flourens, Révillon, Peyrouton, Lavigne, Lockroy et quelques autres ardents champions des idées nouvelles[495]. » En balance avec ce gigantesque atelier de détraquage clownesque, de débauche fanfaronne, de luxure haschichée et de pâmoison alcoolisée, au milieu d'une myriade de chats (Lanterne, Mioche, Carmagnole, Tirelipette et les autres), de chiens, de blaireaux, de rats, de canards, de perroquets, de cacatoès, de cochons d'Inde et de singes d'Asie[496], dont la truculente guenon de Mme Émilie Gaillard qui répondait au joli prénom de Jacqueline, il est évident que l'austère petit salon de Leconte de Lisle ne faisait pas le poids.

Peut-être fut-ce donc pour tenter de faire revenir à lui quelques-unes de ces brebis égarées que le poète décida de s'investir davantage, au cours de l'été 1869, comme conseiller littéraire, dans la collection du second *Parnasse Contemporain* que présidait fort logiquement Alphonse Lemerre, puisqu'il en assumait, à lui seul, une fois n'est pas coutume, l'intégralité des dépenses. Parmi les nouveaux venus, Jean Aicard et son *Aspiration*, l'auteur des *Iambes*, Auguste Barbier, dont Leconte de Lisle loua *Il Pianto*, Mme Augustine-Malvina Blanchecotte, Léon Cladel, Louise Colet, Mmes Augusta Penquer et Louisa Siéfert, Alexandre Cosnard, Charles Cros, Alfred des Essarts, qui composa pour l'occasion *Les Amants de la Liberté*, Anatole France, Glatigny, Léon Grandet (de son vrai nom Léon-Henri Barracand), Édouard Grenier, Ernest d'Hervilly, Georges Lafenestre, qui offrit sa célèbre *À l'Impruneta*, Victor de Laprade, le normalien et futur inspecteur général de l'Instruction publique Eugène Manuel, qui donna *Le Moule brisé*, Gabriel Marc, le publiciste d'extrême gauche Léon Laurent-

Pichat, le très brillant latiniste et futur professeur de la rue d'Ulm, spécialiste de Properce, Frédéric Plessis, Claudius Popelin, Gustave Pradelle, Robinot-Bertrand, Sainte-Beuve, « qui sortit de sa prudence habituelle et voulut bien apporter sa pierre à l'édifice aux trois-quarts construit[497] », Louis Salles, Armand Silvestre, Joséphin Soulary, André Theuriet, Antony Valabrègue, qui, dans un registre plus léger, présenta *La Canotière*, et, bien sûr, la sulfureuse, la suave, la pétillante Nina de Callias. Un nom manquait néanmoins à cette liste neuve : celui de Heredia. Le jeune Cubain, pour des raisons de santé, se trouvait en cure thermale à Vichy, d'où il tentait de terminer le prologue *Les Conquérants de l'Or* de son poème *La Détresse d'Atahuallpa*. Leconte de Lisle, tout en compatissant à ses souffrances, le renseignait sur les siennes, fruits de son surmenage, l'encourageait à poursuivre ses efforts et lui prodiguait quelques recommandations d'orfèvre :

Mon cher ami,

Je suis très sincèrement désolé que l'action stupéfiante des eaux de Vichy nuise à l'exécution de votre poème, d'autant plus que, dès votre retour à Paris, vous mettrez le cap sur les côtes où il vous sera impossible de travailler. En outre, le temps passe et l'impression du recueil ne tardera pas à commencer. Vous avez à peine deux mois devant vous. Or, il faut absolument nous donner un poème, n'eût-il que soixante vers. Songez combien peu de jeunes poètes il y aura dans ce livre. Si vous n'y figuriez pas en compagnie de Barbier, de Gautier, de Laprade, je le regretterais de tout cœur. Faites donc des vers, bons ou mauvais ; écrivez à la diable. Si la chose ne vient pas du premier jet, vous n'aurez plus qu'à revoir, remanier, rajuster et polir, ce qui n'est rien. Quant à l'exécution définitive, je ne suis pas inquiet le moins du monde, sachant bien que vous vous en tirerez victorieusement.

Reste la composition projetée. Ce que vous m'en dites me semble excellent. Je crois en effet qu'il faut, pour l'unité de l'œuvre, concentrer la scène dans la Chambre d'or. Entrez en matière par dix ou douze vers sobres, solides et concis, qui contrastent nettement avec le discours très orné de l'Inca, aussi bien qu'avec les paroles rudes et insolentes de Pizarre. De cette façon vous aurez trois effets distincts qui vous sauveront d'une monotonie peu aisée à éviter dans un sujet de cette nature. Enfin, terminez par une dizaine de vers, dans le sentiment des premiers, pour les larmes d'Atahuallpa. Le poème, ainsi composé, se tiendra de pied en cap. Revenez surtout de Vichy avec le monstre complet. Croyez-moi, le reste ira de soi.

Je devrais, mon ami, me conformer le premier au conseil que je vous donne, et je n'en fais rien. Il m'est impossible d'écrire pendant un quart d'heure sans éprouver des vertiges et des suffocations. Je crois bien qu'il en sera du valérianate d'ammoniaque que m'administre Déclat[498], comme des autres drogues que j'ai déjà prises sans résultat. Cette horrible chaleur me tue. Le meilleur remède serait d'aller à la mer, et c'est le seul qui me soit défendu ; de sorte que je rêve de Parc-An-Coat et que l'image enchanteresse de Mme Penquer[499] flotte dans mes songes sans me causer une épouvante exagérée. Dieu sait pourtant que la pauvre femme est écrasante d'ennui.

Catulle et Judith sont venus samedi nous faire leurs adieux. Ils partent pour Munich avec Villiers, très heureux d'avoir loué leur maison et les poches pleines d'or. Catulle m'a lu en entier son poème d'« Hespérus[500] ». C'est décidément une fort belle chose. Il y a des vers admirables, trop de détails et d'ornementation çà et là, mais une élévation constante de pensées et de sentiments et une vraie émotion mystique très haute. Ce sera son début réel dans l'art sérieux, et un début des plus remarquables[501].

Le second *Parnasse* ne reçut pas les honneurs du premier : le petit groupe de Clamart ne crut pas bon de s'échiner à composer un second *Parnassiculet*, et, en conséquence, la presse fut à peu près muette. Les « Vilains Bonshommes » poursuivirent leur graduelle dissolution niniste ; Heredia son poème qu'il ne parvint pas à terminer à temps. L'entresol du passage Choiseul, s'éloignant de son esprit enthousiaste des origines, balança lentement entre un salon de beau langage et un repaire de mauvaises langues[502]. Leconte de Lisle, de son côté, n'avait pas encore dit son dernier mot…

L'apothéose de *Qaïn*

Or le salon de Nina n'était que le reflet d'une décadence plus générale qui frappait non seulement le monde du théâtre mais encore l'Empire tout entier. L'Exposition universelle avait voulu dissimuler le marasme économique consécutif au choléra, aux inondations et aux mauvaises récoltes de 1866 et 1867. La dette publique ne cessait de s'alourdir. Les rentes avaient diminué de moitié depuis 1852 et tous les budgets étaient en déficit. Les actions du baron de Rothschild ne cessaient de chuter et le Crédit foncier avait refusé de fusionner avec le Crédit mobilier, si bien que les frères Péreire avaient dû démissionner. Ils abandonnèrent la Compagnie générale transatlantique, fleuron de leur réussite, et se contentèrent de la Compagnie du Midi. Très vite, l'industrie se mit elle aussi à battre de l'aile dans le Nord, le Nord-Est, la Normandie, le Centre, le Sud-Ouest et la Franche-Comté. Les projets impériaux d'enrichissement des masses s'envolèrent, avec les ballons autolocomobiles du photographe Nadar, en fumée. La misère du peuple s'aggrava et tous les grands génies scientifiques semblaient avoir déserté la France. Laplace, Ampère, Arago avaient disparu et personne n'était venu les remplacer. Riemann ? Lobatchewski ? Gauss ? Faraday ? Ericsson ? Maxwell ? Tous des étrangers. L'ingénieur avait peu à peu supplanté l'homme de science, et les élites fraîchement émoulues s'orientaient plus volontiers vers l'administration ou la politique que vers la recherche expérimentale, exsangue. Claude Bernard s'en alarma et tenta vainement d'attirer l'attention des pouvoirs publics sur l'absence de moyens dont souffraient ses laboratoires trop vétustes ; Pasteur, dont les travaux portaient sur la fermentation alcoolique et la maladie du ver, quoiqu'en passe de découvrir l'existence des bacilles, demeurait à peu près inconnu du grand public. On entrait à Polytechnique ou à l'École centrale, non pour devenir mathématicien ou chercheur, mais pour avoir l'assurance d'une vie confortable. « À moi les plaisirs ! », du *Faust* de Gounod, était devenu le grand mot d'ordre, la suprême ambition.

La photographie, grâce au collodion découvert par Ménard, allait pouvoir démocratiser le narcissisme ordinaire de la nation. On posait dans toutes les tenues imaginables, et les célébrités se bousculaient chez les petits-maîtres de l'objectif, Carjat notamment, pour entrer dans l'Histoire sous un jour nouveau. Le cliché envahit d'un seul coup chaque sphère de la société. On devint aussi bien reporter en Crimée, au Mexique et en Italie que sociologue, immortalisant les lupanars et autres lieux licencieux de la sublime capitale, presque entièrement refaite, de Boulogne aux Buttes-Chaumont, et de l'Étoile au Point-du-Jour. On lança immédiatement le concept de carte postale. Les foules purent soudainement voyager tout en restant chez elles et redécouvrir le patrimoine national. Mérimée et Viollet-le-Duc firent dresser l'inventaire des églises, châteaux et monuments; Maxime du Camp exposa son album sur la Syrie. Blancquart-Évrard tirait, dans son imprimerie de Loos-les-Lille, plus de cinq cents épreuves par jour. Bien sûr, le couple impérial sacrifia lui aussi au rituel, allant parfois jusqu'à choquer ses contemporains, peu habitués à tant de réalisme dans les représentations officielles : la comtesse de Castiglione en tenue de cour, l'Impératrice Eugénie priant dans la chapelle de Saint-Cloud, l'Empereur vieillissant devant la Manufacture des Gobelins, etc.

Les peintres, quant à eux, n'étaient pas à la noce. Quand ils n'appartenaient pas au « grand jury » de l'Exposition, qu'ils ne s'appelaient ni Baudry, ni Meissonier, ni Jérôme, ni Théodore Rousseau, mais au contraire Édouard Manet, Gustave Courbet, Johan Jongkind ou Whistler, on ne les acceptait pas dans les Salons. On inscrivait un *R* pour *refusé* au bas de leur toile, et ils n'avaient plus qu'à retourner dans leur atelier pour y pleurer ou pour s'y pendre, comme le fit Jules Holtzapffel. Manet avait été recalé en 1859 avec le *Buveur d'absinthe*, et exclu en 1863 pour le *Déjeuner sur l'herbe*. Son *Christ mort et les anges* n'avait pas fait un triomphe et son *Exécution de l'empereur Maximilien* avait été jugé franchement inadmissible. Ces réprouvés tentèrent d'exposer leurs œuvres dans une succursale du Palais de l'Industrie, sans succès. Le temps de l'impressionnisme n'était pas encore venu. Le mot lui-même n'existait pas. Pour l'heure, la mode était à la galvanotypie. L'art se popularisait par le biais des daguerréotypes, des eaux-fortes, des gravures et des estampes japonisantes. Ingres ne faisait fortune qu'avec ses petites lithographies et, quoiqu'il en coutât à Gustave Daumier, il valait bien mieux être caricaturiste au *Charivari* que grand peintre de génie. Le public raffolait des ninons, des lorettes, des débardeurs, des titis et des chloroses de Gavarni. On sacrifiait au paraître, au chimérique, au fallacieux, au toc. On n'avait pas compris qu'avec l'apparition de la photographie, la peinture ne pouvait plus rester la même.

Quand on appartenait à la haute société, l'usage voulait qu'on se montrât aux grandes premières théâtrales. Aux Folies-Bergère, rue Richer, on jouait Cellot et Demeuze, Chivot et Duru, et l'on applaudissait Jules Réval. Les petites salles du « boulevard du crime » et de la rive gauche, conséquemment aux grands travaux d'Haussmann, fermaient les unes après les autres, cédant la place aux grands théâtres du Vaudeville et du Palais-Royal où l'on venait taquiner la demi-mondaine en folâtrant dans les alcôves. On assistait aux comédies de mœurs et aux satires sociales d'Émile Augier, de Victorien Sardou et d'Eugène Labiche : on riait de bon cœur, parce qu'on riait de soi.

En outre, depuis qu'il avait failli s'y faire assassiner, dix ans plus tôt, par le patriote Orsini, l'Empereur se rendait souvent à l'Opéra. On y donnait Verdi (*Don Carlo*), Rossini, Spontini, Cherubini, Bellini, Ambroise

Thomas, Georges Bizet (*La jolie fille de Perth*), Gounod (*Roméo et Juliette*), Wagner (*Tannhaüser*), Meyerbeer (*Le Prophète*), Florimond Hervé (*Chilpéric*) mais surtout l'émigré de Cologne, Jacques Offenbach, que feu Morny avait aidé à s'installer dans un petit théâtre des Champs-Élysées, puis aux Bouffes-Parisiens, non loin du passage Choiseul. Hortense Schneider, qui touchait pour cela un cachet exorbitant de 2 000 francs, triomphait dans *La Grande Duchesse de Gerolstein*, représentée dans un théâtre des Variétés refait pour l'occasion entièrement à neuf. L'opérette en trois actes et quatre tableaux des librettistes Henri Meilhac et Ludovic Halévy critiquait ouvertement la cour et ses dirigeants, assoiffés de reconnaissance malgré l'échec de Sadowa et l'expédition du Mexique. Le premier acte surtout, nous dit Francisque Sarcey, était « d'une fantaisie incroyable et d'une étincelante gaieté. C'était la charge la plus bouffonne qui puisse se rêver de la gloriole militaire, de ses plumets, de ses galons et de toutes ses fanfreluches. » La Grande Duchesse tombait amoureuse du Sigisbée de la cantinière Wanda, le simple soldat Fritz, et, court-circuitant tous les échelons de la hiérarchie, le nommait instantanément supérieur en chef du général Boum : « Comme c'est facile !... ces grades, ces honneurs ! »

Toutes les têtes couronnées de l'Exposition assistèrent au moins une fois à cette divertissante satire du pouvoir : la reine Victoria, le tsar Alexandre II, le Grand-Duc Wladimir, sensible aux charmes de la diva, le vice-roi d'Égypte Ismail Pacha, qui vint presque chaque soir tant il était épris des jambes de la belle Hortense, Bismarck, accompagné de Moltke et de Mac-Mahon, l'Empereur François-Joseph, le prince de Galles, le vieux roi de Bavière, celui du Portugal, de Suède, etc. Le troisième acte se terminait par cette pensée défaitiste mais pragmatique : « Quand on n'a pas ce que l'on aime, il faut aimer ce que l'on a. »

Peu après, le 6 octobre 1868, Offenbach donna la première de *La Périchole*[503], inspirée du *Carrosse du Saint-Sacrement* de Mérimée, qu'il dirigea lui-même, ce qui était rare, et qui fut accueillie avec le même engouement. On pouvait y entendre cette fois-ci, non le récit de la germination d'une guerre au grand-duché imaginaire de Gerolstein, mais celui, fort à propos lui aussi, d'un vice-roi déclinant qui s'appliquait davantage à défendre ses propres intérêts qu'à lutter contre la morosité de ses contemporains.

Nul doute : l'Empereur était de plus en plus impopulaire. « Comme bonapartiste, déclarait le vaudevilliste Henri Rochefort, je préfère Napoléon II. Il représente pour moi l'idéal du souverain. Quel règne, mes amis, quel règne ! Pas de contributions, pas de guerre, pas de liste civile[504] ! » Les journaux d'opposition, en dix ans, avaient doublé leurs tirages. De nouveaux titres fleurissaient constamment : *la Tribune* d'Eugène Pelletan, le père de Camille, *l'Électeur libre* d'Ernest Picard, futur ministre des Finances, *le Réveil* de Delescluze, l'acolyte de Blanqui ; à Toulouse naquit *l'Émancipation*, à Marseille *le Peuple*, à Lyon *la Discussion*. Les grèves et les adhérents socialistes de l'Association Internationale des Travailleurs, disciples de Marx et de Proudhon, se multipliaient. Au congrès de Bruxelles, on conspuait en bloc le prêtre, le soldat et le bourgeois. On requérait l'application stricte du suffrage universel, la répartition des circonscriptions d'après le nombre réel des électeurs, la responsabilité des fonctionnaires, la liberté complète de la presse, celle d'association, la séparation de l'Église et de l'État, l'instruction primaire laïque, gratuite et obligatoire, l'élection de tous les fonctionnaires publics et la suppression des armées permanentes[505]. La franc-maçonnerie se renforçait. On prônait l'athéisme, prêchait la libre-pensée, appelait à la révolution pour imposer la dictature du prolétariat. En Sainte-Beuve, qui meurt le 13 octobre 1869, on avait cru trouver depuis les *Nouveaux lundis* un prosélyte enthousiaste de cet idéal républicain. Mais ce fut en tant que sénateur de la Haute Assemblée, dans un discours sur la liberté de l'enseignement préfigurant ceux du jeune orateur Léon Gambetta, encore mal connu, et prononcé en mai 1868, qu'il asséna son coup le plus terrible au parti clérical, lequel ne voulait pas que ces sophistes n'envahissent de leurs maximes matérialistes les esprits les plus éthérés de ses universités.

Au-delà du parti clérical et de la figure paternelle de Napoléon III, sous couvert de liberté et d'égalité démagogiques, c'était tout le concept d'autorité qui était en crise. 48 semblait avoir ressuscité : les arrestations pleuvaient ; les condamnations affluaient. « Tout le monde avait peur sans savoir pourquoi, écrit Mérimée. Il y avait un malaise universel, et on était nerveux. C'était une sensation comme celle que fait éprouver la musique de Mozart, lorsque le Commandeur va apparaître[506]. »

Au soir du scrutin du 24 mai 1869, où le gouvernement remporta seulement 4 438 000 voix contre 3 355 000, on entendit chanter la *Marseillaise* dans les rues de Paris. Des émeutes couvaient. Pour calmer les esprits, l'Empereur sacrifia son chef de l'administration, le « vice-Empereur » Eugène Rouher, qui prononça son dernier discours de ministre le 12 juillet. Duruy fut également rétrogradé sénateur. Tentatives trop tardives. Des grèves éclatèrent dans l'Aveyron. Quatorze morts. L'Empereur, qu'une colique néphrétique torturait, tomba dans une sorte de léthargie. Le 11 septembre, Eugénie l'obligea à descendre les Champs-Élysées, sous la pluie, pour montrer au peuple français qu'il se rétablissait. Nul ne s'en émut.

La veille de ce jour mémorable, Leconte de Lisle fit paraître, dans la *Revue Moderne*, une cinquantaine de vers de son poème intitulé *Qaïn*, d'abord orthographié *Kaïn*, dont il avait réservé la primeur aux quelques irréductibles de son salon. « Notre grande joie – elle était assez rare –, raconte François Coppée dans *Le Journal* du 26 juillet 1894, c'était quand Leconte de Lisle lui-même consentait à nous communiquer quelques vers inédits. Je me rappelle notre "chair de poule" d'enthousiasme, lorsqu'il nous lut son *Kaïn*. Je viens de me déclamer à voix haute les strophes du début, que je sais par cœur, et je retrouve ma sensation de jadis. La beauté du poème reste intacte et demeurera toujours telle. Pas une brique ne s'est détachée de l'antique et barbare monument. Et ce qui frappe dans *Kaïn*, c'est moins l'incomparable perfection de la forme que la force et la profondeur de l'accent. Jamais, plus puissamment qu'ici, le poète pessimiste n'a poussé son cri de révolte contre l'injustice de la destinée humaine, n'a hurlé son horreur de la vie[507]. »

Armand Silvestre en fut si impressionné que, au sortir du boulevard des Invalides, il comprenait de travers tout ce qu'on lui disait. « Quel chef-d'œuvre que ce *Kaïn* ! », s'exclamait-il. Il écrivit à Heredia qu'il s'agissait là d'un des plus beaux poèmes de la langue française. Plus tard, il professa que c'était le plus beau. Anatole France, enthousiaste, parla plus simplement d'une « œuvre de génie ».

L'intégralité du poème parut le 20 octobre 1869, dans la première livraison du second *Parnasse*, qui lui fut entièrement consacrée. Leconte de Lisle, supportant « les angoisses d'un enfantement douloureux[508] », en avait commencé la rédaction neuf automnes plus tôt, mais s'y était attelé surtout depuis 1865, si bien que l'édifice, inspiré tant par le *Monde antédiluvien* de Ludovic de Cailleux que par le *Ciel et Terre* et le *Caïn* de Lord Byron, portait clairement la marque des conflits idéologiques de ces années-là. Au reste, il « avait consacré deux ans à polir et à repolir son *Kaïn*[509] ».

Quels rapports donc entre ce poème des premiers âges bibliques, qui sera mis en tête du recueil définitif, et la fin du Second Empire ? S'agissait-il encore d'un poème kabbalistique, secrètement autobiographique ?

La scène se passe dans l'ancienne capitale d'Hammourabi, à Babylone – la Grande Prostituée –, du temps du prophète Ézéchiel, au VIe siècle avant J.-C., c'est-à-dire en plein déclin de la civilisation mésopotamienne. Le Voyant Thogorma, « fils d'Élam, fils de Thur », et tout le peuple d'Abraham sont réduits en esclavage depuis trente ans par « les cavaliers d'Assur » – les terribles Assyriens constituaient une troupe d'élite en génie, charrerie et cavalerie –, avilis, éprouvés, humiliés. Les Hébreux connaissent l'amertume de l'Exil pour la première fois : leur misère est immense. Ils ont faim, ils ont soif, l'Arche d'alliance et les dix chandeliers de Salomon ont disparu, leurs vierges ont été changées en courtisanes, leurs temples détruits, leurs richesses pillées, leurs pères et leurs enfants assassinés. « C'en est fini de l'ordre religieux, politique et économique d'Israël. Sans Temple, pas de sacrifices, pas d'offrandes, pas de ressources fiscales, pas d'armée, pas de roi, pas de prêtres. Rien d'autre à faire que se plier à la loi du vainqueur[510]. »

Au bord des fleuves de Babylone
Nous étions assis et nous pleurions,
Nous souvenant de Sion ;
Aux peupliers d'alentour
Nous avions pendu nos harpes[511].

Malheureusement, Iahvèh n'entend pas leurs cris. Il semble indifférent à leurs souffrances. Alors, près du long fleuve Khobar – le canal Kebar, près de Nippur –, « où boit un peuple impur », cherchant à oublier « le fardeau des misères accrues », le fils d'Élam fait un long rêve prophétique...

Et c'est là qu'ils nous demandèrent,
Nos geôliers, des cantiques,
Nos ravisseurs, de la joie :
« Chantez-nous, disaient-ils,
Un cantique de Sion »[512].

Son sommeil le transporte au « soir des temps mystérieux du monde », là où les géants et les bêtes ne forment qu'un seul corps, unis dans la beauté, la cruauté et le martyre. C'est « la Ville de l'angoisse et de la solitude », la citadelle d'Hénokiah, du pays d'Hévila, fondée par les descendants de Qaïn et où repose son effrayante dépouille, « les yeux grands ouverts », « sur un monceau de pierres ». En haut, la cime de l'« âpre Gelboé-hor », « de la racine au faîte éclatant et farouche » ; en bas, les « gorges des monts déserts » ; devant, « les sables aux dunes noires » ; derrière, « les vagues profondeurs »...

Face à la monstrueuse agglomération, « antre des Violents, citadelle des Forts », le Voyant Thogorma ne peut réprimer un frisson d'horreur. Il conjecture sa mort prochaine, quand soudain, « des confins du désert creusés en tourbillon », vision d'*Apocalypse*, surgit un Cavalier de la Géhenne, « hagard, les poings roidis, plein de clameurs funèbres », qui annonce la submersion prochaine de la cité néfaste.

Qaïn, Qaïn, Qaïn ! Dans la nuit sans aurore,
Dès le ventre d'Héva maudit et condamné,
Malheur à toi par qui le soleil nouveau-né
But, plein d'horreur, le sang qui fume et crie encore
Pour les siècles, au fond de ton cœur forcené !

Malheur à toi, dormeur silencieux, chair vile,
Esprit que la vengeance éternelle a sacré,
Toi qui n'as jamais cru, ni jamais espéré !
Plus heureux le chien mort pourri hors de ta ville !
Dans ton crime effroyable Iahvèh t'a muré[513].

Qaïn se lève alors de son « lit granitique ». Il se rappelle « l'innocence du monde », « le bienheureux Éden longuement regretté », dont il veut partager la vision réconfortante avec les « hurleurs stupides » de la ville d'Hénokiah, qui, comme lui, ne l'ont pas connu. Là-bas, les vents soufflent harmonieusement, les lions et les colombes unissent leurs chansons, « la joie émane de la Vie ».

Et la Femme, à jamais vénérée et ravie,
Multiplie en un long baiser l'Homme immortel.

Et l'aurore qui rit avec ses lèvres roses,
De jour en jour, en cet adorable berceau,
Pour le bonheur sans fin éveille un dieu nouveau ;
Et moi, moi, je grandis dans la splendeur des choses,
Impérissablement jeune, innocent et beau !

Pourquoi venir au monde, s'interroge Qaïn, si c'est pour y vieillir, s'avilir et mourir ? Pourquoi vivre comme un esclave, en exil, et souffrir comme un homme, loin du Paradis des origines ? Pourquoi être et pourquoi ne plus être si l'on est privé de toute Espérance ?

Ténèbres, répondez ! Qu'Iahvèh me réponde !
Je souffre, qu'ai-je fait ? – Le Khéroub dit : – Qaïn !

Iahvèh l'a voulu. Tais-toi. Fais ton chemin
Terrible. – Sombre Esprit, le mal est dans le monde.
Oh ! pourquoi suis-je né ! – Tu le sauras demain. –

La vérité était que Dieu Lui-même avait voulu le crime d'Abel, que « le Vengeur » avait été la victime d'une « inévitable embûche » et que Dieu seul était l'instigateur de la mort du « préféré d'Héva[514] ». Dieu avait donc menti, son œuvre était mauvais puisque l'accablement y prospérait, et lors, Lui résister n'était plus une aberration, un acte suicidaire, mais un devoir de moralité suprême.

Dieu triste, Dieu jaloux qui dérobes ta face,
Dieu qui mentais, disant que ton œuvre était bon,
Mon souffle, ô Pétrisseur de l'antique limon,
Un jour redressera ta victime vivace.
Tu lui diras : Adore ! Elle répondra : Non !

D'heure en heure, Iahvèh ! ses forces mutinées
Iront élargissant l'étreinte de tes bras ;
Et, rejetant ton joug comme un vil embarras,
Dans l'espace conquis les choses déchaînées
Ne t'écouteront plus quand tu leur parleras !

Face à cette insupportable rébellion, Dieu « fendit et crevassa le couvercle du monde ». Bientôt les « Eaux universelles » recouvrirent toute Vie, et Thogorma s'éveilla, non sans avoir préalablement aperçu « l'immortel Ennemi d'Iahvèh » marcher, « sinistre, dans la brume, / Vers l'Arche monstrueuse apparue à demi »…

Et ceci fut écrit, avec le roseau dur,
Sur une peau d'onagre, en langue khaldaïque,
Par le Voyant, captif des cavaliers d'Assur.

Comprenons : « Leconte de Lisle », bien sûr, car son esprit est omniprésent dans ce monument de la poésie du XIXe siècle. Il est dans ce Thogorma, ce Voyant et cet esclave juif tenté par le néant du « sommeil prophétique » pour échapper à sa condition misérable, produit de la fatalité historique et fruit de l'antipathie entre son religieux idéal de la vie d'une part, et la réalité offerte par le « siècle de l'épreuve » d'autre part ; il est ce poète prisonnier de Babylone à la recherche de sa conscience et de sa dignité passées, se débattant au milieu d'un peuple indolent, insensible, muré dans sa chair, prostré dans son esprit par la faute de la cohue barbare des infidèles assyriens, peuple de nostalgiques qui n'est que l'ombre de lui-même, depuis qu'il ne parvient plus à trouver une alternative à la perte de la cité de Jérusalem (en – 589) ni une réponse à la destruction du Temple de Salomon (le 9 du mois d'Ab – 587) par Nabuchodonosor II. Il est encore ce Qaïn fondateur de mégapole, ce géant « d'un extérieur hideux qui cache sous une enveloppe grossière un cœur profondément aimant[515] », cet ancêtre de Moïse condamné à errer sans jamais pouvoir atteindre la Terre promise, enclose entre les murs du céleste Jardin, cet aïeul de Judas que tout espoir de Salut a définitivement quitté. Hénokhia, ville des « Forts, princes des anciens jours », ville des Caïnites « suants, échevelés, soufflant leur rude haleine », est *sa* ville. Sans être « ville de paix » – Jérusalem –, elle apporte, par sa vigueur et son autorité, un semblant de réponse au marasme environnant le « grand Khobar ». Elle n'est pas la cité de l'amour céleste, elle est celle du désir terrestre, de la convoitise et des pulsions primitives, de là son caractère effroyable. On y entend des râlements, des grognements, des grincements de mâchoires, des cris de chacals, des renâclements d'onagres priapiques ; on y voit des lions, des ours, des cerfs, des aigles, des corbeaux, des « grands chiens », des « ânes de Khamos », des « boucs noirs », des « taureaux vagabonds », des « vaches aux mamelles pesantes », des « bêtes immondes » et des « monstres épais » ; le soleil, cyclope ithyphallique, est un « œil louche » qui lentement et « rouge » s'enfonce « dans les écumes d'or ». Tout brille, tout jaillit, tout étincelle. Les femmes y revêtent les allures musculeuses de combattants hostiles dont les solides attributs, quoique séduisants et fort beaux, saillent avec impudeur :

> Elles allaient, dardant leurs prunelles superbes,
> Les seins droits, le col haut, dans la sérénité
> Terrible de la force et de la liberté,
> Et posant tour à tour dans la ronce et les herbes
> Leurs pieds fermes et blancs avec tranquillité.
>
> Le vent respectueux, parmi leurs tresses sombres,
> Sur leur nuque de marbre errait en frémissant,
> Tandis que les parois des rocs couleur de sang,
> Comme de grands miroirs suspendus dans les ombres,
> De la pourpre du soir baignaient leur dos puissant.

Qaïn, « père de tous les arts et de toute civilisation[516] », était un être de justice, un bourreau et une victime de la fatalité divine. Il se révoltait non seulement contre l'Histoire, comme le firent Hypatie, Khirôn et Niobé, mais encore contre la destinée qu'incarnait le Dieu formidable des Juifs. Thogorma vivait dans une Babylone gouvernée par les « deux métaux qui ne peuvent plus sauver l'homme[517] », symbolisant la bancocratie ; Qaïn revivait dans une Hénokhia régentée par les sinistres appétits des « lugubres entrailles », figurant la pornocratie. La contemplation était, pour ce fils aîné d'Adam, inutile. Le « Néant divin » ne l'attirait pas, les arguments du Khéroub, gardien de l'Éden dans lequel il eût aimé retourner, ne le convainquaient pas. Ce qu'il cherchait à faire, c'était à remplacer Dieu, c'est-à-dire à substituer à son iniquité céleste sa propre morale terrestre, laquelle commençait nécessairement par la violence. Ainsi, en légitimant l'usage de la force, Leconte de Lisle tentait-il de justifier les crimes perpétrés par les insurgés lors des révolutions sociales, les seuls responsables étant relégués du côté de la bourgeoisie et des partis réactionnaires et traditionnalistes. Pour créer la justice, il fallait en passer par le massacre des innocents ; pour que le plus grand nombre connût la liberté, il fallait nécessairement en frustrer quelques-uns. Thogorma était voyant, mais Qaïn était prophète.

C'était lui qui prédisait, et non l'Éternel, contrairement aux *Écritures*, que les hommes survivraient au Déluge ; lui qui, à l'insu d'Iahvèh, avait fait édifier l'Arche de Noé ; lui encore qui annonçait à l'humanité une longue période de décadence à l'issue de laquelle le Très Haut Lui-même serait anéanti. Alors, seulement, l'homme triompherait de la fatalité et connaîtrait des temps plus heureux, dans un monde plus juste, plus fraternel et plus beau.

Ni athée ni panthéiste, *Qaïn* était un poème puissamment antithéiste. Dieu n'aurait pas dû pourvoir les hommes de pulsions et de passions si c'était pour devoir les inciter à les contrôler ou à les réprimer. Pour remédier au fanatisme imposé par la tradition judéo-chrétienne, il fallait au contraire considérer que Dieu était l'Ennemi suprême[518], avec toute la virulence de l'idéologie socialiste, qui portait en gestation toutes les barbaries antisémites du XXe siècle[519], et telle qu'elle fut prônée par Pierre-Joseph Proudhon, dans le *Système des contradictions économiques* :

> Le premier devoir de l'homme intelligent et libre est de chasser incessamment l'idée de Dieu de son esprit et de sa conscience. Car Dieu, s'il existe, est essentiellement hostile à notre nature, et nous ne relevons aucunement de son autorité. Nous arrivons à la science malgré lui, à la société malgré lui : chacun de nos progrès est une victoire dans laquelle nous écrasons la divinité. [...] De quel droit Dieu me dirait-il encore : *Sois saint parce que je suis saint* ? Esprit menteur, lui répondrai-je, Dieu imbécile, ton règne est fini ; cherche parmi les bêtes d'autres victimes. Je sais que je ne suis ni ne puis jamais devenir saint ; et comment le serais-tu, toi, si je te ressemble ? Père éternel, Jupiter ou Jéhovah, nous avons appris à te connaître : tu es, tu fus, tu seras à jamais le jaloux d'Adam, le tyran de Prométhée.
>
> Voilà, père suprême, ce que tu as fait pour notre bonheur et pour ta gloire ; voilà quels furent, dès le principe, ta volonté et ton gouvernement ; voilà le pain, pétri de sang et de larmes, dont tu nous as nourris. Les fautes dont nous te demandons la remise, c'est toi qui nous les fais commettre ; les pièges dont nous te conjurons de nous délivrer, c'est toi qui les as tendus ; et le Satan qui nous assiège, ce Satan, c'est toi. [...]
>
> Tu triomphais, et personne n'osait te contredire, quand, après avoir tourmenté en son corps et en son âme le juste Job, figure de notre humanité, tu insultais à sa piété candide, à son ignorance discrète et respectueuse. [...] Et maintenant te voilà détrôné et brisé. Ton nom, si longtemps le dernier du savant, la sanction du juge, la force du prince, l'espoir du pauvre, le refuge du coupable repentant, éh bien ! ce nom incommunicable, désormais voué au mépris et à l'anathème, sera sifflé parmi les hommes. Car Dieu, c'est sottise et lâcheté ; Dieu, c'est hypocrisie et mensonge ; Dieu, c'est tyrannie et misère ; Dieu, c'est le mal[520].

À la fin des années 1860, des changements radicaux étaient donc survenus dans l'univers des convictions spirituelles et intellectuelles de Leconte de Lisle. Dans les *Poésies barbares*, il avait toujours respecté toutes les religions, suivant en cela les théories d'Edgar Quinet et de Pierre Leroux, toujours défendu l'idée selon laquelle toutes les croyances et tous les mysticismes avaient, en leur temps, été vrais, et que tous recélaient une part de vérité céleste. À présent, il pensait que la religion, et à travers elle toute divi-

Charles-Marie Leconte de Lisle,
père du poète.
© Bibliothèque de l'Arsenal.

Anne-Suzanne-Marguerite-Élysée Leconte de Lisle, née de Lanux, mère du poète.
© Bibliothèque de l'Arsenal.

Maison natale de Leconte de Lisle, à Saint-Paul de la Réunion.
© Bibliothèque de l'Arsenal.

Les gorges du Bernica, à Saint-Paul. Lithographie de Louis-Antoine Roussin. © Archives départementales de la Réunion.

Le député Sarda-Garriga apporte à l'île de La Réunion, le 20 décembre 1848, le décret abolissant l'esclavage, par Alphonse Garreau. © Photothèque Hachette.

Leconte de Lisle, vers 1852. Lithographie de Jean Coraboeuf, d'après un dessin original d'Armand Félix Jobbé-Duval. On peut y lire la dédicace suivante : « À mon ami Delisle, F. Jobbé-Duval ». © Bibliothèque de l'Arsenal.

Gravure-caricature de Leconte de Lisle en sous-bibliothécaire du Sénat, par Étienne Carjat. © Photothèque Hachette.

Sully Prudhomme.

Pierre-Joseph Proudhon.

Charles Fourier.

Victor Considérant.

Louis Ménard, par René Ménard.

Caricature de Leconte de Lisle,
par Paul Verlaine.
© Photothèque Hachette.

Leconte de Lisle à la terrasse du Pavillon de Voisins, à Louveciennes.
© Bibliothèque de l'Arsenal.

Banc du Pavillon de Voisins sur lequel aimèrent s'asseoir, en leur temps, André Chénier et Leconte de Lisle.
© Coll. part. DR.

Le Pavillon de Voisins, où Leconte de Lisle mourut, dans la chambre du premier étage, à droite.
© Coll. part. DR.

nité, était une chaîne, un fardeau, un joug cherchant à avilir les individus et à assujettir les masses. Dieu avait mal fait le monde, et Leconte de Lisle, son recueil. Leurs convictions et leurs principes n'étaient plus les bons car « Dieu, d'après le dogme théologique, étant infini dans ses attributs, parfait, immuable, absolu », et l'Humanité, au contraire, étant « perfectible, progressive, mobile et changeante », le second terme ne pouvait être « jamais adéquat au premier; ils restaient donc fatalement antithétiques, l'un étant toujours l'expression inversée de l'autre ». Si bien qu'il fallait « abolir toute religion ou adoration, idolâtrie, pneumolâtrie, anthropolâtrie, puisque d'un côté l'idée de Dieu, opposée à celle de mouvement, groupe, série, progrès, ne représentait aucune réalité possible, et que de l'autre l'Humanité, essentiellement perfectible, jamais parfaite, [...] restait par conséquent toujours au-dessous de l'adoration[521] ».

Aussi le poète s'incarnait-il, paradoxalement, dans la figure divine de son poème antithéiste. En plus de celles du voyant Thogorma et du prophète Qaïn, les paroles du Khéroub d'Iahvèh portaient l'empreinte de son dégoût de la vie, fruit de cette inconciliable union entre Dieu et les Hommes d'une part, entre les Titans et Dieu d'autre part, le sceau d'une impuissance à atteindre la perfection dans une démarche artistique que toute transcendance avait cessé d'investir, d'envahir et de guider.

> Pourquoi rôder toujours par les ombres sacrées,
> Haletant comme un loup des bois jusqu'au matin ?
> Vers la limpidité du Paradis lointain
> Pourquoi tendre toujours tes lèvres altérées ?
> Courbe la face, esclave, et subis ton destin.
>
> Rentre dans ton néant, ver de terre ! Qu'importe
> Ta révolte inutile à Celui qui peut tout ?

Sans Dieu, tout était vain en art, le Beau n'étant plus atteignable ; avec Dieu, tout était vain en acte, le Bien n'étant plus connaissable. Qu'était-ce alors que ce Iahvèh des Juifs, ces « souverains de l'époque », si ce n'est l'Égoïsme, l'Argent, Mammon, Satan lui-même ? « Satan [...] qui pose au milieu des éclairs et marche accompagné d'un cortège exterminateur. Satan, le dieu des armées, le dieu du carnage, le dieu méchant, le dieu jaloux, le dieu inique qui punit la femme de Loth du crime de ses filles, qui commande à Abraham le meurtre de son fils[522]. » Il fallait se révolter contre Lui car il empêchait toute la civilisation occidentale de prospérer, et l'Art, qu'il fût pictural, musical ou littéraire, de s'épanouïr; se révolter contre le régime impérial qui en était l'incarnation politique et la représentation sociale, et, pourquoi pas, se révolter contre tous ceux qu'on accusait de détourner les richesses produites par le nouveau monde industriel, tel que Fourier l'avait annoncé, au détriment des travailleurs les plus pauvres, ceux qui, comme Rothschild, Crémieux, Marx, Heine, Weill, Fould ou les frères Péreire, en constituaient les élites intellectuelles et économiques : les Juifs eux-mêmes.

Socialisme et antithéisme, antithéisme et anticapitalisme marchant idéologiquement main dans la main, *Qaïn* – « dont le nom signifie "acquérir" ou "jalouser"[523] » – pouvait être interprété comme un poème républicain d'incitation à la haine contre l'autorité en général et contre « le premier de tous les malfaiteurs[524] » en particulier. Le poème exhalait l'antijudaïsme[525] ; il transpirait le slogan rouge. Il semblait dire : « Du passé faisons table rase ! » Ce n'était plus des Grecs, des Indiens ou des Scandinaves que Leconte de Lisle s'était inspiré ; en mêlant, par un tour de force prodigieux, la *Torah* au passé (les *Livres historiques*), au présent (les *Livres poétiques et sapientiaux*) et à l'avenir (les *Livres prophétiques*), il avait tenté de redonner en 500 vers tout l'esprit, en le travestissant et en l'inversant, de l'*Ancien Testament* ; et, de surcroît, en s'inspirant de ses lectures d'Ovide, de Virgile, de Chénier, de Bernardin de Saint-Pierre, de Chateaubriand, de Byron, de Hugo, de Goethe, de Vigny et de Ludovic de Cailleux, il avait encore pastiché Proudhon, c'est-à-dire, au fond, tout l'esprit du XIXe siècle[526].

Si Leconte de Lisle n'aimait probablement pas les Juifs, tout comme Ménard, qui fut anti-dreyfusard, il dut néanmoins se sentir plus proche d'eux que d'aucun autre peuple de croyants, car il partageait leur amertume, leur désenchantement, leur sentiment d'exclusion et leur éternelle errance. Nul poème ne fut jamais chez lui plus tristement personnel ni plus puissamment original. « Il parlait, [...] et c'était un gémissement de souffrance, et c'était un cri de défi qui s'échappaient tour à tour de ses lèvres. Caïn, en effet, incarnait à la fois les différentes étapes intellectuelles qu'avait parcourues le poète [...] ; il était l'homme des adorations, tourné vers les Choses vierges comme vers l'Éden, celui que la défaite avait courbé jusqu'au désespoir, celui qui cherchait, à l'appel des voix héroïques, une réparation dans la force et dans l'audace. Il revoyait son pâle frère endormi sur le sein maternel ; il redisait ce qu'Adam seul avait vu, la joie de la créature dans la bonté du Créateur. La volupté se mêlait à la force, et nulle souillure ne ternissait la volupté ; le savoir se mêlait au plaisir, et nulle inquiétude ne troublait le savoir[527]. » Pourtant, derrière la volupté du rythme, la force des images et le savoir des sons, saillait la haine du puissant, de l'autorité et de l'argent ; derrière la haine de l'argent, la détestation du Juif[528] ; derrière la détestation du Juif, l'incitation à la violence blanquiste et au meurtre jacobin[529]... Meurtre légitimé par le sentiment de justice, meurtre fondateur de civilisation nouvelle, meurtre qui contraint à la fuite, soit dans l'espace soit dans le temps, à l'exil, invite au bannissement, applaudit au voyage rédempteur. La morale était claire : il n'y a de progrès humain qu'au prix d'une lutte contre le Très Haut. N'était-ce pas là d'ailleurs tout l'esprit de la Révolution française, toute la tradition philosophique du siècle des Lumières, un instant interrompue par les idéaux de la génération de 1830 ?

Il fallut la double intervention de sa femme, Anna, et de son fils spirituel, Heredia, pour que le poète ne brûlât pas son *Qaïn*. Il le jugeait, non sans raison, beaucoup trop polémique. Il avait renoncé aux luttes politiques depuis déjà bien longtemps, et ce n'était pas pour y retomber maintenant que sa situation financière, sans être mirifique, s'était un peu stabilisée. S'il ne le détruisit pas, il hésita encore à le publier. N'était-il pas en contradiction avec sa théorie de l'objectivité artistique énoncée dans la préface des *Poëmes antiques* ? Ne risquait-il pas encore d'irriter le pouvoir en place, duquel il touchait sa pension ?

Le succès de *Qaïn* fut immense, tant du côté républicain que du côté bonapartiste, et dépassa largement les limites du microcosme parnassien. Le ministère de l'Instruction publique fit très officiellement parvenir à Leconte de Lisle une gratification de 1 200 francs et, quelques mois plus tard, sans qu'il eût rien demandé, on désira l'élever au rang de chevalier de la Légion d'honneur. Son premier réflexe fut d'abord, comme en 1864, lors de sa traduction de l'*Iliade*, de refuser, puis, en 1871, après que le régime fut tombé, d'obtempérer. « J'ai régularisé mon affaire à la Chancellerie de la Légion d'honneur, écrit-il à Heredia le 15 octobre 1871. Si je n'avais pas eu la sotte idée de refuser cette décoration, quand on me l'offrit, il y a douze ou quatorze ans, ma vie serait aujourd'hui tranquille et assurée[530]. » La distinction donnait droit en effet à une pension de 300 francs, soit une somme équivalente à celle qu'il avait jadis périodiquement touchée du Conseil Général de la Réunion. En outre, Eugène Réaume publia le 8 janvier 1870, dans *La Presse*, un article qui demandait qu'on lançât la candidature académique du « Titan moderne » au fauteuil de Lamartine, candidature appuyée par une lettre de Sainte-Beuve. Magnanimement, le 27 avril, Maxime Du Camp réitéra dans le *Journal des Débats* cette proposition, qui eût tôt fait de tirer le poète de la tourbe[531], si elle l'avait intéressé. Mais les choses en restèrent là.

Pour le révolutionnaire Eugène Vermersch, *Qaïn* était « à sa manière une revendication de la conscience humaine et de la liberté individuelle ». Pour P. de Saint-André, Leconte de Lisle « s'était fait socialiste, et il chantait en strophes magnifiques la victoire du travailleur sur les mille obstacles de la nature ». Georges Noël, quant à lui, tint à souligner l'antithèse formidable que le poète avait voulu formuler dans son *Qaïn*, à savoir que « l'homme faillible et qui se savait tel aspirait néanmoins à détrôner le Dieu soi-disant infaillible ». Il fit encore le rapprochement entre le contenu idéologique du poème et les théories de Proudhon – « Ô Satan, tes œuvres ne sont pas toujours belles et bonnes, mais elles sont les seules qui donnent un sens à l'univers et l'empêchent d'être absurde ! » Et il termina son article sur une invitation à la communion entre l'artiste et l'ouvrier visant explicitement un Leconte de Lisle qu'on savait de réputation fort coupé des masses, entre la poésie et la réalité, car, pour lui, « les temps approchaient où cette dernière se faisant moins inique, et par cela même plus belle, n'encourrait plus le suprême dédain de l'artiste, où celui-ci, par une plus intime communion avec le peuple, sentirait en lui l'inspiration du poète triplée par le sentiment plus éclatant de sa dignité d'homme et de ses devoirs de citoyen[532] ». Georges Lafenestre tenta, pour sa part, d'atténuer le côté polémique du poème au profit de son esthétique. « Ce poème grandiose, déclara-t-il le 31 octobre 1869, dans le *Moniteur Universel*, peut soulever en nous par contre-coup, les problèmes éternels qui agiteront le monde tant qu'on y verra côte à côte le Bien et le Mal, la Vie et la Mort ; mais, auparavant, il a pris soin de nous emporter à une telle hauteur, dans la sphère des contemplations, sur les ailes d'une poésie magnifique, que toutes les inquiétudes s'y apaisent et que tout désespoir s'y rassérène. »

Voilà qui ne suffit pas à convaincre la presse catholique qui fut la seule à se déchaîner. Pour Armand de Pontmartin, auteur d'un article dans la *Gazette de France* du 19 décembre 1869, l'ensemble était « superbe » mais

« hautain, titanique, sibyllin, préadamique et ténébreux », autrement dit abscons, nébuleux et tordu. Quatre mois plus tard, dans la *Revue du monde catholique*, de Romont déclara que, « complication exagérée ou inspiration personnelle, M. Leconte de Lisle avait outrepassé les limites les plus reculées de la licence poétique. Les minuties qui lui appartenaient en propre étaient des excès de démence qu'il n'avait pu se flatter de faire accepter qu'en supposant une étrange ignorance chez ses lecteurs habituels. » Mais ce fut l'ultramontain Louis Veuillot qui, dans *L'Univers* du 25 octobre 1869, porta les coups les plus efficaces et les plus subtils. L'auteur de *La Vie de Notre-Seigneur Jésus-Christ*, qui riposta courageusement à la scandaleuse publication de la *Vie de Jésus* de Renan, voulut donner l'impression de ne se préoccuper que de la forme pour mieux condamner le fond. Il compara le poète à son homonyme, l'abbé Delille, que Leconte de Lisle exécrait, et feignit jusqu'au bout le critique littéraire lors même que le litige courait bel et bien sur la seule matière théologique. Ce qu'il voulait démontrer, c'était l'absence de toute passion véritable dans la poitrine du poète, le manque de sentiments sincères, de vérité, et pour tout dire – quelle provocation ! –, de profondeur. L'auteur frappait les sens, non les intelligences ; il choquait le regard, sans embrouiller la vue ; il chavirait le cœur, mais il n'y entrait pas.

> Nous avons lu *Caïn* d'un bout à l'autre, malgré la privation la plus absolue de tout mouvement de sympathie quelconque, et plutôt révolté au fond de l'esprit comme au fond de l'âme. Mais enfin la machine est immense, elle joue bien et produit son effet.
>
> Cet effet invariable est une sensation de rêve lourd et décousu, on voit et on entend des choses dont on ne se rend pas compte ; d'immenses ombres farouches qui s'allongent, s'allongent dans de fausses ténèbres et dans une fausse lumière, escortées d'immenses bruits confus. La vue et l'ouïe sont frappées jusqu'à se ressouvenir, et le rêve vague rappelle vaguement des rêves purs évanouis. L'intelligence ne perçoit rien de net, le cœur n'entend rien qui le touche ; la curiosité seule est saisie, mais elle l'est fortement. Puis, tout s'enfonce dans le brouillard et tout reste enveloppé. On ne se rappelle pas une figure, on n'a pas retenu un seul vers. Cependant que de figures gigantesques, et que de vers bien faits, sonores, souples, flamboyants, niellés comme le meilleur acier de Damas et capables de trancher des rochers ! [...]
>
> Le Louvre possède une célèbre mêlée de Salvator Rosa. Dans un site sauvage, au milieu des rocs et des mines, quelques centaines de furieux se portent de terribles coups. La rage est sans pareille ; on se perce, on se renverse, on s'étrangle, on s'écrase, et personne n'a une égratignure ni une goutte de sang. Voilà justement l'effet des poèmes de M. Leconte : un simulacre enragé d'effort et de douleur, point de blessures, ni de sang, ni de larmes[533].

Notes

1. « Pendant sept années, le manuscrit des *Poëmes antiques* terminé, M. Leconte de Lisle connut la lenteur du succès. [...] – Sept années, les éditeurs le repoussèrent. » Maurice Barrès, « L'œuvre de Monsieur Leconte de Lisle », *Chroniques*, avril 1887, p. 121. « Quelques années après l'article de M. Barrès, en 1891, dans une interview célèbre de Jules Huret, Leconte de Lisle lui-même confirmait cette version : "J'ai conservé sept ans dans un tiroir mon premier recueil". Erreur ou simplification : le manuscrit des *Poëmes antiques* n'était certainement pas achevé en 1845, ni même en 1847 ; il est exact cependant que certaines de ses parties essentielles (*Niobé*, *Orphée* et *Chiron*) étaient achevées ou en voie de l'être. Nous ignorons tout en revanche des démarches que Leconte de Lisle aurait effectuées entre 1847 et 1852. » Edgard Pich, *Leconte de Lisle et sa création poétique*, Imprimerie Chirat, 1975, pp. 53-54.

2. Edgard Pich, *Articles, Préfaces, Discours*, Belles Lettres, 1971, p. 126, note 1. Les articles de Jean Verdun et de Gustave Planche furent particulièrement défavorables à Leconte de Lisle. « Il semble donc que Leconte de Lisle ait réclamé contre l'article de Jean Verdun et qu'il ait exigé, en vain, à bénéficier du droit de réponse, comme il le faisait, à la même époque, et avec succès, auprès de Gustave Planche et de la *Revue des deux Mondes.* » *Ibid.*, p. 179.

3. *Ibid.*, p. 107.

4. Thalès Bernard, notice de *La littérature française depuis la formation de la langue jusqu'à la révolution*, Didier, tome III, pp. 819-820.

5. Edgard Pich, *Leconte de Lisle et sa création poétique*, Imprimerie Chirat, 1975, pp. 117-118.

6. Paul Deltuf, *Idylles antiques*, Didot, Paris, 1851, p. 1.

7. *Articles, Préfaces, Discours*, Belles Lettres, 1971, p. 126. « Dites, comme M. Leconte de Lisle, l'*Hellade* au lieu de la Grèce, *Ilos* au lieu de Troie, *Kronos* au lieu de Saturne, *Zeus* au lieu de Jupiter, *Éros* pour Cupidon, *Artémis* pour Diane : vains efforts ! vous ne rendrez pas la vie à ce qui est mort ; vous ne rallumerez pas la flamme sacrée là où se refroidissent, depuis trente siècles, des cendres éteintes. » Armand de Pontmartin, *Causeries littéraires*, Michel Lévy frères, 1854, pp. 94-95.

8. *Articles, Préfaces, Discours*, Belles Lettres, 1971, pp. 126-128. Ce à quoi répondait Maxime Du Camp : « Mon Dieu ! Je ne demande pas qu'on l'abandonne cette antiquité que j'ai l'air de vouloir condamner absolument ; loin de là ; son étude est bonne, saine, fortifiante ; mieux nous la saurons, et mieux nous comprendrons les splendeurs de l'époque où nous vivons. Je crois qu'il est utile, indispensable pour l'homme de lettres de voir, de savoir et d'apprendre incessamment. Mais, entre l'étude et le culte, il y a un abîme qu'il ne faut jamais franchir. » Préface des *Chants Modernes*, Michel Lévy frères, 1855, p. 30.

9. « Entrons en guerre, et laissons-le gaspiller au beau style, dégrader un talent sérieux en écrivant des historiettes assez insignifiantes, précédées de préfaces où l'on jette de grosses injures contre la jeune littérature, en vertu de cet axiome : "On n'aime jamais son héritier." La jeune littérature s'en soucie peu, au reste ; l'insulte a glissé sur elle comme le javelot de Priam sur le bouclier de Pyrrhus. » *Ibid.*, p. 34.

10. *Ibid.*, p. 38.

11. Octave Aubry, *Le Second Empire*, Fayard, 1938, p. 180.

12. M. Blanchard, cité par Georges Pradalié, in *Le Second Empire*, PUF, 1992, pp. 48-49.

13. *Ibid.*, p. 54.

14. Jean Denizet et Michel Develle, « Banques d'affaires ».

15. « L'Empereur s'était heurté aux hésitations et aux craintes du préfet de la Seine, Berger. Il décida de le remplacer. Persigny lui recommanda Haussmann. C'était un Rhénan d'origine, fils de publiciste et petit-fils de conventionnel. Il détestait les parlementaires et les journalistes. Il avait, dit Ollivier, "l'air impudent d'un laquais de bonne maison". » Octave Aubry, *Le Second Empire*, Fayard, 1938, p. 183, note 1.

16. Nous utilisons les dénominations actuelles.

17. Voir le *Journal* des Goncourt.

18. M. Corbon, cité par Georges Pradalié, in *Le Second Empire*, PUF, 1992, p. 73.

19. *Ibid.*, p. 185.

20. Henri Peyre, *Louis Ménard*, New Haven, Yale University Press, volume v of Yale romanic studies, 1932, p. 97. La Bibliothèque de l'Arsenal conserve une lettre du 28 janvier 1859 de Leconte de Lisle à son propriétaire, Auguste Pisson (Ms 15096/6) : « Monsieur, J'ai visité ce matin l'appartement que vous avez à louer, au 4ème sur la cour, rue Cassette, 23, au prix de 600 f. Cet appartement me conviendrait sous tous les rapports, si vous vouliez bien remplacer par un papier plus propre celui du salon et de la salle à manger. Je vous serais on ne peut plus obligé, Monsieur, de bien vouloir m'honorer de quelques lignes de réponse à ce sujet. Sauf cette légère condition, je serais très heureux de devenir votre locataire au terme d'avril. Recevez, je vous prie, Monsieur, mes salutations empressées. Leconte de Lisle 118 – faubourg Poissonnière. »

21. *Ibid.*, p. 91.

22. Voir Victor Hugo, *Les Châtiments*, livre III, XIII : « L'histoire a pour égout des temps comme les nôtres. »

23. Louis Bouilhet écrit à Louise Colet, le 21 septembre 1853 : « La lettre de Delisle m'a fait plaisir, elle respire le bon garçon – j'aime la parenthèse – mais j'espère qu'il ne retournera pas si vite, parmi ses sauvages – d'ailleurs, il n'en manque pas à Paris. » Louis Bouilhet, *Lettres à Louise Colet*, PUF, 1973, p. 152.

24. « Les Ascètes », *Poèmes barbares*, Belles Lettres, 1976, p. 260. Ce passage rappelle exactement une ode du catholique Turquety, dont Leconte de Lisle s'est sûrement inspiré. Voir Émile Souvestre, *Œuvres d'Édouard Turquety*, Ambroise Bray Libraire-Éditeur, 1857, pp. 93-96.

25. Henri Hubert Delisle (1810-1881) fut maire de Saint-André de Cubzac en 1848, député de l'Assemblée nationale puis gouverneur de l'île Bourbon du 16 février 1852 au 8 janvier 1857. Il termina sa vie comme sénateur.

26. « Louise Colet avait été reçue amicalement par Mme de Récamier dès 1842. En 1849, elle s'était installée juste en face de l'Abbaye aux Bois, au 21, rue de Sèvres; elle espérait sans doute beaucoup du voisinage de Mme de Récamier, mais celle-ci mourut du choléra le 11 mai 1849. Elle y avait appris ce qu'est un salon littéraire et noué d'utiles relations. Son propre salon ne put guère s'établir qu'après l'épidémie, puis les troubles politiques, c'est-à-dire en 1851. » Louis Bouilhet, *Lettres à Louise Colet*, PUF, 1973, p. 21, note 35.

27. Théodore de Banville, *Camées parisiens*, René Pincebourne, Paris, 1873.

28. Voir Maurice Spronck, *Les Artistes littéraires*, Calmann-Lévy, 1889, p. 199.

29. « Il pourrait s'agir d'un peintre paysagiste et animalier bien connu, Paul Huet (1803-1869), auteur d'une série d'illustrations de *Paul et Virginie*. Un certain Prosper Huet, de Pouzauges (Vendée) est cité comme faisant partie de l'Union des poètes dans *Les Olympiades*, 4e album publié par cette société en 1862. » Edgard Pich, *Leconte de Lisle et sa création poétique*, Imprimerie Chirat, 1975, p. 219, note 28.

30. Fernand Calmettes, *Leconte de Lisle et ses amis*, Librairies-imprimeries réunies, Paris, 1902, p. 67.

31. Antoine Albalat, *Gustave Flaubert et ses amis, avec des lettres inédites de nombreux auteurs*, Plon, 1927, p. 158.

32. Fernand Calmettes, *Leconte de Lisle et ses amis*, Librairies-imprimeries réunies, Paris, 1902, p. 72.

33. Victor Hugo répétait à toutes les oreilles de l'Institut ce qui constituait selon lui le plus beau vers de la pièce : « Ayons de ces grands cœurs où bat le cœur de tous. » Voir Fernand Calmettes, *Ibid.*, p. 70, note 1.

34. *Ibid.*, p. 75.

35. « Je vous remercie bien sincèrement d'avoir songé à moi en m'envoyant votre livre. J'y ai trouvé plusieurs pièces que je ne connaissais pas, entre autres de magnifiques strophes sur Ste Thérèse [d'Avila] et Charles Quint. C'est vraiment très beau. Mr Patin n'a pas bien lu votre poème; on l'entendait à peine. Heureusement que tout le monde a pu vous relire dans *Le Moniteur*. Je vous félicite doublement, chère Madame, pour *L'Acropole* et pour votre volume. À quelque chose malheur est bon, puisque vous avez si bien travaillé malgré vos peines. » Lettre de Leconte de Lisle à Louise Colet, probablement du 28 août 1854. Muséum Calvet, Avignon.

36. L'Académicien avait un certain poids dans les milieux littéraires importants de l'époque et il pouvait ne pas être inutile, malgré tout, d'être estimé par lui, comme en témoigne ce passage de Louis Bouilhet à Polymnie : « Je vous remercie d'avoir donné *Melaenis* à Villemain – ces animaux-là peuvent quelque fois être utiles, par hasard, une fois dans leur vie, en se trompant. » Louis Bouilhet, *Lettres à Louise Colet*, PUF, 1973, p. 154.

37. « Je regarde cet article de Villemain comme un hommage involontaire de la bêtise au génie. J'eusse douté de la *Paysanne*, que je suis maintenant convaincu de son excellence, car il n'*a pu* lui rien reprocher. Les vers qu'il cite comme mauvais sont des meilleurs, et le blâme d'immoralité, d'irréligion, couronne le tout! C'est splendide. Ma mère a lu ces deux articles et en a été indignée ou plutôt scandalisée. Elle admire ce stoïcisme des poètes à se laisser déchirer et la force qu'il faut pour supporter tout cela. Du reste ces articles ne sont pas *convaincus*; on y sent un parti pris, un dessous de cartes qui vous échappe. Plus une œuvre est bonne, plus elle attire la critique. C'est comme les puces qui se précipitent sur le linge blanc. » Gustave Flaubert, Lettre du 1er juin 1853.

38. Fernand Calmettes, *Leconte de Lisle et ses amis*, Librairies-imprimeries réunies, Paris, 1902, p. 81.

39. « La Vipère », *Poèmes barbares*, Belles Lettres, 1976, p. 216.

40. Denis de Rougemont, *L'amour et l'Occident*, Plon, 10/18, 1995, pp. 304-305.

41. *Ibid.*, pp. 53-54.

42. « Cette lettre pose plus de questions qu'elle n'apporte de réponses et seule la lettre de Louise Colet à Louis Bouilhet pourrait peut-être éclaircir les allusions de Flaubert. Il est difficile de comprendre cette "séparation au chemin de fer" : était-elle définitive? Mais dans ce cas, la jeune femme dont il est question ne peut être Mme Jobbé-Duval qui continua à vivre à Paris, aux côtés de son époux légitime. Était-elle provisoire? Mais dans ce cas on ne s'explique pas qu'elle ait donné lieu à des adieux déchirants. On comprend assez mal également que Leconte de Lisle et Mme Jobbé-Duval aient pu "s'absorber" dans leur amour pendant deux années, alors que le mari, Jobbé-Duval, était bel et bien présent. On pourrait peut-être imaginer qu'il est ici question de deux liaisons consécutives. Le début du passage en tout cas ne me paraît pas, dans l'état actuel de nos connaissances, susceptible d'une interprétation claire. En revanche, la seconde partie est sans équivoque : la "dame" dont parle Flaubert, d'après L. Colet, est, à n'en pas douter, Mme Jobbé-Duval. » Edgard Pich, *Leconte de Lisle et sa création poétique*, Imprimerie Chirat, 1975, p. 206.

43. Dans le roman de George Sand, les amants décident ensemble de se suicider, en se jetant dans le gouffre du Bernica : « Indiana sentit que c'était lui qu'il aurait fallu aimer. – Sois mon époux dans le ciel et sur la terre, lui dit-elle, et que ce baiser me fiance à toi pour l'éternité ! Leurs lèvres s'unirent ; [...] alors Ralph prit sa fiancée dans ses bras, et l'emporta pour la précipiter avec lui dans le torrent... » George Sand, *Indiana*, Gallimard, 1984, p. 330.

44. Fernand Calmettes, *Leconte de Lisle et ses amis*, Librairies-imprimeries réunies, Paris, 1902, p. 112.

45. « J'ai vu Mme J.[obbé] et pour commencer à opérer ma retraite, résolution bien prise, je vous jure, j'ai dit avoir rencontré chez vous, dimanche soir Mr P.[atin] et sa fille. Comme les J.[obbé] m'ont dit avoir l'intention de vous rendre visite un de ces jours, veuillez ne pas me démentir et insistez plutôt en ce sens, s'ils vous en parlent. C'est le seul moyen de m'aider à sortir de l'abîme. » Lettre de Leconte de Lisle à Louise Colet, d'avant le 1er juin 1853.

46. « L'Aurore », *Poèmes barbares*, Belles Lettres, 1976, p. 174.

47. « Christine », *Ibid.*, pp. 89-91.

48. « Requies », *Ibid.*, p. 222.

49. Charles Forbes Montalembert, *Les moines d'Occident*, Librairie Jacques Lecoffre, Paris, 1873, tome 1, pp. XXIX et XXX.

50. Raymond Klibansky, Erwin Panovsky et Fritz Saxl, *Saturne et la mélancolie*, Gallimard, 1989, pp. 374-375.

51. « Le Sacrifice », *Œuvres diverses*, Belles Lettres, 1978, p. 173.

52. « Requies », *Poèmes barbares*, Belles Lettres, 1976, p. 222.

53. Extrait de lettre cité par Edgard Pich, in *Leconte de Lisle et sa création poétique*, Imprimerie Chirat, 1975, p. 222.

54. Jean-Paul Clébert, *Louise Colet ou la Muse*, Presses de la Renaissance, 1986, p. 281.

55. « Parmi ces gras pâturages ; / Où les chênes et les pins / Couvrent de leurs frais ombrages / L'Algide et les monts Albains, / Laisse grandir la génisse / Qui du Flamine opulent / Dans un pompeux sacrifice / Teindra le couteau sanglant. / Ah ! crois-moi : pour te défendre / Et conjurer les fléaux, / Qu'est-il besoin de répandre / Le sang de nombreux agneaux ? / Non, non ; le myrte fragile / Et le romarin sied mieux / Pour couronner, Ô Phidyle, / Le front de tes humbles Dieux. / Dès qu'une main chaste et pure / A touché les saints autels, / L'innocence est toujours sûre / D'attendrir les immortels. / Reste simple pour leur plaire : / L'orge et le sel pétillant / Fléchiront mieux leur colère / Qu'un sacrifice brillant. » Horace, *Ode III, 23*, traduction d'Anquetil, chez Dezobry, Paris, 1850.

56. Louis Ménard, *Rêveries d'un Païen Mystique*, Guy Trédaniel éditeur, 1990, pp. 74-76.

57. « *A ! virgo infelix, tu nunc in montibus erras : ille, latus niveum molli fultus hyacintho, ilice sub nigra pallentis ruminat herbas, aut aliquam in magno sequitur grege.* Ah ! vierge infortunée, tu erres maintenant sur les montagnes ; et lui, de ses flancs neigeux pressant la molle hyacinthe, rumine sous l'yeuse noire des herbes pâlissantes, ou suit quelque génisse dans un nombreux troupeau. » Virgile, *Bucoliques, VI*, traduction de Maurice Rat, Garnier-Flammarion, 1967, p. 66.

58. Virgile, *Géorgiques*, traduction de Maurice Chappaz et Éric Genevay, Gallimard, 1987, p. 81.

59. « Ah ! vierge infortunée, quel délire t'a prise ? Les Prétides ont rempli les campagnes de faux mugissements ; nulle d'entre elles pourtant n'a désiré pour leur cou le joug de la charrue et cherché des cornes sur leur front lisse ! » Virgile, *Bucoliques, VI*, traduction de Maurice Rat, Garnier-Flammarion, 1967, p. 66.

60. Pierre Grimal, *Dictionnaire de la mythologie grecque et romaine*, PUF, 1994, pp. 183-184.

61. Victor de Laprade, « Les Taureaux », *Les Symphonies*, *Œuvres poétiques*, Lemerre, 1878, vol. 2, p. 134.

62. « Mnévis a été mis en relation avec le culte de l'œil dès les *Textes des Pyramides*. Ainsi dans un passage, il assiste le soleil au moment où celui-ci, sous forme de l'œil, combat les ténèbres au matin. Il est alors le grand taureau qui frappe Keneset. Plus loin il est appelé *Taureau du ciel*. À l'époque gréco-romaine, il est identifié à Osiris. Il est également associé à Apis et rapproché de Sérapis. » Thierry Benderitter, *Vaches, bœufs et taureaux dans l'Égypte ancienne*, vol. 1, n° 2 du 11 juin 2000.

63. Jean-François Mattéi, *La barbarie intérieure*, PUF, Quadrige, mai 2004, p. 108.

64. Louis Bouilhet, *Lettres à Louise Colet*, PUF, 1973, p. 141.

65. « Mme Jobbé est enfin accouchée après d'horribles souffrances. Elle est excessivement faible, ne peut supporter aucun bruit ni recevoir personne. [...] Que ne pardonnerait-on pas aux femmes quand on songe à l'affreux supplice qu'elles sont forcées de subir ! » Lettre de Leconte de Lisle à Louise Colet, probablement du 28 août 1854. En l'honneur de cette naissance, le poète écrivit *À Mlle M. J. D.*, où, sous couvert de parler à l'enfant, il s'adresse en réalité à la mère : « Toi, dont l'âme est à peine éclose... »

66. « Le Dernier Souvenir », *Poèmes barbares*, Belles Lettres, 1976, p. 200.

67. Jean-François Mattéi, *La barbarie intérieure*, PUF, Quadrige, mai 2004, p. 47.

68. *Ibid.*, p. 64.

69. Louis Bouilhet, *Lettres à Louise Colet*, PUF, 1973, p. 132.

70. « Vous disiez vrai : le cœur de l'homme est mort et vide, / Et la terre maudite est comme un champ aride / Où la ronce inféconde, et qu'on arrache en vain, / Dans le sillon qui brûle étouffe le bon grain. » « Les Ascètes », *Poèmes barbares*, Belles Lettres, 1976, p. 261.

71. « C'est au Barbare à obéir au Grec, ma mère, et non l'inverse, car eux sont des esclaves et nous sommes des hommes libres. » Euripide, *Iphigénie à Aulis*, v. 1401-1402.

72. C'est nous qui soulignons.

73. « La Source », *Poèmes antiques*, Belles Lettres, 1977, p. 138.

74. Victor de Laprade, « La Cité des hommes », *Poèmes évangéliques*, Lemerre, 1881, p. 207.

75. Lettre de Thalès Bernard à Émile Fage datant du 27 mai 1853.

76. Charles-Auguste Nicander naquit à Strengans en 1799 et mourut à Stockholm en 1839. Ses principales œuvres sont : *le Glaive runique*, *la Mort du Tasse*, *Souvenirs du Midi*, *Hespérides*, des traductions d'*Othello*, des *Brigands* et de *la Vierge d'Orléans*. *Le Glaive runique* a été traduit du suédois par Léouzon Le Duc (Paris, Sagnier et Bray, 1846).

77. Le Kalewala ou Kalevala désigne le pays du peuple de Kaleva, héros mythique dont descendent le mage Wäinämöinen et le forgeron merveilleux Ilmarinen. Voir Joseph Vianey, *Les sources de Leconte de Lisle*, Coulet, 1907, pp. 155-156, et *Les Poèmes barbares de Leconte de Lisle*, Malfère, 1933, p. 36.

78. Il est aussi question dans le dernier chant du *Kalewala* d'une autre vierge, Marjatta, qui aurait accouché dans l'étable du mont Tapio d'un enfant mâle, le « seigneur du ciel » ou l' « enfant du désir », conçu d'une baie rouge (*Marja* signifiant *baie* en finnois). L'enfant aurait immédiatement été proclamé roi de Carélie, province orientale de la Finlande : « J'ai pris la baie sur la colline, en cueillette, l'airelle rouge, j'ai pris la baie de bonne guise, elle est venue dessus ma langue, elle a roulé contre ma glotte, par ma gorge au fond de mon ventre : je m'en suis trouvée pleine et grosse, mon ventre a germé d'un feton. » On pense alors aux derniers vers du « Sommeil de

Leïlah » : « Elle rit et sommeille et songe au bien-aimé, / Telle qu'un fruit de pourpre, ardent et parfumé, / Qui rafraîchit le cœur en altérant la bouche. »

79. Lettre de Leconte de Lisle à Louise Colet datant de juillet 1853.
80. On notera le parallèle intéressant entre « les runes » et « les ruines »...
81. C'est nous qui soulignons.
82. « Le Runoïa », *Poèmes barbares*, Belles Lettres, 1976, pp. 75-76.
83. Physicien peu élégant mais spirituel qui collabora assidûment à la très convoitée *Revue des Deux Mondes*.
84. Sculpteur irascible et hypocondriaque de l'école romantique qui fut un bref instant l'élève de David d'Angers.
85. Louis Bouilhet, *Lettres à Louise Colet*, PUF, 1973, pp. 146-147.
86. J. Gaulmier, « Six lettres inédites de Leconte de Lisle », *R.H.L.F.*, 1958, p. 221.
87. « À quelle pièce Flaubert fait-il allusion ? Me Cxxx pourrait être Louise Colet elle-même et dans ce cas on pense au *Désert*, publié en 1855, qui lui est dédié. Mais le rapprochement entre cette œuvre et *Dies Irae* est loin d'être évident alors qu'il s'impose avec *L'Anathème*, dont le plan rappelle celui du *Dies Irae.* » Edgard Pich, *Leconte de Lisle et sa création poétique*, Imprimerie Chirat, 1975, p. 179.
88. Lettre à Louise Colet du 6 juin 1853.
89. Lettre à Louise Colet du 15 juillet 1853.
90. Lettre à Louise Colet du 7 avril 1854.
91. Lyre à six cordes fabriquée par Wäinämöinen avec le bois des branches d'un bouleau et six beaux cheveux d'une vierge éplorée, instrument national de la Finlande.
92. Edgard Pich, *Leconte de Lisle et sa création poétique*, Imprimerie Chirat, 1975, p. 193.
93. « Le poète qui a écrit *Le Runoïa* considère l'épopée comme son activité suprême ; son rôle consiste, comme il sera dit bien plus tard dans *L'Apollonide*, à refaire des Muses "l'âme du monde" et le divorce présent entre la poésie et l'événement est justifié par l'idée que le christianisme c'est la fin de l'histoire : on voit à quel point sa personne et ses propres incertitudes d'écrivain sont présentes dans l'œuvre. » *Ibid.*, p. 191.
94. « En fait, la poésie, telle qu'elle est décrite ici, joue le rôle d'un stupéfiant : elle anéantit, provisoirement et de façon purement imaginaire, les conditions de la vie ; elle modifie la perception que nous en avons sans modifier la vie elle-même. Une telle attitude est à l'opposé de l'attitude scientifique, à plus forte raison scientiste et on voit à quel point on a tort de faire de Leconte de Lisle le poète par excellence du scientisme. » *Ibid.*, p. 457.
95. C'est nous qui soulignons.
96. « L'Anathème », *Poèmes barbares*, Belles Lettres, 1976, p. 306.
97. Edgard Pich, *Leconte de Lisle et sa création poétique*, Imprimerie Chirat, 1975, p. 456.
98. « Vous tous en effet, baptisés dans le Christ, vous avez revêtu le Christ : il n'y a plus ni Juif ni Grec, il n'y a ni esclave ni homme libre, il n'y a ni homme ni femme ; car tous vous ne faites qu'un dans le Christ Jésus. » *Galates, 3, 28*.
99. Georg Wilhelm Friedrich Hegel, *L'Art romantique*, Aubier-Montaigne, 1964, p. 56.
100. « Les Ascètes », *Poèmes barbares*, Belles Lettres, 1976, pp. 260-261.
101. « L'Anathème », *Ibid.*, p. 304.
102. Voir Frank Paul Bowman, *Le Christ Romantique*, Droz, 1973, et *Le Christ des barricades*, Le Cerf, 1987.
103. « Le Nazaréen », *Poèmes barbares*, Belles Lettres, 1976, pp. 264-265.

104. Élias Lönnrot, *Le Kelevala, épopée des Finnois*, Gallimard, 1991-1994, tome 2, p. 422.

105. *Ibid.*, p. 408.

106. Jean-François Mattéi, *La barbarie intérieure*, PUF, Quadrige, mai 2004, p. 37.

107. « Le Runoïa », *Poèmes barbares*, Belles Lettres, 1976, pp. 74-75.

108. « La Passion », *Œuvres diverses*, Belles Lettres, 1978, pp. 185-186.

109. Jean Dornis, *Essai sur Leconte de Lisle*, Librairie Ollendorff, 1909, p. 232.

110. « La Passion », *Œuvres diverses*, Belles Lettres, 1978, p. 187.

111. Irving Putter, « Les Idées littéraires de Leconte de Lisle », *R.H.L.F.*, juillet-septembre 1966, pp. 451-473.

112. Edgard Pich, *Œuvres diverses*, Belles Lettres, 1978, p. XVI.

113. Edgard Pich, *Leconte de Lisle et sa création poétique*, Imprimerie Chirat, 1975, p. 293.

114. « La Passion », *Œuvres diverses*, Belles Lettres, 1978, p. 199.

115. *Ibid.*, p. 200.

116. *Marc, 13, 36.*

117. *Matthieu, 26, 64.*

118. Edgard Pich, *Leconte de Lisle et sa création poétique*, Imprimerie Chirat, 1975, p. 295.

119. Pierre Jobit, *Leconte de Lisle et le Mirage de l'Île Natale*, De Boccard, 1951, p. 57.

120. *Recherches générales sur l'Organographie, la Physiologie et l'Organogénie* en 1835, *Recherches générales sur l'Organogénie et la Physiologie des végétaux* en 1841, quatre *Notes* en 1843 et *Remarques générales* en 1852. Dans ces ouvrages, Gaudichaud défendit sa théorie dite des phytons reposant sur la thèse, contraire à celle de M. de Mirbel, selon laquelle « un végétal se compose de cellules animées, naissant les unes des autres et constituant des individus qui produisent, par leur superposition l'accroissement en hauteur, mais qui, par leur rayonnement radiculaire, agissant de haut en bas, produisent l'accroissement en diamètre ». Il laissa aussi son nom à une famille de plantes, les *Gaudichaudiacées*.

121. Pierre Jobit, *Leconte de Lisle et le Mirage de l'Île Natale*, De Boccard, 1951, p. 64.

122. Nous possédons cette lettre datée du 4 octobre 1854 : « Monsieur, Voici deux pièces de vers d'une étendue très limitée pour lesquelles je vous demande une place dans la Revue. Permettez-moi de vous remercier en même temps de l'insertion de mon poème. Je souhaite qu'il n'ait pas trop déplu à vos lecteurs. S'il vous est agréable et possible de faire passer prochainement les vers que je vous envoie, je vous serais fort obligé. Croyez, Monsieur, à toutes mes sympathies. Leconte de Lisle. » Musée P. Arbaud, Aix-en-Provence, ms. 2414 AI.

123. En décembre 1854, Leconte de Lisle écrit à Louise Colet : « Je n'ai pas encore réussi à voir Planche ; je ne sais ce que mes vers sont devenus, et je m'attends à ce résultat merveilleux de m'être brouillé avec la *Revue de Paris* sans entrer dans la *Revue des Deux Mondes*. » Avignon, Muséum Calvet.

124. Lettre de Flaubert à Louise Colet du 21-22 août 1853.

125. Le 3 janvier 1855, Fortoul écrivit à Lebrun qu'il lui avait effectivement accordé cette somme. Voir Paul Bonnefon, « Leconte de Lisle et Béranger », *l'Amateur d'Autographes*, janvier 1913, pp. 1-18.

126. Edmond Estève, *Leconte de Lisle, l'homme et l'œuvre*, Boivin, 1930, p. 150.

127. *Ibid.*, pp. 149-150.

128. Pierre Jobit, *Leconte de Lisle et le Mirage de l'Île Natale*, De Boccard, 1951, p. 67.

129. Auguste Lacaussade, « L'Heure de Midi », *Poèmes et Paysages*, Ducloux et Garnier frères, Paris, 1852, pp. 311-312.

130. « Le *poème* (qui permet d'embrasser des états et actes différents liés entre eux par quelque loi) est toujours un échec et seule demeure la possibilité de la *poésie*, création de l'instant et de l'instable. » Edgard Pich, introduction aux *Poèmes barbares*, Belles Lettres, 1976, p. XII.

131. Les *Poëmes et Poésies* parurent le 23 juin 1855, dans le *Journal de la librairie*, et les *Poëmes* de Louis Ménard, le 21 juillet.

132. J. Gaulmier, « Six lettres inédites de Leconte de Lisle », *R.H.L.F.*, 1958, p. 211.

133. Henri Tresca, *Visite à l'exposition universelle de Paris, en 1855*, Hachette, Paris, 1855, pp. 2-4.

134. Maxime Du Camp, *Les Beaux-Arts à l'Exposition universelle de 1855*, Librairie nouvelle, 1855, p. 403.

135. Ernest Renan, « La poésie de l'Exposition », *Œuvres diverses*, Robert Laffont, 1984, p. 299.

136. Maxime Du Camp, *Les Beaux-Arts à l'Exposition universelle de 1855*, Librairie nouvelle, 1855, pp. 406-407.

137. *Ibid.*, p. 412.

138. *Ibid.*

139. Henri de Saint-Simon, *Le nouveau christianisme et les écrits sur la religion*, Seuil, 1969, p. 36.

140. Maxime Du Camp, *Les Beaux-Arts à l'Exposition universelle de 1855*, Librairie nouvelle, 1855, p. 417.

141. *Ibid.*, p. 416.

142. *Ibid.*, pp. 419-421.

143. Cette image belliqueuse est celle de Gustave Planche.

144. Auguste Lacaussade, « De la poésie utilitaire et d'une poésie nouvelle », *Revue contemporaine*, t. XX, 1er juin 1855, pp. 71-96.

145. « Les Montreurs », *Poèmes barbares*, Belles Lettres, 1976, p. 190.

146. Lettre de Flaubert à Maxime Du Camp, début juillet 1852.

147. Charles Baudelaire, *Écrits sur l'art*, Le livre de Poche, 1992, pp. 170-172.

148. Voir Oswald Spengler, *Le déclin de l'Occident*, Gallimard, Bibliothèque des idées, 1948. « Spengler estimait que l'histoire consistait dans la succession des cultures radicalement hétérogènes dans leurs créations et leur attitude face au monde. Pour Spengler, l'Occident depuis l'époque moderne était marqué par une ambition faustienne et démesurée de conquête et de maîtrise du monde humain. Spengler voyait dans l'avènement d'une technique toute-puissante issue de la science, dans la substitution du socialisme à la religion, dans la puissance de l'argent, le passage au déclin et à la décadence de l'Occident moderne où les aspirations des masses devaient engendrer sur le plan politique une forme de césarisme. » Laure Adler, *Dans les pas de Hannah Arendt*, Gallimard, 2005, p. 588.

149. José Ortega y Gasset, *La révolte des masses*, Gallimard, 1961.

150. *Articles, Préfaces, Discours*, Belles Lettres, 1971, pp. 134-135.

151. Ernest Renan, « La poésie de l'Exposition », *Œuvres diverses*, Robert Laffont, 1984, pp. 300-306.

152. « Aux Modernes », *Poèmes barbares*, Belles Lettres, 1976, p. 308.

153. Louis Ménard, préface des *Poëmes*, 1855.

154. Claude Pichois et Jean Ziegler, *Charles Baudelaire*, Julliard, 1987, p. 334.

155. Voir Edgard Pich, *Leconte de Lisle et sa création poétique*, Imprimerie Chirat, 1975, p. 253.

156. « Le meurtre du père deviendrait-il le fondement d'une culpabilité susceptible de fonder une nouvelle civilisation ainsi qu'une nouvelle déité ? La littérature

œuvrant pour la mise à mort du Verbe ne put légitimer son acte dans la seule hypermorale libératrice. Son subterfuge fut d'interposer entre son acte et le monde un nouveau fétiche remplaçant l'idole défunte. La Beauté vint comme artifice peupler un vide et dessiner sur les restes fumants de l'autel divin les nouveaux signes d'une sacralité désormais négativement souveraine. » Vincent Vivès, *La beauté et sa part maudite : Essai sur la poétique post-romantique*, Université de Provence, 2005, p. 144.

157. Fernand Calmettes, *Leconte de Lisle et ses amis*, Librairies-imprimeries réunies, Paris, 1902, p. 76.

158. *R.H.L.F.*, janvier-mars 1922.

159. Charles Baudelaire, « Notes et documents pour mon avocat », *Les Fleurs du Mal*, Édition critique Crépet-Blin, Corti, 1986, pp. 435-439. On voit que Leconte de Lisle ne figure pas dans cette courte liste des poètes célèbres...

160. Claude Pichois et Jean Ziegler, *Charles Baudelaire*, Julliard, 1987, p. 349.

161. « Quand il semble parler sérieusement de Satan, on voit que c'est chez lui une survivance de son catholicisme ; ne croyant plus à Dieu, il croit encore au diable. » Maurice Souriau, *Histoire du Parnasse*, Slatkine Reprints, Genève, 1977, p. 31.

162. « Extraits du Cahier Pozzi », *Œuvres diverses*, Belles Lettres, 1978, p. 493.

163. Philippe Berthelot, *Louis Ménard et son œuvre*, Juven, 1902, p. 13.

164. Antoine Albalat, *Gustave Flaubert et ses amis, avec des lettres inédites de nombreux auteurs*, Plon, 1927, pp. 171-173.

165. Le 4 avril 1861, Leconte de Lisle écrit à Baudelaire : « Mon cher ami, Lacaussade a dû vous prévenir que j'avais l'intention de parler des *Fleurs du Mal* dans la *Revue Européenne* ; mais il est indispensable que vous *arrachiez* à de Broise un exemplaire de votre dernière édition que je n'ai pas. Je suis très heureux de l'occasion qui m'est offerte de dire tout ce que je pense de vous, et j'insisterai particulièrement, bien entendu, sur certains points que vos critiques, ou plutôt vos insulteurs, ont négligés par ineptie naturelle. N'oubliez pas mon exemplaire. Tout à vous, Leconte de Lisle. » Eugène Crépet, *Charles Baudelaire*, Slatkine Reprints, Genève, 1980, p. 381.

166. *Articles, Préfaces, Discours*, Belles Lettres, 1971, pp. 147-148.

167. *Œuvres diverses*, Belles Lettres, 1978, p. 475.

168. *Articles, Préfaces, Discours*, Belles Lettres, 1971, pp. 144-145.

169. José Ortega y Gasset, *Essais espagnols*, éditions du cavalier, traduction de Mathilde Pomès, 1932, pp. 184-186.

170. « Tout comme Leconte de Lisle, Baudelaire est un homme religieux qui a perdu le sens de la transcendance. Le premier tentera à travers l'écriture impersonnelle et philosophique ou encore le recours au document, de construire une épopée du néant dans laquelle la longue litanie des naissances et des morts des dieux dit à la fois l'attachement à la figure transcendantale ruinée et l'amertume née d'un présent effondré où l'homme est perdu. D'un présent condamnant l'homme moderne à l'impuissance. Baudelaire fait perdurer un Dieu à qui il veut croire, auquel sans doute il croit, mais dans une croyance telle que ce Dieu est une figure déliée d'essence. » Vincent Vivès, *La beauté et sa part maudite : Essai sur la poétique post-romantique*, Université de Provence, 2005, p. 131.

171. Jean-François Mattéi, *La barbarie intérieure*, PUF, Quadrige, mai 2004, pp. 47-49.

172. *Ibid.*, p. 129.

173. Anna Adélaïde Perray était la fille de Jean Pierre Jacques Perray et de Madeleine Amélie Leconte. Elle naquit le 29 mars 1833, à Versailles, et mourut le 8 septembre 1916, dans la même ville.

174. « 15 mai. Mon bon ami, je suis tout honteux de mon oubli. C'est réellement trop fort. J'ai oublié de faire part de mon mariage à Mme Lacaussade qui a toujours

été si gracieuse pour moi. Je compte sur vous pour que je sois pardonné par elle. Vous savez combien je vous aime tous. Quand on est *jeune* et nouveau marié, on a presque droit à quelque indulgence. Pardonnez-nous donc l'un et l'autre, priez Madame Lacaussade d'agréer tous mes hommages, et croyez, vous, à mon inaltérable affection. À vous. Ch. Leconte de Lisle. Quand venez-vous manger un carri, des Brèdes, et du rougaille ? Prévenez la veille et nous serons bien heureux tous. » Cité par Raphaël Barquissau, in *Le poète Lacaussade et l'exotisme tropical*, Publication du comité Leconte de Lisle et Lacaussade, 1952, p. 148, note 1.

175. Joseph Jackson, *Louise Colet et ses amis littéraires*, New Haven Yale University Press, 1937, p. 288.

176. Lytton Sells, « Kléarista », *R. L. C.*, 1947, p. 41.

177. Louis Jean Népomucène Lemercier, *Frédégonde et Brunehaut*, La France dramatique au dix-neuvième siècle, 1835.

178. Augustin Thierry, *Récits des Temps Mérovingiens*, Complexe, 1995, p. 100.

179. Cahier de notes de Leconte de Lisle qui porte le nom de celui qui l'a longtemps eu en sa possession : Samuel Pozzi (1846-1918). Chirurgien français, connu pour avoir participé à la vulgarisation en France de la gynécologie, et plus tard sénateur du département de la Dordogne. Père de la poétesse Catherine Pozzi (1882-1933), amie de Paul Valéry. Il habitait place Vendôme et fut non seulement le médecin mais l'ami fidèle de Leconte de Lisle. Sa clientèle comprenait de nombreuses personnalités dont la princesse Mathilde, Marie Bonaparte et Sarah Bernhardt. Il traduisit en 1890 *L'Expression des émotions chez l'homme et les animaux*, de Darwin, et correspondit avec Leconte de Lisle à compter du mois de janvier 1879. Voir Bibliothèque de l'Arsenal, ms. 15096/51 e. s.

180. « Il aimait à bâtir, se plaisait aux spectacles donnés dans des cirques de bois, et par-dessus tout avait la prétention d'être grammairien, théologien et poète. » Augustin Thierry, *Récits des Temps Mérovingiens*, Complexe, 1995, p. 30.

181. « Venantius Honorius Clementius Fortunatus. [...] C'était un homme d'un esprit superficiel mais agréable, et qui apportait de son pays quelques restes de cette élégance romaine déjà presque effacée au delà des Alpes. » *Ibid.*, p. 40.

182. Ce royaume, contenant la ville de Soissons, avait pour limites, au nord, l'Escaut, et au sud, le cours de la Loire. Les Franks Saliens l'appelèrent *Neoster-rike*, c'est-à-dire « royaume d'Occident ». Le régent était Hilpérik.

183. Ce royaume, contenant les villes de Metz et Tournay, recouvrait tout le nord-est de la Gaule, une part de l'Auvergne, de la Germanie et allait jusqu'aux limites des territoires saxons et slaves. Les Franks Ripuaires l'appelèrent *Oster-rike*, c'est-à-dire « royaume d'Orient ». Le régent était Sighebert.

184. « Cahier Pozzi », *Œuvres diverses*, Belles Lettres, 1978, pp. 486-487.

185. En fait ce concile fut tenu en 692, ce qui pose un léger problème de chronologie...

186. Augustin Thierry, *Récits des Temps Mérovingiens*, Complexe, 1995, p. 38. Augustin Thierry utilise ici un passage de l'*Historia francorum.*

187. « C'était le nom qu'on donnait aux Franks ; mais ce mot n'avait par lui-même aucune signification injurieuse ; il servait en Gaule à désigner la race conquérante, comme celui des Romains la race indigène. » *Ibid.*, p. 73.

188. En fait, il semble plus probable que Hilpérik la trompait avec Frédégonde et que Galswinthe voulut mettre fin à ces injures. Voir Grégoire de Tours, l'*Histoire des Francs*, Belles Lettres, 2005, p. 210.

189. Frédégonde eut six enfants avec Hilpérik : Samson (né en 575 et mort en 577) ; Dagobert (né avant le mariage de Frédégonde avec Hilpérik, mort en 580) ; Clodebert (né en 565 avant le mariage de Frédégonde avec Hilpérik, et mort peu de temps après son frère Dagobert, en 580) ; une fille, Rigonte ; Thierry ou Théodoric

(né en 582 et mort en 584) et Clotaire, né en 584 et qui fut fait roi de Neustrie à l'âge de quatre mois sous le nom de Clotaire II, avant de devenir roi des Francs en 613.

190. Poignards franks. Cette arme est décrite par Maurice Prou, *La Gaule mérovingienne*, France Henry May, Paris, 1892, p. 276.

191. Augustin Thierry, *Récits des Temps Mérovingiens*, Complexe, 1995, p. 98.

192. Vitry-en-Artois, chef-lieu du Canton de l'arrondissement d'Arras, Pas-de-Calais.

193. Augustin Thierry, *Récits des Temps Mérovingiens*, Complexe, 1995, pp. 41-42.

194. Jules Michelet, *Le Moyen Âge*, Robert Laffont, 1981, p. 119.

195. « Certains auteurs ont cru identifier cet endroit et voir en lui ce que nous appelons aujourd'hui Nogent-sur-Marne. » Jean Cassou, *Frédégonde*, M.-P. Trémois, 1928, p. 51.

196. Frédégaire, *Chronique des temps mérovingiens*, Brepols Publishers, Turnhout, Belgique, 2001.

197. Jean Cassou, *Frédégonde*, M.-P. Trémois, 1928, pp. 27-28.

198. *Frédégonde*, Fragment du premier acte, *Poèmes tragiques et Derniers poèmes*, Belles Lettres, 1977, p. 245.

199. Jean Cassou, *Frédégonde*, M.-P. Trémois, 1928, p. 75.

200. Gustave Flaubert, *Bouvard et Pécuchet*, Gallimard, 1952, tome 2, p. 933.

201. Charles Pouthas, *Démocratie et capitalisme*, PUF, 1948.

202. Hippolyte Taine, *Les origines de la France contemporaine*, Librairie Hachette, 1904, XI, pp. 177-179.

203. « L'Assemblée législative, où le parti du passé arrivait en majorité, était à peine réunie que M. de Falloux présentait un projet de loi sur l'enseignement. Ce projet, sous prétexte d'organiser la liberté d'enseigner, établissait, en réalité, le monopole de l'instruction publique en faveur du clergé. Il avait été préparé par une commission extra-parlementaire choisie par le gouvernement, et où dominait l'élément catholique. Une commission de l'Assemblée, inspirée du même esprit, avait combiné les innovations de la loi de telle façon que l'enseignement laïque disparaissait devant l'enseignement catholique. » René Rémond, *L'anticléricalisme en France de 1815 à nos jours*, Fayard, 1999, pp. 139-140, note 2.

204. Thomas a Kempis, « Vanité de la science qui s'arrête à elle-même », *L'Imitation de Jésus-Christ*, Médiaspaul, 2002, pp. 168-169.

205. Ernest Renan, « Le catholicisme, Questions contemporaines », *Pages choisies*, Calmann Lévy, 1896, p. 128.

206. Gustave Flaubert, *Bouvard et Pécuchet*, Gallimard, 1952, tome 2, pp. 939-940

207. *Ibid.*, p. 933.

208. René Rémond, *L'anticléricalisme en France de 1815 à nos jours*, Fayard, 1999, p. 126.

209. L'abbé Joseph Roux, *Pensées*, Lemerre, 1886, p. 132.

210. « Les Deux Glaives, XIe et XIIe siècles », *Poèmes barbares*, Belles Lettres, 1976, p. 267.

211. Voir la lettre d'Alphonse Lemerre conservée à la Bibliothèque de Richelieu (NAF 16264 [81-118]) où l'éditeur demande à Jean Marras s'il souhaite participer à cette entreprise.

212. Jean Dornis, *Essai sur Leconte de Lisle*, Librairie Ollendorff, 1909, p. 209.

213. *Catéchisme populaire républicain, Œuvres diverses*, Belles Lettres, 1978, p. 466.

214. Préface des *Poëmes et Poésies, Articles, Préfaces, Discours*, Belles Lettres, 1971, p. 129.

215. *Catéchisme de l'Église catholique*, Centurion / Cerf / Fleurus-Mame, 1998, p. 26.

216. Louis Ménard, *Du polythéisme hellénique*, Charpentier, Paris, 1863, p. 374.

217. Tertullien, cité par le *Catéchisme de l'Église catholique*, Centurion / Cerf / Fleurus-Mame, 1998, p. 408.

218. Saint Augustin, *Ibid.*, p. 410.

219. « La Paix des Dieux », *Derniers poèmes*, Belles Lettres, 1977, p. 227.

220. « Les noires années du moyen âge, années d'abominable barbarie, avaient amené l'anéantissement presque total des richesses intellectuelles héritées de l'antiquité, avilissant les esprits par la recrudescence des plus ineptes superstitions, par l'atrocité des mœurs, par la tyrannie sanglante du fanatisme religieux. » Leconte de Lisle, « Discours de Réception à l'Académie française », prononcé le 31 mars 1887, *Articles, Préfaces, Discours*, Belles Lettres, 1971, p. 201.

221. Leconte de Lisle, *Histoire populaire du Christianisme*, 1871. Cité par Jean Dornis, in *Essai sur Leconte de Lisle*, Librairie Ollendorff, 1909, p. 224.

222. « Le succès de la *Bibliothèque Charpentier* avait mis à la mode ces réimpressions des œuvres complètes d'un écrivain en un seul volume compact, et je dus, comme tout le monde, obéir à cette mode universellement adoptée. Mais la nécessité d'entasser et de faire tenir tant de poëmes en quatre cents pages força alors mes éditeurs à supprimer les préfaces, les épigraphes et les dates mêmes des poëmes. » Théodore de Banville, préface du *Sang de la coupe*, *Poésies complètes*, Charpentier, Paris, 1888, p. 280.

223. Collection Armand Godoy.

224. « … Je me lève à cinq heures du matin, écrit-il, pour te conter mon arrivée émouvante… Le moment a été bien cruel à passer. Ma pauvre mère, bien vieillie, bien changée, s'est presque évanouie. Tout le monde pleurait, y compris moi, comme je pleure, c'est-à-dire à étouffer… » Lettre datée de 1864 mais qui est plutôt de 1861, citée par Jean Dornis, in *Essai sur Leconte de Lisle*, Librairie Ollendorff, 1909, p. 146. En effet, le 9 février 1861, Leconte de Lisle annonce l'arrivée de sa mère et de ses sœurs. Pour elles, il va déménager de son petit appartement 23, rue Cassette, et s'installer au 8, boulevard des Invalides. Le 17 avril 1861, il écrit : « Ma famille est arrivée. »

225. Edgard Pich, *Leconte de Lisle et sa création poétique*, Imprimerie Chirat, 1975, p. 254.

226. *Ibid.*, p. 514.

227. Félix Ravaisson, *De la philosophie en France au* XIX*e siècle*, Fayard, 1984, p. 82.

228. Marc Bascou, « Le Second Empire, art, industrie et société ».

229. Thalès Bernard, *Atheneum français* du 22 mars 1856, p. 244.

230. Jules Simon, *Histoire de l'École d'Alexandrie*, Joubert, 1845, t. I, p. 1. Voir aussi Étienne Vacherot, *Histoire critique de l'École d'Alexandrie*, Ladrange, Paris, 1846-1851.

231. Porphyre, *Vie de Plotin*, Vrin, 2003, XXIII, 27.

232. Louis Énault, *L'Inde pittoresque*, Morizot, Paris, 1861, p. 499.

233. Edgard Pich, *Leconte de Lisle et sa création poétique*, Imprimerie Chirat, 1975, p. 257. Lire à ce sujet Pierre Flottes, *Le poète Leconte de Lisle*, Perrin, 1929, pp. 142-143. « L'Inde française » parut en deux livraisons successives, t. II, pp. 307-337 et pp. 416-438, et fut intégralement reproduite dans l'édition d'Edgard Pich, *Œuvres diverses*, Belles Lettres, 1978, pp. 388-458. Dans cet article, Leconte de Lisle retrace l'histoire de la présence française dans le sous-continent indien et tente d'expliquer l'éviction des Français par la nation anglo-saxonne qui « n'a jamais rien assimilé, […] n'a été modifiée par aucun contact », et qui, « après avoir refoulé et dispersé les tribus

de l'Amérique septentrionale qui n'ont pu être asservies, [...] a vécu en dehors et au-dessus des peuples hindous, trop nombreux pour qu'elle tentât de les détruire, mais assez inertes pour subir l'écrasement et l'avidité insatiable de son despotisme. »

234. « Il existe, pour lui, quatre façons de concevoir l'univers : on peut l'envisager comme une machine, comme un animal, comme un champ de bataille ou comme un concert. À la première de ces conceptions répond le monothéisme, pour qui toute la nature est une matière inerte, que meut la volonté extérieure d'un dieu unique. Le panthéisme voit dans la nature une unité vivante ; le dualisme iranien réduit le monde à un champ de bataille, où se livre la lutte éternelle de deux principes opposés ; mais le polythéisme seul a su discerner derrière toutes choses des énergies multiples indépendantes, dont le concours produit l'harmonie universelle. » Henri Peyre, *Louis Ménard*, New Haven, Yale University Press, volume v of Yale romanic studies, 1932, p. 243.

235. « Le Soir d'une bataille », *Poèmes barbares*, Belles Lettres, 1976, p. 198.

236. « Désiré Laverdant, vieil ami de Leconte de Lisle, et ancien militant fouriériste, grâce à qui, en 1845, il avait été engagé parmi les rédacteurs de *La Démocratie Pacifique*, [...] avait publié en 1860 un drame intitulé *Grégoire VII ou le Pape et l'Empereur au Moyen Âge*, où il prenait la défense du Pape et montrait le roi Henri reconnaissant lui-même la grandeur de son adversaire et la justesse de sa cause. » Edgard Pich, *Leconte de Lisle et sa création poétique*, Imprimerie Chirat, 1975, p. 251. « Le Soir d'une bataille » et « Les Deux Glaives » appartiennent au recueil des *Poésies barbares* (22 mars 1862) et non des *Poésies complètes* (28 août 1858).

237. *Ibid.*, pp. 506-509.

238. Si le bien se faisait l'allié du beau, comme dans la synthèse du polythéisme hellénique, alors effectivement, il pouvait l'intéresser. En revanche, s'il venait à s'en séparer, comme dans le Christianisme qui voulut délibérément réduire le beau pour exalter le bien, alors il l'intéressait beaucoup moins.

239. Edgard Pich, *Leconte de Lisle et sa création poétique*, Imprimerie Chirat, 1975, p. 511.

240. Louis Noël Duveau (Saint-Malo 1818-Paris 1867) fut l'élève du prix de Rome Léon Cogniet. Sa production d'aquafortiste se réduisit à trois œuvres, dont deux furent abandonnées à Poulet-Malassis : le frontispice pour les *Poésies complètes* de Banville, en 1857, et celui-ci.

241. « Cet immense développement de l'esprit humain peut être rapporté à deux origines : l'Orient et la Grèce. » Étienne Vacherot, *Histoire critique de l'École d'Alexandrie*, Ladrange, Paris, 1846-1851, t. I, p. 122.

242. Edgard Pich, *Leconte de Lisle et sa création poétique*, Imprimerie Chirat, 1975, p. 260.

243. Louis Énault, *L'Inde pittoresque*, Morizot, Paris, 1861, p. 499.

244. Edgard Pich, *Leconte de Lisle et sa création poétique*, Imprimerie Chirat, 1975, p. 259.

245. Léon Rogier, la *Revue de Province* du 1er février 1861.

246. Début du *Dies Irae* : « *Dies irae, dies illa, / Solvet seclum in favilla / Teste David cum Sibylla* », « Jour de colère que ce jour-là, qui verra les siècles réduits en cendres, comme l'avaient prédit David et la Sybille. » Cette hymne s'inspire directement du livre prophétique de *Sophonie* qui servit de source au *Dies Irae* du poète : « Jour de fureur, ce jour-là ! Jour de détresse et de tribulation, jour de désolation et de dévastation, jour d'obscurité et de sombres nuages, jour de nuées et de ténèbres, jour de sonneries de cor et de cris de guerre contre les villes fortes et les hautes tours d'angle. Je livrerai les hommes à la détresse et ils iront comme des aveugles (parce qu'ils ont péché contre Yahvé) ; leur sang sera répandu comme de la poussière, leurs cadavres jetés comme des ordures. Ni leur argent, ni leur or ne pourront les sauver.

Au jour de la colère de Yahvé, au feu de sa jalousie, toute la terre sera dévorée. Car il va détruire, oui, exterminer tous les habitants de la terre. » *So, 1, 15-18*, *La Bible de Jérusalem*, Desclée de Brouwer, 1975, p. 1665.

247. Edgard Pich, *Leconte de Lisle et sa création poétique*, Imprimerie Chirat, 1975, p. 259.

248. « La Fin de L'Homme », *Poèmes barbares*, Belles Lettres, 1976, p. 312.

249. « La Mort du Soleil », *Ibid.*, p. 206.

250. « Il en résulte assurément que Leconte de Lisle est un poète de formes et de couleurs ; tout le monde le lui a répété, jusqu'à lui en faire un reproche : les contours sont trop arrêtés, les teintes trop crues ; il chasse le mystère et le remplace par le pédantisme : il parle grec et latin comme Ronsard, il jargonne toutes les langues barbares de l'Orient, on ne peut le lire sans glossaire, etc. » Pierre Flottes, *Le poète Leconte de Lisle*, Perrin, 1929, p. 218.

251. Louis Ménard, *Du polythéisme hellénique*, Charpentier, Paris, 1863, p. 104.

252. Gaston Bachelard, *Lautréamont*, José Corti, 1939, pp. 156-169.

253. « Pourquoi la nature, pourquoi les animaux, pourquoi enfin cette poésie animalière si incomprise chez Leconte de Lisle, homme du calme et des visions chastes qui s'abîme dans la contemplation ? La nature est une alliée, ainsi que les animaux, médiateurs entre le fini (l'homme) et l'infini (le Néant) : ils contiennent déjà virtuellement la première qualité du Néant lislien, qui est l'absence de conscience. [...] Ainsi les poètes rêvent-ils de l'abêtissement en tant qu'aliénation de leur conscience, alors même qu'ils déchirent la bêtise de leurs contemporains. La "bêtise", concept apparaissant vers le XVe siècle sous cette acception que nous lui connaissons, s'enracine dans la "bête" caractérisée par l'absence de jugement. » Vincent Vivès, *La beauté et sa part maudite : Essai sur la poétique post-romantique*, Université de Provence, 2005, pp. 76-78.

254. Casimir-A. Fusil se trompe. Il s'agit des *Poésies barbares*. Les *Poëmes barbares*, édition refondue et considérablement augmentée des *Poésies barbares*, ne seront publiés qu'en 1872.

255. Casimir-A. Fusil, *La poésie scientifique de 1750 à nos jours*, Scientifica, 1917, p. 156. Cité par Pierre Flottes, in *Le poète Leconte de Lisle*, Perrin, 1929, p. 157.

256. « On doit [...] rappeler que le lion, ou plus généralement le fauve, est une image privilégiée du peuple au moins depuis Barbier. Mais le contexte, aussi bien dans le *Parnasse* de 66 que dans les *Poëmes Barbares*, ne me semble pas privilégier cette interprétation, sans néanmoins l'exclure totalement. » Edgard Pich, *Leconte de Lisle et sa création poétique*, Imprimerie Chirat, 1975, p. 448, note 34.

257. Pascal Quignard, *Le sexe et l'effroi*, Gallimard, 1996, pp. 214-215.

258. « La Panthère noire », *Poèmes barbares*, Belles Lettres, 1976, p. 172.

259. « Le *fascinus* est le mot romain pour dire le *phallos* [...] ; le sexe est lié à l'effroi [...]. La fascination signifie ceci : celui qui voit ne peut plus détacher son regard. Dans le face à face frontal, dans le monde humain aussi bien que dans le monde animal, la mort pétrifie. » Pascal Quignard, *Le sexe et l'effroi*, Gallimard, 1996, p. 74 *et sq*. Dans le *Figaro* du 13 novembre 1856, Duranty classait déjà Leconte de Lisle parmi les *Pétrifiés*. Voir Luc Badesco, *La génération poétique de 1860*, Nizet, 1971, tome 2, p. 1153.

260. Pascal Quignard, *Le sexe et l'effroi*, Gallimard, 1996, p. 225.

261. Anatole France, *Le Siècle littéraire*, n° 7, 1er janvier 1876, p. 151.

262. Edgard Pich, *Leconte de Lisle et sa création poétique*, Imprimerie Chirat, 1975, p. 345.

263. Préface des *Poëmes et Poésies*, *Articles, Préfaces, Discours*, Belles Lettres, 1971, p. 132.

264. *Genèse, 19, 30-38, La Bible de Jérusalem*, Desclée de Brouwer, 1975, pp. 40-41.

265. *Daniel, 13, 22, Ibid.*, pp. 1598-1599. Voir aussi Alfred de Vigny, « Le Bain », *Poèmes antiques et modernes*, à rapprocher de « La Source » de Leconte de Lisle.

266. « Néférou-Ra », *Poèmes barbares*, Belles Lettres, 1976, pp. 33-34.

267. Edgard Pich, *Leconte de Lisle et sa création poétique*, Imprimerie Chirat, 1975, p. 354.

268. *Ibid.*, p. 348.

269. « Le Jaguar », *Poèmes barbares*, Belles Lettres, 1976, pp. 180-181.

270. Edgard Pich, *Leconte de Lisle et sa création poétique*, Imprimerie Chirat, 1975, p. 334.

271. « Les Clairs de lune », *Poèmes barbares*, Belles Lettres, 1976, p. 157.

272. Victor Hugo, *William Shakespeare, Œuvres complètes*, Robert Laffont, 1985, p. 352.

273. « Le Sommeil du Condor », *Poèmes barbares*, Belles Lettres, 1976, pp. 166-167.

274. Bernard Guinaudeau, *Leconte de Lisle, Premières poésies et Lettres intimes*, Fasquelle, Paris, 1902, p. 26.

275. « Le Dr Paul Ferden (de Vienne) fait l'hypothèse pénétrante qu'une bonne part des rêves de vol sont des rêves d'érection, parce que le phénomène remarquable de l'érection, qui n'a cessé de préoccuper l'imagination humaine, doit lui apparaître comme la suppression de la pesanteur. (cf. les phallus ailés des Anciens). » Sigmund Freud, *L'interprétation des rêves*, PUF, 1967, pp. 338-339.

276. Théodore de Banville, *Les Exilés*, Lemerre, 1875, p. IV.

277. Saint Jean de la Croix, « Souffrances de l'âme qui désire voir Dieu », *Œuvres spirituelles*, Seuil, 1948, p. 1108.

278. Charles Baudelaire, « Les Poëtes français », recueil des chefs-d'œuvre de la poésie française publié sous la direction d'Eugène Crépet, 4e période, *Les Contemporains*, Hachette, 1862, pp. 572-574.

279. Jean-Paul Sartre, *L'Idiot de la famille*, Gallimard, 1972, tome III, p. 136.

280. *Articles, Préfaces, Discours*, Belles Lettres, 1971, p. 137.

281. *Ibid.*, pp. 138-139.

282. *Ibid.*, p. 139.

283. X. de Ricard, « Souvenirs littéraires », *Le Petit Temps* des 13 et 17 novembre 1898. Cité par Pierre Flottes, in *Le poète Leconte de Lisle*, Perrin, 1929, pp. 207-208.

284. Edmond Lepelletier, *Paul Verlaine, sa vie et son œuvre*, Mercure de France, 1907, p. 135. C'était aussi l'opinion de Leconte de Lisle, le 12 juillet 1869 : « Pour Villiers, il écrit un poème insensé sur le Golgotha des singes en vers qui, jusqu'ici, me semblent d'une banalité en parfait désaccord avec le sujet. Par une anomalie curieuse, voici un fou qui ne peut concevoir que des vers raisonnablement médiocres et qui les croit extraordinaires. En y réfléchissant, on s'explique cependant cette aberration. Un fou qui n'est pas doué de la langue rythmée voit et entend tout à travers sa folie qui donne à la platitude l'apparence de l'excentricité. Voilà qui est bien dur pour ce pauvre Villiers, mais, *entre nous*, c'est malheureusement la triste vérité. » *Lettres à José-Maria de Heredia*, Honoré Champion, 2004, p. 49.

285. « Dierx aujourd'hui en est venu à se faire arracher tous les cheveux qu'il avait sur le haut du crâne pour atteindre à la sereine calvitie du Maître, écrit Henri Cazalis à Stéphane Mallarmé. C'est son chien, son Vacquerie… » Cité par Henri Mondor, in *Vie de Mallarmé*, Gallimard, 1941, p. 256.

286. Voir Yann Mortelette, *Le Parnasse*, Presses de l'Université Paris-Sorbonne, 2006, pp. 413-416.

287. Publié dans *L'Art* du 23 décembre 1865, puis dans le premier *Parnasse contemporain* du 21 avril 1866, le sonnet *estrambote* comportait un tercet supplémentaire.

288. Edmond Lepelletier, *Paul Verlaine, sa vie et son œuvre*, Mercure de France, 1907, p. 132.

289. Le dimanche 7 février 1864, Sully Prudhomme écrit : « Soirée chez Leconte de Lisle. Peu de monde. Il est de mon avis sur la question que j'agitais jeudi avec Hendlé. L'artiste doit produire selon sa *forme* et attendre la sympathie des hommes... Il a approuvé ma correction du sonnet de l'*Ombre*. On n'ose pas avouer qu'on n'aime pas les vers. C'est un hommage à la Muse. Leconte de Lisle ne veut pas qu'on rie quand il appelle *crime* le mépris des Lettres. » *Journal intime*, Rombaldi, s.d., p. 109.

290. Adolphe Racot, *Portraits d'aujourd'hui*, La librairie illustrée, 1887, p. 120.

291. Léon Daudet, *Fantômes et vivants*, Nouvelle Librairie Nationale, Paris, 1914, p. 107.

292. Catulle Mendès, *La Légende du Parnasse contemporain*, Auguste F. Brancart, Bruxelles, 1884, p. 91.

293. Catulle Mendès, cité par Jean Dornis, in *Essai sur Leconte de Lisle*, Librairie Ollendorff, 1909, p. 312.

294. Jules Huret, *Enquête sur l'évolution littéraire*, Thot, Paris, 1982, p. 261. Le mot est de François Coppée.

295. Petite chanson tirée à cent mille exemplaires, très à la mode à l'époque. Voir Miodrag Ibrovac, *José-Maria de Heredia. Sa vie, son œuvre*, Les Presses françaises, Paris, 1923, p. 74, note 1.

296. Lettre de Leconte de Lisle à Georges Lafenestre du 22 août 1863, *Ibid.*, pp. 74-75. Léon Dierx ira encore plus loin dans sa préface aux *Lèvres closes* où il écrit : « L'idéal du vrai poète a été et sera toujours le contraire de celui du public. » De même, José-Maria de Heredia notera, au sujet du statuaire Ernest Christophe, mais c'était également l'opinion de Leconte de Lisle : « Dans ce temps d'exhibitions à outrance où la notoriété d'un jour passe aisément pour de la gloire, il lui faut rendre cette haute justice qu'il n'a jamais flatté le goût du vulgaire et qu'il a préféré, par un orgueilleux respect de soi-même et de son art, l'approbation de quelques-uns à l'applaudissement de tous. » *Les Lettres et les Arts*, Boussod, Valadon et Cie, 1886, t. III, p. 203.

297. Lettre du 21 septembre 1863, *Lettres à José-Maria de Heredia*, Honoré Champion, 2004, p. 25.

298. Louis-Xavier Ricard, *Petits Mémoires d'un Parnassien*, Lettres modernes, Minard, 1967. Cité par Jean-Marc Hovasse, in *Lettres à José-Maria de Heredia*, Honoré Champion, 2004, p. 13.

299. Lettre du 9 mai 1867, *Ibid.*, p. 35.

300. Irving Putter, *La dernière illusion de Leconte de Lisle*, Droz, Genève, 1968, p. 28.

301. « J'ai obtenu de tels succès de fous rires [*sic*] chez Leconte de Lisle, écrit Villiers de l'Isle-Adam (Ménard se cachait sous les sophas à force de rire, et les autres étaient malades), que j'ai bon espoir. » Cité par Henri Mondor, in *Vie de Mallarmé*, Gallimard, 1941, p. 221.

302. La formule est de Théophile Gautier.

303. Un Gascon.

304. Un habitant de la région du port de Vénasque, au sud de Luchon, où Heredia séjourna.

305. Avatar de Vulcain, protecteur de Garin et dieu de l'ancien comté de Comminges.

306. Génie tutélaire des Thermes et divinité éponyme de Luchon. Voir Jean-Claude Bourbon, « Les "Sonnets épigraphiques" de José-Maria de Heredia », *Revue de Comminges*, t. CVII, juillet-septembre 1992, p. 436.

307. « Les fondateurs de monuments étaient tantôt romains (Fabius, Fabia, Germinus), tantôt celtes (Hunnu, Hannaxis, etc.). Ainsi s'explique la double épigraphe du poème "Le Vœu". L'une est le remerciement d'une Romaine, Fabia Festa, au dieu Ilixon, l'autre d'un Celte, Hunnu, fils d'Ulohoxis, au dieu Iscitt. » Anny Detalle, *Les Trophées*, Gallimard, 1981, p. 298.

308. Jeu de mot sur le prénom de Francisque Sarcey, visiblement peu apprécié.

309. Lettre du 20 septembre 1880, *Lettres à José-Maria de Heredia*, Honoré Champion, 2004, p. 107.

310. Lettre du 21 septembre 1863, *Ibid.*, p. 26.

311. Lettre du 3 novembre 1893 de Leconte de Lisle à Jean Dornis, *Essai sur Leconte de Lisle*, Librairie Ollendorff, 1909, p. 3.

312. Jean Dornis, *Ibid.*, pp. 312-313.

313. Catulle Mendès, *Rapport sur le mouvement poétique français de 1867 à 1900*, Imprimerie nationale, Paris, 1902, p. 101.

314. Henry Laujol, cité par Catulle Mendès, in *La Légende du Parnasse contemporain*, Auguste F. Brancart, Bruxelles, 1884, pp. 39-40.

315. Albert Cassagne, *Les théories de l'art pour l'art en France*, Hachette, 1906, p. 14.

316. Molière, *Le Mariage forcé*, scène IV, *Œuvres complètes*, Garnier, 1962, tome 1, p. 561.

317. « Leur prompte servitude a fatigué Tibère. » Racine, *Britannicus*, IV, 4, *Théâtre complet*, Garnier, 1980, p. 306. Voir Francis Vincent, *Les Parnassiens*, Beauchesne, 1933, pp. 177-178.

318. Fernand Calmettes, *Leconte de Lisle et ses amis*, Librairies-imprimeries réunies, Paris, 1902, p. 286.

319. Edmond Lepelletier, *Paul Verlaine, sa vie et son œuvre*, Mercure de France, 1907, pp. 133-134.

320. Sur la brasserie des Martyrs et autres cafés (café de Madrid, café Mazarin, café de Suède, café des Variétés, etc.), voir Fernand Calmettes, *Leconte de Lisle et ses amis*, Librairies-imprimeries réunies, Paris, 1902, pp. 125-133 : « [Leconte de Lisle] essaya de se rendre aux sollicitations qui l'attiraient et vint au café de Madrid deux ou trois fois ; mais son air de malaise sous les plafonds enfumés, son éloignement pour les causeries trop vibrantes de tapage et sa façon de paraître étranger aux habitudes de libre cordialité, montrèrent assez qu'il était fait uniquement pour les milieux d'intimité. Toutefois, si sa personnalité politique perdit une occasion de s'affirmer puisqu'il la déroba, son crédit de poète n'y perdit rien. Du café de Madrid, plus encore que de la brasserie des Martyrs, son nom fut propagé comme un présage de gloire, comme une promesse de génie. »

321. Miodrag Ibrovac, *José-Maria de Heredia. Sa vie, son œuvre*, Les Presses françaises, Paris, 1923, p. 89. « L'*Henriette Maréchal* des frères Goncourt copieusement sifflée par les têtes bien pensantes (qui en condamnaient les audaces réalistes et l'immoralité) était soutenue ardemment par les jeunes poètes qui en avaient fait leur cheval de bataille. » Jean-Luc Steinmetz, *Stéphane Mallarmé*, Fayard, 1998, p. 100. Voir aussi Louis-Xavier de Ricard, *Le Parnasse*, Presses de l'Université Paris-Sorbonne, 2006, pp. 214-215.

322. Nous ne savons que peu de choses concernant ce « flirt équivoque ». Voir Hippolyte Foucque, *Lumières sur la vie intime de Leconte de Lisle*, Imprimerie Cazal, Saint-Denis de la Réunion, 1968, pp. 5-6.

323. Hippolyte François Foucque, fils de Claude François Foucque et de Louise Renée Julie Leconte de l'Isle, la grand-tante de Leconte de Lisle, naquit à Dinan le

8 juin 1805 et décéda à Saint-Servan le 20 septembre 1881. Il se maria en premières noces à Saint-Paul de Bourbon, le 7 mai 1828, avec Léonide de Lanux, cousine d'Élysée de Lanux, la mère du poète. De ce mariage naquirent cinq enfants. C'est en secondes noces qu'il épousa, le 3 octobre 1848, Émilie Sers, fille de Pierre Sers et de Sophie Richer.

324. Fernand Calmettes, *Leconte de Lisle et ses amis*, Librairies-imprimeries réunies, Paris, 1902, p. 121. En fait, en 1862, elle en avait eu quatre : Louise Marie Émilie (en 1851), Marie Sophie Alberte (en 1854), Claude Hippolyte (en 1856) et Marie Émilie (en 1859). Mais l'aînée mourut à l'âge de quatre ans. Suivirent encore Henry (en 1864) et Paule (en 1871).

325. Voir Prosper Ève, *Auguste Lacaussade (1815-1897)*, Océan éditions, Hors collection, février 2006, vol. 1, pp. 235-238.

326. « Les Montreurs », *Poèmes barbares*, Belles Lettres, 1976, p. 190.

327. Jean Dornis, *Essai sur Leconte de Lisle*, Librairie Ollendorff, 1909, pp. 185-186.

328. Il s'agit de la future Émilie Leforestier.

329. « Mens Blanda », *Œuvres diverses*, Belles Lettres, 1978, pp. 212-213.

330. Leconte de Lisle, « La Matinée », *Ibid.*, p. 217.

331. Voir Pascal Quignard, *Le sexe et l'effroi*, Gallimard, 1996, pp. 111-113.

332. « Parmi tous les journaux fondés en 1862, celui qui a fourni la carrière la plus brillante est sans contredit *le Boulevard.* [...] Il a eu pour collaborateurs militants Théodore de Banville, dans la plénitude éblouissante de son double et merveilleux talent, Ch. Bataille, poète attendri et fougueux polémiste, Marc-Bayeux qui fait aussi d'admirables vers, malgré les férocités de sa prose; Jules Noriac, l'esprit droit et charmant; du Boys et Dépret les jeunes peintres de femmes; Mathieu, Glatigny, Debillemont, et toute une phalange de débutants, parmi lesquels il faut citer au moins un robuste écrivain : Fortuné Calmels. » Jean Diable, le 10 janvier 1863, cité par Luc Badesco, in *La génération poétique de 1860*, Nizet, 1971, tome 2, p. 806.

333. Pascal Quignard, *Le sexe et l'effroi*, Gallimard, 1996, p. 174.

334. « La Vérandah », *Poèmes barbares*, Belles Lettres, 1976, pp. 115-116.

335. Pascal Quignard, *Le sexe et l'effroi*, Gallimard, 1996, p. 118.

336. « Ékhidna », *Poèmes barbares*, Belles Lettres, 1976, p. 37.

337. « Aucun autre substantif n'est plus employé que celui d'ouvrier [...], si ce n'est celui de prêtre, pour désigner l'état du poète. Les deux métaphores antithétiques explorent deux faces d'une même réalité : la sacralité de la littérature. Prêtre comme ouvrier sont sacrés, tous deux sont intouchables en ce qu'ils participent d'une principielle hétérogénéité face à la société mercantile construisant son immanence à coups de billets d'échanges et se reconnaissant dans la palpable réalité de l'objet reproductible de la manufacture. » Vincent Vivès, *La beauté et sa part maudite : Essai sur la poétique post-romantique*, Université de Provence, 2005, pp. 27-28.

338. Edmond Lepelletier, *Paul Verlaine, sa vie et son œuvre*, Mercure de France, 1907, p. 148.

339. « Pour lui donc, le Christ est mort définitivement : ce qui survit, c'est l'idée que la souffrance est le "divin remède à nos impuretés"; le Christ de Leconte de Lisle n'est pas tellement celui des vivants à qui il "lègue" des idées (l'amour et la justice) et des symboles (le pain et l'eau vive) que celui des morts qu'il libère et des anges qui célèbrent sa gloire. Ce Christ n'est donc pas au sens précis du terme ressuscité; il n'a pas retrouvé la vie; il a acquis l'immortalité, ce qui est tout autre chose. » Edgard Pich, *Leconte de Lisle et sa création poétique*, Imprimerie Chirat, 1975, p. 295.

340. « Le Corbeau », *Poèmes barbares*, Belles Lettres, 1976, p. 235.

341. Sainte-Beuve, *Nouveaux lundis*, tome 2, p. 247 *et sq.*

342. Lettre de Leconte de Lisle du 22 août 1863 à Georges Lafenestre, citée par Luc Badesco, in *La génération poétique de 1860*, Nizet, 1971, tome 2, p. 1188, et par

Edgard Pich, in *Leconte de Lisle et sa création poétique*, Imprimerie Chirat, 1975, p. 413.

343. Cité par Luc Badesco, *Ibid.*, p. 1170.

344. « Requies », *Poèmes barbares*, Belles Lettres, 1976, p. 223.

345. José-Maria de Heredia et son ami Georges Lafenestre passaient la fin de l'été à Douarnenez.

346. *Lettres à José-Maria de Heredia*, Honoré Champion, 2004, p. 25.

347. Edmond Lepelletier, *Paul Verlaine, sa vie et son œuvre*, Mercure de France, 1907, p. 200.

348. Luc Badesco, *La génération poétique de 1860*, Nizet, 1971, tome 2, pp. 1190-1191.

349. « Oui, nous sommes pour l'Empire, pour l'Empire Conservateur, mais vigilant et toujours armé contre les factions ; pour l'Empire prudent avec ses conseillers, juste et bon pour le peuple, hostile à la restauration de l'esprit de caste, généreux envers les écrivains et les artistes, franchement résolu à recevoir toujours et à bras ouverts, au lieu de les méconnaître, tous les hommes nouveaux, intelligents et probes. » Théophile Silvestre, *Le Nain Jaune* du 17 août 1864.

350. Le sonnet fut imprimé dans *Le Nain Jaune* du 30 novembre 1864.

351. Le 30 juillet 1864 parut l'avis suivant : « *Le Nain Jaune* publiera très prochainement *Les Poëtes contemporains* par M. Leconte de Lisle – Victor Hugo – Lamartine – Béranger – Alfred de Musset – Sainte-Beuve – Alfred de Vigny – Auguste Barbier – Victor de Laprade – A. Brizeux – Théophile Gautier – Théodore de Banville – Charles Baudelaire. » Leconte de Lisle n'eut donc pas le temps de mener à bien son projet, sans doute en raison des problèmes de gestion du journal.

352. Victor Hugo, *William Shakespeare*, « Le Beau serviteur du Vrai », *Critique*, Robert Laffont, 1985, p. 400.

353. Catulle Mendès, *La Légende du Parnasse contemporain*, Auguste F. Brancart, Bruxelles, 1884, p. 24. « Quel Surmoi pour toute une génération. Quoi ? Un poète qui s'engage politiquement jusqu'à prendre le risque de perdre son lectorat dans l'exil, mais qui de plus réussit le tour de force de gagner des millions. Face à lui, tous font bien pâle figure, le savent et en souffrent. » Vincent Vivès, *La beauté et sa part maudite : Essai sur la poétique post-romantique*, Université de Provence, 2005, p. 43.

354. Lettre du 8 août 1864, *Lettres à José-Maria de Heredia*, Honoré Champion, 2004, p. 27.

355. Renan, lui aussi, condamne cette idéologie : « Élever tous les hommes est le premier devoir de la société ; mais élever tous les hommes au même niveau est impossible ; on ne peut même pas dire que, le monde étant fait comme il est, cela soit fort utile. Car l'homme qui a passé par l'école n'en est pas plus heureux pour cela ; il n'en est pas non plus meilleur ; il perd par ces demi-connaissances le charme de la naïveté et n'acquiert pas le charme de la haute éducation. Il faut avouer que nous ne concevons guère la grande culture régnant sur une portion de l'humanité, sans qu'une autre portion y serve et y participe en sous-ordre. » *Drames Philosophiques*, Calmann Lévy, 1949, p. 663.

356. Renan dira à peu près la même chose après la Commune : « La France telle que l'a faite le suffrage universel est devenue profondément matérialiste ; les nobles soucis de la France d'autrefois, le patriotisme, l'enthousiasme, l'amour de la gloire, ont disparu avec les classes nobles qui représentaient l'âme de la France. Le jugement et le gouvernement des choses ont été transportés à la masse ; or la masse est lourde, grossière ; dominée par la vue la plus superficielle de l'intérêt. » *La Réforme intellectuelle et morale*, Calmann Lévy, 1958, p. 46.

357. Avant-propos des *Poëtes contemporains* paru dans *Le Nain Jaune* du 3 août 1864, *Articles, Préfaces, Discours*, Belles Lettres, 1971, pp. 156-160.

358. Catulle Mendès n'est pas d'accord avec ce terme d'*école* qu'il trouve trop orienté : « Beaucoup de personnes, dans une intention de dénigrement ou d'éloge, ont dit et imprimé que les Parnassiens avaient prétendu fonder une école. L'erreur est grande. Ils ont été un groupe, oui ; une école, non. » *La Légende du Parnasse contemporain*, Auguste F. Brancart, Bruxelles, 1884, p. 19. De même François Coppée : « Non ! Le Parnasse ne fut pas une école mais bien une réunion de jeunes gens passionnément épris de poésie et d'art, tous d'accord, sans doute, sur quelques règles de métrique qui sont à l'art de faire des vers ce que l'orthographe est au style, mais tous aussi ayant le soin le plus jaloux de garder leur indépendance intellectuelle et s'efforçant constamment de dégager ce qu'il pouvait y avoir en eux d'original et de nouveau. » *Le Parnasse*, Presses de l'Université Paris-Sorbonne, 2006, p. 256. De même Louis-Xavier Ricard, Paul Verlaine, Jean Aicard, Frédéric Plessis, etc.

359. Jean Dornis, *Essai sur Leconte de Lisle*, Librairie Ollendorff, 1909, p. 318.

360. Marius-Ary Leblond, *Leconte de Lisle*, Mercure de France, 1933, p. 332.

361. Lettre du 25 août 1865, *Lettres à José-Maria de Heredia*, Honoré Champion, 2004, p. 29.

362. « Jobbé-Duval [...] était intime avec le peintre Cornu. Or, Mme Cornu, sœur de lait de l'Empereur, était, comme on sait, toute-puissante aux Tuileries. Sans prévenir personne, elle obtint la pension. » *Bulletin d'études parnassiennes et symbolistes*, n° 18, automne 1986, p. 44.

363. « Écrivain et homme politique français (1791-1883), député de la Nièvre en 1848, il adhéra à l'Internationale en 1865. Membre de la Commune dès le 26 mars 1871, il collabora à la Commission de l'Enseignement et des Barricades. Partisan des mesures les plus radicales, dans la lignée de celles de 1793, c'est lui qui proposa d'instituer un comité de Salut Public. » *Lettres à José-Maria de Heredia*, Honoré Champion, 2004, p. 140.

364. Lettre du 25 février 1871, *Ibid.*, pp. 56-57.

365. Marius-Ary Leblond, *Leconte de Lisle*, Mercure de France, 1933, pp. 331-332. Le 17 août 1864, Théophile Silvestre écrit : « Un article sur Béranger nous attire des avanies. Nous avons reçu un grand pli, affranchi de deux timbres-poste de 20 centimes chacun, marqué de l'empreinte circulaire du bureau de la place de la Bourse (13 août 64, première distribution), scellé du grand sceau officiel de M. le Sénateur préfet de la Seine et portant les armes impériales avec cet exergue : Préfecture de la Seine. Cabinet du Préfet. On y trouve le numéro du journal, plus une pancarte : *Avertissement.* M. Leconte de Lisle, l'auteur des *Poèmes antiques*, est qualifié de *voyou de la place Maubert.* Son article sur Béranger, où il n'y a pas l'ombre d'un excès – au contraire, – est biffé et barbouillé... par le crapuleux mystificateur. La signature de M. Leconte de Lisle est suivie de ces mots : Triple sot, sacristain, argousin. Voilà ce que c'est de toucher, même avec sagesse, aux idoles populaires. »

366. Edgard Pich, *Leconte de Lisle et sa création poétique*, Imprimerie Chirat, 1975, p. 372.

367. André Theuriet, *Souvenirs des vertes saisons*. Cité par Luc Badesco, in *La génération poétique de 1860*, Nizet, 1971, p. 1202.

368. « L'un de ses exégètes éminents (Pierre Flottes) se demande si Leconte de Lisle était encore républicain en 1860. Mais l'a-t-il jamais été autrement que par méprise ? A-t-il jamais rêvé d'autre chose que d'instaurer le règne de la beauté, dont l'harmonie et la splendeur devaient assurer le bonheur de ce monde ? » Luc Badesco, *Ibid.*, p. 1218.

369. Edgard Pich, *Leconte de Lisle et sa création poétique*, Imprimerie Chirat, 1975, p. 372.

370. « Ultra cœlos », *Poèmes barbares*, Belles Lettres, 1976, p. 187.

371. Lettre du 25 août 1865, *Lettres à José-Maria de Heredia*, Honoré Champion, 2004, pp. 29-30.

372. Claude Pichois et Jean Ziegler, *Charles Baudelaire*, Julliard, 1987, p. 550.

373. Eugène Crépet, *Charles Baudelaire*, Slatkine reprints, Genève, 1980, pp. 394-395.

374. Joseph Bollery date cette lettre du 1er septembre 1866 mais il s'agit vraisemblablement d'une erreur, comme le signale Charles Desprats, qui penche plutôt pour le 1er septembre 1865.

375. *Correspondance générale de Villiers de l'Isle-Adam*, Mercure de France, t. I, 1962, p. 96, citée par Charles Desprats, in *Lettres à José-Maria de Heredia*, Honoré Champion, 2004, p. 30, note 17.

376. Lettre du 25 août 1865, *Ibid.*, p. 30.

377. Léon Daudet, *Flambeaux*, Grasset, 1929, p. 215.

378. Jean-Luc Steinmetz, *Stéphane Mallarmé*, Fayard, 1998, p. 97.

379. Voir Adolphe Racot, *Le Parnasse*, Presses de l'Université Paris-Sorbonne, 2006, p. 139.

380. Voir Louis-Xavier de Ricard, *Ibid.*, pp. 211-218.

381. « La Forêt vierge », le 23 novembre 1865.

382. Ce titre, selon Souriau, fut trouvé par Marty-Laveaux et violemment rejeté par Leconte de Lisle, qui le trouva absurde.

383. En 1866, le *Parnasse contemporain* réunit sous le titre de *Nouvelles fleurs du mal* : « La Voix », « La Rançon », « Hymne », « À une Malabaraise », « Épigraphe pour un Livre condamné », « L'Examen de minuit », « Madrigal triste », « L'Avertisseur », « La Rebelle », « Le Jet d'eau », « Les Yeux de Berthe », « Bien loin d'ici », « Recueillement », « le Gouffre », « les Plaintes d'un Icare » et « Le Couvercle ».

384. Eugène Crépet, *Charles Baudelaire*, Slatkine reprints, Genève, 1980, pp. 396-397.

385. Edmond Lepelletier, *Paul Verlaine, sa vie et son œuvre*, Mercure de France, 1907, p. 137.

386. « La fortune de Lemerre, les contemporains sont unanimes sur ce point, était fondée sur l'édition à compte d'auteur. L'entreprise réussit d'autant mieux que certains parnassiens étaient des jeunes gens de bonne famille, relativement fortunés, disposés à payer pour se donner le plaisir de se voir imprimés et peu soucieux des conditions financières de l'opération. » Edgard Pich, *Bulletin des études parnassiennes*, n° 3, juin 1982, p. 42.

387. Catulle Mendès, *La Légende du Parnasse contemporain*, Auguste F. Brancart, Bruxelles, 1884, p. 5. « La première livraison du *Parnasse contemporain* parut [...] avec des vers de Théophile Gautier, en tête, – *Le Bédouin et la mer, le Banc de pierre, le Lion de l'Atlas, À L. Sextius et la Marguerite* – suivis d'une longue et unique pièce de Théodore de Banville, *l'Exil des Dieux*, et de cinq sonnets de José-Maria de Heredia : *Fleurs de feu, la Conque, Artémis, les Scaliger, Prométhée.* La seconde ne contenait que des vers de Leconte de Lisle. » Miodrag Ibrovac, *José-Maria de Heredia. Sa vie, son œuvre*, Les Presses françaises, Paris, 1923, p. 101.

388. Cette impassibilité chez Glatigny est clairement associée au sentiment de la mort de Dieu : « Sous les plus chauds baisers mes chairs resteront froides, / Et rien ne fléchira mes contenances roides ; / Mes bras seront de neige et ma crinière d'or ; / Rien jamais ne fondra cette glace indomptée : / Ô mortels ! le sculpteur anima Galatée / Lorsque les Dieux vivaient encor ! » *Les Vignes folles, Poésies complètes*, Lemerre, 1860, p 46. Le terme sera repris par Paul Verlaine dans le « Çavitri » des *Poèmes saturniens.*

389. Edmond Lepelletier, *Paul Verlaine, sa vie et son œuvre*, Mercure de France, 1907, p. 187.

390. « Barbey d'Aurevilly reprochait aux Parnassiens leur exclusivité ; il était fort marri, paraît-il, de ce qu'ils eussent "oublié" de demander des vers à un poète de ses

amis : Amédée Pommier ! [...] Xavier de Ricard lui répondit en défendant son groupe du reproche d'être exclusif. » Miodrag Ibrovac, *José-Maria de Heredia. Sa vie, son œuvre*, Les Presses françaises, Paris, 1923, p. 103. « Le mont de vers pondus par Amédée Pommier, écrit Eugène Vermersch, est incalculable : partout, on y retrouve toujours jeunes, toujours pimpants, toujours la moustache en croc et le poing sur la hanche, une troupe de néologismes, qui jurent à chaque page qu'ils vont tout casser et qui finissent tranquillement par ne rien casser du tout. A. Pommier choisit de préférence les sujets sombres, les tumultes noirs et rouges, l'abomination de la désolation, et sa pauvre petite muse lance à la tête des républicains les injures les plus grossières et les plus extravagantes. » Michael Pakenham, *Bulletin des Études Parnassiennes*, Juin 1986, p. 10. Voir *Le Parnasse*, Presses de l'Université Paris-Sorbonne, 2006, p. 67.

391. Catulle Mendès, *La Légende du Parnasse contemporain*, Auguste F. Brancart, Bruxelles, 1884, p. 241.

392. Dans la *Silhouette* du 7 décembre 1845, on peut lire : « Chef : Ponsard ; Apôtres : Émile Augier, Latour de Saint-Ybars ; Disciples : Octave Feuillet, Félix Ducuing, Gustave Héquet, Adrien Decourcelle. Initiateurs et critiques : Old Nick (Émile Forgues) : l'esprit sérieux ; Albert Aubert : l'esprit délicat ; Hippolyte Rolle : l'esprit badin. » Cité par Edgard Pich, in *Articles, Préfaces, Discours*, Belles Lettres, 1971, p. 116, note 27.

393. François Coppée, *Toute une jeunesse*, Lemerre, 1890, p. 95.

394. Miodrag Ibrovac, *José-Maria de Heredia. Sa vie, son œuvre*, Les Presses françaises, Paris, 1923, p. 92.

395. Gabriel Marc, « L'entresol du Parnasse », *La Légende du Parnasse contemporain*, Auguste F. Brancart, Bruxelles, 1884, pp. 242-245.

396. Théophile Gautier, Théodore de Banville, José-Maria de Heredia, Charles Leconte de Lisle, Louis Ménard, François Coppée, Auguste Vacquerie, Catulle Mendès, Charles Baudelaire, Léon Dierx, Sully-Prudhomme, André Lemoyne, Louis-Xavier de Ricard, Antoine et Émile Deschamps, Paul Verlaine, Arsène Houssaye, Léon Valade, Stéphane Mallarmé, Henri Cazalis, Philoxène Boyer, Emmanuel Des Essarts, Albert Mérat, Henry Winter, Armand Renaud, Eugène Lefébure, Edmond Lepelletier, Jules Forni, Charles Coran, Eugène Villemin, Robert Luzarche, Alexandre Piédagnel, Auguste Villiers de l'Isle Adam, Auguste de Châtillon, F. Fertiault, Francis Tesson et Alexis Martin.

397. Catulle Mendès, *La Légende du Parnasse contemporain*, Auguste F. Brancart, Bruxelles, 1884, pp. 6-7. « De nouvelles éditions du *Parnasse satirique* du sieur Théophile venaient de paraître : à Gand, chez Duquesne, en 1861 ; à Paris, chez Gay, en 1861 et en 1862 ; à Bruxelles, chez Poulet-Malassis (Frontispice de Félicien Rops), en 1864. » Miodrag Ibrovac, *José-Maria de Heredia. Sa vie, son œuvre*, Les Presses françaises, Paris, 1923, pp. 99-100, note 3.

398. Adolphe Pictet est aussi l'auteur d'études esthétiques intitulées *Du beau dans la nature, l'art de la poésie*, publiées en 1856 chez Joël Cherbuliez, et que Leconte de Lisle a très probablement lues.

399. Selon Claude Pichois et Jean Ziegler, Baudelaire reçut 100 francs, *Charles Baudelaire*, Julliard, 1987, p. 536. Leconte de Lisle reçut la même somme.

400. Il s'agit d'un vers extrait du deuxième chant de *La Henriade* de Voltaire qui traite du massacre de la Saint-Barthélemy : « Le signal est donné sans tumulte et sans bruit ; / C'était à la faveur des ombres de la nuit. / De ce mois malheureux l'inégale courrière / Semblait cacher d'effroi sa tremblante lumière : / Coligny languissait dans les bras du repos, / Et le sommeil trompeur lui versait ses pavots. » *La Henriade, poème suivi de l'Essai sur la Poésie Épique*, chez les frères Périsse, 1807, p. 21.

401. Cité par Claude Pichois, in *Auguste Poulet-Malassis, l'éditeur de Baudelaire*, Fayard, 1996, pp. 124-125.

402. Voir Edgard Pich, *Leconte de Lisle et sa création poétique*, Imprimerie Chirat, 1975, pp. 382-383.

403. *Les Exilés* de Banville, *Le Reliquaire* de Coppée, les *Poèmes saturniens* de Verlaine et *Les Épreuves* de Prudhomme.

404. Leconte de Lisle espérait pouvoir revoir et augmenter son édition des *Poëmes barbares*, mais il lui fallut attendre un peu.

405. Lettre du 6 septembre 1866, *Lettres à José-Maria de Heredia*, Honoré Champion, 2004, pp. 33-34.

406. Voir *Le Parnasse*, Presses de l'Université Paris-Sorbonne, 2006, pp. 61-71.

407. « Une note écrite par Paul Arène sur la première page de l'exemplaire de Charles Monselet explique que cet opuscule fut rédigé en commun par un groupe de jeunes écrivains dont la plupart demeuraient avec lui à Clamart. – Ils avaient leur siège parisien rue de Fleurus, au café Bobino. – Alfred Delvau trouva le titre et écrivit l'*Avertissement*; Paul Arène est l'auteur de la "préface" (*Une séance littéraire à l'Hôtel du Dragon Bleu*) et des pièces : *Avatar*, *Gaël-Imar* et *Bellérophon*; Alphonse Daudet, du *Martyre de Saint Labre* et des *Madrigaux sur le mode Thébain*; Jean du Boys, de *l'Automate*, de la *Tristesse de Naratiséjon* et du *Panthéisme*; Renard, de la *Mélancolie équatoriale* et du *Convoi de la bien-aimée.* L'eau-forte représentant la "Muse au chat" est du peintre Delor. » Miodrag Ibrovac, *José-Maria de Heredia. Sa vie, son œuvre*, Les Presses françaises, Paris, 1923, p. 104, note 6, et Yann Mortelette, *Histoire du Parnasse*, Fayard, 2005, pp. 211-216.

408. Alfred Delvau, « Avertissement », *Le Parnassiculet contemporain*, recueil de vers nouveaux, J. Lemer, Paris, 1872. Il s'agit de la deuxième édition, « augmentée de neuf pièces inédites, non moins surprenantes que les premières, attribuées aux mêmes auteurs et découvertes après leur mort ». La première édition parut à la Librairie centrale, en 1867.

409. Miodrag Ibrovac, *José-Maria de Heredia. Sa vie, son œuvre*, Les Presses françaises, Paris, 1923, p. 103, et Edmond Lepelletier, *Paul Verlaine, sa vie et son œuvre*, Mercure de France, 1907, p. 197.

410. « M. Catulle Mendès [...] a imité, par exemple, mais jusqu'à la fureur, M. Leconte de l'Isle [*sic*], lequel a imité M. Victor Hugo, puis Ossian, façon Macpherson, puis tous les poètes indiens, et c'est ainsi qu'ont lieu, en ce Parnasse d'imitation, les plus comiques enfilades d'imitateurs, les uns par les autres ! » Barbey d'Aurevilly, *Le Parnasse*, Presses de l'Université Paris-Sorbonne, 2006, p. 65. Louis-Xavier de Ricard répondit à cette attaque le 15 mars 1867, dans *Les Coulisses parisiennes*. *Ibid.*, p. 88.

411. Renard, « Mélancolie équatoriale », *Le Parnassiculet contemporain*, recueil de vers nouveaux, J. Lemer, Paris, 1872. « Julien Lemer, agent littéraire avec lequel Baudelaire et Gautier avaient été en contact pour le recueil collectif *Les Poètes de l'amour* en 1850, prête son nom à l'entreprise, afin qu'Alphonse Lemerre, l'intrépide éditeur des Parnassiens, fasse également les frais de la parodie. » Yann Mortelette, *Histoire du Parnasse*, Fayard, 2005, p. 213.

412. *Ibid.*, pp. 209-210.

413. Voir *Le Parnasse*, Presses de l'Université Paris-Sorbonne, 2006, pp. 387-388.

414. Le mot est de Catulle Mendès.

415. Hortense Schneider (1838-1920), célèbre actrice qui tint le haut de l'affiche en 1866 dans *La Vie parisienne*, en 1867 dans *La Grande-Duchesse de Gerolstein* (donnée à l'occasion de l'Exposition universelle) et en 1868 dans *La Périchole*.

416. Catulle Mendès, *La Légende du Parnasse contemporain*, Auguste F. Brancart, Bruxelles, 1884, pp. 8-14.

417. *Ibid.*, pp. 14-15.

418. *Ibid.*, pp. 19-20.
419. Claude Pichois et Jean Ziegler, *Charles Baudelaire*, Julliard, 1987, p. 568.
420. *Ibid.*, pp. 564-565.
421. *Ibid.*, pp. 575-576.
422. *La Petite Revue* du 21 juillet 1866, citée par Claude Pichois et Jean Ziegler, in *Charles Baudelaire*, Julliard, 1987, p. 575.
423. Jacques Crépet et Claude Pichois, *Baudelaire et Asselineau*, Nizet, Paris, 1953, pp. 143-144.
424. Claude Pichois et Jean Ziegler, *Charles Baudelaire*, Julliard, 1987, pp. 576-577.
425. Jacques Crépet et Claude Pichois, *Baudelaire et Asselineau*, Nizet, Paris, 1953, pp. 147-148.
426. *Ibid.*, pp. 149-150.
427. Une médiocre photographie de ces vacances est parvenue jusqu'à nous. On y voit Leconte de Lisle, le seul en habits sombres, assis sur un muret, mains sur les cuisses et portant chapeau de paille. Heredia est à sa droite. Devant eux, leurs deux épouses, Laure Dethomas et Augustin de Heredia. Tous regardent fixement l'objectif. Ce cliché, qui se trouve actuellement à la Bibliothèque de l'Arsenal, où Heredia fut administrateur, a été reproduit par Yann Mortelette, in *José-Maria de Heredia, poète du Parnasse*, Presses de l'Université Paris-Sorbonne, 2006, p. V.
428. Lettre de Heredia à sa mère, datée du 12 août 1867 et citée par Edgard Pich, in *Leconte de Lisle et sa création poétique*, Imprimerie Chirat, 1975, p. 425. Leconte de Lisle ne faisait d'ailleurs que répéter presque mot pour mot les propos du saint-simonien Jean Reynaud : « Ainsi, notre âme, passant alternativement d'un séjour à un autre séjour, changeant de corps à chaque fois, et indéfiniment variable dans les apparences sous lesquelles elle se témoigne, poursuit, au rayonnement des soleils, de migration en migration, et de métamorphose en métamorphose, le cours diversifié de son immortalité. » *Terre et ciel. Philosophie religieuse*, Furne, Paris, 1854, pp. 361-362.
429. Jean Aicard, cité par Maurice Souriau, in *Histoire du Parnasse*, Slatkine Reprints, Genève, 1977, p. XXXIX.
430. Alain Buisine, *Verlaine, Histoire d'un corps*, Tallandier, 1995, p. 105.
431. Voir la lettre du 7 juin 1867, *Lettres à José-Maria de Heredia*, Honoré Champion, 2004, pp. 38-39.
432. Miodrag Ibrovac, *José-Maria de Heredia, les sources des Trophées*, Les Presses françaises, Paris, 1923, p. 113.
433. André Theuriet, *Souvenirs des vertes saisons*, Ollendorff, 1904, p. 251.
434. Paul Verlaine, *L'International* des 23-34 juin 1867, *Œuvres en prose complètes*, Gallimard, 1978, p. 624.
435. Voir Yann Mortelette, *Histoire du Parnasse*, Fayard, pp. 227-231.
436. Alain Buisine, *Verlaine, Histoire d'un corps*, Tallandier, 1995, p. 101.
437. Miodrag Ibrovac, *José-Maria de Heredia, les sources des Trophées*, Les Presses françaises, Paris, 1923, p. 114.
438. Du très humble.
439. Edmond Lepelletier, *Paul Verlaine, sa vie et son œuvre*, Mercure de France, 1907, p. 141.
440. Victor Hugo, *Œuvres complètes*, édition Jean Massin, le Club français du Livre, 1967-1971, tome 12, pp. 1277-1278.
441. « Cette lettre semble prouver que Victor Hugo avait lu l'article du *Nain Jaune*. Comment expliquer, dans ces conditions, qu'en 1867 il charge Verlaine de le lui procurer ? Hugo avait-il lu l'article de Leconte de Lisle ou en a-t-il simplement entendu parler ? » Edgard Pich, *Articles, Préfaces, Discours*, Belles Lettres, 1971, p. 154.

442. Jules-Antoine Castagnary (1830-1888), critique d'art et critique littéraire, devint le rédacteur en chef du *Nain Jaune* en 1865.

443. Grégory Ganesco (1833-1877) fut le rédacteur en chef du *Courrier du Dimanche* puis celui du *Nain Jaune*.

444. Style Leconte de Lisle.

445. Seul subsiste de ce recueil le sonnet intitulé « Un Sénateur Romain » figurant dans les *Idylles et Légendes*. France brûla le reste.

446. Ce jour de l'Assomption était également devenu le jour de la célébration officielle du Second Empire.

447. Lettre de Verlaine à Leconte de Lisle, citée par Jean Dornis, in *Essai sur Leconte de Lisle*, Librairie Ollendorff, 1909, pp. 327-328, et par Michael Pakenham, in *Paul Verlaine, Correspondance générale*, Fayard, 2005, tome 1, p. 116. Cette lettre peut être du 17 ou du 22 août, mais certainement pas du 10, comme l'affirme Jean Dornis.

448. Le pauvre enfant mourra un an plus tard, le 14 avril 1868, d'une méningite foudroyante, cédant la place à un autre petit Georges, le 16 août de la même année. Hugo écrira dans son *Carnet* : « Petit Georges est revenu. [...] Alice l'a remis au monde. »

449. Fernand Calmettes, *Leconte de Lisle et ses amis*, Librairies-imprimeries réunies, Paris, 1902, pp. 106-108.

450. « Hugo ramène tout à un moi envahissant; chez Leconte de Lisle le moi est effacé de façon radicale. Mais cette contradiction est exemplaire : chacun des deux en fait trop et les problèmes de la subjectivité ne sont résolus en profondeur ni par une censure quasi absolue ni par une apparence de libération tout aussi absolue. » Edgard Pich, *Écrire la Commune, Témoignages, récits et romans (1871-1931)*, collection « idéographies », Du Lérot éditeur, Tusson, Charente, 1994, p. 135, note 11.

451. *Les Poëtes contemporains, Articles, Préfaces, Discours*, Belles Lettres, 1971.

452. « À la fin de l'Histoire comprise comme fin des antagonismes (Dieu pardonnant à Satan et l'englobant dans un amour total) s'oppose une pensée passéiste qui bute sur un présent détestable. Leconte de Lisle, qui tente de supplanter Hugo dans l'ordre épique, relate incessamment la chute de toutes les théogonies. Pour lui, l'Histoire, qui s'est éteinte avec le christianisme (moteur du libéralisme), n'est plus qu'un objet de science. » Vincent Vivès, *La beauté et sa part maudite : Essai sur la poétique post-romantique*, Université de Provence, 2005, p. 40.

453. Fernand Calmettes, *Leconte de Lisle et ses amis*, Librairies-imprimeries réunies, Paris, 1902, p. 107.

454. « Solvet seclum », *Poèmes barbares*, Belles Lettres, 1976, p. 313.

455. Fernand Calmettes, *Leconte de Lisle et ses amis*, Librairies-imprimeries réunies, Paris, 1902, p. 108.

456. « Qaïn », *Poèmes barbares*, Belles Lettres, 1976, pp. 16-17.

457. Voir Yann Mortelette, *Histoire du Parnasse*, Fayard, 2005, pp. 249-253.

458. Francis Vincent, *Les Parnassiens*, Beauchesne, 1933, p. 277.

459. François Coppée, *Le Passant*, *Théâtre*, Lemerre, s.d., p. 7.

460. Voir note de Charles Desprats, *Lettres à José-Maria de Heredia*, Honoré Champion, 2004, p. 38.

461. « Autre nom des Muses, par référence au massif montagneux de l'Hélicon. » *Ibid.*, p. 39.

462. Lettre du 7 juin 1867, *Ibid.*, pp. 39-40.

463. « La Tristesse du Diable », *Poèmes barbares*, Belles Lettres, 1976, p. 258.

464. Voir Prosper Ève, *Auguste Lacaussade (1815-1897)*, Océan éditions, Hors collection, février 2006, vol. 1, p. 495, note 570, et Claude Prudhomme, *Histoire religieuse de La Réunion*, Karthala, Paris, 1984, pp. 229-232.

465. « L'une de ses ressources les plus régulières, à partir de 1850 environ, est une correspondance pour un journal de la Réunion, qui lui rapporte 1 500 francs par an : cette correspondance était adressée toutes les semaines et jusque vers 1868, ce qui suppose un travail considérable. » Edgard Pich, *Articles, Préfaces, Discours*, Belles Lettres, 1971, p. 235.

466. Lettre du 5 juillet 1868, *Lettres à José-Maria de Heredia*, Honoré Champion, 2004, p. 41. « Le discours lislien ne cesse de dire les impossibilités qui seules s'ouvrent à l'être écartelé entre l'impuissance de vivre, à créer, et l'incapacité à mourir. » Vincent Vivès, *La beauté et sa part maudite : Essai sur la poétique post-romantique*, Université de Provence, 2005, p. 75.

467. Lettre du 5 septembre 1868, *Lettres à José-Maria de Heredia*, Honoré Champion, 2004, p. 44.

468. Lettre du 5 septembre 1868, *Ibid.*, p. 44.

469. Lettre du 25 septembre 1868, *Ibid.*, pp. 46-47.

470. Nous possédons une lettre de Leconte de Lisle à Victor de Laprade, datée du 17 juillet 1869, où il le remercie de son soutien et lui assure en avoir terminé avec les prix académiques : « Cher maître et ami, C'est à moi de vous remercier bien cordialement des peines inutiles que je vous ai causées. J'en ai à jamais fini avec les prix académiques, et je regrette amèrement ma dernière tentative, non parce qu'il me faut renoncer à l'honneur d'être couronné, ce qui ne me poussera pas au suicide, mais parce que j'ai compté un instant sur deux ou trois mille francs dont j'avais un besoin cruel. Je suis charmé que mes traductions ne vous déplaisent pas trop. Elles m'ont coûté beaucoup de travail et m'ont rendu bien malade, mais si le poète d'*Éleusis* et de *Sunium* n'en est pas mécontent, je me félicite de les avoir entreprises. Croyez, cher poète, aux meilleures sympathies de votre sincère admirateur et ami. Leconte de Lisle. » Cité par Edgard Pich, in *Articles, Préfaces, Discours*, Belles Lettres, 1971, p. 193.

471. En 1866, « son volume tant annoncé des *États du Diable* se formulait déjà dans son esprit par larges fragments d'un inconcevable éclat. Sa voix brève, tranchante pour ainsi parler, d'une sonorité métallique, scandait le rythme avec une impeccabilité triomphante et je n'ai jamais mieux compris qu'en l'écoutant la musique despotique de l'alexandrin quand il est formulé par un vrai poète. » Armand Silvestre, « Au pays du souvenir », *L'Écho de Paris* du 21 juillet 1894.

472. « La pièce était-elle achevée dès septembre 1868 ? Rien n'est moins sûr. Pour qui connaît les habitudes de Leconte de Lisle, il ne serait pas étonnant qu'il ait proposé à un directeur de théâtre un sujet, une ébauche, un canevas, quitte à bâcler au dernier moment la rédaction de l'œuvre longtemps rêvée. » Edgard Pich, *Leconte de Lisle et sa création poétique*, Imprimerie Chirat, 1975, p. 380.

473. *Ibid.*, p. 380.

474. Lettre de Leconte de Lisle du 22 août 1863 à Georges Lafenestre.

475. Edgard Pich, *Leconte de Lisle et sa création poétique*, Imprimerie Chirat, 1975, p. 437.

476. Lettre du 5 juillet 1868, *Lettres à José-Maria de Heredia*, Honoré Champion, 2004, p. 41. La lettre continue en ces termes : « Je les compromettais, à ce qu'il paraît. » Michael Pakenham commente : « On ne sait de quelle manière Leconte de Lisle compromettait les jeunes (peut-être des bruits couraient-ils déjà sur ses relations avec le pouvoir impérial, liées à sa pauvreté), mais Ricard garda le souvenir d'une occasion où Leconte de Lisle réussit à indigner ses auditeurs. » *Paul Verlaine, Correspondance générale*, Fayard, 2005, p. 135. Voir aussi Louis-Xavier de Ricard, *Petits Mémoires d'un Parnassien*, Lettre modernes, Minard, 1967, p. 92.

477. Luc Badesco, *La génération poétique de 1860*, Nizet, 1971, p. 1145.

478. *Ibid.*, p. 1188.

479. « Jeudi soir, c'était la fête au Parnasse... odéonien. Deux actes en vers ! *La Comédie de l'amour*, de M. J. Du Boys ; *Le Passant*, de M. F. Coppée. Et ils étaient là, les Parnassiens, entourant leur Apollon chauve Th. de Banville, portant la lyre sous le paletot et la couronne de lierre fleurie de myrte dans le fond de leur gibus... Ah ! c'était une belle réunion composée de bien vilains bonshommes. » Victor Cochinat, « Le Foyer des artistes », *Le Nain Jaune* du 17 janvier 1869, p. 6, cité par Yann Mortelette, in *Histoire de Parnasse*, Fayard, 2005, p. 254.

480. Félix Régamey, *Verlaine Dessinateur*, H. Floury, Paris, 1896, pp. 9-10.

481. L'épithète est de Paul Verlaine.

482. Edmond Lepelletier, *Paul Verlaine, sa vie et son œuvre*, Mercure de France, 1907, p. 170.

483. Ernest Raynaud, *La Bohème sous le Second Empire*, L'Artisan du livre, Paris, 1930, p. 80. Henri Hertz et Antoine-François Marmontel enseignaient au Conservatoire impérial.

484. Ses vers furent réunis en un volume intitulé les *Feuillets parisiens* dont la plupart sont postérieurs à cette époque, ce qui prouve que Nina n'a jamais complètement cessé de taquiner la muse, même si elle écrivit peu. Voir *La maison de la vieille*, Champ Vallon, 2000, pp. 64-65.

485. Le poète Joseph Méry (1798-1866) est l'auteur de satires politiques et de romans d'aventures dont le célèbre *Héva* paru en 1843, qui se situe dans le Paradis des Indes.

486. Alain Buisine, *Verlaine, Histoire d'un corps*, Tallandier, 1995, pp. 107-108.

487. La formule est de Lepelletier.

488. Directeur du *Figaro*.

489. Portrait d'Hector de Callias par Nina de Villard, *La maison de la vieille*, Champ Vallon, 2000, pp. 21-22.

490. Anecdote de Maurice Rollinat, rapportée le 10 octobre 1889 par Edmond de Goncourt, dans son journal, *Ibid.*, p. 57.

491. Station balnéaire allemande réputée.

492. Poème de Paul Verlaine, cité par Alain Buisine, in *Verlaine, Histoire d'un corps*, Tallandier, 1995, p. 108.

493. Catulle Mendès, *La maison de la vieille*, Champ Vallon, 2000.

494. Voir Laure Riese, *Les Salons littéraires parisiens du Second Empire à nos jours*, Privat, 1962, pp. 50-55, et Henri Mondor, *Vie de Mallarmé*, Gallimard, 1941, pp. 338-341.

495. F. Fournier-Marcigny, *Une muse parisienne à Genève : Nina de Villard*, Willy Aeshlimann Éditeur, Genève, 1946.

496. Voir Félicien Champsaur, *Le Massacre*, Dentu, 1885 ; George Moore, *Mémoires de ma vie morte*, Grasset, 1922 ; et Ernest Raynaud, *Charles Cros ou la leçon d'une époque*, Mercure de France, 1er janvier 1919.

497. Verlaine, cité par Maurice Souriau, in *Histoire du Parnasse*, Slatkine Reprints, Genève, 1977, p. 310.

498. Gilbert Déclat (1827-1896) fut un médecin de Leconte de Lisle. Ses œuvres furent éditées chez Lemerre.

499. Mme Augusta Penquer (1827-1889) fut une amie de Heredia et publia les *Chants du foyer* en 1862, les *Révélations poétiques* en 1865, et *Syndorix* et *le barde de Tenmarc'h* en 1870.

500. Poème swedenborgien qui parut dans *La Liberté* des 24 et 25 juillet 1869.

501. Lettre du 12 juillet 1869, *Lettres à José-Maria de Heredia*, Honoré Champion, 2004, pp. 47-48.

502. Le 1er juillet 1868, Emmanuel des Essarts écrit à Mallarmé : « Je vois les jeunes poètes chez Lemerre. En général (je fais de rares exceptions) ils sont aimables

et faux. [...] Verlaine a l'air d'être franc, mais il a le défaut endémique de la bande, la médisance. » Cité par Michael Pakenham, in *Paul Verlaine, Correspondance générale*, Fayard, 2005, p. 42.

503. « Perra chola », ce qui signigie « chienne d'indigène » ou « fille des rues ».

504. Octave Aubry, *Le Second Empire*, Fayard, 1938, p. 500.

505. Extrait du « programme de Belleville » de Gambetta, cité par Octave Aubry, in *Le Second Empire*, Fayard, 1938, p. 512.

506. *Ibid.*, p. 513.

507. François Coppée, *Mon Franc-parler*, 3e série, Lemerre, 1895, p. 65.

508. « Leconte de Lisle, *Qaïn* et la Bretagne », *Cahiers de l'Iroise*, avril-juin 1970, pp. 67-68.

509. Un collaborateur du *Paris-Journal* du 10 janvier 1873, cité par Edgard Pich, in *Leconte de Lisle et sa création poétique*, Imprimerie Chirat, 1975, p. 379.

510. Jacques Attali, *Les Juifs, le monde et l'argent*, Fayard, 2002, p. 57.

511. *Psaume 137*, « Chant de l'exilé », *La Bible de Jérusalem*, Desclée de Brouwer, 1975.

512. *Ibid.*

513. « Qaïn », *Poèmes barbares*, Belles Lettres, 1976, pp. 7-8.

514. « Le meurtre du berger n'est pas un simple fratricide; le vrai coupable est la terre elle-même, cette terre maudite que Caïn n'avait reçue en partage que pour y accueillir son frère. » Jacques Attali, *Les Juifs, le monde et l'argent*, Fayard, 2002, p. 18.

515. Édouard Didier, *L'Artiste* du 15 mars 1850, p. 153, cité par Edgard Pich, in *Leconte de Lisle et sa création poétique*, Imprimerie Chirat, 1975, p. 461, note 40.

516. Renouvier, cité par Edgard Pich, *Ibid.*, p. 476.

517. Il s'agit de l'or et de l'argent. Voir *Sophonie, 1, 18*, *La Bible de Jérusalem*, Desclée de Brouwer, 1975.

518. « Le vrai remède au fanatisme, selon nous, n'est pas d'identifier l'humanité avec Dieu, ce qui revient à affirmer, en l'économie sociale la communauté, en philosophie le mysticisme et le *statu quo*; c'est de prouver à l'humanité que Dieu, au cas qu'il y ait un Dieu, est son ennemi. » Pierre-Joseph Proudhon, *Système des contradictions économiques*, Garnier frères, Paris, 1850, t. I, p. 397.

519. Pour s'en persuader, il suffit de lire ce projet d'article terrifiant du 26 décembre 1847. Il ne saurait à lui seul être représentatif de l'œuvre entier de son auteur, mais il dit beaucoup avec peu de mots, et c'est ici ce que nous recherchons : « Juifs. Faire un article contre cette race, qui envenime tout, en se fourrant partout, sans jamais se fondre avec aucun peuple. Demander son expulsion de France, à l'exception des individus mariés avec des Françaises; – abolir les synagogues, ne les admettre à aucun emploi, poursuivre enfin l'abolition de ce culte. Ce n'est pas pour rien que les chrétiens les ont appelés déicides. Le Juif est l'ennemi du genre humain. Il faut renvoyer cette race en Asie, ou l'exterminer. H. Heine, A. Weill, et autres, ne sont que des espions secrets; Rothschild, Crépieux, Marx, Fould, êtres méchants, bilieux, envieux, âcres, etc., etc., qui nous haïssent. Par le fer ou par le feu, ou par l'expulsion, il faut que le Juif disparaisse... Tolérer les vieillards qui n'engendrent plus. Travail à faire. Ce que les peuples du Moyen Âge haïssaient d'instinct, je le hais avec réflexion et irrévocablement. La haine du Juif comme de l'Anglais doit être le premier article de notre foi politique. » Pierre-Joseph Proudhon, *Carnets VI*, Librairie Marcel Rivière et Cie, Paris, 1960, p. 178, cité par Pierre Haubtmann, in *Pierre-Joseph Proudhon*, Beauchesne, 1982, p. 739.

520. Pierre-Joseph Proudhon, *Système des contradictions économiques*, Garnier frères, Paris, 1850, t. I, pp. 381-384.

521. *Ibid.*, pp. 72-73.

522. Alphonse Toussenel, *Les Juifs Rois de l'Époque*, Marpon et Flammarion, Paris, 1886, p. XXVII.

523. Jacques Attali, *Les Juifs, le monde et l'argent*, Fayard, 2002, p. 18.

524. Périphrase lislienne désignant Dieu. Voir Fernand Calmettes, *Leconte de Lisle et ses amis*, Librairies-imprimeries réunies, Paris, 1902, p. 49.

525. « Anticapitalisme et antijudaïsme se mêlent ainsi dans une confusion dont beaucoup se nourriront après Marx. En effet, si pour lui c'est l'élimination du capitalisme qui entraînera celle du judaïsme, pour d'autres, la réciproque sera également vérifiée : éliminer le judaïsme – c'est-à-dire, pour eux, les Juifs – permettra de se débarrasser du capitalisme dont les Juifs sont la source. » Jacques Attali, *Les Juifs, le monde et l'argent*, Fayard, 2002, p. 387.

526. « Beaucoup d'autres rapprochements encore ont été faits : Milton, Soumet, Le Poittevin, Bouilhet... Si chacun, pris à part, n'est pas toujours convaincant, l'ensemble paraît bien confirmer l'idée que *Qaïn* exprime, comme le dit J. Lemaitre (*Les Contemporains*, 2e série, p. 8), l'âme tout entière du XIXe siècle. » Claudine Gothot-Mersch, *Poèmes barbares*, Gallimard, 1985, p. 321.

527. Pierre Flottes, *Le poète Leconte de Lisle*, Perrin, 1929, pp. 179-180.

528. Edgard Pich écrit ici : « Leconte de Lisle, me semble-t-il, n'affirme pas cela. – On peut induire cette pensée de l'ensemble de son système; il est vrai : mais je pense qu'il faut être prudent dans ce domaine et peut-être évoquer Renan, pour qui des problèmes comparables se posent. » Néanmoins, il écrivit aussi, dans *Articles, Préfaces, Discours*, Belles Lettres, 1971, p. 162, note 1 : « [Leconte de Lisle] a certainement subi l'influence des courants de pensée qui risquaient d'amener et amenèrent en fait un jour à l'antisémitisme, au racisme le plus sommaire. »

529. « Ainsi l'une des plaies [d'Égypte], le sang, est-elle nommée par le même mot, *dam*, qui désignera plus tard l'argent (*damim*) : le sang et l'argent, inséparables depuis le sacrifice d'Isaac. [...] Plus tard l'équivalence déjà posée entre l'argent et le sang deviendra, pour les ennemis des Juifs, une équivalence entre l'argent et Dieu, et donc entre Dieu, argent et sang. Un jour, diront-ils, le sang de Dieu sera échangé contre de l'argent. On ne sortira plus, dans l'antijudaïsme, de ce triangle infernal. » Jacques Attali, *Les Juifs, le monde et l'argent*, Fayard, 2002, pp. 28-31.

530. Leconte de Lisle se trompe. Cela fait dix-sept ans... Voir *Lettres à José-Maria de Heredia*, Honoré Champion, 2004, p. 84.

531. Fernand Calmettes, *Leconte de Lisle et ses amis*, Librairies-imprimeries réunies, Paris, 1902, p. 124.

532. « La poésie impersonnelle et M. Leconte de Lisle », la *Revue contemporaine* du 15 juin 1870, pp. 662-681.

533. Louis Veuillot, cité par Marius-Ary Leblond, in *Leconte de Lisle*, Mercure de France, 1933, pp. 466-467.

QUATRIÈME PARTIE

LA TRAGÉDIE

(1870-1894)

« L'orbe d'or du soleil tombé des cieux sans bornes
S'enfonce avec lenteur dans l'immobile mer. »

« L'Orbe d'or », *Poèmes tragiques*.

Chapitre dixième

Du sang

(1870-1871)

Ces deux dernières années furent heureuses. Leconte de Lisle avait désormais une place de choix parmi les grands noms des écrivains français. Jusque-là les poèmes des Parnassiens étaient apparus comme des œuvres apolitiques, méconnaissant le nouveau monde industriel et financier, cherchant à se réfugier dans le passé et soutenant secrètement l'Empire. *Qaïn* infirmait ce dernier point. Tout s'annonçait alors pour le mieux.

À la même époque, le 24 mai 1870, un jeune collégien de quinze ans et demi, habitant Charleville (Ardennes) et répondant au nom heurté d'Arthur Rimbaud, écrivit à Théodore de Banville[1], autre figure influente du passage Choiseul, peut-être moins inaccessible que celle de Leconte de Lisle, et sûrement moins impressionnante pour un jeune adolescent. Il joignit à sa missive quelques-uns de ses premiers vers (*Sensation*, *Ophélie* et *Credo in unam*) qu'il eût bien aimé voir figurer dans un prochain *Parnasse*[2], preuve de la résonance qu'avait acquise la modeste publication – mensuelle – jusqu'aux endroits les plus reculés de la province.

L'école ou le groupe appartenait bel et bien à l'opposition, c'est-à-dire, comme l'affirmait une affiche de propagande électorale en faveur du parti libéral, à « ce ramassis d'hommes déclassés, incapables de rien produire par eux-mêmes, qui voulaient le renversement de l'ordre social et demandaient avec un cynisme inouï l'anéantissement des lois et de la religion, qui voulaient dépouiller le riche et arracher des mains des ouvriers laborieux le produit de leurs sueurs et de leur travail ; ces hommes qui étaient la honte de la société [et qui] levaient audacieusement leur étendard couvert de sang et de boue[3] » !

Du coup, son chef incontesté pouvait légitimement nourrir, si jamais la République venait à resurgir, des ambitions de carrière officielle. Certains de ses admirateurs l'entrevoyaient déjà ministre de l'Instruction publique. Mais Leconte de Lisle n'avait pas encore ouvertement réaffirmé la profondeur de ses sentiments républicains, et le double engouement de la presse républicaine et des journaux bonapartistes pour son poème biblique entretenait à cet égard une regrettable ambiguïté. L'ouvrage était assurément anti-clérical mais l'ouvrier était-il vraiment anti-bonapartiste ? En effet, si l'Église avait de moins en moins d'influence, rien ne laissait présager, surtout après le plébiscite écrasant du 8 mai 1870[4], la fin prochaine du Second Empire. Tout au contraire. Il était alors moins téméraire de se dresser contre le Pape que de s'ériger contre l'Empereur, et il n'y avait au fond rien de bien original à cela[5].

Quoi qu'il en fût, *Qaïn* ouvrait et annonçait une phase nouvelle dans la poésie de Leconte de Lisle. « L'artiste complet, celui auquel devait être adjugée la palme, ne pouvait plus être désormais ni un classique ni un romantique, ni un homme de la Renaissance, de la Grèce ou du Moyen Âge ; c'était celui qui, sachant combiner tous les éléments, toutes les données de l'art, les conceptions de l'idéal, supérieur à la tradition, saurait mieux être de son temps et de son pays[6]. » Pour lui, si l'on en croit la préface de ses *Poëmes antiques*, l'âge de l'Antiquité avait cessé en Occident à l'époque de Sophocle ; puis avait commencé l'ère de la Barbarie qu'avait scellée la mort du monothéisme – celui de Jésus-Christ comme celui d'Iahvèh – ; enfin s'était ouverte la troisième et dernière période historique, celle de la Tragédie[7]. Il s'agissait à présent d'apporter un dépassement aux forces de destructions aveugles et de donner, comme l'avait fait la tragédie grecque qui n'avait jamais chanté l'humiliation des Barbares vaincus à Troie, à Salamine et à Platée, un sens à ce dépassement : « La ruine de Troie symbolisait l'élévation de la poésie à sa hauteur native d'universalité, les défaites des Barbares étant aussi douloureuses pour ceux qui écoutaient le chant de l'aède que les malheurs des Grecs. La Grèce avait ainsi appris à l'Europe à retourner non plus le fer dans la plaie, mais la barbarie dans la civilisation. En découvrant la véritable barbarie à l'intérieur d'elle-même, cette dernière la surmontait sur la scène de la tragédie qui, comme purification des passions, était d'abord une purification de la barbarie[8]. »

Il lui fallait repartir à la conquête de la civilisation sur ses propres décombres et tenter d'apporter, par l'art, une solution à la perte de sens qu'occasionnait inévitablement la perte de la transcendance. L'art ne pouvait plus être dogmatique ou simplement idéaliste, il ne pouvait plus se contenter d'exprimer ou de faire naître des impressions, de symboliser des idées ou des actes de foi, il se devait d'être juge et critique, d'ajouter sa sanction propre aux définitions de la philosophie et de la morale, sa sanction du beau et du sublime qui, incapable de se pervertir par l'abus de l'idéal, se rallierait au mouvement de la civilisation[9]. En effet, « depuis la réforme luthéro-hollandaise, le dogme a priori avait cédé la place à la libre-pensée ; l'art avait pris son idéal partout, dans l'infini de la nature et de l'humanité et dans la contemplation de leurs splendeurs et de leurs lois ; et il avait gravité, non plus, comme jadis, vers un idéal suprême, source de toutes les inspirations, centre de toutes les idéalités, mais vers un but supérieur à lui, but qui sortait de la sphère propre de l'art, l'éducation progressive du genre humain[10] ». Ainsi, « parvenu au plus haut degré de conscience, d'intelligence, de liberté, de dignité, l'homme, en présence d'une nature épuisée, rebelle, inférieure à lui ; l'homme, n'ayant plus à regretter sa carrière manquée, devenu Dieu, devait se mettre à l'unisson de la nécessité et léguer son âme à un monde plus jeune. L'Éternel avait été glorifié en lui ; Dieu s'était incarné : que la planète, globe usé, pâli, roulât désormais solitaire comme la lune, jusqu'à ce qu'elle se disloquât, et que ses morceaux fussent recueillis par d'autres mondes[11]. » Tel était le vœu suprême, la nouvelle destinée, finalement assez proche de celle de *Qaïn*, et qui allait intéresser non seulement Leconte de Lisle, mais la société française tout entière : échafauder, entre les ruines, sur la Révolution la République, et restaurer, dans le sang versé, dont Dieu seul serait responsable, la salvatrice autorité.

La guerre

En juin 1870, le chancelier Bismarck avait tout intérêt à ce que les relations diplomatiques entre la Prusse et la France continuent à se détériorer. Sa supériorité militaire devenait confortable – 480 000 hommes contre 280 000 – et il brûlait d'en découdre avec son unique et dernier rival du continent. En jeu, la terre d'Alsace qui, pour lui, avait toujours été une province germaine. Les choses s'accélérèrent brutalement après qu'il eut jeté de l'huile sur le feu en modifiant une dépêche, dite d'Ems, du roi de Prusse Guillaume Ier à l'Empereur : « Le roi avait fait répondre par son adjudant de service à son Excellence le comte Benedetti – ambassadeur de France – après dîner, vers cinq heures et demie, que Sa Majesté devait décidément décliner d'entrer dans de nouvelles discussions au sujet d'assurances qui la lieraient pour l'avenir; que ce qu'elle avait dit le matin était son dernier mot et qu'elle ne pouvait que s'y référer[12]. » Louis-Napoléon estima qu'on faisait à la France ainsi qu'à lui-même une insupportable offense. Le différend, qui concernait la succession au trône d'Espagne après la chute de la reine Isabelle – on avait offert la couronne à Léopold de Hohenzollern-Sigmaringen, petit-cousin du roi de Prusse, ce qui menaçait la France d'encerclement –, et ce malgré les réticences des députés de l'opposition, dont Thiers et Gambetta, et l'absence d'alliés puissants, dont l'Italie et la Russie, dégénéra en dispute, et la dispute, le 19 juillet, en déclaration de guerre. De fait, l'Empereur n'avait pas le choix : soit il ne réagissait pas à cette provocation largement relayée par la presse et il était discrédité, soit il réagissait et devenait officiellement l'agresseur. Aucune autre puissance européenne n'eut le courage, le désir ni même les moyens de jouer les médiateurs. Très vite, les différentes contrées du Bade, de la Bavière, de la Hesse et du Wurtemberg s'allièrent au récent vainqueur de l'Autriche et, de franco-prussienne, la rivalité devint soudain, et c'était une nouveauté, franco-allemande.

Chacun des deux ennemis comptait bien exporter le conflit sur le territoire de l'autre. Napoléon III, neurasthénique, diminué, malade, et malgré ses résultats peu concluants de stratège dans la campagne d'Italie, tint à diriger lui-même le déroulement des opérations militaires. Ne pas le faire, c'eût été une lâcheté, pire, abdiquer. Il confia la régence à son épouse Eugénie, ravie de pouvoir enfin jouer un rôle politique d'envergure, et, le 28 juillet, quitta, accompagné de son fils de quatorze ans, sa résidence de Saint-Cloud pour la frontière de l'Est. Il ne reviendrait pas. Le ministre de la Guerre Le Bœuf, les généraux Lebrun, Frossard, Jarras et Bourbaki, ainsi que de nombreux maréchaux dont Canrobert, Vaillant, l'ancien commandant en chef du corps expéditionnaire français du Mexique, resté populaire malgré sa déconfiture, Achille Bazaine, et le triple vainqueur de Sébastopol, de

Magenta et de Solférino, le prestigieux duc Edme Patrice de Mac-Mahon, l'accompagnèrent. Ce dernier commanderait le corps d'armée d'Alsace, et Bazaine, de Lorraine. On sonna la mobilisation, convoqua les bataillons bourgeois de la Garde nationale mobile, rappela les 140 000 réservistes et fit venir par convois spéciaux les unités militaires, dont plusieurs régiments de turcos, de zouaves et de spahis, qu'on voulait répartir sur la frontière entre Metz, Lunéville, Strasbourg et Belfort. Il fallait que tout fût prêt pour la fin du mois de juillet. Au lieu de cela, ce fut la confusion générale : désordres, retards, erreurs d'aiguillages, beuveries – il faisait très chaud –, changements brutaux et contradictoires de consignes, encombrements des voies, etc. Tous les soldats n'avaient pas perçu leurs paquetages, les effectifs étaient incomplets, trop en arrière, l'artillerie insuffisante, mal approvisionnée en munitions, et parfois même pas du tout. Le piou-piou, qui n'était pas encore astreint au service militaire obligatoire, ne pouvait compter que sur lui-même et sur son aptitude à improviser le rata et le bivouac : « Un trou dans la terre, dans le trou, quelques branches, une allumette, et cela flambait, cela bouillait[13]. » Pourtant, chauvinisme oblige, on était persuadé qu'on allait marcher sur la Prusse : « Je ne doute point, écrit Jules Claretie dans *L'Illustration*, du résultat du combat en voyant nos soldats [...] de la ligne, soldats de quatre sous, comme les appelait un prince de Prusse et qui, humbles, sans forfanterie, décidés, lancés, sont les meilleurs soldats du monde[14]. »

Pendant ce temps, de l'autre côté du Rhin, la mobilisation se déroulait comme prévu par le général Helmuth von Moltke, chef d'état-major, entouré de quelques officiers supérieurs tels que von Podbielski, commandant en chef, von Brandestein, responsable du transport, von Schellendorf, responsable en chef, et Verdy du Vernois, chef du renseignement et des affaires politiques. La plupart des hommes furent mobilisés le 16 juillet et rejoignirent la caserne de leur unité pour recevoir équipement, uniforme, armes et munitions. Le 19 et le 20 juillet, on rappela les permissionnaires ; les 21, 22 et 23, on convoqua les réservistes, et le 25, l'intégralité des forces terrestres étaient rassemblées. Le 30, tous les bataillons de tous les corps étaient opérationnels et les troupes de réserve commençaient leur entraînement, toutes armes confondues, prêtes à relayer les unités combattantes. La Bavière et le Bade mobilisèrent également leurs unités le 16 juillet, le Wurtemberg le 17. On avançait sans hésitation face à l'envahisseur français et, dans un sursaut tout neuf de cohésion nationale, faisait bloc contre l'ennemi sous l'autorité du commandement prussien. Dès le début du mois d'août, 400 000 hommes de moins de 40 ans, appartenant à la garde territoriale – la *Landwehr* – ainsi qu'au quatrième bataillon, instruits, encadrés, ayant déjà effectué trois années de service actif et obéissant aux ordres d'officiers de réserve ayant eux-mêmes été convenablement formés pendant une année de service volontaire, se tenaient prêts à partir en renfort. En quelques semaines, la machine tournait à plein régime. « Ce que je vis, rapporte Archibald Forbes, journaliste au *Daily News*, me laissa partagé entre l'admiration pour sa tranquille régularité et sa surprenante efficacité .» Sereinement, sans agitation, tous les soldats des trois armées allemandes, la première rassemblée à Coblence, la seconde à Mayence et la troisième à Landau, aguerris aux deux plus récents conflits de l'État prussien contre le Danemark, en 1864, et contre l'Autriche, en 1866, se mirent en marche vers la frontière française. Au total, 462 000 fantassins, 56 000 cavaliers, 80 000 chevaux et 1 584 pièces d'artillerie.

Pourtant, Guillaume Ier n'osait pas entrer en France. Moltke et Bismarck, les deux rivaux, n'eurent pas quant à eux cette appréhension, ce vertige des profondeurs, et, le 6 août, les troupes confédérées pénétrèrent à Wœrth, s'emparèrent d'Elsasshaussen, bombardèrent Frœschwiller et obligèrent les troupes de Mac-Mahon à se retirer vers Reichshoffen et Saverne, non sans avoir tout abandonné derrière elles : armes et blessés. En seulement dix minutes, cent vingt hommes avaient été mis hors d'état de combattre, quatorze officiers français sur trente-cinq avaient été blessés, neuf tués, et plus d'un quart des chevaux avaient succombé. Consternation et désolation. Les Prussiens se livrèrent au pillage. Un hôpital de fortune fut improvisé où se mirent à chanter les scies, à craquer les squelettes et à saigner les plaies. On désinfectait les instruments chirurgicaux à l'eau tiède et les râles se mêlaient dans la cour aux accents du *Nun dunket alle Gott* de la fanfare prussienne. La foi regagnait en un éclair des âmes longtemps restées inhabitées. On étouffait littéralement, soit de chaleur, soit de sanglots, et plus les larmes coulaient, plus l'orage grondait, plus les corps s'entassaient, là-bas, sous les riantes rigoles, près de la porte d'entrée. Des bâches noires faisaient des linceuls blancs. Les bœufs tiraient des corbillards plus lourds que le soc des charrues dans une terre gelée. On creusa de profondes fosses communes, puis on assainit au lyset toutes les maisons, les chambres, les lits, les meubles, les planchers, les lustres, les caves, les greniers, les escaliers. Ce fut un coup terrible, le premier grand électro-choc.

À Frœschwiller, les pertes s'élevèrent de part et d'autre à 20 000 hommes. Les Allemands déplorèrent parmi leurs généraux deux blessés ; les Français, quatre morts, dont le chef d'état-major Colson. Par manque de coordination entre les officiers, les opérations avaient semble-t-il complètement échappé au contrôle de Mac-Mahon et maintenant il était trop tard, la route de Strasbourg était ouverte. Bientôt, après que, sous la double pression de la première armée Steinmetz et des divisions des généraux Zastrow, Alvensleben et Rheibaden, venues en renfort, Frossard eut abandonné la ville de Forbach et le village de Stiring pour se retrancher vers Sarreguemines, entre la forêt de Gifertwald et la Brême d'Or, ce fut la voie ferrée vers la ville forte de Metz qui s'offrit aux Prussiens. Derrière les remparts de l'ancienne cité se réfugia toute l'armée du Rhin. Bazaine, dont la réputation sortie une nouvelle fois miraculeusement sauve de ce fiasco stratégique, n'avait jamais envoyé les secours que Frossard lui avait à grands cris réclamés et qui se trouvaient à portée de combat. En l'espace d'une journée, l'Alsace et la Lorraine, par une succession de dysfonctionnements tactiques et logistiques incroyables, étaient donc toutes deux redevenues militairement allemandes, et ce, sans que Badinguet, resté en arrière de la frontière ouverte avec le maréchal Le Bœuf, n'eût rien tenté pour inverser le cours des événements.

Les populations furent abasourdies. Des émeutes sporadiques éclatèrent dans la capitale qui furent aussitôt réprimées. On avait été tellement certains de la victoire qu'on l'espérait encore ! Le 7 août, le Conseil des ministres décida de transférer les pleins pouvoirs à Bazaine, et Napoléon

III fut contraint de s'éclipser ailleurs qu'à Paris, cité des vainqueurs. Il se retrancha d'abord dans la préfecture de Metz, puis à Châlons-sur-Marne. Le 9 août, son bras droit, Émile Ollivier, dut abandonner ses fonctions de ministre, mettant un terme définitif aux illusions de l'Empire libéral, et la régente Eugénie forma, avec l'aide du président du Sénat, Eugène Rouher, un nouveau gouvernement, plus dur, avec des figures plus autoritaires, clairement à droite, comme celles de Jérôme David et Clément Duvernois, ou comme celle du général Cousin-Montauban, récemment fait comte de Palikao, soixante-quatorze ans, ancien expéditionnaire de Chine, qui remplaça Le Bœuf. Devant l'avalanche de mauvaises nouvelles qui continuaient d'affluer, Palikao prit un certain nombre de mesures d'urgence : les Saint-Cyriens furent nommés sous-lieutenants; on soutint artificiellement la monnaie, rétablit la garde sédentaire, appela sous les drapeaux tous les célibataires et tous les veufs âgés de vingt-cinq à trente-cinq ans, créa un comité de défense nationale et prépara la ville à un siège éventuel. À l'étranger, on parlait déjà de « victoire prussienne » et d' « Alsace allemande ». Les Anglais jubilaient devant ce camouflet censé rabaisser le gigantesque caquet de leurs arrogants voisins. Par précaution pure et dans un but strictement autodéfensif, les Suisses et les Belges mobilisèrent leurs troupes. Les Danois s'empressèrent d'afficher leur neutralité, et les Italiens, puisque les Français n'avaient pas voulu évacuer Rome et cesser de protéger le pape du danger républicain, refusèrent de les aider. À Berlin, c'était bien sûr l'euphorie, la liesse populaire. On tirait des salves de fusil à tous les coins de rue, imprimait des éditions spéciales, raillait l'Empereur français, pâle reflet de son illustre ascendant, et applaudissait au nom du prince héritier Frédéric-Charles, commandant de la seconde armée et artisan majeur de la victoire de Wœrth. En outre, le grand projet d'invasion de la Prusse par la mer, commandé par l'amiral Fourichon, avait lamentablement échoué pour cause d'effectifs et de moyens insuffisants. La France s'était donc soudainement et géopolitiquement métamorphosée en île.

Le 12 août, Nancy était occupé et Napoléon III consentait à abandonner le commandement à Bazaine, « un soldat qui avait fait toutes les guerres et dans lequel la France pouvait avoir confiance[15] ». L'invasion allemande se poursuivait avec calme et méthode pendant que les rumeurs les plus saugrenues se propageaient dans tout le pays. On rapportait des actes de vandalisme imaginaires, des scènes de pillages, de tueries, de viols, parlait de « guerre d'extermination » et décrivait par le menu comment des fantassins allemands décapitaient des statues de la Sainte Vierge pour leur ajuster des crânes d'animaux. Rien de tout cela ne fut historiquement avéré, mais ce qui est certain, c'est que les fuyards humiliés, terrifiés, acrimonieux, faute de canons krupp et de fusils d'assaut, mitraillaient comme ils pouvaient l'ennemi, symboliquement, avec les seules armes dont on ne pouvait les spolier, leur verve et leur faconde.

La guerre passait aussi par la désinformation et par la forfaiture du langage.

Quelques jours après que Mac-Mahon eut battu en retraite vers Châlons, Bazaine dut le rejoindre avec l'armée du Rhin, dernier ordre de l'Empereur, afin d'assurer les arrières de Paris. Compte-tenu de la progression ennemie, la route de Verdun était la seule envisageable, et, puisqu'aucune ligne de chemin de fer ne reliait encore Metz à Verdun, il fallut entreprendre le trajet (60 kms) à pied. La Moselle, en crue, avait détruit plusieurs ponts importants de la ville, ce qui retarda le départ des troupes, le 14 août. Au même instant, sur l'initiative du général de division von der Golz, éclatait la bataille de Borny-Noisseville, à quelques lieues des forts détachés de l'ancienne cité épiscopale. Bazaine en fut surpris, tout comme Steinmetz, qui n'avait rien ordonné. On se battit bien : beaucoup d'hommes périrent. Mais la retraite amorcée s'en trouva contrariée, et Bazaine décida de s'engager au sud, avec toute son armée, par la route de Gravelotte-Mars-la-Tour. Nouvelle erreur. La confusion et le désordre s'amplifièrent, confinant au chaos. Le 16 août, cette fois-ci sous l'impulsion du général Alvensleben, du corps du prince, éclata la bataille de Rezonville, l'une des plus terribles. À Gravelotte, la cavalerie prussienne fut néanmoins décimée car les Français étaient supérieurs en nombre. Les Allemands, exténués, démoralisés, et leurs chevaux n'ayant plus de fourrage, il leur était impossible de s'interposer pour empêcher la progression de leurs ennemis vers Châlons. Mais Bazaine, surprenant tout le monde, ordonna le retrait général de ses troupes pour « s'approvisionner en nourriture et en munitions[16] ». À l'aube du 17 août, Frédéric-Charles prit alors immédiatement possession du terrain, laissé sans protection.

Dès le lendemain eut lieu la bataille de Saint-Privat, tout aussi meurtrière et tout aussi terrible que la précédente, mais plus décisive. Là encore Bazaine, réfugié dans le fort de Plappeville, sous-estima l'enjeu de l'événement en croyant avoir affaire à un simple combat d'avant-poste. En réalité, c'était toute la garde prussienne qu'on envoyait au sacrifice, sur un terrain découvert de près de trois kilomètres, pour tenter d'envelopper la principale armée adverse par le nord-ouest. Grâce aux fantassins embusqués et aux artilleurs de Canrobert, les pertes prussiennes furent tout à fait considérables : les choses prenaient en apparence une assez bonne tournure. Mais c'était sans compter sur l'arrivée des renforts saxons par Roncourt, qui donnèrent l'assaut du village fortifié. À court de munitions, Canrobert ordonna le repli, non sans qu'on eût assisté à quelques scènes mémorables de combat de rue, à la baïonnette, au sabre, à l'estoc, dans les maisons, dans les commerces, les caboulots, et jusque dans l'église, près du cimetière, ce qui était fort pratique. Enfin, Saint-Privat perdu, on décampa dans la panique et la confusion générale, le ventre noué, sans pain, sans eau, sans sang. « Pour la première fois, le moral de ces troupes était atteint. Pour la première fois, les hommes eux-mêmes comprenaient l'inutilité des efforts et des sacrifices qu'on leur avait demandés. Pour la première fois, ils sentaient la vanité des espoirs si longtemps entretenus et, de fait, le rôle actif de l'armée du Rhin était terminé[17]. » En l'espace de deux heures, les Allemands, qui avaient commis des erreurs stratégiques tout à fait colossales, étaient passés une fois de plus, par la faute de Bazaine, qui n'avait pas jugé bon d'envoyer des renforts, de l'échec au succès.

Tous les cris se sont tus, les râles sont poussés.
Sur le sol bossué de tant de chair humaine,
Aux dernières lueurs du jour on voit à peine
Se tordre vaguement des corps entrelacés ;

Et là-bas, du milieu de ce massacre immense,
Dressant son cou roidi, percé de coups de feu,
Un cheval jette au vent un rauque et triste adieu
Que la nuit fait courir à travers le silence.

Ô boucherie ! ô soif du meurtre ! acharnement
Horrible ! odeur des morts qui suffoques et navres !
Soyez maudits devant ces cent mille cadavres
Et la stupide horreur de cet égorgement.

Mais, sous l'ardent soleil ou sur la plaine noire,
Si, heurtant de leur cœur la gueule du canon,
Ils sont morts, Liberté, ces braves, en ton nom,
Béni soit le sang pur qui fume vers ta gloire[18] !

Le 19 août, les troupes françaises furent contraintes de retourner se réfugier à Metz, et, le 20, le blocus de la ville débuta. Sereinement, la troisième armée allemande pouvait donc commencer à lorgner sur Paris…

Leconte de Lisle se trouvait alors en vacances avec Anna. Il avait été reçu dans la résidence secondaire de son cousin Hippolyte Foucque, à Saint-Ideuc-Paramé, en Bretagne, près de Dinan. Il se tenait informé des événements de loin en loin, autant que l'isolement et la presse le lui permettaient, c'est-à-dire fort peu, et peut-être même pas du tout. En effet, pendant les deux mois que dura sa retraite, il adressa à ses divers amis des lettres qui montrent qu'il ne semblait pas avoir pris la mesure de la gravité de tout ce qui se tramait ou, plus simplement, qu'il n'en avait pas entendu parler. « Vers 6 h du matin, écrit-il par exemple à Jean Marras, je vais me promener çà et là, par les chemins et sur la grève. Je reviens à 10 h. […] Nous déjeunons. À 2 h je vais faire une partie d'échecs avec une charmante femme[19] qui ne sait pas jouer et qui me gagne toujours. À 4 h nous allons prendre un bain, à 6 h nous dînons, et de 8 à 10 nous jouons au *Bog*. Le bain est parfois compliqué d'une pêche à la senne. Nous prenons trois crabes et quatre crevettes, et nous revenons écorchés des pieds à la tête. C'est délicieux. J'ai mal dans toutes les articulations et je suis couleur de vieil acajou. »

Dès son retour à Paris, aux alentours du 24 août, « on parlait ouvertement dans les rues, au milieu des sergents de ville, de la nécessité où se trouvait le pays de reprendre en main la direction absolue de ses destinées », mais le poète ne réalisa pas tout de suite… Ce ne fut que le lendemain matin, dans une sorte de sursaut, que Leconte de Lisle adressa à Heredia une lettre rendue presque illisible par l'émotion, hachée, comme déconstruite, ce qui chez lui était rarissime. Peut-être était-ce aussi sous l'effet de la violente fièvre qui l'avait brusquement assailli, se substituant à l'euphorie des vacances : il avait appris les différents revers de l'armée française du Rhin et, malheureusement, saisi tout ce que cela signifiait.

Mon cher ami,

N'ajoutez aucune foi, jusqu'à nouvel ordre, aux dépêches officielles, et surtout aux nouvelles du *Gaulois*. Les faits priment toutes les hypothèses.

Aucune nouvelle de Bazaine et de Mac-Mahon. On ne sait absolument ce qu'ils sont devenus.

Les Prussiens sont à Châlons et marchent sur Paris. À moins d'une victoire impérieuse dans l'Est, nous aurons l'ennemi à nos portes dans cinq ou six jours.

L'armement des fortifications n'est pas prêt. Les forts seuls sont, *dit-on*, en état de défense.

Jamais, de mémoire de nation, on n'a vu une telle perturbation générale. Il n'y a ici ni élan, ni colère, il n'y a qu'une inertie morne et désespérée.

On parle d'expulser de Paris femmes, enfants et vieillards ; mais où iront-ils ? D'ailleurs à quoi bon ? Si nos armées sont défaites, Paris ne tiendra pas ; si elles sont victorieuses la ville ne sera pas assiégée. Que puis-je vous dire ? Qui vivra verra.

Je suis allé chez Mme Despaigne[20] hier matin. Elle est affreusement inquiète, comme bien vous pensez. Son fils Ernest est en Savoie et l'autre doit s'y rendre[21].

J'ai vivement conseillé à Mme Despaigne d'aller vous rejoindre[22]. – Les clefs de Mme de Heredia lui ont été remises.

Dès l'arrivée des Prussiens, s'ils viennent, je prends un fusil à ma mairie et je me rends aux fortifications. – *Les Républicains ne veulent pas se battre pour l'Empire*. Il y a dans Paris cent mille hommes *qui attendent* ; que voulez-vous ? Des ânes entêtés et incurablement imbéciles. Il est vrai qu'ils n'ont ni fusils ni cartouches, mais que ne vont-ils pas en prendre à Vincennes[23] ? Je ne serais pas le dernier à y courir, je vous le jure.

Encore un peu d'espoir cependant. Il n'est pas possible que la France se mette à crever comme un chien malade.

À bientôt. Écrivez-moi un mot. Nos amitiés à Mme Heredia, à M. et Mme Foucque, à leurs enfants, à tous les amis.

Tout à vous de cœur
Leconte de Lisle[24]

Une fois encore, l'enthousiasme et la passion du poète se heurtaient à la pesanteur des événements historiques, ainsi qu'à l'inertie apparente d'un parti républicain incapable de prendre en main le destin social et politique d'une nation restée comme pétrifiée par dix-huit années d'Empire. Il se voyait déjà, comme en 48, dans le feu d'une bataille libératrice et sanctificatrice – toujours cette fascination esthétique pour le martyre qui permet à l'homme, par le tragique, de devenir un Dieu et d'échapper au néant –, fantasmant ses propres aptitudes au combat physique, lui qu'une action matérielle, charnelle ou militaire remplissait d'effroi, idéalisant sa propre équipée révolutionnaire, remodelant sa juste destinée qui était, et serait toujours, moins celle d'un « homme d'action » que celle d'un « poète assis ». En réalité, il demeurait incapable d'offensive prométhéenne, impuissant à maîtriser autrement qu'avec la force d'une verve vindicative, incisive et péremptoire toute violence héracléenne, quelque idéal qu'elle servît et quelque Troie qu'elle combattît.

À partir de la fin du mois d'août 1870, sa correspondance s'intensifia et devint, en plus d'une véritable gazette des événements, une transcription fidèle de ses émotions qui, s'imposant aisément face aux miroirs aux alouettes de la raison et de l'analyse, passaient du désespoir le plus sombre à l'optimisme le plus radieux.

En effet, le 29 août, tout comme Adolphe Thiers, Leconte de Lisle estimait que c'en était fini, que la France allait perdre l'Alsace et que les républicains, même armés, même organisés, ne viendraient pas à bout d'un blocus de Paris que l'on préparait en catastrophe, fixant des pièces d'artillerie aux divers forts de la ville (Noisy, Rosny, Ivry, Bicêtre...), construisant des redoutes avancées pour empêcher que l'ennemi n'installât les siennes (à Châtillon, Hautes-Bruyères, Montretout...), approvisionnant en boulets les bouches à feu, en balles les chassepots, les carabines, en cartouches les fusils à tabatière, les rifles, en charge les besaces, en poudre les musettes, les gibernes et les gibecières (celles des rares militaires en priorité...), recensant le nombre de places disponibles dans les hôpitaux, évacuant pour l'accroître les hospices d'aliénés, faisant des réserves de combustibles et de nourriture (250 000 moutons, 40 000 bœufs...), renvoyant en province les femmes et les enfants des familles les plus aisées (ceux des couches populaires restèrent à Paris...), rappelant les troupes de marsouins de Brest, de Toulon et de Rochefort (désormais frappées d'inutilité...), rassemblant les gardes nationaux, les corps spéciaux, les douaniers, les forestiers, rameutant tout ce qui arborait force, loyauté, ardeur et virilité. Deux jours plus tard, à la veille de la bataille de Sedan, par le simple fait que « cent mille républicains étaient prêts à prendre une part énergique à la défense de la ville[25] », et compte tenu de « l'état rassurant et formidable des moyens matériels[26] », Leconte de Lisle considérait au contraire que tout pouvait être sauvé. « Un élan général avait succédé à la torpeur des uns, aux rancunes des autres ; les haines politiques faisaient face à la rage contre l'invasion[27]. »

> Tout peut donc être sauvé, et même on est en droit d'affirmer que tout est sauvé virtuellement, et cela dans le cas extrême d'une défaite des deux maréchaux. L'ennemi est très certainement épuisé. Les dévastations sauvages qu'il a commises dans nos malheureux départements de l'Est l'ont réduit à une pénurie effroyable. Ce serait de sa part un coup de désespoir que de revenir sur Paris. Toute la vallée de la Seine ne lui fournirait plus deux jours de vivres, et, en supposant qu'il revînt à nous, les forts et les fortifications, armés comme ils sont, n'en feraient qu'une bouchée. On se plaint seulement que la distribution des fusils aux gardes nationaux ne s'exécute pas avec la rapidité désirable. On refuse d'inscrire beaucoup de ceux qui se présentent. Du moins, on les soumet à tant de formalités stupides que l'on découragerait le plus grand nombre si on pouvait y réussir ; mais, la persévérance aidant, nous serons, je l'espère, tous armés dans huit jours[28].

Poétique et insouciante exégèse des événements, lesquels seraient à la hauteur de ce qu'il avait alors envisagé de pire. On manquait cruellement d'informations crédibles et des rumeurs contradictoires circulaient dans la capitale. Le bruit courait que le choléra ravageait les « armées faméliques » de uhlans, que la Prusse était exsangue et puisait dans ses dernières réserves, que Bazaine était sorti de Metz, que Frédéric-Charles avait été fait prisonnier et que Guillaume était devenu fou. L'incertitude semblait totale. On accusait le gouvernement de laisser la population dans l'ignorance – Où était Bazaine ? Où Mac-Mahon ? Que préparaient-ils ? – et, à l'annonce d'une nouvelle défaite de la soldatesque, sous la férule d'un régime jugé moribond par une immense majorité de la population, discrédité, caduc, tout pouvait aisément basculer. « Quoi d'étonnant ? Le pouvoir cachait la vérité, la foule s'obstinait à ne point l'entendre. Mensonge en haut, illusion en bas. Paris était persuadé que les destins se lasseraient à lui être contraires et il avait déjà remis toute sa confiance aux mains de deux hommes dont il eût cependant dû se défier, et qui s'appelaient, l'un Bazaine, l'autre Palikao[29]. »

> En somme, conclut Leconte de Lisle, les inquiétudes sont grandes, car on ne sait rien des questions de guerre. Bazaine est probablement coupé entre Metz et Verdun. Mac-Mahon a levé le camp de Châlons et s'est dirigé vers l'Est à marches forcées. On présume qu'il va essayer de dégager son collègue, laissant ainsi toute la rue libre au Prince Royal, *qui est à huit jours de Paris.* Si les deux maréchaux parviennent à écraser les deux corps ennemis qu'ils ont à combattre, ils doivent revenir en toute hâte prendre le Prince Royal entre le feu de la place et le leur. Voilà du moins le plan qu'on leur prête. Le tout dépend d'une victoire entre Metz et Verdun, car une défaite livrerait inévitablement Paris à l'horreur d'un bombardement. Rien, d'ailleurs, ne peut durer longtemps désormais. Il faut que les Prussiens soient expulsés avant quinze jours, ou Paris se soulèvera. [...]
>
> Quant à la garde nationale, elle a des fusils déplorables, et je crois d'ailleurs qu'on lui interdira l'accès des fortifications. Notre seule et sérieuse défense consiste dans la protection des forts, qui croisent leurs feux à 5 000 mètres. Cependant, si l'ennemi sacrifie beaucoup d'hommes, il est possible qu'il emporte d'assaut un ou deux forts. Cela étant, Paris sera bombardé et se rendra. Qu'adviendra-t-il ensuite ? Dieu seul le sait. Je raisonne, bien entendu, dans l'hypothèse que nous n'entendrons plus parler de Bazaine et de Mac-Mahon, car tout dépend de leur succès dans l'Est ou de leur inaction forcée[30]...

Puis il crut bon encore d'ajouter : « Il n'est pas plus question de l'Empereur et de son fils que s'ils n'avaient jamais existé. Ils feront bien de ne rentrer à Paris qu'après une victoire décisive, et bien escortés. »

Le siège

Palikao, qui pensait en effet qu'un peu d'aide suffirait à sortir Bazaine de la chausse-trappe où il s'était fourré, que son repli sur Verdun n'avait été que retardé et qu'on pourrait bientôt le rejoindre sur les routes de Thionville ou de Longuyon-Montmédy, décida, en accord avec la régente et le gouvernement, d'envoyer à sa rescousse toute l'armée de Châlons, céleste cohorte réunissant les corps de Failly et du général Trochu, récemment nommé gouverneur militaire de Paris par Badinguet, la division Vassoigne, les gardes mobiles et la prestigieuse unité d'un Mac-Mahon qui ignorait tout des positions réelles de son collaborateur. Au total, peut-être une centaine de milliers d'hommes. L'initiative était périlleuse à l'extrême puisqu'elle laissait Paris sans défense, mais le maréchal, recevant à Reims un télégramme encourageant de Bazaine – « compte toujours prendre la direction du nord et me rabattre à Montmédy » –, acquiesça. Immédiatement averti que les Français renonçaient à couvrir Paris, Moltke, désireux d'acculer son homologue contre la frontière d'un pays neutre, en l'occurrence la Belgique, envoya ses troupes – deux fois plus nombreuses – aux trousses de Mac-Mahon, qui le saisirent comme dans un étau, sur la rive droite de la Meuse, entre la Givonne, le ruisseau d'Illy et la place de Sedan. Le lendemain 1er septembre, vers midi, c'en était fait de la téméraire armée, et on hissait le drapeau blanc, sur ordre de l'Empereur, au-dessus des remparts de la forteresse.

> L'armée, entassée dans les rues de la ville, houleuse, lourde de la boue du champ de bataille et du poids de la défaite, heurtait ses débris à travers Sedan. C'était, dit un témoin oculaire, moins une armée qu'un troupeau. Soudain un mouvement se fit dans cette masse. Une voiture parut, attelée à la Daumont. Un homme en tenue de ville s'y faisait voir, portant le grand cordon de la Légion d'honneur ; un frisson parcourut les rangs : c'était l'empereur. Il jetait autour de lui ces regards froids que tous connaissent. Il avait le visage fatigué ; mais aucun des muscles de ce visage pâle ne remuait. Toute son attention semblait absorbée par une cigarette qu'il roulait entre ses doigts. On devinait mal ce qu'il allait faire. À côté de lui et devant lui, trois généraux échangeaient quelques paroles à demi-voix. La calèche marchait au pas. Il y avait comme de l'épouvante et de la colère autour de cette voiture qui emportait un empire. Un piqueur à la lignée verte la précédait. Derrière lui venaient des écuyers chamarrés d'or. C'était le même appareil qu'au temps où il allait sur la pelouse de Long-champs assister aux courses de grand prix... Une voix cria : *Vive l'empereur* ! une voix unique... Un homme s'élança au-devant des chevaux, et, saisissant par les jambes un cadavre étendu au milieu de la rue, le tira violemment de côté. La calèche passa[31]...

Le 2 septembre, la capitulation était signée, et, le 4, la foule envahissait le Palais-Bourbon ainsi que l'Hôtel de Ville, du balcon duquel le député socialiste Léon Gambetta proclama officiellement la déchéance de l'Empire et l'avènement de la Troisième République. De justesse, l'Impératrice Eugénie réussit à s'enfuir du palais des Tuileries, assailli, pillé, saccagé par le peuple, et se réfugia via Maubeuge en Angleterre, où la rejoignit son époux – à l'issue d'une brève captivité en Prusse – et où il mourut, vingt-huit mois plus tard, des suites des complications d'une opération chirurgicale. La visite des appartements de la régente livra à la nation le secret des antinomies et des extravagances de son intelligence. « Dans sa bibliothèque, nous dit Jules Claretie, les œuvres de Proudhon, qu'elle avait la prétention de lire et qu'elle ne comprenait certes point, coudoyaient les petits romans badins tirés de la bibliothèque de Marie-Antoinette à Trianon, ou les ouvrages mystiques de la librairie religieuse. Tout était à la fois ultra-mondain et ultra-clérical autour d'elle. Des os de saints, des reliques, s'étalaient sur les murailles, au-dessous des plafonds, où voltigeaient des amours. Des médaillons, dans le goût de Boucher, montraient des bustes de femme, et, à dix pas de là, se pliait et se repliait, comme un paravent, un confessionnal blanc, à ornements dorés[32] »...

Sous la présidence du général Trochu, on forma un gouvernement provisoire, dit de Défense nationale, – constitué de Rochefort, de Pelletan, de Garnier-Pagès, de Glais-Bizoin, de Jules Favre (Affaires étrangères), également vice-président de ce gouvernement, de Jules Simon (Cultes et Instruction publique), de Jules Ferry (Préfecture de la Seine), d'Emmanuel Arago (Mairie de Paris), d'Ernest Picard (Finances), du vice-amiral Fourichon (Marine), du général Le Flô (Guerre), de Dorian (Travaux publics), de Magnin (Agriculture et Commerce), d'Adolphe Crémieux (Justice) et de Léon Gambetta (Intérieur) – censé prolonger le conflit. Son projet était explicite : défendre la nation contre l'envahisseur, après quoi, puisqu'il lui manquait la légitimité du suffrage universel, il disparaîtrait. Mais comment ces républicains inexpérimentés et nourris des idéaux sentencieux de 1792 l'auraient-ils pu ? Moltke attendait la capitulation de Bazaine. La guerre semblait sur le point de se terminer ; pourtant, le 6 septembre, au lendemain du retour d'exil de Victor Hugo – qui disait qu'il se ferait inscrire comme garde national sur l'arrondissement où il logerait et qu'il irait au rempart, son fusil sur l'épaule –, dans une circulaire aux agents diplomatiques de la France à l'étranger, Jules Favre déclara solennellement qu'on ne céderait « ni un pouce de notre territoire, ni une pierre de nos forteresses », et qu'« une paix honteuse serait une guerre d'extermination à courte échéance. [...] Après les forts, les remparts ; après les remparts, les barricades, Paris pouvait tenir trois mois et vaincre ; s'il succombait, la France, debout à son appel, le vengerait ; elle continuerait la lutte et l'agresseur y périrait[33]. » De son côté, Victor Hugo lança à la foule venue l'acclamer des paroles réconfortantes : « Serrons-nous tous autour de la République... Nous vaincrons... Que Paris puisse être violé, brisé, pris d'assaut, cela ne se peut pas. Cela ne sera pas. Jamais, jamais, jamais[34] ! »

Cette chaleur harangueuse, cette faconde optimiste, cette ingénuité patriotique n'étaient plus celles de Leconte de Lisle – tant s'en fallait – qui, au lendemain de la catastrophe de Sedan, écrivit à son cousin :

> Nous avons été trahis, vendus, abusés d'une façon infâme jusqu'au dernier moment par les misérables qui dévoraient la France depuis vingt ans. Le pays est précipité dans un abîme d'où il ne sortira que par un soulèvement en masse, furieux et désespéré. Bonaparte s'est rendu comme un lâche ; sa femme est partie la nuit en emportant, dit-on, les diamants de la couronne qu'on n'a pas retrouvés. Sénat et Corps législatif ont disparu. La République a été proclamée : c'est le dernier moyen de salut qui nous reste, si toutefois les départements veulent se lever. *J'en doute* ; il ne reste guère de sang dans les veines de toute cette race ; mais du moins, si nous ne sommes pas *livrés* à l'ennemi par les bonapartistes, Paris résistera jusqu'à la mort. Que vous dirai-je ? J'ai les plus affreux pressentiments. Je pleure de rage en pensant que j'ai eu la bêtise de croire pendant cinq minutes, l'autre jour, que tout allait mieux. Il n'y a jamais eu aucun plan de campagne. Mac-Mahon est allé se faire cerner comme une oie, au lieu de revenir couvrir Paris, Bazaine étant déjà bloqué dans Metz. Palikao nous a trompés indignement, et le voilà disparu à son tour. Nous nous battrons ici, mais que fera Paris écrasé de bombes, entouré par cinq ou six cent mille hommes, si les provinces ne nous dégagent pas ? Les armes nous manquent. C'est la fin de la France, et au milieu de quelle honte[35] !

Dans les rues de la capitale, au rebours de 1830 et de 1848, on ne déplora aucune violence. Auguste Neffzter rapporta dans le *Temps* que « tout le monde fraternisait. La ligne, la garde impériale elle-même, la Garde nationale, les bourgeois, le peuple, tout le monde était dans l'enthousiasme et, hélas ! croyait tout sauvé par la proclamation de la République[36]. » Leconte de Lisle avait vu un des chefs de l'Internationale et ce dernier lui avait assuré qu'ils avaient tous fait le serment de ne plus songer qu'à l'entière expulsion de l'étranger. Ils étaient même allés – les socialistes Beslay, Briosne, Bachruch, Camélinat, Chassin, Chemalé, Dupas, Hervé, Landeck, Leverdays, Longuet, Marchand, Perrachon, Tolain et Vaillant, au nom des sociétés ouvrières et des sections françaises de l'Association des travailleurs – jusqu'à adresser au peuple allemand et à sa démocratie socialiste un appel à la réconciliation fraternelle, sous la forme d'un ultimatum pour le moins pathétique. – Tutoiement de rigueur :

> Tu ne fais la guerre qu'à l'empereur, et point à la nation française, a dit et répété ton gouvernement.
>
> L'homme qui a enchaîné cette lutte fratricide, qui n'a pas su mourir, et que tu tiens entre tes mains, n'existe pas pour nous.
>
> La France républicaine t'invite, au nom de la justice, à retirer tes armées ; sinon, il nous faudra combattre jusqu'au dernier homme et verser à flots ton sang et le nôtre.
>
> Par la voix de trente-huit millions d'êtres, animés du même sentiment patriotique et révolutionnaire, nous te répétons ce que nous déclarions à l'Europe coalisée en 1793 :
>
> « Le peuple français ne fait point la paix avec un ennemi qui occupe son territoire.
>
> Le peuple français est l'ami et l'allié de tous les peuples libres. – Il ne s'immisce point dans le gouvernement des autres nations ; il ne souffre pas que les autres nations s'immiscent dans le sien. »
>
> Repasse le Rhin.
>
> Sur les deux rives du fleuve disputé, Allemagne et France, tendons-nous la main. Oublions les crimes militaires que les despotes nous ont fait commettre les uns contre les autres.
>
> Proclamons : La Liberté, l'Égalité, la Fraternité des peuples.
>
> Par notre alliance, fondons les ÉTATS-UNIS D'EUROPE.
>
> VIVE LA RÉPUBLIQUE UNIVERSELLE[37] !

« Cela faisait l'effet d'un carnaval tragique. Les Prussiens n'en viendraient qu'un peu plus facilement à Paris, parce que la crise intérieure allait nécessairement prendre une partie du temps si nécessaire aux préparatifs de défense. Il y aurait pendant quelques jours plus de discours que de mesures sérieuses. Mais l'enthousiasme de ce peuple n'en avait pas moins quelque chose de touchant et d'émouvant[38]. » On voyait, jour et nuit, des familles entassées dans des charrettes avec leurs meubles, défiler sur le boulevard des Invalides[39] : la banlieue rentrait se réfugier dans la capitale, et, le 19 septembre, le siège commençait. Le prince royal de Prusse, bientôt rejoint par Moltke, Bismarck et Guillaume, installa son état-major dans la préfecture de la cité royale de Versailles, tombée sans difficulté. De son côté, le général Trochu établit le sien dans le palais du Louvre. « Refermer le gouvernement dans la place assiégée, c'était la condamner à capituler avec elle ; c'était briser d'avance la résistance de la France et la limiter à la défense de Paris[40]. » À cet égard, le trafic ferroviaire entre Versailles et Strasbourg, indispensable pour les assiégeants, fut partiellement interrompu par les habitants de Toul, qui détruisirent quatre tunnels. La place forte de cette ville fut donc bombardée. Elle céda le 23 septembre. Un neveu de Leconte de Lisle, le fils aîné de son frère Alfred, y perdit les deux jambes, emportées par un boulet, avant d'y laisser la vie. « C'était un brave garçon, écrivit son oncle, et il est bien mort. »

Toul ! nous te verrons resplendir
Au pied de tes montagnes vertes ;
Et toi qui sus encor grandir
Sur tes places de sang couvertes,

Strasbourg ! après tant de douleurs,
Tes remparts dont la voix s'est tue
Seront jonchés des mêmes fleurs
Que ton héroïque statue[41].

Les transmissions depuis Paris se faisaient par ballons-poste auto-locomobiles, sortis des ateliers de la gare d'Orléans. Grâce à l'un de ces ballons – l'aérostat *Armand-Barbès* –, Gambetta put quitter la ville assiégée et installer une délégation de l'Assemblée nationale à Tours, puis à Bordeaux. Ce fut une grave erreur car cette division du gouvernement nuisit à la coordination des efforts de riposte, paralysa l'administration, la diplomatie et les corps militaires, pourtant tout à la nation dévoués.

À disposition dans la capitale, 480 000 hommes, dont 80 000 d'armée, 100 000 de la Garde nationale mobile – des provinciaux venus à la rescousse en toute hâte : Bretons, Normands, Vendéens, Picards, Bourguignons, etc. – et 300 000 de la sédentaire, autrement dit de simples Parisiens, mal armés, mal habillés, manquant généralement d'instruction et de discipline, et qui montaient la garde, de nuit, à tour de rôle, aux différents remparts de la ville. Leconte de Lisle, sans doute désireux d'effacer le mauvais souvenir de son inaction pendant les barricades de 1848, en fit partie : « J'ai passé, écrit-il à Heredia le 21 février 1871, bien des heures en faction sur le parapet des fortifications, sous la pluie ou la neige, et bien des nuits dans les casemates, couché sur la paille, au milieu de la plus dégoûtante canaille qu'on puisse rêver[42]. » Sur la brèche, outre qu'il s'enrhuma et tomba malade, il fut très impressionné par la violence du feu et les sinistres déflagrations des ponts de la banlieue qu'on faisait sauter : « Je vous prie de croire, rapporte-t-il encore à son cousin, que les détonations sont horriblement lugubres dans le silence des fortifications ; si j'en réchappe, il m'en restera de profondes impressions. »

Tout le monde semblait résolu. Que la province se levât, vînt à leur aide, et pas un de ces barbares ne dépasserait le Rhin[43] ! Mais si par malheur les Prussiens entraient à Paris, Leconte de Lisle se plaisait à croire que ce serait en marchant sur les cadavres de 500 000 gardes nationaux, soldats et mobiles – toujours cette vision du sacrifice absolu, du supplice christique et de la mort glorieuse qui lui étaient si chers – car, au fond de son âme pessimiste, le poète, pas plus que le général Trochu, n'escomptait d'issue heureuse. Voilà pourquoi il conçut ce déraisonnable moyen de s'extraire du gouffre : s'il ne pouvait y avoir de triomphe, du moins pouvait-on succomber, tels Klytaimnestra, Hypatie ou Niobé, majestueusement. Pour lui, il aurait suffi de « bien recevoir l'ennemi dans la ville elle-même, faire sauter vingt mille maisons au besoin, couper toutes les grandes voies de cette immonde canaille d'Haussmann par de formidables barricades et faire payer aux Prussiens leur victoire probable par un tel massacre qu'ils n'entrent [dans la cité] que sur [leurs] cadavres à tous[44] ».

Dans *Le Sacre de Paris*, pendant exact au *Massacre de Mona*, publié en plein cœur du siège, le 10 janvier 1871, et récité par Mlle Agar à la fin du même mois, aux Bouffes-Parisiens, passage Choiseul[45], il développa cette théorie militaire du sabordage, partagée par nombre de ses contemporains, dans laquelle Paris, ville sacrée au même titre que Jérusalem ou Constantinople, tenait à la fois de la Rome de Néron, du bûcher d'Héraklès et de l'autodafé des derniers Cathares de Montségur :

Ô Paris ! C'est la cent deuxième nuit du Siège,
Une des nuits du grand Hiver.
Des murs à l'horizon l'écume de la neige
S'enfle et roule comme une mer. [...]

Ville auguste, cerveau du monde, orgueil de l'homme,
Ruche immortelle des esprits,
Phare allumé dans l'ombre où sont Athènes et Rome,
Astre des nations, Paris ! [...]

Vois ! La horde au poil fauve assiège tes murailles !
Vil troupeau de sang altéré,
De la sainte Patrie ils mangent les entrailles,
Ils bavent sur le sol sacré !

Ô Paris, qu'attends-tu ? la famine ou la honte ?
Furieuse et cheveux épars,
Sous l'aiguillon du sang qui dans ton cœur remonte
Va ! bondis hors de tes remparts !

Enfonce cette tourbe horrible où tu te rues,
Frappe, redouble, saigne, mords !
Vide sur eux palais, maisons, temples et rues :
Que les mourants vengent les morts ! [...]

Dans le carrefour plein de cris et de fumée,
Sur le toit, l'Arc et le clocher,
Allume pour mourir l'auréole enflammée
De l'inoubliable bûcher.

Consume tes erreurs, tes fautes, tes ivresses,
À jamais, dans ce feu si beau,
Pour qu'immortellement, Paris, tu te redresses,
Impérissable, du tombeau[46].

Dès la fin du mois de septembre, la nourriture commença à devenir un sujet de préoccupation. Les magasins alimentaires avaient été littéralement pris d'assaut et la peur de manquer incita les membres de la haute société non seulement à faire des réserves démesurées, mais encore à se recevoir les uns les autres pour sacrifier à de cathartiques bombances. « Chacun s'appliquait à manger plus et mieux. La chère était plus abondante et plus délicate. Il semblait qu'on se dît à part soi : Autant de pris sur l'ennemi; encore un que les Prussiens n'auront pas ! Jamais dans la classe bourgeoise les invitations ne furent plus nombreuses qu'en cette première phase du blocus. "Un dîner de siège !", c'était l'expression consacrée. Et l'on prenait je ne sais quel plaisir à narguer les Prussiens en servant à ses convives des bons morceaux, qu'ils engloutissaient en se plaignant des horreurs de la famine[47]. »

De son côté, Leconte de Lisle, que la chute de l'Empire avait soudain privé de ses émoluments, et qui n'avait fait aucune économie, retomba rapidement dans la gêne. Le prix de la viande grimpa, excepté celui du cheval qui demeura, jusqu'en octobre, abordable. D'interminables queues se formèrent que reproduisit, dans le *Monde illustré*, Clément-Auguste Andrieux. La solde de garde national devint insuffisante pour assurer la subsistance d'une famille moyenne. On établit une carte de rationnement, taxa le prix du pain, convint d'un moratoire sur les loyers : la gêne se transforma en peine et la peine en malheur. On tenta quelques sorties militaires ; elles se soldèrent par des échecs cuisants à Champigny, Buzenval et au Bourget. « En fait, c'était l'histoire ordinaire de cette stupide et épouvantable chose qu'on nomme la guerre[48]. »

Leconte de Lisle en rendit compte à Hippolyte Foucque dans cette lettre du 25 octobre, soit deux jours avant la capitulation de Bazaine à Metz :

Nous sommes ici dans le désarroi le plus complet. Il n'y a plus ni gouvernement, ni police intérieure. Les soldats et les mobiles vagabondent par bandes dans les rues, ivres et chantant à tue-tête. Par surcroît, nous avons des craintes très sérieuses dont l'objet n'est que trop défini. Trois cent mille gardes nationaux environ, ne travaillant plus depuis le 4 septembre, reçoivent 1 fr. 50 par jour, plus 75 centimes par femme mariée. C'est donc à peu près 675 000 francs par jour que coûte cette garde nationale qui ne sert plus à rien. Si l'Assemblée supprime l'indemnité, nous aurons du soir au lendemain 300 000 hommes sur le pavé, sans travail et sans pain, c'est-à-dire de nouvelles journées de Juin 1848. Personne ici ne songe à cela. On se préoccupe beaucoup de savoir si les députés de Paris vont plus ou moins terrifier Bordeaux, mais on ne s'inquiète pas du tout de reconstituer l'ordre, le travail, la sécurité et l'existence de chacun et de tous. Nous ne sommes et nous ne serons jamais que des enfants. L'avenir de notre pauvre pays est bien sombre. [...]

La viande diminue ; nous n'en avons plus que cent grammes par personne tous les trois jours environ. Reste le cheval, puis les chiens et les rats y passeront, si nous tenons jusque-là. Il faudra se résoudre à faire une sortie en masse. La garde nationale se mobilise ; nous serons avant peu 200 000 hommes armés et prêts à nous jeter sur ces misérables. *Si nous sommes repoussés, Paris et la France sont perdus*. Personne ne compte plus ici sur la province. – Beaucoup de combats acharnés et sanglants autour des ponts. La mobile se bat bien, mais il y a de grandes pertes. Nous n'avons pas assez de canons de campagne ; les fusils manquent aussi. On fait de tout cela, mais trop lentement. Le gouvernement n'a pas d'initiative[49].

Pour ajouter à son malheur, un mois plus tôt, le 30 septembre, parurent dans le *Temps* les *Papiers et correspondance de la famille impériale* saisis aux Tuileries. Certes, nombre d'entre eux, et des plus savoureux, avaient été détruits depuis longtemps, notamment ceux touchant aux scandales les plus mystérieux de l'Empire, comme l'affaire Cornemuse, ou les plus sanglants, comme celle du 2 Décembre. Mais on y apprenait que Leconte de Lisle avait été pensionné à partir de juillet 1864 sur les fonds secrets de la cassette personnelle de Louis-Napoléon Bonaparte. Oh, l'avide curiosité du public ! Son nom, entre ceux de Lebregeal et de Lefèvre-Deumier, côtoyait celui de Narvaez, dictateur espagnol et duc de Valence, ceux d'anciens complices, de bâtards supposés, de créanciers, de domestiques, de poètes courtisans, d'hommes de lettres plus ou moins distingués, de personnages ayant rendu d'obscurs services à la police impériale, et de toute une clique cocasse et bigarrée qui l'accabla et mit à mal le fondement même de sa probité[50]. « [On n'y trouvait pas] la multitude des petits émargeurs que les nécessités de la vie avaient amenés sous les fourches caudines de la charité impériale ; on avait voulu seulement présenter un spécimen de toutes les catégories auxquelles pouvaient se rapporter les libéralités de la liste civile ; complicités avérées, services rendus à la personne, aux parents, aux idées et aux amis du prince, sollicitations appuyées par des influences militaires, cléricales ou domestiques ; secours aussi au mérite et au malheur[51] »…

Cette publication fut une vraie catastrophe dans le microcosme républicain par lequel Leconte de Lisle, désormais, aurait de plus en plus de mal à se faire accepter. Son sentiment de révolte, son mépris du vulgaire et des masses, s'en trouvèrent indubitablement compliqués.

Après le 4 septembre, on se mit, comme vous savez, à forcer les tiroirs des Tuileries, et, dès la 1er livraison des papiers impériaux, on s'empressa de publier mon nom. Il y avait là Lavertujon, Claretie, Pelletan, André Lefèvre, Pichat, etc[52]. Ces messieurs eussent été enchantés de me tuer moralement, dans le vain espoir que leurs vers en seraient meilleurs. Ils se trompaient dans un cas comme dans l'autre. J'écrivis au *Gaulois* quelques mots à Sarcey[53] qui les inséra et les fit suivre d'un article très bienveillant. Tout le monde, en somme, fut très aimable pour moi, et aucun de mes amis ne manqua de venir me voir, à l'exception de Ménard que je n'ai plus revu et que je ne tiens pas à revoir. C'était un ami de plus de vingt ans ; si quelqu'un me *connaît* au monde, c'est lui. Sa conduite envers moi est purement impardonnable. – Les républicains du trottoir ne me considéreront plus comme un des leurs. C'est désolant, mais quand ils se seront déchirés les uns les autres, quand ils auront une fois encore assassiné la République à force de cris ineptes, d'actes insensés et de bêtise incurable, je n'en achèverai pas moins mon œuvre qui, en vérité, vaudra bien la leur. S'ils avaient suivi le conseil que je leur donnais, au commencement de janvier, dans « Le Sacre de Paris », nous aurions couronné notre résistance à l'ennemi d'une façon dont le monde se serait à jamais souvenu. Mais il était plus facile de hurler du soir au matin dans les estaminets et de ne point aller aux avants-postes, comme MM. Rochefort, Flourens, Millière et le reste. Est-il possible que de tels gamins s'imaginent être des chefs politiques et qu'il y ait ici trois cent mille idiots qui les suivent ! C'est à désespérer à jamais de cette malheureuse nation. Pour mon compte, il y a longtemps que c'est fait[54].

Le port se voulait bien sûr altier, le dédain superbe, le dégoût sincère, mais l'entaille était profonde. « Pendant trois jours il avait pleuré, puis, à bout de forces, éprouvant le besoin de confier sa douleur qui n'était pas ressentie de son entourage, il écrivit à ceux de ses amis dont l'estime lui semblait la plus nécessaire à sa vie. À l'un d'eux il disait : "Toute faiblesse s'expie. J'en reçois la juste punition par la publication des Papiers Impériaux." Et cet ami, s'étant présenté chez lui peu de jours après, fut reçu par ces mots prononcés sur un ton qui trahissait une mince détresse : "Vous venez me voir encore... Merci..." C'était avant la nuit tombante. Leconte de Lisle, qui n'avait pas de servante, ouvrait sa porte lui-même et, le distinguant mal dans l'antichambre obscure, l'ami se contenta de lui serrer la main ; mais quand, passant dans le salon, Leconte de Lisle, plus éclairé de jour, apparut pâli, défait, étrangement changé, l'ami, saisi d'émotion devant le vaillant penseur si faible contre la vie, s'écria : "Oui je viens. Vous devez être malheureux. – Et plus malheureux encore, ajouta Leconte de Lisle, de n'être pas compris[55]." »

Cette nouvelle épreuve mit fin à toutes ses velléités politiques : il rêvait d'un ministère. Mais pourquoi diable avait-il accepté l'argent de Napoléon III ? La pension de Bourbon lui avait pourtant été restituée, contrairement à ce qu'il prétendait, en 1862[56]. Peut-être en avait-il eu assez, à quarante-six ans, de cette sempiternelle pauvreté que la venue de sa mère et de ses deux sœurs, Élysée et Emma, avait brusquement rendue plus insupportable, ou peut-être avait-il aspiré, comme son épouse Anna, à un peu plus de confort matériel.

Aussi étrange que cela puisse paraître, cette faiblesse lui valut de nouvelles sympathies, dont celle du fervent adversaire de tous les acteurs du 4 Septembre, spécialement de Gambetta, le républicain Charles Delescluze, démissionnaire de la mairie du dix-neuvième arrondissement et récemment acquis aux idées de son ancien rival, Proudhon. Heredia lui resta farouchement fidèle, mais Louis Ménard – de même que Verlaine, Marras, Andrieu, Ranc et bien d'autres qui ne le défendirent jamais... – lui refusa son amitié pendant plus de seize ans. Seize longues années pendant lesquelles ces deux intransigeances s'en voulurent mutuellement et ne surent trouver en elles-mêmes le pouvoir ni la force de se pardonner.

L'armistice

Au début de l'année 1871, l'immense majorité de la population souhaitait la fin des hostilités. Les bombardements, qui sévissaient depuis trois semaines, avaient semé la mort partout. Les Prussiens avaient pris pour cibles les bâtiments civils : l'hôpital de la Pitié et celui des Enfants-Malades, l'institution Sainte-Périne, l'église Saint-Sulpice, le Val-de-Grâce, la Sorbonne… On évacua en toute hâte les lieux les plus sensibles, mais la violence et la barbarie des explosions n'épargnèrent personne. Une école de Vaugirard déplora quatre morts en une seule déflagration : tous de jeunes enfants. Le Jardin des Plantes, fondé par Louis XIII en 1636, devenu Muséum d'histoire naturelle le 23 mai 1794, et qui recélait sous d'immenses serres des trésors inestimables, uniques au monde, jusque-là préservés par tous les pouvoirs nationaux et étrangers, ne put être sauvé. Les pointeurs de canons Krupp redessinaient au bistouri le visage de Paris. Alors, le 26 janvier, Jules Favre signa avec le prince Otto von Bismarck, à Versailles, un armistice de vingt et un jours. Motif : faire voter une nouvelle Assemblée, le victorieux chancelier du nouveau Reich allemand refusant d'adresser la parole aux membres du gouvernement provisoire, non librement élus. Le 30, à bout de forces et de nerfs, Leconte de Lisle écrivit une courte lettre à Heredia :

> Mon cher ami,
>
> On vient de signer l'armistice. Ce que nous avons souffert est inexprimable ; je ne vous dis rien de ce que nous avons mangé. […] Impossible d'être plus explicite sur le reste. Dès que vous aurez reçu ces quelques mots, rendez-nous le service de m'adresser, si vous le pouvez, un peu de beurre, de pommes de terre et de jambon, 8 bd des Invalides. S'il y a indiscrétion, songez que nous mourons de faim. Nos meilleurs souvenirs à ces dames et à vous de tout cœur.
>
> Leconte de Lisle[57]

Le siège était officiellement terminé. Mais le gouvernement de Défense nationale n'en restait pas moins prisonnier de ses promesses et de son idéologie révolutionnaire. Il continuait à penser, à l'instar de la Législative et de la Convention, que face à l'invasion la levée en masse d'une population exaltée suffirait à renverser le cours de l'Histoire. Il n'était pas possible, comme l'avait solennellement proclamé Léon Gambetta aux citoyens de Tours, que le génie de la France se fût voilé pour toujours, que cette grande nation se laissât dérober sa place dans le monde par une invasion de cinq cent mille hommes, et il valait mieux mourir que de subir la honte du démembrement. À travers tous les désastres, sous tous les coups de la mauvaise fortune, il resterait encore à ce pays le sentiment de l'unité française, l'indivisibilité de la République[58] ! Mais c'était oublier qu'une masse ne fait pas une armée, et qu'un fusil jeté entre les mains d'un quidam n'en fait pas un soldat. Et que dire du pauvre bougre sans chassepot ? En raison de son inexpérience, de son indiscipline et de son manque cruel d'encadrement – la plupart des officiers étaient retenus prisonniers en Allemagne –, la population de Paris, et spécialement la Garde nationale sédentaire, à laquelle Leconte de Lisle s'était agrégé, n'avait été qu'un fardeau supplémentaire. Pourtant on refusait de le reconnaître, car tous les gardes s'étaient bien battus. Eux aussi étaient morts pour la France. C'était la faute de ces provinces qui ne s'étaient pas assez soulevées, de ce gouvernement provisoire dont on partageait les idéaux mais qui avait découragé une multitude héroïque et patriote. Strasbourg n'avait pas été secouru ; Metz n'avait pas été secouru ; tandis qu'on envoyait de vieux serviteurs des cours mendier la pitié des rois, on contenait l'élan de Paris ; on versait de l'eau au lieu de feu, des larmes au lieu de sang. On avait conservé les pourritures monarchiques ; on avait paralysé toutes les forces vives ; l'initiative des citoyens, leurs efforts en faveur d'une énergique résistance avaient été opiniâtrement entravés. À peine si l'on commençait, sous la contrainte du cri public, à fondre des canons, et l'on oubliait dans les magasins et dans les gares ceux qu'on possédait et l'on enterrait ceux qui seraient le plus redoutables à l'ennemi. Imbécillité ? Trahison ? Le résultat était le même. Désormais, l'initiative seule du courage, du désespoir, du patriotisme et de la science pouvait sauver la France et Paris. Que les hommes de cœur se lèvent ; que tous courent à l'ennemi ! Les femmes, les vieillards, les enfants eux-mêmes restaient à la garde des remparts, et ils retrouvaient tous la grande âme révolutionnaire qui avait su vaincre en d'autres temps[59]...

Le 6 février, Gambetta démissionna de son siège de député du Bas-Rhin à l'Assemblée de Bordeaux, et le premier train de marchandises entra dans la capitale. Le 8, une nouvelle Assemblée nationale fut élue qui s'installa dans la ville royale de Versailles, six semaines plus tard. Les hommes de toutes les sensibilités politiques avaient unanimement rejeté Trochu des listes électorales, et Leconte de Lisle pensait que si Paris avait résisté pendant cinq mois au blocus, à la faim, au bombardement, c'était uniquement parce que la population tout entière l'avait bien voulu, malgré les hésitations et l'incompétence flagrante de leurs gouvernants. C'était là l'exacte vérité telle qu'elle serait établie devant l'Assemblée, non seulement par les députés écarlates de Paris, mais par les amiraux commandant les secteurs et les forts. Ils avaient été, depuis le début de cette guerre absurde, les victimes perpétuelles de prétendus plans de leurs généraux, y compris celui de Trochu, dont le résultat le plus clair consistait en ces vingt mille hommes inutilement sacrifiés dans trois sorties déplorablement conçues et menées, plus la reddition de tous les forts, de tous leurs fusils et de toute leur artillerie, sous prétexte d'armistice. En somme, l'immense majorité des Parisiens considérait Trochu comme un traître. Selon Leconte de Lisle, ce n'était qu'un homme nul. Il était donc juste d'attendre des éclaircissements de ces Messieurs devant l'Assemblée, si toutefois on leur demandait des explications et s'ils en donnaient[60]...

Toutes ses prophéties s'étaient donc réalisées. Leconte de Lisle avait annoncé à son cousin, deux mois auparavant, leur capitulation certaine. C'était maintenant chose faite. Quant à la situation politique, elle était navrante. Il y avait un trouble profond dans les esprits. On craignait que la République ne fût bien malade et qu'on restaurât une monarchie quelconque dans les six mois[61].

Trois jours plus tard, le 11 février, dans une lettre à Heredia largement plus détaillée que la précédente, plus personnelle et plus chaleureuse aussi, et qui revenait sur les souffrances endurées pendant le siège, le poète témoignait encore, parmi cent autres choses, de cette phobie quasi viscérale d'un retour à la royauté, fatale conséquence de l'insanité et de l'impéritie des dirigeants républicains :

> Ce matin, mon cher ami, j'ai reçu votre excellente et affectueuse lettre qui nous a fait à tous deux un bien grand plaisir, je vous prie de le croire, après toutes nos misères. Vos appréhensions amicales ne sont que trop fondées. Nous avons beaucoup souffert du froid, de la faim et du bombardement. Je me souviendrai très longtemps et avec infiniment d'amertume du siège de Paris, car rien ne m'aura manqué, ni souffrances matérielles, ni peines morales. Notre malheureux quartier a été écrasé d'obus pendant un mois environ. Les sifflements et les détonations ne cessaient ni jour, ni nuit. Le premier obus, destiné très probablement au dôme des Invalides, est tombé presque à votre porte, sur le trottoir, en face de l'église[62] ; un des derniers a défoncé le sixième étage de notre maison, du côté qui regarde l'avenue de Villars. Tout ce qui se trouvait dans l'appartement a été mis en pièces. Les personnes qui l'habitaient n'y étaient plus heureusement. Cependant, comme il était devenu impossible de dormir cinq minutes, grâce à ces sifflements horribles dont vous ne pouvez vous faire une idée, et grâce aussi à l'intolérable appréhension de chaque seconde d'être massacré et mis en morceaux dans son lit, sans lutte et sans résistance, nous avons émigré à notre tour rue Richer pour quelques nuits. Les rues Vaneau, Oudinot, Babylone et Monsieur, Varenne, du Bac et de Grenelle ont été aussi abîmées que nos avenues. Le bombardement a tué en proportion beaucoup plus de femmes et d'enfants que d'hommes, probablement parce que ceux-ci étaient fort rarement chez eux, retenus aux remparts ou aux avant-postes.
>
> Aujourd'hui, tout est fini. On a rendu Paris avec une précipitation singulière. La population, qui a été admirable depuis le premier jour jusqu'au dernier, ne demandait qu'à résister, malgré la faim. Et Dieu sait si le pain qu'on nous donnait était affreux, noir, gluant, infect ; plus, un petit morceau de cheval tous les quatre jours. Et quelle horreur que ce cheval ! Je ne vous parle pas des infamies vendues à prix d'or dans les rues, chiens, chats et rats, sans compter les choses sans nom. Nous avons vécu d'un peu de riz. Anna est bien affaiblie et je ne vaux guère mieux. Vous avez mille fois bien fait de quitter Paris ; jamais Mme Heredia n'aurait pu supporter les angoisses de ce malheureux siège. Enfin, le voilà terminé. Il en résulte avant tout que maître Trochu est un homme absolument incapable et que ses collègues sont autant d'idiots. Nous sommes, par leur faute unique, car ils disposaient des plus admirables moyens de résistance, outrageusement vaincus, livrés pieds et poings liés à un ennemi qui abusera immanquablement de sa victoire complète, inespérée, inimaginable. En outre, l'extrême bêtise des républicains, leur manque absolu d'esprit politique, leur ignorance, leur rage de se déchirer perpétuellement les uns les autres, l'envie qui les dévore et l'interminable série des autres vices qui leur sont propres nous amèneront une restauration monarchique avant six mois. Voilà ma prophétie actuelle. Elle s'accomplira comme se sont accomplies toutes les autres. Pour mon compte personnel, je vous déclare, mon cher

ami, que cela m'est fort indifférent. Je ne désire plus qu'une seule chose qui n'est pas la moins impossible à réaliser et qui serait de vivre loin de Paris, afin d'achever mes poèmes commencés, sans plus me préoccuper des peuples et des rois. Mais c'est là un désir aussi vain sans doute que mes espérances ont été stériles et mes colères impuissantes. Je vivrai et je mourrai au milieu de républicains idiots qui ignorent le premier mot de ce qu'ils ont à faire et qui détestent spécialement ceux qui sont plus intelligents qu'eux. [...]

Anna embrasse bien tendrement Mme de Heredia à qui j'envoie mes plus affectueux respects.

Tout à vous de cœur
Leconte de Lisle[63]

Cette lettre ne parvint pas immédiatement à son destinataire, si bien que Leconte de Lisle, qui la crut perdue, comme le furent les quatre ou cinq précédentes, en expédia une autre, par la poste, le 21 février. Il y relatait les mêmes faits : bombardements d'une « beauté farouche », nourriture infecte, souffrance extrême; y exprimait les mêmes inquiétudes. Sagamore[64], sans doute un animal domestique miraculeusement réchappé des casseroles du blocus, se portait bien et le Maître ne voyait plus personne de l'ancien groupe des Parnassiens, Lemerre excepté. Il remerciait encore Heredia pour son « offre amicale », présentait, comme toujours, ses respects à Mme Élisabeth Despaigne, la mère de Mme de Heredia, cette dernière recevant de nouveau ses « compliments les plus affectueux[65] ». Quatre jours plus tard, après qu'il eut reçu la réponse de Heredia qui contenait un avis du banquier prouvant la bonne foi de ses louables intentions – que Leconte de Lisle accepta d'honorer –, il fit parvenir à son ami non pas une mais deux lettres, largement dominées par le thème de l'argent – Culpabilisait-il, à cinquante-deux ans, de suspendre sa vie à l'humiliante obole d'un disciple ? – : l'une, griffonnée le matin, où il revenait sur l'affaire de la pension impériale et les diverses fâcheries qu'elle avait occasionnées ; l'autre, rédigée le soir, où il déclarait devoir absolument trouver une sinécure, quelle qu'elle fût, Bibliothèque ou Instruction, et où il brossait un portrait lucide mais au vitriol de la situation politique, éducative et morale de ses contemporains. Le suffrage universel et la République plébiscitaire les avaient abrutis, et, afin de les éduquer, mieux eût valu l'instauration d'une monarchie d'apparat, comme en Belgique, où l'élite, dernier bastion contre la sottise, n'était au moins pas soumise à la dictature du plus grand nombre :

Vous ne sauriez croire, mon cher ami, combien j'ai hâte qu'un ordre de choses acceptable s'établisse en France et me permette d'obtenir, soit une bibliothèque, soit une fonction à l'Instruction ou aux Beaux-Arts, qui me fasse vivre et travailler en paix. J'ai inutilement souffert pendant de longues années, et Dieu sait pourquoi ! Mes forces sont à bout et ma patience est absolument épuisée, outre que mon strict devoir est aussi de songer à des intérêts qui me sont assurément plus chers que les miens propres. D'ailleurs il est d'heure en heure plus indispensable d'entreprendre sérieusement l'éducation politique et sociale de ce malheureux peuple aussi incapable de se connaître et de se posséder, qu'il est incapable de savoir ce dont il a besoin et surtout ce qu'il veut. Les cris et les ameutements ne le lui enseigneront certes pas. Si les agitations politiques sont une condition même de la liberté chez une nation accoutumée à s'appartenir, à réfléchir, à agir dans la plénitude de l'initiative individuelle ou collective, telle que la race anglo-saxonne, par exemple, elles ne peuvent qu'être funestes à cette nation française ignare, routinière, furieuse aujourd'hui, à plat ventre demain, bavarde, fanfaronne et vaniteuse, proie éternelle du premier hurleur de carrefour qui gesticule des quatre pattes, ou du premier soldat bien empanaché qui caracole sur les places publiques. C'est pour cela qu'il faut à ce peuple beaucoup d'instruction gratuite et obligatoire et infiniment moins de suffrage universel qui n'est aujourd'hui qu'un pur instrument de tyrannie aux mains des plus imbéciles contre les plus intelligents. Une monarchie comme celle des Belges, où les prérogatives royales sont nulles, serait assurément plus favorable à l'éducation politique de la masse française qu'une République plébiscitaire comme la nôtre, et qui, jusqu'à ce jour, n'a jamais été qu'une mêlée d'ambitions vulgaires, une lutte acharnée d'intérêts individuels, qui n'a jamais fait germer aucune idée organique dans la cervelle inepte d'aucun Razoua[66], et qui abêtirait inévitablement la France, si ce n'était déjà fait[67].

Leconte de Lisle en était convaincu, avec la nouvelle Assemblée bordelaise qui, quoique divisée entre orléanistes, bonapartistes et légitimistes, était majoritairement à droite et donc hostile au Paris ouvrier, conservatrice, monarchiste, réactionnaire, cléricale, ce qui, en ces temps d'extrême simplification signifiait à peu près la même chose, ils auraient une monarchie constitutionnelle avant la fin de l'année et l'histoire des quatre décennies précédentes recommencerait jour par jour, avec une exactitude inéluctable[68]. L'esprit militaire avait été humilié; la culotte de peau déconsidérée; les maréchaux des oies et les généraux des ânes[69]. La majorité des électeurs voulaient la paix, et les Allemands, l'annexion partielle ou totale de l'Alsace et de la Lorraine. Les familles, elles, ne désiraient rien tant que de se réunir; on attendait le retour des prisonniers et espérait, en plus de l'évacuation, une baisse significative des impôts et des charges. La misère et le chômage, entre l'humiliation et la frustration de la défaite, refaisaient parler d'eux. La garde mobile et l'armée régulière erraient, par bandes, de rue en rue et de café en café, dans le désœuvrement le plus complet. Les voies de chemin de fer coupées, la Seine obstruée, le ravitaillement arrivait au compte-gouttes et l'économie était au plus mal. Quelques Prussiens cyniques et cupides vendaient des vivres aux Parisiens affamés. Les Halles avaient été dévastées, pillées par des vandales spéculateurs. Londres envoya pour deux millions de denrées. L'armistice, loin de ramener le calme, avait augmenté les tensions. La morte saison commençait pour le Cirque olympique[70]. On se sentait trahi, abandonné, fini. « Quoi ! C'était pour en venir là qu'on avait supporté tant de douleurs, qu'on s'était disputé des morceaux de pain noir et caillouteux, qu'on avait anxieusement attendu les nouvelles que portaient à travers les lignes de pauvres diables décidés à tout braver; c'était pour cela que deux millions d'êtres humains s'étaient voués, corps et âme, à la même idée patriotique, résister; c'était pour se trouver face à face avec un tel lendemain que le gouvernement promettait encore, la veille, la victoire à ce peuple ivre du besoin de combattre[71] ? » Tout semblait attester que oui. Restait donc à négocier pour le mieux, en conscience, cette paix déshonorante que les circonstances imposaient à la très jeune et très fragile République.

La paix

Tout comme la guerre, la paix fut franco-allemande. Les autres nations européennes restèrent totalement en dehors de ces négociations qui furent intégralement orchestrées par les deux figures charismatiques de von Bismarck et d'Adolphe Thiers, soixante-treize ans, récemment élu chef du pouvoir exécutif – c'est-à-dire chef d'État –, à l'apogée de sa carrière et au faîte de sa popularité : près d'un million de provinciaux, dans plus de vingt départements, avaient voté pour lui. Gambetta, qui voulait poursuivre le conflit, désira rester en dehors de ces pourparlers. « La guerre à outrance ! » Tel était son « fou furieux[72] » mot d'ordre. « La résistance jusqu'à complet épuisement ! » Mais sa santé morale encore plus que ses forces physiques avaient été fort rudement éprouvées, et son unique préoccupation, après de trop nombreux et trop vains efforts pour vaincre et bouter l'ennemi hors de France, se limiterait désormais à la sauvegarde des institutions républicaines. Il s'installa en Espagne, à Saint-Sébastien; Emmanuel Arago lui succéda. Garibaldi et Ledru-Rollin suivirent son exemple et se retirèrent, eux aussi, du Grand-Théâtre.

Thiers, quant à lui, quitta Bordeaux – la ville même où vingt ans plus tôt Napoléon III avait prononcé la parole historique : « l'Empire c'est la paix ! » – pour Versailles le 19 février, accompagné de Jules Favre, ministre des Affaires étrangères, d'Ernest Picard, ministre de l'Intérieur, et d'une commission de quinze autres parlementaires. Il lui fallait agir et convaincre rapidement, négocier avec tact et finesse. – « Le pays devait être d'autant mieux servi qu'il était plus malheureux[73]. » – On commença par demander une prolongation de l'armistice de quatre jours, déplaçant l'échéance du mercredi 22 au dimanche 26, minuit. Le 21, le petit Marseillais était face au grand Brandebourgeois. Cela lui laissait cinq journées pour conclure. S'il échouait, les combats reprendraient, et, avec eux, les bombardements, l'occupation, la disette, les épidémies – la mortalité avait plus que triplé –, le chaos. Il fallait retrouver au plus vite une situation normale. En outre, l'Allemagne aussi était impatiente de revoir ses soldats. Bismarck exigea l'annexion de toute l'Alsace et d'une partie des départements de la Meurthe et de la Moselle, Metz compris, ainsi qu'une indemnité de guerre faramineuse, dépassant toute prévision, de dix milliards de francs-or, ce qui eût ruiné le pays tout à fait, bientôt réduite à sept milliards cinq cents millions, puis à seulement cinq milliards. – Pour les tractations financières, on eut recours aux loyaux services du baron de Rothschild... – En échange, le chancelier réclama l'occupation de la forteresse de Belfort, symbole de la résistance française, ce qu'il n'obtint pas, et l'entrée – certes temporaire mais ignominieuse – de trente mille de ses soldats en uniforme sur les Champs-Élysées, dans l'attente de la célébration du traité, ce qu'il obtint. Le 26, comme prévu, les préliminaires de paix étaient signés, et l'armistice, prolongé jusqu'au 12 mars. Libre à l'Assemblée de les approuver ou non. Mais avait-elle le choix, le rapatriement des prisonniers et l'évacuation des territoires occupés dépendant de cette ratification ? Plus tard, à Bruxelles, on s'arrangea sur les conditions d'application effective et sur la mise en forme du texte définitif.

À Versailles, Moltke vint féliciter Bismarck.

Dans la voiture qui les ramena à Paris, Jules Favre semblait comme foudroyé et Thiers fondit en larmes.

Le ciel, gelé, était très bleu.

À Bordeaux, on s'arrachait le compte-rendu des négociations…

En additionnant sommairement les arrondissements, les départements, les cantons et les communes, on trouvait que la France était amputée de 1 500 000 hectares et qu'elle perdait 1 600 000 de ses habitants.

À Paris, on ignorait tout des conditions de cette paix, qu'on présentait comme l'œuvre d'un seul homme, et on ne les connaîtrait pas avant que l'Assemblée ne les eût avalisées, le 1er mars. Jamais l'opposition entre la capitale résistante et la conciliante province, entre la minorité urbaine et la majorité rurale, n'avait été si forte, si tranchée, ce qui selon Karl Marx, compromettait dans l'œuf toute tentative de révolution prolétarienne[74].

Le 27 février, Leconte de Lisle reprit la plume pour s'entretenir de ces événements avec son ami Heredia. Les rumeurs allaient bon train. On bouillait. On affirmait que les Allemands entreraient dans l'ouest de Paris, les forts seuls ayant été rendus, prétendait que les représentants de la province voulaient retirer à la cité son statut de capitale. On fulminait. Pour les républicains de la Garde nationale, désormais fédérés en *Comité central* anonyme et indépendant, la chose était insupportable… En conséquence, ils ne reconnurent plus que les chefs, maires ou dirigeants, directement élus par eux, et se réservèrent le cas échéant le droit de les révoquer ; ils refusèrent toute compromission avec l'ennemi ainsi que toute tentative de désarmement, manifestèrent place de la Bastille le 24 février, jour anniversaire de la proclamation de la Seconde République, couronnèrent d'immortelles descendant « en guirlandes ou en grappes jusqu'à mi-hauteur[75] » la colonne de Juillet, et, pieusement, pavoisèrent de verres de couleur, de lanternes et de drapeaux rouges le génie de la Liberté. On décida de ramener avec précaution tous les canons d'ancien modèle à l'intérieur de Paris et on s'empara de ceux de la place de Wagram, du parc Monceau, de Passy et d'Auteuil, afin de les soustraire à l'usage néfaste qu'en eût pu faire Thiers ou Bismarck. Pour avoir la paix, ne fallait-il pas préparer la guerre ? Une bonne partie d'entre eux furent notamment acheminés jusqu'au sommet du tertre de Montmartre, sur les places des Vosges et d'Italie, autour de la mairie des Gobelins, aux Buttes-Chaumont, dans la rue du Moulin-des-Prés ainsi que dans l'école des Frères du quartier de la Maison-Blanche.

Mon cher ami,

Les négociations de Versailles sont terminées et les préliminaires de la paix ont été signés par Thiers. Nous ne savons rien encore des conditions imposées. On les dit affreusement dures, et rien n'est plus probable, mais je ne sais trop de quelle façon la France s'y prendrait pour ne pas les subir. Nous avons environ trente départements saccagés, ruinés et occupés par des forces compactes et formidablement armées ; neuf cent mille soldats, mobiles et gardes nationaux sont ou prisonniers de guerre, ou mis hors de combat ;

plus de cinq cent mille chassepots, toute notre artillerie et notre matériel ont été livrés ; pour tout esprit sensé la levée en masse est impossible, et Paris peut être réduit en cendres dans quelques heures par les bombes incendiaires des forts. Voilà la situation claire et nette. Elle est absolument désespérée. Par surcroît d'humiliation, au moment où vous recevez cette lettre, les Prussiens prendront possession des Champs-Élysées, de tout le faubourg Saint-Honoré et de la place de la Concorde, jusqu'à ce que l'Assemblée ait voté la paix, telle qu'ils veulent qu'on la vote, sans modifications ni restrictions.

Depuis hier Paris est très agité. On a battu le rappel dans les quartiers populaires, et cinquante mille gardes nationaux ont voulu se porter en armes au-devant des Allemands. On ne les a contenus jusqu'ici qu'avec toutes les peines du monde. La presse est unanime à recommander le calme, l'abstention, le silence; mais il suffirait d'un coup de feu tiré par un insensé quelconque pour faire rompre l'armistice et livrer Paris à la destruction. Nous allons vivre pendant quelques jours sur une véritable mine exposée à prendre feu d'une minute à l'autre. Vous voyez que nous n'en avons pas fini avec nos misères.

De tous les groupes qui encombrent les boulevards on n'entend sortir que des cris de haine contre Thiers qui semble devoir assumer seul les responsabilités des derniers événements. Ces récriminations sont fort iniques. Ce n'est pas lui qui a entrepris cette guerre stupide, qui a dirigé les affaires du 4 septembre au 26 février, qui a paralysé la défense de Paris, qui a capitulé sous prétexte d'armistice après avoir déclaré qu'il ne céderait jamais ni un pouce du territoire, ni une pierre des forteresses. Si quelqu'un se déshonore en tout ceci, c'est Maître Favre qui signe l'abandon de l'Alsace, de la Lorraine et de Metz, lui, l'auteur de la fameuse phrase du *pouce* et de la *pierre*. Le petit Thiers n'est pas mon idéal d'historien, d'écrivain et d'homme politique, mais, dans son propre intérêt, il a dû évidemment faire tout au monde pour obtenir de l'ennemi les moins mauvaises conditions possibles. L'Alsace est une brave province qui veut rester française et qui a mille fois raison de déclarer que la France n'a pas le droit de la céder à l'Allemagne; mais la France est renversée, elle a les membres liés, elle perd son sang par tous les pores, elle a le pied de l'ennemi sur la gorge. Nous ne cédons pas l'Alsace; on l'arrache de nos mains. Nous la reprendrons. – Je persiste à croire que la continuation de la guerre, dans l'état où nous sommes, ne peut qu'amener l'écrasement définitif du pays et sa ruine irrémédiable.

À bientôt, mon cher ami. Anna embrasse ces dames[76].

Une fois de plus, Leconte de Lisle se démarquait de l'opinion de l'ensemble des républicains, c'est-à-dire de l'extrême gauche radicale incarnée par Gambetta, ami personnel de Victor Hugo. Ce dernier, toujours membre de l'Assemblée de Bordeaux, ne manqua pas de fustiger la ratification des préliminaires de paix d'un lapidaire et sentencieux : « Séance tragique. » En effet : 546 députés votèrent pour, contre seulement 107, parmi lesquels, bien sûr, Hugo et Gambetta, mais encore Andrieu, Arago, Clemenceau, Ranc, Rathier, Razoua, Delescluze, Louis Blanc, les généraux Chanzy, Loysel et Mazure, le comte Jaubert, Lamy, Langlois, Félix Pyat, Victor Schœlcher et Edgar Quinet. C'était fini. Tout était dit. La France courbait sous le talon prussien. Immédiatement, des clameurs de protestation s'élevèrent à travers toute l'Alsace-Lorraine qui serait donc, à compter du 10 mai, date de la signature du traité de paix définitif à Francfort, allemande ! On avertit Bismarck par télégramme de la reddition française, et, le 1er mars, ultime affront, les troupes allemandes défilèrent dans Paris, entre la Seine, le Faubourg-Saint-Honoré et l'avenue des Ternes, sous le haut commandement du général von Kamecke. Pour se préserver de toute souillure et en signe de deuil public, les statues de la place de la Concorde voilèrent d'un crêpe funèbre la pierre de leur regard, les cafés et restaurants fermèrent leurs portes, le *Journal officiel* et le *Cri du peuple* de Vallès suspendirent leurs publications. L'on obstrua l'Arc de triomphe et l'on déserta rues, squares, jardins et grands boulevards du quartier circonscrit de barricades. Cette partie de la ville semblait comme pétrifiée, superbement tétanisée par l'épouvantable vision. Comme l'avait demandé par voie d'affiche le *Comité central* de la Garde nationale, on ne déplora aucun incident majeur. Toute agression eût renversé la République. Quelques téméraires titis poursuivirent de leurs apostrophes les casques à pointe et les fusils à baïonnette. Plusieurs rôdeuses, accusées d'avoir souri à l'ennemi par des esprits enfiévrés, paranoïaques, abîmés de privations et d'insomnies, eurent la face cravachée. Un certain Vincenzini, agent de police, fut lapidé et jeté à la Seine, jambes et bras attachés, pour avoir osé noter sur un calepin le numéro de certains bataillons du *Comité fédéral républicain*. Enfin, à la tombée de la nuit du 2 mars, après la revue du roi à Longchamps et l'annonce officielle de la ratification, les troupes allemandes reçurent l'ordre de quitter la capitale. L'évacuation du territoire, qui se fit proportionnellement à l'acquittement de la dette, commença dès le lendemain matin. Un milliard de francs-or furent bientôt versés contre lesquels on abandonna les forts de la rive gauche de la Seine, puis l'Orne, le Calvados, la Sarthe, l'Eure-et-Loir, le Loiret, le Loir-et-Cher, l'Indre-et-Loire et l'Yonne, plus tous les départements du N.-O. ; le reste fut échelonné entre 1872 et 1874.

Malgré cela, Leconte de Lisle, comme Thiers, avait eu raison : la reprise de la guerre aurait été non seulement suicidaire, mais parfaitement illusoire. Le pays était dans une telle situation qu'il lui fallait se résigner à sacrifier ses terres et ses richesses. La solution devait être pensée différemment. Il n'y avait aucune autre issue raisonnable. Sur 888 000 hommes, il ne restait en tout et pour tout, en dehors des armes spéciales, que 220 000 hommes d'infanterie capables d'opposer une résistance, 15 000 marins ou marsouins, et seulement quelques centaines de zouaves. La cavalerie dépassait à peine 20 000 hommes et l'artillerie 30 000. « Le héros de Villepion et de Loigny, Jauréguiberny le reconnaissait lui-même. Il fallait traiter, il fallait subir le joug, baisser le front, se courber[77]. » Si seulement le pays entier s'était soulevé, comme il le devait, ils n'auraient pas été contraints d'accepter une paix qui le mutilait, le ruinait et l'avilissait. Mais il fallait bien l'avouer, le reste de la France n'avait montré ni la même énergie, ni la même constance que Paris. La province, qui n'avait jamais eu aucune initiative intellectuelle ou politique, qui n'était et ne pouvait être jusqu'à nouvel ordre qu'un pâle reflet et un écho insuffisant, qui, au fond, vivait aussi peu qu'elle pensait, aurait dû se souvenir qu'elle seule avait voté depuis vingt ans toutes les sottises qu'ils expiaient à présent si cruellement, et qu'elle était fort mal venue de s'imaginer que Paris eût dû s'anéantir devant elle[78]. Pour être juste, Leconte de Lisle savait que la capitale renfermait un assez grand nombre d'imbéciles furieux dont l'unique métier était de boire de la bière et de faire des émeutes sans savoir pourquoi ; mais ce danger n'était à ses yeux pas sérieux. Pour lui, ce qui était plus grave, ce qui transformerait de nouveau l'émeute en révolution, c'était la haine inepte de la province contre Paris et son intention presque avouée d'exciter des troubles populaires afin de les réprimer violemment et d'en venir par une sorte de coup d'État à la restauration monarchique qu'elle rêvait. Les « députés campagnards », comme il aimait à les appeler, à l'instar de Gaston Crémieux, craignaient un soulèvement populaire comme au jour du 15 mai 1848. Mais s'ils le craignaient, pourquoi les y avaient-ils invités ? S'imaginaient-ils que leur retraite à Versailles les mettrait à l'abri d'une révolution à Paris ? Si l'on voulait, on décréterait qu'ils n'existaient plus et ils n'existeraient plus. D'ailleurs Thiers n'allait-il pas dissoudre cet amas incohérent qui n'était pas né viable, et la Constituante ne se réunirait-elle pas à Paris[79] ?

Au bord de l'insurrection civile la plus sanglante et la plus dévastatrice de tout le XIXe siècle, insurrection dont il avait par ailleurs pressenti et annoncé la venue, alors que, depuis un mois, près de 150 000 personnes, majoritairement des bourgeois, émigraient vers la province devant les menaces d'émeutes, les violences quotidiennes et la pénurie persistante, Leconte de Lisle semblait ne pas y croire effectivement. Au début de sa lettre datée du 9 mars, il affirme à Heredia qu'il peut venir avec sa femme les visiter sans danger et que c'est même le meilleur moment pour cela... La température était fraîche, les gelées et les giboulées de mars allaient assainir l'air, et, s'il y avait encore quelque recrudescence épidémique, elle n'aurait probablement lieu que pendant l'été. Si les Heredia étaient donc décidés, il fallait qu'ils vinssent à Paris le plus tôt possible... Avait-on besoin de leur rappeler combien on serait heureux de les voir et de les embrasser[80] ?

La Commune

Que Thiers ait installé le siège des pouvoirs publics et son gouvernement à Versailles plutôt qu'à Paris fut vécu par les Parisiens comme un acte de défiance. En fait, l'historien de la Révolution, du Consulat et de l'Empire voulait d'abord que l'ordre social et la liberté politique y fussent rétablis. À la manière de Louis XIV devant l'hypothèse d'une nouvelle Fronde, ou d'Henri III après la première journée des barricades de la Ligue, il avait compris qu'en cas d'émeute populaire – et Paris était par excellence le « chef-lieu de la révolte organisée[81] » –, ne pas se laisser enfermer dans la capitale était une priorité absolue. L'ancien ministre autoritaire de Louis-Philippe était devenu silencieux, précautionneux, circonspect, et continuait de s'appuyer sur son meilleur allié, la province. Il maintint en place les députés républicains modérés, partisans de la paix, et, à la demande des dirigeants conservateurs, remplaça des préfets et sous-préfets gambettistes par des orléanistes plus dociles. Il démobilisa, en supprimant leurs indemnités, les gardes nationaux, mobiles, et la garnison de Belfort, et supprima les camps d'instruction généraux et les bataillons étrangers, dont celui de Garibaldi. L'Assemblée, présidée par Jules Grévy, lui avait donné jusqu'au 20 mars pour stabiliser la situation et neutraliser, autant que faire se pouvait, le césarisme montant de l'anarchie révolutionnaire. La devise républicaine *Liberté, Égalité, Fraternité* signifiait alors, comme dans le deuxième couplet de l'*Internationale* d'Eugène Pottier, *ni Dieu, ni César, ni tribun*. Le 10, Blanqui, Flourens, Cyrille et Levrault furent condamnés à mort par contumace ; les journaux tels que *Le Mot d'ordre* de Rochefort, *Le Vengeur* de Félix Pyat ou *Le Père Duchêne* de Vermersch, interdits. On voulait que les coupables qui avaient prétendu instituer un gouvernement fussent livrés à la justice régulière, que les canons dérobés à l'État fussent également rétablis dans les arsenaux, et, pour exécuter cet acte urgent de justice et de raison, que le gouvernement pût encore compter sur le concours de la population[82]... Or plusieurs dizaines de milliers de petites gens, d'artisans, de boutiquiers, de commerçants, privés de travail, grevés de dettes, et donc dans l'impossibilité de payer le loyer dont on se mit de surcroît à réclamer les mensualités non versées pendant les mois précédents, se trouvèrent en situation de paupérisation aggravée, et le ressentiment monta d'un cran.

Pour faire face, on élut trois généraux à poigne : Valentin, à la Préfecture de Police, succédant à Choppin ; Aurelle de Paladines, commandant en chef de la Garde nationale ; et Vinoy, chef de l'armée. Le 17 mars, ce dernier ne pouvait compter que sur 18 000 hommes – les autres ayant été soit démobilisés soit désarmés – mal encadrés, mal formés, mal nourris, bivouaquant dans les jardins boueux du Luxembourg ou logeant chez l'habitant. Les jeunes officiers, inexpérimentés, pour la plupart sortis du rang, se sentaient beaucoup plus proches de leurs bases que du haut commandement militaire ; les soldats, nouvellement recrutés, plus en sympathie avec la population bouillonnante : on s'imprégnait des idéaux libertaires et populaires, fraternisait avec la « vile multitude ». Du coup, Vinoy, Aurelle et Valentin se trouvaient embarrassés pour agir avec toute la fermeté nécessaire avant l'arrivée de l'Assemblée. Quand il fallut s'emparer des bouches à feu de Montmartre, la foule accueillit les gendarmes par des quolibets, et les précieuses armes furent immédiatement transférées sur l'Aventin bellevillois et derrière la Bastille, rue Basfroi. Le 18, avant l'aube, Vinoy lança ses troupes sur le XVIIIe arrondissement, cavalerie et artillerie, qui s'emparèrent des canons et mitrailleuses de la place de Puebla. Très vite, les généraux Faron, Lecomte, Paturel et Susbielle maîtrisèrent la mairie de Belleville, la tour Solférino, la place Blanche, la place Pigalle, le parc de Château-Rouge, la salle de La Marseillaise et les Buttes-Chaumont. On déplora quelques blessés graves, secourus par Louise Michel et Georges Clemenceau, députémaire et médecin, dont le garde national Turpin. À partir de six heures du matin, le bruit courut déjà qu'un coup d'État monarchiste venait d'être perpétré ! Dès l'après-midi, le gouvernement fit placarder des affiches :

> Gardes nationaux de Paris,
>
> On répand le bruit absurde que le gouvernement prépare un coup d'État.
>
> Le gouvernement de la République ne peut avoir d'autre but que le salut de la République. Les mesures qu'il a prises étaient indispensables au maintien de l'ordre, il a voulu et il veut en finir avec un comité insurrectionnel dont les membres, presque tous inconnus à la population, ne représentent que des doctrines communistes et mettraient Paris au pillage et la France au tombeau

si la Garde nationale ne se levait pas pour défendre d'un commun accord la patrie et la République[83].

L'effet produit fut exactement l'inverse de celui désiré : les citoyens fédérés coururent se mettre aux ordres des bataillons du *Comité central*. L'armée, en pleine déliquescence, crosse en l'air, rejoignit les manifestants, et les casernes furent envahies par le peuple : « Vivent nos frères de l'armée ! Vive la République ! » On s'empara de l'Imprimerie nationale – pour pouvoir fabriquer ses propres affiches –, de la Préfecture de Police, du ministère de la Justice, du bâtiment d'état-major de la Garde nationale, et on érigea des barricades contre d'éventuelles représailles. On rompit le pain, but du vin, s'étreignit avec effusion. Des salves retentirent : premier sang. Thiers, pris de panique, s'enfuit à Versailles. Rue des Rosiers, les généraux Lecomte et Clément-Thomas, accusés d'avoir fait tirer sur les Parisiens, furent sauvagement assassinés. Ordre fut donné par Le Flô, ministre de la Guerre, d'évacuer la ville. Au milieu du tumulte, Hugo – avant de repartir à Bruxelles, place des Barricades – enterrait son fils aîné, frappé cinq jours plus tôt d'une apoplexie foudroyante. On le reconnut. Un long cortège silencieux se forma derrière le grand proscrit. Vers minuit, Langlois réunit des membres du *Comité* à l'Hôtel de Ville pour tenter de maîtriser la crise. Demi-fiasco. On décida d'isoler une nouvelle fois Paris : plus de courrier – aucune lettre de Leconte de Lisle pendant cette période –, plus de ministères, plus de renforts militaires, aucune forme d'administration, plus d'autorité légale en général ; uniquement des miséreux, des humbles, des prolétaires. Ivre d'enthousiasme, l'assemblée séditieuse de l'Hôtel de Ville proposa des élections communales pour le 22 mars, reportées au 26, et, sans prétendre se substituer au gouvernement de la France, sous l'œil bienveillant mais prudent des troupes allemandes restées fidèles aux préliminaires de paix, nomma la nouvelle direction des ministères et des services publics, amnistia la plupart des crimes et délits politiques, interdit l'expulsion des locataires impécunieux, sollicita la réquisition des locaux abandonnés pour reloger les familles sans domiciles, suspendit la vente des objets personnels déposés au Mont-de-Piété, abolit tous les conseils de guerre, la conscription et l'armée permanente, écroua plusieurs centaines de gendarmes, inspecteurs, fonctionnaires, sergents et magistrats, dont le chef de la Sûreté et l'ancien sénateur impérial Bonjean, postula l'organisation du crédit et de l'échange, appela à la création d'un système d'assurance sociale contre les risques de faillite et de chômage, proclama la souveraineté du suffrage universel et la révocabilité de tous les mandataires, réclama la liberté totale de la presse, celle du citoyen, celle d'association, et préconisa l'instruction gratuite, laïque et intégrale. « Paris, écrit Jules Vallès dans le *Cri du peuple* du 21, s'était reconquis. Il était maintenant libre et souverain maître de ses destinées et de son avenir. [...] Il resterait le maître et le roi. [...] Le travail reprenait ! [...] Cette sécession sauvait la province de la peur et les faubourgs de la famine. Plus de sang versé ! Les fusils au repos ! On nommait les maires et les magistrats ! [...] La cloche sonnait l'ouvrage et non plus le combat[84] ! » Le 26, l'insurgé reprenait de plus belle, en s'adressant à l'enfant et au bâchelier qu'il avait été : « Embrasse-moi, camarade, qui as comme moi les cheveux gris ! Et toi, marmot, qui joues aux billes derrière la barricade, viens que je t'embrasse aussi ! Le 17 mars te l'a sauvée belle, gamin ! Tu pouvais, comme nous, grandir dans le brouillard, patauger dans la boue, rouler dans le sang, crever de honte, avoir l'indicible douleur des déshonorés ! C'est fini ! Nous avons saigné et pleuré pour toi. Tu recueilleras notre héritage. Fils des désespérés, tu seras un homme libre[85] ! »

La véritable République démocratique, pacifique, une, indivisible, autonome, solidaire et patriote, fut officiellement proclamée le 28, à l'Hôtel de Ville, devant une foule immense, hérissée de drapeaux rouges. Le droit de la cité était aussi imprescriptible que celui de la nation ; la cité devait avoir, comme la nation, son assemblée, qui s'appelait indistinctement assemblée municipale ou communale, ou commune. Elle donnait à la cité une milice nationale qui défendait les citoyens contre le pouvoir, au lieu d'une armée permanente qui défendait le pouvoir contre les citoyens, et une police municipale qui poursuivait les malfaiteurs, au lieu d'une police politique qui poursuivait les honnêtes gens[86]. À elle, pourraient se fédérer les autres communes républicaines de France, puis du monde. Elle était le premier maillon, le socle, la première pierre de la cité radieuse. Le vieux monde s'écroulait. La nuit qui recouvrait la terre déchirait son linceul. L'aube apparaissait. Salut, liberté ! Salut, révolution bénie ! Le prolétaire, esclave du monde antique, serf d'avant 89, redressait son corps brisé par le travail. Il avait tant souffert, sans se plaindre, il avait supporté tant de chaînes, son sang avait tant de fois coulé sans résultat, que le jour était venu, l'heure du combat avait sonné ; il était là, debout, innombrable, et il criait : « Me voilà ! » Ô vieux monde, ramassis d'imposteurs, d'oisifs corrompus, de parasites indolents, de vous tous qui viviez du travail des autres, compreniez-vous enfin que votre règne était fini, et qu'avec le triomphe du peuple, l'ère du travail allait commencer ? Compreniez-vous enfin que l'on ne pouvait plus longtemps pressurer la matière humaine pour lui faire rendre de l'or, sans qu'un jour vînt où cette chair saignante ne résistât[87] ? « Prenez garde, s'écria le modéré Jean-Baptiste Millière, député républicain de l'Assemblée nationale, cinquante-trois ans, si vous déployez ce drapeau, le gouvernement jettera toute la France sur Paris, et j'entrevois dans l'avenir quelques fatales journées de Juin. L'heure de la révolution sociale n'a pas encore sonné. Il faut y renoncer ou périr, en entraînant dans votre chute tous les prolétaires. Le progrès s'obtient par une marche plus lente. Descendez des hauteurs où vous vous placez. Victorieuse aujourd'hui, votre insurrection peut être vaincue demain. Tirez-en le meilleur parti possible et n'hésitez pas à vous contenter de peu ; une concession est une arme qui en donne une autre[88]… » Mais Francis Jourde, du *Comité central*, jeune comptable franc-maçon de vingt-sept ans, qui refusa la nationalisation de la Banque de France, surenchérit : « C'est la guerre civile que vous venez de nous déclarer, en refusant de vous associer à nous pour convoquer régulièrement les électeurs. Ce n'est pas seulement à Paris, c'est par toute la France qu'elle va s'allumer, et elle sera sanglante, je vous le prédis ! Ce sera une guerre effroyable, avec l'incendie, le pillage ! Nous sommes certains de vaincre, mais si nous étions battus, nous ne laisserions rien debout autour de nous[89]… »

L'affrontement avec les Versaillais démarra dès le début du mois d'avril par l'exécution du professeur au collège de France Gustave Flourens, héros romantique de la révolution crétoise de 1866, le crâne fendu d'un coup de sabre asséné par le capitaine des gendarmes Desmarets, et celle d'Émile Duval, chef d'une colonne de deux mille fédérés sans artillerie, sacrifié pour l'exemple par les soldats du général Vinoy.

Deuxième sang ; la guerre civile annoncée, sans trêve ni pitié, allait durer deux mois.

Le 29 mai 1871, au lendemain de la Semaine sanglante qui devait mettre un terme à la Commune, Leconte de Lisle rendit compte à Heredia des diverses exactions barbares de ces terroristes révolutionnaires d'un genre nouveau. Dans un moment de désespoir, leur attroupement fanatique et bestial – les anti-communards usaient bien volontiers de métaphores animalières[90] – avait voulu tout détruire, tout abattre, tout anéantir de cette culture parisienne, religieuse, élitiste et bourgeoise qu'il ne comprenait pas, à laquelle il n'avait pas accès et que donc il haïssait, et, si les premiers départs de feu avaient été allumés par des canonnades versaillaises dirigées vers le ministère des Finances, Auteuil, Passy, le palais du Luxembourg et le clocher de la Trinité, en revanche, dès le 23, les communeux s'étaient mis à incendier délibérément maisons, rues, immeubles et édifices publics, surtout dans l'ouest parisien, là où de riches demeures, austères et patriciennes, prospéraient déjà. Ne valait-il pas mieux détruire Paris plutôt que de le laisser aux mains des Prussiens, des Bourbons, des cléricaux, des aristocrates et des militaires ? Tout était prêt pour la grande explosion : poudre, pétrole, bûchers. Le 24, après s'être installés dans la mairie du XIe arrondissement, on incendia l'Hôtel de Ville, le Palais de Justice, la Préfecture de Police, le théâtre de la Porte-Saint-Martin et le Théâtre Lyrique. Le 25, les flammes dévorèrent le Grenier, boulevard Bourdon. Le 26, les docks. Grâce à quelques séditieux mieux inspirés, Notre-Dame, la Sainte-Chapelle, les Archives nationales, les bibliothèques mazarine et du Luxembourg furent épargnées de justesse. Au total, plus de 220 000 ouvrages, livres, manuscrits, plans, cartes et documents divers périrent dans le sinistre. Mais, après tout, n'était-ce pas là le fantasme exact de Leconte de Lisle, formulé quelques mois plus tôt dans le *Sacre de Paris*, devenu réalité ? N'était-ce pas là le brasier gigantesque dont il avait rêvé et auquel il avait voulu inciter les Parisiens pendant le premier Siège ?

Néanmoins le poète n'accepta pas qu'on eût détruit des églises, des monuments, des palais et des bibliothèques, notamment celle, inestimable, du Louvre, et, à l'instar de beaucoup d'autres artistes et penseurs, de Nietzsche, de Taine, de Renan[91], de Flaubert, de Gautier[92], de Du Camp, de Rials, de de Saint-Victor, de Goncourt, de Ségur, de Houssaye, de Sarcey, de Lidsky, de Dumas fils, de Sand, de Bourges, de Quinet[93] – Rimbaud, Verlaine, Hugo[94], Ménard, Marras et Nina de Villard exceptés –, il avait senti devant ce lugubre spectacle un frisson de dégoût le saisir. Se saborder devant l'envahisseur barbare était une idée sublime ; se mutiler devant les troupes nationales était une action stupide. Il lui avait semblé toucher le fond de la bêtise humaine, et la réaction féroce des cohortes versaillaises de Mac-Mahon fut accueillie chez lui, de prime abord, avec un incommensurable soulagement : « Pendant le jour, sous le soleil impassible de mai, c'était une voûte colossale de fumée noire, où tourbillonnaient les cendres des papiers brûlés et qui s'étendait, comme un dôme de catafalque, sur la capitale pleine de rumeurs, de détonations et de cris de rage. Pendant la nuit, le dessous du dôme s'illuminait des éclats rouges de fournaises, tandis qu'au-dessus, là-haut, la lune semblait passer, narquoise, sur le cataclysme[95] »...

Mon cher ami,

Nous vivons encore, mais, en vérité, je ne sais si nous avons le droit de n'être pas morts. Les mèches qui devaient faire sauter, lundi, à une heure quelconque du matin, les Invalides, l'École militaire, l'église Saint-François-Xavier, tout notre quartier dont les égouts étaient bourrés de poudre, Sainte-Clothilde et la rue de Lille, ont pu être découvertes et coupées, grâce à l'arrivée subite de l'armée. Le combat a été acharné dans les rues de Vaugirard, de Rennes, d'Assas et du Bac dont toute l'extrémité, vers le quai, n'est plus qu'un amas fumant de décombres. Ces bandits monstrueux ont brûlé vives des familles entières ; ils ont absolument incendié les Tuileries, la Cour des Comptes, la Caisse des Dépôts, l'Hôtel de Ville, le Palais Royal, le théâtre de la Porte Saint-Martin, des blocs entiers de maisons ; ils ont voulu brûler Notre-Dame et la Sainte-Chapelle ! Ils ont détruit de fond en comble la bibliothèque du Louvre et tenté de brûler la Bibliothèque nationale. Ils ont horriblement massacré le président Bonjean, l'archevêque de Paris, le curé de la Madeleine, Chaudey du *Siècle* et cent autres malheureux. Leurs femmes, des mégères sans nom, ont parcouru pendant toute la semaine les rues de Paris, versant du pétrole dans les caves et allumant des incendies de tous les côtés. On les abat à coups de fusil comme des bêtes enragées qu'elles sont. Les dernières bandes de ces assassins viennent d'être écrasées à Belleville. Nous sommes enfin délivrés de l'effroyable cauchemar dans lequel nous nous sommes débattus pendant deux mois. L'armée a été admirable de courage et de dévouement. Nous lui devons tous la liberté et peut-être la vie.

On parle de l'arrestation et de l'exécution sommaire de certains membres de cette hideuse et stupide Commune ; mais je doute beaucoup qu'on soit bien informé. La plupart de ces misérables sont à peu près inconnus, sauf un petit nombre. Espérons cependant qu'ils seront tous châtiés comme ils le méritent, car pour n'avoir été longtemps que d'infects idiots, ils n'en sont pas moins des incendiaires et des assassins de la plus affreuse espèce. Cet infâme Courbet qui a voulu brûler le musée du Louvre, miraculeusement sauvé, mériterait non seulement d'être fusillé, si ce n'est déjà fait, mais qu'on détruisît les sales peintures qu'il a vendues dans le temps à l'État[96].

Nous avons été la proie, mon cher ami, d'un soulèvement total de tous les déclassés, de tous les fruits secs, de tous les singes d'Érostrate qui pullulent dans les bas-fonds des sociétés modernes, de tous les paresseux pillards, des rôdeurs de barrière, de la lie des prisons et des bagnes. Jamais la justice, la liberté, l'ordre social tout entier n'ont couru un plus épouvantable danger. Puisse la leçon nous être bonne et durable.

Ma pauvre Anna est accablée de fatigue et d'émotions de toute sorte. Nous avons vécu pendant deux jours et deux nuits au milieu d'une véritable averse de balles. Une batterie qui battait le bout de la rue de Grenelle et les obus que ces bandits nous envoyaient du Panthéon secouaient la maison du haut en bas. À toute minute nous nous attendions à la mort.

Enfin, c'est fini. J'espère que la répression sera telle que rien ne bougera plus, et, pour mon compte, je désirerais qu'*elle fût exemplaire*[97].

Pendant une semaine, ce ne fut qu'une lugubre succession de massacres organisés par des cours prévôtales qui, sous couvert de la loi martiale, s'arrogèrent le pouvoir de juger, d'incarcérer ou d'exécuter sommairement hommes, femmes et enfants. Le 22, seize fédérés furent passés par les armes dans la caserne de Babylone. Le 23, on en fusilla trois cents autres devant l'église de la Madeleine, trente-sept rue Lepic, et quarante-deux rue des Rosiers, en hommage aux généraux Lecomte et Thomas. Le 24, sept cents périrent au Panthéon. Il fallait des représailles fortes : les pères dominicains Captier, Cotterault, Delorme, Chatagneret et Bourard, tous enseignants à l'École Albert-le-Grand d'Arcueil, ainsi que huit de leurs compagnons, furent sauvagement abattus. Le lendemain, Delescluze tomba, foudroyé, sur la barricade du boulevard Voltaire. Dombrowski lui avait montré le chemin. Le 26, Mac-Mahon reprit le contrôle de la Bastille, Vinoy redevint le maître de la colonne de Juillet, et les séditieux sacrifièrent quarante-neuf de leurs otages – ecclésiastiques, gendarmes, policiers, traîtres et mouchards –, rue Haxo. « À bas les calotins ! À bas les cognes ! Vive la Commune ! » On acheva les blessés à coup de baïonnette, de couteau, de crosse. On les fusilla une deuxième fois, pour le plaisir. On leur cracha dessus. En retour, le lendemain, tous les fédérés réfugiés au jardin du Luxembourg, dans la prison de la Roquette, dans la caserne Lobau et au cimetière du Père-Lachaise, trouvèrent la mort, ce qui dura jusqu'au 29, après la reddition complète du fort de Vincennes. Ce fut un vrai carnage. Le sang se mêlait au sang et la mort à la mort. Macabre spectacle. Les tombes débordaient de cadavres soit au-dessous soit au-dessus. On grognait ; on geignait ; on gisait. Enfin, la République avait ses martyrs ! Elle aurait bientôt ses autels, ses reliques et son pèlerinage. Combien disparurent dans cette hécatombe ? 10 000 ? 20 000 ? 40 000 hommes ? Les exécutions sommaires se prolongèrent jusqu'au 15 juin. Une rangée de condamnés ; une fosse ; une mitrailleuse ; une pelletée de chaux vive, et le tour était joué. On assassinait sans compter, sur les bons conseils de la délation – 400 000 dénonciations enregistrées entre 1871 et 1875 –, tout ce qui arborait cocarde ou uniforme ; on trucidait tout ce qui empestait la poudre ou le pétrole ; on expédiait tous les visages tuméfiés, tous les corsages maculés, tous les os brisés, membres sciés et chairs suppliciées, dans les ambulances, dans les hôpitaux, dans les dispensaires, sans oublier le personnel médical et soignant qui avait cru bon d'appliquer les préceptes de Jésus-Christ ou trop bien respecté le serment d'Hippocrate. De sorte que, si la boucherie ne rendit pas pour autant les communards sympathiques aux yeux de Leconte de Lisle, qui n'eut jamais de mots assez durs pour condamner leurs exactions, l'acharnement et la radicalité avec lesquels s'était déroulée la répression versaillaise ne manquèrent pas de l'ébranler.

Mon cher ami,

Nous commençons à nous remettre de l'impression d'horreur qui nous a écrasés. Cependant, le châtiment infligé à ces bêtes féroces a été si terrible que, malgré mon exaspération bien légitime, j'en suis encore épouvanté. Certes, de tels monstres méritaient d'être traités comme des loups enragés ; ils nous auraient tous massacrés ou brûlés vifs, s'ils en avaient eu le temps ; ils ont assassiné des familles entières repoussées dans les flammes à coups de baïonnettes ; ce sont des misérables pillards dont les poches étaient bourrées d'or et de billets de banque volés dans toutes les caisses publiques et privées ; ils ont réduit en cendres la bibliothèque du Louvre, criblé d'obus la Galerie d'Apollon et totalement incendié les Tuileries, le Palais d'Orsay, l'Hôtel de Ville avec ce qu'il contenait de richesses nationales à jamais perdues, y compris les deux plafonds de Delacroix et d'Ingres ; ils ont voulu détruire la bibliothèque de la rue de Richelieu, unique au monde, les Gobelins et les Arts et Métiers ; leurs crimes sont effroyables et sans exemple dans l'histoire, mais aussi, je vous le dis, leur châtiment a été terrible. Dix-neuf mille cadavres se sont amoncelés à l'angle des rues et des squares, sans compter ceux qui ont jonché Belleville, Charonne et Ménilmontant. Les exécutions sommaires ont duré trois jours après le combat. Il y a en ce moment dans les catacombes de Bicêtre et d'Ivry six mille de ces bandits qui meurent de faim et qui se mangent s'ils ne se sont pas rendus. Trente mille prisonniers sont parqués sur le plateau de Satory. À Paris, les arrestations se multiplient, et cependant on signale encore de nombreuses tentatives d'incendie et de coups de feu tirés sur les officiers et les soldats. Il faudrait déporter toute la canaille parisienne, mâles, femelles et petits, pour en finir avec les vengeances certaines qui n'attendent que leur heure ; mais il y a des mesures impossibles, et ce sont malheureusement les moins inexorables.

Quant aux infâmes drôles qui ont mené cette bande de bêtes furieuses, on ne sait rien de très positif sur leur sort. Il y a cependant toute raison de croire à la mort de Delescluze, de Millière et de Dombrowski. L'exécution de Lefrançais, de Billioray et de plusieurs autres moins connus semble certaine. Vallès, Andrieu, Miot, Vermorel et cette brute de Courbet n'ont pas été retrouvés. On dit que l'immonde Vermersch a été fusillé à Versailles[98]. Évidemment, pour savoir avec certitude, il faut attendre la liste officielle, si on la publie toutefois. Le procès de Rochefort est commencé. La réclusion perpétuelle me semble fort probable[99].

Quel ébranlement social, mon cher ami ! La France se relèvera-t-elle d'une chute aussi profonde ? Est-ce ainsi que finissent les nations ? Cette ligue de tous les déclassés, de tous les incapables, de tous les envieux, de tous les assassins, de tous les voleurs, mauvais poètes, mauvais peintres, journalistes manqués, romanciers de bas étage, ouvriers débauchés et ivrognes, femmes perdues, enfants dépravés, cette lie sociale qu'on nomme l'Internationale, va-t-elle tenter de nouveaux massacres, de nouveaux incendies, à Londres, à Manchester, en Allemagne, en Italie ? Tout nous l'affirme, si les gouvernements ne font bonne garde. Ici, la bête féroce est domptée et enchaînée pour l'instant, mais il ne faut pas s'illusionner : elle n'est pas morte et nous sautera à la gorge dès qu'elle en aura l'occasion. Si c'est ainsi que doit finir la civilisation moderne, avec tant de science laborieusement acquise, tant d'œuvres intellectuelles définitives, tant de génie industriel, tant de magnifiques espérances, sous le débordement d'une populace stupide et enragée, est-ce la peine d'avoir vécu et de vivre encore[100] ?

Chapitre onzième

Des cris

(1871-1884)

En 1871, plus que jamais, Charles, cette vieille barbe jacobine, se trouvait en opposition avec Leconte de Lisle, ce jeune petit-bourgeois apparemment réactionnaire. Son idéal de 1793 entrait en contradiction avec son interprétation des événements. Son imaginaire artistique et sa perception de la situation politique étaient eux aussi contradictoires. « Tout se passait comme si le peuple qui avait héroïquement défendu Paris contre l'envahisseur Germain et celui qui, à bout de forces et provoqué, s'était soulevé contre ceux qui voulaient lui confisquer sa liberté et le réduire par la famine et les vexations, n'avaient aucun point commun[101]. » Néanmoins, la sédition avait échoué, la réaction réussi, et il fallait bien continuer à vivre. S'instaura donc entre ses problèmes personnels et la grande Histoire, entre ces deux mondes intérieurs, ces deux parties antinomiques de son âme, une sorte de dialogue visant à les réconcilier[102].

Mais il fallait que l'une des deux cédât sa place à l'autre.

Le poète, pour qui tout projet de révolution prolétarienne était un non-sens, se fit pendant toute la tragédie de la Commune, mélange grotesque de violences et de réjouissances[103], non plus, comme pendant la guerre franco-prussienne, acteur timide, mais spectateur engagé. Pour lui, et sur ce point il n'avait pas évolué d'un iota depuis 1846, la révolution était par définition réservée à de « belles et hardies intelligences », à de « nobles cœurs, dans les rangs privilégiés de la société [...], battant à l'unisson du cœur populaire », à une élite aristocratique, seule habilitée à penser les événements politiques, à concevoir un projet authentique, capable d'« une rénovation pacifique et progressive » pour mettre fin aux « douloureuses inquiétudes des masses », lesquelles iraient toujours « les bras nus » et « l'œil sanglant[104] ». Le peuple sans nom et sans noblesse étant distinct des républicains, l'essentiel consistait à réaffirmer la différence fondamentale qui séparait le cosmos de la vraie République, du chaos de l'ignoble Commune. Il fallait garder et consolider ce qui existait déjà, et non recommencer de nouvelles expériences, utopiques, fallacieuses et dangereuses. On fonderait alors, sérieusement, l'unique règne de la Loi, librement discutée, mais inviolable dès qu'elle aurait été consentie[105]. Car pour lui, toutes les révolutions politiques et sociales n'étaient pas qu'un flux et un reflux désordonnés, inconscients et sans but déterminé. Il n'en avait en tout cas pas été ainsi de la Révolution française, de 89 à 95. Rien au contraire ne lui semblait plus équitable dans son principe, plus logique dans l'action, plus efficace dans les résultats ; mais il se produisait « parfois, dans l'ordre général, des perturbations soudaines et inexplicables, des mouvements irréfléchis, inopportuns, aveugles, stupides, uniquement dus à la démence individuelle et collective, et dont il ne restait qu'un profond ahurissement, un désastre intellectuel et moral de longtemps irréparable[106] ».

En ceci, Leconte de Lisle rejoignait tout à fait Victor Hugo. Non celui de mai 1871, mais celui de juin 1848 ; celui qui, à l'Assemblée Constituante, dans sa *déclaration de candidature* aux élections partielles, prophétisait et condamnait explicitement ce que serait, aux yeux de Leconte de Lisle, vingt-trois ans plus tard, la Commune de Paris. Comme lui, l'auteur du très proudhonien *Qaïn* pensait que deux républiques étaient possibles :

> L'une abattra le drapeau tricolore sous le drapeau rouge, fera des gros sous avec la colonne, jettera bas la statue de Napoléon et dressera la statue de Marat, détruira l'Institut, l'École polytechnique et la Légion-d'Honneur, ajoutera à l'auguste devise *Liberté, Égalité, Fraternité*, l'option sinistre : *ou la Mort* ; [...] l'autre sera la sainte communion de tous les Français dès à présent, et de tous les peuples un jour, dans le principe démocratique ; fondera une liberté sans usurpations et sans violences, une égalité qui admettra la croissance naturelle de chacun, une fraternité, non de moines dans un couvent, mais d'hommes libres[107].

Mais s'il appelait la seconde de tous ses vœux, il rejetait de tout son cœur la première, et souhaitait un retour à « un ordre de choses acceptable[108] », tant dans la vie politique de la France que dans sa vie personnelle, matérielle et intellectuelle. Il aspirait à une vie plus stable, plus unifiée, plus calme, et il savait que cela ne pouvait se faire qu'à la condition que la conjoncture nationale s'apaisât. Plutôt Thiers que Gambetta ; plutôt une monarchie constitutionnelle, comme celle des Belges – « ce qui eût peut-être été le salut[109] » – qu'une République plébiscitaire ; plutôt 1848 et son corollaire, le 4 Décembre, que les sirènes de la Commune...

Alors qu'il commençait réellement à être célèbre auprès de la jeune génération, à embrasser la gloire après laquelle il avait tant couru, Leconte de Lisle en voulait à présent non plus seulement à Dieu mais à la populace tout entière. Plein d'amertume, de lassitude et de dégoût, déchiré de contradictions, il se tourna résolument vers l'ancien monde, celui de la beauté consolatrice, et renonça définitivement à toute activité politique socialisante.

Les brochures militantes

Il serait faux de croire que pendant cette période troublée entre 1870 et 1871, Leconte de Lisle, sa femme, sa mère et ses deux sœurs ne survécurent qu'avec l'aide précieuse des subsides qu'Heredia voulut bien leur faire parvenir depuis Menton. En effet, le poète travaillait et gagnait de l'argent[110], même s'il en gagnait fort peu et que sa situation était plus critique et plus délicate que jamais. Quelle erreur avait-ce été de refuser encore cette Légion d'honneur en août 1870 ! Il finit par l'accepter en octobre 1871. Elle donnait droit à une pension de trois cents francs par mois, ce qui n'était pas négligeable. De plus, une édition définitive des *Poëmes barbares*, imprimée par Jules Claye, revue et considérablement augmentée, d'abord attendue pour le 15 avril 1871, fut reportée au 25 novembre, et, pendant ce temps, Lemerre, son unique planche de salut, lui avait passé commande d'une traduction nouvelle des œuvres d'Eschyle, qui fut imprimée par Jouaust le 15 mai 1872. Plus le temps passait, plus il était convaincu qu'il lui fallait absolument un emploi qui lui permît de vivre en repos, avec sa femme. Ses vers et ses traductions n'y suffisaient pas. Mais où chercher l'argent ? S'apercevoir, à cinquante-deux ans, qu'on avait gâché sa vie matérielle de la façon la plus dérisoire, sans jamais penser au lendemain qui, cependant, arrivait inévitablement, c'était faire un mince éloge de son bon sens et de sa prévoyance, et c'était son histoire. Il avait sacrifié, pendant de longues années, aux idées les plus stériles qu'on pût imaginer, dans l'abstention et non dans l'action, la possibilité offerte à tous de vivre et de travailler en paix. Il en était cruellement puni, d'autant plus qu'il était un peu tard pour réparer sa folie. Tout cela l'attristait et le désespérait presque. Dès qu'il cessait sa tâche de traducteur, il se plongeait dans le remords de sa sottise[111]...

Après Homère, Hésiode, Bion, Moskhos, Tyrtée, Anacréon et Eschyle, il dut encore affronter Horace (1873), Sophocle (1877) et Euripide (1884), prolongement d'une longue et douloureuse série de besognes alimentaires qui, ni plus intéressantes ni moins talentueuses que le reste de son œuvre poétique, furent pourtant réalisées avec une impressionnante vélocité. Une traduction de Virgile ne fut jamais terminée et une *Anthologie hellénique*, quoiqu'achevée, jamais publiée. Peut-être est-ce aussi à cette époque qu'il commença à écrire dans *Le Sport colonial*, sorte de journal des Créoles de Paris auquel collabora son cadet de vingt-six ans, le jeune Anatole France[112]. Leconte de Lisle y participa jusqu'en 1880, peut-être jusqu'en 1885[113]. En sus, dès juillet 1871, il entreprit, jusqu'au 4 septembre, toujours avec Anatole France, « l'immonde corvée de refaire le livre de cuisine de ce vieux Papou de Dumas, un des plus impudents plagiaires qui soient[114] ». Il avait des maux de cœur en songeant à la misère intellectuelle à laquelle il était réduit. Ses nerfs le faisaient horriblement souffrir par suite de tant d'irritation bien légitime, et il pouvait à peine écrire[115]. Cette aventure anecdotique du *Grand dictionnaire de cuisine*, qui fut publié pour la première fois sous le patronyme d'Alexandre Dumas, chez Lemerre, en 1873, et qui l'est encore de nos jours, sous les mêmes auspices, chez Phébus[116], fut d'ailleurs rapportée, bien des années plus tard, par l'auteur des *Poèmes dorés* à Michel Corday, avec fort peu de courtoisie et beaucoup d'ironie : « Le Docteur Déclat [qui fut le médecin personnel de Leconte de Lisle et publia lui aussi chez Lemerre] avait acheté le manuscrit de ce dictionnaire à Alexandre Dumas père. Ce n'était en réalité qu'un cahier de papier blanc où l'on rencontrait, de temps à autre, quelques lignes d'écriture. Nous fûmes chargés, Leconte de Lisle et moi, de combler les vides. Leconte de Lisle me confia la rédaction des textes. Il se réservait les retouches. À chacune de mes recettes, il ajoutait du poivre de Cayenne, en murmurant, à l'adresse des futurs lecteurs : "S'ils ne sont pas contents, qu'ils aillent se faire foutre"[117] ! »

Le second *Parnasse contemporain*, collection de douze livraisons réunissant cent quatre-vingt-quinze poèmes faiblement politisés, auquel le jeune Arthur Rimbaud tenta vainement d'associer sa plume, parut en un épais volume de quatre cents pages la première quinzaine de juillet 1871, après une interruption d'une année complète, de juin 1870 (date de parution de la dixième livraison) à juin 1871 (date de parution de la onzième). Le recueil s'ouvrait avec *Kaïn* et se fermait sur *La Détresse d'Atahuallpa*, « comme deux portiques monumentaux, témoins de la grandeur épique de la poésie parnassienne[118] », et ne suscita pas dans le second *Parnassiculet contemporain*, publié seulement le 22 juillet 1872 et associant les modestes signatures de Mathieu, Renard et d'Hervilly, de nouvelles parodies qui fussent plus acides ni plus corrosives que les précédentes. Dans l'un de ses trois articles sur « La Poésie française contemporaine » parus dans *Le Temps* de mars à avril 1873, Paul Stapfer reconnaissait ouvertement Leconte de Lisle comme « le premier artiste en vers de son époque[119] ». Il avait conquis un « statut de chef » d'école non seulement « aux yeux des Parnassiens », mais encore à ceux « de leur éditeur et du public[120] » lettré.

Pourtant, « mieux accueilli de la critique – "Nous gagnions en 'respectabilité'", note Verlaine –, le deuxième *Parnasse contemporain* n'est guère mieux compris que le premier. Les républicains exagèrent sa portée politique ; la critique répète ses contresens sur la doctrine de l'art pour l'art ; l'originalité parnassienne est occultée par la recherche de ses sources d'influence. Les événements de 1870 renforcent cette incompréhension. Ils brisent l'unité du *Parnasse contemporain* et rendent intempestive la doctrine de l'art pour l'art : privé de son fondement théorique, auquel les Parnassiens eux-mêmes hésitent à faire publiquement référence, le Parnasse se trouve réduit à une poésie formaliste[121]. »

À cet égard, n'ayant plus à craindre ni les foudres ni la vindicte de la censure de l'Empire, et désireux d'abréger le supplice des gémonies auxquelles l'avait voué la publication des Papiers des Tuileries, Leconte de Lisle s'était jeté, de façon imparfaitement anonyme[122] et à la demande de Lemerre, dans la compilation de petites brochures d'histoire, fort virulentes et fort provocantes, qui devaient lui rapporter quelques milliers de francs chacune et dont le succès populaire fut immédiat. Elles constituèrent ce que Marius et Ary Leblond nommèrent son « testament politique », ou ce qu'Edgard Pich appela une « véritable encyclopédie populaire[123] », qui devait initialement comporter neuf volumes. Seuls les quatre premiers virent le jour : un *Catéchisme populaire républicain*, une *Histoire populaire de la Révolution française*, une *Histoire populaire du Christianisme*, une *Histoire populaire du Moyen-Âge*, une *Histoire populaire de la France*, une *Histoire populaire des Dieux*, une *Histoire hébraïque*, une *Histoire de la Grèce* et une *Histoire populaire de la philosophie*. Telles des contre-feux, elles pouvaient accessoirement contribuer à le réconcilier, par ces mêmes détours de la clameur et du scandale qui lui avaient tant coûté, avec une partie de la gauche républicaine et anticléricale, l'anonymat n'étant « qu'un moyen qui évitait à Leconte de Lisle de se poser le problème de l'unité de son moi[124] ».

Le *Catéchisme populaire républicain*, inspiré d'un catéchisme analogue publié sous la Convention[125], visait à concurrencer directement celui de l'Église catholique et s'adressait aux pères et aux mères de la République afin qu'ils fissent apprendre ses nobles préceptes à leurs enfants, « citoyens de l'avenir[126] ». Il devait initialement être écrit en collaboration avec Jean Marras[127]. Peut-être Leconte de Lisle eut-il encore comme complices le spécialiste du XVIe siècle Ernest Courbet ou bien Louis-Xavier de Ricard, comme l'affirme Georges Vicaire dans son *Manuel de l'amateur de livres du XIXe siècle*, mais rien ne permet d'en être certain. En revanche, ce que nous savons, c'est que la rédaction de l'ouvrage commença trois jours avant la divulgation des *Papiers impériaux*, le 27 septembre 1870, et qu'il fut achevé d'imprimer le 20 décembre de cette même année. Il connut vingt-six rééditions différentes et parut pour la première fois en plein cœur du siège, le 14 janvier 1871.

Une vente et une occasion inespérées ! Une manne…

Ce petit manuel d'idéologie et de propagande républicaines, qui fut repris dans *La Vie populaire* de février à mars 1880, se présentait comme un simple exposé de vrais principes. « Il était court afin d'être clair et précis. Il était rédigé par demandes et par réponses, afin de se graver plus aisément dans la mémoire de tous, car il convenait à l'homme autant qu'à l'enfant. Il suggérait, par la brièveté et par la justesse des définitions, tous les éclaircissements que le lecteur intelligent se donnait à lui-même, et que l'instituteur offrait à l'enfant par l'explication et par l'exemple. S'il était insuffisant, prétendait la préface, il ne ferait aucun mal; s'il était bon, il produirait un grand bien[128]. » Le but affiché était d'éduquer politiquement le peuple de France. Il en avait d'autant plus besoin que la nation française était présentée comme « abêtie et tyrannisée depuis des siècles. Ni lois, ni droits. Par les lettres de cachet, les confiscations, les impôts arbitraires, les privilèges de caste, les redevances féodales, les dîmes, les corporations et les jurandes, le roi, la noblesse et le clergé possédaient la terre, les esprits et les corps. Le peuple tout entier travaillait, mourait sous le bâton, misérable, affamé, soumis à la plus abjecte servitude[129]. » Cet opuscule, véritable *Credo*, tout comme les suivants, ambitionnait, par ses lumières, de le libérer, de l'affranchir de l'arbitraire des religions, et tout spécialement de la religion catholique, du chaos de sa pensée et de la tyrannie fluctuante de ses passions. On se proposait d'élever la populace au rang de nation sublime par la destruction de tout modèle antérieur de société hiérarchique, traditionnelle ou d'Ancien Régime, et par l'inculcation de quelques principes républicains fondamentaux, posés comme « naturels » : « l'instruction, la liberté, l'égalité, la propriété et la sûreté », répartis en cinq minuscules chapitres : *De l'Homme*, *De l'Individu*, *Du Corps social*, *De l'État* et *De la République*.

Qu'est-ce que la République ?

La République est […] la liberté individuelle et la liberté collective proclamées et garanties ; c'est la nation elle-même, vivante et active, morale, intelligente et perfectible, se connaissant et se possédant, affirmant sa destinée et la réalisant par l'entier développement de ses forces, par le complet exercice de ses facultés et de ses droits, par l'accomplissement total de ses devoirs envers sa propre dignité qui consiste à ne jamais cesser de s'appartenir ; c'est enfin la vérité et la justice dans l'individu et dans l'humanité[130].

Le républicanisme lislien, mélange détonant d'individualisme démocratique et de socialisme proudhonien, de rousseauisme (l'homme aspire naturellement au bien et répugne naturellement au mal) et de renanisme (l'homme est perfectible et peut s'élever, de lui-même, tel le baron Münchhausen, jusqu'à Dieu), se construisait et s'érigeait en réaction contre le cléricalisme, ce rival de toujours dans la quête de l'harmonie et du bonheur universel, empruntant son phrasé solennel et le tranchant de sa sémantique : on allait chercher chez l'ennemi – souvenir de Fourier ? – la substance et l'énergie nécessaires à sa dévastation, tout en insistant sur la différence entre le caractère artificiel du dogme religieux, censé transcender la raison humaine, et la dimension naturelle de la « loi morale » républicaine, « inhérente à la nature propre de l'homme ». L'homme, roseau libre et pensant, animal singulier et social, unique et nouveau foyer de sacralité, avait pour seul commencement l'histoire qui le faisait et pour seule fin l'histoire qu'il faisait. En effet, si tel n'était pas le cas, si la morale n'était pas immanente, consubstantielle à la conscience, « ce qui nous semblait bon était mauvais, si Dieu le voulait, et ce qui nous semblait mauvais était excellent, s'il l'entendait ainsi. Toute liberté et toute conscience nous étant enlevées, l'homme restait entre les mains d'un maître absolu et incompréhensible, comme l'argile entre les mains du potier, selon la déclaration de saint Paul. Or la raison humaine nous disait qu'il n'y avait en tout ceci ni argile, ni potier, ni maître incompréhensible, ni esclave stupide ; que l'homme était libre, qu'il possédait une lumière infaillible par laquelle il connaissait la justice, que toute vérité morale lui était révélée et qu'il n'y avait en dehors des lois de conscience que folie, mensonge et abêtissement. »

Et c'était même là la clé, le principe originel, fondateur et indiscutable en deçà duquel « nul ne pouvait se dire et n'était sincèrement républicain ». Car si l'on n'était pas « convaincu que le principe de la justice était inhérent à sa conscience », et si l'on pouvait croire un seul instant « qu'une raison étrangère et supérieure à la raison humaine pût modifier arbitrairement les lois immuables de la morale », alors tout était perdu pour nous. On sombrait inévitablement, « par une pente irrésistible, sous le joug d'un despotisme quelconque, politique, administratif et social », dans les ténèbres catastrophiques de la superstition ou les désordres inacceptables de l'inhumanité. La volonté divine et le libre arbitre de tout un chacun devaient être radicalement inconciliables, et « ceux qui prétendaient que Dieu avait créé l'homme afin d'être connu, aimé et servi par lui, n'exigeaient pas autre chose de l'homme que de renoncer à sa raison, à son intelligence, à sa liberté morale, de se nier soi-même et de s'anéantir en face d'une puissance absolue dont il ne lui était accordé de comprendre ni la nature ni la justice. » Pour preuve ultime, on jetait à la face du lecteur sceptique et médusé, en fin de chapitre, la vie de ces « millions d'hommes, torturés, massacrés et brûlés vifs pour la plus grande gloire de cette puissance incompréhensible ».

Qu'est-ce que l'homme ?
L'homme est un être moral, intelligent et perfectible.

Qu'est-ce qu'un être moral?

C'est celui qui aime et qui pratique la justice.

Comment l'homme distingue-t-il ce qui est juste de ce qui ne l'est pas?

Par le témoignage infaillible de la conscience, c'est-à-dire en s'affirmant soi-même, car la nature propre de l'homme est de tendre au bien et de fuir le mal.

Qu'est-ce que le bien?

Le bien est ce qui est conforme à la nature de l'homme, et le mal ce qui lui est contraire. Aucune autre définition ne peut être donnée ni du bien, ni du mal.

Faut-il chercher au-dessus et en dehors de l'homme le principe de justice?

Non, car l'homme cesserait d'être un être moral et tomberait au niveau de la brute, si le principe de la justice existait en dehors de lui[131].

L'*Histoire populaire du Christianisme* parut le 22 novembre 1871, mais fut achevée dès le 22 juin, comme le prouve la correspondance du poète où il insiste encore sur la catastrophe de la Commune, ses conséquences politiques et sur toute la mauvaise littérature qui pullulait à son sujet[132], répondant moins à la nécessité de témoigner des événements qu'au besoin morbide qu'ont les foules de sacrifier au voyeurisme. Ce n'était pas qu'il tînt le moins du monde à ces petits livres non signés, mais ils lui prenaient beaucoup de temps et l'empêchaient de travailler sérieusement à ses poèmes et à ses travaux de traduction. Selon lui, on n'avait rien à craindre quant à sa description du Christianisme si, comme Heredia, on était conservateur et catholique. Il avait été très poli, à peine ironique. Sa seule cruauté consistait à avoir donné quelques citations des Pères de l'Église... La chose ne valait ni qu'on la blâme, ni qu'on la loue. En somme, à l'en croire, ce n'était qu'un mémento chronologique et synoptique, rien de plus[133].

Mon cher ami,

Je n'ai pas pu vous répondre plus tôt, absorbé que j'étais par un travail ininterrompu et très pénible. Enfin, la dernière ligne de l'*Histoire du Christianisme* est écrite. J'en ai les yeux abîmés et les reins brisés. Le tout formera deux petits volumes concentrés d'une centaine de pages chacun[134]. Maintenant, il ne s'agit pas de se reposer, bien entendu; il faut que j'entreprenne autre chose immédiatement, au plus grand préjudice de mes poèmes inachevés, et sans que je sache quand je pourrai m'y remettre. Les rimes barbares ne marchent pas, l'*Eschyle* est toujours abandonné aux compositeurs de Claye et Lemerre est tout entier aux actualités. Vous a-t-il envoyé le livre de Silvestre? Entre nous soit dit, c'est bien mal écrit, bien pâle et bien froid, et ne donne aucune idée de ce qui s'est passé ici; mais c'est un chef-d'œuvre comparé aux *73 jours de la Commune* par Catulle[135]. Imaginez-vous une longue série de mensonges impudents et ridicules. Tout le monde sait qu'il invente les aventures dans lesquelles il a le plus grand soin de figurer héroïquement, puisqu'il n'a pas quitté Saint-Germain où il s'était réfugié. Cet homme si habile est bien maladroit. En revanche, je vous recommande vivement la *Bataille des sept jours* de Jezierski[136]. Rien de plus net, de plus clair et de plus précis. À part ceci, tout ce qui se publie chaque jour sur la Commune est illisible. La faute en est d'ailleurs, comme toujours, au public dont la curiosité irréfléchie veut être immédiatement satisfaite, et qui s'occupera d'autre chose dans trois mois, poussant ainsi des fournisseurs ordinaires à une production improvisée, ce qui constitue non seulement une littérature exécrable, mais encore un amas de renseignements erronés et inutiles.

La province et l'étranger abondent ici, la bouche ouverte et les yeux écarquillés devant nos ruines ; et cependant Paris est morne, non que les esprits soient encore impressionnés par le souvenir des angoisses et des misères subies, car il y a longtemps de cela, un mois bientôt ; mais plutôt parce que le provisoire paralyse tout. Nous ne savons en réalité ce que demain nous réserve. La terreur de la Commune survit à sa chute ; on craint les tentatives d'assassinats et les tentatives d'incendie. Le fait est que cette immonde crapule, envenimée par le contact prolongé de Pyat, de Grousset, de Vallès, d'Andrieu, etc. est plus que jamais capable de tout. D'autre part, les intrigues ouvertes des trois partis monarchiques ne sont pas de nature à calmer l'inquiétude générale. Si l'Assemblée se préoccupait un peu plus des intérêts immédiats du pays, au lieu de perdre misérablement son temps et le nôtre à voter des mauvaises lois inapplicables, il ne lui serait pas difficile de concilier la partie intelligente de Paris et de la nation, tandis que le contraire se manifeste plus nettement de jour en jour. M. Thiers rallie évidemment les sympathies de tous ceux qui se rendent compte des difficultés multiples de la situation, et, s'il se retirait, je ne sais si nous pourrions éviter de nouveaux troubles et peut-être une nouvelle guerre civile.

Les crimes inexpiables des infâmes bandits qui ont incendié Paris sont exploités dans les départements contre l'établissement définitif de la République, comme s'il y avait une analogie quelconque entre la République qui ne peut être fondée que sur le respect des droits de tous et de chacun, et l'effroyable anarchie par laquelle nous venons de passer et qui n'a été que la violation sauvage de ces mêmes droits. Certes, si une restauration monarchique constitutionnelle était, dans l'état des choses, une condition d'apaisement, je comprendrais qu'on en fît de nouveau l'essai, car la France est bien malade et tout remède capable de la guérir et de la relever doit être le bienvenu ; mais nous sommes en face de trois prétendants dont aucun ne se résignera à céder sa place à l'autre, et qui, au fond, se sont voués plus de haine qu'ils n'ont d'aversion pour la République. Or, celle-ci, outre la vérité morale qu'elle représente, a pour elle d'exister en fait, après avoir passé par deux épreuves terribles, la guerre étrangère et la guerre civile. Il est bien évident qu'aucune monarchie n'y eût résisté[137].

Dans l'esprit de Leconte de Lisle, Christianisme et Ancien Régime étaient indissociablement liés. Tous deux portaient la marque de l'arbitraire, de l'inorganisation matérielle et du désordre spirituel. Montrer, par le truchement d'une compilation labyrinthique et indigeste, progressant de façon mécanique et fastidieuse, siècle par siècle, série par série, le soi-disant arbitraire du Christianisme, c'était affirmer la nécessité d'une victoire de la République non révolutionnaire sur une restauration monarchique toujours possible entre les bonapartistes d'une part, les légitimistes, partisans du comte de Chambord, et les orléanistes d'autre part, fidèles à celui de Paris. Dans cet amas chaotique de biographies, tout était fait pour choquer, pour ennuyer le bourgeois et pour le faire hurler : style lapidaire[138], sarcasmes acerbes[139], railleries bouffonnes, anecdotes atroces[140], enchaînements cocasses, zeugmes pittoresques[141], ellipses terrifiantes et asyndètes foudroyantes.

On pouvait par exemple y lire que l'expression « mourir en odeur de sainteté » devait être associée à la figure de saint Jacques, frère de Jésus, qui, martyrisé à l'âge de quatre-vingt-seize ans, et outre le fait qu'il passait pour n'avoir jamais eu de relations sexuelles, ne s'était jamais lavé ni coupé les cheveux ; on y apprenait qu'aucun des conquérants barbares qui s'étaient emparés de l'Italie n'avait fait plus de mal à l'intelligence humaine que saint Grégoire le grand, puisqu'il avait fait abattre des statues, des arcs de triomphe et beaucoup d'autres monuments de l'ancienne Rome, dont la célèbre Bibliothèque Palatine fondée par Auguste, qu'il avait fait brûler avec tous les exemplaires de Tite-Live qu'elle contenait ; on y découvrait encore que certains hérétiques du deuxième siècle après J.-C., croyant posséder la pureté primitive d'Adam et d'Ève, avaient cru juste et bon d'aller tout nus, hommes et femmes, et que, dans leurs assemblées, selon saint Épiphane, lorsqu'à la lecture de la *Genèse* on prononçait ces mots : « Croissez et multipliez », il se produisait des scènes extraordinaires dont on ne pouvait donner les détails, mais que saint Épiphane avait décrites minutieusement avec le plus effroyable cynisme ; on y affirmait de surcroît que c'était en référence à ces Adamites et à leurs usages que, dans sa 432e lettre à sainte Jeanne de Chantal, fondatrice de l'Ordre de la Visitation Sainte-Marie, saint François de Sales, « Docteur de l'amour divin », « Prince Évêque de Genève[142] » et auteur de la célèbre *Introduction à la Vie Dévote*, s'était écrié : « Ô ma mère, qu'Adam et Ève étaient heureux tandis qu'ils n'eurent point d'habits ! » ; on y professait que le Cardinal Baldassare Cossa avait amassé d'immenses richesses par la piraterie, que c'était un des plus grands scélérats de l'époque, usurier, voleur, simoniaque, débauché et assassin, et que ses crimes s'étaient multipliés dès qu'il avait été élu 212e pape de Rome, le 17 mars 1410 ; que le pape Alexandre VI, *alias* Rodrigo Borgia, père de son meurtrier, César Borgia, était très célèbre comme empoisonneur, simoniaque et incestueux, qu'il avait commis tous les crimes connus et même ceux qu'il était impossible d'imaginer ; on y révélait surtout que, par suite de la proclamation de la bulle *Admonet nos* du pape Léon X de Médicis, donnée à Rome, à Saint-Pierre, « l'an de l'Incarnation du Seigneur 1518, à la veille des ides d'avril[143] », et qui instituait la réalité apostolique du « propre ange de chaque fidèle », ange gardien célébré le 2 octobre par décision du Bienheureux François d'Estaing, évêque de Rodez, le libertinage entre moines et nonnains, la corruption de la chair et beaucoup d'autres excès et vices qu'il était honteux de nommer s'étaient multipliés d'une façon effrayante ; que beaucoup d'entre ces nonnes, qui se croyaient soudainement, personnellement et définitivement protégées contre les incursions de l'esprit du malin, avaient vécu charnellement avec leurs supérieurs ecclésiastiques comme avec les moines ; qu'elles avaient accouché dans leurs couvents mêmes des fils et des filles qu'elles avaient eus dans leur commerce illégitime ou incestueux ; qu'en outre quelques-unes s'étaient fait avorter – parmi les concubines et petites filles sans nombre qu'entretenaient chanoines, moines et prélats – et que d'autres encore avaient tué leurs enfants à peine venus au monde[144]…

Ce rosaire d'épouvantes, ce chapelet d'abominations, qui annonçait *Les États du Diable* publié dans *La République des Lettres* le 27 août 1876 – sorte de conciliabule entre le Diable, Alexandre VI et Jean XXIII, imaginé à l'occasion de l'Infaillibilité pontificale proclamée par Pie IX en 1870 –, avait un but bien précis : choquer, vilipender, blasphémer, certes, mais aussi et surtout convaincre. Convaincre les incrédules que le Christianisme, et il fallait entendre par là « toutes les communions chrétiennes, depuis le catholicisme romain jusqu'aux plus infimes sectes protestantes ou schismatiques », n'avait jamais exercé qu'« une influence déplorable sur les intelligences et sur les mœurs », qu'il condamnait la pensée, anéantissait la raison, niait perpétuellement et combattait toutes les vérités successivement acquises par la science, qu'il était inintelligible dans ses dogmes[145], arbitraire, variable, et surtout « indifférent en morale[146] ». Or, si le Christianisme était amoral, le royalisme l'était aussi. Et si la République s'opposait au royalisme, alors il était logique qu'elle fût la seule détentrice de la véritable éthique. Affirmer la décadence du Christianisme, l'enfermer dans un passé folklorique, incompréhensible et barbare, c'était donner un avenir à la République, lui offrir une troisième chance de se réaliser et de s'accomplir.

> L'eussiez-vous dit ? Hélas ! Ce que c'est que de nous !
> Quand à travers les flots de la plèbe à genoux,
> Au cliquetis joyeux des mules espagnoles,
> Vous en tête, Saint-Père, et neuf cents vierges folles
> En croupe, Cardinaux, Évêques gallicans
> Ou romains, Abbés d'ordre et Docteurs éloquents,
> Bohémiens et Hongrois, de Saxe et de Sicile,
> Lumières de l'Église et du sacré Concile,
> Prêtres, moines, soudards, Princes et Chevaliers
> Dans la vieille Constance entrèrent par milliers,
> Eussiez-vous cru, Cozza[147], que l'heure était prochaine
> Où vous en sortiriez comme un ours à la chaîne,
> Où l'on vous nommerait interminablement :
> Hérétique, larron, meurtrier, excrément,
> Simoniaque, intrus, chardon, ciguë, ortie,
> Adultère, relaps, empoisonneur d'hostie,
> Chien enragé, lion rugissant, loup hurleur,
> Reptile variant sa ruse et sa couleur,
> Caïn, Coré, Judas, sorcier, spectre effroyable,
> Pape de l'Antéchrist, vomissement du Diable,
> Et caetera, le tout, en très mauvais latin[148] ?

Il va de soi que l'affaire fit grand bruit et qu'on poussa les hauts cris : d'horreur dans les milieux conservateurs ; d'allégresse et de jubilation dans les milieux progressistes, comme en témoigne ce court extrait du compte-rendu de la séance du 6 février 1872 à l'Assemblée. Notons qu'à aucun moment le nom de Leconte de Lisle ne fut prononcé ni même imprimé dans les journaux :

M. DE GAVARDIE [député monarchiste] : J'ai l'honneur d'adresser à M. le garde des sceaux, après l'avoir prévenu, une question relative à un fait qui m'a paru très grave. (Oh ! oh ! à gauche.) Ce matin était exposée publiquement en vente, dans une rue des plus fréquentées de Versailles, une brochure qui est ainsi intitulée : *Catéchisme populaire républicain.* (Exclamations ironiques à gauche.) Messieurs, cette brochure, qui se vend à cinquante centimes, est éditée dans des conditions évidentes de propagande populaire. (Nouvelles exclamations à gauche.)

VOIX À DROITE : Laissez donc parler ! [...]

À GAUCHE : Ah ! ah ! voyons... !

M. DE GAVARDIE : Ce livre, comme l'indique le mot de « catéchisme », est par demandes et par réponses. Voici une des premières demandes : « D. – Faut-il chercher au-dessus et en dehors de l'homme le principe de la justice ? »

UNE VOIX À GAUCHE : Très bien ! (Rires et mouvements divers.) [...]

M. DE GAVARDIE : Voici la réponse : « Non ! car l'homme cesserait d'être un être moral, il tomberait au niveau de la brute si le principe de la justice existait en dehors de lui. » (Très bien ! et applaudissements à gauche.)

M. LANGLOIS battant des mains : Oui, oui ! très bien, très bien !

M. DE GAVARDIE : Autre demande : « D. La loi morale n'a-t-elle donc pas été révélée et enseignée à l'homme par les religions ? – R. Non, car les religions, conceptions abstraites de l'esprit... » (Très bien ! à gauche, nouveaux applaudissements.) Je reprends et je continue : « Non, car les religions uniquement fondées sur des dogmes n'ont rien en commun avec la loi morale, qui est inhérente à la nature propre de l'homme et qui, conséquemment, n'a jamais pu lui être antérieure ni étrangère. » (Très bien, à gauche.) « D. – Qu'est-ce que la justice ? » (Assez assez ! – non ! non ! – lisez !)[149]

L'*Histoire populaire de la Révolution française* fut quant à elle achevée d'imprimer un peu auparavant, le 28 avril 1871, en pleine Commune de Paris. Elle voulait montrer au peuple assiégé et souffrant, par « une pensée et une démarche dialectiques[150] » entre l'idéal ordonné et rigide du *Catéchisme républicain* et l'obscurantisme anarchique de l'*Histoire du Christianisme*, entre le droit lumineux de la société égalitaire et l'arbitraire obscur de la société hiérarchique, la voie douloureuse et sublime de la Liberté que les hommes de 89 lui avaient ouverte. « La Révolution française avait été la revendication des droits de l'humanité outragée ; elle avait été le combat terrible et légitime de la justice contre l'iniquité[151]. » Leconte de Lisle s'était-il souvenu de cette *Encyclopédie de la Révolution française* qu'Anatole France, Louis-Xavier de Ricard et lui-même avaient un moment projeté d'écrire, en 1868 ? Avaient-ils seulement commencé à la rédiger ? « Quoi qu'il en soit, un grand lecteur et un passionné d'histoire comme lui ne pouvait ignorer les grands travaux qui avaient été consacrés par les historiens à cette époque, ni les méditations qu'elle avait fait naître chez les hommes politiques et les penseurs[152]. » Il se lança donc dans une histoire partiale où le terme de « populaire » servit souvent de prétexte à de violents raccourcis et à des approximations simplistes. On sacrifiait la vérité historique à la rhétorique et aux effets oratoires, on la déformait au profit de la forme. Ainsi Louis XV était « immonde », Louis XVI, « d'une intelligence médiocre, extrêmement dévot – ce qui bien sûr était une insulte –, menteur par faiblesse et faux par éducation religieuse », Napoléon, un despote qui « avait fait périr trois millions de Français dans une suite de guerres insensées », et Mirabeau, un « vrai tribun de la Constituante », à l'« audace sans bornes » et à l' « éloquence sans égale ».

Ainsi s'exprimait notre robespierriste, ennemi de Léon Gambetta et de la Commune, dans cette « trilogie d'une force et d'une cohérence exceptionnelles[153] ». Chacun de ces opuscules « commentait avec pertinence, bien que de façon voilée, l'histoire en train de se faire ». Pourtant, à l'épreuve des faits, Leconte de Lisle n'était plus qu'« un esprit dont les structures mythiques s'étaient brutalement effondrées ». Reconnaître cet effondrement « sans se nier soi-même ni remettre en cause la notion même de sociabilité, [et] donc de peuple[154] », était chose impossible. Commençait donc pour lui une longue période d'auto-censure et d'isolement qui allait le plonger encore davantage dans l'impersonnalité artistique, le style féroce, brutal et radical, et la renonciation catégorique à la connaissance et à la réalisation sociétale et politique de soi.

Les Érinnyes

Leconte de Lisle corrigea son *Hypatie*. « L'homme en son vol fougueux t'a frappée et maudite » devint « Le vil Galiléen t'a frappée et maudite », transférant la responsabilité de la lapidation de la jeune femme de l'indistincte humanité à la figure clairement identifiée du Christ. Preuve supplémentaire, s'il en était besoin, que son anticléricalisme, tout comme son esthétique, s'était fortement affirmé, même s'il eut toujours le souci de distinguer Jésus des hommes de son Église. Il supprima *La Passion* de son édition définitive des *Poëmes barbares*, ce qui était la moindre des choses – « Comment l'auteur de *Qaïn* pouvait-il avoir écrit un *Chemin de Croix*[155] ? » –, de même que *La Matinée*, *Le Présage*, *Les Planètes damnées*, *Les Étoiles Mortelles*, *Le Parfum impérissable*, *Les Deux amours* et *Tre Fila d'Oro*, ultime souvenir personnel de son aventure douloureuse avec Mme Jobbé-Duval. Il classa ses poèmes par thèmes, n'hésita pas à les revoir, à les corriger, à les reprendre parfois en entier pour leur donner un aspect plus austère et plus grave, n'ajouta aucune préface, supprima toutes les dédicaces, les sous-titres, les explications et les symboles trop faciles, à tel point que l'ensemble dépouillé, rigide, froid, hiératique, dérouta le public et lui parut certes grandiose mais surtout sclérosé. Leconte de Lisle se raidissait dans son affectation de simplicité étudiée afin de prêter le flanc le moins possible à la critique. Après s'être effacé derrière les légendes illustres des noms d'auteurs qu'il traduisait, puis derrière l'anonymat de ses sentencieux pamphlets, il se cachait à présent derrière une œuvre déconcertante parce qu'anti-conformiste, mystérieuse parce qu'ésotérique, et hermétique parce que destinée à de rares initiés. Leconte de Lisle se cachait-il encore derrière cette nouvelle typographie archaïsante de la maison Lemerre, très différente de celles de Dentu, de Ducloux, de Taride et de Poulet-Malassis, directement inspirée des imprimeurs elzéviriens de la Renaissance, riche, élégante, mais chargée de marques d'eau, de bois, de frises, de bandeaux, de serpentes, de culs-de-lampe et de lettrines ? Pourtant, dans le *Journal d'outre-mer* du 24 décembre 1872, Anatole France défendit bec et ongle l'esthétique volontairement impénétrable de son maître, lui qui savait que ses racines plongeaient dans les humiliations du scandale de la pension impériale et puisaient leur sève des vexations quotidiennes que de trop nombreuses besognes alimentaires infligeaient à son génie. – « Je n'ai jamais tant travaillé de ma vie », déclara le poète à Lemerre, entre mars et juin 1871[156]. – Si les lecteurs ne comprenaient pas les *Poëmes barbares*, cela ne pouvait pas venir de l'œuvre elle-même. Aux beautés sublimes, il faut des yeux sublimes[157] ; et les œuvres subjectives trouvaient toujours « des lecteurs subjectifs » suivant le goût du jour, des modes et des saisons, parce qu'ils se recherchaient « avidement eux-mêmes dans la poésie, et se retrouvaient avec joie dans toutes leurs inanités ». De tels joyaux étaient aisés à découvrir, et « les créations du poète ne pouvaient paraître inanimées qu'aux hommes qui ne savaient reconnaître la vie que quand elle se manifestait par certains phénomènes de sensibilité vulgaire ». Ces gens-là avaient-ils rangé Leconte de Lisle parmi les poètes impersonnels ? C'était donc qu'il fallait « placer aussi dans cette classe Homère, Virgile, Dante [et] Goethe[158] ».

Sa traduction des œuvres d'Eschyle ne lui rapporta que mille francs, comme chacun de ses volumes de traduction, mais elle enthousiasma George Sand qui écrivit dans *Le Temps*, le 31 juillet 1872 : « M. Leconte de Lisle est grand poète aussi, et d'une si forte originalité qu'il est devenu chef d'école. On lui doit une vraie reconnaissance – il faudrait que ce fût une reconnaissance *nationale* – pour avoir su au milieu des événements tragiques de ces dernières années poursuivre son austère labeur et nous donner la vraie notion du père de la tragédie, Eschyle. M. Leconte de Lisle nous a déjà donné Homère. Lui seul pouvait, je crois, rendre fidèlement la simplicité grandiose de ces antiques sans en déranger la beauté, travail patient, ingrat en apparence, du laveur d'or au profit des autres ! Mais qui se connaîtrait mieux en or que celui qui porte en lui une mine féconde[159] ? »

Fort heureusement, grâce à la démission de François Coppée qui, plus tard archiviste à la Comédie-Française, en mai 1878, sacrifia sa place à la condition qu'on l'attribuât à son aîné, le 28 décembre 1871, Leconte de Lisle fut nommé « attaché », c'est-à-dire « employé », à la Bibliothèque du Palais du Luxembourg ; et cette sinécure lui assura des revenus modestes – 2 500 francs par an en 1872, additionnés à la pension impériale, peut-être maintenue par la République – mais réguliers jusqu'à la fin de ses jours. Les écrivains Louis Ratisbonne, Auguste Lacaussade et Charles-Edmond[160] (de son vrai nom polonais Choïeçki ou Koieski) y furent ses collègues ou ses supérieurs hiérarchiques. « Ne m'en félicitez pas, écrit-il aussitôt à Heredia. Ce n'est au fond qu'une insulte de plus ajoutée à toutes celles qui se sont amassées en moi sans que j'aie même le désir d'en tirer vengeance. Telle n'est pas, je l'avoue, l'opinion de mes amis. Ils considèrent cette nomination comme une récompense inespérée du peu que j'ai fait et me blâment de mon orgueil démesuré[161]. »

Aussitôt, Leconte de Lisle et son épouse quittèrent le 8, boulevard des Invalides, partiellement détruit par les bombardements du premier siège, et s'installèrent au troisième étage du 64, boulevard Saint-Michel, dans un ordinaire appartement de fonction, à deux pas du Luxembourg, en lieu et place de l'actuel bâtiment de l'École des Mines. « L'appartement que me concède l'Etat n'est pas d'une beauté exagérée, se plaint-il encore à Heredia le 30 janvier 1872, mais, pour avouer l'exacte vérité, il est absolument hideux. Nous aurons fort à faire si nous voulons le rendre habitable. Mes amis, qui se résignent facilement à mon malheur, m'objectent que ce réduit ne me coûte rien. Or, il me coûtera probablement les yeux de la tête, attendu qu'il y règne une obscurité éternelle. En somme, nous avons une sortie sur le Luxembourg. Il y a tout lieu de croire que nous serons plus ou moins installés du 15 au 20 février[162]. »

Malgré la présence de ces nouveaux amis, l'humeur de Leconte de Lisle s'assombrissait au moment même où il commençait à connaître une certaine forme de sécurité matérielle. Le poète ne toucha ses premiers appointements qu'à compter du 1er octobre 1872, et, alors qu'il allait enfin pouvoir rassasier sa « faim sacrée de l'or[163] », son amertume, son pessimisme et sa mélancolie s'aggravèrent brusquement. Les *Poëmes barbares*, qui n'avaient eu jusque-là que deux articles[164], avaient singulièrement découragé Lemerre qui, suite au couronnement des *Humbles* par l'Académie française, était devenu l'homme lige de Coppée et ne pouvait s'empêcher de lui faire la plus maussade des mines. Il y avait donc infiniment peu de raison pour que la réédition des *Poèmes antiques* eût lieu. Quant aux *Poèmes tragiques* et aux *États du Diable*, Leconte de Lisle affirmait que le susdit éditeur ne les aurait tout simplement pas si on lui offrait ailleurs des conditions meilleures[165]. Sa lassitude et son dégoût étaient à leur comble, et il s'aigrissait jusqu'à l'ingratitude[166]. De surcroît, sa mère venait de tomber gravement malade et sa propre santé – céphalées, douleurs oculaires –, éprouvée par tant de travaux harassants, commençait à le trahir. « Pardonnez-lui ces faiblesses indignes de son génie, déclara Léon Dierx à Jean Marras, le 22 octobre 1871. Il a été si malheureux et si méconnu[167] ! » Toujours parler dans le vide et s'agiter dans le néant était un métier par trop laborieux, outre qu'il était absurde. S'il lui restait assez de bon sens pour prendre une résolution raisonnable, étant donné l'état intellectuel de cette misérable époque, il eût jeté au feu ses poèmes commencés et n'eût plus écrit un vers. « L'affaissement, l'épuisement, l'abêtissement de tous et de chacun étant des faits acquis, il était on ne peut plus naturel que ces messieurs Eugène Manuel et François Coppée, ou d'autres à leur défaut, eussent tout naïvement et tout simplement plus de succès que lui. L'ineptie publique pour ainsi dire les engendrait et les concevait[168]. »

Les réunions littéraires du samedi reprirent au cours de l'automne 1871. Sans enfant, le Maître eut toujours besoin de sentir un public jeune autour de lui, de pouvoir lui faire lecture de ses nouvelles créations, d'entendre les siennes, de voir briller le plaisir et l'admiration dans ses yeux. On pourra trouver chez lui, comme sur le tableau de Paul Chabas, toute une nouvelle génération d'esthètes : Armand d'Artois, Émile Bergerat, Raoul Gineste, Charles Grandmougin, Guy de Binos, Isabelle Guyon, Paul Marrot, Achille Millien, Marc-Monnier, Armand Renaud, Claudius Popelin, Gustave Ringal, Henri Cazalis, Maurice Rollinat, Henry Roujon, le futur « groupe des Vivants », qui prôna une esthétique plus orientée vers la réalité matérielle : Jean Richepin, Maurice Bouchor, Gabriel Vicaire et Raoul Ponchon, Charles de Pomairols, Malvina Blanchecotte, Léon Cladel, le vicomte André de Guerne, qu'on appelait le vicomte de Lisle[169], Algernon-Charles

Swinburne, Robert de Bonnières, Judith Gautier, Charles Cros, Gabriel Marc, Amédée Pigeon, Paul Bourget, le trio des « timides[170] » : Georges Lafenestre, André Theuriet et André Lemoyne, Léon-Henri Barracand, Luigi Gualdo, Ernest d'Hervilly, Frédéric Plessis, Émile Blémont, Ludwig Benedictus, Stéphane Mallarmé, Henri Houssaye, Léon Dierx, avec bien sûr Coppée, France et Heredia ; et, à côté d'elle, quelques vieilles et illustres figures tenant elles-mêmes salon comme Catulle Mendès, Alphonse Lemerre ou Théodore de Banville, mais non celles de Paul Verlaine ni de Louis Ménard, plus brouillés que jamais. Albert Glatigny venait aussi souvent que sa vie de bohème et de saltimbanque le lui permettait. Comme il aimait ces réunions littéraires autour du maître et comme elles lui manquaient ! De Hambourg, il lui réitéra son affectueuse admiration : « Dites bonjour à mes amis qui ont le bonheur de venir chez vous et à qui je pense souvent… J'ai acheté un petit buste d'Homère, pareil à celui que vous avez, et tous les samedis, je le mets sur la commode. Les cheminées n'existent ici qu'à l'état de poêle. Vos livres aimés, que je place autour, me rappellent nos chères réunions de chaque semaine. Il me manque votre portrait. Le bon Carjat[171] doit en avoir encore dans ses boîtes. Soyez assez bon pour en filouter un que vous m'enverrez[172]. » Sous la mansarde du boulevard Saint-Michel, on rencontrait encore Louise Ackermann, Jules Breton, Édouard Grenier, Paul de Musset et peut-être Auguste Lacaussade, qui habitait un étage plus bas[173]… Villiers de L'Isle-Adam, trop original, ne vint que peu de temps ; Sully Prudhomme, trop marginal, épisodiquement. « Certes Sully Prudhomme est un poète, reconnaissait Leconte de Lisle, mais il n'est pas de la maison[174]. »

Seule une partie de cette avant-garde se regroupa autour de la revue nouvelle d'Émile Blémont[175], réservée à l'art et apolitique, intitulée *La Renaissance littéraire et artistique*, et qui fut « honorée d'avoir la primeur de vers aussi largement passionnels que ceux de *La Mort du soleil* ou de *La Chute des étoiles*[176] ». Le *Coin de table* de Fantin-Latour rappelle cette époque fameuse. Leur ligne de conduite était simple : « Ni banalité, ni pédantisme. Par ces temps de triomphe frelatés et de gloires factices, où le mercantilisme menaçait de faire de tout art et de toute littérature une simple et impure exploitation, on n'avait pas souci ni du vulgaire ni de l'injustice de certains insuccès. Honorant hautement la vraie poésie et la vraie vérité, on tâchait d'en inspirer le respect à ceux qui l'avaient oublié ou ne l'avaient jamais appris[177]. » Par l'intercession de Heredia, la revue fit paraître *La Ximena* (Chimène) le 5 octobre 1872, poème castillan inspiré des traductions « nettes et fidèles[178] » du *Romancero* par Heredia, et présentant le Cid comme « une figure violemment naïve, sauvage autant que généreuse, arabe plutôt qu'espagnol[179] », comme « un héros de légende, qui ne fut en réalité qu'un guerrier sauvage, cupide, vindicatif et déloyal[180] ». Hugo envoya *Ave dea ; moriturus te salutat*, recueilli plus tard dans *Toute la lyre*, un extrait de *La libération du territoire*, ainsi qu'une lettre extrêmement bienveillante, reproduite dans l'avis « Au lecteur » du 8 février 1873, et qui servit largement de caution à la revue : « J'aime le groupe des talents nouveaux. Il y a aujourd'hui un beau phénomène littéraire qui rappelle un magnifique moment du seizième siècle. Toute une génération de poètes fait son entrée. C'est, après trois cents ans, dans le couchant du dix-neuvième siècle, la Pléiade qui renaît. Les poètes nouveaux sont fidèles à leur siècle ; de là leur force. Ils ont en eux la grande lumière de 1830 ; de là leur éclat[181]. »

Le 20 octobre 1871, Mallarmé écrit à Mendès : « Venez demain soir chez Leconte de Lisle parce qu'il lira la première de son œuvre dramatique, ainsi que me l'affirme Heredia[182]. » La Pléiade avait rendez-vous avec *Les Érinnyes*, paroxysme de la dépression et de la noirceur, pièce originale hâtivement composée mais probablement commencée dès 1868, en même temps que la traduction de l'*Orestie* d'Eschyle, dont elle était l'adaptation pittoresque, intelligente et personnelle. « Jamais la palette du peintre n'avait été plus chargée de couleurs terribles : jamais on ne vit rôder plus de spectres, plus de faces mutilées, jamais on n'entendit plus de sanglots et plus de râles. Les guerriers étaient féroces et leurs sandales trempées de sang ; le sang était une "rosée ineffable" quand il jaillissait du corps du chef sous les coups de la femme ; il ruisselait comme une fontaine heureuse[183]. »

> Le portique extérieur du vieux palais de Pélops. Architecture massive. Colonnes coniques, trapues et sans base. Au fond, Argos, entre les colonnes. – La scène est sombre. – Les Érinnyes, grandes, blêmes, décharnées, vêtues de longues robes blanches, les cheveux épars sur la face et sur le dos, vont et viennent. Le jour se lève[184].

Leconte de Lisle comptait se faire beaucoup d'argent avec cette pièce qui pourtant ne sacrifiait à aucune mode populaire. « Racine avait fait de ses héros grecs des gens de cour en "canons" et en "perruques" à la mode de Versailles. Le scrupuleux Leconte de Lisle eut le sentiment que, toutes proportions gardées, Eschyle avait agi de même, et que, lui aussi, il avait trop "modernisé" les aventures et les caractères de ses personnages : il les avait représentés comme s'ils étaient ses contemporains. L'auteur des *Érinnyes* estimait que la méthode historique devait replacer cette fable à l'époque même où elle s'était développée dans l'action : soit, à la période de la civilisation mycénienne[185]. » Il fallait que ce fût le public qui vînt à lui, qui changeât, qui s'éduquât. Comment pouvait-il ne pas reconnaître le beau, le bon, le vrai, demeurer indifférent face à tant de passion, devant tant d'injustice, de fatale brutalité résultant du drame inéluctable parce que scientifique de l'hérédité, cette *Moïra* récemment découverte et « équivalent moderne de la fatalité antique[186] » ? Comment pouvait-il rester de glace face à tant d'innocence malheureuse et bafouée qui, quoique brutale, vengeresse et sanguinaire, ne recherchait, telle Agamemnon, « ni flatteuses clameurs, ni faces prosternées » mais « rien que des cœurs amis[187] » ? Était-ce que Leconte de Lisle, comme l'écrit Bernard Latzarus, n'avait tout simplement pas « su leur présenter ni des Grecs, ni des hommes » ? Que, « sauf Agamemnon, ses héros étaient des frénétiques avec qui on se réjouissait, par instinct, de ne rien se sentir en commun » ? Qu'« écartant par système tout ce qui pouvait atténuer l'horreur du drame, ennemi de la divine bonhomie d'Eschyle, rarement pittoresque, mais parfois éloquent, [Leconte de Lisle] n'avait su que sacrifier à une autre convention, mille fois plus froide[188] » encore ? Ou bien était-ce tout simplement que le poète n'était pas bon dramaturge ?

Cette œuvre très moderne, véritable psychodrame romantique sans nuance ni pitié plutôt que tragédie antique, lui rapporta 1 045 francs de droits d'auteur, plus 1 000 francs émanant de la direction des Beaux-Arts pour « le travail de Littérature[189] ». C'était beaucoup mais c'était insuffisant. D'abord refusée par la Comédie-Française, puis acceptée par Félix Duquesnel, elle fut créée à l'Odéon, le 6 janvier 1873. « Les intermèdes musicaux étaient joués par un petit orchestre à cordes de quarante musiciens sous la direction du jeune Édouard Colonne, avec Eugène Ysaye au premier violon. L'orchestration était donc sobre et discrète selon les souhaits du poète : trente-six musiciens au quatuor à cordes, avec seulement des timbales et trois trombones représentant l'apparition des Furies, mais pas de véritable section des instruments à vent. La musique était destinée à donner un simple support musical au texte ; elle comprenait une introduction, deux intermèdes et un mélodrame[190]. » Par la suite, elle fut profondément remaniée et reprise au Théâtre-lyrique de la Gaîté, le 15 mai 1876, sous la direction du chef d'orchestre Jules Danbé, – quatre représentations – puis de nouveau à l'Odéon, en 1889 – vingt représentations – et en 1892 – seize représentations –.

Le jour de la première, Leconte de Lisle tint très solennellement et fort théâtralement à remercier tous les acteurs visibles et invisibles. Suivant à la lettre ses didascalies, la recherche de vérité, d'authenticité et d'expressivité avait éclaté dans tous les décors et dans chaque costume : bandelettes, sandales, casques, cuirasses, boucliers, lances, knémides, avirons et bonnets phrygiens, tout avait été respecté, jusqu'à cette abondante et luxuriante pilosité, toujours abondamment évoquée par le poète : barbes et cheveux blonds, blancs ou noirs, dépassant de partout, bouclés, épars ou retenus par une simple ou double bandelette. Agamemnon portait « longue tunique blanche à bandes d'or », et « sa klamide rouge » était « agrafée au cou et rejetée sur les épaules » ; « ses cheveux noirs » étaient civilement « retenus par une bandelette d'or ». La tunique d'Orestès, l'esclave héroïque, était « de laine grise » et ses sandales se nouaient au moyen de « lanières de cuir ». Talthybios, Eurybatès et le chœur des vieillards portaient « barbe et cheveux blancs à bandelettes blanches », triple symbole du haut degré de perfection et de sagesse atteint ; contrairement à Kallirhoè, à Ismena et au chœur des Khoéphores, qui, en signe de deuil, cachaient la leur dans un long et vigoureux « péplos noir », Klytaimnestra dissimulait sa nudité de reine impure dans une simple robe blanche « à bandes d'or » ; Kasandra arborait un sceptre du même métal et des « sandales à lanières pourprées », couleur de sang. Les Érinnyes enfin étaient tout aussi sobrement vêtues de « longues robes blanches » que recouvraient de « longs cheveux épars sur la face et dans le dos[191] », signe de leur impitoyable sauvagerie et de leur coléreuse animalité.

Qu'il me soit permis de remercier, en tête de mon œuvre, les excellents artistes qui l'ont si vaillamment interprétée.

Mme Marie Laurent a déployé, dans le rôle de Klytaimnestra, avec une puissance nouvelle, les qualités magistrales qui ont fondé et assuré sa grande popularité. Hautaine, farouche, éloquente, terrible, elle a fait vivre magnifiquement le type que j'avais rêvé. J'offre, avec tout le public, à la grande tragédienne, l'hommage de mon admiration enthousiaste.

Mlle Émilie Broisat a créé, dans Élektra, une figure empreinte d'un charme profond. Elle a chanté, comme un oiseau divin, entre deux coups de tonnerre, et fleuri comme un jeune lys dans la maison sanglante des Atréides. Je mets toute ma gratitude à ses pieds.

Dans un rôle d'une extrême complexité [Kasandra], Mme Jeanne Régnard n'a reculé devant aucune des difficultés multipliées qu'elle avait à vaincre et qu'elle a surmontées. Je l'en remercie chaleureusement.

M. Taillade n'a pas oublié que, sous les haillons de l'esclave et du vagabond, un sang héroïque coulait dans les veines d'Orestès. Par la vérité farouche et saisissante du costume, par l'âpreté solennelle de sa diction et de son jeu, par la profondeur, surtout de la compréhension et du talent, il s'est incarné dans le parricide légendaire.

MM. Laute, Talien, Richard et Rebel, ainsi que Mmes Fassy et Chéron, ont droit aussi à toutes mes félicitations.

Je prie M. Du Quesnel, directeur du second Théâtre-Français, d'agréer l'expression de ma reconnaissance par les soins assidus et le zèle éclairé qu'il a apportés à la mise en œuvre de ma pièce.

Mes remerciements, enfin, à M. Brindeau, l'intelligent régisseur de l'Odéon.

Paris, 6 janvier 1873.
Leconte de Lisle[192].

Bien évidemment cette tragédie antique en deux parties et en vers, avec introduction et intermèdes pour orchestre par Jules Massenet censés souligner l'action dramatique, étoffer la pièce et jouer le premier rôle entre quelques scènes moins consistantes, à la mode allemande, ne rencontra aucun succès. Les critiques, dans *L'Avenir National*, *Le Gaulois*, *Le Temps*, *Le Figaro*, *Paris-Journal*, *Le Bien public*, *Le Journal des Débats*, *Le Soir*, *L'Union*, *Le Siècle* et *La Patrie*, sans être mauvaises ne furent jamais bonnes. « Poivre et sel », avait dit Duquesnel. L'intrigue était quasiment absente, et les atrocités, accumulées et exacerbées, finissaient par lasser. On omettait « volontiers la peinture d'une âme ; mais celle des bêtes qu'on égorgeait et qui mugissaient en tirant leurs langues violettes, jamais[193] » ! Selon Paul Stapfer, l'auteur ne songeait « pas tant à faire parler ses personnages selon leur caractère et selon leur situation, qu'à prodiguer avec sa magnificence accoutumée les vers brillants et sonores. La comparaison de son œuvre avec celle d'Eschyle mettait ce point hors de doute. Clytemnestre, dans Eschyle, salue Agamemnon d'un long discours qui est une vraie scène de comédie ; elle bavarde comme fait une femme et comme fait une menteuse, accumulant, pour prouver sa joie et sa tendresse, les hyperboles les plus ridicules jusqu'à ce que le souffle lui manque : M. Leconte de Lisle abrégeait ce vif et caractéristique langage, et, lui enlevant avec soin son cachet original, le scandait de sa déclamation lente et de son éternelle solennité[194]. »

La deuxième représentation ayant été désertée, on n'en fit pas plus d'une quinzaine[195]. « Croyez-vous que cette musique soit bien utile à mon drame, demanda Leconte de Lisle à Duquesnel, et qu'elle ne va pas empêcher d'entendre les vers[196] ? » Seize ans plus tard, le 30 mars 1889, à l'occasion de la reprise de sa pièce à l'Odéon, à laquelle avaient été ajoutés une ouverture, des airs de ballet, une marche, des chœurs et un orchestre symphonique au grand complet, il fit encore part de son exaspération à la fille d'Hippolyte et d'Émilie Foucque, Émilie Leforestier, qui allait, le 29 janvier 1890, en secondes noces, devenir Émilie de Longeville. Le compositeur avait selon lui fait entrer la musique instrumentale en compétition franche avec celle de ses vers – la manière dont ils seraient dits le préoccupait au plus haut point – et les deux œuvres, en dissonance, se gâtaient et se corrompaient l'une l'autre : « Il est vrai que la musique de Massenet, n'ayant aucun rapport avec mes vers, mes situations et l'époque où se passe l'action, a dû, par cela même, attirer un plus grand nombre d'auditeurs que de spectateurs. Ces quatre-vingts musiciens font cependant un affreux tapage, couvrant la voix de mes acteurs, et me donnant des accès de rage. Mon amour pour la musique a toujours été d'une modération louable, mais il s'est changé en haine et en horreur. Ce bruit infernal, qui n'a d'ailleurs aucun sens appréciable, me donne des envies de meurtre. Serai-je donc, toute ma vie, en proie à des crins de chevaux frottant de malheureux boyaux de moutons[197] ? »

La première partie, intitulée « Klytaimnestra », s'achevait sur le meurtre d'Agamemnôn par son épouse; la seconde, titrée « Orestès », sur celui de Klytaimnestra par son propre fils[198]. En supprimant les personnages plus nuancés d'Égisthe, de Pylade et de la nourrice d'Orestès, ainsi que l'humaine conclusion des Euménides, le dramaturge avait choisi d'isoler et de renvoyer dos à dos le bourreau et la victime, le principe mâle et le principe femelle, la mère castratrice, haineuse, rancunière, et son despotique enfant, prostré, spolié, aveuglé, tous deux parricides et tous deux sanctionnés : l'une par son décès, assassinée; l'autre, comme Œdipe, par la poursuite et la persécution des divines Érinnyes, qui, comme Aphrodite, étaient nées du sang résultant de l'émasculation d'Ouranos, le Ciel, par l'infanticide Cronos, son fils. Pourquoi Leconte de Lisle aurait-il choisi de traiter ce sujet à ce moment précis de son existence s'il ne s'y était pas personnellement reconnu, si cette tragédie antique n'était pas intimement entrée en résonance avec sa propre destinée? Plus on dissimule son cœur et plus on le découvre[199]. Le dramaturge vivait accablé de travaux ingrats et misérables, il ne rencontrait ni le succès auprès des masses, ce dont il feignait de s'enorgueillir, ni la richesse matérielle, ni la paix de l'esprit. Ses poèmes ne se vendaient pas et il subissait chaque jour des frustrations et des humiliations plus grandes. Ses disciples réussissaient souvent bien mieux que lui et il ne parvenait à faire vivre dignement ni sa vieille mère malade ni ses deux pauvres sœurs cadettes, toujours célibataires. De là peut-être ces « déchirements de famille que sa très longue patience n'avait pu prévenir et qui le navraient[200] ». En outre, s'il s'entendait avec son frère Paul, le benjamin, auquel il allait de temps en temps rendre visite, Alfred, son cadet jadis si fier de ses talents de juriste à Bourbon et auquel il dédia *La Fontaine aux lianes*, s'était brouillé avec lui pour une raison qui reste obscure. Peut-être était-ce à cause de l'abolition de la traite des Noirs qui l'avait lui aussi ruiné. Peut-être à cause de la Commune. Sa vie lui semblait donc en proie à une sorte de malédiction familiale comparable à celle des descendants d'Atrée. Elle contenait de lourds « chagrins cachés[201] » que plus rien ne semblait pouvoir consoler. Lui-même, l'ancien colon créole banni de la cité heureuse, quelle ironie, se sentait comme réduit en esclavage[202]. Il n'était libre ni en actes ni en pensées. Les rôles avaient été comme inversés par une main vengeresse et surhumaine. Ainsi, dans cette tragédie où tout était double – Klytaimnestra faisant face à Agamemnon, et Orestès à Klytaimnestra ; Élektra à Kasandra, et les vieillards aux Khoéphores ; Talthybios à Kallirhoé, et Eurybatès à Isména – les retrouvailles entre Élektra, la faible, et Orestès, le fort, pouvaient-elles être comprises non seulement comme la manifestation irrésistible d'un désir incestueux entre un frère et sa sœur, mais encore comme l'expression d'une exigence plus profonde : celle de la substitution du Charles chétif par son vigoureux jumeau Leconte de Lisle, cette partie sereine, paisible et idéale parce que dépassionnée de lui-même : le poète impassible[203]...

Oui, c'est toi, douce tête ! Oui, tout mon cœur te nomme !
Ô rêve de mes nuits, cher désir de mes jours,
Que je n'attendais plus, que j'espérais toujours !
Oui, je te reconnais, ô mon unique envie !
Mon âme en te voyant se reprend à la vie,
Ami longtemps pleuré ! Tu dis vrai, je te crois :
Tous mes maux sont finis. Tu seras à la fois
Mon père qui n'est plus, ma sœur des Dieux trahie,
Et cette mère, hélas ! de qui je suis haïe.
Viens, et, me consolant de tous ceux que j'aimais,
Ô mon frère, *sois-moi* fidèle pour jamais[204] !

Ainsi, son œuvre pouvait-elle être comprise non plus comme une récompense, une grâce, une faveur, une bénédiction, mais comme un châtiment. Elle avait fait de lui un paria et un apatride. Pour elle, il avait trahi les siens qui ne le reconnaissaient plus. Elle était devenue sa chaîne, sa croix, sa cicatrice et son fardeau ; son seul espoir de rédemption aussi.

Sans respect pour le sang des héros dont je sors,
Tu m'as tout pris, mon nom, mon peuple, mes trésors,
La liberté qui fait la moitié de notre âme !
Oui, pour mieux accomplir l'abominable trame,
Tu m'as vendu, tu m'as, loin du royal berceau,
Dans la fange, ô fureur ! jeté comme un pourceau !
J'ai ployé sous les coups, j'ai sué sous l'outrage,
J'ai troublé l'air du ciel de mes longs cris de rage,
J'ai maudit la lumière, et l'ombre, et les Dieux sourds,
Et j'ai cent ans, n'ayant vécu que peu de jours[205] !

Quelles étaient donc ces infernales Érinnyes n'ayant d'autres lois qu'elles-mêmes, ces « Louves de l'Hadès », protectrices de l'ordre social, qui n'apparaissaient qu'en toute fin de tragédie sinon l'incarnation éternelle de la justice et de la vérité, sinon la fatalité, la destinée contre laquelle aucun homme ni aucun dieu, pas même Zeus, ne peut rien ? Charles souffrait ; c'était donc qu'il avait mal fait. Orestès semblait en tout cas le penser, lui qui affirmait devant le cadavre encore fumant de la reine d'Argos : « Il faut que tout forfait s'expie[206]. » N'était-ce pas là, presque mot pour mot, ce que Leconte de Lisle avait déclaré dans une lettre à Jean Marras, juste après la publication des Papiers impériaux[207] ?

Le *Tombeau* de Théo

Mme Anne-Suzanne-Marguerite-Élysée Leconte de Lisle, née de Lanux, cette maman qu'il aimait tant, mourut en 1872, et, avec elle, ce fut la partie créole et bourbonienne de lui-même qui le quitta. Alors qu'il pensait au suicide, le mercredi 23 octobre 1872, à huit heures quarante, le « poète impeccable », l'autre forçat des lettres, païen mystique et grand serviteur de l'art pour l'art, de sept ans son aîné, Théophile Gautier, mourut à son tour. Théo, comme tous l'appelaient, se trouvait alors dans sa petite maison de Neuilly-sur-Seine, entouré de son fils, Théophile, de ses deux filles, Judith et Estelle, mariée depuis cinq mois, et de ses deux gendres, l'abhorré Catulle Mendès et l'adoré Émile Bergerat. La sombre nouvelle, qui ébranla tout ce que Paris comptait de Parnassiens et de littérateurs, fut annoncée dans *La Renaissance*, par une note de la rédaction. Le 24 octobre, Edmond de Goncourt écrivit dans son Journal : « Je suis tombé, sans m'y attendre, sur la nouvelle de la mort de Théo. Ce matin, j'étais à Neuilly, rue de Longchamp. Bergerat m'a fait entrer dans la chambre du mort. Sa tête, d'une pâleur orangée, s'enfonçait dans le noir de ses longs cheveux. Il avait sur la poitrine un chapelet, dont les grains blancs, autour d'une rose en train de se faner, ressemblaient à l'égrènement d'une branchette de symphorine[208]. Le poète avait ainsi la sérénité farouche d'un barbare ensommeillé dans le néant. Rien, là, ne me parlait d'un mort moderne. Des ressouvenirs des figures de pierre de la cathédrale de Chartres, mêlés à des réminiscences des récits des temps mérovingiens, me revenaient, je ne sais pourquoi. La chambre même, avec le chevet de chêne du lit, la tache rouge du velours d'un livre de messe, une brindille de buis dans une poterie sauvage me donnaient tout à coup la pensée d'être introduit dans un *cubiculum* de la vieille Gaule, dans un primitif, grandiose, redoutable, tragique intérieur roman. Et la douleur fuyante d'une sœur, dépeignée, aux cheveux couleur de cendre, une douleur retournée vers le mur avec le désespoir passionné et forcené d'une Guanhumara, ajoutait encore à l'illusion[209]. »

Le service funèbre fut suivi par deux mille personnes mais non par la pudibonde Académie[210], qui, outre « son prologue d'inauguration de la maison pompéienne du prince Napoléon », lui reprochait certaines assiduités « dans le salon de la Princesse Mathilde[211] », qui avait fait de lui son bibliothécaire, et rechignait en conséquence à s'agenouiller devant « la croix dont l'Empire lui éclaboussa la poitrine[212] » : tout « plein de bas admirateurs, de confrères anonymes, d'écrivassiers dans des *feuilles de choux*, convoyant le journaliste et non le poète, non l'auteur de *Mlle de Maupin*[213] ». Flaubert, toujours à Croisset, ne put malheureusement pas assister aux obsèques par la faute de Catulle, qui, « au lieu de lui envoyer son télégramme par télégraphe, l'avait mis dans une lettre, qu'il reçut trente-six heures après l'enterrement[214] ». Cela le fit enrager ! Pour lui, nul doute : la République et la Commune avaient assassiné Théo. Et il le clama sur tous les tons : à sa nièce Caroline, à Ernest Feydeau, à Tourgueneff, et jusqu'à la dite princesse Mathilde : « Il est mort du dégoût de la vie moderne ; le 4 septembre l'a tué. Ce jour-là, en effet, qui est le plus maudit de l'histoire de France, a inauguré un ordre de choses où les gens comme Théo n'ont plus rien à faire. Depuis jeudi je pense à lui, sans cesse, et je me sens à la fois écrasé et enragé. C'était le plus vieux de mes amis intimes ; je le respectais comme un maître, et je l'aimais comme un frère[215]. » Hugo, retenu à Guernesey, envoya sa bru, Alice, ainsi que son fils, le seul qui lui restât[216], François-Victor, le traducteur de Shakespeare. Leconte de Lisle, qui, au rebours de Flaubert, avait pourtant fort peu côtoyé le défunt – n'avait-il pas été témoin, avec Villiers de l'Isle-Adam, six ans et demi plus tôt, au mariage de Judith et de « Crapule » ? –, assista quant à lui à la cérémonie religieuse et parcourut dans le cortège funèbre les quelque huit kilomètres qui séparent l'église de Neuilly du cimetière Montmartre. Habitant Paris, il avait bien reçu le précieux faire-part que certains journaux avaient reproduit :

> Vous êtes prié d'assister au convoi, service et enterrement de Monsieur Théophile GAUTIER, officier de la Légion d'Honneur, décédé le 23 octobre 1872, à l'âge de 61 ans, en son domicile, rue de Longchamps, n° 32, à Neuilly, qui se feront le vendredi 25 courant, à midi *très précis*, en l'église de Neuilly.
>
> *On se réunira à la Maison mortuaire.*
>
> De la part de Monsieur et Mme Théophile Gautier, Monsieur et Mme Catulle Mendès, Monsieur et Mme Émile Bergerat, ses fils, belle-fille, gendres et filles ; de Mesdemoiselles Émilie et Zoé Gautier, ses sœurs ; de Mme la comtesse de Poudens, de Monsieur le comte Paul de Poudens, de Monsieur Amédée Dixmer, de Monsieur Duboscq, ses cousins et cousine.
>
> *À l'issue du service, le corps sera transporté au cimetière Montmartre*[217].

Théo fut mis en bière avec toute la pompe militaire. Alexandre Dumas fils et Augustin Challamel prononcèrent les éloges funèbres : « Le poète ne doit regarder les révolutions que par la fenêtre. Que lui importe Tyran Ier ou Tyran II ? Le maître d'hier ressemble toujours au maître de demain. Le vrai royaume, la vraie république de l'artiste, c'est le royaume ou la république du Beau. C'est là qu'il gouverne les esprits. Théophile Gautier, ce grand citoyen de cette république, n'a jamais hanté la politique, pareil en cela à Léonard de Vinci, à Raphaël, au Titien, qui sont ses vrais maîtres. Mais il n'en gardait pas moins sa souveraine liberté. Qu'il écrivît dans un journal officiel ou dans un journal d'opposition, il disait ce qu'il voulait dire. A-t-il jamais sacrifié une amitié sur l'autel affamé de la politique ? Machiavel était un homme politique. A-t-il conquis une âme au bien ? Ce sont les poëtes et les artistes qui ont charge d'âmes : ils les conduisent au Beau, qui est le Bien dans sa plus haute expression[218]. »

Après la bénédiction finale, le blond Catulle, ce gendre que Théo détestait de toutes les fibres de son cœur malade, parce qu'il l'avait séparé de sa fille Judith et avait eu le front de se fâcher avec son épouse, Ernesta Grisi, s'avança le premier pour déposer un rameau, en guise de palme, sur le catafalque, et, tous, les uns après les autres, avec cette solennité grave et empesée qui sied aux atmosphères sépulcrales, lui emboîtèrent le pas.

On inhuma ainsi des frondaisons entières.

Ce fut Albert Glatigny, l'auteur des *Vignes folles* et des *Flèches d'or*, décédé de tuberculose peu de temps après, le 16 avril 1873, à l'âge de trente-cinq ans, et aux funérailles duquel Leconte de Lisle se rendit également[219], qui eut l'idée de ressusciter la tradition du *Tombeau*, vieille de trois siècles, celle des poètes de la Pléiade, pour rendre un ultime et sublime hommage au « fils de la Grèce antique et de la jeune France[220] ». « Je suis content que mon idée au sujet de Théophile Gautier vous ait plu, écrit-il à Banville le 5 novembre 1872. J'envoie les vers à Lemerre[221]. » Son initiative faisait suite à la publication dans *Le National*, le 28 octobre, d'une longue consolation rimée de Banville – 240 octosyllabes –, en forme d'ode[222]. Dans ce même journal, un an plus tard, les 28 avril et 19 mai 1873, Banville fit encore celle de Glatigny.

Après Théo, seuls Charles Baudelaire (en 1896), Gaston Petitdidier[223] (en 1899) et Louis Ménard (en 1902) reçurent les honneurs d'un *Tombeau*. Avant lui, soixante-dix recueils collectifs de ce genre avaient été réalisés. Ils avaient célébré Du Bellay, Turnèbe, Belleau, Ronsard, Sponde, Passerat, Desportes, mais aussi François Ier, Marguerite de Navarre, Charles IX, Élisabeth de France, Marie Stuart, des princes, des princesses, des nobles, des officiers de cour, des scientifiques, des universitaires, etc.[224] « Théophile Gautier laissait des livres d'une forme achevée et le souvenir d'une vie que le soin de l'Art avait remplie tout entière[225]. » Aussi, peut-être, en des jours lointains, serait-on touché, « en feuilletant ce Livre, de voir que tant de Poëtes, Français ou Étrangers, séparés d'habitudes, d'esprit et de langage, s'étaient réunis pour louer une existence paisible et une Œuvre exemplaire[226] ».

Le chafouin Catulle, dans le but de déposséder Glatigny de la paternité du projet, nourrit d'abord le dessein de composer, en collaboration avec Heredia, Dierx, France, Coppée, Mallarmé, Silvestre et Leconte de Lisle, une unique et longue oraison en forme de banquet où leurs voix se fussent succédées[227]. « Après un prologue [rédigé par Catulle], où il aurait été dit qu'un certain nombre de poètes s'étaient réunis autour d'un repas funèbre en l'honneur de Théophile Gautier, tous, l'un après l'autre, se seraient levés et auraient célébré chacun l'un des côtés du talent de leur maître mort. – Ils se seraient adressés à une image de Gautier. Donc la forme "tu" était recommandée, au moins dans la première strophe. L'éloge [...] aurait été celui de *la tendresse*, si souvent niée à Gautier. Ils auraient eu à louer surtout l'attendrissement, très réel, très profond, qu'il avait montré dans ses vers, dans ses romans, partout : – en un mot, le venger de ceux qui lui avaient trop jeté la forme à la tête. [...] La pièce devait avoir environ soixante vers en strophes ; – commencés par une rime féminine, terminés par une rime masculine (afin de se raccorder à l'ensemble). Quand les *éloges* auraient été terminés, les poètes, l'un après l'autre, auraient adressé en un distique un souhait funèbre au mort, chacun selon le côté qu'il eût célébré. – Mais ces distiques se seraient faits plus tard[228]. » Si tard même qu'on ne les fit jamais, et que ce banquet, ce thrène polyphonique, ne vit jamais le jour, nonobstant quelques vestiges, comme le tutoiement ou bien le titre du poème de Mallarmé – *Toast funèbre* –, qui persistèrent dans le *Tombeau* final.

Ce *Tombeau* de Théo, paru chez Lemerre en octobre 1873, « monument littéraire où se rencontrent les grands flux poétiques du XIXe siècle[229] », c'était l'hommage funèbre de Leconte de Lisle, de Catulle, de Banville, de Glatigny, de Mallarmé, de de Ricard, de Valade, de Mérat, de Mistral, d'Aubanel, de Gras, de Payne, de Gualdo, de Swinburne, de Benedictus, de tous les Parnassiens et de tous les Félibres[230] – sans compter Victor Hugo, dont le poème dissident ouvrait naturellement le recueil[231] –, à l'un des leurs, mort, non pas d'une insuffisance de la valvule mitrale, comme le dirent les médecins, mais bien des conséquences tragiques de la guerre franco-allemande, qui le ruina, du siège, de l'armistice, des conditions inacceptables de cette « paix infâme » imposée à la France, et de la catastrophe de la Commune. Pour les plus jeunes, comme Frédéric Plessis ou Amédée Pigeon, âgés d'une vingtaine d'années seulement, c'était aussi l'occasion de se faire connaître et d'entrer dans le monde lettré.

Alors qu'il s'était réfugié dans la propriété de sa belle-sœur, la danseuse Carlotta Grisi, en Suisse, près de Genève, à Saint-Jean, le patriote Théo avait dû revenir par « manque de monnaie » et avait assisté, tout comme Leconte de Lisle, au désastre. Un instant, il avait cru parvenir à sauver sa vie. « Si laborieusement arrangée », elle fut pourtant « renversée et perdue en une minute[232] ». – « Moi, je vous dis qu'il est mort de la "charognerie moderne", repartit de plus belle Flaubert auprès de George Sand. C'était son mot, et il me l'a répété cet hiver plusieurs fois : "je crève de la Commune, etc." [...] Il ne faut pas demander des pommes aux orangers. Les ouvriers de luxe sont inutiles dans une société où la plèbe domine. Comme je le regrette ! Lui et Bouilhet me manquent absolument et rien ne peut les remplacer. Il était si bon, d'ailleurs, et, quoi qu'on dise, si simple ! On reconnaîtra plus tard (si jamais on revient à s'occuper de littérature) que c'était un grand poète. En attendant, c'est un auteur absolument inconnu. Pierre Corneille l'est bien ! Il a eu deux haines : la haine des épiciers dans sa jeunesse, celle-là lui a donné du talent ; la haine du voyou dans son âge mûr, cette dernière l'a tué. Il est mort de colère rentrée. [...] Il a été *opprimé* par Girardin, par Fould, par Dalloz et par la troisième république. Je vous dis cela parce que *j'ai vu* des choses abominables et que je suis le seul homme, peut-être, auquel il ait fait des confidences entières[233]. » Cependant, « je ne le plains pas, confessa encore l'ermite de Croisset à la princesse Mathilde. Je l'envie[234]. »

Ces propos allaient à Théo comme à Leconte de Lisle, qui pensait exactement la même chose. Et il le dit, dans le sonnet qu'il offrit au spicilège, en des termes on ne peut plus explicites, rappelant par certains endroits les irascibles *Montreurs*, et par d'autres, les pessimistes prophéties de l'*Ecclésiaste* :

Toi dont les yeux erraient, altérés de lumière,
De la couleur divine au contour immortel
Et de la chair vivante à la splendeur du ciel,
Dors en paix dans la nuit qui scelle ta paupière.

Voir, entendre et sentir ? Vent, fumée et poussière.
Aimer ? La coupe d'or ne contient que du fiel.
Comme un dieu plein d'ennui qui déserte l'autel,
Rentre et disperse-toi dans l'immense matière.

Sur ton muet sépulcre et tes os consumés
Qu'un autre verse ou non les pleurs accoutumés,
Que ton siècle banal t'oublie ou te renomme ;

Moi, je t'envie, au fond du tombeau calme et noir,
D'être affranchi de vivre, et de ne plus savoir
La honte de penser et l'horreur d'être un homme[235] !

Avec Théo, « excellent poète, excellent écrivain, très injustement négligé[236] », c'était en quelque sorte la partie romantique de lui-même qui venait de disparaître. Pour survivre, ne lui restait donc plus que sa portion bretonne, la fraction idéale de sa jeunesse dinannaise, sublimée, cristallisée dans l'esthétique marmoréenne du Parnasse.

Connivences et Confidences

L'admiration du Parnasse pour la Pléiade atteignit son paroxysme en 1872, avec la publication, à l'enseigne du *Fac et spera*, de l'équivalent moderne de *La Défense et Illustration de la Langue française* de Joachim du Bellay : le *Petit Traité de poésie française* par Théodore de Banville. « Groupés autour de leurs maîtres, comme du Bellay, Remi Belleau, Baïf, Dorat, Pontus de Tyard et Jodelle autour de Ronsard, ces jeunes artistes venaient dans leur époque, comme l'avaient fait leurs devanciers de la Pléiade, sauver la poésie française d'un long naufrage[237]. » Ronsard, qui « avait trouvé l'oubli et l'indifférence[238] », y était porté aux nues, et le parallèle entre le « prince des poètes » de l'ancienne école du XVIe siècle et le chef de celle de la seconde moitié du XIXe apparaissait nettement. Ce dernier n'avait-il pas écrit, dès 1855, chez Dentu, dans la préface des *Poëmes et Poésies* : « En général, tout ce qui constitue l'art, la morale et la science, est mort avec le Polythéisme. Tout a revécu à sa renaissance. C'est alors seulement que l'idée de la beauté reparaît dans l'intelligence et l'idée du droit dans l'ordre politique. En même temps que l'Aphrodite Anadyomène du Corrège[239] sort pour la seconde fois de la mer, le sentiment de la dignité humaine, véritable base de la morale antique, entre en lutte contre le principe hiératique et féodal. Il tente, après trois cents ans d'efforts, de réaliser l'idéal platonicien, et l'esclavage va disparaître enfin de la terre[240]. »

La vérité poétique datait de cet âge d'or : il ne s'agissait plus que de la rafraîchir. De plus, conséquence inéluctable, l'abîme entre les goûts aristocratiques et populaires s'y était révélé et accentué. On ne devait donc ni en souffrir ni s'en étonner, mais davantage s'y résigner et s'en prévaloir. Car « après trois siècles d'intervalles, rien n'avait changé ; les successeurs de Marot et ceux de Ronsard étaient en présence, et il n'était pas besoin de demander de quel côté se rangeaient les sympathies de la foule. [...]

De là entre le poëte et son public un dissentiment nécessaire et inguérissable[241]. »

À ce sujet, Leconte de Lisle s'était déjà clairement exprimé dans son étude sur l'œuvre d'Alfred de Vigny parue dans *Le Nain Jaune*, le 10 septembre 1864. S'en était-il souvenu, huit ans plus tard, avant d'écrire *Les Érinnyes* ?

> S'il n'existe qu'un seul moyen de conquérir la sympathie générale, il en est plusieurs de rester ignoré de la foule. On atteint aisément, avec une certitude mathématique, ce but peu envié, en se gardant de flatter jamais les goûts grossiers et les caprices du jour, de complaire aux vanités stériles et de feindre pour le jugement du public un respect dérisoire. Or, il n'y a de respectable, en fait de poésie, que le Beau, et ce qu'on nomme le public n'a point qualité pour en juger. Il ne mérite ni respect, ni dédain, n'ayant point de droits à exercer, mais un devoir strict à remplir, qui est d'écouter et de comprendre. Comme le labeur intellectuel lui est odieux et qu'il n'est avide que de distractions rapides et superficielles, toute conception supérieure lui reste inaccessible. Cela est ainsi et s'est toujours produit. Il en résulte qu'Alfred de Vigny, particulièrement, est un inconnu au plus grand nombre[242].

1873 fut l'année de la publication des *Érinnyes*, du *Tombeau* de Théo, du grand livre de cuisine de Dumas et de la traduction des *Œuvres* d'Horace (le 12 avril), mais aussi celle de la résurrection des réunions festives des « Vilains Bonshommes[243] » et de la fondation, en novembre, de la « Société internationale des poètes ». Cette société, dont Mendès et Mallarmé conçurent le projet « lors d'un dîner des Sansonnets, probablement en septembre 1873[244] », après la parution du *Tombeau*, était animée d'une louable intention de réconciliation franco-allemande. Le comité français se mit en place autour de Blémont, de Pierre Elzéar Bonnier, de Mérat et des deux instigateurs. Payne s'engagea à fonder une section anglaise, à laquelle il eût souhaité qu'O'Shaughnessy, Brown, Rosen et Swinburne s'associent. Pour exposer leurs théories philanthropiques et universalistes, on envoya des circulaires à George Sand, à Frédéric Mistral, le sage de Maillane, ainsi qu'aux autres Félibres d'obédience catalane. Les Maîtres Hugo, Banville, Barbier, Soulary, de Laprade et Leconte de Lisle, cautionnèrent l'entreprise, et ils entrèrent en contact, par l'intermédiaire de l'Autrichien Henri Laube, avec de nombreux littérateurs prestigieux d'outre-Rhin comme Hackländer, Gottschall, Hettner, Geibel, Paul Hayse ou Levin Schücking. Ils tentèrent bien de forcer la main à Sully Prudhomme, qui ne l'entendit pas de cette oreille : « Toute action collective implique un lien que malgré moi je sens comme une chaîne. Je ne prétends pas que ce soit raisonnable, mais c'est un invincible effet du penchant qui m'éloigne de toute agitation littéraire. Comme je reste habituellement dans mon coin, on ne me reprochera pas de faire, en cette circonstance, aucune dérogation blessante à ma coutume[245]. »

Quelques réunions se tinrent, mais l'aventure ne dura pas six mois. Sans doute à cause de la disparition de la *Renaissance*, le 3 mai 1874.

Cette année-là, le 25 avril, après son *Anthologie des poëtes français depuis le XVe siècle jusqu'à nos jours*, Lemerre publia *Le livre des sonnets*, un bouquet d'une centaine de ces poèmes, répartis sur trois siècles. Leconte de Lisle offrit *Le Sommeil de Leïlah, Aux morts* et *Le Colibri*. L'entreprise connut deux rééditions, en 1875 et en 1893, mais, dès la première mouture, l'éditeur décida d'en exclure l'infortuné Mallarmé. L'*Iliade* fut achevé d'imprimer le 1er janvier, et, le 1er mars, Leconte de Lisle publia *La Tête du Comte*, poème inédit, dans le premier numéro de *La Revue du Monde nouveau*[246], fondée par Charles Cros et gérée par Henri Mercier. En outre, le 28, parut finalement, passage Choiseul, une nouvelle édition des *Poëmes antiques*, considérablement augmentée et refondue. L'événement était attendu depuis 1869 ! Mais face à la célébrité de divers *Minores*, quel intérêt financier y avait-il à publier un tel ouvrage ? Certains jours, Leconte de Lisle semblait en prendre son parti et déclarait que « rien ne pouvait lui être plus indifférent que cette pseudo-littérature rimée[247] ». Certains autres, la passion reprenait le dessus et il tempêtait. Ce qu'il avait mis des années à construire dans la « nouvelle école » du Parnasse, des disciples de seconde force semblaient prendre un malin plaisir à le détruire. « C'était le gâchis qui le disputait au galimatias. S'il exceptait France qui se donnait la peine de penser et de réfléchir, c'était à qui se mettait à désapprendre ce qu'il savait. Les vers de Coppée ne lui étaient plus qu'une suite ininterrompue de platitudes et de fautes de français. Il n'y avait là ni conception, ni composition, ni métier. C'étaient des tartines propres à réjouir la bande intellectuellement infecte des bourgeois ; c'était au-dessous de rien, c'est-à-dire de Manuel. S'il avait jugé les choses uniquement à l'aide des impressions reçues, comme on faisait en général, surtout dans le romantisme, il se serait dit qu'on ne pouvait en bonne logique disputer des goûts et des couleurs, et que les uns aimaient légitimement ce que d'autres détestaient avec un droit égal ; mais, par malheur, il avait, à tort ou à raison, des principes d'Esthétique tellement arrêtés qu'il ne lui était plus permis de n'en pas tenir compte. Il en résultait qu'il se désespérait absolument de la poésie contemporaine[248]. »

Malade, le 25 août 1874, Heredia se reposait et s'ennuyait à Bagnères-de-Luchon, sorte de « café-concert entouré d'un décor montagneux peint par Rubé et Chaperon[249] ». Sa correspondance avec le Maître commençait à s'étioler. Il sentait que son humeur s'assombrissait avec l'âge, qu'il s'aigrissait, et tentait comme il pouvait de le distraire de sa mélancolie par la beauté de ses récits et le pittoresque de ses descriptions. Il lui peignait le tableau riant des « buveuses d'eau aux robes multicolores, à pied, à cheval, à baudet, en voiture, à chaise à porteurs[250] », lui racontait comment il avait eu, « chez le libraire, une douce émotion en y trouvant un exemplaire des *Poëmes antiques*. Décidément, Lemerre et lui pénétraient au fond des antres de la civilisation ! » Le 18 septembre 1876, il racontait encore au traducteur des *Géorgiques* les doux galets jonchant les plages que couronnent les deux hautes falaises crayeuses d'Étretat, là où « la mer a creusé la célèbre porte d'aval » :

> Du haut des falaises les horizons sont d'un beau caractère et la mer verte qui bat avec fureur ces hauts escarpements de craie stratifiée, comme par la main de l'homme, a vraiment un aspect farouche. Une herbe drue couvre le haut des falaises ; de beaux troupeaux de vaches y paissent en liberté. L'œil s'enfonce avec plaisir dans les deux vallons verdoyants où Étretat s'abrite

et s'étage avec ses toits d'ardoise et ses murs de brique rouge. Au bord de la mer toute une population féminine lave et étend le linge à marée basse, sur le galet d'où filtre une rivière souterraine ; les vieux bateaux sont enfoncés dans la plage, couverts de chaume, et servent de magasins aux marins. L'ensemble est varié et pittoresque ; aux environs, partout de belles fermes entourées d'arbres plantés dans de hauts talus qui protègent du vent de mer. Sous cet abri, croissent les beaux pommiers normands à moitié enfouis dans une herbe épaisse. Au bout des vergers, la vieille ferme couverte de chaume. Ces toitures sont charmantes, tout enguirlandées de plantes volubiles, et fleuries d'iris et de joubarbes[251].

Mais Heredia ne parvenait pas à dérider Leconte de Lisle, même si la correspondance de son glorieux ami, qu'en comparaison de la sienne le Maître estimait « déplorable », n'était pas exempte d'une certaine forme d'humour, de légèreté désespérée. Pendant qu'il connaissait les joies de la paternité avec sa première fille, la ravissante Hélène[252], qui grandissait, Leconte de Lisle, lui, travaillait sans relâche à son *Histoire du Moyen Âge* et à la traduction d'une multitude d'auteurs grecs pour la confection de cette *Anthologie hellénique*, qu'il devait effectuer en collaboration avec Henri Houssaye[253], et qui, à l'instar de ses traductions de Virgile, ne verrait finalement pas le jour. Ce recueil de morceaux choisis était le plus complet qu'il connût – il n'y manquait que Pindare et Sapphô, dont il n'avait pas le texte – et aurait dû former un volume aussi fort que celui de l'*Iliade*[254]. Du coup, sa production poétique s'en trouva ralentie et un profond sentiment d'abattement le gagna peu à peu. Son œuvre serait-elle jamais achevée ? Les siècles futurs, au rebours de ses contemporains, sauraient-ils reconnaître sa valeur et lui décerner la place qu'elle mérite ? Il repensait à son père, à leurs conversations. Le planteur de Bourbon n'avait-il pas tenté de le prévenir contre les infortunes d'une vie tout entière vouée à la littérature ?

> Lève-toi ! C'est assez gémir dans ta cellule ;
> L'inactive douleur est risée des Démons.
> Va, mon fils ! Fuis dans l'ombre, et traverse les monts.
> Pour ton Dieu qu'on blasphème et pour l'âme de l'homme,
> Sans trêve, ni répit, marche tout droit sur Rome ;
> Va, ne crains rien[255].

La dépression l'envahissait ; un vide étrange se creusait et hors et dedans lui. Tel « une ouaille sans berger », peut-être avait-il peur que le « couvercle infernal » brutalement se refermât. Rien d'étonnant alors à ce que le dialogue de *Hiéronymus*, 456 vers, la première partie du triptyque de *L'Épopée du moine* relatant la croisade héroïque d'un Abbé missionné par le Christ contre les hérétiques[256], datât de ce

Paris, 24 septembre 1874.

Vous êtes plongé dans de telles délices, mon cher ami, que vous n'avez probablement ni la pensée, ni le temps de m'en vouloir. Ce n'est pas que je n'aie d'excellentes raisons à vous donner de mon peu d'empressement à vous répondre ; mais considérez que si je vous les donne, je vous écris, et que si je vous écris, il est au moins inutile que je vous les donne. Que dites-vous de ce raisonnement alambiqué qui prouve l'état morbide de ma substance grise ? Le génie épistolaire, entre autres, m'a toujours fait défaut de la façon la plus déplorable. J'y ai longtemps réfléchi sans parvenir à me l'expliquer, d'autant qu'une lettre n'est autre chose qu'une causerie écrite, et que je puis, au besoin, causer sans trop de peine et même avec un certain plaisir. Cependant, j'ai fini par trouver quelques raisons efficientes de mon inaptitude incurable au métier de Mme de Sévigné ; mais, s'il est douteux que cette démonstration puisse vous intéresser, il est certain qu'elle vous pénétrerait d'un prodigieux ennui. N'en parlons donc plus.

Je suis, d'ailleurs, en proie, depuis quinze ou vingt jours, à des tortures nerveuses inexprimables qui m'ont suggéré déjà un vague désir de me brûler la cervelle. Il n'est pas impossible que je finisse par-là, à moins que je perde le peu de tête qui me reste avant d'en venir à cette conclusion foudroyante. À mesure que je vieillis, la vie me devient plus dure, sans que je sache pourquoi. Cela me rend un peu sombre et inquiet. En songeant à mon œuvre littéraire et aux longues années que j'y ai consacrées, et qui eussent été infiniment mieux employées à planter des cannes, je me dis qu'elle méritait peut-être plus d'attention que mes contemporains ne lui ont accordée. Qu'y faire ? Quand je serai mort, la totalité des choses aura cessé d'exister ; mais cela même ne me console pas le moins du monde d'avoir vécu.

Vous voyez, mon ami, que je n'ai pas l'esprit tranquille, loin de là, et que le mal moral va de front avec le mal physique. Je travaille beaucoup cependant à une anthologie grecque qui me fatigue et m'abêtit. Mes poèmes, toujours interrompus par la nécessité de vivre, ne seront peut-être jamais achevés. La première partie du « Moine »[257] est faite et assez vigoureusement venue malgré vent et marée, mais quand finirai-je ? Mes vers, si peu qu'ils valent, me demandent une telle tension d'esprit, et il est si rare que j'aie devant moi quelques jours de repos, qu'il m'est à peu près impossible de m'occuper à la fois des ennuis misérables de chaque jour et des intérêts politiques et religieux du treizième siècle. La tête de Goethe n'y suffirait pas. Je sais qu'il est absurde de se plaindre, puisqu'en bonne métaphysique notre destinée et nous-mêmes sommes identiques, mais la vie est mauvaise.

Je n'ai rien à vous dire de Paris ni de nos amis, si amis il y a. Nous ne voyons plus personne depuis un mois, sauf France, ou Marras, de temps à autre. Votre excellente mère qui nous accueille toujours chaque jeudi avec tant d'aimable bonté m'a dit qu'elle n'espérait pas vous revoir avant novembre. Votre campagne aura été bien longue cette année ; mais tout est pour le mieux si Mme Heredia et Hélène se portent bien. Il faut prendre des forces pour supporter vaillamment l'hiver qui sera rude. Je serais, pour mon compte personnel, fort heureux si cet hiver-ci était le dernier de mes hivers ; mais que deviendrait ma pauvre femme ? Il faut me pardonner, mon ami, de venir jeter toutes mes amertumes et mes tristesses au beau milieu de votre joie.

Adieu. Écrivez-moi, si vous avez un moment à vous. Mes respects affectueux à Mme de Heredia. Anna l'embrasse ainsi qu'Hélène.

Tout à vous de cœur
Leconte de Lisle[258]

Pour une bêtise, un mot malheureux – « Ah, ah ; vous allez voir le domestique[259] ! » – prononcé en 1872 à l'huis d'Ernest d'Hervilly au sujet du héros de la pièce de Victor Hugo, *Ruy Blas*, reprise à l'Odéon le 19 février, le patriarche, à qui l'on s'était empressé de rapporter le trait, prit d'abord Leconte de Lisle en grippe puis en sympathie, et, deux années plus tard, sur l'initiative du génie romantique, selon les dires d'Alexandre Dumas fils[260], les deux poètes se rencontrèrent pour la première fois[261]. Leconte de Lisle ne cessa plus de fréquenter, jusqu'à sa mort, déjeunant et bavardant longuement avec lui, celui dont « l'œil saisissait à la fois, avec une égale certitude, le détail infini et l'ensemble des formes, des couleurs, des jeux d'ombre et de lumière; [celui dont] l'oreille percevait les rumeurs confuses et la netteté des sons divers dans l'harmonie universelle; et [...] [dont] les sentiments les plus délicats, les impressions les plus vives et les plus subtiles acquéraient, en passant par une âme haute et virile, une expression souveraine[262] »; sans doute « le plus grand poète lyrique connu, excessif en tout, puéril et sublime, inépuisable en images splendides et incohérentes, merveilleux rêveur, avec d'extraordinaires lacunes intellectuelles[263] ». Ce fut alors l'occasion de retrouver un peu de cette intelligence familiale qui lui avait tant manqué : « Je n'ai connu Hugo que fort tard, en 1874, confia-t-il à Jean Dornis. Il a été paternel et parfait pour moi. Comme je lui disais un jour que j'avais dû aux *Orientales* la révélation de la poésie, il me répondit : "Si vous aviez écrit avant moi, j'aurais à vous adresser le même remerciement." – Il n'en pensait pas un mot, naturellement, ni moi non plus[264]. – Il m'a toujours, jusqu'à la fin, témoigné les mêmes sympathies, votant pour moi à chaque élection académique, et me désignant pour son successeur[265]. »

L'auteur de *La Conscience* voyait clair, en effet, dans cette âme blessée.

Au mois de décembre 1874, Leconte de Lisle sollicita du ministère de l'Intérieur l'autorisation de faire « des conférences esthétiques et critiques sur les principaux poètes du XIXe siècle », dans la salle du boulevard des Capucines. La chose lui fut accordée. Le 5 février 1875, il y expliqua sa manière de travailler. Puis, brusquement, pendant cet hiver qu'il annonçait si rude et qu'il eût souhaité être le dernier, il tomba malade. De violentes migraines le torturèrent bien au-delà du 19 juin 1875 : « Mon cher ami, je suis dans un misérable état. Je souffre de la pointe des cheveux à la plante des pieds, avec des étourdissements et des oppressions de véritable agonie. L'horrible temps que nous avons ici tantôt sans air respirable, tantôt froid et saturé d'électricité, n'est pas pour peu de chose dans l'exaspération de mes nerfs; mais, qu'il fasse beau ou mauvais, du tonnerre ou de la pluie, mon affaire est claire, et tout ira de mal en pis. Je désespère de me guérir jamais avant de mourir[266]. »

Alerté par de tels propos, et quoique souffrant lui-même des yeux, Heredia, qui ne manquait ni de cœur ni de fortune[267], écrivit immédiatement au Maître pour l'inviter à passer quelques jours dans son manoir du Morbihan, près de Morlaix, à Suciniou – ou Suscinio –, en compagnie de sa jeune épouse et de sa fille Hélène. Ils leur donneraient, à Anna et lui, une bonne chambre, juste à côté de la leur : « Donc, au reçu de cette lettre, mon cher ami, vous irez demander congé d'un mois à la bibliothèque [...] et vous prendrez le plus tôt possible le chemin de fer. [...] À votre arrivée vous me trouverez à la gare – avec une voiture, qui nous transportera tous à

Suciniou où le bon air et les promenades sur terre et sur mer complèteront, j'en suis sûr, votre guérison[268]. »

Le Maître adorait ce genre d'escapades au bord de la mer, avec des amis chers, et il serait parti avec joie les retrouver, si de fâcheux événements n'étaient venus tout contrarier.

La Cigale et la Fourmi

En ce milieu d'année 1875, Leconte de Lisle travaillait avec Alphonse Lemerre à la confection du troisième *Parnasse contemporain*. Or, le poète n'avait reçu aucun poème inédit de Heredia. Que transmettre à Lemerre ? Le recueil, qui devait être mis sous presse fin juillet et serait le dernier de la trilogie, ne pouvait se faire sans lui. « Faut-il lui donner une série de sonnets que j'ai, lui demande-t-il le 19 juin ? Indiquez-moi ceux que vous préférez. Si vous en avez d'autres, envoyez-les-lui le plus tôt possible[269]. » Ils ne seraient pas de trop, car si Lemerre continuait sur cette lancée éditoriale, celle qui lui faisait suivre les modes et flatter le goût populaire en imprimant à tour de bras le premier chiffon venu, les choses s'annonçaient mal, et le cru, fort mauvais : « J'ai refusé de lire les 50 ou 60 000 vers qui ont été expédiés de tous les recoins de l'horizon. Comme bien vous pensez, Lemerre empilera dans ce malheureux livre toutes les inepties qui lui seront imposées, spécialement par *Le Rappel*[270]. Ce que je connais des rimes envoyées est assez misérable. Celles de Prudhomme – *Le Zénith* –, de Manuel – *La Note qui pleure, Regret, Ci-gît, Le Lierre* –, de Mme Ackermann – *Une femme* –, de Mme Blanchecotte – *Réponse, Un suicide* – et de Soulary – *Néant peuplé, L'Immobile, La Succube, Naufragé converti* – sont écœurantes. En outre, on a donné à Lemerre une pièce inédite de Baudelaire – *Le Monstre* –, et absolument authentique, quoi qu'en disent quelques-uns, attendu qu'il me l'a récitée lui-même, il y a bien des années. Beaucoup de gaucheries et de mauvaises rimes. En fait, c'est une saleté inimprimable[271]. Il y a donc tout à parier qu'on l'imprimera[272]. »

La querelle éclata, comme souvent, à propos d'argent. Quoiqu'employé à la Bibliothèque du Sénat, qui siégeait alors à Versailles, Leconte de Lisle était devenu l'homme lige de Lemerre, qui lui-même l'était de Coppée et de Manuel. Alors qu'il n'aspirait qu'à terminer son œuvre et à publier ses propres recueils, il croulait sous les traductions. Lemerre, cet apparent mécène qu'il croyait son ami, se sentait en position de force ; et si, pour tout le monde, Leconte de Lisle, cet « homme correct, un peu raide dans sa redingote, avec des manières courtoises, d'une froideur polie, avec une pointe de méfiance[273] », était le chef du Parnasse, pour lui, il n'était qu'un tâcheron comme un autre qui devait contribuer à faire prospérer son entreprise. Or le Maître ignorait tout des subtilités du commerce et des affaires, et, Lemerre, qui ne communiquait jamais aucune comptabilité précise à ses auteurs, dissimulait ses registres et se taisait soigneusement sur les tirages – il se verrait pour cette raison intenter un procès par Paul Bourget en 1896 –, ne le savait que trop. Pourtant, les traductions des Grecs et des Latins tombaient à point nommé, attendu que le couple Leconte de Lisle s'était embourgeoisé et que son train de vie avait raisonnablement augmenté. Aussi, quand l'auteur de *Qaïn* et de *Bhagavat* se vit refuser, comme un vulgaire emprunteur, une avance de 200 francs sur un travail qu'il avait presque achevé, avance dont il était par ailleurs coutumier et qui lui était indispensable pour se rendre à Suciniou, son sang se figea net. Quant aux 456 vers de *Hiéronymus* qu'il se proposait d'offrir au *Parnasse contemporain*, pour la bonne et simple raison que cette publication se faisait à compte à demi, il était bien évident, malgré ses réclamations, récriminations et autres jérémiades, qu'on ne les lui paierait pas.

Exaspéré, souffrant, Leconte de Lisle n'eut pas la force d'écrire à Heredia pour lui signifier qu'ils ne pourraient malheureusement pas venir. Il laissa d'abord Anna s'en charger. Puis, comme son silence risquait d'être mal interprété, le 5 juillet, il prit son courage à deux mains :

> Mon cher ami,
>
> Vous avez appris par la lettre d'Anna à Mme de Heredia que nous ne pouvons accepter l'hospitalité que vous nous offrez à Suciniou. Je n'ai pas besoin de vous dire à quel point je le regrette. Outre le plaisir tout naturel de passer un mois avec vous au bord de la mer, j'ai un tel besoin de repos et d'oubli, que la seule espérance que j'ai eue un instant de quitter Paris m'avait déjà calmé les nerfs. Mais il faut y renoncer, et voici pourquoi.
>
> Lemerre vient de se conduire envers moi comme un manant qu'il est. Il y a près de douze ans que je travaille pour lui à la façon d'un forçat. Je lui ai *donné*, pour mille francs par volume, la propriété absolue de mes traductions grecques ; je ne lui ai jamais demandé aucun compte, ni pour mes poèmes, ni pour les *Érinnyes*, ni pour mes petits livres de prose ; je m'en suis remis les yeux fermés à sa bonne foi, pensant qu'il était plus que mon éditeur, c'est-à-dire mon ami. Je me trompais cruellement, et il vient de m'en donner la preuve.
>
> Je lui avais remis cette année *neuf* cahiers *sur dix* de la traduction de Sophocle, et il restait me devoir 200 f. En plus, je désirais qu'il me payât le poème que je destinais au *Parnasse*, comptant, à l'aide de cette petite somme, vous aller retrouver, comme le médecin me le commandait. Lemerre m'a refusé grossièrement ces 200 f. *avant que le dixième cahier lui fût livré* ; il m'a également refusé le prix de mon poème que je lui ai retiré immédiatement. Je ne donnerai rien au *Parnasse*, et, certes, s'il me restait des amis littéraires, aucun d'eux ne collaborerait à ce recueil.
>
> J'ai beau me creuser la tête, je ne comprends rien à la conduite de cet imbécile. Par qui est-il poussé ? Pour quelle raison agit-il ainsi ? Je n'en sais absolument rien. Le prétexte qu'il a donné à France est que je lui dois la traduction de Virgile. Voilà une bien misérable raison. Quand m'a-t-il demandé d'y travailler aujourd'hui plutôt que demain ? Il sait fort bien que je n'ai pas cessé de lui livrer d'autres travaux dans l'intervalle. Mais tout cela n'est qu'une farce amère. Lemerre m'a exploité de toute façon, voilà la pure vérité. Il a abusé de mon ignorance absolue des affaires ; il a pris soin de ne jamais me demander un reçu des diverses petites sommes à valoir, de sorte que le reçu total n'en parlant pas, je suis censé avoir touché ces sommes par surcroît, tandis qu'elles n'étaient que des fractions du compte total.
>
> Les aristocrates ont raison : la caque sent toujours le hareng. Le pleutre enrichi par le travail d'autrui redevient très vite ce qu'il était nativement, c'est-à-dire une vile et grossière nature. Voilà où j'en suis avec M. Lemerre et voilà pourquoi je ne puis aller vous rejoindre. D'ailleurs, mon ami, il me resterait

si peu de temps à passer au bord de la mer que ce n'est pas la peine de quitter Paris[274].

L'affaire atteignit le poète au plus profond de lui-même. Il ne pensait plus avoir à subir, à cinquante-sept ans, de pareilles humiliations. Heredia, comme à son habitude, envoya un billet, payable chez Hottinguer et Cie, que Leconte de Lisle, puisqu'il avait définitivement renoncé à ce voyage, déchira aussitôt[275] : « Vous êtes un excellent cœur et je m'attendais à votre lettre affectueuse, lui répondit-il le 8 juillet ; cependant, il m'est impossible d'accepter. Il ne faut pas que j'abuse de votre amitié dévouée. Si j'avais pu déjà m'acquitter envers vous, je n'hésiterais pas à vous devoir ce nouveau service, mais je ne veux pas ajouter une sorte de remords à mes ennuis[276]. »

Le poète était bien décidé à ne plus adresser la parole à Lemerre. Plus il songeait à cet imbécile, plus il se sentait furieux et indigné. En signe de protestation, Mendès écrivit à Mérat, ainsi qu'à Mallarmé, qui écrivit à Dierx ; et tous menacèrent de ne pas envoyer leur contribution. Le but, double, était celui-ci : rendre le *Parnasse* impossible, et montrer à leur Maître un témoignage de leur fidélité : « Tâchons de le donner tel qu'il ne puisse prêter à raillerie, écrit Catulle, ni à ses dépens, ni, s'il se peut, aux nôtres, bien que cette dernière conjecture ait moins de gravité. *Privons* Lemerre de nous, ne l'en débarrassons pas[277]. » Plus embarrassé que véritablement acculé, l'éditeur feignit de se rétracter. Il prit sa plus belle plume et envoya une missive fort courtoise à son subordonné. Pourquoi avait-il voulu récupérer son poème ? Sans lui, la publication collective du *Parnasse* ne signifiait plus grand-chose, il le savait très bien, et s'il avait toujours besoin de ces 200 francs, eh bien on les lui enverrait sur-le-champ. Était-il encore temps ?

Leconte de Lisle comptait bien ne pas en rester là. Si le *Parnasse* paraissait, « ce serait sans lui, à moins que Lemerre ne fît amende honorable pour ses grossières façons d'agir, ce qui n'était pas probable. À son aise ! Il n'aurait ni les *Poèmes tragiques* ni *Les États du Diable*, ni Euripide, ni Aristophane[278]. » En 1866, on s'en souvient, Baudelaire et lui avaient été rémunérés pour leur contribution au premier spicilège. Que s'était-il passé ?

Trop de rancune, sans compter la « subtile maladresse de France, pour ne pas dire plus[279] », de brouilles quotidiennes s'étaient accumulées ces cinq ou six dernières années, et Leconte de Lisle voulut culpabiliser le brutal, lui faire sentir toute la médiocrité et toute l'inintelligibilité de son action.

Mon cher Lemerre,

Votre lettre est fort diplomatique et fort conciliante, mais elle ne résout aucune des difficultés qui nous divisent. Vous savez parfaitement bien que, si je vous ai redemandé mon poème, c'est parce que j'ai été très légitimement blessé de votre manque d'égards et parce que vous refusiez de me payer ces vers. Je suis toujours très souffrant ; je ne puis écrire dix lignes sans avoir des étourdissements et de très vives douleurs au sommet de la tête. Comme j'ai renoncé à quitter Paris cet été, grâce à votre refus peu obligeant et contre l'avis réitéré de mon médecin, les deux cents francs dont vous me parlez me sont inutiles pour le moment. Vous me les donnerez quand je vous aurai fait remettre ou remis la fin de Sophocle qui sera terminée dans un mois, je pense, si les forces ne me manquent pas.

Je regrette et je ne comprends pas que nos relations en soient venues où elles en sont.

À vous
Leconte de Lisle[280]

Finalement, dans l'intérêt de tous, Dierx, Heredia, Mendès et Mallarmé tentèrent de réconcilier les deux hommes en organisant une entrevue. On écrivit à Lemerre le 26 juillet, qui accepta de rencontrer le Maître le lendemain, au café Provost. Le 28, Mallarmé écrivit à Catulle pour lui signifier que les hostilités allaient peut-être pouvoir cesser : « J'aurais voulu vous répondre avant l'heure de la poste; mais j'ai dû aller chez Lemerre pour savoir si tout était arrangé. La volubilité de cet homme de bien m'a retenu quatre heures, passage Choiseul ; il a honorablement et même amicalement terminé la chose. Je sais bien que je n'ai pas encore entendu Leconte de Lisle. Mais celui-ci ne m'écrit point qu'il ait l'argent désiré et que ses vers soient du Parnasse. C'est moi qui ai essuyé la première colère de Lemerre, violente et simplement horrible; et j'armais véritablement dans les poches de mon habit des revolvers absents. Apaisements et réconciliations, je crois, pour quelques années; tel est le résultat de notre démarche dont nous ne pouvons que nous féliciter hautement, puisque les vers du Maître, avant tout se publient, notre souhait unique[281] ! »

Mais pour une pacification qui, hélas, ne serait que temporaire, un nouveau différend allait naître. Anatole France, qui, travaillant comme lecteur chez Lemerre, était tout désigné pour servir d'intermédiaire entre les deux belligérants, avait fini par penser que Leconte de Lisle s'était mis dans l'embarras par sa propre faute, qu'il dépensait trop, et, qu'au reste, tel un Argan créole, il contrefaisait ou exagérait les symptômes de sa maladie. Pour lui, tout ce tohu-bohu autour de la personne de Lemerre était foncièrement injuste : « Pendant que vous attendiez Leconte de Lisle, écrit-il à Heredia, qui a été fort souffrant et qui s'est *senti* très malade, il s'attirait avec Lemerre les plus pénibles difficultés, pour les raisons que vous devinez. [...] S'il s'était donné la peine d'étudier Lemerre, il aurait vu quel excellent homme c'est; il l'aurait épargné et il jouirait encore des ressources qu'il a irréparablement épuisées. J'essaye en ce moment de remettre les choses comme elles étaient; j'y pourrai réussir, mais le succès sera petit. Il y a des hommes doués, pour se nuire, d'une formidable puissance[282]. »

L'*Improvisation d'un Faune* – plus tard intitulé *Après-Midi d'un Faune* – était si abscons et tellement en dissidence avec l'esthétique parnassienne qu'il était impossible pour France – « On se moquerait d'eux[283] ! » – comme pour Coppée de l'inclure dans le nouveau *Parnasse*[284]. « En dépit du manque de clarté », seul Banville, troisième et dernier membre du comité anonyme de sélection instauré par « l'homme qui bêche » – ni Catulle Mendès ni Leconte de Lisle n'en faisaient partie ! –, avait cru bon devoir l'autoriser, « à cause des rares qualités harmoniques et musicales du poème[285] ». Le Maître, quant à lui, trouvait ces vers fort convenables pour figurer dans un ouvrage qui de toute façon n'aurait aucune valeur. « Pourquoi diable ne les publiait-on pas ? Pensait-on franchement que les platitudes inexprimables qu'on entasserait dans ce misérable recueil pussent être déshonorées par le voisinage de quelques vers insensés qui ne plairaient ni ne déplairaient à personne, puisqu'ils étaient absolument incompréhensibles[286] ? » Dierx, pour qui leur admission devait être une évidence, alla encore plus loin, et menaça d'annuler sa contribution, tout en incriminant l'incompétence et la partialité du jury[287]. Cladel et Mendès, qui en la circonstance n'avaient « pas de plus cher ami » que Mallarmé, « cet esprit aimable », demandèrent eux aussi « qu'on leur rendît leurs rimes[288] ».

Or, il n'est pas impossible que la participation du « platonicien éperdu[289] » à l'entreprise de réconciliation entre Leconte de Lisle et « ce scélérat de Lemerre[290] » ait joué peu ou prou en sa défaveur et contribué à son éviction du recueil. Mais cela n'est pas tout à fait certain non plus, car les opinions esthétiques de Mallarmé et de France, dont le charisme néfaste en imposait à tous ceux qui l'approchaient, étaient suffisamment divergentes pour qu'ils ne s'entendent pas[291]. « L'un [...] fut la séduction même, l'autre, presque l'inverse. L'un plut à tous, l'autre assez souvent déplaisait. La conversation de Mallarmé passait pour avoir été la plus extraordinaire, autant par sa richesse et son imprévu que par son charme. Les soliloques solennels, nasillards, enchifrenés, réticents, fuyants d'Anatole ont déçu la plupart des auditeurs[292]. » En outre, Verlaine, qui ne prit parti dans ce pugilat ni en la faveur de l'un ni en la défaveur de l'autre, pour l'excellente raison qu'il se trouvait à Stickney, dans le Lincolnshire, en Angleterre, fut également remercié par l'aréopage[293], de même que Charles Cros, l'ancien rival de France auprès de Nina de Villard[294] – dont le salon décadent était par ailleurs fort mal vu par le cénacle – ; et Heredia, qui s'engagea pleinement dans la bataille entre les deux hommes, puisqu'il entretenait d'excellents rapports avec l'auteur des *Noces Corinthiennes*, se vit quant à lui attribuer « une part de lion[295] » : vingt-cinq de ses « Sonnets héroïques ».

À compter de ce jour, une distance qui ne fit que croître s'installa entre France et Leconte de Lisle qui, des années plus tard, à soixante-treize ans, à la suite de propos malheureux, et comme il l'avait jadis fait avec le peintre Félix Jobbé-Duval, alla même jusqu'à cérémonieusement provoquer son ancien associé en duel. Anatole France, qui était alors, comme son aîné, employé par le Sénat, avait « reçu l'ordre formel de griffonner cinq cents fiches par mois (dix-sept par jour !). Il préféra démissionner et il n'eut pas lieu de s'en repentir. Cependant il ne put jamais oublier l'indifférence sereine que Leconte de Lisle lui avait témoignée au cours de cette crise. Il s'en vengea en égratignant quelque peu le poète "pasteur d'éléphants". Celui-ci était chatouilleux ; il répliqua durement. Des témoins furent échangés, ne purent s'entendre et ce duel avorté fut baptisé par la presse malicieuse "le duel aux coupe-papier"[296]. »

Une année passa. Puis, l'été suivant, peu de temps après les publications de ce troisième *Parnasse* et de l'*Histoire du Moyen Âge* – revue et corrigée par un certain Pierre Gosset[297] –, les 1er avril et 3 juin 1876, les animosités entre Lemerre et Leconte de Lisle, qui durèrent, cahin-caha, jusqu'en 1886, reprirent de plus belle :

Mon cher Lemerre,

Il est évident que vous m'oubliez d'une façon complète, si toutefois, ce qui serait plus grave, vous n'avez pris la résolution de vous abstenir en tout ce qui me concerne. Voulez-vous me permettre, avant mon dernier râle, de pousser quelques cris d'aigle, ou de tout autre volatile si celui-là vous semble trop ambitieux ? Si j'étais au moins millionnaire, mon cher ami, je vous proposerais de vous débarrasser de mes traductions anti-académiques, et d'accepter des monceaux d'or en échange de leur propriété que je vous ai vendue un peu moins cher; mais, n'étant pas même millionnaire, je ne puis que vous demander instamment de songer à ce malheureux Sophoklès et au tirage depuis si longtemps promis de l'*Odyssée.*

Quant à l'édition Elzévirienne des *Poèmes Barbares*, dont la vente serait sûre, grâce au format, si ce n'est au très humble mérite de l'ouvrage, vous ne me l'avez sans doute pas payée uniquement pour avoir le droit de ne pas la faire. Ceci serait par trop cruel, et vous me donneriez les plus légitimes inquiétudes pour les *Poèmes Tragiques* qui expireraient ainsi en venant au monde. Il n'y aurait pas grand mal à cela, dans l'opinion de mes confrères et de leurs lecteurs, mais j'y verrais quelque inconvénient cependant. Pardonnez-moi cette faiblesse inexcusable.

Bien que notre ancienne amitié ait reçu, depuis quelques années, par les soins empressés de certaines personnes, d'assez rudes atteintes, je compte que vous vous rappellerez que nous avons eu autrefois des relations sympathiques, et que mes livres, si peu populaires qu'ils soient, n'ont peut-être pas été absolument étrangers à la première notoriété de votre maison.

Si vous avez toujours les mêmes intentions au sujet de Sophocle, de l'*Odyssée* et des *Poèmes Barbares* elzéviriens, je vous serais obligé de m'en écrire un mot.

Croyez-moi tout à vous
Leconte de Lisle[298]

Le poète était de plus en plus persuadé que France[299], ainsi que peut-être certains disciples mal intentionnés de Victor Hugo, comme Auguste Vacquerie ou Paul Meurice, pour ne pas les nommer[300], manipulaient Lemerre dans l'ombre. Paranoïa ou vérité, il ne se rendait de toute façon pas bien compte de tout ce que sa prose, l'ironie et le sarcasme faisant chez lui comme une seconde peau, pouvait avoir de blessant ou d'offensant. Près d'un mois après cette lettre peu amène, il semblait surpris d'apprendre que l'éditeur s'en était ému, et, le 23 juillet, dans un souci exceptionnel de conciliation mondaine, non sans prendre sur soi, il lui redit ce qu'il avait déjà partiellement, des années auparavant, avoué à Heredia :

Mon cher ami,

J'apprends, un peu tard, comme toujours, que la dernière lettre[301] que je vous ai écrite vous a blessé. En vérité, votre susceptibilité est au moins excessive. Je n'ai pas aventuré un seul mot dans la lettre en question qui contienne une arrière pensée. Ce que je vous disais du prix que vous m'aviez donné de mes traductions n'était au fond qu'une plaisanterie amicale, non moins qu'un fait à propos duquel il eût été absurde à moi de récriminer, attendu qu'aucun

République des Lettres

> éditeur ne m'eût fait, j'en suis absolument convaincu, de meilleures conditions que vous.
>
> Pourquoi me supposer toujours des intentions que je n'ai pas ? Vous êtes entouré, évidemment, de personnes qui me sont fort hostiles et qui tentent sans cesse de vous irriter contre moi. Elles n'y réussissent que trop le plus souvent.
>
> Je ne vous demande que de m'estimer assez pour croire à ma sincérité. Je ne suis ni habile, ni rusé, ni cousu de perfidies[302].

Ces deux « affaires » du troisième *Parnasse*[303] conduisirent Antoine et Charles Cros, Nina de Villard, Germain Nouveau, Gustave Rivet, Charles Frémine, Maurice Rollinat et Auguste de Châtillon à projeter, avec la complicité de la Librairie de l'Eau-forte, la confection d'un recueil parodique à la manière de Coppée : les *Dizains réalistes*, d'abord intitulé *Le Montparnasse contemporain*. De son côté, Catulle Mendès créa, en collaboration avec Henry Roujon, *La République des Lettres*, où il fut dit qu'on accueillerait tous les Parnassiens que l'attitude de Lemerre avait déçus, et au premier chef desquels figurerait, bien sûr, Stéphane Mallarmé[304]. L'éclectisme était de rigueur. « Pour donner à l'ensemble de leurs œuvres un noble caractère d'unité, il suffirait qu'ils eussent entre eux ces points de communion : l'amour et le respect de leur art[305]. » Pas un grand nom ne manquerait : la collaboration des Maîtres était acquise. Banville envoya vingt-deux poèmes, deux nouvelles et un conte ; Leconte de Lisle, rétribué un franc la pièce, leur offrit, entre le 20 décembre 1875 et le 15 octobre 1876, *Épiphanie*, *L'Accident de Don Iñigo*, *Cozza et Borgia* (*Les États du Diable*) et un conte sanscrit, *Phalya-Mani* : « Phalya-Mani était très belle. Elle avait une robe de soie blanche brodée de fleurs de nymphéa rosé. Un bandeau de mousseline semée de perles de Lanka retenait ses tresses lisses. Sa chaussure était un fil de nopal teinté de cochenille. Ses yeux, étroits et longs, étincelaient à travers l'ombre lumineuse de ses cils ; son nez charmant était pointu comme la flèche du désir ; ses lèvres luisaient comme les pétales de l'açoka, et leur sourire était semblable à la première clarté de l'aurore sur la neige pure du Suryâgiri. Ses genoux étaient comme deux boules d'ivoire poli. De légers bracelets d'or ornés de petites clochettes d'argent pressaient ses jambes rondes et fines, et, sous le triple collier de rubis, son jeune sein soupirait plus doucement que la colombe dans les figuiers touffus. Phalya-Mani était la perle du Madhyadeça, la perle du monde[306]. »

Peu de temps auparavant, dans *Le Siècle littéraire*, il avait encore fait paraître *Le Parfum impérissable* et *Paysage polaire*.

Lentement, toute confiance en son éditeur de prédilection érodée ou définitivement perdue, la Pléiade commença à se liquéfier… « Trop hétérogènes étaient les maçons de cette tour de Babel. La confusion des langues était venue, et les haines, et les schismes[307]. » D'autant que, fin 1875, outre les totalistes, les zutistes et autres décadents, de jeunes poètes, les *Vivants*, se rassemblèrent autour de la figure bachique et méphistophélique de Jean Richepin. Pour eux, les Parnassiens, « fils du Romantisme comme les vers sont fils du cadavre », regardaient « trop le bout de leur nez ou le trou de leur nombril ». Ils offraient le triste spectacle « d'un marécage pestilent, aux eaux de fiel, où se dressent quelques taureaux et où ruminent quelques bœufs, tandis qu'entre leurs pieds s'enflent des tas de grenouilles coassant à tue-tête : "Moi, moi, moi !"[308] »

Il était temps de passer à autre chose de plus simple, de moins savant et de plus authentiquement brutal.

À vrai dire, ce courant cynique et matérialiste ne fut qu'un épiphénomène dans l'histoire littéraire du XIXe siècle. Un mouvement fort réduit (trois ou quatre poètes, tout au plus : Richepin, Bouchor, Ponchon et Bourget) et bien éphémère (un an ou deux), car son dirigeant, l'auteur de *La Chanson des Gueux* et des *Blasphèmes*, ce « bélier lubrique qui avait en trop ce que les moutons sages ont en moins[309] », se fit incarcérer en 1876 pour le délit d'« outrage aux bonnes mœurs[310] ». Selon ses détracteurs, il avait érigé en théorie la paresse, l'ivrognerie, la débauche, le proxénétisme et le vol. Trente jours de prison et cinq cents francs d'amende. Car on voulait détruire « non seulement des superstitions grossières et odieuses, mais aussi de douces et belles illusions. À côté des autels abominables, on renversait des croyances souvent consolantes, la confiance en la Justice, l'appétit de l'idéal, l'admiration d'un Ordre éternel, et on foulait aux pieds cet unique trésor des misérables, l'espérance [...]. N'importe ! Partout où se cachait l'idée de Dieu, on allait vers elle pour la tuer[311]. »

À en croire les *Vivants*, c'était donc bien que cette « idée de Dieu » se distillait encore entre les strophes austères et chastes du *Parnasse*...

L'année précédente, entre le 23 et le 24 mars 1875, les éminents aéronautes Henri Théodore Sivel, Joseph Eustache Crocé-Spinelli et le chimiste Gaston Tissandier tentèrent, à bord du ballon *Zénith*, de relier l'usine à gaz de la Villette au bassin d'Arcachon : l'ascension scientifique la plus longue – vingt-deux heures quarante – et la plus risquée jamais réalisée jusque-là. Leur but était, au nom de la *Société française de navigation aérienne* – dont la devise était alors « Toujours plus loin et toujours plus haut ! » –, non seulement de battre un record d'altitude et de durée de vol en aérostat, mais encore de percer les mystères de cet autre océan de gaz qui protège la terre, de sonder ses abîmes afin de mieux comprendre le ciel, l'air, le climat et le cycle des saisons[312].

Malheureusement, le 15 avril 1875, lors d'une seconde traversée, non plus de « longue durée » mais de « grande hauteur », les trois aéronautes ne furent pas aussi bien inspirés car, après avoir atteint l'altitude vertigineuse de 8 600 mètres, l'aérostat décrocha, chuta et s'écrasa dans le département de l'Indre, sur les plaines de Ciron. Seul Gaston Tissandier parvint de justesse à en réchapper. Les deux autres, véritables Icares modernes, qui furent immédiatement sacrés par la nation « martyrs de la science[313] », moururent, asphyxiés. Une souscription publique fut ouverte en faveur des familles des victimes : 92 000 francs. Le comte de Bondy érigea un monument, sur la place de Ciron, à la gloire des deux héros, et Sully Prudhomme leur consacra un poème ému, paru dans le troisième *Parnasse* :

> Un seul s'est réveillé de ce funèbre somme.
> Les deux autres... ô vous, qu'un plus digne vous nomme,
> Qu'un plus proche de vous dise qui vous étiez !
> Moi, je salue en vous le genre humain qui monte[314].

Leconte de Lisle, lui, « martyr de la poésie » qui livra, en 1871, au *Journal de la librairie*, le poème *In excelsis*[315], ne put certainement pas s'empêcher de voir en ce naufrage d'un genre nouveau un signe, un présage venu des cieux rappelant sa propre course, ainsi que celle de son école, offerte en holocauste à la sottise, au mauvais goût – préférer Mélanie Bourotte, Louisa Siéfert, Malvina Blanchecotte et Isabelle Guyon à Verlaine, Baudelaire, Cros et Mallarmé ! –, au mauvais esprit, à la mauvaise foi et aux trompettes de Mammon, sur l'autel impitoyable et sans cesse inachevé du Beau… À eux deux, ils ressemblaient à quelque chose qui s'apparente à cette race passionnée du « genre humain qui tombe[316] ».

La Bibliothèque du Sénat

Le 30 janvier 1872, Leconte de Lisle écrivit à son fils spirituel : « La vie que je mène à la bibliothèque est paisible. Il y vient trois personnes par jour ; quand il y a foule, nous avons six lecteurs. Impossible cependant d'y travailler. Les portes qu'on ouvre et qu'on ferme et les échelles qui roulent suffisent à me perturber l'entendement. J'ai heureusement à ma disposition un millier de livres théologiques anciens et modernes qu'on ne demande jamais, et je me livre en désespoir de cause à des orgies de notes[317]. » Il semblait donc avoir trouvé sinon un emploi du moins une sinécure grâce à laquelle légitimer sa pension et poursuivre son œuvre poétique. En ceci, dira Maurice Barrès, « on a bien fait de pensionner Leconte de Lisle ; ce n'est pas à lui qu'on rendait le meilleur service, c'est à la nation[318] ».

Le 1er juillet 1876, une ombre regrettable vint troubler la sérénité du tableau car Anatole France était lui aussi nommé, sur la recommandation du baron de Barante – académicien – et « par arrêté des questeurs, au poste qu'il attendait depuis des années : commissaire surveillant à la Bibliothèque du Sénat, aux appointements de 2 200 francs par an[319] ». C'était une charge où sa paresse se révéla fort élective et ce fut pour les deux hommes l'occasion de se détester d'un peu plus près, jusqu'à la démission d'Anatole, en 1890[320]. « L'immense érudition de France, son amour des livres […] en eussent fait un bibliothécaire idéal, si le milieu s'y fût prêté. Mais il s'aperçut immédiatement que ses collègues entendaient rejeter sur lui toute la besogne effective et le traiter avec condescendance. […] France, conscient de son mérite, voulait bien travailler s'ils travaillaient ; mais il voulait, avec plus d'énergie encore, ne pas travailler s'ils se reposaient sur leurs lauriers[321]. »

Le 1er janvier 1873, après une année de bons et loyaux services en tant qu'employé à la Bibliothèque du Luxembourg, qui relevait alors de l'autorité du directeur des Beaux-Arts, Leconte de Lisle fut promu sous-bibliothécaire et se vit gratifié d'une augmentation de 200 francs. Le 1er juillet 1876, quand l'Assemblée du Sénat fut rétablie, trois semaines après les obsèques de George Sand, ses émoluments passèrent de 2 700 à 3 600 francs. Le troisième *Parnasse* avait paru avec sa rébarbative et stupide liste d'auteurs classés par ordre alphabétique. On lui paya la première partie de son *Épopée du Moine* et il toucha 500 francs pour l'*Histoire du Moyen Âge*. Pourtant, cinq mois plus tard, à l'orée du nouvel an 1877, il se trouvait encore dans l'embarras. La femme d'Alphonse Lemerre venait d'accoucher dans des conditions très pénibles et il dut sacrifier, une fois de plus, à un rituel bien déplaisant, tout en ménageant soigneusement la susceptibilité de son prêteur en titre.

Par ailleurs, suite à la loi constitutionnelle du 25 février 1875 relative à l'organisation des pouvoirs publics – « le pouvoir exécutif et les deux chambres siègent à Versailles » –, les sénateurs se réunissaient alors dans la salle de l'Opéra de Versailles, tandis que les députés séjournaient dans l'aile sud du Palais. Le Sénat réclama sa Bibliothèque, et les livres les plus importants furent déménagés du Palais du Luxembourg aux galeries du château de Versailles, non loin des salles de la Smalah. Le poète se vit donc contraint, pendant quatre années, jusqu'en novembre 1879, et en alternance avec ses quatre collègues (Auguste Lacaussade[322] – bibliothécaire –, Charles-Edmond[323] – bibliothécaire en chef –, Louis Ratisbonne[324] – bibliothécaire – et Anatole France – commis-surveillant –), de partager son service entre les deux villes.

Voilà pourquoi il écrivit à Lemerre de

Versailles, le 30 décembre 1876.

Mon cher ami,

Je suis très sincèrement désolé de vous importuner au milieu de vos cruelles inquiétudes auxquelles je prends, croyez-le, la part la plus vive, mais voici ce qui nous arrive : non seulement on ne nous donne ce mois-ci aucune gratification, mais encore on nous retranche une somme assez considérable de nos appointements, sous prétexte de retenue. Pouvez-vous m'envoyer cent francs ? Je vous en serai on ne peut plus obligé.

J'apprends que Mme Lemerre est beaucoup mieux et je m'en réjouis bien sincèrement. Je souhaite de tout cœur qu'elle soit bientôt hors de tout danger ainsi que votre enfant.

Tout à vous,
Leconte de Lisle[325]

René Samuel, le commis principal du Sénat dont la promotion fut directement responsable de la démission du simple attaché Anatole France, déclara, sous le pseudonyme de Claude-Louis, qu'à soixante ans le sous-bibliothécaire « Leconte de Lisle était peu aimé. Sa réserve glaciale et sa causticité lui avaient aliéné les sympathies. Sous cette froideur, il cachait pourtant un cœur sensible et sous cette réserve, il voilait jalousement une extrême timidité. Son amertume était faite des désillusions et des rancœurs d'une vie qu'il sut maintenir très digne, à force d'orgueil héroïque[326]. » Derrière la façade austère de « ce beau vieillard, marchant d'un pas alerte, le torse large et droit, bien pris dans la redingote grise, la tête haute, le monocle à l'œil sous un chapeau haut de forme soigneusement lustré[327] », derrière ce « front large et lumineux, le menton légèrement proéminent, la lèvre étrangement mordante et dédaigneuse, les cheveux longs, bouclés et rejetés en arrière[328] », derrière ce regard clair, fixe, perçant, inquisitorial et « à l'éclat ironiquement aigu[329] », surgissaient de temps en temps des pensées plus légères ; et Leconte de Lisle, parfois, avait des « accès de gaîté enfantine qui tranchaient [...] étrangement sur l'attitude qu'il s'était imposée[330] ». Pour preuve, « ce bibliothécaire de la vieille roche inventa un moyen ingénieux d'écarter le lecteur auquel il appliquait volontiers le précepte d'Horace : *Odi profanum vulgus et arceo*[331].

« De 1870 à 1876, la Bibliothèque du Luxembourg fut publique. Pour y accéder, on devait passer par une porte ouvrant sur un couloir circulaire où donnent cinq ou six autres portes. Leconte de Lisle fit coller des flèches en papier avec l'indication "Bibliothèque", tout autour de ce couloir. En sorte que les malheureux lecteurs qui se guidaient sur ces flèches fallacieuses, tournaient perpétuellement dans la demi-obscurité du couloir sans jamais rencontrer l'entrée cherchée que rien ne distinguait des autres. Et ils partaient découragés, sans nul désir de renouveler l'expérience[332]. »

Leconte de Lisle, ourdissant des blagues de potache dans les couloirs du Palais du Luxembourg ! N'est-ce pas là une illustration remarquable de cette « belle humeur » mêlée de « joie ingénue » dont parla Catulle Mendès[333] ?

Un huissier du Sénat nous le montre encore sous un autre jour. En effet, il « était chargé de veiller à la bibliothèque sénatoriale et de faciliter les lectures des pères conscrits. Or, Leconte de Lisle comprenait à sa façon ses devoirs officiels. Les rayons de sa gloire ne s'accordèrent jamais avec les rayons de sa bibliothèque. On ne se souvenait pas d'avoir vu au Luxembourg M. Leconte de Lisle consulter le catalogue ou toucher à un bouquin. Il était tout le temps dans les étoiles et malheur à qui s'avisait de le faire descendre de si haut. Son monocle foudroyait l'importun et, comme le sourcil de Jupiter, ses cheveux secoués faisaient trembler à la ronde. L'homme qui passa sa vie à tutoyer Zeus et ses collègues de l'Olympe ne permit jamais qu'on l'abordât pour lui demander un renseignement. »

On raconte aussi « qu'un sénateur nouvellement débarqué de sa lointaine province [...] avait osé demander au bibliothécaire du Sénat une indication sur quelque livre. Oh ! le geste qui l'accueillit fut souverainement beau. Leconte de Lisle se colla dans l'orbite son œil de verre, lentement toisa des pieds à la tête et de la tête aux pieds l'audacieux intrus, fixa un moment sur lui sa prunelle indignée ; puis, levant le bras, sans mot dire mais avec une allure d'Empereur, il montra du doigt au fond de la salle un employé galonné, qui accourut. Et le poète, peu à peu, reprit sa sérénité un instant troublée[334]. »

Leconte de Lisle, nous dit encore l'écrivain Henri Welschinger, « s'était installé dans la grande bibliothèque où se trouve la coupole peinte par Delacroix. Dans l'encoignure formée à gauche par la première grande fenêtre qui donne sur le jardin du Luxembourg. Là, assis à un petit bureau de bois noirci, il n'avait, sur le rayon qui le surmontait, que les *Études bibliques* de Ledrain, le *Bhâgavata*, le *Râmâyana* et quelques livres de Louis Ménard. Il arrivait, tous les jours vers une heure, fumait une ou deux cigarettes, rédigeait quelques lettres ou transcrivait des vers, d'une écriture lente et superbe. Il aimait surtout à causer, mais ne souffrait pas qu'un importun le troublât dans ses causeries ou dans sa quiétude[335].

« Un jour, un jurisconsulte, nouvellement élu au Sénat, vint lui demander de lui procurer le *Promptuarium* de Cujas.

« – De qui ? dit Leconte de Lisle en dressant une oreille offensée.

« – De Cujas, Monsieur.

« – Connais pas ! Ce nom, d'ailleurs, sonne mal. Ne serait-ce pas de lui que Plaute aurait dit : *Rogant cujatis sit*[336] ?

« – Comment, vous êtes bibliothécaire au Sénat et vous ne connaissez pas Cujas, le célèbre commentateur du code théodosien ?

« – Je n'ai pas cet honneur. Je connais bien cujus[337] mais pas du tout Cujas.

« – Trêve de plaisanteries, Monsieur... Vous devez avoir ici les *Paratilia sur le Digeste*. Donnez-les moi.

« – Vous tenez beaucoup à avoir ça ?

« – Oui Monsieur.

« – Alors suivez-moi.

« Et Leconte de Lisle quitta lentement sa place, sortit par la porte du milieu de la Bibliothèque et pénétra dans le sombre couloir qui forme le pourtour de la salle des séances, suivi du sénateur confiant. Arrivé à l'extrémité, il se glissa dans une petite porte secrète dissimulée sous une draperie et disparut, comme Mordaunt dans *Vingt ans après*, devant les trois Mousquetaires. Il descendit rapidement l'escalier en colimaçon qui menait au rez-de-chaussée, près du bureau de poste, et c'est là que [Welschinger] le rencontra, ravi de sa bonne farce et riant aux éclats[338] »...

En 1877, le pouvoir de la République était divisé en trois blocs : la présidence de Mac-Mahon, monarchiste et champion de l'« ordre moral », élu en mai 1873, la Chambre des députés, largement républicaine, et le Sénat, seconde Chambre modératrice partagée entre ces deux courants, mais dévolue au parti conservateur d'une courte tête. Le 16 mai 1877, le maréchal de Mac-Mahon, dans un souci de concentration des pouvoirs, prenant prétexte d'un désaccord mineur au sujet de la loi sur les « délits de Presse », et parce qu'on avait laissé la Chambre protester le 4 avril contre les « manifestations ultramontaines » en faveur du pouvoir temporel du pape, contraignit le successeur de Dufaure, Jules Simon, alors chef du Gouvernement et républicain modéré, à démissionner. Il n'avait « pas su conserver sur la Chambre l'influence nécessaire ». Dès le lendemain, Mac-Mahon le remplaça par l'orléaniste et non moins duc Albert de Broglie, qui prit le portefeuille de la Justice. Aux Finances, on plaça Eugène Caillaux, sénateur ; à l'Agriculture et au Commerce, le vicomte de Meaux, royaliste ; à l'Instruction publique, le sénateur Brunet, bonapartiste ; aux Affaires étrangères et à la Guerre, le duc Decazes et le général Berthaut, tous deux déjà en fonction ; la Marine fut attribuée à l'amiral Gicquel des Touches et le portefeuille crucial de l'Intérieur, au quadragénaire Oscar Bardy de Fourtou, célèbre pour sa détermination. Les plus fervents des républicains ressentirent ce changement de gouvernement comme une véritable provocation et la Chambre refusa – 363 voix contre 158 – de cautionner ce « ministère du 16 mai », qui révoquerait 1 385 fonctionnaires, en déplacerait 4 779, dissoudrait 613 conseils municipaux et révoquerait 3 087 maires et adjoints[339]. À cette heure-là, comme le dit Victor Hugo le 21 juin, en séance publique, à Versailles, « l'esprit de gouvernement était dans l'opposition et l'esprit de révolution, dans le gouvernement[340] ». L'ordre moral avait « atteint au délire de la stupidité[341] » et fédérait contre lui « toutes les résistances que soulève une violation de la loi »[342]. La Chambre décida donc de voter constitutionnellement la défiance, et, en réponse, le 25 juin, tout aussi constitutionnellement, c'est-à-dire après avoir sollicité l'autorisation du Sénat, Mac-Mahon la fit dissoudre, renvoyant les députés de gauche devant les électeurs. La crise était grave, comparable au 18 Brumaire ou au 2 Décembre : elle mettait en péril le régime et, certes, pouvait faire basculer le pouvoir du côté d'une restauration monarchiste et ultramontaine, mais elle risquait aussi – et c'était bien pire – de jeter le pays dans un nouveau conflit contre l'Allemagne ou contre l'Italie. Parfaitement conscient de cette menace, et jugeant la situation « fort inquiétante, et à tous les points de vue », le 19 septembre 1877, Leconte de Lisle fit brièvement le point avec son ami :

> Je pense comme vous, mon cher ami, que la situation politique est on ne peut plus dangereuse. Les conspirateurs royalistes du 16 mai se sont mis, y compris leur âne en chef[343], sous le coup d'un procès de haute trahison qu'ils ne peuvent éviter qu'en se refusant à réunir la nouvelle Chambre républicaine, ou en la mettant à la porte dès son premier vote de défiance. Dans les deux cas, c'est un véritable coup d'État qui peut amener les événements les plus lamentables, à l'intérieur comme à l'extérieur. Reste la soumission de Mac-Mahon, mais je n'y crois en aucune façon. Il est évidemment excité et poussé à tout entreprendre contre la République. La mort de Thiers[344] a effrayé beaucoup d'esprits timides, et je ne serais pas surpris si le résultat des élections nous en donnât la preuve ; mais la majorité républicaine reste certaine[345].

L'intuition politique de Leconte de Lisle était juste : après « une sorte de guerre sainte conduite avec une vigueur et un allant mémorables[346] » entre le parti de Gambetta – au sommet de sa carrière – et celui du Maréchal Président – au terme de la sienne –, entre la « République libérale, éclairée, tolérante et ouverte à tous » et la « défense de l'ordre social, le respect des lois et le dévouement à la patrie », les 14 et 28 octobre 1877, largement appuyée par la franc-maçonnerie – 50 000 adhérents –, par des étudiants, par des avocats, par des industriels et par de grands bourgeois, les électeurs confirmèrent effectivement, à 55 pour 100, la majorité républicaine. Malgré les promesses tenues dans son *Manifeste* et après une année de soumission, le 30 janvier 1879, le vainqueur de Magenta et le vaincu de Sedan se trouva dans l'obligation de se démettre : « En quittant le pouvoir, déclara-t-il à son ultime Conseil des ministres, j'ai la consolation de penser que [...] je n'ai jamais été guidé par d'autres sentiments que ceux de l'honneur et du devoir[347]. » Le rival de Gambetta, Jules Grévy, le remplaça au pied levé, et les progressistes remportèrent encore les élections sénatoriales qui suivirent. Commençait, selon la formule de Jacques Chastenet, l'ère de « la République des républicains ». C'en était fini, croyait-on, d'un pouvoir exécutif autoritaire dans la démocratie française et de son corollaire néfaste, la possibilité d'une dissolution arbitraire de la Chambre. L'avenir du régime était assuré et la guerre écartée. On choisit *La Marseillaise* comme hymne patriotique[348] et décréta le 14 juillet, en 1880, jour de fête nationale. Outre ces nouveaux symboles fédérateurs de la République, le 22 juillet 1879, après avoir « déconstitutionnalisé » l'article 9, il fut encore décidé que les deux Assemblées, la Chambre et le Sénat, devaient rejoindre leurs bâtiments parisiens trop longtemps quittés. Il fallait, selon les conclusions du rapport d'une commission de trois sénateurs, « faire cesser complètement, dans le plus bref délai possible, l'occupation du Palais du Luxembourg, du Petit-Luxembourg et de leurs dépendances, par les services de la Ville de Paris et de la Préfecture de la Seine », ce qui, pour Leconte de Lisle, signifiait encore de nouveaux ennuis :

Paris, 14 septembre 1879

Mon cher ami,

Je suis plongé depuis un mois dans un tourbillon de misères inimaginables; je ne décolère pas, je passe mes journées en courses stupides, je suis malade de dégoût, et ma pauvre Anna n'en peut plus.

Voici pourquoi.

Vous savez que nous avions obtenu des Beaux-Arts, en échange de notre grenier, un vaste et magnifique appartement dont les fenêtres s'ouvrent sur le Luxembourg, avec un admirable horizon qui va de Montrouge à Montmartre, en passant par les bois de Meudon, Saint-Cloud, le Mont Valérien, le Trocadéro et l'Arc de Triomphe. À peine y sommes-nous installés qu'il faut le quitter[349]. Le retour du Sénat à Paris nous renvoie au premier étage, sur le boulevard. Nous y serons mieux, il est vrai, que nous n'étions au troisième, mais infiniment moins bien qu'où nous sommes. Or, ces déménagements sans fin nous exténuent, font de notre vie un vrai supplice et nous ruinent. Par surcroît, vous ne sauriez vous imaginer à combien de malveillances, de jalousies, d'insolences muettes, d'inerties calculées je suis en proie. Toutes ces vermines administratives, qui se sont mises à plat ventre devant moi, aussi longtemps qu'elles ont cru que j'étais au mieux avec Ferry[350], se vengent de leur peur, maintenant que la questure au Sénat s'est emparée des deux annexes du Palais.

Je vous écris ces quelques lignes au milieu d'un affreux désordre de malles, de paquets et de meubles, uniquement pour vous donner signe de vie et vous prouver que je ne vous oublie pas. Dès que je serai installé, vous recevrez une vraie lettre.

Mes meilleurs respects à ces dames. Anna les embrasse ainsi que vos enfants[351].

À bientôt, et tout à vous de cœur
Leconte de Lisle[352]

Pour ajouter à ces contrariétés, Lemerre, comme il fallait s'y attendre, fit preuve de lésinerie[353] ; et la Bibliothèque du Sénat, dont le fonds s'était sensiblement accru, se trouva trop à l'étroit dans ses locaux du Palais du Luxembourg. Il n'y avait plus assez de rayonnages ni de lieux de stockage pour ranger l'excédent des volumes, et la construction d'un nouveau bâtiment était devenue nécessaire. Du coup, dès la fin de l'année 1879, un début d'incendie se déclara. « Ce sont les sénateurs qui ont mis le feu à nos livres, rapporta Leconte de Lisle à son éditeur. C'était d'ailleurs le seul combustible disponible à la Bibliothèque où tout le monde gèle du matin au soir[354]. Il y a pour dix mille francs de dégâts, une misère[355]. »

L'Apollonide

Le poète abhorrait désormais tout ce qui pouvait le détourner de son but unique : achever son œuvre. Les lecteurs de la Bibliothèque l'irritaient, les événements politiques, quelque sérieux qu'ils apparussent, le jetaient dans un morne enthousiasme mêlé de fatigue et de lassitude, et les contingences matérielles, pour peu qu'elles fissent trop parler d'elles, avaient le don de l'exaspérer au plus haut point. « Il avait certes un beau masque glabre, nous dit Léon Daudet, âpre et railleur sous le monocle, mais il sentait le rond-de-cuir. C'était un fauve de bibliothèque, une sorte de fonctionnaire venu des îles, aigri, mécontent, et qui faisait des mots sur ses chefs[356]. [...] Je le rencontrais, hors de chez Lemerre ou de la maison paternelle, se promenant dans les allées du Luxembourg, avec ses joues de bébé féroce, sous un de ces vastes et luisants chapeaux tromblons que Mallarmé appelle "un météore ténébreux". On m'avait appris à le vénérer. Mais je le vénérais avec inquiétude. Il semblait quelqu'un qui déambule en souhaitant la mort à ses contemporains... [...] On racontait que, faisant partie de l'opposition à l'Empire, il touchait une pension de l'Empire. Mais cela ne suffisait pas à expliquer le malaise qui émanait de lui et qui tenait, je pense, à une prodigieuse faculté de haine sans issue[357]. »

L'indifférence avec laquelle il avait accueilli l'Exposition universelle inaugurée le 1er mai 1878 est à cet égard symptomatique. Que pouvaient bien lui faire les inventions du téléphone, du paléophone – ancêtre de l'électrophone –, la synthèse artificielle du rubis, la liquéfaction de l'oxygène et celle du gaz carbonique ? Que lui importait la présence des grands de ce monde et des têtes couronnées, du prince de Galles, du prince royal de Danemark et du duc d'Aoste ? Quel avantage ces mouvements de foule et de liesse populaire, ces quarante-deux hectares de fête euphorique parisienne, de cafés, de bistrots, de gargotes, de bals banals ; quel intérêt l'édification des palais du Champ-de-Mars, du Trocadéro et les représentations de ces opérettes d'Offenbach, de Lecocq, de Planquette et d'Hervé ? Décidément, écrivit le poète à Franz Servais le 14 décembre 1878, « le peuple français est possédé de la noble passion des rigodons de guinguette et des refrains de lupanar[358] ».

Lui travaillait à l'achèvement de ses *Poèmes tragiques* relatant l'agonie de l'humanité succédant à la mort, non pas du Christ Jésus, mais de sa « doctrine dégénérée », non de son corps sur la Croix, mais de son esprit dans l'Église. L'ère de la Tragédie, succédant à celle de la Barbarie, avait selon lui débuté en Occident vers l'an 377 avec le règne de l'empereur Valens qui, enrôlant des moines égyptiens dans son armée, avait mêlé le pur à l'impur, le temporel à l'éternel. Saint Grégoire de Nysse avait dilapidé les fonds ecclésiastiques et, par sa théologie paradoxale de l'union entre le fini de l'homme et l'infini de Dieu, à la fois illimité, indéfinissable et inconnaissable, rendu inintelligible l'enseignement divin. En outre, cette chronologie variant selon les civilisations, il arrivait que deux peuples différents, d'âges dissemblables, l'un antique l'autre barbare, l'un barbare l'autre tragique, – l'expression « tragédie antique » avait ainsi quelque chose de singulièrement antinomique – en vinssent à s'affronter, ce qui donnait encore naissance à une nouvelle forme de tragédie.

Sa traduction de l'œuvre de Sophocle fut achevée d'imprimer le 15 avril 1877 et, la même année, Lemerre réédita son *Odyssée*, que suivit de près, le 23 février 1878, une réimpression revue et augmentée des *Poëmes barbares*, dans le format elzévirien. Aussitôt, Leconte de Lisle en expédia un exemplaire à son vieil ami Gustave Flaubert, qui avait publié un an auparavant les *Trois contes* et était en pleine préparation de *Bouvard et Pécuchet*. Cela faisait très longtemps qu'ils ne s'étaient pas vus :

Paris, février 1878

> Merci de ton envoi, mon cher ami. Ceci sera mon exemplaire de Paris ; l'in-octavo est à Croisset.
>
> J'ai relu dans cette nouvelle édition mes pièces favorites, avec le *gueuloir* qui leur sied, et ça m'a fait du bien.
>
> Coppée m'a dit que ta *Frédégonde*[359] avançait ; l'idée de l'exaltation à laquelle je serai en proie le jour de la première m'effraye d'avance. Quand sera-ce ?
>
> Et nous ne nous voyons jamais ! Ce qui est idiot.
>
> Il faudra pourtant que nous passions prochainement toute une après-midi ensemble. Nous devons en avoir à nous dire ! Je suis maintenant très dérangé, mais à bientôt.

Ton vieux qui t'aime et t'admire.

Cette année-là, l'éditeur créa le dîner mensuel de « l'homme qui bêche » et les appointements du poète à la Bibliothèque du Sénat passèrent de 3 600 à 3 800 francs. Il s'éreintait à présent sur les tragédies d'Euripide et comptait bien en tirer quelque profit. Il donna *Épiphanie* à la *Revue Alsacienne* et, le 15 août, parut dans *Le Parnasse, organe des concours littéraires de Paris* – sorte d'avatar du *Parnasse contemporain* – *La Ximena*. *La Jeune France*, fondée par Albert Allenet et Paul Demeny, publia *L'Albatros* le 1er juin 1878, *L'Holocauste* et *La Bête écarlate*[360] les 1er mars et 1er juin 1879. Un peu avant ces deux dates, les samedis de Leconte de Lisle entamèrent une éclipse qui dura jusqu'en 1886, peut-être à cause de la brouille survenue avec son disciple charismatique et schismatique, Anatole France. Le Maître ne semblait plus vouloir rencontrer personne[361]. Il était plus que jamais en proie « aux céphalalgies, aux névralgies péricardiales, vésicales et autres, aux rhumatismes erratiques, à la dyspepsie, aux bronchites, hépatites et phlébites, à une multitude de maux réels ou imaginaires, mais qui n'en étaient pas moins douloureux[362] ».

Le 29 janvier 1879, *Le Temps* se chargea de faire connaître, dans sa série sur *Les Poètes contemporains* justement dirigée par Anatole France, qui constella son propos de formules à double entente, après les œuvres de Laprade, de Barbier, de Banville, de Heredia et d'Armand Silvestre, *L'Aboma*, *L'Holocauste*, *Sacra fames*, *Le Chapelet des Mavromikhalis* et *La Mort de Valmiki*. Et, le 9 août 1879, la *Revue bleue* publia un article de Jules Lemaitre – *Le Mouvement poétique en France* – où son auteur « montrait que le Parnasse représentait encore l'essentiel de l'actualité poétique à la fin des années 1870 », mais où, « comme Huysmans, il notait la dégénérescence de l'école qu'il attribuait aux disciples directs des maîtres du Parnasse. [...] Après l'évocation des maîtres du mouvement, parmi lesquels il distinguait Leconte de Lisle, il signalait les trois défauts où étaient tombés leurs disciples : le passage du mépris pour la sensibilité vulgaire au refus pur et simple de toute émotion; la disparition d'un dessein philosophique général dans les recueils individuels; [et] le goût de la perfection formelle poussé jusqu'à la préciosité[363]. » La *Nouvelle Revue* de Juliette Lamber – Mme Adam –, à laquelle Leconte de Lisle collabora jusqu'en 1883, se chargea quant à elle de la diffusion, le 15 octobre 1879, de *L'Apothéose de Mouça-al-Kébyr*.

De retour à Biarritz après un long voyage en Espagne et dans le Béarn, Heredia y aperçut le poème relatant le martyre héroïque de Mouça-ben-Noçayr, l'Oualy du Maghreb, conquérant musulman sacrifié par le Khalyfe Soulymân pour, semblable « au noir vautour qui rôde à grands coups d'aile », s'être « gorgé du sang, de la chair et de l'or / Du Chrétien idolâtre et du Juif infidèle[364] ». Le poème débuterait ainsi les *Poèmes tragiques* :

L'Orient se dilate et pleut en gerbes roses,
La tourelle pétille et le dôme reluit,
L'aile du vent joyeux porte l'odeur des roses
Au vieux Liban trempé des larmes de la nuit[365]. [...]

Au-dessus des mûriers et des verts sycomores,
Au rebord dentelé des minarets, voilà
Les Mouazzin criant en syllabes sonores :
– À la prière ! à la prière ! Allah ! Allah[366] ! –

J'ai relu, ai-je besoin de vous dire avec quelle admiration ? *L'Apothéose de Mouça*, dans la Nouvelle Revue, lui écrit-il le 30 octobre. Ces admirables vers qui sont des plus beaux de votre œuvre, m'ont paru plus magnifiques, plus splendides, plus fermes et plus purs encore, dans la forme et dans le contour définitifs que l'impression donne aux vers.

J'espère que vous aurez travaillé cet été et que les *Poèmes Tragiques* s'achèvent. Pour moi, hélas ! je ne fais plus un vers et je crois que c'en est fait de ma minuscule Muse. Je rapporte le troisième volume de Bernal Diaz[367]. La prose, décidément, ne vaut rien pour les poètes.

Quelle merveille, mon ami, que l'estuaire de la Bidassoa, le Jaizquibel, Hendaye, Fontarabie, la plus espagnole des villes d'Espagne, avec ses maisons qui semblent de hautains courtisans à fraises empesées, haillonneuses, trouées de bombes, ruinées, pleines de vermine, mais de fière mine. Les chevaux et les mulets sont parqués dans les salons et les cages d'escalier de marbre ou de pierre plus précieuse par la beauté de l'ouvrage. Les toits à poutrelles sculptées tombent en vétusté. Seuls, les blasons sur les façades, soigneusement restaurés, couvrent la pierre rongée par leurs lambrequins énormes. L'un d'eux était voilé d'un grand crêpe[368].

Les deux amis se rencontraient régulièrement aux dîners ou aux réceptions données par le sénateur de la Seine, Victor Hugo[369], le jeudi, 21, rue de Clichy, puis, à partir de 1878, 130, avenue d'Eylau – huit mois plus tard ce serait au 50, avenue Victor-Hugo –, et c'était pour eux autant d'occasions supplémentaires d'échanger leurs impressions de voyage, de rivaliser d'anecdotes et de rendre compte de l'évolution de leurs divers chantiers. Leconte de Lisle était allé passer neuf jours à Saint-Énogat, en Bretagne, du 6 au 16 août 1877, chez Judith Gautier, qui l'admirait beaucoup[370], et il en gardait un souvenir tout empreint de nostalgie. C'était non loin de là, en effet, à Saint-Ideuc-Paramé, qu'ils étaient allés, jadis, José, Louise, Anna et lui, profiter de quelques jours de vacances, en pleine guerre de 1870, dans le jardin fleuri de la résidence secondaire du couple Foucque et de leurs cinq enfants : Alberte, vingt-trois ans, épouse de Charles Érussart, Hippolyte, vingt et un ans, Henry, treize ans, Paule, cinq ans, et Émilie, dix-huit ans, tout juste mariée à Guillaume Leforestier – depuis le 15 janvier –, que Leconte de Lisle appelait familièrement « Mimie » et à laquelle il avait dédié, seize ans auparavant, le poème *Mens Blenda.* « Tout cela poussait et *fructifiait*[371], sauf ce pauvre M. Foucque qui était bien vieux et bien cassé, se confessait, communiait, disait son chapelet et n'en pouvait plus[372]. » C'était non loin de là encore, à Dinan, qu'il avait été étudiant et qu'il avait nourri ses plus grands projets, projeté ses plus hautes ambitions, ambitionné ses œuvres les plus belles.

> La maison que j'habitais à Saint-Énogat est bâtie sur le rocher même, au-dessus de la mer, en face de Césambre. La côte se déroule, d'un côté, jusqu'au Cap Fréhel, et, de l'autre, jusqu'aux îles Chausey. Par les riches couchers de soleil, c'est splendide et merveilleux, et, par les nuits sombres, quand la mer est haute et gronde, quand on ne voit plus que les éraflures livides ou sanglantes que les phares envoient du large de la côte, je ne sais rien de plus lugubre et de plus magnifique. […]
>
> Comme bien vous pensez, j'ai fait une visite à Saint-Ideuc. Notre chalet, l'église et la Marette sont toujours là. Le bois est devenu une vraie petite forêt, personne n'y ayant mis le pied depuis nous. Les ponts rustiques sont tombés dans l'eau, l'herbe a effacé les sentiers, les arbustes sont devenus des arbres, et les arbres sont étouffés par les ronces. Je m'y suis promené seul le plus mélancoliquement du monde. […]
>
> En revenant de Saint-Ideuc à Saint-Énogat, j'ai assisté avec ces dames aux courses de Saint-Malo. Imaginez-vous les gommeux malouins huchés sur des chevaux de fiacre qui passaient à travers les haies au lieu de sauter par-dessus. J'ai bien ri, au grand scandale des naturels. Pour mon compte, cependant, il pourrait bien se faire que je suivisse l'exemple de ces coursiers de province, en appliquant leur méthode à la poésie. Je fais un opéra pour un Wagnérien. Ne vous épouvantez pas. Mon opéra est une tragédie antique, écrite pour être lue, et peut-être jouée, sans violons ni clarinettes. Mon musicien ne viendra jamais à bout de mes alexandrins[373]. Le pauvre diable en est tout triste, et moi aussi. Le 1er acte est fait ; c'est assez mauvais. Je commence le second. Le sujet est emprunté à l'*Iôn* d'Euripide. En somme, si la musique n'y peut pas mordre, la chose fera pendant aux *Érinnyes* et je mettrai le tout dans l'édition elzévirienne des *Poèmes antiques*[374].

En effet, comme dans tous les *Poëmes antiques*, *L'Apollonide* renouait avec le vieux thème de la mère castratrice, jalousement attachée à son premier-né, qui, de ce fait, éprouvait de sérieuses difficultés à affirmer son indépendance génitale, personnelle et intellectuelle. « Eût-on quatre-vingt-dix ans, aurait confié Leconte de Lisle à Victor Hugo, on n'est pas encore détaché du ventre générateur, et il n'est pas vrai qu'on coupe le cordon ombilical[375]. »

Iôn, jeune sacristain asexué d'une « beauté surhumaine », « vêtu de blanc et couronné de fleurs, ayant aux mains les guirlandes et les bandelettes sacrées, et, sur l'épaule, un arc et un carquois doré[376] », fils de Loxias Apollôn – dieu du soleil, des arts et de la poésie – et de Kréousa (prononcer Kreoussa) – fille d'Érékhthée –, est enlevé dès le berceau « par les bêtes des bois, / Sans doute ! », et sa mère ne peut jamais ni le reconnaître ni l'élever. Elle enfante dans l'antre de Makra et se voit ravir sa progéniture – ainsi que la corbeille qui lui sert de berceau –, près d'« un bois de lauriers et de myrtes, semé de roches creuses d'où ruisselle, parmi les grands lys, la source de Kastalia[377] ». Hermès, fils d'une Pléiade, la recueille et la confie à la Pythie de Delphes, la Pythonisse, qui l'accepte, l'éduque et la fait s'épanouir au sein du Temple paternel. De son côté, Kréousa épouse le roi de l'Attique, Xouthos, tout en ne cessant jamais de porter le deuil de cet enfant semi-divin. Mais leur union demeure inexplicablement inféconde et le couple décide de consulter l'oracle, au rocher de Pythô, qui leur conseille d'adopter le premier garçon qu'ils rencontreront en sortant. Le seuil du Temple franchi, Iôn apparaît. Xouthos tressaille de joie, et, sans savoir qui il est ni d'où il vient, l'accueille aussitôt ; mais la « dernière Fleur des Érékhthides », la reine Kréousa, confite en impiétés et en malices, ne veut pas de celui qui, pour elle, aurait trahi le souvenir de son fils disparu :

> Quoi, vieillard ! je verrais, d'une âme lâche et vile,
> Cet Étranger, siégeant, sceptre en main, dans ma Ville,
> Insulter à mon fils qui n'a point de Tombeau
> Et mêler à ma race antique un sang nouveau !
> Non ! C'est à toi, plutôt, de seconder ma haine.
> Non ! Que l'Étranger meure, ou je ne suis plus Reine,
> Ou, livrant ta vieillesse ingrate aux longs remords,
> Je rejoins mes aïeux et mon fils chez les morts[378] !

Aussi confie-t-elle au vieillard intendant, « patriote fanatique qui ne pouvait souffrir la pensée de voir peut-être un jour un étranger sur le trône d'Athènes[379] », une coupe d'or remplie du sang de la Gorgô Méduse, « le Monstre aux cheveux de vipères », afin qu'il l'offre au « fils du Roi Xouthos » lors du festin donné en l'honneur de son départ. Mais une simple et pure colombe – l'envoyée d'Aphrodite – y vient boire qui, par son sacrifice, dévoile tout l'odieux stratagème. Prise de remords et volant maladroitement au-devant de l'imminente tragédie, Kréousa révèle sa responsabilité dans cette tentative d'assassinat prémédité, et la « haine Pythique », impitoyable, s'abat sur elle.

> Ô Daimôn inclément,
> Qui me vois, malheureuse, à tes pieds abattue,
> Toi qui m'aimas jadis, c'est ta main qui me tue !
> Loxias Apollôn, Dieu cruel, Roi du jour,
> J'ai vécu de ta haine et meurs de ton amour[380] !

C'est alors que la Pythonisse apparaît, « suivie de deux serviteurs du Temple qui déposent une grande corbeille devant l'Autel[381] ». Iôn en « dénoue les bandelettes », l'ouvre et « en tire des langes d'enfant ». Kréousa « se lève à demi », les aperçoit et comprend que le jeune éphèbe n'est autre que son enfant mort, revenu à la vie.

IÔN.

Dieux ! Tout mon cœur frémit d'espérance et de joie !
Ils s'élancent l'un vers l'autre.
Ma mère !

KRÉOUSA.

Mon enfant ! Oh ! viens, que je te voie,
Que je te serre enfin contre mon cœur charmé !
Et je voulais ta mort, ô mon fils bien-aimé !
Malheureuse !

IÔN.

Ô ma mère, est-ce toi que je presse
Dans mes bras ? Parle, dis !

KRÉOUSA.

Oui ! Par mes pleurs d'ivresse,
Par les Dieux, par l'Aithèr vaste et resplendissant,
Après tant de longs jours j'ai retrouvé mon sang !
Tu vois ta mère, c'est ta mère qui t'embrasse[382] !

Avec la reconnaissance de sa mère véritable, l'Apollonide Iôn va en même temps connaître l'origine divine de sa naissance ainsi que la nature sacrée de sa mission, révélée par trois Muses, à la fin de la troisième partie : contempler « le Temple éblouissant de la sainte Beauté », « donner son nom à des races nouvelles » et, « dans un chant divin qui ne doit plus finir », clamer sa « jeune gloire aux siècles à venir ».

Salut, Rayon tombé de la Lumière antique,
Aïeul des Rois futurs, Éphèbe aimé des Dieux !
Poursuis, Enfant sacré, tes destins glorieux,
Et délaissant ton nid, loin du Rocher Pythique,
Jeune Aigle, envole-toi vers de plus larges cieux[383] !

Dans *L'Apollonide*, contrairement aux *Érinnyes*, mais sans pour autant « faire oublier complètement les violentes tensions qui s'étaient manifestées tout au long de la pièce entre membres d'une même famille[384] », l'affrontement entre la mère et le fils, le bourreau et la victime, trouvait une issue pacifique et heureuse grâce à l'émancipation de la Poésie. Par l'intercession des personnages féminins des Muses et de la Pythonisse, véritables pendants bienveillants aux reines castratrices – Kréousa, Klytaimnestra, Frédégonde –, la reconnaissance et la réconciliation avaient pu avoir lieu. Cette tragédie adaptée d'Euripide, bientôt transformée en un « drame lyrique en trois parties et cinq tableaux » – Leconte de Lisle rejeta très vite le terme d' « opéra » –, sorte de conte de fée mythologique et fantasmagorique, apportait une unité aux structures inachevées des trois autres recueils poétiques – antiques, barbares et tragiques –, et le Beau s'y révélait un aboutissement au conflit qui l'avait fait naître. Il était donc d'autant plus capital de parvenir à atteindre la perfection de l'œuvre finie, achevée, couronnée, tout comme il était nécessaire d'éviter de côtoyer les Modernes, ses contemporains des plus médiocres qui s'élevaient comme autant de haies d'obstacles pour « chevaux de fiacre » entre son but et lui, que le bonheur de sa vie en dépendait, et, pour ainsi dire, en découlait.

Mais la perfection de *L'Apollonide* ne procédait pas d'un seul homme. Il était avant tout l'ambition d'une collaboration mélodique et esthétique entre un poète confirmé et un jeune compositeur belge, Franz Servais. Ce prix de Rome et parnassien dans l'âme, ami de Judith Gautier, de Catulle Mendès – les époux se séparèrent en mai 1874 –, de Villiers de l'Isle-Adam et de nombreux autres artistes, peintres, sculpteurs et écrivains, était alors âgé de trente et un ans. « N'attendez pas de [lui] qu'il fasse rien comme les autres, déclare à son sujet le critique musical Maurice Kufferath. C'est un esprit qui n'est point banal, il n'entend ressembler à personne. [...] C'est un songeur blond qui a fui les réalités brutales de la vie et qui s'est réfugié dans un rêve étoilé[385]. » Selon *L'Art moderne*, « le caractère de Franz Servais était de n'être jamais satisfait de ce qu'il faisait. Défiance de soi-même, excès de modestie, orgueil de vouloir que son début soit un triomphe, qu'il s'agisse d'une qualité ou d'un défaut, peu importait. [...] La musique de Franz Servais était, [quant à elle], d'un charme qui ne pouvait manquer d'exercer sa séduction. [...] Elle était d'une rare distinction de pensée et la forme qui l'habillait était élégante et harmonieuse[386]. »

Ce fut le Maestro Liszt, un autre Franz, qui donna l'idée à ce disciple délicat, raffiné, éclectique, aristocrate et perfectionniste, un peu en mal d'inspiration, d'orienter son génie du côté des tragédies d'Euripide pour entamer enfin un authentique drame lyrique. Il lui fallait à présent s'attaquer à une œuvre de plus grande importance. Ces quelques scènes enthousiastes composées sur des pièces de Baudelaire (*Recueillement*, *Scène d'amour*, *Jet d'eau*, *La Mort des Amants*), de Vigny (*Adieu*), de Hugo (*Contemplations*), d'Armand Silvestre (*Nocturne*, *Printemps*, *Mignonne* et *Éternelles amours*), de Musset (*Pâle Étoile du Soir*), de Verlaine (*Trois Poèmes*) et du Belge Georges Khnopff (*Ophélia* et *L'Oiseau-Chanteur*) ne pouvaient plus lui suffire. Les deux hommes en discutèrent en août 1876, lors de la première du *Ring des Nibelungen* de Wagner, à l'inauguration du festival de Bayreuth. Pourquoi pas la fable d'*Iôn*, fils d'Apollon? On tirerait un beau parti de ce sujet-là. Leconte de Lisle venait justement d'en donner une nouvelle traduction en prose. Il suffisait de rentrer en contact avec ce grand poète français et de solliciter sa contribution. Après Gabriel Fauré (*Lydia*,

1870; *Nell*, 1875), Émile Paladilhe (*Six Chansons écossaises*, 1877) et Jules Massenet (*Les Érinnyes*, 1873 et 1876), pourquoi pas Franz Servais ? Entre janvier et août 1877, c'est donc ce que fit le jeune musicien, peut-être d'abord par l'intermédiaire de Judith Gautier – qu'il appelait « Sœur-Cœur[387] » –, fervente wagnérienne elle aussi, rencontrée huit ans plus tôt, à Munich, lors de la première représentation du *Rheingold*[388]. Le jour même de l'enterrement d'Adolphe Thiers[389], le 8 septembre, le compositeur était déjà attelé à sa nouvelle tâche : préparer le premier tableau pour la réécriture en vers de l'*Iôn* d'Euripide. Quelle opportunité magnifique ! Travailler avec ce poète qui, par ailleurs, l'avait fort mal reçu : « il détestait qu'on lui imposât une besogne, surtout une telle besogne… Mais Franz avait de l'éloquence, une séduction si entraînante, une conviction si ardente, que Leconte de Lisle finit par céder. Il écrivit *L'Apollonide*. Le poème était correct, d'une belle langue robuste, certes, avec de beaux vers, çà et là, mais froid et glacé. Il ne plut pas au musicien, qui le voulait débordant de vie, avec de la passion, des cris, de l'âme enfin !… Dix fois Leconte de Lisle dut recommencer le poème[390]… »

À l'approche des fêtes de Noël, le jeune homme s'était installé dans le cadre le mieux propice à stimuler son imagination, tout en honorant ses obligations familiales, chez feu son père, Adrien-François Servais, professeur de violoncelle au Conservatoire de Bruxelles, auteur de seize *Fantaisies* et de trois Concertos, à la somptueuse « villa Servais » de Hal, sorte « d'hôtel de Rambouillet du XIXe siècle[391] » au sud de Bruxelles, dans la province du Brabant flamand. « Bâtie en 1847 en style italien par l'architecte Jean-Pierre Cluysenaar au milieu d'un grand jardin dessiné par Fuchs, la villa se distinguait par une façade ornée de bas-reliefs en terre cuite réalisés par le beau-frère de Franz Servais, Cyprien Godebski, représentant la musique symbolisée par un violoncelle couvert de fleurs et de bustes de Beethoven et Haydn. Au-dessus des deux fenêtres du rez-de-chaussée se détachaient, en relief, à gauche, les médaillons de Grétry, Josquin Des Prés et Roland de Lassus ; à droite, ceux de Rossini et Meyerbeer. Le vestibule comprenait des bustes de Schubert, Haendel, Beethoven, Weber, Mendelssohn, Bach et Mozart. Quant à la salle de concert, c'était une merveille de décoration avec ses panneaux au plafond symbolisant la peinture, la musique, la sculpture et la poésie, tandis que les deux panneaux latéraux étaient ornés des attributs des quatre saisons par une élite de jeunes peintres belges tels Godefroid Guffens, Jan Swerts, Jean-Baptiste Robie, Charles Verlat et Charles Wauters[392]. » La mère de Franz, Sophie Servais, née Feygin, d'ascendance slave, très pieuse et très castratrice[393], y vivait recluse en compagnie de ses deux filles, Marie et Augusta – future femme du ténor Ernest Van Dyck –, et de son deuxième fils, Joseph, également violoncelliste et professeur au Conservatoire de Bruxelles. Leconte de Lisle, tout comme Armand Silvestre, les Mendès ou Alexandre Dumas fils[394], se rendit quelquefois dans cette prodigieuse bâtisse entièrement dédiée à la musique, et de laquelle, avec fièvre et transport, le sémillant Franz Servais lui écrivit sa première lettre. Les deux esthètes s'étaient déjà serré la main à plusieurs occasions, boulevard Saint-Michel.

Hal, 18 décembre 1877

Bien cher Maître,

Je n'ai pas voulu vous écrire avant que de pouvoir vous donner des nouvelles satisfaisantes de mon travail. Comme vous voyez, je me suis décidé à prendre mes quartiers d'hiver dans la maison paternelle ; la campagne est loin d'être gaie à cette saison, brumeuse et horrible ! Néanmoins, j'avais besoin de solitude pour me mettre en train ; mon imagination est parvenue peu à peu à habiller la Grèce, et la fréquentation des Immortels, grâce à votre belle langue qu'ils parlent, m'a séduit complètement.

J'ai commencé bravement par le commencement.

Au lever du rideau, le jour se lève. Le char du soleil sort de l'aube. Apollôn revêtu d'armures éclatantes conduit le quadrige, son bouclier forme « Soleil » ; cette apparition fort vague au début, voilée par les brouillards du matin qui se dissipent peu à peu, n'atteint son éclat le plus complet qu'en vers ! Et la haute Pytho s'illumine d'un Dieu.

Pendant ce temps Sacrificateurs, Ministres et Serviteurs du Dieu sont entrés en scène les uns après les autres par groupes différents et chaque groupe à son entrée s'est écrié plein d'admiration : « Voyez, le jeune archer… Voyez, Voyez, etc. »

Au vers cité : « Et la haute Pytho veille sur Dieu », tout le personnel du temple est alors en scène et s'écrie en chœur : « Salut à toi, cher Dieu qui fécondes, etc. »

Pendant cet hymne général, Iôn paraît sur le seuil du temple resplendissant de lumière et plein d'admiration, tend les bras vers la lumineuse apparition qui monte… monte toujours.

Le chœur termine et Iôn : « Ô Sacrificateur du divin Latoïde, allez… »

Le personnel se retire lentement, implorant encore le Dieu : « Descends sur l'auguste cime où le myrte et l'encens parfument ton autel ! »

L'apparition est complètement disparue, la scène reste vide, très éclairée par une lumière mystique et divine et Iôn : « Pour moi, mêlant le myrte aux laines violettes, etc. »

Il quitte le seuil du temple, descend les marches, et se livre à ses occupations.

Voilà, cher Maître, la forme suivante du premier morceau, et je vous dirai, entre nous, que je suis assez satisfait, chevaleresque au début : jeune archer encore, Roi du monde…, beau enfin ! puis brillant, éclatant et finalement imposant !

Toute la scène suivante, Iôn seul livré à ses occupations ne m'effraie pas. […]

Comment allez-vous, cher Maître, et Mme Leconte de Lisle ? Veuillez, je vous prie, lui présenter mes affectueux respects.

J'espère toujours venir quelques jours à Paris dans le courant de janvier, je serai heureux de vous revoir.

Ma santé est meilleure. Je n'allais pas bien les derniers temps que j'étais à Paris. Ce soir, je m'en vais voir comment Salvini étouffe Desdémone[395].

Voilà la récréation que je me permets et demain je me remets au travail.

Si je fais une belle œuvre, cher Maître, c'est à Vous que je le devrai. Mais pas trop d'Alexandrins dans la grande scène. Heureuse est la mère et son fils au 3e acte, s'il vous plaît.

Mille témoignages d'admiration, de reconnaissance et d'affection.

F. S.

Veuillez me rappeler au souvenir de ceux de vos amis qui sont les miens[396].

Cet enthousiasme convenait au Maître qui jouait les modestes et feignait paternellement de vouloir s'effacer « presque sous la dictée de Franz[397] ». C'était à la musique de mener la danse, la poésie ne pouvant que la servir ou la dominer. Pas de « collaboration égale entre un poète et un musicien ». Il fallait nécessairement que « l'un des deux se sacrifiât[398] ». Or Leconte de Lisle souhaitait sincèrement que l'ami de Louis Benedictus « écrivît le plus magnifique des drames lyriques », et, « bien qu'il fût passablement lourd », qu'il « l'emportât sur ses ailes » juvéniles. « Enfourchez votre hippogriffe, s'exclama le fougueux cadet, montez au Parnasse et criez au Corbeau jeune de vous y suivre, je vous promets qu'il tentera d'obéir[399] !! » Le poète le laissait « absolument libre de supprimer les longueurs et d'arranger les choses à son gré, pourvu que la logique des scènes et des idées ne fût pas rompue. Son premier tableau, tel qu'il le décrivait, [...] semblait fort beau », et l'on « ne doutait pas qu'il fît un grand effet ».

Au dernier jour de l'an 1877, quoique « le 3e acte ne fût pas [encore] prêt », le compositeur pouvait être certain qu'il « l'aurait sous peu ». C'était un retard « dont, [au reste], il ne souffrirait pas, puisqu'il avait bravement commencé par le commencement[400] ». N'était-ce pas désormais à lui, petit à petit, de mettre dans cette tragédie antique, dont le titre définitif apparut pour la première fois dans sa lettre du 7 mars 1878[401], tout « le drame qui en était absent » ? Un « paquet fort lourd » parvint à la villa le matin du 11 octobre : c'était le 3e acte, « beaucoup plus court [cependant] que les deux premiers[402] ». Leconte de Lisle, pour éviter les modifications trop importantes, avait cette fois travaillé d'après le scénario que lui avait transmis le wagnérien, le 24 août. Il s'était en tous points « conformé au plan qu'il avait esquissé[403] » et le jeune homme « était aux anges[404] ». Plus tard, avec toute la palette de sa musique subtile et fortement contrastée, nul doute qu'il ne parvînt à exprimer, « d'une situation qui était un peu la même du commencement à la fin, sous les sentiments que [cette élégie] contenait virtuellement, regrets, douleur, espérance, amour maternel et filial, etc.[405] »

Mais quand ? Et où ? À l'Opéra de Paris, de Bruxelles, de Copenhague, de Carpentras, à Vienne ou aux Batignolles ? « Cette félicité leur serait-elle un jour accordée[406] ? » Franz besognait sans relâche, de l'aube au crépuscule, mais il se faisait l'impression d'un « limaçon qui gravit une montagne gigantesque[407] ». En novembre 1878, il croisa le chemin d'une *mezzo-soprano* « à la voix superbe et fort belle de sa personne. Il lui fit entendre l'invocation "Apollon ! Apollon !" et [la chanteuse d'origine polonaise] le supplia de lui permettre d'étudier le morceau. [...] Elle travailla le chant en Italie où elle avait eu de grands succès et étudia alors la prononciation française avec Mlle Tordeus, ex-pensionnaire du Théâtre-Français et professeur de déclamation au Conservatoire[408]. » Cette nouvelle jeta le Maître, « sans trop d'exagération, dans un ravissement qui aurait atteint des proportions inconnues aux hommes mortels qui habitent la terre féconde, dès qu'il l'aurait entendue chanter le rôle de Kréousa[409] ». Mais la collaboration, hélas, ne put avoir lieu.

L'Indépendance belge annonçait déjà aux *happy few* la préparation de ce « grand-opéra » dont « M. le comte de Lisle » [*sic*] avait écrit le livret. L'événement était attendu avec impatience ! On rappelait que « le sujet était tiré de la mythologie grecque, où M. le comte de Lisle avait puisé l'inspiration de plus d'un de ses beaux poèmes, et notamment de son drame en vers, *Les Érinnyes*, représenté quelques années auparavant à la Porte Saint-Martin[410] avec des intermèdes musicaux de Massenet. La partition de M. Frans [*sic*] Servais était presque achevée, et dès [lors] la collaboration d'un talent jeune et doué pour le théâtre, avec l'un des poètes les plus renommés de France, éveillait l'attention du monde artiste[411]. »

En remerciement du « travail en commun auquel ils se livraient[412] » depuis plus de deux ans, Franz Servais offrit au Maître une table « majestueuse et inébranlable[413] », pour son nouveau cabinet de travail, ainsi qu'une avance de cinq cents francs sur les recettes futures. Le poète, en attendant l'aboutissement de la composition de *L'Apollonide*, dont il pensait pouvoir achever la versification pour le 27 septembre 1878 – c'était sans compter sur les nombreuses demandes de modifications du musicien –, s'était un instant tourné vers une nouvelle adaptation d'Euripide, *Hippolytos*, qui fut représentée au Théâtre de la Gaîté, au bord de la faillite, square des Arts-et-Métiers, le 2 février 1879. Comme il n'avait pas pris la peine d'en informer son collaborateur, qui tenait pourtant à être mis au courant de toutes ses activités dramatiques, ni ne lui avait écrit depuis trois mois, le virtuose, légèrement paranoïaque, s'en offusqua et crut à une manœuvre d'éviction : « Il a fallu qu'un petit journal me fît part de l'exécution de *Hyppolytos* [*sic*], s'indigna-t-il début mars 1879 ! Vous m'aviez cependant bien promis de me prévenir et certainement que j'aurais été capable de venir passer mon dimanche à Paris. Mais je comprends que vous cherchiez à tenir à distance votre "musicien rongeur" !! J'avance le bout du nez et vous vous dites : "Ah ah,... petite strophe... coupure indispensable... changement de scène... bouleversement général... Suivent trois jours de migraines et d'agitations intérieures pour lesquelles médecin et médecines sont envoyés au Diable et ne peuvent rien. Non ! Non ! Servais est bien où il est, laissons-le là ! Voyons. Est-ce cela[414]" ?!! »

Vous n'y êtes pas le moins du monde, répondit Leconte de Lisle le 11. Je prends à témoins les Dieux Immortels que ce n'est en aucune façon pour tenir *mon musicien* à distance que je ne l'ai point averti de l'exécution de *Hippolytos*. Entre parenthèses, exécution est le mot propre, car jamais tragédie n'a été mise à mort plus lamentablement. Imaginez l'extérieur d'un cabaret de barrière meublé d'un banc boiteux et d'un vieux canapé Louis XV, plus une Reine grasse à lard, bien qu'elle n'ait pas mangé depuis trois jours et qu'elle se meure de consomption, et le public ahuri, stupide et muet, regardant et écoutant sans rien y rien comprendre.

Remerciez-moi, mon cher ami, au lieu de m'en vouloir. Je savais à quoi m'en tenir après mes six répétitions, et je vous ai épargné un vrai voyage uniquement entrepris pour passer une heure très ennuyeuse à Paris. Quant à l'épouvante que me causent les coupures, les transpositions de scènes et les petites strophes, elle n'a été pour rien dans mon silence, bien que vous soyez en cela un homme terrible ; mais je nourris la folle espérance que tout marche désormais sur des roulettes. Puissé-je dire vrai, ô Dieux justes !

Je vois que vous travaillez ferme. Courage ! *Macte animo*[415] ! Chaud ! À la bonne heure ! Ne perdez pas de temps, enlevez-moi cela haut la main, copiez, recopiez, orchestrez, allez, expérimentez, venez, faites recettes à l'Opéra, faites jouer avec un succès étourdissant et gagnons, outre la gloire qui vous sera acquise personnellement, cinq cent mille francs chacun. Amen ! [...]

À bientôt, mon cher ami, et tout à vous de cœur
Leconte de Lisle

Judith et Bénédictus ne quitteront pas St Enogat de toute l'année, nous ne les reverrons que l'hiver prochain. Pourquoi ? Voilà la question. Exercez là-dessus votre sagacité. – Il va sans dire que la mienne me fait absolument défaut[416].

Le poète était empêtré dans ses déménagements consécutifs au retour du Sénat, dans le transport des livres de la Bibliothèque de Versailles au Luxembourg, et Servais s'enferrait dans le 3e acte de *L'Apollonide* dont il n'était parvenu à mettre sur la partition que des fragments fort peu importants. Ce drame lyrique pouvait leur rapporter « cinquante mille livres de rente à chacun[417] » et il était d'autant moins question de lâcher prise que le jeune homme aussi se mit à rencontrer de sérieuses difficultés financières au cours de l'année 1879. Le 20 septembre, ce fils de bonne famille écrivit au ministre belge de l'Intérieur, des Sciences et des Beaux-Arts, Gustave Rolin-Jaequemyns, membre de l'Académie royale de Belgique, pour solliciter un « subside extraordinaire » afin de pouvoir continuer son « travail exceptionnel » en toute sérénité. « La collaboration qu'il avait obtenue le forçait nécessairement à de fréquents voyages à Paris, à des séjours souvent prolongés[418] », et il était inconcevable pour lui d'interrompre sa besogne pour se transformer en précepteur à cinquante centimes la leçon. En janvier 1880, il passa son grand oral, les deux premiers actes de *L'Apollonide* pour piano et voix seule, devant un parterre d'une vingtaine de personnes de la haute aristocratie : ministres, directeurs du Conservatoire et des Beaux-Arts, Inspecteurs, chefs de Cabinet, etc. « Je ne sais, rapporta-t-il à Leconte de Lisle, si les chaudes félicitations et compliments dont je fis l'objet étaient sincères, mais ce que je puis affirmer, c'est que l'attention de mon public ne faiblit pas une minute, que je n'avais qu'à lever un peu la voix ou donner quelque expression à une fin de phrase quelconque pour m'assurer que tout ce monde me suivait et que la puissance de l'action les tenait en éveil[419]. »

Néanmoins, la subvention tardait à arriver...

Ces difficultés matérielles de Servais furent-elles à l'origine du silence de Leconte de Lisle autour de la représentation de *Hippolytos* ? Peut-être voulut-il en effet lui épargner de nouvelles dépenses. Le bruit courait que la villa de Hal allait être mise en vente et que Mme Servais s'était décidée à quitter la propriété pour s'installer à Paris. Franz en avertit Charles à plusieurs reprises. Au bout du compte, la famille ne quitta jamais la Belgique et la villa fut mise en location pour deux années. « C'était juste le temps qu'il fallait [à Franz] pour être riche grâce à *L'Apollonide*, plaisantait-il à demi, et ils achèteraient[420] ?! » Mais sous ses dehors détendus poignait la crainte que le Maître ne se tournât vers un autre compositeur, plus efficace et moins perfectionniste. À cet égard, Massenet, qu'il rencontra à Bruxelles, lui affirma que Saint-Saëns était en train de rédiger la musique de *Frédégonde*. Sans se douter qu'il pouvait s'agir du texte de Louis Gallet, initialement mis en musique par Ernest Guiraud, il n'en fallut pas davantage pour attiser son inquiétude. Leconte de Lisle, devenu expert en mondanités, ne sous-estimait plus désormais l'importance des futilités dans les relations humaines. Il développait alors des descriptions dithyrambiques sur le temps qu'il faisait[421] ou dressait un bilan détaillé de ses états de santé, puis, en bout de discours, assénait un coup décisif aux racontars, ce qui finissait de refroidir l'humeur noire de son atrabilaire destinataire.

Paris, 28 février 1880.

Mon cher ami,

Il y a quelques éternités que je ne vous ai donné signe de vie, mais, cette fois, la faute n'en est pas uniquement à mon horreur naturelle pour la plume, l'encre et le papier. Je me suis affreusement brûlé la main droite, du poignet jusqu'au bout des doigts, avec de l'eau triplement bouillante. Ma misérable main ressemblait à un haillon sanglant. C'était horrible et lamentable à voir. J'ai hurlé pendant cinq à six heures consécutives sans me donner le temps de respirer. Jamais je ne me serais imaginé qu'on pût supporter un pareil supplice. La sueur de l'agonie m'a ruisselé instantanément de la tête aux pieds, et je vous affirme qu'on m'eût coupé le bras dans ce moment-là que j'en aurais rendu grâces au couteau. Enfin, après quinze jours de gonflement, de fourmillements, de cuisson ardente et d'insomnie, ma main, débarrassée de son pansement, reste couleur de homard à demi cuit, c'est-à-dire verte, jaune, bleue et noire, toujours enflée d'ailleurs, et assez douloureuse encore pour que je ne puisse écrire qu'avec peine. Cet accident stupide n'a pas peu ajouté à tous les ennuis, inquiétudes et chagrins qui nous tourmentent, ma femme et moi ; mais il faut bien subir ma destinée en grinçant des dents qui me restent.

Pour vous, mon cher ami, qui n'avez pas eu l'ineptie de vous asperger la main d'eau bouillante, qui êtes jeune, bien portant et vigoureux, vous avez sans doute presque achevé *L'Apollonide*. Je n'ai pas besoin de vous dire combien et avec quel violent désir je le souhaite, attendu que je compte bien m'envoler sur vos ailes. Pourquoi diable votre ministre n'ordonnance-t-il pas votre subside ? S'il le fait, avez-vous toujours l'intention d'aller passer l'été en Italie ? Non pas avec nous, hélas ! malgré votre offre affectueuse. Je suis et je serai retenu de force à Paris par cette sacrée bibliothèque que les cinq cents diables patafiolent.

L'article de *L'Indépendance* est très aimable. Il est excellent que le public, qui n'en sait pas davantage, soit averti que nous lui préparons un chef-d'œuvre que son plus strict devoir sera d'applaudir.

Si Massenet vous a comblé de prévenances, c'est un bon signe. Il a le flair du succès. Quant à la musique de *Frédégonde* par St Saëns, c'est une pure plaisanterie ; *Frédégonde* n'aura pas de musique[422].

Elle n'aurait d'ailleurs pas davantage de texte puisque Leconte de Lisle ne fit jamais aboutir ce projet vraisemblablement conçu, vingt-trois ans plus tôt, à l'époque de son mariage avec Anna Perray. Sarah Bernhardt avait bien « écouté la lecture d'un scénario de *Frédégonde*[423] », mais le poète ne lui remit aucun exemplaire et personne n'en entendit plus jamais parler.

La contribution qu'escomptait Servais pour achever *L'Apollonide* subit à peu près le même sort. Le jeune homme en fut attristé et Leconte de Lisle tâcha comme il put de le consoler en lui rappelant quelques vérités générales concernant les habitudes des ministres. « Vous lui avez fait passer une bonne soirée, lui écrit-il le 23 juin 1880, il vous a comblé de félicitations et promis un subside qu'il ne vous a pas donné, et il s'est mis à penser à autre chose. Quoi de plus naturel ? Que vous soyez sensible à cette indifférence officielle pendant une heure ou deux, je le comprends ; mais que vous en soyez surpris et découragé, voilà ce qui me jette dans une stupéfaction voisine de l'aliénation mentale. Que diriez-vous donc si vous étiez à ma place ? Pendant six ans j'ai gardé mon premier recueil dans un tiroir, faute d'éditeur ; et depuis trente ans je n'ai jamais rencontré une ombre de sympathie, ni dans le public ni dans la critique. En fait d'indifférence, je doute que personne n'ait été plus dédaigné, plus oublié de tous et de chacun. Je n'en ai pas moins travaillé dans la mesure de mes forces, autant que ma paresse naturelle, mon manque absolu d'ambition et mon mépris inexprimable de l'assentiment public me l'ont permis. [...] Achevez donc votre œuvre, mon cher ami ; achevez-la telle que vous l'avez conçue et exécutée déjà. Ce que j'en ai entendu est fort beau, soyez-en convaincu. Vous débuterez par un coup de maître, et je serai très heureux de vous y aider pour ma très petite part[424]. »

Le mois suivant, Franz Servais s'en alla chercher du réconfort à Weimar, auprès de son autre père spirituel, Franz Liszt, qui arrangea une rencontre avec le grand mécène Charles-Alexandre de Saxe-Weimar, Grand-Duc depuis le 28 août 1853, le baron August von Loën, Édouard Lassen, successeur de Liszt à la maîtrise de la chapelle de Weimar, ainsi que quelques autres. Franz exécuta *Le Lever du soleil*, les strophes d'Iôn, etc. La musique continua et il fit entendre la grande scène entre Iôn et Kréousa, la marche et l'entrée de Xouthos et l'invocation de Kréousa « Apollon ! Apollon ! Ne l'as-tu pas aimé[425] ? » Tout le monde était enthousiaste. On le félicita de mille façons et on finit par lui conseiller de tenter d'obtenir, quoiqu'étranger, une entrevue avec l'inaccessible directeur de l'Opéra de Paris, Auguste Emmanuel Vaucorbeil, entrevue qui eut effectivement lieu, en privé, le 22 mai 1883. « "Une demi-heure" lui fut offerte. [...] Puis le directeur prenant goût à la lecture retint le compositeur *trois heures durant*. Le 5 juin nouvelle audition (sollicitée par le directeur lui-même) qui dura de deux à cinq heures du soir. Le 13 juin 3e audition également de 2 à 5 heures. M. Vaucorbeil était littéralement imprégné. Néanmoins l'œuvre lui parut *trop téméraire* pour l'époque. Il voulut accepter l'œuvre de M. Servais mais sans prendre de date, s'engageant à monter l'œuvre dès que *Lohengrin* de Wagner aurait été représenté[426]. »

Cette fois-ci le « Divin Ovide Lecontos66Lislidos[427] », comme l'appelait plaisamment Franz Servais, commença réellement à douter que *L'Apollonide* fût jamais achevé avant son grand départ pour « la Prairie d'asphodèles[428] ». Pour la première fois, il se mit à gentiment le menacer, sous la forme d'un ultimatum bouffon mais néanmoins sincère, de confier son drame au compositeur des *Folies dramatiques*, de *L'Œil crevé* et de

Mam'zelle Nitouche. Nul doute que le résultat eût été plus rapide et le succès plus grand. « Serait-il d'une indiscrétion exorbitante, ô mon ami, de vous demander timidement ce que vous devenez, s'enquit-il le 3 mai 1881 ? Les jours, les mois et les années passent, et *L'Apollonide* n'est pas achevé. Vous étiez tout feu et flamme *autrefois*, et maintenant vous n'exhalez même plus de fumée. Que vous est-il arrivé ? Qui vous a éteint ? Êtes-vous mort ? N'allez pas jouer un pareil tour à notre malheureux drame lyrique ! Je serais obligé de transformer mon poème en opérette et de le confier à Hervé pour la plus grande délectation des longues oreilles françaises. Puisse cette menace vous donner à réfléchir ! Je ne sais cependant qui m'a dit que vous deviez arriver bientôt, avec Mme Servais, pour visiter le Salon. Voilà qui est au mieux, mais apportez-nous votre partition complète et parfaite, sinon je dérime mes vers et je les bourre de calembours et de farces non moins ineptes que dégoûtantes, afin de plaire à mes contemporains, une fois au moins dans ma vie[429]. »

Le jeune homme répondit d'abord que l'enthousiasme de ses premiers jours n'était point mort, bien au contraire, mais simplement « enfermé sous clef », et qu'il attendait son audition devant Vaucorbeil. Puis il se mit à invoquer les préparatifs que nécessitait la venue de « celui qui lui avait appris la musique », Franz Liszt, à Bruxelles, le 28 mai 1881, les « Anversois l'ayant invité [quatre jours plus tôt] à venir assister à l'exécution d'une de ses œuvres » : la *Missa Solemnis*. Il devait diriger l'orchestre de l'association des artistes musiciens et de l'ensemble des professeurs du Conservatoire[430], « environ 300 exécutants (chanteurs et orchestre) » interprétant « la *Faust Symphonie* (d'après Goethe), œuvre de premier ordre[431] ». Charles Gounod, Ambroise Thomas, Jules Massenet, Charles Lefebvre, Francis Planté, Armand Gouzien et Camille Saint-Saëns seraient présents[432]. Enfin, il annonça qu'après être passé le saluer boulevard Saint-Michel dans les tout premiers jours de juin, il entamerait une profonde retraite « dans le midi de la France, chez un vieil ami qui lui offrait sa propriété pour y passer l'été », et qu'« il n'en sortirait qu'avec leur ouvrage fait et parfait[433] ». Solitude entrecoupée çà et là de brèves allées et venues à Hal ou à Paris, et qui dura, en réalité, trois longues années…

Servais vivait alors « comme un coq en pâte », dans une « petite maison ravissante », à proximité du couvent de Latresne, « sur une hauteur d'où l'on voit toute la vallée de la Gironde et de Bordeaux ». « Le panorama était splendide, rien ne lui manquait. Il disposait d'une chambre de travail, d'un salon, d'une salle à manger, d'un vestibule et d'une chambre à coucher. À midi et le soir, "une charmante petite sœur" lui apportait à manger, tandis que le soir, il dînait en compagnie d'une amie de l'abbesse, Mme Ligy. La mère supérieure, tenue de présider le repas de la communauté, ne venait le rejoindre qu'au dessert, avec l'une ou l'autre des sœurs. Servais retournait ensuite dans sa solitude et se couchait de bonne heure, car il se levait tôt, dès 5 heures du matin[434]. »

Le 30 juin 1882, une blanche colombe s'envola dans le ciel de Latresne et vint délicatement se poser sur l'épaule du jeune anachorète. « Cette fois je puis vous donner de bonnes nouvelles de notre travail ; d'excellentes même, annonça fièrement le "Corbeau jaune" à Leconte de Lisle, j'ai retrouvé ma bonne muse d'autrefois. La composition du 3e acte avance à grands pas ! Au mois de septembre, je pourrai vous la faire entendre en entier. Je suis très satisfait de tout ce que j'ai fait dans ces premiers temps ; la Pythonisse sera, je crois, d'un effet énorme ; j'ai trouvé une musique dont le sentiment religieux rappelle vaguement celui des strophes qu'Iôn chante au 1er acte, seulement un caractère très *mystérieux* est venu s'y ajouter. Quant à la scène entre Kréousa, Iôn et les sacrificateurs Pythiques qui prendra celle de la Pythonisse, elle est terrible à faire dresser les cheveux. Je l'ai expérimenté sur mes voisins, en attendant mieux ! Tous vos alexandrins y passent, je ne les redoute plus ; dans un prochain ouvrage, il me faudra de vous des quatre-vingt-seize pieds ! Enfin ! Je suis à la grande dernière scène (grand duo, et les muses). Lundi je l'entame. Voilà, au mois de septembre, je ferai pleurer un grand piano d'Érard et nous inviterons la force sacrée de Vaucorbeil ! Puisse Apollon nous récompenser du zèle que nous aurons mis à faire excuser ses fadaises. Tout cela me rend heureux et joyeux et même l'on me trouve bonne mine[435]. »

Pourtant de nouvelles modifications allaient encore devenir nécessaires. Les colombes, notamment, dans la tragédie de Leconte de Lisle, n'étaient qu'un épisode tout à fait passager, mais Servais, lui, désirait à présent en faire « *le tableau capital de l'ouvrage* », pour laisser reposer un peu l'éternelle note dramatique : « Je la prépare longuement d'abord ; la mélancolie, les tristes pressentiments d'Iôn de plus en plus sombres tandis que la fête davantage s'anime. Entrée du vieillard. Puis les premiers rayons du jour naissant qui entrent par le haut de la tente et se projettent sur Iôn au moment où il tient la coupe empoisonnée entre les mains. Les Colombes qui descendent dans ce rayon ou qui planent sur Iôn et qui boivent devant lui et à ses côtés, pendant que tout le personnel en scène est à genoux, priant, faisant une libation au Dieu ; en un mot, toute cette scène doit être une scène miraculeuse dont les moments forts sont dirigés par la main invisible d'Apollon. Les Colombes bientôt s'envolent, l'une d'elles après s'être envolée avec les autres à un ou deux mètres au-dessus du sol retombe foudroyée aux pieds d'Iôn. Cris d'étonnement, d'indignation, on saisit le vieillard, on lui lie les bras et l'on découvre dans la lettre l'amour de Pallas[436]. »

« Je commence à craindre, mon cher ami, répondit Leconte de Lisle le 14 septembre 1882, que de changements en transpositions, ce que j'avais écrit soit modifié au point que je ne puisse plus le signer. Je vous supplie donc, collaborateur de mon cœur, de mettre un frein à votre passion de recomposition, si vous voulez que je vous suive jusqu'au bout. Vous voyez bien qu'il est presque impossible à la poésie et à la musique de s'accorder, sans que la première fasse à celle-ci de perpétuelles concessions jusqu'à extinction totale. C'est pour cela que les paroliers ont été inventés[437]. »

Le vieil auteur, qui aimait fort sincèrement ce jeune homme assoiffé d'idéal et fignoleur jusqu'à la paralysie, qui « admirait beaucoup son œuvre et qui lui souhaitait de tout cœur l'éclatant succès qu'il méritait[438] », céda une nouvelle fois. Il ne lui souhaitait pas que sa destinée ressemblât à la sienne et qu'il fût condamné à trente années de purgatoire avant qu'on lui rendît justice[439]. « Faites toutes les transpositions et suppressions que vous voudrez, lui lança-t-il le 5 octobre ; j'y applaudis d'avance, pourvu que vous acheviez votre œuvre. Elle n'en sera pas moins belle, que les vers soient bons ou mauvais, la musique existant par elle-même[440]. » Aussi quand le compositeur lui annonça, un an plus tard, que *L'Apollonide* serait peut-être monté, avec « *tous les soins possibles*[441] », par le directeur du Théâtre de la Monnaie, Oscar Stoumon, en décembre 1884, le Maître y voulut bien croire encore, du bout de l'âme, mais, lorsqu'en juin 1884, après une année de « silence terrible et solennel », il vit dans le journal que son cher drame lyrique avait été ajourné au bénéfice d'un « chef-d'œuvre [de Wagner] couronné à l'étranger[442] », tout espoir le quitta définitivement.

Paris, 5 juin 1884.

Mon cher ami,

Que devenez-vous ? Il y a un temps infini que nous n'entendons plus parler l'un de l'autre, ce qui est au moins singulier pour deux collaborateurs de notre sorte, dont le travail commun, quoique inachevé, date de plusieurs siècles.

J'ai lu, ces jours-ci, dans je ne sais quelle feuille publique, la liste des opéras qu'on doit monter l'hiver prochain à Bruxelles. *L'Apollonide*, dit-on, est renvoyé à l'an 2000. Nos âmes immortelles assisteront seules à cette représentation posthume. Ce sera toujours cela.

Qu'y a-t-il de vrai dans cette nouvelle ? Dites-m'en un mot. Tout cela est désolant.

Mes meilleurs respects à Mme et Mlle Servais, et tout à vous de cœur.

Votre vieil ami
Leconte de Lisle[443]

Le poète ne lui en voulait pas le moins du monde, « soit qu'il n'eût pas encore achevé son travail, soit qu'on ne voulût pas tenir la promesse qui lui avait été faite ». Finalement, Franz Servais « en était le premier puni et beaucoup plus à plaindre qu'à blâmer. Quant à son poème, tel que [Leconte de Lisle] l'avait écrit et non tel que [le musicien] l'avait, s'il arrivait que, le temps s'écoulant sans conclusion aucune, il fût obligé de le publier sous forme lyrique et *avec un autre titre*, il espérait [bien] que [son infortuné collaborateur] ne lui en voudrait pas[444] » trop non plus…

Candidatures à l'Académie

Le 8 mai 1880, le monde de la littérature française était de nouveau en deuil : Flaubert venait de mourir, à Croisset, d'une hémorragie cérébrale, sans avoir totalement achevé *Bouvard et Pécuchet*. Sa nièce avait voulu faire un moulage de sa main droite, mais l'attaque d'épilepsie l'avait si abominablement contractée qu'il fallut y renoncer.

« La mort de Gustave Flaubert a été pour nous tous un coup de foudre, écrit Émile Zola dans ses *Études critiques*. Six semaines auparavant, le dimanche de Pâques, nous avions réalisé un vieux projet, Goncourt, Daudet, Charpentier et moi ; nous étions allés vivre vingt-quatre heures chez lui à Croisset ; et nous l'avions quitté, heureux de cette escapade, attendris de son hospitalité paternelle, nous donnant tous rendez-vous à Paris pour les premiers jours de mai, époque à laquelle il devait y venir passer deux mois. Le samedi 8 mai, je me trouvais à Médan, où je m'installais depuis trois jours, et je me mettais à table, heureux d'être débarrassé de la poussière de l'emménagement, rêvant pour le lendemain une matinée de travail sérieux, lorsqu'une dépêche m'arriva. À la campagne, chaque fois que je reçois une dépêche, j'éprouve un serrement de cœur, dans la crainte d'une mauvaise nouvelle. Je plaisantais pourtant ; tous les miens étaient là, je dis en riant que la dépêche n'allait toujours pas nous empêcher de dîner. Et, le papier ouvert, je lus ces deux mots : "Flaubert mort". C'était Maupassant qui me télégraphiait ces deux mots, sans explication. Un coup de massue en plein crâne. Nous l'avions laissé si gai, si bien portant, dans la joie du livre qu'il finissait ! Aucune mort ne pouvait m'atteindre ni me bouleverser davantage. Jusqu'au mardi, jour des obsèques, il est resté devant moi[445]. »

Le 10 mai, la veille de l'enterrement, de Paris, Leconte de Lisle fit également part à Heredia de son profond chagrin, auquel vint s'ajouter l'impossibilité matérielle et financière d'assister aux obsèques.

> Mon cher ami,
>
> La mort foudroyante de mon pauvre Flaubert m'a profondément attristé. Je l'aimais beaucoup. C'était un grand écrivain et un excellent cœur. Personne ne remplacera l'homme qui a écrit *Mme Bovary* et le magnifique poème de *Salamnbô*.
>
> Tous mes contemporains s'en vont l'un après l'autre, et ce sera bientôt mon tour.
>
> Il me sera absolument impossible d'aller à Rouen. Irez-vous ?
>
> Mes respects à Mme de Heredia et à vous de cœur.
>
> Leconte de Lisle[446]

Edmond de Goncourt[447] et l'auteur des *Rougon-Macquart*, journaliste au *Voltaire*, décrivirent ces funérailles « à la pompe médiocre et comme dérisoire[448] » : « Quelques groupes de bourgeois regardaient curieusement. Beaucoup ne savaient même pas quel était ce mort qui passait ; et, quand on leur nommait Flaubert, ils se rappelaient seulement le père et le frère du grand romancier, les deux médecins dont le nom est resté populaire dans la ville. Les mieux informés, ceux qui avaient lu les journaux, étaient venus voir passer des journalistes de Paris. Pas le moindre deuil sur ces physionomies de badauds. Une ville enfoncée dans le lucre, abêtie, d'une ignorance lourde[449]. »

Malgré la revalorisation de ses émoluments à la Bibliothèque du Sénat, qui s'élevaient à présent à 4 000 francs, nonobstant la parution dans la *Nouvelle Revue*, le 21 août, d'un long et chaleureux article de Jules Lemaitre censé encourager la préparation d'une nouvelle édition des *Poèmes barbares* – achevée d'imprimer le 30 septembre 1881 et annoncée par le *Journal de la librairie* pour le 19 novembre –, Leconte de Lisle avait toujours besoin pour vivre du soutien pécuniaire de son éditeur[450]. Cette année-là, il collabora à *La Jeune France* – *Sacra Fames*, *Cozza et Borgia*[451], *L'Incantation du Loup* –, à la *Nouvelle Revue* – *L'Illusion suprême*, *Le Suaire de Mohammed-ben-Amer-al-Mançour* – et à *La Vie populaire*, qui réédita le *Catéchisme populaire républicain*, en cinq fois, entre le 1er janvier et le 28 mars. Malheureusement, au lieu d'aller passer l'été au bord de l'eau, comme c'était son habitude, soit chez Judith Gautier, à Saint-Énogat, soit chez les Foucque, à Saint-Ideuc, ou encore chez son frère Paul, à Boulogne-sur-mer, il avait dû rester à Paris où régnait une atmosphère infecte. Les crimes et délits en tous genres pullulaient, meurtres, rapines, agressions physiques ; la ville grouillait d'âmes désœuvrées en quête de méfaits, et, pour ajouter une touche finale au délicat tableau, les égouts fonctionnaient très mal... Mais qu'importe ! Au milieu des fragrances nauséeuses et des effluves de poubelles qui jonchaient les trottoirs et dont se plaignaient tous les Parisiens, le poète s'essayait à de nouvelles audaces métriques dans *La Lampe du Ciel*[452]. Il tâchait de venir à bout du *Lévrier de Magnus*, poème de 706 vers qui devait faire pendant à *L'Apothéose de Mouça-al-Kébyr*, l'un représentant la divinisation du martyr, l'autre la damnation du mécréant. « Maintenant, il ne s'agissait plus de rire. Il fallait se remettre aux rimes et en finir avec ce vieux scélérat de Magnus qui devait commettre ses derniers crimes orientaux avant d'aller au Diable[453]. » Mais la tâche était extrêmement ardue. Le Maître mettait la barre si haut qu'il s'empêchait lui-même de pouvoir achever un jour ses *Poèmes tragiques*. « J'ai entrepris là, confia-t-il à Heredia le 25 septembre 1882, un poème d'une affreuse difficulté, mais ma destinée étant de l'écrire, je l'achèverai tant bien que mal. En attendant, pour me reposer de ce travail héracléen, du moins pour moi, je m'amuse à combiner des rythmes qui me semblent assez réussis. Vous en jugerez. Ce n'est pas une petite affaire que de donner une allure simple et naturelle à des entortillements pareils. En somme, le pantoum est extrêmement facile auprès de ceci. À votre retour nous nous gorgerons de poésie, selon notre vieille et bonne habitude. C'est la seule chose sérieuse qui soit en ce misérable monde[454]. »

Heredia, quant à lui, comme en 1874, profitait de paisibles vacances en famille dans les Pyrénées, à la station balnéaire de Bagnères-de-Luchon, et, de son côté, Victor Hugo recevait plus que jamais, avenue d'Eylau, sa foule ininterrompue de courtisans et d'amis, sous le regard captivé desquels le vieux rhapsode peignait les délices de leur vie prochaine sur Sirius, la plus resplendissante de toutes les étoiles du ciel.

Paris, 9 septembre 1880

Mon cher ami,

D'affreuses chaleurs, des coups de tonnerre à me donner de véhémentes envies de me retirer définitivement sous un canapé tutélaire, des jambes enflées, des oppressions, des maux de tête et de reins, beaucoup d'ennuis et une grande tristesse, voilà le bilan de mes vacances sénatoriales. Nous n'avons pas quitté Paris, bien que toujours au moment de partir, ce qui prouve que les futurs contingents ne sont pas libres. Nous pouvons, il est vrai, nous figurer qu'ayant passé six semaines au bord de la mer, nous en sommes revenus avec mille souvenirs charmants. Rien de plus facile. On évite de la sorte la fatigue, les frais de voyage et les accidents possibles. Qui sait, après tout, si l'imagination n'est pas l'unique réalité ? Peut-être la certitude d'un paradis futur dépend-elle simplement du désir très précis que nous en avons. Hugo, qui n'est cependant ni métaphysicien ni rêveur, et qui s'attache aux résultats positifs, veut être sénateur et académicien dans Sirius. Il y est très décidé, et comme il jouit d'un formidable entêtement, la chose pourrait bien arriver.

Sirius ne me tente guère ; je ne l'y rejoindrai pas. Une éternelle soirée à l'avenue d'Eylau de cette étoile me sourit médiocrement.

En attendant, il faut vivre à Paris qui n'est pas le moins du monde paradisiaque pour l'instant. On y assassine avec abondance. Toute une génération d'adolescents à casquettes de soie vole et tue du soir au matin ; les faubourgs sont empoisonnés par les égouts et les dépotoirs ; les maisons du boulevard Saint-Michel s'enfoncent dans les catacombes ; Legouvé[455] écrit dans *Le Temps*, Nisard[456] n'est pas mort et Bornier fait des tragédies[457]. Je ne saurais vous dire combien je suis heureux de mon optimisme naturel, quand je réfléchis à ces choses lamentables. Aussi ai-je entrelacé, ces jours-ci, quelques vers tendres et fleuris, dans le rythme de « La Vérandah ». Ils sont assez bien venus, et je compte les offrir à Mme de Heredia pour son album.

« Le Lévrier de Magnus » marche fort lentement. J'ai hérissé mon plan de telles difficultés que me voici égaré dans le désert de Tarse, en Cilicie. Malgré tout, le poème sera achevé coûte que coûte, puisqu'il est absolument inutile que je l'écrive.

Il fait un orage épouvantable : je n'y vois plus.

À bientôt, mon cher ami. J'espère que ma lettre vous trouvera encore à Luchon.

Anna envoie à Mme de Heredia ses meilleures amitiés accompagnées de mes plus affectueux respects.

Six bons baisers à vos fillettes.

Tout à vous de cœur
Leconte de Lisle[458]

L'année suivante, parut une nouvelle édition des *Poèmes antiques*, dans le format elzévirien, qui fut « achevée d'imprimer le 30 septembre 1880, déposée le 31 octobre et annoncée par le *Journal de la librairie* le 11 décembre de la même année[459] ». Puisque Lemerre n'assurait pas de service de presse, Leconte de Lisle en sollicita douze exemplaires afin qu'il pût se charger lui-même « d'en remettre à quelques amis plus ou moins journalistes[460] ». L'été venu, il fut cette fois-ci en mesure de rejoindre au Moulin Hubert, villa Émilie, à Boulogne-sur-mer, son frère Paul qui, deux ans auparavant, avait vainement tenté de fonder à Paris quatre journaux de mode : *L'Écho de la mode*, *L'Élégante*, *Le Guide des couturières* et *La Vie pratique*. Hippolyte Foucque allait mourir le 20 septembre, 51, rue Villepépin, à Saint-Servan-sur-mer, Ille-et-Vilaine, et Sully Prudhomme être élu à l'Académie française à l'âge de quarante-deux ans. Heredia se trouvait alors à Villerville, villa des Houx, dans le Calvados, d'où il peaufinait sempiternellement ses beaux sonnets épigraphiques : *Le Vœu* et les *Montagnes divines*. Sarah Bernhardt lui rendit visite. La comète fut si rapide qu'elle en oublia son acolyte, Mlle Louise Abbéma[461]. « C'est un coin paisible, écrit-il à Leconte de Lisle le 10 août, un petit village, quelques maisons jetées çà et là dans une plantureuse campagne. Ce n'est pas grandiose, c'est aimable. Cela ne vaut pas la magnifique sauvagerie, la grâce mélancolique des côtes de Bretagne, mais c'est la verdure avec de bonnes odeurs de prés, de fleurs et de varech[462]. »

Je reçois votre affectueuse lettre à Boulogne, lui répondit le Maître le 16 août, où nous nichons sur une falaise, depuis quinze jours, à peu près en face de Douvres dont nous voyons les deux feux quand la brume britannique le permet. Le temps est horrible. Le vent rugit, la maison tangue et roule; c'est un été singulier. Le pays est triste et morne; pas un arbre, quelques brins d'herbe jaune çà et là; ni rochers, ni galets; de longues plages de sable et de marne couleur d'ardoise. Boulogne, qui est à vingt minutes de notre gîte, est une ville quelconque, assez propre, bondée d'hôtels garnis et d'auberges, sans caractère aucun. Une bonne moitié de la population est anglaise, de sorte que les miss étriquées, plates comme des planches, vêtues de rose sale et coiffées de la façon la plus grotesque du monde, pullulent dans les rues et sur le port, escortées de leurs papas aux longues dents et aux longs favoris rouges. Tout cela se jette à l'eau dès cinq heures du matin, que la mer soit haute ou basse, mauvaise ou tranquille, tiède ou glacée, qu'il vente ou qu'il pleuve.

Si n'était l'air de la mer, qu'il faut bien respirer de temps à autre, on mourrait assez promptement d'ennui sur ces côtes vulgairement désolées. Aussi comptons-nous bien revenir à Paris vers le 10 septembre. Il va sans dire que je n'ai pas écrit un vers depuis que je suis ici et que je n'emporterai de ce pauvre pays aucune impression de forme ou de couleur. Je doute d'ailleurs que rien ne puisse égaler, sur toutes les côtes françaises, les magnifiques rochers de l'incomparable Bretagne. Cependant, mon cher ami, votre paysage normand est on ne peut plus charmant, lumineux et parfumé. Vous habitez là un coin paradisiaque qui ne ressemble guère à la falaise de marne noire sur laquelle nous sommes[463].

Le spectre de la mort, avec ses deux corollaires antithétiques du salut ou de la damnation, l'obsédait. Et si elle le fauchait, lui aussi, avant qu'il eût achevé son œuvre? « Je crois en Dieu, lui lança Victor Hugo, je le vois. » – « Ah bon, répondit Leconte de Lisle en ajustant son monocle, où donc est-il? » Les mots d'Enfer et de Paradis revenaient pourtant sans cesse sous sa paupière et sous sa plume[464]. Suffisait-il d'y croire? Pouvait-on leur échapper?

À l'élection à l'Académie française du 8 juin 1882, Leconte de Lisle se présenta de manière officieuse. « Matériellement, ce serait une élection qui me serait fort utile, écrit-il le 19 mars de cette même année à la veuve d'Hippolyte Foucque, et ce n'est que sous ce rapport qu'elle est désirable; car, au point de vue littéraire, rien n'est plus insignifiant ni plus inutile[465]. » Peut-être cherchait-il aussi, en tentant d'accéder à l'« Immortalité », à guérir les angoisses qui le taraudaient. Apprenant la candidature de son vieux Maître, François Coppée s'effaça pour ne pas lui nuire, et retira la sienne. Maigre avantage, car le poète n'obtint qu'une seule voix, celle de Victor Hugo[466], la plupart des Académiciens, quand ils ne le haïssaient pas, comme Émile Augier, le duc de Broglie, le comte de Falloux ou Alexandre Dumas fils, redoutant « ses idées politiques, littéraires et religieuses[467] » peut-être davantage que son caractère irascible, son humour sarcastique et son orgueil démesuré.

C'était un vote auquel il était habitué. Déjà, lors de son unique candidature officielle[468] au fauteuil de Joseph Autran, en juin 1877 – où malgré tout il ne sacrifia pas au rituel des visites protocolaires –, Leconte de Lisle avait eu l'honneur de recevoir la prestigieuse caution de cet Académicien qui rapporta l'événement dans l'un de ses carnets :

7 juin.

– Aujourd'hui nomination du successeur de M. Autran à l'Académie.

Trois candidats :

– Leconte de Lisle (pour lequel je vote).

– Sardou.

– Le duc d'Audiffret-Pasquier. [...]

37 membres. [...]

Majorité 19.

1er tour. Sardou 18, Pasquier 17, Leconte de Lisle 2 (Auguste Barbier et moi).

2e tour. Sardou 19, Pasquier 17, Leconte de Lisle 1 (moi).

Sardou nommé[469].

L'auteur des *Orientales* voulut aussitôt consoler celui des *Poèmes barbares* : « Mon éminent et cher confrère, lui écrivit-il au surlendemain du scrutin, je vous ai donné trois fois ma voix, je vous l'eusse donné dix fois. Continuez vos beaux travaux et publiez vos nobles œuvres qui font partie de la gloire de notre temps. En présence des hommes tels que vous, une Académie, et particulièrement l'Académie française, devrait songer à ceci : qu'elle leur est inutile et qu'ils lui sont nécessaires. Je vous serre la main. Victor Hugo[470]. » Le candidat malheureux lui répondit dans *Le Rappel* : « Cher et illustre Maître, en m'honorant trois fois de votre suffrage dans la dernière élection académique, vous m'avez largement récompensé de toute une vie de travail, uniquement consacrée à l'art suprême dont vous êtes la plus glorieuse lumière. Mon ambition la plus haute est satisfaite. Vous m'avez nommé, je suis élu. Croyez, cher Maître, à toute ma gratitude comme à toute mon admiration. Leconte de Lisle[471]. » Bien évidemment, le but était moins de remercier Victor Hugo ou Auguste Barbier, auquel il écrivit aussi le 8 ou le 9 juin, que de vexer tous les autres Académiciens. Voilà qui lui aliénerait durablement leur sympathie. Révéler à la France entière que le plus prestigieux d'entre eux avait daigné voter pour lui ! « Jamais les Académiciens actuels ne me pardonneront ma lettre à Victor Hugo, reconnut-il à Mme Foucque. Il me faut attendre la mort d'une vingtaine d'immortels au moins, ce qui peut être fort long, malgré les 78 ou 80 ans de beaucoup d'entre eux[472]. » Et le 16 décembre 1882 : « Il est exact que Victor Hugo, lors de l'élection de MM. Sardou et d'Audiffret, m'a fait ce très grand honneur de voter pour moi. Il m'a donné également sa voix quand l'Académie a eu l'idée lumineuse de remplacer A. Barbier par l'évêque Perraud. Ayant la ferme volonté de ne jamais faire de visites académiques, c'est désormais certain que je n'aurai point l'honneur d'être immortel à la façon de MM. de Mazade, Pailleron, Perraud, d'Audiffret, etc. ni d'aucune autre façon d'ailleurs. Mon désespoir à cet égard, crut-il bon d'ajouter, est des plus modérés[473]. »

Mais était-ce bien certain ?

Aux élections du 14 novembre 1878 et du 8 juin 1882, Leconte de Lisle avait en effet de nouveau obtenu la voix de Victor Hugo, mais sans qu'il eût fait acte de candidature. Le grand homme votait pour qui bien lui plaisait, tels Théodore de Banville – l'autre illustre Parnassien – le 7 décembre 1882 et le 4 décembre 1884, ou Henri de Bornier le 16 décembre 1875, au gré de sa fantaisie, même si les premiers intéressés n'en avaient pas nécessairement formulé la demande. « Hugo était très assidu, très poli, raconte Maurice Barrès dans ses *Cahiers*. Il y avait des élections tous les trois mois insignifiantes, il venait et disait : "Il y a une élection." Il votait toujours pour Leconte de Lisle parce que cela l'ennuyait de choisir entre les candidats. Doucet[474] lui dit : "Mais ça n'est pas régulier. On ne peut voter que s'il y a une lettre posant la candidature. – Je sais bien, mais ça m'est plus commode[475]". » Leconte de Lisle briguait-il un fauteuil depuis son entrée à la Bibliothèque du Sénat? Maxime du Camp, élu le 26 février 1880 à la succession de Saint-René Taillandier, rapporta que, le 16 janvier 1873, « il s'était porté sur [celui] du Père Gratry », et que, Victor Hugo absent, il n'avait « pas eu une seule voix[476] ». Mais aucune mention de cette candidature ne figure ni dans les registres de l'Académie, ni dans les journaux de l'époque, si bien que l'on peut raisonnablement se demander, avec Claudine Gothot-Mersch, Edgard Pich et Irving Putter[477], mais contre l'avis de Jean Dornis, de Pierre Flottes, de Marius-Ary Leblond et de quelques autres[478], s'il ne s'agit pas là d'une légende[479].

En 1882, Leconte de Lisle n'avait donc pas encore l'heur ni l'honneur de siéger 23, quai Conti, mais ses appointements atteignirent, le 1er juin, 4 200 francs. Le bruit courut qu'on voulait le promouvoir officier de la Légion d'honneur, ce qui l'aurait définitivement affranchi de la gêne. Mais Jules Ferry décora à sa place un professeur de l'Enseignement Supérieur : nouvel échec dans une vie qui en avait par ailleurs tellement compté que c'en devenait dérisoire. Pourquoi donc en souffrir? Mieux valait superbement ignorer tout cela et s'intéresser à autre chose! « J'ai donc failli être nommé officier, s'étonne-t-il dans une lettre à Heredia. Je l'ignorais absolument. Ferry a bien fait de me préférer un universitaire, mon intention étant de ne pas me brûler la cervelle dans un accès de désespoir; mais je regrette, mon ami, qu'on ne vous ait pas donné ce ruban rouge. Il eût été juste et bon d'honorer en vous l'auteur de magnifiques sonnets qui sont de pures œuvres d'art. Enfin, que voulez-vous? Les vrais poètes sont les bêtes noires de l'humanité. Nous n'y changerons rien. Voilà cette grande dinde protestante de Schérer[480] qui déclare, dans *Le Temps*, que Bourget imite Baudelaire et que Baudelaire est un imbécile! Ce même Schérer avait écrit déjà qu'aucun honnête homme ne pouvait avoir les œuvres de Balzac dans sa bibliothèque et que Molière ne savait pas le français! Quand je vois ce misérable entrer au Sénat, je vous jure, mon ami, que je me tiens à quatre pour ne pas lui casser les reins[481]. »

Le 28 décembre, nouveau rebondissement : Heredia fut nommé chevalier de Légion d'honneur à titre étranger[482], et, le 13 juillet de l'année suivante, on promut Leconte de Lisle officier. Était-ce là le début de la consécration? Le ciel allait-il se découvrir? Certainement que non, attendu que les portes de l'Académie lui resteraient fermées tant qu'il ne se soumettrait pas « aux humiliantes et ineptes visites, aux sollicitations honteuses et aux lâches palinodies. Il ne serait donc jamais immortel à ce prix, pas même au bout du Pont des Arts[483]. »

L'été approchant, Heredia préféra Veyrier, près d'Annecy, à Luchon, et le Maître choisit de rester à Paris pour terminer ses *Poèmes tragiques*[484]. Il offrit *Le Talion* et *L'Astre rouge* à *La Jeune France*, et collabora à la *Nou-*

velle Revue, qui publia *Sous l'épais Sycomore*, *Le Parfum impérissable*, *Les Roses d'Ispahan*, *Si l'Aurore*, *Le Lévrier de Magnus* – le 15 juillet –, *La Résurrection d'Adônis*, *Les Siècles Maudits*, *Le Romance de Doña Blanca* et celui de *Don Fadrique*. Mais, à Veyrier comme à Paris, sous le soleil capricieux d'août, tous les grands poètes de France semblaient avoir à souffrir de visions. Heredia voyait double, Leconte de Lisle trouble, et Victor Hugo, depuis la disparition de son « amour bien-aimé », Juliette Drouet, le 11 mai 1883, apparaissait comme abîmé dans les décombres de la nuit.

Paris, 9 août 1883

Mon cher ami,

Si votre lac est bleu, si vos montagnes sont admirables et si l'air que vous respirez est délicieux, vous avez été bien inspiré de quitter Paris pour la Savoie, car nous n'avons ici que pluie, du vent et du froid. Les allées désertes du Luxembourg sont déjà semées de feuilles mortes. Ce n'est pas que je me plaigne pour ma part, attendu que la chaleur et l'électricité me font un mal horrible. Or, ici, l'une ne va pas sans l'autre, et trois jours de soleil sont immanquablement suivis d'un orage effroyable qui me met à l'agonie. Cependant, il ne faut pas trop me réjouir. Il est au moins probable que l'été ne passera pas sans quelques belles journées qui en elles-mêmes me sont parfaitement inutiles et que je payerai très cher.

J'espère, mon cher ami, que votre diplopie n'aura été qu'un accident passager. À votre place, j'hésiterais à employer des remèdes topiques qui ne peuvent que fatiguer les yeux sans atteindre le principe même du mal. Les spécialistes sont les plus dangereux des médecins. Le repos complet de la vue et la patience ne seraient-ils pas les meilleurs remèdes[485] ? Pour mon propre compte, j'ai l'œil gauche perdu depuis longtemps déjà, et l'extrême myopie de mon œil droit s'aggrave de jour en jour, de sorte que je finirai certainement par la cécité, ce qui sera complet et charmant.

Quant à l'Académie, j'y renonce absolument, sauf dans le cas où Hugo mourrait avant moi. Ce serait un beau discours à faire et un hommage qu'il serait de mon devoir de lui rendre en retour de la bienveillance qu'il me témoigne, et, surtout, parce qu'il est le plus prodigieux poète lyrique que je sache. La mort de Mme Drouet lui a fait plus de mal qu'on ne pense ; il a vieilli et maigri et sa tête est troublée. Avant hier, à table, il n'a cessé d'appeler Anna qui était assise à côté de lui : Mme Hippolyte Castille[486] ! Or, Mme Lockroy[487] prétend qu'il n'a jamais connu H. Castille qui n'a jamais été marié. C'est le commencement de la fin.

À bientôt, mon cher ami. Guérissez-vous, faites de beaux vers, et croyez à ma vive et vieille amitié.

Leconte de Lisle[488]

Au début de l'année 1884, Leconte de Lisle envoya à Lemerre le *Bon à tirer* d'une première partie des *Poèmes tragiques*, « relue lettre à lettre, avec quelques corrections[489] » : *L'Apothéose de Mouça-al-Kébyr* et *La Tête de Kenwarc'h*. Mais il attendait avec agacement le reste des épreuves ! Aussitôt imprimées, le 25 mars, il ne patienta pas jusqu'au 19 avril, date de la sortie du recueil en librairie, pour en remettre un exemplaire à celui qui lui avait tant de fois exprimé son soutien. Dès le jeudi 3, il écrivit à « l'homme qui bêche » : « Je n'ai pas encore remis mon livre à V. Hugo qui, me dit-on, se plaint de ma négligence. Vous seriez bien aimable de m'envoyer mes deux *hollande* et un Watmann. [...] Je voudrais bien porter le livre à Hugo demain vendredi. Ne m'oubliez pas je vous prie[490]. » Le 26, *Le Temps* publia un article venimeux et anonyme, probablement d'Anatole France, au sujet de cette nouvelle parution. On l'égratigna au passage à propos de sa prétendue noblesse. L'attaque porta : trois jours plus tard, Leconte de Lisle répondit vertement dans le même journal, et il n'en fallut pas davantage pour déclencher chez lui de nouvelles céphalalgies. « Très impressionnable aux menus accidents de la vie privée et [en réalité fort] peu soucieux de connaître "la paix impassible des morts"[491] », sur l'avis de Samuel Pozzi, son médecin, il courut se soigner à Boulogne. Anna avait voulu emporter Max, leur insolite petit caniche qui « allait le matin au kiosque acheter le journal et le rapportait dans sa gueule[492] ». Le Maître le lisait alors, confortablement installé dans un fauteuil, monocle à l'œil, pipe aux lèvres, un couvre-chef de toile noué sur le sommet dégarni de son crâne, ce qui n'empêchait pas ses « douleurs rhumatismales du ventre et des reins[493] » de le tourmenter affreusement. « Je vous écris en me tordant sur ma chaise, gémissait-il le 5 août, et je crains que les bains de mer ne me fassent plus de mal que de bien. Nous avons cependant un temps admirable depuis quelques jours, mais quand on a le feu dans le ventre il n'est pas facile de se livrer à une joie folle[494]. » Il voulait laisser derrière lui les contrariétés et les vexations de Paris, mais d'autres le rattrapaient toujours : son frère Paul, alléguant l'homonymie, lisait son courrier dans son dos ; Lemerre, oubliant qu'il était en vacances et qu'il pouvait avoir envie de s'abêtir en toute tranquillité, lui envoyait les épreuves du deuxième volume de ses traductions d'Euripide[495] ; le ministre de l'Instruction publique et des Beaux-Arts, Armand Fallières, futur président de la Troisième République, lui dépêchait un avis officiel de souscription à « 50 exemplaires des *Poèmes antiques* et à 50 exemplaires des *Poèmes tragiques* pour les Bibliothèques populaires[496] » ; et Heredia, lui-même, lui transmettait des vers – *La Revanche de Diego Laynez* – si fortement inspirés des siens – *La Tête du comte* – qu'il lui devenait presque impossible d'en parler autrement que du « seul point de vue de l'exécution » :

Cher ami,

Votre lettre m'arrive à Boulogne où nous sommes depuis le 12 juillet. Je souffrais si affreusement de mes névralgies, qu'on m'a conseillé de partir le plus tôt possible. L'air vif et sain que je respire me fait un grand bien, en attendant le retour inéluctable de mes maux sans nombre, dont tout le monde se moque, excepté moi. Anna se porte au mieux jusqu'ici. Elle fait de longues promenades sur la plage, toujours accompagnée de son ami Max, lequel est un jeune caniche noir, très gai et très bon enfant, mais qui ne rappelle Antinoüs en aucune façon. Cependant, malgré le repos et le bien-être physiques que nous goûtons, le vide intellectuel et l'extrême différence d'habitudes commencent à nous fatiguer de telle sorte, que nous retournerons probablement à Paris le 12 août au plus tard. Si notre bonne étoile nous avait conduits auprès de Mme de Heredia et de vous, nos bonnes vacances eussent été tout autres. [...]

L'état d'hébétude où je suis plongé toutes les fois que je quitte Paris, et qui est aggravé moins encore par la solitude intellectuelle que par ce que je suis obligé d'entendre et de dire, me rendrait, momentanément, je l'espère, incapable d'apprécier vos vers qui, d'ailleurs, ne peuvent manquer d'être fort beaux, puisque vous les avez faits. Dès mon retour à Paris, je redeviendrai moi-même. Envoyez-les moi, cependant, avant le 12, avec votre adresse à Royat, si vous y allez, afin que je vous prévienne, dans le cas où notre départ de Boulogne serait retardé, et *faites précéder mon nom d'un Ch.* pour que votre lettre ne soit pas décachetée, sous prétexte de similitude de nom. [...]

– Lemerre a terminé l'impression du 1er volume d'*Euripide*, et les épreuves du 2e me poursuivent jusqu'ici, ce qui me crève les yeux et m'accable d'ennui. Ce sont deux énormes volumes. Le dernier aura plus de 600 pages[497].

En outre, un autre événement de taille le contraria au suprême degré. À l'instar de Sully Prudhomme, le 8 décembre 1881, François Coppée fut élu à l'Académie française à quarante-deux ans, le 21 février 1884, en remplacement de Victor de Laprade, et après seulement deux échecs, en 1881 et 1883. À l'annonce de la nouvelle, l'Immortel démissionna de son poste d'archiviste, qu'il occupait à la Comédie-Française depuis six années, et organisa, le 15 novembre, avec son confrère Sully Prudhomme, un « Banquet des poètes » à l'Hôtel du Louvre. Tous deux étaient au faîte de leur carrière. Catulle Mendès, de son côté, remporta un franc succès avec les quatre causeries – réunies en un volume chez Brancart, Bruxelles – dans lesquelles il avait raconté, l'année précédente, salle des Capucines, *La Légende du Parnasse contemporain*, et Alphonse Lemerre, auquel tout souriait, fêta la remise de sa Légion d'honneur. « L'éditeur hardi, écrit Paul Bourde dans *Le Temps* du 15 novembre 1884, [...] loin d'avoir fait naufrage, comme tous les sages le lui pronostiquaient, était [ce jour-là], lui aussi, arrivé à sa façon ; il laisserait un nom dans la librairie ; sa modeste boutique du passage Choiseul était devenue un vaste magasin ; il possédait cette villa illustre dans les arts d'où jadis le père Corot, aux lueurs de l'aube, après avoir allumé sa première pipe, regardait les nymphes danser dans la brume argentée sur les bords de l'étang de Ville-d'Avray. [...] L'histoire de Lemerre était l'histoire du Parnasse. Sans lui, le groupe n'eût probablement point existé. Il n'avait pas créé les poètes assurément, mais il les avait réunis, et, ce qui était plus important encore, il les avait tenus réunis. Leur union avait hâté leur succès, car il en était dans la vie comme dans les batailles, il fallait charger en masses compactes si l'on voulait réussir[498]. »

François Coppée fut reçu le 18 décembre par Victor Cherbuliez, et, deux semaines auparavant, Leconte de Lisle échoua une nouvelle fois. Il ne gagna qu'un seul cœur, toujours le même. *L'Orbe d'or* fut imprimé dans le *Paris illustré* du 1er décembre, et, le 20, l'Académie française lui décerna le prix Jean Reynaud pour l'intégralité de ses *Poèmes tragiques*[499]. Il perçut la somme de 10 000 francs et fut ovationné au cours de la séance. « L'Académie vous fait une véritable avance, lui écrivit Samuel Pozzi. Vous pourriez l'accepter dans toute sa signification, sans le moindre scrupule. C'est elle qui sera honorée de vous recevoir et les démarches préliminaires sont de pures formalités[500]. » – « Constatez, repartit de plus belle Ernest

Christophe, que vous n'avez pas que des ennemis à l'Académie. Ce serait, je crois, le moment de vous représenter[501]. » Leconte de Lisle n'avait qu'à faire ses visites, être aimable comme il savait l'être, et le tour, selon le sculpteur, serait joué. Mais il n'avait plus la force, le goût ni le courage de jouer encore à ce jeu-là, et, devant l'accumulation des événements qui semblaient tous s'être ligués contre lui, face à l'iniquité conjuguée du public imbécile et des élites rétrogrades, il renonça.

Chapitre douzième

Des larmes

(1884-1894)

Les relations qu'entretenait Leconte de Lisle avec l'Académie française ne laissaient pas d'être ambiguës. D'un côté, il ambitionnait d'y siéger depuis de nombreuses années pour des raisons qui n'avaient pas seulement trait à l'aisance matérielle qu'une telle situation conférait – Sainte-Beuve ne l'y avait-il pas encouragé dès 1869[502] ? –; de l'autre, la nécessité d'aller démarcher, de « se vendre » auprès des Immortels, de faire des concessions et d'avoir à multiplier les mondanités, les intrigues, les alliances et les manigances pour parvenir à être élu, lui était insupportable : c'était en quelque sorte sacrifier à la comédie, à l'hypocrisie et à la prostitution sociales.

Déjà, le 15 août 1853, il écrivait à Louis Ménard, à propos d'une séance annuelle de l'Académie à laquelle il avait assisté :

> Rien n'était plus hideux que d'entendre ces vieux gredins d'académiciens couverts de crimes parler dévouement et grandeur d'âme en versant des larmes de crocodiles; j'en ai encore des maux de cœur. Ô vertu, je ne sais pas si tu n'es qu'un nom, mais ce que je sais bien, c'est que je vais me faire prêtre ou mouchard si ça continue. Hélas ! mes bonnes gens ! [...] Le bon sens et la vertu sont morts; le monde est aussi fou qu'il est canaille; nous avions le diable aux trousses et la Providence se mêle trop ostensiblement de la partie[503].

Son œuvre ne leur suffisait-elle pas ? Avait-elle besoin d'un légat ou d'un avocat pour être défendue ? Jusqu'où lui faudrait-il courber l'échine devant cette assemblée du quai Conti dont pas un des membres ne pensait comme lui[504] ? Elle avait grand ouvert ses portes à Victor de Laprade, à Joseph Autran, à Charles de Mazade, à Gaston Boissier, à Auguste Barbier, à Sully Prudhomme, à François Coppée, à Maxime Du Camp et à cent autres poètes mineurs, mais elle les avait tenu fermées devant Théophile Gautier, de nombreuses fois candidat, devant Charles Baudelaire, postulant d'un seul jour, par dérision, et face à Théodore de Banville, qui ne condescendit jamais à solliciter sa clémence. Alfred de Vigny, dont le caractère et l'esprit ressemblaient si fort à ceux de Leconte de Lisle, avait dû se présenter cinq fois avant d'être élu. On enjoignait au candidat d'être bien soumis, lisse, consensuel et fade, qu'il ne détonât pas dans le paysage littéraire, politique ou religieux français, et ce n'était assurément pas le cas de l'auteur du *Catéchisme populaire républicain*. Jamais d'ailleurs on ne lui pardonnerait une telle publication[505]. Si « la gravité de son œuvre, la grandeur de ses points de vues littéraires, sa vie sévère, sa tenue plus que correcte, exemplaire, ses mœurs véritablement académiques[506] », si tout cela l'appelait là, une foule de considérations mesquines, une pléthore de réflexions frileuses et un agrégat d'a priori étriqués persistaient toujours, sauf événement extraordinaire, à l'évincer de la rotonde de l'Institut.

Ce fut alors que Paul Bourget publia dans *La Nouvelle Revue*, le 15 janvier 1885, un article très important sur Leconte de Lisle, qui devait être reproduit chez Lemerre, le 2 décembre, dans les *Nouveaux Essais de Psychologie contemporaine*. Il donnait pour la première fois une image fidèle et enthousiaste de ce que Leconte de Lisle était dans son for intérieur et de ce qu'il avait voulu écrire. Il en fut profondément touché. Le jeune critique le peignait comme un poète pessimiste, pour ainsi dire schopenhauerien, et déclarait sa poésie comme « l'une des plus passionnées et des plus vivantes de [leur] âge[507] ». Il lui attribuait « la magnificence de la forme [...], le pouvoir d'évocation visionnaire, la solidité du verbe, l'ampleur de la période, la justesse impeccable de l'image[508] », revenait sur sa théorie de l'unité des espèces, la lutte darwinienne pour l'existence, toujours âpre, son culte de la Beauté pour la Beauté, l'alliance de la science et de la poésie, expliquait la façon dont Leconte de Lisle, par « le souffle magique de sa Muse », ressuscitait les religions, qui toutes en leur temps avaient été vraies, comment il passait de la critique à la création, de l'animal à l'homme et de l'homme à l'animal : « S'il n'y a vraiment qu'un animal au monde, et si toutes les formes de la vie, emboîtées les unes dans les autres, ne sont que les différents moments d'une même force, nous sommes autorisés à croire qu'il n'y a qu'une seule sorte d'âmes éparses à travers ces formes. Dans cette hypothèse, les facultés spirituelles qui s'agitent en nous ne sont pas distinctes de celles qui frémissent, plus obscures et plus inconscientes, dans les cerveaux rudimentaires des bêtes inférieures. Il nous est donc loisible de nous représenter par l'imagination les ténébreux songes, les confuses aspirations, le cœur inachevé de ces créatures, dans lesquelles la pensée palpite et se débat. [...] Aperçue sous cet angle, la nature se révèle en sa tragique magnificence. Ce n'est plus telle ou telle créature que nous contemplons, c'est l'esprit infini dont toute forme est la forme, dont toute pensée est la pensée, et qui s'efforce à travers les violences de la vie primitive comme parmi les raffinements de la vie civilisée. Et nous qui souffrons de ces raffinements et de cette civilisation, ce nous est une étrange ivresse que de nous plonger au jaillissement sauvage et brutal de cette source d'universelle activité[509]. » Il traitait du rapport étroit entre son imagination archaïque et sa pensée moderne, son intelligence et sa sensibilité, sa réflexion et sa spontanéité, et cette sombre conception de « l'irrévocable écoulement de toutes choses [qui] roule dans ses replis d'étranges germes de tristesse, – une tristesse épouvantée devant la fuite inutile de ce monde illusoire[510] ».

Les funérailles de Victor Hugo

Le 22 mai 1885, un événement extraordinaire se produisit : Victor Hugo mourut. Aussitôt, le 50 de l'avenue qui portait son nom et où il résidait depuis sept années devint un lieu de pèlerinage. Le 25 mai, non sans avoir écouté les doléances des catholiques représentés par MM. de Mun, de Ravignan et Lebrun, la Troisième République décréta la désaffection de l'église Sainte-Geneviève, œuvre de l'architecte Jacques-Germain Soufflot, retira de l'édifice tous les symboles trop ostensiblement chrétiens et, comme lors de la Révolution, le rebaptisant du joli nom de Panthéon, en fit le mausolée érigé à la gloire de ses grands hommes. La dépouille de l'illustre poète y serait inhumée le 1er juin, lors de funérailles nationales, coup d'éclat politique, mélange grandiose de cérémonie antique et de kermesse populaire. Ni les obsèques de Gambetta, ni celles d'Adolphe Thiers, ni même le transfert des cendres de Napoléon aux Invalides ne connurent pareil engouement, semblable pompe. La foule accourut de partout, de Paris, de la Province, de l'Étranger, par dizaines, par centaines de milliers. Les hôtels et les pensions furent pris d'assaut. Chaque emplacement bien campé valait soudain de l'or. Entre les publicités pour le vin de « Seguin », qui éveille l'appétit et facilite la digestion, les « coricides russes », qui agissent sans douleur et empêchent le retour des cors aux pieds, les capsules « Dartois », seul vrai remède contre la phtisie, les toux opiniâtres, les oppressions, les bronchites chroniques, les catarrhes et les engorgements pulmonaires, l'insecticide « Galzy », qui garantit la destruction infaillible des punaises, puces, poux, mouches, cousins, cafards, mites, fourmis, chenilles et charençons, le chocolat « hygiénique », les biberons « Darbo », l'eau minérale « Pullna » et la lotion « Sulpholine », qui rend la peau plus douce, plus souple, plus claire et plus saine[511], des annonces pittoresques fleurissaient dans les gazettes : « Chaises à louer » avec possibilité « déjeuner confortable[512] ». On achetait, on vendait, on spéculait sur le moindre balcon, sur la moindre fenêtre, sur la moindre clarté.

– Deux cents francs le fauteuil !
– Le convoi passera-t-il boulevard Sébastopol ?
– Bien sûr.
– Mais non, il suivra le boulevard Saint-Germain !
– Trois cents francs pour un siège donnant sur le boulevard Saint-Germain !
– Et les Champs-Élysées ? Le cortège passera inévitablement par là !
– Quatre cents francs pour une chaise sur les Champs-Élysées !
– Quatre cent cinquante !
– Cinq cents, j'en donne cinq cents francs !

Il va sans dire que la mise en bière du duc de Noailles, le bal de Mme la princesse de Sagan ou bien encore la messe anniversaire de la mort du prince impérial, qui se déroulèrent soit le jour même soit le lendemain des funérailles de Victor Hugo, passèrent quasiment inaperçus.

On procéda à la levée du corps le dimanche 31 mai, à six heures du matin. La famille, les amis, les commissaires et cinq à six mille anonymes qui veillèrent toute la nuit devant la porte du domicile du défunt, suivirent le cortège funèbre, immédiatement inondé de fleurs et de couronnes. On transporta la dépouille jusqu'à l'Arc de Triomphe où un gigantesque cénotaphe avait été dressé sur un catafalque de plus de vingt mètres de haut. Charles Garnier, l'architecte de l'Opéra, s'était chargé de la décoration : au sommet, de grandes larmes d'argent entouraient un V et un H entrelacés et dorés ; au pied, un vaste médaillon de la République ; devant, douze cuirassiers portant des torches ; de chaque côté, en face de l'avenue de Wagram et de l'avenue Marceau, une énorme inscription : « La France à Victor Hugo » ; au-dessus, un immense crêpe noir agrémenté de quelques oriflammes tricolores, voilés de deuil ; autour, un cercle de trente-six lampadaires lugubres laissant s'échapper une lumière de nuit verte et portant des écussons frappés aux titres immortels des œuvres du poète.

Le défilé dura toute la journée : sur les boulevards, dans la rue de Rivoli, sur la place de la Concorde et sur les Champs-Élysées, où l'on ne se déplaçait plus qu'à grand-peine. Le *Soleil*, journal des princes, rapporta que « jamais enthousiasme pareil n'avait réuni foule plus nombreuse et plus recueillie[513] ». Pourtant, selon Léon Daudet, une consigne de mollesse émanant du préfet de police avait permis « aux apaches, qui s'étaient donné rendez-vous là, de mener impunément leur ignoble saturnale. Ils gobelottaient par groupes, avec leurs compagnes débraillées, à quelques pas du catafalque, sous l'œil bienveillant des gardiens de la paix. Une lie de salons, de cercles, et de cabarets de nuit s'était jointe à cette lie du ruisseau. Les messieurs et leurs dames voisinaient avec les poteaux et les gonzesses, leur passaient bouteilles, chantaient avec eux des refrains obscènes, se disputaient, hoquetaient, s'embrassaient, vomissaient. La fraternité des grandes soirées révolutionnaires devait ressembler à cela. Les admirateurs d'Hugo, écœurés, avaient abandonné la place à cette sarabande[514]. » Des breaks de course, des tapissières et des voitures bondées de toutes sortes s'étaient garés sur la chaussée, dans un joyeux enchevêtrement de roues et de châssis inextricable. Tout autour du monument, quelques industriels proposaient de « bonnes places » à louer sur des échelles de fortune, installées à la hâte, que des gardiens de la paix s'efforçaient de faire disparaître, non sans quelque difficulté. On vendait des « romances » et des chansons en l'honneur du poète, on entonnait des couplets, et la nuit se déroula, bien que plus calmement à partir de deux heures du matin, dans cette étrange atmosphère mêlée de joie, de tristesse, de recueillement et de débauche. Nombreux furent ceux qui, dans l'attente des funérailles, veillèrent, fléchis sur des bancs de fortune, accroupis sur de rudes trottoirs ou recroquevillés dans les chaises inconfortables des pelouses et des squares.

À la première heure du jour, toutes les délégations, tous les groupes, toutes les députations, avec leurs cohortes de chars et leurs pléthores de couronnes, convergèrent vers la place de l'Étoile. Chacun regagna son emplacement avenue d'Iéna, du Bois de Boulogne, de la Grande Armée, Carnot et Mac-Mahon. En face du monument, la tribune des orateurs avait été aménagée dans l'entourage de la famille et des proches, sous la férule austère des autorités militaires, des maires, des administrations de Paris, des corps académiques, des tribunaux et des officiers ministériels. Plus à l'écart, mais face à l'estrade, se tenaient le général Pitié représentant le président de la

République, Jules Grévy, bientôt réélu, « le grand chancelier de la Légion d'honneur, les corps diplomatiques, le président du Sénat, le président et le bureau de la Chambre des députés, la députation de Besançon, les délégués de la Société des gens de lettres, les députés, les sénateurs, le Conseil d'État, la Légion d'honneur, la Cour de Cassation, la Cour des comptes, le Conseil supérieur de l'Instruction publique, l'Institut, la Cour d'appel, les fonctionnaires des ministères, les préfets et les conseillers de préfecture, d'arrondissement et de municipalité[515] », etc.

Vers onze heures, une première salve de discours résonnait dans le ciel de Paris, ceux de Charles Floquet et d'Émile Augier, entre autres. Au même instant, de l'autre côté des estives helvétiques, le président du Conseil national, M. Stœssel, consacrait lui aussi son allocution d'ouverture à l'illustre figure, qu'il comparait à celle, non moins gigantesque, de la *Divina Commedia* : « Victor Hugo était sincèrement attaché à la Suisse, notre patrie. Si nous voulions donner une expression matérielle à notre vénération pour le maître que la France accompagne aujourd'hui au Panthéon, nous devrions arracher de nos Alpes et rouler sur les bords charmants de ce Léman qu'il aimait tant quelque puissant bloc granitique, insensible aux outrages du temps comme aux violences de la tempête, et nous y graverions cette simple inscription :

À Victor Hugo,
Le grand poète républicain[516]. »

Mais il va de soi que cet audacieux rapprochement, pas plus que ces funérailles laïques où jamais aucun prêtre n'apparut – on avait refusé la visite du cardinal-archevêque de Paris –, ne furent du goût du parti clérical, de ses princes et de ses nobles qui, pour éviter de se mélanger à la multitude, demeurèrent enfermés dans leurs châteaux, cloîtrés dans leurs villas, claquemurés dans leurs hôtels particuliers. « La mort sans l'Église est sans grandeur, écrit Léon Daudet. Elle a l'air un peu d'une formalité administrative, d'une opération d'arithmétique physiologique, d'une soustraction charnelle : un tel y était. Il n'y est plus. Ça fait moins un. À qui le tour[517] ?... »

On riposta en donnant à entendre, dans les colonnes de la *Liberté*, un autre son de cloche, fort peu louangeur, à propos de celui pour lequel, selon les *Écritures*[518], il serait plus difficile d'atteindre au Royaume des cieux qu'à un chameau de pénétrer par le chas d'une aiguille : « Victor Hugo, y affirmait-on, a vilainement vécu d'orgueil, d'envie et de haine. Il a posé jusqu'à la mort. Il jouissait avaricieusement – d'une avarice comparable à celle de l'ignoble Grévy – de sa fortune de 6 millions, déposée en grasses valeurs chez Rothschild, et dont les pauvres n'ont guère vu la couleur de son vivant. Il jouissait de toutes ses forces de son argent, qui console aujourd'hui ses héritiers de la perte d'un dieu.

« Aujourd'hui, il n'est presque plus question dans les journaux que de ce grand malfaiteur. Le plus triste signe des temps, à son sujet, ce sont les éloges outrés et profondément scandaleux que la majorité des conservateurs et de pauvres catholiques croient devoir lui prodiguer, sous prétexte de patriotisme (à quoi ne sert pas ce mot, devenu si bête?) malgré son infamie suprême au point de vue chrétien. Ce signe, nous l'avons vu à la Chambre, où toute l'énergie de presque tous les députés de la Droite a consisté à *s'abstenir* de voter les funérailles *civiles* de cet homme, permettant ainsi en quelque sorte de les appeler *nationales*.

« La seule consolation publique que nous ayons eue ces jours-ci se trouve dans un admirable article de M. Eugène Veuillot[519] ; la vie, le caractère de Victor Hugo sont là flétris comme ils méritent de l'être, et les éloges prodigués à son génie reçoivent les plus justes correctifs[520]. »

Les discours terminés, vers onze heures et demie, on retira le suaire constellé de larmes qui recouvrait le cercueil, et, aux sons des tambours et des clairons de la garde républicaine qui tentait d'interpréter la marche de Chopin, « la moins belle et la plus théâtrale de toutes les compositions symphoniques du même ordre[521] », on installa le sarcophage, selon les dernières volontés de Victor Hugo, à l'intérieur du corbillard des pauvres, celui-là même qui avait servi à l'enterrement de Jules Vallès, qui détestait l'auteur des *Misérables*. Pour toute décoration, deux petites couronnes de roses blanches, sans inscription, une sur chaque porte, avaient été fixées à l'arrière, faisant comme les deux petits yeux ronds d'un étrange scarabée noir. Un escadron de la garde municipale et un régiment de cuirassiers ouvraient la marche dans un rutilant fracas de sabres, de casques et de cuirasses. À leur tête, le gouverneur militaire de Paris, le général Saussier, accompagné de son état-major à cheval. Derrière eux, onze chars porte-couronnes, tous tirés par quatre chevaux, à l'exception du premier, le grand char des cérémonies nationales sorti tout droit des funérailles de Thiers et de Gambetta, remorqué par six : roses, rubans, violettes et immortelles venaient du monde entier, de tous les horizons, des mères de France, des Instituteurs, des Écoles d'Alfort, Centrale et Polytechnique, de Franche-Comté, des facultés, des étudiants hellènes, des sociétés de tir et de gymnastique, d'Alsace-Lorraine, d'Italie, de Belgique, des Colonies, de la République d'Haïti, d'Alger, d'Oran, de Constantine, etc. Un million de francs de parfums et d'odeurs sertis de velours noir moucheté d'or avançaient à pas lents, escortés par deux haies de soldats, l'arme basse, se frayant aisément un passage, grâce au travail efficace des gardiens de la paix et des gardes municipaux, dans une mer estimée à plus de deux millions de personnes.

Derrière le petit corbillard des pauvres, numéro 120, le petit-fils du poète richissime, Georges Hugo, seul, chapeau sur la poitrine. « Venaient ensuite pêle-mêle les amis de la famille et familiers de la maison, dont les dignitaires du régime, ministres en exercice, poètes, écrivains, journalistes, etc. Les sociétés fermaient le cortège. Il y en avait de baroques, portant des bannières couvertes d'inscriptions grotesques[522]. »

Après avoir traversé le boulevard Saint-Germain et le boulevard Saint-Michel, la procession funèbre arriva par la rue Soufflot, vers 13 h 45, sur le parvis grillé du Panthéon, lui-même inondé de fleurs. « Non seulement la foule encombrait les trottoirs; mais encore les fenêtres étaient garnies, sur tout le parcours, de plusieurs rangs de spectateurs. Il y avait du monde jusque sur les toits[523]. » Immédiatement, une deuxième série de discours, beaucoup plus longue que la précédente, puisqu'elle dura plus de quatre heures et demie, commença. À 14 h 30, Leconte de Lisle se leva pour déclamer le sien, au nom de tous les poètes qui le désignèrent, à compter de ce jour et jusqu'à sa mort, comme leur « Prince ». Cet hommage, fort sobre et fort bref, fut publié dans le *Journal officiel* dès les 31 mai et 2 juin 1885, et dans le *Gil Blas*, le 1er juin, avant même qu'il fût prononcé :

> Messieurs,
>
> C'est avec le profond sentiment de mon insuffisance que j'ose adresser, au nom de la Poésie et des poètes, le suprême adieu de ses disciples fidèles, respectueux et dévoués au Maître glorieux qui leur a enseigné la Langue sacrée. Puissent ma gratitude infinie et ma religieuse admiration pour notre maître me faire pardonner la faiblesse de mes paroles.
>
> Messieurs,
>
> Nous pleurons sans doute le grand homme qui a daigné nous honorer de sa bienveillance inépuisable, de sa bonté d'aïeul indulgent ; mais nous saluons aussi, avec un légitime orgueil filial, dans la sérénité de sa gloire, du fond de nos cœurs et de nos intelligences, le plus grand des poètes, celui dont le génie a toujours été et sera toujours pour nous la Lumière vivante qui ne cessera de nous guider vers la Beauté immortelle, qui désormais a vaincu la mort, et dont la voix sublime ne se taira plus parmi les hommes.
>
> Adieu et salut, maître très illustre et vénéré, éternel honneur de la France, de la République et de l'humanité[524] !

Après avoir descendu le corps, au son de l'*Hymne à Victor Hugo* de Saint-Saëns, dans la crypte majestueuse et glaciale du Panthéon qui faisait face à celle de Jean-Jacques Rousseau, une voiture reconduisit la famille Hugo avenue Hugo, et la foule continua pendant toute la soirée de défiler devant l'ancienne église Sainte-Geneviève. Jamais poète dans l'histoire de l'humanité n'avait reçu pareil hommage. Les autorités eurent à peine deux ou trois incidents sans importance à déplorer et, la cérémonie achevée, Alphonse Daudet, Émile Zola, Edmond de Goncourt, Henry Céard et quelques autres, s'en allèrent boire un dernier verre en l'honneur du grand défunt au café de la Rotonde, place de L'Observatoire. Franz Liszt programma, lors du festival qui portait son nom, à Anvers, le 7 juin, *Tasso trionfo*, plusieurs parties de l'*Oratorio du Christ*, *Orphée*, la marche de *Rakoczy* et *Mazeppa*, d'après le poème des *Orientales* ; le Théâtre-Français monta *Hernani* le 4 juin, et la Comédie française organisa une représentation spéciale composée du « premier acte de *Marion Delorme*, d'un acte du *Roi s'amuse*, des poésies empruntées aux œuvres du Maître et d'un à-propos en vers de M. Paul Delair, intitulé l'*Apothéose*, qui fut interprété par MM. Coquelin, Worms, Laroche, Silvain, Mmes Reichemberg, Baretta et Bartet[525] ». Leconte de Lisle, de son côté, publia un *Dernier Hommage* en vers, paru dans le Supplément littéraire du *Figaro*, le 23 mai 1885, dans *La Vie moderne*, le 30 mai, dans la *Gazette anecdotique*, le 31 mai, et dans *Lyon-Revue*, le 30 juin :

> Dors, Maître, dans la paix de ta gloire ! Repose,
> Cerveau prodigieux, d'où, pendant soixante ans,
> Jaillit l'éruption des concerts éclatants !
> Va ! La mort vénérable est ton apothéose :
> Ton Esprit immortel chante à travers les temps.

Pour planer à jamais dans la Vie infinie,
Il brise comme un Dieu les tombeaux clos et sourds,
Il emplit l'avenir des Voix de ton génie,
Et la terre entendra ce torrent d'harmonie
Rouler de siècle en siècle en grandissant toujours[526] !

Des visites à l'élection

Le lendemain de la mort de Victor Hugo, on pouvait déjà lire dans *Le Figaro* : « Au rebours de ce qui se passe ordinairement dans les cas de décès académiques, où l'on ne connaît qu'au bout d'un certain temps les candidats qui se présentent pour succéder au défunt, l'accord paraît s'être fait à l'avance entre la majorité des membres de l'Académie française pour donner le fauteuil de Victor Hugo à M. Leconte de Lisle, qui sera très probablement élu à l'unanimité[527]. » Mais l'intéressé, qui ne demandait pas mieux que de succéder au Maître, en semblait moins persuadé. Il voulait s'assurer d'un probable succès avant de se soumettre à l'épreuve des visites officielles. Un nouvel échec l'aurait anéanti. « Mon intention est bien d'aller voir Doucet au sujet de la lettre officielle, écrit-il à Heredia le 15 juin; mais il me semble qu'il est un peu tôt pour cela. Hugo est à peine mort, l'élection n'aura lieu qu'en janvier, et j'aurais l'air de me précipiter à l'assaut de son fauteuil. Il faut attendre une quinzaine de jours au moins[528]. » Quatre semaines passèrent, et, le 13 juillet, la veille de la sixième célébration nationale, il confiait à la fille d'Émilie Foucque : « J'ai [...] rendez-vous à l'Institut, pour le 30, avec le Secrétaire perpétuel de l'Académie, Camille Doucet, qui revient exprès de Trouville. C'est de ma conversation avec lui que doit dépendre ma candidature au fauteuil de V. Hugo, car je n'ai nullement l'intention de faire au hasard des visites officielles toujours très pénibles, et qui le seraient plus encore si elles devaient être inutiles[529]. »

Ce fut donc le 1er août 1885 que Leconte de Lisle se décida à envoyer sa lettre de candidature. Suivrait la « triste corvée » des insupportables visites qu'il exposa, sur un mode plaisant, à Mmes Foucque et Leforestier dans une lettre datée du 16 novembre[530]. Fort courtoisement, les deux anciens membres de l'école parnassienne, tout jeunes Académiciens, Sully Prudhomme et François Coppée, l'avaient devancé et s'étaient spontanément présentés à lui, « ne voulant pas que leur maître vînt les voir le premier[531] ». Cette attention délicate le toucha beaucoup et ils s'embrassèrent cordialement : « Je suis charmé que le récit de mes visites académiques vous ait amusées, poursuit-il le 19 novembre dans sa correspondance avec Émilie Leforestier. J'en ris aussi quand j'en suis revenu, mais ni avant, ni pendant. Je suis allé avant-hier chez Pasteur[532] que j'ai trouvé au milieu des chiens qu'il enrage pour les préserver de la rage. Il m'a reçu très doctoralement en me disant : – Je pense qu'il n'y aura aucune difficulté à votre élection malgré *vos fureurs* contre l'Académie. – Quelles fureurs? s'offusqua le poète dans un élan de mauvaise foi dont lui seul avait le secret, je ne me souviens pas d'avoir jamais été furieux contre l'Académie. – Mais votre lettre à Hugo! vous y témoignez un certain mépris pour nous. – Pardon! J'ai remercié Hugo qui m'avait donné sa voix, et c'est comme cela qu'on écrit à Hugo ; mais je ne pouvais pas, en vérité, rendre des actions de grâce à ceux qui avaient voté contre moi. – C'est possible, aussi l'Académie, qui [est] bonne personne, vous recevra assurément. – Là-dessus, j'ai laissé Pasteur infiltrer du virus rabique sous la peau des malheureux chiens qui n'en peuvent mais. Jusqu'ici, ma chère enfant, je compte à peu près sur 19 à 20 voix, en supposant qu'on ne me manque pas de parole, et je vais continuer mes visites[533]. »

Elles se prolongèrent en effet jusqu'à la fin de l'année, puisque, le lundi 14 décembre, le vieux républicain raconta encore à sa jeune cousine son entrevue avec le quatrième fils de Louis-Philippe, le brillant et puissant Henri d'Orléans, duc d'Aumale[534], qui, ce jour-là, par un heureux concours de circonstances, ne séjournait pas dans sa somptueuse résidence de Chantilly, mais dans son modeste pied-à-terre parisien :

> Je suis allé samedi matin chez le Duc d'Aumale, rue de l'Élysée, 4. On m'a introduit dans un grand salon du rez-de-chaussée, meublé de deux vieux fauteuils et de quatre chaises, à boiseries blanches ornées de filets dorés. Cinq minutes après, un laquais en habit noir me prie de monter au 1er étage. Je le suis et j'entre dans un autre salon meublé de même, plus un bureau d'acajou style empire. Le laquais sort, une porte du fond s'ouvre et je vois ce vieux monsieur de haute taille, tout blanc, les épaules courbées et traînant la jambe gauche fort péniblement. Il est vêtu d'un pantalon à pieds, d'un veston de laine blanche et de deux pantoufles peu neuves. C'est le Duc d'Aumale. Il vient à moi en souriant, les deux mains tendues de la façon la plus aimable. Je le remercie de m'avoir évité le voyage de Chantilly, et il me répond qu'il faudra bien cependant que j'y vienne en qualité de confrère. En somme, ma chère Émilie, nous avons causé littérature, poésie, académie et même un peu politique, pendant une bonne heure. C'est un charmant homme, aimable et poli, qui est au courant de tout et qui parle fort bien. S'il s'agissait d'un écrivain ou d'un homme du monde quelconque, instruit et bien élevé, il n'y aurait là rien de très curieux ni de très nouveau ; mais il faut toujours savoir gré à un prince de n'être ni bête, ni ignorant, ni arrogant. Il ne résulte pas cependant de cette réception que le Duc d'Aumale me donnera sa voix à l'Académie. Du reste, il ne s'est nullement engagé à me la donner, tout en me disant que mon élection était certaine. Or, rien de moins sûr. J'apprends à l'instant que Léon Say[535] se présente contre moi, et c'est un très sérieux concurrent, car n'ayant jamais rien écrit, on ne peut pas lui reprocher sa littérature. De plus, il possède plusieurs millions, il a été ministre, il est propriétaire du *Journal des Débats*. Mes ennemis académiques appuieront énergiquement cette candidature qui, dans tous les cas, m'ôtera certainement plusieurs voix. Tout cela commence à m'ennuyer, et j'ai bien envie d'envoyer mon désistement à Camille Doucet[536].

Quinze jours plus tard, il fit le point sur ses nombreux entretiens avec Heredia : « J'ai rendu visite à J. Lemoinne[537], j'ai vu hier Halévy[538] chez lui, rue de Douai ; j'irai demain matin chez Sardou[539] et chez Rousse[540] ; je retournerai chez Pailleron[541] et chez Cherbuliez[542] ; j'irai chez Dumas[543]. Tout le reste est fait[544]. » Il résultait de cette extraordinaire agitation, qui dura jusqu'à la fin du mois de janvier 1886[545], qu'il était très fatigué, écœuré et désireux de ne plus s'occuper de cette candidature. Était-ce parce qu'il avait compris combien ces entrevues lui seraient pénibles qu'il avait choisi de passer ses deux mois de vacances avec Anna, la femme de chambre et Max, en août et en septembre, à Saint-Servan, prolongement de Saint-Malo, chez les Foucque mère et fille? Sans doute avait-il eu besoin de se ressourcer avant que d'entamer son ultime ascension. « Vers soixante-cinq ans, rapporte Mme Jean Dornis, après une longue privation d'exercices physiques, et les chances d'engourdissement d'une vie sédentaire, il était encore si jeune d'allures, si vigoureux et si musclé, qu'il put se remettre à monter à cheval avec l'aisance d'un bon cavalier pour accompagner, dans ses promenades, une jeune femme dont la beauté le charmait, et même, accomplir sous ses yeux des prouesses de nageur[546]. »

Saint-Servan-sur-mer, Ille-et-Vilaine.
51, rue Villepépin, 9 août 1885.

Mon cher ami,

Partis lundi dernier, 3 août, et arrivés à Saint-Malo après onze heures de chemin de fer, gorgés de poussière ardente, haletants, exténués et moribonds, nous nous reposons enfin chez nos excellentes amies qui nous reçoivent de la façon la plus affectueuse et la plus charmante. Saint-Servan ne vaut ni Saint-Ideuc ni même Saint-Malo. C'est une vieille petite ville fort laide, sans caractère aucun, et qui, jusqu'à présent, me semble absolument inhabitée, si ce n'est par des bandes de chiens féroces qui ont déjà entamé l'arrière-train de Max, au grand désespoir de sa maîtresse éplorée. Cependant, les côtes que vous connaissez sont toujours belles, la mer est magnifique, le temps est superbe, et nous nous préparons à faire le voyage de Dinan par la Rance, petit fleuve merveilleux qui ne coule pas à sec pendant l'été, comme l'Eurotas de Duruy, académicien français, que je vais bientôt rejoindre sous la Coupole, comme dit Sully Prudhomme, et si j'en crois Camille Doucet. J'ai laissé à ce dernier ma lettre officielle, en quittant Paris, et je remets en octobre les visites et les cartes, l'élection ne devant se faire qu'en janvier. Je n'ai pas besoin de vous affirmer, à vous qui me connaissez, que rien au monde ne m'ennuie plus, ne m'est plus odieux que cette candidature. Si on voulait me laisser tranquille, comme j'enverrais tout cela promener! D'autant plus que l'élection est fort problématique, et que je me serai ennuyé, fatigué et même un peu humilié en pure perte. Élu, reste le discours, puis l'affreux travail de le lire en habit de perroquet, et vous m'avouerez que je suis bien bête de m'exposer à de telles misères. Aussi, la prévision de ce qui m'attend à Paris me gâte jusqu'au repos que j'espérais goûter pendant ces vacances.

Nous ne reviendrons très probablement que vers la fin de septembre, en même temps que vous sans doute; mais nous nous écrirons d'ici là.

À bientôt donc, mon cher ami. Anna embrasse bien tendrement Mme de Heredia et vos enfants. Les dames Foucque et Leforestier se rappellent à son bon souvenir et je lui fais hommage de mes plus affectueux respects.

Tout à vous de cœur, cher ami
Leconte de Lisle[547]

Heredia lui répondit le 24 septembre de Veules-en-Caux, près de Dieppe, où il avait passé son temps à « muser » et à « courir les grandes routes », n'ayant pas le courage de « rester enfermé dans sa lanterne » :

Je sais par les journaux que vous avez présidé des banquets et je pense que vous allez faire vos visites. Je ne vous vois guère dans ces deux rôles. Enfin, vous n'en avez plus pour bien longtemps et cela nous fera tant de plaisir que vous soyez académicien – ce qui me procurera l'occasion de voir, une fois dans ma vie, une séance sous la Coupole, comme dit Prudhomme.

Vous devez être rentré dispos et gaillard... Avez-vous fait de beaux vers ? J'ai essayé de narrer en tierces rimes le Mariage du Cid, mais je n'en suis pas encore venu à bout. Je vous montrerai ce que j'en ai fait et prendrai vos bons avis sans lesquels il me semble de plus en plus impossible de mettre mon nom sous un alexandrin.

Collaborez-vous à la revue de France ?...

Écrivez-moi un petit mot, cher ami, vous me ferez bien grand plaisir. Offrez tous les baisers et les bons souvenirs de Louise, des enfants et du papa à votre chère femme et croyez à la bien tendre affection de votre

J.-M. de Heredia[548].

Après celles des *Inquiétudes de Don Simuel*, le 25 février, et du *Secret de la Vie*, le 25 mars, dans *la Revue contemporaine, littéraire, politique et philosophique*, Leconte de Lisle besognait à la publication du *Dernier Dieu*, paru pour la première fois le 1er novembre 1885 dans *La Jeune France*, et non, comme le pensait Heredia, dans *Les Lettres et les Arts*, la revue d'Anatole France, pas plus que dans la nouvelle édition elzévirienne des *Poèmes tragiques* de 1886[549], comme le crurent Madeleine et Vallée. Mais il éprouvait des difficultés pour renouer avec ce morceau. Le 10 octobre, il écrit à Émilie Leforestier : « J'ai l'esprit si tourmenté qu'il m'a été encore impossible de me remettre à mes poèmes commencés. En suis-je donc arrivé à l'épuisement de mon intelligence[550] ? » Au printemps, il avait réfléchi avec Ernest Chausson à la mise en musique de sa tragédie *Hélène*, transformée en un drame lyrique en deux actes – l'opus 7 – et, fort de sa précédente mésaventure avec *L'Apollonide*, demandé expressément à être tenu informé des moindres progrès de l'entreprise : « Leconte de Lisle exige d'entendre les pages déjà composées, écrit Jean Gallois. Peu sûr de lui ou impressionné par l'aura du poète, Chausson lance un véritable appel au secours vers Vincent d'Indy[551] à la mi-avril (probablement le jeudi 16) : "Il y aura répétition chez moi le samedi 18 à 1 h ½ et le mercredi 22 à 2 h. L'audition, absolument à huis clos, est fixée au 25, à 2 h ½. Puis-je compter sur toi ? Rstp. Bien à toi." Quel fut le résultat de ces séances ? On peut supposer que l'auteur des *Poèmes antiques* – d'où est tiré le drame – s'en montra satisfait puisque Chausson poursuivit son œuvre avec une ardeur renouvelée pendant ses vacances d'été[552]. »

Mais un autre événement, beaucoup plus insignifiant que le drame de Chausson, contraria le poète en cette fin d'année 1885 : « Avez-vous lu l'article très malveillant et même très grossier pour moi de Silvestre, dans le *Gil Blas* de ce matin[553] ? » demande-t-il à Heredia le 29 décembre. L'ami de Franz Servais y faisait l'éloge de ceux qui, comme Alphonse Daudet ou Théodore de Banville, n'avaient jamais sacrifié à la tentation de se présenter à l'Académie, jugeant que « cette consécration de leur talent était parfaitement inutile et que leur gloire n'avait rien à gagner à se faire délivrer des brevets publics par des gens qui étaient loin d'être leurs pairs ». Il estimait que ces auteurs-là avaient su nettement se détacher « de la foule des candidats et laisser s'agiter au-dessous d'eux, très au-dessous, les intrigues qui menaient au fauteuil tiède encore du dernier Immortel défunt ». Pour lui, il y avait dans une telle démarche quelque chose de dégradant, d'avilissant, de commun et pour tout dire de laid : c'était « laisser mêler son nom à des mesquineries[554] ».

Que répondre à cela? Silvestre soulignait le paradoxe inhérent à la démarche de celui qui, s'étant toujours déclaré indifférent aux honneurs et aux succès publics, à soixante-huit ans, après les deux échecs des *Érinnyes* et de *L'Apollonide*, cherchait encore à étancher sa soif de reconnaissance. Au fond, peut-être avait-il raison et, les médisances, les dénigrements et autres persiflages étant le lot de tout prétendant à l'Immortalité, Leconte de Lisle laissa faire. Sa paranoïa s'en trouva néanmoins aggravée : tout le monde semblait lui en vouloir, et chaque nouvelle annonce du report de la date de son élection se changeait dans son esprit en une manipulation sournoisement ourdie à seule fin de lui nuire.

Les soirées, les dîners, les réunions et les bals l'ennuyaient prodigieusement et accentuaient un peu plus ses « misères morales ». Il se morfondait dans les salons de Mme Adam, « resplendissante et poudrée à frimas[555] », de Mme Antoine Ménard-Dorian[556], épouse d'un député d'extrême-gauche, et, le 21 novembre, devait hypocritement applaudir, sans toutefois parvenir à « feindre une approbation sans réserve », à la première du drame écossais en cinq actes de François Coppée – *Les Jacobites* –, représenté à l'Odéon. Ce fut, évidemment, un grand succès[557]. Aussi, le 28 décembre, rechercha-t-il du réconfort dans sa correspondance avec Émilie. Si sa mère et elle avaient pu habiter Paris, quelle joie il se serait fait d'aller les retrouver le plus souvent possible !

> Vous êtes bien aimables et bien bonnes, ta mère et toi, de vous inquiéter un peu de votre ami qui n'est ni très bien portant ni très heureux, tant s'en faut. Je mérite pourtant que vous m'aimiez, si peu que ce soit, car mon affection sincère et profonde vous est assurément acquise depuis longtemps et pour toujours. Mes visites académiques m'ont en effet fatigué et ennuyé, malgré la banalité aimable des réceptions. Il me tarde d'en avoir fini avec la troupe des Immortels. Ils retardent de parti pris le jour de l'élection, dans l'unique but de me susciter des concurrents, et ils en trouvent de nouveaux à chaque instant, les uns absolument inconnus et même ridicules, comme Mouton-mérinos[558] et Beaumont[559], les autres peu sérieux comme F. Fabre[560], mais qui peuvent m'enlever quelques voix et nécessiter plusieurs tours de scrutin. Boissier[561] et Mézières[562], avec qui je dînais la semaine dernière, et qui voteront pour moi, m'ont eux-mêmes exprimé leur terreur que j'écrivisse un discours *dangereux*. On me fait une telle réputation d'homme terrible, que mes amis académiciens s'épouvantent déjà de mes audaces futures. Tu vois, ma chère enfant, qu'il y a beaucoup d'imbéciles au bout du Pont des Arts, sans compter ceux, (et je ne m'excepte pas), qui se préparent à siéger sous la coupole de l'Institut, laquelle coupole n'a pas pour des prunes la forme d'un éteignoir[563].

Et le 31 :

> Je finis l'année tristement, ma chère enfant. Les ennuis que me cause cette misérable candidature croissent d'heure en heure. Tu ne saurais t'imaginer à quel point d'hostilité haineuse certaines personnes poussent l'antipathie qu'elles me témoignent. En vérité, je ne me savais pas autant d'ennemis acharnés. À la dernière soirée de la Princesse Mathilde, quelqu'un dont on ne m'a pas dit le nom, a prétendu tenir de moi ces propres paroles : « Le Duc d'Aumale m'a reçu admirablement ; il a été fort aimable et bienveillant au possible. Nous verrons s'il fera aussi bonne figure sur l'échafaud[564]. »
>
> Ai-je besoin de te dire, ma chère Émilie, que ce misérable drôle, inventeur de cette ineptie, et que je regrette vivement de ne pas connaître, en a menti odieusement ? Eh bien, il paraît que beaucoup de personnes présentes ont ajouté foi à cette stupide calomnie. Tu peux juger de l'effet produit si la chose se répand[565].
>
> D'un autre côté, on a fait, et on fait encore mille efforts pour que Banville me fasse concurrence au fauteuil de V. Hugo. Il est vrai qu'il s'y est refusé absolument jusqu'ici ; mais je ne doute pas qu'on ne trouve quelqu'autre candidat avant le 27 janvier. Malgré tout, j'ai 18 voix assurées, à moins qu'on me manque de parole, ce qui est de règle habituelle à l'Académie[566].

Soixante-douze heures avant le scrutin, il n'était plus très sûr d'un vote favorable. Ses ennemis littéraires et cléricaux lui faisaient une guerre acharnée dans les salons électoraux. Cependant on lui affirmait d'autre part qu'il serait élu à une assez forte majorité et que le nombre des billets blancs, c'est-à-dire des abstentions, ne dépasserait pas dix à douze. Enfin, tout serait dit dans trois jours. Toutes ces intrigues, auxquelles il ne prenait aucune part d'ailleurs, le fatiguaient et lui faisaient regretter sa candidature. Aussi était-il bien décidé, s'il n'était pas élu, à se retirer définitivement. D'une part ou d'autre, les attaques, les injures et les calomnies ne lui manqueraient pas. Il était assailli par les reporters de journaux et par les photographes. Quelle misérable chose que cette presse ! Ajoutez à tous ces ennuis qu'il avait une sorte de bronchite depuis un mois qui le faisait tousser jour et nuit et ne contribuait pas à lui inspirer, selon son expression favorite, une joie folle[567].

Le jeudi 11 février, par 21 voix sur 32 et dès le premier tour, il fut somme toute élu au fauteuil 14. Dans le *Journal des Débats* du mardi 16 août 1910, Henri Welschinger écrivit : « C'est lui [François Coppée] qui, le premier, accourut dans la Bibliothèque, annoncer à Leconte de Lisle son élection en remplacement de Victor Hugo. Pourvu, dit le grand poète, que celui qui me recevra ne cite pas *Midi roi des étés* ! » Ce fut naturellement la première pièce que loua Alexandre Dumas fils. Les onze autres suffrages avaient été répartis pour six à Ferdinand Fabre, deux à Charles Read[568], un à Henri de Bornier, un à Eugène Mouton, et le dernier était blanc. Ce ne fut pas l'unanimité, comme l'avancèrent Pierre Flottes[569] et Edmond Estève[570], mais une franche majorité. Dès le lendemain, avec un fébrile empressement, l'heureux élu ressentit le besoin de partager ce rare moment de bonheur avec celle qui l'avait si tendrement soutenu, et qui, chaque jour, prenait un peu plus de place dans son cœur :

Je t'écris à la hâte ces quelques lignes, ma chère Émilie, pour t'annoncer ma nomination académique. Tu l'as sans doute apprise déjà par les journaux de ce matin, mais je tiens à te le dire moi-même, puisque tu veux bien t'intéresser affectueusement à ce qui peut m'arriver d'heureux. C'est, il est vrai, un maigre bonheur que celui-ci, et je t'assure que j'y suis bien indifférent au fond. Cependant, puisque les personnes qui me portent quelque amitié en sont satisfaites, ce serait leur témoigner peu de gratitude que de ne pas être sensible à leurs félicitations. J'ai eu 21 voix sur trente-deux votants. Je t'avoue que je ne m'attendais même pas à ce résultat, car on me faisait craindre de tous côtés un nombre considérable de billets blancs. Les deux autres élections, celle de Léon Say et celle d'Hervé[571], sont purement politiques et ont été ramenées surtout par le manque de candidats sérieux en fait de littérature. Enfin, tout cet ennui mortel de visites, de commérages et d'hostilités littéraires a cessé, et j'en suis à jamais débarrassé[572].

De l'élection à la réception

Cette élection sonnait une tardive consécration qui, elle, tintait comme un glas. Quel genre de discours de réception Leconte de Lisle allait-il faire entendre ? Manquer de respect à l'auteur des *Misérables* eût été ressenti comme le pire des blasphèmes. Allait-il couper court à toutes ces rumeurs ? Trois jours après son élection, *Le Gaulois* annonçait déjà, sous la plume de Marc Gérard, « un futur scandale littéraire ». Des discours, Leconte de Lisle « en fournirait trois, quatre, dix, si l'on voulait, mais il n'en ferait pas un qui fût *acceptable* pour tous ses collègues en Immortalité[573] ». Irait-il aussi loin que l'ancien Premier ministre Émile Ollivier qui, n'ayant pu être reçu par la volonté de François Guizot qui exigea la suppression dans son allocution de toutes les allusions politiquement incorrectes, avait privé feu de Lamartine de son traditionnel éloge ? Détestait-il Hugo à ce point-là ? – Mais « est-ce que toute [sa] vie n'[était] pas là pour répondre à cette sotte calomnie[574] ? » s'indigna-t-il dans *Le Matin* du 15 février 1886.

Comme le lion de La Fontaine, le nouvel élu semait la terreur parmi les membres de l'Institut. On avait même poussé la méchanceté jusqu'à prévenir la famille Hugo que le poète barbare avait l'intention d'attaquer leur « papapa » chéri[575]. Mais qui donc aurait le cran de lui répondre ? « Cette tâche revenait de droit à Maxime Du Camp qui était directeur de l'Académie à la mort de Hugo ; mais il avait excité dans le parti républicain une telle haine que ses co-immortels avaient désigné Camille Rousset[576] à sa place. Or, Rousset, légitimiste et clérical, n'avait par surcroît aucune notion d'art et de poésie et détestait Hugo. On y avait donc renoncé. C'était maintenant Alexandre Dumas [fils] qui lui répondrait, en attendant qu'on en choisît un autre[577]. »

Leconte de Lisle ne niait pas qu'il dirait certainement des choses qui ne seraient pas du goût de tout le monde et il se réservait le droit de ne rien changer à son discours, quoi qu'on lui pût dire et quoi qu'il arrivât[578]. Le 23 novembre 1885, n'écrivait-il pas à Mme Émilie Foucque : « Il y a bien des années que j'ai renoncé, si ce n'est à mes opinions, du moins à toute action politique, et je n'y reviendrai probablement jamais. Quant à mes idées littéraires et religieuses, c'est une autre affaire, et si les académiciens s'imaginent, sous l'éteignoir qui leur sert de coupole et de bonnet de nuit, que je mendierai leur vote en dissimulant mes convictions, ils sont plongés dans une de ces erreurs inénarrables qui font le désespoir éternel du bon sens. Ils s'en apercevront en écoutant mon discours si toutefois ils l'admettent tel que je l'écrirai[579] » ? Et plus d'un an plus tard, le 26 janvier 1887, deux mois avant sa cérémonie d'investiture, ne remerciait-il pas encore une autre Émilie, Leforestier cette fois-ci, d'avoir donné son avis, favorable, en des termes d'un enthousiasme quelque peu nuancé, sur ce sulfureux panégyrique que le Tout-Paris attendait ?

Ta charmante lettre, ma bien chère enfant, m'a rendu plus heureux que je ne puis dire. Être ainsi compris et loué par ceux que nous aimons est la meilleure et la plus douce des récompenses. Les journaux et les ennemis de Hugo, les naturalistes et les larmoyeurs ordinaires chers au public peuvent maintenant m'attaquer et m'insulter à leur aise, rien au monde ne peut m'être plus indifférent. Je ne sais trop ce que la commission académique dira de ce discours, ni ce que Dumas me répondra ; mais mon parti est nettement pris de n'admettre aucune modification. J'ai bien pesé toutes mes paroles ; elles sont, je pense, convenables en elles-mêmes, malgré le caractère affirmatif du fond. Or, comme je n'entre pas à l'Académie pour dissimuler ma pensée et mes convictions, je prononcerai mon discours tel que tu l'as lu, ou la séance de réception n'aura pas lieu.

Tu dis vrai, ma bien chère enfant, en me faisant l'observation que j'ai plutôt tracé le portrait du poète idéal que celui de V. Hugo. Je le loue souvent de qualités spéciales qu'il ne possédait pas, par exemple, de la précision et de la parfaite justesse de l'image ; mais l'abondance, la force et l'éclat ne peuvent lui être refusés. J'ai passé rapidement sur le théâtre, parce qu'en effet, ses personnages historiques sont de pures fantaisies. Je suis encore à me demander pourquoi il a fait de Marie Tudor qui était laide, sèche, bourgeonnée, n'ayant ni sens ni âme, d'un fanatisme sans bornes, avec une voix d'homme et des façons brutales, une jeune et belle femme, ardente, passionnée et profondément éprise d'un aventurier italien ; pourquoi il a rêvé un Charles Quint coureur d'aventures galantes ; pourquoi il a imaginé un laquais devenu subitement grand d'Espagne et amant de la reine, etc. Ce sont là des contes de fées ; mais les vers sont beaux et emportent tout. J'ai dû faire aussi quelques réserves au sujet de la *Légende des siècles*. Hugo ne lisait rien et inventait l'histoire et la légende comme le reste ; mais, avec tout cela, c'est un grand et vrai poète, et on trouve dans son œuvre inépuisable toutes les parties, non reliées entre elles, il est vrai, de la Poésie la plus haute et la plus éclatante. Mes éloges sont bien sincères à ce point de vue. Et puis, je me devais à moi-même de ne pas ménager son éloge, surtout en face des académiciens qui détestaient l'homme et n'ont jamais rien compris au poète ni à la poésie.

Je te remercie encore de ton approbation, mon enfant bien aimée ; j'en ai été profondément touché, comme tout ce qui me vient et me viendra de toi. Dis aussi à ta mère et à Paule combien je suis heureux de leur sympathie.

J'attends maintenant le 10 mars avec impatience. J'ai hâte d'être délivré de cette corvée. L'habit aux palmes vertes, le chapeau à cornes et l'épée me hantent désagréablement[580].

En réalité, un an auparavant, le 11 mars 1886, et cela se ressent dans cette lettre comme dans son discours, le poète hésitait encore entre le tiède consensus et la polémique acerbe. Il en résulta un texte assez convenu et faussement acrimonieux dont il tenta de dissimuler la médiocrité en le faisant passer pour un acte de bravoure littéraire soumis à d'insupportables contraintes. Comment faire en effet quand ni le fond – Hugo – ni la forme – la prose – ni le public – l'Académie – ne vous sont favorables ? Il y avait tant de précautions oratoires à prendre pour ne pas effaroucher ses auditeurs que cinq à six mois de réflexions n'étaient pas superflus. En outre, la prose, et surtout la prose académique qui est une variété des idiomes antédiluviens, n'était pas sa langue maternelle... Il espérait se tirer d'affaire cependant, s'il vivait jusque-là. Il savait, et on ne cessait de le lui répéter, qu'on s'attendait à une sorte de séance dramatique, si ce n'était au scandale littéraire que *Le Gaulois* avait prophétisé, à la plus grande joie du public friand de péripéties tragiques. Imagine-t-on que Pingard – le secrétaire de l'Académie – était déjà assiégé de demandes. Or, tout le monde serait fort désillusionné. Il avait l'intention d'être si sage, si prudent, si banal, si plat, si nul, qu'il en était lui-même stupéfait. Mais tout cela était très loin encore, et qui savait si, dans l'intervalle, il n'écrirait pas, sans le vouloir et sans le savoir, un effroyable discours qui ferait sauter la coupole de l'Institut[581].

Le 16 décembre 1886, après une année complète de silence, le Belge Franz Servais, qui avait quitté la villa Servais de Hal et habitait à présent Ixelles, au sud de Bruxelles, 40, avenue de l'Hippodrome, refit soudainement parler de lui. Cette réception à l'Académie française de son illustre librettiste était non seulement une occasion de lui réitérer son admiration et sa sympathie, de se rappeler à son bon souvenir et de lui donner quelques nouvelles, mais encore une formidable opportunité d'espérer pouvoir exciter à nouveau la curiosité de la critique au sujet de cet improbable *Apollonide* qui les avait jadis tant sollicités et tant rapprochés, et qui désormais les séparait, Leconte de Lisle, lassé d'attendre, s'étant finalement désolidarisé de son jeune compositeur.

Bien cher Maître,

J'apprends à l'instant que votre réception à l'Académie doit se faire ces jours-ci. Je vous en prie ayez donc la grande bonté de me renseigner, car je dois être là ! Je viendrai ne fût-ce que pour vingt-quatre heures ; j'attends depuis trop longtemps cette grande joie et pour rien au monde je ne me la refuserais, dussé-je faire la route à pied.

Dans la seconde quinzaine de janvier, je reviendrai à Paris, cette fois pour y passer deux mois ; je compte y donner quelques auditions publiques de mes œuvres anciennes puisque, pour réussir en ce monde, il faut s'imposer, monter sur des tréteaux et faire le charlatan... soit, je m'exhiberai[582] !

J'ai bravement commencé par mon pays et je n'ai pas lieu de me plaindre, la presse a été unanimement favorable, le même programme m'est demandé dans d'autres villes... Anvers, Namur, etc. Ces concerts auront lieu dans la première quinzaine de janvier puis, si tôt libre, j'aurai le bonheur de passer quelque temps près de vous.

Mon beau-frère Van Dyck[583], qui n'attend que mon arrivée à Paris pour vous présenter son admiration, chantera mes « Nouvelles lunes » au cercle des « Mirlitons » puis Lamoureux[584] exécutera, je pense, l'une ou l'autre chose à ses concerts. Enfin il s'agit d'attirer l'attention sur moi dans le but de frayer la voie à *L'Apollonide* et d'avoir le droit de légitimer quelques exigences.

Mais nous causerons de tout cela de vive voix, en attendant, dites-moi le jour de votre réception car j'ai toutes les peines du monde à contenir l'impatience de mes mains.

Mes très affectueux hommages à Mme de Lisle et pour vous cher grand Maître, toute mon affection respectueuse,

Franz Servais[585]

Cet infernal discours académique, écrit dans une période d'abattement, de tristesse et de profonde mélancolie entre les mois d'avril et de juin 1886, « sans anecdotes, sans biographie, serré, concentré, lardé de considérations esthétiques » et qui lui avait « perturbé la cervelle », était fin prêt à être lu devant la commission le 2 juillet. Quel effet produirait « son absence complète de sous-entendus et de circonlocutions à la Renan[586] » ? Que diraient ses confrères qui exprimèrent leurs plus vifs regrets au duc d'Aumale – il venait de léguer Chantilly à l'Institut – quand, suite à la proclamation de la loi du 22 juin 1886, qui décréta l'expulsion de tous les prétendants au trône de France, il dut quitter le pays avec ses centaines de millions que lui avaient *rendus* la République ? Que diraient-ils, ces mêmes confrères qui s'étaient bien gardé d'en faire autant à l'annonce de la proscription de Victor Hugo après le 2 Décembre, et après celle de tant d'autres pauvres bougres qui, à l'instar de Louis Ménard, avec lequel Leconte de Lisle se réconcilia cette année-là, étaient partis se réfugier à Londres ou à Bruxelles ? C'était au fond le moindre de ses soucis. Leconte de Lisle n'était pas satisfait de son travail, largement inspiré de sa série d'articles sur les *Poëtes contemporains* parus dans le *Nain Jaune* en 1864, et il sentait bien que sa veine créatrice se tarissait. Au reste, cette « obséquiosité de laquais » dont faisaient preuve la quasi-intégralité de ses co-immortels n'éveillait en lui qu'un profond mépris[587].

« Voici mon discours, écrit-il à Alexandre Dumas fils le 6 septembre. À défaut d'autres mérites il a du moins celui d'être bref. Ayez quelque indulgence pour un rimeur qui n'écrit pas dans sa langue naturelle, et veuillez agréer l'assurance bien sincère des meilleurs sentiments de votre tout dévoué confrère. » Et, pour bien insister sur le fait que son avis, quel qu'il fût, ne changerait pas une ligne à ce texte enfanté dans la douleur, désenchanté et blasé, il crut bon d'ajouter : « Soyez aimable, je vous prie, pour me réexpédier ce manuscrit quand vous n'en aurez plus que faire. C'est celui que je donnerai à l'impression[588]. »

Par ailleurs, en cette fin du mois de février 1887[589], Leconte de Lisle était ébranlé par la disparition de son frère Paul, le seul membre de sa proche famille avec lequel il s'était toujours entendu, chez qui ils allaient, à Boulogne-sur-mer, Anna et lui, passer leurs vacances d'été. Il venait de décéder brutalement, à l'âge de quarante-huit ans, laissant derrière lui Charlotte, sa veuve éplorée.

Paul est mort mercredi à 5 heures du soir, écrit-il à Émilie Leforestier le vendredi 25. Nous venons de passer des heures cruelles ; je suis accablé de chagrin et de fatigue. Mon pauvre frère a été enseveli hier au Père Lachaise, auprès de ma mère, dans le caveau où j'irai les rejoindre. Je ne te parle pas du désespoir de Charlotte ; il n'est que trop concevable. Je ne t'écris que ce peu de lignes aujourd'hui. À lundi ou mardi une plus longue lettre.

Mes amitiés les plus affectueuses à ta mère et à ta sœur. Je sais qu'elles prendront une part sincère à mon chagrin.

À toi du plus profond de mon cœur, mon enfant, Je t'embrasse bien tendrement.

Leconte de Lisle[590]

La date de sa réception à l'Académie fut arrêtée au jeudi 31 mars. En attendant, il devait lire devant la commission chargée de l'examiner, le 24, à une heure de l'après-midi, son « discours élevé, mais triste, dans lequel pas la moindre petite place n'avait été laissée au sourire[591] ». « Tu dois comprendre à quelle terreur je suis en proie d'être jugé par des *maîtres* tels que les illustres Mazade, Boissier, Du Camp et S. Prudhomme, fanfaronnait-il la veille dans sa correspondance avec Émilie, Hugo lui-même en pâlirait ! Il est peut-être assez singulier que Prudhomme, que j'ai élevé au biberon, soit mon juge ; mais c'est un assez médiocre élève, ce qui constitue une circonstance atténuante. Cette lecture préalable, d'ailleurs, ne peut être qu'une simple formalité, car je n'accepterai aucune modification. J'entendrai aussi le discours de Dumas. On dit, ce que je ne crois pas, qu'il nous maltraite fort, Hugo et moi. Nous verrons bien. Je te raconterai la séance sans rien dissimuler[592]. »

Et de fait, deux jours plus tard, sans rien dissimuler, il la lui racontait. La demande de billets faite au secrétariat de l'Académie avait été telle qu'on avait dû en refuser des milliers. C'était probablement Dumas qui attirait tout ce monde, car Leconte de Lisle n'était pas populaire à ce point, tant s'en fallait. La curiosité publique était surtout excitée par certains articles de journaux qui attaquaient violemment Hugo et tentaient de lui opposer Lamartine et Musset. On croyait que Dumas porterait ces derniers aux nues et combattrait ses théories esthétiques à leur profit. Si cela était, il prononcerait son discours avec d'autant plus de force affirmative et autoritaire. Il eût été curieux à cet égard qu'une sorte de bataille littéraire s'engageât sous la coupole funèbre de l'Institut[593].

Vendredi, 25 mars 1887

J'ai lu devant la commission, ma bien chère enfant, et j'ai entendu la réponse de Dumas, qui est extrêmement longue, peu bienveillante au fond pour Hugo et pour moi, et qui révèle surtout chez ce dramaturge comique un sens fort médiocre de l'art et de la poésie. On ne m'a fait aucune objection, mais beaucoup de compliments, bien que nombre de passages aient dû déplaire à mes auditeurs. Enfin, voilà une première épreuve subie sans accident. Reste la séance publique, jeudi, 31. Je t'écris aujourd'hui à la hâte ces quelques lignes, accablé que je suis de demandes de billets que je ne puis satisfaire et qui me font force ennemis.

Après la lecture en commission j'ai été introduit dans le sanctuaire où mon fauteuil m'attendait, et, là, les congratulations plus ou moins sincères ont recommencé de plus belle.

Je t'enverrai les deux discours et tu pourras juger, mieux qu'en l'entendant, l'esprit malveillant du discours de Dumas. Pour le mien, il est resté tel que tu le possèdes déjà.

À bientôt, ma bien chère enfant. Je t'embrasse de tout cœur.

Ton ami dévoué,
Leconte de Lisle[594]

À cette occasion, Anatole France consacra à son ancien maître, dans *Le Temps* du 27 mars, un nouvel article rempli de sous-entendus. « Je ne crois pas, écrit Adolphe Racot dans *Le Figaro* du lendemain, que depuis longtemps une séance de l'Institut ait provoqué pareille curiosité et pareille impatience[595]. » Le 1er avril, dans le même journal, René Martin corroborait ces propos en décrivant l'assemblée qui, la veille, avait envahi la coupole : « Le Tout-Paris lettré, savant et mondain [...] était là en affluence et – fait exceptionnel ! – les bancs de l'Académie étaient combles à ce point que plusieurs académiciens étaient restés dehors... À regarder d'en haut l'amphithéâtre du Palais Mazarin, on eût dit d'un couffin de figues, tant l'assistance était remplie. [...] Jamais, croyait-on, fête académique n'avait eu plus puissant intérêt que celle-là[596]. » Comtes, comtesses, marquis, marquises, ducs, duchesses, hommes d'État, ambassadeurs et écrivains, étaient venus soit pour entendre un vibrant éloge de Victor Hugo, soit pour assister, en pleine montée du naturalisme, du symbolisme et du décadentisme, à une réexposition des théories compassées du Parnasse, soit pour encourager une éventuelle réhabilitation de l'école romantique portée par ses deux figures de proue : Musset et Lamartine. Tous, en tout cas, désiraient ardemment se repaître du spectacle des deux belluaires, Dumas fils et Leconte de Lisle, que tout opposait[597] – « c'était le boulevard des Italiens répondant à la forêt vierge » (Paul Desjardins) –, s'entre-déchirant à coup d'allusions, de sous-entendus, de principes, de gloses, d'encycliques et de postulats esthétiques, dans l'arène capitonnée du quai Conti. « Jamais la rotonde de l'Institut n'avait été emplie à déborder comme elle l'était hier, rapporta Leconte de Lisle à Émilie. Les couloirs et les escaliers regorgeaient de spectateurs en détresse, car du Diable si un seul d'entre eux a pu entendre un traître mot des deux discours[598]. »

« La joute avait été éloquente et, au total, courtoise, pouvait-on lire dans *L'Illustration* du 2 avril. Un moment, on avait songé à prier M. Alexandre Dumas de rogner un peu, un tout petit peu, ses ongles, mais M. Dumas ne rognait pas ses ongles volontiers, à ce qu'il paraissait, et puis on avait trouvé qu'il était de bonne guerre de riposter au poète qui entrait là tambour battant. Ce n'était pas non plus un timide, M. Leconte de Lisle, et l'indulgence et la banalité n'étaient pas du tout ses péchés mignons. » Au reste, « c'eût été en vain que, ces jours derniers, avant la réception de M. Leconte de Lisle à l'Académie française, un importun aurait tenté de forcer l'entrée du charmant hôtel qu'occupait, au nº 98 de l'avenue de Villiers, l'auteur de *Francillon*. M. Alexandre Dumas composait le spirituel discours que l'on connaît ; il s'essayait, lui, le plus moderne des académiciens, à répondre au grand poète des anciennes mythologies ; et, en Parisien un peu surpris par les difficultés d'un pareil sujet, il s'était enfermé, verrouillé dans son cabinet de travail, demandant à la nature, qui s'offrait à lui par deux fenêtres, sous la forme d'un simple jardin planté de quelques arbres, les éléments d'une harangue en rapport avec celle du poète accoutumé à enchaîner les lions, les tigres, les léopards et toutes les férocités du désert, avec des vers harmonieux. »

Naturellement, ce fut le bestiaire qui ouvrit les hostilités.

Leconte de Lisle « était entre ses deux parrains, dont l'un était Lesseps. [...] Derrière lui, était le vieux Chevreul, avec sa tignasse blanche ébouriffée. [...] Derrière Chevreul, un peu à droite, Taine, tout yeux et tout oreilles, légèrement railleur parfois, – barbiche et moustache à la Napoléon III. À la même hauteur, plus près du bureau, au-dessous de la statue de Bossuet, le petit duc de Broglie, narquois le plus souvent et jetant des coups d'œil malins sur Leconte de Lisle. [...] Gounod, resté debout à la porte. Lockroy et Georges Hugo. Sarcey, qui s'était hissé avec beaucoup de peine à sa place réservée, ne disait pas un mot [et] regardait à peine la salle[599]. »

Le Maître du Parnasse lut mal, de ses petits yeux ronds, profonds et pensifs, et d'une voix monotone, à faible débit, rocailleuse et presque inaudible, lui dont la diction était habituellement sonore, chaude, vibrante et fortement timbrée[600]. Ce jour-là, « il avait une façon peu agréable de rouler les *r*, et d'appuyer sur les *a* et les *ai*[601] ». L'air hautain, portant monocle, doctoral et pontifiant – c'était là sa manière de dissimuler son trouble –, ses longs cheveux gris tombant sur ses épaules, il commença par les solennités d'usage, des remerciements à double entente et un avertissement concernant l'inévitable faiblesse de ses paroles. « Parler d'un homme, unique entre tous, qui, pendant soixante années, avait ébloui, irrité, enthousiasmé, passionné les intelligences, dont l'œuvre immense, de jour en jour plus abondante et plus éclatante, n'avait d'égale, en ce qui la caractérisait, dans aucune littérature ancienne ou moderne, et qui avait rendu à la poésie française, avec plus de richesse, de vigueur et de certitude, les vertus lyriques dont elle était destituée depuis deux siècles[602] », n'avait rien d'évident. Puis il brossa sommairement, tout comme Victor Hugo l'avait jadis fait dans sa célèbre préface de *Cromwell*, un rapide tableau de l'histoire de la poésie humaine, partant des « époques lointaines où les rêves, les terreurs, les passions vigoureuses des races jeunes et naïves jaillissent confusément en légendes pleines d'amour ou de haine », pour arriver, via « les grands hommes de race homérique », les « noires années du moyen âge », la « Pléiade française » et les « grands écrivains du dix-huitième siècle » – à propos desquels il cita un passage enflammé, qui dut faire grincer des dents tous les orléanistes de l'auditoire, de la *Leçon sur la Philosophie de l'Histoire* de Hegel[603] –, à la figure extraordinaire de Victor Hugo.

Là encore, il suivit une progression chronologique. Victor Hugo naissait au moment où la France s'abandonnait au culte funeste de Napoléon Ier. Il grandit au bruit retentissant de ses batailles épiques et de ses victoires, « dont le souvenir l'a hanté toute sa vie, en lui inspirant d'admirables vers ». À vingt ans, bien que déjà destiné à être « comme le symbole vivant, comme le clairon d'or des idées ondoyantes, des espérances, des passions, des transformations successives de l'esprit contemporain », il se crut « royaliste et catholique[604] ». Presqu'aussitôt, il « transforma complètement sa langue, son style et la facture de son vers dans ses secondes odes et surtout dans les *Orientales* ». Arrivèrent le manifeste romantique de la préface de *Cromwell*, violemment attaqué, et la « poésie aisément accessible » des *Feuilles d'automne*, très applaudie ; puis ce furent les *Chants du crépuscule*, les *Voix intérieures* et les *Rayons et les Ombres* qui, pour leurs « parties sentimentales », reçurent également des « éloges chaleureux », mais qu'on accabla « de reproches » pour « celles où l'émotion intellectuelle l'emportait sur l'impression cordiale » : inéluctable incompatibilité entre les goûts du génie, de l'artiste, du poète, tout entier habité par les frissons de l'âme humaine, et ceux de la foule et de la critique, tout encombrés des émois du cœur. « Rien de plus inévitable, martela le poète avec en ligne de mire les jérémiades démagogiques d'un Musset et toute la clique de la “canaille” efféminée des intimistes élégiaques ; car, si nous admettons volontiers en France pour articles de foi, et sans trop nous inquiéter de ce qu'ils signifient, certains apophtegmes, décisifs en raison même de leur banalité, tels que : la poésie est un cri du cœur, le génie réside tout entier dans le cœur, nous oublions plus volontiers encore que l'usage professionnel et immodéré des larmes offense la pudeur des sentiments les plus sacrés. Mais Victor Hugo est un génie mâle qui n'a jamais sacrifié la dignité de l'art à la sensiblerie du vulgaire. L'émotion qu'il nous donne pénètre l'âme et ne l'énerve pas. Pour mieux nous en convaincre, les *Châtiments*, les *Contemplations*, la *Légende des siècles* nous vinrent du fond de l'exil[605]. »

Puis « les *Chansons des rues et des bois*, l'*Année terrible*, les deux dernières *Légendes*, l'*Art d'être grand-père*, le *Pape*, la *Pitié suprême*, *Religion et religions*, *l'Âne*, *Torquemada*, *Les Quatre Vents de l'Esprit* se succédèrent à de courts intervalles ». Il était « assurément impossible [...] d'analyser et de louer [...] comme il eût convenu ces œuvres multipliées où l'intarissable génie du Poète se déployait avec la même force démesurée ». Le nouvel Académicien dut donc faire des choix. Désireux de donner une leçon d'histoire à son illustre prédécesseur tout en réaffirmant publiquement son incurable haine du Christianisme, du Moyen-Âge et de l'Inquisition, il décida tout d'abord de s'étendre sur la pièce de *Torquemada* dans une tirade qui fut assez violente. « Je crois que le seul geste qu'il ait fait, rapporte Romain Rolland dans son *Journal*, (je ne parle pas de l'index levé au ciel dont il usait fréquemment), ç'a été pour accentuer la fin de son invective[606] » : « Certes, en brûlant par milliers ses misérables victimes, le vrai Torquemada, le grand inquisiteur du quinzième siècle, ne pensait en aucune façon les mener à la béatitude céleste. Il tenait uniquement à les exterminer en leur donnant sur la terre un avant-goût des flammes éternelles. Mais Victor Hugo a développé son étrange conception avec tant de verve, d'éloquence et de couleur, qu'il faut le remercier, au nom de la Poésie, d'avoir prêté cette charité terrible à cet insensé féroce qui puisait *la haine de l'humanité dans l'imbecillité d'une foi monstrueuse*[607]. »

La station suivante fut celle des *Burgraves*, « dont l'insuccès avait fait prendre au grand Poète la résolution de renoncer pour toujours au théâtre ». Elle permettait à Leconte de Lisle non seulement de rapprocher l'esthétique hugolienne de ses propres thèses parnassiennes – que les *Burgraves* annoncèrent au même titre que les *Orientales* –, en désaccord total avec celles de l'école du Bon Sens, égratignée au passage, mais encore d'expliquer et donc d'excuser son cuisant échec des *Érinnyes* : « Nous sommes ici en face d'une trilogie Eschylienne, d'une tragédie épique dont les principaux personnages sont plus grands que nature et se meuvent dans un monde titanique, affirma-t-il. Jamais Victor Hugo n'a fait entendre sur la scène de plus majestueuses et de plus hautes paroles. Ce sont des vers spacieux et marmoréens, d'une facture souveraine, dignes d'exprimer les passions farouches de ces vieux chevaliers géants du Rhin. La grandeur et la beauté de cette légende tragique ne furent pas comprises. Une réaction passagère, insignifiante en elle-même et quant à ses résultats prochains, sévissait à cette époque et pervertissait le goût public. Toutes les pièces du Maître avaient été discutées, applaudies, combattues, mais elles devaient finir par triompher de toutes les résistances. Seuls, les *Burgraves* étaient encore écartés de la scène, bien que l'auteur n'eût jamais fait preuve au théâtre de plus puissantes facultés créatrices[608]. »

Arriva le tour des épais romans de *Notre-Dame de Paris*, des *Misérables*, des *Travailleurs de la mer*, de l'*Homme qui rit* et de *Quatre-vingt-treize*, qui ressemblaient aux antiques épopées, avec leurs personnages hauts en couleur, réels ou imaginaires : Frollo, Quasimodo, la Sachette, Esmeralda, Louis XI, l'évêque Myriel, Valjean, Javert, Gillenormand, Champmathieu, Gavroche, Gilliat, Gwynplaine, Déa, etc. Tous, eux aussi, étaient des types originaux. « L'infinie richesse de la langue, le charme exquis, la délicatesse féerique des nuances et des sensations perçues faisaient de ces pages un enchantement mystérieux et idéal. [...] [Et] de telles œuvres, [...] toujours lues et toujours admirées, quelque permises que fussent certaines réserves respectueuses, consolaient, s'il était possible, de l'épidémie qui sévissait [alors] sur une portion de [la] littérature [française] et contaminait les dernières années d'un siècle qui s'ouvrait avec tant d'éclat et proclamait si ardemment son amour du beau, alors que d'illustres poètes, d'éloquents et profonds romanciers, de puissants auteurs dramatiques, auxquels [Leconte de Lisle] n'aurait su oublier de rendre l'hommage qui leur était dû, secondaient l'activité glorieuse de Victor Hugo. Mais si le dédain de l'imagination et de l'idéal s'installait impudemment dans beaucoup d'esprits obstrués de théories grossières et malsaines, la sève intellectuelle n'était pas épuisée sans doute ; bien des œuvres [...], hautes et fortes, le prouvaient. Le public lettré ne tarderait [donc] pas à rejeter avec mépris ce qu'il acclamait [alors] dans son aveugle engouement[609]. »

Cette courte harangue contre l'école montante du naturalisme – Leconte de Lisle « ne pouvait souffrir qu'on admirât Zola[610] » –, et contre toutes les autres théories d'alors qui voulaient « supprimer ou nier l'art », fut très applaudie. – C'était le seul endroit de son discours où il s'était un tant soit peu « trouvé en harmonie avec l'auditoire. Aussi l'avait-on saisi au vol[611] »... – Il la termina par un peu de philosophie. Une « vraie et haute poésie » n'en contient-elle pas toujours ? Pour lui[612], Hugo « avait été toute sa vie l'évocateur du rêve surnaturel et des visions apocalyptiques. Il était enivré du mystère éternel. Il dédaignait la science qui prétendait expliquer les origines de la vie ; il ne lui accordait même pas le droit de le tenter, et il se rattachait en ceci, plus qu'il ne se l'avouait lui-même, aux dogmes arbitraires des religions révélées. Il croyait puiser dans sa foi profonde en une puissance infinie, rémunératrice et clémente, la généreuse compassion qui l'animait pour les faibles, les déshérités, les misérables, les proscrits auxquels il offrait si noblement un asile ; il lui devait, pensait-il, de chanter en paroles sublimes la beauté, la grandeur et l'harmonie du monde visible, comme les splendeurs pacifiques de l'humanité future, et il ne voulait pas reconnaître qu'il ne devait sa magnifique conception du beau qu'à son propre génie, comme ses élans de bonté et de vaste indulgence qu'à son propre cœur[613]. »

Après une courte pause et les froids applaudissements d'usage, Alexandre Dumas fils, au fauteuil présidentiel, flanqué des deux Camille, Rousset et Doucet, s'avança vers la tribune pour répondre au nouvel Immortel. De nombreux passages de ce discours, qu'il connaissait depuis longtemps, l'avaient soit choqué soit déçu. L'éloge de Victor Hugo, où Leconte de Lisle avait dressé le portrait de son idéal poétique, et donc de lui-même, lui avait paru trop court et trop terne, si bien qu'il le refit en entier dans sa deuxième partie, à elle seule plus longue que le dithyrambe du récipiendaire. La première, quant à elle, fut consacrée à la critique de l'œuvre du Parnassien, à celle de sa philosophie, de ses critères esthétiques, mais surtout de ses erreurs théologiques, à la source de toutes les autres. En effet, déclara le père de Marguerite Gautier, « depuis Valmiki et Homère, un fait extraordinaire et imprévu, quoique prédit, avait eu lieu » que l'auteur de *Qaïn* semblait avoir oublié. « Au milieu des poèmes orphiques et védiques, tout à coup on avait vu tomber, du ciel, disait-on, un petit livre, un tout petit livre, dont le contenu ne remplirait pas un chant de l'*Iliade* ou du *Ramayana* ; et ce petit livre racontait aux hommes la plus merveilleuse histoire qu'ils eussent jamais entendue, et leur proposait la morale la plus pure, la plus intelligible, la plus consolante et la plus profitable qui eût jamais été proclamée sur terre. L'humanité s'était sentie tout à coup une âme nouvelle à la voix de certains rapsodes venus du petit pays de Judée, récitant et propageant, par le monde, leur poème qu'ils déclaraient divin, avec tant de conviction et d'enthousiasme, qu'ils se laissaient mettre en croix ou livrer aux bêtes plutôt que d'en désavouer un mot. [...]

« À partir de ce fait, l'humanité avait passé de l'idolâtrie du Beau à la religion du Bien. L'âme avait ses besoins comme le corps et l'esprit. L'art qui, selon [le poète], devait être son propre but à lui-même, n'en avait pas moins cru devoir se mettre pieusement au service de la révélation affirmée divine. Dieu eut [alors], comme les Dieux, ses Phidias et ses Lysippe, ses Appelle et ses Zeuxis dans les Donatello et les Michel-Ange, dans les Léonard et les Raphaël, et la musique naquit, comme pour réunir en une seule toutes les voix de la création à la louange du Créateur récemment dévoilé ; enfin la poésie elle-même, abdiquant sa souveraineté directe sur les esprits, s'était faite la vassale et avait mené le Chœur de la bonne nouvelle. Sous le souffle du Dieu de Moïse et de Jésus, elle avait inspiré la *Divine Comédie* à Dante, la *Messiade* à Klopstock, *Polyeucte* à Corneille, *Athalie* à Racine, le *Paradis perdu* à Milton, *Faust* à Goethe, si bien que lorsque [le Créole] était venu en France, tout pénétré des poésies orientale et grecque, aux sources desquelles il voulait les ramener, il s'était trouvé en face de poètes chrétiens, dernier effet de ce qu'il appelait la religiosité factice et sensuelle de Chateaubriand[614]. »

Son rejet de la poésie spiritualiste, son aspiration au néant, son dégoût pour la vie, son mépris pour l'élégie, pour l'ode et pour toute forme d'épanchement dans l'art en général venaient de là. Il n'y avait donc pas à chercher ailleurs. « Vive Dieu ! lança de façon péremptoire et provocante le directeur de l'Académie après avoir déclamé de longs passages d'*Hymne de l'enfant à son réveil*, d'*À Villequier* et d'*Après une lecture*, c'est le cas de le dire, voilà de beaux vers, Monsieur, et je n'en sais pas de plus beaux dans notre langue, bien que j'en sache beaucoup. Si vous mettez à côté des trois pièces que je viens de citer le *Lac* de Lamartine, la *Tristesse d'Olympio* de Victor Hugo, le *Souvenir* ou une des *Nuits*, celle que vous voudrez, de Musset, vous aurez avec les chœurs d'*Athalie*, d'*Esther* et de *Polyeucte*, avec l'admirable traduction en vers de l'*Imitation* par Corneille, vous aurez à peu près le dernier mot de notre poésie d'amour terrestre et divin. C'est cela que vous venez combattre ; c'est cela que vous voulez renverser. Tentative comme une autre. Tout est permis quand la sincérité fait le fond, d'autant plus que ce que vous avez conseillé aux poètes nouveaux de faire, vous l'avez commencé vous-même, résolument, patiemment. Vous avez immolé en vous l'émotion personnelle, vaincu la passion, anéanti la sensation, étouffé le sentiment. Vous avez voulu, dans votre œuvre, que tout ce qui est de l'humain vous restât étranger. Impassible, brillant et inaltérable comme l'antique miroir d'argent poli, vous avez vu passer et vous avez reflété tels quels, les mondes, les faits, les pages, les choses extérieures. Les tentations ne vous ont pas manqué cependant, si j'en crois le cri que vous avez laissé échapper dans la *Vipère*. C'est le seul. Vous ne voulez pas que le poète nous entretienne des choses de l'âme, trop intimes et trop vulgaires. Plus d'émotion, plus d'idéal ; plus de sentiment, plus de foi ; plus de battements de cœur, plus de larmes. Vous faites le ciel désert et la terre muette. Vous voulez rendre la vie à la poésie, et vous lui retirez ce qui est la vie même de l'Univers, l'amour, l'éternel amour. La nature matérielle, la science, la philosophie vous suffisent.

« Certes le firmament, le soleil, la lune, les étoiles, les océans, les forêts, les divinités, les monstres, les animaux sont intéressants ; mais moi aussi je suis intéressant, moi, l'homme. Mon moi qui vit, qui aime, qui pense, qui souffre, qui espère au point de croire à ce que rien ne lui prouve, ce moi, guenille je veux bien, mais guenille qui m'est chère, ce moi a autant de droits que le reste de l'Univers à l'expression de son amour, de sa douleur, de son espérance, de sa foi, de son rêve. Si je pardonne aux poètes, si je leur demande même de me parler d'eux, c'est qu'en me parlant d'eux, s'ils en parlent bien, ils me parlent de moi. Discussions, raisonnements, théories, esthétique, rien n'y fait ; rien n'y fera. Nous ne sommes qu'à ce qui nous émeut. [...]

« Après cinquante ans d'érudition, de méditation, d'initiation aux traditions de tous les temps, quelle est la philosophie de votre trilogie colorée, puissante, des *Poèmes antiques*, des *Poèmes barbares*, des *Poèmes tragiques* ? Ce sont ces deux grandes imprécations de Caïn et de Bhagavat dont la conclusion est le néant du monde et dont l'idéal est la mort. [...]

Ah ! dans vos lits profonds quand je pourrai descendre,
Comme un forçat vieilli qui voit tomber ses fers,

Que j'aimerai sentir, libre des maux soufferts,
Ce qui fut moi, rentrer dans la commune cendre. [...]

« Voilà ce que vous nous rapportez pour nous régénérer après les trois mille ans de barbarie intellectuelle que nous avons traversés, selon vous, depuis Homère, Eschyle et Sophocle. Voilà l'éducation que les adeptes de la poésie telle que vous la concevez donneraient aux générations nouvelles en reprenant la direction des âmes : le vide de l'être, la soif de la mort. C'est la conclusion de l'Ecclésiaste, il y a plus de deux mille ans, et de Schopenhauer ces jours-ci. Êtes-vous sûr de ne pas retomber, sans vous en apercevoir, dans les révoltes et les blasphèmes de Lara, dans les tristesses de René, dans les mélancolies d'Obermann ? Heureusement, faut-il vous dire ma pensée ? Je ne crois pas au véritable désir de mourir chez ceux qui, l'ayant exprimé, surtout en d'aussi beaux vers que ceux que je viens de citer, continuent à vivre. Toute cette désespérance ne me semble plus alors que littéraire. De toutes les choses que l'homme peut souhaiter, la fortune, la richesse, la santé, l'amour, la renommée, la mort, la mort est justement la seule qu'il soit en son pouvoir de se procurer tout de suite, sans l'appui des dieux, sans le secours des hommes. Eh bien, c'est justement la seule qu'il ne se procure presque jamais. La mort a du bon, mais l'homme lui préférera toujours la vie, pour commencer. [...] Et la preuve, c'est que nous vous voyons là, vivant, bien vivant, grâce à Dieu, et même immortel comme nous le sommes tous ici ; je ne vous garantis pas davantage. Durant cette immortalité mutuelle, nous nous efforcerons de vous faire aimer la vie, pour que vous puissiez écrire longtemps encore de beaux vers sur la mort. Et vous verrez que cette vie a quelques bons moments, comme celui-ci par exemple, où j'éprouve une véritable joie, je vous assure, à honorer publiquement, tout en le contredisant un peu, un homme de grand talent et d'un beau caractère[615]. »

Leconte de Lisle « écouta, les sourcils contractés, les yeux glacés, tristes, regardant la coupole, évidemment souffrant des petits rires excités par les plaisanteries de son rival. Et cependant, raconte Romain Rolland, les deux statues de Descartes et de Bossuet semblaient, celle-ci, regarder Dumas, avec un sourire dédaigneux pour le poète ; celle-là, regarder Leconte de Lisle, et exprimer par sa moue méprisante l'impression que lui causait le discours de Dumas[616]. »

La dernière Illusion

Si son verbe avait si peu porté, c'était pour être « allé à l'Académie avec un enrouement complet que rien n'avait pu guérir avant la séance ; il avait parlé avec l'angoisse d'être saisi d'un accès de toux au beau milieu d'une phrase, de sorte qu'il avait été fort mal entendu [...]. Malgré tout, il avait été souvent interrompu par des applaudissements très chaleureux qui l'avaient un peu consolé de l'absence de sa voix[617] » :

Dumas s'est beaucoup moqué de Hugo, écrit-il à Émilie le lendemain de la réception, puis l'a beaucoup loué, puis s'est remoqué de lui, puis a fini par demander qu'on donnât son nom à la première étoile qu'on découvrirait[618].

Je vais t'envoyer son discours avec le mien dès qu'ils seront publiés. Quant aux articles, j'en reçois en moyenne dix à quinze par jour. Quelques-uns sont sérieux, et je te les adresserai ; les autres ne signifient rien. Il fallait voir la joie des dames Lamartiniennes et Mussetistes écoutant les sarcasmes de Dumas à l'endroit de Hugo et l'expression de son enthousiasme pour les pauvres vers qu'il a cités du susdit Musset. Quant à la petite tartine chrétienne qu'il avait ménagée, en guise de contraste édifiant, pour mieux faire sentir l'abomination de mes doctrines, je t'avoue que j'ai éprouvé quelque écœurement à entendre un homme tel que Dumas me faire la leçon à ce sujet. Mais tu liras tout cela à tête reposée, ma chère enfant, et tu me diras ce que tu en penses.

Je suis très fatigué, j'ai la fièvre, je me sens malade. Ne t'en inquiète pas outre mesure, si tu as cette bonté ; car, dans quelques jours, quand les injures, les éloges, etc. auront pris fin ; quand les envois de fleurs, de lettres et de cartes auront cessé ; quand j'aurai oublié tout ce bruit, tous ces ennuis et toutes ces discussions, je me porterai mieux, je pense.

À bientôt, ma bien chère enfant. Je t'écris avec un grand mal de tête suite de mes insomnies. Je t'aime et t'embrasse de tout mon cœur.

Ton ami dévoué,
Leconte de Lisle

Mon plus affectueux souvenir à ta mère et à ta sœur[619].

En effet, depuis son élection à l'Académie, le poète vivait dans une sorte d'état de grâce. Il était enfin arrivé à quelque chose de concret et jouissait d'une grande influence, tant pour son talent que pour son caractère, auprès des jeunes artistes[620]. « Il mettait de la souveraine bonté à les accueillir, à les attirer. Bienveillance sans banalité, car il triait soigneusement ceux qu'il jugeait dignes de son amitié – et de sa discipline[621] » : Robert de Montesquiou, le vicomte de Guerne, Marcel Collière, Frédéric Plessis, que Leconte de Lisle tenait en haute estime[622], Henri Houssaye – son successeur à l'Académie –, Paul Bourget, Éphraïm Mikhaël, Maurice Barrès, Pierre de Nolhac, Edmond Haraucourt, Henri de Régnier, Pierre Louÿs, de la Tailhède, Edmond Rostand, Jules Tellier, Paul Hervieu, Charles de Pomairols, Bernard Lazare, l'érudit Pierre Quillard – le Bloch de Proust –, André-Ferdinand Herold, Philippe Dufour, les Berthelot, Franz Servais, Benedictus, Mmes de Bonnières, Gautereau, Judith Gautier, Guillaume Beer, Samuel Pozzi, Psichari, Mme Tola Dorian, Mlle Vacarescu, etc. Il en constitua tout un brillant diadème dont le visage d'Émilie Leforestier fut à la fois l'étincelant reflet et le secret joyau.

Louis Ménard revint également à lui après seize années de silence et le défendit contre les attaques de Dumas, si peu habile à le comprendre, et de tant d'autres qui voulaient par-dessus tout lui refuser sa prédisposition évidente à la passion[623], cherchant à l'enfermer dans la froideur et l'insensibilité – cette fameuse « impassibilité » qui lui collera à la peau pendant si longtemps – pour le rendre encore plus détestable aux yeux d'un grand public incapable d'y voir autre chose qu'une expression spasmodique et incontrôlée des émois de la vie sentimentale. Pourtant, écrit Louis Ménard dans son étude presque définitive sur Leconte de Lisle, parue dans *La Justice* – le journal de Clemenceau – du 30 avril 1887, « on a beau se réfugier dans les hautes sphères de l'intelligence, on y retrouve l'insatiable désir et les inutiles regrets, et les angoisses de l'irréparable. [...] Sa forme est extrêmement variée et toujours appropriée au sujet. À côté des vers cyclopéens et martelés, à sonorités métalliques comme dans *Qaïn*, il y a une foule de pièces légères, qui semblent des fils de Vierge saupoudrés d'une poussière d'ailes de papillons[624]. » Et Anatole France de surenchérir : « Il y a pour le cœur de l'homme des émotions plus intimes et plus douces ; et celles-là, quoi qu'on dise et quoi qu'il dise, ne sont pas absentes de son œuvre. Je n'aurais pas grand-peine à prouver que parfois M. Leconte de Lisle est un élégiaque[625]. »

« Leconte de Lisle, récitant ses propres vers, était très intéressant à observer. À le voir ainsi, tout droit, absolument immobile [...] ; à l'entendre déclamer d'une voix haute et grave, un superficiel aurait pu lui donner une fois de plus le nom d'impassible. [...] En réalité son trouble – bien que dompté et contenu – était extrême. Était-ce timidité naturelle comme François Coppée en avait eu le soupçon ? Était-ce émotion sacrée de l'artiste ? [...] L'homme alors se transformait et se revêtait d'une singulière majesté. La voix, un peu sourde et presque tremblante, prenait l'auditeur aux entrailles. Sur cette face marmoréenne, soudain mortifiée, on sentait courir un frisson. Les yeux, surtout, devenaient effrayants. Ils se creusaient, et sous les paupières palpitantes, les prunelles montaient, comme dans l'extase[626]. »

Son petit salon du samedi, désormais plus cancanier qu'intellectuel ou littéraire – « Mme Leconte de Lisle n'avait pas beaucoup de goût pour les poètes ; elle préférait les relations mondaines et les visiteurs de marque[627] » –, avait repris de plus belle. Tout n'était plus que soirées chez Mme Adam, dîners et réceptions chez Mme Lockroy ou chez Mme Daudet, agapes, bombances et petits fours chez Mme Arman de Caillavet, chez Mme Raffalovich ou chez Mme Cornélie Renan. Leconte de Lisle pouvait avoir la joie d'y entendre l'effervescente Mme Tola Dorian proclamer son nouvel engouement pour la poésie décadente[628], « qui est une sorte de galimatias auprès duquel les vers du sublime Adoré Floupette[629] ne sont que de la petite bière », et où il s'ennuyait ferme. Il se trouvait fort « peu disposé à penser et à travailler dans l'absolue solitude de cœur et de tête[630] » que lui offrait cet accablant spectacle de snobisme et de frivolité. « Passé la soirée hier chez Renan toujours aimable, gai, papelard, de l'avis de tout le monde, goutteux et enrhumé, note-t-il le 16 janvier 1886. Avons eu samedi dernier (style télégraphique) les Houssaye, Bonnières, Barracand, Thierry – critique dramatique –, Godebski – sculpteur – et Godebska, et Janvier, et Haraucourt, et G. Bastard – journaliste et historien –, etc. etc.[631] » Pourquoi Émilie n'était-elle pas venue à Paris ? Elle aurait été comblée puisqu'elle aimait le monde ! Sur ce point précis, Leconte de Lisle, pour qui rien n'était plus pénible que d'avoir à en supporter les tartuferies et les faux-semblants, se trouvait en mésintelligence complète avec sa jeune amie.

Paris, 27 juillet 1887

Tu me dis que tu aimes le monde, ma bien chère enfant, et j'aurais assurément le plus grand tort de m'en étonner, puisque la presque unanimité des femmes l'aime également, et que les plus jeunes et les plus charmantes d'entre elles ne rêvent que de lui, certaines qu'elles sont d'y rencontrer les attentions et les galanteries qui leur sont dues. Cependant, comme nous sommes toujours surpris que les personnes que nous aimons ne partagent pas nos goûts personnels, ce qui est à la fois absurde et naturel, je me demande en toute sincérité quel plaisir tu peux trouver à ces conversations si banales, si insignifiantes et si vides. Tu en reviens, il est vrai, me dis-tu, très fatiguée et même un peu écœurée, mais tu y retournes volontiers, quitte à en rapporter la même désillusion et la même lassitude. Pour moi, qui ne vais dans le monde et qui n'y suis jamais allé qu'avec la certitude de m'y abrutir effroyablement, je te prie de croire qu'il n'existe pas de supplice qui vaille celui-là pour l'incurable sauvage que je suis. On y peut rencontrer, il est vrai, la personne qui seule nous tient lieu de tout; mais, comme, pour ma part, ce n'est pas là que je l'ai jamais cherchée ni trouvée, je me récuse. D'ailleurs, le mot de Chamfort est toujours vrai, quelque brutal qu'il soit : « Toutes les fois que les gens du monde s'attroupent, ils se croient en société. » Et, en effet, tous mentent à qui mieux mieux et se mentent à eux-mêmes, et il est impossible qu'ils ne mentent pas, et il n'y a pas un rassemblement possible d'hommes et de femmes sans cela, attendu que le mensonge est le lien social par excellence. Personne ne s'illusionne à cet égard; tous sont naturellement d'accord pour se déchirer et se calomnier, et tous recommencent le lendemain ce qu'ils ont dit et fait la veille. Voilà le monde, et ce sera toujours la même chose, et l'on appelle cela vivre!

Vois ce que c'est qu'une réunion d'hommes choisis, dit-on, entre tous, l'Académie française, par exemple. Chacun d'eux, individuellement, est lettré, intelligent, libre d'esprit. En séance tous deviennent nuls, couronnant de préférence les plus mauvais ouvrages, n'osant jamais donner leur sentiment personnel, en proie au vieil esprit de corps académique, le plus étroit et le plus poltron qu'on puisse rêver. Un fois sortis de la séance, ils redeviennent eux-mêmes, chacun se moque de ses propres faiblesses et raille ses confrères qui le lui rendent. Ce qui n'empêche pas qu'ils réprouvent sans cesse celui qui a des idées arrêtées et qui les exprime. Enfin, que veux-tu? La vénérable, toute puissante et inéluctable Banalité est la reine du monde; sa volonté est faite, ainsi soit-il! Ah! mon enfant bien aimée, ce n'est pas là ce que j'espérais de la vie dans les années enfuies de mes désirs et de mes espérances! Mais à quoi bon les plaintes et les regrets?

J'ai mal songé le monde et l'homme dans mon rêve,

a dit mon vieux Runoïa. Et maintenant le mal est fait, et nul n'y peut rien. Et voilà aussi pourquoi je ne crois à rien, si ce n'est à mon profond attachement pour toi et à ma religieuse adoration du Beau dans la nature et dans l'art. Je t'aime, mon enfant, parce qu'il m'est doux d'incarner en toi ma dernière illusion peut-être et qui m'est chère par-dessus tout. Ces misérables poètes sont ainsi. Incapables de vivre dans la réalité des choses, il leur faut cependant une image vivante et un symbole à la fois de leur idéal, et tu es l'une et l'autre, ma très chère enfant, pour ton ami dévoué, qui te sera toujours reconnaissant de l'affection que tu lui as accordée et qui t'embrasse bien tendrement de tout son cœur.

Leconte de Lisle[632]

En outre, depuis sa nomination, ses deux marâtres bretonne et bourbonienne se le disputaient. Une association d'écrivains normands et bretons

– nommée *La Pomme* – l'avait élu président pour un an et sans son consentement. « Il avait assisté au banquet où l'on lui avait remis le sceptre présidentiel. [...] Mr de Morcère, l'ancien ministre, auquel Leconte de Lisle succédait, avait fait un discours dans lequel il avait inséré quelques vers [du poète] qu'il avait estropiés abominablement. Le Maître en avait rougi de honte de la pointe des cheveux au bout de ses bottines. Ce malheureux ne savait même pas qu'un vers français se composait d'un nombre régulier de syllabes[633]. » De même, le 23 juin 1886, il avait dû assister à un banquet créole. « Tout s'était passé en toasts et en congratulations mutuelles. Il ne connaissait pas les trois quarts des convives, mais tous avaient été fort aimables pour lui. Ils n'avaient pas bu de champagne, vin très excitant pour sa tête malade, [...] [ni] eu de soirée, et ils s'étaient tous séparés après le dessert. [...] Une élection à l'Académie donnait aux rimeurs de son espèce un lustre qui leur faisait absolument défaut une heure auparavant. Que de personnes avaient besoin qu'une consécration officielle vînt confirmer leur opinion individuelle, ou, plutôt, leur en donner une[634] ! »

Parmi ces hommages un peu tardifs – il en reçut d'Autriche, d'Angleterre, de Bohême, de Turquie, de Nouméa, de Saigon, sans compter la France et la Grèce, de professeurs, de poètes en mal d'éditeur, de mères inquiètes pour leur progéniture, d'emprunteurs soucieux de s'acquitter de leurs dettes, de cochers sans place désireux d'entrer dans l'administration des petites voitures, etc.[635] –, il s'en trouva un qui le fut tout particulièrement, un qui dut le toucher entre mille autres, un billet, daté du 11 mai 1886, et qui provenait de son île natale. Cécile de Lanux, la fille de son oncle Frédérik et la sœur de la jeune fille au Manchy, Élixenne de Lanux, son premier amour, y exprimait son désir de renouer des liens familiaux trop longtemps rompus : « Je ne veux pas être la dernière, mon cher cousin, à vous témoigner toute ma sympathie, lui écrivit-elle, la chose eût été déjà faite et m'aurait même coûté, sans cette indifférence dans laquelle on nous a laissé grandir et vieillir pour ceux qui nous sont unis par les liens du sang. Je la déplore et je veux y remédier; l'occasion se présente, je la saisis, sans me demander si ce n'est pas une témérité. Enfant, je contemplais avec plaisir la photographie de mon cousin le poète, et je disais à ma chère et regrettée maman : Pourquoi ne le connaissons-nous pas? Vous me trouverez peut-être étrange, mais, qu'importe : j'obéis à un sentiment irrésistible[636]. »

Quelle fut la réaction de Leconte de Lisle à la lecture de cette missive surgie du fond de son histoire et d'un autre hémisphère? Les larmes ont certainement dû lui monter au visage, venant ainsi grossir le flot de ses aigreurs et de son amertume. Certes, il ne reverrait plus jamais Bourbon, mais la meilleure part de sa vie, les années heureuses de sa jeunesse, y étaient restées, et tout ce qui, de près ou de loin, pouvait les lui rappeler le touchait au plus profond. Ses premières amours et ses premières émotions avaient beau appartenir à un passé lointain, elles n'en demeuraient pas moins vivantes[637]. « Tu ne saurais croire, ma chère Émilie, lui confia-t-il quatre jours après avoir reçu cette lettre étonnante et bouleversante, combien il y a de gens qui me découvrent comme si je venais de publier mon premier livre. On dirait en vérité que l'Académie m'a créé et mis au monde. Quant à mes compatriotes créoles, qui ignoraient absolument mon existence il y a deux mois, et que j'ignorais de mon côté, ils apparaissent de toutes parts comme une sorte de génération spontanée. Enfin, tout est bien qui finit bien, mais tout aurait mieux fait de bien commencer[638]. »

Au reste, Émilie Leforestier n'était-elle pas la fille de l'inaccessible Mme Foucque, la réapparition de la merveilleuse enfant de l'inabordable Louise, Henriette Colet, et donc le visage ressuscité – tragiquement chaste, l'éros étant sans cesse sublimé par le Beau –, au cou de neige, aux boucles d'or et aux « sombres yeux d'améthyste » d'Élixenne de Lanux ? N'incarnait-elle pas la résurgence des émotions premières, et, par elle, l'espérance bien illusoire d'un nouveau départ ?

> Celui qui va goûter le sommeil sans aurore
> Dont l'homme ni le Dieu n'ont pu rompre le sceau,
> Chair qui va disparaître, âme qui s'évapore,
> S'emplit des visions qui hantaient son berceau.
>
> Rien du passé perdu qui soudain ne renaisse :
> La montagne natale et les vieux tamarins,
> Les chers morts qui l'aimaient au temps de sa jeunesse
> Et qui dorment là-bas dans les sables marins. [...]
>
> Et tu renais aussi, fantôme diaphane,
> Qui fis battre son cœur pour la première fois,
> Et, fleur cueillie avant que le soleil te fane,
> Ne parfumas qu'un jour l'ombre calme des bois[639].

« *Jamais* nulle femme ne m'inspirera d'amour, à moins qu'elle ne ressemble à mes rêves, avait-il écrit dès le mois de février 1839 ; car jamais je n'aimerai que mes idéalités, ou plutôt mes *impossibilités*[640]. » Et, le 26 mars 1857, c'est-à-dire cinq mois avant de se marier, n'avait-il pas réaffirmé ces propos en avouant à Alfred Lavidière : « Hélas ! les soucis qu'entraînent fatalement les sollicitudes du mariage ne sont pas toujours de l'ordre le plus élevé et le plus moral. Enfin le vin est tiré ; la coupe est pleine, et il faut boire. À votre santé, mon ami, et restez libre[641]. »

Dès le départ, de par sa nature même de poète passionné[642], Leconte de Lisle s'était senti isolé, triste et seul. Sa proche famille l'avait considérablement déçu et, avec les années, Anna était peu à peu devenue ce qu'elle n'avait jamais vraiment cessé d'être, une sorte d'étrangère, assombrie, distante, renfermée[643]. Pour lui, Émilie représentait son authentique et son unique parenté. « Nos vrais ennemis ne sont que trop souvent ceux qui nous touchent de plus près, et nous devons nous estimer heureux que ceux-ci du moins ne nous abandonnent pas, se lamentait-il le 17 novembre 1888. Moi, qui, sans l'avoir jamais mérité, n'ai rencontré que des ennemis parmi mes sœurs[644] et mon frère[645], je sais combien il est amer de n'exciter que l'envie et la haine quand on a tout fait pour leur témoigner son attachement ; mais on finit par en prendre son parti. Les vraies familles ne sont pas toujours celles du sang. Il y a souvent entre nous et certaines personnes d'irrésistibles sympathies soit d'amour, soit de simple amitié, infiniment plus profondes et en quelque sorte plus légitimes que les liens dits naturels. C'est comme un mystère de plus au milieu de tous ceux qui nous enveloppent. C'est pour cela que je t'aime beaucoup, ma bien chère enfant, et que je me plais à croire, en retour, à l'affection que tu me portes[646]. »

Cette jeune femme intelligente et infortunée était le portrait parfait de la fille qu'il eût aimé avoir et de l'épouse qu'il eût aimé aimer, le type exact de la *vestale* blessée. Pure, comme l'était son art ; meurtrie, comme il l'était lui-même : « Ô première larme de l'amour, comme une perle limpide Dieu te dépose au matin sur la jeunesse en fleur ! Heureux qui te garde des ardentes clartés de la vie et te recueille pieusement au plus profond de son cœur ! Les jours heureux passeront pour ne plus revenir ; la femme aimée oubliera le nom de l'amant ; le monde emportera dans ses flots au tumulte stérile les débris du premier paradis ; la vieillesse glacera le sang des veines et courbera le front vers la tombe… Mais si tu baignes encore le cœur qui a aimé, ô chère larme ! si ta fraîcheur printanière a préservé la fleur divine de l'idéal des atteintes du soleil ; si rien n'a terni ta chaste transparence… Ô première larme de l'amour, la mort peut venir… tu nous auras baptisés pour la vie éternelle[647] !… »

Des larmes, en effet, Émilie en avait beaucoup versé. Tandis que le 28 avril 1840, peu de temps après qu'elle se fut mariée avec Pierre Baillif, Charles avait perdu son Élixenne, Émilie, elle, avait perdu son mari, Émile Jacques Guillaume Leforestier, négociant, le 5 avril 1879, peu de temps après la célébration de leur union, le 15 janvier 1877, et alors que, comme Élixenne, elle n'avait pas vingt ans[648]. Quelques semaines plus tard, le 27 mai 1879, à Saint-Malo, elle devait encore perdre sa petite fille, Marie Émilie Hortense, née à Paramé le 17 juillet 1878. À cette double tragédie, il fallut aussi ajouter la perte de son père, Hippolyte Foucque, survenue le 20 septembre 1881, ainsi que celle du frère de son beau-frère, avec lequel elle se fiança en 1882[649], disparu prématurément, peu de temps après, dans des circonstances inconnues. Bien que nous ne possédions aucune lettre d'Émilie à Leconte de Lisle[650], il est aisé d'en imaginer le contenu à la lecture de certains passages de celles du presque septuagénaire qui, désireux de la consoler, recouraient parfois aux accents graves et solennels de la commisération.

Ô Leïlah ! depuis que de leur vol léger
Tous les baisers ont fui de ta lèvre si douce,
Il n'est plus de parfum dans le pâle oranger,
Ni de céleste arôme aux roses dans leur mousse.

L'oiseau, sur le duvet humide et sur la mousse,
Ne chante plus parmi la rose et l'oranger ;
L'eau vive des jardins n'a plus de chanson douce,
L'aube ne dore plus le ciel pur et léger[651].

Pour lui être agréable, la toucher et s'en faire mieux comprendre, il alla même, comme dans cette lettre datée du 8 mars 1887, jusqu'à citer certains passages de l'*Évangile*, tombant ainsi d'accord avec les propos désobligeants d'Alexandre Dumas fils, tels qu'ils seraient tenus, trois semaines plus tard, sous la Coupole de l'Institut… C'est dire à quel point le vieil antithéiste aimait cette jeune veuve, « embellie encore de la langueur des larmes[652] ».

Ta lettre m'attriste profondément, ma bien chère enfant. Le souvenir de ceux qui t'ont aimée semble effacer presque celui de ceux qui t'aiment toujours et qui peuvent au moins te le dire. Je ne sais si nous devons retrouver dans une autre vie les personnes que nous pleurons. L'univers ne me semble pas avoir d'autre but, que le déroulement de la Vie à travers les joies, les douleurs, les rapides ivresses, les espérances stériles et les désespoirs, sans compter les catastrophes physiques, les maladies et les disparitions finales. Personne n'en est responsable sur la terre et au-delà. Rappelle-toi la réponse de Jésus au disciple qui lui disait : « Telle femme a eu successivement sept maris; lequel sera le véritable dans la vie future? » Et le Christ lui répond : « Mon père est le Dieu des vivants et non celui des morts[653]. » Ce qui veut dire que les morts ne sont plus rien, si toutefois cela veut dire quelque chose. Puisses-tu donc être heureuse dans cette vie, ma chère enfant, ce que je te souhaite ardemment, et laisse faire à la destinée qui nous emporte. Il y a, après tout, de belles heures sur la terre, si rapides qu'elles soient. Notre éternité de bonheur tient souvent dans une minute. Que pouvons-nous désirer de plus? Ce n'est pas nous qui avons voulu et fait ce qui est, si ce qui est a jamais été fait. Console-toi donc, mon enfant, s'il dépend de toi, et songe quelquefois qu'il te reste et qu'il te restera toujours de profondes affections bien tendres et bien dévouées[654].

Le 2 novembre 1886, lui, l'éternel mélancolique, tentait encore de la consoler en lui disant non pas que « les morts n'étaient plus rien », mais qu'ils revivaient à l'intérieur de ceux qui les aimaient.

Ta lettre, ma bien chère enfant, est mortellement triste et m'a fait beaucoup de peine. Ce n'est pas la première fois que j'éprouve en te lisant cette impression de tristesse, et les raisons que tu me donnes de ton découragement ne sont pas de nature à la dissiper. Cependant, n'obéis-tu pas à un sentiment momentané d'amertume, lorsque tu me parles de ton âge et de ta certitude de ne plus posséder rien qui puisse plaire. Est-ce à 26 ans, et douée comme tu l'es, qu'il faut désespérer de l'avenir? Calme-toi, ma chère enfant, et songe quelquefois à toutes les affections dévouées qui t'entourent. La mienne, si peu qu'elle compte pour toi auprès de celles qui te sont naturellement plus chères, n'est pas une des moindres, et quand je serai mort à mon tour, j'espère que tu te souviendras d'elle aussi. Les morts qu'on pleure valent mieux que les vivants qu'on oublie. Ceux-là revivent au moins dans le cœur qui les regrette, tandis que ceux-ci ne sont désormais que cendre et poussière. Pour ma part, j'ai toujours vécu dans un long rêve de poésie et d'idéal, et si j'ai parfois réalisé ce rêve, il s'est bientôt évanoui pour ne plus renaître. Mais qu'importe? [...] La grande Libératrice n'en arrive pas moins à son heure. Je souhaite de tout cœur que ta prochaine lettre soit moins triste, mon enfant, et que tu te reprennes à de nouvelles espérances pour un avenir prochain[655].

Mais là où la métaphysique avait échoué, les anecdotes distrayantes, souvent très drôles, réussiraient peut-être... Leconte de Lisle essayait alors de la divertir en lui racontant les épisodes les plus savoureux de sa morne vie d'Académicien neurasthénique. Tout à coup, on redécouvrait en lui le conteur qu'il avait jadis été et l'ironiste pince-sans-rire qu'il n'avait jamais cessé d'être. Un jour, il recevait chez lui la visite d'un ambitieux exalté;

Bien que mes maux *imaginaires* qui te font un peu sourire ne produisent pas le même effet sur moi, je n'en passe pas moins quelques moments comiques, grâce aux visites de candidats académiques. Avant hier matin, on m'annonce Mr Rondelet. Un gros homme très grave, à favoris hérissés. Je lui offre un siège; il s'assied et me tient à peu près ce discours, avec une volubilité terrible : « Monsieur, je suis Mr Rondelet, ancien professeur, auteur de nombreux ouvrages qui ont mérité les suffrages les plus autorisés et répandu mon nom au-delà des frontières de notre pays[656]. Habitué que je suis, dès ma plus tendre jeunesse, à remuer les idées les plus hautes et les plus diverses dans toutes les branches de l'intelligence, je n'ai plus qu'une ambition, d'ailleurs légitime, qui est de faire partie de l'Académie française. Il doit être on ne peut plus agréable, en effet, de fraterniser avec tant d'esprits supérieurs qui agitent hebdomadairement les questions les plus transcendantes… » etc.

Je te fais grâce du discours tout entier qui a bien duré vingt bonnes minutes. J'ai saisi un moment d'arrêt pour parler à mon tour, et j'ai dit au Rondelet : « Monsieur, je fais des vœux sincères pour la réussite de votre candidature, mais permettez-moi de vous dire que vous vous méprenez absolument sur ce qui se passe à l'Académie. Nous n'agitons d'autre question, en entrant dans le sanctuaire, que celle de nos santés, car nous sommes très polis. La séance s'ouvre. L'un de nous écrit à son tailleur, l'autre fait des cocottes de papier, quelques autres causent de leurs relations mondaines. On lève la séance et nous rentrons chez nous. Voilà ce qui se fait à l'Académie française. »

« Mais, alors, Monsieur, dit Rondelet scandalisé, à quoi sert l'Académie ? »

« Mais, évidemment, à rien du tout », ai-je répondu[657].

un autre, celle d'une amoureuse éplorée qui cherchait un éditeur pour ses odelettes tendrement composées en songeant à l'aimé qui l'avait éconduite, et au sujet desquelles elle sollicitait un immortel soutien…

Il était à peu près huit heures du matin. On sonne et la bonne me donne une carte où je lis : Roger de Nesles. – Faites entrer ce monsieur. – C'est une dame qui entre, trente à trente-cinq ans, assez bien de figure, pâle, vêtue de noir, un gros cahier relié à la main. – Mme, veuillez-vous asseoir; que désirez-vous de moi ? – Monsieur, me dit-elle avec une voix entrecoupée, je vous apporte ma confession. – Mme, vous m'étonnez beaucoup; je n'ai aucun titre à une telle confiance; je ne suis pas prêtre et n'ai nulle envie de l'être. Il me serait donc impossible de vous donner l'absolution qui suit communément ces sortes de confidences. – Monsieur, il ne s'agit pas d'absolution dont je me soucie fort peu. Ma confession est celle de mes sentiments. C'est de la poésie. J'aime un poète que vous connaissez, M. F. Coppée, et ces vers que je viens vous soumettre lui sont adressés. – Mais, Mme, il me semble que ce serait plutôt à Coppée de vous adresser des vers. Dans tous les cas, vous feriez beaucoup mieux de les lui remettre directement. Je ne désire nullement être mis dans la confidence de vos sentiments intimes. – Ici, la dame se met à pleurer. – Monsieur, Coppée n'a pas de cœur ! Il m'a déclaré qu'il ne m'aimait pas et qu'il se refusait à faire éditer mes vers. C'est pourquoi je viens vous prier de me rendre le service de me trouver un éditeur après m'avoir donné quelques conseils. – Mme, je suis désolé, mais mon temps est entièrement pris par un travail pressé. D'autre part, je suis très sévère et même très dur dès qu'il s'agit de vers. Allez trouver M. de Banville qui, lui, est très aimable et qui vous recevra à merveille. C'est un excellent artiste qui vous conseillera mieux que moi. – Mais j'en viens, Monsieur, et M. de Banville m'a recommandé de venir vous trouver, et il m'a dit que c'était à vous surtout qu'il fallait m'adresser pour les conseils que je lui demandais. Tenez, *cher maître*, je vais vous lire de suite quelques vers et vous pourrez juger immédiatement de mon talent.

Là-dessus, Mme de Nesles se lève et me déclame une ode à Coppée en vers faux pour la plupart, mais qui, en fait d'exaltation, dépasse de cent coudées Sappho et Louise Labé. Comme cette pauvre femme pleurait en me récitant cela, je t'avoue que j'étais partagé entre l'envie de m'attendrir et celle de rire.

– Eh bien, Monsieur, pensez-vous qu'un poète puisse résister à de tels vers ? – En effet, Mme, cela me semble difficile, d'autant plus que, dans l'enthousiasme de l'inspiration, vous avez oublié quelques pieds et quelques rimes dans vos vers d'ailleurs sublimes. – Monsieur, me dit cette muse irritée, vous êtes bien tous les mêmes. Vous n'avez ni cœur ni âme. Ah ! Si Musset vivait encore ! J'ai l'honneur de vous saluer. – Et la voilà partie[658].

En 1885, Émilie Leforestier avait déjà rendu visite à son vieil ami, 64, boulevard Saint-Michel – une seule fois ? –, puisqu'un journaliste du *Télégraphe* venu l'interviewer cette même année au sujet de *La Succession de Victor Hugo à l'Académie française* rapporta qu'« une jeune femme blonde[659] » – il ne pouvait s'agir de son épouse, alors âgée de cinquante-deux ans – était venue lui ouvrir après qu'il eut frappé à la porte du domicile du poète. Elle l'avait apostrophé d'un familier : « Charles, un monsieur qui te demande », prouvant ainsi qu'il ne pouvait s'agir d'une domestique[660], qui ne l'eût point tutoyé. Pourtant, il ne semble pas que les deux amis se soient jamais revus passé ce mois de printemps-là[661]. « Après l'affreuse tourmente qui l'avait secouée et comme rejetée au rivage, [Émilie] avait, à côté du poète, la sensation de s'appuyer à la magnifique solidité d'un roc. De la fierté tendre se mêlait à son sentiment de gratitude. Elle ne se demandait point si la douleur avait fait d'elle la fille d'adoption du poète, ou si elle était son inspiratrice[662]. » Leconte de Lisle désirait l'emmener partout où il y avait de la beauté : dans les musées, dans les galeries, dans les Salons, dans les Bibliothèques et les salles de concert, admirer les tableaux, les incunables, les mélodies et les sculptures, et toujours il commentait abondamment ces œuvres de Barye, de Gounod, de Raphaël, du Corrège, de Michel-Ange, de Pierre Puget, de Lucien Pallez, d'Alexandre Falguière ou de James Pradier. Il lui disait des vers, elle lui en récitait d'autres, et ils avaient de longues causeries portant sur les délicates nuances de l'orthographe et les douces vénustés de la grammaire française[663].

Oh ! que ton jeune amour, ce papillon léger,
Revienne vers mon cœur d'une aile prompte et douce,
Et qu'il parfume encor les fleurs de l'oranger,
Les roses d'Ispahan dans leur gaîne de mousse[664] !

Un peu pour lui faire plaisir, et beaucoup pour lui montrer l'étendue de ses relations, le vieil homme s'était mis en tête de lui constituer un album « relié de maroquin noir, [...] fermé par une serrure » et à l'angle supérieur duquel le nom de la jeune veuve avait été imprimé en lettres d'or. Il y tenait beaucoup et, en tête, y calligraphia *Le Dernier Dieu*. Le spicilège devait regrouper des pièces manuscrites des plus grands auteurs du XIXe siècle. Dès leurs premiers échanges épistolaires, il lui promit qu'il lui apporterait ce livre « où nombre de poètes avaient déjà inscrit leurs vers. Elle aurait des autographes de V. Hugo, de Jules Breton, de Daudet, de Mme Adam, de Soulary, de Heredia, de Haraucourt, le beau sonnet du Cloître du Vte de Guerne, etc. etc. Mais il lui fallait encore Coppée, Bourget, Sully-Prudhomme, Renan, surtout. En un mot toute la fleur de la ménagerie littéraire moderne. Mais tout le monde partait ou était déjà parti, de sorte qu'il lui fallut remporter son album qui s'emplirait pendant l'automne. »

En outre, « Étienne Arago, qui avait été extrêmement touché de son souvenir, chargea [Leconte de Lisle] de déclarer [à Émilie] que, s'il avait eu seulement une cinquantaine d'années de moins, il lui aurait fait une cour assidue, attendu qu'elle l'avait absolument séduit. Il mettait à ses pieds, avec la politesse et la galanterie de 1830, l'hommage de ses meilleurs respects. – Tu vois que tout le monde te regrette ici et fait des vœux pour ton prochain retour, conclut le poète. N'oublie donc jamais que ta chambre est toujours prête et te recevra à notre très grande joie[665]. »

Dans ce recueil doré sur tranches, que personne n'a jamais pu retrouver, la fantasque Moscovite, traductrice de Shelley et de Swinburne, Mme Tola, n'avait-elle pas inscrit en juillet 1883, coquetterie suprême, avec un vers boiteux :

> Vous avez traversé les plus rudes épreuves
> De la route, que rien n'abrite ou ne défend
> Et vous portez le voile inconsolé des veuves
> Sur le front d'une vierge et les yeux d'un enfant. [...]
>
> Vous êtes parmi nous si doucement venue,
> Sérieuse, et loyale, et fière, et souriant,
> Apportant au poète une joie ingénue,
> *Que notre soir salue votre jeune orient*[666] ?

Émilie aurait bien aimé pouvoir vivre au milieu de toutes ces personnes plus ou moins célèbres et brillantes qui fréquentaient les samedis du Maître, et s'échapper ainsi des brumes maussades et tristes de sa Bretagne natale. Il lui suffisait pour cela d'être nommée comme professeur dans un de ces tout nouveaux Lycées de Jeunes filles, inspirés des établissements de la Légion d'honneur de Saint-Denis et d'Écouen – ces dernières ayant été jusque-là privées d'enseignement secondaire – et créés par Camille Sée, depuis que sa loi – grâce aussi à l'engagement d'Octave Gréard, le successeur du comte de Falloux à l'Académie française, et en dépit de l'opposition virulente des partis conservateurs – avait été adoptée par le Sénat le 21 décembre 1880. Avec les relations de Leconte de Lisle, la chose aurait pu sembler aisée, mais Émilie, quelque intelligente et cultivée qu'elle fût, ne pouvait faire l'économie d'une agrégation. Du succès ou de l'échec à ce concours dépendaient donc non seulement son indépendance financière mais aussi son retour. L'Académicien avait eu une longue conversation avec le chef du cabinet du ministère de l'Instruction publique à ce sujet. Le directeur des Beaux-Arts, Henry Roujon, lui avait donné tous les renseignements officiels possibles et il l'avait assuré que le maximum serait entrepris pour accéder à la requête de sa jeune amie.

> Dis-moi ce que tu penses de l'examen d'agrégation, lui écrivit l'Académicien le 26 octobre 1885. Dans le cas où tu reculerais devant cet ennui, je me tournerai d'un autre côté, et je réussirai à vous faire venir à Paris ou j'y perdrai ce qui me reste de latin. Je suis cependant bien désolé, ma chère enfant, que nous ayons à surmonter tant d'obstacles ; mais le Ministre, malgré toute sa bonne volonté, ne peut réellement rien en face du Conseil d'instruction. Ce qu'il peut, aidé en cela du Recteur de l'Université, Mr Gréard[667], et du chef de Cabinet, c'est de te nommer professeur d'un Lycée de Jeunes filles à Paris, pour l'histoire, la géographie et la littérature, une fois agrégée. Réfléchis sérieusement à cela et fais-moi part de ta décision. Surtout ne te décourage pas, et songe que tu as ici un ami dévoué, et des amis de ton ami, qui feront également pour toi ce qu'il ferait lui-même[668].

Dès qu'elle eut terminé la lecture des documents autorisés spécifiant les modalités du concours qui déjà se déroulait en deux temps : les épreuves proprement dites puis l'année de stage, Émilie s'inquiéta fort d'avoir à demeurer si longtemps en Province, peut-être dans un endroit encore plus reculé que Saint-Servan, sans véritable assurance d'être jamais mutée à Paris, et de surcroît cloîtrée dans un logement de fonction attenant au Lycée. La Malouine consentait bien à faire des sacrifices, mais elle désirait être certaine de regagner la capitale. Entendant parfaitement cet argument de poids, qu'il jugeait par ailleurs légitime, le poète fit de son mieux pour la tranquilliser.

> Je me suis très mal expliqué, ma chère Émilie, au sujet de tes deux examens. Ton agrégation te donnerait le droit et la certitude d'être nommée à Paris. Non seulement Roujon me l'a promis, mais il me l'a affirmé. Quant à l'obligation d'habiter le Lycée, ce que tu pourrais craindre, il n'en est nullement question. En province, comme à Paris, tu serais absolument libre. Je comprendrais qu'une telle obligation, qui n'existe pas, fût une raison de renoncer à ton projet ; mais il n'en est rien. Seulement, après le premier examen, le stage en province est, je crois, nécessaire. Ainsi, une année de professorat dans une ville peu éloignée de Paris, et la nomination définitive, ici, après l'examen d'agrégation. Voilà la situation bien définie et bien nette. En somme, rien n'est plus honorable et plus honoré que la position de professeur dans un Lycée de Jeunes filles à Paris, et je doute qu'en aucune grande ville de province il en soit autrement. Ne te tourmente donc pas, ma chère Émilie, des difficultés que tu redoutes à tort. Grâce à ton intelligence, à ta vive compréhension, à ta ferme volonté autant qu'à ton instruction, je suis bien certain que tu passeras victorieusement ton examen d'agrégation. Pour le premier, rien de plus facile. Je ne saurais trop te répéter que tu seras chaudement recommandée à tes examinateurs par Roujon, Gréard, Renan et moi, et, au besoin, par le Ministre

lui-même que je verrai spécialement à ce sujet. Rassure-toi, et sois persuadée que, tant que je pourrai m'en mêler, ni les influences ni les recommandations ne te manqueront[669].

L'agrégative choisit de se préparer dans la ville de Lorient, élisant domicile 11, rue de la Marine, chez sa demi-sœur, Louise Sers, née Foucque, et sa nièce, Léonide Bouron, née Sers, plutôt qu'à Paris. – Feu son père Hippolyte Foucque avait en effet épousé en premières noces, à Saint-Paul de Bourbon, le 7 mai 1828, Léonide de Lanux, la cousine germaine de la mère de Leconte de Lisle, desquelles épousailles étaient nés cinq enfants : Louise Léonide, le 25 juin 1830, Hippolyte Claude, le 6 novembre 1833, Léo Hippolyte, le 6 avril 1836, Hippolyte Henri, le 26 mars 1838, et Marie ou Maria Reine, le 13 janvier 1842. – Pendant ce temps, Mme Foucque, accompagnée de sa dernière fille, la petite Paule, née en 1871, et que l'Académicien surnommait *Kisaki*[670] en raison de la majesté impériale de ses yeux noirs, décida de s'installer dans la paisible commune d'Indre-et-Loire de Château-la-Vallière.

Eugène Manuel, Inspecteur Général de l'Université, transmit à son vieil ami le programme détaillé du concours – que Leconte de Lisle renvoya à Émilie le 30 novembre 1885 –, publié par Delalain et « divisé en cinq années. Chacune d'elles commençait par la section de littérature et par l'indication des ouvrages à étudier et à expliquer, prose ou vers. […] La matière des épreuves n'était autre que l'enseignement même qu'on donnait aux Jeunes filles[671]. » Mais son contenu n'en parut pas moins considérable à Émilie, pour ne pas dire insurmontable. Sa première réaction fut un mouvement de recul devant l'immensité de la tâche à accomplir, et plus elle se désespérait, plus le vieux Runoïa succombait au chevaleresque désir de la protéger et de la secourir.

> Je vois, ma chère Émilie, lui écrit-il le 7 décembre 1885, que ce programme d'études pour l'agrégation t'a considérablement effrayée, et bien à tort, je t'assure. Il ne s'agit pas d'apprendre par cœur la multitude de livres ; ce serait en effet une tâche écrasante, et tes futurs examinateurs eux-mêmes en seraient fort empêchés ; mais seulement d'acquérir des notions spéciales sur chacune des matières auxquelles porte l'examen. Comme tu n'as en vue que l'agrégation de Lettres, c'est-à-dire, l'histoire, la littérature et la géographie, l'épreuve que tu subiras sera infiniment plus facile que s'il était question des sciences mathématiques, physiques et naturelles. Pourtant, ma chère enfant, je comprends que tu aies besoin d'un professeur qui t'aide à mettre un peu d'ordre dans tes études, et je regrette plus que jamais de ne pouvoir te rendre ce service, puisque tu ne peux venir habiter Paris où je suis enchaîné jusqu'à la fin de ma vie, en désirant bien sincèrement que cette fin arrive le plus tôt possible. Malgré mon insuffisance pédagogique, (pardon pour cet horrible mot !), je suis convaincu, grâce à ma grande affection pour toi, que je ne te serais pas inutile[672].

Le 8 janvier 1886, Émilie était installée à Lorient où elle avait commencé ses études préparatoires. Elle n'allait pas tarder à s'abonner à *L'Écho de la Sorbonne* qui portait en sous-titre « Moniteur de l'enseignement des jeunes filles » et offrait à ses lecteurs des leçons sur tous les sujets au programme. Son professeur lui avait pourtant certifié que six mois ne suffiraient sûrement pas pour se préparer à ses examens, et Leconte de Lisle, qui jugeait cette sentence excessive, lui récrivit pour lui dire combien il eût été heureux de pouvoir l'aider à pallier cette difficulté. « Veux-tu que je t'envoie, pour chacun des écrivains dont parle le programme, une appréciation critique et philologique, concise, bien qu'aussi complète que possible ? » lui notifia-t-il. « Donne-moi leurs noms et le titre de leurs principaux ouvrages indiqués [...], et tu ne tarderas pas à recevoir ce que je te propose. Il est bien entendu que je me conformerai quelque peu, dans ce travail, au goût universitaire[673]. »

L'insistance avec laquelle il réitérait ses délicates attentions, le soin et le zèle extrêmes qu'il mettait à la contenter, commençaient à embarrasser la jeune femme qui souhaitait participer financièrement aux dépenses : outre ses propres appréciations résumées des auteurs au programme, il lui envoya en effet gratuitement pléthore de livres – Judith Gautier, Michelet, France, Renan, La Fontaine, Voltaire, Mme de Sévigné, Mme de Maintenon, un *Télémaque* anglais, des morceaux choisis, une mythologie comparée traduite par Mallarmé, *Les Dieux antiques*, une nouvelle transcription de la *Genèse*, une histoire de la littérature, etc. – et se fit son ambassadeur auprès d'un Eugène Manuel qu'il prépara « non pas à se montrer indulgent, ce dont Émilie n'avait nullement besoin, mais à déployer autant de politesse bienveillante que sa laideur était affreuse[674] »... – « Comment peux-tu me dire, ma chère Émilie, que mon dévouement te confond ? » s'offusqua-t-il le 16. « Je serais heureux de te donner une meilleure preuve de mon sincère attachement, car le très simple travail que je ferai pour toi est bien peu de chose auprès de ce que je désirerais accomplir pour le succès assuré de tes examens[675]. »

De surcroît, il la pria expressément, de même que Léonide, à laquelle il rendit service en la recommandant à son collègue des Postes, Félix Granet, et en estampillant, tout comme Lockroy, sa pétition au Ministre des Postes et des Télégraphes – Léonide était alors sans emploi[676] –, de lui écrire « *à la Bibliothèque du Sénat, Palais du Luxembourg*[677] ». Pourquoi donc ? Avait-il quelque chose à cacher à Anna ? Souhaitait-il ne pas éveiller ses soupçons ? Ou bien estimait-il simplement que la Bibliothèque était un lieu mieux propice à l'entretien d'une correspondance personnelle pour le moins assidue : trois à quatre lettres par mois, quelquefois à vingt-quatre heures d'intervalle[678] ?

Il est évident que la force des sentiments de Leconte de Lisle pour Émilie Leforestier devait déranger Mme Leconte de Lisle, mais rien ne semble indiquer que son mari, comme l'affirme Mme Jean Dornis, ait jamais souhaité divorcer. Certes, depuis que la loi Naquet du 27 juillet 1884 avait été votée, il en avait théoriquement la possibilité, et quelques passages de sa correspondance peuvent laisser à penser que cette idée a peut-être pu l'effleurer. Mais si tel fut le cas – encore eût-il fallu avoir quelque faute grave, injure, excès, sévices, adultère, etc., à reprocher à Anna –, et s'il en fit jamais part à Émilie, pour une raison – il avait quarante et un ans de plus qu'elle – ou pour une autre – leurs caractères n'étaient peut-être pas aussi concordants qu'on a bien voulu le dire – le vieil homme crut plus sage d'y renoncer.

On n'épouse pas Iseut… « Car Iseut, c'est toujours l'étrangère, l'étrangeté même de la femme, et tout ce qu'il y a d'éternellement fuyant, évanouissant et presque hostile dans un être, cela même qui invite à la poursuite et qui éveille l'avidité de posséder, plus délicieuse que toute possession au cœur de l'homme en proie au mythe. C'est la femme-dont-on-est-séparé : on la perd en la possédant[679]. »

Émilie abandonna complètement son projet d'agrégation, ce qui était d'autant plus prévisible qu'elle n'était pas soutenue par sa famille. Le 29 janvier 1890, à minuit, selon la vieille coutume bretonne pour les veuves se remariant, elle convola en secondes noces avec Amédée Eugène Jacques Perruchot de Longeville, né à Péra-lès-Constantinople, en Turquie, le 11 janvier 1856. Trois semaines plus tôt, sa correspondance avec le poète s'était arrêtée. D'abord chancelier à la Résidence de Tunis, où Émilie le suivit, M. de Longeville fut ensuite nommé vice-consul de France à Alexandrette, en Syrie, où son épouse se rendit également. Ils y demeurèrent de 1891 à 1897, date à laquelle Émilie devint veuve pour la seconde fois, son mari succombant à une fièvre pernicieuse, le 26 septembre : leur mariage n'avait pas duré huit ans ; elle n'en avait pas trente-neuf. Revenue vivre chez sa mère, à Paramé, où toutes les deux reposent aujourd'hui, elle devait la perdre le 12 octobre 1926. Seule, elle s'installa alors à Saint-Malo, et, le 6 février 1940, à l'âge de quatre-vingts ans, dans le pays de son enfance, à Saint-Servan, la « dernière Illusion » de Leconte de Lisle disparut à son tour…

Ô vieille Illusion, la première des Causes !
Pourquoi nous éveiller de notre éternité,
Si, toi-même n'étant que leurre et vanité,
Le secret de la Vie est dans les tombes closes[680] ?

La dernière Muse

Le thème de la résurrection du premier amour, ici sous les traits d'une vierge souillée, profanée, violée et revenant se venger par le suicide des outrages qu'elle a subis, était non seulement récurrent dans les *Poèmes tragiques* (*L'Illusion suprême*, *Sous l'épais Sycomore*, *Les Roses d'Ispahan*, *Épiphanie*, *Le Parfum impérissable* et *Si l'Aurore*), mais il était aussi celui qui contribuait le plus clairement à l'organisation du recueil tout entier. Il revêtait le visage de la mort elle-même, et, la très belle *vestale* – comme dans *Le Lévrier de Magnus*, écrit, tel *L'Enfer* de Dante, en *terza rima* –, l'abbesse du saint Carmel, la recluse austère « Du sang de Bohémond, le Prince d'Antioche », ne se nommait plus Élixenne de Lanux, Louise ou Henriette Colet, Émilie Foucque, Leforestier ou de Longeville, mais subrepticement Alix[681]…

– Ô malheureux, promis à la Flamme éternelle,
Qu'as-tu fait ! J'étais vierge, et sans tache, et l'Amour
Divin, avant la mort, m'emportait sur son aile.

Et voici que le Ciel m'est ravi sans retour !
La honte imméritée a vaincu ta foi vaine :
Le jour de ton forfait sera mon dernier jour.

Sois voué, misérable, à l'angoisse, à la haine,
À la luxure, à la soif de l'or et du sang,
À la peur, avant-goût de l'ardente Géhenne !

Va ! traîne de longs jours encor. Vis, amassant
Crime sur crime, en proie aux soudaines alarmes
Des nuits, épouvanté, furieux, impuissant !

Souviens-toi que la plus amère de mes larmes
Comme un funèbre anneau s'est rivée à ton doigt.
Rien ne le brisera, ta force ni tes armes.

Mais, à l'heure où chacun doit payer ce qu'il doit,
Tu sentiras couler l'Opale vengeresse,
Et mon spectre à Satan t'emportera tout droit.

Moi, j'ai vécu. La mort devant mes yeux se dresse.
Que tout mon sang te marque à la face, assassin !
Et que Dieu, s'il se peut, pardonne à ma détresse ! –

Alix, alors, avant qu'il rompe son dessein,
Saisissant une dague aux parois arrachée,
Se l'enfonce d'un coup rapide dans le sein.

Telle tu la revois, immobile et couchée
Sur la peau de lion de ta tente, ô Vieillard !
Ce sang, ce sang ! ton âme en est toujours tachée.

C'est en vain que le temps, de son épais brouillard,
Voile de tes forfaits l'infamie et le nombre :
Alix, sanglante et morte, habite ton regard[682] !

Coïncidence, confession ou lapsus ? « Je range [Leconte de Lisle] parmi les très rares vedettes qui ont traversé ce monde sans se livrer, qui ont emporté leur secret psychologique dans la tombe, écrit Léon Daudet. Il avait l'air de quelqu'un que sa poésie ne délivre pas du tout – en dépit de Goethe – et qui porte en soi un damné. Mais il est certain que nous n'aurons jamais la clef de cette énigme étouffée sous l'eurythmie[683]. » Et pourtant, ne serions-nous pas ici, justement, devant l'une de ces clefs ? Leconte de Lisle, tout comme le duc Magnus, à la fois bourreau et victime, recelait-il en lui-même un terrible secret, source inavouée de son refus de la religion, de son dégoût de l'élégie, de son dédain du vulgaire et de son adoration du Beau ? Sa jeunesse aurait-elle été souillée par un acte si laid et si répréhensible que le poète, une fois adulte, aurait, notamment par ses témoignagnes d'affection réitérés à l'endroit d'Émilie Leforestier, réincarnation d'Élixenne, tenté a posteriori de s'en faire pardonner, et, par la rédaction de certains poèmes tels que *Les Spectres*, *Les Érinnyes* ou *L'Illusion suprême*, entrepris de s'en délester ? Cela expliquerait pourquoi la mort d'Élixenne fut pour lui une si forte tragédie, car, outre qu'elle arriva très prématurément, cette disparition, dont il se sentait peut-être, par des ressorts inhérents au fonctionnement mystérieux de l'âme humaine, indirectement responsable, l'empêcha à jamais de se laver de cette pesante culpabilité qui le rongeait, qui l'obsédait, cloîtrant son ignominieux et hypothétique forfait dans le mutisme, dans le remords et dans le déshonneur.

> Ce Lévrier, ces trois Spectres, ces yeux ardents,
> Hors toi, nul ne les voit, nul ne sait le supplice
> Qui te laisse impassible et te ronge au dedans.
>
> Çà et là, pour leurrer le Diable et sa malice,
> Tu vas et viens, pillant, tuant ; sur ton chemin
> Toujours la Vision implacable se glisse.
>
> Tu ne peux arracher ni l'anneau de ta main
> Ni la sourde terreur de ton âme, et tu rêves :
> Que va-t-il m'arriver cette nuit, ou demain[684] ?

Quand son ami Jules Breton, ancien élève de Hendrik Van der Haert, du baron Gustaf Wappers et de Michel-Martin Drolling, lui lut le poème de *Jeanne*, publié chez Lemerre en 1887, dans le format elzévirien, à l'annonce de la mort du personnage d'Étienne à sa fiancée Angèle, Leconte de Lisle ne put se contenir :

> Hurlant, désespérée et, rejetant les draps,
> Elle veut, en serrant Étienne dans ses bras,
> Sous ses baisers brûlants et frissonnants de fièvre,
> Le ranimer au feu qui consume sa lèvre ;
> Et tout ce qui, jadis, dans son cœur a chanté,
> Toutes les ailes d'or de son rêve enchanté,
> Tout ce qui fait qu'on rit et qu'on pleure et qu'on tremble,
> Les joyeuses moissons que l'on fauchait ensemble,
> Et jusques aux temps durs qu'il a fallu passer,
> Le bel enfant qu'au soir on allait embrasser,
> Tout le vert des printemps, les rouilles de l'automne,
> Tout le feu des étés, l'hiver qui nous étonne,
> Quand sa première neige au matin apparaît,
> Et la première fleur qu'à deux on respirait,
> Les timides soleils ouvrant les violettes
> Et les mêmes repas dans les mêmes assiettes ;
> Tout ce qui bourdonnait et chantait dans son cœur,
> Rejaillit, rechanta dans un funèbre chœur[685].

« Je fus étonné de voir que le maître avait les yeux pleins de larmes, déclara le peintre des *Glaneuses* dans la *Revue bleue* du 5 octobre 1895. Oui ! vous me faites pleurer, me dit-il, moi, l'impassible, dit-on, moi qui adore la tendresse[686] ! » Ce passage avait en réalité ravivé chez le vieillard cette antique blessure du premier amour, et, avec elle, sa flétrissure originelle. Il avait fait écho à sa propre histoire, celle qu'il avait toujours voulu cacher et celle qu'il n'avait en fin de compte jamais cessé de raconter, car « ce poète impersonnel, qui s'était appliqué avec un héroïque entêtement à rester absent de son œuvre, comme Dieu de la création, qui n'avait jamais soufflé mot de lui-même et de ce qui l'entourait, qui avait voulu taire son âme et qui, cachant son propre secret, rêva d'exprimer celui du monde, qui avait fait parler les dieux, les vierges et les héros de tous les âges et de tous les temps en s'efforçant de les maintenir dans leur passé profond, qui montrait tour à tour, joyeux et fier de l'étrangeté de leur forme et de leur âme, Bhagavat, Çunacépa, Hypatie, Niobé, Tiphaine et Komor, Naboth, Qaïn, Néférou-Ra, le barde de Temrah, Angantyr, Hialmar, Sigurd, Gudrune, Velléda, Nurmahal, Djihan-Ara, dom Guy, Mouça-el-Kébyr, Kenwarc'h, Mohâmed-ben-Amar-al-Mançour, l'abbé Hiéronymus, la Xiména, les pirates malais et le condor des Cordillères, et le jaguar des pampa, et le colibri des collines, et les chiens du Cap, et les requins de l'Atlantique, ce poète finalement ne peignait que lui, ne montrait que sa propre pensée, et, seul présent dans son œuvre, ne révélait sous toutes ces formes qu'une chose : l'âme de Leconte de Lisle[687] ».

Le 4 juin 1887, Alphonse Lemerre commença à publier, en plusieurs livraisons, et ce jusqu'en 1888, une *Anthologie des poètes français du XIXe siècle* extrêmement éclectique où de larges extraits de l'œuvre de Leconte de Lisle, précédés d'un article de Jules Lemaitre, occupaient vingt-neuf pages, mais où la majorité des poètes représentés étaient pour la plupart décédés. Pour ce modeste avatar du *Parnasse*, le Maître rédigea deux courtes notices, sur Hugo et sur Barbier, qui n'étaient que de simples reprises, souvent textuelles, de ses *Poëtes contemporains* de 1864 et de son *Discours de réception à l'Académie française*, et une troisième, sur Edmond Haraucourt – six de ses poèmes figuraient dans le recueil –, où il affirmait qu'« entre tous les jeunes poètes qui s'étaient révélés dans ces dernières années, [celui-ci] était assurément le plus remarquable et le mieux doué comme penseur et comme artiste. *L'Âme nue* – parue chez Charpentier en 1885 – était un recueil de fort beaux poèmes, où il avait su exprimer de hautes conceptions en une langue noble et correcte, et prouver qu'il possédait, dans une parfaite concordance, un sens philosophique très averti uni au sentiment de la nature et à celui du grand art. Son talent, si élevé déjà, ne pouvait manquer d'acquérir encore plus de certitude et d'éclat, à mesure qu'il illustrerait d'images vivantes et colorées la ferme substance de ses vers[688]. »

Quand on sait que le futur président de l'Association des *Admirateurs de Leconte de Lisle*, dont le Maître fit la connaissance en 1882, avait pour référence esthétique, outre l'érotisme torride de sa *Légende des sexes, poèmes hystériques par le sire de Chamblay*, parue anonymement à Bruxelles en 1883, et dont Leconte de Lisle ne souffla mot, l'hellénisme, auquel il vouait un culte, et la mort, dont il avait la hantise, on comprend mieux que le vieux lion, « Prince des mots vaincus et des rythmes domptés, / Triomphateur du Verbe, inventeur de beautés, / Voix de la force et voix du calme[689] », soit tombé sous le charme de ce trentenaire qui lui permettait non seulement de tisser mais encore d'entretenir un lien avec les « jeunes lionceaux qui ne peuvent pas encore mordre[690] ». En outre, les deux hommes partageaient un même engouement pour les vers de Chénier et pour ceux de Vigny, au sujet desquels – mais nous ne savons rien concernant les tractations qui précédèrent la confection de cette *Anthologie* – on peut évidemment s'étonner que Leconte de Lisle n'ait pas eu le désir ou le loisir de rédiger quelques lignes.

Le 13 août 1887, le *Supplément littéraire* du monarchiste *Figaro* publia, sous l'égide d'Yvan de Woestyne, une série de portraits et de biographies humoristiques concernant les quarante Académiciens « en pantoufles » : John Lemoinne, Sully Prudhomme, François Coppée, Camille Doucet et Leconte de Lisle figuraient en bonne place. Ils devaient tour à tour s'exprimer – ce dont s'abstint Lemoinne – sur la dernière trouvaille politique qui consistait à vouloir changer la figure emblématique de Jeanne d'Arc en patronne de la France. On envisageait de créer une journée de fête nationale, ce qui devait permettre de rassembler, en ces temps de grave crise de la République – augmentation du chômage dans le bâtiment et dans le textile, morosité de l'agriculture, nationalisme et boulangisme, instabilité ministérielle résultant de l'opposition entre républicains, radicaux et opportunistes, etc. –, le plus grand nombre de Français. Mais, comme il fallait s'y attendre, l'opinion du vieux Parnassien ne fut pas à ce sujet des plus consensuelles : « Jeanne d'Arc, déclara-t-il, la bonne Lorraine au cœur héroïque, a été lâchement trahie par la Royauté, et brûlée vive, comme sorcière, hérétique et relapse, par l'Église orthodoxe aux gages de l'ennemi national[691]. » S'en suivirent force invectives acerbes et acrimonieuses, car « tous ceux qui connaissaient tant soit peu l'histoire » tenaient à faire « justice de cette accusation, où l'odieux le disputait au ridicule ». Auguste Roussel lui-même tint à corriger « le haineux et inepte jugement de M. Leconte de Lisle » dans *L'Univers*, le très catholique journal fondé par Louis Veuillot, car, selon lui, « l'Église orthodoxe, promptement saisie de la cause, n'avait pas tardé à réviser le procès pour l'honneur et la glorification de Jeanne ».

Notre poète reçut journellement quantité de lettres d'injures. Ce n'étaient pas celles « des chanoines et des journaux pieux qui l'attristaient. [...] Il en était très aise au contraire. Plus ces aimables personnes étaient furieuses, plus elles lui prouvaient qu'elles n'avaient rien à lui répondre. Il avait d'autres chagrins, d'autres tourments intérieurs contre lesquels il était absolument désarmé et qu'il lui fallait subir, qu'il le voulût ou non. [...] Pour lui, qui en avait fini avec les rêves et les espérances de la vie, et qui était loin de s'en consoler, qu'irait-il faire ailleurs qui pût valoir ce qu'il avait senti sur la terre pendant les rares et rapides moments de bonheur qui lui avaient été accordés ? Qu'apprendrait-il de nouveau dans ce voyage posthume ? S'il se souvenait de ses joies perdues, il serait malheureux, et ce ne serait pas la peine de revivre ; s'il perdait la mémoire de son existence terrestre, il cesserait d'être lui, et alors il ne lui aurait servi à rien d'avoir vécu[692]. »

> Pendant que tu pêches et que tu danses, déclare-t-il à sa « bien chère enfant » le 6 septembre 1887, ce dont je suis charmé si tu en es heureuse, je reçois tous les matins force injures pieuses qui me réjouiraient beaucoup si pour l'instant j'étais d'humeur à rire. Outre les journaux *Le Monde*, *La Défense*, et *L'Univers* qui m'accusent impudemment d'avoir voulu *salir* Jeanne d'Arc,

les curés et les chanoines provinciaux m'expédient des lettres non affranchies et non moins injurieuses. Un, entre autres, chanoine de Sens, m'envoie, en même temps que sa lettre, un article imprimé dans lequel ce saint homme me traite d'ignorant, de fou et de menteur. Il va sans dire que je ne réponds rien à ces pauvres imbéciles qui, s'ils sont de bonne foi, n'ont jamais lu le procès de Jeanne officiellement contresigné par six Évêques français, un Cardinal anglais, le grand Inquisiteur de France et son vicaire, la faculté de théologie de Paris et la faculté de droit[693]. Mais s'ils ont lu ce procès, ils savent qu'ils mentent effrontément et qu'ils ne risquent rien de mentir devant leurs lecteurs habituels qui les croiront sur parole. Au surplus, mon enfant, pardonne-moi de te parler de ceci qui ne doit guère t'intéresser. Quant à mes confrères de l'Académie, qui se mordent les doigts d'avoir cédé aux supplications d'Iwan de Woestine, on ne les a pas injuriés, mais on s'est fort moqué des platitudes qu'ils ont données au *Figaro*. D'ailleurs, on ne les y reprendra pas, ni moi non plus, du moins en compagnie de mes co-immortels.

À propos de cette immortalité toute spéciale qui ne se rencontre qu'au bout du Pont des arts, j'ai la plus grande crainte que Viel-Castel, Duruy ou Renan ne jugent bon de mourir dans le cours de ce mois-ci, attendu qu'en ma qualité de Chancelier je serais chargé de recevoir leur successeur. Combien je serais plus heureux que l'un d'eux fût chargé de recevoir mon remplaçant ! Car je te le dis du fond du cœur, ma bien chère enfant, je suis affreusement las de la vie. Que puis-je attendre d'elle désormais ? Rien que des tourments et d'inutiles regrets. Si tu savais à quel point je suis insensible au peu de réputation littéraire que j'ai acquise par tant de travail, d'étude et de misères morales et matérielles. Ce n'est pas là que j'avais mis mes espérances et mon idéal. L'homme que j'étais n'aura jamais été connu de mes contemporains. Mais qu'importe après tout ? Quand l'heure vient où nous rentrons tous dans le Nirvâna, dans le Schéol des Juifs et dans ce que Renan appelle la paix du Christ, qu'est-ce que le mauvais rêve de la vie[694] ?

Pourtant, avant de s'en aller pour la vie stellaire, et peut-être de renaître ailleurs, ce que Leconte de Lisle ne souhaitait pas, il allait encore devoir traverser d'autres épreuves : celles de la douleur physique. Toux. Bronchites à répétitions. Céphalalgies, au sujet desquelles le gendre de Théophile Gautier, Émile Bergerat, sous le pseudonyme de Caliban, du nom de l'esclave noir de *La Tempête* de Shakespeare, ironisa dans une parodie fort spirituelle, cherchant à épouser le style du « poète barbare ». Le pastiche parut dans le *Figaro* du 4 juin 1885, et fut repris dans *Vie et aventures du sieur Caliban*, chez Dentu, en 1886 : « La première fois qu'il m'ait été donné de voir Leconte de Lisle, rapportait le fils de la sorcière Sycorax, – il y a quelque quinze ans – ce fut en plein Parnasse, chez l'éditeur Lemerre. Il avait mal à la tête.

« J'entrai au moment où il décrivait à ses disciples les souffrances qu'il endurait. Je l'entends encore.

« “Imaginez, disait-il, que cent mille forgerons, forgeant dur, frappent à toutes volées, en hurlant la *Marseillaise*, sur cent mille enclumes de platine sonores, et que des échos répercutent et multiplient à l'infini ces sons horribles, pendant que toutes les cloches de la chrétienté tintent le glas dans un déchaînement d'orage universel et que des spectres innombrables traînent des chaînes et des ferrailles parmi les pavés aigus, furieusement râclés !… "

« – Mon Dieu ! m'écriai-je en reculant, est-ce le sabbat ?

« Les disciples me regardèrent avec dédain. J'étais, du premier coup, classé bourgeois. Je ne m'en suis jamais bien relevé.

« Le maître continua. Il dit : "– Ceci n'est rien. Voici :

« – Des milliards de sauterelles, autant de fourmis monstrueuses et plus encore d'aspics, de scorpions et de hideux nécrophores rampent, montent, pullulent, renaissent, égratignent et labourent la partie molle de ma cervelle douloureuse !… Leurs dards, leurs trompes, leurs mille pattes, leurs queues, toutes les orties de leurs corps pileux empoisonnent et empustulent les molécules tendres et spongieuses de mes pauvres moelles trémulantes, à droite ; – et à gauche, les hyènes, les chacals, les petites panthères s'en disputent leurs parts sanglantes, tandis que devant eux danse, gigote la race entière des singes, sapajous, gorilles, chimpanzés, ouistitis, troglodytes ayant aux cols des cravates de vipères !… "

« Et les disciples en attendaient encore. Il poursuivit :

« – Puis c'est le chaos ! Des bouleversements de chaînes de montagnes ! Sous le dôme de la boîte osseuse, des nuées s'assemblent gonflées sinistrement d'électricités accumulées, chargées par les courants polaires et les maëlstroms sidéraux. Un effondrement inouï, et c'est une mer qui s'étale, à gauche ; à droite, le cataclysme contraire : des Himalayas surgissent ! Et tout cela en une seconde ! Voilà ce que j'endure, conclut-il en se passant la main sur le front moite.

« – Quelle est cette maladie ? risquai-je timidement.

« – La CÉPHALALGIE !… formula Leconte de Lisle d'une voix sombre[695]. »

> Je suis tourmenté par mes névralgies cérébrales, écrit en effet le vieil homme à Émilie le 17 octobre 1887, dont Caliban s'est tant moqué dans le *Figaro*. Si cela continue je prierai Pozzi de m'administrer de nouveau quelques gouttes de morphine derrière le cou. On dit que ce remède, merveilleux quant à ses résultats immédiats, a de grands inconvénients plus tard, attendu qu'on finit par en abuser, ce qui mène tout droit à la folie ; mais comme j'ai toujours été un peu atteint d'aliénation mentale, en ma qualité de rimeur, le danger est moins grand pour moi que pour les personnes raisonnables.

Puis, ne s'attardant pas outre mesure sur des douleurs qu'Émilie, de toute façon, non plus qu'Émile Bergerat, ne semblaient prendre très au sérieux, il poursuivit immédiatement par une touche plus légère et plus anecdotique, préférant de beaucoup se moquer lui-même de ses propres travers, ou de ceux des autres, plutôt que d'en être moqué, fût-ce avec éloquence :

> Nous avons eu, à la dernière séance de l'Académie, la visite de notre confrère l'Empereur du Brésil. C'est un grand vieillard tout blanc, haut de six pieds et qui parle fort bien français. Nous lui avons été présentés l'un après l'autre. Il a donné seize poignées de main qu'on lui a rendues au départ. En entendant mon nom, il s'est écrié avec l'admirable éloquence propre aux têtes

couronnées : « Ah ! ah ! les *Poèmes Barbares* ! Je les ai lus, je les ai lus. » Ce à quoi j'ai répondu par un silence également éloquent. Ensuite, Léon Say nous a lu une étude économique. C'était mortellement ennuyeux, et le Brésilien écoutait cela avec une résignation digne d'éloge, bien que le sommeil fermât de temps à autre ses augustes paupières. En définitive, Don Pedro me fait l'effet d'un brave homme. Songe donc qu'il a lu les *Poèmes Barbares*, à ce qu'il dit. Cela me rappelle Mme de Sévigné qui, ayant été invitée à danser par Louis XIV, écrivait à sa fille que, depuis cette glorieuse pavane, le susdit Louis lui avait paru le plus grand roi du monde[696].

En septembre 1887, un scandale éclata qui fit trembler l'Ordre national. Tout le monde s'en émut, la presse comme l'opinion. En effet, sur dénonciation, la police découvrit qu'une certaine dame Limouzin ainsi que le général Caffarel, sous-chef d'État-major de l'Armée aussitôt limogé, pratiquaient un commerce illicite de décorations, distribuant à leurs amis rubans, médailles, rosettes et grands-croix de la Légion d'honneur. Plusieurs autres personnalités furent impliquées dans ce trafic d'influence, dont les généraux comte d'Andlau, sénateur de l'Oise, et Georges Boulanger, ainsi que le député Daniel Wilson, qui n'était autre que le gendre du président de la République vieillissant, Jules Grévy. L'homme, fort peu recommandable, logeait au Palais de l'Élysée aux frais du contribuable et menait grande vie. Après que l'affaire eut éclaté, d'Andlau, sur quoi il n'avait pas tort, jugea plus prudent de quitter le pays ; Boulanger fut condamné à trente jours d'arrêt de rigueur par le ministre de la Guerre, le général Ferron, et Grévy, atteint de plein fouet par les frasques de son beau-fils, l'invita, terrible punition, à déménager de l'Élysée.

Le 19 novembre, par 317 voix contre 228, le ministère fut renversé. Tous les déçus de la République, ceux-là même qui l'avaient acclamée à son avènement, vinrent grossir les rangs des nostalgiques de l'Empire, des royalistes – nouvellement rebaptisés « conservateurs » – et des nationalistes, pour réclamer la démission de cet arriviste bourgeois, de ce parvenu sans étoffe ni panache. « Ah ! quel malheur d'avoir un gendre ! », entonnait-on en chœur dans les rues de Paris. Le 27 novembre, Jules Grévy céda et annonça à Maurice Rouvier, ministre démissionnaire, son intention de se démettre après neuf années de bons et loyaux services. Mais qui élire ? La rue ne voulait pas de Jules Ferry, qui lui rappelait les rigueurs du siège, le pacte avec Bismarck, les enlisements de l'expansion coloniale au Tonkin, et incarnait cet opportunisme dont on cherchait précisément à se débarrasser. Son discrédit était tel que ses propres amis refusèrent de le soutenir. Un fanatique tenta même de l'assassiner le 10 décembre. Des discussions interminables se déroulèrent à huis clos, pendant deux jours entiers. Fallait-il aller jusqu'au coup de force ? La rue grondait comme un volcan. Pour repousser Grévy et Ferry, les patriotes de la Ligue tendirent la main aux révolutionnaires du Comité central. Un escadron de dragons dut charger aux abords du Palais-Bourbon. Finalement, le 2 décembre, à dix-huit heures trente, la démission du Jurassien Grévy fut très officiellement annoncée par le radical Charles Floquet.

Dès le lendemain, les deux Chambres se réunirent à Versailles pour désigner un successeur, comme le prévoyait la Constitution. Un comité blanquiste s'installa à l'Hôtel de Ville, se tenant prêt à déclarer une nouvelle Commune pour le cas où le « Tonkinois » serait élu. À l'Assemblée, le « Tigre » Clemenceau s'exclama : « Votons pour Carnot, il n'est pas très fort, mais il porte un nom républicain ! » Les parlementaires l'écoutèrent. Ferry obtint à peine plus de voix que Freycinet, trop haut en couleurs, et le polytechnicien Sadi Carnot, fils du membre du gouvernement provisoire de 1848 Hippolyte Carnot, ancien ministre des Travaux publics, député de Beaune et préfet du Havre, jouissant d'une parfaite réputation d'homme rigoureux et intègre, marié à une femme irréprochable, fut élu quatrième président de la Troisième République par 616 suffrages contre 184, reportés sur le général Saussier, qui ne s'était pourtant pas présenté.

Paris, 7 décembre 1887.

> Nous venons d'éviter, ma très chère enfant, le sérieux danger d'une émeute qui ne pouvait finir que par une répression sanglante, ce qui est toujours lamentable. La nomination de Ferry eût amené l'une, à coup sûr, et nécessité la seconde. Le congrès en a été si bien convaincu, que la crainte lui a inspiré la résolution d'oublier momentanément les sympathies particulières de chaque groupe et de se réunir sur le nom de Sadi-Carnot. Ferry est un homme intelligent, courageux et ferme, mais avec son tempérament opiniâtre et autoritaire il n'eût pas hésité à réprimer énergiquement l'anarchie et à dissoudre le Conseil municipal qui commence à prendre des allures de Commune par trop insolentes. Que serait-il advenu de tout cela, qu'en auraient pensé les gouvernements étrangers ? Je n'en sais rien. Le mieux, assurément, est que tout se soit arrangé et calmé par l'élection de Carnot. Ce n'est pas un homme brillant, tant s'en faut. Il parle médiocrement, il est très froid, très modéré et très honnête, dit-on. C'est tout ce qu'il faut dans le moment. Paris qui avait l'aspect d'une ville en pleine révolution, il y a trois jours, est d'un calme absolu. Il s'agit maintenant du nouveau ministère et de l'accueil qui lui sera fait par la Chambre. Beaucoup de titulaires actuels resteront probablement en place ! On parle aussi du retour de Granet aux Postes. J'en serais très heureux pour Léonide, surtout si on rétablit ce ministère spécial, au lieu de la Direction générale actuelle[697].

Deux jours plus tard, tout comme le général Charles Millot et le directeur des Beaux-Arts, Jules-Antoine Castagnary, ancien rédacteur en chef du *Nain Jaune*, grand ami de Gustave Courbet et artisan de sa réhabilitation[698], Leconte de Lisle devait servir de témoin au mariage d'une jeune actrice de la Comédie-Française et de l'Odéon. Mlle Léa-Elmire Caristie, âgée d'une vingtaine d'années, épousait l'ancien aide de camp du général Millot, auteur de pièces destinées à promouvoir les idées démocratiques et l'émancipation sociale, le directeur en chef de la revue socialiste *La France Libre*, Adolphe-Eugène Maujan. Cela n'amusait pas du tout le vieil Immortel, mais le père de la mariée était « un ancien ami qui se serait blessé de son refus[699] ».

Comme il eût voulu que tout cela fût terminé avant même que d'avoir commencé !

L'année 1888 débuta fort mal. Alfred, qui avait fini sa vie complètement ruiné dans le sous-courtage de bourse, et avec lequel le poète était brouillé depuis de nombreuses années, vint à disparaître, à Paris, dans la seconde moitié du mois de janvier, à l'âge de soixante-quatre ans. Selon une descendante de ce frère marié à une mulâtresse[700], Leconte de Lisle aurait été mis au courant de son agonie : on l'aurait fait appeler à son chevet, mais le vieil homme, superbe et rancunier, aurait refusé d'accéder à cette requête. En effet, « il avait beau se dire que l'expérience du passé aurait dû l'avoir convaincu que la Vie étant par elle-même une chose abominable, il était absurde de la rêver meilleure, il ne pouvait s'y faire ».

> Je ne voyais plus Alfred depuis des années déjà, déclare-t-il le 17 janvier. Son caractère impossible, ses goûts, ses habitudes invétérées de brocantage et d'affaires d'argent, et surtout la misérable famille qui l'entourait et qui m'était odieuse, tout m'éloignait de lui. Quand il venait chez moi, c'était pour insulter les personnes qui s'y trouvaient. Il n'y avait plus moyen de nous voir. J'ai appris sa mort avec une grande peine cependant, me souvenant de notre jeunesse et de la vive affection que j'avais pour lui autrefois, et je l'ai pleuré malgré tout ce qu'il m'a fait souffrir. Puissent maintenant ses enfants me laisser tranquille et ne plus abuser de mon nom, comme cela leur est déjà arrivé dans les ministères et les théâtres. Ma famille s'en va de jour en jour, mon enfant, et, je te le jure, je n'ai plus qu'un désir, c'est que mon tour arrive bientôt. Je souffre aujourd'hui moralement plus que je n'ai jamais souffert. J'ai assez de la vie, et quand le moment viendra de m'endormir à jamais, nul ne cessera d'exister avec un désir du repos infini plus sincère que le mien[701].

Le 26 janvier, ils allaient désigner trois nouveaux Immortels dont aucun ne lui plaisait vraiment. « Le jeune d'Haussonville[702] serait élu par la bande orléaniste et Claretie[703] par les hommes de théâtre. Le 3ème fauteuil serait peut-être donné à l'amiral Jurien de la Gravière[704], qui avait publié de fort intéressantes études sur la marine antique et moderne, de sorte que Leconte de Lisle lui donnerait sa voix, si ce n'était en sa qualité de littérateur, du moins comme à un savant spécial très distingué. » Mais de toute façon, il était très fatigué et, selon lui, malade. « Les dîners et les soirées l'accablaient et l'assommaient ; l'Académie l'ennuyait à mourir, et il avait de ses contemporains par-dessus la tête[705]. » Pour ajouter au tableau, il trouvait qu'il s'abêtissait, la poésie commençant à se lasser de lui, et sa chère Émilie, elle-même, il le sentait bien, lui échappait[706]. Aussi se serait-il bientôt retrouvé dans une solitude quasi complète de cœur, d'âme et d'esprit, si une nouvelle Muse, encore plus fraîche qu'Émilie, et qu'il aima d'un amour assurément platonique mais bel et bien passionné, n'était venue à sa rencontre. Elle lui inspira quelques-uns de ses *Poèmes byzantins*, plus tard intitulés par le vicomte de Guerne et par Heredia, ses deux exécuteurs testamentaires, les *Derniers poèmes* : *Le Sacrifice*, où le poète déclare vouloir s'offrir en « holocauste sanglant » pour conquérir le droit de s'abîmer dans l'hypnotique profondeur des yeux de celle qu'il adore, *La Rose de Louveciennes* et *Toi par qui j'ai senti.*

> Toi par qui j'ai senti, pour des heures trop brèves,
> Ma jeunesse renaître et mon cœur refleurir,

Sois bénie à jamais ! J'aime, je puis mourir ;
J'ai vécu le meilleur et le plus beau des rêves !

Et vous qui me rendiez le matin de mes jours,
Qui d'un charme si doux m'enveloppez encore,
Vous pouvez m'oublier, ô chers yeux que j'adore,
Mais jusques au tombeau je vous verrai toujours[707].

Née à Florence en 1870, Éléna Goldschmidt-Franchetti était l'épouse du richissime financier Guillaume Beer et fut pour le poète, selon les termes de Fernand Calmettes, « un de ces éclairs d'amour qu'on appelle improprement des réveils séniles et qui sont la lueur d'allégeance, le reflet de douceur, l'aube mystérieuse voilant de clartés sereines le seuil de l'ombre éternelle, [...] un très beau modèle pour une peinture de style, une Juliette plastique aux cheveux d'or, superbe de tout le buste, admirable de la gorge, type de race auquel les juges les plus sévères n'ont pu reprocher qu'un peu trop de majesté », avec « sur le regard clair, de longues paupières [qui] répandaient, avec la volupté de leur ombre, [un] fluide [...] indéfinissablement séducteur[708] », mais selon ceux de Robert de Montesquiou, « l'horrible Juive qui déshonora sa fin[709] ». Elle devint Mme le commandant Alfred Droin en 1913, prit le nom de plume de Jean Dornis, et c'est sous ce pseudonyme qu'elle nous a laissé une des premières biographies de Leconte de Lisle, contenant, à côté de précieuses indications, des affirmations plus discutables et des affabulations romanesques qu'Irving Putter a presque toutes redressées. La dernière Muse avait en effet reproduit la plupart des événements que le poète, un peu pour se confier, beaucoup pour la séduire, lui avait révélés entre les allées d'arbres multi-séculaires de sa propriété de Louveciennes, le Pavillon du hameau de Voisins – là où Chénier avait, en 1793, aimé Fanny Le Coulteux –, et elle avait assurément manqué de recul, de sens critique et d'impartialité[710].

Ces beaux arbres, témoins de tant d'amours anciennes,
Qui fléchissaient, chargés du poids des jours sans fin,
Respirent, rajeunis, ton arôme divin,
Ô Fleur, vivante Fleur, Rose de Louveciennes !

Sous leur ombre un Poète immortel a chanté,
Dont ils gardent encor la mémoire pieuse.
N'entends-tu pas errer cette âme harmonieuse
Comme un battement d'aile autour de ta beauté ?

Ah ! s'il pouvait renaître à la clarté bénie,
Mieux que les noms charmants qui lui furent si chers,
Il ferait resplendir dans l'or pur de ses vers
Ton doux nom florentin sacré par son génie[711] !

Le reste de son temps, Éléna Beer le passait dans son hôtel particulier du 34 de la rue des Mathurins, à Paris. Elle y recevait ses amis : Pierre

Loti, Paul Deschanel, Judith Gautier, d'Annunzio, Henri de Régnier, le marquis de Castellane, etc.[712], et ceux de Leconte de Lisle, le lundi, qui contribuaient à la notoriété mondaine du Maître, ainsi qu'à celle du mouvement du Parnasse, au sommet de sa gloire, malgré la montée du symbolisme[713]. « Les femmes riches qui s'ennuient ont besoin d'un joli jouet. Comme elles peuvent payer la qualité, mettre le prix à leurs caprices, elles s'abattent sur le génie. Proie facile. Souvent le feu supérieur s'est allumé dans une faible argile et la lucide intelligence se trouve sans défense devant les belles amies qui s'emparent d'abord de la matière fragile, accaparent le corps qu'elles amollissent de luxe et qu'elles enveloppent de douceur. Elles deviennent pour lui le sirop épicérastique, sous l'édulcoration duquel le génie se fond et se glisse[714]... »

Outre ses relations déjà citées, Leconte de Lisle fréquentait toute une société de femmes extrêmement intelligentes et cultivées, appartenant à la très haute aristocratie roumaine et parisienne de la Belle Époque : les princesses Éléna Bibescu, Éléna Vacarescu et Anna de Bibescu-Brancovan, plus connue sous le nom d'Anna de Noailles, et l'extravagante reine Élisabeth Pauline Ottilie Louise de Wied, qui sévissait en littérature sous le pseudonyme de Carmen Sylva[715], et dont le poète immortel corrigea parfois la prose, par mansuétude pure.

> La reine Carmen ne m'a pas envoyé de livre, écrit-il à Émilie le 17 novembre 1888, mais seulement une traduction en prose française d'une de ses premières poésies, prose qu'elle me prie de corriger. Je l'ai fait en modifiant beaucoup l'expression tout en respectant absolument la pensée elle-même. Je te l'envoie[716]. Tu pourras juger du radicalisme de cette singulière reine. C'est en somme un très vigoureux esprit. Il est vrai que j'ai mis dans ma correction un peu plus d'énergie qu'il n'y en avait dans l'original, mais le fond est bien de l'auteur[717].

Le jeudi 22 mars, Romain Rolland rencontra le vieux Maître sous les galeries de l'Odéon, « monocle à l'œil, gras, réjoui, bien portant[718] ; il était au bras de quelqu'un, posait et blaguait très fort[719] ». Cela vexa profondément le Normalien qui s'en était forgé une image plus éthérée... Pourtant, trois mois plus tard, le 7 juin, paraissait son adieu à la Grèce[720], *L'Apollonide*, en plaquette, chez Lemerre, sans introduction ni préface[721]. Le poète s'était enfin décidé après avoir refusé une proposition de la *Revue Bleue*, dont la disposition en colonnes « ne convenait pas aux vers qui y prenaient l'aspect affreux de pensums », et dont « l'esprit littéraire était représenté par un universitaire hermétiquement bouché qui répondait au nom très bien choisi de Gaucher[722] », lequel Gaucher avait vertement critiqué sa traduction d'Euripide le 9 mai 1885. La page de titre précisait, ce qui pouvait paraître inhabituel pour une publication exclusivement littéraire : *L'Apollonide, drame lyrique en trois parties et cinq tableaux. Musique de Franz Servais*. Leconte de Lisle avait ainsi voulu exprimer sa reconnaissance à l'égard du jeune compositeur qui, certes, n'avait pas achevé son travail musical, mais était le véritable auteur du titre de la pièce. Avec cette parution, leur collaboration était allée jusqu'à ses dernières limites, et ils ne correspondirent plus jusqu'en décembre 1891. « Non, le Maître ne le fit pas spontanément, écrivit Franz Servais à Anna Leconte de Lisle entre le 21 et le 25 septembre 1896, il me fit part de son désir, m'offrant de changer le titre que j'avais trouvé ; je lui écrivis immédiatement à la date du 7 avril 1885 que je le suppliais de faire paraître la chose puisque tel était son désir mais en gardant le titre que je lui abandonnais de tout cœur. En retour, il mit mon nom sur l'édition. L'idée de faire paraître le poème fut néfaste. C'est depuis ce moment-là que commencèrent nos revers ! Les directeurs de théâtre prirent connaissance du poème publié et en furent absolument effrayés[723]... »

Deux mois plus tard, Leconte de Lisle profitait de ses vacances avec Anna sur les hauteurs du Puys-Neuville, dans la Villa Cellier, près de Dieppe, en espérant bien, mais sans trop y penser, qu'Heredia, promu officier de la Légion d'honneur depuis le 5 août, et sérieusement appauvri par sa passion du jeu, pourrait venir l'y rejoindre, accompagné, cela allait de soi, de toute sa charmante famille :

Mon cher ami,

Si votre voyage à Oléron n'est pas décidé, et si Mme de Heredia désire cependant quitter Paris cet été, vous auriez ici, pour 600 f, un chalet loué 2 000 habituellement : salon, salle à manger et cuisine au rez-de-chaussée ; trois chambres à coucher au 1er étage et quatre autres au 2e. Le chalet est situé, il est vrai, dans la vallée, mais à deux pas de la mer et tout près de celui de Pozzi. Je ne sais du pays que le peu entrevu dans nos promenades, mais tout cela est très vert, très frais et très solitaire. La plage seule n'est pas belle. On n'y trouve du sable qu'à la marée basse. – L'affreux temps de juillet a retenu tant de monde à Paris que rien n'est encore loué ici, ce qui explique le bon marché des locations. Si le mois d'août est beau, le prix des chalets ne tardera pas à augmenter. M. et Mme Pozzi seraient enchantés de vous avoir pour voisins et c'est un peu pour leur faire plaisir que je vous engage à venir ici, car il faut absolument que je sois à Paris avant le 15 août, de sorte que si vous arriviez, ce dont je doute beaucoup, nous aurions à peine le temps de vous recevoir dans cette vallée dont Turquet[724] est le marquis de Carabas. Tous les chalets construits sur les deux hauteurs et les deux versants du Puys lui appartiennent. Il est vrai qu'ils sont tous inhabités.

Dumas est ici. On s'occupe fort, paraît-il, de l'élection de Zola[725]. Il est aussi question de lui opposer Maupassant. Ils joueraient tous deux au premier mort, car Vogüé est sûr de son affaire pour Nisard[726].

Si ce mot vous trouve à Paris répondez-moi au sujet du chalet. Nous serons revenus le 13 au soir. Nos meilleures amitiés à Mme de Heredia et à vos enfants, et tout à vous de cœur.

Votre vieil ami
Leconte de Lisle[727]

Le dernier combat

Cet été-là, le 14 juillet, *Le Chat noir* publia *L'Hirondelle* et *La Nuit*, et, le 15 octobre, *La Revue des Deux Mondes* fit paraître à son tour *La Joie de Siva*, *Sur le piton des neiges*, *L'Aigu bruissement*, *Le Lac* et *La Paix des dieux*, poème qui semblait se souvenir de la fin de l'Introduction du

Polythéisme hellénique de Louis Ménard : « Toute lutte doit finir devant ces deux enseignements de l'histoire : la forme multiple des révélations divines et la permanence du sentiment religieux dans l'humanité. Les idées, comme les races, ne sont hostiles que faute de se connaître. En étudiant les aptitudes des races, la science les classe dans la famille humaine ; en comparant les diverses formes religieuses, elle les explique et les justifie. C'est à elle qu'il appartient de préparer dans l'avenir la réconciliation des classes ennemies, et, dans le monde idéal, la grande paix des Dieux[728]. »

Davantage qu'un adieu à l'histoire, comme l'avança Pierre Flottes[729], il s'agissait surtout d'un adieu aux dieux, d'un adieu à la foi, d'un adieu à la religion, d'un adieu à l'amour, d'un adieu à la science, d'un adieu à l'art, d'un adieu au beau, d'un adieu à la vie, et donc, d'un adieu tout court. C'est sans doute pourquoi Heredia et le vicomte de Guerne le placèrent en tête des *Derniers Poèmes*. Le poète y réaffirmait ses grands principes génériques : toutes les religions furent vraies en leur temps, mais elles sont toutes appelées à mourir parce que toutes participent de la même grande Illusion. Une fois encore, Leconte de Lisle se cachait derrière l'humanité non pour se taire, ou être impassible, mais bien au contraire pour raconter avec davantage de force et de passion sa propre tragédie, qui est celle de tout subjectiviste ou de tout égotiste : ce n'est pas seulement moi qui meurs, c'est le monde qui meurt en moi, puisque le monde ne vit qu'à travers moi, qui suis le monde. Hymne à la vie et terrible réflexion sur sa vanité, puisqu'elle n'a d'autre fin que sa propre destruction, ni d'autre espoir que sa propre fin. Les dieux de tous les temps défilaient dans une étrange procession destinée à escorter le périple de l'Homme vers son dernier séjour : « Ammon-Râ, ceint des funèbres linges », « Thoth le Lunaire, Khons, Anubis l'Aboyeur », « Isis-Athor, Apis, et Ptâh le Nain rieur », et l'Homme disait adieu à ses anciens démons, à ses ténèbres, à ses rêves, à ses regrets, à ses terreurs, à ses remords, heureux de les quitter pour « le sépulcre muet des Dieux évanouis », heureux de les rejoindre dans « la Cité du silence et de l'ombre », loin du « Charnier divin » de son cœur :

Et l'Homme crut entendre alors dans tout son être
Une Voix qui disait, triste comme un sanglot :
– Rien de tel, jamais plus, ne doit revivre ou naître ;
Les Temps balayeront tout cela flot à flot.

Rien ne te rendra plus la foi ni le blasphème,
La haine, ni l'amour, et tu sais désormais,
Éveillé brusquement en face de toi-même,
Que ces spectres d'un jour c'est toi qui les créais.

Mais, va ! Console-toi de ton œuvre insensée.
Bientôt ce vieux mirage aura fui de tes yeux,
Et tout disparaîtra, le monde et ta pensée,
Dans l'immuable paix où sont entrés tes Dieux[730].

Au sortir du scandale de l'affaire Wilson, le sentiment d'anti-parlementarisme se trouva d'autant plus renforcé, à l'avantage des bonapartistes, des nationalistes et des conservateurs, que le gendre du président avait été acquitté par la cour d'appel de Paris. On estima non établi le délit d'escroquerie… Le journal boulangiste *La Cocarde* annonça un programme simple : « Dissolution, Révision, Assemblée Constituante », et le général Boulanger put se présenter. Le 3 avril 1888, Charles Floquet forma un nouveau ministère. Le 8, Boulanger remporta les élections partielles en Dordogne, et le 15, dans le Nord. Les deux hommes ne pouvaient se souffrir et, après quelques injures d'usage, finirent par en découdre : le mou Floquet eut l'avantage et blessa l'ancien combattant de Rochebetto, son cadet de onze ans.

Pour renflouer les caisses de la Boulange, car les élections coûtent cher, on fit appel à l'aristocratie fortunée : le journaliste Arthur Meyer, alors directeur du *Gaulois*, le baron Hirsch, homme d'affaire viennois, le comte de Paris, chef de la maison de France, et surtout Marie Adrienne Anne Clémentine de Rochechouart de Mortemart, duchesse d'Uzès, qui agit au nom du prince Philippe d'Orléans. Plus de trois millions de francs furent ainsi récoltés, une somme colossale. De son côté, Clemenceau tenta bien de freiner les ardeurs de son ancien ministre de la Guerre en fondant, avec Ranc, la Ligue des Droits de l'Homme et du Citoyen, largement soutenue par la franc-maçonnerie, mais le 19 août, Boulanger était encore plébiscité en Charente-Inférieure, dans la Somme et dans le Nord. Pire, le 27 janvier 1889, c'était à Paris qu'il triomphait ! La foule, en liesse, le soutenait de ses slogans et de ses chansons. On voulait voir Boulanger à l'Élysée. « Mais pourquoi prendre par la force ce qu'on peut obtenir par les urnes ? » entendait-on au restaurant Durand, place de la Madeleine. Le général consulta sa maîtresse, Marguerite de Bonnemains – sur le tombeau de laquelle il finit par se suicider, d'un coup de pistolet, deux ans plus tard, à Ixelles, en Belgique –, et fit machine arrière…

Le soulèvement s'essouffla donc de lui-même.

Les Parisiens, se rappelant la répression sanglante de la Commune, ravalèrent leur enthousiasme, et, le 13 février, pour tenter de répondre à ce raz de marée populaire d'un instant, les parlementaires républicains décidèrent de rétablir le scrutin d'arrondissement, traditionnellement favorable à la gauche. On nomma l'habile Ernest Constans ministre de l'Intérieur, interdit les candidatures multiples, remania en profondeur le gouvernement, renversa la Ligue des Patriotes et déféra le « général Revanche » devant la Haute Cour pour attentat contre la sûreté de l'Etat, détournement de fonds publics et corruption. Mais le 14, parce que la Chambre ne soutint pas le président du Conseil dans sa tentative de réforme du mode de désignation des sénateurs, Floquet démissionna de nouveau. La chose consterna Leconte de Lisle, mais que pouvait-il y faire ? Lui, nonobstant le grand nombre de ses fréquentations aristocratiques, eût largement préféré qu'on fusillât Boulanger plutôt qu'on le laissât « filer comme un lavement » ! Ses relations avec Maurice Barrès, tout acquis à « celui qui mourut en sous-lieutenant[731] », s'en trouvèrent inévitablement contrariées, non moins que celles qu'il entretenait avec *La Jeune France*.

Paris, 18 février 1889

J'ai passé hier la soirée chez Lockroy, ma bien chère enfant. Quarante degrés de chaleur, trois à quatre cents personnes, y compris les ministres tombés, vingt académiciens et toutes les mondaines de Paris. J'ai rarement vu un gouvernement plus ravi de ne plus l'être. Il est vrai qu'il a fait tout ce qu'il fallait pour cela. Quant à ceux, non encore nommés, et quels qu'ils soient, qui prendront le pouvoir, leur affaire est également claire. Nous roulons fatalement sur une pente qui aboutira à un désastre général, s'il ne surgit pas un ministère qui ait l'énergie de décréter d'accusation Boulanger et sa bande. Mais ce ne sont pas le mélancolique Carnot et le créateur du Mérite agricole[732] qui prendront une résolution quelconque. Après tout, quand tout un pays est atteint d'aliénation mentale, il faut s'attendre à ce qu'il enferme ses médecins, en son lieu et place, dans les cabanons de Bicêtre et de Charenton. Ces hommes politiques, si heureux d'être délivrés de toute responsabilité, me font l'effet de marins qui voyant le navire qui les porte brûler en pleine mer, se frottent les mains en se disant qu'ils ne travailleront plus à la manœuvre. Pendant ce temps-là les passagers envisagent la noyade prochaine avec une touchante inquiétude.

Pour ma part, mon enfant, n'étant pas un homme politique, mais tout simplement un malheureux très tourmenté de dissensions intérieures, je me réfugie autant que possible dans la poésie qui commence à se fatiguer de moi, ce qui m'attriste beaucoup, car je ne saurais plus à quel saint me vouer, – façon de parler – si elle aussi me manquait. Le moment serait d'autant plus mal choisi qu'on me demande des vers un peu de tous les côtés. Buloz[733] m'en réclame pour la *Revue des deux mondes*, et Mme Adam, que je n'avais pas revue depuis longtemps, m'a reproché, avec toute sorte de sourires enchanteurs, de l'oublier totalement. Or, comme elle m'a joué un fort vilain tour à propos du *Lévrier de Magnus*[734], et qu'elle m'en jouerait un autre, si je me laissais prendre à ses mines aimables, elle n'aura rien du tout ; mais je n'en aurais pas raison aisément si je la voyais souvent, car elle est fort entêtée.

Au moment où j'écris cette dernière ligne, on m'apporte un feuilleton d'Armand de Pontmartin dans la *Gazette de France*. J'y lis cette délicieuse phrase à mon adresse, à propos d'un article d'Anatole France sur mon discours de réception à l'Académie : « S'il était un peu moins pressé d'écrire l'éloge préventif du discours de réception de M. Leconte de Lisle, la délicatesse de son goût lui aurait suffi pour comprendre et pour nous dire ce qu'il y a eu de monstrueux à forcer pendant une heure l'élite de la société polie d'entendre d'épouvantables blasphèmes, *vomis dans une langue barbare.* »

Que dis-tu de cette aimable appréciation, ma bien chère enfant ? J'avais déjà reçu cinq ou six lettres écrites dans le même goût. Il est vrai qu'elles étaient anonymes. Une d'elles commençait ainsi : « Monsieur vous êtes un misérable », etc. Une autre me disait : « Monsieur, on n'est pas ignorant comme vous l'êtes ! Vous n'avez donc jamais lu les Saintes Écritures ? »

Je te prie de croire que ces imbéciles me font beaucoup rire. Ce n'est pas cela qui m'attriste, mais uniquement de ne pas te voir, ma très chère enfant, toi que j'aime et que j'embrasse de tout cœur.

Leconte de Lisle[735]

Le hiatus qui s'était installé entre Leconte de Lisle et la nouvelle génération qui lui opposait Baudelaire et se réclamait de Verlaine, le fossé entre les samedis du boulevard Saint-Michel et les mardis de la rue de Rome, allait encore s'accentuer. « Il appelait lui-même le symbolisme une réaction d'enfants et d'impuissants contre un art viril et difficile à atteindre et se plaignait de ne plus comprendre son vieil ami Stéphane Mallarmé avec qui il avait été très lié et qu'il saisissait très bien autrefois. Comme France le faisait naguère, il rapprochait la langue nouvelle des poètes du *volapük* et sentait grandir une colère qui lui faisait souhaiter la mort[736]. » Le symbolisme et le décadentisme, galimatias inintelligibles et provocateurs, procédaient dans son esprit d'une même logique imbécile, funeste et cavalière, révélant une dégénérescence de l'Art qui commençait par le reniement de ses pairs et finissait par la destruction de l'harmonie du vers classique, atome indispensable et indissociable du Beau.

« Lui qui donnait jadis des sobriquets aux autres, en recevait à son tour un qui résumait son indépendance, son caractère ombrageux, ses ruades : l'onagre[737] ! Jean Moréas l'attaqua violemment : "il est l'abbé Delille de notre époque" ! Ses adversaires éprouvaient, à le rencontrer à l'improviste dans un salon, une sorte d'effroi, tant il était glacial, tout en restant correct. Mais il détestait leurs théories sur le vers libre comme une sorte d'insulte à sa personne : "Ce sont des vandales ! s'écriait-il ; ce sont des démolisseurs incapables de réédifier ce qu'ils voudraient mettre en ruines. Ils appellent convention ce qui est la loi fondamentale de l'Art... J'affirme qu'en poésie cette loi est logique, primordiale, éclatante à l'esprit comme le soleil lui-même ; et la preuve, c'est que si le rythme du vers et l'écho de la rime n'avaient pas existé avant moi, je sens que je les aurais inventés[738], car, étant tout enfant, j'ai bercé mes idées en strophes, avant d'avoir bien lu." Après le banquet symboliste offert à Jean Moréas, il se sentit visé et blessé personnellement. Il craignait que la jeunesse qui montait ne lui échappât, et sa désolation était telle qu'il pleura de chagrin[739]. »

Le 28 avril 1891, Jules Huret publia dans *L'Écho de Paris* son *Enquête sur l'évolution littéraire*, où le journaliste était allé recueillir lui-même, entre autres Mages, Psychologues, Symbolistes, Décadents, Naturalistes, Néo-Réalistes, Parnassiens, Indépendants, Théoriciens et Philosophes, les analyses et les impressions du Maître sur ce sujet particulièrement sensible :

– À quoi attribuez-vous, mon cher Maître, ce développement pourtant indéniable du symbolisme ?

– À l'impuissance d'abord. C'est dur d'avoir du talent ! Il faut travailler longtemps, avec ténacité, avant d'obtenir un résultat d'art ; ils ont trouvé plus simple, eux, de se créer de toutes pièces une langue d'enfant, comme vous l'a dit très justement M. Joseph Caraguel[740], une langue balbutiante et incompréhensible, qui cachait et le vide de leur pensée et la pauvreté de leur forme.

Ensuite, cela doit être une épidémie d'esprits. Jean-Jacques l'a dit quelque part : il y a des contagions d'esprits[741], je crois que c'est cela. [...]

– Considérez-vous le symbolisme comme une suite du Parnasse ou comme une réaction contre lui ?

– Ni comme l'une ni comme l'autre. Ou plutôt si, c'est évidemment, comme je vous l'ai dit, une réaction d'enfants et d'impuissants, contre un art viril et difficile à atteindre.

– Et contre l'*impassibilité*... ?

– En aura-t-on bientôt fini avec cette baliverne ! Poète impassible ! Alors quand on ne raconte pas de quelle façon on boutonne son pantalon, et les péripéties de ses amourettes, on est un poète impassible ? C'est stupide.

Comme c'est curieux, ce besoin d'éreinter ses aînés ! Hugo, jusqu'à Hugo qu'on veut déboulonner ! Je sais bien qu'il n'est pas parfait, qu'il est plein de trous et de verrues, mais dans toutes ses œuvres il y a des morceaux de haute perfection et en telle quantité qu'il demeure encore un formidable poète. Eh bien ? il n'est pas jusqu'au dernier des symbolistes qui, à l'exemple de Jules Lemaitre, ne s'ingénie à le représenter comme un simple jocrisse ! Au moins le Parnasse a ce mérite de n'avoir pas renié ses auteurs[742]...

– Selon vous, Maître, vers où s'oriente la littérature ?

– Je n'en sais rien. Le naturalisme était, en théorie, une ineptie ; en résultat, ç'a été un amas d'ordures. C'est fini. Le romantisme, qui était surtout *égotiste*, a épuisé toutes les conceptions, ne laissant d'indéfrichées que les vieilles théogonies en lesquelles j'ai tâché de m'incarner. À présent, je ne vois plus trop ce qui reste à faire... C'est peut-être ce qu'ils se disent, les jeunes ! Et alors ils se mettent à traduire en incompréhensible les vieux sujets.

Oui, où va-t-on ? Il n'y a plus d'esthétique commune comme aux belles époques de l'histoire littéraire, au dix-septième siècle ! Chacun rentre dans l'indépendance de sa propre nature, et il en résulte le chaos, une anarchie toute naturelle, d'où émergent des individualités de beaucoup de talent, c'est vrai, mais qui s'opposent à la production harmonieuse des esprits... Nous sommes donc en décadence... et les décadents nous le prouvent !... Jusqu'au jour où quelqu'un de très fort arrivera, balayera tous les demi-talents et les doubles prétentions, et ramènera tout le monde à l'esthétique générale qu'il aura créée.

Mais, voyez-vous, ajouta-t-il, tout pourra arriver, les pires révolutions et les cataclysmes, et les cerveaux de génie, nous aurons des pensées basses et des pensées magnifiques, jamais la littérature française ne se passera de ces trois qualités-là : la netteté, la précision, la clarté.

– Quels sont les poètes, en dehors des premiers Parnassiens, qui représentent, selon vous, à l'heure qu'il est, la tradition poétique ?

M. Leconte de Lisle réfléchit un instant, et dit :

– Eh ! Haraucourt ! Il fait de très jolis vers. Et M. le vicomte de Guerne, dont nous venons de couronner à l'Académie *Les Siècles morts*, une très belle œuvre. M. de Guerne est un vrai grand poète, le plus remarquable sans contredit depuis la génération parnassienne. Et Quillard qui, pourtant, est sur la pente...

J'allais partir, mais je dis :

– Pardon, Maître, j'ai oublié de vous parler des *psychologues*.

M. Leconte de Lisle sourit, hausse légèrement les épaules, et répond ensuite, d'un ton grave :

– Il y a un homme dont je ne vous parlerai pas, à qui j'ai donné dans le temps, de toutes les façons, des preuves d'amitié, mais qui, depuis, m'a odieusement offensé. C'est M. Anatole France. Je reconnais son talent qui est délicat et subtil, mais j'estime peu son caractère. Il a inventé le *symbolisme*, sans y croire, dans l'espoir de jouer un vilain tour à son ami de Heredia et à moi, et vraiment il y a peu réussi... Il en sera pour sa courte honte.

Il y a encore Bourget, un esprit ingénieux, surchauffé, plus apte, je crois, à la critique qu'au roman. Il nous raconte, dans un autre genre, les mêmes banalités fatigantes et puériles que le naturalisme qui sténographie les propos de trottoir.

Et puis encore, Maurice Barrès, un *moïiste*[743]. Je me rappelle, je l'ai vu à son débarqué de Nancy, tout frais, tout pimpant ; il n'a presque pas changé, il a du talent, mais je le crois très fumiste.

Nous rîmes de nouveau, lui en laissant dégringoler son monocle, moi d'un air entendu.

En me reconduisant, il me répéta :

– Tous des fumistes, ces jeunes gens[744] !

À la lecture de cet entretien, le sang d'Anatole France ne fit qu'un tour. Il envoya au rédacteur en chef de *L'Écho de Paris* une lettre qui arriva dès le lendemain sur son bureau :

Paris, le 29 avril 1891.

Monsieur,

Vous avez publié, dans *l'Écho de Paris* du 28 de ce mois, un interview dans lequel M. Leconte de Lisle me traite avec une animosité si vive, que je serais tenté d'y découvrir les vestiges d'une vieille amitié. Je n'aurais pas pris garde à ces violences d'un poète épique, si la tournure n'en était singulièrement équivoque et, par endroits, tout à fait inintelligible à la plupart des lecteurs. En effet, M. Leconte de Lisle se plaint de ce que je l'ai « odieusement offensé », exprimant par là que mes articles sur quelques-uns de ses ouvrages n'ont point répondu à l'idée qu'il s'était formée lui-même de son mérite. Et ces termes « d'odieuse offense » lui semblent à peine suffisants pour exprimer le tort que j'eus de ne pas l'admirer assez, tout en l'admirant beaucoup. Les hommes de lettres ont dû comprendre ce langage et deviner tout de suite pourquoi le poète me voulait tant de mal. Mais le public, étranger à nos mœurs littéraires, a pu croire raisonnablement qu'on me reprochait des torts d'un tout autre ordre, plus graves à ses yeux, et que, certes, je n'eus jamais.

Dans son zèle à combattre ceux qui, aimant la poésie, ne l'aiment point toute en lui, M. Leconte de Lisle a déclaré « qu'il estime peu mon caractère ». C'est assurément du caractère de ma littérature qu'il veut parler. Car il est hors d'état de rien blâmer dans ma vie privée, et je lui défends bien de le faire.

Si, hors mes articles, il croit avoir à se plaindre de moi, qu'il le dise et parle avec franchise et clarté. Je saurai lui répondre. En attendant, respectueux et désarmé devant un homme de son âge et de son talent, je n'accepte qu'avec regret l'obligation où il m'a mis de relever publiquement la légèreté pitoyable de ses propos.

Veuillez agréer, monsieur le rédacteur, etc.
Anatole France[745].

Demander de la franchise et de la clarté à celui-là même qui les érigeait en vertus cardinales relevait de la provocation de comptoir. Leconte de Lisle répondit donc compendieusement par une invitation à combattre en duel qui, en matière de franchise et de clarté, avait de quoi combler tous les insatisfaits du monde.

Monsieur,

Voici ma réponse à la lettre que M. France vous a adressée et que vous avez eu l'obligeance de me communiquer.

La vie privée de M. France ne me préoccupe ni ne m'intéresse en aucune façon.

D'autre part, malgré mon âge et toute la distance qui nous sépare, je suis prêt à lui accorder l'honneur d'une rencontre.

Deux de mes amis[746] attendront ses témoins chez moi, 64, boulevard Saint-Michel, dimanche 3 mai, à deux heures de l'après-midi.

Agréez, je vous prie, monsieur, l'assurance de mes meilleurs sentiments.

Leconte de Lisle[747].

Anatole France ne s'attendait pas à une telle réponse qui dépassait de beaucoup le cadre de la querelle d'esthètes. La différence d'âge entre les deux hommes était grande (vingt-six ans) et, ne se souvenant pas que cela n'avait guère empêché Floquet d'avoir l'ascendant sur Boulanger, le démissionnaire de la Bibliothèque du Sénat jugea bon d'insister sur ce point afin de justifier son refus de combattre celui qui, jadis, avait été son Maître et son fidèle ami.

Monsieur,

Je trouve dans *l'Écho de Paris* une lettre que vous adresse M. Leconte de Lisle et par laquelle il annonce que deux de ses amis attendront mes témoins chez lui, dans l'après-midi de dimanche. Mes témoins ne devaient point venir et ils ne viendront point. Je n'ai jamais eu l'intention de lui en envoyer.

Je l'ai encore moins après ce qu'il vous a écrit. Car, dans sa lettre, il me donne la seule satisfaction que j'avais le droit et le devoir d'attendre. Il y déclare qu'il ne s'occupe point de ma vie privée. Il ne le fait pas sans doute de très bonne grâce, mais, pour lui avoir coûté, la satisfaction qu'il me donne ne m'en est que plus précieuse. Il la devait à la vérité ; c'est moi qui l'en remercie.

Je n'ai jamais manqué au respect qui lui est dû. S'il oublie généreusement en ma faveur qu'il est né en 1820 il est de mon devoir de ne pas l'oublier. Faut-il donc que je lui apprenne qu'il est une de ces gloires auxquelles on ne touche pas ?

Veuillez agréer, monsieur le rédacteur, l'assurance de ma considération distinguée.

Anatole France[748].

En vérité, le vieux Runoïa était plus que jamais tourmenté par la perspective de la mort et, plutôt que de l'attendre, il souhaitait aller au-devant d'elle. Certes, il l'avait souvent appelée de ses vers, mais maintenant qu'elle approchait, qu'il la sentait venir, elle lui faisait horreur. « Ce n'est pas mourir qui m'attriste, confia-t-il un jour à ses confrères, c'est mourir lentement, et s'en aller en morceaux[749]. » Aussi ne lui aurait-il pas déplu de succomber à l'issue d'un duel consenti au nom de l'art et de la poésie, ou bien de disparaître au beau milieu d'un cataclysme naturel, fusionnant avec les forces primordiales des divinités chtnoniennes. Cette espérance catastrophique l'avait déjà hanté, en 1871, à la vue de Paris en flammes ; mais elle avait été déçue, bien sûr, comme la plupart de ses rêves[750].

Le dernier sommeil

Le 16 mars 1889, le succès de la reprise des *Érinnyes* à l'Odéon – 6 à 7 000 francs de recettes – atténua le demi-échec de la création. Romain Rolland, qui fit sa thèse sur *L'Histoire de l'opéra en France, avant Lulli et Scarlatti*, y assista, notant dans son *Journal* à la date du 21 : « Eschyle, Shakespeare, Wagner ; la plus glorieuse trinité du théâtre. Bien des rapports, et des plus étroits, entre l'émotion que me fait éprouver *l'Orestie*, et celle du *Ring* de Wagner. On est au sein du rythme, en plein mode héroïque, non de cet héroï-comique qui gonfle les joues des héros de Corneille, mais au milieu des Demi-Dieux, au-delà de l'Espace et du Temps, sur le domaine de l'Éternité, de la Réalité surnaturelle. Ici, Art et Foi ne font qu'un.

« Leconte de Lisle a beaucoup modifié l'œuvre, malgré ses prétentions de traducteur fidèle. Il l'a rendue plus implacable, en la mutilant, après le châtiment d'Oreste, sans que l'aurore d'une Rédemption, même lointaine, s'annonce. Mais ses vers sont splendides, d'une fonte cyclopéenne. Quelle musique ! – Celle de Massenet, exécrable, n'est là que pour montrer ce qu'un grand poète peut perdre au compagnonnage d'un sot musicien[751]. Mais si le grand poète avait été en même temps un grand musicien, comme Wagner ! Ces vers de Leconte de Lisle semblent le plus magnifique récitatif qu'on ait jamais écrit d'un drame lyrique.

« Paul Mounet[752], supérieur à tout ce qu'il a encore été, dans Orestès. Terrifiant de fureur et d'égarement. Le tourbillon de Furies qui l'entraîne, comme un cauchemar qui vous serre à la gorge. – Tessandier[753], sublime en Kassandra. Son long silence, pendant la scène de Clytemnestre et d'Agamemnon, la tête baissée, comme une bête sous le joug ; les yeux perdus dans le loin. Que ce rôle est grand et touchant ! Et que je sais de gré à Berlioz de l'avoir si bien aimé ! – Weber[754] en Élektra. Albert Lambert père[755] en Agamemnon. Garnier[756], dans le Veilleur. Marie Laurent[757], très mauvaise en Clytemnestre. Elle l'a jouée en Mère de l'Ambigu[758]. »

Cette année-là, Leconte de Lisle participa également au *Parnasse Breton contemporain* de Louis Tiercelin et de Joseph-Guy Ropartz[759] avec *Le Vase*, *Les Roses d'Ispahan*, *Le Parfum impérissable*, *La Maya* et *La Mort du soleil*, et, l'année précédente, le 28 août, *Le Figaro* imprima *La Fatalité* et *Le Baiser suprême*, deux courts poèmes inspirés des compositions sensuelles du sculpteur à « tête de Nubien[760] » Ernest Christophe, auquel l'on doit la statue de *La Comédie humaine* (1876) « qui se renverse, – le visage plein de larmes, le flanc mordu par un serpent derrière la draperie[761] – », dont le plâtre (1857) inspira Baudelaire dans *Les Fleurs du Mal*, et au sujet duquel le critique écrivit dans son *Salon de 1859*[762].

Le groupe important que le sculpteur venait de terminer devait figurer au Salon de l'année suivante sous cet oxymoron : *Le Baiser mortel*[763]... La première de ses allégories, *La Fatalité* (1885), « sur une roue écrasante des êtres, qui tient des figures volantes de Jean de Bologne et de Benvenuto : c'est de l'école florentine[764] », se promène aujourd'hui encore dans le Jardin du Casino de Bagnères-de-Luchon : « L'épée en main, le pied sur la roue immortelle, / Douce à l'homme futur, terrible au dieu dompté, / Elle vole, les yeux dardés droit devant elle, / Dans sa grâce, sa force et sa sérénité[765] ! » La seconde, *Le Baiser suprême* (1892), s'exhibe quelque part dans une cour extérieure du Musée de Tessé de la ville du Mans[766] :

Heureux qui, possédant la Chimère éternelle,
Livre au Monstre divin un cœur ensanglanté,
Et savoure, pour mieux s'anéantir en Elle,
L'extase de la mort et de la volupté
Dans l'éclair d'un baiser qui vaut l'éternité[767] !

Une nouvelle édition des *Poèmes barbares*, in-8°, parut le 12 octobre 1889 et, le 1er août, *La Revue des Deux Mondes* publia *Le Dernier des Maourys*.

Je me suis donc aperçu, écrivit Leconte de Lisle deux mois plus tôt à sa « très chère enfant », qu'il y avait une lacune dans la série de mes bêtes féroces, c'est-à-dire l'homme lui-même à l'état Édénique de cannibale. Or, il était indispensable de compléter ma ménagerie. Que dirait, je te le demande, la postérité curieuse qui s'occupera certainement de mes petites élucubrations rimées, en supposant qu'elle n'ait rien de mieux à faire, ce que je lui souhaite, que dirait-elle, en constatant l'absence de tout anthropophage au milieu de mes ours, de mes tigres, de mes requins, de mes loups, de mes moines, de mes chiens sauvages et de toutes les autres bêtes à deux ou quatre pattes ? En outre, je me priverais du plaisir d'horripiler certains critiques sensibles qui affirment en pleurant que je manque absolument de sensibilité. Mon cannibale est donc fait, et je le publierai probablement dans la *Revue des deux mondes*, vers le 1er juillet[768].

Au mois de novembre, une épidémie d'influenza se déclara dans toute la France, et tous les hôpitaux de Paris furent très vite débordés. Le poète l'attrapa. Pendant deux semaines, il ne retourna pas à la Bibliothèque. Il était encore très faible et accablé de maux de tête puissants quand il reçut, le 6 janvier 1890, la lettre d'Émilie lui annonçant son mariage avec M. de Longeville. Ce fut le coup de grâce. À compter de ce jour, sa santé ne cessa pas de décliner. De plus en plus isolé, il renonça définitivement à comprendre les motivations profondes de la nouvelle génération littéraire, et s'en retourna vers des amitiés plus anciennes.

Nous sommes seuls à Paris, écrit-il à Heredia le 26 août ; tous nos amis se sont dispersés çà et là. Mme Pozzi est à Badenweiler, les Houssaye et les Psichari[769] sont à Rasmapamon auprès de Renan, Mme Bory[770] est en Suisse, etc. Je ne vous parlerai pas de mes poèmes commencés. L'inspiration, elle aussi, s'en est allée je ne sais où. Elle reviendra quand bon lui plaira, ou ne reviendra pas du tout. C'est le dernier de mes soucis. Plus je vais, plus je me sens dépaysé au milieu de mes contemporains. Je les comprends peu, ils me comprennent moins encore ; nous ne parlons plus la même langue. Les romans psychologiques, et les vers de dix-sept pieds sans aucun sens appréciable et horribles à l'œil et à l'oreille, m'assomment et m'écœurent. C'est pourquoi j'ai bien envie de ne pas publier mon dernier livre, de mon vivant du moins. J'intitulerai cela « Poèmes posthumes ». Voilà où j'en suis[771].

Trois mois auparavant, il se trouvait à Boulogne-sur-mer, ce qui ne l'empêchait pas de tousser comme à Paris. Il avait grand'hâte de rentrer et de ne plus bouger, ne faisait rien, ni vers ni prose, allait, venait, fumait, regardait la mer, était noir comme un petit Namaquas[772], avait la cervelle vide, et cet état lui semblait le plus naturel du monde. De son côté, Anna prétendait que l'air de la mer lui faisait un bien considérable : leur déplacement aurait au moins servi à cela[773].

Boulogne, 23 mai 1890

Mon cher ami,

Nous avons été accueillis par une pluie enragée, un vent terrible et un orage nocturne effroyable. Aujourd'hui le temps est splendide, la mer est calme, le soleil est frais, et tout est pour le mieux, en attendant le retour certain de la pluie, du vent et du tonnerre. Nous habitons le 1er étage d'une grande maison déserte, immédiatement au-dessus de la plage, en face d'admirables couchers de soleil. Il ne me manque que mes livres, mes papiers, mes amis et l'air de Paris, c'est-à-dire à peu près tout. On m'apporte *Le Figaro* et *L'Écho de Paris* tous les matins, attendu une sotte habitude de les lire, et Bonnières m'a envoyé les 2 numéros de la *Revue* qui contiennent son roman et vos sonnets[774]. Je ne vous dirai rien du roman. Si vous l'avez lu, vous savez à quoi vous en tenir. Je vous avoue que ces prétendues études de mœurs modernes m'assomment, qu'elles soient signées de Daudet, de Bourget et même de Bonnières. D'ailleurs, il n'y a pas de mœurs modernes. Notre temps, d'après les lois inéluctables de l'art, n'existera intellectuellement, si toutefois il existe jamais, que dans trois ou quatre cents ans.

Ceux de vos sonnets qui vous plaisent le moins, mon cher ami, sont à cent mille mètres au-dessus de ce fatras qui n'est même pas romanesque, attendu que vos sonnets sont des œuvres d'art et que vous êtes un excellent poète. Je crois vous l'avoir dit depuis bien des années déjà, mais je tiens à vous le répéter, puisque vous me semblez un peu découragé pour l'instant. « La Prière du mort », « Le Laboureur », « Le Coureur », « *Villula* », sont faits de main de maître. Si c'est l'âge qui vous inquiète, que faut-il donc que je pense de moi ? Quant à la nouvelle génération qui nous pousse, comme vous dites, c'est une plaisanterie. Quelques-uns de ces aimables jeunes gens – je parle de ceux que je comprends – ne sont, entre nous soit dit, que de bons élèves. Personne ne fera mieux les vers que nous, mon ami, personne. J'ose le déclarer sans forfanterie, et surtout sans modestie. En attendant, je tousse toujours comme un perdu.

Dites, je vous prie, à Marie qu'elle m'écrive, comme elle s'y est engagée. Je lui répondrai certainement de mon mieux, car je l'aime beaucoup[775], pour elle-même et en honneur de la poésie. De votre côté, vous seriez bien aimable, mon cher ami, de ne pas m'oublier pendant mon mois d'exil.

À bientôt. Nos plus affectueuses amitiés à Mme de Heredia, à Hélène, à Marie, à Louise. Un microscopique souvenir à Kiki[776].

Et tout à vous de cœur
Votre vieil ami
Leconte de Lisle[777]

De retour à Paris, le vieil homme, qui avait toujours d'abominables suffocations et qui dormait très mal, tenta de mettre un point final à son poème onirique directement inspiré du chapitre sur « la légende du Grand Inquisiteur » des *Frères Karamazof*[778], *Les Raisons du Saint-Père*, qui fustigeait le césaro-papisme d'un Innocent III plus orgueilleux, face à « la vile humanité » comme au-devant du « dernier Dieu que l'homme aura rêvé », plus fanatique, plus loin du peuple et plus imperturbablement sanguinaire que jamais. Il y parvint aux alentours de la fin du mois de septembre, puisque le 9 octobre il attendait sa seconde épreuve de *La Revue des Deux Mondes*, qui le publia le 15.

Contre toute attente, et sans doute sous l'impulsion vigoureuse d'une Anna entichée de vie mondaine et de parisianisme[779], le 9 mai 1891, il fit paraître en tête des *Églantines*, chez Vanier, une lettre-préface toute en prétéritions – lui qui avait pourtant juré qu'il n'en écrirait jamais ! – pour une plaquette contenant des poèmes d' « Aymerillot » (sans doute les frères Natanson de la *Revue blanche*), de Marcel Béliard, d'Émile Blondel, d'Émile Métaireau, d'André de Vertais, tous d'obscurs Provinciaux décadents, sans avenir aucun, et plus ou moins acoquinés avec la cabale des symbolistes, ces jeunes idiots prétentieux qui l'ennuyaient à mourir et qui ne l'irritaient même plus. « Vous voulez bien me demander une préface pour vos *Églantines* que je viens de lire avec beaucoup de plaisir et d'intérêt, déclara-t-il froidement ; mais je n'ai jamais écrit de préface et je n'en écrirai jamais. Vos vers, qui sont charmants et d'un art déjà fort habile, se recommanderont mieux d'eux-mêmes à l'attention sympathique de vos lecteurs. Mon éloge sincère n'ajouterait rien à leur mérite[780]. » Mais de fait, sans rien lui ajouter, une brèche était ouverte qui allait pousser Leconte de Lisle, en 1893, sous la double pression des irrésistibles comtesses de Greffulhe[781] et de Montebello[782], à devoir écrire une seconde lettre-préface pour les *Chauves-souris*, « d'un art très subtil et très délicat », du dandy Robert de Montesquiou. On lui reprocha beaucoup ce « charme étrange avec une surprise toujours nouvelle et toujours on ne peut plus sympathique » qu'il y avait goûté. Certes, « elles ne s'adressaient qu'à une élite de rares esprits[783] », mais pour ses amis républicains et parnassiens, cet apparent désaveu dont le poète se défendait avec un fin sourire excédé était insupportable[784].

Un après-dîner, je lui apportai ma copie, raconte le comte de Fezensac dans ses *Mémoires*. Je tenais principalement à lui faire connaître les poèmes sur l'Impératrice Eugénie, lesquels pouvaient, comme ils firent, susciter certain émoi, et dont je ne voulus pas qu'il pût ensuite me reprocher de ne pas les lui avoir soumis avant d'engager son *approbatur*. Il les écouta très attentivement et me répondit que le seul grief à leur faire était de présenter trop tôt de l'histoire toute proche, mais que les années n'ayant pas de peine à corriger ces sortes de défauts, il me conseillait de ne rien changer à un texte qu'il jugeait bon à le renseigner sur la qualité d'exécution d'une œuvre dont le plan lui plaisait, dont la fantaisie le séduisait, et de laquelle, j'ai lieu de le croire, la documentation lui parut sérieuse, comme l'exécution consciencieuse, puisque je sortis vainqueur de l'épreuve, que je reçus, le lendemain, les quelques lignes pleines d'autorité bienveillantes, qui donnèrent à mon début un rehaut magistral, et que, loin de s'en repentir, celui qui me les avait consacrées ne cessa de me témoigner, et jusqu'à la fin, un intérêt toujours accru[785].

Le 11 septembre 1891, Leconte de Lisle se reposait au Puys, station balnéaire avec laquelle il s'était réconcilié. En effet, depuis que la maison de Dumas fils attendait un acheteur, un grand nombre d'habitations étaient à vendre. On préférait suivre la mode et s'installer à Dieppe, « petite ville sale qui sentait le poisson d'une façon déplorable ». Anna et lui séjournaient donc depuis plus de deux semaines, « avec Mme Pozzi et ses enfants, dans une charmante petite villa très gaie et très fleurie, au sommet de la colline, entourée de sentiers ombreux et dominant la mer ». Mais le Maître souffrait du « soleil aveuglant, brûlant, accablant », d'autant plus pénible pour lui qu'il devait sacrifier à de longues promenades qui lui faisaient horreur. Heureusement, de copieuses ondées rafraîchissaient de temps en temps l'air implacable et doux, et de « bons vieux nuages assez noirs » obscurcissaient « l'atroce sérénité du ciel » :

> J'ai certainement manqué ma destinée, confia-t-il à Heredia. J'aurais dû naître et vivre au fond de quelque fjord de Norvège, dans un perpétuel brouillard, en compagnie des phoques dont je partage les goûts et les mœurs, n'ayant jamais su lire ni écrire et fumant d'éternelles pipes en l'honneur des dieux Norses. Par quelle fantaisie absurde un sauvage de mon espèce a-t-il été transformé en académicien ? Ni moi ni personne n'en saurons jamais rien. Mon unique désir est d'assister pour l'instant à un bon coup de vent qui réveille la mer immobile et lisse comme un miroir et la fasse écumer et rugir un peu ; mais ces dames et les enfants, chose extraordinaire, n'aiment ni le vent, ni la pluie, ni la mer furieuse, et il y a tout à parier que celle-ci restera absolument calme, que le soleil va de nouveau nous cuire tout vif, et que j'en serai comme d'habitude pour mes vaines espérances[786].

Les *Érinnyes* furent une nouvelle fois reprises à l'Odéon le 24 février 1892. Leconte de Lisle continua d'écrire quelques-uns de ses « Poèmes posthumes » et réédita des pièces plus anciennes dans *L'Écho de Paris littéraire illustré – Le frais matin dorait* (le 21 février), *L'Orbe d'or* (le 10 avril), *Les Roses d'Ispahan* (le 21 août) et *Épiphanie* (le 11 décembre) – et dans *La Lecture – Le Jugement de Komor* (le 10 avril) –. En septembre, Mallarmé le décréta président du Comité chargé d'élever un Monument en l'honneur de Baudelaire[787] – « présidence plus laborieuse qu'honorifique, [Leconte de Lisle] ayant plutôt combattu que soutenu leur idée à tous[788] » – et, en juin, parut la première édition confidentielle des *Trophées* (10 exemplaires), destinée au concours Archon-Despérouse de l'Académie française. La somme réservée au lauréat devait fusionner avec celle destinée au Prix Théophile Gautier récompensant un auteur de poésie lyrique, soit 8 000 francs au lieu de 4 000. « La discussion avait été fort vive et on ne l'avait emporté qu'avec beaucoup de peine[789]. » Mais il était bien entendu que Heredia, qui spéculait sur les mines sud-américaines de cuivre et d'étain et serait bientôt complètement ruiné par sa passion du baccara[790], avait cruellement besoin de cet argent. Leconte de Lisle, se souvenant des moments difficiles où son ami n'avait pas hésité à le soulager financièrement, appuya donc de tout son poids pour que la balance obliquât à son avantage. Le 12 mars 1893, la Commission ne s'était pas encore réunie, mais on ne doutait pas du succès de cette entreprise.

La première édition in-8° des *Trophées*, dont le Maître avait eu l'exclusivité un mois auparavant, sous la forme d'un tirage de luxe – 25 exemplaires sur papier de Hollande – dédicacé « À Leconte de Lisle, avec tout le respect, l'admiration et l'affection, J.-M. de Heredia », parut chez Lemerre le 16 février 1893. Il va de soi que l'auteur, s'il n'eut préféré privilégier la mémoire de sa *carissima et amantissima mater*, les lui eût dédiés :

> C'est à vous, cher et illustre ami, que j'aurais dédié ces *Trophées*, si le respect d'une mémoire sacrée qui, je le sais, vous est chère aussi, ne m'eût interdit d'inscrire un nom, si glorieux soit-il, au frontispice de ce livre.
>
> Un à un, vous les avez vus naître, ces poèmes. Ils sont comme des chaînons qui nous rattachent au temps déjà lointain où vous enseigniez aux jeunes poètes, avec les règles et les subtils secrets de notre art, l'amour de la poésie pure et du pur langage français. Je vous suis plus redevable que tout autre : vous m'avez jugé digne de l'honneur de votre amitié. J'ai pu, au cours d'une longue intimité, comprendre mieux l'excellence de vos préceptes et de vos conseils, toute la beauté de votre exemple. Et mon titre le plus sûr à quelque gloire sera d'avoir été votre élève bien aimé.
>
> C'est pour vous complaire que je recueille mes vers épars. Vous m'avez assuré que ce livre, bien qu'en partie inachevé, garderait néanmoins aux yeux du lecteur indulgent quelque chose de la noble ordonnance que j'avais rêvée. Tel qu'il est, je vous l'offre, non sans regret de n'avoir pu mieux faire, mais avec la conscience d'avoir fait de mon mieux.
>
> Recevez-le, cher et illustre ami, en témoignage de mon affectueuse gratitude, et comme il serait malséant de clore sans le vœu traditionnel une épître liminaire, quelque brève qu'elle soit, permettez que je vous souhaite, à vous et à tous ceux qui feuilletteront ces pages, de prendre à lire mes poèmes autant de plaisir que j'eus à les composer.
>
> José-Maria de Heredia[791].

Ce fut une apothéose, un succès triomphal. Les cinq mille recueils à dix francs furent vendus en quelques heures et la Presse ne tarissait pas d'éloges. La seconde édition, in-12, parut seulement un mois plus tard, le 17 mars[792]. Selon François Coppée, c'était une fortune extraordinaire, mais non pas sans danger… Tant de sonnets à la fois ! « Vous redoutiez le reproche de monotonie, lui déclara-t-il le jeudi 30 mai 1895, en le recevant sous la coupole de l'Institut. Ces scrupules, je le crois bien, vous ont longtemps empêché d'écrire l'*imprimatur* sur votre manuscrit. Mais vos craintes étaient chimériques. Les médailles que vous frappez ne sont semblables que par le diamètre et le titre du métal. Avec une maîtrise puissante et subtile, vous en savez varier les ornements et les effigies. Quand vous avez mis sous les yeux de tous ce trésor poétique, on a bien constaté que les pièces étaient du même prix et d'un or aussi pur, mais encore qu'il n'y en avait pas deux pareilles et que chacune d'elles était un parfait objet d'art. […]

« Non, ce n'était pas trop de trente ans pour produire ce livre splendide comme un vitrail. Car non seulement chacun de vos sonnets, par la conception héroïque, par la richesse et l'éclat des images, par la magnificence du verbe, par le choix exquis des rimes, par la musique des moindres syllabes, non seulement, je le répète, chacun de vos sonnets est un chef-d'œuvre, mais leur ensemble présente une composition qui, pour n'avoir pas été cherchée, n'en est pas moins harmonieuse. Vos *Trophées*, c'est une sorte de *Légende des siècles* en sonnets. Ce voyage à travers les âges que Victor Hugo fit à vol d'aigle, vous l'accomplissez à votre tour avec les courtes haltes d'un oiseau migrateur[793]. Vous ne peignez pas à Fresque ; mais, en vos cadres étroits, vous ressuscitez toute la beauté d'un mythe aboli, toute l'âme d'un siècle mort, tout le pittoresque d'une civilisation disparue. Après la Grèce et la Sicile, voici Rome, voici les Barbares, le Moyen Âge, la Renaissance. Le cycle est complet[794] ; vous avez fait le tour de l'histoire[795]. »

Pour fêter l'événement, Leconte de Lisle donna une soirée chez lui, et Heredia, récemment naturalisé français, présida en novembre le banquet de *La Plume*, organisé en son honneur. Mais le Maître souffrait beaucoup d'un abominable catarrhe qui l'empêchait de respirer, et surtout de dormir. Il toussait perpétuellement, à se rompre la poitrine, avec des expectorations continues, très douloureuses, qui l'épuisaient et l'irritaient au suprême degré[796]. Il avait dû encore, trois mois auparavant, lutter contre le projet « cacographique » d'Octave Gréard, qui se proposait de réformer l'orthographe[797].

> En vérité, il serait assez singulier que je ne fusse pas très mécontent d'un projet de soi-disant réforme qui consiste à écorcher tous les mots de la langue, à massacrer les vers français et à rendre absolument illisibles et inintelligibles les chefs-d'œuvre littéraires antérieurs, s'indigna-t-il le 14 août 1893, peu de temps avant de repartir au chalet Landron de Puys. Tout ceci, au fond, n'est qu'une émeute de pions et de cuistres, à laquelle ne prendront, ou ne prendra, part que la lie des écrivailleurs et des rimailleurs. Du reste, une résolution ferme, prise par sept voix contre quatre, en l'absence de vingt-neuf membres non consultés, ne peut pas compter, et ne comptera pas, sans une violente et publique protestation. Si cet assassinat de la langue, et surtout de la poésie, réussissait, je serais d'avis qu'une lettre de félicitations fût adressée à l'Académie par les cuisinières illettrées de Paris, et qu'elles y fissent observer que, dès avant l'invention des casseroles, ayant pris l'initiative de cette réforme essentiellement culinaire, elles ont désormais tous les droits à être élues à l'Académie[798].

Pourtant, au rebours de tous les autres courants littéraires nouveaux, avec le succès des *Trophées*, le Parnasse et la poésie classique furent un instant remis à l'honneur. L'École romane notamment, avec Maurice du Plessis, Raymond de la Tailhède, Ernest Raynaud, Emmanuel Signoret et Jean Moréas, amorça un retour dissident vers le classicisme et la tradition humaniste ; de même Charles Guérin, un proche de Francis Jammes, écrivit des *Fleurs de neige* et des *Joies grises* aux villanelles, aux sonnets, aux sextines, aux ballades et aux rondels très proches de ceux de l'art pour l'art, quoiqu'encore imparfaits.

Lemerre profita de l'occasion pour tenter de publier, dix-sept ans après le dernier, un quatrième *Parnasse contemporain*, « recueil de vers inédits des principaux poètes de ce temps », où « il ne serait tenu compte que du mérite des œuvres présentés au Comité de Lecture », composé de Maîtres – certainement Coppée, Heredia et Leconte de Lisle – dont « nul ne saurait mettre en doute la largeur d'esprit ni la compétence ». Il ne suffisait que d'avoir du talent et une certaine idée de la poésie… Car « la poésie n'est pas un art de pure suggestion, expliquait l'éditeur dans son prospectus, peut-être jamais diffusé, qui annonçait la première des vingt livraisons de seize pages pour le 5 mai 1893 ; à la différence de la musique, elle doit exprimer – exprimer d'abord – et suggérer ensemble. Elle n'est point uniquement ni principalement destinée à traduire les états troubles et vagues de l'âme ; elle a pour domaine le champ tout entier de la pensée, du sentiment, de la conscience et du rêve. C'est elle […] qui est chargée de laisser au monde la plus intense, la plus complète, la plus lumineuse expression du génie d'un temps[799]. »

Toutefois, selon Leconte de Lisle, et contrairement aux apparences, « il ne s'agissait pas de ressusciter des querelles d'écoles et de partir en guerre contre les décadents, les symbolistes et autres sectes littéraires. L'idée était beaucoup moins belliqueuse. » Il s'agissait plutôt « de publier une sorte d'anthologie de vers se rapprochant de la forme parnassienne, ce que d'aucuns nommaient dédaigneusement des "vers réguliers", et [de] faire appel aux jeunes poètes – tels Auguste Dorchain, Edmond Haraucourt, Jean Ajalbert ou François Fabié – dont les tendances ne s'écartaient pas trop de l'école dite du Parnasse[800] ». Mais devant la violente réaction de Francis Vielé-Griffin, d'Henri de Régnier, d'Émile Verhaeren et de Stéphane Mallarmé, qui n'avait pas oublié son ancien contentieux avec l'éditeur du passage Choiseul, le projet n'eut malheureusement pas de suite, et chacun dut se contenter d'une modeste réédition du *Livre des sonnets*…

Ferdinand Brunetière consacra, dans le cadre de son cours sur *L'Évolution de la poésie lyrique en France*, une leçon en Sorbonne à Leconte de Lisle, et, voyant en eux l'expression de la modernité littéraire, une autre à chacun de ses trois disciples les plus connus, Heredia, Sully Prudhomme et Coppée. Eugène Lintilhac évoqua également les principaux Parnassiens dans son *Précis historique et critique de la littérature* française. Puis, le 1er décembre 1893, la *Revue des Deux Mondes* fit paraître *Les Hymnes Orphiques*, partiellement reproduites par la *Revue des revues*, le 1er janvier 1894. Comme en un chapelet de beautés mélancoliquement égrenées, chaque divinité antique s'y trouvait associée à une plante, à un parfum : l' « inépuisable Pan, vieux et toujours nouveau », comme les Nymphes « aux corps subtils fluant sous les roseaux », aux aromates ; le « Titan Porte-lumière », Hélios-Apollon, à l'Héliotrope ; la « blanche Sélènè, Reine des belles nuits », au Myrte ; la Déesse Artémis, « Vierge à qui plaît la pourpre odorante du sang », à la Verveine ; la fille « immortellement nue » de l'Écume, Aphrodite, « dont la chevelure en nappes d'or ruisselle » et fait, « dès l'aube, au seuil de l'antre ensanglanté », rugir le lion de volupté, à la Myrrhe ; Nyx, la « mère d'Hypnos aux languissantes ailes », l' « Immortelle au front bleu », au Pavot ; les Néréides, à la fraîche haleine dans leurs « grottes de nacre aux changeantes couleurs », à l'Encens ; Adônis, l' « Éphèbe aux cheveux blonds », « pleuré des Vierges de Syrie », à l'Anémone et à la Rose ; les Érinnyes, enfin, « Meute du noir Érèbe » à « l'oreille tendue au cri des agonies », à l'Asphodèle...

Toutes ces Hymnes témoignaient d'une délicate et douce sensibilité qu'on n'était plus habitué à rencontrer sous la plume virile, vigoureuse et souvent violente de Leconte de Lisle. En vieillissant, il s'attendrissait de plus en plus et redevenait un élégiaque. « Lorsqu'on dit que les vieillards retournent en enfance, assura-t-il en présence de son ami Jules Breton, c'est vrai, je le sens et c'est bon[801]. »

Aux derniers mois de sa vie, cet attendrissement, cette insouciance confinait même à l'inconscience. Ainsi, rapporta René Samuel, « lorsque les anarchistes firent sauter le restaurant Foyot – le 4 avril 1894 –, endommageant le pauvre Tailhade[802], qui avait pourtant admiré leur "beau geste", Leconte de Lisle continua à promener paisiblement son caniche noir, gras, luisant et pouponné. Les troubles des temps n'affectaient point son olympienne sérénité. Un billet anonyme l'arracha brusquement à sa quiétude. On lui disait impertinemment et sans orthographe : "Mon vieux, tu peux faire ton testament. Les compagnons ont l'œil sur toi. Ça t'apprendra à engraisser des roquets et à boire à l'Académie la sueur du peuple !" Il transmit, d'urgence, au Préfet de Police cette effrayante menace, qu'il attribuait à quelques décadents, furieux des épigrammes dont il les avait lardés et il se tint confiné dans son appartement du Boulevard Saint-Michel, gardé par deux agents. L'ordre rétabli, il reprit le chemin de la Bibliothèque, mais il se remit lentement de cette forte secousse[803]. »

Cette année-là, après avoir écrit une ultime lettre-préface pour *La Voie douloureuse* de Mme Jean Dornis[804], Julia Daudet vint lui rendre visite. Elle le vit entrer dans son salon, en robe de chambre, attristé, affaissé, et pourtant toujours imposant, « de bel et grand aspect et son regard noir paraissait attendri » : « Je me cache, lui dit-il, car je suis bien vieux et bien malade[805]. »

Il eut encore la force d'offrir *Les Yeux d'or de la nuit* et *L'Enlèvement d'Européia* à la *Revue des Deux Mondes* du 15 mai, d'adresser ses félicitations à Heredia pour son élection à l'Académie, au fauteuil de Charles de Mazade, le 22 février[806], puis il se retira du monde. Il vécut ses ultimes instants après un déjeuner chez Mme Guillaume Beer, partagé avec Henri de Régnier, à l'endroit exact où il avait passé ses précédentes vacances, dans le Pavillon du hameau du château de Voisins, à l'angle de la rue de Voisins et du chemin de Prunay, à Louveciennes :

> Nous venons de passer quinze jours dans le plus beau parc du monde, où Chénier a vécu, aimé et composé la plupart de ses élégies, écrit-il une dernière fois à Heredia le 14 août 1893. Je me suis promené, non sans émotion, sous les arbres deux fois centenaires qui l'ont vu passer à leur ombre, aux côtés de Fanny, et je me suis assis sur le banc, aujourd'hui bien vieux, qu'il préférait, qu'on a respecté et qui a gardé son nom. Nous voici revenus sur notre misérable boulevard défoncé d'un bout à l'autre par les travaux du chemin de fer souterrain de Sceaux[807]. La chaleur est effrayante, la poussière malsaine nous étouffe, et l'air est naturellement irrespirable. Aussi, nous préparons-nous à

partir pour Puys, mercredi matin. Ce dernier voyage ne durera guère plus de vingt jours, et nous rentrerons définitivement en septembre[808].

Peu de temps avant de mourir, d'une pneumonie, le mardi 17 juillet 1894, à 7 heures du soir[809], le « Maître ouvrit un de ses volumes posé sur le guéridon du salon. D'une voix un peu tremblante, il lut le poème *Si l'Aurore*[810] » :

Salut ! Je vous salue, ô montagnes, ô cieux,
Du Paradis perdu visions infinies,
Aurores et couchants, astres des nuits bénies,
Qui ne resplendirez jamais plus dans mes yeux !

Je vous salue, au bord de la tombe éternelle,
Rêve stérile, espoir aveugle, désir vain,
Mirages éclatants du mensonge divin
Que l'heure irrésistible emporte sur son aile !

Puisqu'il n'est, par delà nos moments révolus,
Que l'immuable oubli de nos mille chimères,
À quoi bon se troubler des choses éphémères ?
À quoi bon le souci d'être et de n'être plus ?

J'ai goûté peu de joie, et j'ai l'âme assouvie
Des jours nouveaux non moins que des siècles anciens.
Dans le sable stérile où dorment tous les miens
Que ne puis-je finir le songe de ma vie !

Que ne puis-je, couché sous le chiendent amer,
Chair inerte, vouée au temps qui la dévore,
M'engloutir dans la nuit qui n'aura point d'aurore,
Au grondement immense et morne de la mer[811] !

Puis, silencieusement, il pleura[812].

Il n'y a de réellement vivants que les morts, aimait-il souvent à répéter. Ceux qui vivent deviennent, ils ne *sont* pas. Ils ne seront que lorsque leur destinée sera remplie, qu'il n'y aura plus rien à y ajouter ni à en retrancher. Alors seulement ils seront parfaits, alors enfin ils existeront[813].

Notes

1. Voir Arthur Rimbaud, *Poésies*, Garnier-Flammarion, 1989, p. 51.

2. L'ensemble des livraisons ne paraîtra en volume qu'après la Commune, en 1871.

3. Cité par René Rémond, in *La vie politique en France de 1789 à 1879*, Armand Colin, Paris, 1965-1969, tome 2, p. 214.

4. « 7 350 000 oui, 1 582 000 non. Le Oui a donc obtenu un peu plus de 82 % des suffrages exprimés. Le rapport entre majorité et opposition qui était en 1869 approximativement de six à quatre, tombe à la proportion de cinq à un. Le Non ne retrouve même pas la moitié des voix qui s'étaient portées onze mois plus tôt sur les candidats de l'opposition, alors que le total des votants a augmenté d'un million en chiffres ronds. C'est pour l'opposition plus qu'un recul : un échec patent et une cruelle déception. » *Ibid.*, p. 200.

5. « On lira avec profit le *Journal de l'exposition universelle de 1867* (dirigé par F. Ducuing) qui fait l'éloge de cette manifestation de prestige du régime, tout en critiquant vertement l'obscurantisme et le fanatisme des catholiques ultramontains et en glorifiant le travailleur qui transforme le monde. » Edgard Pich, *Leconte de Lisle et sa création poétique*, Imprimerie Chirat, 1975, p. 486, note 140.

6. Pierre-Joseph Proudhon, *Du principe de l'art et sa destination sociale*, Les Presses du réel, Dijon, 2002, p. 72.

7. Edgard Pich, préface des *Poèmes tragiques et Derniers poèmes*, Belles Lettres, 1977, p. X.

8. Jean-François Mattéi, *La barbarie intérieure*, PUF, Quadrige, mai 2004, pp. 65-66.

9. Pierre-Joseph Proudhon, *Du principe de l'art et sa destination sociale*, Les Presses du réel, Dijon, 2002, pp. 144-145.

10. *Ibid.*, p. 144.

11. *Ibid.*, p. 175.

12. Jules Claretie, *Histoire de la révolution de 1870-71*, Aux bureaux du journal l'Éclipse, Paris, 1877, vol. 1, p. 115.

13. Cité par François Roth, in *La guerre de 1870*, Fayard, 1990, p. 24.

14. *Ibid.*, p. 25.

15. *Le Journal d'Indre-et-Loire* du 14 août 1870, cité par François Roth, *Ibid.*, p. 71.

16. C'est la version que maintint Bazaine jusqu'au jour de son procès, deux ans plus tard, à Versailles. Il y fut condamné à mort. Sa peine fut commuée en détention mais il s'échappa et se réfugia à Madrid, où il mourut en 1888.

17. François Roth, *La guerre de 1870*, Fayard, 1990, p. 86.

18. « Le Soir d'une bataille », *Poèmes barbares*, Belles Lettres, 1976, p. 198. Ce poème ne fut pas écrit à cette occasion puisqu'il parut dans la *Revue contemporaine* du 15 janvier 1860, t. XIII, pp. 182-183.

19. Peut-être Mme Émilie Foucque, née Sers, à moins que ce ne soit Mme José-Maria de Heredia. En effet, les Heredia passaient leurs vacances non loin de là, et tous ces couples se fréquentaient assidûment.

20. Mme Élisabeth Despaigne, née Dutocq, était la mère de Mme José-Maria de Heredia.

21. Ernest et Louis Despaigne étaient les deux frères aînés de Mme José-Maria de Heredia ; Léonce était le cadet.

22. Heredia et son épouse se trouvaient encore en Bretagne.

23. Le château de Vincennes avait été transformé en arsenal militaire par Napoléon Ier. Pendant le Second Empire, l'armée y développa un polygone d'artillerie

comprenant un atelier de poudre, des unités de cavalerie, des champs de manœuvres et des casernes. Les ateliers enfermaient alors 10 000 kg de poudre ainsi que 400 000 cartouches. Durant l'écrasement de la Commune, un groupe d'irréductibles, préférant se saboter plutôt que de rendre les armes, fit tout exploser. La détonation fut entendue jusqu'à l'intérieur de Notre-Dame. Il n'y eut aucun survivant.

24. *Lettres à José-Maria de Heredia*, Honoré Champion, 2004, pp. 49-50.

25. Marius-Ary Leblond, *Leconte de Lisle*, Mercure de France, 1933, p. 346.

26. François Roth, *La guerre de 1870*, Fayard, 1990, p. 97.

27. Marius-Ary Leblond, *Leconte de Lisle*, Mercure de France, 1933, p. 346.

28. Lettre citée par Marius-Ary Leblond, *Ibid.*, pp. 346-347.

29. Jules Claretie, *Histoire de la révolution de 1870-71*, Aux bureaux du journal l'Éclipse, Paris, 1877, vol. 1, p. 156.

30. Lettre à son cousin du 24 août 1870, citée par Marius-Ary Leblond, in *Leconte de Lisle*, Mercure de France, 1933, pp. 344-345.

31. « Récits d'un soldat », *Revue des Deux Mondes* du 1er juillet 1871, cité par Jules Claretie, in *Histoire de la révolution de 1870-71*, Aux bureaux du journal l'Éclipse, Paris, 1877, vol. 1, p. 212.

32. *Ibid.*, p. 254.

33. Jules Favre, *Discours parlementaires*, Plon, 1881, vol. 4, p. 7, et Jules Claretie, *Ibid.*, p. 258.

34. Cité par Jules Claretie, *Ibid.*, p. 252.

35. Lettre du 5 septembre 1870, citée par Marius-Ary Leblond, in *Leconte de Lisle*, Mercure de France, 1933, pp. 347-348.

36. Auguste Neffzter, cité par François Roth, in *La guerre de 1870*, Fayard, 1990, pp. 132-133.

37. Jules Claretie, *Histoire de la révolution de 1870-71*, Aux bureaux du journal l'Éclipse, Paris, 1877, vol. 1, p. 259.

38. Auguste Neffzter, cité par François Roth, in *La guerre de 1870*, Fayard, 1990, pp. 132-133.

39. Jean Dornis, *Hommes d'action et de rêve*, Crès, 1921, p. 106.

40. Charles de Freycinet, *Souvenirs*, cité par François Roth, in *La guerre de 1870*, Fayard, 1990, p. 192.

41. Théodore de Banville, « Les Villes Saintes », *Idylles prussiennes*, Lemerre, 1872. Une statue de Strasbourg fut érigée, place de la Concorde, en l'honneur de la glorieuse résistance de la ville devant l'envahisseur.

42. *Lettres à José-Maria de Heredia*, Honoré Champion, 2004, p. 55.

43. Lettre du 26 septembre 1870, citée par Marius-Ary Leblond, in *Leconte de Lisle*, Mercure de France, 1933, p. 349.

44. Lettre du 5 juin 1870 à son cousin, citée par Edgard Pich, in *Leconte de Lisle et sa création poétique*, Imprimerie Chirat, 1975, p. 493.

45. Ce poème fut lu de nouveau après l'écrasement de la Commune, le 6 juin 1871, au Théâtre-Français, lors même que la ville venait d'être incendiée par le peuple…

46. « Le Sacre de Paris », *Poèmes tragiques et Derniers poèmes*, Belles Lettres, 1977, pp. 68-71.

47. Francisque Sarcey, cité par François Roth, in *La guerre de 1870*, Fayard, 1990, p. 206.

48. Marius-Ary Leblond, *Leconte de Lisle*, Mercure de France, 1933, p. 350.

49. *Ibid.*, pp. 350-351.

50. Voir Auguste Poulet-Malassis, *Papiers secrets et correspondance du Second Empire*, Auguste Ghio éditeur, Paris, 1875, p. 352.

51. Citation de Pierre Flottes, in *Le poète Leconte de Lisle*, Perrin, 1929, p. 152.

52. « Le ministre de l'intérieur nomma une commission chargée de réunir, classer et préparer la publication des papiers et correspondances de la famille impériale.

Cette commission primitivement composée de MM. de Kératry, préfet de police, *président*, M. André Lavertujon, *vice-président*, Estancelin, Gagneur, anciens députés, et André Cochut, fut complétée plus tard par MM. Taxile Delord, Ludovic Lalanne et Laurent Pichat, M. Estancelin ayant été envoyé en mission, et MM. Kératry, Cochut et Jules Claretie, secrétaire, ayant donné leur démission. » Jules Claretie, *Histoire de la révolution de 1870-71*, Aux bureaux du journal l'Éclipse, Paris, 1877, vol. 1, p. 252.

53. Ces mots ressemblaient peut-être à ceux-ci, envoyés à son cousin Hippolyte Foucque, par ballon, le 2 octobre 1870 : « *Au milieu de toutes mes misères matérielles*, je suis accablé par une nouvelle calamité morale. Mon nom a paru dans la liste des Papiers Impériaux. *Vous saviez* qu'une allocation mensuelle de 300 francs m'avait été offerte dans le temps pour m'aider à faire mes traductions grecques. Une nécessité sans réplique m'avait contraint d'accepter, car la pension de Bourbon me manquant et me trouvant chargé de ma mère, qui manquait de tout, je devais choisir entre la vie et la mort des miens. Je me suis sacrifié et m'en voici récompensé par les insultes des journaux. Je vous jure que si les Prussiens pouvaient me tuer, ils me rendraient un suprême service. Je suis si profondément malheureux que je me demande si je ne ferais pas mieux de me brûler la cervelle. Après avoir vécu pauvre, dans la retraite et dans le travail, voici que je n'en recueille que des outrages pour toute récompense. Tout cela est affreux et me jette dans le désespoir. L'investissement continue ; nous nous attendons toujours à un assaut. Que l'ennemi se hâte donc, car on commence à ne plus pouvoir se procurer de viande ni de légumes. Dans un mois ce sera la famine. Je suis de garde aux remparts demain au Point-du-Jour. C'est là qu'on attend l'assaut. Puissé-je y rester ! » Cité par Marius-Ary Leblond, in *Leconte de Lisle*, Mercure de France, 1933, p. 362, et par Jean Dornis, in *Essai sur Leconte de Lisle*, Librairie Ollendorff, 1909, p. 320.

54. Lettre du 25 février 1871, *Lettres à José-Maria de Heredia*, Honoré Champion, 2004, pp. 57-58.

55. Fernand Calmettes, *Leconte de Lisle et ses amis*, Librairies-imprimeries réunies, Paris, 1902, p. 339. L'ami en question est semble-t-il Jean Marras, auquel il écrivit le 30 septembre 1870 : « Tout acte de faiblesse s'expie. [...] Je ne savais plus où donner de la tête et j'ai accepté. J'en reçois aujourd'hui la juste punition. » Cité par Edgard Pich, in *Leconte de Lisle et sa création poétique*, Imprimerie Chirat, 1975, p. 441.

56. Cette pension demeurait néanmoins sérieusement menacée : « L'administration réclame deux autres fois encore sa suppression, en 1864 et en 1867 sans succès, après l'intervention énergique du conseiller Adrien Bellier la première fois et après celle de Laprade la seconde fois. Elle a gain de cause à sa troisième demande, en 1868. La crise, qui affecte alors gravement la colonie, nécessite des économies budgétaires. » Prosper Ève, *Revue grand océan*, « Leconte de Lisle, l'esprit nomade », numéro 6, 1995, p. 39. Voir aussi Raphaël Barquissau, *Le poète Lacaussade et l'exotisme tropical*, Publication du comité Leconte de Lisle et Lacaussade, 1952, pp. 72-74.

57. « Cette lettre n'est pas parvenue directement à Heredia. [...] Elle fut d'abord reçue par sa mère. [...] Sur le manuscrit, sous l'écriture de Leconte de Lisle, on peut lire ces quelques mots écrits de la main de Louise Girard de Heredia et datés du 16 février 1871 : "J'ai répondu à M. Delisle en recevant la lettre ce matin. Je vais tâcher de lui envoyer ce qu'il demande. Quelle détresse mon Dieu ! Je suis encore en vie et nous t'embrassons tous ainsi que Louise, les enfants vont bien et je n'ai pas un mot de toi de Provence. Bonne mère, LGH." » Charles Desprats, *Lettres à José-Maria de Heredia*, Honoré Champion, 2004, p. 51, note 89.

58. Proclamation de Gambetta aux citoyens des départements, en arrivant à Tours, le 9 octobre 1870, citée par Jules Claretie, in *Histoire de la révolution de 1870-71*, Aux bureaux du journal l'Éclipse, Paris, 1877, vol. 1, p. 306.

59. André Léo et A. Raynal, le *Réveil* du 1er novembre 1870, cité par Jules Claretie, *Ibid.*, p. 470.

60. Lettre du 9 février 1871 à Hippolyte Foucque, citée par Marius-Ary Leblond, in *Leconte de Lisle*, Mercure de France, 1933, p. 353.

61. *Ibid.*, pp. 351-352.

62. Il s'agit de Saint-François-Xavier.

63. *Lettres à José-Maria de Heredia*, Honoré Champion, 2004, pp. 51-54.

64. Voir « Le Calumet de Sachem », *Poèmes tragiques et Derniers poèmes*, Belles Lettres, 1977, p. 129.

65. *Lettres à José-Maria de Heredia*, Honoré Champion, 2004, pp. 54-56.

66. Eugène Angèle Razoua (1830-1878) fut élu député de la Seine en février 1871.

67. *Lettres à José-Maria de Heredia*, Honoré Champion, 2004, p. 59.

68. *Ibid.*, p. 58.

69. *Ibid.*, p. 60.

70. *Ibid.*

71. Jules Claretie, *Histoire de la révolution de 1870-71*, Aux bureaux du journal l'Éclipse, Paris, 1877, vol. 1, p. 516.

72. Le mot est d'Adolphe Thiers.

73. Allocution d'Adolphe Thiers, citée par Jules Claretie, in *Histoire de la révolution de 1870-71*, Aux bureaux du journal l'Éclipse, Paris, 1877, vol. 1, p. 566.

74. Karl Marx pense alors que « la révolution ne se fera pas sans l'alliance des ouvriers et des paysans, des Parisiens et des provinciaux. Or ceux-ci sont soit bonapartistes, soit derrière le gouvernement et l'Assemblée de Bordeaux, prêts à collaborer pour avoir la paix à tout prix. » Jacques Attali, *Karl Marx ou l'esprit du monde*, Fayard, 2005, p. 338.

75. Jules Claretie, *Histoire de la révolution de 1870-71*, Aux bureaux du journal l'Éclipse, Paris, 1877, vol. 1, p. 584.

76. *Lettres à José-Maria de Heredia*, Honoré Champion, 2004, pp. 60-62.

77. Jules Claretie, *Histoire de la révolution de 1870-71*, Aux bureaux du journal l'Éclipse, Paris, 1877, vol. 1, p. 567.

78. Lettre du 9 mars 1871, *Lettres à José-Maria de Heredia*, Honoré Champion, 2004, p. 63.

79. *Ibid.*

80. *Ibid.*

81. Le mot est du royaliste Belcastel.

82. Déclaration de Thiers du 17 mars 1871, citée par William Serman, in *La Commune de Paris*, Fayard, 1986, p. 203.

83. William Serman, *Ibid.*, pp. 203-204.

84. Cité par William Serman, *Ibid.*, p. 245.

85. *Ibid.*, p. 262.

86. Proclamation du *Comité central* du 22 mars 1871, *Ibid.*, pp. 245-246.

87. Gaston Buffier, *La Révolution politique et sociale* du 15 avril 1871, cité par William Serman, *Ibid.*, pp. 297-298.

88. *Ibid.*, p. 229.

89. *Ibid.*, p. 232. L'Histoire les réconcilierait en leur donnant à tous les deux raison : le premier fut exécuté sur les marches du Panthéon, le second déporté dans les chiourmes de Nouvelle-Calédonie.

90. « Il y a sous toutes les grandes villes des fosses aux lions, des cavernes fermées, d'épais barreaux où l'on parque les bêtes fauves, les bêtes puantes, les bêtes venimeuses, toutes les perversités réfractaires que la civilisation n'a pas su apprivoiser, ceux qui aiment le sang, ceux que l'incendie amuse comme un feu d'artifice,

ceux que le vol délecte, ceux pour qui l'attentat à la pudeur représente l'amour, tous les monstres du cœur, tous les difformes de l'âme ; population immonde, inconnue au jour, et qui grouille sinistrement dans les profondeurs des ténèbres souterraines. Un jour, il advient ceci que le belluaire distrait oublie ses clefs aux portes de la ménagerie, et les animaux féroces se répandent par la ville épouvantée avec des hurlements sauvages. Des cages ouvertes s'élancent les hyènes de 93 et les gorilles de la Commune. » Théophile Gautier, « Paris-Capitale » (octobre 1871), *Tableaux du Siège, Paris, 1870-1871*, Charpentier, Paris, 1872, pp. 372-373 ; cité par William Serman, in *La Commune de Paris*, Fayard, 1986, p. 543, et par Paul Lidsky, in *Les écrivains contre la Commune*, Librairie François Mespero, Paris, 1970, p. 46.

91. « Qu'importe que des millions d'êtres bornés qui couvrent la planète ignorent la vérité ou la nient, pourvu que les intelligents la voient et l'adorent ? Pourquoi gêner les autres de spéculations qui ne sont pas faites pour eux ? Les théorèmes d'Abel ou de M. Cauchy ne perdent rien de leur certitude parce qu'une centaine de personnes seulement les comprennent. Il suffit à ces hautes vérités qu'elles aient été vues par un petit nombre d'esprits et qu'elles soient consignées dans des livres en vue de ceux qui peuvent désirer les connaître un jour. La raison, la science sont des produits de l'humanité, mais vouloir la raison directement pour le peuple et par le peuple est chimérique. » Ernest Renan, *La crise de 1871*, *Histoire et parole*, *Œuvres diverses*, Robert Laffont, 1984, p. 663.

92. « Survint la Commune avec sa nuée de barbares, non pas descendus des brouillards cimmériens, mais surgis d'entre les pavés de Paris comme une impure fermentation des fanges souterraines. [...] On connaît l'esthétique de ces farouches sectaires et leur mépris de l'idéal. [...] Avec eux la déesse, s'ils l'eussent découverte, courait de grands risques ; ils l'auraient vendue ou brisée comme un témoignage du génie offensant pour la stupidité égalitaire. [...] Naturellement, le laid a horreur du beau. » Théophile Gautier, *Tableaux de siège, Paris, 1870-1871*, Charpentier, Paris, 1871, p. 352.

93. « Nous aussi nous sommes en des temps où l'on assure que de nouveaux Barbares s'approchent de la vieille société. Les voilà, dit-on, déjà au seuil ; ils demandent à entrer. Vous savez que l'on appelle ainsi les multitudes illettrées, nues, misérables, qui ont en effet conservé la sève de la barbarie, et font entre elles presque tout le genre humain. Elles nous assiègent déjà de tous côtés, par la faim, par la douleur, par les besoins du corps et de l'âme. L'invasion approche. Que ferons-nous ? qui marchera au-devant des nouveaux Barbares, comme un nouveau saint Léon ? » Edgar Quinet, *Le Christianisme et le Révolution française*, Fayard, 1984, p. 93.

94. Voir « À qui la faute ? », *L'année terrible*, *Œuvres complètes*, Robert Laffont, 1985, p. 133.

95. Le général Du Barail, cité par William Serman, in *La Commune de Paris*, Fayard, 1986, p. 504.

96. Édouard Manet faisait partie du comité de la *Fédération des Artistes* de la Commune. Il vota la suppression des budgets de l'ancienne École des Beaux-Arts, de l'École de Rome et d'Athènes, et de la section des Beaux-Arts de l'Institut car, selon lui, « toute direction officielle imprimée au jugement de l'élève était fatale et condamnée ; [...] elle ne pouvait même appartenir à une majorité artistique, puisque, admettant même cette direction comme bonne, elle tendait néanmoins à détruire l'individualité. » *Ibid.*, pp. 382-383.

97. *Lettres à José-Maria de Heredia*, Honoré Champion, 2004, pp. 64-65.

98. Le rédacteur en chef du très populaire et très grossier *Père Duchêne* était en fuite à Londres.

99. Henri Rochefort fut condamné, comme Louise Michel, à la déportation sur la presqu'île Ducos.

100. Lettre du 2 juin 1871, *Lettres à José-Maria de Heredia*, Honoré Champion, 2004, pp. 66-67.

101. Edgard Pich, *Écrire la Commune, Témoignages, récits et romans (1871-1931)*, collection « idéographies », Du Lérot éditeur, Tusson, Charente, 1994, p. 132.

102. « Leconte de Lisle a donc pensé comme un révolté pendant le siège, et comme un Versaillais pendant la Commune ; mais, malgré les apparences, il ne s'est pas contredit... Il détestait le vulgaire et croyait aux héros. Or, ce qui manque en 1870, c'est le héros. L'Empereur est un vieillard, son fils, un enfant, l'Impératrice une femme nulle, et les généraux des oies. Le Peuple, collectivement contemplé, est un héros ; la Ville qui souffre et saigne est une Héroïne : alors, Leconte de Lisle écrit le *Sacre de Paris*. Vienne la Commune : le Peuple si beau se décompose en individus méprisables : ratés, paresseux, pétroleuses ; les instincts les plus viles se débrident ; le mirage s'efface ; le peuple n'est plus que populace. À lui, les dédains du poète. » Pierre Flottes, *Le poète Leconte de Lisle*, Perrin, 1929, pp. 190-191.

103. « La violence et la fête ne sont pas nécessairement exclusives et il y a ce côté de rassemblement dans lequel on trouve à la fois l'écho des violences, et, d'autre part, le rire, une espèce de joie qui atteint les moments de frénésie, et même de violence déchaînée. La violence est longuement latente, et, dans la fête, à un moment donné, elle peut se déchaîner. C'est ce qui s'est passé au moment de l'arrestation des généraux Lecomte et Thomas ; le récit que j'ai décrit, aux environs de la place Pigalle, une Kermesse, très exactement, et puis, tout d'un coup la foule se précipite sur les deux généraux ; c'est alors la tragédie. » H. Lefèvre, *La Commune de 1871*, éditions ouvrières, 1972, p. 187, cité par Edgard Pich, in *Leconte de Lisle et sa création poétique*, Imprimerie Chirat, 1975, p. 502.

104. « La Justice et le Droit », article paru le 25 octobre 1846, *Articles, Préfaces, Discours*, Belles Lettres, 1971, p. 95.

105. Lettre du 22 juin 1871, *Lettres à José-Maria de Heredia*, Honoré Champion, 2004, p. 69.

106. Lettre à Jean Marras du 3 novembre 1871, citée par Edgard Pich, in *Écrire la Commune, Témoignages, récits et romans (1871-1931)*, collection « idéographies », Du Lérot éditeur, Tusson, Charente, 1994, p. 134.

107. Victor Hugo, *Actes et Paroles I, Œuvres complètes*, Robert Laffont, 1985, pp. 152-153.

108. Lettre du 25 février 1871, *Lettres à José-Maria de Heredia*, Honoré Champion, 2004, pp. 56-58.

109. Lettre du 17 février 1871, citée par Edgard Pich, in *Leconte de Lisle et sa création poétique*, Imprimerie Chirat, 1975, p. 499.

110. « J'ai un travail à faire pour cet été, absurde et assommant au possible, mais qui me donnera environ deux mille francs une fois achevé [l'*Histoire populaire du Christianisme*]. J'en suis d'autant plus aise qu'il me permettra de vous rendre une grande partie de la somme que vos banquiers m'ont remise sur la présentation du billet que vous leur écriviez. » Lettre du 9 mars 1871, *Lettres à José-Maria de Heredia*, Honoré Champion, 2004, p. 64.

111. Lettre du 15 octobre 1871, *Ibid.*, p. 82.

112. Voir Edgard Pich, *Revue grand océan*, « Leconte de Lisle, l'esprit nomade », numéro 6, 1995, p. 48.

113. En effet, un article du *Sport colonial* du 23 novembre 1885 fournit des renseignements très précis sur la vie de Leconte de Lisle. Cet article, signé Charles de Saint-Gilles, est donc très probablement de Leconte de Lisle lui-même. Voir Edgard Pich, *Leconte de Lisle et sa création poétique*, Imprimerie Chirat, 1975, pp. 350-351.

114. Lettre du 4 août 1871, *Lettres à José-Maria de Heredia*, Honoré Champion, 2004, pp. 72-73.

115. *Ibid.* « Le livre de cuisine du vieux nègre m'avait plongé dans un abêtissement profond que menace de rendre incurable une traduction dont Lemerre a besoin pour le premier jour de l'an, et qui n'est autre que celle des odes, épodes, satires et épîtres de Q. Flaccus Horatius. Je pense ne pas survivre à l'*Art poétique*. Toutefois, si ma destinée est d'en finir avec l'assommant ami de Mecenas, je vous jure que je n'en relirai plus un traître vers de ma vie. Ma version ne vaudra, d'ailleurs, ni plus ni moins que les trois-quarts de celles qui l'ont précédée ; l'animal étant intraduisible de sa nature, attendu qu'il est vide, comme tous les rimeurs latins, Lucrèce excepté. La seule façon d'en donner une idée quelconque serait de reproduire en vers, autant que possible, sa concision et sa finesse d'expression ; mais j'aime mieux écrire mes propres poèmes, ou, du moins j'aimerais mieux les écrire, car le temps et la liberté d'esprit me font radicalement défaut. » Lettre du 4 septembre 1871, *Ibid.*, pp. 73-74.

116. Alexandre Dumas, *Grand dictionnaire de cuisine*, Phébus, Paris, 2000. Ce monument parut encore chez Pierre Grobel, en 1958, chez Tchou, en 1965, chez Henry Veyrier, en 1973, et en cinq volumes chez Édit France, en 1995-96.

117. Michel Corday, *Anatole France d'après ses confidences et ses souvenirs*, Flammarion, 1927, pp. 54-55.

118. Yann Mortelette, *Histoire du Parnasse*, Fayard, 2005, p. 269.

119. Paul Stapfer, « La Poésie française contemporaine », *Le Temps* des 28 mars, 10 et 13 avril 1873, pp. 1-2 ; cité par Yann Mortelette, in *Histoire du Parnasse*, Fayard, 2005, p. 278. Voir *Le Parnasse*, Presses de l'Université Paris-Sorbonne, 2006, pp. 125-133 et p. 416.

120. Yann Mortelette, *Histoire du Parnasse*, Fayard, 2005, p. 269.

121. *Ibid.*, p. 280.

122. « Le *Catéchisme* ne porte pas le nom de l'auteur, qui est pourtant cité dans la plupart des comptes rendus. L'*Histoire populaire de la Révolution française* est anonyme, mais les catalogues de Lemerre ne font aucun mystère à ce sujet (voir par exemple la 26e édition du *Catéchisme*). Pour l'*Histoire populaire du Christianisme*, le nom de l'auteur n'apparaît dans la première édition que sur la couverture, non sur la page de titre. En d'autres termes, Leconte de Lisle assume et n'assume pas les textes en prose de 1870-1871 ; c'est que sa qualité de porte-parole du droit et de la loi est profondément contestable, non seulement en raison d'un passé douteux, mais plus fondamentalement parce que le rapport du sujet individuel avec le sujet collectif pose un problème qui n'est pas résolu, qui ne peut même être posé de façon claire. [...] Au bout, [...] la même question revient, lancinante : qui suis-je et comment dire "nous" ? » Edgard Pich, *Écrire la Commune, Témoignages, récits et romans (1871-1931)*, collection « idéographies », Du Lérot éditeur, Tusson, Charente, 1994, pp. 133-136.

123. *Ibid.*, p. 126.

124. *Ibid.*, p. 133.

125. Voir Irving Putter, « Leconte de Lisle and the *Catéchisme populaire républicain* », *The Romanic Review*, 1966, pp. 99-116. « L'idée d'écrire et de publier un catéchisme républicain est banale. [...] En 69, Barrier publie un *Catéchisme du socialisme* et Vercamer un *Catéchisme de morale universelle* ; aux bureaux de la *Morale indépendante* on trouve un autre *Catéchisme de morale universelle* (par une mère) qui n'est pas signé ; Edmond Douay publie en 1872 un *Catéchisme de la paix* chez Lechevalier et Franklin, etc. » Edgard Pich, *Leconte de Lisle et sa création poétique*, Imprimerie Chirat, 1975, p. 384, note 38.

126. Voir note d'Edgard Pich, *Œuvres diverses*, Belles Lettres, 1978, p. 459.

127. Jean Marras (1837-1901) : républicain et communard, conservateur adjoint du palais de Fontainebleau puis conservateur du dépôt des marbres de Paris, il fut

l'intime de Leconte de Lisle, Villiers de L'Isle Adam, etc. « J'ai parlé aujourd'hui à Leconte de Lisle de l'idée que j'ai de publier un petit volume, écrit Lemerre à Jean Marras, intitulé : *Catéchisme républicain*. Il faut que ce volume soit fait en commun par plusieurs personnes : voulez-vous être des nôtres ? » Lettre conservée à la bibliothèque de Richelieu (NAF 16264 [81-118]) et citée par Edgard Pich, in *Leconte de Lisle et sa création poétique*, Imprimerie Chirat, 1975, p. 384.

128. Préface du *Catéchisme populaire républicain*, *Œuvres diverses*, Belles Lettres, 1978, pp. 459-460.

129. Avant-propos de l'*Histoire populaire de la Révolution française*, cité par Edgard Pich, in *Écrire la Commune, Témoignages, récits et romans (1871-1931)*, collection « idéographies », Du Lérot éditeur, Tusson, Charente, 1994, p. 126.

130. *Catéchisme populaire républicain*, *Œuvres diverses*, Belles Lettres, 1978, p. 470.

131. *Ibid.*, p. 460.

132. Leconte de Lisle écrit encore à Heredia le 4 septembre 1871 : « Lemerre continue à éditer des histoires de la Commune, des biographies des membres de la Commune, puis des histoires du Comité central, des biographies des membres du Comité central, puis des histoires de la Commune, etc., etc., c'est-à-dire toujours les mêmes bourdes assommantes, écrasantes, écœurantes, que j'envoie pour ma part à tous les diables, avec la canaille et le gouvernement de la canaille, et l'extrême droite et l'extrême gauche de l'Assemblée, et tout l'infernal galimatias politique de cette nation stupide et insensée qu'on nomme la France. Les mauvais vers n'en abondent pas moins au passage Choiseul, car toutes les inepties vont de pair. Après le Blémont que j'ai ouvert deux minutes en me reprochant de perdre un si long temps, nous avons eu un exécrable volume du petit Aicard, puis d'un M. Delair, puis ceci et cela, et rien qui vaille. » *Lettres à José-Maria de Heredia*, Honoré Champion, 2004, pp. 75.

133. Lettre du 4 août 1871, *Ibid.*, p. 72.

134. Finalement, un volume unique de seulement 140 pages.

135. Catulle Mendès, *Les soixante-treize journées de la Commune (du 18 mars au 29 mai 1871)*, Lachaud, Paris, 1871. On peut y lire, p. 137, une des raisons possibles à cet accueil glacé de Leconte de Lisle : « L'Assemblée nationale en est encore au point où elle en était la veille du 18 mars ; elle méconnaît aujourd'hui, comme elle méconnaissait alors, les vœux légitimes de la population. [...] Les "communeux" ont tort, mais la Commune, la véritable Commune a raison ; voilà ce que pense Paris, et malheureusement, cela, Versailles ne veut pas le comprendre. »

136. Louis Jezierski, *Entrée de l'armée dans Paris. Bataille des sept jours. Dimanche 21 mai à dimanche 28 mai 1871*, Garnier, Paris, 1871.

137. Lettre du 22 juin 1871, *Lettres à José-Maria de Heredia*, Honoré Champion, 2004, pp. 67-69.

138. « Le pape Denys mourut le 26 décembre, en 269. Félix lui succéda. [...] Le pape Eutychius mourut le 7 décembre, en 283, sous Carus. Caïus lui succéda. » *Histoire populaire du Christianisme*, Lemerre, 1871, pp. 24-25.

139. « Le xe siècle fut le plus ignare et le plus stupidement féroce et, de plus, le plus brutalement corrompu de tous les siècles de l'ère chrétienne. Aucune hérésie ne s'y manifesta, parce qu'une hérésie suppose un travail intellectuel quelconque, et que l'abrutissement était absolu. » *Ibid.*, p. 86.

140. « En 1619, le 19 avril, Lucilio Vanini fut brûlé à Toulouse comme athée. On prétend que, dans l'excès de la douleur, il cria : Ah, mon Dieu ! et qu'un moine lui dit : Tu crois donc en Dieu, maintenant ? Ce à quoi Vanini répondit du milieu des flammes : Ce n'est qu'une façon de parler. Mais le fait est faux, car le philosophe avait eu la langue coupée avant d'être brûlé. D'ailleurs, Vanini n'était pas athée, mais panthéiste, ce qui est absolument le contraire. » *Ibid.*, p. 135.

141. « Un synode tenu dans le Northumberland, en Angleterre, décréta qu'il ne fallait ni attenter à la vie du roi, ni couper la queue aux chevaux. » *Ibid.*, p. 67.

142. Jean-Paul II, Lettre du lundi 9 décembre 2002 à l'évêque d'Annecy, à l'occasion des 400 ans de l'ordination épiscopale de saint François de Sales.

143. Bulle *Admonet nos* du pape Léon X.

144. *Histoire populaire du Christianisme*, citée par Marius-Ary Leblond, in *Leconte de Lisle*, Mercure de France, 1933, pp. 374-377.

145. « En 448, parut l'hérésie d'Eutychès. C'était un prêtre, abbé d'un monastère près de Constantinople. Par suite de son aversion pour Nestorius qui reconnaissait deux natures à Jésus-Christ, il n'en admettait qu'une, la nature divine. Il fut excommunié et déposé, la vraie doctrine était celle-ci : Jésus est parfait dans sa divinité et parfait dans son humanité, consubstantiel à Dieu, d'une part, et à l'humanité, d'autre part, et ces deux natures sont unies dans la même Personne égale en tout à Dieu et en tout à l'humanité, – ce qui est limpide. » *Histoire populaire du Christianisme*, Lemerre, 1871, p. 43.

146. *Histoire populaire du Christianisme*, citée par Marius-Ary Leblond, in *Leconte de Lisle*, Mercure de France, 1933, pp. 377-378, et par Jean Dornis, in *Essai sur Leconte de Lisle*, Librairie Ollendorff, 1909, p. 224.

147. L'antipape Jean XXIII s'appelait Baldassare Cossa ou Balthazar Cozza.

148. « Les États du Diable », *Poèmes tragiques et Derniers poèmes*, Belles Lettres, 1977, pp. 259-260. On trouve à peu près la même description, avec le même procédé énumératif, quoique atténué, dans l'*Histoire populaire du Christianisme*, 1871, p. 121 : « Ce cardinal [Cozza] avait amassé d'immenses richesses par la piraterie. C'était un des plus grands scélérats de l'époque, usurier, voleur, simoniaque, débauché et assassin. Ses crimes se multiplièrent dès qu'il fut pape. Une bulle qu'il publia en 1413 convoqua un Concile à Constance pour la fin de l'année suivante. Les archevêques, évêques, patriarches, abbés d'ordre et docteurs s'y rendirent en nombre considérable et firent leur entrée dans la ville, suivis de neuf cents courtisanes. »

149. Marius-Ary Leblond, *Leconte de Lisle*, Mercure de France, 1933, pp. 381-384.

150. Edgard Pich, *Écrire la Commune, Témoignages, récits et romans (1871-1931)*, collection « idéographies », Du Lérot éditeur, Tusson, Charente, 1994, p. 128.

151. Avant-propos de l'*Histoire populaire de la Révolution française*, Lemerre, 1871.

152. Edgard Pich, *Leconte de Lisle et sa création poétique*, Imprimerie Chirat, 1975, p. 385.

153. Edgard Pich, *Écrire la Commune, Témoignages, récits et romans (1871-1931)*, collection « idéographies », Du Lérot éditeur, Tusson, Charente, 1994, p. 126.

154. *Ibid.*, p. 134.

155. Edgard Pich, *Leconte de Lisle et sa création poétique*, Imprimerie Chirat, 1975, p. 388.

156. Lettre de Leconte de Lisle à Alphonse Lemerre, datée du mardi (mars-juin 1871), *Bulletin des études parnassiennes*, A.L.D.R.U.I., Université Lyon 2, II, juin 1981, p. 3.

157. « Toutes les fois qu'il t'arrive de plaire aux sots, écrit Banville, à quelque degré que ce soit, sache bien que tu es tombé par quelque côté dans la vulgarité et la niaiserie. [...] Tu n'as d'autres juges que les bons ouvriers et les maîtres de ton art. » Théodore de Banville, *Petit traité de poésie française*, Charpentier, Paris, 1883, p. 63.

158. Anatole France, *Journal d'outre-mer* du 24 décembre 1872, cité par Edgard Pich, in *Leconte de Lisle et sa création poétique*, Imprimerie Chirat, 1975, p. 391.

159. Citée par Marius-Ary Leblond, in *Leconte de Lisle*, Mercure de France, 1933, p. 467.

160. Charles-Edmond fut nommé bibliothécaire adjoint au Palais du Luxembourg le 15 janvier 1862, bibliothécaire le 30 mai 1872, bibliothécaire-administrateur le 1er janvier 1873, et bibliothécaire en chef le 1er juillet 1876.

161. Lettre du 3 janvier 1872, *Lettres à José-Maria de Heredia*, Honoré Champion, 2004, p 85. Léon Dierx écrit à Jean Marras, le 22 octobre 1871 : « Coppée [...] a donné sa démission de sa place de bibliothécaire, à condition que Simon lui donnera Leconte de l'isle [*sic*] pour successeur. [...] L'affaire traîne; mais il revient de tous côtés que la place est certaine pour notre cher grand poète, qui, plus tranquille du côté matériel, recouvrera sans doute plus de liberté de jugement, et ne se répandra plus en opinions amères, peut-être inattendues de sa part. » Cité par Yann Mortelette, in *Histoire du Parnasse*, Fayard, 2005, p. 300.

162. Lettre du 30 janvier 1872, *Lettres à José-Maria de Heredia*, Honoré Champion, 2004, p. 87.

163. Lettre du 29 avril 1871 de Leconte de Lisle à Alphonse Lemerre, *Bulletin des études parnassiennes*, A.L.D.R.U.I., Université Lyon 2, II, juin 1981, p. 3.

164. Voir Georges Lafenestre, *Le Parnasse*, Presses de l'Université Paris-Sorbonne, 2006, pp. 118-119.

165. Lettre du 3 janvier 1872, *Lettres à José-Maria de Heredia*, Honoré Champion, 2004, p. 85.

166. Catulle Mendès écrit à Jean Marras, en novembre 1871 : « Leconte de Lisle pousse l'amertume, – ceci entre nous, jusqu'au grotesque. – Un exemple : Coppée s'est démis de sa place de bibliothécaire au Luxembourg, à la condition qu'on donnerait sa place à Leconte de Lisle. [...] [Leconte de Lisle] en profite pour éreinter Coppée de pis en pis, et non seulement littérairement, mais en supposant tout haut, – des mobiles médiocres, absolument imaginaires, à la conduite de Coppée. » Cité par Yann Mortelette, in *Histoire du Parnasse*, Fayard, 2005, p. 300. Il est vraisemblable que la motivation de François Coppée procédait d'une double démarche toute d'admiration pour Leconte de Lisle et de piété catholique mêlées. Outre le succès, à son avis immérité, de Coppée, il ne faut pas chercher plus loin l'origine des sarcasmes de Leconte de Lisle. Un acte généreux de charité chrétienne, de la part d'un poète qu'il estimait médiocre, l'avait sauvé de l'embarras, et il éprouvait quelque difficulté à l'admettre.

167. Cité par Yann Mortelette, in *Histoire du Parnasse*, Fayard, 2005, p. 300.

168. Lettre du 30 janvier 1872, *Lettres à José-Maria de Heredia*, Honoré Champion, 2004, p. 88.

169. Voir *Revue de France*, 1923, p. 392.

170. Paul Bourget, *Le Parnasse*, Presses de l'Université Paris-Sorbonne, 2006, p. 160.

171. Il s'agit probablement du portrait par Nadar.

172. Cité par Jean Dornis, in *Essai sur Leconte de Lisle*, Librairie Ollendorff, 1909, p. 329.

173. Voir Raphaël Barquissau, *Le poète Lacaussade et l'exotisme tropical*, Publication du comité Leconte de Lisle et Lacaussade, 1952, p. 96 : « Autant Leconte de Lisle aimait à s'entourer de tableaux et de sculptures, autant Lacaussade se cantonnait dans les livres et la musique. »

174. Francis Vincent, *Les Parnassiens*, Beauchesne, 1933, p. 264.

175. Voir Michael Pakenham, *Paul Verlaine*, *Correspondance générale*, Fayard, 2005, t. 1, pp. 1018-1021.

176. Émile Blémont, *La Renaissance littéraire et artistique*, 14 septembre 1872, pp. 166-167; cité par Yann Mortelette, in *Histoire du Parnasse*, Fayard, 2005, p. 306.

177. « Au lecteur », *La Renaissance littéraire et artistique*, 8 février 1873, p. 1 ; cité par Yann Mortelette, in *Histoire du Parnasse*, Fayard, 2005, p. 307.

178. Lettre de septembre 1871, *Lettres à José-Maria de Heredia*, Honoré Champion, 2004, p. 78. Deux autres pièces seront consacrées à la légende du Cid : « La Tête du Comte » et « L'Accident de Don Iñigo », le tout formant triptyque.

179. Émile Blémont, *La Renaissance littéraire et artistique*, 12 octobre 1872; cité par Edgard Pich, in *Leconte de Lisle et sa création poétique*, Imprimerie Chirat, 1975, p. 447, note 33.

180. Leconte de Lisle, *Histoire du Moyen Âge*, Lemerre, 1876, p. 196.

181. Yann Mortelette, *Histoire du Parnasse*, Fayard, 2005, p. 308.

182. Stéphane Mallarmé, *Correspondance*, Gallimard, t. II, 1965, p. 24.

183. Pierre Flottes, *Le poète Leconte de Lisle*, Perrin, 1929, p. 193.

184. *Les Érinnyes, Poèmes tragiques et Derniers poèmes*, Belles Lettres, 1977, p. 155.

185. Jean Dornis, *Essai sur Leconte de Lisle*, Librairie Ollendorff, 1909, p. 304.

186. Edgard Pich, *Leconte de Lisle et sa création poétique*, Imprimerie Chirat, 1975, p 442. « Leconte de Lisle acquit la certitude que la “fatalité” dont étaient écrasées les familles de ces prédestinés, n'était, sans doute, que cette implacable loi des “hérédités” dont la science la plus contemporaine commence à préciser la formule. [...] Il n'y a pas de doute que Leconte de Lisle n'ait éprouvé une satisfaction profonde dans la possibilité que *Les Érinnyes* lui avaient donnée de produire, sur le théâtre, sous un voile de poésie, une doctrine scientifique à laquelle il croyait. » Jean Dornis, « Le Lyrisme de Leconte de Lisle », *Revue des Deux Mondes*, t. 49, p. 907.

187. *Les Érinnyes, Poèmes tragiques et Derniers poèmes*, Belles Lettres, 1977, p. 167.

188. Bernard Latzarus, *Leconte de Lisle adaptateur de l'Orestie*, Imprimerie générale, Nîmes, 1920, pp. 90-91.

189. Fernand Calmettes, *Leconte de Lisle et ses amis*, Librairies-imprimeries réunies, Paris, 1902, p. 289.

190. Malou Haine, *L'Apollonide de Leconte de Lisle et Franz Servais*, Mardaga, 2004, p. 12.

191. *Les Érinnyes, Poèmes tragiques et Derniers poèmes*, Belles Lettres, 1977, p. 220.

192. *Poèmes tragiques et Derniers poèmes*, Belles Lettres, 1977, pp. 152-153.

193. Paul Stapfer, *Le Parnasse*, Presses de l'Université Paris-Sorbonne, 2006, p. 129.

194. *Ibid.*

195. Félix Duquesnel, *Le Temps* du 27 décembre 1913, cité par Edgard Pich in *Leconte de Lisle et sa création poétique*, Imprimerie Chirat, 1975, p. 437.

196. Louis Schneider, *Massenet : l'homme, le musicien*, Carteret, Paris, 1908, p. 304. Voir Malou Haine, *L'Apollonide de Leconte de Lisle et Franz Servais*, Mardaga, 2004, pp. 10-14.

197. Yann Mortelette, *Histoire du Parnasse*, Fayard, 2005, pp. 429-430. « Le ms. de cette lettre se trouve à la Bibliothèque de l'Arsenal ms. 14.794, f. 90-91. Elle a été publiée partiellement par Rolland Boris dans un article intitulé “Leconte de Lisle et les musiciens”, *R.H.L.F.*, 1958, p. 217. Selon Rolland Boris, cette lettre est adressée à Mme Émilie de Longeville. [...] Cette personne faisait partie de la famille Foucque et donc était apparentée à Leconte de Lisle. Je suppose que cette lettre, qui a été communiquée par Edmond Haraucourt à Rolland Boris, a été extraite du dossier des lettres adressées à Émilie Leforestier et Irving Putter ne l'a pas replacée là où elle aurait dû être. » Courriel d'Edgard Pich du 27 juin 2006.

198. « Chaque révolution comporte deux volets : la mise à mort des forces populaires (Agamemnon assassiné par Klytaimnestra) suivie de la mise à mort des forces

populaires par l'aristocratie miraculeusement ressuscitée. » Edgard Pich, *Leconte de Lisle et sa création poétique*, Imprimerie Chirat, 1975, p. 445.

199. « Dans tous les poèmes antiques de cette époque on peut [...] reconnaître quelque chose de la vie morale ou du moins intellectuelle de l'auteur. Jamais Leconte de Lisle n'adapte pour le seul plaisir d'adapter : toujours une interprétation personnelle, différente de celle de Théocrite et d'Eschyle, est reconnaissable. Réussis ou non – *Les Érinnyes* ne sont pas une réussite ! – ils précisent dans quelque mesure l'idée que nous pouvons nous faire des sentiments de l'auteur, même lorsqu'en apparence ils sont gratuits et désintéressés. » *Ibid.*

200. Lettre du 9 mai 1867, *Lettres à José-Maria de Heredia*, Honoré Champion, 2004, p. 36.

201. *Ibid.*, p. 35.

202. « Ces héros ne sont pas des êtres à peine sortis de l'animalité, mais des hommes réduits à un esclavage perpétuel et qui ne trouvent des éclairs de liberté que dans des actes isolés, uniques, excessifs jusqu'à être mélodramatiques : Klytaimnestra assouvit dix ans de rancunes, le meurtre de sa fille, la haine de son époux dans le coup unique qui frappe Agamemnon. Orestès et Élektra vengent une jeunesse d'humiliations ininterrompues dans l'éclair du meurtre ; mais le bonheur de Klytaimnestra, interminable pour ceux qui en furent les victimes, a été pour elle assombri dès le premier instant par la menace de la "foudre" qui l'attend. Les héros de Leconte de Lisle vivent dans un état de prostration qui s'éclaire de rares instants dans la folie du meurtre. » Edgard Pich, *Leconte de Lisle et sa création poétique*, Imprimerie Chirat, 1975, p. 440.

203. « Singuliers impassibles, nous tous ! et même Leconte de Lisle, en qui on a personnifié l'impassibilité ; – il n'a pas, il est vrai, absolument chanté la gaudriole, mais il faut ne l'avoir pas lu pour méconnaître l'extraordinaire *passion intellectuelle* qui soutient tous ses poèmes et les pousse tous à la même idée, d'une même impulsion presque toujours égale et jamais lasse. » Louis-Xavier de Ricard, *Le Parnasse*, Presses de l'Université Paris-Sorbonne, 2006, p. 212.

204. *Les Érinnyes*, *Poèmes tragiques et Derniers poèmes*, Belles Lettres, 1977, p. 193. C'est nous qui soulignons.

205. *Ibid.*, p. 211.

206. *Ibid.*, p. 217.

207. « Tout acte de faiblesse s'expie. » Lettre à Jean Marras du 30 septembre 1870, citée par Edgard Pich in *Leconte de Lisle et sa création poétique*, Imprimerie Chirat, 1975, p. 441.

208. Émile Bergerat évoque lui aussi ce chapelet, pieuse décoration puisque Théo n'était ni catholique ni pratiquant, dans son poème *L'Ensevelissement* écrit le 24 octobre 1872 : « Sur la poitrine qu'il consacre / Un chapelet aux grains rivés / Épand de sa grappe de nacre / Le vin mystique des avés. » *Le Tombeau de Théophile Gautier*, Champion, Paris, 2001, p. 71.

209. Edmond de Goncourt, *Journal. Mémoires de la vie littéraire*, Robert Laffont, 1989, pp. 531-532.

210. Théophile Gautier se présenta par trois fois à l'Académie française, en 1867, 1868 et 1869, mais il ne fut jamais élu.

211. La princesse Mathilde Bonaparte (1820-1904) était la nièce de Napoléon Bonaparte et la cousine de Napoléon III. Artiste peintre elle-même, elle tint rue de Courcelles un salon littéraire très fréquenté par les artistes et les écrivains, même après la chute de l'Empire, rue de Berri, au numéro 14 de laquelle se trouvait également la famille Heredia. Ce fut dans son salon que se rencontrèrent Napoléon III et la jeune Eugénie de Montijo, alors comtesse de Teba.

212. Auguste Vacquerie, *Le Rappel* du 24 octobre 1872, cité par François Brunet, in *Le Tombeau de Théophile Gautier*, Champion, Paris, 2001, p. 26, note 17. On

trouve encore, dans *Le Républicain* du 27 octobre 1872 : « L'amitié de Plonplon, les invitations de la princesse Mathilde, les décorations de Décembre, ont forcé bien des amis du vieux romantique à lui tourner le dos ; la jeunesse n'est pas à son enterrement : que ceux dont il préféra la protection et la compagnie lui rendent les honneurs ! »

213. Edmond de Goncourt, *Journal. Mémoires de la vie littéraire*, Robert Laffont, 1989, vol. 2, p. 532.

214. Lettre de Gustave Flaubert à Ernest Feydeau du 28 octobre 1872.

215. Lettre de Gustave Flaubert à la princesse Mathilde du 28 octobre 1872.

216. Plus pour très longtemps, puisque François-Victor mourut l'année suivante.

217. Cité par François Brunet, in *Le Tombeau de Théophile Gautier*, Champion, Paris, 2001, p. 24.

218. Arsène Houssaye, *La Gazette de Paris* du 26 octobre 1872, *Ibid.*, p. 29.

219. « Le désordre, le déboire, l'incohérence l'accompagnèrent jusqu'au bout. Le 22 avril, Poulet-Malassis écrit à Jules Troubat : "Une femme m'a fait le récit de l'inhumation qui a laissé à désirer comme cérémonie. On a empêché Carjat de parler, de peur qu'il allât trop loin ; Leconte de Lisle et Meurice, sollicités de prononcer quelques mots, se sont récusés ; enfin Cladel a congédié l'assistance, qui ne bougeait, par un adieu insuffisant"... » Henri Mondor, *Vie de Mallarmé*, Gallimard, 1941, p. 342.

220. Victor Hugo, « À Théophile Gautier », *Le Tombeau de Théophile Gautier*, Champion, Paris, 2001, p. 49 ; repris dans *Toute la Lyre*.

221. Cité par Jean Reymond, in *Albert Glatigny. La Vie, l'homme, le poète*, Droz, Genève, 1936, p. 218, note 2.

222. Le poème fut recueilli dans *Odelettes*.

223. Gaston Petitdidier était le fils unique d'Émile Blémont. Il mourut le 6 avril 1875. Son père fit paraître un tombeau poétique chez Lemerre intitulé *En Mémoire d'un enfant*. Voir Michael Pakenham, *Paul Verlaine, Correspondance générale*, Fayard, 2005, t. 1, p. 412, note 2.

224. François Brunet, *Le Tombeau de Théophile Gautier*, Champion, Paris, 2001, p. 13.

225. Alphonse Lemerre, « Au Lecteur », *Ibid.*, p. 48.

226. *Ibid.*

227. Voir Michael Pakenham, « Le Tombeau de Théophile Gautier », *Tombeaux et monuments, Interférences*, Université de Rennes, 1992.

228. Lettre de Catulle Mendès à François Coppée, citée par Edgard Pich, in *Poèmes tragiques et Derniers poèmes*, Belles Lettres, 1977, pp. 93-94, et par Yann Mortelette, in *Histoire du Parnasse*, Fayard, 2005, p. 318.

229. François Brunet, *Spiritualités d'un monde désenchanté*, Presses universitaires de Strasbourg, 1998, p. 118.

230. « Il comprenait quatre-vingt-treize poèmes, dont plusieurs en langue étrangère, et réunissait quatre-vingt-quinze noms d'auteurs différents, mais dont la plupart sont aujourd'hui oubliés. » François Brunet, *Ibid.*, p. 109.

231. Voir la postface de Jean-Marc Hovasse, *Le Tombeau de Théophile Gautier*, Champion, Paris, 2001, pp. 287-311.

232. Lettre de Théophile Gautier à Adolphe Bazin du 5 septembre 1870, *Correspondance générale : 1870-1871*, Droz, Genève, 1996, t. XI, p. 120. Lettre en partie citée par Adolphe Boschot, in *Théophile Gautier*, Desclée de Brouwer, 1933, p. 112.

233. Lettre de Gustave Flaubert à George Sand du 28 octobre 1872.

234. Lettre de Gustave Flaubert à la princesse Mathilde du 28 octobre 1872.

235. Leconte de Lisle, « À Théophile Gautier », *Le Tombeau de Théophile Gautier*, Champion, Paris, 2001, p. 132 ; plus tard rebaptisé « À un poète mort », *Poèmes tragiques et Derniers poèmes*, Belles Lettres, 1977, pp. 93-94.

236. *Œuvres diverses*, Belles Lettres, 1978, p. 476.

237. Henry Laujol (Catulle Mendès), *La République des lettres*, 20 février 1876, p. 96, cité par Yann Mortelette in *Histoire du Parnasse*, Fayard, 2005, p. 337.

238. Théodore de Banville, *Petit traité de poésie française*, Charpentier, Paris, 1891, p. 274.

239. Leconte de Lisle confond l'*Aphrodite anadyomène* du Titien avec la *Naissance de Vénus* de Botticelli.

240. *Articles, Préfaces, Discours*, Belles Lettres, 1971, pp 128-129.

241. Théodore de Banville, *Petit traité de poésie française*, Charpentier, Paris, 1891, pp. 276-278.

242. *Articles, Préfaces, Discours*, Belles Lettres, 1971, p. 178. Leconte de Lisle écrivit encore, des années plus tard, dans l'un de ses cahiers : « Malheur au Poète, ou à l'écrivain, qui dédaigne de flatter les goûts grossiers de la foule, de se faire l'écho servile et intéressé de ses caprices et de ses engouements ineptes, de ressembler à quelque trompette publique pendue à l'angle des rues, et dans laquelle souffle le vent qui passe. Il est d'ailleurs de toute justice que la foule ne comprenne, n'applaudisse et ne paye que ceux qui parlent sa langue et s'appliquent à être aussi bêtes qu'elle. "Malheur, a dit Alfred de Vigny, à qui ne sait pas écrire les choses communes qui font vivre." Ego. » *Œuvres diverses*, Belles Lettres, 1978, p. 477.

243. Voir Michael Pakenham, « Résurrection des "Vilains Bonshommes" », *Une revue d'avant-garde au lendemain de 1870 : La Renaissance littéraire et artistique* dirigée par Émile Blémont, thèse de doctorat, Université Paris IV-Sorbonne, 1995.

244. Yann Mortelette, *Histoire du Parnasse*, Fayard, 2005, p. 323.

245. Cité par Yann Mortelette, *Ibid.*, p. 324.

246. « De présentation luxueuse, *La Revue du Monde nouveau* porte en frontispice une vignette due à Henri Cros et gravée par Brunaire : on y voit une jeune femme assise au milieu d'un paysage dévasté par la guerre et tenant à la main une fleur. L'artiste voulait signaler par là le renouveau que laissait espérer le titre même de la publication. » Jean-Luc Steinmetz, *Stéphane Mallarmé*, Fayard, 1998, p. 161. Renouveau éphémère, puisque la revue ne compta que trois numéros.

247. Lettre du 30 janvier 1872, *Lettres à José-Maria de Heredia*, Honoré Champion, 2004, p. 88.

248. Lettre du 21 mars 1872, *Ibid.*, pp. 90-91.

249. Lettre de Heredia au peintre Giuseppe de Nittis, Bagnères-de-Luchon, le 3 septembre 1874, citée par Yann Mortelette, in « Correspondance et poésie », *José-Maria de Heredia, poète du Parnasse*, Presses de l'Université Paris-Sorbonne, 2006, p. 50.

250. Cité par Jean Dornis, in *Essai sur Leconte de Lisle*, Librairie Ollendorff, 1909, p. 328, et par Miodrag Ibrovac, in *José-Maria de Heredia. Sa vie, son œuvre*, Les Presses françaises, Paris, 1923, p. 137.

251. Cité par Miodrag Ibrovac, *Ibid.*, p. 567.

252. Heredia et son épouse eurent trois filles : Hélène (1871), Marie (1875) et Louise (1877). Hélène épousa le romancier et historien Maurice Maindron, qui mourut en 1911. Elle devint ensuite Mme René Doumic. En 1896, Marie lia sa destinée à celle d'Henri de Régnier et, femme de lettres, auteur de vers, de romans et de « proverbes » orginaux et gracieux, adopta le pseudonyme de Gérard d'Houville, nom légèrement modifié de son aïeul maternel. Louise, quant à elle, convola avec Pierre Louÿs et devint la comtesse Gilbert de Voisins.

253. Voir la lettre de Leconte de Lisle à Henri Houssaye du 13 novembre 1877 : « Dans tous les cas, vous serez le traducteur de Sappho dans notre anthologie. L'autre est faite. » (Bibliothèque de l'Arsenal, ms. 15096, f° 15)

254. Lettre de Leconte de Lisle à Alphonse Lemerre du 23 juillet 1876, citée in *Bulletin des études parnassiennes*, A.L.D.R.U.I., Université Lyon 2, II, juin 1981, p. 11. Le 29 juin 1876, Leconte de Lisle lui écrivait déjà : « L'Anthologie est prête depuis longtemps, sauf le choix à faire dans Aristophane. Il faudrait aussi, je présume, quelques lignes de notice biographique en tête de chaque extrait ; mais tout ceci ne demande que quelques heures de travail. Vous aurez Virgile cet hiver. » (Bibliothèque de l'Arsenal, ms. 15096, f° 76-77 et 82)

255. « Hiéronymus », *Poèmes tragiques et Derniers poèmes*, Belles Lettres, 1977, p. 83.

256. Voir Caroline De Mulder, *Leconte de Lisle, entre utopie et république*, Faux titre 267, Amsterdam/New York, NY, 2005, pp. 266-268, et Edgard Pich, *Poèmes tragiques et Derniers poèmes*, Belles Lettres, 1977, p. XIII.

257. Voir « Hiéronymus », *Poèmes tragiques et Derniers poèmes*, Belles Lettres, 1977, pp. 75-90, et « La Mort du Moine », *Ibid.*, pp. 246-250. Ces deux poèmes constituent respectivement la première et la troisième partie d'un triptyque qui n'en eut jamais de deuxième.

258. *Lettres à José-Maria de Heredia*, Honoré Champion, 2004, pp. 92-93.

259. Fernand Calmettes, *Leconte de Lisle et ses amis*, Librairies-imprimeries réunies, Paris, 1902, p. 318.

260. « Sachant que vous ne viendriez pas à lui le premier, il est allé à vous. Il avait de ses coquetteries, quand on lui résistait. Il vous a envoyé un de ses livres, avec deux seuls mots tout caressants d'égalité : *Jungamus dextras* ("Donnons-nous une mutuelle poignée de main", ou bien encore : "Unissons nos mains") et sa grande signature royale. […] Vous êtes venu ! vous avez vu ! vous avez été vaincu ! À partir de ce moment, vous avez senti que vous ne pouviez plus résister à cet enchanteur, et vous êtes resté un des fidèles de la maison, un des fervents du maître. Vous avez bien fait. Pour quiconque est un peu poète Victor Hugo est irrésistible. » *La réponse de M. Alexandre Dumas fils, directeur de l'Académie française*, Librairie académique Didier, Perrin, 1887, p. 36. Sur les relations entre Leconte de Lisle et Victor Hugo, on consultera aussi Marius-Ary Leblond, *Leconte de Lisle*, Mercure de France, 1933, p. 388 ; Émile Bergerat, *Souvenirs d'un enfant de Paris. Les années de bohème*, Fasquelle, 1911, t. 2, p. 67 ; Maurice Barrès, *Mes Cahiers*, Plon, 1931, t. 1, p. 27 ; Laurent Tailhade, *Les commérages de Tybalt, petits mémoires de la vie, (1903-1913)*, Crès, Paris, 1914, p. 182 ; Virginie Demont-Breton, *Les Maisons que j'ai connues*, 1927, vol. 2, p. 138 ; Louis-Xavier de Ricard, « Anatole France et le Parnasse contemporain », *Revue des Revues* du 1er février 1902, p. 305 ; etc.

261. Il fallut attendre deux années, ce qui prouve bien que Victor Hugo en fut d'abord fâché – Fernand Calmettes dit même « furieux » –, avant de se radoucir. Voir Henry Roujon, *Le Temps* du 3 mars 1904, et Fernand Calmettes, *Leconte de Lisle et ses amis*, Librairies-imprimeries réunies, Paris, 1902, pp. 317-321.

262. Notice de *l'anthologie des poètes français du XIXe siècle, Articles, Préfaces, Discours*, Belles Lettres, 1971, p. 221.

263. *Œuvres diverses*, Belles Lettres, 1978, p. 475.

264. Cette phrase mériterait d'être commentée – pessimisme ? paranoïa ? pudeur ? – car nous avons tout lieu de croire que Leconte de Lisle, à l'instar de Victor Hugo, pensait ce qu'il disait.

265. *Œuvres diverses*, Belles Lettres, 1978, p. 474. Leconte de Lisle écrivit, dès 1840, un long poème (175 vers) intitulé « Le calme et le génie », pour rendre hommage au génie de Victor Hugo. Une courte lettre l'accompagnait, reproduite

par Madeleine et Vallée dans leur édition définitive, *Derniers poèmes, La Passion, Pièces diverses, notes et variantes*, 1927, p. 359.

266. *Lettres à José-Maria de Heredia*, Honoré Champion, 2004, p. 94.

267. Il hérita de sa mère, en 1877, 150 000 francs-or qui vinrent s'ajouter à la dot importante de son épouse, ainsi qu'à son argent personnel.

268. Lettre du 29 juin 1875, citée par Miodrag Ibrovac, in *José-Maria de Heredia. Sa vie, son œuvre*, Les Presses françaises, Paris, 1923, p. 139.

269. *Lettres à José-Maria de Heredia*, Honoré Champion, 2004, p. 94.

270. Revue progressiste fondée par les enfants naturels de Victor Hugo et dirigée par les spirituels : Auguste Vacquerie et Paul Meurice. Il y avait un danger en effet que la publication prît un tour plus hugolien (l'art pour le progrès) que lislien (l'art pour l'art).

271. Le poème fut en effet jugé indigne de Baudelaire et, pour cette raison, ne figura pas dans la liste des poèmes sélectionnés.

272. *Lettres à José-Maria de Heredia*, Honoré Champion, 2004, pp. 94-95. C'est nous qui rajoutons les titres des poèmes en question.

273. Charles Edmond, cité par Jean Dornis, in *Essai sur Leconte de Lisle*, Librairie Ollendorff, 1909, pp. 305-306.

274. *Lettres à José-Maria de Heredia*, Honoré Champion, 2004, pp. 96-97.

275. Connaissant son hypersensibilité et son hypersusceptibilité, et comme la lettre de Leconte de Lisle semblait insister sur la destruction du document, Heredia eut peur un moment que son attitude peut-être exagérément précautionneuse ne l'eût froissé, comme le prouve ce passage datant du 16 juillet : « Comment avez-vous pu penser, mon cher ami, que votre recommandation de déchirer l'avis de MM. Hottinguer m'avait blessé ? Pas le moins du monde. Je vous marquais tout bonnement que j'avais anéanti la lettre, comme il était naturel, puisqu'elle ne servait plus à rien. » *Ibid.*, p. 98.

276. *Ibid.*

277. Lettre de Mendès à Mallarmé datant de la deuxième quinzaine du mois de juillet, citée par Henri Mondor, in *Vie de Mallarmé*, Gallimard, 1941, p. 372, note 1, et par Yann Mortelette, in *Histoire du Parnasse*, Fayard, 2005, p. 339.

278. Lettre du 16 juillet 1875, *Lettres à José-Maria de Heredia*, Honoré Champion, 2004, p. 99.

279. Lettre de Mendès à Mallarmé, citée par Henri Mondor, in *L'Affaire du Parnasse. Stéphane Mallarmé et Anatole France*, Fragrance, 1951, pp. 65-66.

280. Lettre du 12 juillet 1875, *Bulletin des études parnassiennes*, A.L.D.R.U.I., Université Lyon 2, II, juin 1981, p. 7.

281. Lettre de Mallarmé à Mendès du 28 juillet 1875, citée par Henri Mondor, in *L'Affaire du Parnasse. Stéphane Mallarmé et Anatole France*, Fragrance, 1951, pp. 64-65, et in *Histoire d'un Faune*, Gallimard, 1948, p. 180.

282. Bibliothèque de L'Institut, ms. 5687, f° 129, cité par Edgard Pich, in *Bulletin des études parnassiennes*, A.L.D.R.U.I., Université Lyon 2, III, juin 1982, p. 46.

283. Cité par Yann Mortelette, in *Histoire du Parnasse*, Fayard, 2005, p. 344.

284. Le 28 juillet 1875, Mallarmé écrit à Mendès : « Mes vers sont refusés par le comité du Parnasse ; mais n'en parlez qu'en souriant et comme d'une probabilité ridicule à Lemerre, parce que c'est ainsi que j'ai accueilli moi-même l'énoncé de ce fait. Si j'avais pris autrement la chose et si elle se vérifiait, je me croirais obligé d'aller gifler les trois juges, quels qu'ils soient. » *Correspondance*, édition critique d'Henri Mondor et Lloyd James Austin, Gallimard, 1959-1985, tome 2, pp. 64-65.

285. Cité par Henri Mondor, in *L'Affaire du Parnasse. Stéphane Mallarmé et Anatole France*, Fragrance, 1951, p. 55.

286. Lettre de Leconte de Lisle à un correspondant inconnu du 23 août 1875, citée par Yann Mortelette, in *Histoire du Parnasse*, Fayard, 2005, p. 345, et par Caroline De Mulder, in *Leconte de Lisle, entre utopie et république*, Faux titre 267, Amsterdam/New York, NY, 2005, pp. 372-373, note 75. Bibliothèque de l'Arsenal, ms. 15096/121 e. s.

287. Voir lettres de Dierx à Lemerre des 7 et 8 octobre 1875, citées par Yann Mortelette, in *Histoire du Parnasse*, Fayard, 2005, p. 346.

288. Voir lettres de Cladel et de Mendès à Lemerre, respectivement du 7 et du 10 octobre 1875, citées par Yann Mortelette, *Ibid.*, pp. 346-347.

289. Le mot est de Jules Lemaitre.

290. Lettre de Mallarmé à Anatole France datée de 1873 et citée par Henri Mondor, in *L'Affaire du Parnasse. Stéphane Mallarmé et Anatole France*, Fragrance, 1951, p. 37.

291. « Deux juges sur trois furent aussitôt contre Mallarmé : deux amis, d'ailleurs, l'un ancien, Coppée, l'autre récent, France. Il est vrai que lire, au milieu de cent ou deux cents ou cinq cents poèmes, son morceau difficile, n'en favorisait guère la compréhension; mais cela ne pouvait, chez des hommes de l'art, empêcher de reconnaître une science éprouvée de la métrique et une maîtrise fort nouvelle de la plénitude et de la fluidité associée. » Henri Mondor, *Ibid.*, p. 54.

292. *Ibid.*, pp. 9-10.

293. Suite à ses aventures tumultueuses avec Arthur Rimbaud, Verlaine avait été incarcéré à Mons de juillet 1873 à janvier 1875. On eut peur que cette mauvaise réputation ne vînt jeter l'opprobre sur le recueil et ne discréditât l'ensemble de ses participants : « Non, se serait écrié Anatole France, l'homme est indigne et les vers les plus mauvais qu'on ait vus. » C'est d'ailleurs en prison que Verlaine a composé « Beauté de femmes », poème de *Sagesse*. Voir Henri Mondor, *Ibid.*, p. 59.

294. « Sur la liste de ses observations de juge, il écrivit à côté du nom de son rival impétueux : "Je serais contraint de retirer mon envoi si le sien était admis". » *Ibid.*, p. 61.

295. Lettre de France à Heredia du 11 août 1874 : « J'ai remis ces sonnets à Lemerre qui les a tous pris et qui veut vous faire la part de lion dans son recueil. » Bibliothèque de L'Institut, ms. 5687, f° 128, citée par Yann Mortelette, in *Histoire du Parnasse*, Fayard, 2005, p. 335.

296. Claude-Louis, « Les Poètes assis », *Nouvelle Revue* du 15 mai 1902, p. 17. Voir aussi Jacques Suffel, *Anatole France*, éditions du Myrte, Paris, 1946, pp. 182-187.

297. « Nous n'avons pu trouver aucun renseignement sur ce Pierre Gosset dont le nom a souvent été considéré comme un pseudonyme. » Edgard Pich, *Bulletin des études parnassiennes*, A.L.D.R.U.I., Université Lyon 2, III, juin 1982, p. 46.

298. Lettre du 21 juin 1876, *Bulletin des études parnassiennes*, A.L.D.R.U.I., Université Lyon 2, II, juin 1981, pp. 8-9.

299. La chose se confirme encore le 19 février 1882, quand Leconte de Lisle écrit à Lemerre : « *Je n'ai jamais dit à personne au monde* que vous m'aviez confié la 1ère partie de votre anthologie. Il est *donc impossible* que France fasse courir le bruit dont vous me parlez. Me connaissez-vous si peu, après tant d'années, pour me soupçonner d'une trahison ? » *Ibid.*, p. 17.

300. Mendès écrit à Mallarmé, en juillet 1875 : « Votre soupçon en ce qui concerne le côté Hugo, est très subtil et très sérieux. Je crois fermement que vous êtes dans le vrai. Raison de plus pour être très circonspect, et pour ne faire contre Alphonse Lemerre qu'une démarche assez considérable par le nombre et la gravité des protestants. » Cité par Henri Mondor, in *Histoire d'un Faune*, Gallimard, 1948, p. 173. Edgard Pich pense néanmoins que « malgré le pluriel de "certaines personnes", il

s'agit probablement du seul Anatole France. […] À moins que le pluriel ne soit ici un euphémisme… ou un procédé d'emphase. » *Bulletin des études parnassiennes*, A.L.D.R.U.I., Université Lyon 2, III, juin 1982, pp. 46-47.

301. Leconte de Lisle se trompe, il s'agit de l'avant-dernière.

302. Lettre du 23 juillet 1876, *Bulletin des études parnassiennes*, A.L.D.R.U.I., Université Lyon 2, II, juin 1981, pp. 10-11.

303. Ce petit scandale de l'exclusion de Mallarmé du troisième *Parnasse contemporain* fut qualifié par Paul Valéry d'« affaire du *Parnasse* », et le titre fut repris par l'Académicien Henri Mondor dans l'un de ses ouvrages sur le poète, dont il était un spécialiste, et dont il fut le talentueux biographe. (*Vie de Mallarmé*, Gallimard, 1941.) Aussi est-il d'usage désormais de parler de la première (Leconte de Lisle contre Alphonse Lemerre) et de la seconde (Mallarmé contre Anatole France) « affaire du *Parnasse* ». Voir aussi Marie-Claire Bancquart, *Anatole France polémiste*, Nizet, 1962, pp. 100-106.

304. Voir Lettre de Mallarmé à Lemerre du 12 octobre 1875, citée par Yann Mortelette, in *Histoire du Parnasse*, Fayard, 2005, pp. 347-348.

305. Catulle Mendès, *La République des lettres* du 20 décembre 1875, cité par Yann Mortelette, *Ibid.*, p. 313.

306. « Phalya-Mani », *Œuvres diverses*, Belles Lettres, 1978, pp. 371-372.

307. Charles Cros, *Revue littéraire* de mai 1874, cité par Yann Mortelette, *Ibid.*, p. 312.

308. Jean Richepin, cité par Jules Huret, *Ibid.*

309. Jean Richepin, *La Chanson des Gueux*, Charpentier, 1891, p. IX.

310. *Ibid.*, p. II.

311. Jean Richepin, « Dédicace à Maurice Bouchor », *Les Blasphèmes*, Charpentier et Fasquelle, 1896, pp. 4-6.

312. Voir Gaston Tissandier, *Histoire de mes ascensions*, Maurice Dreyfous éditeur, Paris, s.d.

313. « Crocé ! Sivel ! vous êtes morts à la recherche de vérités nouvelles ; vos noms seront inscrits parmi ceux des martyrs de la science ! Votre mémoire vivra au plus profond de nos cœurs. Quand nous essayerons de faire une bonne action, vos images seront présentes à nos yeux ! Au revoir, Crocé ! au revoir, Sivel ! » Fin de l' « Éloge funèbre » prononcé au Père-Lachaise par M. Thulié, président du Conseil municipal, le 20 avril 1875, *Ibid.*, pp. 220-221.

314. Sully Prudhomme, « Le Zénith », cité par Francis Vincent, in *Les Parnassiens*, Beauchesne, 1933, p. 249.

315. *Poèmes barbares*, Belles Lettres, 1976, pp. 204-205. Sur l'interprétation de ce poème hautement symbolique, voir Caroline De Mulder, *Leconte de Lisle, entre utopie et république*, Faux titre 267, Amsterdam/New York, NY, 2005, pp. 410-415, et « Leconte de Lisle aéronaute : *In excelsis !* », Orbis litterarum, 59, 2004.

316. À cet égard, Jules Lemaitre écrit dans la *Revue bleue* du 9 août 1879 : « L'école parnassienne n'est déjà plus qu'un souvenir. Quelques poètes la continuent, qu'on ne lit guère ; d'autres ne l'ont traversée que pour en sortir bientôt. Cette école, qui n'était point banale, qui a su après les romantiques assouplir encore et enrichir la langue, a été trahie et décriée par quelques enfants terribles. Elle devait périr par la désertion des vrais poètes et par le ridicule des autres. » Cité par Yann Mortelette, in *Histoire du Parnasse*, Fayard, 2005, p. 355.

317. *Lettres à José-Maria de Heredia*, Honoré Champion, 2004, pp. 87-88.

318. Cité par Marius-Ary Leblond, in *Leconte de Lisle*, Mercure de France, 1933, p. 470.

319. Henri Mondor, *L'Affaire du Parnasse. Stéphane Mallarmé et Anatole France*, Fragrance, 1951, p. 87.

320. Charles-Edmond avait élevé à la place de commis principal de la Bibliothèque du Sénat René Samuel alors qu'Anatole France était attaché à la Bibliothèque depuis douze années, c'est-à-dire depuis deux fois plus longtemps que Samuel. Le 4 août 1888, France écrivit à l'administration, pour se plaindre. Facilement, Charles-Edmond se justifia en expliquant que depuis 1882 le commis France n'avait pas enregistré *un seul ouvrage* : « M. le bibliothécaire en chef vient de m'adresser une lettre dont il ne me convient d'accepter ni le fond, ni la forme, s'indigna le commis devant les questeurs. En me reprochant, dans des termes auxquels je ne suis pas habitué, je ne sais quelles inexactitudes dans le service, M. le bibliothécaire en chef a oublié que j'ai servi les Lettres françaises avec quelque honneur et que certains égards me sont dus. Je compterais sur vous pour le lui rappeler. Mais ne voulant pas prolonger un conflit qui a déjà trop duré, j'ai l'honneur de vous prier d'agréer ma démission. » Cité par Jacques Suffel, in *Anatole France*, éditions du Myrte, Paris, 1946, p. 160.

321. Claude-Louis, « Les Poètes assis », *Nouvelle Revue* du 15 mai 1902, p. 13.

322. « Lacaussade avait imaginé et s'était attribué le "Service extérieur" de la Bibliothèque. Cette trouvaille géniale lui permettait de s'absenter chaque fois qu'il le désirait. Mais – en fonctionnaire méticuleux qu'il voulait paraître –, il avait soin dans ces occasions fréquentes d'étaler sur son bureau une feuille de papier ministre, portant cette mention stéréotypée : "M. Auguste Lacaussade est aux Beaux-Arts, pour le service de la Bibliothèque. Ne pas l'attendre ; il ne reviendra pas." Inversement, lorsqu'il éprouvait le besoin de se décerner à lui-même un brevet d'assiduité, il passait à la Bibliothèque vers onze heures et demie (heure à laquelle il n'y avait personne) et laissait, à l'adresse du chef, une fiche portant cette autre formule invariable : "Il est onze heures et demie. Je vais déjeuner ; il ne s'est rien passé d'insolite à la Bibliothèque." » Claude-Louis, « Les Poètes assis », *Nouvelle Revue* du 15 mai 1902, p. 4. Pour nuancer ce portrait qui privilégie peut-être l'anecdote au détriment de la vérité, voir Prosper Ève, *Auguste Lacaussade (1815-1897)*, Océan éditions, Hors collection, février 2006, vol. 1, pp. 265-267, qui cite l'abbé Claude Lecigne, « Auguste Lacaussade, portrait littéraire », *Revue de Lille*, LIX, décembre 1897, pp. 97-118.

323. « [Leconte de Lisle] discutait passionnément avec quelques rares élus, Berthelot, Albert Sorel, Adrien Hébrard, André Lavertujon, Schœlcher, Eugène Pelletan, John Lemoine, Scherer, les questions de critique littéraire les plus brûlantes et des problèmes de métaphysique transcendantale. L'humble cabinet de Charles-Edmond, où se tenaient ces conciliabules, s'emplissait alors de rumeurs formidables, retentissait d'éclats de rire homériques et les sénateurs, effarés, fuyaient *leur* Bibliothèque où le recueillement était devenu impossible. » Claude-Louis, « Les Poètes assis », *Nouvelle Revue* du 15 mai 1902, p. 10.

324. « Aigre et criard, il tenait les gens à distance, et, fort grincheux, il avait constamment quelque revendication à formuler. La plus extraordinaire fut une requête à l'administration dans le but d'obtenir une corde à nœuds. Il y exposait, avec les arguments les plus forts, que le Palais était voué fatalement à l'incendie et qu'on lui devait bien ce moyen de sauvetage individuel. Placé sur le même plan hiérarchique que Lacaussade, il entretenait avec lui les rapports les moins cordiaux. Après un duel mémorable où ils se cassèrent sur le dos leurs parapluies respectifs, ils s'étaient mis sur le pied d'une sorte de neutralité armée. "Ce n'est pas un méchant homme que Ratisbonne – disait Lacaussade – mais c'est un sot." » *Ibid.*, pp. 5-6.

325. *Bulletin des études parnassiennes*, A.L.D.R.U.I., Université Lyon 2, II, juin 1981, p. 12.

326. Claude-Louis, « Les Poètes assis », *Nouvelle Revue* du 15 mai 1902. Voir aussi Raphaël Barquissau, *Le poète Lacaussade et l'exotisme tropical*, Publication du comité Leconte de Lisle et Lacaussade, 1952, pp. 93-96.

327. Edmond Estève, *Leconte de Lisle, l'homme et l'œuvre*, Boivin, 1930, p. 142.

328. Adolphe Racot, *Portraits d'aujourd'hui*, La librairie illustrée, 1887, p. 122.

329. André Theuriet, *Souvenirs des vertes saisons*, cité par Francis Vincent, in *Les Parnassiens*, Beauchesne, 1933, p. 183.

330. Claude-Louis, « Les Poètes assis », *Nouvelle Revue* du 15 mai 1902.

331. « Je hais le profane vulgaire et je le repousse. » Horace, *liv. III, ode I, vers 1*, traduction de Leconte de Lisle, Lemerre, 1873, p. 57.

332. Claude-Louis, « Les Poètes assis », *Nouvelle Revue* du 15 mai 1902, p. 12.

333. Catulle Mendès, *Le Journal* de 1894, cité par le *Bulletin d'études parnassiennes et symbolistes*, A.L.D.R.U.I., Université Lyon 2, I, n° 18, Automne 1996, p. 41.

334. *Le Figaro* du 10 juillet 1898. André Thérive raconta également qu'un jour, « lorsque Leconte de Lisle était bibliothécaire au Sénat, un sénateur, devenu plus tard Président de la République, disait de lui : "Il vous regarde avec son monocle ! Il a l'air de se croire autant qu'un sénateur." » Cité par Henri Mondor, in *Vie de Mallarmé*, Gallimard, 1941, p. 603.

335. « De son fauteuil, écrit Charles Formentin dans *Le Figaro* du 22 juillet 1894, le poète n'avait qu'à soulever le rideau pour avoir sous les yeux un tableau charmant. Au loin, dans un vert lointain, les dômes de l'Observatoire ; puis, la perspective touffue des grands arbres, et tout près, dans un encadrement de lauriers-roses, le bassin où courent les petits bateaux, et, sur le sable épais, le va-et-vient bariolé des nourrices. »

336. Il s'agit du vers 341 des *Ménechmes* : « Rogant quoiatis sit », « Elles [les petites servantes] demandent de quel pays il [un bateau étranger] vient » ou bien « Rogitant quoiatis sit », « Elles s'efforcent de savoir de quel pays il vient. » Voir Plaute, *Théâtre complet*, Gallimard, 1991, vol. 1, p. 439.

337. « Cujus » est un pronom relatif interrogatif qui a à peu près le même emploi que « dont », « de qui », « de quoi », et « cujas », « cuias » ou « quoias » signifie « de quel pays », ce qui revenait à dire : « Je vois bien de qui [il s'agit] mais je ne sais pas de quel pays [il est]. », c'est-à-dire, « où se trouve l'ouvrage ».

338. *Le Journal des Débats* du 16 août 1910. « Leconte de Lisle, lit-on encore dans *Le Figaro* du 12 septembre 1899, professait pour les pensionnaires du Luxembourg un dédain véritable ; il avait pitié de ces hommes qui rampaient dans la politique, quand lui planait dans les sereines hauteurs. Il ne fallait pas s'aviser de demander au chantre des *Poèmes barbares* la date d'une loi ou une indication de catalogue. De son œil de verre, braqué sur la chétive et sénatoriale personne, il anéantissait le quémandeur. » Cité par Claude-Louis, in « Les Poètes assis », *Nouvelle Revue* du 15 mai 1902, p. 9.

339. Jacques Chastenet, *Histoire de la Troisième République*, Hachette, 1952, vol. 1, p. 235.

340. « Messieurs, une chose me frappe, et je dois la dire : c'est qu'en ce moment, dans l'heure critique où nous sommes, l'esprit de gouvernement est de ce côté (*montrant la gauche*), et l'esprit de révolution est du côté opposé (*montrant la droite*). » Victor Hugo, *Politique, Actes et Paroles IV*, Robert Laffont, 1985, p. 969.

341. Lettre de Flaubert du 18 septembre 1877 à Mme Roger Des Genettes.

342. Edmond de Goncourt, *Journal. Mémoires de la vie littéraire*, Robert Laffont, 1989, p. 741.

343. Il s'agit de Mac-Mahon, bien sûr.

344. Le 3 septembre 1877, à Saint-Germain-en-Laye.

345. *Lettres à José-Maria de Heredia*, Honoré Champion, 2004, pp. 101-102.

346. Maurice Reclus, cité par Jacques Chastenet, in *Histoire de la Troisième République*, Hachette, 1952, vol. 1, p. 235.

347. Cité par Jacques Chastenet, *Ibid.*, p. 258.

348. La musique de Rouget de Lisle ne plaisait pas du tout à Leconte de Lisle, comme en témoigne la lettre du 4 août 1879 à Franz Servais : « Nous abaisserons-nous à plaire quand même à toutes les oreilles d'âne qui baillent autour de nous ? Si Directeurs, critiques et public veulent de l'inattendu et de l'inentendu, eh bien, ils en auront ; s'ils n'en veulent pas, ils en auront tout de même et nous en serons quitte pour être honnis et sifflés, ce qui est presque plus honorable que d'être applaudis par la multitude des idiots contemporains. Aux armes ! Pan ! pan ! pan ! Qu'un bruit terrible effondre leur tympan ! » *L'Apollonide de Leconte de Lisle et Franz Servais*, Mardaga, 2004, pp. 97-98.

349. Leconte de Lisle écrit en effet, le 30 juin 1879, à Franz Servais : « Ma situation de bibliothécaire sénatorial s'améliore quelque peu. Les vieillards législatifs reviennent décidément à Paris en novembre, ce qui me permettra de ne plus jamais remettre les pieds à Versailles. D'autre part, je change d'appartement, ou, plutôt, je quitte mon grenier pour un appartement qui a des fenêtres. Toujours au 64. Ce sera pour le 15 ou le 20 Juillet. Venez admirer ces splendeurs le plus vite possible et manger avec nous plusieurs douzaines d'ortolans. » *Ibid.*, p. 93. Il semble donc que le poète ait quitté son grenier pour le deuxième étage du 64 boulevard Saint-Michel, qu'il y soit resté environ un mois, et qu'il ait dû encore descendre d'un étage, comme le confirme cette autre lettre à Franz Servais datant du 26 septembre 1879 : « Mes meubles [...] ne font que monter et descendre les escaliers depuis un mois. Nous en sommes malades de fatigue. Du troisième on nous a installés au second, puis enfin au premier, où nous sommes fort bien d'ailleurs, en attendant qu'on nous en expulse. » *Ibid.*, p. 106.

350. Jules Ferry, républicain très actif lors de la crise du 16 mai 1877, fut nommé ministre de l'Instruction publique en 1879.

351. Au nombre de trois désormais : Hélène (1871), Marie (1875) et Louise (1877).

352. *Lettres à José-Maria de Heredia*, Honoré Champion, 2004, pp. 103-104.

353. Comme à son habitude, Leconte de Lisle répondit par l'ironie et le sarcasme : « C'est avec une affectueuse compassion que j'apprends votre extrême pauvreté. N'y a-t-il pas un peu d'exagération dans cette navrante nouvelle ? J'espère que vous ne parlez ainsi que par antiphrase. Cela signifie que vous roulez dans un océan d'or. Je mets donc une digue aux torrents de larmes que je préparais à verser sur votre triste destinée, et vous remercie en grinçant des dents, attendu que la sollicitude de la Providence s'est étendue jusqu'à moi et que je souffre comme un damné. » *Bulletin des études parnassiennes*, A.L.D.R.U.I., Université Lyon 2, II, juin 1981, p. 14.

354. Leconte de Lisle travaillait à la Bibliothèque du Sénat de 10 h. du matin à 6 h. du soir.

355. Lettre du lundi 15 X^bre^ 1879, *Bulletin des études parnassiennes*, A.L.D.R.U.I., Université Lyon 2, II, juin 1981, p. 15.

356. À propos de son supérieur Lacaussade, qui « se complaisait à l'examen des mémoires des fournisseurs, inventait des complications de comptabilité et de contrôle que le règlement n'avait pas prévues, collectionnait les moindres paperasses », Leconte de Lisle, qui le surnommait « Coco » ou « Zanzibar », disait par exemple : « Lacaussade élève des taupinières et il s'imagine que c'est l'Himalaya. » Ses bons mots lui valurent en retour les sobriquets de « Bouffon solennel » et de « Loustic pontifiant ». Claude-Louis, « Les Poètes assis », *Nouvelle Revue* du 15 mai 1902, pp. 3-4. On trouvera encore un sonnet sur bouts rimés concernant Lacaussade dans les *Œuvres diverses*, Belles Lettres, 1978, p. 227 : « Zanzibar », ainsi que la fameuse épitaphe de Lacaussade composée par son compatriote : « Il est là, / Bamboula, / Tra, la, la. »

357. Léon Daudet, *Souvenirs littéraires*, Livre de Poche, 1974, pp. 65-67.

358. *L'Apollonide de Leconte de Lisle et Franz Servais*, Mardaga, 2004, p. 86.

359. De même, Franz Servais écrit à Leconte de Lisle le 24 août 1878 : « *Frédégonde* est-elle terminée, je vous en prie si une "première" quelconque de vous avait lieu, j'espère que vous m'en préviendriez à temps, car ici j'ignore tout ce qui se passe à Paris. Je désire être au premier banc de vos admirateurs ! » *Ibid.*, p. 75.

360. La formule apparaît déjà dans l'*Histoire populaire du Christianisme*, Lemerre, 1871, p. 133 : « Le synode calviniste réuni à Gap, le 1er octobre 1603, établit que le pape était l'Antéchrist, le fils de la perdition, la Bête écarlate que le Seigneur déconfira. »

361. En effet, Leconte de Lisle écrit à Franz Servais le 27 septembre 1878 : « Nous avons interrompu nos samedis jusqu'à l'hiver et ne voyons plus personne. » *L'Apollonide de Leconte de Lisle et Franz Servais*, Mardaga, 2004, p. 81. Mais la coupure se prolongea bien au-delà, puisque Mallarmé écrit à Leconte de Lisle le 17 mai 1879 : « Je sais que vous ne recevez plus le samedi. » *Correspondance complète*, Folio classique, p. 565.

362. Lettre de Leconte de Lisle à Franz Servais du 30 juin 1879, *L'Apollonide de Leconte de Lisle et Franz Servais*, Mardaga, 2004, p. 93.

363. Yann Mortelette, *Histoire du Parnasse*, Fayard, 2005, pp. 354-355.

364. « L'Apothéose de Mouça-al-Kébyr », *Poèmes tragiques*, Belles Lettres, 1977, p. 7.

365. On ne dira jamais assez la fascination qu'aura pu exercer sur Leconte de Lisle le prodigieux quatrain des « Tronçons du Serpent » de Victor Hugo : « La hache en vingt tronçons avait coupé vivant / Son corps que l'onde arrose, / Et l'écume des mers que lui jetait le vent / Sur son sang flottait rose. » Ce poème ne put qu'avoir une résonance particulière chez lui – et nous le soupçonnons d'être à l'origine même de sa vocation – puisqu'il raconte et met en scène les souffrances d'un jeune poète dont le front rêve enflammé, « Depuis qu'Albaydé dans la tombe a fermé / Ses beaux yeux de gazelle ». Ce vers devient d'ailleurs, dans « Le Lévrier de Magnus » : « Arabes du Hédjaz aux longs yeux de gazelles » ; tout comme « Dans ma pitié muette » devient, dans « Les Montreurs », « Dans mon orgueil muet »…

366. « L'Apothéose de Mouça-al-Kébyr », *Poèmes tragiques*, Belles Lettres, 1977, p. 3.

367. Heredia avait commencé depuis 1876 la traduction de la *Véridique Histoire de la Conquête de la Nouvelle-Espagne* du Capitaine Bernal Diaz del Castillo. Les quatre tomes, avec introduction et notes, furent publiés chez Lemerre entre 1877 et 1887. Le 25 novembre 1877, Leconte de Lisle accusa réception du premier d'entre eux : « Tous mes remerciements affectueux pour le *Bernal Diaz*. Le volume a un bon aspect typographique, à la fois sérieux et élégant. Les amateurs de notes érudites seront amplement satisfaits, et tous ceux qui ont un vrai sens littéraire applaudiront votre belle introduction et la solide langue semi-archaïque que vous avez inventée au plus grand profit du vieux chroniqueur. J'ai tout lu ligne par ligne, ayant parfaitement oublié que je lisais une traduction, ce qui est le meilleur compliment que je puisse vous faire. » *Lettres à José-Maria de Heredia*, Honoré Champion, 2004, p. 103. L'ouvrage fut couronné à deux reprises par l'Académie française. Voir Miodrag Ibrovac, *José-Maria de Heredia. Sa vie, son œuvre*, Les Presses françaises, Paris, 1923, pp. 153-159.

368. Lettre du 30 octobre 1879, citée par Miodrag Ibrovac, *Ibid.*, pp. 140-141.

369. Heredia a raconté à son gendre Henri de Régnier sa première rencontre avec Hugo : « Il y avait un tas d'hommes politiques ; Hugo se détacha de leur groupe, vint à moi et me dit très aimablement : "Vous faites des vers, Monsieur, et vous êtes Castillan. C'est fort bien, mais savez-vous quelle est la rime à Espagnol ?" Je m'inclinai et je lui répondis par le mot Cavagnol. Hugo se mit à rire et me tendit la main. La

connaissance était faite et nous causâmes longuement de poésie. » Henri de Régnier, *Portraits et souvenirs*, Mercure de France, 1913, p. 78.

370. Leconte de Lisle composa pour elle le sonnet « L'Orient » qui servit d'épigraphe à son livre relatant les exploits épiques d'Alexandre le Grand, *Iskender, Histoire persane*, publié en 1886 chez L. Frinzine et Cie. « C'est une sorte de féerie orientale, un conte de mille et une nuits, mais le tout est très brillant d'imagination et de style. » *La dernière illusion de Leconte de Lisle*, Droz, Genève, 1968, p. 101.

371. C'est Leconte de Lisle qui souligne. On comprend bien le sous-entendu... Serait-ce donc lors de ce voyage de neuf jours à Saint-Énogat que Leconte de Lisle, qui s'y rendit sans Anna, serait tombé pour la première fois sous le charme d'Émilie ?

372. *Lettres à José-Maria de Heredia*, Honoré Champion, 2004, pp. 99-101.

373. En septembre 1884, Ernest Chausson écrivant à Paul Poujaud au sujet de la tragédie d'*Hélène*, transformée en drame lyrique sur lequel il travaillait depuis deux ans, corrobora cette affirmation : « La mélodie ! [...] Les grandes périodes de Leconte de Lisle [...] ne s'y prêtent pas volontiers. Mon cher ami, ne faites jamais de musique sur des vers qui ne sont pas faits par vous spécialement pour cela. C'est la grâce que je vous souhaite. » Cité par Jean Gallois, in *Ernest Chausson : écrits inédits, journaux intimes, roman de jeunesse, correspondance*, éditions du Rocher, Paris, 1999, pp. 171-172. Sur ce drame lyrique, voir Malou Haine, *L'Apollonide de Leconte de Lisle et Franz Servais*, Mardaga, 2004, pp. 13-14, et Jean Gallois, *Ernest Chausson*, Fayard, 1994, p. 189.

374. *Lettres à José-Maria de Heredia*, Honoré Champion, 2004, pp 99-101.

375. Cité par Edgard Pich, in *Leconte de Lisle et sa création poétique*, Imprimerie Chirat, 1975, p. 173.

376. *L'Apollonide, Poèmes tragiques et Derniers poèmes*, Belles Lettres, 1977, p. 297.

377. *Ibid.*

378. *Ibid.*, p. 324.

379. Jules Lemaitre, *Impressions de théâtre*, Boivin, s.d., neuvième série, p. 8.

380. *L'Apollonide, Poèmes tragiques et Derniers poèmes*, Belles Lettres, 1977, p. 340.

381. *Ibid.*, p. 345.

382. *Ibid.*, pp. 348-349.

383. *Ibid.*, p. 355.

384. Edgard Pich, *Leconte de Lisle et sa création poétique*, Imprimerie Chirat, 1975, p. 443.

385. Cité par Malou Haine, in *L'Apollonide de Leconte de Lisle et Franz Servais*, Mardaga, 2004, p. 17, et in *Franz Servais et Franz Liszt : une amitié filiale*, Mardaga, 1998, p. 181.

386. *L'Art moderne* du 4 avril 1886, cité par Malou Haine, in *L'Apollonide de Leconte de Lisle et Franz Servais*, Mardaga, 2004, p. 40, et in *Franz Servais et Franz Liszt : une amitié filiale*, Mardaga, 1998, p. 170.

387. « En référence à deux œuvres littéraires qu'elle a écrites, le roman *La Sœur du Soleil* et la pièce *La Marchande de sourires* dont le personnage titre porte le doux nom de "Cœur de rubis". » Malou Haine, *Franz Servais et Franz Liszt : une amitié filiale*, Mardaga, 1998, p. 108. Voir aussi *L'Apollonide de Leconte de Lisle et Franz Servais*, Mardaga, 2004, p. 70, note 21.

388. En août 1869. Voir Gustave Samazeuilh, *Judith Gautier : Souvenirs auprès de Richard Wagner (1861-1882)*, Mercure de France, 1943, pp. 128-194.

389. « La première note de l'invocation fut écrite le jour de l'enterrement de Thiers ; voilà deux ans ! » Lettre de Franz Servais à Leconte de Lisle du 24 septembre 1879, *L'Apollonide de Leconte de Lisle et Franz Servais*, Mardaga, 2004, p. 105.

390. Octave Mirbeau dans *Le Journal* du 27 janvier 1901, cité par Malou Haine, *Ibid.*, p. 32.

391. *Ibid.*, p. 22.

392. *Ibid.*, p. 22.

393. Voir Malou Haine, *Franz Servais et Franz Liszt : une amitié filiale*, Mardaga, 1998, pp. 86-87.

394. « De nombreux musiciens n'hésiteront pas à s'y reposer. Outre Franz Liszt [...], il y aura aussi Charles de Bériot, Henri Vieuxtemps, François-Joseph Fétis et son fils Édouard, François-August Gevaert, Hector Berlioz, Edmond Michotte, Édouard Lassen, Louis Brassin, Jules de Zarembski, Anton Rubinstein, Hans von Bülow, le violoniste August Kömpel, Hans Richter, Charles Lamoureux, Peter Benoit, Robert Volkmann, Berthold Damcke et tant d'autres encore. » *Ibid.*, p. 46.

395. Ce soir-là, la soprano Fanny Salvini-Donatelli chantait la partition de Desdémone dans l'*Othello* de Verdi au Théâtre de la Monnaie de Bruxelles.

396. *L'Apollonide de Leconte de Lisle et Franz Servais*, Mardaga, 2004, pp. 67-69.

397. Octave Mirbeau, *Le Journal* du 27 janvier 1901, cité par Malou Haine, *Ibid.*, p. 32.

398. Lettre de Leconte de Lisle à Franz Servais du 4 août 1879, *Ibid.*, p. 97.

399. *Ibid.*, p. 74.

400. *Ibid.*, p. 69.

401. *Ibid.*, p. 71.

402. *Ibid.*, p. 81.

403. *Ibid.*, p. 79.

404. *Ibid.*, p. 82.

405. Lettre de Leconte de Lisle à Franz Servais du 12 octobre 1878, *Ibid.*, p. 84.

406. Lettre de Leconte de Lisle à Franz Servais du 14 décembre 1978, *Ibid.*, p. 86.

407. Lettre de Franz Servais à Leconte de Lisle du 11 mars 1879, *Ibid.*, p. 89.

408. Lettre de Franz Servais à Leconte de Lisle du 25 novembre 1878, *Ibid.*, p. 85.

409. Lettre de Leconte de Lisle à Franz Servais du 14 décembre 1978, *Ibid.*, p. 86.

410. Le journal se trompe, c'était à l'Odéon.

411. Cité par Malou Haine, *Ibid.*, p. 85.

412. Lettre de Franz Servais à Leconte de Lisle du 7 novembre 1879, *Ibid.*, p. 107.

413. Lettre de Leconte de Lisle à Franz Servais du 8 janvier 1880, *Ibid.*, p. 112.

414. *Ibid.*, p. 89.

415. Célèbre locution latine tirée de l'*Énéide* que l'on apprenait jadis à tous les élèves du secondaire : *Macte animo ! generose puer, sic itur ad astra.* « Apollon à la belle chevelure se trouvait alors, dans le ciel, assis sur un nuage et regardait au-dessous de lui les armées de l'Ausonie et le camp assiégé ; il adresse ces mots au vainqueur, Iule : "Honneur à toi, enfant ! Déploie ta valeur toute neuve ; c'est ainsi qu'on monte aux astres". » Traduction d'André Bellessort, *Énéide, Livre neuvième, 622-652*, Belles Lettres, 1962, p. 248.

416. Lettre de Leconte de Lisle à Franz Servais du 11 mars 1879, *L'Apollonide de Leconte de Lisle et Franz Servais*, Mardaga, 2004, pp. 91-92. Leconte de Lisle soupçonnait Judith et Benedictus d'être devenus amants, comme le prouve cet extrait du 21 novembre 1879 : « Si Judith n'a pas de sexe, comme elle s'en vante, je vous demande un peu ce que Bénédictus fait du sien, en supposant que cet homme bizarre en ait un. Et, dans ce cas, à quoi diable s'occupent-ils tous deux ? On ne peut pas toujours faire semblant de pêcher des crevettes. » Lettre à Franz Servais, *Ibid.*, p. 109.

417. Lettre de Leconte de Lisle à Franz Servais du 30 juin 1879, *Ibid.*, p. 92.
418. Lettre de Franz Servais à Gustave Rolin-Jaequemyns du 20 septembre 1879, *Ibid.*, p. 174.
419. Lettre de Franz Servais à Leconte de Lisle du 14 janvier 1879, *Ibid.*, p. 114.
420. *Ibid.*, p. 115.
421. Leconte de Lisle écrit à Franz Servais le 4 août 1879 : « Il fait ici un abominable temps. Vous savez combien j'ai horreur du soleil qui n'est bon que pour les légumes. Je rêve de pluies diluviennes, de brouillard, de neige et de gelée, toutes choses excellentes pour le travail intellectuel, tandis que la chaleur vide la tête, multiplie les mouches, propage les épidémies, enrage les chiens, coupe l'appétit et le sommeil, irrite la gorge et réduit les muscles en bouillie. » *Ibid.*, p. 98.
422. *Ibid.*, pp. 118-119.
423. Voir Jean Dornis, *Essai sur Leconte de Lisle*, Librairie Ollendorff, 1909, p. 310, note 2.
424. *L'Apollonide de Leconte de Lisle et Franz Servais*, Mardaga, 2004, pp. 121-122.
425. Lettre de Franz Servais à Leconte de Lisle du 3 juillet 1880, *Ibid.*, p. 123.
426. *Ibid.*, p. 180.
427. Lettre de Franz Servais à Leconte de Lisle du 7 janvier 1881, *Ibid.*, p. 127.
428. Lettre de Leconte de Lisle à Franz Servais du 22 janvier 1881, *Ibid.*, p. 129.
429. *Ibid.*, pp. 129-130. Voir aussi la lettre du 8 décembre 1881, Archives de Bourbon, *recueil et bulletin d'information*, troisième série, n° 2, mai 1978, p. 58.
430. Voir Malou Haine, *Dernières orchestrations de Franz Liszt*, Mardaga, 2000, pp. 30-36.
431. Lettre de Franz Servais à Leconte de Lisle du 19 mai 1881, *L'Apollonide de Leconte de Lisle et Franz Servais*, Mardaga, 2004, p. 131.
432. « M. Franz Servais savait sa partition à fond; il eût pu la diriger par cœur, mais surtout il la comprenait, il en sentait la merveilleuse poésie. Il y a du reste en lui quelque chose de Liszt avec qui il a passé de longues années à Weimar, à Munich et à Rome. Ses longs cheveux blonds et son profil accentué rappellent le portrait byronien de Liszt peint par Ary Scheffer. C'est un fin poète et un musicien délicat. » *Le Moniteur belge* du 31 mai 1881, p.1869, cité par Malou Haine, in *Franz Servais et Franz Liszt : une amitié filiale*, Mardaga, 1998, p. 135.
433. Lettre de Franz Servais à Leconte de Lisle du 19 mai 1881, *L'Apollonide de Leconte de Lisle et Franz Servais*, Mardaga, 2004, p. 132.
434. Malou Haine, *Franz Servais et Franz Liszt : une amitié filiale*, Mardaga, 1998, p. 146.
435. *L'Apollonide de Leconte de Lisle et Franz Servais*, Mardaga, 2004, p. 139.
436. Lettre de Franz Servais à Leconte de Lisle du 16 août 1882, *Ibid.*, p. 140.
437. *Ibid.*, p. 143.
438. Lettre de Leconte de Lisle à Franz Servais du 29 mars 1883, *Ibid.*, p. 147.
439. Lettre de Leconte de Lisle à Franz Servais du 24 juillet 1883, *Ibid.*, p. 148.
440. *Ibid.*, p. 145.
441. Lettre de Franz Servais à Leconte de Lisle du 25 juillet 1883, *Ibid.*, p. 149.
442. Lettre de Franz Servais à Leconte de Lisle du 8 juin 1884, *Ibid.*, p. 151.
443. *Ibid.*, p. 150.
444. Lettre de Leconte de Lisle à Franz Servais du 11 juin 1884, *Ibid.*, p. 152.
445. Émile Zola, *Œuvres critiques : documents littéraires*, Bernouard, 1928.
446. *Lettres à José-Maria de Heredia*, Honoré Champion, 2004, p. 105.
447. *Journal. Mémoires de la vie littéraire*, Robert Laffont, 1989, vol. 2, pp. 862-864.
448. *Ibid.*

449. Émile Zola, *Œuvres critiques : documents littéraires*, Bernouard, 1928.

450. Le samedi 12 février 1881, Leconte de Lisle écrit : « Mon cher ami, Puisque vous avez l'intention de faire prochainement une nouvelle édition des *Poèmes Barbares*, rendez-moi le très sérieux service de m'avancer 200 f. sur le prix de cette réédition. Je suis très gêné et très tourmenté. Si vous pouviez m'adresser cela de suite, je vous serais fort obligé. Sinon, je m'esquiverais lundi de la Bibliothèque et je serais chez vous vers deux heures. Dans le cas où vous seriez absent lundi, vous seriez aimable de remettre pour moi cet argent à Hippolyte [un employé de Lemerre]. Mais le comble de l'obligeance serait de me l'adresser avec la promptitude de l'éclair. Surtout, ne me refusez pas. Tout à vous cordialement, Leconte de Lisle. Les poèmes tragiques se complètent lentement, mais sûrement. » Suit une annotation au crayon, probablement de la main de Lemerre : « Remis le 16 février les 200 fr. » *Bulletin des études parnassiennes*, A.L.D.R.U.I., Université Lyon 2, II, juin 1981, p. 16.

451. « Surtout gardez-moi un bon bout de *Jeune France* pour un compte rendu article du prochain volume de Leconte de Lisle, les *États du Diable*, écrit Maurice Barrès à Albert Allenet le 5 novembre 1882. Je serais fier, et ici, je parle sérieusement, d'exprimer ma profonde admiration de barbouilleur pour le plus grand des poètes et qui n'a qu'un vice, son honnêteté. C'est en cela, oui, et rien qu'en cela qu'il n'est pas de son époque. À moins que ce beau temps de petits poètes et de pasticheurs ne puisse contenir ce bagage encombrant, quelques volumes de génie. [...] Je rêve une vraie étude sur *Leconte de Lisle et son influence*. Après les impressions de Baudelaire, les variations des manuels et des Emmanuels, il y aurait, je le crois, encore beaucoup à dire. Mais pour ce il me faudrait entendre le maître lui-même, puis compulser les renseignements et les bouquins des familiers et des caudataires. » Cité par Henri Mondor, in « Premières lectures de Barrès », *Revue de Paris*, janvier 1956, p. 20.

452. *Poèmes tragiques*, Belles Lettres, 1977, pp. 24-25.

453. Lettre de Leconte de Lisle à Heredia du 25 septembre 1882, *Lettres à José-Maria de Heredia*, Honoré Champion, 2004, p. 110.

454. *Ibid.*, pp. 110-111.

455. Ernest Legouvé (1807-1903), littérateur, académicien et poète. Il écrivit des pièces de théâtre en prose (*Anna de Kerviler*, *Bataille de dames*, etc.), en vers (*Médée*, *Les deux reines de France*) et de nombreux essais.

456. Désiré Nisard (1806-1888), littérateur connu pour ses prises de position réactionnaires, académicien et professeur à la Sorbonne, au Collège de France et à l'École Normale Supérieure. Il est l'auteur, entre autres choses, d'une *Histoire de la Littérature française* faisant l'éloge du XVIIe siècle et d'un *Manifeste contre la littérature facile*, c'est-à-dire contre le romantisme. Pour lui, morale et littérature étaient indissociables. Il influença Ferdinand Brunetière, Gustave Lanson et Charles Maurras.

457. Vicomte Henri de Bornier, *Les noces d'Attila, drame en quatre actes et en vers*, Dentu, 1880. Il fut élu à l'Académie le 2 février 1893 et reçu le 25 mai. Dans une lettre à Mme Samuel Pozzi du 15 mai 1893, approximativement, Leconte de Lisle, pastichant celle d'Alexis Piron, écrivit son épitaphe : « Ci-gît un tout petit académicien / Qui, s'il rimait fort mal, ne buvait que trop bien. » *Œuvres diverses*, Belles Lettres, 1978, p. 226.

458. *Lettres à José-Maria de Heredia*, Honoré Champion, 2004, pp. 105-106.

459. Edgard Pich, *Bulletin des études parnassiennes*, A.L.D.R.U.I., Université Lyon 2, III, juin 1982, p. 47.

460. Lettre de Leconte de Lisle à Lemerre du 8 X^bre^ 1880, *Bulletin des études parnassiennes*, A.L.D.R.U.I., Université Lyon 2, II, juin 1981, p. 15.

461. « Ce qui fait de Louise Abbéma un peintre entre tous intéressant et charmant, c'est que, au rebours de la plupart des artistes de ce temps-ci, elle s'est tou-

jours soigneusement gardée de la spécialité. [...] Portraitiste et paysagiste, animalier et peintre de fleurs, elle est aussi peintre de nature-morte, décorateur si l'on veut, éventailliste de surcroît, à l'huile, à l'aquarelle, au pastel, il n'importe, et l'un des plus aimables, des plus exquis et des plus habiles de notre époque. Elle peut de la façon, satisfaire à son grand amour pour la vérité, pour l'éternelle splendeur et l'infinie variété des choses, en quelque endroit que l'aient conduite ou le hasard ou son caprice. C'est dans son atelier de la rue Laffitte que, chaque jour, debout devant son chevalet, Louise Abbéma reçoit ses amis et ses visiteurs. Toujours cordiale et de souriant accueil, spirituelle sans méchanceté, aimable sans s'efforcer à le paraître, serviable et bonne, elle impose à la sympathie de tous, sa personne et son mérite. » Armand Silvestre, *Figures contemporaines tirées de l'album Mariani*, Flammarion, 1894, vol. 1.

462. Cité par Miodrag Ibrovac, in *José-Maria de Heredia. Sa vie, son œuvre*, Les Presses françaises, Paris, 1923, p. 143.

463. *Lettres à José-Maria de Heredia*, Honoré Champion, 2004, pp. 108-109.

464. Le 31 décembre 1880, Leconte de Lisle transmit ses bons vœux à son éditeur de la façon suivante : « Mon cher ami, Nous vous remercions, ma femme et moi, de votre aimable souvenir, et nous vous offrons nos souhaits de bonne année, pour Mme Lemerre et pour vous, avec le Paradis *avant* la fin de vos jours. » *Bulletin des études parnassiennes*, A.L.D.R.U.I., Université Lyon 2, II, juin 1981, p. 16.

465. Cité par Irving Putter, in « Leconte de Lisle abortive ambitious », *Modern Language Quarterly*, septembre 1958. Voir Archives de Bourbon, ms. 19096/20, *recueil et bulletin d'information*, troisième série, n° 2, mai 1978, p. 60.

466. Voir la *Gazette anecdotique* du 15 juin 1882.

467. Ludovic Halévy, cité par Irving Putter, in *La dernière illusion de Leconte de Lisle*, Droz, Genève, 1968, p. 38. Voir aussi Félix Duquesnel, *Souvenirs littéraires*, Plon, 1922, p. 300.

468. La lettre officielle de candidature de Leconte de Lisle à l'Académie date du 21 mars 1877 et figure dans les Archives de l'Académie française. Il est par ailleurs fait mention de cette candidature dans *Le Rappel* (26 mars), *Le Figaro* (8 avril), *La République des Lettres* (18 mars et avril) et *Le Temps* (9 et 10 juin).

469. Victor Hugo, *Œuvres complètes*, édition Jean Massin, le Club français du Livre, 1967-1971, tome 16, vol. 2, p. 895.

470. Cité par Jean Dornis, in « Leconte de Lisle intime », *Revue des Deux Mondes*, 1895, p. 334.

471. *Le Rappel* du 10 juin 1877. Bibliothèque de l'Arsenal, ms. 15096 (1), f. 41.

472. Cité par Irving Putter, in « Leconte de Lisle abortive ambitious », *Modern Language Quarterly*, septembre 1958, p. 261.

473. Lettre du 16 décembre 1882, *Rachel et son temps*, Catalogue de lettres autographes, de livres, portraits, etc., Vente Hôtel Drouot, 29 mars 1939, p. 71, citée par Irving Putter, *Ibid.*

474. Camille Doucet (1812-1895) était depuis la mort d'Henri Patin, en 1876, secrétaire perpétuel de l'Académie française.

475. Maurice Barrès, *Mes Cahiers*, Plon, 1931, tome 3, p. 55.

476. Bibliothèque de l'Institut, ms. 3747, f. 387.

477. Voir Irving Putter, « Leconte de Lisle and the French Academy », *Modern Language Quarterly*, décembre 1966, pp. 418-430, et *Poèmes antiques*, Gallimard, 1994, p. 301. Edgard Pich partage cette opinion, comme en témoignent les photocopies de ses notes qu'il m'a bien amicalement transmises à ce sujet. Qu'il en soit remercié.

478. Jean Dornis, « Leconte de Lisle intime », *Revue des Deux Mondes*, 1895, p. 333, parle de « sa première candidature en 1873 », et Marius-Ary Leblond ren-

chérissent, *Leconte de Lisle*, Mercure de France, 1933, p. 391, avec : « En 1873, il se présenta, pour échouer d'ailleurs, devant le P. Gratry, ce qui avait sa petite signification symbolique. » Pierre Flottes note encore, *Le poète Leconte de Lisle*, Perrin, 1929, p. 243 : « Deux fois, la Compagnie lui avait fermé ses portes : en 1873, pour faire entrer le P. Gratry ; en 1877, au profit de V. Sardou. » Voir aussi Robert Ricatte, Edmond et Jules de Goncourt, *Journal. Mémoires de la vie littéraire*, Robert Laffont, 1989, vol. 2, p 1210, note 2, qui avance même la date de 1867, sans doute encouragé en cela par René Peter, *Vie secrète de l'Académie française*, Librairie des Champs-Élysées, 1940, 5ᵉ période, p. 92 : « Sur le fauteuil Barante s'était porté, concurremment avec Gratry et Vacherot, un "jeune candidat" de quelque importance, champion de la naissante école parnassienne, le créole Leconte de Lisle. »

479. « Si j'étais obligé de faire trente-neuf visites, aurait-il déclaré à Ernest Legouvé, j'aimerais mieux me jeter dans la Seine la tête la première, du haut du pont des Arts. » *Paris Journal* du 10 janvier 1873. Voir aussi Jean Dornis, « Leconte de Lisle intime », *Revue des Deux Mondes*, 1895, p. 333, et René Peter, *Vie secrète de l'Académie française*, Librairie des Champs-Élysées, 1940, 5ᵉ période, p. 137.

480. Edmond Scherer (1815-1889), docteur en théologie, occupa la chaire d'histoire de l'Église à l'école de théologie indépendante de l'Oratoire de Genève, dont la base doctrinale était la pleine inspiration de la Bible. Il démissionna de ses fonctions en 1849, convaincu par les travaux des théologiens modernes de la fausseté de la théorie de l'inspiration divine des Écritures. Devenu violemment anticlérical, il fut élu sénateur inamovible de centre gauche en 1879 et demanda à ce que ses obsèques soient uniquement civiles. « Je me suis dit, écrit-il dans *Le Temps* du 19 septembre 1882, au sujet des *Aveux* de Paul Bourget, que sa poésie pouvait procéder de Baudelaire [...]. Baudelaire n'a ni esprit, ni talent ; la seule chose qu'on ne puisse lui refuser, c'est l'audace de l'impudeur. » Cité par Charles Desprats, in *Lettres à José-Maria de Heredia*, Honoré Champion, 2004, p. 111, note 245.

481. Lettre du 25 septembre 1882, *Ibid.*, p. 111.

482. Leconte de Lisle écrit à Heredia le 31 décembre 1882 : « Mon cher ami, M. de Guerne a annoncé hier que vous étiez décoré. Je suis très heureux de cette bonne nouvelle. Un excellent poète tel que vous honore la décoration qui lui est donnée. Mes plus affectueuses félicitations, mon cher ami, et tout à vous de cœur. Leconte de Lisle » *Ibid.*

483. Lettre de Leconte de Lisle à un destinataire inconnu du 7 novembre 1884, *L'amateur d'autographes*, Paris, 1910, p. 129.

484. « Quant à mes œuvres inédites, dont vous avez l'obligeance de me parler, il est probable que ce seront des œuvres posthumes, à moins que les hasards de la vie littéraire en décident autrement. » Lettre du 16 décembre 1882, *Rachel et son temps*, Catalogue de lettres autographes, de livres, portraits, etc., Vente Hôtel Drouot, 29 mars 1939, p. 71.

485. Leconte de Lisle s'exprime comme le Béralde de Molière : « Il ne faut que demeurer en repos. La nature, d'elle-même, quand nous la laissons faire, se tire doucement du désordre où elle est tombée. C'est notre inquiétude, c'est notre impatience qui gâte tout, et presque tous les hommes meurent de leurs remèdes, et non pas de leurs maladies. » *Le Malade imaginaire*, III, 3, *Œuvres complètes*, Garnier, 1962, tome 2, p. 825.

486. Hippolyte Castille (1820-1886), auteur de très nombreux « portraits politiques et historiques au dix-neuvième siècle », parus chez Ferdinand Sartorius. Celui de Victor Hugo était si peu élogieux que le poète se fâcha et rompit commerce avec Castille. Appeler Anna Leconte de Lisle « Mᵐᵉ Hippolyte Castille », outre que le portraitiste n'avait jamais été marié, était donc un lapsus malheureux dont Leconte de Lisle ne se rendit pas compte. Il faisait apparaître que Victor Hugo avait eu vent des

mauvaises critiques que le Maître lui adressait en privé. « Hugo, disait-il dans l'intimité, est bête comme l'Himalaya. »

487. Il s'agit de la veuve de Charles Hugo, qui avait épousé en secondes noces Édouard Simon, dit Lockroy (1840-1913), ancien secrétaire d'Alexandre Dumas et d'Ernest Renan, député de la Seine, des Bouches-du-Rhône et de Paris, ministre du Commerce et de l'Industrie de 1886 à 1887, ministre de l'Instruction publique et des Beaux-Arts entre 1888 et 1889, puis plusieurs fois ministre de la Marine.

488. *Lettres à José-Maria de Heredia*, Honoré Champion, 2004, pp. 112-113.

489. Lettre du 19 janvier 1884, *Bulletin des études parnassiennes*, A.L.D.R.U.I., Université Lyon 2, II, juin 1981, p. 18.

490. *Ibid.*, p. 19.

491. Claude-Louis, « Les Poètes assis », *Nouvelle Revue* du 15 mai 1902, p. 11.

492. Henri de Régnier, *La Revue de France* du 15 mars 1923, p. 390, cité par Charles Desprats, in *Lettres à José-Maria de Heredia*, Honoré Champion, 2004, p. 114, note 252.

493. Lettre du 5 août 1884, *Ibid.*, p. 115.

494. *Ibid.*

495. Leconte de Lisle lui avait pourtant bien spécifié, le 9 juillet 1884, juste avant son départ pour Boulogne : « Je vous serais donc obligé de m'adresser les dernières épreuves du 1er volume d'Euripide, non plus à Paris mais à Boulogne. Quant au 2ème volume, je crois que le mieux serait d'en remettre l'impression à mon retour. » *Bulletin des études parnassiennes*, A.L.D.R.U.I., Université Lyon 2, II, juin 1981, p. 20.

496. Lettre de Leconte de Lisle à Lemerre du 16 juillet 1884, *Ibid.*

497. Lettre du 1er août 1884, *Lettres à José-Maria de Heredia*, Honoré Champion, 2004, pp. 113-114.

498. Paul Bourde, « Les poètes et leur éditeur », *Le Temps* du 15 novembre 1884, p. 2, cité par Yann Mortelette, in *Le Parnasse*, Presses de l'Université Paris-Sorbonne, 2006, p. 191.

499. Voir *La Jeune France* du 25 juin 1884, p. 52.

500. Cité par Jean Dornis, in *Essai sur Leconte de Lisle*, Librairie Ollendorff, 1909, p. 331, note 1.

501. *Ibid.*

502. Voir Eugène Réaume, « Le Fauteuil de Lamartine », *La Presse* du 8 janvier 1870, p. 3.

503. Cité par Marius-Ary Leblond, in *Leconte de Lisle*, Mercure de France, 1933, pp. 390-391.

504. Voir la lettre de Leconte de Lisle à Émile Fage du 7 avril 1887, *Revue d'Histoire Littéraire*, avril-juin 1958, p. 214.

505. Voir *Le Télégraphe* du 8 juin 1885.

506. Paul Verlaine, *Œuvres complètes*, Messein, 1949, vol. 5, p. 290.

507. Paul Bourget, *Essais de psychologie contemporaine*, Gallimard, coll. Tel, 1993, p. 302. « Personne n'est plus capable de passion que les hommes intérieurs », avait déjà remarqué Taine dans ses lettres de jeunesse.

508. *Ibid.*, p. 276.

509. *Ibid.*, pp. 290-293.

510. *Ibid.*, p. 295.

511. Leconte de Lisle fait plusieurs fois allusion dans sa correspondance à la prolifération de ce genre de publicités qui sévissaient à la page 4 de certains journaux : « J'ai déjà épuisé les différents remèdes consignés à la 4ème page des journaux sans pouvoir guérir ma bronchite, écrit-il à Émilie Leforestier le 11 mai 1886. » De même, la semaine suivante : « Je souffre beaucoup. Quand j'aurai épuisé la 4ème page des journaux, consacrée aux charlatans, il ne me restera plus qu'à me couper la

gorge. Ainsi soit-il ! » *La dernière illusion de Leconte de Lisle*, Droz, Genève, 1968, pp. 101-105.

512. *L'Illustration* du 6 juin 1885, p. 407.

513. *Le Voltaire* du 5 juin 1885, p. 2.

514. Léon Daudet, *Souvenirs littéraires*, Livre de Poche, 1974, pp. 87-88.

515. *L'Illustration* du samedi 6 juin 1885, p. 420.

516. Cité par *Le Voltaire* du 5 juin 1885, p. 2.

517. Léon Daudet, *Souvenirs littéraires*, Livre de Poche, 1974, p. 85.

518. *Luc, 18, 25.*

519. Eugène Veuillot était le frère de Louis Veuillot.

520. Cité par *Le Voltaire* du 5 juin 1885, p. 2.

521. Léon Daudet, *Souvenirs littéraires*, Livre de Poche, 1974, p. 88.

522. *Ibid.*

523. *Ibid.*, p. 89.

524. *Articles, Préfaces, Discours*, Belles Lettres, 1971, p. 192.

525. *Le Voltaire* du 5 juin 1885, p. 3.

526. *Poèmes tragiques et Derniers poèmes*, Belles Lettres, 1977, p. 275. Au retour des funérailles triomphales que le peuple avait faites à son poète préféré, Leconte de Lisle aurait dit à Alphonse Daudet : « Il l'a bue et mangée sa gloire ! Eh bien, maintenant, qu'il la digère ! » Francis Vincent, *Les Parnassiens*, Beauchesne, 1933, p. 76. Ces ragots, rapportés par ses ennemis déjà soucieux de nuire à sa postérité, sont à prendre avec beaucoup de précautions. Voir Léon Daudet, *Les Œuvres dans les Hommes*, Nouvelle librairie nationale, 1922, p. 31 ; *Études et milieux littéraires*, Grasset, 1927, pp. 221-222 ; *Sauveteurs et incendiaires*, Flammarion, 1941, pp. 88-89, etc.

527. Cité par Irving Putter, in *La dernière illusion de Leconte de Lisle*, Droz, Genève, 1968, p. 39.

528. *Lettres à José-Maria de Heredia*, Honoré Champion, 2004, p. 116.

529. *La dernière illusion de Leconte de Lisle*, Droz, Genève, 1968, p. 57.

530. Alain Bossard, « Les Visites académiques de Leconte de Lisle », *Le Mercure de France* du 1er avril 1929, p. 230.

531. *La dernière illusion de Leconte de Lisle*, Droz, Genève, 1968, p. 65.

532. Louis Pasteur (1822-1895) fut élu à l'Académie française le 8 décembre 1881, au fauteuil d'Émile Littré. Il fut reçu par Ernest Renan le 27 avril 1882. Gaston Paris lui succéda.

533. *La dernière illusion de Leconte de Lisle*, Droz, Genève, 1968, pp. 67-68.

534. Henri d'Orléans (1822-1897), duc d'Aumale, présida en octobre 1873 au conseil de guerre qui jugea Achille Bazaine. Auteur d'une *Histoire des Princes de Condé* en sept volumes, il fut élu le 30 décembre 1871 au fauteuil du comte Charles de Montalembert. Eugène Guillaume lui succéda.

535. Léon Say (1826-1896) fut député, sénateur, ambassadeur et quatre fois ministre des Finances. Il fut élu le même jour que Leconte de Lisle au fauteuil d'Edmond About. Albert Vandal lui succéda.

536. *La dernière illusion de Leconte de Lisle*, Droz, Genève, 1968, pp. 75-76.

537. Ancien directeur du *Journal des Débats*, John Lemoinne (1815-1892) fut élu à l'Académie française le 13 mai 1875, à la place de Jules Janin. Il eut Ferdinand Brunetière comme successeur.

538. Ludovic Halévy (1834-1908) fut le librettiste du *Carmen* de Bizet et de nombreuses opérettes d'Offenbach : *La Belle Hélène*, *La Vie parisienne*, *La Grande Duchesse de Gérolstein*, aux Variétés, *Le Réveillon* et *La Boule*, au Palais Royal, *Froufrou*, au Gymnase. Il fut élu le 4 décembre 1884 au fauteuil de Joseph d'Haussonville. Eugène Brieux lui succéda.

539. Victorien Sardou (1831-1908) fut l'auteur de nombreuses pièces de théâtre jouées au Vaudeville, au Gymnase, à la Porte Saint-Martin, au Palais-Royal, à la Gaieté et à la Comédie-Française. Marcel Prévost lui succéda.

540. Edmond Rousse (1817-1906) fut d'abord le secrétaire de Me Gustave Chaix d'Est-Ange, l'avocat de Baudelaire, puis bâtonnier au barreau de Paris. Il fut élu le 13 mai 1880, à la place de Jules Favre. Pierre de Ségur lui succéda.

541. Édouard Pailleron (1834-1899) fut un collaborateur de la *Revue des Deux Mondes* et l'auteur de comédies en vers et en prose : *Les Faux Ménages*, *L'Âge Ingrat*, *L'Étincelle*, *Le Monde où l'on s'ennuie* et *La Souris*. Il fut élu le 7 décembre 1882 au fauteuil de Charles Blanc. Paul Hervieu lui succéda.

542. Victor Cherbuliez (1829-1899) signa de nombreux romans : *Le comte Kostia*, *Paule Méré*, *Prosper Randoce*, *L'Aventure de Ladislas Bolski*, *L'Idée de Jean Téterol*, etc. Il fut élu le 8 décembre 1881 au fauteuil de Jules-Armand Dufaure. Émile Faguet lui succéda.

543. Alexandre Dumas fils (1824-1895) fut non seulement l'auteur de l'inoubliable *Dame aux Camélias*, 1848, mais il signa aussi *Diane de Lys*, 1851, *Le Demi-Monde*, 1855, *Le Fils naturel*, 1858, *les Idées de Mme Aubray*, 1867, *la Princesse Georges*, 1871, et *l'Étrangère*, 1876. Il fut élu le 29 janvier 1874, à la place de Pierre-Antoine Lebrun. André Theuriet lui succéda.

544. *Lettres à José-Maria de Heredia*, Honoré Champion, 2004, p. 118.

545. « J'ai terminé mes visites, écrit-il à Émilie Leforestier le 26 janvier 1886. L'élection qui devait avoir lieu le 4 février est remise au 11, et peut-être au 18. Pourquoi ? Je n'en sais rien, ni l'Académie non plus. » *La dernière illusion de Leconte de Lisle*, Droz, Genève, 1968, p. 86.

546. Jean Dornis, *Essai sur Leconte de Lisle*, Librairie Ollendorff, 1909, p. 6.

547. *Lettres à José-Maria de Heredia*, Honoré Champion, 2004, pp. 116-117.

548. Cité par Miodrag Ibrovac, in *José-Maria de Heredia. Sa vie, son œuvre*, Les Presses françaises, Paris, 1923, p. 146.

549. Voir Leconte de Lisle, *Poésies Complètes*, édition de Madeleine et Vallée, *Derniers poèmes*, *La Passion*, *Pièces diverses*, *notes et variantes*, Lemerre, 1927, p. 338. Cette nouvelle édition parut le 15 mai 1886 et fut achevée d'imprimer deux mois plus tôt. Elle comprenait un recueil, une addition, un épilogue et une « tragédie antique », *Les Érinnyes*. Voir Edgard Pich, *Poèmes tragiques et Derniers poèmes*, Belles Lettres, 1977, pp. VII-VIII.

550. *La dernière illusion de Leconte de Lisle*, Droz, Genève, 1968, p. 61.

551. Vincent d'Indy (1851-1931), compositeur français qui fut l'élève de César Franck et le professeur d'Érik Satie. Anti-dreyfusard et réactionnaire, il participa activement aux côtés de Maurice Barrès et de Charles Maurras à la *Ligue de la patrie française*, et signa probablement le seul opéra antisémite de toute la musique française : *La Légende de Saint-Christophe*.

552. Jean Gallois, *Ernest Chausson*, Fayard, 1994, p. 189.

553. *Lettres à José-Maria de Heredia*, Honoré Champion, 2004, p. 118.

554. *Gil Blas* du 30 décembre 1885, cité par Charles Desprats, *Ibid.*

555. *La dernière illusion de Leconte de Lisle*, Droz, Genève, 1968, p. 67.

556. « Samedi soir, écrit-il à Émilie Leforestier le 7 décembre 1885, gavotte chez Mme Ménard Dorian. C'est une danse disgracieuse et ridicule. Tout Paris y était, plus une princesse de l'Afrique centrale [...] vêtue à l'européenne, ce qui était hideux. » *Ibid.*, p. 74.

557. « Ce qui caractérise surtout cette longue suite de tirades sans action, écrit-il à Émilie Leforestier le 26 novembre 1885, c'est l'absence absolue d'intérêt et la nullité des personnages. Coppée n'entend rien à la reconstitution des époques historiques. Il a imaginé une Écosse de 1745 qui est faite pour stupéfier tous ceux qui ont une notion un peu exacte de l'histoire de l'époque. » *Ibid.*, pp. 69-70.

558. Eugène Mouton (1823-1902) signa des nouvelles humoristiques sous le pseudonyme de Mérinos. Cet avocat ne fut jamais élu.

559. Édouard de Beaumont (1819-1888) était un peintre et un expert en armes anciennes au sujet desquelles portent ses ouvrages.

560. Ferdinand Fabre (1827-1898) fut un romancier de talent et le plus sérieux concurrent de Leconte de Lisle.

561. Gaston Boissier (1823-1908), maître de conférences à l'École Normale Supérieure et professeur d'éloquence latine au Collège de France, fut élu à l'Académie le 8 juin 1876 au fauteuil d'Henri Patin. C'est lui qui prononça l'oraison funèbre aux obsèques de Leconte de Lisle, le 21 juillet 1894. Il fut nommé Secrétaire perpétuel le 2 mai 1895, en remplacement de Camille Doucet. René Doumic lui succéda.

562. Alfred Mézières (1826-1915), spécialiste de Shakespeare, Dante, Pétrarque et Goethe, fut professeur de littérature étrangère à la Sorbonne, député et sénateur. Élu à l'Académie le 29 janvier 1874 au fauteuil de Saint-Marc Girardin, René Boylesve lui succéda.

563. *La dernière illusion de Leconte de Lisle*, Droz, Genève, 1968, pp. 77-78.

564. Ces propos calomnieux ont visiblement été colportés par Edmond de Goncourt puisqu'à la date du jeudi 24 décembre 1885 de son Journal on peut lire : « La mauvaiseté fielleuse et cannibalesque de Leconte de Lisle est tout entière dans ce mot de farceur macabre. Le poète, admirablement reçu par le duc d'Aumale dans la visite où il venait solliciter sa voix à l'Académie, rencontre je ne sais qui, auprès duquel il s'étend sur la politesse, la grâce, le charme, le grand air de prince d'Orléans, tirade qu'il interrompt par un temps au bout duquel il dit : "Mais maintenant, il faudrait le voir sur l'échafaud !" » *Journal. Mémoires de la vie littéraire*, Robert Laffont, 1989, vol. 2, p. 1210.

565. « J'ai pris le parti de suivre le conseil que vous me donniez, ta mère et toi, déclare-t-il à Émilie Leforestier le 8 janvier 1886. J'ai écrit au Duc d'Aumale. Le voilà prévenu. » Et huit jours plus tard : « T'ai-je dit que le Duc d'Aumale m'avait répondu une lettre fort aimable ? » *La dernière illusion de Leconte de Lisle*, Droz, Genève, 1968, pp. 81-83.

566. *Ibid.*, pp. 79-80.

567. *Ibid.*, p. 88.

568. Charles Read (1819-1898), sous-préfet de Bayle puis de Villeneuve-sur-Lot, fut à l'origine de la création du Musée Carnavalet (1867) et l'un des principaux artisans de la fondation de la *Société de l'histoire du Protestantisme français*. Il fut sous-directeur des cultes non catholiques au ministère de l'Intérieur de 1849 à 1857 et, sous le pseudonyme de Carle de Rash, dirigea la publication de *L'Intermédiaire des chercheurs et curieux*.

569. Pierre Flottes, *Le poète Leconte de Lisle*, Perrin, 1929, p. 244.

570. Edmond Estève, *Leconte de Lisle, l'homme et l'œuvre*, Boivin, 1930, p. 232.

571. Édouard Hervé (1835-1899) fut le fondateur du *Soleil*, premier journal politique à un sou. Il fut élu le même jour que Leconte de Lisle au fauteuil du duc Paul de Noailles. Paul Deschanel lui succéda.

572. *La dernière illusion de Leconte de Lisle*, Droz, Genève, 1968, pp. 88-89.

573. Cité par Irving Putter, *Ibid.*, p. 41. « Je ne connais pas, je ne dois pas connaître le discours que M. Leconte de Lisle prononcera [...] à l'Académie française. Mais j'imagine que ce sera une noble chose, une harangue grave, de style ample et hautain, un bloc d'esthétique éloquente. Je serais surpris s'il s'y trouvait des anecdotes, des digressions, des curiosités, des familiarités et si l'on y rencontrait la moindre négligence. On y contemplera le portrait idéal du poète ou plutôt le portrait du poète idéal. M. Victor Hugo y sera dignement et largement loué. [...] Il y faudra admirer

l'ampleur imposante des formes liturgiques, et l'autorité que donne la foi quand on y joint l'exemple de toute une vie. » Anatole France, *La Vie littéraire*, Calmann Lévy, 1900, t. I, pp. 95-96.

574. « Je suis en effet très insulté dans les feuilles réactionnaires, écrit-il à Émilie le 18 février. Je ne me savais pas autant d'ennemis. Tu recevras, en même temps que cette lettre, un numéro du journal *le Matin* qui te renseignera quelque peu au sujet des hostilités haineuses qui m'entourent, je ne sais en vérité pourquoi. Cet article, dû à un reporter bienveillant du reste, exprime assez exactement ma pensée, sauf quelques termes dont je ne me suis pas servi, attendu qu'ils n'appartiennent pas à mon vocabulaire habituel. Mais j'avoue hautement le sens même des paroles qui me sont prêtées. C'est ainsi, ma chère enfant, qu'après avoir vécu si longtemps dans la retraite et le silence, me voici jeté au milieu du vacarme odieux de la publicité. J'ai eu tort de vouloir succéder à V. Hugo. » *La dernière illusion de Leconte de Lisle*, Droz, Genève, 1968, p. 90.

575. Voir lettre du 9 mars 1886, *Ibid.*, pp. 94-95.

576. Camille Rousset (1821-1892) fut un professeur, un historien et le conservateur de la Bibliothèque du ministère de la Guerre. Son *Histoire de Louvois* obtint le prix Gobert. Il fut élu le 30 décembre 1871 au fauteuil d'Anatole Prévost-Paradol. Paul Thureau-Dangin lui succéda.

577. *La dernière illusion de Leconte de Lisle*, Droz, Genève, 1968, p. 93.

578. *Le Télégraphe* du 8 juin 1885, cité par Irving Putter, *Ibid.*, p. 41.

579. Alain Bossard, « Les Visites académiques de Leconte de Lisle », *Le Mercure de France* du 1er avril 1929, pp. 226-231. Le 31 décembre 1885, il écrivait encore à Émilie Leforestier : « J'en suis venu à désirer cette élection, uniquement pour la joie de leur écrire un discours auquel ils ne s'attendent guère, et qu'il faudra bien qu'ils entendent, ou qu'ils lisent, car je le publierai si la commission ne l'accepte pas ou me demande des modifications. » *Ibid.*, p. 80.

580. *Ibid.*, pp. 125-126.

581. Lettre à Mme Foucque citée par Maurice Souriau, in *Histoire du Parnasse*, Slatkine Reprints, Genève, 1977, p. 195. Voir aussi Archives de Bourbon, *recueil et bulletin d'information*, troisième série, n° 2, mai 1978, p. 62.

582. Allusion évidente à l'esprit des « Montreurs ».

583. La carrière du ténor wagnérien Ernest Van Dyck commençait à peine. Il allait devenir un des plus grands interprètes de son époque.

584. Charles Lamoureux (1834-1899) fonda en 1881 son propre orchestre, les *Nouveaux Concerts*, qui deviendront les *Concerts Lamoureux*. Il fut un grand défenseur de l'œuvre de Wagner et joua un rôle majeur dans le renouveau de l'art symphonique en France.

585. *L'Apollonide de Leconte de Lisle et Franz Servais*, Mardaga, 2004, p. 159.

586. *La dernière illusion de Leconte de Lisle*, Droz, Genève, 1968, pp. 115-116. « J'ai remis hier mon discours à l'impression, écrit Leconte de Lisle à Émilie Leforestier le 7 décembre 1886. Je ne sais trop ce que cela vaut. Dans tous les cas, je n'abuserai pas longtemps de mon public. C'est assez concentré pour qu'on ne dorme pas avant la fin. Un anglais disait à Mérimée : vous écrivez comme on pend dans mon pays, haut et court. – Que mon style soit haut, je ne l'affirme pas, mais il est court incontestablement. » *Ibid.*, p. 124.

587. « Si les d'Orléans avaient eu la prudence, écrit Leconte de Lisle à Émilie Leforestier le 24 juillet 1886, le bon sens et l'honnêteté de se rallier noblement aux institutions actuelles, ou, du moins, de jouir en paix des centaines de millions que la République leur a *donnés* – je ne dis pas *rendus*, car quelle race royale n'a pas plus ou moins volé ce qu'elle prétend lui appartenir ? – ils auraient vécu tranquilles et protégés comme tous les autres citoyens français, et honorés à l'égal de ceux qui, princes ou prolétaires, méritent de l'être par leurs qualités personnelles. [...] Quant à l'Aca-

démie française qui exprime ses *regrets* de l'absence forcée du duc d'Aumale, et qui, dans le même temps, a gardé le silence lors de la proscription de V. Hugo, par la bonne raison qu'elle avait peur de l'Empire et qu'elle ne craint rien de la République, je t'avoue que j'en suis écœuré. » *Ibid.*, pp. 117-118.

588. Cité par Edgard Pich, in *Articles, Préfaces, Discours*, Belles Lettres, 1971, p. 196.

589. Le 14 février 1887, paraît dans *Le Temps* la « Protestation des artistes contre la Tour de M. Eiffel » que Leconte de Lisle signa, ainsi que 300 autres personnalités des Arts et des Lettres, dont Meissonier, Gounod, Garnier, Coppée, Dumas fils, Maupassant, Prudhomme, Sardou, Huysmans et Verlaine.

590. *La dernière illusion de Leconte de Lisle*, Droz, Genève, 1968, pp. 126-127.

591. Le *Petit Moniteur universel* du 2 avril 1887, cité par Edgard Pich, in *Articles, Préfaces, Discours*, Belles Lettres, 1971, p. 196, et par Irving Putter, in *La dernière illusion de Leconte de Lisle*, Droz, Genève, 1968, p. 43.

592. *Ibid.*, p. 129.

593. *Ibid.*

594. *Ibid.*, pp. 130-131.

595. Cité par Irving Putter, *Ibid.*, p. 41.

596. *Ibid.*, p. 42.

597. Leconte de Lisle écrit à Émile Fage, le 7 avril 1887 : « Il parle Esquimau, et je m'exprime en Kanak. Nous habitons deux pôles opposés. » *Revue d'Histoire Littéraire*, avril-juin, 1958, p. 215.

598. *La dernière illusion de Leconte de Lisle*, Droz, Genève, 1968, p. 131.

599. Romain Rolland, *Le cloître de la rue d'Ulm, Cahiers n° 4, Journal de Romain Rolland à L'École Normale, (1886-1889)*, Albin Michel, 1952, pp. 55-56.

600. « La voix se tenait dans une note plutôt élevée, mais qui devenait grave dès que la discussion se faisait sérieuse; seulement si l'ironie s'en mêlait, le velouté revenait et l'épigramme n'en devenait que plus cruelle. » Montesquiou, *Les Autels privilégiés*, cité par Marius-Ary Leblond, in *Leconte de Lisle*, Mercure de France, 1933, p. 396.

601. Romain Rolland, *Le cloître de la rue d'Ulm, Cahiers n° 4, Journal de Romain Rolland à L'École Normale, (1886-1889)*, Albin Michel, 1952, p. 56.

602. *Articles, Préfaces, Discours*, Belles Lettres, 1971, p. 199.

603. « Ce fut une glorieuse aurore ! Tous les êtres pensants prirent part à la fête. Une émotion sublime s'empara de toutes les consciences, et l'enthousiasme fit vibrer le monde, comme si l'on eût vu pour la première fois la réconciliation du ciel et de la terre ! » *Ibid.*, p. 202. Voir Hegel, *Leçon sur la Philosophie de l'Histoire*, Vrin, 1945, p. 401.

604. « Vous dites quelque part, répondit A. Dumas fils, pour l'excuser sans doute : "Il s'est cru royaliste et catholique". Il ne s'est pas cru royaliste et catholique; il l'a bel et bien été et très sincèrement, comme il a bel et bien et très sincèrement cessé d'être l'un et l'autre. Il l'a dit et répété maintes fois en vers et en prose; il n'y a donc pas à en douter. [...] Ce que nous pouvons rechercher, parce que ce sera une étude psychologique de Victor Hugo propre à faire comprendre une partie de son œuvre littéraire, c'est pourquoi il a cessé d'être royaliste et catholique. » *La réponse de M. Alexandre Dumas fils, directeur de l'Académie française*, Librairie académique Didier, Perrin, 1887, p. 55.

605. *Articles, Préfaces, Discours*, Belles Lettres, 1971, pp. 206-207.

606. Romain Rolland, *Le cloître de la rue d'Ulm, Cahiers n° 4, Journal de Romain Rolland à L'École Normale, (1886-1889)*, Albin Michel, 1952, pp. 54-58.

607. *Articles, Préfaces, Discours*, Belles Lettres, 1971, p. 210. C'est nous qui soulignons.

608. *Ibid.*, p. 212.

609. *Ibid.*, p. 215.

610. « Zola ne s'était pas privé de bafouer les Parnassiens, qu'il avait représentés assis en cercle, comme des bonzes, dans l'attitude d'admiration mutuelle de l'extase réciproque, les pouces en croix sur leurs nombrils. Mais Leconte de Lisle aurait aisément oublié cette offense un peu balourde. Ce qu'il ne pouvait pardonner au grand metteur en scène de la vie réaliste, c'était la souillure littéraire, certains tableaux de la honte, plaqués comme des taches de sanie sur une robuste structure, qu'ils salissent et qu'ils déshonorent. » Fernand Calmettes, *Leconte de Lisle et ses amis*, Librairies-imprimeries réunies, Paris, 1902, p. 259. Voir aussi Caroline de Mulder, *Leconte de Lisle, entre utopie et république*, Faux titre 267, Amsterdam/New York, NY, 2005, p. 38, note 41.

611. Romain Rolland, *Le cloître de la rue d'Ulm, Cahiers n° 4, Journal de Romain Rolland à L'École Normale, (1886-1889)*, Albin Michel, 1952, p. 58.

612. « Sa philosophie, répondit A. Dumas fils, elle est bien simple. À force de demander aux manifestations extérieures, aux rumeurs de l'Océan, aux bruissements des forêts, aux ombres des cavernes, au rayonnement des astres, aux chansons des nids, au silence des pierres, l'explication du mystère divin que sa religion traditionnelle ne pouvait plus lui donner, il a entamé avec la nature entière un colloque qui n'a plus cessé. [...] Il s'est ainsi tellement identifié à elle qu'il a fini par s'assimiler mentalement à son propre principe et par croire qu'il faisait partie de son éternité tangible. » *La réponse de M. Alexandre Dumas fils, directeur de l'Académie française*, Librairie académique Didier, Perrin, 1887, pp. 69-70.

613. *Articles, Préfaces, Discours*, Belles Lettres, 1971, pp. 216-217.

614. *La réponse de M. Alexandre Dumas fils, directeur de l'Académie française*, Librairie académique Didier, Perrin, 1887, pp. 38-40.

615. *Ibid.*, pp. 43-47.

616. Romain Rolland, *Le cloître de la rue d'Ulm, Cahiers n° 4, Journal de Romain Rolland à L'École Normale, (1886-1889)*, Albin Michel, 1952, p. 57.

617. *La dernière illusion de Leconte de Lisle*, Droz, Genève, 1968, p. 131.

618. « Pourquoi le premier de nos savants français qui découvrira une étoile nouvelle, ne donnerait-il pas le nom d'Hugo à cette étoile ? » *La réponse de M. Alexandre Dumas fils, directeur de l'Académie française*, Librairie académique Didier, Perrin, 1887, p. 72.

619. *La dernière illusion de Leconte de Lisle*, Droz, Genève, 1968, pp. 131-132.

620. « La maison de Leconte de Lisle était un vrai repaire de jeunes. [...] Nous le vénérions. » Pierre Quillard, *Journal* du 27 juillet 1894.

621. Maurice Barrès, *Journal* du 27 juillet 1894.

622. « Frédéric Plessis est un Latin pur sang, aurait-il confié à Jules Breton. Il ira loin, car un rayon de Virgile l'éclaire, et, presque imberbe encore, il est déjà un érudit. » Cité par Maurice Souriau, in *Histoire du Parnasse*, Slatkine Reprints, Genève, 1977, p. 449.

623. « C'est un impassible étranger à tout sentiment humain, pouvait-on y lire, un archéologue qui ne sait faire que des pastiches, un adorateur de la forme qui n'a pas une idée, et qui s'en console en prêchant le Nirvana. » Cité par Maurice Souriau, *Ibid.*, p. 428.

624. Cité par Henri Peyre, in *Louis Ménard*, New Haven, Yale University Press, volume v of Yale romanic studies, 1932, pp. 453-454.

625. Anatole France, *La Vie littéraire*, Calmann Lévy, 1900, t. I, pp. 104-105.

626. Cité par Marius-Ary Leblond, in *Leconte de Lisle*, Mercure de France, 1933, pp. 396-397.

627. Henri de Régnier, *Revue de France* du 15 mars 1923, p. 391.

628. Le 7 décembre 1887, Leconte de Lisle écrit à Émilie Leforestier au sujet de Mme Tola Dorian : « Nous nous sommes disputés, parce qu'elle est actuellement enthousiaste des Décadents qui sont tout simplement de jeunes idiots dont il est impossible de comprendre une ligne. » *La dernière illusion de Leconte de Lisle*, Droz, Genève, 1968, p. 148.

629. Gabriel Vicaire et Henri Beauclair avaient publié sous le pseudonyme d'Adoré Floupette des pastiches satiriques de poèmes décadents précédés d'une biographie de l'auteur par « Marius Tapora, pharmacien de deuxième classe ». Ce *Parnassiculet* impressionniste intitulé *Les Déliquescences* parut en 1885 chez Léon Vanné. Seuls dix des cent dix exemplaires originaux, réservés aux intimes, comportaient les noms véritables des auteurs de cette supercherie.

630. *La dernière illusion de Leconte de Lisle*, Droz, Genève, 1968, p. 98.

631. *Ibid.*, p. 83.

632. *Ibid.*, pp. 136-137.

633. *Ibid.*, p. 126.

634. *Ibid.*, pp. 108-109.

635. « J'ai reçu ce matin une longue lettre de Nouméa dans laquelle un nommé Saint-Lys, de Bourbon, me prie de le faire nommer greffier. Il m'en est venu une autre de Saigon, où l'on me demande d'obtenir une place d'arpenteur-géomètre pour M. Chandemerle qui est mon cousin, paraît-il. [...] Une excellente mère m'adresse un recueil de son fils âgé de 18 ans. Ce jeune homme veut, dit-elle, devenir poète de talent et refuse de prendre une profession plus avouable. Elle me prie de décider de l'avenir de son fils dont tous les vers sont faux. [...] Voilà ce que c'est d'être académicien ! » *Ibid.*, pp. 93-114.

636. Pierre Flottes, *Le poète Leconte de Lisle*, Perrin, 1929, pp 245-246; Jean Dornis, *Essai sur Leconte de Lisle*, Librairie Ollendorff, 1909, p. 332, note 2; Maurice Souriau, *Histoire du Parnasse*, Slatkine Reprints, Genève, 1977, p. 422; et Foucque, *Revue*, 1928, p. 375.

637. Maurice Souriau, *Histoire du Parnasse*, Slatkine Reprints, Genève, 1977, p. 422.

638. *La dernière illusion de Leconte de Lisle*, Droz, Genève, 1968, p. 102.

639. « L'Illusion Suprême », *Poèmes tragiques et Derniers poèmes*, Belles Lettres, 1977, pp. 32-35.

640. Bernard Guinaudeau, *Leconte de Lisle, Premières poésies et Lettres intimes*, Fasquelle, Paris, 1902, p. 81.

641. Cité par Irving Putter, in « Les Idées littéraires de Leconte de Lisle », *R.H.L.F.*, juillet-septembre 1966, pp. 451-473, et par Hippolyte Foucque, *Lumières sur la vie intime de Leconte de Lisle*, Imprimerie Cazal, Saint-Denis de la Réunion, 1968, p. 14.

642. « Je n'ai jamais eu qu'une passion au monde, aurait déclaré Leconte de Lisle à l'un de ses admirateurs vers la fin de sa vie, celle de la poésie. [...] Cela m'isole tristement. » *Revue bleue* du 28 juillet 1894, p. 100.

643. Le 13 juillet 1885, alors que Leconte de Lisle et son épouse envisagent de se rendre à Saint-Servan, le poète assure à Émilie Leforestier qu'« une chambre et *deux lits* quelconques sont tout ce qu'il faut ». *La dernière illusion de Leconte de Lisle*, Droz, Genève, 1968, p. 58. Et, treize années plus tôt, alors que le poète avait été obligé d'aller seul respirer l'air de la mer pour achever sa convalescence, sa femme étant restée à Paris, il se plaignait déjà que cette dernière ne fût guère « désolée de le voir partir » ni « impatiente de son retour ». Voir Jean Dornis, *Essai sur Leconte de Lisle*, Librairie Ollendorff, 1909, pp. 146-147.

644. Dans une lettre à son frère Paul, datée du 30 mai 1880, Leconte de Lisle écrit : « Emma et Élysée ne nous ont jamais témoigné à Anna et à moi qu'une haine

aveugle et une envie incurable. » Cité par Irving Putter, in *La dernière illusion de Leconte de Lisle*, Droz, Genève, 1968, p. 30, note 33. Selon Hippolyte Foucque, ces dernières sont mortes, à Paris, très pauvres. Une coupure de presse, de date et de provenance inconnues, et qui est conservée à la Bibliothèque de l'Arsenal, ms. 14781, f. 42, contient cette phrase : « Il est question de rapatrier les deux sœurs de Leconte de Lisle, qui, paraît-il, se trouvent actuellement dans une absolue misère. »

645. Il s'agit d'Alfred, bien sûr.

646. *La dernière illusion de Leconte de Lisle*, Droz, Genève, 1968, p. 152.

647. « La Rivière des Songes », *Œuvres diverses*, Belles Lettres, 1978, pp. 345-346.

648. « Notre destinée à tous deux est-elle donc la même ? » Lettre de Leconte de Lisle à Émilie Leforestier du 17 janvier 1888, *La dernière illusion de Leconte de Lisle*, Droz, Genève, 1968, p. 150.

649. Dans sa lettre à Mme Foucque du 19 mars 1882, Leconte de Lisle félicite Émilie pour ces fiançailles : « Alberte nous a en effet annoncé le mariage d'Émilie à laquelle nous souhaitons bien affectueusement tout le bonheur qui lui est dû après tant de chagrins cruels et immérités. » Cité par Irving Putter, in « Leconte de Lisle abortive ambitious », *Modern Language Quarterly*, septembre 1958, p. 261. Le début réel de leur attachement mutuel date de cette époque.

650. Le poète s'en est-il débarrassé ? Ou bien son épouse ?

651. « Les Roses d'Ispahan », *Poèmes tragiques*, Belles Lettres, 1977, p. 43. Selon Edgard Pich, ce poème aurait été inspiré par la mère d'Émilie Leforestier, Mme Émilie Foucque née Sers.

652. Jean Dornis, *Essai sur Leconte de Lisle*, Librairie Ollendorff, 1909, p. 190.

653. *Luc, 20, 38.*

654. *La dernière illusion de Leconte de Lisle*, Droz, Genève, 1968, pp. 127-128.

655. *Ibid.*, pp. 119-120.

656. Antonin-François Rondelet (1823-1893) fut économiste et professeur de philosophie à Paris, Poitiers, Rennes, Marseille et Clermont-Ferrand. Certaines de ses études furent effectivement couronnées par l'Académie de Lyon, par l'Académie des sciences morales et politiques, et par l'Académie française.

657. *La dernière illusion de Leconte de Lisle*, Droz, Genève, 1968, pp. 144-145.

658. *Ibid.*, pp. 112-114.

659. *Ibid.*, p. 20, note 16. Hippolyte Foucque, l'homonyme du père d'Émilie, ancien Inspecteur Général de la Réunion avec lequel Irving Putter et Edgard Pich ont correspondu, certifia pourtant qu'Émilie Leforestier était, comme sa mère, « grande, brune, au teint mat », ce que semble confirmer le cliché que nous en avons. (*Ibid.*, note 17.) Il est étrange cependant et amusant de constater que cette même ambiguïté concerne à la fois Élixenne de Lanux et Émilie Leforestier…

660. Leconte de Lisle disposait d'une cuisinière, comme le prouve une lettre du 14 avril 1882 adressée à Ernest Christophe : « Mon cher ami, Notre monstre de cuisinière nous a quittés. Nous sommes seuls et fort empêchés. Impossible de dîner avec vous demain. Voulez-vous remettre notre rendez-vous à samedi prochain ? Mille pardons et tout à vous, Leconte de Lisle », Bibliothèque de l'Arsenal, ms 15096/109.

661. Émilie Leforestier a sûrement dû profiter de l'appartement du poète pour assister aux obsèques de Victor Hugo et passer le reste du mois de juin en sa compagnie, comme le confirme cette lettre de Leconte de Lisle à sa petite cousine, datée du 26 novembre 1885 : « Mme de Bonnières m'a demandé des nouvelles de *la jeune et charmante femme* (ce sont ses propres paroles) qui a passé un mois à Paris le printemps dernier. Elle te connaît donc ? Je ne me rappelle pas qu'elle t'ait rencontrée à la maison. Cependant, il le faut bien, puisqu'elle m'a fait ton portrait exact, comme tu le vois. » *La dernière illusion de Leconte de Lisle*, Droz, Genève, 1968, p. 70.

Pourtant, Émilie est peut-être restée encore davantage, comme le suggère cette autre lettre du poète, datée du 7 décembre 1887 : « Si tu te souviens avec quelque regret des deux mois que tu as passés à Paris, il y a trois ans, ma bien chère enfant, combien ne dois-je pas me souvenir avec attendrissement et reconnaissance de mon séjour à St Servan ? » *Ibid.*, p. 149.

662. Jean Dornis, *Essai sur Leconte de Lisle*, Librairie Ollendorff, 1909, p. 192.

663. Le 1er mars 1886, Leconte de Lisle écrit à Émilie : « Je ne puis te dire en toute certitude, n'étant pas encore officiellement académicien, (car dès que la chose sera faite, j'aurai sans doute la science infuse), s'il faut deux N à *Dinannaise.* Je le crois cependant, s'il m'est permis de m'aventurer à ce point. Ah ! méchante, tu te souviens donc de nos petites discussions orthographiques et grammaticales ? » *La dernière illusion de Leconte de Lisle*, Droz, Genève, 1968, p. 94.

664. « Les Roses d'Ispahan », *Poèmes tragiques*, Belles Lettres, 1977, p. 44.

665. *La dernière illusion de Leconte de Lisle*, Droz, Genève, 1968, pp. 58-59.

666. Cité par Jean Dornis, in *Essai sur Leconte de Lisle*, Librairie Ollendorff, 1909, p. 193. C'est nous qui soulignons.

667. Octave Gréard (1828-1904) modifia l'examen du baccalauréat et présenta, en 1893, un exposé des réformes orthographiques qui exaspéra Leconte de Lisle. Voir *Lettres à José-Maria de Heredia*, Honoré Champion, 2004, pp. 128-129, et Maurice Barrès, *Journal* du 27 juillet 1894.

668. *La dernière illusion de Leconte de Lisle*, Droz, Genève, 1968, pp. 63-64.

669. *Ibid.*, pp. 66-67.

670. « *Kisaki, la sœur du soleil*, est le vrai titre de l'Impératrice du Japon, selon le peintre Yamamoto qui habite Paris, explique le poète à Émilie Leforestier le 18 mai 1886. Mon amie Paule est donc désormais *Kisaki* pour l'éternité. » *Ibid.*, pp. 104-105.

671. *Ibid.*, p. 71.

672. *Ibid.*, p. 73.

673. *Ibid.*, p. 81.

674. *Ibid.*, p. 85. « Je compte surtout sur Manuel, explique Leconte de Lisle à Émilie le 15 mai 1886, non pas qu'il soit très aimable de son naturel, mais parce qu'il y regardera à deux fois avant de me déplaire, étant donnée sa future candidature académique. » *Ibid.*, p. 103.

675. *Ibid.*, p. 82.

676. L'entreprise réussit puisque Léonide retrouva rapidement un emploi de bureau : « J'aurais voulu quelque chose de mieux, écrit Leconte de Lisle à Émilie le 23 février 1886, mais il ne fallait pas trop demander pour être certain d'obtenir promptement. Tu vois, ma chère enfant, que les ministres républicains sont on ne peut plus obligeants, surtout quand il s'agit de rendre service aux dames et aux rimeurs qui s'intéressent à elles. » *Ibid.*, p. 91.

677. *Ibid.*, pp. 90 et 99.

678. « Il semble que le poète ait souffert du manque de cordialité des relations de sa femme avec ses proches ; aussi insiste-t-il souvent pour qu'on lui écrive à la Bibliothèque du Sénat, où il est seul à lire son courrier. » Pierre Bérès, *Autographes romantiques et modernes* (catalogue de vente à l'Hôtel Drouot du 11 juin 1937, numéro 65), cité par Irving Putter, *Ibid.*, p. 30, note 35.

679. Denis de Rougemont, *L'amour et l'Occident*, Plon, 10/18, 1995, p. 306.

680. « Le Secret de la Vie », *Poèmes tragiques*, Belles Lettres, 1977, p. 133.

681. Alix est en effet presque le même prénom qu'Élixenne. Édouard Alix était aussi ce poète horloger dans la boutique duquel les jeunes étudiants en Lettres de Rennes aimaient à se retrouver pour échanger leurs premières idées et confectionner un album. Ce nom ou ce prénom semble donc renvoyer, sinon à une ancienne blessure érotique, du moins à une histoire à la fois intime et lointaine du poète.

682. « Le Lévrier de Magnus », *Poèmes tragiques*, Belles Lettres, 1977, pp. 116-117.

683. Léon Daudet, *Souvenirs littéraires*, Livre de Poche, 1974, p. 66.

684. « Le Lévrier de Magnus », *Poèmes tragiques*, Belles Lettres, 1977, p. 118.

685. Jules Breton, « Jeanne », *Les Champs et la Mer*, Lemerre, 1887, pp. 152-153.

686. *Revue bleue* du 5 octobre 1895, p. 425, citée par Maurice Souriau, in *Histoire du Parnasse*, Slatkine Reprints, Genève, 1977, p. L. Voir aussi la *Revue bleue* du 28 juillet 1894, p. 100, la *Revue de France* du 15 mars 1923, p. 395, et *Le Figaro* du 19 juillet 1894.

687. Anatole France, *La Vie littéraire*, Calmann Lévy, 1900, t. I, pp 102-103 ; cité en partie par Francis Vincent, in *Les Parnassiens*, Beauchesne, 1933, p. 34, et par Maurice Souriau, in *Histoire du Parnasse*, Slatkine Reprints, Genève, 1977, p. LI.

688. *Articles, Préfaces, Discours*, Belles Lettres, 1971, p. 223.

689. Edmond Haraucourt, *Les Admirateurs de Leconte de Lisle*, Lemerre, 1936, p. 9.

690. Maurice Barrès, *Mes Cahiers*, Plon, 1931, tomes 1, p. 165.

691. Le « Supplément littéraire » du *Figaro* du 13 août 1887, pp. 129-131, cité par Irving Putter, in *La dernière illusion de Leconte de Lisle*, Droz, Genève, 1968, p. 138, note 153, et par Caroline De Mulder, in *Leconte de Lisle, entre utopie et république*, Faux titre 267, Amsterdam/New York, NY, 2005, p. 330. Cette enquête d'Yvan de Wœstyne sur Jeanne d'Arc fut également reprise dans *La Gazette anecdotique* du 1er septembre 1887.

692. Lettre du 17 septembre 1887, *La dernière illusion de Leconte de Lisle*, Droz, Genève, 1968, pp. 140-141.

693. On trouve le même réquisitoire dans les « Extraits du Cahier Godoy », *Œuvres diverses*, Belles Lettres, 1978, pp. 521-522 : « Le 26 mai 1430, Martin Billorini, Vicaire général du grand Inquisiteur de France, somme le duc de Bourgogne de livrer Jeanne d'Arc : "Vu l'autorité à nous commise par le St Siège de Rome, nous enjoignons, sous toutes peines de droit, qu'on amène prisonnière par devers nous Jeanne, soupçonnée véhémentement de plusieurs crimes sentant l'hérésie, afin qu'il soit procédé contre elle comme de raison. Donné à Paris, sous notre sceau de l'office de la Sainte Inquisition." Par suite, plus de cent Évêques, Abbés crossés et mitrés, Prieurs, moines, archidiacres, chanoines, tous français y compris les clercs de l'université de Paris, activèrent la comparution de Jeanne devant le tribunal ecclésiastique de Rouen, "en l'honneur, dirent-ils, de la foi orthodoxe". Ni Pape ni concile ne blâmèrent les Juges de Jeanne. Tous ou furent maintenus dans les situations qu'ils occupaient ou furent élevés à de plus hautes dignités. Voir Joseph Favre. Jeanne d'Arc a été assassinée par l'Église Catholique, et n'a nul besoin d'être réhabilitée par elle. Si la fête de Jeanne d'Arc devenait une fête nationale, il faudrait en exclure rigoureusement le clergé dont le concours et la présence seraient un outrage à la mémoire de l'héroïque victime. L. de L. Écrire une pièce dans ce sens – très rude. »

694. Lettre du 6 septembre 1887, *La dernière illusion de Leconte de Lisle*, Droz, Genève, 1968, pp. 139-140. « Sa philosophie, qui sut tant de fois, et avec une tristesse si magnifique, inspirer ses vers, est une philosophie pyrrhonienne dans laquelle il n'y a pas de place pour une seule affirmation. Je ne sais si je suis, puisque je ne sais pas ce que c'est qu'être, dit-il constamment. L'illusion m'enveloppe de toutes parts. La vie est un rêve, amusé par des images qui n'ont point de signification possible. » Anatole France, *La Vie littéraire*, Calmann Lévy, 1900, t. I, p. 100.

695. Émile Bergerat, *Vie et aventures du sieur Caliban, 1884-1885 (Décadence française)*, Dentu, 1886, pp. 60-62.

696. *La dernière illusion de Leconte de Lisle*, Droz, Genève, 1968, pp. 142-143.

697. *Ibid.*, pp. 146-147.

698. Voir Jules Castagnary, *Gustave Courbet*, éditions Séquences, St Sébastien-sur-Loire, 2000, et *Gustave Courbet et la colonne Vendôme, plaidoyer pour un ami*, Dentu, 1883.

699. *La dernière illusion de Leconte de Lisle*, Droz, Genève, 1968, pp. 148-149.

700. Cité par Irving Putter, *Ibid.*, pp. 30-31. Voir aussi Hippolyte Foucque, *Pages réunionnaises*, Imprimerie Cazal, Saint-Denis de la Réunion, 1962, p. 97. L'essentiel de ce que nous savons sur cette famille se trouve chez Fernand Calmettes, *Leconte de Lisle et ses amis*, Librairies-imprimeries réunies, Paris, 1902, pp. 88-91, et à la Bibliothèque de l'Arsenal, ms 15096 (1). « Une Johanna Leconte de Lisle vivait à Aix-en-Provence vers 1950, nous confia également Edgard Pich dans un courriel du 12 novembre 2006. Il s'agit peut-être d'une fille de son frère Alfred ou plutôt Paul. Elle était célibataire. » À notre connaissance, Paul et Charlotte Leconte de Lisle n'eurent pas d'enfant, mais Alfred eut bien une descendance : une fille, Johanna, morte à New York, et trois garçons : Charles, qui eut un fils, Maurice, mort en 1918 à Douaumont, et une fille, Jeanne, disparue à Vienne après 1918 et qui eut elle-même une fille dont la destinée nous est inconnue ; Melchior, décédé en 1926 ; et Alfred, tragiquement tué en 1870. C'est ce dernier qui eut trois enfants : Michel, mort en 1935 et demeuré célibataire ; Alfred, mort en 1915, également sans épouse ; et la fameuse Johanna, institutrice à Aix-en-Provence, qui adopta un petit garçon dont nous ne savons rien, si ce n'est qu'il se présenta lui aussi à l'École Normale.

701. *La dernière illusion de Leconte de Lisle*, Droz, Genève, 1968, pp. 149-150.

702. Paul-Gabriel d'Haussonville (1843-1924), fils de l'Académicien Joseph d'Haussonville, fut effectivement élu le 16 janvier 1888 au fauteuil d'Elme-Marie Caro. Auguste-Armand de La Force lui succéda.

703. Jules Claretie (1840-1913) fut élu en remplacement d'Alfred-Auguste Cuvillier-Fleury. Joseph Joffre lui succéda.

704. Edmond Jurien de la Gravière (1812-1892) fut élu au fauteuil du baron Charles de Viel-Castel. Ernest Lavisse lui succéda.

705. *La dernière illusion de Leconte de Lisle*, Droz, Genève, 1968, pp. 151-152.

706. « Je m'attendais, ma bien chère enfant, un peu naïvement, je l'avoue, à recevoir de toi, avant la lettre que je t'annonçais, quelques lignes d'amitié qui m'auraient vivement touché, lui écrit-il le 8 janvier 1889. Si tu en as eu la pensée, comme je n'en doute pas, le loisir t'en a sans doute manqué. Je le regrette, puisque je t'aime beaucoup ; mais ne vois en ceci qu'une simple preuve de mon attachement, et non un reproche. » *Ibid.*, p. 156.

707. « Toi par qui j'ai senti », *Derniers poèmes*, Belles Lettres, 1977, p. 291.

708. Fernand Calmettes, *Leconte de Lisle et ses amis*, Librairies-imprimeries réunies, Paris, 1902, p. 184.

709. Note manuscrite dont on trouvera une copie à la B. N. n.a.fr. 15.248, fol. 11. Marcel Proust la décrit dans le *Portrait de Mme X**** comme « une grande dame au port de reine, au regard troublant, un peu distante mais qui aime follement s'amuser », *Correspondance*, « Lettre à Fernand Gregh », octobre 1892.

710. Nous lisons de même dans l'*Histoire du Parnasse* de Maurice Souriau, p. XXIV : « Sous le nom de Jean Dornis [...] se cache une dame dont l'auteur subissait une grande fascination. C'est avec cette délicatesse vraiment féminine qu'elle lui rend en hommages posthumes ce que le poète lui avançait, sa vie durant, en enthousiasme et en adoration. »

711. « La Rose de Louveciennes », *Derniers poèmes*, Belles Lettres, 1977, p. 290.

712. Voir Laure Riese, *Les Salons littéraires parisiens du Second Empire à nos jours*, Privat, 1962, pp. 81-82, et Hugues le Roux, « La Dernière Muse », *Le Journal* du 22 juillet 1894.

713. Sur la bataille entre le Parnasse et le Symbolisme, voir Yann Mortelette, *Histoire du Parnasse*, Fayard, 2005, pp. 391-400.

714. Fernand Calmettes, *Leconte de Lisle et ses amis*, Librairies-imprimeries réunies, Paris, 1902, p. 307.

715. Voir Mite Kremnitz, *Carmen Silva*, Breslau, 1882 ; Pierre Loti, *L'Exilée*, Calmann Lévy, 1893 ; et Margareta Dolinescu, *Le Parnasse roumain : aperçus socio-critiques*, *Bulletin des études parnassiennes*, A.L.D.R.U.I., Université Lyon 2, VIII, Juin 1986, pp. 124-141.

716. Cette traduction paraîtra dans *Le Temps* du 15 août 1891, avec de légères variantes.

717. *La dernière illusion de Leconte de Lisle*, Droz, Genève, 1968, pp. 154-155.

718. De nombreux écrits témoignent de la bonne santé apparente de Leconte de Lisle qui, bien que souffrant de maux de tête, se tenait très droit, portait beau et était capable de prouesses physiques. Plusieurs d'entre eux affirment même qu'il put pratiquer jusqu'à un âge avancé l'équitation et la natation. Le 8 janvier 1889, il s'étonne lui-même de sa robustesse : « J'ai failli être tué par un huissier de cent quatorze kilos qui m'ont prouvé que j'avais le ventre solide encore, puisqu'il n'en a résulté aucune lésion interne. » *Ibid.*, p. 157.

719. Romain Rolland, *Le cloître de la rue d'Ulm, Cahiers n° 4, Journal de Romain Rolland à L'École Normale, (1886-1889)*, Albin Michel, 1952, p. 199.

720. « *L'Apollonide* (1888) est un adieu ensoleillé à la Grèce. Le poète a dépouillé l'âpreté sinistre qu'il imposait, quinze ans plus tôt, aux *Érinnyes* ; il redevient l'amant de l'Hellade éthérée et calme qu'il était à trente ans. [...] *L'Apollonide*, c'est la réconciliation du vieillard avec son rêve de jeunesse. » Pierre Flottes, *Le poète Leconte de Lisle*, Perrin, 1929, pp. 248-249.

721. C'était la première version. La seconde, utilisée par Franz Servais comme livret de son drame musical, fut éditée chez Choudens en janvier 1899.

722. *La dernière illusion de Leconte de Lisle*, Droz, Genève, 1968, p. 119.

723. Cité par Malou Haine, in *L'Apollonide de Leconte de Lisle et Franz Servais*, Mardaga, Liège, 2004, p. 168.

724. Edmond Henri Turquet (1836-1914), magistrat, boulangiste convaincu élu député en 1871, il fut sous-secrétaire d'État aux Beaux-Arts pendant trois gouvernements, dont ceux de Freycinet et de Ferry, et fut nommé substitut du procureur impérial de Beauvais en février 1866.

725. Émile Zola (1840-1902) détient le triste record du plus grand nombre d'échecs à l'Académie française : 24 candidatures infructueuses. Maupassant ne se présenta jamais, non plus que Huysmans, Mallarmé, Banville, Barbey d'Aurevilly et Flaubert.

726. Le diplomate et romancier Eugène-Melchior vicomte de Vogüé (1848-1910) fut élu le 22 novembre 1888 au fauteuil de Désiré Nisard. Henri de Régnier lui succéda.

727. *Lettres à José-Maria de Heredia*, Honoré Champion, 2004, p. 119.

728. Louis Ménard, *Du polythéisme hellénique*, Charpentier, Paris, 1863, p. XXVIII.

729. Pierre Flottes, *Le poète Leconte de Lisle*, Perrin, 1929, p. 248.

730. « La Paix des Dieux », *Derniers Poèmes*, Belles Lettres, 1977, p. 227.

731. Le mot est de Clemenceau.

732. Il s'agit du ministre de l'Agriculture Jules Méline (1838-1925). Il fut nommé président de la Chambre le 4 avril 1888.

733. Charles Buloz (1843-1905) succéda à son père, François Buloz, à la tête de cette prestigieuse revue qui compta encore, parmi ses directeurs, Ferdinand Brunetière et René Doumic.

734. « Le Lévrier de Magnus » parut dans la *Nouvelle Revue* du 15 juillet 1883.

735. *La dernière illusion de Leconte de Lisle*, Droz, Genève, 1968, pp. 157-158.

736. Henri Mondor, *L'Affaire du Parnasse. Stéphane Mallarmé et Anatole France*, Fragrance, 1951, p. 110.

737. « André Fontainas racontait à S. Mallarmé qu'à une répétition générale du *Marchand de Venise* chaque fois que dans la salle on applaudissait, Leconte de Lisle émettait une sorte de ricanement strident : "L'onagre, comme on l'appelait, renâclait à sa façon." » Henri Mondor, *Vie de Mallarmé*, Gallimard, 1941, p. 686, note 3.

738. « En versification [Heredia] est [lui aussi] conservateur ; il ne paraît pas qu'il y ait, après Leconte de Lisle, d'innovations utiles. Il préconise le vers tel que l'ont forgé les romantiques et les Parnassiens ; il le défend contre le saccage des symbolistes. De là son apologie de la rime : "La rime n'est pas une gêne pour le poète : c'est un tremplin. La difficulté même excite le génie de l'artiste. [...] Et pour faire une comparaison qui me paraît très juste et qui m'est souvent venue à l'esprit en regardant monter la mer, une rime heureuse arrivant au bout d'un beau vers, c'est quelque chose comme le panache ou la frange d'écume qui parachève avec un fracas de tonnerre ou un murmure délicieux, le déferlement d'une belle lame." » Maurice Souriau, *Histoire du Parnasse*, Slatkine Reprints, Genève, 1977, p. 440. Voir aussi Jules Huret, *Enquête sur l'évolution littéraire*, Thot, Paris, 1982, pp. 305-306.

739. Maurice Souriau, *Histoire du Parnasse*, Slatkine Reprints, Genève, 1977, p. 424.

740. Joseph Marie Caraguel publia *Le Boul'Mich* en 1884, *Les Barthozouls* en 1887 et *La Raison passionnée* en 1896. Félix Fénéon écrivit de lui, le 28 juillet 1887, dans *L'Émancipation sociale* de Paul Narbonne : « Contradictoirement doué d'une intelligence d'artiste raffiné et d'un tempérament littéraire rude... c'est avec une patiente adresse de joaillier qu'il taille les aspérités de son talent... »

741. Il s'agit du *Deuxième Dialogue* dans lequel l'auteur s'interroge sur le fonctionnement des rouages du système qui régit l'opinion. Pour lui, les hommes ne réagissent pas spontanément mais sont gagnés par une sorte de maladie qui se répand « de proche en proche comme une espèce de contagion ; parce que l'esprit humain naturellement paresseux aime à s'épargner de la peine en pensant d'après d'autres, surtout en ce qui flatte ses propres penchants. Cette pente [...] s'étend encore aux inclinations, aux goûts [et] aux passions. » Jean-Jacques Rousseau, *Dialogues*, Garnier Flammarion, 1999, p. 303.

742. Et Heredia de surenchérir, le 7 mai 1891, dans cette même Revue : « Est-ce une nécessité aussi, ce manque de vénération des jeunes gens à l'égard de leurs anciens, et cette absence totale de fraternité entre eux ? Cette lutte acharnée pour la gloire, et cette irrévérence pour les vieux maîtres, – que vous avez notées dans vos interviews, – ce sont les traits les plus caractéristiques de la jeunesse d'aujourd'hui. » Jules Huret, *Enquête sur l'évolution littéraire*, Thot, Paris, 1982, p. 260. Leconte de Lisle prit connaissance de cet entretien avant même sa publication, puisque le 6 il répond à son disciple : « Cher ami, Je viens de lire votre interview. Tout ce que vous y dites excellemment est la vérité même ; mais je tiens surtout à vous remercier du plus profond de mon cœur des sentiments de la vieille et tendre amitié que vous me témoignez. J'en suis plus touché et plus ému que je ne puis l'exprimer. Je vous embrasse affectueusement. Votre vieil ami Leconte de Lisle » *Lettres à José-Maria de Heredia*, Honoré Champion, 2004, p. 124.

743. Maurice Barrès fut élu député de Nancy en 1889. Il publia chez Perrin en 1891 la trilogie du *Culte du moi, examen des trois idéologies* : *Sous l'œil des Barbares, Un homme libre, Le Jardin de Bérénice.*

744. Jules Huret, *Enquête sur l'évolution littéraire*, Thot, Paris, 1982, pp. 238-243. Dans le même esprit, François Coppée publia le 5 mars 1893, dans *Les Annales*

politiques et littéraires, une *Ballade pour défendre la doctrine des poètes Parnassiens* : « Mon esthétique, la voici : / Les bons maîtres, je les honore ; / Qu'un art nouveau se lève aussi, / Je saluerai le météore. / Pourtant dans les vers que j'adore / Je veux, criminel endurci, / Rythme franc et rime sonore ; / Les vieux Parnassiens sont ainsi. / Rimbaud, fumiste réussi, / Dans un sonnet que je déplore / Veut que les lettres O E I / Forment le drapeau tricolore. / En vain le décadent pérore. / Il faut, sans *mais*, ni *car*, ni *si*, / Un style clair comme l'aurore, / Les vieux Parnassiens sont ainsi… » Cité par Miodrag Ibrovac, in *José-Maria de Heredia. Sa vie, son œuvre*, Les Presses françaises, Paris, 1923, p. 163.

745. Cité par Jules Huret, in *Enquête sur l'évolution littéraire*, Thot, Paris, 1982, pp. 356-357.

746. Le premier de ces deux amis n'était autre que Heredia et le second, un de ses collègues non identifié de la Bibliothèque du Sénat ou de l'Académie, comme le confirme cette lettre conservée à l'Arsenal, ms. 15096/12, datée du 1er mai 1891 : « Mon cher confrère, une lettre assez impertinente de France, adressée à l'*Écho de Paris*, m'oblige d'y répondre comme il convient. Voulez-vous me faire l'honneur de m'assister en compagnie de Heredia ? Si vous avez cette obligeance, veuillez, je vous prie, vous rendre chez moi, dimanche 3 mai, à deux heures. Tous mes remerciements par avance. Votre ami et confrère. Leconte de Lisle. » Citée par Caroline De Mulder, in *Leconte de Lisle, entre utopie et république*, Faux titre 267, Amsterdam/New York, NY, 2005, p. 144, note 125.

747. Cité par Jules Huret, in *Enquête sur l'évolution littéraire*, Thot, Paris, 1982, p. 357.

748. Cité par Jules Huret, *Ibid.*, p. 358.

749. Jules Breton, *Un peintre paysan*, Lemerre, 1896, p. 194.

750. *La dernière illusion de Leconte de Lisle*, Droz, Genève, 1968, p. 160.

751. « Le vers, quand il est beau, renferme sa musique en soi, et il est impossible de le revêtir d'une harmonie étrangère ; la preuve en est faite avec les vers de Leconte de Lisle qu'on n'a jamais pu mettre en musique. » José-Maria de Heredia, *Enquête sur l'évolution littéraire*, Thot, Paris, 1982, p. 306.

752. Paul Mounet (1847-1922) entra à la Comédie-Française cette année-là. Il eut pour frère le tragédien Jean Sully Mounet, dit Mounet-Sully, et pour élève Pierre Jules Louis Laudenbach, plus connu sous le nom de Pierre Fresnay.

753. Aimée Tessandier (1851-1923) débuta peu de temps après à la Comédie-Française. Nous lui devons un livre de *Souvenirs*, recueillis et rédigés par Henri Fescourt, qui parut en 1912, chez Flammarion.

754. Caroline Eugénie Segond-Weber (1867-1945) fut une grande tragédienne, sociétaire de la Comédie-Française. Trois de ses robes et deux de ses manteaux sont entrés au Musée de la Mode et du Textile de Paris.

755. Léon Albert Lambert (1847-1918) joua très longtemps au théâtre de l'Odéon. Son fils, Albert Lambert (1865-1941), sociétaire de la Comédie-Française de 1891 à 1935, fut l'un des meilleurs acteurs du Théâtre-Français.

756. Philippe Garnier fut l'amant de Sarah Bernhardt et le pensionnaire de la Comédie-Française de 1881 à 1884.

757. Marie Laurent (1825-1910) était la fille du Recteur de l'Académie de Strasbourg et l'épouse de Louis Pasteur depuis le 29 mai 1849. Elle fonda l'Orphelinat des Arts dans lequel fut recueillie la très jeune et très belle Anne Rose Suzanne Louviot (1849-1900), la Nana de Zola, qui, en hommage à sa mère adoptive, devint elle aussi Marie Laurent, pseudonyme plus tard transformé en Mery Laurent. Femme entretenue par le Dr Thomas Wiltberger Evans à hauteur de 50 000 francs par an, cette comédienne à la réputation sulfureuse fut l'amie de Manet, de Huysmans, de Mallarmé, de Banville, de Gambetta, de Bloy, de Degas, de Coppée, de Régnier,

de Whistler, de Montesquiou, de Proust, de Sully Prudhomme, d'Henri Becque, d'Auguste Dorchain, d'Augusta Holmès, de Louise Abbéma, d'Odilon Redon, de José-Maria de Heredia, et bien sûr, quoique semble-t-il dans une moindre mesure, de Leconte de Lisle.

758. *Le cloître de la rue d'Ulm, Cahiers n° 4, Journal de Romain Rolland à L'École Normale, (1886-1889)*, Albin Michel, 1952, pp. 288-289.

759. Joseph-Guy Ropartz (1864-1955) fut le plus jeune directeur du Conservatoire et des Concerts Symphoniques de Nancy. Durant sa période parisienne, en 1889, ce compositeur mystique et ce chef-d'orchestre nostalgique de sa Bretagne natale, à la croisée des chemins de César Franck, de Debussy et d'Indy, fonda avec Louis Tiercelin la Revue *L'Hermine* et publia le *Parnasse Breton contemporain*. Nous lui devons notamment le *Psaume 136* (1897) et les *Quatre poèmes d'après l'Intermezzo de Heine* (1899). Une association qui cherche à diffuser et à mieux faire connaître son œuvre lui est consacrée depuis le 26 janvier 2002.

760. Le mot est des Goncourt.

761. Edmond et Jules de Goncourt, *Journal. Mémoires de la vie littéraire*, Robert Laffont, 1989, vol. 1, p. 698.

762. Voir Charles Baudelaire, *Écrits sur l'art*, le Livre de Poche, 1992, pp. 309-310.

763. *Derniers poèmes*, Belles Lettres, 1977, p. 267, note X.

764. Edmond et Jules de Goncourt, *Journal. Mémoires de la vie littéraire*, Robert Laffont, 1989, vol. 1, p. 698.

765. « La Fatalité », *Derniers poèmes*, Belles Lettres, 1977, p. 267.

766. On trouvera une photographie de chacune de ces deux sculptures dans *José-Maria de Heredia, poète du Parnasse*, Presses de l'Université Paris-Sorbonne, 2006, pp. XIV-XV.

767. « Le Baiser suprême », *Derniers poèmes*, Belles Lettres, 1977, p. 267. Ernest Christophe mourut au mois de janvier 1892. Émile Bergerat écrivit à son sujet dans *Le Figaro* du 4 mai de cette même année : « Feu Christophe, le Baudelaire de la statuaire, nous a laissé un *Baiser suprême*, qui n'est autre chose qu'une interprétation du mythe d'Œdipe et de la Sphynge. Le romantisme en est aigu, et d'une étrangeté agressive. Mais cette étude de formes étirées n'est pas vulgaire, si elle est un peu ingrate, et il faut saluer le disparu avec respect. Il a compté. » Cité in *Bulletin d'études parnassiennes et symbolistes*, A.L.D.R.U.I., Université Lyon 2, I, n° 18, Automne 1996, pp. 24-25, note 48.

768. Lettre du 8 juin 1889, *La dernière illusion de Leconte de Lisle*, Droz, Genève, 1968, pp. 160-161.

769. Jean Psichari (1854-1929) était, en plus du gendre de Renan, Maître de conférences de philologie néo-grecque à l'École des Hautes Études.

770. Mme Angèle Bory d'Arnex née Dussaud écrivit sous le nom de Jacques Vincent *Un salon parisien d'avant-guerre*, paru en 1929, chez Tallandier.

771. *Lettres à José-Maria de Heredia*, Honoré Champion, 2004, pp. 122-123.

772. Habitant d'Afrique australe, entre l'Afrique du Sud et la Namibie.

773. *Lettres à José-Maria de Heredia*, Honoré Champion, 2004, p. 121.

774. La *Revue des Deux Mondes* publia en effet, le 15 mai 1890, *Le Petit Margemont* de Robert de Bonnières, et quelques *Sonnets antiques* de Heredia : *Marsyas*, *Nymphée*, *La Prière du mort*, *Le Laboureur*, *Le Coureur*, *Villula*, *La Flûte*, *La Trebbia*, *Après Cannes* et *À un triomphateur*.

775. Leconte de Lisle semble avoir toujours eu besoin d'entretenir des relations tendres avec de très jeunes femmes. Il est vrai qu'il arrivait à Mlle Marie de Heredia de lui écrire, comme ici, dans cette lettre du 1er novembre 1892, des mots sans détours et très ouvertement affectueux : « Vous m'avez reproché de ne plus faire des vers,

et vous avez aussi, si je me souviens bien, dit quelque mal des musiciens et même des anges. J'espère cependant que vous ne m'en voudrez pas de vous envoyer mes derniers vers où il y a des anges musiciens, et dans cette espérance je vous embrasse de tout mon cœur comme je vous aime. Votre petite Marie. » Citée par Miodrag Ibrovac, in *José-Maria de Heredia. Sa vie, son œuvre*, Les Presses françaises, Paris, 1923, p. 148, note 2. Voir aussi Robert Fleury, *Marie de Régnier*, Tallandier, Paris, 2008, pp. 19-20 et 27.

776. Sans doute un bon ami de Max.

777. *Lettres à José-Maria de Heredia*, Honoré Champion, 2004, pp. 120-121.

778. Voir Pierre Clarac, « Un chapitre des *Frères Karamazov* et les *Raisons du Saint-Père* de Leconte de Lisle », *Revue de Littérature Comparée*, 6, 1926, pp. 512-517; Caroline De Mulder, *Leconte de Lisle, entre utopie et république*, Faux titre 267, Amsterdam/New York, NY, 2005, pp. 128-130, 281-285, et Pierre Flottes, *Le poète Leconte de Lisle*, Perrin, 1929, pp. 251-253.

779. Voir ses lettres conservées à la B.N. dans les papiers de Robert de Montesquiou : n. a. fr. n° 15032, 15040, 15111, 15114, 15119, 15209 et 15248.

780. *Articles, Préfaces, Discours*, Belles Lettres, 1971, p. 225.

781. La comtesse Élisabeth de Greffulhe (1860-1952), qui tenait salon 10, rue d'Astorg, fut le modèle d'Oriane de Guermantes dans *À la Recherche du temps perdu*. Fille du prince Joseph de Chimay et parente de Robert de Montesquiou, elle était intelligente, sage, riche, cultivée, belle et charismatique. Leconte de Lisle ne pouvait donc raisonnablement pas lui résister.

782. La comtesse Albertine de Montebello (1855-1934) était elle aussi une bonne amie de Robert de Montesquiou. Elle aurait inspiré Proust pour son Albertine Simonet d'*À la Recherche du temps perdu*.

783. *Articles, Préfaces, Discours*, Belles Lettres, 1971, pp. 226-227.

784. Jean Lorrain, *alias* Raitif de la Bretonne, parle dans *L'Écho de Paris* du 31 juillet 1894 de « cette préface qu'on a tant reprochée à l'illustre défunt et dont le poète se défendait avec un si fin et si excédé sourire : "Que voulez-vous que je fisse entre Mmes Greffulhe et de Montebello ? Elles se sont mises à deux pour l'obtenir." » Cité par Edgard Pich, in *Articles, Préfaces, Discours*, Belles Lettres, 1971, p. 226, note 3.

785. Robert de Montesquiou, *Mémoires*, Émile-Paul Frères, 1923, tome II, pp. 210-211, cité par Edgard Pich, *Ibid.* Voir aussi Jean Dornis, *Essai sur Leconte de Lisle*, Librairie Ollendorff, 1909, p. 328.

786. *Lettres à José-Maria de Heredia*, Honoré Champion, 2004, p. 125.

787. Il désigne comme le plus digne de cette présidence Leconte de Lisle, « à l'égard de qui tous, et moi, écrit Mallarmé à Léon Deschamps le 26 juillet 1892, quelle ferveur que je voue à l'art présent, demeurons de même qu'à vingt ans. Ajoutez, ce sera péremptoire, que ce doyen de la poésie française personnellement fut l'ami de Baudelaire et en apporte le souvenir vivant. » Lettre parue en entier dans *La Plume* du 15 avril 1893, et partiellement citée par Henri Mondor, in *Vie de Mallarmé*, Gallimard, 1941, p. 635. Voir aussi, sous la direction d'André Guyaux, *La querelle de la statue de Baudelaire : août-décembre 1892*, Presses de l'Université Paris-Sorbonne, juin 2007.

788. Henri Mondor, *Vie de Mallarmé*, Gallimard, 1941, p. 688.

789. *Lettres à José-Maria de Heredia*, Honoré Champion, 2004, p. 126.

790. Voir Robert Fleury, *José-Maria de Heredia, poète du Parnasse*, Presses de l'Université Paris-Sorbonne, 2006, pp. 15-16.

791. *Les Trophées*, Gallimard, 1981, pp. 25-26.

792. La veille de cette édition, un lundi soir, Heredia écrivit, avec quelle fureur, au directeur de l'Imprimerie Lemerre afin qu'il corrigeât une coquille, qui apparemment avait échappé à tout le monde, dans le dixième vers de « Carolo Quinto

imperante » : « Mon cher Vallée, Page 114, vers 10 : ont sur lui (au lieu de sous). C'est idiot. Le livre est déshonoré ! Voyez Lemerre. Faites un carton ou une feuille d'errata (3,500 !). Comment donc ce livre a-t-il été revu ? Fatigué, éreinté, je m'en suis remis à vous tous qui aviez le texte imprimé sous les yeux. Que le diable vous emporte ! J.-M. de H. » Cité par Miodrag Ibrovac, in *José-Maria de Heredia. Sa vie, son œuvre*, Les Presses françaises, Paris, 1923, p. 190.

793. « C'est peut-être Stuart Merrill qui employa le premier la métaphore "*La Légende des siècles* en sonnets" ; il l'utilise en tout cas dans son compte rendu des *Trophées* dans *La Revue blanche* du 15 avril 1893. Dix ans plus tard, Remy de Gourmont utilisera l'expression "une *Légende des siècles* en raccourci", et vingt ans après encore, Jean Richepin déclarera [...] : "Il entreprit une œuvre formidable quand il se mit à écrire *Les Trophées*. Il a repris dans ses poèmes *La Légende des siècles*. Victor Hugo en était le Michel-Ange. Heredia en fut le Benvenuto Cellini." » Jean-Marc Hovasse, *José-Maria de Heredia, poète du Parnasse*, Presses de l'Université Paris-Sorbonne, 2006, p. 77, note 19.

794. « Comme les *Poèmes antiques*, la première section des *Trophées* retrace des épisodes de la mythologie grecque et décrit des scènes familières de la vie antique. Les deux sections suivantes, consacrées à Rome et à la découverte du Nouveau Monde, contiennent des évocations historiques sur un ton épique. Comme dans les *Poèmes barbares*, la quatrième section, *L'Orient et les tropiques*, recherche les attraits de l'exotisme à travers des poèmes égyptiens, arabes et japonais. Heredia s'y souvient de Cuba et de la nature tropicale, comme Leconte de Lisle se remémore l'île Bourbon dans les *Poèmes barbares* et les *Poèmes tragiques*. La dernière section, *La Nature et le rêve*, aborde divers thèmes parnassiens, comme l'exotisme, l'évocation symbolique de vestiges antiques ou la nostalgie de la vie héroïque. » Yann Mortelette, *Histoire du Parnasse*, Fayard, 2005, p. 368.

795. François Coppée, *Réponse au discours de José-Maria de Heredia à l'Académie française, Chroniques artistiques, dramatiques et littéraires*, Presses de l'Université Paris-Sorbonne, 2003, pp. 204-205.

796. *Lettres à José-Maria de Heredia*, Honoré Champion, 2004, p. 129. Mallarmé excusera l'absence de Leconte de Lisle au sixième banquet de *La Plume*, le 6 décembre 1892, par ces mots : « Le maître dont apparaît l'œuvre comme une cité exclusive ou grandiose de palais et de temples, devait par un beau droit présider au banquet, où s'assoient les poètes ; il s'en trouve malheureusement empêché ; remercions-le qu'il ait avec bonté, désignant, pour y porter sa parole, un humble admirateur, conservé à notre fête ainsi, superbe, vénérable, chère, l'intégrité de sa Présence. Je lève mon verre au nom de Leconte de Lisle, à tous, à la poésie, qu'à sa suite nous représentons. » Cité par Henri Mondor, in *Vie de Mallarmé*, Gallimard, 1941, p. 640.

797. Voir Maurice Barrès, *Le Journal* du 27 juillet 1894.

798. *Lettres à José-Maria de Heredia*, Honoré Champion, 2004, pp. 128-129.

799. Cité par Yann Mortelette, in *Histoire du Parnasse*, Fayard, 2005, p. 378.

800. Entretien accordé par Leconte de Lisle au *Gaulois* du 20 mars 1893, cité par Jean-Paul Goujon, in « Le Quatrième *Parnasse contemporain* », *Histoires littéraires*, n° 2, avril-juin 2000, p. 30, et par Yann Mortelette, in *Histoire du Parnasse*, Fayard, 2005, p. 379.

801. *Revue bleue* du 5 octobre 1895, p. 426, citée par Pierre Flottes, in *Le poète Leconte de Lisle*, Perrin, 1929, p. 254.

802. Laurent Tailhade (1854-1919) fut un poète satirique et libertaire, ami de Paul Verlaine, de Jean Moréas et d'Albert Samain, qui publia, en 1894, à la Bibliothèque Artistique et Littéraire, avec une préface d'Armand Silvestre, *Au pays du mufle*. Il avait ouvertement proclamé son admiration pour l'attentat anarchiste d'Auguste Vaillant, du 9 décembre 1893, contre la Chambre des députés, dans la formule restée fameuse : « Qu'importe la victime si le geste est beau. »

803. Claude-Louis, « Les Poètes assis », *Nouvelle Revue* du 15 mai 1902, p. 11.

804. Voir *Articles, Préfaces, Discours*, Belles Lettres, 1971, pp. 227-229.

805. Julia Daudet, *Souvenirs autour d'un groupe littéraire*, Fasquelle, 1910, p. 199.

806. Voir *Lettres à José-Maria de Heredia*, Honoré Champion, 2004, p. 130. Ses concurrents étaient Émile Zola, Francis Charmes, Imbert de Saint-Amand et Paul Verlaine. Heredia fut élu au cinquième tour, avec dix-neuf voix. Verlaine n'en obtint qu'une.

807. Il s'agit de l'actuelle ligne de RER B.

808. *Lettres à José-Maria de Heredia*, Honoré Champion, 2004, pp. 127-128. Voir aussi la lettre de Leconte de Lisle à un destinataire inconnu du 26 juillet 1893, ms 15096/136, à la Bibliothèque de l'Arsenal, où le poète déclare avoir « assez vécu ». Il y est en outre question de « la littérature sadique et porcine », « du galimatias des petits idiots décadents et symbolistes », de la langue et du génie français qui « tombent en putréfaction » et de la candidature effrontée de « l'immonde Verlaine »...

809. « Leconte de Lisle est mort, hier soir, à 7 h. à Louveciennes où il se trouvait depuis huit jours en villégiature chez M. G. B.... » *Le Journal* du 18 juillet 1894. « Le 17 juillet 1894, en fin d'après-midi, terrassé par une pneumonie, Leconte de Lisle s'éteignait dans le Pavillon de Voisins, dans la chambre qui était alors la sienne, au premier étage, dans l'angle du bâtiment. Une stèle, dans le parc, rappelle, pour quelque temps encore, le souvenir du poète parnassien, mais le temps, inexorablement, s'attache à effacer du piédestal cette phrase que, déjà, je déchiffre avec peine : "Mais la vie et la mort sont dans la main des dieux." » Jacques et Monique Laÿ, *Louveciennes mon village*, éditions Jacques et Monique Laÿ, 1997, p. 134. Inscrite aux Monuments historiques le 18 février 1948, la colonne est aujourd'hui visible au Musée promenade de Marly-Louveciennes.

810. Maurice Souriau, *Histoire du Parnasse*, Slatkine Reprints, Genève, 1977, p. 427.

811. *Poèmes tragiques*, Belles Lettres, 1977, p. 74.

812. Voir Henri de Régnier, *Revue de France* du 15 mars 1923, pp. 394-395.

813. Témoignage rapporté par F. Loliée in *La Nouvelle Revue*, « Leconte de Lisle », tome 89, le 1er août 1894, p. 614, cité par Edgard Pich, in *Leconte de Lisle et sa création poétique*, Imprimerie Chirat, 1975, p. 277, et in *Articles, Préfaces, Discours*, Belles Lettres, 1971, p. 216, note 69.

CINQUIÈME PARTIE

LES CENDRES

(1894-…)

« La cendre du soleil nage sur l'herbe en fleur. »

« Le Sommeil de Leïlah », *Poèmes barbares.*

Chapitre treizième

Les lauriers

La Mort d'un moine parut à titre posthume dans la *Revue des Deux Mondes* le 1er décembre 1894. Le 3, Pierre Louÿs envoya un sonnet de son cru à Heredia, son beau-père, pour servir d'« Inscription funéraire sur la tombe de Leconte de Lisle ». Ce poème, également récité par Mounet-Sully le 10 juillet 1898, lors de l'inauguration du monument érigé en mémoire du Maître au Jardin du Luxembourg, fut imprimé, avec six autres *Hivernales*, sous le titre *Pour une Stèle de Leconte de Lisle*, dans la *Revue blanche* de janvier 1895.

Sur ma stèle, au milieu des lauriers et des piques,
Étranger, sur le lit de mon dernier sommeil,
Un ciseleur de pierre a sculpté le soleil
Et la cigale d'or et les paons olympiques.

J'ai chanté les héros, les morts, les lieux épiques,
De la sainte Hellas l'impossible réveil,
Et, les yeux éblouis d'un souvenir vermeil
J'ai dit vos mers de pourpre, ô golfes des tropiques !

Et c'est là mon tombeau. – La paix du sol natal
Les parfums, la splendeur du songe oriental
N'environneront pas ma dépouille exilée ;

Mais l'austère vivant est le mort glorieux.
J'ai vêtu mes désirs d'une cuirasse ailée,
Passant, et j'ai rendu leurs anciens noms aux dieux[1] !

Les oraisons

Les funérailles se déroulèrent à Paris, le samedi 21 juillet, dans cette église où il s'était marié, 37 ans plus tôt, avec Anna Perray. « Par une de ces rencontres bizarres du sort, écrit Henri Peyre, on faisait à cet adversaire implacable du christianisme des obsèques religieuses à Saint-Sulpice, alors que Ménard, qui lui avait toujours reproché de méconnaître la grandeur du Christ et de la Vierge, aura un enterrement civil[2]. »

Le cercueil, qui avait été préalablement déposé, « disparaissait littéralement sous les fleurs. De fort belles couronnes avaient été envoyées par M. J.-M. de Heredia, Mlle de Heredia, M. et Mme de Bonnières, M. Stéphane Liégeard, Mme Guillaume Beer, etc. Le neveu du poète[3] conduisait le deuil. Les cordons du poêle étaient tenus par MM. Leygues, ministre de l'Instruction publique, Gaston Boissier, de Heredia, Henry Houssaye, et Descombes, secrétaire général de la questure du Sénat. On a beaucoup remarqué l'attitude de M. Casimir-Perier, qui s'était fait représenter à ce convoi non officiel par M. du Taiguy, le directeur adjoint de son cabinet. Les honneurs militaires ont été rendus par une compagnie de la 103e de ligne[4]. »

On chercha, sans doute un peu tard, à honorer la mémoire du poète en magnifiant sa gloire[5] : Catulle Mendès, dans *Les Braises du Cendrier*; Félix Edmé-Noël, dans *Le Frisson des Heures*. On multiplia les articles louangeurs qui, selon Mme Alphonse Daudet, « auraient charmé, peut-être prolongé sa vieillesse[6] ». Outre *Le Journal pour tous*, qui recueillit, le 1er août, sous la rubrique « Pensées et impressions », quelques extraits de l'œuvre de Leconte de Lisle[7], et sans compter le supplément littéraire du *Figaro*, qui publia, le 4, un article de Bernard Guinaudeau – *Leconte de Lisle intime* –, ce fut le quotidien *Le Journal* qui, la veille des obsèques, s'émut avec le plus de sincérité de cette disparition, cherchant à réhabiliter celui qui, s'il avait bénéficié des largesses du Second Empire, régime qui « s'était honoré en assurant une pension au poète et en le décorant », avait aussi été nommé officier de la Légion d'honneur[8] par la Troisième République. Le quotidien rendit compte de la cérémonie funéraire par le biais du journaliste Georges Docquois, recueillit les réactions émues de Pierre Quillard et d'Émile Zola, et publia un nombre important de lettres inédites, que Maurice Barrès commenta dans son article du 10 août : *Se prêter, non se donner*.

Dès l'annonce du décès, Docquois fut reçu par Mendès, « la face encore toute bouleversée, les mains pleines de fièvre », pour entendre parler de celui qui avait écrit les *Poèmes barbares*. L'interview, publiée le 19 juillet dans *Le Journal*, fut reprise trois jours plus tard par *Le Parti national*. C'était d'une voix brisée que l'auteur de *La Légende du Parnasse contemporain* avait improvisé cette sorte de très belle oraison funèbre qu'on avait essayé de restituer dans sa forme première :

> Ce matin, quand j'ai appris, par les brèves notes des journaux, la mort subite de Leconte de Lisle, expliquait Catulle Mendès, j'eus l'horrible sensation de quelqu'un à qui l'on arrachait la cervelle. Les immortels futurs sont immortels déjà dans l'amitié de leurs disciples. La mort de Leconte de Lisle m'a étonné comme m'étonnerait, s'il était possible, l'oubli de son œuvre. Il me semblait qu'il devait durer toujours – comme elle. Avec lui s'en va tout ce qui restait de notre belle jeunesse d'enthousiasme et de foi.
>
> Il faut se reporter à l'époque où Leconte de Lisle nous accueillit pour se rendre compte de ce qu'il fut pour nous. En disant nous, j'entends Sully Prudhomme, Léon Dierx, José-Maria de Heredia, François Coppée, Armand Silvestre, Villiers de l'Isle Adam, Stéphane Mallarmé et tous mes chers amis.

Le temps était mauvais pour la poésie et pour les poètes. Victor Hugo était en exil ; Alfred de Vigny s'isolait dans sa tour d'ivoire ; la délicate et nerveuse sensibilité de Charles Baudelaire l'éloignait de la jeunesse. [...] Seuls Théodore de Banville et Leconte de Lisle nous offraient, contre le réalisme de Champfleury et l'éternel vaudevillisme et le dédain de la foule, l'asile de leur exemple et de leur encouragement.

À cette époque, – hélas ! qu'il y a longtemps ! c'était vers 1866 ! – Leconte de Lisle avec sa femme habitait un tout petit appartement, net, propre et clair, au plus haut étage d'une grande maison neuve du boulevard des Invalides. Ce fut Louis Ménard, le distingué poète et l'admirable helléniste, qui nous conduisit, François Coppée et moi, chez Leconte de Lisle. Car alors, François Coppée s'appelait Francis, du nom que continuent de lui donner sa sœur et ses plus vieux amis intimes.

Dès le premier jour, l'hospitalité de Leconte de Lisle, tout en restant magistrale, fut si tendre et si cordiale que nous l'acceptâmes pour jamais ; et, au milieu des tristesses, des misères de nos poèmes bafoués, de nos noms servant de risée, il y eut dans notre vie un jour exquis chaque semaine, le samedi. Car c'était tous les samedis soirs que les jeunes poètes d'alors se retrouvaient chez leur maître bien-aimé. François Coppée et moi y avions fait la connaissance de Léon Dierx, de Sully Prudhomme et de José-Maria de Heredia. De là, le groupe qu'on a appelé les Parnassiens.

C'étaient des soirées charmantes et nobles – une tasse de thé que servait Mme Leconte de Lisle avec sa grâce fragile et son bon sourire amical. Et nous parlions de nos rêves, et l'on apportait les vers faits durant la semaine ; et Leconte de Lisle nous écoutait, nous encourageait, nous aimait. Sans jamais, d'ailleurs, vouloir imposer à aucun de nous aucune règle que l'obéissance au naturel développement de nos tempéraments personnels.

C'est une chose que l'on n'a pas assez dite et que l'on ne sait pas assez de Leconte de Lisle : ce miraculeux poète qui ne ressemble à aucun autre, ce hautain et mélancolique penseur, qui aurait pu exiger de ses disciples une ressemblance de lui-même, était, au contraire, l'esprit le plus ouvert à la pensée des autres. Ce n'est pas seulement son œuvre qu'il nous a donnée en exemple, c'est son effort pour la réaliser, avec le conseil de faire œuvre qui serait nôtre.

Et, en même temps que le plus sûr et le plus grandiose des maîtres, il était le plus familier et le plus gai des amis. On ne peut point imaginer – si l'on n'a pas été des hôtes de Leconte de Lisle en ce temps – ce qu'il y avait en lui de joie ingénue, de condescendance aux exagérations de notre jeunesse, et de belle humeur et de sincère contentement à se sentir aimé comme nous l'aimions.

Certes, nous lui avons dû les plus grands bonheurs intellectuels de notre vie ; mais nous ne fûmes pas ingrats. À nous qui lui devions tout, il a dû, au moment où son génie était peu illustre parmi la foule, au moment où des doutes, peut-être, déchiraient encore sa grande âme, il nous a dû la sereine satifaction d'être compris, d'être loyalement admiré. Et nous étions sa postérité enthousiaste !

On demeure vraiment émerveillé lorsqu'on considère en son ensemble toute cette longue vie uniquement consacrée à l'adoration de la beauté pure. Rien ne l'a détourné jamais de l'unique vision du beau. Pauvre – car il fut pauvre, car c'était une dépense pour lui, que les tasses de thé du samedi ! – dédaigné par la généralité des sots, n'ayant peut-être aucun espoir que celui de la réalisation sans récompense de sa pensée, pas une minute il ne s'est laissé détourner de sa voie par l'ambition du succès ou les urgences de la vie.

Poète il a été, poète, rien que poète, perpétuellement.

Et quand vint la gloire, enfin, la gloire universelle qui fit sonner son nom vénéré dans toute l'Europe, comme il l'avait été dans notre petit cénacle, il l'accueillit sans y trouver de joie nouvelle, non point parce qu'il la dédaignait, mais parce que sa conscience savait que depuis longtemps elle lui était due.

Hélas ! les maîtres meurent. Nous avons pleuré Baudelaire ; nous avons pleuré Hugo ; nous avons pleuré Banville[9] ; et nous sommes les petites ombres attristées de leur splendeur !

Certes, on le sait, je ne suis point de ceux qui doutent de l'avenir. Je crois que la jeunesse qui nous succède donnera des gloires à la France de demain. Mais cet attachement que l'on a, malgré soi, pour les choses dont on fut le contemporain, s'il ne nous défend pas l'espérance, nous oblige à de désespérés regrets.

Un poète tel que Leconte de Lisle, si magnifiquement serein, si tendre et si passionné aussi ; un penseur d'une telle envergure, ayant en lui toutes les philosophies et toutes les religions, tous les doutes aussi ! mais l'admiration de toutes les fois, renaîtra-t-il jamais aussi grandiose ?

Pour nous, nous sommes tout à la douleur du deuil qui nous frappe ; et, tandis que notre pays tout entier s'attristera de la mort d'un de ses plus grands enfants, nous, nous avons les yeux pleins de larmes en songeant que nous ne verrons plus le cher grand homme qui nous a été si bon et qui était si heureux d'être aimé[10] !

Une pension d'environ 1 700 francs fut allouée à sa veuve par la Bibliothèque du Sénat, et sa dépouille fut inhumée au cimetière du Montparnasse, à côté du caveau de Sainte-Beuve, qui l'attendait sûrement. Là, parmi d'autres orateurs[11], ce fut son grand ami Heredia qui, à l'image de ses *Trophées*, prononça un bref discours, mais, à leur rebours, fort médiocre. « Il n'avait pu exprimer que bien faiblement ce qu'il avait ressenti devant le cercueil d'un ami si cher, d'un maître si vénéré, d'un si grand poète[12] », et il s'en excusa dans sa lettre du 3 août, écrite du « charmant couvent[13] » de Blanche Couronne, près de Nantes, à Mme Leconte de Lisle. C'était que Leconte de Lisle n'était « pas tout entier dans son œuvre, et sa paternelle bonté, son affectueuse attitude, son intarissable esprit, tout ce familier lui-même qui était si présent à la mémoire[14] » de tous ceux qui l'avaient si fort intimement côtoyé, avait soudain disparu. Le chagrin l'avait donc comme paralysé en l'étreignant, et il ne désirait de toute façon pas s'étendre en public sur ce qui, dans son for intérieur, résonnait comme une évidence.

Messieurs,

La France a perdu le dernier de ses grands poètes. Nul ne relèvera le sceptre qu'il avait reçu des mains défaillantes de Victor Hugo. Leconte de Lisle nous lègue, avec son œuvre si haute, le haut exemple de sa vie. Tout entière vouée à la poésie. Comme Eschyle, il a fait sa trilogie immortelle, les *Poèmes antiques*, les *Poèmes barbares*, les *Poèmes tragiques*. Puissant évocateur, il a suscité devant nous les dieux, les races, les civilisations disparus, les bêtes sauvages, les pays lointains. En des vers d'une beauté sereine ou tragique, il a traduit le tumulte des passions ou de l'orgueil, l'angoisse du désespoir, ce que l'amour et la foi ont de plus féroce et de plus suave, toute l'âme antique, toute l'âme moderne, l'Humanité. Tel fut cet impassible.

> Illustre avant d'être célèbre, il n'a pas cherché le succès, il a conquis la gloire. L'influence de son noble génie fut salutaire. Durant trente années, il fut, pour les jeunes poètes, un éducateur, un modèle incomparable. Il avait l'âme tendre et fière, un esprit profond et charmant. Tous ceux qui l'ont connu, l'aimaient autant qu'ils le vénéraient. Il a été pour nous le vrai maître amical et fraternel, et jamais homme n'a mieux mérité l'honneur suprême des larmes qui ennoblissent et embellissent encore les lauriers, les palmes et les roses dont est jonché le cercueil du poète[15].

Après sa disparition, Heredia devint le nouveau gardien du temple, mais, s'il était désormais l'un des plus vieux représentants – cinquante-deux ans – de l'École du Parnasse, il ne fut pas élu Prince des poètes : à ce jeu-là, avec 77 voix[16], Verlaine le distança, puis, en janvier 1896, ce fut le tour de Mallarmé. Leconte de Lisle, qui le voyait cependant comme son héritier légitime[17] et « eût goûté une joie paternelle à lui servir de parrain[18], après avoir été si longtemps son maître vénéré[19] », lui avait offert son épée d'Académicien; Heredia, qui se considérait comme tel, – « Il fut mon maître, mieux que cela, un parent, un grand frère aîné, un très grand frère aîné, disait-il[20]. » – l'avait acceptée. De surcroît, Anna lui remit l'habit vert de son mari, ce qui l'émut au plus haut point :

> MADAME ET BIEN CHÈRE AMIE, lui écrit-il pour la remercier le 30 novembre 1894, je suis profondément touché du présent que vous me faites, qui est un souvenir bien précieux de l'ami et du maître si cher que j'ai perdu et que je n'oublierai jamais... Je vous suis bien reconnaissant de m'avoir jugé digne (et je crois l'être par l'affection, le respect et l'admiration) d'être considéré par vous pour ainsi dire comme son fils.
>
> Je vous serre affectueusement la main.
> J.-M. de Heredia[21].

Lorsqu'il fut reçu à l'Académie par François Coppée, il arborait avec orgueil ce vêtement de cérémonie qui avait coûté si cher à son propriétaire – Leconte de Lisle ne l'avait guère porté lui-même que le jour de son investiture –, comme s'il eût revêtu « le manteau d'Élie[22] »; et, quand il s'avança, sous les applaudissements, pour prononcer son discours en l'honneur de Charles de Mazade, il commença par rendre un vibrant et solennel hommage posthume à son Maître, car c'était à lui, dans son cœur, qu'il succédait, et certes pas à l'insipide remplaçant du comte de Champagny[23].

Les inaugurations

En 1896, Heredia écrivit au directeur de *La Plume* afin d'ouvrir une souscription en l'honneur de celui « dont le génie honore l'humanité aussi bien que la France ». Deux ans plus tard, le 10 juillet, au bord de l'allée fleurie que se plaisait à suivre chaque jour le sous-bibliothécaire du Sénat, on inaugura cette allégorie de la Gloire, œuvre du grand prix de Rome Denys Puech, enlaçant sous ses ailes de marbre le buste imperturbable du poète. Après avoir vu cette statue, Anatole France confia à Rodin : « Leconte de Lisle, caressé par une grande femme ailée en saindoux, me semble surtout à plaindre. Et quand je l'aperçois, je me sauve en songeant que peut-être, un jour, sous les ombrages, Monsieur Puech représentera une affaire Dreyfus en suif, baisant à pleine bouche mon buste en margarine ! »

Ce jour-là, à cent lieues de cette ironie grinçante, et sans l'ombre d'un sarcasme, ce fut encore l'auteur de *Trophées* qui s'exprima, au nom cette fois-ci de l'immortelle Académie française, devant le public assemblé au Jardin du Luxembourg. En reprenant certains brefs passages de son allocution et en développant considérablement les autres, résumant l'œuvre plus que la vie, et l'esprit de l'œuvre davantage que l'oeuvre elle-même, il tenta de faire oublier cette infertilité dont il avait été victime le jour des funérailles.

> La philosophie de Leconte de Lisle est profondément triste et désenchantée. La vie est mauvaise. Il vaudrait mieux pour l'homme n'être jamais né. Soumis aux lois de l'aveugle nécessité, jouet de forces inconnues et brutales, son seul espoir est le repos dans la mort où tout doit redescendre. Il ne m'appartient pas de discuter ici ces opinions philosophiques et religieuses. Je n'ai voulu que vous montrer, en quelques traits, quel fut le poète. On n'en saurait contester la grandeur. Il n'est ni archaïque, ni impassible. Savamment moderne, amèrement passionné, ce puissant évocateur a suscité devant nous les dieux, les races, les civilisations disparus, les bêtes sauvages, les pays lointains. En des vers d'une beauté sereine ou tragique, il a traduit le tumulte des passions, l'éternel désir, l'horreur et l'attrait de la mort, les révoltes de la raison ou de l'orgueil, l'angoisse du désespoir, ce que l'amour et la foi ont de plus féroce et de plus suave, toute l'âme antique, toute l'âme moderne, l'Humanité !
>
> Tel fut le poète. Je ne saurais parler de l'homme sans émotion. Il a été mon maître, notre maître à tous, amical et fraternel. Il avait l'âme haute, le cœur tendre et fier, un esprit profond et charmant. Tous ceux qui l'ont vraiment connu, l'aimaient autant qu'ils l'admiraient. Artiste accompli, il fut un éducateur incomparable, car il avait la faculté si rare de se dédoubler, de se mettre, comme il disait en riant, dans la peau d'un autre, et toujours il vous donnait, suivant votre nature, le meilleur conseil. Par-dessus tout il estimait la probité dans l'art. Il avait l'instinct du mot propre, du terme exact, le sens de la rime nécessaire, de cette rime qui doit contenter la raison, plaire à l'œil et, charmant l'oreille la plus délicate, parfaire ce tout harmonieux qu'est un beau vers.
>
> Désormais, sur la pelouse fleurie que borde l'allée qu'il suivait chaque jour, son image se dressera sur la haute stèle. Une Muse ailée lui tend le laurier d'or et l'enveloppe de ses bras comme pour mieux le garder. Et vous, jeunes hommes qu'il eût aimés, et qui, tels que nous autrefois, espoir de la jeunesse, saluez ce pâle visage aux traits fiers et purs qui, même vivant, semblait déjà de marbre ; saluez respectueusement le poète qui vous lègue, avec son œuvre immortelle, le noble exemple de sa vie[24] !

L'Association des *Admirateurs de Leconte de Lisle*, fondée le 22 février 1933, lui consacra, en collaboration avec les services du Sénat, « une exposition rétrospective le 29 mai 1933 [qui fut] inaugurée par M. le président de la République, accompagné de M. Albert Sarraut, ministre des Colonies et membre de l'Association. Il y figurait, parmi nombre de documents précieux, une importante collection de lettres autographes où le poète relatait les incidents de sa candidature à l'Académie française, et qui, à la suite de cette exposition, entra à la Bibliothèque Nationale. »

De ce fait, le musée de la France d'Outre-mer ouvrit une vitrine dédiée au poète et « l'Association fit, avec l'appui de la questure et de l'architecte du Sénat, [...] apposer sur la maison habitée [...] par lui pendant les vingt-deux dernières années de sa vie, une plaque, œuvre du sculpteur Henri Navarre ». Le 3 juin 1934, elle fut solennellement dévoilée en présence du Président de la République, Albert Lebrun, et du ministre de l'Éducation nationale, Aimé Berthod. « La Comédie-Française avait tenu à s'associer à l'hommage ainsi rendu au poète, en inscrivant à son programme du même jour, outre plusieurs poèmes récités, celui d'*Hélène*, mis en scène pour la première fois[25]. »

De nombreux autres témoignages d'affection lui furent encore réservés, notamment dans les discours d'Edmond Haraucourt, président de l'Association, de Lucien Hubert, vice-président du Sénat[26], d'Henri de Régnier, de l'Académie française, de Gaston Rageot, président de la Société des Gens de Lettres, et d'Eugène Le Mouël, président de la Société des Poètes Français. On fêta le centenaire de sa naissance à la fin de l'année 1918, et Henri de Régnier signa encore un article dans *Le Figaro* du 29 mai 1934, où il décrivit l'appartement du poète : « La porte de l'escalier ouvrait sur une minuscule antichambre. De là on pénétrait dans une petite salle à manger. Le cabinet de travail était à droite, le salon était à gauche. Je revois par la pensée le cabinet de travail de dimensions médiocres, avec, sur la cheminée, un bronze du *Moïse* de Michel-Ange et, en face la bibliothèque vitrée, la table sur laquelle il écrivait de son écriture lente et superbe. »

> On l'a dit pessimiste, on l'a dit impassible. Pessimiste, il ne l'est pas, puisqu'il garde l'espoir du bien, malgré la constatation du mal, et qu'en dépit de tout il conserve sa foi en l'avenir du genre humain. Impassible, il l'est encore moins. Il se contente d'en avoir l'apparence, et il n'a su l'acquérir qu'à grand-peine. Il n'est pas impassible, mais immobilisé, et s'il s'obstine à rester tel, c'est parce qu'il redoute les excès de son émotivité. Cette sérénité marmoréenne qu'on admire en lui, mais qu'on lui reproche, n'est qu'une maîtrise de soi : elle est faite d'une émotion perpétuelle, perpétuellement contenue. Car si les autres lui font peur, il a peur de lui-même, aussi, et n'a pas tort. Il lui suffit de rencontrer une vilenie, d'être témoin d'une lâcheté, de surprendre une perfidie, d'assister au triomphe de la sottise, et surtout, oh surtout ! de découvrir une injustice ou un abus de la force, quelle que soit la victime, et le cœur lui saute dans la poitrine. Il ne tolère pas les compromis, les relâchements, les à-peu-près ; il ne pardonne pas aux vices qui dégradent. Il a l'indignation prompte et la dent dure, mais quand sa colère se lève, c'est toujours pour la défense d'une idée généreuse. [...]
>
> On l'a traité d'impie, alors que nul n'a plus que lui et plus hautement que lui confessé la religion de la Dignité humaine. Il la pratique doublement, puisqu'elle se confond, dans son esprit, avec la dignité de l'Art. Devant les contingences du monde aussi bien que devant le poème à parfaire, il restera l'apôtre du scrupule. Il est le scrupule intégral, l'ascète qui sacrifie sans regret les avantages matériels de l'existence à l'unique souci de la perfection. Il donne tout son effort à l'accomplissement du devoir qu'il assume envers le

Beau, générateur du Bien. L'impeccabilité de son œuvre poétique n'est que l'expression de son austérité morale. Il cherche âprement dans sa strophe la place des mots et des couleurs, comme il chercherait, dans l'État, la place des devoirs et des droits. Il est le modèle du civisme tout comme il est le grand prêtre du rythme.

Par tout cela, c'est-à-dire par son œuvre, par son caractère, par sa vie, ce noble poète méritait les honneurs qu'on lui rend aujourd'hui. Par tout cela aussi, l'évocation de sa mémoire, à l'époque d'inquiétude où nous nous agitons, ne saurait être qu'un bienfait[27].

En 1952, un comité regroupant les grandes Sociétés littéraires et coloniales, les représentants des Facultés et le corps enseignant, commémora ensemble, sous la présidence de l'amiral Lacaze, académicien, le centenaire des *Poèmes antiques* et celui des *Poèmes et Paysages* d'Auguste Lacaussade. Une série de manifestations, sous le haut patronage de Gaston Monnerville, président du Conseil de la République, d'Édouard Herriot, président de l'Assemblée nationale, d'Albert Sarraut, président de l'Union française, de Pierre Pflimlin, ministre de la France d'outre-mer, et d'André Marie, ministre de l'Éducation nationale, furent organisées à Paris, en province, dans les territoires d'outre-mer et dans de nombreux autres pays francophones. Elles débutèrent le 23 avril par une soirée à l'Académie des Poètes, se poursuivirent par une exposition organisée à la Bibliothèque du Sénat, et, le 5 juillet, s'achevèrent sur un hommage rendu aux deux insulaires – l'un fils de colon, l'autre enfant d'esclave –, au cimetière du Père Lachaise. Enfin, le 16 octobre, ultime consécration, on put assister à l'inauguration d'une rétrospective au musée pédagogique de la rue d'Ulm.

Chapitre quatorzième

Les piques

Malheureusement, la gloire de Leconte de Lisle devait être entachée par quelques menus incidents. Ses œuvres posthumes étaient très attendues et furent bien accueillies, mais son *Apollonide* eut encore à souffrir des sautes d'humeur de son ancien collaborateur, Franz Servais. Ses cendres furent bien rapatriées en terre réunionnaise, mais ce fut après un long exil funèbre de quatre-vingt-trois ans ; sa postérité enfin n'atteignit jamais le sommet qu'aurait mérité son œuvre grandiose, ni à la Réunion, où il devint un mythe plus qu'un auteur vraiment lu et apprécié, ni en métropole, ni dans aucun autre pays francophone. Pourquoi ? Sans doute parce que

La fleur de l'aloès, sous le feu des tropiques,
Éclate bruyamment aux baisers du soleil.
Poète, ainsi jaillit, dans un bouquet vermeil,
L'ardente explosion de tes strophes épiques.

L'âpre aloès, armé d'un dur faisceau de piques,
Peut, le long des chemins, dormir son fier sommeil ;
Mais le chantre sublime est loin d'un sort pareil,
Et l'outrage poursuit les vainqueurs olympiques.

Maître, dédaigne ceux qui jetèrent du fiel
Dans ton immense amour où souriait le ciel.
Un grand cœur doit aimer, et la haine le tue !

Va ! méprise l'envie et ses blêmes serpents ;
Ils n'atteindront jamais de leurs anneaux rampants
Le marbre haut et pur qui contient ta statue[28].

Les œuvres posthumes

Les *Derniers Poèmes* furent achevés d'imprimer le 11 mai 1895, année de réédition, chez Lemerre, des *Poèmes tragiques* : « Leconte de Lisle ayant manifesté le désir que la publication de ses œuvres posthumes nous fût confiée, expliquèrent le vicomte de Guerne et Heredia dans la “notice”, nous y avons apporté le soin pieux que devaient à sa chère mémoire notre reconnaissance et notre admiration[29]. » Deux jours plus tard, dans *Le Gaulois*, on pouvait consulter à ce sujet une interview des deux exécuteurs testamentaires par le journaliste Ange Galdemar :

> Cette semaine paraît, chez Lemerre, comme *Le Gaulois* l'a annoncé, l'œuvre posthume de Leconte de Lisle. Hier, dans le salon très accueillant et très aimable de M. José-Maria de Heredia, la conversation étant venue sur cette publication attendue avec une légitime impatience par le monde des lettres, nous avons demandé au maître de la maison quelques souvenirs sur le grand poète à qui l'auteur des *Trophées*, éminent et modeste, dédiait naguère le recueil de ses vers avec le respect et la reconnaissance d'un élève à son maître[30].
>
> « J'étais tout jeune, nous dit M. José-Maria de Heredia, à peine échappé du collège de Senlis, quand je lus Leconte de Lisle pour la première fois. Je venais d'être reçu au baccalauréat. C'était, il m'en souvient, un après-midi, au sortir même de l'examen. Je traversais le passage des Princes lorsque, m'étant arrêté à la vitrine d'un libraire, je fus séduit par la couverture curieusement illustrée d'un livre au titre nouveau : *Poèmes barbares*. J'entrai chez le libraire et j'achetai le livre que je me mis à parcourir tout en marchant. Ce fut une révélation.
>
> Ce livre, je l'ai gardé, le voici. Comme vous voyez, c'est l'exemplaire de la première édition de Poulet-Malassis[31], introuvable aujourd'hui. À quelque temps de là, partant pour l'île de Cuba, je l'emportai avec moi et le lus et le relus, à bord, et aussi là-bas, à l'ombre des grands arbres du verger natal. Et, là, tout de suite, un désir me vint, ardent, à la façon d'une obsession, celui de faire, aussitôt mon retour en France, la connaissance du poète. [...]
>
> Un regret m'est venu pendant que j'écrivais le discours de réception que je prononcerai le 30 mai, à l'Académie, celui de ne pas pouvoir parler de lui ; mais je le salue discrètement en passant. Aussi bien, l'occasion m'en a été offerte par mon éminent prédécesseur, M. de Mazade, qui, circonstance fort heureuse, a écrit un livre sur Lamartine. J'en ai profité, d'ailleurs, pour parler avec quelque développement de l'illustre auteur des *Méditations*, ce qui sera une nouveauté à l'Académie, car l'éloge de Lamartine n'y a jamais été prononcé[32]. »
>
> À ce moment, entre M. le vicomte de Guerne, le poète austère et noble des *Siècles morts*. Et M. José-Maria de Heredia, heureux et souriant de dire :
>
> « Je vous le dénonce comme mon collaborateur dans la publication de l'œuvre posthume de Leconte de Lisle. Il veut s'effacer, avec sa modestie habituelle, il n'y parviendra pas, car je suis là. M. de Guerne a été chargé par Leconte de Lisle, qui le tenait en haute estime, de recueillir avec moi des pièces diverses qui forment le recueil des *Derniers Poèmes*. »
>
> Et comme nous feuilletions, avec les deux exécuteurs testamentaires de Leconte de Lisle, les épreuves du livre, nos yeux s'arrêtèrent sur cette évocation du fameux Piton des neiges de l'île de la Réunion, l'île natale du poète.
>
> La lumière s'éveille à l'orient du monde.
>
> Elle s'épanouit en gerbes, elle inonde,
> Dans la limpidité transparente de l'air,
> Le givre des hauts pics d'un pétillant éclair.

Au loin, la mer immense et concave se mêle
À l'espace infini d'un bleu léger comme elle,
Où, s'enlaçant l'un l'autre en leur cours diligent,
Sinueux et pareils à des fleuves d'argent,
Les longs courants du large, aux sources inconnues,
Étincellent et vont se perdre dans les nues;
Tandis qu'à l'occident où la brume s'enfuit,
Comme un pleur échappé des yeux d'or de la nuit,
Une étoile, là-bas, tombe dans l'étendue
Et palpite un moment sur les flots suspendue.

Mais sur le vieux Piton, roi des monts ses vassaux,
Hôte du ciel, seigneur géant des grandes Eaux,
Qui dresse, dédaigneux du fardeau des années,
Hors du gouffre natal ses parois décharnées,
Un silence sacré s'épand de l'aube en fleur.
Jamais le Pic glacé n'entend l'oiseau siffleur,
Ni le vent du matin empli d'odeurs divines
Qui rit dans les palmiers et les fraîches ravines,
Ni, parmi le corail des antiques récifs,
Le murmure rêveur et lent des flots pensifs,
Ni les vagues échos de la rumeur des hommes.
Il ignore la vie et le peu que nous sommes,
Et calme spectateur de l'éternel réveil,
Drapé de neige rose, il attend le Soleil[33].

« C'était un très grand poète, fit M. de Guerne, le plus grand que nous ayons eu depuis Lamartine et Hugo.

Et, ajouta M. de Heredia, l'homme le plus noblement et le plus sincèrement épris de Beauté que j'aie jamais vu[34]. »

Cet ultime recueil apportait une touche plus légère et plus douce au désespoir apparent des trois précédents. La dernière Muse y avait tempéré l'angoisse de la mort et dédramatisé le naufrage de la vieillesse en faisant entrevoir au poète une issue favorable à ses illusions, et en l'invitant à partager une expérience nouvelle de l'éternité où l'effacement, la disparition, l'anéantissement de la chair dans son désir inassouvissable procédait de l'acte créateur final lui-même : en mourant, le poète atteignait enfin son idéal de poésie pure, celui qui, à l'égal du pur amour, exigeait qu'on disparût dans le but qu'il existât. L'homme avait cessé de vivre afin qu'un poète fût; Charles était mort pour que Leconte de Lisle vécût[35].

À la fin du mois d'octobre 1895, eut lieu chez Briavoinne, à Bruxelles, une audition privée de *L'Apollonide* de Franz Servais, à laquelle assista le chef d'orchestre allemand Félix Mottl, qui se passionnait pour cette œuvre et qui promit de la monter à Carlsruhe – littéralement le « repos de Charles[36] » –, en Allemagne. Aussi, quand le compositeur belge apprit, en septembre 1896, que la version littéraire de *L'Apollonide*, celle de 1888, allait être représentée à l'Odéon avec Mme Segond-Weber dans le rôle d'Iôn, et avec l'assentiment d'Anna Leconte de Lisle, il protesta énergiquement. Pour ce musicien, alors âgé de 49 ans, qui résidait dans un modeste pavillon d'Asnières, 5, Villa des Couronnes, en compagnie de la soprano Emma Mathieu-Langlois, et auquel il ne restait plus qu'un petit lustre à vivre, les représentations de cette pièce sans aucun effet théâtral nuisaient à l'éclosion prochaine de son unique drame musical, tout autant qu'à la gloire posthume de Leconte de Lisle. Selon lui, la lecture en était certes charmante et les vers délicieux, mais, pour une transposition spectaculaire, cela ne suffisait pas et le Maître le savait bien[37]. Dans une lettre datée du 18 septembre à sa veuve, qui résidait tantôt à La Graulet, près de Bergerac, tantôt à Paris, 44, rue de Villeznoit[38], comme à son habitude, il le fit savoir :

Chère Mme,

Je lis dans *Le Journal* que *L'Apollonide*, avec conférence de Jules Lemaitre, serait représenté en matinée à l'Odéon le 26 novembre et le 3 décembre.

Excusez-moi si je suis obligé de vous dire que mon étonnement est des plus *pénibles* ! Jamais Leconte de Lisle n'aurait agi ainsi envers moi. Il a toujours spontanément refusé les propositions de l'Odéon, se rappelant que j'étais son *collaborateur*.

En ce moment « notre » œuvre est à la veille de voir le jour et d'être représentée; l'exécution du poème seul me porterait un *préjudice considérable*; pour ma part, j'y suis absolument opposé et je vous prie, chère Mme, de vouloir bien donner les ordres nécessaires pour empêcher cette audition.

Il y va de l'avenir de l'œuvre à laquelle j'ai consacré toute une existence d'artiste par *respect* et par admiration pour le Maître et il est de mon devoir de la défendre et de la protéger contre la malignité et les sourdes hostilités qui – à votre insu – ont pu vous inspirer.

Un mot je vous prie, chère Mme, pour ma gouverne, par retour du courrier et croyez-moi votre ami le plus respectueux et le plus dévoué.

Franz Servais[39]

Deux jours plus tard, contrariée, la silencieuse Anna lui répondit de Dordogne :

Cher Monsieur,

J'avais vainement recherché votre adresse pour vous écrire au sujet de *L'Apollonide*. Merci de me la donner. Il y a dans votre protestation une portion de vérité et une portion d'erreur.

Vous allez faire représenter en Allemagne la musique de *L'Apollonide* avec une traduction allemande. C'est-à-dire que dans l'œuvre qui vous est commune avec Leconte de Lisle, votre œuvre seule sera en réalité représentée car la traduction ne peut tenir lieu de Poème; elle n'en est que le scénario et, en vous autorisant à vous en servir, j'ai fait, croyez-le, acte de courtoisie. En réalité c'est *L'Apollonide* de Servais qui sera représentée à Carlsruhe. Est-ce donc injuste qu'à l'Odéon on représente *L'Apollonide* de Leconte de Lisle seul ! Je vous prie d'examiner ce point de vue. Il est vrai qu'une question vient compliquer cette affaire, c'est celle des droits d'auteurs.

Puisque je dois toucher une part des bénéfices de l'œuvre musical, il est juste que vous touchiez aussi une part de l'œuvre littéraire. Je suis donc disposée à en agir avec vous comme vous agissez envers moi, et à vous faire une part analogue des bénéfices de l'Odéon. Ainsi vous ne seriez lésé ni dans vos intérêts artistiques ni dans vos intérêts pécuniers. Vous me dites que l'exécution du Poème seul vous causerait un préjudice considérable. Je ne crois pas, sans cela je pourrais vous répliquer que l'exécution de la musique seule ou avec une traduction qui serait inartistique, causerait le même préjudice à la mémoire de mon mari. En réalité, le bruit fait soit en Allemagne soit en France sera plutôt utile à tous les deux. S'il en devait être autrement, il n'y aurait qu'un parti à prendre. M'opposer à la représentation de la pièce qui ne serait pas intégrale c'est-à-dire comprenant le Poème *français* et la musique.

Si vous pensez que cette solution soit meilleure, veuillez me le dire ; dans le cas contraire, vous trouverez bon que le Poème et la musique soient momentanément séparés, tous deux selon la nationalité différente, et avec la convention que je vous propose et que vous voudrez bien examiner. Croyez que je suis désireuse de sauvegarder vos intérêts autant que les miens. Je n'oublie pas le respect et l'admiration pour Leconte de Lisle et qui vous ont encore servi de mobile, autant que le souci de votre propre gloire et je vous prie de bien vouloir me répondre en vous inspirant des mêmes sentiments.

Agréez, cher Monsieur, l'expression de toute ma sympathie,

Anna Leconte de Lisle[40]

Puisque tel était le désir d'Anna, qui paraissait croire que ces deux représentations à l'Odéon pouvaient encore ajouter quelque chose à la gloire de son mari, Franz crut d'abord plus sage de renoncer à s'y opposer. Mais il n'acceptait pas la proposition qu'elle voulait bien lui faire de toucher des droits d'auteur sur ces matinées. Pour lui, parce qu'il avait activement participé à l'élaboration du poème inspiré d'Euripide, Leconte de Lisle s'étant contenté de suivre ses indications et de respecter ses diverses trouvailles – les situations morales au 1er acte, les remords de Kréousa, l'apparition d'Apollon, toute la scène du festin au 2nd, l'approche des muses et de l'Athéna future dans le 3e, etc. –, *L'Apollonide* était devenu sa propriété intellectuelle sinon exclusive du moins principale. « Vous paraissez croire que votre part [...] est prépondérante, s'offusqua la veuve le 26 ; vous auriez fait la musique, inspiré le Poème. Mon mari serait réduit au rôle de simple librettiste. La valeur poétique de l'œuvre s'effacerait presque entièrement. [Alors que] c'est elle au contraire qui me frappe[41]. »

Voyant qu'il n'aurait pas le dessus face à cette femme de caractère, le compositeur, qui conservait pieusement et minutieusement toute la correspondance échangée entre le poète et lui pendant leurs années de collaboration, menaça de la faire publier s'il n'obtenait pas satisfaction. De surcroît, erreur de jugement fatale, dans un accès de colère, il eut le mauvais goût de rappeler que des arrhes avaient été versées contre le livret poétique en français et qu'il s'en considérait donc comme l'acquéreur. Ce manque de tact finit d'exaspérer Anna qui, non sans l'avoir préalablement menacé d'un recours en Justice, lui écrivit une ultime lettre, suprêmement inamicale, le 30 octobre 1896.

Monsieur,

Ayant été souffrante je n'ai pu répondre plus tôt à votre lettre du 7 au courant. Tout d'abord, permettez-moi de vous faire observer qu'il y a une erreur dans votre appréciation sur la signification de votre prêt de cinq cents francs ; c'est une avance que vous avez faite à mon mari sur les bénéfices éventuels de votre œuvre commune. Je me souviens parfaitement de la manière dont les choses se sont passées. Vous pressiez mon mari de terminer le poème ; il était occupé à un autre travail qui devait lui rapporter quelque argent[42]. Pour le décider, vous lui avez demandé de laisser ce travail en lui remettant un *acompte* sur vos bénéfices futurs. Vous ne doutiez pas alors, ni lui non plus, que *L'Apollonide* ne fût représenté sans long délai. Il n'y a rien là qui justifie le mot d'*arrhes* que vous employez, et la pensée que vous semblez garder que mon mari aurait eu l'intention de vous vendre son poème. Il n'aurait pas accepté une situation inférieure vis-à-vis de vous pas plus que vis-à-vis d'un autre ; vous étiez son ami et son collaborateur voilà tout.

Je vous remercie encore de ce prêt et je vous prie de bien vouloir en faire toucher le montant chez moi, le mercredi dans l'après-midi ; je tiens la somme à votre disposition.

En terminant, laissez-moi vous dire combien j'ai été peinée et surprise des dernières lignes de votre lettre : tous les documents que j'ai entre les mains, dites-vous, prouveront bientôt publiquement et ma collaboration et ma situation fort lésée. Vous revenez ainsi sur votre prétention injustifiable d'avoir été en quelque mesure l'auteur du poème car personne ne vous contestera d'être celui de la musique. Vous semblez me menacer de publier des documents intimes pouvant me froisser et donner lieu à de malveillantes interprétations.

Je ne puis croire, Monsieur, que telle soit votre intention réelle. Vous n'avez écrit ces lignes que sous l'empire d'un mouvement passager d'humeur, vous auriez senti, sans cela, tout ce qu'il y avait de mal à offenser sa veuve dans ce qu'elle a de plus cher.

Si vous croyez être lésé, je vous ai offert, et je vous offre encore de porter vos griefs devant des tiers. Donc, quoi que vous disiez, j'ai agi avec ménagement en sauvegardant simplement mes droits que vous paraissiez méconnaître.

Je n'ai pour appui que l'affection d'amis fidèles. Je les préviens que je *vous défends* de publier sans mon autorisation expresse une lettre quelconque de mon mari. Si vous passiez outre, ils pourraient à leur tour témoigner devant cette opinion publique, que vous invoquez si souvent, de votre manque absolu de délicatesse. Je veux encore vous en croire incapable.

Cette lettre doit, me semble-t-il, terminer une pénible correspondance désormais sans objet. Si quelque question d'intérêt pouvait encore être soulevée entre nous, vous voudriez bien en remettre le soin à un mandataire que je mettrais en rapport aussitôt avec un ami.

Recevez, Monsieur, l'expression de ma parfaite considération.

A. Leconte de Lisle[43]

La pièce du défunt poète fut donc bien montée, à l'Odéon, et cela n'empêcha pas le rêve de Franz Servais de se réaliser puisque, après une nouvelle tentative de représentation avortée, en 1897, au théâtre de Monte-Carlo, le drame lyrique de *L'Apollonide*, initialement prévu pour 1896, fut finalement créé au théâtre Grand-Ducal de Carlsruhe le 29 janvier 1899, dans une traduction allemande de Mlle Brunnemann, et sous la direction de Félix Mottl. De nombreuses personnalités de Belgique et de France[44], à commencer par Catulle Mendès, l'ami de toujours, se déplacèrent pour marquer leur soutien au compositeur et entendre la soprano Pauline Mailhac (Kréousa), le ténor Émil Gerhaüser (Iôn), Mlle Friedlein (la Pythie), le baryton Fritz Plank (Xouthos) et le basse Karl Nebe (le vieillard). « La musique de M. Franz Servais est adéquate au drame, écrit André Corneau dans la *Revue blanche* du 1er février : elle possède la grâce et la belle ligne antique. On songe à Gluck en écoutant ces phrases inspirées aux périodes larges, déroulées avec magnificence. Rien n'est étriqué dans *L'Apollonide*. L'horizon y est vaste. Le flot mélodique coule imposant. À l'encontre de tant de maîtres de petites chapelles, le compositeur s'offre le luxe rare d'avoir des idées qu'il développe avec bonheur. La technique pour lui n'est pas le but suprême de l'Art, mais un moyen de mettre en valeur les trouvailles de sa pensée. Son orchestration, d'une curieuse légèreté, limpide comme un jour de printemps, exhale un parfum de délicieuse jeunesse. Dans les deux premiers actes, à plusieurs reprises, l'influence wagnérienne se fait sentir, non dans la structure générale, ni l'esthétique personnelle, mais à tel détail d'harmonie, à telle couleur chère au Titan, à tel souvenir éloigné. À partir du troisième acte, la personnalité de l'artiste se dégage pleinement, une haute et noble personnalité. Cet acte seul suffirait à classer M. Franz Servais au premier rang parmi les musiciens modernes[45]. »

Pourtant, l'opéra, qui fut encore représenté le 8 février et encensé par la critique musicale, n'obtint guère plus qu'un premier accessit auprès du public, et il fallut attendre le mois de mai 1931, soit trente ans après la mort du compositeur, pour qu'une représentation intégrale de *L'Apollonide*, sous la direction de Désiré Demest et avec les chœurs de l'ex-chorale César Franck, retentît au Concert populaire de Belgique. La contralto Alice Plato y incarna la Pythie, le ténor bruxellois Letroye, Iôn, et le rôle principal de Kréousa fut alors interprété par Yseult Van Dyck qui, par sa mère, n'était autre que la nièce de l'ancien disciple de Franz Liszt[46].

Le transfert des cendres

Ce fut le navire *Peï-Ho* qui, le 21 août 1894, apporta à l'ancienne île Bourbon la nouvelle de la mort de Leconte de Lisle, laquelle ne fut pas accueillie par l'élite cultivée, essentiellement constituée de Créoles religieux et de propriétaires laïques – « les plus froids et les plus apathiques des hommes[47] » –, avec tous les honneurs qui lui étaient dus. On se souvenait à peine comment le jeune colon avait quitté sa terre natale très jeune, en refusant d'y exercer la profession d'avocat, comment il avait ouvertement préféré la pauvreté en métropole à une vie confortable et bourgeoise à Saint-Paul, à Saint-Gilles et à Saint-Denis ; on se rappelait un peu mieux son engagement républicain et abolitionniste auprès des forces progressistes et révolutionnaires de 1848 ; on n'avait en revanche pas oublié quel mécréant forcené il avait été, passant du catholicisme au fouriérisme et du fouriérisme au socialisme, ni ses prises de positions sauvagement anticléricales dans nombre de ses poèmes et dans toutes ses brochures militantes : « Je ne fais pas allusion seulement à ces œuvres de prose comme le petit *Catéchisme républicain* et l'*Histoire populaire du Christianisme*, déclara l'Inspecteur Général Hippolyte Foucque lors de la cérémonie commémorant le centenaire de la naissance du poète. [Elles] dénotent, surtout la dernière, une étroitesse de pensée, un manque de sens historique, un parti-pris et une violence, parfois même une grossièreté dans l'injure qui font peu d'honneur à l'intelligence d'un Leconte de Lisle ; il n'aurait jamais dû descendre jusqu'à signer d'aussi bas pamphlets. Tout cela d'ailleurs est déjà mort plus qu'à demi et ne tardera pas à tomber complètement dans l'oubli. Mais je pense aussi à toute une partie des *Poèmes barbares*, des *Poèmes tragiques* et des *Derniers Poèmes*. Tout ce qui dans ses œuvres a trait à la civilisation du Moyen-Âge a été gâté par ce fait que son imagination d'anticlérical a été hantée, tyrannisée par deux visions, celle du Moine et celle de l'Enfer... Les imprécations des *Siècles maudits* vous diront la conception et par conséquent fausse qu'il s'est faite de toute l'humanité catholique du Moyen-Âge[48]. »

Mais qui, au fond, à la Réunion, connaissait le successeur de Victor Hugo à l'Académie française ? Son nom seul arrivait aux oreilles et sur les lèvres, mais ses œuvres dans lesquelles il a mis son âme et dont les pages ruissellent d'une vie surnaturelle et plus qu'humaine, qui les avait lues ? « Nous ignorons que Leconte de Lisle fut un militant », écrivit un Créole informé qui souhaitait qu'on érigeât un monument à la gloire du grand homme sur l'une des places publiques de l'île, tout comme on l'avait fait jadis pour le botaniste Joseph Hubert (au Jardin de l'État), pour le général de division François de Monthyon (au rond-point du Jardin) et pour le gouverneur Bertrand de Labourdonnais (au square Labourdonnais). « Il était descendu dans la rue aux jours sombres de la révolution de 1848 et avait combattu sous le feu des barricades... » Mais on vivait à la Réunion dans l'ignorance du Beau et des choses de l'esprit. Seul le pain amer et plein de cendres de la politique semblait suffire aux naturels. « Cette mort illustre a passé sur nous et nous n'avons point fait attention, constatait-il encore. Leconte de Lisle meurt et pas un témoignage de condoléances n'a été envoyé à sa veuve et nous avons une Société des Sciences et des Arts. C'est la triste et déplorable vérité[49]. »

De fait, quand, à la fin du XIXe siècle, le buste en pierre du poète par José d'Emmerez de Charmoy fut achevé, on l'installa sur l'une des cinq places publiques de Saint-Denis (l'ancienne place du Trésor, aujourd'hui place Leconte de Lisle) sans la moindre inauguration officielle[50]...

Depuis longtemps, dans la presse républicaine, le personnage était largement discrédité, et l'annonce de son décès, chose inhabituelle pour les célébrités de l'île telles qu'Albert de Laserve ou Sadi Carnot, disparus peu de temps auparavant, ne figura même pas en première page des grands journaux. *Le Ralliement* livra un court récit des funérailles, et, dans la rubrique « Nouvelles de l'extérieur », le 24 août, on publia une lettre envoyée par Prosper d'Épinay à son frère Adrien présentant l'unique hommage rendu par les Mauriciens : une simple couronne. Le 3 septembre, *Le Créole* fit toutefois paraître l'article nécrologique du *Matin* par Gaston Deschamps, et on diffusa de larges extraits du *Temps*, du *Gaulois* et les textes des discours prononcés aux obsèques par Boissier, par Leygues et par Heredia ; le 10, on reproduisit *Le Nazaréen*, et le 24, *Le Sacrifice*. Dans le « Courrier de France » du *Réveil*, le 26 août, on annonça qu'une statue du poète exécutée par Puech devait être érigée au Luxembourg ; le 29, on consacra un second éditorial louant « l'enfant qui avait fait le plus honneur au pays » et citait abondamment un article d'Armand Silvestre[51] ; puis, enfin, le 30, on proposa qu'un monument fût érigé. Pour cela, on fit appel aux confrères, au Conseil municipal de Saint-Paul, et l'on ouvrit une souscription à laquelle on contribua à hauteur de 100 francs. Dans les « Variétés » du *Petit Journal de l'île de la Réunion*, le 27, fut imprimé l'article nécrologique de Charles Formentin, le 10 septembre, l'opinion d'Émile Zola, et le 29 novembre, l'éloge prononcé par M. Lœvy à la séance solennelle de rentrée à l'Institut. Le 26 décembre, le Conseil général alloua une rente viagère de 600 francs à Emma et à Élysée, que la mort du poète avait soudainement privées de ressources, et, trois ans plus tard, le 2 juin 1897, par décret, on donna le nom de « Leconte de Lisle » – lui qui n'en avait jamais fréquenté un seul – au grand Lycée de la Colonie.

La célébration du centenaire de sa naissance, le 22 octobre 1918, s'acheva par l'apposition d'une plaque sur sa maison natale[52] et un pèlerinage au Bernica. La Seconde Guerre mondiale empêcha la commémoration du cinquantenaire de sa disparition, compensée par la cérémonie du centenaire de la publication des *Poèmes antiques*, en 1952.

À compter de cette date, commença à la Réunion un lent travail de réconciliation et de réappropriation de l'œuvre et de la vie du poète qui atteignit son apogée au mois de septembre 1977, lors du retour de ses cendres au cimetière marin de Saint-Paul, conformément à ses vœux, exprimés dans *Le Manchy* et *Si l'Aurore*[53]. L'idée avait d'abord été lancée en 1969 par Paul Champdemerle, arrière-petit-cousin de Leconte de Lisle, puis reprise par Jean-Marie Lacouture, en 1976, qui reçut alors le soutien moral et financier du Premier ministre de l'époque, un Réunionnais, ancien élève du Lycée Leconte de Lisle, M. Raymond Barre. « Le poète avait souhaité être enterré ici, déclara le président du syndicat d'initiative de Saint-Paul le 10 décembre 1976. Et des trois poètes saint-paulois, Leconte de Lisle, Dayot [et] Parny, le plus grand n'y reposait pas. C'était là une lacune qu'il fallait combler. »

De nombreuses cérémonies et conférences, tant en métropole que dans l'île, émissions de radio et de télévision, eurent lieu à cette occasion, auxquelles M. Edgard Pich participa abondamment. Du 23 septembre au 9 octobre 1977, un hommage très officiel fut encore rendu au poète barbare dans la galerie Mansart de la Bibliothèque Nationale, sous la forme d'une exposition qui fut inaugurée par M. Barre et son épouse, en présence de Mme Alice Saunier-Seïté, Secrétaire d'État aux Universités, d'Olivier Stirn, Secrétaire d'État aux Départements et Territoires d'Outre-mer, et de nombreuses autres personnalités politiques et littéraires. Devant ce parterre, le Secrétaire perpétuel de l'Académie française, Jean Mistler, prononça une allocution :

> Après Leconte de Lisle, cinq nouveaux élus[54] – non, aucun de nous ne fut poète – sont venus s'asseoir dans ce quatorzième fauteuil où il avait succédé à Maynard, aux deux Corneille et à Victor Hugo. Son nom a été quelquefois cité sous la Coupole : ce n'est pas autre chose, notre Immortalité : un discours d'accueil, un discours d'adieu et quelques commémorations à l'occasion des cinquantenaires et des centenaires !

Vous avez, Messieurs, anticipé cette échéance de quelques années lorsque les délégués de la Réunion sont venus chercher à Paris les restes de Leconte de Lisle pour les ramener dans son île natale. Là-bas, des fêtes solennelles attendent son retour, et, sans doute, sa tombe sera-t-elle entourée de plus près [...] par la pensée des vivants. Ne croyez pas cependant que l'Académie, dont la mission spirituelle ne néglige aucun coin du monde où se parle le français, soit près d'oublier son ancien membre, pendant qu'il poursuivra son sommeil dans ce décor pareil à celui sur lequel s'ouvrirent ses yeux d'enfant, cette *Fontaine aux lianes* qu'il chanta, sous un ciel plus riant, un climat plus heureux que les nôtres.

En 1894, au lendemain de sa mort, un poète écrivait que Leconte de Lisle avait « rendu leurs anciens noms aux Dieux ». Oui, mais il ne s'est pas borné à ceux de la Grèce et de Rome, à ceux du Parthénon et du temple d'Égine. Son horizon ne s'est point limité à la Méditerranée classique, il y a fait entrer les vents et les nuages de tous les ciels, les houles de tous les océans et, hier encore, un poète né dans une autre île de la France équinoxiale, chantait, dans l'ample palpitation de ses versets, d'autres océans et d'autres rivages. Il s'appelait Saint-Léger Léger, et il était né loin de la Réunion, mais sa Guadeloupe, sœur de votre île, comme deux perles échappées à un même collier, lui a inspiré les mêmes accents[55].

« Un choix de documents avait été réalisé par Mme Dominique Alezra, Mme Marie-Louise Prévost, M. Michel Marion, Conservateurs. Les cartes et les estampes représentaient l'île de la Réunion, elles évoquaient les origines familiales de l'écrivain, ses années d'enfance et de jeunesse, et la source d'inspiration de maints poèmes, tandis que dans les vitrines, documents imprimés ou manuscrits donnaient un aperçu de l'œuvre du poète, et révélaient aussi des aspects moins connus de sa personnalité : ses activités d'homme politique gagné aux idées généreuses du fouriérisme, ses traductions, ses œuvres en prose.

Après les paroles d'accueil de l'Administrateur général, M. Edgard Pich, Professeur à l'Université de Lyon, exposa ses récentes recherches qui permettaient de renouveler la lecture de l'œuvre de Leconte de Lisle, et le faisaient apparaître " bien différent de celui, conformiste et rassurant, que la tradition et l'incurie promenaient de manuel en anthologie"[56]. »

Lorsqu'on l'a déterré, nous écrivit-il le 16 décembre 2006, je n'étais pas présent (c'était réservé aux Réunionnais), mais j'ai vu des photos de son cadavre, ma foi assez bien conservé. [...]

N'étant pas réunionnais moi-même, même pas zoreille[57] (vous savez ce que cela signifie), j'ai été utilisé plus que je n'ai organisé. C'était intéressant tout de même. [...]

Les Réunionnais veulent un peu accaparer Leconte de Lisle. [...] Du reste ils ont raison sur le fond, et je l'ai dit et écrit, car sans la Réunion, Leconte de Lisle n'existerait pas. Tout ce qui est exotique chez lui, même le scandinave ou le finnois, vient directement ou indirectement de la Réunion. C'est donc capital.

Les cendres de Leconte de Lisle arrivèrent à l'aéroport de Gillot le 27 septembre 1977, en début d'après-midi[58]. Une veillée mortuaire fut organisée par les officiels à la mairie de Saint-Paul et à la maison Desbassayns ; une autre, plus populaire, se déroula au son du tam-tam dans le camp Villèle. Le lendemain, avant d'être inhumées au cimetière marin de Saint-Paul, fleuri d'hibiscus, elles firent une courte halte au lycée Leconte de Lisle de Saint-Denis, où l'érudit et professeur de français Jacques Lougnon les accueillit : « Si le Bernica, la fontaine aux lianes, la ravine Saint-Gilles, tous ces merveilleux sites saint-paulois que [le poète] avait chantés avec passion avaient [alors] perdu, hélas, un peu de ce charme paradisiaque qui avait fait vibrer son "cœur innombrable" d'adolescent, la mer, elle, cette mer "toujours recommencée" de Paul Valéry, battait encore au même rythme, avec une sempiternelle monotonie le sable aride de cette grève emplissant comme autrefois de son grondement immense et morne, ce vieux cimetière marin où désormais, comme il l'avait si ardemment souhaité, il finirait enfin le songe de sa vie. »

Là où, précisément, paisiblement, depuis longtemps déjà, reposait Élixenne.

Notes

1. José-Maria de Heredia – Pierre Louÿs, *Correspondance inédite (1890-1905)*, Honoré Champion, 2006, pp. 52-53.

2. Henri Peyre, *Louis Ménard*, New Haven, Yale University Press, volume v of Yale romanic studies, 1932, p. 454.

3. Un des deux fils d'Alfred : Melchior, mort en 1926, ou Charles, décédé en 1918.

4. *Le Figaro* du 22 juillet 1894.

5. Maurice Souriau, *Histoire du Parnasse*, Slatkine Reprints, Genève, 1977, p. 428.

6. Julia Daudet, *Souvenirs autour d'un groupe littéraire*, Fasquelle, 1910, p. 198.

7. On pouvait y lire ces très belles maximes, pour la plupart extraites du "Corbeau" : « Quand la chair insensible / Est morte, l'âme au ciel ouvre une aile invisible. » ; « Le vrai repentir nous lave et nous délie. » ; « L'homme a toujours eu soif de son propre sang. » ; « C'est un supplice étrange et sans nom que de vivre / De ce qui fait mourir ! » ; « Rien ne vaut la voix amoureuse et sonore / D'un taureau de trois ans qui meugle par les prés. » ; « Auprès de l'amour, tout est vain, tout n'est qu'un rêve. » Cité in *Bulletin d'études parnassiennes et symbolistes*, A.L.D.R.U.I., Université Lyon 2, I, n° 18, Automne 1996, pp. 25-26, note 50.

8. Sa Croix d'officier de la Légion d'honneur, sa médaille d'Académicien ainsi que son monocle, offerts par la famille Perray de Versailles en 1990 et 1996, se trouvent, à l'heure où nous écrivons, à la médiathèque *Leconte de Lisle* de Saint-Paul, dans un coffre-fort. Les portraits des parents du poète sont accrochés aux murs de l'ancien cabinet de travail de Heredia, à l'Arsenal.

9. Banville mourut le 13 mars 1891. Ses obsèques eurent lieu en l'église Saint-Sulpice. Leconte de Lisle, Sully Prudhomme, Jean Richepin, Catulle Mendès, Armand Silvestre et Stéphane Mallarmé tinrent les cordons du poêle.

10. Cité in *Bulletin d'études parnassiennes et symbolistes*, A.L.D.R.U.I., Université Lyon 2, I, n° 18, Automne 1996, pp. 40-42.

11. M. Gaston Boissier parla au nom de l'Académie française, et M. Georges Leygues, au nom du ministère de l'Instruction publique. Voir *Institut de France. Académie française. Funérailles de M. Leconte de Lisle. Discours prononcés le 21 juillet 1894*, Paris, Firmin-Didot, 1894.

12. Cité par Miodrag Ibrovac, in *José-Maria de Heredia. Sa vie, son œuvre*, Les Presses françaises, Paris, 1923, p. 150, note 4.

13. Voir la lettre que Heredia lui adressa de cette « propriété de son ami le peintre Toulmouche », le 2 août 1893, *Ibid.*, p. 192.

14. Lettre de Marie de Heredia à Anna Leconte de Lisle, *Ibid.*, p. 150, note 4.

15. *Lettres à José-Maria de Heredia*, Honoré Champion, 2004, p. 172.

16. Voir *La Plume* du 15 octobre 1894.

17. Dès 1875, Leconte de Lisle voit en lui, non un rival, mais un successeur : « Heredia est déjà un maître, disait-il, et il aime à donner des conseils. » Mme Demont-Breton, II, p. 132, cité par Maurice Souriau, in *Histoire du Parnasse*, Slatkine Reprints, Genève, 1977, p. 435.

18. Les deux parrains de Heredia à l'Académie française furent Sully Prudhomme et Melchior de Vogüé.

19. Cité par Miodrag Ibrovac, in *José-Maria de Heredia. Sa vie, son œuvre*, Les Presses françaises, Paris, 1923, p. 151.

20. Ange Galdemar, « L'œuvre posthume de Leconte de Lisle, conversation avec M. de Heredia », *Le Gaulois* du 13 mai 1895, cité par Charles Desprats, in *Lettres à José-Maria de Heredia*, Honoré Champion, 2004, p. 173.

21. Henri de Régnier, *Revue de France* du 15 mars 1923, cité par Miodrag Ibrovac, in *José-Maria de Heredia. Sa vie, son œuvre*, Les Presses françaises, Paris, 1923, p. 168, et par Maurice Souriau, in *Histoire du Parnasse*, Slatkine Reprints, Genève, 1977, pp. 434-435.

22. Gabriel Hanotaux, *Sur les Chemins*, II, p. 280, cité par Maurice Souriau, *Ibid.*, p. 435.

23. « À part un hommage liminaire et attendu rendu à Leconte de Lisle, quatre vers de l'ode de Ronsard à Julien Peccate "Les Louanges de Vendomois", une liste rapide des "bons auteurs" lus par le jeune Charles de Mazade ("Chénier, Lamartine, Victor Hugo et le poète inégal et superbe des *Iambes* et du *Pianto*, Auguste Barbier"), une citation de *Hernani* bien placée dans l'énumération des grands hommes de l'Espagne ("J'en passe et des meilleurs") et enfin le rappel attendu du martyre d'André Chénier en 1794, l'essentiel des considérations sur la poésie se concentrait autour de l'évocation finale de Lamartine. » Jean-Marc Hovasse, *José-Maria de Heredia, poète du Parnasse*, Presses de l'Université Paris-Sorbonne, 2006, p. 90.

24. *Institut de France. Académie française. Inauguration du monument élevé à la mémoire de Leconte de Lisle, à Paris, le 10 juillet 1898. Discours de M. José-Maria de Heredia*, Paris, Firmin-Didot, 1898, cité par Charles Desprats, in *Lettres à José-Maria de Heredia*, Honoré Champion, 2004, p. 178. Voir aussi Maurice Barrès, *Amori et dolori sacrum*, Paris, Émile-Paul frères, éditeurs, 1916, pp. 241-249.

25. *Les Admirateurs de Leconte de Lisle*, Lemerre, 1936, p. 11.

26. « Le Sénat, qui a compté dans ses rangs tant d'hommes éminents, ne s'honore pas moins d'avoir fait place, parmi ses collaborateurs administratifs, à quelques-uns de ces grands noms qui sont la parure d'un pays. Il est fier d'avoir ouvert un asile tutélaire à des débutants chargés de promesses ou à des vétérans chargés de lauriers. Il s'enorgueillit d'avoir abrité la claire érudition d'Albert Sorel et le cœur sensible de François Coppée, l'ironie nuancée d'Anatole France et la haute pensée de Leconte de Lisle. À tous il a permis de cultiver leur talent, hors des soucis lancinants de l'existence, dans un milieu de courtoisie, de libéralisme, de respect mutuel des opinions et des consciences. Il les a entourés de cette atmosphère de tact, de discrétion, de mesure, où leur personnalité avait le loisir de se développer et de s'affirmer loin du heurt brutal des passions violentes. Et ce n'est pas seulement la sécurité et la tranquillité morale qu'il leur réserva, mais aussi, pour leur vie quotidienne, un des cadres les plus parfaits qu'il fût possible d'imaginer. » Lucien Hubert, *Ibid.*, p. 20.

27. Edmond Haraucourt, *Ibid.*, pp. 13-18.

28. Jules Breton, « À Leconte de Lisle », *Les champs et la mer*, Lemerre, 1887, p. 75.

29. *Derniers Poèmes*, Belles Lettres, 1977, p. 222.

30. Heredia, en « fils qui se souvient » – *filius memor* –, dédia *Les Trophées* « aux mânes de sa mère très chère et très aimante » – *Manibus carissimae et amantissimae matris* –, mais il est vrai que la lettre liminaire destinée à Leconte de Lisle peut aussi être considérée comme une sorte de seconde dédicace.

31. Il s'agit donc du recueil des *Poésies barbares* paru chez Poulet-Malassis le 22 mars 1862. Les *Poëmes Barbares*, édition refondue et considérablement augmentée des *Poésies barbares*, ne furent publiés qu'en 1872, chez Lemerre.

32. « Il s'agissait sans doute bien moins, pour Heredia, de substituer l'auteur des *Méditations* au critique de la *Revue des deux mondes* ou de prononcer l'éloge que le successeur de Lamartine, Émile Ollivier, n'avait pu faire entendre, que de marquer officiellement ses distances avec la filiation Hugo. » Jean-Marc Hovasse, *José-Maria de Heredia, poète du Parnasse*, Presses de l'Université Paris-Sorbonne, 2006, pp. 90-91.

33. « Le Piton des Neiges », *Derniers Poèmes*, Belles Lettres, 1977, pp. 281-282.

34. Ange Galdemar, « L'œuvre posthume de Leconte de Lisle, conversation avec M. de Heredia », *Le Gaulois* du 13 mai 1895, cité par Charles Desprats, in *Lettres à José-Maria de Heredia*, Honoré Champion, 2004, pp. 172-174.

35. « L'effacement de ce dernier (le poète) apparaît ainsi comme la condition de sa divinisation : le culte du moi ne peut être célébré qu'à condition que le moi soit détruit : la seule poésie authentique c'est le chant du cygne. » Edgard Pich, introduction aux *Derniers Poèmes*, Belles Lettres, 1977, p. XXVII.

36. Il s'agit de Charles Guillaume de Baden-Durlach, le fondateur de la ville de Carlsruhe.

37. Voir la lettre de Franz Servais à Anna Leconte de Lisle datée de la fin du mois de septembre 1896, *L'Apollonide de Leconte de Lisle et Franz Servais*, Mardaga, Liège, 2004, pp. 167-169. En effet, à la décharge de Franz Servais, Leconte de Lisle lui avait écrit le 12 octobre 1878 : « Il est possible que les situations soient musicales, mais les seuls vers ne supporteraient pas la scène. La pièce est une pure élégie sans action. C'est à vous d'y mettre le drame. »

38. Étrange nom de rue que nous n'avons pu retrouver sur un plan du Paris actuel. Voir *L'Apollonide de Leconte de Lisle et Franz Servais*, Mardaga, Liège, 2004, p. 170.

39. *Ibid.*, pp. 165-166.

40. *Ibid.*, pp. 166-167.

41. *Ibid.*, p. 170.

42. Leconte de Lisle travaillait en effet à une nouvelle adaptation d'Euripide, *Hippolytos*, qui fut représentée au Théâtre de la Gaîté le 2 février 1879.

43. *L'Apollonide de Leconte de Lisle et Franz Servais*, Mardaga, Liège, 2004, pp. 172-173.

44. Voir Malou Haine, *Ibid.*, pp. 43-44.

45. Cité par Malou Haine, *Ibid.*, p. 45.

46. Voir Malou Haine, *Ibid.*, pp. 46-47, et *Franz Servais et Franz Liszt : une amitié filiale*, Mardaga, Liège, 1998, pp. 187-188.

47. « Sacatove », *Œuvres diverses*, Belles Lettres, 1978, p. 290.

48. Hippolyte Foucque, *Célébration du centenaire de Leconte de Lisle*, Bulletin de l'Académie de La Réunion, 1918, p. 108, cité par Prosper Ève, in *Revue grand océan*, « Leconte de Lisle, l'esprit nomade », numéro 6, 1995, pp. 42-43.

49. Cité par Prosper Ève, *Ibid.*, p. 41.

50. Auguste de Villèle, *Essai sur Leconte de Lisle*, Imprimerie Drouhet, Saint-Denis de la Réunion, 1926, p. 25. Il existe aussi un buste en bronze par Moulin, probablement celui qui se trouve aujourd'hui sur la tombe de Leconte de Lisle, au cimetière marin de Saint-Paul.

51. Voir Prosper Ève, *Revue grand océan*, « Leconte de Lisle, l'esprit nomade », numéro 6, 1995, pp. 39-42, et *Auguste Lacaussade (1815-1897)*, Océan éditions, Hors collection, février 2006, vol. 1, pp. 506-507, note 619.

52. M. Sébastien-Charles Leconte affirme que M. Jacques Négrel publia dans la dernière livraison de « Nos poètes » l'acte de naissance de Leconte de Lisle et un document notarié qui permet de préciser quelle fut, là-bas, la maison de l'auteur du *Manchy* qui se trouvait au n° 8 de la rue Saint-Louis : « La maison natale du poète est une maison de bois, assez vaste et haute, entourée, selon la mode créole, d'un spacieux jardin. » Elle appartenait au moment du centenaire à M. Edmond Sauger et à son épouse, Mme Honorine Lacaze, puis fut acquise, selon M. Bernard Marek, historien de l'île de la Réunion, contre la somme de 8 760 francs, le 31 juillet 1919, par la municipalité de Saint-Paul, qui en fit une école publique. Le Conseil municipal autorisa le maire à la céder à la colonie par une délibération du 22 mai 1926. Les actes notariés ont été signés par le gouverneur le 21 juin 1927, et par le maire, cinq

jours plus tard. Puis le violent cyclone des 3 et 4 février 1932 la détruisit. L'emplacement fut alors cédé à l'État, vers 1934, qui en fit un square, le square Leconte de Lisle. Après la transformation de la Réunion en D.O.M., en 1946, la propriété de l'emplacement fut transférée de l'État au Département de la Réunion. C'est donc l'actuel Conseil Général qui en est le propriétaire. Une stèle y fut aménagée en 1977, lors du transfert des cendres.

53. Dans une lettre du 23 août 1875, Leconte de Lisle avait écrit : « Je n'aime que la mer; elle me console et me guérit de tout. Aussi mon plus tenace désir est-il d'échouer un beau jour sur une côte quelconque de Bretagne pour y mourir en paix. » Et lors de sa visite chez Émilie Leforestier, en 1885, il avait ajouté : « Le délicieux abêtissement dans lequel me plonge la vue de la mer m'ôte jusqu'au sentiment de la durée. » *La dernière illusion de Leconte de Lisle*, Droz, Genève, 1968, p. 115, note 107.

54. Au fauteuil de Leconte de Lisle se succédèrent Henri Houssaye, en 1894, Louis-Hubert Lyautey, en 1912, Louis Franchet d'Espèrey, en 1934, Robert d'Harcourt, en 1946, Jean Mistler, en 1966, et Hélène Carrère d'Encausse, en 1990.

55. Jean Mistler, *Bulletin de la Bibliothèque Nationale*, 2e année, N° 4, Décembre 1977, pp. 165-166.

56. *Ibid.*, p. 159.

57. Un zoreille ou zoreil désigne une personne française blanche venue de métropole.

58. « Parti sur les flots, il revenait par les airs. » *Le Journal de l'île* du 28 septembre 1977.

BIBLIOGRAPHIE

La bibliographie de référence concernant l'œuvre de Leconte de Lisle est celle qui a été établie par Edgard Pich dans *Leconte de Lisle et sa création poétique*, Imprimerie Chirat, 1975, pp. 517-540, ainsi que dans *Leconte de Lisle, Articles, Préfaces, Discours*, Belles Lettres, 1971, pp. 239-262. Nous nous contentons ici de dresser la liste des ouvrages que nous avons consultés.

I. ŒUVRES DE LECONTE DE LISLE

Poésies :

LECONTE DE LISLE, Charles-Marie, *Poésies Complètes*, édition établie et annotée par Madeleine et Vallée, Alphonse Lemerre, 1927-1928. (4 vol.)
- *Poèmes antiques*, 1927.
- *Poèmes barbares*, 1927.
- *Poèmes tragiques, Les Érinnyes, L'Apollonide*, 1928.
- *Derniers poèmes, La Passion, Pièces diverses, notes et variantes*, 1927.

LECONTE DE LISLE, Charles-Marie, *Œuvres de*, édition établie et annotée par Edgard Pich, Belles Lettres, 1976-1978. (4 vol.)
- *Poèmes antiques*, 1977.
- *Poèmes barbares*, 1976.
- *Poèmes tragiques, derniers poèmes*, 1977.
- *Œuvres diverses*, 1978.

LECONTE DE LISLE, Charles-Marie, *Poèmes barbares*, édition établie et annotée par Claudine Gothot-Mersch, Gallimard, 1985.

LECONTE DE LISLE, Charles-Marie, *Poèmes antiques*, édition établie et annotée par Claudine Gothot-Mersch, Gallimard, 1994.

Récits, articles, préfaces, discours et œuvres polémiques :

LECONTE DE LISLE, *Contes en prose*, Société normande du livre illustré, 1910.

LECONTE DE LISLE, *Catéchisme populaire républicain*, Lemerre, 1871.

LECONTE DE LISLE, *Histoire populaire du Christianisme*, Lemerre, 1871.

Leconte de Lisle, *Histoire populaire de la Révolution française*, Lemerre, 1871.

Leconte de Lisle, *Histoire du Moyen Âge*, Lemerre, 1876.

Leconte de Lisle, *Discours de réception (avec la Réponse de M. Alexandre Dumas fils, Directeur de l'Académie française)*, Librairie académique Didier, Perrin, 1887.

Leconte de Lisle, *Articles, Préfaces, Discours*, édition établie et annotée par Edgard Pich, Belles Lettres, 1971.

Traductions :

Leconte de Lisle (traduction de), *Idylles de Théocrite et Odes anacréontiques*, Poulet-Malassis, 1861.

Leconte de Lisle (traduction de), *Homère, Iliade*, Lemerre, 1867.

Leconte de Lisle (traduction de), *Homère, Odyssée, Hymnes, Épigrammes Batrakhomyomakhie*, Lemerre, 1868.

Leconte de Lisle (traduction de), *Hésiode, Hymnes Orphiques, Théocrite, Bion, Moskhos, Tyrtée, Odes anacréontiques*, Lemerre, 1869.

Leconte de Lisle (traduction de), *Œuvres d'Eschyle*, Lemerre, 1872.

Leconte de Lisle (traduction de), *Œuvres d'Horace*, Lemerre, 1873.

Leconte de Lisle (traduction de), *Œuvres de Sophocle*, Lemerre, 1877.

Leconte de Lisle (traduction de), *Œuvres d'Euripide*, Lemerre, 1884.

Correspondances :

p 628 Barthou, Louis, « L de L et Jean Marras », R des Deux Mondes, 15 nov 1933

Charavay, Étienne, « Lettres de Michelet et de Leconte de Lisle », *R. H. L. F.*, 1895.

Gaulmier, J., « Six lettres inédites de Leconte de Lisle », *R. H. L. F.*, 1958.

Guinaudeau, Bernard, *Leconte de Lisle, Premières poésies et Lettres intimes*, Fasquelle, Paris, 1902.

Haine, Malou, *L'Apollonide de Leconte de Lisle et Franz Servais*, Mardaga, Liège, 2004.

Leconte de Lisle, Charles-Marie, *Lettres à José-Maria de Heredia*, édition établie et annotée par Charles Desprats, Honoré Champion, 2004.

Leconte de Lisle, Charles-Marie, « Lettres inédites de Leconte de Lisle », *Le Journal*, 27 juillet 1894.

Leconte de Lisle, Charles-Marie, « Lettre à Victor Hugo », *Le Rappel*, 10 juin 1877.

Leconte de Lisle, Charles-Marie, « Lettres de Leconte de Lisle écrites pendant le Siège et la Commune », *La Renaissance latine*, 15 avril 1904.

Putter, Irving, *La dernière illusion de Leconte de Lisle*, Droz, Genève, 1968.

II. AUTRES OUVRAGES

Thèses :

Barquissau, Raphaël, *Le poète Lacaussade et l'exotisme tropical*, Publication du comité Leconte de Lisle et Lacaussade, 1952. Réimprimé en octobre 1989 par l'ADER, Association des écrivains réunionnais. Postface de Jean-Claude Fruteau. (Thèse complémentaire)

HOVASSE, Jean-Marc, *Victor Hugo et le Parnasse*, Université Paris VII, UFR Sciences des Textes et Documents, septembre 1999. (2 vol.)

MÉNARD, Louis, *De la morale avant les philosophes*, Firmin Didot, Paris, 1860.

MULDER, Caroline de, *Leconte de Lisle, entre utopie et république*, Faux titre 267, Amsterdam/New York, NY, 2005.

PAKENHAM, Michael, *Une revue d'avant-garde au lendemain de 1870 :* La Renaissance littéraire et artistique *dirigée par Émile Blémont*, Université Paris IV-Sorbonne, 1995.

PICH, Edgard, *Leconte de Lisle et sa création poétique*, Imprimerie Chirat, 1975.

VIVÈS, Vincent, *Leconte de Lisle et la poétique de la mélodie française*, EHESS, Paris, 1994. (2 vol.)

Correspondances :

BOUILHET, Louis, *Lettres à Louise Colet*, PUF, 1973.

DUFIEF, Pierre-Jean (sous la direction de), *Lettre et critique : Actes du colloque de Brest, 24-26 avril 2001*, Presses universitaires de Brest, 2003.

FLAUBERT, Gustave, *Correspondance*, Gallimard, 1973-1998. (4 vol.)

GALLOIS, Jean, *Ernest Chausson : écrits inédits, journaux intimes, roman de jeunesse, correspondance*, éditions du Rocher, Paris, 1999.

GAUTIER, Théophile, *Correspondance générale : 1870-1871*, Droz, Genève, 1996, t. XI.

HAINE, Malou, *Franz Servais et Franz Liszt : une amitié filiale*, Mardaga, Liège, 1998.

HEREDIA, José-Maria de et LOUŸS, Pierre, *Correspondance inédite (1890-1905)*, édition de Jean-Paul Goujon, Honoré Champion, 2006.

LEBLOND, Marius-Ary, « Lettres inédites des parents de Leconte de Lisle », *L'Esprit français*, 10 mai 1932.

MALLARMÉ, Stéphane, *Correspondance complète 1862-1871*, suivie de *Lettres sur la poésie 1872-1898*, Gallimard, 1995.

MALLARMÉ, Stéphane, *Correspondance*, édition critique d'Henri Mondor et Lloyd James Austin, Gallimard, 1959-1985. (10 tomes)

MÉNARD, Louis, *Lettres inédites*, publiées et présentées par Henri Peyre, PUF, 1932.

POULET-MALASSIS, Auguste, *Papiers secrets et correspondance du Second Empire*, Auguste Ghio éditeur, Paris, 1875.

RACHEL ET SON TEMPS, Catalogue de lettres autographes, de livres, portraits, etc., Vente Hôtel Drouot, 29 mars 1939.

SAINTE-BEUVE, *Nouvelle correspondance*, Calmann-Lévy, 1880.

SCHŒLCHER, Victor, *La correspondance de*, I. 1857-1885 Maisonneuve et Larose, 1995.

VERLAINE, Paul, *Correspondance générale*, présentée par Nelly Schmidt Fayard, 2005-2006.

Articles consacrés à Leconte de Lisle :

Achard, Édouard, « La République de Leconte de Lisle », *Nouvelle Revue*, 1er octobre 1901.

Armengaud, Léon, « Leconte de Lisle, le Soleil et le Véda », *R.H.L.F.*, 52, 1952.

Bastard, Georges, « Leconte de Lisle. Souvenirs de jeunesse », *Revue bleue*, 14 décembre 1895.

Barrès, Maurice, « Le sentiment en littérature. Une nouvelle nuance de sentir », *Tâches d'encre*, janvier 1885.

Barrès, Maurice, « L'œuvre de M. Leconte de Lisle », *Chroniques*, avril 1887.

Barrès, Maurice, « Se prêter, non se donner », *Le Journal*, 10 août 1894.

Barthou, Louis, « Leconte de Lisle et Jean Marras. Documents inédits », *Revue des Deux Mondes*, 15 novembre 1833.

Baudelaire, Charles, « Leconte de Lisle », *Œuvres complètes*, 1966.

Bernès, Henri, « Le *Qaïn* de Leconte de Lisle et ses origines littéraires », *R.H.L.F.*, 1911.

Bonnefon, Paul, « Leconte de Lisle et Béranger », *l'Amateur d'autographes*, janvier 1913.

Boris, Rolland, « Leconte de Lisle et les musiciens », *R.H.L.F.*, avril-juin 1958.

Carcassonne, Élie, « Notes sur l'indianisme de Leconte de Lisle », *R.H.L.F.*, 1931.

Carcassonne, Élie, « Leconte de Lisle et la philosophie indienne », *Revue de littérature comparée*, 10, 1931.

Charlton, D. G., « Positivism and Leconte de Lisle's ideas on poetry », *French studies*, 11, 1957.

Chisholm, A. R., « The tragedy of cosmic will. A study of Leconte de Lisle », *French Quarterly Review*, 1931.

Clarac, Pierre, « Un chapitre des *Frères Karamazov* et *Les Raisons du Saint-Père* de Leconte de Lisle », *Revue de Littérature Comparée*, 6, 1926.

Crossley, Cery, « À propos de l'animal chez Leconte de Lisle, Victor Hugo et les fouriéristes », Oxford, *Publications of the Parnassian study circle*, 1985.

Croze, J.-L., « A. France et Leconte de Lisle gastronomes », *Le Temps*, 20 juin 1937.

Delcombre, Roger, « L'hispanisme de deux Parnassiens : Leconte de Lisle et José-Maria de Heredia », *Hispania*, Juil.-sept. 1922 et oct.-déc. 1922.

Deschamps, « La vie littéraire. Leconte de Lisle », *Le Temps*, 24 juillet 1894.

Dornis, Jean, « Leconte de Lisle intime, d'après des notes et des vers inédits », *Revue des Deux Mondes*, 15 mai 1895.

Ducray, Camille, « Leconte de Lisle et le *Catéchisme républicain* », *La Grande Revue*, octobre 1918.

Estève, Edmond, « Byron en France après le romantisme et le byronisme de Leconte de Lisle », *Revue de littérature comparée*, 5, 1925.

FAIRLIE, Alison, « Leconte de Lisle's poems on the Barbarian Races », Cambridge, At the University Press, 1947.

FIGUEIRA, Dorothy M., « "Néantisme" : the French poetic quest for "Nirvana" », *Revista di letteratura modern et comparate*, avril-juin 1993.

FRANCE, Anatole, « Leconte de Lisle. *Poèmes barbares* », *Le Bibliophile français*, février 1872.

FRANCE, Anatole, « M. Leconte de Lisle à l'Académie française », *Le Temps*, 27 mars 1887.

GARCIN, Eugène, « Les païens à travers les siècles. M. Leconte de Lisle », *Revue moderne*, 10 sept. 1869.

GOTHOT-MERSCH, Claudine, « L'image de la femme chez Leconte de Lisle », *Bulletin de l'Académie royale de langue et de littérature française*, 73, 1995.

GUINAUDEAU, Bernard, « Leconte de Lisle intime », *Le Figaro*, 4 août 1894.

JONES, F. L., « Leconte de Lisle : "*Histoire du Moyen Âge* par Pierre Gosset" », *Modern Language Review*, 36, octobre 1941.

LAVERDURE, Rachel, « Le poème et ses dons. *Un acte de charité* de Leconte de Lisle », Université de Montréal, 1995.

LEBLOND, Marius-Ary, « L'adolescence de Leconte de Lisle », *Revue des revues*, tome XXX, 3e trimestre 1899.

LEBLOND, Marius-Ary, « Leconte de Lisle sous la Seconde République et sous l'Empire », *Mercure de France*, octobre 1901.

LEMAITRE, Jules, « Poètes français contemporains. M. Leconte de Lisle », *Revue bleue*, 21 août 1880.

MARTINO, Pierre, « Sur deux poèmes musulmans de Leconte de Lisle », *Revue de littérature comparée*, 1, 1921.

MÉNARD, Louis, « Leconte de Lisle », *Critique philosophique*, 30 avril 1887.

MESSAC, Régis, « Caïn et le problème du mal dans Voltaire, Byron et Leconte de Lisle », *Revue de littérature comparée*, 4, 1924.

MOREAU, Pierre, « À propos du centenaire des *Poèmes barbares* », *Symposium*, 18, 1964.

MULDER, Caroline de, « Leconte de Lisle, lecteur de Plisson », *R. H. L. F.*, nov.-déc. 2002.

MULDER, Caroline de, « Leconte de Lisle aéronaute : *In excelsis !* », Orbis litterarum, 59, 2004.

PATIN, Jacques, « Visites et promenades. Un cahier de Leconte de Lisle », *Le Figaro*, 28 avril et 5 mai 1928.

PICH, Edgard, « Ronsard, Leconte de Lisle et le nom d'Hélène », *Actes du colloque d'Athènes et de Delphes*, Nizet, 1988.

PICH, Edgard, « La condition poétique d'après les *Bucoliques* d'André Chénier et les *Poèmes antiques* de Leconte de Lisle », *Cahiers de l'Association Internationale des Études françaises*, 42, 1999.

PICH, Edgard (sous la direction de), *Bulletins des études parnassiennes*, A.L.D.R.U.I., Université Lyon 2, I, juin 1980, II, juin 1981, III, juin 1982, IV, décembre 1982, VIII, Juin 1986.

PICH, Edgard (sous la direction de), *Bulletins d'études parnassiennes et symbolistes*, A.L.D.R.U.I., Université Lyon 2, I, Printemps 1988, II, juin

1981, IV, Automne 1989, 18, Automne 1996, 19, Printemps 1997, 30, Automne 2002.

PICHOIS, Claude, « Le mariage de Louis Ménard vu par Leconte de Lisle », *Bulletin baudelairien*, 1992.

PUTTER, Irving, « Les Idées littéraires de Leconte de Lisle », *R. H. L. F.*, 1966.

PUTTER, Irving, « Leconte de Lisle and the *Catéchisme populaire républicain* », *Romanic Review*, 1966.

PUTTER, Irving, « Leconte de Lisle and the French Academy », *Modern Language Quarterly*, décembre 1966.

PUTTER, Irving, « Leconte de Lisle abortive ambitious », *Modern Language Quarterly*, septembre 1958.

PUTTER, Irving, « Leconte de Lisle et l'hellénisme », *Cahiers de l'Association Internationale des Études françaises*, 10, 1958.

PUTTER, Irving, « Lamartine and the genesis of *Qaïn* », *Modern Language Quarterly*, décembre 1960.

RICARD, Louis-Xavier de, « Les haines de Leconte de Lisle », *Les Droits de l'homme*, 13 août 1898.

STIEGLER, Gaston, « Leconte de Lisle », *L'Écho de Paris*, 20 juillet 1894.

TIERCELIN, Louis, « La jeunesse de Leconte de Lisle », *Revue des Deux Mondes*, 1898.

VIANEY, Joseph, « Un poème de Leconte de Lisle : *La Vision de Snorr* », *R.H.L.F.*, 30, 1924.

VIANEY, Joseph, « Les grands poètes de la nature en France », *Revue des cours et des conférences*, 30 mai 1926.

WATSON, Lawrence J., « Leconte de Lisle and Victor Hugo », *Parnasse*, 3, 1985.

WELSCHINGER, Henri, « Leconte de Lisle bibliothécaire », *Le Journal des débats*, 16 août 1910.

ZYROMSKI, Ernest, « L'Inspiration fouriériste dans l'œuvre de Leconte de Lisle », *Mélanges Lanson*, Hachette, 1922.

Biographies consacrées à Leconte de Lisle :

CALMETTES, Fernand, *Un Demi Siècle littéraire. Leconte de Lisle et ses amis*, Librairies-imprimeries réunies, Paris, 1902.

CORNU, Henri, *Charles-Marie Leconte de Lisle, Bourbon et Marie-Elixène*, Azalées éditions et Musée de Villèle, Hors collection, 1995.

DORNIS, Jean (Mme Guillaume Beer, plus tard Mme Alfred Droin, née Éléna Goldschmidt), *Essai sur Leconte de Lisle*, Librairie Ollendorff, 1909.

ESTÈVE, Edmond, *Leconte de Lisle, l'homme et l'œuvre*, Boivin, 1930.

FLOTTES, Pierre, *Le poète Leconte de Lisle*, Perrin, 1929.

FLOTTES, Pierre, *Leconte de Lisle, l'homme et l'œuvre*, Hatier-Boivin, 1954.

FOUCQUE, Hippolyte, *Lumières sur la vie intime de Leconte de Lisle*, Imprimerie Cazal, Saint-Denis de la Réunion, 1968.

JOBIT, Pierre, *Leconte de Lisle et le Mirage de l'Île Natale*, De Boccard, 1951.

LEBLOND, Marius-Ary (Georges Athénas et Aimé Merlo), *Leconte de Lisle*, Mercure de France, 1933.

LEBLOND, Marius-Ary, *Leconte de Lisle. La fin de sa vie*, Mercure de France, Paris, 1901.

TIERCELIN, Louis, *Bretons de Lettres*, Champion, Paris, 1905.

TOUPANCE, Désiré, *Leconte de Lisle, esquisse d'une biographie intellectuelle*, Jouve, 1916.

Autres biographies :

ADLER, Laure, *Dans les pas de Hannah Arendt*, Gallimard, 2005.

ATTALI, Jacques, *Karl Marx ou l'esprit du monde*, Fayard, 2005.

BACHELARD, Gaston, *Lautréamont*, José Corti, 1939.

BANCQUART, Marie-Claire, *Anatole France, un sceptique passionné*, Calmann-Lévy, 1984.

BERTHELOT, Philippe, *Louis Ménard et son œuvre*, Juven, 1902.

BOSCHOT, Adolphe, *Théophile Gautier*, Desclée de Brouwer, 1933.

BOSSERT, A., *Schopenhauer et ses disciples*, Hachette, 1920.

BRUNEAU, Alfred, *Massenet*, Delagrave, Paris, 1935.

BUISINE, Alain, *Verlaine, Histoire d'un corps*, Tallandier, 1995.

CASTAGNARY, Jules, *Gustave Courbet*, éditions Séquences, St Sébastien-sur-Loire, 2000.

~~CHABANNES, Jacques, *La sainte Bohème : Albert Glatigny*, Grasset, 1948.~~

CHARPENTIER, John, *Théodore de Banville, L'Homme et l'œuvre*, Perrin, 1925.

CLÉBERT, Jean-Paul, *Louise Colet ou la Muse*, Presses de la Renaissance, 1986.

CRÉPET, Eugène, *Charles Baudelaire*, Slatkine reprints, Genève, 1980.

DECAUX, Alain, *Victor Hugo*, France loisirs, 2001.

ÈVE, Prosper, *Auguste Lacaussade (1815-1897)*, (vol. 1 : *Un franc-créole en France, le destin d'un fils d'esclave* ; vol. 2 : *Le critique littéraire*.) Océan éditions, Hors collection, février 2006.

FAUQUET, Joël-Marie, *César Franck*, Fayard, 1999.

FLEURY, Robert, *Marie de Régnier*, Tallandier, 2008.

FUCHS, Maximilien, *Théodore de Banville*, Édouard Cornély et Cie, 1912.

GALLOIS, Jean, *Ernest Chausson*, Fayard, 1994.

GEFFROY, Gustave, *Blanqui l'enfermé*, Rencontres, 1886. (2 vol.)

GIRAUD, Victor, *Anatole France*, Desclée de Brouwer, 1935.

HARMS, Alvin, *José-Maria de Heredia*, Twayne Publishers, Boston, 1975.

HARMS, Alvin, *Théodore de Banville*, Twayne Publishers, Boston, 1983.

HAUBTMANN, Pierre, *Pierre-Joseph Proudhon*, Beauchesne, 1982.

HOVASSE, Jean-Marc, *Victor Hugo, Avant l'exil (1802-1851)*, tome I, Fayard, 2001.

IBROVAC, Miodrag, *José-Maria de Heredia. Sa vie, son œuvre*, Les Presses françaises, Paris, 1923.

KREMNITZ, Mite, *Carmen Silva*, Breslau, 1882.

LEGOUVE, Ernest, *Victor Schœlcher*, Hetzel, Paris, 1887.

LEHOUCK, Émile, *Vie de Charles Fourier*, éditions Denoël/Gonthier, « Médiations »,1978.

LE MEUR, Léon, *La Vie et l'œuvre de François Coppée*, Spes, 1932.

LEPELLETIER, Edmond, *Paul Verlaine, sa vie et son œuvre*, Mercure de France, 1907.

MONDOR, Henri, *Vie de Mallarmé*, Gallimard, 1941.

NICOLAIEVSKI, Boris, et MAENCHEN-HELFEN, Otto, *Karl Marx, L'homme et le lutteur*, Gallimard, 1970.

NOULET, Émilie, *Léon Dierx*, PUF, 1925.

PEYRE, Henri, *Louis Ménard*, New Haven, Yale University Press, volume v of Yale romanic studies,1932.

PICHOIS, Claude et ZIEGLER, Jean, *Charles Baudelaire*, Julliard, 1987. Rééd. Fayard.

PICHOIS, Claude, *Auguste Poulet-Malassis, l'éditeur de Baudelaire*, Fayard, 1996.

PORCHE, François, *La Vie douloureuse de Charles Baudelaire*, Plon, 1926.

PORPHYRE, *Vie de Plotin*, Vrin, 2003. (2 vol.)

REYMOND, Jean, *Albert Glatigny. La vie, l'homme, le poète*, Droz, Genève, 1936.

RICHARDSON, Joanna, *Judith Gautier*, Seghers, coll. « Hors collection », 1989.

SAINVILLE, Léonard, *Victor Schœlcher*, Fasquelle, 1950.

SALLE, Bertrand de la, *Alfred de Vigny*, Fayard, 1939.

SAMAZEUILH, Gustave, *Judith Gautier : Souvenirs auprès de Richard Wagner (1861-1882)*, Mercure de France, 1943. Réédité par Christophe Looten, avec le titre *Judith Gautier : Visites à Richard Wagner*, chez Le Castor Astral, coll. « Les Inattendus », 1992.

SCHMIDT, Nelly, *Victor Schœlcher*, Fayard, 1994.

SCHNEIDER, Louis, *Massenet : l'homme, le musicien*, Carteret, Paris, 1908.

SEILLIÈRE, Ernest, *Un poète parnassien, André de Guerne (1853-1912)*, Gigord, 1930.

SENNEVILLE, Gérard de, *Maxime Du Camp, un spectateur engagé du* XIXe *siècle*, Stock, 1996.

SENNEVILLE, Gérard de, *Théophile Gautier*, Fayard, 2004.

STEINMETZ, Jean-Luc, *Stéphane Mallarmé*, Fayard, 1998.

STEINMETZ, Jean-Luc, *Arthur Rimbaud*, Tallandier, 1991.

STROWSKY, Stéphane, *Béranger*, Librairie Plon, s.d.

SUFFEL, Jacques, *Anatole France*, éditions du Myrte, Paris, 1946.

VANDERPOOTEN, Claude, *Samuel Pozzi, chirurgien et ami des femmes*, In fine, Paris, 1992.

VEUILLOT, Eugène et François, *Louis Veuillot*, Lethielleux, Paris, s.d. (4 vol.)

Témoignages de contemporains :

Les Admirateurs de Leconte de Lisle, Lemerre, 1936.

ALBALAT, Antoine, *Gustave Flaubert et ses amis, avec des lettres inédites de nombreux auteurs*, Plon, 1927.

ALBALAT, Antoine, *Ouvriers et procédés*, Harvard, 1896.

ALBALAT, Antoine, *La Formation du style par l'assimilation des auteurs*, Armand Colin, 1901.

ALBALAT, Antoine, *Souvenirs de la vie littéraire*, Crès, 1924.

ALBALAT, Antoine, *Comment on devient écrivain*, Plon, 1925.
BARBEY D'AUREVILLY, Jules, *Les œuvres et les hommes*, t. III, Amyot, 1962.
BARBEY D'AUREVILLY, Jules, *Articles inédits (1852-1884)*, édition d'Andrée Hirschi et Jacques Petit, Belles Lettres, 1972.
BARRÈS, Maurice, *Le voyage de Sparte*, Plon, s.d.
BARRÈS, Maurice, *Mes Cahiers*, Plon, 1931, tomes 1 et 3.
BARRÈS, Maurice, *Amori et dolori sacrum*, Émile-Paul frères, éditeurs, 1916.
BAUDE DE MAURCELEY, Charles, *La vérité sur le salon de Nina de Villard*, La Vouivre, Collection « Carnets de l'Amateur », 2000.
BERGERAT, Émile, *Souvenirs d'un enfant de Paris. Les années de bohème*, Fasquelle, 1911. (2 tomes)
BERGERAT, Émile, *Vie et aventures du sieur Caliban, 1884-1885 (Décadence française)*, Dentu, 1886.
BERSAUCOURT, Albert de, *Au temps des Parnassiens, Nina de Villard et ses amis*, La Renaissance du Livre, 1922.
BORDEAUX, Henry, *Âmes modernes*, Perrin, 1912.
CASTAGNARY, Jules, *Gustave Courbet et la colonne Vendôme, plaidoyer pour un ami*, Dentu, 1883.
CLARETIE, Jules, *Histoire de la révolution de 1870-71*, Aux bureaux du journal l'Éclipse, Paris, 1877. (2 vol.)
COPPÉE, François, *Toute une jeunesse*, Lemerre, 1890.
COPPÉE, François, *Chroniques artistiques, dramatiques et littéraires*, édition de Yann Mortelette, Presses de l'Université Paris-Sorbonne, 2003.
CORDAY, Michel, *Anatole France d'après ses confidences et ses souvenirs*, Flammarion, 1927.
DAUDET, Julia, *Souvenirs autour d'un groupe littéraire*, Fasquelle, 1910.
DAUDET, Léon, *Fantômes et Vivants, Souvenirs des milieux littéraires, politiques, artistiques et médicaux de 1880 à 1905*, Nouvelle Librairie Nationale, 1914.
DAUDET, Léon, *Les Œuvres dans les Hommes*, Nouvelle Librairie Nationale, 1922.
DAUDET, Léon, *Études et milieux littéraires*, Grasset, 1927.
DAUDET, Léon, *Souvenirs littéraires*, Livre de Poche, 1974.
DORNIS, Jean, *Hommes d'action et de rêve*, Crès, 1921.
DU CAMP, Maxime, *Les Beaux-Arts à l'Exposition universelle de 1855*, Librairie nouvelle, 1855.
DUQUESNEL, Félix, *Souvenirs littéraires*, Plon, 1922.
ENGELS, Friedrich, *Les Journées de juin 1848*, éditions sociales, 1974.
FRANCE, Anatole, *La Vie littéraire*, Calmann-Lévy, 1900. (4 tomes)
GARNIER-PAGÈS, *Histoire de la Révolution de 1848*, Degorge-Cardot, Librairie-éditeur, Paris, (2 vol.)
GAUTIER, Judith, *Le Second Rang du collier. Souvenirs littéraires*, La Renaissance du Livre, 1911 ; réédité chez L'Harmattan, coll. « Les Introuvables », 2000.
GAUTIER, Théophile, *Tableaux de siège, Paris, 1870-1871*, Charpentier, Paris, 1871.
GONCOURT, Edmond et Jules de, *Journal. Mémoires de la vie littéraire*, Robert Laffont, 1989. (3 vol.)

GOURMONT, Remy de, *Promenades littéraires*, Mercure de France, 1963. (3 vol.)

HEREDIA, José-Maria de, *Discours prononcés à l'inauguration du monument de Leconte de Lisle, le 10 juillet 1898*, Firmin Didot, 1898.

HEREDIA, José-Maria de, et BOISSIER Gaston, *Funérailles de Leconte de Lisle, Discours prononcés le 21 juillet 1894*, Firmin Didot, 1894.

HOUSSAYE, Henry, *Discours prononcés dans la séance publique tenue par l'Académie française pour la réception de M. Henry Houssaye*, Firmin-Didot, Paris, 1895.

HURET, Jules, *Enquête sur l'évolution littéraire*, Thot, Paris, 1982 ; réédité chez Corti en 1999.

JAURÈS, Jean, *La guerre franco-allemande (1870-1871)*, Flammarion, 1971.

JEZIERSKI, Louis, *Entrée de l'armée dans Paris. Bataille des sept jours. Dimanche 21 mai à dimanche 28 mai 1871*, Garnier, Paris, 1871.

LECAILLON, Jean-François, *Le siège de Paris en 1870, Récits de témoins*, Bernard Giovanangeli éditeur, 2005.

LEMAITRE, Jules, *Les Contemporains*, Deuxième série, Lecène et Oudin, 1886.

LEMAITRE, Jules, *Impressions de théâtre*, Boivin, s.d., neuvième série.

LUCAS, Alphonse, *Clubs et Clubistes*, Dentu, 1851.

MARX, Karl, *La guerre civile en France en 1871*, éditions Sociales, 1968.

MÉNARD, Louis, *Prologue d'une Révolution*, aux bureaux du peuple, 1849. Réédité par Le Crapouillot, s.d.

MENDÈS, Catulle, *La Légende du Parnasse contemporain*, Auguste F. Brancart, Bruxelles, 1884 ; réédité chez Slatkine en 1983.

MENDÈS, Catulle, *La maison de la vieille*, Préface et notes de Jean-Jacques Lefrère, Michael Pakenham et Jean-Didier Wagneur, Champ Vallon, 2000.

MENDÈS, Catulle, *Les soixante-treize journées de la Commune (du 18 mars au 29 mai 1871)*, Lachaud, Paris, 1871.

MONTESQUIOU, Robert de, *Autels privilégiés*, Fasquelle, 1898.

MONTESQUIOU, Robert de, *Mémoires*, Émile-Paul Frères, 1923. (3 tomes)

MORÉAS, Jean, *Esquisses et souvenirs*, Mercure de France, 1908.

NETTEMENT, Alfred, *Poètes et artistes contemporains*, Lecoffre et Cie, 1862.

PONTMARTIN, Armand de, *Causeries littéraires*, Michel Lévy frères, 1854.

PRUDHOMME, Sully, *Journal intime*, Rombaldi, s.d.

RACOT, Adolphe, *Portraits d'aujourd'hui*, La librairie illustrée, 1887.

RÉGNIER, Henri de, *Portraits et souvenirs*, Mercure de France, 1913.

RÉGNIER, Henri de, *Proses datées*, Mercure de France, 1925.

RICARD, Louis-Xavier de, *Petits Mémoires d'un Parnassien*, Minard, coll. « Lettres modernes », Paris, 1967.

ROGIER, Léon, *Les Poètes contemporains : Thalès Bernard et l'École allemande*, Vanier, 1859.

ROLLAND, Romain, *Le cloître de la rue d'Ulm, Cahiers n° 4, Journal de Romain Rolland à L'École Normale, (1886-1889)*, Albin Michel, 1952.

SAND, George, *Impressions et souvenirs*, Lévy, 1873.

SILVESTRE, Armand, *Figures contemporaines tirées de l'album Mariani*, Flammarion, 1894, vol. 1.

SPRONCK, Maurice, *Les Artistes littéraires*, Calmann-Lévy, 1889.

TAILHADE, Laurent, *Les commérages de Tybalt, petits mémoires de la vie, (1903-1913)*, Crès, Paris, 1914.

TELLIER, Jules, *Les Écrivains d'aujourd'hui. Nos poètes*, Dupret, 1888.

TÉNOT, Eugène, *Paris en décembre 1851, étude historique sur le coup d'État*, A. Chevalier, Paris, 1868.

THEURIET, André, *Souvenirs des vertes saisons*, Ollendorff, 1904.

TRESCA, Henri, *Visite à l'exposition universelle de Paris, en 1855*, ouvrage collectif sous la direction de M. Tresca, Inspecteur principal de l'exposition française à Londres, ancien commissaire du classement à l'Exposition de 1855, Hachette, Paris, 1855.

TROUBAT, Jules, *Souvenirs du dernier secrétaire de Sainte-Beuve*, Calmann-Lévy, 1890.

VERLAINE, Paul, *Mémoires d'un veuf*, Gallimard, 1999.

VIEL-CASTEL, Horace de, *Les coulisses du Second Empire, 1851-1864*, Le livre club du libraire, 1964.

VINCENT, Jacques (Mme Angèle Bory d'Arnex, née Dussaud), *Un salon parisien d'avant-guerre*, Tallandier, 1929.

Ouvrages critiques :

ALBOUY, Pierre, *Mythes et mythologies dans la littérature française*, Armand Colin, coll. « U », Paris, 1968.

BADESCO, Luc, *La génération poétique de 1860*, Nizet, 1971. (2 vol.)

BANCQUART, Marie-Claire, *Anatole France polémiste*, Nizet, 1962.

BATET, Henri, *Leconte de Lisle, La sensation, Le sentiment*, Saint-Étienne, Stéfa, 1950. (2 vol.)

BELLESSORT, André, *Les intellectuels et l'avènement de la Troisième République*, Grasset, 1931.

BELLET, Roger et RÉGNIER, Philippe (études critiques recueillies et présentées par), *Écrire la Commune, Témoignages, récits et romans (1871-1931)*, coll. « idéographies », Du Lérot éditeur, Tusson, Charente, 1994.

BÉNICHOU, Paul, *Romantismes français*, éditions Gallimard, coll. « Quarto », 2003-2004. (2 vol.)

BIÈS, Jean, *Littérature et pensée hindoue des origines à 1950*, Klincksieck, 1974.

BOCHINGER, J.-J., *La vie contemplative, ascétique et monastique chez les Indous et chez les peuples bouddhistes*, Strasbourg, 1831.

BOISSY, *Poésies saint-simoniennes et phalanstériennes*, Patay, 1881.

BOURGET, Paul, *Essais de psychologie contemporaine*, Gallimard, coll. Tel, 1993.

BOWMAN, Frank Paul, *Éliphas Lévi, visionnaire romantique*, PUF, 1969.

BOWMAN, Frank Paul, *Le Christ Romantique*, Droz, 1973.

BOWMAN, Frank Paul, *Le Christ des barricades*, Le Cerf, 1987.

BOYER, Éric, *Léon Dierx, un poète déraciné*, Udir, Hors collection, mars 1988.

BROWN, I., *Leconte de Lisle, a study on the man and his poetry*, Columbia University Press, New York, 1924.

BRUNEAU, Charles, *La langue et le style de l'école parnassienne*, C.D.U., 1946.

BRUNET, François (édition critique publiée sous la direction de), *Le Tombeau de Théophile Gautier*, Champion, Paris, 2001.

BRUNETIÈRE, Ferdinand, *Nouveaux Essais sur la littérature contemporaine*, Calmann-Lévy, 1895.

BRUNETIÈRE, Ferdinand, *L'Évolution de la poésie lyrique en France*, Hachette, 1894. (2 vol.)

BURNOUF, Émile (neveu du suivant), *La science des Religions*, Maisonneuve, Paris, 1872.

BURNOUF, Eugène, *Introduction à l'Histoire du Buddhisme indien*, Imprimerie royale, Paris, 1844.

CAMPA, Laurence, *Parnasse, symbolisme, esprit nouveau*, Ellipses, Paris, 1998.

CANAT, René, *Une forme de mal du siècle. Le sentiment de la solitude morale chez les Romantiques et les Parnassiens*, Hachette, 1904.

CANAT, René, *La Renaissance de la Grèce antique (1820-1850)*, Hachette, 1911.

CANAT, René, *L'Hellénisme des Romantiques*, Didier, 1951. (3 vol.)

CANAT, René, *La Littérature française au XIXe siècle*, Payot, 1921.

CARLONI-VALENTINI, R., *Un poète presque oublié, Leconte de Lisle*, Bignami, Vimodrone, 1958 ; réédition Seyssel, Champ Vallon, 1997.

CASSAGNE, Albert, *Les théories de l'art pour l'art en France, chez les derniers romantiques et les premiers réalistes*, Hachette, 1906 ; rééd. Champ Vallon, 1997.

CAUBET, Michel, *Leconte de Lisle, le Réunionnais*, Sham's, 1996.

CLERC, Charly, *Le Génie du paganisme, Essais sur l'inspiration antique dans la littérature française contemporaine*, Payot, 1926.

CRÉPET, Jacques et PICHOIS Claude, *Baudelaire et Asselineau*, Nizet, Paris, 1953.

DEBOUT-OLESZKIEWICZ, Simone, *L'utopie de Charles Fourier*, Les Presses du réel, Dijon, 1998.

DECAUNES, Luc, *La Poésie parnassienne de Gautier à Rimbaud*, Seghers, 1977.

DENOMME, Robert, *The french parnassian poets*, Carbondale and Edwardsville, Southern Illinois University Press, 1972.

DENOMME, Robert, *Leconte de Lisle*, Twayne, 1973.

DESONAY, Fernand, *Le rêve hellénique chez les poètes parnassiens*, Louvain, Librairie Universitaire, 1928.

DETALLE, Anny, *Mythes, merveilleux et légendes dans la poésie française de 1840 à 1860*, Klincksieck, 1976.

DITCHY, Jay-Karl, *Le Thème de la mer chez les Parnassiens*, Belles Lettres, 1927.

DORNIS, Jean, *La Sensibilité dans la poésie française contemporaine*, Fayard, 1912.

DUCROS, Jean, *Le Retour de la poésie française à l'antiquité grecque au milieu du XIXe siècle*, Champion, 1918.

ELSENBERG, Henri, *Le Sentiment religieux chez Leconte de Lisle*, Jouve, 1909.

EMBIRICOS, Alexandre, *Leconte de Lisle*, avec une préface d'Edmond Haraucourt, Société d'édition savoyarde, Thonon-les-bains, 1941.

Estève, Edmond, *Byron et le romantisme français*, Hachette, 1907.
Estève, Edmond, *Le Parnasse*, R. Guillon, 1929.
Ève, Prosper, *Auguste Lacaussade (1815-1897), Le fils d'une affranchie d'avant 1848*, Océan éditions, collection histoire, mai 2004.
Falshaw, Gladys, *Leconte de Lisle et l'Inde*, Librairie universitaire Arthez, 1923.
Fath, Robert, *De l'influence de la science sur la littérature française dans la seconde moitié du XIXe siècle*, Imprimerie de Corbaz, Lausanne, 1901.
Ferran, André, *L'Esthétique de Baudelaire*, Nizet, 1968.
Flottes, Pierre, *L'Influence d'Alfred de Vigny sur Leconte de Lisle*, Presses modernes, 1926.
Fournier-Marcigny, F., *Une muse parisienne à Genève : Nina de Villard*, Willy Aeshlimann Éditeur, Genève, 1946.
Fraisse, Simone, *Péguy écrivain*, Klincksieck, 1977.
Frejlich, Hélène, *Les amants de Mantes*, Société française d'éditions littéraires et techniques, 1936.
Fusil, C.-A., *La poésie scientifique de 1750 à nos jours*, Scientifica, 1917.
Gautier, Théophile, *Histoire du romantisme. Les progrès de la Poésie française depuis 1830*, Charpentier, 1874 ; réédité chez L'Harmattan, coll. « Les Introuvables », 1993.
Gérard-Gailly, *Les Véhémences de Louise Colet*, Mercure de France, 1934.
Grant, Elliott Mansfield, *French poetry and modern industry (1830-1870)*, Harvard University Press, Cambridge, 1927.
Green, André, *Narcissisme de vie narcissisme de mort*, Les éditions de Minuit, coll. « critique », 1994.
Guimbaud, Louis, *Les Orientales* de Victor Hugo, Malfère, 1928.
Gusdorf, Georges, *Du Néant à Dieu dans le savoir romantique*, Payot, 1983.
Guyau, Jean-Marie, *L'Art au point de vue sociologique*, Alcan, 1890.
Guyaux, André (sous la direction de), *La querelle de la statue de Baudelaire : août-décembre 1892*, Presses de l'Université Paris-Sorbonne, juin 2007.
Hovasse, Jean-Marc, *Leconte de Lisle successeur de V.Hugo à l'Académie française : les lettres et le discours, Lettre et critique : Actes du colloque de Brest, 24-26 avril 2001*, Presses universitaires de Brest, 2003.
Hussherr, Cécile, *L'ange et la bête, Caïn et Abel dans la littérature*, Le Cerf, 2005.
Ibrovac, Miodrag, *José-Maria de Heredia, les sources des Trophées*, Les Presses françaises, Paris, 1923.
Hunt, Herbert, *Le Socialisme et le romantisme en France*, Charendon Press, Oxford, 1935.
Jackson, Joseph, *Louise Colet et ses amis littéraires*, New Haven Yale University Press, 1937.
Kramer, Cornelis, *André Chénier et la poésie parnassienne*, Champion, 1925.
Lahor, Jean, *L'influence de la pensée religieuse indienne dans le romantisme et le parnasse*, Nizet, 1962. (2 vol.)
Lalouette, Jacqueline, *La Libre Pensée en France (1848-1914)*, Albin Michel, 2001.

LALOUETTE, Jacqueline, *La République anticléricale (XIXe-XXe siècles)*, Seuil, 2002.

LATZARUS, Bernard, *Leconte de Lisle adaptateur de l'Orestie*, Imprimerie générale, Nîmes, 1920.

LAVERDANT, Désiré, *De la Mission de l'Art*, Aux bureaux de *La Phalange*, 1845.

LEMAITRE, Henri, *La poésie depuis Baudelaire*, Armand Colin, 1965.

LEROUX, Pierre, *Réfutation de l'éclectisme où se trouve exposée la vraie définition de la philosophie, et où l'on explique le sens, la suite et l'enchaînement des diverses philosophies depuis Descartes*, Charles Gosselin, Paris, 1839.

LIDSKY, Paul, *Les écrivains contre la Commune*, Librairie François Mespero, Paris, 1970.

MARCHAL, Bertrand, *La religion de Mallarmé*, Corti, 1988.

MARTINO, Pierre, *Parnasse et Symbolisme*, Armand Colin, 1947.

MATTÉI, Jean-François, *La barbarie intérieure*, PUF, Quadrige, mai 2004.

MAURRAS, Charles, *Barbarie et Poésie*, Nouvelle Librairie Nationale, Paris, 1925.

MENDÈS, Catulle, *Rapport sur le mouvement poétique français de 1867 à 1900*, Imprimerie nationale, Paris, 1902.

MILLET, Claude (sous la direction de), *Autour des* Orientales, Minard, Paris, 2002.

MORTELETTE, Yann, *Le Parnasse*, Presses de l'Université Paris-Sorbonne, 2006.

MORTELETTE, Yann (sous la direction de), *José-Maria de Heredia, poète du Parnasse*, Presses de l'Université Paris-Sorbonne, 2006.

NOSKE, Frits, *French Song from Berlioz to Duparc : The Origin and Development of the Melodie*, New York, Dover, 1970.

PAKENHAM, Michael, *Tombeaux et monuments, Interférences*, Université de Rennes, 1992.

PELLETAN, Eugène, *Profession de foi du dix-neuvième siècle*, Pagnerre, 1852.

PELLISSIER, Georges, *Le Mouvement littéraire au XIXe siècle*, Hachette, 1893.

PETITBON, René, *L'influence de la pensée religieuse indienne dans le romantisme et le parnasse. Jean Lahor*, A.G. Nizet, 1962.

PEYRE, Henri, *Bibliographie critique de l'hellénisme en France de 1843 à 1870*, New Haven, Yale University Press, Yale romanic studies, 1932.

PEYRE, Henri, *L'Influence des littératures antiques sur la littérature française moderne*, New Haven, Yale University Press, volume xix of Yale romanic studies, 1941.

PLANCHE, Gustave, *Études littéraires*, Lévy, 1855.

PRIOU, Jules Marie, *Leconte de Lisle*, Seghers, 1927.

PUTTER, Irving, *Leconte de Lisle and his contempories*, Berkeley, University of California, 1951.

PUTTER, Irving, *The Pessimism of Leconte de Lisle, Sources and evolution*, Berkeley and Los Angeles, University of California Press, 1954.

PUTTER, Irving, *The Pessimism of Leconte de Lisle, The Work and the Time*, Berkeley and Los Angeles, University of California Press, 1961.

QUINET, Edgar, *Le Génie des religions*, Pagnerre libraire-éditeur, Paris, 1857.

QUINET, Edgar, *Le Christianisme et la Révolution française*, Fayard, 1984.

RAYNAUD, Ernest, *La Bohème sous le Second Empire*, L'Artisan du livre, Paris, 1930.

RÉMOND, René, *La vie politique en France de 1789 à 1879*, Armand Colin, Paris, 1965-1969. (2 vol.)

RÉMOND, René, *L'anticléricalisme en France de 1815 à nos jours*, Fayard, 1999.

REVEL, Émile, *Leconte de Lisle animalier et le goût de la zoologie au XIXe siècle*, Imprimerie du Sémaphore, Marseille, 1942.

REVUE GRAND OCÉAN, « Leconte de Lisle, l'esprit nomade », numéro 6, 1995.

~~RIESE, Laure, *Les Salons littéraires parisiens du Second Empire à nos jours*, Privat, Toulouse, 1962.~~

RIFFATERRE, Hermine B., *L'Orphisme dans la poésie romantique*, Nizet, 1970.

RIVAROLI, Edmondo, *La Poétique parnassienne d'après Théodore de Banville*, Maloine, 1915.

ROBB, Graham, *La poésie de Baudelaire et la poésie française (1838-1852)*, Aubier, 1993.

ROSENBERG, Zelda, *La Persistance du subjectivisme chez les poètes parnassiens*, PUF, 1939.

ROSIÈRES, Raoul, *Recherches sur la poésie contemporaine*, Laisney, 1896.

RUDLER, Madeleine G., *Parnassiens, symbolistes et décadents. Esquisse historique*, Messein, Paris, 1938.

SAGNES, Guy, *L'Ennui dans la littérature française de Flaubert à Laforgue (1848-1884)*, Armand Colin, 1969.

SARTRE, Jean-Paul, *L'Idiot de la famille*, Gallimard, 1972, tome III.

SCHAFFER, Aaron, *Parnassus in France, Leconte de Lisle and his disciples*, Austin University of Texas, 1929.

SCHAFFER, Aaron, *The Genres of Parnassian Poetry. A Study of the Parnassian Minors*, Baltimore, The Johns Hopkins Press, 1944.

SEGINGER, Gisèle (sous la direction de), *Spiritualités d'un monde désenchanté*, Presses universitaires de Strasbourg, 1998.

SELLS, Lytton, *Leconte de Lisle and Robert Burns*, Cambridge University Press, 1949.

SELLS, Lytton, *Leconte de Lisle and Sir Walter Scott*, French Studies, 1947.

SMITH, Nina, *L'Accord de la science et de la poésie dans la seconde moitié du XIXe siècle et spécialement dans l'œuvre de Leconte de Lisle*, Ligugé, 1928.

SOLGER, Karl-W.-F., *L'Art et la tragédie du Beau*, Rue d'Ulm, 2004.

SPENGLER, Oswald, *Le déclin de l'Occident*, Gallimard, Bibliothèque des idées, 1948. (2 vol.)

SZERTICS-DELATY, Simone, *L'Héritage espagnol de José-Maria de Heredia*, Klincksieck, coll. « Témoins de l'Espagne », 1975.

THIEME, Hugo Paul, *The Technique of the French Alexandrine. A Study of the Works of Leconte de Lisle, José Maria de Heredia, François Coppée, Sully Prudhomme and Paul Verlaine*, Ann Arbor, The Inland Press, 1897.

THIES, Renée de, *Des poètes parnassiens. Entretiens*, Paris-Carnac, Grassin, 1995.

Vianey, Joseph, *Les sources de Leconte de Lisle*, Coulet, 1907.
Vianey, Joseph, Les *Poèmes barbares* de Leconte de Lisle, Malfère, 1933.
Villèle, Auguste de, *Essai sur Leconte de Lisle*, Imprimerie Drouhet, Saint-Denis de la Réunion, 1926.
Vincent, Francis, *Les Parnassiens*, Beauchesne, 1933.
Vivès, Vincent, *La beauté et sa part maudite : Essai sur la poétique post-romantique*, Université de Provence, 2005.
Vuille, Marthe, *L'Expression de l'ennui dans les images de Leconte de Lisle*, Saint-Gervais, Genève, 1939.
Whiteley, John Harold, *Étude sur la langue et le style de Leconte de Lisle*, Horace Hart, Oxford, 1910.
Widor, Charles, *Notice sur la vie et les travaux de M. Georges Lafenestre (1837-1919), Institut de France. Académie des Beaux-Arts. Séance publique annuelle du samedi 27 décembre 1919*, Firmin-Didot, 1919.
Ygaunin, Jean, *Pindare et les poètes de la célébration. L'art devenu religion : Leconte de Lisle, Mallarmé*, Minard, 1997, tome 6.
Zayed, Georges, *Un salon parnassien d'avant-garde : Nina de Villars et ses hôtes*, Boston College, Aquila, Chesnut Hill Studies in Modern Languages and Literatures, 1973, vol. 2.

III. BIBLIOGRAPHIE GÉNÉRALE

Archives de Bourbon, recueil de documents et travaux inédits pour servir à l'histoire des îles françaises de l'océan Indien et bulletin d'information de la direction départementale des services d'archives de la Réunion, troisième série, n° 2, Mai 1978.
Attali, Jacques, *Les Juifs, le monde et l'argent*, Fayard, 2002.
Aubry, Octave, *Le Second Empire*, Fayard, 1938.
Auger, Antoine (collectif), *Napoléon Bonaparte*, Larousse, 2004.
Augustin, saint, *La Cité de Dieu*, Seuil, 1994. (3 vol.)
Bainville, Jacques, *La Troisième République*, Fayard, 1935.
Bainville, Jacques, *Lectures*, Fayard, 1937.
Banville, Théodore de, *Idylles prussiennes*, Lemerre, 1872.
Banville, Théodore de, *Petit traité de poésie française*, Bibliothèque de l'Écho de la Sorbonne, Paris, 1872 ; Rééditions, Charpentier, Paris, 1883, 1891.
Banville, Théodore de, *Poésies complètes*, Charpentier, Paris, 1888. (3 vol.)
Barbier, Auguste, *Iambes et Poèmes*, Dentu, 1883.
Baudelaire, Charles, *Œuvres complètes*, Gallimard, 1966.
Baudelaire, Charles, *Les Fleurs du Mal*, Édition critique Crépet-Blin, Corti, 1986.
Baudelaire, Charles, *Écrits sur l'art*, le Livre de Poche, 1992.
Baudelaire, Charles, *Écrits sur la littérature*, le Livre de Poche, 2005.
Béranger, P.-J. (de), *Œuvres complètes*, éditions Quedlinbourg, 1851.
Bernard, Thalès, *Études sur les variations du polythéisme grec*, Librairie Allemande, 1853.
Bernard, Thalès, *Histoire de la Poésie*, Dentu, 1864.
Bernard, Thalès, *Lettres sur la Poésie*, Vanier, 1857.
Bernard, Thalès, *Poésies nouvelles*, Vanier, 1857.

Bible de Jérusalem (la), Desclée de Brouwer, 1975.

Biographie Universelle, ancienne et moderne, Michaud frères, Paris, 1811-1828. (52 vol.)

Bouilhet, Louis, *Les Fossiles*, Lemerre, 1854.

Bourget, Paul, *Poésies*, Lemerre, 1885. (2 vol.)

Breton, Jules, *Les Champs et la Mer*, *Jeanne*, Lemerre, 1887.

Breton, Jules, *Un peintre paysan*, Lemerre, 1896.

Brizeux, Auguste, *Les Bretons*, Lemerre, 1874.

Burnouf, Eugène (traduction de), *Le Bhâgavata-Purâna*, Paris, 1840-1847. (3 vol.)

Burns, Robert, *Poésies*, Aubier bilingue, Paris, 1994.

Byron, Lord, *Œuvres complètes*, traduction d'Amédée Pichot, Furne, 1830. (6 vol.)

Cassou, Jean, *Frédégonde*, M.-P. Trémois, 1928.

Castelot, André, *48 ou l'inutile révolution*, Presses Pocket, 1968.

Catéchisme de l'Église Catholique, Centurion / Cerf / Fleurus-Mame, 1998.

Césaire, Aimé, *Victor Schœlcher et l'abolition de l'esclavage*, Capucin, 2004.

Champion, Édouard, *Le Tombeau de Louis Ménard*, Champion, 1902.

Champsaur, Félicien, *Le Massacre*, Dentu, 1885.

Charavay, Gabriel, Jacques et Noël, *L'amateur d'autographes*, Paris, 1862-1914. (16 vol.)

Chastenet, Jacques, *Histoire de la Troisième République*, Hachette, 1952-1963. (7 vol.)

Chénier, André, *Œuvres complètes*, Gallimard, 1940.

Chiche-Auvigné, Mme, *L'hygiène à bord des navires négriers au XVIIIe siècle, Cahiers de Salorges*, numéro 11, Imprimerie Marthe Chantreau et Compagnie, Nantes, s.d.

Chuvin, Pierre, *Chronique des derniers païens*, Belles Lettres-Fayard, 1990.

Code Noir ou Recueil d'édits, déclarations et arrêts concernant les esclaves nègres de l'Amérique, Les Libraires Associés, Paris, 1743.

Colet, Louise, *L'Italie et les Italiens*, Dentu, 1862.

Considérant, Victor, *Exposition du système Phalanstérien de Charles Fourier*, Librairie Phalanstérienne, Paris, 1848.

Considérant, Victor, *Trois discours prononcés à l'Hôtel de Ville de MM. Dain, Considérant et d'Izalguier*, Paris, 1836.

Considérant, Victor, *La Destinée sociale*, Librairie Phalanstérienne, Paris, 1851. (2 vol.)

Constant, Benjamin, *De la Religion considérée dans sa source, ses formes et son développement*, Actes Sud, Paris, 1999.

Coppée, François, *Théâtre*, Lemerre, s.d.

Coppée, François, *Mon Franc-parler*, 3e série, Lemerre, 1895.

Cornu, Philippe, *Dictionnaire encyclopédique du Bouddhisme*, Seuil, 2001.

Cousin, Victor, *Du Vrai, du Beau et du Bien*, Didier, 1868.

Cousin, Victor, *Cours de l'histoire de la philosophie moderne*, Ladrange, Librairie Didier, 1846.

Creuzer, Frédéric, *Religions de l'Antiquité considérées principalement dans leurs formes symboliques et mythologiques*, traduction de Guigniaut, Treuttel et Würz, Paris, 1829.

DAUDET, Alphonse, *Le petit Chose*, Fasquelle, 1947.

DAUDET, Léon, *Flambeaux*, Grasset, 1929.

DAUDET, Léon, *Sauveteurs et incendiaires*, Flammarion, 1941.

DELTUF, Paul, *Idylles antiques*, Didot, Paris, 1851.

DEMONT-BRETON, Virginie, *Les Maisons que j'ai connues*, 1927. (2 vol.)

DIDEROT, Denis, *Œuvres*, Robert Laffont, Paris, 1995. (5 vol.)

DIERX, Léon, *Œuvres complètes*, Alphonse Lemerre, (2 vol.)

DUBY, Georges, *Histoire de la France*, Larousse, 1970.

DU CAMP, Maxime, *Les Chants Modernes*, Michel Lévy frères, 1855.

DUFOUR, Philippe, *Poèmes légendaires*, Lemerre, 1897.

DUMAS, Alexandre, *Grand dictionnaire de cuisine*, Phébus, Paris, 2000.

ÉHRET, Marie-Florence, *Hypatie, fille de Théon*, L'Atelier des Brisants, 2001.

ÉNAULT, Louis, *L'Inde pittoresque*, Morizot, Paris, 1861.

EURIPIDE, *Tragédies complètes*, Gallimard, 1994. (2 vol.)

ÈVE, Prosper, *Le 20 décembre 1848 et sa célébration à La Réunion : du déni à la réhabilitation (1849-1980)*, L'Harmattan, 2000.

FAUCHE, Hippolyte (traduction de), *Le Râmâyana de Valmiki*, Marpon et Flammarion, 1854-1858. (9 vol.)

FAVRE, Jules, *Discours parlementaires*, Plon, 1881. (4 vol.)

FEDERINI, Fabienne, *L'abolition de l'esclavage*, L'Harmattan, 1998.

FLAUBERT, Gustave, *Œuvres*, Gallimard, 1951-1952. (2 vol.)

FONTAINAS, André, *Confessions d'un poète*, Mercure de France, 1936.

FOUCAUX, Ph.-Ed., traduction de, *L'histoire du Bouddha Cakya-Mouni (Lalitavistâra)*, texte tibétain, 1847.

FOUCQUE, Hippolyte, *Pages réunionnaises*, Imprimerie Cazal, Saint-Denis de la Réunion, 1962.

FOUCQUE, Hippolyte, *Aux îles, jadis*, Imprimerie Cazal, Saint-Denis de la Réunion, 1936.

FOURIER, Charles, *Théorie des quatre mouvements*, Les Presses du réel, Dijon, 1998.

FOURIER, Charles, *Théorie de l'unité universelle I*, Les Presses du réel, Dijon, 2001.

FOURIER, Charles, *Théorie de l'unité universelle II*, Les Presses du réel, Dijon, 2001.

FOURIER, Charles, *Œuvres complètes*, Librairie sociétaire, Paris, 1846-1848. (6 vol.)

FRÉDÉGAIRE, *Chronique des temps mérovingiens*, Brepols Publishers, Turnhout, Belgique, 2001.

FUKUYAMA, Francis, *La fin de l'histoire et le dernier homme*, Flammarion, 1992.

FUMA, Sudel, *L'Esclavagisme à la Réunion*, L'Harmattan, 1992.

GAILLARD, Jeanne, *Communes de province, Commune de Paris*, Flammarion, 1971.

GAUTIER, Théophile, *Émaux et Camées*, édition de Claudine Gothot-Mersch, Gallimard, 1981.

GAUTIER, Théophile, *Mlle de Maupin*, Gallimard, 1973.

GAUTIER, Théophile, *Œuvres poétiques complètes*, Bartillat, 2004.

GÉRARD, Alice, *La révolution française, mythes et interprétations (1789-1970)*, Flammarion, 1970.
GERMAIN, Sophie, *Œuvres philosophiques*, Firmin Didot, 1879.
GIRARD, René, *La violence et le sacré*, Hachette, 2003.
GLATIGNY, Albert, *Poésies complètes*, Lemerre, 1860.
GOETHE, Johann Wolfgang von, *Faust*, traduction d'Henri Blaze, Charpentier, Paris, 1840.
GOETHE, Johann Wolfgang von, *Écrits sur l'art*, Garnier-Flammarion, 1996.
GOURMONT, Remy de, *Le problème du style*, Mercure de France, 1902.
GRÉGOIRE DE TOURS, *Histoire des Francs*, Belles Lettres, 2005.
GRIMAL, Pierre, *Dictionnaire de la mythologie grecque et romaine*, PUF, 1994.
GUIDE LITTÉRAIRE DE LA FRANCE, Bibliothèque des Guides Bleus, Hachette, 1964.
HAINE, Malou, *Dernières orchestrations de Franz Liszt*, Mardaga, Liège, 2000.
HEGEL, Georg Wilhelm Friedrich, *Leçon sur la Philosophie de l'Histoire*, Vrin, 1945.
HEGEL, Georg Wilhelm Friedrich, *L'Art romantique*, Aubier-Montaigne, 1964.
HENRY, Victor, *La magie dans l'Inde antique*, Émile Nourry, 1909.
HERBERT, Jean, *Spiritualité hindoue*, Albin Michel, 1972.
HERBERT, Jean, *La mythologie hindoue*, Albin Michel, 1979.
HEREDIA, José-Maria de, *Les Trophées*, Gallimard, 1981.
HILLAIRET, Jacques, *Dictionnaire historique des rues de Paris*, éditions de Minuit, 1985. (2 vol.)
HISTOIRE LITTÉRAIRE DE LA FRANCE, éditions Sociales, 1973. (3 vol.)
HORACE, *Odes*, traduction de M. Anquetil, chez Dezobry, Paris, 1850.
HUGO, Victor, *Œuvres complètes*, Robert Laffont, 1985. (14 vol.)
HUGO, Victor, *Œuvres complètes*, édition Jean Massin, le Club français du Livre, 1967-1971. (36 tomes)
JACOBI, E., Dr, *Dictionnaire mythologique universel, ou biographie mythique*, traduction de Thalès Bernard, Librairie Firmin Didot frères, fils et Cie, Paris, 1846.
JEAN DE LA CROIX, saint, *Œuvres spirituelles*, Seuil, 1948.
JOURNET, Jean, *Jérémie en 1845*, Paris, Charpentier, 1845.
KEMPIS, Thomas a, *L'Imitation de Jésus-Christ*, Médiaspaul, 2002.
KIERKEGAARD, Søren, *Étapes sur le chemin de la vie*, Gallimard, 1979.
KLIBANSKY, Raymond, PANOVSKY, Erwin, FRITZ, Saxl, *Saturne et la mélancolie*, Gallimard, 1989.
LACAUSSADE, Auguste, *Poèmes et Paysages*, Ducloux et Garnier frères, 1852.
LACAUSSADE, Auguste, *Poésies*, Alphonse Lemerre, 1897. (2 vol.)
LACAUSSADE, Auguste, *Les Salaziennes*, J.-P. Aillaud, Paris, 1839. Réédité par Ars Terres Créoles, Centre de Recherche Indianocéanique, La Réunion, mai 1989.
LAHOR, Jean (Henri Cazalis), *La Gloire du Néant*, Alphonse Lemerre, 1893.
LAMENNAIS, Félicité de, *Essai sur l'indifférence en matière de religion*, Librairie classique-élémentaire, Paris, 1823. (4 vol.)
LAMARTINE, Alphonse de, *Méditations*, Garnier, Paris, 1968.

LANGLOIS, Alexandre (traduction de), *Le Rig-Véda ou Livre des Hymnes*, 1849-1851. (4 vol)

LANSON, Gustave, *Histoire de la Littérature française*, Hachette, 1933.

LAPRADE, Victor de, *Œuvres poétiques*, Lemerre, 1878-1881. (6 vol.)

LAŸ, Jacques et Monique, *Louveciennes mon village*, éditions Jacques et Monique Laÿ, 1997.

LE DUC, Léouzon, *La Finlande, son histoire primitive, sa mythologie, sa poésie épique, avec la traduction complète de sa grande épopée* le Kalewala, *son génie national, sa condition politique et sociale depuis la conquête russe*, Labitte, Paris, 1845. (2 vol.)

LEFÈVRE, H., *La Commune de 1871*, éditions ouvrières, 1972.

LEMERCIER, Louis Jean Népomucène, *Frédégonde et Brunéhaut*, La France dramatique au dix-neuvième siècle, 1835.

LEWIS, Matthew Gregory, *Le moine*, Robert Laffont, Bouquins, 1984.

LOISELEUR-DESLONGCHAMPS, Auguste-Louis (traduction et notes explicatives de), *Manava-Dharma-Sastra*, ou *les Lois de Manou*, Paris, 1830-1833.

LÖNNROT, Élias, *Le Kalevala, épopée des Finnois*, Gallimard, 1991-1994. (2 vol.)

LUBAC, Henri de, *Le Drame de l'humanisme athée*, 10/18, 1963.

LUCRÈCE, *De la Nature*, Garnier-Flammarion, 1964.

MACPHERSON, James, *Œuvres complètes d'Ossian, Barde écossais du 3e siècle*, éditions Transatlantiques, Québec, Laval, 2002.

MAILLARD, L., *Notes sur l'île de la Réunion*, Dentu, 1862.

MALLARMÉ, Stéphane, *Œuvres complètes*, Gallimard, 1956.

MANN, Thomas, *La mort à Venise*, Stock, Paris, 2003.

MARIMOUTOU, Jean-Claude Carpanin, *L'île-écriture*, ADER, Saint-Denis, 1981.

MARX, Karl, *Les luttes de classes en France, Le 18 brumaire de Louis Bonaparte*, La Table Ronde, Paris, 2001.

MASSON-OURSEL, P., WILLMANN-GRABOWSKA, H. de, STERN, Philippe, *L'Inde antique et la civilisation indienne*, La Renaissance du Livre, Paris, 1933.

MAURY, L.-F. Alfred, *Histoire des religions de la Grèce antique depuis leur origine jusqu'à leur complète constitution*, Librairie Philosophique de Ladrange, Paris, 1857. (3 vol.)

MAYEUR, Jean-Marie, *Les Débuts de la Troisième République*, Seuil, « Points-Histoire », 1975.

MÉNARD, Louis, *Hermès Trismégiste*, Traduction complète précédée d'une étude sur l'origine des livres hermétiques, Guy Trédaniel, éditions de la Maisnie, 1977.

MÉNARD, Louis, *Rêveries d'un Païen Mystique*, Guy Trédaniel éditeur, 1990.

MÉNARD, Louis, *Du polythéisme hellénique*, Charpentier, Paris, 1863.

MÉNARD, Louis, *Histoire des Grecs*, Delagrave, Paris, 1893. (2 vol.)

MÉNARD, Louis, *Histoire des anciens peuples de l'Orient*, Delagrave, Paris, 1883.

MÉNARD, Louis, *Lettres d'un mort. Opinions d'un païen sur la société moderne*, Destenay, Saint-Amand, 1895.

MÉNARD, Louis, *Symbolique des religions anciennes et modernes*, Leroux, Paris, 1896.
MÉNARD, Louis, *Les qestions sociales dans l'antiqité*, Les Amis de Paris-Zanzibar, Paris, 2000. (en orthographe simplifiée)
MICHELET, Jules, *Le Moyen Âge*, Robert Laffont, 1981.
MILZA, Pierre, *Napoléon III*, Perrin, 2004.
MILZA, Pierre et BERSTEIN, Serge, *Histoire du XIXe siècle*, Hatier, 2004.
MIQUEL, Pierre, *Le Second Empire*, Plon, 1992.
MIRANVILLE, Alexis, *Saint-Paul de la Réunion. Histoire et mutations d'une petite ville coloniale*, L'Harmattan, 2001.
MOCADEL, Frédéric, *Dames créoles, anthologie des femmes illustres de la Réunion de 1663 à nos jours*, tome I, Azalées éditions, 2005.
MOLIÈRE, *Œuvres complètes*, Garnier, 1962. (2 vol.)
MONDOR, Henri, *Histoire d'un Faune*, Gallimard, 1948.
MONDOR, Henri, *L'Affaire du Parnasse. Stéphane Mallarmé et Anatole France*, Fragrance, 1951.
MONTALEMBERT, Charles Forbes, comte de, *Les moines d'Occident*, Librairie Jacques Lecoffre, Paris, 1873. (2 vol.)
MONTFORT, Louis-Marie Grignion de, *Les Œuvres du Bienheureux de Montfort*, Librairie Mariale, 1932.
MOORE, George, *Mémoires de ma vie morte*, Grasset, 1922.
MORÉAS, Jean, *Feuillets*, éditions de la Plume, 1902.
MOREAU, Hégésippe, *Le Myosotis et Œuvres diverses*, Garnier frères, 1864.
MORÉRI, Louis, *Le Grand Dictionnaire Historique*, Les Libraires Associés, Paris, 1759. (10 vol.)
MORICE, Charles, *La Littérature de tout à l'heure*, Perrin, 1889.
MORTELETTE, Yann, *Histoire du Parnasse*, Fayard, 2005.
MOUNIN, Georges, *Avez-vous lu Char ?*, Gallimard, 1946.
MOURRE, Michel, *Dictionnaire encyclopédique d'Histoire*, Bordas, 1996. (5 vol.)
MOYE, Jean-Martin, *Traité de l'esprit du monde*, Nancy, 1774.
MUIRON, Just, *Les nouvelles Transactions sociales, religieuses et scientifiques de Virtomnius*, Paris, 1832.
MUSSET, Alfred de, *Œuvres complètes*, Lemerre, 1909-1934. (10 vol.)
NERVAL, Gérard de, *Œuvres*, Imprimerie Nationale, 1958. (4 vol.)
NERVAL, Gérard de, *Poésies et souvenirs*, Gallimard, 1992.
NÈVE, Félix, *De l'Origine de la tradition indienne du Déluge*, Paris, 1849.
NIETZSCHE, Friedrich, *La naissance de la tragédie*, Gallimard, 1994.
ORTEGA Y GASSET, José, *La révolte des masses*, Gallimard, 1961.
ORTEGA Y GASSET, José, *Essais espagnols*, éditions du cavalier, traduction de Mathilde Pomès, 1932.
PALANTE, *Pessimisme et individualisme*, Alcan, 1914.
PARNASSICULET CONTEMPORAIN, recueil de vers nouveaux, Julien Lemer, Paris, 1872.
PARNY, Évariste de, *La Guerre des Dieux*, Paris, 1815.
PARNY, Évariste de, *Poésies érotiques et autres poèmes*, éditions grand Océan, collection La Roche écrite, octobre 2001.

PARNY, Évariste de, *Chansons madécasses*, édition bilingue français-créole, éditions Udir, collection Bor-an-Bor, septembre 2005.
PÉROTIN, Yves, *Chroniques de Bourbon*, Couderc-Nerac, 1959.
PETER, René, *Vie secrète de l'Académie française*, Librairie des Champs-Élysées, 1940. (5e période)
PLAUTE, *Théâtre complet*, Gallimard, 1991. (2 vol.)
PLOTIN, *Du Beau*, Pocket, 1991.
PLOTKIN, Norman, « Les alliances des Blanquistes dans la proscription », *Revue des révolutions contemporaines*, n° 189, décembre 1951, pp. 116-121.
POÈTES FRANÇAIS (LES), recueil des chefs-d'œuvre de la poésie française publié sous la direction d'Eugène Crépet, Hachette, 1862. (4 vol.)
POISSON, Georges, *L'Aventure du Retour des Cendres*, Tallandier, 2004.
POMPÉRY, Édouard de, *Théorie de l'association et de l'unité universelle de C. Fourier, Introduction religieuse et philosophique*, Paris, Capelle, 1841.
POUTHAS, Charles, *Démocratie et capitalisme*, PUF, 1948.
PRADALIÉ, Georges, *Le Second Empire*, PUF, 1992.
PROU, Maurice, *La Gaule Mérovingienne*, France Henry May, Paris, 1892.
PROUDHON, Pierre-Joseph, *Le droit au travail et le droit de propriété, Le représentant du peuple*, Garnier frères, Paris, 1848.
PROUDHON, Pierre-Joseph, *Système des contradictions économiques, ou philosophie de la misère*, Garnier frères, Paris, 1850. (2 vol.)
PROUDHON, Pierre-Joseph, *Du principe de l'art et sa destination sociale*, Garnier frères, Paris, 1865. (réédité aux Presses du réel, Dijon, 2002.)
PROUDHON, Pierre-Joseph, *Carnets*, Librairie Marcel Rivière et Cie, Paris, 1960. (4 tomes) (réédité en 2 vol. par les éditions Tops/Trinquier, Antony, 2000.)
PRUDHOMME, Claude, *Histoire religieuse de La Réunion*, Karthala, Paris, 1984.
QUIGNARD, Pascal, *Le sexe et l'effroi*, Gallimard, 1996.
RACINE, Jean, *Théâtre complet*, Garnier, 1980.
RAVAISSON, Félix, *De la philosophie en France au* XIXe *siècle*, Fayard, 1984.
RÉGAMEY, Félix, *Verlaine Dessinateur*, H. Floury, Paris, 1896.
RENAN, Ernest, *Histoire et parole, Œuvres diverses*, Robert Laffont, 1984.
RENAN, Ernest, *Pages choisies*, Calmann-Lévy, 1896.
RENAN, Ernest, *Œuvres complètes*, édition d' Henriette Psichari, Calmann-Lévy, 1947-1961. (10 vol.)
REVUE, *L'Auxiliaire Breton*, 12 février 1838.
REYNAUD, Jean, *Terre et ciel. Philosophie religieuse*, Furne, Paris, 1854.
RICHEPIN, Jean, *La Chanson des Gueux*, Charpentier, 1891.
RICHEPIN, Jean, *Les Blasphèmes*, Charpentier et Fasquelle, 1896.
RIMBAUD, Arthur, *Poésies*, Garnier-Flammarion, 1989.
ROMAIN, Y. de, *Les dieux éternels*, Sansot, Paris, 1911.
ROTH, François, *La guerre de 1870*, Fayard, 1990.
ROUGEMONT, Denis de, *L'amour et l'Occident*, Plon, 10/18, 1995.
ROUJON, Henry, *La Galerie des bustes*, J. Rueff, Paris, 1908.
ROUSSEAU, Jean-Jacques, *Dialogues*, Garnier Flammarion, 1999.

ROUSSIN, *Album de la Réunion*, Imprimerie G. Lahuppe, 1879. (2 vol.)
ROUX, Joseph, *Pensées*, Lemerre, 1886.
SAINT-PIERRE, Bernardin de, *Œuvres complètes*, Paris Dupont, 1826. (12 vol.)
SAINT-SIMON, Henri de, *Le nouveau christianisme et les écrits sur la religion*, Seuil, 1969.
SALOMON, Michel, *L'Esprit du temps*, Perrin, 1906.
SAND, George, *Les sept cordes de la lyre*, Bonnaire, 1840.
SAND, George, *Lélia*, Garnier, Paris, 1960.
SAND, George, *Indiana*, Gallimard, 1984.
SCHŒLCHER, Victor, *Esclavage et colonisation*, textes choisis par Émile Tersen, PUF, Paris, 1948.
SCHOPENHAUER, Arthur, *Pensées et Fragments*, Alcan, 1908.
SENART, Émile (traduction de), *La Bhagavad-Gîtâ*, Belles Lettres, 1944.
SERMAN, William, *La Commune de Paris*, Fayard, 1986.
SIMON, Jules, *Histoire de l'École d'Alexandrie*, Joubert, 1845. (2 vol.)
SOURIAU, Maurice, *Histoire du Parnasse*, Slatkine Reprints, Genève, 1977.
SOUVESTRE, Émile, *Œuvres d'Édouard Turquety*, Ambroise Bray Libraire-Éditeur, 1857.
STAAFF, Lieutenant-Colonel Ferdinand-Nathanael, *La littérature française depuis la formation de la langue jusqu'à la révolution*, Didier, 1868-1871. (4 tomes)
STCHOUPAK, N., NITTI, L., RENOU, L., *Dictionnaire Sanskrit-Français*, Maisonneuve, Paris, 1932.
SWEDENBORG, Emanuel, *De coelo et de inferno ex auditis et visis*, Londres, 1758, traduction en français par Pernety. (2 vol.)
TAINE, Hippolyte, *Les origines de la France contemporaine*, Librairie Hachette, 1900-1904. (11 vol.)
THÉRIVE, André, *Le Parnasse*, Œuvres représentatives, 1929.
THIBAUDET, Albert, *Histoire de la littérature française de 1789 à nos jours*, Stock, 1936.
THIERRY, Augustin, *Récits des Temps Mérovingiens*, Complexe, 1995.
TISSANDIER, Gaston, *Histoire de mes ascensions*, Maurice Dreyfous éditeur, Paris, s.d.
TOUSSENEL, Alphonse, *Les Juifs Rois de l'Époque, Histoire de la féodalité financière*, Marpon et Flammarion, Paris, 1886. (réédité en 2 vol. par le Librairie du Savoir, coll. « Amnesia », Paris, 2003.)
TRARIEUX, Gabriel, *Hypatie*, Cahiers de la quinzaine, Paris, 1904.
VACHEROT, Étienne, *Histoire critique de l'École d'Alexandrie*, Ladrange, Paris, 1846-1851. (3 vol.)
VALMIKI, *L'exil de Rama*, Traduction de J.-H. Rosny, Dentu, 1893.
VAUCELLES, Auguste de, *Olympiades*, album de l'union des poètes, 1868.
VAXELAIRE, Daniel, *Chasseur de Noirs*, Orphie, 1982.
VERLAINE, Paul, *Œuvres poétiques complètes*, Gallimard, 1954.
VERLAINE, Paul, *Œuvres en prose complètes*, Gallimard, 1978.
VICAIRE, Georges, *Manuel de l'amateur de livres du XIXe siècle*, éditions du Vexin français, Brueil-en-Vexin, 1974. (8 vol.)
VIGIER, Philippe, *La Seconde République*, PUF, 1967.
VIGNY, Alfred de, *Œuvres complètes*, Gallimard, 1948. (2 vol.)

VIOLLET-LE-DUC, Eugène-Emmanuel, *Entretiens sur l'Architecture*, Morel, 1863. (2 vol.)

VIRGILE, *Énéide*, traduction d'André Bellessort, Belles Lettres, 1962.

VIRGILE, *Bucoliques*, traduction de Maurice Rat, Garnier-Flammarion, 1967.

VIRGILE, *Géorgiques*, traduction de Maurice Chappaz et Éric Genevay, Gallimard, 1987.

VOLTAIRE, *Dictionnaire philosophique*, Garnier-Flammarion, 1964.

VOLTAIRE, *Essai sur les mœurs*, Classiques Garnier, Paris, 1990. (2 vol.)

VOLTAIRE, *La Henriade, poème suivi de l'Essai sur la Poésie Épique*, chez les frères Périsse, 1807.

WEIL, Simone, *Leçons de philosophie*, Librairie Plon, 1959.

WINOCK, Michel, *Les voix de la liberté*, Seuil, 2001.

WINOCK, Michel, *Le socialisme en France et en Europe*, Seuil, 1992.

WINOCK, Michel, *La fièvre hexagonale*, Seuil, 1987.

ZOLA, Émile, *Œuvres critiques : documents littéraires*, Bernouard, 1928.

REMERCIEMENTS

Mon regard et ma gratitude s'orientent naturellement et en premier en direction de mon ami le professeur Edgard Pich, de l'Université de Lyon II, sans les travaux, les corrections, les envois, les suggestions et les annotations méticuleuses duquel cette biographie n'aurait jamais pu voir le jour. Puis ils se tournent vers Mme Sophie Grandjean-Hogg, responsable des biographies littéraires chez Fayard, et M. Claude Durand, Président-directeur général, sans l'aval et la bonne volonté desquels tout ceci n'eût été qu'un doux rêve. Mme Aude Lavenseau-Moriou, administrateur adjoint à la Bibliothèque du Sénat, nous a gracieusement communiqué une copie de l'article de René Samuel, *Les Poètes assis*, M. Jean-Marc Hovasse, chargé de recherche au CNRS et biographe de Victor Hugo, a relu avec soin notre préface, et Mme Caroline De Mulder, de l'Université de Gand, a eu l'extrême amabilité de bien vouloir nous transmettre un exemplaire de son manuscrit de thèse, *Leconte de Lisle, entre utopie et république*, qu'ils en soient ici, tous les trois, très chaleureusement remerciés. Nous remercions encore l'Office du tourisme et la mairie de Saint-Paul, celle de Saint-Gilles-les-Hauts, le musée de Villèle, les personnels de la Bibliothèque de l'Arsenal, des Archives départementales de la Réunion et de la B. N. F., les historiens des villes de Louveciennes, M. et Mme Jacques et Monique Laÿ, et de Saint-Paul, MM. Bernard Marek et Alexis Miranville, qui m'ont aidé à affiner davantage mes recherches et à préciser diverses références. Merci beaucoup aux différents membres de mon Jury de thèse de l'Université de Paris III-Sorbonne Nouvelle, les professeurs Alain Pagès, spécialiste d'Émile Zola, Bertrand Marchal, spécialiste de Stéphane Mallarmé, et Jean-Yves Guérin, spécialiste d'André Malraux, qui m'ont apporté la joie et les lumières de leur érudition. Merci à M. Jacques Attali pour son soutien et pour son amitié. Merci surtout à ma merveilleuse épouse, Mme Claire-Lise Carrère, qui n'a cessé de m'encourager et a enduré avec abnégation mes innombrables relectures.

Les mots traduisent mal tout ce que je lui dois.

INDEX DES NOMS

TABLE DES MATIÈRES

Pak 366, 369, 370, 372

République des Lettres 449

Composition par Asiatype

Achevé d'imprimer en février 2009
sur les presses numériques de l'Imprimerie Maury S.A.S.
Z.I. des Ondes – 12100 Millau

35-68-3696-01-8

Dépôt légal : février 2009
N° d'impression : A09/43108 L

Imprimé en France

influenza 543

Luxembourg 425